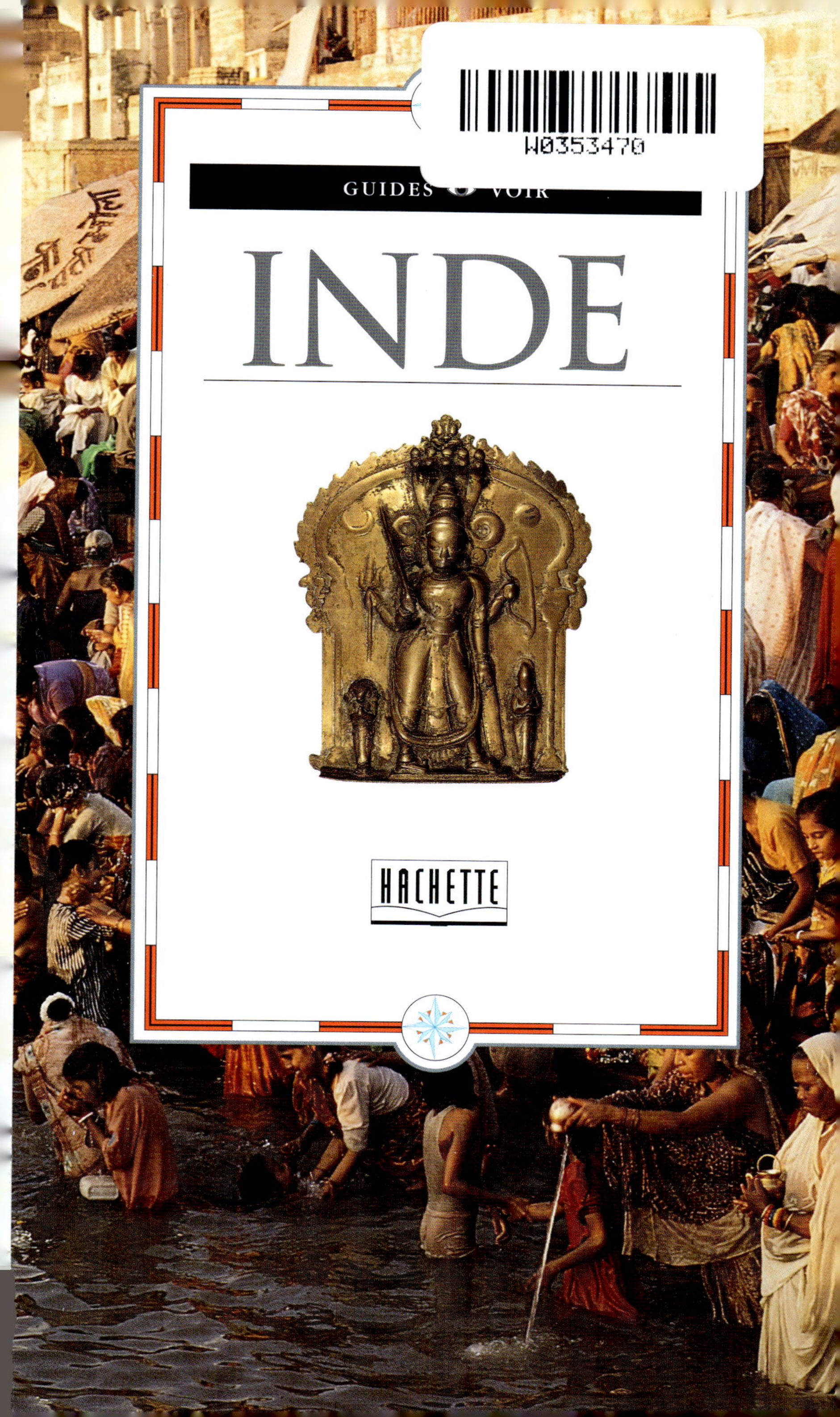

W0353470

GUIDES VOIR

INDE

HACHETTE

HACHETTE

HACHETTE TOURISME
43, quai de Grenelle, 75905 Paris Cedex 15

DIRECTION
Nathalie Pujo

RESPONSABLE DE COLLECTION
Catherine Laussucq

ÉDITION
Jennifer Joly

TRADUIT ET ADAPTÉ DE L'ANGLAIS PAR
Tina Calogirou, Daphné Halin, Anthony Moinet
et Kelly Rivière, avec la collaboration d'Isabelle de Jaham

MISE EN PAGES (PAO)
Maogani

CE GUIDE VOIR A ÉTÉ ÉTABLI PAR
Roshen Dalal, Partho Datta, Divya Gandhi, Premola Ghose, Ashok Koshy, Abha Narain Lambah, Annabel Lopez, Sumita Mehta, George Michell, Rudrangshu Mukherji, Meenu Nageshwaran, Rushad R. Nanavatty, Ira Pande, Usha Raman, Janet Rizvi, Ranee Sahaney, Deepak Sanan, Darsana Selvakumar, Sankarshan Thakur, Shikha Trivedi, Lakshmi Vishwanathan

DK

Publié pour la première fois en Grande-Bretagne en 2002, sous le titre : *Eyewitness Travel Guides : India*.
© Dorling Kindersley Limited, London 2005.
© Hachette Livre (Hachette Tourisme) 2007 pour la traduction et l'édition française.
Cartographie © Dorling Kindersley 2005.

Tous droits de traduction, d'adaptation et de reproduction réservés pour tous pays.
La marque Voir est une marque déposée.

Conformément à une jurisprudence constante (Toulouse 14. 01. 1887), les erreurs ou omissions involontaires qui auraient pu subsister dans ce guide, malgré nos soins et les contrôles de l'équipe de rédaction, ne sauraient engager la responsabilité de l'éditeur.

IMPRIMÉ ET RELIÉ EN CHINE PAR SOUTH CHINA PRINTING COMPANY LIMITED

DÉPÔT LÉGAL : 75432, avril 2007
ISBN : 2-01-240527-4
ISSN : 1246-8134
Collection 32 – Édition 01
N° DE CODIFICATION : 24-0527-2

Aussi soigneusement qu'il ait été établi, ce guide n'est pas à l'abri des changements de dernière heure. Faites-nous part de vos remarques, informez-nous de vos découvertes personnelles : nous accordons la plus grande attention au courrier de nos lecteurs.

◁ **Pèlerins prenant un bain rituel dans les eaux du Gange *(p. 172-173)***

Sarnath, la capitale d'Ashoka

SOMMAIRE

Vendeurs de fruits sur les trottoirs de Georgetown, Chennai

Le Mehrangarh Fort domine la ville de Jaipur

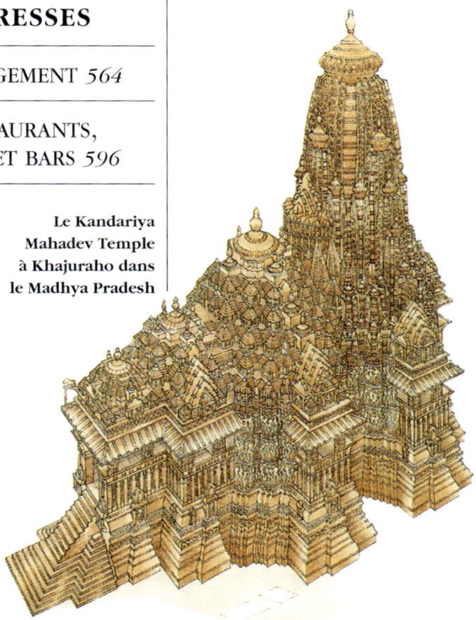

Le Kandariya Mahadev Temple à Khajuraho dans le Madhya Pradesh

Présentation de l'Inde

L'Inde du Nord dans son environnement

De la chaîne de l'Himalaya au plateau du Deccan, l'Inde du Nord s'étend sur 2 331 318 km². Elle est arrosée par trois fleuves : l'Indus, le Gange et le Brahmapoutra qui prennent tous les trois leur source dans l'Himalaya. La vaste plaine indo-gangétique à forte densité de population constitue le cœur de cette région où vivent quelque 705 millions d'individus parlant dix langues officielles. Les deux grandes métropoles sont Delhi, la capitale, et Kolkata (anciennement Calcutta), dotées l'une et l'autre d'un grand aéroport international.

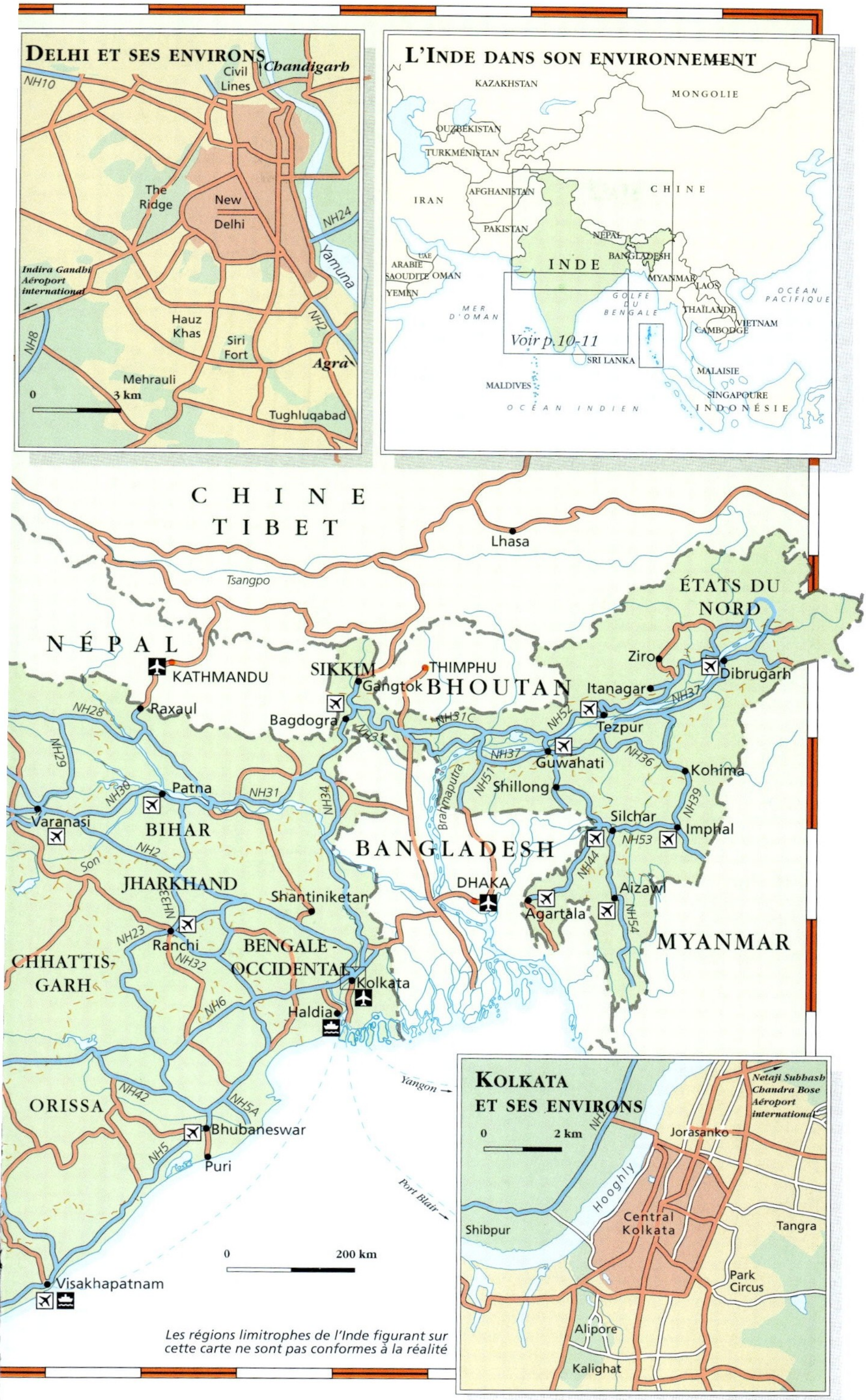
Delhi et ses environs
Civil Lines
Chandigarh
NH10
The Ridge
New Delhi
NH24
Yamuna
Indira Gandhi Aéroport international
NH8
Hauz Khas
Siri Fort
NH2
Agra
Mehrauli
0
3 km
Tughluqabad
L'Inde dans son environnement
KAZAKHSTAN
MONGOLIE
OUZBÉKISTAN
TURKMÉNISTAN
IRAN
AFGHANISTAN
CHINE
PAKISTAN
NÉPAL
UAE
ARABIE SAOUDITE
OMAN
YEMEN
INDE
BANGLADESH
MYANMAR
LAOS
MER D'OMAN
GOLFE DU BENGALE
THAÏLANDE
VIETNAM
CAMBODGE
OCÉAN PACIFIQUE
Voir p.10-11
SRI LANKA
MALAISIE
MALDIVES
SINGAPOURE
OCÉAN INDIEN
INDONÉSIE
CHINE
TIBET
Lhasa
Tsangpo
ÉTATS DU NORD
NÉPAL
KATHMANDU
SIKKIM
THIMPHU
Gangtok
BHOUTAN
Ziro
Dibrugarh
Itanagar
NH37
Raxaul
NH28
Bagdogra
NH31C
NH52
Tezpur
NH31
NH37
Guwahati
NH36
NH29
Kohima
NH51
Shillong
Brahmaputra
Patna
NH30
NH31
NH34
NH39
Varanasi
BIHAR
Silchar
Imphal
NH2
NH53
BANGLADESH
Son
NH44
JHARKHAND
DHAKA
Shantiniketan
Aizawl
NH33
Agartala
NH54
NH23
Ranchi
BENGALE-OCCIDENTAL
MYANMAR
CHHATTISGARH
NH32
Kolkata
NH6
Haldia
Yangon
ORISSA
NH42
NH5A
Bhubaneswar
NH5
Puri
Port Blair
0
200 km
Visakhapatnam
Les régions limitrophes de l'Inde figurant sur cette carte ne sont pas conformes à la réalité
Kolkata et ses environs
Netaji Subhash Chandra Bose Aéroport international
0
2 km
NH2
Jorasanko
Hooghly
Shibpur
Central Kolkata
Tangra
Park Circus
Alipore
Kalighat

L'Inde du Sud dans son environnement

Les six États de l'Inde du Sud se regroupent en une péninsule de forme triangulaire de 955 945 km² (plus que l'Allemagne et la France réunies). Ses 322 millions d'habitants parlent six langues officielles. La côte occidentale est bordée par la mer d'Oman et la côte orientale par le golfe du Bengale, l'océan Indien à proprement parler ne baignant que l'extrémité de la péninsule. Le plateau rocheux du Deccan délimité par les reliefs boisés des Ghâts occidentaux et orientaux constitue le cœur de l'Inde du Sud. Les deux villes les plus importantes sont Mumbai (anciennement Bombay) et Chennai (anciennement Madras).

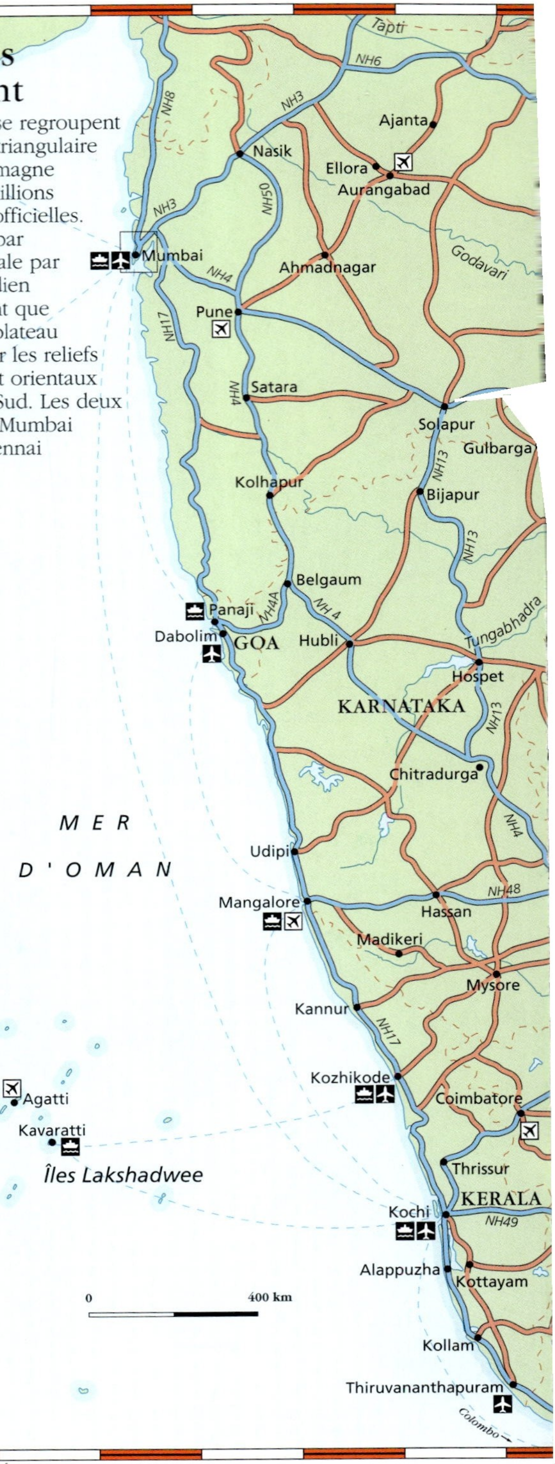

LÉGENDE

- Centre-ville
- Aéroport international
- Aéroport national
- Port de voyageurs
- Route maritime
- Autoroute nationale
- Route principale
- Frontière nationale

CHENNAI ET SES ENVIRONS

MAHARASHTRA
INDE
ANDHRA PRADESH
TAMIL NADU
SRI LANKA
GOLFE DU BENGALE
Nagpur
Raipur
Nizamabad
Karimnagar
Bidar
Warangal
Hyderabad
Khammam
Rajahmundry
Godavari
Nagarjuna Sagar
Krishna
Vijayawada
Guntur
Alampur
Kurnool
Gooty
Cuddapah
Penneru
Puttaparthi
Lepakshi
Tirupati
Bangalore
Vellore
Chennai
Kanchipuram
Pondicherry
Salem
Chidambaram
Kaveri
Tiruchirapalli
Thanjavur
Madurai
Jaffna
Rameshvaram
Tuticorin
Tirunelveli
Tiruchendur
Kanniyakumari
Trincomalee
Colombo
Port Blair
Visakhapatnam
Kolkata
Yangon
NH6
NH16
NH9
NH7
NH18
NH5
NH4
NH46
NH45
NH47
NH49
NH7A
MUMBAI ET SES ENVIRONS
Thane
NH4
Andheri
NH8
Sahar
Bandra
NH3
New Mumbai
Trombay
Mazagaon
Nhave
0
1 km
ÎLES ANDAMAN ET NICOBAR
Andaman du Nord
Andaman du Milieu
Andaman du Sud
Îles Andaman
Port Blair
Visakhapatnam
Yangon
Chennai
Petite Andaman
Penang
Chennai
Car Nicobar
Îles Nicobar
Camorta
Petite Nicobar
Grande Nicobar
0
200 km

UNE IMAGE DE L'INDE

L'Inde est peut-être la nation dotée de la plus grande diversité au monde. Sa superficie lui confère le septième rang mondial et sa population le deuxième rang après la Chine. Elle réunit sur son territoire une diversité de langues, de cultures, d'ethnies, de croyances et de modes de vie comme il en existe rarement sur un continent et encore moins dans un seul pays.

Que l'on visite l'Inde pour la première fois où que l'on y vive depuis longtemps, le sous-continent peut être ressenti à la fois comme une agression à cause de l'agitation trépidante et du tohu-bohu ambiants et comme une terre de nombreux contrastes et paradoxes. C'est pourtant dans ces contrastes que réside la continuité, qualité substantielle qui est la quintessence de l'Inde. Le choc du premier contact passé, ce pays de 1 milliard d'habitants, au « million de révoltes » vous dévoilera peu à peu ses secrets enchanteurs. Vous les découvrirez dans ses temples, ses mausolées et ses forts séculaires, dans les merveilleux objets de son artisanat fabriqués dans la plus parfaite tradition, ou au milieu de la cohue et des senteurs de ses bazars colorés et animés.

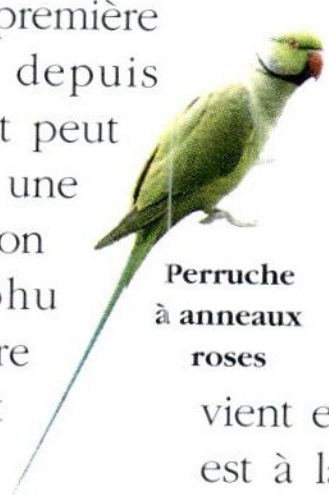

Perruche à anneaux roses

L'HÉRITAGE DU PASSÉ

Le côté fascinant de l'Inde vient en grande partie du fait qu'elle est à la fois une jeune nation et un vieux pays où le présent se heurte constamment au passé. L'histoire écrite de l'Inde remonte à la civilisation cinq fois millénaire de la vallée de l'Indus. C'était une civilisation urbaine sophistiquée *(p. 41)* comme l'attestent les fouilles qui ont été menées. Puis vers 1500 avant J.-C., les Arya originaires d'Asie centrale viennent s'établir dans la plaine gangétique. Très particulière, la culture indo-aryenne

Échoppe de barbier au bord d'une route

◁Jeunes Indiennes sous la pluie de la mousson, à la Foire de Tarnetar dans le Gujarat

Scène de rue typique à Kolkata (Calcutta)

raison qu'il n'y a pas de stéréotype racial, ni de culture monolithique pour définir l'Inde. D'une manière générale – les exceptions sont toutefois nombreuses –, les Indiens du Nord ont habituellement la peau claire, ceux du Sud ont la peau plus foncée, tandis que ceux de l'Est possèdent un faciès plutôt mongoloïde. Par ailleurs, plus de 70 millions d'Indiens

continue de faire partie de la tradition vivante de l'Inde. Au XXIe siècle, les hymnes du *Rig Veda* composés par les Indo-Arya sont encore récités dans les temples et devant les autels domestiques de toutes les maisons indiennes. Mais les Indo-Arya ont laissé un autre héritage : la division de la société en quatre *varna* (castes). Ce système, qui était sans doute un moyen rationnel d'ordonner la société à cette époque *(p. 41)*, a dégénéré en un système de discrimination héréditaire qui a toujours prise sur la société et la politique indiennes, même si la loi interdit les discriminations de ce type.

Camion peint

La langue

Un des grands paradoxes de l'Inde est d'avoir eu en permanence, pour tempérer son orthodoxie et sa rigidité sociales, des révoltes, des réformes et des influences extérieures. Bien avant que le Nouveau Monde ne crée son « melting-pot », l'Inde accueillait envahisseurs et conquérants, aventuriers et marchands, qui ont tous façonné et été façonnés par la terre qu'ils se sont appropriée. C'est pour cette

appartiennent à des tribus allant des groupes proto-australoïdes de l'Orissa au groupe mon-khmer du Nord-Est. La diversité des langues est tout aussi importante puisque l'on parle sur le sous-continent plus de 17 langues régionales officielles et des centaines de dialectes. L'hindi est la langue la plus couramment parlée, mais il ne remplacera jamais les langues régionales telles que le tamoul, considéré comme la langue indienne la plus ancienne, ou le bengali, qui se glorifie de sa littérature et de son prix Nobel, le poète et romancier Rabindranath Tagore *(p. 248)*. Bien qu'elles soient dérivées du sanskrit, les langues indiennes possèdent en majorité leur propre écriture et leur propre littérature. Les quatre langues officielles du Sud, par exemple, se distinguent nette-

Séchage des piments sur le toit d'une maison de village dans le Maharastra

ment les unes des autres, bien plus que ne le font l'italien et l'espagnol. L'hindoustani, qui est parlé couramment dans les régions du Nord et du Centre, est lui-même un mélange d'hindi (dérivé du sanskrit) et d'ourdou (inspiré du persan), preuve éclatante de l'hybridation des cultures. Part de l'héritage de l'Empire britannique des Indes, l'anglais est la langue de l'élite panindienne; elle est aussi utilisée pour communiquer et est le plus sûr passeport pour l'ascension sociale et la réalité virtuelle, grâce à Internet.

Enfants sur une charrette de foin dans le Tamil Nadu

La culture

À l'image du peuple indien, la culture indienne est une mosaïque composée d'une myriade d'éléments puisant leur source dans l'histoire ancienne, les influences étrangères et la diversité régionale. Elle doit aussi sa grande richesse à l'entrecroisement des « grandes » et « petites » traditions. Musique et danse traditionnelles basées sur des textes datant de 2 000 ans côtoient les films musicaux de Bollywood, principale production de la culture populaire. Cette richesse se retrouve dans les arts visuels et l'architecture: la somptuosité époustouflante des monuments moghols ou des temples du Sud voisine avec l'élégante simplicité des maisons villageoises. L'art indien d'avant l'époque moderne s'inspire amplement des thèmes religieux et de la nature. Les peintures rupestres de Bouddha à Ajanta, les incrustations de fleurs et d'animaux des palais moghols et rajpoutes, les sculptures de divinités des temples hindous et jaïns, les miniatures et les peintures traditionnelles illustrant des scènes des deux grands récits épiques, le *Mahabharata* et le *Ramayana (p. 26-27)*, en sont quelques glorieux exemples. Né des traditions, l'artisanat continue de prospérer malgré l'industralisation et l'économie de marché. Fabriqués par des artisans qui préservent les traditions et le savoir-faire ancestraux, les beaux objets et objets usuels comme les courtepointes, châles, pots en cuivre, jarres en terre cuite, et outils agricoles sont utilisés quotidiennement.

Femme faisant sécher des saris sur un *ghât*, Varanasi)

Danseuse d'Odissi

Religion et société

Rites et religion marquent quasiment chaque instant de la vie des Indiens. Quatre grandes religions – hindouisme, bouddhisme, jaïnisme et sikhisme – ont été fondées en Inde. L'Inde est par ailleurs le troisième pays musulman du monde et, il y a environ 2 000 ans, l'apôtre saint Thomas y a introduit le christianisme. Au IXe siècle, les zoroastriens fuyant les persécutions en Perse ont d'abord trouvé refuge en Inde. Officiellement 85% de la population indienne est hindouiste. Ce chiffre toutefois n'est pas représentatif du nombre de croyances et de pratiques classées sous la rubrique « hindouisme » qui ont évolué par l'interaction de toutes les autres religions de l'Inde. Aujourd'hui, c'est presque un cliché de dire que l'hindouisme n'est pas une religion en soi mais un mode de vie. La religion hindouiste ne possède pas de Livre, ni de Dieu, ni de prophète et chaque communauté a sa divinité favorite choisie dans un panthéon de plus en plus vaste. Les « grandes » et « petites » traditions qui sous-tendent la vie des Indiens font partie intrinsèque de l'hindouisme. À un certain niveau, c'est une religion empreinte de concepts philosophiques obscurs et de quête métaphysique. C'est cette prédisposition à la philosophie qui a valu à l'Inde la réputation d'être un pays « spirituel ». Mais pour la majorité des Indiens, la religion se traduit surtout par des cérémonies et des rituels qui marquent chaque jour de l'année, chaque saison et chaque passage à une autre vie. Les divinités ne sont pas de vagues personnages mais sont présentes dans chaque foyer et à chaque coin de rue. Même si chaque confession a des règles, des rituels et des tabous qui lui sont propres, l'Indien moyen fait preuve d'une grande tolérance. C'est ce grand esprit de tolérance qui, en dépit de conflits périodiques, a permis à l'Inde d'être aujourd'hui encore un patchwork de cultures et de croyances unique en son genre.

Indiens musulmans récitant la prière *(namaz)* dans une mosquée

La hiérarchie sociale est nettement plus rigide. Le patriarcat qui repose sur la foi profonde dans les mariages arrangés, l'obéissance aux aînés et le sens du devoir passant avant les libertés individuelles a commencé à s'effriter ces dernières décennies mais reste malheureusement la norme dans la majeure partie du sous-continent. La pauvreté, l'analphabétisme et le système de castes sont encore manifestes. Dans beaucoup de communautés les femmes continuent à être victimes de l'inégalité entre les sexes et les petites filles à être considérées comme un fardeau.

Vendeur de fleurs à l'entrée du temple de Minakshi à Madurai

Le cricket est une passion nationale en Inde

L'Inde moderne

Mais les choses sont en train de changer. Partout, les comportements du passé cèdent le pas à des équations nouvelles, suscitant à la fois conflits et espérances. Ce changement a été possible essentiellement parce que l'Inde est une démocratie laïque et que de nouvelles et intéressantes perspectives économiques ont vu le jour.

Reines de beauté

Cinéma, cricket et politique qui sont les trois grandes passions nationales font l'objet de discussions sans fin dans toutes les strates de la société. La politique est la passion partagée par le plus grand nombre. Même si le pays compte des millions d'illettrés et d'indigents, ces derniers exercent leur droit de vote à chaque élection. Le simple fait de pouvoir élire ou destituer un homme politique avec un bulletin de vote donne aux gens ordinaires un sentiment de puissance et de fierté qui leur fait oublier leur pauvre condition séculaire.

Tours s'élevant au-dessus de la ligne d'horizon à Mumbai (Bombay)

L'émergence d'une « nouvelle bourgeoisie » est une preuve plus évidente encore de l'évolution rapide de l'Inde. Pendant les quelques décennies qui ont suivi l'indépendance en 1947 *(p. 56)*, l'économie indienne était une économie mixte proche de l'économie socialiste. Mais dans les années 1990, prenant une nouvelle orientation, le gouvernement a encouragé l'entreprise privée et l'installation des multinationales dans le pays.

La révolution de la technologie de l'information a eu aussi un impact important. L'informatique et la télévision par satellite ont changé les mentalités d'une manière spectaculaire. Tout le monde n'a pas bénéficié des nouvelles technologies, notamment dans les campagnes. Mais dans les villes, les gens disposent du téléphone portable, de l'automobile et des cyber-cafés. Reste à savoir si ce boom de la consommation engendrera un miracle économique ou bien s'il accentuera les inégalités. Mais une chose est certaine : le vent du changement n'engendrera jamais de rupture radicale en Inde. La nouveauté se fond avec le passé, les traditions s'adaptent à la technologie et la permanence marche main dans la main avec le changement.

Paysages et faune sauvage

Perruche tête-de-prune

L'Inde possède une extraordinaire diversité de paysages et de végétation où vit une faune très variée. Au pied de la chaîne himalayenne qui borde le Nord du pays s'étend la fertile plaine indo-gangétique sur toute la largeur de la région du Centre où la densité de la population est forte. La région de l'Ouest est occupée en grande partie par le désert aride du Thar. Au Sud de la plaine gangétique se trouve le plateau du Deccan encadré par les Ghâts occidentaux et orientaux. Long de 7 516 km, le littoral indien est bordé d'ouest en est par la mer d'Oman, l'océan Indien et le golfe du Bengale.

Le paysage himalayen *se caractérise par des cimes enneigées, des cours d'eau et des versants recouverts de conifères.*

La région aride de l'Ouest

Le désert du Thar et ses environs semi-arides abritent une faune et une flore étonnamment variées. Plus à l'ouest, les dunes de sable du Rajasthan cèdent la place aux salants et au marais salé du désert de Rann du Kutch.

La plaine gangétique

Les riches plaines alluviales orientées nord-ouest/est sont cultivées depuis des millénaires. À la culture du riz s'ajoutent aujourd'hui celles du blé, de la canne à sucre et des légumineuses.

L'antilope noire *est l'un des animaux les plus rapides au monde et peut parcourir une distance de 80 km en une heure.*

Les lions d'Asie *qui vivaient autrefois dans tout le Nord de l'Inde sont aujourd'hui cantonnés dans la réserve du Sasan Gir Sanctuary au Gujarat* (p. 349).

Les aigles mangeurs de serpents *sont de gros rapaces reconnaissables aux anneaux noirs et blancs qu'ils portent sur les ailes postérieures.*

Les éléphants d'Asie *qui sont au nombre de 45 000, contre 250 000 en Afrique, sont l'espèce la plus menacée.*

Les tantales asiatiques *migrent vers les marais et les lacs à la saison des amours, de juillet à octobre.*

Les sangliers sauvages *vivent dans la plupart des forêts de feuillus de l'Inde. Les mâles munis de défenses peuvent être très agressifs.*

Les avocettes *migrent vers les côtes et les marais du Gujarat et du Maharastra en novembre.*

Les étoiles de mer *qui vivent sur les rochers se trouvent dans les bassins de marée de tout le littoral indien.*

LES CÔTES

Les paysages y sont variés : plages de sable bordées de cocotiers à Goa et au Kerala, récifs coralliens dans les îles Andaman, mangroves au Bengale-occidental et dans l'Orissa. La côte orientale est souvent frappée par des cyclones.

LE PLATEAU DU DECCAN

Séparé de la plaine gangétique par la chaîne montagneuse de la Vindhyp, le plateau du Deccan est recouvert de terres noires volcaniques et d'anciennes roches cristallines. Il est riche en gisements d'or et de diamant.

Les tigres *sont une espèce menacée : seulement 3 500 spécimens vivent dans la péninsule.*

Les papillons Daniel *sont une espèce commune de la région.*

Les langur (Semnopithecus entellus) *– aussi appelés « hanouman » – vivent en bande nombreuse sous la direction d'un mâle.*

Les paons*, oiseaux emblématiques de l'Inde, exécutent des danses impressionnantes quand apparaissent des nuages de pluie.*

LES GHÂTS

Les versants des Ghâts orientaux et occidentaux sont recouverts de forêts de tek, de bois de rose, de sal *(Shorea robusta)* et de bois de santal *(Santalam album)* odorant. On trouve aussi de nombreuses espèces d'orchidées.

Les tahr ou jharal du Nilgiri *vivent sur les hauteurs des Ghâts occidentaux* (p. 531).

Les grenouilles-taureaux *gonflent leur sac vocal à la saison des amours pendant la mousson.*

Les serpents à lunettes *se reconnaissent au dessin qui orne leur capuchon. Le cobra royal est, lui, le plus grand serpent venimeux du monde.*

L'architecture sacrée

Plafond d'un temple jaïn

Deux fois millénaire, le patrimoine architectural de l'Inde est intrinsèquement lié aux grandes religions du pays. Stûpas et monastères bouddhiques, temples hindous et jaïns font partie de l'architecture sacrée vernaculaire. Se composant essentiellement de piliers et de dalles en pierre avec des représentations sacrées et des ornements sculptés, beaucoup de temples ont néanmoins des caractéristiques communes. Voûtes et coupoles furent introduites au XIIe siècle par les conquérants musulmans, de même que l'usage du mortier.

Colonne sculptée du temple de Narayana à Melkote

L'architecture bouddhique

Les monuments religieux les plus anciens de l'Inde sont les stûpas, tertres funéraires de forme hémisphérique, ainsi que les sanctuaires rupestres *(chaitya)* consacrés au culte et les monastères bouddhiques *(vihara)* dont les cellules étaient disposées sur les trois côtés d'une cour carrée.

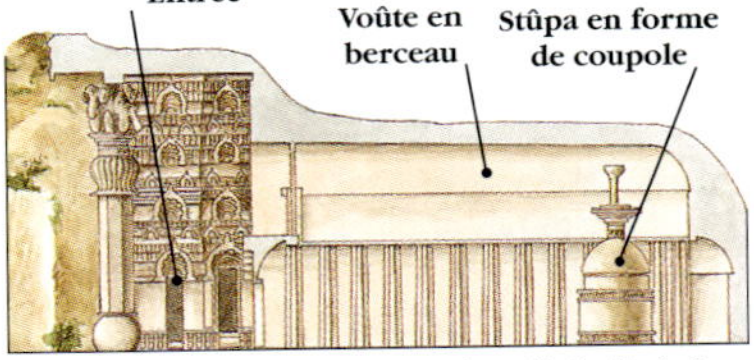

***Les chaitya** servaient de salle* (griha) *de culte pour les congrégations et abritaient en leur extrémité un stûpa en forme de coupole.*

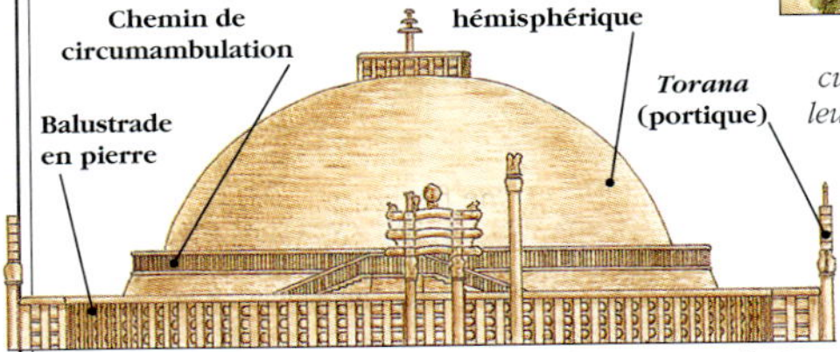

***Les stûpas** étaient des monuments reliquaires ou étaient ensevelies les cendres des maîtres bouddhistes, notamment de Bouddha. Le stûpa de Sanchi est en pierre et enclos dans une haute balustrade percée de portiques* (torana).

***Les chaitya rupestres** se différencient par des voûtes en berceau et une ouverture en forme de fer à cheval.*

Les temples hindous

En Inde du Nord, la tour sanctuaire possède une toiture à arêtes curvilignes *(shikhara)* dont le faîte est orné d'un coussinet de pierre côtelé *(amalaka)*. En Inde du Sud, la tour pyramidale *(vimana)* à plusieurs étages est surmontée d'un toit en forme de coupole ou en voûtes à berceau. Dans tous les temples le culte se déroule à l'intérieur d'un petit sanctuaire sombre (*garbhagriha* : maison-matrice).

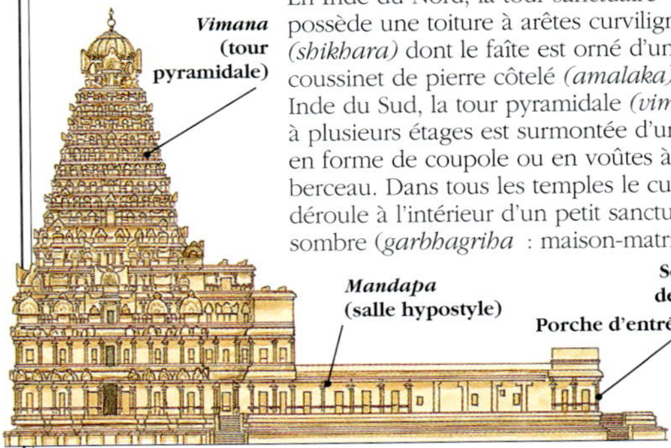

***Les temples de l'Inde du Sud** comme celui de Brihadishvara à Thanjavur* (p. 488-489) *possèdent un vestibule et une salle hypostyle* (mandapa) *dotée d'une profusion de colonnes décorées, menant au* garbhagriha *que surmonte un toit en gradins.*

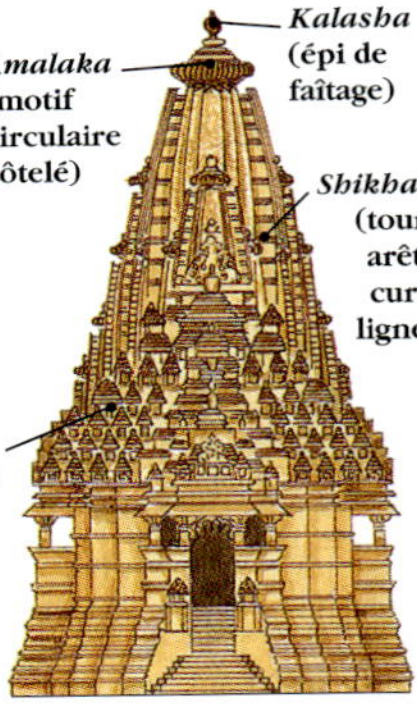

***Le temple de Kandariya** à Khajuraho* (p. 202-203) *est considéré comme l'un des plus beaux de l'Inde du Nord.*

L'ARCHITECTURE MUSULMANE

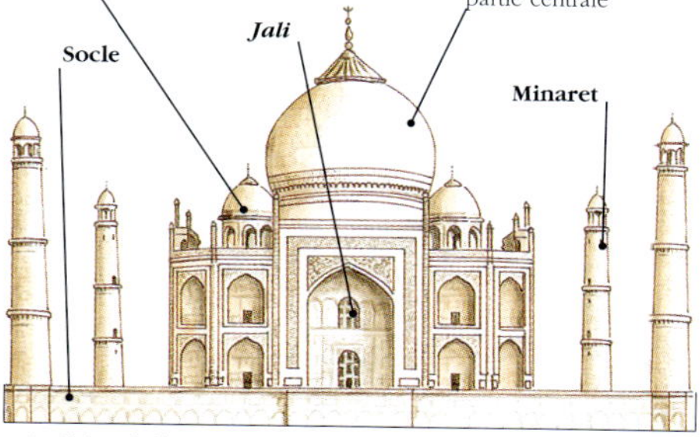

Le Taj Mahal *(p. 148-149)*, l'apogée de l'art musulman

Traditions importées, la mosquée et le mausolée ont été intégrés par l'architecture indienne. Dans la salle de prière de la mosquée surmontée par une coupole, le *mihrab* en forme de niche est orienté vers La Mecque. Les Moghols ont introduit le tombeau-jardin érigé sur un socle au milieu d'un jardin clos *(charbagh)* divisé en quatre parties. Calligraphies persane et arabe, motifs géométriques et floraux sont des ornements typiques de l'art musulman.

Mihrab* de la mosquée de Bidar *(p. 447)

LES *GURDWARA* SIKHS

La *gurdwara* qui abrite le *Granth Sahib*, le livre-gourou, est surmontée d'une coupole flanquée d'une galerie. Représentatif du style de la fin de la période moghole (XVIIIe siècle), le temple sikh est un mélange d'architectures islamique et hindoue.

Le Golden Temple d'Amritsar *(p. 98-99)*

LES ÉGLISES

Bien que les églises du Kerala datent d'avant l'arrivée des Européens, la majorité des lieux de culte chrétiens comme les églises de Goa *(p. 404-405)* sont construits dans le style européen avec un portique néoclassique surmonté d'une flèche. Beaucoup d'églises indiennes sont aussi de style néogothique comme l'église Saint-Jean-l'Évangéliste du Mémorial afghan *(p. 363)*.

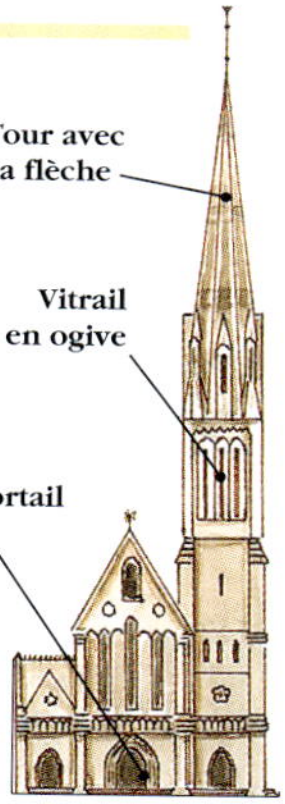

Église du Mémorial afghan de Mumbai

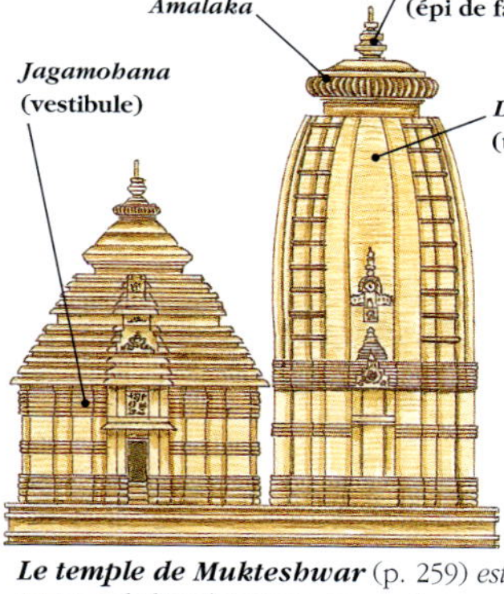

Le temple de Mukteshwar (p. 259) *est typique de l'architecture sacrée de l'Orissa. La tour à arêtes curviligne* (deul) *est flanquée d'un vestibule* (jamagohana).

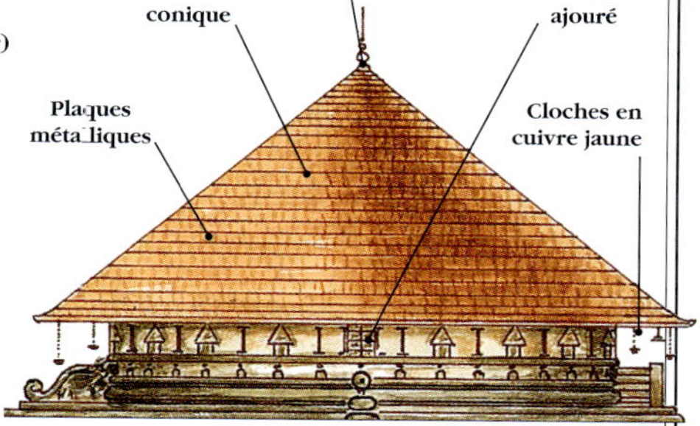

Les temples du Kerala *comme celui d'Ettumanur* (p. 520) *se distinguent par leur sanctuaire de forme souvent circulaire surmonté d'un toit incliné en tuiles ou en plaques métalliques et décoré de sculptures en bois et de peintures murales.*

L'architecture profane

Détail de plafond incrusté de miroirs

De superbes forts, palais et demeures fortifiées *(haveli)* ont été construits par les puissantes familles de l'aristocratie indienne qui détenaient le pouvoir. Beaucoup combinent harmonieusement la majesté des bâtiments et la beauté des éléments décoratifs, surtout au Rajasthan et au Gujarat. De leur côté, les Britanniques ont imposé leur propre style qui est une fusion de l'Orient et de l'Occident. Aujourd'hui encore, l'Inde rurale compte une grande variété de formes architecturales autochtones restées inchangées.

Le Laxmi Vilas Palace à Vadodara *(p. 345)* construit à la fin du XIXe siècle

L'architecture civile

Sculpture de Churchgate Station à Mumbai

Au milieu du XIXe siècle, les Anglais ont commencé à intégrer des éléments de l'architecture indo-musulmane au néoclassicisme et au gothique revivaliste européens. Ce style dit « indo-saracénique », qui reflète la fierté impériale, est visible dans des édifices publics comme le Victoria Terminus *(p. 370-371)* et l'Université à Mumbai (Bombay), ou le High Court et la gare Egmore de Chennai (Madras), et atteint son apogée à New Delhi *(p. 66-67)*, la nouvelle capitale où l'architecte Edwin Lutyens élabore un style grandiose associant plus élégamment les traditions indiennes et européennes.

Fenêtre gothique de l'université de Mumbai

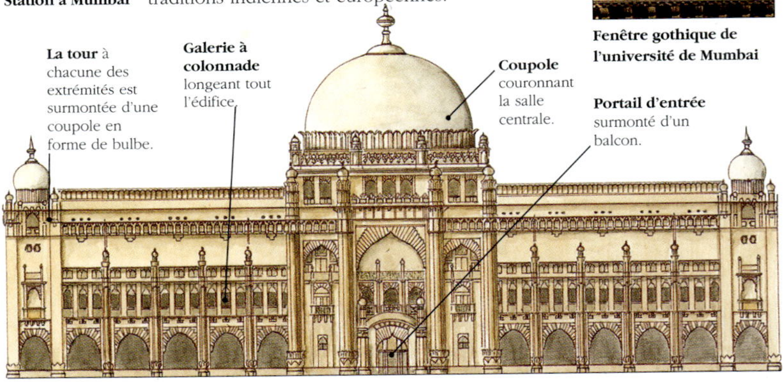

Le Prince of Wales Museum de Mumbai *(p. 450-451)*, inspiré du Gol Gumbad de Bijapur *(p. 445)*

La cour intérieure

Les maisons indiennes s'ordonnaient autour des espaces publics et des espaces privés. L'avant était ouvert aux visiteurs tandis que l'arrière, où se trouvait une cour, était réservé à la famille. Les grandes demeures comme celles du Shekhawati *(p. 308)* de Jaisalmer et de Chettinad *(p. 498)* comptaient plusieurs cours entourées de colonnades travaillées. La séparation de l'espace public et de l'espace privé était née des conventions sociales qui dictaient aux femmes de rester à l'abri des regards extérieurs.

Cour intérieure avec piliers en bois et portes sculptées

L'ARCHITECTURE VERNACULAIRE

Niche peinte

La diversité des habitations rurales est aussi grande que celle des matériaux et des climats qui existent en Inde. Certains principes généraux prévalent néanmoins : la maison type s'ouvre sur l'extérieur par une porte souvent abritée par une véranda. La pièce principale qui est habituellement la pièce à vivre et à dormir est située sur l'avant. La cuisine et les repas ont lieu de l'autre côté d'une cour intérieure, à proximité d'un puits ou d'une réserve d'eau. Dans la cour des maisons hindoues se trouve un bac en maçonnerie *(vrindavan)* où est cultivé le *tulsi* (basilic) pour la célébration quotidienne du culte.

Les maisons tribales *en bois et en bambou de la région boisée du Nord-Est se construisent vite et les pièces s'ajoutent à mesure que la famille grandit.*

Les maisons montagnardes *sont construites sur des éminences et sur deux étages. L'étable où l'on fait rentrer le bétail en hiver est en bas.*

Les villages de l'Inde du Centre *regroupent de nombreuses maisons avec une ou plusieurs pièces et un toit en tuiles. Certaines sont dotées d'un toit plat sur lequel les familles dorment en été.*

Les maisons du littoral *ont un toit incliné en tuiles pour protéger du soleil et de la pluie. Le* tulsi *(basilic) cultivé dans le bac sert au culte hindou.*

Les maisons du désert *sont en argile et se composent d'une unique pièce close avec un toit de chaume. Le* kothi *de forme circulaire sert à entreposer le grain. Des motifs à la chaux ornent le mur d'enceinte.*

LES MATÉRIAUX DE CONSTRUCTION

Plafond circulaire en chaume

La tradition voulait que la plupart des maisons soient construites avec des matériaux locaux. Le bambou et le chaume étaient ainsi utilisés au Bengale, dans l'Orissa et dans le Nord-Est, la pierre et les tuiles dans le Madhya Pradesh, le Maharashtra et le Sud. Malheureusement, l'acier et le béton sont en train de remplacer ces matériaux. L'argile, seule ou mélangée à de la bouse et de la paille, reste néanmoins le matériau le plus couramment utilisé.

Mur en bambou tressé

Toit en palmes de cocotier

Toit fabriqué avec de l'herbe

Tuiles semi-cylindriques

Briques d'argile cuites au soleil

Mur en blocs de pierre

La mythologie hindoue

Garuda, mi-homme mi-aigle

C'est à travers la sculpture que le vaste panthéon des divinités hindoues est le plus facile à explorer. Les principes de l'architecture des temples ont été établis à l'époque gupta (IVe-VIe siècles apr. J.-C.). Les temples sont ornés d'une profusion de sculptures qui ne sont pas simplement décoratives mais qui offrent une interprétation visuelle de la mythologie hindoue. Les nombreuses manifestations de divinités comme Shiva, Vishnou et Devi (déesse connue également sous le nom de Parvati, Durga ou Kali) sont décrites avec force détails. Des demi-dieux – dévots, nymphes et musiciens – complètent le tableau.

***Le Dvarapala** est le gardien armé qui se tient à l'entrée du temple ou à la porte du sanctuaire intérieur. Il porte une arme pour protéger la divinité contre les importuns.*

***Les dieux védiques** tels que Surya, le dieu du Soleil, étaient des manifestations de la nature et des éléments. Ils ont été intégrés au panthéon hindou il y a près de 2 000 ans.*

***Lakshmi**, déesse de la Fortune, encadrée de deux éléphants* (gaja), *comme sur ce relief du temple de Mamallapuram* (p. 474), *prend le nom de Gajalakshmi.*

Karttikeya sur sa monture *(vahana)* le paon.

Indra, dieu védique du Ciel, montant Airavata, l'éléphant blanc à quatre défenses représentant le nuage de pluie.

Servante

Lakshmi, épouse de Vishnou

Garuda, la monture *(vahana)* de Vishnou, est mi-homme mi-aigle.

VISHNOU ANANTASAYANA
Ce relief du temple Dashavatara à Deogarh *(p. 233)* montre Vishnou endormi sur le serpent Ananta qui le protège de son capuchon. Du dieu émane un lotus d'où naît Brahma tandis que Shiva accompagné de Parvati est monté sur son *vahana*, le taureau Nandi, entouré de serviteurs et créatures célestes. Massue, disque, épée et arc, les quatre armes de Vishnou, combattent les démons.

***Vamana,** avatar nain de Vishnou, se transforme en géant pour mesurer l'Univers en trois enjambées. Ce relief du temple de Badami* (p. 439) *le montre avec une jambe levée vers le ciel.*

***Mohini**, incarnation de Vishnou dans un corps de femme, est décrite comme la plus séduisante des enchanteresses. Elle est entourée ici de courtisanes et de nymphes.*

***Brahma**, le Créateur, fait partie de la triade* (trimurti) *hindoue avec Vishnou et Shiva. Il est représenté avec quatre têtes, dont trois seulement sont visibles en général, et tient un sceptre, une aiguière, un rosaire et le livre du* Veda. *Il est représenté ici avec son épouse Sarasvati, la déesse de la Connaissance.*

***Shiva**, le dieu destructeur, est assis en compagnie de son épouse Parvati qui représente son aspect paisible et domestique. Shiva tient dans ses mains un aiguillon à éléphant et un tambour* (dumroo) *et Parvati un lotus* (kamal).

Shiva et Parvati

Créature céleste volant

Ananta, le serpent à têtes multiples, est connu aussi sous le nom d'Adishesha.

Vishnou, le Protecteur

Serviteurs, personnifications des quatre attributs de Vishnou, protégeant le dieu contre les démons.

***Durga** est la forme terrible de la douce Parvati, tuant Mahishasura, le « démon-buffle ». Ce relief du temple de Mamallapuram appelé* Mahishasuramardini *montre Durga montée sur un lion, tenant avec chacun de ses dix bras une arme meurtrière pour anéantir le démon.*

***Karttikeya**, fils guerrier de Shiva, est monté sur un paon. Il est aussi connu sous le nom de Skanda, Subramanya et Murugan dans le Sud. L'autre fils de Shiva est Ganesh* (p. 382).

***Les fidèles** sont souvent élevés au rang de sages et honorés pour leur dévotion à Shiva ou Vishnou. Ce bronze du* XIe *siècle représente un sage shivaïte tenant des cymbales dans ses mains.*

Danseuses, musiciens et autres artistes figurent habituellement sur les bas-reliefs des temples

Les grandes épopées

Le héros Pandava

Les deux grands poèmes épiques du *Ramayana* et du *Mahabharata* ont eu un impact constant sur la culture et la philosophie indiennes. Leurs nombreux récits ont inspiré la peinture, la musique, la danse, le théâtre et plus récemment les séries populaires. Emplis de leçons de sagesse pour l'être humain, d'émotions et de dilemmes moraux, ils continuent de guider des millions d'Indiens dans leur vie quotidienne. Connus sous la forme orale depuis au moins 500 av. J.-C., ils n'existent sous la forme manuscrite que depuis environ le IVe siècle de notre ère.

***Arjuna,** après avoir atteint l'œil d'un poisson qui se reflétait sur l'eau, obtient la main de Draupadi qui épousera aussi ses quatre frères.*

***Au cours d'une partie de dés** avec les Kaurava, les Pandava perdent leur royaume et Draupadi. Celle-ci échappe aux Kaurava grâce à son sari qui s'allonge sans cesse pour la dissimuler.*

Le Mahabharata

Cette épopée raconte la rivalité entre les cinq frères Pandava – Yudishthira, Bhima, Arjuna, Nakul et Sahdeva – et cent hommes du clan des Kaurava, dont le chef est Duryodhana, et se termine par une grande bataille. Plusieurs autres fables, légendes et dissertations se mêlent au récit principal, faisant du *Mahabharata* un poème huit fois plus long que l'*Iliade* et l'*Odyssée* réunies.

***Forcés à l'exil** après la partie de dés, les Pandava errent à travers l'Inde 13 années durant. La dernière année, Arjuna se déguise en eunuque et donne des leçons de danse.*

***Le** **Bhagavad Gita** est un sermon adressé à Arjuna par Krishna, qui conduisait son char dans la bataille de Kurukshetra. Cette célèbre dissertation éthique et morale renferme l'essence de la religion et de la philosophie hindoues.*

***Dans le combat final,** les Kaurava forment une toile d'araignée* (chakravyuka) *défensive, dans laquelle le fils d'Arjuna est pris au piège et périt. Mais le 18e jour de cette bataille acharnée, les Pandava, sous la divine conduite de Krishna, sont finalement victorieux et reprennent leur royaume qu'ils dirigent avec Draupati comme reine.*

Le Ramayana

Le prince Rama victime des intrigues de sa belle-mère ne peut devenir roi d'Ayodhya et est envoyé en exil avec son épouse Sita et son frère Lakshman. Le roi-démon Ravana enlève Sita qui sera ensuite sauvée par les deux frères aidés du dieu-singe Hanuman. Rama est vénéré comme une incarnation de Vishnou.

***Le mariage de Rama et Sita** a lieu après que Rama a réussi à bander l'arc merveilleux de Shiva, que d'autres prétendants n'avaient même pas réussi à soulever de terre.*

***Exilés dans les forêts** 14 années durant, Rama, Sita et Lakshman vivent simplement et visitent les ermitages de nombreux sages.*

***Sita est enlevée** dans sa cabane de la forêt par Ravana, le roi-démon de Lanka déguisé en mendiant. Le courageux vautour Jatayu tente de la sauver mais Ravana lui tranche les ailes. Il aura le temps de dire à Rama ce qui s'est passé avant de mourir.*

***Les 10 têtes de Ravana** et ses 20 bras symbolisent sa grande force intellectuelle et physique.*

***Hanuman, le demi-dieu à tête de singe**, est un personnage très aimé du panthéon hindou. Il est vénéré pour ses pouvoirs magiques, son courage et sa force physique.*

***Le palais de Ravana à Lanka** est attaqué par Rama et Lakshman qui, aidés de Hanuman et de son armée de singes, sauvent Sita et tuent Ravana. Lakshman est gravement blessé mais il est sauvé par une plante magique de l'Himalaya appelée* sanjivini*, que lui rapporte Hanuman.*

***Le retour triomphal de Rama** à Ayodhya est célébré à Diwali, la fête des Lumières (p. 36-37) qui symbolise la victoire du Bien sur le Mal.*

Musique et danse traditionnelles

Sarangi et archet

Musique et danse indiennes célèbrent à la fois le culte aux divinités et la joie de vivre. Fondées sur des textes anciens codifiés, elles étaient initialement les instruments de la célébration du culte dans les temples et acquirent progressivement un caractère plus séculaire. Différentes régions de l'Inde ont leurs propres formes de danse alors qu'il y a seulement deux traditions musicales : la musique hindustani et la musique carnatique *(p. 485)* particulière au Sud.

***Le Kuchipudi** est une danse très théâtrale de l'Andhra Pradesh qui relate souvent des épisodes des grandes épopées.*

Frise d'un temple de l'Inde du Sud datant du XIe siècle représentant une danseuse

Complexité des mouvements de pieds et des rythmes et multiplicité des pirouettes caractérisent ce style de danse.

Ample jupe froncée portée sur des pantalons étroits.

Les *ghungroo* (grelots) aident à marquer le rythme.

***Le Kathak** était une danse très prisée dans les Cours royales de l'Inde du Nord.*

La tiare a la forme de la tour d'un temple.

Sensuelle et spirituelle à la fois, l'Odissi se caractérise par des mouvements onduleux et des postures très sculpturales.

Des pans plissés ornent le devant du sari.

***L'Odissi** est née dans les temples de l'Orissa en guise d'offrande aux dieux.*

La danse traditionnelle

Le «langage» de la danse traditionnelle indienne comprend toute une gamme de mouvements de main, d'expressions du visage et de postures du corps codifiés dans un traité du IVe siècle, le *Natya Shastra*. Les thèmes sont inspirés la plupart du temps de la mythologie et les percussions ainsi que la mélodie jouent un rôle important.

La musique hindustani

Les origines de la musique hindustani remontent à environ 5 000 ans. Celle-ci est basée sur le *raga* (mode mélodique) et le *tala* (cycle rythmique). L'absence de partition donne aux artistes une grande latitude pour improviser à l'intérieur du cadre mélodique. Il existe plus de 100 *raga* pour les moments de la journée ou les saisons selon l'humeur ou les images générées par la mélodie. Les souverains mécènes ont fondé différentes *gharana* (écoles de musique) qui ont préservé leur individualité en transmettant oralement la connaissance du *guru* (maître) au *shihya* (disciple).

***Ravi Shankar**, l'un des plus éminents sitaristes de l'Inde, a fait connaître la musique savante indienne en Occident.*

***Amjad Ali Khan** joue du* sarod, *instrument inventé par son grand-père à partir du* rabab, *un luth datant du Moyen Âge.*

***Neuf* rasa** *(humeurs) sont mentionnés dans le Natya Shastra : amour, rire, tristesse, colère, enthousiasme, peur, dégoût, émerveillement et sérénité. Ils couvrent toutes les humeurs et chacune de leur expression en musique, comme en danse ou en peinture. Cette miniature du* XVIIe *siècle dépeint l'humeur sereine du matin* (raga todi).

Le Kathakali du Kerala utilise des masques spectaculaires

***Le Bharat Natyam**, du Tamil Nadu, a des mouvements d'yeux et de mains* (mudra) *éloquents*

***Le Manipuri**, Nord-Est de l'Inde, raconte la légende de Radha et Krishna* (p. 282).

***Bismillah Khan** est un joueur de* shehnai, *hautbois cérémoniel rouge de la famille de l'ohoe, qui aujourd'hui est aussi un instrument de concert.*

***Zakir Hussain** devant son* tabla. *Cet instrument composé de deux tambours est présent dans presque tous les récitals de musique et de danse.*

***Kishori Amonkar** est une chanteuse de premier plan. Un concert débute par une lente évocation du raga, suivie par l'élaboration de la ligne mélodique et une séquence au rythme très rapide.*

Les coutumes vestimentaires

Une des particularités les plus remarquables de l'habillement indien est la manière ingénieuse d'utiliser une simple pièce d'étoffe sans couture. Drapée en sari ou enroulée en turban, cette étoffe pleine de ressources sert aux hommes comme aux femmes. Les vêtements façonnés sont la *kurta*, le *pyjama* (pantalon ample), le *sherwani* (manteau), la *ghaghara* ou *lehenga* (longue jupe ample) et naturellement le pantalon, la jupe et le jeans omniprésent. Aujourd'hui, malgré l'influence croissante de la mode occidentale, les Indiens continuent en majorité à porter les vêtements traditionnels, notamment le sari qui est utilisé dans tout le pays avec un style de drapé différent suivant les régions.

Le voile (odhni *ou* dupatta) *est essentiel dans les classes les plus conservatrices.*

***Le sari**, qui mesure habituellement 5,5 m de long, est fixé autour de la taille puis drapé, et les plis ramenés au centre sont glissés à l'intérieur du jupon.* Le pallou *(extrémité la plus ornée) est enfin jeté par-dessus l'épaule.*

***Safa* (turban)**

L'*angavastram* se porte sur les épaules comme un manteau sans couture.

Blouse

Sari

Churidar plissé autour de la cheville à la manière d'un bracelet.

LE MARIAGE INDIEN
Célébrés avec faste, les fêtes et les mariages sont la vitrine de la mode vestimentaire masculine et féminine qui est très variée en Inde. Ce sont eux qui maintiennent les traditions en termes d'usages et d'habillement.

***Le* salwar-kameez**, *composé d'un pantalon ample* (salwar) *et d'une tunique vague* (kameez), *la* dupatta *sont les vêtements féminins traditionnels du Pendjab. Aujourd'hui, ils sont portés dans tout le pays.*

***Au Maharashtra**, les femmes portent leur sari qui mesure 8 m de longueur quasiment à la manière du* dhoti. *Les plis du devant sont passés entre les jambes et glissés sous la taille pour donner une plus grande aisance.*

***Au Kerala**, les femmes portent le* mundu-veshti, *avec le* mundu *en guise de jupe et le* veshti *glissé sous la taille en guise de* pallou. *Les hommes portent seulement le* mundu *et recouvrent leurs épaules avec l'*angavastram.

Coiffes

Pour les hommes, l'accessoire le plus important est le turban *(pagri ou safa)*. Le style et la couleur de ce turban ne sont pas une simple question de mode, mais aussi la marque distinctive du statut social, de la religion, de la caste et de la région de celui qui le porte. Les turbans du Rajasthan font partie intrinsèque de la culture de cette région tandis que le turban sikh du Pendjab est le signe identitaire de cette communauté martiale *(p. 95)*. Au milieu du XIXe siècle, les *topi* (toques) sont devenus en vogue, surtout chez les courtisans des Cours mogholes, et aujourd'hui les hommes le portent encore (simple ou décoré) à la mosquée et à l'occasion des fêtes.

Jeune musulman coiffé du *topi*

Patriarche de Jodhpur (Rajasthan) en turban

***Choli* (petit boléro)**

***Odhni* (voile)**

Kurta

Le marié porte un *sherwani* (manteau) et un *churidar* (pantalon) conventionnels en soie ivoire

La jupe *(lehenga)* de la mariée est en soie rouge avec de riches broderies en or.

***Le dhoti-kurta** traditionnel se compose d'un* dhoti *(jupe) ou* longi, *pièce d'étoffe serrée autour de la taille ou passée entre les jambes, et de la* kurta *(tunique) à manches longues.*

***Le* sherwani** *est un long manteau à col droit qui se porte sur le* churidar, *dont les plis au niveau des chevilles sont pareils à des bracelets* (churi).

***Au Manipur**, les femmes portent le* phanek *similaire au sarong et les hommes le* khudei. *Chaque tribu s'identifie par une couleur et un motif de bande particuliers. Ce couple fait partie de la tribu Paite.*

***La* ghaghara** *est la longue jupe froncée que portent les femmes au Rajasthan et au Gujarat, avec le* choli *(petit boléro) et l'*odhni *(voile) retenu à la ceinture, dont elles se recouvrent l'épaule droite et la tête.*

La formule magique de Bollywood

Les films hindi de Bollywood (du nom de l'ancienne Bombay, aujourd'hui Mumbai) sont un mélange fascinant de romantisme, de violence, de comédie et de tragédie, émaillé de séquences de chants et de danses, avec un message social et moral explicite. Depuis ses débuts, en 1899, le cinéma de Bollywood est passé des films « mythologiques » aux films d'action et aux comédies dramatiques. Mais la formule du « massala » (mélange épicé) qui s'adresse à un public large et varié demeure inchangée.

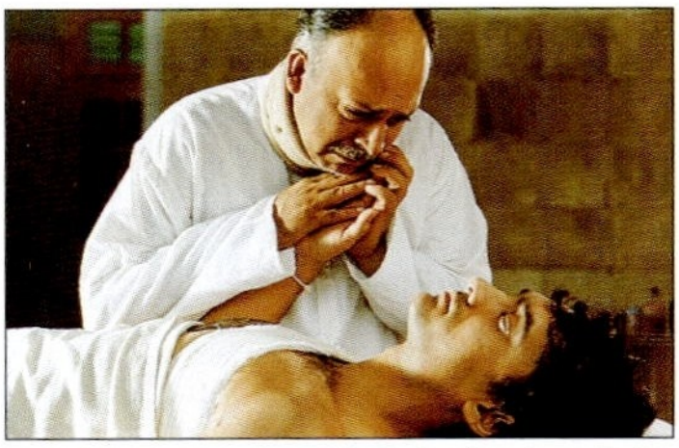

***Les émotions** sont en général celles du mélodrame, comme dans cette scène de* Sarfarosh *(1999) où un père pleure aux côtés de son fils blessé.*

Le héros, Hrithik Roshan, est l'une des stars les plus prisées de Bollywood. Son charme électrique et son physique puissant ont fait de lui une vedette.

***Les héroïnes** ajoutent une note glamour qui est essentielle. Les stars de cinéma à la mode, toujours minces et superbement habillées comme Aishwarya Rai, Miss Monde 1997, fixent les canons de la beauté et de la grâce féminines.*

***Le culte du héros** est symbolisé par Amitabh Bachchan. Surnommé « Big B » il règne sur le cinéma hindi depuis les années 1970 en jouant le rôle du jeune homme en colère. Il a été élu star du millénaire et a sa statue de cire chez Madame Tussaud à Londres.*

L'INDUSTRIE DU CINÉMA HINDI

La production d'un film de Bollywood coûte entre 1,75 et 30 millions de dollars. Le budget comprend les cachets des stars, le tournage dans des endroits exotiques, les effets spéciaux et les campagnes de promotion. Plus de 100 films sont produits chaque année, certains sont doublés en langues régionales ou sous-titrés en anglais pour un public international.

***Les endroits exotiques** sont un must pour les scènes romantiques. Le héros fait toujours la cour à l'héroïne sur fond d'Alpes suisses, de fontaine romaine ou de vacances australiennes.*

Les valeurs familiales *sont au centre de la plupart des films. La maison peut être le théâtre d'une grande félicité ou de violentes discordes, surtout en cas de divergences d'opinions entre les générations.*

Les méchants *sont dépeints comme l'incarnation du mal. Dans* Jungle *(2000), le méchant est un bandit qui terrorise les animaux d'une réserve naturelle et kidnappe un groupe de touristes avec l'héroïne.*

L'héroïne, Amisha Patel, représente la jeunesse occidentalisée des villes qui aime s'amuser.

La violence *donne généralement dans le genre comique. Les combats à grand spectacle qui opposent le héros et le méchant sont poussés à leur paroxysme et se terminent invariablement par le triomphe du bien sur le mal.*

Les figurants qui sont les amis du héros et de l'héroïne font partie des chœurs pendant les extravagantes séquences de chants et de danses.

Les séquences de chants et de danses *vont des duos avec le héros et l'héroïne aux morceaux à grand spectacle avec de nombreux danseurs. Ces morceaux sortent avant le film en vidéo-clips pour la TV et deviennent souvent des tubes.*

LE « NOUVEAU CINÉMA »

Dans les années 1950 et 1960, le cinéma parallèle ou cinéma d'« art » a été dominé par Satyajit Ray dont les films, décrivant la vie quotidienne dans les villages et les petites villes de l'Inde, incitaient à la réflexion. En orientant son regard vers le réalisme et les questions sociales, il a ouvert la voie à des réalisateurs de renommée internationale comme Deepa Mehta et Mira Nair.

Deepa Mehta et les comédiennes Shabana Azmi et Nandita Das

L'Inde au jour le jour

Les Indiens adorent les festivités et chaque année compte d'innombrables foires et fêtes civiles ou religieuses avec leurs réjouissances ou leur jeûne rituel. Certaines fêtes sont liées au panthéon divin, d'autres aux changements de saison et aux travaux agricoles, et d'autres encore à un anniversaire ou à des événements nationaux importants comme le Republic Day *(p. 69)*.

Orchidées en fleurs

Les fêtes hindoues suivant habituellement le calendrier lunaire, la pleine lune *(purnima)* et la nouvelle lune *(pradosh)* sont considérées comme des moments propices à leur célébration. Le calendrier des fêtes islamiques est aussi réglé par la pleine lune. Ainsi les dates des principales fêtes religieuses changent-elles d'une année sur l'autre (voir la rubrique des fêtes à chaque chapitre).

Fête de Holi dans les environs de Mathura

Printemps (fév.-mars)

Avec ses fleurs et ses températures agréables, le printemps (Basant) qui va de mi-février à fin mars est la plus belle saison. C'est aussi celle des mariages, des processions, des matchs de crickets, des courses hippiques, des floralies et autres manifestations culturelles.

Basant Panchami *(fév.)*
Le premier jour du printemps, Basant est célébré dans tout le Nord de l'Inde. Les gens s'habillent en jaune, la couleur des fleurs de moutarde que l'on voit à cette période. Dans les régions de l'Est, on célèbre Sarasvati, la déesse de la Connaissance et de la Sagesse.

Vasantahabba *(fév.)*, à Nrityagram.
Festival de danse de Bangalore où des artistes de renom venus de toute l'Inde se produisent du crépuscule jusqu'à l'aube.

Delhi Horse Show *(fév.)*
Pendant deux jours, des pur-sang venus de tout le pays participent à des épreuves de jumping, de tent-pegging et à des numéros de dressage.

Elephanta Festival *(fév.)*, sur l'île d'Elephanta.
Festival de musique et de danse traditionnelles en plein air où se produisent des artistes renommés.

Kala Ghoda Festival *(fév.)* à Mumbai.
Deux semaines extravagantes dédiées aux arts visuels et du spectacle à Kala Ghoda. La National Gallery of Modern Art, la Jehangir Art Gallery et les trottoirs accueillent des concerts de sitar et de *tabla*, des récitals de danse et des expositions de peinture.

Nishagandhi Dance Festival *(fév.)*, à Thiruvananthapuram.
Des danseurs de presque tous les styles traditionnels se produisent en plein air à l'auditorium Nishagandhi.

Id-ul-Zuha *(fév.)*
La fête musulmane du Sacrifice (Bakr Id) commémore la volonté d'Abraham de sacrifier son fils Ismaël. Ce jour-là une chèvre est offerte en sacrifice à Allah, des prières sont dites dans les mosquées et des sucreries spéciales sont distribuées.

Shivatri *(fév.-mars)*
Les fidèles shivaïtes fêtent la nuit de l'union céleste de Shiva avec Parvati.

Four Square White-Water Rafting Challenge *(fév.-mars)*, à Rishikesh.
Première compétition indienne de rafting et aussi l'une des plus grandes du monde avec un prix de 25 000 $ et des équipes concurrentes indiennes et internationales.

Jumping au Delhi Horse Show

***Namaz* (prière) de la fête d'Id-al-Zuha**

Delhi Dhrupad Samaroh *(mars)*, à Delhi.
D'éminents représentants de la tradition vocale du *dhrupad* donnent des récitals.
Holi *(mars)*
Cette fête, l'une des plus importantes fêtes hindoues, a lieu la nuit de la pleine lune et marque la fin de l'hiver. La veille, des feux de joie sont allumés et une effigie du démon Holika est brûlée en signe de triomphe du bien sur le mal. Le lendemain, les gens envahissent les rues et s'aspergent mutuellement d'eau colorée et de *gulal* (poudre). Cette fête était particulièrement appréciée de Krishna. Elle est célébrée avec une grande ferveur dans la région de Mathura où Krishna est né.
Jamshedi Navroz *(mars)*
Fête du Nouvel An de la communauté parsi du nom du roi de Perse Jamshed qui aurait introduit le calendrier solaire en Inde. Les fidèles se rendent dans les temples du Feu pour faire des offrandes de bois de santal.
Festival international du film du Kerala *(mars-avr.)*
Ce festival présente des films du monde entier dans les catégories : cinéma du monde, court-métrage, documentaire et cinéma régional en langue malayalam.
Shankarlal Sangeet Sammelan *(mars-avr.)*, à Delhi. Le plus ancien festival de musique vocale et instrumentale traditionnelle de la capitale.

Été (avr.-juin)

Du début avril au mois de juin, les plaines du Nord et une partie du Sud connaissent une saison chaude et sèche. En mai et juin, la température dans le Nord atteint 40 °C et plus – le signal pour ceux qui en ont les moyens de monter dans les collines des contreforts de l'Himalaya – et environ 38 °C sur le plateau du Deccan et dans le Sud. Les festivités marquent une pause à cette période.
Baisakhi *(13 avr.)*
Elle annonce la saison de la moisson dans le Nord.
Ramnavami *(avr.)* (9e jour)
Une période maigre de 9 jours *(navaratri)* précède l'anniversaire de la naissance du héros Rama *(p. 27)*. Durant cette période, beaucoup de foyers hindous observent un régime végétarien strict.
Mahavira Jayanti *(avr.-mai)*
Les jaïns célèbrent la naissance de Mahavira, fondateur du jaïnisme, surtout au Rajasthan et au Gujarat.
Milad-ul-Nabi *(avr.-mai)*
Le jour de la naissance de Mahomet se célèbre avec des prières et la lecture du Coran.
Himachal Hang Gliding Rally *(mai)*, à Kangra.
Compétition internationale de deltaplane à laquelle participent des professionnels venus du monde entier.
Buddha Jayanti *(mai)*
Bouddha naquit, parvint à l'illumination et mourut le jour de la pleine lune du 4e mois lunaire. Les fidèles se rassemblent dans les *vihara* (monastères) pour prier. **La fête internationale des Fleurs** *(mai)*, à Gangtok.
Exposition de fleurs exotiques du Sikkim, dont presque 500 variétés d'orchidées.
NSD Repertory Festival *(mai-juin)*, à Delhi.
Ce festival national de théâtre est organisé par la célèbre National School of Drama.

Emblème de la National School of Drama

Fêtes nationales

Republic Day (26 janv.)
Independence Day (15 août)
Gandhi Jayanti (2 oct.)

Jours fériés

Id-ul-Zuha (fév.)
Shivatri (fév.-mars)
Holi (mars)
Vendredi saint (avr.)
Baisakhi (13 avr.)
Ramnavami (avr.)
Mahavira Jayanti (avr.-mai)
Milad-ul-Nabi (avr.-mai)
Buddha Jayanti (mai)
Janmashtami (juil.-août)
Dussehra (sept.-oct.)
Diwali (oct.-nov.)
Guru Parab (nov.)
Christmas (25 déc.)

Procession de lamas à l'occasion de Buddha Jayanti

Concurrentes de la Nehru Trophy Race au Kerala

Saison des pluies (juil.-sept.)

Juillet, août et une grande partie de septembre sont les mois de la mousson célébrée à travers le pays pour la transformation magique qu'elle apporte à la végétation. Tous les journaux rendent compte de sa progression. Dans le Sud, notamment dans les régions côtières, et dans le Nord-Est, les pluies sont très fortes, mais elles sont modérées dans les plaines du Nord.

International Mango Festival *(juil.)*, à Delhi.
Cette fête a lieu à la pleine saison de la mangue, avec plus de 1 000 variétés cultivées dans le Nord qui sont exposées à la vente au stade de Talkatora.

Kanwar Mela *(juil.-août)*, à Haridwar.
Le plus grand pèlerinage après la Kumbh Mela qui rassemble des dizaines de milliers de kanwaria (fidèles shivaïtes) pour un bain rituel dans le Gange.

Janmashtami *(juil.-août)*.
La fête de la Naissance de Krishna, la plus importante de la saison, est célébrée par une nuit sans lune et atteint son apogée à minuit – la journée étant consacrée au jeûne.
À Mathura *(p. 152)* et à Brindavan *(p. 153)*, les festivités sont particulièrement grandioses.

Independence Day *(15 août)*
Jour férié commémorant la fin de la colonisation britannique en 1947. Le Premier ministre s'adresse à la nation depuis les remparts du Fort Rouge de Delhi.

Raksha Bandhan *(août)*
Les jeunes filles nouent un bracelet de tissu sacré *(rakki)* aux poignets de leurs frères en gage d'amour et reçoivent en retour des cadeaux et la promesse d'une protection éternelle.

Version contemporaine de *rakhi*

Bangalore Flower Show *(août)*
Exposition qui se tient dans la grande verrière des Lalbagh Gardens. Des centaines de variétés de fleurs, de semences et de plantes sont proposées à la vente.

Nehru Trophy Boat Race *(août)*, au Kerala.
Une quarantaine de longs bateaux *(chundanvallam)* aux somptueux ornements participent à une course passionnante à Alappuzha.

Hiver (oct.-fév.)

C'est la saison la plus agréable : la mousson est terminée et la température commence à baisser. C'est également la période la plus riche en fêtes comme celles de Dussehra et de Diwali. L'hiver est également le moment où les paysans sèment le blé et la moutarde. Dans les plaines et les collines du Nord, la période la plus froide va de mi-décembre à mi-janvier. Les températures descendent souvent en dessous de 3 °C, mais le soleil brille dans la journée.

Dussehra *(sept.-oct.)*
Neuf jours durant les épisodes du *Ramayana (p. 27)* qui opposent Rama à Ravana sont mis en scène dans tout le pays. Au 10e jour appelé Vijaya Dashani, on fête la victoire de Rama sur Ravana avec des effigies géantes du roi démoniaque, de son frère et de son fils remplies de feux d'artifice qui s'embrasent. À Delhi, un mois entier est consacré à des représentations de théâtre dansé du Shiram Bharatiya Kala Kendra qui relatent la grande épopée. Au Bengale cette fête porte le nom de Durga Puja *(p. 239)*.

Gandhi Jayanti *(2 oct.)*
Fête nationale de l'Anniversaire du Mahatma Gandhi dans tout le pays.

Diwali *(oct.-nov.)*
Des lampes à huile sont

Effigies de Ravana et de son fils à la fête de Dussehra à Delhi

allumées dans chaque foyer pour commémorer le retour de Rama à Ayodhya après 14 ans d'exil. Chaque localité organise une *mela* (foire).

Foire de Pushkar *(oct.-nov.)*
Cette ville de pèlerinage accueille la plus grande foire aux bestiaux et aux chameaux d'Asie.

Guru Parab *(nov.)*
Les sikhs célèbrent l'anniversaire de Gura Nanak, fondateur du sikhisme, la première nuit de la pleine lune qui suit Diwali.

Prithvi International Theatre Festival *(nov.)*, à Mumbai.
Le Prithvi Theater, un des plus réputés de Mumbai, accueille pendant sept jours des troupes internationales avec un répertoire de pièces contemporaines et quelques compagnies nationales.

International Trade Fair *(14-21 nov.)*
Foire commerciale importante pour l'industrie indienne qui se tient sur Pragati Maidan où sont exposés des produits manufacturés en Inde et dans d'autres pays.

Id-ul-Fitr *(nov.-déc.)*
Fête marquant la fin du Ramadan, période de jeûne de 40 jours en mémoire des révélations que Mahomet a reçues de Dieu, qui a lieu à la nouvelle lune. Un *namaz* (prière) spécial est dit à la Jami Masjid de Delhi. On l'appelle aussi Mithi (sucré) Id, en raison de la sucrerie (*sewian*) que l'on mange ce jour-là dans tous les foyers.

International Film Festival of India *(nov.-déc.)*, à Goa.
Le premier festival de cinéma indien avec la participation de réalisateurs indiens et internationaux.

Festival de musique de Madras *(6 déc.)*, à Chennai.
La ville fête son riche patrimoine artistique avec des récitals de musique carnatique et de danse traditionnelle.

Festival de danse de Mamallapuram *(janv.-fév.)*
Ce festival accueille de grands danseurs indiens de Bharat Natyam, Kuchipudi, Kathakali et Odissi dans le cadre du célèbre temple rupestre pallava.

Voitures anciennes au Rallye de Kolkota

Lohri *(13 janv.)*, au Pendjab.
Feux de joie et réjouissances pour le jour censé être le plus froid de l'hiver.

Makar Sankranti *(14 janv.)*, à Jaipur.
Des nuées de cerfs-volants s'élèvent dans le ciel pour célébrer la remontée du soleil depuis l'équateur jusqu'au tropique du Capricorne. Cette fête coïncide avec la fête tamoule de Pongal *(p. 481)*.

Cerf-volant décoratif en papier

Republic Day *(26 janv.)*
Cette fête nationale célèbre avec pompe la proclamation de la République indienne et donne lieu à une parade militaire haute en couleur sur Rajpath à Delhi.

Beating of the Retreat *(29 janv.)*, à Delhi.
Cérémonie évoquant la fin de la bataille et le moment où les armées battent en retraite. Défilé de fanfares devant North Block et South Block. Au coucher du soleil, un clairon sonne la retraite, un feu d'artifice est tiré et des guirlandes électriques illuminent de façon magique les édifices.

Vintage and Classic Car Rally *(janv.)*, à Kolkota.
Course de voitures de collection organisée par le groupe de presse du *Statesman*. Les propriétaires des « *grand old ladies* » sont souvent vêtus en costume d'époque. Un rallye similaire a lieu en mars à Delhi.

Thyagaraja Aradhana Festival *(janv.)*, à Thiruvaiyaru.
Festival de musique organisé en l'honneur du compositeur Thyagaraja qui accueille des musiciens célèbres de tout le pays pendant huit jours.

Island Tourism Festival *(janv.-fév.)*, à Port Blair.
Ce festival de danse, de théâtre et de musique de dix jours reflète la diversité culturelle des îles Andaman. Expositions d'artisanat local et de spécimens de la flore et de la faune marines.

Desert Festival *(janv.-fév.)*, à Jaisalmer.
Trois jours de festivités sur les dunes de sable avec courses de chameaux, matchs de polo à dos de chameau, danses folkloriques et musique traditionnelle.

Joueurs de cornemuse à la cérémonie de Beating of the Retreat

Les climats de l'Inde

L'été, la mousson et l'hiver sont les principales saisons en Inde, le printemps et l'automne étant très courts mais très agréables. Le climat est très variable. Au Nord, les températures sont très élevées dans la plaine gangétique et modérées dans la ceinture himalayenne. En hiver, les cols de haute montagne sont bloqués par la neige. Le plateau central du Deccan et l'extrémité sud jouissent d'un climat tropical humide, avec des températures élevées et quasiment pas d'hiver. Toutes les zones côtières restent chaudes et humides, avec des pluies torrentielles. Les régions semi-arides du Rajasthan et du Kutch et les régions sous le vent à l'est des Ghâts occidentaux sont les plus touchées par la sécheresse alors que les côtes et les États du Nord-Est exposés à la mousson subissent chaque année des cyclones et des inondations.

Cactus géant du désert aride de Thar aux environs de Jaisalmer

Légende ***(par régions)***

- Tropicale humide : températures élevées en permanence et fortes précipitations en été.
- Subtropicale humide : été chaud suivi d'une période de fortes pluies. Hiver sec.
- Tropicale de savane : longue saison sèche avec des températures élevées en été. Hiver doux.
- Tropicale et subtropicale de steppe : semi-aride. Sécheresse due à des pluies faibles et irrégulières.
- Tropicale désertique : températures élevées en été et très basses en hiver. Rares précipitations.
- Montagneuse : climat froid et sec. Été de courte durée.
- Montagneuse : hiver froid et humide. Été de courte durée.

Jaipur

mois	avr.	juil.	oct.	janv.
°C	37 / 21	34 / 26	33 / 18	22 / 8
soleil	9,3 h	4,4 h	9,6 h	8,6 h
pluie	4,2 mm	193 mm	19,3 mm	14 mm

Mumbai

mois	avr.	juil.	oct.	janv.
°C	32 / 25	30 / 25	32 / 25	29 / 19
soleil	9,6 h	2,5 h	8,3 h	9,1 h
pluie	2,8 mm	710 mm	88 mm	2 mm

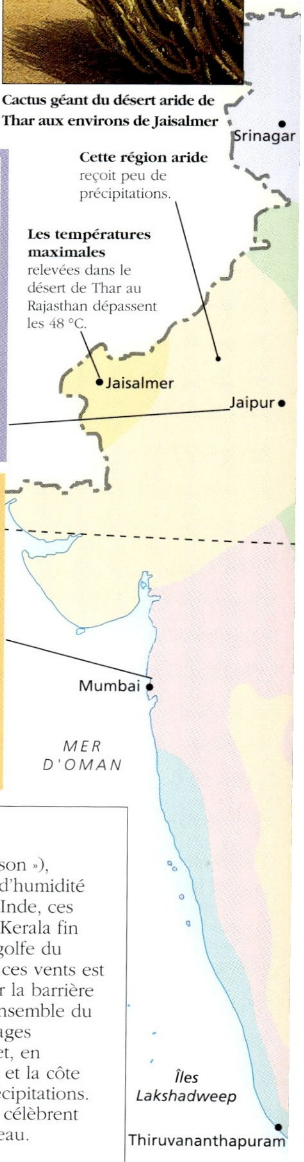

Pluies torrentielles de la mousson au Kerala

La mousson

La mousson, de l'arabe *mawsin* (« saison »), désigne les vents saisonniers chargés d'humidité qui soufflent en Asie méridionale. En Inde, ces vents orientés sud-ouest atteignent le Kerala fin mai et poursuivent leur route vers le golfe du Bengale et le Nord-Est. Une partie de ces vents est déroutée vers la plaine gangétique par la barrière de l'Himalaya et touche peu à peu l'ensemble du sous-continent. Fin septembre, les nuages commencent à s'éloigner vers le Sud et, en octobre et novembre, l'Andra Pradesh et la côte du Tamil Nadu reçoivent de fortes précipitations. Ces pluies sont très attendues chaque année ; chants et poèmes célèbrent Sawan et Bhadon (juillet et août), période d'espoir et de renouveau.

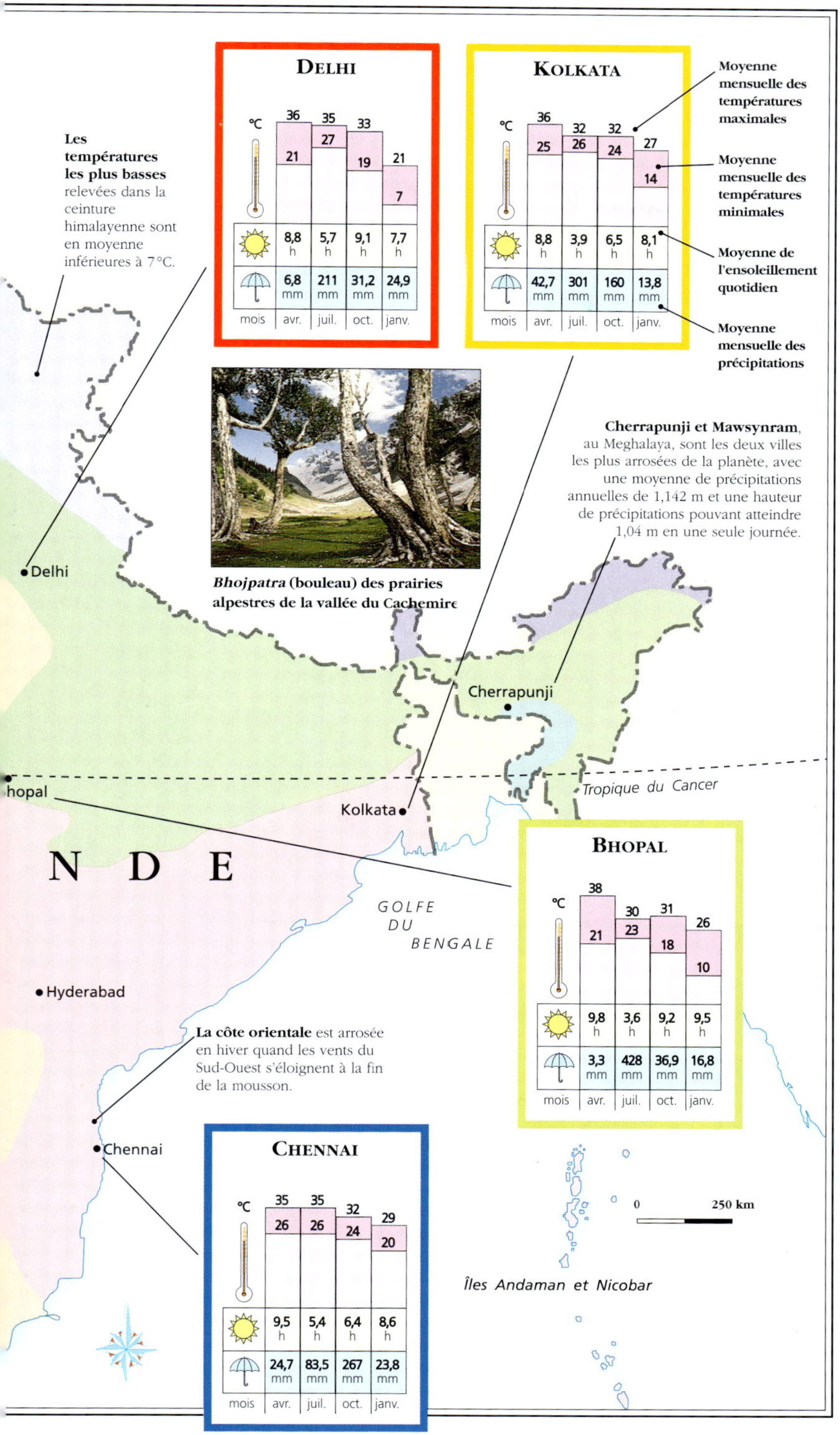

Les températures les plus basses relevées dans la ceinture himalayenne sont en moyenne inférieures à 7 °C.

DELHI

mois	avr.	juil.	oct.	janv.
°C max.	36	35	33	21
°C min.	21	27	19	7
ensoleillement	8,8 h	5,7 h	9,1 h	7,7 h
précipitations	6,8 mm	211 mm	31,2 mm	24,9 mm

KOLKATA

mois	avr.	juil.	oct.	janv.
°C max.	36	32	32	27
°C min.	25	26	24	14
ensoleillement	8,8 h	3,9 h	6,5 h	8,1 h
précipitations	42,7 mm	301 mm	160 mm	13,8 mm

Moyenne mensuelle des températures maximales

Moyenne mensuelle des températures minimales

Moyenne de l'ensoleillement quotidien

Moyenne mensuelle des précipitations

Bhojpatra **(bouleau) des prairies alpestres de la vallée du Cachemire**

Cherrapunji et Mawsynram, au Meghalaya, sont les deux villes les plus arrosées de la planète, avec une moyenne de précipitations annuelles de 1,142 m et une hauteur de précipitations pouvant atteindre 1,04 m en une seule journée.

BHOPAL

mois	avr.	juil.	oct.	janv.
°C max.	38	30	31	26
°C min.	21	23	18	10
ensoleillement	9,8 h	3,6 h	9,2 h	9,5 h
précipitations	3,3 mm	428 mm	36,9 mm	16,8 mm

La côte orientale est arrosée en hiver quand les vents du Sud-Ouest s'éloignent à la fin de la mousson.

CHENNAI

mois	avr.	juil.	oct.	janv.
°C max.	35	35	32	29
°C min.	26	26	24	20
ensoleillement	9,5 h	5,4 h	6,4 h	8,6 h
précipitations	24,7 mm	83,5 mm	267 mm	23,8 mm

HISTOIRE DE L'INDE

Le mot Inde *vient du grec* Indoi *désignant le peuple qui vivait au-delà de l'Indus. Les origines de la civilisation indienne se trouvent dans un périmètre délimité par l'Himalaya au Nord et par l'océan au Sud, à l'Est et à l'Ouest. Ces limites ont contribué à l'unité physique et culturelle du pays, malgré la dimension et la diversité du territoire qu'elles englobent.*

LA CIVILISATION DE L'INDUS

Les sites préhistoriques de l'Inde remontent à au moins 250 000 ans av. J.-C. et les premiers établissements agricoles à environ 7000 ans av. J.-C. Vers 2500 av. J.-C. une culture urbanisée voit le jour dans la vallée de l'Indus et vers le Nord-Ouest jusqu'au Gujarat avec des structures en brique dure, des réseaux de rues et un système d'écoulement des eaux élaboré. Le commerce avec la Mésopotamie est florissant. Sceaux en pierre portant une écriture qui reste à déchiffrer et instruments de poids et mesure font partie des objets appartenant à cette culture dite aussi « harappéenne » qui ont été mis au jour. Il subsiste des vestiges de cités à Lothal et à Dhlavira dans le Gujarat. Leur déclin vers 1800 av. J.-C. est peut-être dû à des modifications tectoniques ou environnementales.

Danseuse, 2500 av. J.-C.

LA PÉRIODE VÉDIQUE

Vers 1500 av. J.-C., les Arya venus probablement d'Asie centrale s'installent dans la région de l'Indus. Un texte sanskrit de cette époque, le *Rig Veda*, les décrit comme un peuple de pasteurs et d'agriculteurs. Trois autres *Veda* écrits entre 1000 et 600 av. J.-C. indiquent que leurs établissements s'étendaient au-delà de la vallée du Gange. C'est aussi l'époque du *Mahabharata* *(p. 26)*, poème épique qui relate la guerre entre deux clans.

Si la religion du *Rig Veda* célèbre les divinités de la nature, les dieux de la fin de la période védique sont plus complexes. La littérature de cette période compte une série de traités appelés *Upanishad* préconisant la quête philosophique de la réalité par la connaissance. Une structure sociale fondée sur le système des castes est alors en place, système qui au début ne concerne que les métiers mais qui devient progressivement héréditaire et de plus en plus rigide. En haut se trouvent les brahmanes ou prêtres, suivis des *kshatriya* (princes et guerriers), puis au-dessous des *vaishya* (agriculteurs et marchands) et enfin des *shudra* (serviteurs et artisans). Pour apaiser les dieux, les *Veda* prescrivent des sacrifices et des rituels qui font désormais partie de la vie quotidienne.

CHRONOLOGIE

Outils du début de l'âge de la Pierre

8000-4000 av. J.-C. Mésolithique, période intermédiaire de l'âge de la Pierre

7000 av. J.-C.

6000-1000 av. J.-C. Néolithique ou nouvel âge de la Pierre

Sceau, vallée de l'Indus

2500-1800 av. J.-C. La culture harappéenne de la vallée de l'Indus est florissante

1800-800 av. J.-C. Communautés d'agriculteurs

1500 av. J.-C. Les Arya émigrent vers le Nord-Ouest de l'Inde

600 av. J.-C.

1500-1000 av. J.-C. Période du *Rig Veda*

1200 av. J.-C. Découverte du fer

1000 av. J.-C.

1000-600 av. J.-C. Fin de la période védique. Poterie grise peinte et travail du fer

1000 av. J.-C.-100 apr. J.-C. Sites funéraires mégalithiques dans le Sud de la péninsule

950 av. J.-C. Guerre supposée, relatée dans le *Mahabharata*

900 av. J.-C.

Dolmen du Sud de l'Inde

600 av. J.-C.

◁ **Miniature représentant la bataille de Panipat (1526) qui marque l'avènement de la dynastie des Grands Moghols en Inde**

Peinture d'Ajanta du Bouddha en compagnie d'un singe

LE TEMPS DE MAHAVIRA ET DE BOUDDHA

Au VIe siècle av. J.-C., plusieurs centres urbains voient le jour dans le Nord de l'Inde et le commerce se développe. Cette urbanisation modifie la structure sociale et favorise l'apparition de nouvelles doctrines religieuses remettant en cause la prééminence des brahmanes.

Le bouddhisme et le jaïnisme, fondés respectivement par Gautama Siddharta (566-486 av. J.-C.) et Vardhamana Mahavira (540-467 av. J.-C.), deviennent populaires car ils excluent les castes et les sacrifices et sont ouverts à tous, y compris aux femmes. Nombreux sont ceux qui s'intéressent aux enseignements du Bouddha *(p. 189)*. Mahavira de son côté prêche l'ascèse et l'absence d'âpreté au gain. Les deux religions ne font pas référence à Dieu, elles débattent des lois de l'univers et prônent l'*ahimsa* (la non-nuisance) envers tous les êtres vivants. En les adoptant, les marchands acquièrent un nouveau statut social.

L'EMPIRE MAURYA

Le premier Empire de l'Inde est fondé en 321 av. J.-C. par Chandragupta Maurya, vainqueur de la dynastie des Nanda qui règne sur le Magadha (actuel Bihar). Il étend son territoire jusqu'à la rivière Narmada (Deccan). Son petit-fils Ashoka (269-232 av. J.-C.) sera l'un des grands souverains indiens et étendra l'Empire jusqu'à l'Afghanistan et au Karnataka. Mais après sa conquête sanglante du royaume de Kalinga *(p. 261)*, il renonce à la violence et devient un fervent protecteur du bouddhisme. Dans tout l'Empire il fait graver son code éthique sur le roc ou sur des piliers, enjoignant ses sujets de respecter la religion d'autrui, de pratiquer la charité et de s'abstenir de tuer les animaux. Ces édits en brahmi donneront naissance à la plupart des écritures indiennes. Ashoka fait élever de nombreux stûpas renfermant des reliques de Bouddha, dont celui de Sanchi *(p. 244-245)*.

Chapiteau aux lions d'une colonne d'Ashoka

LES ENVAHISSEURS VENUS D'ASIE CENTRALE

Après la mort d'Ashoka, l'Empire maurya décline rapidement. Des royaumes se constituent dans le Nord tandis que des envahisseurs en provenance d'Asie centrale mettent en place des dynasties

CHRONOLOGIE

566-486 av. J.-C. Vie du Bouddha

327-325 av. J.-C. Expédition d'Alexandre le Grand dans le Nord-Ouest de l'Inde, rapidement suivie du retrait de ses troupes

321 av. J.-C. Avènement de Chandragupta Maurya, fondateur de la dynastie maurya

269-232 av. J.-C. Règne d'Ashoka

189-75 av. J.-C. Règne de la dynastie des Shunga

500 av. J.-C. | **400 av. J.-C.** | **300 av. J.-C.** | **200 av. J.-C.** | **100 av. J.-C.**

540-467 av. J.-C. Vie de Mahavira

Pièce d'or de Samudra Gupta

315 av. J.-C L'historien et géographe grec Mégasthènes se rend en Inde

260 av. J.-C. Ashoka conquiert le royaume de Kalinga

165 av. J.-C. Le souverain indo-grec Milinda (ou Ménandre) règne dans le Nord-Ouest de l'Inde

100 av. J.-C.-220 apr. J.-C Règne des Satavahanas

successives : les Indo-Grecs de Bactriane (200-80 av. J.-C.), les Scythes ou Skaka (à partir de 80 av. J.-C.), les Parthes (Ier siècle apr. J.-C.) et les Kushana (50-300 apr. J.-C.). Le plus grand souverain kushana, Kanisha, règne sur les régions du Nord-Ouest, du Cachemire et la vallée du Gange. C'est également un protecteur du bouddhisme. La doctrine du *Mahayana* qui voit alors le jour se reflète à travers les sculptures du Bouddha de style gréco-romain de l'école du Gandhara et celles de l'école de Mathura d'un style moins marqué par les influences étrangères.

Tête du Bouddha de la période gupta

Après la disparition de l'Empire kushana, les Gupta exercent leur autorité sur un autre vaste empire du Nord de l'Inde. Leur règne (320-500 apr. J.-C.) est très florissant et produit une poésie et un théâtre classiques en sanskrit ainsi que de savants traités de mathématiques et d'astronomie.

Les deux sectes hindoues vishnouite et shivaïte deviennent prédo-minantes et une université bouddhique est fondée à Nalanda *(p. 186-187)*. Mais les Gupta ne résisteront pas aux incursions des Huns après l'an 450.

Un autre grand empire est fondé par Harsha qui régnera à Kanauj entre 606 et 647. Le voyageur chinois Hiuen Tsang *(p. 187)* parle de ce souverain éclairé dans ses écrits.

Les souverains du Sud

Après la disparition des Maurya, de nombreuses dynasties voient le jour dans le Deccan. Les Satavahanam (100 av. J.-C.-220 apr. J.-C.) et les Ikshvaku (225-310) font élever des stûpas à Amravati *(p. 554)* et à Nagarjunakonda *(p. 555)*.

La dynastie des Vakataka (250-550) produit une grande partie des sculptures et peintures rupestres d'Ajanta *(p. 391)*. Les Chalukya font édifier des temples à Badami *(p. 439)*, à Pattadakal *(p. 440-441)* et à Aihole *(p. 442-443)*.

Pulakeshin II (608-642), le plus puissant souverain de la dynastie, triomphe de Harsha et stoppe son avance vers le Sud.

À l'extrémité de la péninsule, les Chera (qui donnèrent leur nom à Kerala), les Chola et les Pandya exercent le pouvoir de 400 av. J.-C. à 400 apr. J.-C. Les peuples de cette région sont connus sous le nom de Dravidiens. Le Sud de l'Inde compta une autre grande dynastie : les Pallava.

Ces derniers établissent leur capitale à Kanchipuram où ils règnent de 275 à 550. Pendant toute cette période, les cités, les guildes d'artisans et le commerce sont particulièrement florissants dans toute l'Inde. Les royaumes du Sud, eux, s'enrichissent considérablement en exportant vers Rome des denrées précieuses (épices, soie, gemmes) et des animaux exotiques jusqu'en 300.

La courtisane ivre, relief de la période kushana

Pilier de fer, Ier siècle, Delhi

52 apr. J.-C. Voyage de saint Thomas en Inde

250-300 Construction des stûpas bouddhiques de Nagarjunakonda et d'Amravati

300-399 Compilation du *Ramayana* et du *Mahabharata*

320-500 Dynastie gupta

476 Naissance du célèbre astronome et mathématicien indien Aryabhata

606-647 Règne de Harsha

630-644 Séjour de Hiuen Tsang en Inde

100 — 200 — 300 — 400 — 500 — 600

78-110 Règne du roi kushana Kanisha

Statue de Kanisha

335-375 Règne de Samudra Gupta

Pièce d'or de Samudra Gupta

608-642 Règne du roi Chalukya Pulakeshin II

450 Début des invasions des Huns

Cortège d'un prince rajpout

Les dynasties du Nord (750-1200)

En 750, Kanauj, ancienne capitale du roi Harsha du centre de la plaine gangétique, est convoitée par trois dynasties : les Pratihara qui règnent sur le Rajasthan et le Malva, les Rashtrakuta qui règnent sur le Nord du Deccan et les Pala bouddhistes qui règnent sur le Bengale. Tous ont à un moment donné occupé Kanauj, mais vers 836 les Pratihara prennent le contrôle de la ville et le conservent pendant près de 200 ans. D'autres clans rajpoutes ne tardent pas à fonder des royaumes indépendants.

L'origine des Rajpoutes est indéterminée et continue d'interroger les historiens à ce jour mais leur présence dans l'Ouest de l'Inde est attestée dès le VIIe siècle. Certains pensent qu'ils pourraient descendre des tribus d'Asie centrale qui se sont établies dans le sillon des Huns hephtalites *(p. 43)*. Les Rajpoutes se disent *rajaputra* (fils de roi) et, pour mieux asseoir leur légitimité, les 36 clans prétendent être les descendants du Soleil et de la Lune, du feu ou autres ancêtres mythiques. Les premières dynasties comprennent les Paramara au Malva, les Solanki au Gujarat, les Tomar à Delhi, les Chandela en Inde centrale et les Chauhan au Rajasthan, dont le célèbre souverain Prithviraj est encore loué pour sa bravoure chevaleresque légendaire. À cette époque, le sous-continent indien compte aussi des royaumes indépendants, au Cachemire, dans le Nord-Ouest, le Nord-Est et l'Orissa, où la dynastie ganga a édifié les grands temples de Konark et de Puri *(p. 310-312)*.

Femme écrivant une lettre, Khajuraho

Toutes ces dynasties se combattent régulièrement pour prendre le contrôle des différents points stratégiques. Entre deux guerres, princes et souverains mènent une existence fastueuse dans leurs forteresses et leurs palais. L'agriculture est déjà un secteur bien développée avec plus de 100 variétés de céréales cultivées.

Le commerce avec les pays arabes est prospère et permet au pays de s'enrichir. Beaucoup de nouvelles cités voient le jour. La littérature, la sculpture et l'architecture des temples sont à cette époque particulièrement florissantes.

Les temples dont l'architecture est la plus plus remarquable, en dehors de l'Orissa, sont les temples de Chandela à Khajuraho *(p. 202-203)*, le Golden Temple (temple du Soleil) à Modhera *(p. 344-345)* et les magnifiques temples Dilwara en marbre du mont Abu *(p. 324)*.

Les dynasties du Sud (600-1200)

Au Deccan et dans le Sud de la péninsule, plusieurs dynasties exercent

Chronologie

Bouclier rajpoute avec l'emblème du Soleil

700 Des marchands arabes arrivent dans l'Ouest de l'Inde

783-1036 Les Pratihara règnent sur le Rajasthan et Kanauj

871-1216 Règne de la dynastie impériale des Chola dont la capitale est Thanjavur

700 | 750 | 800 | 850 | 900

736 Les Tomar fondent Dhillika (Delhi)

740-973 Les Rashthrakuta règnent sur le Deccan

750-1150 Les Pala règnent sur le Bengale et le Bihar

800 Adi Shankara prêche sa philosophie

900-1192 Règne de la dynastie des Ganga, fondateurs de Sravana Belgola

916-1203 Règne des Chandela, fondateurs de Khajuraho

leur autorité entre 600 et 1 200. Au VIe siècle, une nouvelle dynastie (Pallava), s'établit à Kanchipuram et, en 642, Narasimha Varman I l'emporte finalement sur le souverain chalukya Pulakeshin II, dont la mort entraîne la disparition du royaume chalukya.

À la fin du IXe siècle, la dynastie chola *(p. 46-47)* disparue depuis le IVe siècle inflige une défaite aux Pallava qui règnent sur la région voisine de Mysore et aux Pandya de Madurai et établit ainsi sa suprématie dans le Sud. Ils sont vaincus à leur tour par les Hoysala de Karnataka *(p. 430)* qui arrivent au pouvoir au XIIe siècle.

En dépit de ces guerres permanentes le commerce demeure aussi florissant que dans le Nord. Sous les Pallava, les navires marchands vont jusqu'au Cambodge, à l'Annam, à Java, à Sumatra, en Malaisie et en Chine.

Le temple du Littoral des Pallava à Mamallapuram

C'est aussi une période d'effervescence religieuse.

À partir du VIIe siècle, des poètes itinérants connus sous le nom d'Alvara et de Nayannar, fidèles respectivement vishnouite et shivaïte, prêchent contre la hiérarchie des castes et les pratiques brahmaniques orthodoxes, prônant l'union avec Dieu par l'amour et la dévotion *(bhakti)*. Leurs enseignements trouvent un large écho dans la population. Autre sage influent, Adi Shanka-racharya *(p. 530)* parcourt le pays de part en part en philosophant sur les idées contenues dans les *Upanishad* *(p. 41)* et en remettant en question le bouddhisme, le jaïnisme et la doctrine de la *bhakti* ; au XIe siècle, Ramanuja reprend les enseignements de Shankaracharya en les développant. Ces réformes et ce renouveau de l'hindouisme entraînent le déclin du bouddhisme au XIIe siècle, hormis dans l'Est de l'Inde. De grands monuments sont édifiés au Deccan et dans le Sud de la péninsule, parmi lesquels figurent les superbes temples pallava de Mamallapuram *(p. 472-475)* et de Kanchipuram *(p. 476)* ainsi que la statue monolithique de Bahubali de Shravana Belagola *(p. 429)*, érigée par les souverains ganga. Dans le Sud-Ouest, les Rashtrakuta, quant à eux, font élever le magnifique temple rupestre Kailasanatha *(p. 388-389)* à Ellora.

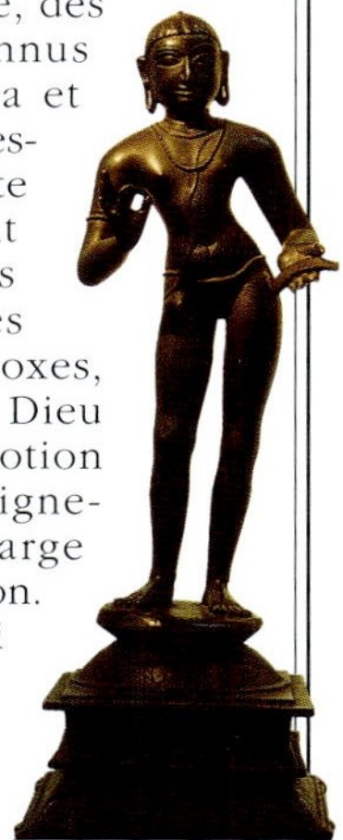

Statue de bronze d'un dévôt de Nayannar, XIIIe siècle

Statue de Surya au temple de Konark

974-1233 Règne des Paramara au Malva

998-1030 Invasions du sultan Mahmud de Ghazni

1032 Construction du temple Adinatha au mont Abu sous la dynastie des Solanki

1110-1342 Règne de Hosala

1192 Prithviraja Chauhan vaincu par le sultan Muhammad Ghori

950 | 1000 | 1050 | 1100 | 1150 | 1200

973-1192 Règne des Chauhan à Ajmer

974-1238 Règne des Solanki au Gujarat

1050 Ramanuja prêche sa philosopie vaishnava

1076-1438 Les Ganga de l'Orissa font élever les temples de Konark et de Puri

Prithviraja Chauhan

La dynastie des Chola

Reine chola

Du IXe au XIIIe siècle, le Sud de l'Inde se trouve sous la domination de la dynastie chola dont l'Empire s'étend sur presque toute la péninsule. Ses deux souverains les plus illustres sont Rajaraja Ier (985-1014) et Rajendra Ier (1014-1044). La littérature, l'architecture et la sculpture sont très florissantes sous leur règne.Ils font élever de somptueux temples qui deviennent le centre de la vie économique et culturelle. En 1216, les Chola sont supplantés par les Pandya qui exercent à leur tour leur hégémonie sur le Sud du subcontinent.

Le roi Rajaraja Ier
Le premier grand souverain chola (à gauche) supplanta d'autres royaumes du Sud et conquit Lanka.

Infrastructure
Les bassins d'irrigation que les Chola construisirent sur le fleuve Kaveri (p. 491) *assuraient la fertilité de la terre. Les dignitaires civils, militaires et provinciaux ainsi que les comitsé d'élus villageois formaient les maillons de leur puissante administration.*

Lutteurs de l'armée chola.

GUERRIERS CHOLA
Ce relief du temple de Darasuram *(p. 483)* célèbre les qualités martiales des Chola. Rajaraja Ier possédait une armée de 31 régiments avec des troupes à cheval et à dos d'éléphant ainsi que des fantassins.

Les deux faces d'une pièce de cuivre de Rajaraja Ier

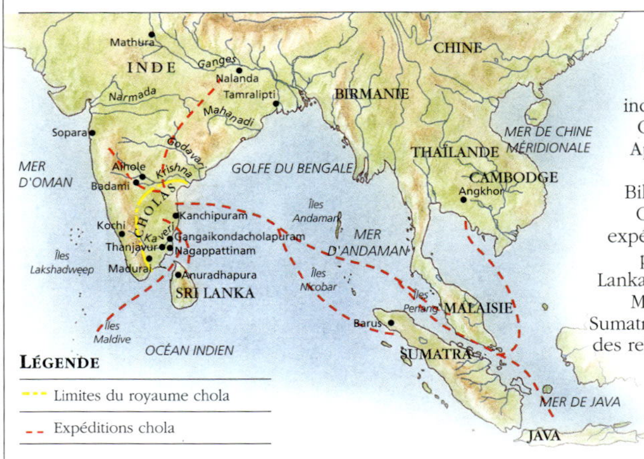

L'EMPIRE CHOLA
L'Empire chola fut le plus vaste empire indien depuis celui des Gupta (IVe-VIe siècles). Après avoir conquis le Deccan, l'Orissa, le Bihar et le Bengale, les Chola envoyèrent des expéditions navales pour piller les richesses de Lanka, des Maldives, de la Malaisie, de Java et de Sumatra. Ils établirent aussi des relations commerciales et diplomatiques avec la Chine, le Cambodge et la Birmanie.

Architecture
Le temple Brihadishvara (p. 488-489) *à Thanjavur, capitale du roi Rajaraja Ier, marque l'apogée de l'architecture des temples chola qui se caractérise par l'ampleur des édifices, les immenses tours sculptées et les portails.*

Sculpture
Ardhanarishvara *(mi-homme mi-femme), image de Shiva symbolisant l'union du masculin et du féminin. Cette sculpture en bronze témoigne de la qualité de l'art sculptural chola* (p. 462). *D'autres sculptures célèbres représentent des reines, des princes guerriers, des scènes des textes shivaïtes et Shiva sous l'aspect de Nataraja, roi de la Danse.*

Les soldats maniaient l'épée et le bouclier avec une grande habileté.

Religion
Les prodigues souverains chola célébraient le culte de Shiva, mais les adorateurs de Vishnou étaient également nombreux dans le Sud de l'Inde. Cette sculpture en pierre de Harihara, composite de Shiva et Vishnou, symbolise l'esprit de syncrétisme des deux sectes.

Le siège du pouvoir
Gangaikondacholapuram (p. 482) *fut construite en 1035 par le roi Rajendra Ier qui en fit sa nouvelle capitale après le succès de son expédition militaire dans la plaine gangétique. Le temple sur lequel veille le taureau Nandi, monture de Shiva, faisait aussi office de trésor et de centre culturel et éducatif.*

Danse et musique
Des centaines de musiciens et de danseurs se produisaient chaque soir dans les temples chola sous le patronage du roi.

L'avènement de l'Islam (1206-1555)

Les guerres permanentes qui opposent les souverains dans le Nord comme dans le Sud de l'Inde contribuent à les rendre vulnérables aux attaques extérieures. À partir du XIe siècle, l'instabilité politique qui règne en Asie centrale et les rumeurs qui circulent sur les fabuleuses richesses de l'Inde vont alimenter une nouvelle vague d'incursions des souverains musulmans venus du Nord-Ouest. Un grand nombre d'entre eux reste en Inde où ils fondent leur dynastie, amenant dans leur sillon soldats, érudits, marchands, artistes et prêcheurs soufi qui introduisent des idées nouvelles dans les arts, l'architecture, la théologie et l'art de la guerre. Ces idées nouvelles auront un impact durable sur la religion, les arts, la culture et l'histoire du sous-continent indien.

Détail de céramique de la période lodi

Le premier envahisseur est le sultan Mahmud de Ghazni qui, entre 998 et 1030, mène des raids de pillage et met à sac les sanctuaires. Il est suivi de Muhammad Ghori qui conquiert le Pendjab et Delhi, et qui après avoir remporté la victoire sur Prithviraja Chauhan en 1192, établit son hégémonie dans les régions dominées auparavant par les Rajpoutes. Son esclave Qutbuddin Aibak (1206-1210) qui lui succède fonde le premier sultanat de Delhi. Il fait élever la tour monumentale du Qutb Minar à Delhi. Parmi ses successeurs figurent Iltutmish et Balban *(p. 87)*, puis les Khilji (1290-1320) et notamment Ala-al-Din qui conquiert le Gujarat, le Rajasthan et le Bengale et fait des rois du Deccan et du Sud de l'Inde ses tributaires. Aux Khilji succèdent les Tughluq (1320-1415) dont le deuxième représentant, Muhammad-bin-Tughluq, achève la conquête du Deccan *(p. 387)* et du Sud de la péninsule. Mais il est incapable de maintenir son hégémonie sur ces contrées lointaines qui ne tardent pas à revendiquer leur indépendance. L'invasion dévastatrice de Timur Lang de Samarkand en 1398 accélère le processus car elle affaiblit le pouvoir des sultans de Delhi. Les deux dernières dynasties de sultans, les Sayyid (1413-1451) et les Lodi (1451-1526), sont déchirées par les rivalités de clans qui opposent les nobles et ont de la peine à contrôler leurs territoires.

Le Qutb Minar de Delhi (XIIIe siècle)

Les royaumes indépendants

Au début du règne des sultans de Delhi, plusieurs royaumes indépendants comme ceux des Solanki au Gujarat, des Ganga orientaux dans l'Orissa et des Kakatiya, des Pandya et des Hoysala au Deccan et dans le Sud de l'Inde sont annexés. Mais lorsque les Tughluq commencent à s'affaiblir et à perdre de leur pouvoir, un nombre important de nouveaux États indépendants

Chonologie

Pièce tughluq

- **1206-1290** Règne de la 1re dynastie des sultans de Delhi
- **1228** Les Ahom règnent sur l'Assam
- **1288-1293** Le voyageur vénitien Marco Polo se rend en Inde
- **1320-1414** Règne des Tughluq
- **1336-1565** Empire vijayanagar
- **1347-1518** Royaume bahmani

1250 — 1300 — 1350 — 1400 — 1450

- **1206-1210** Qutbuddin Aibak fait élever le Qutb Minar
- **1296-1316** Règne d'Ala-al-Din Khilji
- **1327** La capitale Delhi est transférée à Daulatabad
- **1345-1538** Règne des Ilya Shaki au Bengale
- **1398** Invasion de Timur Lang
- **1394-1505** Règne des Sharqi à Jaunpur
- **1440-1518** Kabir, poète mystique du mouvement de la *bhakti*

Armement de la période du sultanat

Le soufi Nizam-ud-Din, XIVe siècle

font leur apparition. Au Sud de la péninsule, l'Empire hindou vijayanagar *(p. 434-435)* proclame son indépendance en 1336, tandis qu'au Deccan un noble tughluq fonde en 1337 le royaume islamique des sultans bahmani. Au début du XVIe siècle, le royaume bahmani s'est divisé en cinq petits royaumes : Bijapur, Ahmadnagar, Golkonda, Berar et Bidar. En 1565, trois de ces royaumes s'unissent contre les forces du Vijayanagar et provoquent sa chute.

Dans le même temps, alors que le sultanat de Delhi périclite, ses nobles et ses gouverneurs se rebellent et fondent leurs propres royaumes au Bengale (1388), au Gujarat (1407), à Mandu (1401) et à Jaunpur (1408). Dans le Nord-Est de l'Inde, les Ahom arrivés de Birmanie en 1228 fondent leur royaume dans l'Assam *(p. 278)*. De même, au Rajasthan, plusieurs royaumes rajputes comme le Mewar *(p. 326)* et le Marwar *(p. 316)* proclament une nouvelle fois leur indépendance.

Nouvelles influences culturelles

Malgré les turbulences que l'Inde traverse entre le XIIIe et le XVe siècle, des techniques nouvelles, introduites pour la plupart par les souverains musulmans, font leur apparition dans l'agriculture, l'irrigation, l'administration, l'art et l'artisanat. Le commerce avec l'Iran, les pays arabes, le Sud-Est asiatique, la Chine et l'Europe est florissant. Un historien du XIVe siècle dira de Delhi qu'elle est la plus grande ville du monde musulman oriental. Les mosquées, les tombeaux et les forts édifiés par ses sultans inaugurent de nouvelles tendances architecturales ; des styles différents réunissant des éléments islamiques et hindous voient le jour à Ahmedabad, à Mandu et dans les royaumes du Deccan. Dans le domaine de la religion, les sectes mystiques du soufisme et les sages adeptes de la doctrine de la *bhakti* tels que Murabai et Kabir prônent la dévotion à Dieu et rejettent la hiérarchie des castes. Le *guru* Nanak (1494-1530) fonde le sikhisme *(p. 95)* en empruntant aux principes de la *bhakti* et de l'islam.

L'avènement des Moghols

En 1526, le prince Babur originaire d'Asie centrale, descendant de Timur Lang et brillant combattant, pénètre en Inde, renverse les Lodi à la bataille de Panipat et pose les bases de l'Empire moghol. Son fils Humayun est renversé en 1540 par le sultan afghan du Bihar, Sher Shah Sur, mais remonte sur le trône en 1555 et son petit-fils Akbar s'attache à étendre la domination de l'Empire moghol. À leur suite, Jahngir et Shah Jahan léguent un prodigieux patrimoine artistique et architectural. Sous Aurangzeb, le dernier Grand Moghol, l'Empire s'agrandit encore par l'annexion de territoires du Sud.

Chasse à l'éléphant, Hami (Empire vijayanagar)

Bara Gumbal, tombeau lodi du XVe siècle

1451-1526 Règne des sultans lodi de Delhi

1469-1539 Vie du *guru* Nanak, fondateur du sikhisme

1555 Reconquête de Delhi par Humayum

1571-1585 Akbar construit Fatehpur Sikri

1643 Shah Jahan entreprend la construction du Taj Mahal

1674 Shivaji prend le titre de *chhatrapi*

1690 John Charnock fonde Calcutta

1500 — **1550** — **1600** — **1650** — **1700**

1498 Le Portugais Vasco da Gama atteint Calicut

1526 Victoire de Babur sur Ibrahim Lodi à Panipat

1540 Sher Shah Sur l'emporte sur Humayun et prend Delhi

1530 Humayun succède à Babur

1600 Élisabeth Ire signe la charte de l'East India Company

1556 Akbar devient empereur moghol

1661 Bombay est cédée par les Portugais aux Anglais

Les Grands Moghols

Casque moghol

À l'instar des Ottomans en Turquie, des Safavides en Iran et des Tudor en Angleterre à cette même époque, les Moghols formaient une dynastie puissante et influente qui régna sur l'Inde pendant plus de trois siècles. À son apogée, leur empire s'étendait de Kandahar au Bengale et du Cachemire au Deccan. Grands protecteurs de la littérature, de l'architecture, des arts et de l'artisanat qui connurent une renaissance, les Moghols mirent en place une culture pluraliste qui mêlait traditions musulmanes et hindoues.

Arts décoratifs
De somptueux objets comme ce flacon de narguilé (houka) *en verre bleu émaillé d'or étaient fabriqués dans les ateliers royaux des Moghols.*

L'empereur Akbar
Akbar (1556-1605), le plus illustre des Grands Moghols, était un brillant administrateur et un souverain éclairé. Il fonda la ville de Fatehpur Sikri (p. 154-157).

Un noble offre un cadeau à l'empereur.

Robes et turbans indiquaient le statut et la religion de ceux qui les portaient.

Les princes rajpoutes étaient de loyaux alliés des empereurs moghols.

Le Diwan-i-Khas était la salle des audiences privées

Armes
Les éléphants de guerre constituaient une partie non négligeable de l'armée moghole. Des aiguillons superbement travaillés servaient à leur donner des ordres et à les diriger.

Pièces mogholes
Les pièces (mohur) *en or frappées sous Akbar et son fils Jahangir sont réputées pour la finesse de leur calligraphie.*

Les Neuf Joyaux
Akbar réunissait à sa Cour des hommes brillants issus de professions diverses qu'il appelait « ses Neufs Joyaux ». Parmi eux se trouvait le musicien Tansen (au centre) dont la puissance vocale pouvait, disait-on, allumer une lampe.

Alliances politiques
Raja Man Singh Ier d'Amber donna sa fille en mariage à Akbar. Les alliances entre Moghols et Rajpoutes apporteront paix et prospérité à l'Empire moghol.

Nur Jahan
L'épouse d'origine persane de Jahangir (née en 1577) alliait l'intelligence et la beauté. C'est elle qui détenait le pouvoir.

Architecture
D'une beauté éthérée, le Taj Mahal (p. 148-149) *que Shah Jahan fit édifier par amour pour son épouse représente l'apogée de l'architecture moghole.*

Joaillerie
Ce pendentif incrusté de gros diamants d'une extrême pureté fait partie des richesses légendaires des Grands Moghols.

Manuscrits enluminés
Ouvrages de littérature et d'histoire et biographies étaient manuscrits sur papier doré avec une calligraphie et des illustrations d'une grande beauté.

Shah Jahan sur son superbe trône

SPLENDEUR DE LA COUR DE SHAH JAHAN

Cette peinture du XVIIe siècle représente l'empereur Shah Jahan et les nobles regroupés autour du trône suivant un ordre hiérarchique très strict. Pour les Grands Moghols dont la capitale Agra allait être transférée par la suite à Delhi, les rituels somptueux et l'apparat de la Cour servaient à afficher leur autorité suprême lorsqu'ils faisaient le point de la situation dans l'Empire.

Les guerres de succession
Aurangzeb, le dernier Grand Moghol, accéda au trône après avoir emprisonné son père Shah Jahan et exécuté ses frères. Fanatique et impitoyable, il s'aliéna un grand nombre de ses sujets hindous, mais agrandit son empire.

LA DYNASTIE MOGHOLE

L'Empire moghol connut une période florissante entre 1526 et 1707, année de la mort d'Aurangzeb. Dirigé ensuite par des souverains sans autorité, l'Empire déclina peu à peu et disparut finalement en 1857. Les six premiers souverains furent :

Babur (1526-1530)
Humayun (1530-1556)
Akbar (1556-1605)
Jahangir (1605-1627)
Shah Jahan (1627-1658)
Aurangzeb (1658-1707)

LE DÉCLIN DES MOGHOLS

La mort, en 1707, d'Aurangzeb annonce le déclin de l'Empire moghol. L'économie est ruinée et ceux qui lui succèdent n'ont pas d'autorité. Des États indépendants commencent à voir le jour : le Rajasthan, l'Aoudh, le Bengale, le Hyderabad et le Mysore. Les deux nouvelles puissances sont les Marathes au Deccan et les Sikhs dans le Nord. Sous le règne de Shivaji, les Marathes étendent leur territoire à partir de 1647. Les Sikhs, qui sont à l'origine un groupe religieux, commencent à annexer des territoires au Jammu et au Pendjab. Rangit Singh *(p. 96)* construit un puissant État au début du XIXe siècle.

Un sahib et son cornac

LES EUROPÉENS

L'Inde cesse d'être le théâtre de luttes intestines opposant les clans et les dynasties autochtones. Les marchands européens qui ont commencé à arriver au XVIe siècle vont en effet changer le cours de son histoire. Pour établir des comptoirs là où leurs agents se sont établis, les pays européens ont besoin de concessions territoriales, qu'ils obtiennent en menant des guerres contre leurs rivaux et contre les souverains indiens. Les Compagnies portugaise, française, hollandaise et anglaise des Indes orientales voient le jour. Arrivés les premiers, les Portugais doivent bientôt céder la plus grande partie de leurs territoires aux Hollandais et aux Anglais à la fin du XVIIe siècle pour ne garder que Goa et quelques enclaves voisines. Les Hollandais à leur tour cèdent leurs territoires aux Anglais. Ces derniers vont s'opposer aux Français tout au long des trois guerres du Carnatic (1740-1763) et remportent finalement la victoire. Les Français ne parviennent à garder que Pondichéry et quelques petits établissements.

L'EXPANSION BRITANNIQUE

Dès le début du XVIIe siècle, l'East India Company a obtenu des empereurs moghols des concessions commerciales dans le Nord. En 1757, les Anglais l'emportent sur le nabab du Bengale à la bataille de Plassey (Palasi) et, en 1764, à la bataille de Buxar. À cette époque, les Moghols sont déjà affaiblis par les invasions du sultan de Perse Nadir Shah en 1739 et de l'émir afghan Ahmed Shah Abdali en 1761. Les Marathes qui règnent alors sur Delhi subissent une cuisante défaite contre Abdali. Les Anglais vont profiter de la situation pour étendre leur domination. Après ses nombreux succès militaires, Robert Clive *(p. 457)* devient gouverneur du Bengale en 1757. À partir de 1773, le Parlement anglais commence à exercer son contrôle sur la Compagnie. Nommé à son tour gouverneur, en 1772, Warren Hastings reçoit bientôt le titre de « gouverneur général du Bengale » (1774-1785) qui lui permet de contrôler tous les établissements. Les guerres qu'il mène

L'église Rachol à Goa

CHRONOLOGIE

1707 Mort de l'empereur moghol Aurangzeb

Hache de guerre de Nadir Shah

1727 Sawai Jai Singh II fonde Jaipur

1739 Le sultan de Perse Nadir Shah envahit Delhi

1750

1757 Les Britanniques défont le nabab du Bengale, Siraj-ud-Daulal, à la bataille de Plassey

1761 L'émir afghan Ahmed Shah Abdali remporte la victoire sur les Marathes à la 3e bataille de Panipat

1764 La bataille de Buxar donne aux Britanniques le *diwani* (levée de l'impôt foncier) du Bengale

1774-1785 Warren Hastings, 1er gouverneur général

1775

1789 Les Marathes occupent Delhi

1799 Défaite du sultan Tipu

Soldat marathe

Révolte des Cipayes (fantassins indiens de l'East India Company) à Fatehpur en 1857

ainsi que ses successeurs (dotés à partir de 1833 du titre de « gouverneur général de l'Inde ») contre les Marathes, le Pendjab et contre Haider Ali et Tipu Sultan au Mysore permettent de poursuivre l'expansion britannique. D'autres États sont conquis ou passent sous le contrôle britannique par le biais de diverses politiques. L'Alliance subsidiaire, par exemple, oblige chaque État indien à assurer l'entretien des troupes anglaises et à accorder le droit de résidence à un représentant officiel britannique en qualité de conseiller. La doctrine dite « du lapse » établit, elle, qu'en l'absence d'héritier mâle direct, un État revient à la Compagnie. Ainsi en 1857, la Compagnie contrôle une grande partie du sous-continent et fait d'énormes profits. Après la révolution industrielle, les matières premières du sous-continent sont exportées vers l'Angleterre et reviennent inonder le pays sous forme de produits manufacturés, notamment de textiles. Les artisans s'appauvrissent, l'artisanat et les villes périclitent. Le mécontentement envers l'autorité étrangère ne cesse de croître. Contrairement aux anciens conquérants de l'Inde, les Anglais continuent de bénéficier d'un statut à part. En 1857, la conjugaison de plusieurs facteurs débouche sur une révolte. Celle-ci commence d'abord par une mutinerie de soldats puis s'étend rapidement à toute la population civile. Au mois de mai, ce sont des milliers de rebelles qui marchent sur Delhi et proclament le souverain moghol Bahadur Shah Zafar empereur de l'Inde. En septembre, les Anglais reprennent le contrôle de Delhi et déposent Bahadur Shah. Ce dernier est exilé à Rangoon et ses jeunes fils sont impitoyablement exécutés. D'autres régions qui étaient aussi entré en rébellion sont reprises avec brutalité – ce qui met fin au premier important soulèvement des indiens contre l'autorité anglaise.

Jouet représentant un tigre du sultan du Mysore, dévorant un soldat britannique

1803 Les Anglais prennent Delhi aux Marathes

Pièce de la Compagnie à l'effigie de la reine Victoria

1853 Première liaison ferroviaire entre Bombay et Thana

1857 « Mutinerie » des Cipayes

1863 Shimla devient la capitale d'été de l'Empire britannique

1800 — **1825** — **1850**

1799-1839 Règne de Ranjit Singh

1818 Les royaumes du Rajasthan acceptent la domination britannique

1829 La *sati*, sacrifice des femmes sur le bûcher funéraire de leur mari, est interdite

Le nabab d'Aoudh Wajid Ali Shah

1856 Annexion de l'Aoudh

1858 La Couronne britannique dirige l'East India Company. Lord Canning devient le 1er vice-roi des Indes

La *Pax Britannica*

La Victoria Cross

En révélant l'impopularité des administrateurs de l'East India Company (Compagnie des Indes orientales), la révolte des Cipayes de 1857 posait les bases de l'Empire britannique des Indes. En 1838, une loi adoptée par le Parlement annexait les territoires de la Compagnie à la Couronne britannique représentée par un vice-roi. Même si la seule raison d'être de l'Empire était le profit économique et le contrôle politique, il laissera en héritage l'unification politique du pays, l'éducation occidentale, un système administratif centralisé et un réseau ferré.

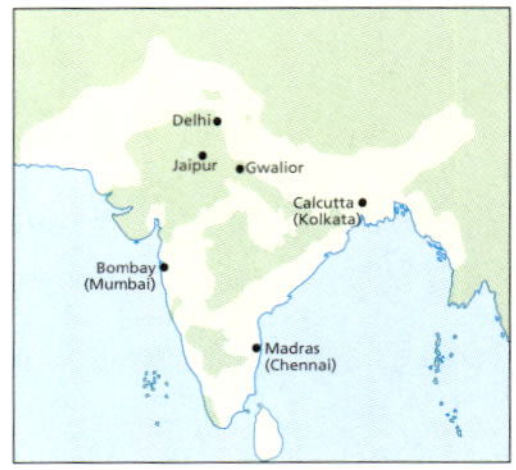

L'INDE BRITANNIQUE

☐ *Territoire britannique en 1858*

Éléphants caparaçonnés transportant les représentants de l'Empire britannique des Indes.

Escorte en livrée dans une procession rappelant celles des Grands Moghols.

L'administration
Quelque 2 000 fonctionnaires britanniques, membres du prestigieux Indian Civil Service, administraient un pays de plus de 300 millions d'habitants. Surnommés « le cadre d'acier de l'Inde », ils assuraient le maintien de l'ordre à la manière anglaise jusque dans les campagnes les plus reculées.

Un sahib en voyage
Un vaste réseau ferré fut construit pour faciliter les échanges commerciaux et les déplacements. Cette gravure du XIXe siècle montre un wagon de 1re classe « réservée aux Blancs ». Les sahibs voyageaient dans les règles de l'art avec leurs domestiques.

Lord Curzon
Vice-roi des Indes de 1899 à 1905, Curzon jugeait l'autorité britannique nécessaire pour civiliser l'Inde. Paradoxalement, l'éducation à l'occidentale contribua à faire prendre conscience aux Indiens des injustices de l'administration coloniale.

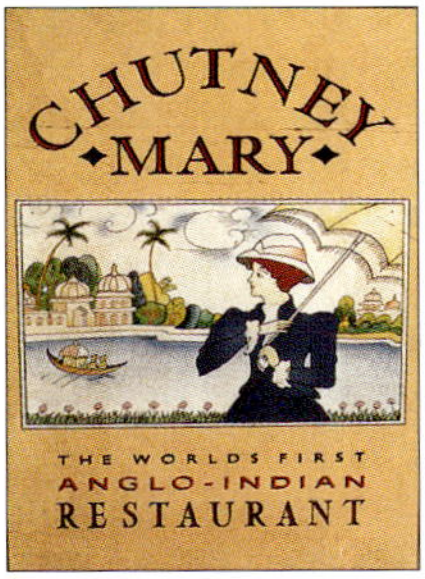

L'art culinaire sous l'Empire britannique des Indes
Les Anglais ne tardèrent pas à apprécier les curries indiens pour lesquels ils réduisirent légèrement la quantité d'épices. Depuis ce temps, les restaurants indiens comme le Chutney Mary *ont toujours beaucoup de succès à Londres.*

Une memsahib et son tailleur
Malgré le climat, les Anglais ne changeaient pas leurs habitudes vestimentaires ni leur mode de vie luxueux et plein de loisirs grâce à une domesticicté nombreuse.

Le vice-roi Lord Curzon et son épouse en tête de la procession.

La foule est venue nombreuse dans les rues pour voir le spectacle grandiose.

Cimetière
Le climat éprouvant de l'Inde fit de nombreuses victimes parmi les femmes et les enfants britanniques, dont les tombes emplissent les cimetières de l'Empire des Indes.

LE *DURBAR* DE 1903

Cette peinture du *durbar* de Curzon montre un défilé dans les rues historiques de Delhi pour célébrer le couronnement d'Édouard VII. Organisées périodiquement, ces cérémonies annonçaient la grandeur et la puissance politique de l'autorité britannique en Inde.

L'architecture coloniale
L'édifice le plus imposant de New Delhi, capitale impériale de 1911 à 1931, était la résidence du vice-roi.

L'école de la Compagnie des Indes
Les peintures comme ce portrait du roi Édouard VII et de la reine Alexandra vêtus du costume royal indien étaient des commandes destinées au marché anglais.

Foule de supporters du Mahatma Gandhi

Le Mouvement national

Après 1857, des aspirations nationalistes commencent à se manifester et la fondation du Congrès national indien en 1885 fournit aux Indiens une tribune pour revendiquer l'autonomie. Les événements prennent une nouvelle tournure en 1919 lorsque les troupes du général Dyer tirent à feu nourri sur une foule rassemblée sur Jallianwala Bagh à Amritsar. Les manifestants étaient venus protester contre la suppression des libertés civiques. Plus de 300 civils sont tués et les Indiens de toutes les castes et de toutes les religions se rassemblent pour dénoncer les violences qui sont perpétrées par les Britanniques. En 1920, un avocat charismatique de retour d'Afrique du Sud, Mohandas Karamchand Gandhi, prend la tête du Mouvement national. Surnommé le *Mahatma* (« grande âme »), il transforme la lutte pour les libertés en un immense mouvement de masse avec la stratégie suivante : lancer une croisade de la résistance non violente *(satyagraha)* aux lois et aux institutions britanniques et ensuite des appels périodiques à la non-violence active dans les villages. À ses côtés se trouvent plusieurs personnalités dont le Pandit Jawaharlal Nehru.

Ce mouvement est sévèrement réprimé mais, après la Seconde Guerre mondiale, la Grande-Bretagne n'a plus les moyens d'exercer son autorité. De son côté, la Ligue musulmane dirigée par Muhammad Ali Jinnah réclame depuis 1940 la création d'un Pakistan indépendant.

L'Empire britannique des Indes prend fin le 14 août 1947 à minuit, laissant la place à deux nouvelles nations : l'Inde et le Pakistan. La partition s'accompagne de mouvements migratoires de millions de personnes mais aussi d'émeutes dans les communautés qui font des milliers de victimes.

L'Inde indépendante

Après l'indépendance, plus de 550 « États princiers » auparavant semi-autonomes sont intégrés dans l'Union indienne. Fin 1947, une guerre éclate entre l'Inde et le Pakistan à propos de l'accession du Cachemire à l'Union indienne, sujet qui continue d'être aujourd'hui encore un grave sujet de discorde. En 1948, Gandhi est assassiné par un fanatique hindou qui lui reproche de favoriser les musulmans. Les deux communautés sont dans un tel état de choc que la paix finit par revenir. Nommé Premier ministre, Jawaharlal Nehru pose les bases d'un État-nation moderne doté d'une politique démocratique laïque, d'une industrie solide, d'une éco-

Affiche montrant des héros politiques d'hier et d'aujourd'hui

Chronologie

- **1885** Fondation du Congrès national indien
- **1905** Partition du Bengale
- **1911** Annonce du transfert de la capitale à Delhi lors du *durbar* de Delhi
- **1913** Rabindranath Tagore reçoit le Prix Nobel de littérature
- **1919** Massacre du Jallianwala Bagh
- **1920** Gandhi lance le mouvement de non-coopération
- **1930-1932** Désobéissance civile
- **1940** La Ligue musulmane adopte la Pakistan Resolution en faveur de la création d'un Pakistan indépendant
- **1942** Gandhi lance le « Quit India »
- **1947** Indépendance du sous-continent indien et partition
- **1948** Assassinat du Mahatma Gandhi
- **1952** Première élection générale au suffrage universel

1910 — 1920 — 1930 — 1940 — 1950

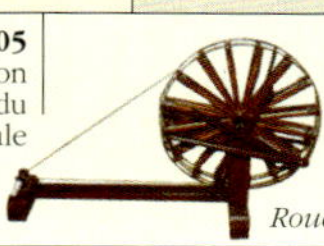

Rouet de Gandhi

Drapeau indien

Nehru avec sa fille Indira Gandhi et son petit-fils Rajiv

nomie planifiée et d'une politique étrangère dont la clé de voûte est le non-alignement. En 1962, la Chine envahit le Nord-Est de l'Inde, puis retire ses troupes après avoir infligé une humiliante défaite à l'armée indienne dont la modernisation s'impose désormais. Nehru meurt en mai 1964 et sa fille Indira Gandhi lui succède en 1966. Elle poursuit sa politique sociale en faveur des pauvres, et en 1971, dépouille les princes de leur titre et de leur fortune personnelle. La même année, elle aide le Pakistan oriental dans sa lutte contre le Pakistan occidental. L'indépendance du Bengale est proclamée. Mais en 1975, sentant son pouvoir menacé, elle institue l'état d'urgence, en vertu duquel la presse est censurée et les dissidents emprisonnés. Elle est ensuite battue aux élections générales de 1977, et pour la première fois depuis l'indépendance, le Parti du Congrès perd le pouvoir. Il y revient en 1980 lors de la réélection d'Indira Gandhi. En 1984, suite à l'opération militaire contre des terroristes sikhs réfugiés dans le célèbre Temple d'or d'Amritsar, elle est assassinée par deux de ses gardes du corps sikhs. Son fils Rajiv Gandhi lui succède alors et entreprend de libéraliser l'économie du pays. Il est assassiné à son tour par un séparatiste tamoul sri-lankais lors de la campagne électorale de 1991. Sa mort cependant n'arrête pas le mouvement qu'il a initié ; les réformes économiques encourageant l'entreprise privée et les investissements étrangers se poursuivent. À partir de 1996, une série de gouvernements de coalition se succèdent avec l'émergence d'une nouvelle force opposée au Congrès, celle du parti nationaliste hindou : le Bharatiya Janata Party (BJP).

Femmes lors d'une campagne d'alphabétisation

Même si le chômage et la pauvreté continuent à sévir, des progrès très significatifs ont été réalisés durant les 55 années qui ont fait suite à l'Indépendance. Le taux d'alphabétisation est passé de 18% en 1951 à 66% en 2001. Dans les zones urbanisées, les femmes travaillent dans toutes les branches professionnelles. Après avoir connu des pénuries alimentaires dans les années 1950, l'Inde enregistre aujourd'hui un excédent et son industrie produit une grande diversité de biens allant des jouets aux avions. Les réformes économiques ont inondé le marché de biens de consommation et contribué à l'émergence d'une nouvelle bourgeoisie prospère. Enfin, dans le domaine de l'informatique, une véritable révolution a eu lieu faisant de l'Inde un leader mondial en matière de conception de logiciels.

Le nouvel Info-tech Park à Hyderabad

- **1961** Goa est libérée de la domination portugaise
- **1962** Guerre entre l'Inde et la Chine
- **1965** Guerre avec le Pakistan
- **1971** Les princes perdent leur titre
- **1971** Naissance de l'État du Bangladesh
- **1975** Indira Gandhi instaure l'état d'urgence
- **1982** Des scientifiques indiens vont en Antarctique
- **1991** Assassinat de Rajiv Gandhi
- **1992** Émeutes dans la communauté musulmane
- **1998** A. B. Vajpayee (BJP) devient Premier ministre
- **1998** Le Bharatiya Janata Party accède au pouvoir
- **1999** Crise de Kargil qui oppose l'Inde et le Pakistan
- **2000** La population atteint 1 milliard
- **2001** Séisme au Gujarat
- **2004** Un tsunami touche le Tamil Nadu et les îles Andaman
- **2004** L'UPA gagne les élections, Manmohan Singh est nommé Premier ministre

1960 — 1970 — 1980 — 1990 — 2000

DELHI ET LE NORD

Présentation de Delhi et du Nord

Avec ses paysages admirables et ses sites historiques, le Nord de l'Inde attire de nombreux visiteurs. Des cimes enneigées, des hautes vallées alpestres et des forêts de conifères du Ladakh et de l'Himachal Pradesh aux larges plaines émaillées de champs de blé et de moutarde de l'Haryana et du Pendjab, la nature offre une grande diversité. Le contraste avec la capitale Delhi est saisissant. Le Ladakh est réputé pour ses monastères accrochés aux falaises et ses pistes de trekking, de même que Simla pour son atmosphère britannique et Dharamsala pour son parfum du Tibet. Le sanctuaire sikh du Temple d'or d'Amritsar et les monuments moghols de Delhi sont également très visités.

Paysage verdoyant de Srinagar dans la vallée du Cachemire

Demi-remorque transportant des paysans pendjabi

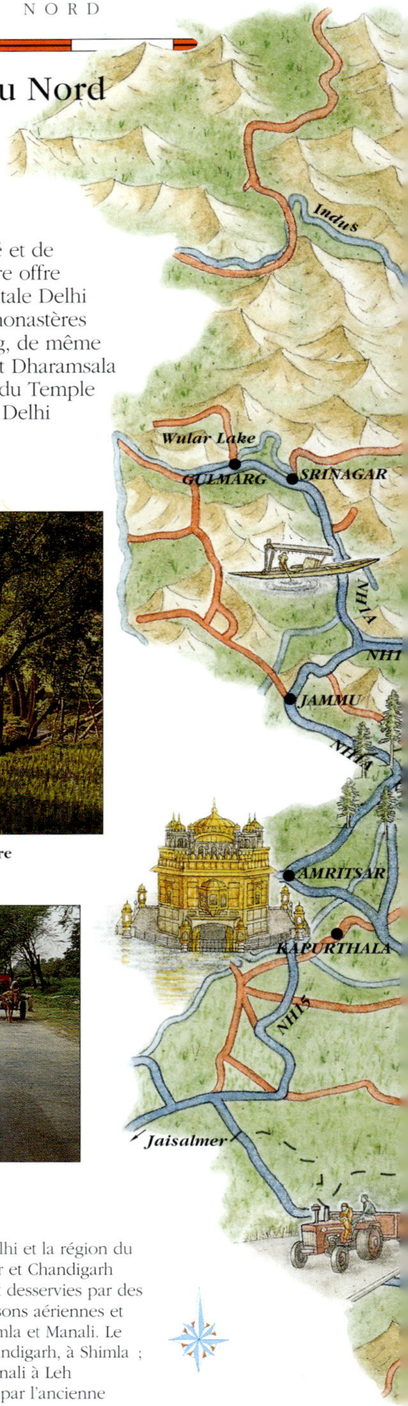

CIRCULER

Les liaisons aériennes, ferroviaires et routières entre Delhi et la région du Nord sont bonnes. Les vols pour Leh, Srinagar, Amritsar et Chandigarh sont quotidiens. Amritsar et Chandigarh sont également desservies par des trains rapides et une autoroute nationale. Il y a des liaisons aériennes et un service de bus (avec des départs fréquents) pour Simla et Manali. Le train « Shivalik Queen » *(p. 643)* relie Kalka, près de Chandigarh, à Shimla ; le voyage est particulièrement agréable. Le trajet de Manali à Leh et de Simla à la frontière chinoise (proche de Shipkila) par l'ancienne Hindustan-Tibet Road, devenue aujourd'hui l'autoroute nationale 22, offre de magnifiques vues sur les montagnes.

◁ **Champ d'orge dans un cirque entouré des montagnes pelées du Spiti *(p. 120)* dans l'Himachal Pradesh**

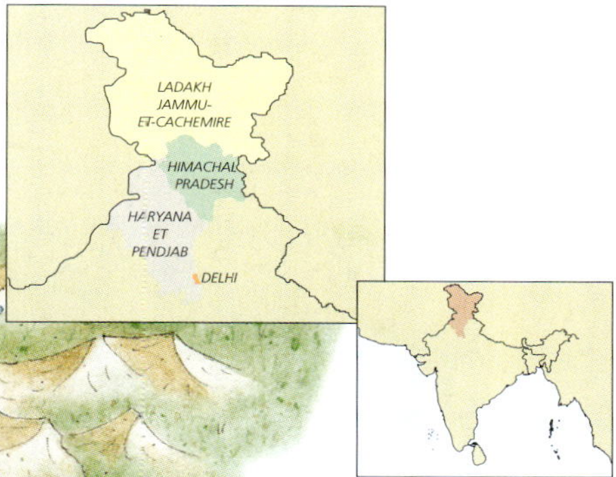

Voir aussi

- ***Hébergement*** p. 568-572
- ***Restaurants*** p. 598-602

Légende

- Autoroute nationale
- Route principale
- Cours d'eau
- Frontière nationale

Couleurs de l'automne sur les rives de l'Indus au Ladakh

INDIA

DELHI

Capitale de l'Inde, Delhi est aussi avec plus de 14 millions d'habitants la troisième ville du pays. Sa situation stratégique sur les axes Nord-Sud et Est-Ouest lui confère une place centrale dans l'histoire indienne. Delhi a été la capitale de nombreux grands empires dont les monuments et les vestiges côtoient aujourd'hui les bâtiments et les tours modernes.

L'agglomération de l'actuelle Delhi est en réalité un conglomérat de plusieurs enclaves distinctes, dont Old Delhi, avec ses monuments moghols des XVIe et XVIIe siècles, ses bazars animés, et New Delhi, avec ses larges avenues, ses maisons coloniales, construite par les Britanniques dans les années 1930 pour devenir la capitale impériale. New Delhi accueille également les bâtiments officiels et les ambassades. Les citadelles des premiers souverains musulmans subsistent à Qutb-Mehrauli, non loin du quartier résidentiel de la florissante nouvelle bourgeoisie indienne. La périphérie est une succession de quartiers pauvres et de bidonvilles.

Tous les contrastes et toutes les contradictions de l'Inde se trouvent réunis dans la capitale : jeunes gens en jeans marchant côte à côte avec les *sadhu* (ascètes hindous) en *dhoti*, chars à bœufs roulant à côté des voitures de luxe dernier modèle. Cette diversité est accentuée par le fait que Delhi est une ville d'immigrants.

Après la période troublée de la partition en 1947, des millions de réfugiés en provenance essentiellement du Pendjab occidental sont arrivés en quête d'une nouvelle vie. Depuis, la ville accueille un flot incessant de personnes venues de toutes les régions de l'Inde. Chaque communauté régionale ayant conservé son identité culturelle, Delhi ressemble davantage à un *thali*, dont les plats peuvent être savourés séparément ou combinés, qu'à un melting-pot.

Vue d'Old Delhi aux environs de la mosquée Jama Masjid, avec ses rues animées et ses immeubles surpeuplés

◁ **L'arc de triomphe de l'India Gate, avec à l'arrière-plan l'élégant dais dessiné par Lutyens qui fut achevé en 1931**

À la découverte de Delhi

Quelques-uns des édifices les plus marquants de Delhi se trouvent sur le plan ci-contre. Depuis Vijay Chowk, la perspective sur Raisina Hill et les bâtiments de l'époque britannique est admirable. Au nord, le quartier populeux de Jama Masjid avec ses ruelles animées est le point focal d'Old Delhi. Au sud-est, le quartier médiéval autour de la tombe du soufi Nizam-ud-Din Aulia est traversé par Mathura Road qui conduit à l'impressionnante citadelle de Purana Qila. Au sud, Mehrauli *(carte p. 65)* abrite un ensemble de monuments des XIIe et XIIIe siècles.

L'esplanade de Vijay Chowk *(p. 66-67)* bordée de bâtiments ministériels

Delhi et le Nord d'un coup d'œil

Bâtiments, rues et quartiers historiques

Autour de Kashmiri Gate 22
Autour de Vijay Chowk (p. 66-67) 1
Chandni Chowk (p. 78-79) 17
Coronation Memorial 23
Feroze Shah Kotla 21
Hauz Khas 28
Humayun's Tomb (p. 77) 16
Jahanpanah 30
Jantar Mantar 9
Khirkee 29
Mehrauli Archaeological Park (p. 86-87) 31
Nizamuddin 15
Purana Qila 13
Raisina Hill 3
Rajghat 20
Rajpath 4
Rashtrapati Bhavan 2
Red Fort 19
Safdarjung's Tomb 26
Tughluqabad 33

Églises, temples et mosquées

Baha'i House of Worship 34
Jami Masjid 18
Lakshmi Narayan Mandir 10

Musées

Crafts Museum (p. 74-75) 14
National Gallery of Modern Art 6
National Museum (p. 70-71) 5
Nehru Memorial Museum and Library 11
Sanskriti Museum 32
The National Rail Museum 25

Boutiques et marchés

Connaught Place 8
INA Market 27

Parcs et jardins

Lodi Gardens 12
The Ridge 24

Théâtres et galeries d'art

Mandi House Complex 7

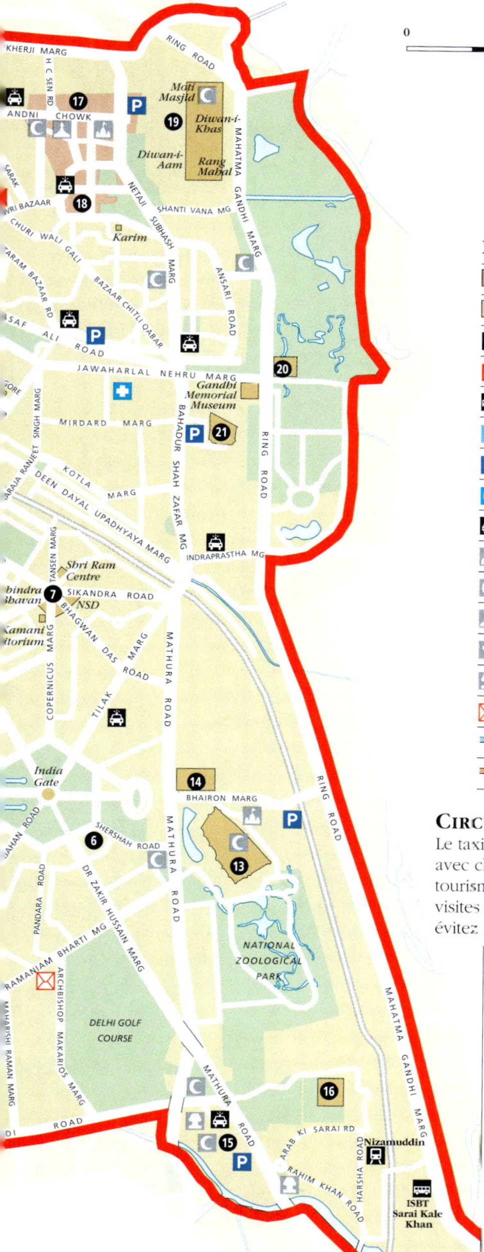

CARTE DE SITUATION

LÉGENDE

- Autour de Vijay Chowk *(p. 66-67)*
- Chandni Chowk *(p. 78-79)*
- Gare ferroviaire
- Station de métro
- Gare routière
- Information touristique
- Parc de stationnement
- Hôpital
- Poste de police
- Temple
- Mosquée
- Gurdwara
- Église
- Tombeau
- Poste
- Autoroute nationale
- Route principale

CIRCULER

Le taxi, l'auto-ricksaw ou la voiture de location avec chauffeur sont conseillés. L'office de tourisme, le Delhi Tourism *(p. 627)* propose des visites guidées en bus de plusieurs sites, mais évitez les bus urbains toujours bondés !

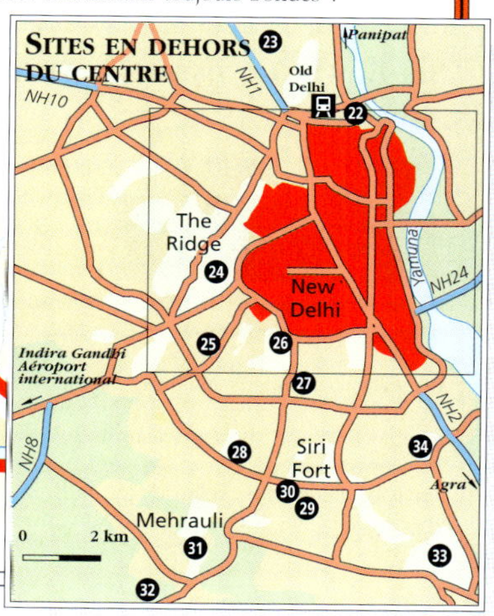

VOIR AUSSI

- ***Hébergement*** (p. 568-569)
- ***Restaurants*** (p. 598-599)

Autour de Vijay Chowk pas à pas ❶

Située au pied de Raisina Hill, Vijay Chowk (« esplanade de la Victoire ») servait à commander le palais du vice-roi, devenu aujourd'hui le palais présidentiel. Chaque 29 janvier s'y déroule la cérémonie du Beating of the Retreat *(p. 37)*. De part et d'autre du Rajpath se dresse le Secretariat (North Block et South Block) de style néoclassique qui abrite plusieurs ministères et le bureau du Premier ministre. Les « bungalows » qui bordent les avenues ombragées avoisinantes servent de résidences pour les ministres et les hauts fonctionnaires. Depuis Vijay Chowk s'ouvre la perspective monumentale créée par Lutyens : des pelouses du Rajpath bordées d'arbres et de fontaines jusqu'à l'India Gate et enfin le National Stadium.

★ Vijay Chowk
De cette esplanade ornée de fontaines en grès rouge en forme d'obélisques s'ouvre une vaste perspective.

Le North Block, dessiné par Herbert Baker, est doté d'un imposant Central Hall.

Le Sansad Bhavan abrite le Parlement.

Iron Gate
Inspirée d'un portail que Lutyens avait vu à Chiswick en Angleterre, cette entrée d'apparat dotée de piliers en grès conduit au Rashtrapati Bhavan (p. 68).

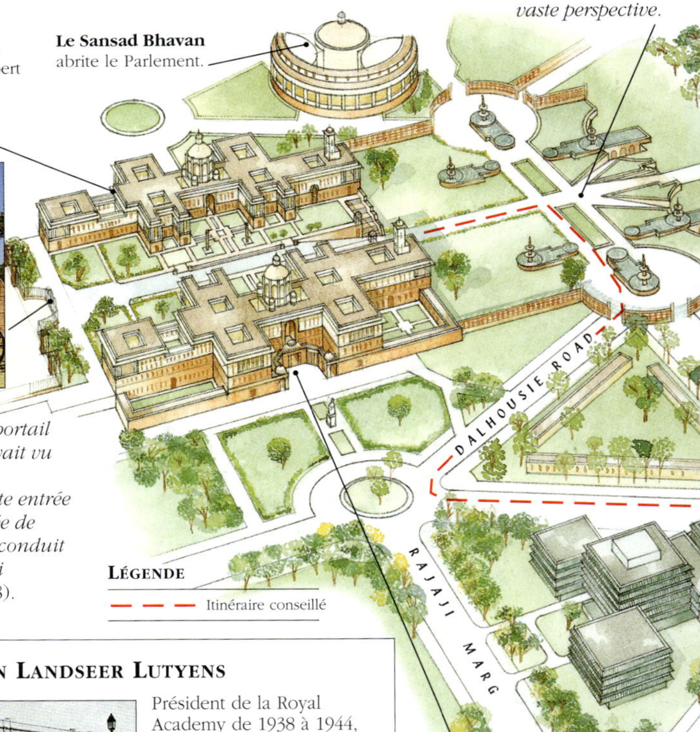

LÉGENDE

— — — Itinéraire conseillé

SIR EDWIN LANDSEER LUTYENS

Les Archives nationales en grès rouge dessinées par Lutyens

Président de la Royal Academy de 1938 à 1944, Sir Edwin Landseer Lutyens (1869-1944) fut choisi en 1911 pour dessiner la nouvelle capitale. L'architecte anglais et son collègue Herbert Baker allaient mettre 20 ans pour construire New Delhi dans un style harmonieux alliant le classicisme européen et l'art décoratif indien, avec des jardins néomoghols et de larges perspectives. Le Mahatma Gandhi lui donna le sobriquet d'« éléphant blanc » en raison de l'augmentation vertigineuse du coût des travaux retardés par la Première Guerre mondiale et les querelles entre Lutyens et Baker. Ironie de l'histoire : les Britanniques n'y resteront que 16 ans.

★ South Block
Cette partie du Secrétariat abrite le bureau du Premier ministre et le ministère de la Défense.

Sunehri Bagh Mosque
Cette petite mosquée du XVIIIe siècle construite par le saint Sayyid Sahib fait office de rond-point d'où part Sunehri Bagh Road, avenue bordée d'arbres comme toutes celles dessinées par Lutyens.

CARTE DE SITUATION
Voir plan de Delhi p. 64-65

Rond-point
Les ronds-points paysagers offrent un cadre agréable pour les employés à l'heure du déjeuner.

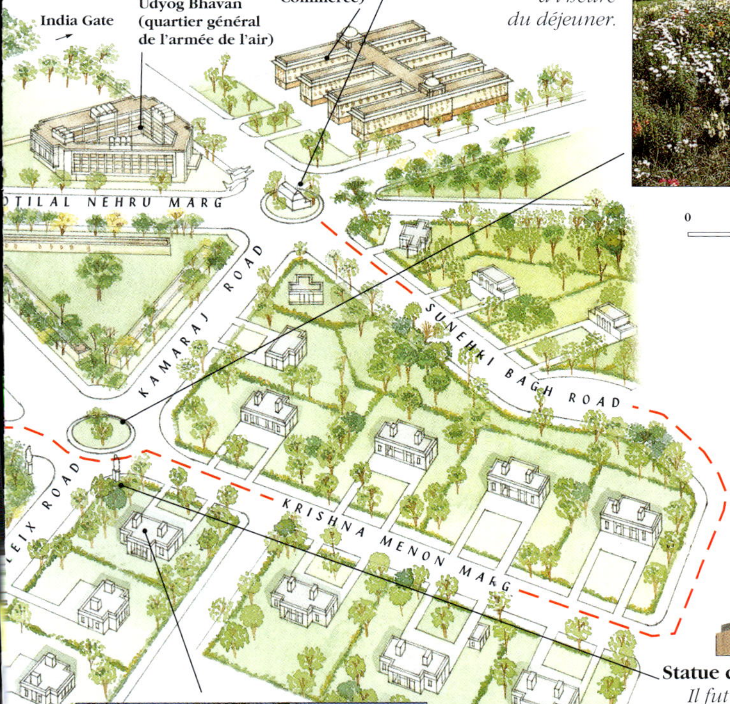

Statue de Kamaraj
Il fut le président du Parti du Congrès de 1963 à 1966.

★ Avenues bordées de « bungalows »
Des arrêtés municipaux très stricts préservent l'architecture originale des « bungalows » coloniaux du quartier.

À NE PAS MANQUER

- ★ **Vijay Chowk**
- ★ **South Block**
- ★ **Avenues bordées de « bungalows »**

Portail en fer forgé ouvragé du Rashtrapati Bhavan

Rashtrapati Bhavan 2

(011) 2301 5321. *au public.*
Mughal Gardens *fév.-mars t.l.j.*

Situé au sommet de Raisina Hill, l'ancien palais du vice-roi des Indes dessiné par Lutyens *(p. 66)* est aujourd'hui la résidence officielle du président de la République fédérale de l'Union indienne. Un grand dôme recouvert de cuivre domine l'élégant bâtiment en grès rouge et beige qui couvre une superficie totale de 2 hectares et qui abrite en son cœur la salle ronde du Durbar Hall. C'est dans cette salle coiffée par l'immense coupole que se déroulent les grandes cérémonies officielles. À l'ouest du Rashtrapati Bhavan se trouvent de beaux jardins paysagers, dont les célèbres **Mughal Gardens** aménagés sur trois niveaux et agrémentés de plans d'eau et de fontaines. Ces jardins sont ouverts au public au printemps.

Raisina Hill 3

Cathedral Church of the Redemption *(011) 2301 5396.* *t.l.j.* *9h lun.-sam. ; 8h dim. (en été) ; 8h30 dim. (en hiver)*

Les terres arides que les Britanniques choisirent pour construire la nouvelle capitale sont aujourd'hui un quartier verdoyant placé sous haute surveillance qui abrite des bâtiments officiels tels que le **Secretariat** composé du North Block et du South Block dessinés quasiment à l'identique par Herbert Baker. Au nord de Vijay Chowk se dresse le **Sansad Bhavan** (le Parlement) de forme circulaire, dessiné également par Baker. C'est ici que siègent la Rajya Sabha (Chambre haute) et la Lok Sabha (Chambre du peuple) lors des sessions parlementaires. Les débats très animés de la Chambre du peuple se déroulent dans le Central Hall. Depuis l'attentat de décembre 2001, le Parlement est fermé aux visiteurs.

La **Cathedral Church of the Redemption**, derrière le Sansad Bhavan, est inspirée de l'église vénitienne Il Redentore de Palladio. Destinée en 1931 aux hauts fonctionnaires britanniques, cette cathédrale anglicane appartient aujourd'hui à l'Église de l'Inde du Nord.

Rajpath 4

National Archives Janpath. *(011) 2338 5000.* *lun.-ven.* *jours fériés.* **Indira Gandhi National Centre for the Arts** Janpath. *(011) 2338 6345.* *lors des expositions.* *lun.*

Située à l'est de Vijay Chowk, cette avenue longue de 3 km et bordée de fontaines, de canaux et de pelouses sert aux parades militaires. Les **National Archives,** où sont conservées les archives officielles, sont situées à l'intersection du Rajpath et du Janpath. En face, l'**Indira Gandhi National Centre for the Arts** accueille de grandes expositions et des symposiums internationaux ; il abrite également une collection de manuscrits rares. Le Rajpath se termine à l'est par l'**India Gate** de grès rouge élevée à la mémoire des soldats indiens et britanniques morts pendant la Première Guerre mondiale et à la mémoire de ceux tombés en Inde sur la frontière du Nord-Ouest et durant la troisième guerre afghane. Une flamme éternelle brûle en mémoire des soldats morts pendant le conflit indo-pakistanais en 1971. Face à l'India Gate, un dais de grès rouge abritait en 1936 la statue du défunt roi George V. Cette statue se trouve aujourd'hui à Coronation Park *(p. 82).*

India Gate

National Museum 5

(p. 70-71)

Le Parlement (Sansad Bhavan) où fut rédigée la Constitution indienne

National Gallery of Modern Art 6

Jaipur House, près de l'India Gate. (011) 2338 2835. *mar.-dim.* *jours fériés.*

L'ancienne résidence des maharajas de Jaipur est l'un des plus grands musées d'Art moderne de l'Inde. Ses collections, qui couvrent la période allant du milieu du XIXᵉ siècle à nos jours, renferment des œuvres de peintres modernes indiens de premier plan tels que Jamini Roy, Rabindranath Tagore, Raja Ravi Varma et Amrita Shergill, ainsi que des artistes contemporains comme Ram Kumar et Anjolie Ela Menon. Sont également exposées des œuvres de peintres anglais tels que Thomas Daniell et son neveu William Daniell, ainsi qu'un ensemble de « Company Paintings » des XVIIIᵉ et XIXᵉ siècles qui furent commandées spécialement à des artistes indiens pour le marché britannique.

Mandi House Complex 7

Triveni Kala Sangam Tansen Marg. *(011) 2371 8833.* *lun.-sam.* *jours fériés.*
Rabindra Bhavan Ferozeshah Road. *(011) 2338 6626.*
Kamani Auditorium Copernicus Marg. *(011) 2338 8084.*
Shri Ram Centre Safdar Hashmi Marg. *(011) 2371 4307.*
National School of Drama Bhagwan Das Rd. *(011) 2338 9402.*

Devenu le siège de la télévision publique, cet ancien palais a donné son nom à un complexe culturel en bordure d'un rond-point. Le **Triveni Kala Sangam** regroupe des galeries d'art, un théâtre de verdure pour la musique et le théâtre, un café et une librairie spécialisée dans les publications sur les beaux-arts indiens. Le **Rabindra Bhavan** est un centre subventionné qui abrite les académies nationales des Belles-Lettres (Sahitya Akademi), des Beaux-Arts (Lalit Kala Akademi) et des Arts du spectacle (Sangeet Natak Akademi) dans trois ailes distinctes. Chaque académie possède une bibliothèque et des salles d'exposition où se tiennent régulièrement des expositions de photos, d'art graphique et de céramiques. Le **Kamani Auditorium**, le **Shri Ram Centre** et la **National School of Drama** proposent fréquemment des spectacles de théâtre, de musique et de danse.

Connaught Place est complexe commercial construit par les Britanniques

Connaught Place 8

Boutiques *lun.-sam.* *jours fériés.*

Cette place qui porte le nom d'un oncle du roi George V, le duc de Connaught, fut inaugurée en 1931. Dessinée par Robert Tor Russell, elle voulait, avec ses boutiques aménagées sous les arcades palladiennes, se différencier des bazars indiens bruyants et nauséabonds. Depuis, l'anneau central a été rebaptisé Rajiv Chowk et l'anneau extérieur Indira Chowk. Les boutiques éclectiques voisinent avec les restaurants, les cinémas ainsi que les éventaires de livres et les kiosques de *paan*. Même si Connaught Place n'est plus le grand quartier commerçant d'autrefois, ses arcades ombragées sont un lieu de promenade agréable. Indira Chowk abrite les magasins d'État (State Emporium) de **Baka Kharak Sing Marg**, de **Shankar Market** ainsi que **Janpath Cottage Industries.**

Jupes avec applications de miroirs vendues sur Janpath

LE DÉFILÉ DU REPUBLIC DAY

Depuis l'instauration de la République en 1950, le défilé du 26 janvier, jour de la Fête nationale, attire une foule immense malgré un temps souvent frais. Soldats et marins, vétérans, écoliers, éléphants et chameaux descendent Rajpath en grande pompe. Les groupes de danse traditionnelle et les chars représentant chaque État de l'Union indienne remportent un grand succès. La démonstration de l'Indian Air Force clôture la revue.

Défilé lors du Republic Day

National Museum ❺

Sculpture de déesse, vallée de l'Indus

Riche de près de 200 000 objets d'art, la collection du Musée national retrace 5 000 ans de l'histoire indienne. Les quelque 1 000 pièces qui en constituent le noyau furent envoyées à Londres pendant l'hiver 1948-1949 pour une exposition à la Burlington House de la Royal Academy. À leur retour, elles furent entreposées dans le Durbar Hall du Rashtrapati Bhavan *(p. 68)* jusqu'à l'achèvement de l'actuel bâtiment en grès beige et rose en 1960. La collection de reliques harappéennes (vallée de l'Indus) et de trésors d'Asie centrale provenant des sites de la route de la soie est considérée comme l'une des plus belles au monde.

★ Cortège nuptial du prince Dara Shikuk
Cette miniature moghole du XVIIIe siècle fut peinte avec de l'or et des pigments naturels.

Parure en or
Bijou rituel finement ouvragé du XIXe siècle provenant de l'Inde du Sud.

The Maritime Heritage Gallery aménagée par l'Indian Navy retrace l'évolution des activités maritimes de l'Inde.

Galerie de peintures de l'école de Thanjavur

★ Kubera
L'une des rares images du dieu hindou de la Richesse représenté ici sous les traits d'un dignitaire kushana (p. 43) *du IIe siècle au type d'Asie centrale.*

La collection serindienne

Peinture sur soie (VIIe-VIIIe siècles)

Près de 700 ans après les dernières caravanes, un archéologue anglais, Aurel Stein, organisa entre 1900 et 1919, une série d'expéditions le long de l'ancienne route de la soie. Les objets qu'il rapporta du désert de Taklamakan (aujourd'hui désert de Gobi), tels que peintures sur soie, manuscrits bouddhiques et autres, sont exposés dans la galerie des antiquités d'Asie centrale.

★ Shiva Nataraja
Ce bronze chola du XIIe siècle représentant la danse cosmique de Shiva est la pièce centrale de la galerie des bronzes.

Sabre d'Aurangzeb
Ce sabre de style indo-persan sur lequel sont gravés des versets du Coran et qui a appartenu à l'empereur moghol date de 1675.

MODE D'EMPLOI

Janpath. ☎ (011) 2301 9272. ○ mar.-dim. ● jours fériés. Suppléments. 11h30, 14h30, 16h. *Projections de films, conférences, exposés, expositions temporaires. Entretiens sur des thèmes choisis tous les mer.*

Brocart d'or
Sari de mariage en soie du XIXe siècle provenant de Varanasi (Bénarès) orné de motifs en fils d'or.

La galerie de numismatique présente une impressionnante collection de pièces et de plaques en cuivre montrant l'évolution de l'écriture indienne.

★ Coran enluminé
Superbe exemple de calligraphie arabe, ce coran doré du XVIIIe siècle fait partie d'une collection comprenant aussi un coran en coufique datant du VIIIe siècle, l'un des plus anciens du genre connus à ce jour.

LÉGENDE

- Civilisation harappéenne
- Sculptures antiques et médiévales
- Bronzes chola
- Art bouddhique
- Miniatures et peintures indiennes
- Arts décoratifs et bijoux
- Patrimoine maritime
- Manuscrits et peintures murales
- Antiquités d'Asie centrale
- Arts décoratifs, textiles, armes et armures, instruments de musique

À NE PAS MANQUER

- ★ Cortège nuptial du prince Dara Shikuk
- ★ Kubera
- ★ Shiva Nataraja
- ★ Coran enluminé

SUIVEZ LE GUIDE !

La collection répartie sur trois niveaux est classée par thème, par époque et par style. Dans la partie centrale du bâtiment sont exposées des sculptures provenant de diverses régions de l'Inde. Le musée possède aussi une bibliothèque et un auditorium où ont lieu régulièrement des conférences et des projections de films. Le programme de celles-ci se trouve dans les journaux. La boutique vend divers objets et souvenirs ainsi que des moulages de certaines sculptures. Les pièces de la collection permanente changent régulièrement de place et des expositions temporaires sont également proposées.

Instruments astronomiques en maçonnerie du Jantar Mantar

Jantar Mantar ❾

Sansad Marg. ☐ *t.l.j.*

Féru d'astronomie, Sawai Jai Singh II de Jaipur fit construire cet observatoire en 1724 afin de calculer avec précision les positions et les alignements planétaires propices à l'accomplissement des rituels sacrés et des *puja*. Le Jantar Mantar est l'un des cinq observatoires qu'il fit édifier *(p. 296-297)* en les dotant d'instruments fixes et de grande dimension, donc résistants aux vibrations. Le Samrat Yantra en forme de triangle dont l'hypoténuse est parallèle à l'axe de la Terre est un cadran solaire géant avec un quadrant en brique de chaque côté pour mesurer l'ombre du Soleil. Le Ram Yantra détermine la hauteur du Soleil et le Jai Prakash Yantra le moment de l'équinoxe de printemps. Devenu obsolète, l'observatoire occupe aujourd'hui le centre d'un parc bordé de tours modernes.

Lakshmi Narayan Mandir ❿

Mandir Marg. ☐ *t.l.j.*

Construit en 1938 par le puissant industriel B. D. Birla, ce temple fut l'un des premiers lieux de culte de l'Inde à abolir les restrictions de caste. Le Mahatma Gandhi assista à la *puja* inaugurale. Avec son entrée en marbre et ses *shikhara* ocre et marron, il est assez représentatif de l'architecture sacrée moderne. Le Birla Mandir (surnom du temple) abrite des représentations de Vishnou et Lakshmi. Des autels de la cour intérieure portent des inscriptions tirées des textes sacrés hindous et sont décorés de peintures illustrant des scènes du *Mahabharata* et du *Ramayana*.

Nehru Memorial Museum and Library ⓫

Teen Murti Marg. ☎ *(011) 2301 6350.* ☐ *mar.-dim.* ● *jours fériés.* **Nehru Planetarium** ☎ *(011) 2301 4504.* **Projections** *11h30, 15h.*

À la mort de l'ancien Premier ministre Jawaharlal Nehru en 1964, sa résidence a été transformée en musée et en bibliothèque à l'usage des chercheurs. Dans cette maison appelée Teen Murti Bhavan ont aussi vécu la fille et le petit-fils de Nehru, Indira et Rajiv Gandhi, qui allaient l'un et l'autre devenir Premiers ministres et être assassinés *(p. 57)*. La chambre et le bureau sont tels que Nehru les a laissés. Ces deux pièces sont à l'image de ce personnage élégant et austère aux goûts très éclectiques en matière de lecture. Le jardin abrite le **Nehru Planetarium** et le **Kushak Mahal**, ancien pavillon de chasse du sultan Feroze Shah Tughluq *(p. 81)*. Sur le rond-point situé devant la maison se dresse le **Teen Murti Memorial** (mémorial des Trois Statues) dédié aux soldats indiens tombés pendant la Première Guerre mondiale. C'est ce mémorial qui a donné son nom à la maison.

Teen Murti Memorial

L'ancienne résidence officielle de Nehru, Teen Murti Bhavan, abrite aujourd'hui le Nehru Memorial Museum

Le pont Athpula (XVIIe siècle) près de l'entrée des Lodi Gardens sur South End Road

Lodi Gardens ⓬

Entrée sur Lodi Rd et South End Rd.
t.l.j.

Les Lodi Gardens sont l'un des parcs les plus pittoresques de la ville et le lieu de prédilection des joggers, des adeptes du yoga, des personnalités politiques accompagnées de leurs gardes du corps et des familles qui viennent y pique-niquer le week-end. Aménagé à la demande de la vice-reine Lady Willington en 1936, le parc constitue aujourd'hui l'un des poumons verts de Delhi. Ses allées bordées d'arbres, ses pelouses et ses parterres de fleurs entourent aujourd'hui les imposants tombeaux des dynasties sayyid et lodi (XVe siècle), les derniers sultans de Delhi. Plusieurs tombeaux conservent en partie leur décor de faïence turquoise et leurs calligraphies. Le **Tomb of Muhammad Shad**, le troisième souverain de la dynastie sayyid (vers 1434-1444), serait le plus ancien. Le **Bara Gumbad** (grand dôme) flanqué d'une mosquée datant de 1494 et d'une hôtellerie est le plus grand édifice. Près de l'entrée située sur South End Road, un pont en pierre appelé **Athpula** daterait du XVIIe siècle. À l'ouest se dressent les remparts du **Tomb of Sikander Lodi** (vers 1489-1517).

Purana Qila ⓭

Mathura Rd. *(011) 2336 5358.*
t.l.j. **Son et lumière** *sept.-oct. et fév.-avr. : 8h30-21hh30 t.l.j. ; nov.-janv. : 7h30-20h30 t.l.j. ; mai-août : 9h-22h t.l.j.* ***Billets*** *: sur place ou auprès de l'office de tourisme de Delhi.* *(011) 2331 4229.*

Comme l'attestent les fouilles archéologiques qui y ont été menées, Purana Qila (littéralement « vieux fort ») occupe l'emplacement d'un site qui remonte à 1000 ans av. J.-C. Ses imposants remparts abritent aujourd'hui les vestiges de Dinpanah, la sixième Delhi *(p. 85)*, fondée par le deuxième empereur moghol Humayun, qui ne tarda pas à être renversé par le chef afghan Sher Shah Sur *(p. 49)* en 1540. Ce dernier ajouta plusieurs édifices à la citadelle qu'il rebaptisa Shergath (fort du Lion). Après la mort de Sher Shah Sur, Humayun remonta sur le trône. Des nombreux palais, casernes et autres édifices construits par les deux souverains ne subsistent aujourd'hui que la mosquée de Sher Shah et ce qui était probablement la bibliothèque de Humayun.

Construite en 1541, la **Qila-i-Kuhna Mosque** est un édifice aux proportions harmonieuses, avec de belles incrustations en marbre rouge et blanc et en ardoise. Au sud se trouve la **Sher Mandal**, tour octogonale de grès rouge à deux étages coiffée d'un *chhatri* (kiosque) à huit piliers où Humayun avait aménagé sa bibliothèque. C'est dans l'escalier de cette tour qu'en janvier 1556, le pieux empereur, s'empressant de s'agenouiller pour la prière, manqua une marche et fit une chute mortelle. Trois autres portes franchissent les remparts de Purana Qila, dont l'imposante **Bara Darwaza** sur le côté ouest, qui est l'entrée principale. Le tombeau de Humayun *(p. 77)* est visible de la porte sud.

Chhatri **orné de carreaux vernissés**

La porte Bara Darwaza, Purana Qila

Crafts Museum ⓮

Poupée en bois

Sarota, casse-noix de bétel du XIXe siècle, Inde du Sud

Depuis des siècles, les artisans indiens créent tout un éventail d'objets d'usage courant à la fois beaux et pratiques. Destiné à promouvoir l'artisanat indien, le musée a ouvert ses portes en 1956, offrant aux artisans un lieu pour exposer leur travail. Dès le début des années 1980, plus de 20 000 pièces ont été rassemblées pour constituer le noyau de la collection du premier musée de l'Artisanat en Inde.

★ Bandhini Odhni

Tissu à motifs de la tribu Bhansali du Kutch (Gujarat). Le procédé tie-and-dye (bandhini) *consiste à nouer les fils par groupes autour de graines pour créer des motifs, puis à teindre l'étoffe.*

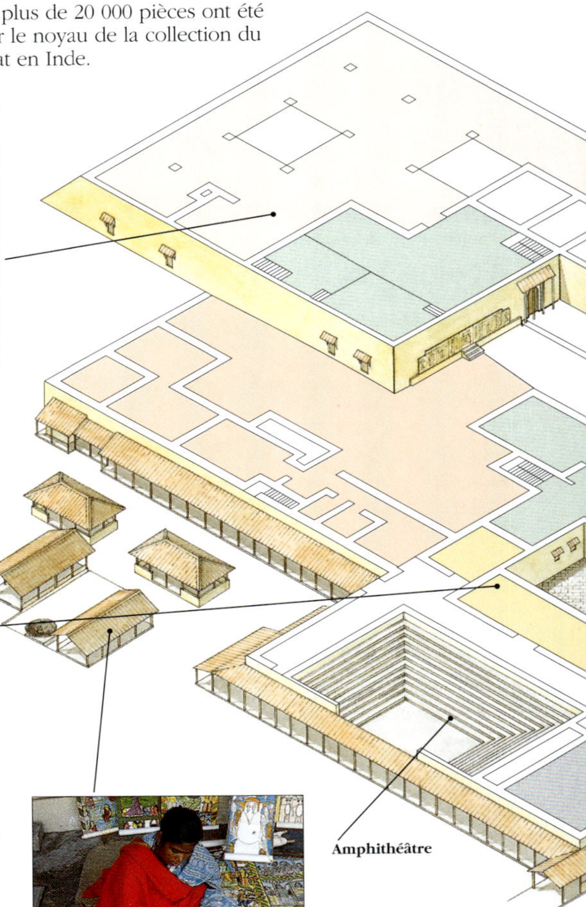

Mukhalinga

Cette pièce rare en laiton et argent a la forme d'un lingam à tête humaine. Les trois yeux et les serpents des parures d'oreilles sont les symboles de Shiva.

Ateliers de démonstration

Des artisans de toute l'Inde sont invités chaque mois (hors saison des pluies) à un atelier pour montrer leur savoir-faire.

LÉGENDE

- Galerie des ars aristocratiques
- Galerie des arts rituels
- Galerie des cultures tribales
- Galerie des tissus
- Espace sans exposition
- Expositions temporaires
- Boutique

À NE PAS MANQUER

- ★ Bandhini Odhni
- ★ Charraku
- ★ Statues bhuta

Yashoda et Krishna
Ce moulage en plâtre de la moitié du XXe siècle provient d'Inde du Sud. Exemple intéressant d'un art populaire kitsch s'inspirant de la mythologie, cet objet bon marché et facile à reproduire sert au culte domestique.

MODE D'EMPLOI

Bhairon Marg. (011) 2337 1887. mar.-dim. jours fériés
Ateliers de démonstration
t.l.j. juil.-sept.

★ Charraku
Ces grands plats fabriqués dans un alliage appelé « métal de cloche » servent encore aujourd'hui au Kerala pour les repas de noces ou la préparation du payasam *(sorte de gâteau de riz) qui est servi aux dévots dans les temples à l'occasion de certaines fêtes.*

Peinture *madhubani*
Cette peinture murale aux pigments naturels traditionnelle du Bihar (p. 185) *représentant une scène de mariage a été réalisée par Ganga Devi, célèbre femme peintre du XXe siècle.*

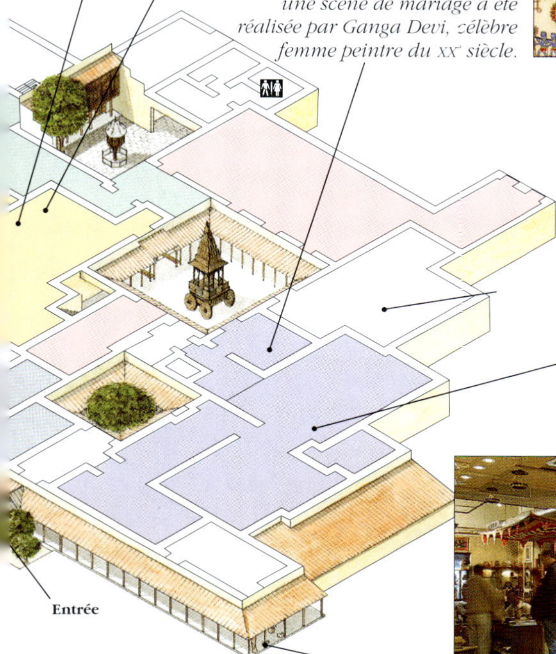

★ Statue bhuta
Cette statue en bois de taille humaine date du début du XIXe siècle. Elle servait au culte des esprits (bhuta) *dans le Karnataka (Inde du Sud).*

SUIVEZ LE GUIDE !
Le musée occupe deux étages. Les cours intérieures qui séparent les différentes sections servent aussi de lieux d'exposition. Un vaste espace en plein air est réservé aux artisans qui sont invités chaque mois (sauf pendant la saison des pluies).

Boutique du musée
Elle propose une sélection d'objets réalisés par des artisans indiens tels qu'accessoires ménagers, objets décoratifs et tissus.

Tombeaux de Nizam-ud-Din ⓯

À l'O. de Mathura Rd. **Dargah** ◯ *t.l.j.* **Qawwali performance** *19h jeu.* *Fête d'Urs (juil. et déc.).*

Cet établissement médiéval ou *basti* porte le nom de Sheikh Hazrat Nizam-ud-Din Auliya, dont il abrite la tombe et l'hospice. Nizam-ud-Din appartenait à une fraternité de soufis (mystiques musulmans), les Chishti, vénérés pour leur austérité, leur piété et leur mépris des contingences matérielles, et il était l'un des descendants spirituels de Moinuddin Chishti *(p. 312)*. Les fidèles, riches et pauvres, qui se rassemblaient tous les jours autour de lui le considéraient comme un « ami de Dieu » qui, au jour du Jugement dernier, intercéderait en leur faveur. Le saint homme est mort en 1325 mais, pour

Éventaire dans la ruelle menant au tombeau de Nizam-ud-Din

Tombeau de Nizam-ud-Din

ses disciples, il est toujours un *zinda pir* (un esprit vivant) qui continue à écouter leurs prières. Pour la fête de l'Urs commémorant l'anniversaire de sa mort, les chants de dévotion *(qawwali)* durent trois jours et trois nuits. Une autre fête analogue est célébrée pour l'anniversaire de la mort de son disciple Amir Khusrau.

Une ruelle tortueuse où se bousculent mendiants et vendeurs de fleurs, de *chador* (drap rituel), de pendules multicolores et de gravures de La Mecque, mène à la tombe du saint musulman. Chaque jeudi soir des disciples chantent des *qawwali* composés par le poète persan Amir Khusrau (1253-1325) dans le pavillon de marbre. L'entrée est interdite aux femmes qui peuvent néanmoins regarder à travers les *jali* pour voir la tombe du saint recouverte d'un drap parsemé de pétales de roses et les imams qui récitent en permanence les versets du Coran. Amir Khusrau et d'autres éminents disciples comme Jahanara Begum reposent non loin de là.

Sur le côté ouest de la cour s'élève la mosquée de grès rouge, Jama't Khana, construite en 1325. La *baoli* (citerne) située sur le côté nord a été creusée en secret pendant les travaux de construction de Tughluqabad *(p. 89)* car Ghiyasuddin Tughluq avait interdit tout autre chantier en dehors de celui de la nouvelle capitale.

Au nord, le **Tomb of Atgah Khan** date du début du XVIe siècle. Ce puissant vizir de l'empereur Akbar fut assassiné par un rival politique, Adham Khan *(p. 87)*. La **Chaunsath Khamba** («64 piliers ») est proche de là. Devant se trouve le modeste tombeau de Mizra Ghalib (1786-1869) dont les vers en ourdou et en persan sont encore récités de nos jours. Un peu plus loin, la **Ghalib Academy** abrite des peintures et des manuscrits.

Tombeau du célèbre poète Mirza Ghalib

Malgré la foule, le quartier préserve avec une miraculeuse sérénité la légende de Nizam-ud-Din, que le poète Khusrau décrivait comme « un roi sans trône ni couronne… aux pieds recouverts de poussière ».

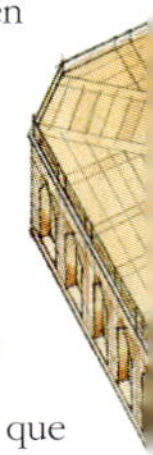

Les tombeaux de Nizamuddin

Nécropole historique de Delhi, Nizamuddin abrite les tombeaux de disciples de Nizam-ud-Din tels qu'Amir Khusrau et Jahanara Begum, fille favorite de Shah Jahan. L'épitaphe gravée sur la sépulture de la fille de l'empereur : « Ne couvrez ma tombe que d'herbe verte, car l'herbe suffit à couvrir la tombe des gens humbles » fait écho aux enseignements du maître.

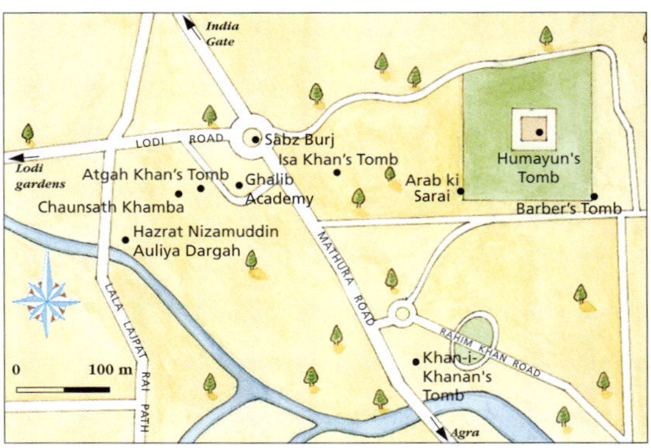

Humayun's Tomb ⓰

Incrustation de marbre en forme d'étoile

Le deuxième empereur moghol *(p. 73)* repose dans ce tombeau, qui fut le prototype des tombeaux-jardins moghols et qui inspira d'autres monuments comme le Taj Mahal *(p. 148-149)*. Construit en 1565 par l'architecte persan Mirak Mirza Ghiyas à la demande de la première épouse de l'empereur, Haji Begum, et souvent appelé « le dortoir de la maison de Timur », le tombeau abrite les sépultures des épouses de Humayun et du prince Dara Shikuh, fils érudit de Shah Jahan. Les jardins abritent également le mausolée d'Isa Khan, noble du XVIe siècle, et le tombeau du barbier favori de Humayun. L'Arab ki Sarai était le caravansérail où logeaient les ouvriers persans en charge des travaux.

MODE D'EMPLOI

À l'E. de Mathura Rd, Bharat Scout Guide Marg. *(011) 2435 5275.* *t.l.j.*

Le tombeau de Humayun à la symétrie parfaite vu de l'entrée

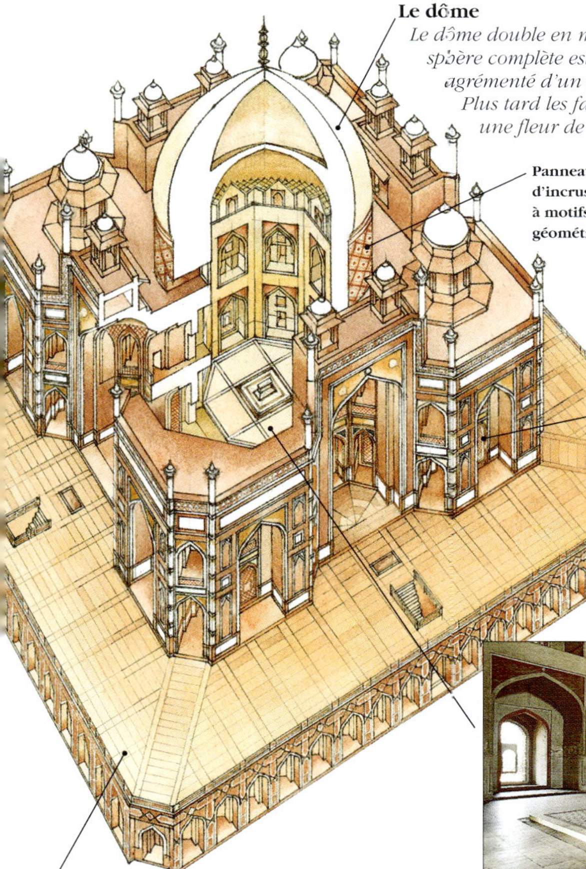

Le dôme

Le dôme double en marbre qui forme une demi-sphère complète est surmonté d'un faîteau agrémenté d'un croissant à la mode persane. Plus tard les faîteaux moghols ajouteront une fleur de lotus comme au Taj Mahal.

Panneau décoré d'incrustations à motifs géométriques

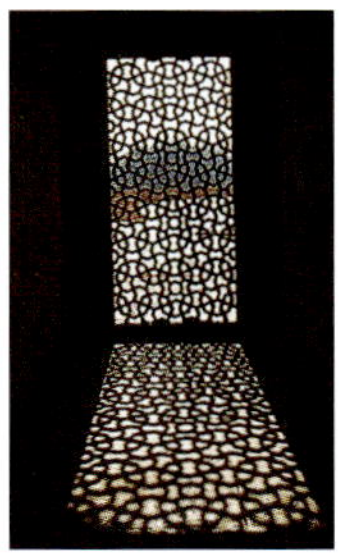

Jali

Les écrans de pierre ajourée deviendront par la suite une caractéristique de l'architecture moghole.

Sur l'imposant socle décoré de voûtes en grès rouge se trouvent plusieurs chambres – une innovation par rapport aux tombeaux dotés d'une seule chambre construits à une date antérieure.

Chambre sépulcrale

Le cénotaphe de marbre blanc repose sur une plate-forme de marbre blanc et noir. La tombe proprement dite se trouve dans la crypte, dont l'accès est interdit au public, située au-dessous.

Chandni Chowk pas à pas ⑰

Aménagée en 1648, Chandni Chowk (« place au clair de lune argenté ») était jadis le boulevard le plus élégant de Shahjahanabad *(p. 85)*, avec son canal, ses somptueuses demeures et ses commerces de luxe. Elle reste aujourd'hui le cœur d'Old Delhi, un quartier où religion et commerce font bon ménage. À l'entrée de la Chandni Chowk, le Digambar Jain Mangir est le premier des nombreux temples qui bordent la rue. Un peu plus loin, l'hôpital des Oiseaux construit en 1656 est unique en son genre.

Tronc de l'hôpital des Oiseaux

Sisganj Gurdwara
Ce temple sikh fut élevé à l'endroit où le neuvième guru de la secte, Tegh Bahadur, fut décapité en 1675.

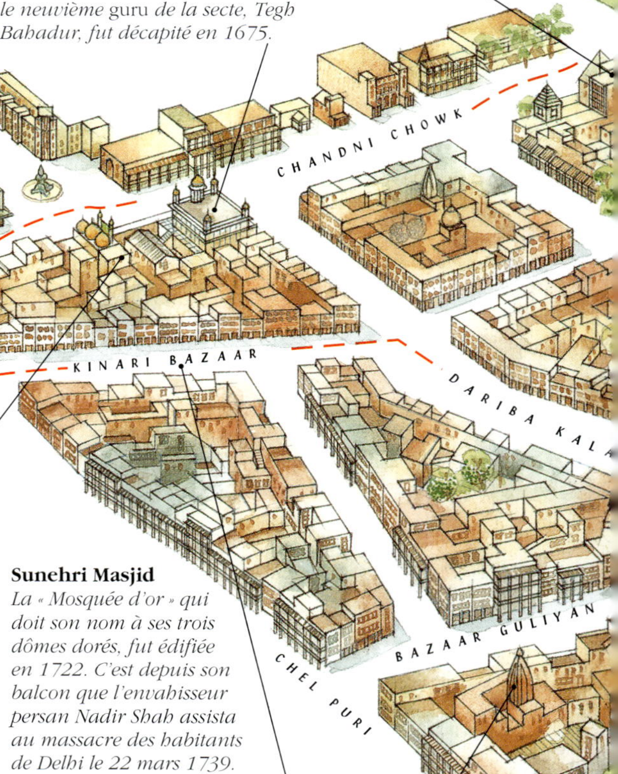

Fatehpuri Masjid (construite en 1650)

Nai Sarak

Shiva Temple

Sunehri Masjid
La « Mosquée d'or » qui doit son nom à ses trois dômes dorés, fut édifiée en 1722. C'est depuis son balcon que l'envahisseur persan Nadir Shah assista au massacre des habitants de Delhi le 22 mars 1739.

★ Kinari Bazaar
Ici les éventaires croulent sous les accessoires dorés et argentés, rubans, guirlandes et turbans, pour les fêtes et les mariages.

À NE PAS MANQUER

- ★ Kinari Bazaar
- ★ Lahore Gate
- ★ Dariba Kalan
- ★ Jami Masjid

★ **Lahore Gate**
Cette imposante porte de grès rouge est l'entrée principale du Red Fort (p. 80). *C'est de là que le Premier ministre prononce le discours de la fête de l'Indépendance.*

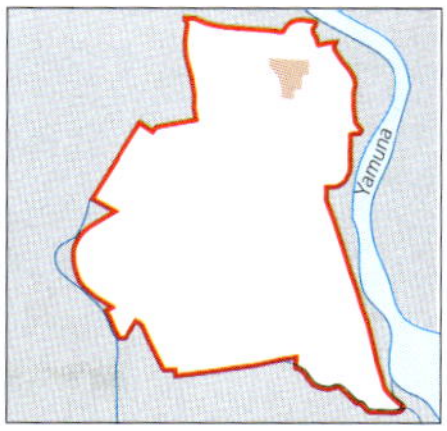

Carte de situation
Voir plan de Delhi p. 64-65

★ **Dariba Kalan**
La rue des bijoutiers et des orfèvres de Delhi abrite aussi la célèbre boutique d'essences végétales de Gulab Singh.

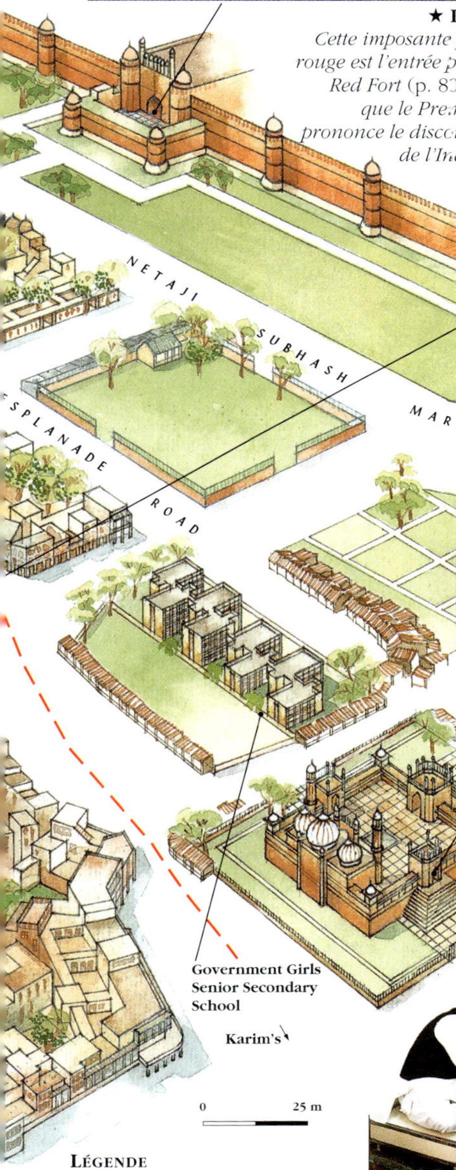

★ **Jami Masjid**
Avec ses hauts minarets et ses gigantesques dômes en marbre, la plus grande mosquée de l'Inde s'élève sur une hauteur dominant la vieille ville (p. 80).

Karim's
Le restaurant de cuisine moghole le plus authentique de Delhi (p. 598) *est situé dans une ruelle au sud de la Jami Masjid. Baptisé du nom d'un célèbre chef du* XIXe *siècle, il est tenu aujourd'hui par les descendants de ce dernier.*

Légende

– – – Itinéraire conseillé

La Jami Masjid est la plus grande mosquée de l'Inde

Jami Masjid ⓲

Au niveau de Netaji Subhash Marg
○ *t.l.j.* ● *aux non-musulmans aux heures de la prière et après 17h.*

Cette imposante mosquée avec ses trois énormes dômes en marbre blanc côtelés de rainures noires et ses deux minarets encadrant l'arche centrale s'élève sur une hauteur naturelle. Elle fut édifiée par l'empereur Shah Jahan en 1656. Les travaux auxquels participaient 5 000 ouvriers allaient durer six années et coûter près de 1 million de roupies. Un escalier de grès conduit à l'entrée en forme de voûte. La cour intérieure de 28 m de côté peut accueillir 20 000 fidèles le vendredi et à la fin du Ramadan, où une véritable marée humaine se presse pour la prière. Cireurs de chaussures et mendiants ont investi les environs. À proximité de la fontaine à ablutions *(dukka)*, une plate-forme accueillait un second chef de prière qui reprenait les mots de l'imam à l'intention des fidèles mal placés, mais les haut-parleurs ont pris la relève.

Red Fort ⓳

Chandni Chowk. ☎ *(011) 2327 4580.* ○ *mar.-dim.* ● *jours fériés.*
Son et lumière *sept.-oct. Et fév.-avr. : 8h30-9h30 t.l.j. ; nov.-janv. : 7h30-8h30 t.l.j. ; mai-août : 9h-10h t.l.j.*
Museum ○ *mar.-dim.*

Cette citadelle impériale doit son nom, *Lal* (rouge) *Qila* (fort), à la couleur de ses remparts en grès. Commencés en 1639 à la demande de Shah Jahan, les travaux devaient durer neuf ans. Lal Qila fut le siège du pouvoir moghol jusqu'à la destitution du dernier empereur moghol Bahadur Shah Zafar en 1857. Le Red Fort (Fort Rouge) reste un symbole fort de la nation indienne. C'est là en effet que fut hissé pour la première fois le drapeau indien le 15 août 1947, jour de l'indépendance.

Les visiteurs entrent par la Lahore Gate, l'une des six portes du fort qui conduit à l'ancien bazar couvert aux brocarts et aux bijoux de **Chatta Chowk**. Plus loin se trouve le pavillon **Nakkar Khana** où de la musique rituelle était jouée cinq fois par jour.

De là une allée mène au **Diwan-i-Aam**, la salle des audiences publiques avec ses 60 piliers de grès rouge. Tous les jours, l'empereur prenait place sous le dais de pierre sculptée face au grand vizir assis sur un banc. Derrière, le **Rang Mahal** possède des appartements aux plafonds dorés réservés exclusivement aux femmes et un bassin de marbre orné d'incrustations en forme de lotus épanoui.

Dais du trône du Diwan-i-Aam

Non loin de là, le **Khas Mahal** abritait les appartements de l'empereur, avec notamment une chambre à coucher, une salle de prière et le Tosh Khana (garde-robe) doté d'un écran de pierre ajourée représentant une balance, symbole de la justice, un motif qui se retrouve dans bon nombre de peintures miniatures. Plus au nord, le **Diwan-i-Khas**, de marbre

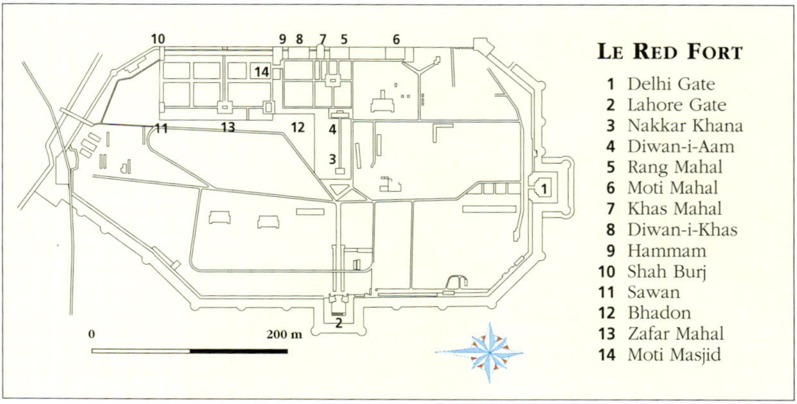

blanc, abritait le fameux trône du Paon orné de pierres précieuses jusqu'au jour, en 1739, où il fut enlevé par le persan Nadir Shah.
C'est dans cette salle aux murs, aux piliers et au plafond d'argent incrustés de pierres précieuses que l'empereur retrouvait ses hommes de confiance.

Le **Hammam** compte trois salles avec un pavement en marbre orné d'incrustations. La première salle était destinée aux bains de vapeur, la deuxième aux bains d'eau froide et la troisième abritait des fontaines d'eau de rose.

Face au hammam, la petite **Moti Masjid**, mosquée de la Perle, doit son nom aux reflets irisés de son marbre. Elle fut érigée par Aurangzeb en 1659.

***Samadhi* de Gandhi de Raj Ghat**

Raj Ghat ⓴

Mahatma Gandhi Rd. *t.l.j.*
Prière collective *17h ven.*
Gandhi National Museum
(011) 2331 1793. *mar.-dim.*
Jours fériés. **Film** *16h-17h sam. et dim.*

Pour les Indiens, le Raj Ghat est le symbole le plus fort de la nation. C'est là en effet que s'est déroulée la cérémonie de crémation du Mahatma Gandhi. Sur une plate-forme de granit noir sont inscrits ses derniers mots : *He Ram!* (« Ôh, Dieu » !) Les guirlandes orange d'œillets d'Inde qui le recouvrent sont la seule note de couleur. Tous les chefs d'État en visite officielle viennent à ce *samadhi* (mémorial) pour déposer une couronne en hommage au « Père de la Nation ». Les jours de la naissance de Gandhi (2 oct.) et de sa mort (30 janv.), les dirigeants de la nation se retrouvent ici pour une prière collective. En face, le **Gandhi National Museum** contient des souvenirs, lettres et carnets de notes. Au mur une épitaphe résume la philosophie de Gandhi : « La non-violence, c'est s'opposer de toute son âme à la volonté du tyran… il est alors possible à un seul individu de défier la puissance d'un empire injuste. »

L'Ashokan Pillar au milieu des vestiges de Feroze Shah Kotla

Feroze Shah Kotla ㉑

Bahadur Shah Zafar Marg. *t.l.j.*

De la citadelle de Ferozabad, la cinquième Delhi *(p. 85)* édifiée par l'infatigable bâtisseur Feroze Shah Tughluq, il ne reste que des ruines et quelques remparts. Les visiteurs y pénètrent par la porte située près de l'Indian Express Building. À une extrémité du mur d'enceinte se dressent les vestiges de la Jami Masjid qui était jadis la plus grande mosquée de la ville, mais dont il ne subsiste que le mur arrière. La légende raconte que Tamerlan, le conquérant mongol venu de Samarkand qui mit la ville à sac en 1398, y venait pour la prière du vendredi.

Un peu plus loin s'élève une structure pyramidale surmontée d'une colonne en pierre polie de l'empereur maurya Ashoka *(p. 42)* que Feroze Shah fit transporter depuis le Pendjab en 1356. C'est à partir du panégyrique gravé sur cette colonne qu'en 1837 l'orientaliste James Prinsep déchiffra l'écriture brahmi qui allait ensuite donner naissance à la devanagari moderne.

En face de l'Indian Express Building, la **Khuni Darwaza** (Porte ensanglantée) est une des portes de la citadelle construite par Sher Shah Sur *(p. 73)*. Le lieutenant Hodson choisit cet endroit pour y faire fusiller les fils du dernier empereur moghol Bahadur Shah Zafar, après la répression de la mutinerie de 1857.

LES BAZARS D'OLD DELHI

Les bazars de la vieille ville sont réputés. Il y a plus d'un siècle, un visiteur anglais vantait déjà « les châles de cachemire, les brocarts d'or et d'argent, les bijoux, les émaux et les tapis » qu'il y avait vus. Les bazars de Chandni Chowk ont conservé leur atmosphère de bazar oriental. Leurs ruelles sont bordées d'échoppes dont les étals débordent sur les trottoirs. Chaque allée a sa spécialité : Dariba Kalan, par exemple, est le quartier des bijoutiers et des orfèvres et Kinari Bazzar celui des lamés et des sequins.

Khari Baoli, le plus grand marché aux épices d'Asie

Kashmiri Gate et ses alentours ㉒

Entre Nicholson Rd, Ramlal Chandok Marg et Church Rd.
St James Church Lothian Rd.
(011) 2386 0873. t.l.j.
en anglais : 9h dim.

La porte du Cachemire est celle que franchissaient les Moghols quand ils quittaient la ville pour se rendre dans leur résidence d'été. Les alentours de cette porte furent aussi le théâtre d'événements dramatiques pendant la mutinerie de 1857 *(p. 53)*. D'âpres combats furent livrés entre la Kashmiri Gate et l'Old Delhi General Post Office (la poste centrale) durant le siège de la ville par les troupes britanniques. La porte s'écroula lors de l'assaut final et une plaque sur le côté ouest rend hommage aux « soldats du génie qui périrent en dégageant la porte pour les troupes britanniques le 14 septembre 1857 ». Dans les années 1920, ce quartier était très fréquenté par les Anglais qui habitaient Civil Lines.

La **St James Church** est l'édifice le plus intéressant des alentours. C'est l'église la plus ancienne de Delhi. Elle fut consacrée en 1836 par le colonel James Skinner, singulier aventurier métis rejeté par l'armée britannique qui constitua son propre régiment de cavalerie et s'illustra à maintes reprises. Skinner fit ériger cette église pour accomplir un vœu qu'il avait formulé sur un champ de bataille. L'édifice est en forme de croix grecque et coiffé d'un dôme à huit pans. Les vitraux furent ajoutés dans les années 1860. Devant l'autel une plaque de marbre indique l'emplacement de la sépulture où repose Skinner.

Statues d'anciens vice-rois entourant le Coronation Memorial

Coronation Memorial ㉓

Au S. de NH1 Bypass. t.l.j.

C'est ici que se déroula le *durbar* de 1911 qui proclama George V empereur des Indes. Un obélisque en grès est là pour commémorer le couronnement du souverain. Plus de 100 000 personnes se pressaient ce jour-là pour voir le roi-empereur et la reine-impératrice sous la coupole dorée d'un dais de couleur pourpre. Aujourd'hui, le monument est laissé à l'abandon. Autour se dressent les statues d'anciens vice-rois, notamment celles de Lord Hardinge et de Lord Willingdon qui se sont distingués pendant la construction de New Delhi. Haute de 22 m, la statue de George V qui occupait le dais de l'India Gate *(p. 68)* a été transférée ici dans les années 1960.

À environ 3 km au sud-est du mémorial se trouve un parc arboré, le **Northern Ridge**, que traversent Ridge Road et Rani Jhansi Road. À l'extrémité sud de ce parc s'élève la flèche néogothique du **Mutiny Memorial** (appelé aussi Ajitgarh) en hommage aux « soldats britanniques et indigènes… tombés » en 1857. Cet endroit offre une vue panoramique sur Old Delhi.

Le campus de la **Delhi University** est parallèle à Northern Ridge. Son collège le plus réputé, le St Stephen's College, dessiné par Walter George, date de 1938. Dans le bureau de l'actuel Vice Chancellor, qui était autrefois la salle de réception des administrateurs britanniques, le jeune Lord Louis Mountbatten demanda la main d'Edwina Ashley en 1922. Une plaque commémore l'événement. Ils allaient devenir vice-roi et vice-reine des Indes.

Coronation Memorial

L'édifice jaune et blanc de la St James Church

The Ridge ㉔

Upper Ridge Rd. t.l.j. **Buddha Jayanti Park** t.l.j.

Le dernier contrefort des monts Aravalli qui s'étend jusqu'au Rajasthan traverse Delhi dans le sens nord-est sud-ouest. À la fin du XIVe siècle, l'empereur Feroze Shah Tughluq avait choisi cet endroit pour en faire sa réserve de chasse – les vestiges de nombreux pavillons sont encore visibles. Les ondulations du terrain sont aujourd'hui recouvertes d'une épaisse forêt composée essentiellement de *laburnum (Cassia fistula)*, de *kikar (Acacia arabica)* et de *buteas (Butea monosperma)* que viennent émailler les bougainvilliers aux couleurs vives.

Avec ses allées bien entretenues et ses banians, le **Buddha Jayanti Park** forme une enclave paisible au centre de cette forêt. Sur un îlot artificiel se dresse un kiosque en grès abritant une grande statue dorée de Bouddha mise en place par le 14e dalaï-lama en 1993. Non loin de là une inscription cite le souverain spirituel : « Les êtres humains ont la capacité de léguer aux futures générations un monde véritablement humain. » Chaque année au mois de mai, les prêtres bouddhistes viennent y célébrer la fête de Bouddha Jayanti *(p. 35)*.

National Rail Museum ㉕

Chanakyapuri. (011) 2688 1816. *mar.-dim.* *jours fériés.* *supplément pour le petit train.*

Le réseau ferré indien est performant : 63 360 km de longueur totale, 108 513 km de voies, environ 7 150 gares ainsi que 12 600 trains de voyageurs et 1 350 trains de marchandises circulant chaque jour. Les chemins de fer emploient 1,6 million de personnes et transportent chaque jour 13 millions de passagers qui consomment 6 millions de repas sur le parcours.

Ce musée relate l'histoire du train en Inde. La collection de locomotives à vapeur ne manquera pas d'intéresser les amateurs car elle retrace l'évolution du chemin de fer indien depuis 1853, année de l'inauguration de la première ligne Bombay-Thana (34 km). Les nombreux souvenirs exposés comprennent le crâne d'un éléphant tué lors d'une collision avec un train postal à Golkara en 1894 et la maquette d'un wagon de 1re classe avec des compartiments séparés pour les domestiques. À l'extérieur se trouvent plusieurs locomotives à vapeur construites à Manchester et à Glasgow à la fin du XIXe siècle ainsi que le salon qu'utilisait le prince de Galles (futur Édouard VII) pour ses déplacements lors du *durbar* de 1876. Un petit train propose des promenades dans l'enceinte du musée. La boutique du musée vend des maquettes de locomotives.

Locomotive à vapeur (fin XIXe siècle) du National Rail Museum

Safdarjung's Tomb ㉖

Aurobindo Marg. *(011) 2301 7293.* *t.l.j.* *supplément pour les Caméscopes.*

Le dernier tombeau-jardin de Delhi date de 1754. Il abrite la sépulture de Safdarjung, le puissant grand vizir de l'empereur moghol Muhammad Shah qui régna de 1719 à 1748. Le marbre proviendrait du tombeau d'Abdur Rahim Khan-i-Khanan qui se trouve à Nizam-ud-din. L'édifice est représentatif de l'architecture moghole dans sa période tardive. Le portail ouvragé abrite à l'étage la bibliothèque de l'Archeological Survey of India (ASI). Coiffé d'un dôme disproportionné, le tombeau se dresse au milieu d'un *charbagh* (jardin) divisé en quatre parties par des canaux. La riche ornementation en stuc de la façade est bien conservée et le pavement en pierre de la chambre centrale présente de belles incrustations.

Boutique de produits alimentaires d'importation à l'INA Market

INA Market ㉗

Aurobindo Marg. **Échoppes** *mar.-dim.*

Ce bazar animé propose les produits tradtionnels indiens et des produits d'importation : fromages, pâtes, poissons et fruits de mer exotiques. Les étals ploient sous les ustensiles en inox, les épices, les achards du Pendjab, les articles de prêt-à-porter et même les poulets vivants. De minuscules échoppes proposent une restauration rapide à l'indienne. Habitants du quartier, diplomates et clients extérieurs fréquentent cet endroit qui a l'avantage d'être bon marché et de proposer un grand choix. L'appellation « INA Market » vient d'Indian National Airports, les rues adjacentes ayant abrité les logements des employés de l'aérodrome Safdarjung proche de là. Construit dans les années 1930, celui-ci fut le quartier général du South Eastern Command Air Wing pendant la Seconde Guerre mondiale. Il abrite aujourd'hui le ministère de l'Aviation civile, le Club de vol à voile de Delhi et le bureau de réservation d'Indian Airlines ouvert 24h/24 *(p. 639)*.

La *madrasa* de Hauz Khas construite sur deux niveaux

Hauz Khas ㉘

À l'O. d'Aurobindo Marg.
Monuments ◻ *t.l.j.*

Les monuments qui datent du règne de Feroze Shah Tughluq sont situés au-delà des boutiques, des galeries d'art et des restaurants qui ont envahi le village de Hauz Khas. En 1352, le sultan fit construire un certain nombre d'édifices sur les bords de la grande citerne Hauz Khas. Aujourd'hui asséchée, elle avait été creusée par Alauddin Khilji pour sa cité de Siri.

Bâtisseur prolifique, Feroze Shah aurait construit durant les 37 années de son règne quelque 30 citernes, 40 mosquées, 200 cités et 100 thermes.

Les monuments du site comptent une *madrasa*, le tombeau de Feroze Shah et une petite mosquée. La *madrasa* est située au bord de la citerne. Des reliefs en stuc et des niches pour les livres décorent l'intérieur. Les *chhatri* (kiosques) de la cour d'entrée sont censés recouvrir les sépultures des professeurs de l'école. L'austère tombeau de Feroze Shah s'élève à l'une des extrémités de la *madrasa*. Des calligraphies en stuc bordeaux en décorent l'intérieur.

L'après-midi est le meilleur moment pour la visite : les rayons du soleil filtrent alors à travers les *jali* en dessinant des étoiles sur les tombes du sultan, de ses fils et de son petit-fils. Situé à l'est de Hauz Khas, à la hauteur d'Aurobindo Marg, la **Chor Minar**, la « tour des Voleurs » date de la période d'Alauddin Khilji (XIVe siècle). Ses murs percés de trous auraient servi à exposer les têtes des voleurs à des fins dissuasives.

Un peu plus loin, en direction du nord-ouest, la **Nili Masjid** (« Mosquée bleue ») doit son nom aux faïences bleues au-dessus des corniches. Elle fut édifiée en 1505 par une certaine Kasumbhil, nourrice du fils du gouverneur de Delhi.

Khirkee ㉙

Au N. de Press Enclave Marg.
Monuments ◻ *t.l.j.*

Construite au milieu du XIVe siècle par le grand vizir de Feroze Shah Tughluq, Khan-i-Jahan Junan Shah, Kirki Masjid, la « mosquée des Fenêtres », a donné son nom à ce petit village situé au sud de Delhi. Un rang de fenêtres cintrées anime la façade de l'édifice à deux étages. Bien qu'innovant, le plan du bâtiment ne fut jamais repris ailleurs car la multitude des piliers se révéla être gênante quand l'assemblée des fidèles était nombreuse.

La Kirki Masjid à l'allure de forteresse

Un peu plus bas, la **Satpula** (« sept arches ») fut édifiée par Muhammad bin Tughluq en 1326. Ce barrage en pierre faisait partie d'une citerne servant à l'irrigation et du mur d'enceinte fortifié de la cité de Jahanpanah.

Fenêtre cintrée avec écran en pierre ajourée de la Kirki Masjid

Jahanpanah ㉚

Au S. de Panchseel Park.
Monuments ◻ *t.l.j.*

La capitale de l'empereur Muhammad bin Tughluq abrite en son cœur la mosquée Begumpuri Masjid construite par le grand vizir Khan-i-Janan Junan Shah (précisez que vous cherchez la vieille mosquée car il en existe une nouvelle à proximité). L'édifice est coiffé de 44 coupoles qui bordent la cour. Dans les heures difficiles, la mosquée servait aussi de trésorerie, de grenier à grains et de lieu de réunion générale.

Plus au nord, le palais de Bijay Mandal offre depuis la plate-forme supérieure une large vue sur Delhi de Qutb Minar jusqu'au tombeau de Humayun et au-delà. C'est de ce palais, d'après le célèbre voyageur Ibn Battuta (XIVe siècle), que Muhammad bin Tughluq passait ses troupes en revue.

Les premières capitales

De Qila Rai Pithora fondée au XIIe siècle par Prithviraj Chauhan à Shahjahanabad édifiée par les Moghols au XVIIe siècle, les cités de Delhi furent au nombre de sept. Chacune de ces cités comprenait les établissements attenants construits par de puissants sultans aux grandes ambitions territoriales. À mesure qu'ils consolidaient leur territoire, les souverains abandonnèrent leur position défensive sur les contreforts des monts Aravalli et gagnèrent peu à peu la plaine arrosée par la Yamuna. Aujourd'hui, Delhi est un amalgame de ruines de citadelles médiévales, de palais, de tombeaux et de mosquées et une jungle moderne de béton en expansion constante.

Purana Qila

Shahjahanabad *construite entre 1638 et 1649 devint la 7^e Delhi lorsque l'empereur moghol Shah Jahan abandonna Agra* (p. 144-151) *pour cette nouvelle capitale.*

Ferozabad (p. 81) *qui s'étend entre Hauz Khas au nord et les rives de la Yamuna est la 5e Delhi fondée par Feroze Shah Tughluq (1351-1388).*

Siri *compte encore quelques ruines à proximité du Siri Fort Auditorium et du village de Shahpur Jat. La 2e Delhi fondée par Alauddin Khilji en 1303 était une cité prospère.*

Purana Qila (p. 73) *est la citadelle de l'ancienne Dinpanah, la 6e Delhi, fondée par Humayun. Elle fut prise par le chef afghan Sher Shah Sur (1540-1545) qui la rebaptisa Shergarh.*

Jahanpanah *fut bâtie par Muhammad bin Tughluq (1325-1351) comme une enceinte fortifiée regroupant Qila Rai Pithora et Siri. Les remparts de la 4e Delhi se trouvent près de Chiragh.*

Qila Rai Pithora *fut la 1re Delhi. Fondée vers 1180 par les Chauhan, elle fut prise en 1192 par Qutb-ud-Din Aibak qui y établit sa capitale* (p. 86-87).

Tughluqabad (p. 89), *la 3e Delhi, est une impressionnante forteresse située sur les contreforts des monts Aravalli. Elle fut bâtie sous Ghiyas-ud-Din Tughluq qui régna de 1321 à 1325.*

Mehrauli Archaeological Park ㉛

Chhatri **à l'extérieur de la Jamali-Kamali**

Connu surtout pour le Qutb Minar, monument inscrit au Patrimoine mondial de l'Unesco, le parc occupe les anciens territoires rajpoutes de Lal Kot et de Qila Rai Pithora. En 1193, Qutb-ud-Din Aibak, général-esclave de Muhammad Ghori *(p. 48)* en fit le centre du sultanat de Delhi. Au XIIIe siècle, un petit village du nom de Mehrauli entourait le sanctuaire du maître soufi Qutb Sahib. Plus tard, les princes moghols viendraient chasser dans les alentours et, au XIXe siècle, quelques administrateurs britanniques y firent construire leur résidence de week-end. Aujourd'hui de nombreux Indiens riches et célèbres possèdent de grands domaines dans les environs.

Dargah Qutb Sahib
Ce sanctuaire (dargah) *du maître soufi Qutb-ud-Din Bakhtiyar et la Moti Masjid, proche de là, attirent de nombreux pèlerins.*

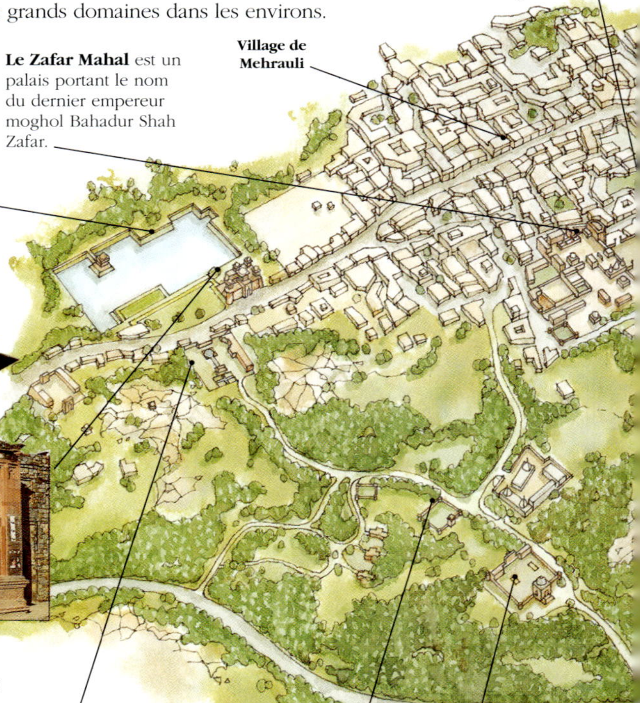

Village de Mehrauli

Le Hauz-i-Shamsi a été creusé en 1230 par le sultan Iltutmish *(p. 48)* à l'endroit qui lui aurait été indiqué dans un rêve par le Prophète.

Le Zafar Mahal est un palais portant le nom du dernier empereur moghol Bahadur Shah Zafar.

★ Jahaz Mahal
Ce kiosque de l'époque de la dynastie des Lodi (1451-1526) semble flotter sur le bassin de Hauz-i-Shamsi. C'est ici que se termine la procession des fleurs de Phoolwalon ki Sair.

La Jharna (cascade), située en bordure d'un jardin, absorbait le trop-plein du réservoir de Hauz-i-Shamsi à la fin de la mousson.

Bagichi Masjid

Madhi Masjid
Entourée de bastions et d'un rempart, cette mosquée à l'allure de forteresse, édifiée en 1200, possède une cour ouverte et une salle de prière à trois arcs richement décorée.

À NE PAS MANQUER

- ★ **Jahaz Mahal**
- ★ **Qutb Minar**
- ★ **Jamali-Kamali Mosque and Tomb**

Adham Khan's Tomb
Après avoir assassiné un rival politique, Adham Khan, fils de la nourrice d'Akbar, fut exécuté par l'empereur qui fit élever ce vaste tombeau pour la mère et son fils.

★ Qutb Minar
La plus haute tour de l'Inde (72,55 m) marquait l'emplacement du premier royaume musulman d'Inde du Nord fondé en 1193 (p. 88).

MODE D'EMPLOI

Delhi-Gurgaon Rd. *t.l.j.* *Conservation Assistant's Office, (011) 2664 3856.* *Phoolwalon ki Sair (début oct.)*

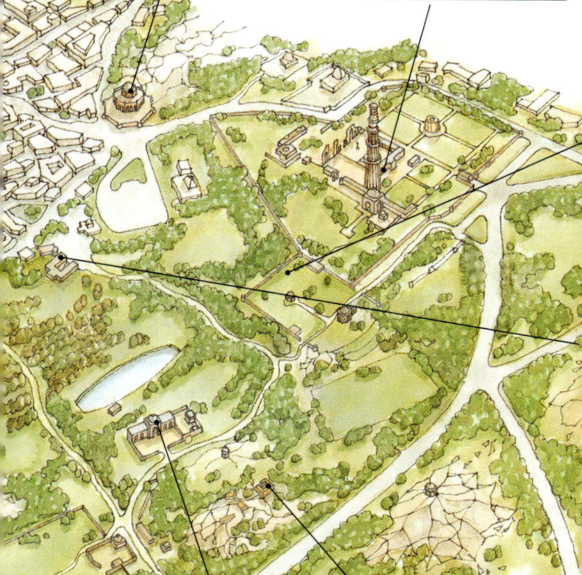

Rajon ki Baoli
Appelée aussi Sukhi Baoli (puits sec), cette imposante citerne à trois étages se trouve à proximité de la Gandhak ki Baoli, autre citerne construite sur cinq niveaux. Les deux baoli *approvisionnaient tout le voisinage en eau.*

Balban's Tomb
La sépulture de Balban est située dans une chambre construite au XIIIe siècle.

★ Jamali-Kamali Mosque and Tomb
Le tombeau de Jamali, poète à la cour des Lodi puis à celle des premiers Moghols, porte quelques-uns de ses vers. L'intérieur a conservé son décor de faïence de couleur et de stuc peint. L'autre sépulture n'a pas été identifiée mais c'est probablement celle de son frère Kamali.

Mehrauli : le complexe du Qutb Minar

Motif floral

Le Qutb Minar domine le site historique où Qutb-ud-Din Aibak posa les fondations du sultanat de Delhi *(p. 48)*. Il érigea la mosquée de Quwwat-ul-Islam (« puissance de l'islam ») et le Qutb Minar en 1193 pour annoncer l'avènement des sultans. La mosquée est une juxtaposition de panneaux hindous provenant de sanctuaires rasés, de coupoles et de voûtes. Iltutmish, Alauddin Khilji et Feroze Shah Tughluq y ajoutèrent d'autres éléments, annonçant une nouvelle forme architecturale.

MODE D'EMPLOI

Mehrauli Archaeological Park, Delhi-Gurgaon Rd.
t.l.j.
Qutb Festival (oct.-nov.)

Colonne de fer
Cette colonne du IVe siècle consacrée à Vishnou témoigne de la maîtrise du travail des métaux des artisans indiens de cette époque ancienne.

Qutb Minar
Commencée par Qutb-ud-Din, cette tour de la Victoire à cinq étages fut achevée par son successeur Iltutmish.

Bandeaux sculptés
Des bandeaux sculptés portant des versets du Coran ornent l'entrée monumentale.

Alai Darwaza
La technique de l'arc empruntée à l'architecture musulmane fut utilisée pour ce portail monumental bâti par Alauddin Khilji en 1311.

Mosquée Quwwat-ul-Islam
Des motifs décoratifs hindous sont clairement visibles sur les piliers de cette mosquée.

Poteries du Sanskriti Museum

Sanskriti Museum ㉜

Anandgram, Mehrauli-Gurgaon Rd.
☎ *(011) 2650 1796.* ○ *t.l.j.*
● *jours fériés.*

Ce musée insolite se trouve dans un grand parc paysager. Exposée dans le jardin et dans des abris inspirés de l'architecture rurale traditionnelle, la collection qui se compose d'objets de tous les jours façonnés par des artisans anonymes de la campagne est tout aussi insolite. Elle est née de la collection de peignes, de casse-noix, de lampes, de jouets, de râpes à pied et d'ustensiles de cuisine ayant appartenu à un certain O. P. Jain, destinée à montrer que même les objets les plus utilitaires peuvent avoir leur beauté. Des poteries de toutes les formes et de toutes les dimensions provenant de toutes les régions de l'Inde sont également présentées. Vous verrez notamment d'étonnants récipients fabriqués suivant des techniques séculaires et de hautes statues de divinités vénérées dans les villages d'Inde du Sud.

Tughluqabad ㉝

Au niveau de Mehrauli-Badarpur Rd.
Monuments ○ *t.l.j.*

La 3e Delhi *(p. 85)* est dominée par son fort érigé par Ghiyas-ud-Din Tughluq au début du XIVe siècle. Long de 7 km, le mur d'enceinte construit avec des matériaux provenant d'autres sites rasés est intact. À droite de l'entrée principale se dressent les ruines de la Vijay Mandal (« tour de la Victoire »). Sur la gauche subsistent quelques arches d'un ensemble de palais, de maisons et d'édifices publics occupant un rectangle. La légende raconte que, le jour où Ghiyas-ud-Din tenta d'empêcher la construction de la citerne dans le sanctuaire de Hazrat Nizam-ud-Din Auliya *(p. 76)*, le saint lui jura que seuls les chacals et la tribu des Gujjar habiteraient sa capitale.

Les remparts offrent une belle vue sur la citadelle et le fort Adilabad qui la jouxte. De plus petite taille, Adilabad fut édifiée par Muhammad bin Tughluq qui aurait tué son père Ghiyas-ud-Din en provoquant l'effondrement d'un portail qu'il était en train de franchir. Le père et le fils sont inhumés dans le **Ghiyas-ud-Din's Tomb** relié à la citadelle par une chaussée qui traversait autrefois un lac artificiel.

Les murs à pan incliné en grès rouge décorés d'incrustations en marbre allaient se retrouver dans toute l'architecture tughluq.

Tombeau de Ghiyas-ud-Din Tughluq

Baha'i House of Worship ㉞

Bahapur, Kalkaji. ☎ *(011) 2644 4029.*
○ *mar.-dim.* ● *jours fériés.* **Offices** *10h, midi, 15h et 17h*

Cette structure moderne – la plus innovante de Delhi – est un sanctuaire où le silence et l'ordre sont dominants. Dessiné par l'architecte iranien Fariburz Sahba et achevé en 1986, l'édifice de marbre blanc en forme de lotus à 27 pétales est mieux connu sous le nom de Lotus Temple. Il est entouré de neuf bassins et de pelouses vertes d'une superficie totale de 92 ha.

Né dans l'ancienne Perse, le baha'isme repose sur le principe de l'instauration de l'humanité en tant que race universelle. Quelles que soient leurs croyances, les fidèles sont invités à méditer et à assister à l'office quotidien (durée : 15 min) dans l'auditorium d'une capacité de 1 300 places.

Avec son dôme en forme de fleur de lotus, la Baha'i House of Worship est l'un des édifices les plus étonnants de Delhi

L'Haryana et le Pendjab

L'Haryana et le Pendjab font partie de la vaste plaine indo-gangétique. La fertilité du sol et la Révolution verte des années 1960, qui a permis l'amélioration des techniques agricoles, ont fait de cette région le « grenier à blé » de l'Inde. Plus de la moitié du blé, du riz et du millet indiens est produite ici. Après la Révolution verte, les deux États ont connu un développement industriel important et aujourd'hui les industries laitière et lainière sont également florissantes. La plupart des visiteurs ne font que passer dans cette région pour se rendre dans l'Himachal Pradesh et se contentent de faire une halte dans les deux sites les plus connus : Chandigarh, la ville dessinée par Le Corbusier et la capitale commune de l'Haryana et du Pendjab, et le Temple d'or d'Amritsar, le lieu le plus saint du sikhisme. Vous pourrez aussi aller à la découverte des anciens États princiers de Patiala et de Kapurthala, dotés chacun d'une architecture particulière, et des *dargah* de Panipat et de Sirhind. Les habitants de ces régions sont chaleureux et hospitaliers.

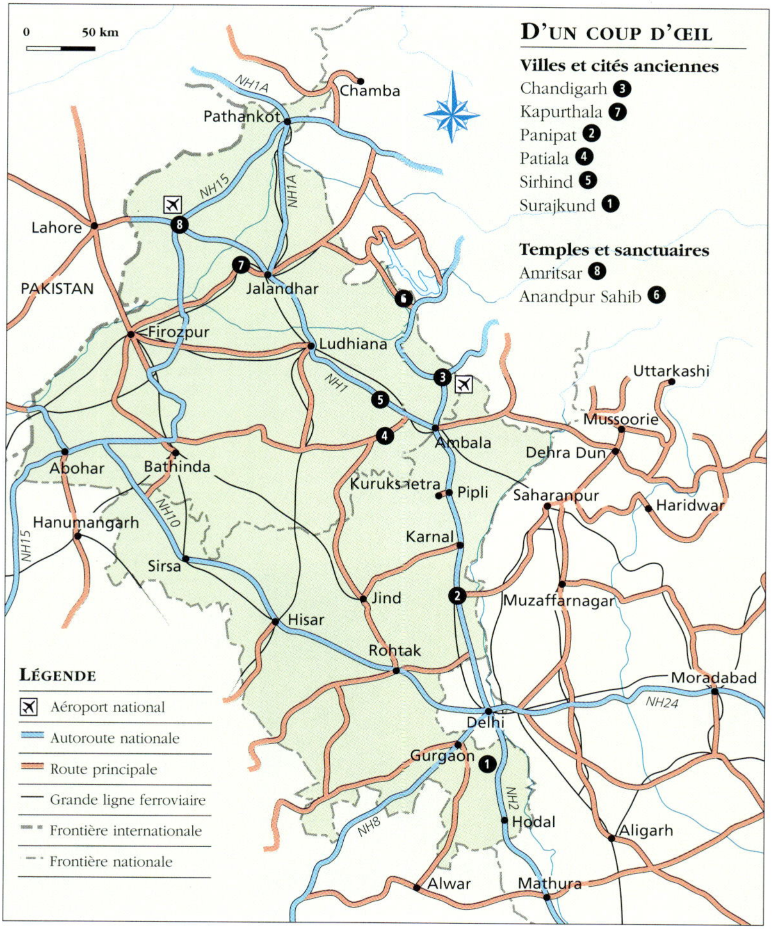

◁ **Le Hari Mandir ou Temple d'or, depuis le quai du bassin sacré d'Amrit Sarovar à Amritsar**

Sanctuaire du maître soufi Qalandar Shah (XIVe siècle) à Panipat

Surajkund ❶

District de Faridabad. À 21 km au S. de Delhi. *Haryana Tourism, Chanderlok Building, 36, Janpath, New Delhi, (011) 2332 4910. Surajkund Crafts Mela (fév.).*

Construite entre le Xe et le XIe siècle par le roi Sarajpal de la dynastie rajpoute des Tomar, cette citerne est aujourd'hui un lieu très couru pour les pique-niques. Elle a conservé ses terrasses en pierre destinées à retenir l'eau de pluie. Le lac artificiel proche de là se prête aux promenades en barque. L'endroit est très animé pendant la première quinzaine de février à l'occasion de la Foire artisanale (Crafts Mela) qui accueille des artisans de tout le pays dans un village créé spécialement. Marionnettes du Rajasthan, figurines animales en bronze de cloche de l'Orissa et broderies avec applications de miroirs sont exposées au milieu des stands d'alimentation et des groupes de musiciens et danseurs.

Chanteurs traditionnels à la Foire artisanale de Surajkund

Panipat ❷

District de Panipat. À 85 km au N. de Delhi. *Urs de Qalandar Shah (janv.-fév.).*

La plaine aride de Panipat fut le théâtre de trois grandes batailles décisives qui changèrent le cours de l'histoire indienne, notamment celle de 1526 à l'issue de laquelle l'Empire moghol *(p. 50-51)* vit le jour. La ville a gardé des souvenirs de cette période épique. La partie ancienne compte plusieurs belles *haveli* et un sanctuaire datant du XIXe siècle dédié au maître soufi Qalandar Shah. La trépidante ville nouvelle est construite le long de la National Highway 1 qui suit le tracé de la légendaire Grand Trunk Road *(p. 153)*. Aujourd'hui, Panipat est réputée pour ses tissus d'ameublement et ses tapis.

AUX ENVIRONS : Karnal, situé à 34 km au N. de Panipat au cœur d'une riche région pastorale, est un important centre d'élevage de bétail. Le National Dairy Research Institute (Institut national de recherche laitière) se trouve là. À 90 km plus au nord, la ville de pèlerinage de **Kurukshetra** compte un grand nombre de temples. C'est ici qu'eut lieu la bataille qui opposa les héros du *Mahabharata* : les Pandava et les Kaurava *(p. 26)*.

Prières rituelles, bassin sacré du Kurukshetra Temple

Chandigarh ❸

District de Chandigarh. À 238 km au N. de Delhi. *750 000. 11 km au S. du centre-ville. Punjab Tourism, Sector 22, (0172) 272 1173. Rose Festival (fév).*

Capitale commune de l'Haryana et du Pendjab, Chandigarh fut construite par Le Corbusier, architecte de notoriété internationale, au début des années 1950. La ville, considérée comme la première ville moderne indienne d'après l'indépendance, se divise en 57 secteurs identiques.

Le Corbusier conçut les plans de la ville suivant les principes d'un homme modulaire, avec le **Capitole Complex**, composé des bâtiments du Secrétariat, de l'Assemblée et de la Haute Cour de justice situés à l'emplacement de la « tête », et le principal secteur commerçant, le **secteur 17**, situé à l'emplacement du « cœur ». Les magasins qui bordent la place centrale de ce secteur marchand témoignent de l'engouement des riches Indiens de Chandigarh pour la bonne chère et les beaux vêtements. À côté, les « poumons » de la ville comprennent l'immense **Rose Garden** vallonné agrémenté de fontaines, de pelouses et d'allées. Au mois de février, plus de 1 000 variétés sont en fleurs.

Les secteurs résidentiels très étendus constituent le « torse » avec de coquettes maisons et des jardins soigneusement entretenus. Les rues sont bordées d'espèces d'arbres à fleurs différentes (*laburnum, jacaranda, gulmobar*).

Dans le secteur 10, le **Museum and Art Gallery** abrite l'une des plus belles collections de sculptures du Gandhara *(p. 43)* et de peintures miniatures du pays. Parmi les plus belles pièces figurent un bodhisattava de style gréco-bouddhique du VIe siècle et une représentation rare de Vishnou avec une conque dans sa main, datant du XIe siècle. La collection de miniatures compte un ensemble de peintures pahari *(p. 111)* des écoles du Kangra,

Le Capitole Complex de Le Corbusier à Chandigarh

du Basohli et du Guler. La section consacrée à l'art moderne comprend notamment un paysage de montagnes signé du peintre russe Nicholas Roerich *(p. 118)*.

Situé dans le secteur 1 face au Capitole, le **Rock Garden** est l'une des grandes attractions de la ville. Créé dans les années 1970 par un ancien inspecteur de la voirie, Nek Chand, il s'étend sur plus de 1,6 ha et contraste avec les formes symétriques des autres constructions. Ce « royaume » est un labyrinthe de collines, de cascades, de grottes peuplé d'armées de soldats ou de singes fabriqués avec des matériaux étonnants : tubes de néon usagés, vieux fusibles, tessons de faïence et de verre.

Sculptures, Rock Garden

Un peu plus loin, le **Sukhna Lake**, lac artificiel, attire de nombreux marcheurs et joggers sur ses rives. C'est l'un des plus beaux endroits de Chandigarh, surtout quand les lumières de la station d'altitude de Kasauli *(p. 104)*, proche de là, commencent à briller dans le crépuscule.

Museum and Art Gallery
(0172) 274 2501. mar.-dim.

AUX ENVIRONS : Situés à 22 km au N. de Chandigarh, les **Pinjore Gardens** sont la création de Fidai Khan, frère adoptif de l'empereur moghol Aurangzeb (XVIIe siècle). Ces jardins en terrasses sont agrémentés de kiosques coiffés de coupoles, de fontaines et de cascades. **Sanghol**, à 40 km à l'ouest de Chandigarh abrite les vestiges d'un stûpa du IIe siècle et un musée de sculptures de l'époque kushan.

LA VILLE DE LE CORBUSIER

La « main ouverte », l'emblème de Chandigarh

En 1950, le Premier ministre indien Nehru demanda à Charles-Édouard Jeanneret, dit Le Corbusier, de créer une capitale pour le Pendjab, l'ancienne capitale Lahore étant devenue pakistanaise depuis l'indépendance en 1947. L'architecte dessina une ville faite de blocs de béton et de rues rectilignes reflétant sa conception de la rationalité fonctionnelle dépourvue d'ornements inutiles tels que dômes et arches. Sans la foule habituelle des bazars indiens, Chandigarh n'a pas l'animation ni la vitalité des villes plus anciennes et certains bâtiments semblent avoir subi l'usure du temps, mais elle est la plus propre et la plus « ordonnée » des villes indiennes, et c'est peut-être là le patrimoine que lui a laissé Le Corbusier.

FÊTES DE L'HARYANA ET DU PENDJAB

L'Urs de Qalandar Shah *(janv.-fév.)* à Panipat en hommage au maître soufi Qalandar Shah, avec chants de dévotion et foire haute en couleur aux abords du sanctuaire.
Crafts Mela de Surajkund *(1-15 fév.)*. Des artisans viennent de tout le pays pour exposer leurs créations, des tissages à la main aux jouets traditionnels.
Rose Festival *(fév.)* à Chandigarh. Le Rose Garden organise une exposition florale et un carnaval avec musique et danses pendant un week-end.

Moines-soldats sikhs maniant le sabre, Hola Mohalla

Hola Mohalla *(mars-avr.)* au temple d'Anandpur. Fête qui a lieu au lendemain de Holi, avec sabres et tent-pegging pour les moines-soldats sikhs *(nihang)* dont les qualités de guerriers et de cavaliers sont légendaires.
Baisakhi *(14 avr.)* au Pendjab. Processions, danses et festins pour célébrer l'équinoxe du printemps et le début des récoltes. Des foires ont lieu dans les principaux temples sikhs.
Guru Parab *(nov.)* au Pendjab. Célébrée la première nuit de pleine lune après Diwali *(p. 37)*, en commémoration de la naissance du *guru* Nanak, fondateur du sikhisme, elle est particulièrement grandiose au Temple d'or d'Amritsar éclairé par des milliers de lampes.

Le somptueux Durbar Hall de Qila Mubarak à Patiala

Patiala ❹

District de Patiala. À 63 km au S.-O. de Chandigarh. *269 000.* *Basant (fév.).* *lun.-sam.*

Située entre deux cours d'eau, Patiala était au XIXe siècle une principauté gouvernée par de brillants souverains et un lieu de démesure. Aujourd'hui encore le *salwar* (pantalon ample) de Patiala est trois fois plus large qu'ailleurs et l'Old Moti Bagh est si grand que Versailles à côté « a l'air d'une chaumière » comme a dit un jour un visiteur anglais. Les princes de Patiala étaient aussi d'ardents protecteurs des arts et des sports. Et si, de nos jours, la ville a une atmosphère raffinée et un riche artisanat, elle le doit en partie à ses anciens souverains.

Motif décoratif de *phulkari*

La ville moderne s'est développée autour du fort de **Qila Mubarak** construit en 1763 dont la partie la plus ancienne, Qila Androon, conserve des traces de peintures murales de qualité. À droite des portes d'entrée, le Durbar Hall, qui fut ajouté par la suite, abrite un musée avec un plafond décoré, des peintures murales bien conservées et une impressionnante collection de canons et d'armes, dont le sabre du sultan de Perse Nadir Shah *(p. 52)* qui envahit le Nord-Ouest de l'Inde en 1739. Le bazar au pied de la citadelle vend les fameuses chaussures en cuir à bout relevé appelées *jutti*, des galons de soie à pompons *(pirandi)* et des étoffes à motifs brodés *(phulkari)*.

Achevé au début du XXe siècle, le gigantesque **Old Moti Bagh Palace** de style indo-saracénique ne compte pas moins de 15 salles à manger ! Avec ses jardins en terrasses et ses canaux inspirés des jardins moghols, c'est l'un des plus grands palais d'Asie. Les terrasses mènent au Sheesh Mahal qui abrite une **Art Gallery** où sont exposés des peintures miniatures, des manuscrits rares, des objets d'art et des trophées de chasse. La place d'honneur revient aux médailles dont certaines avaient été remises aux princes en personne. La galerie donne sur un bassin flanqué de deux tours reliées par une passerelle en corde. Le bâtiment principal appartient aujourd'hui à l'Institut national des sports et la grande pièce d'eau, d'où les maharajas regardaient les danseuses en s'ébattant joyeusement, sert aujourd'hui pour les sports de combat.

Échoppe de *jutti* brodées à la main du bazar de Patiala

Au nord de la ville, les **Baradari Gardens** furent aménagés à la fin du XIXe siècle par le prince Rajinder Singh qui était féru d'horticulture. Situé dans l'enceinte de la citadelle, le **Kali Temple** possède une statue de marbre de la déesse, qui provient de Makrana au Rajasthan.

Durbar Hall Museum
mar.-dim. *avec autorisation.*

Old Moti Bagh Palace
mar.-dim.

Sirhind ❺

District de Fatehgarh Sahib. À 55 km à l'O. de Chandigarh. *31 000.* *Punjab Tourism, (01763) 22 9170.* *Urs à Rauza Sharif (août). Shaheed Jor Mela (déc.).*

Entre le XVIe et le XVIIIe siècle, Sirhind fut l'un des établissements les plus importants d'Inde du Nord. Ancienne capitale des sultans pathan sur, dont il subsiste encore les ruines de la citadelle, cette ville était l'étape favorite des empereurs moghols lorsqu'ils se rendaient chaque année au Cachemire. Au XIe siècle, Mahmud de Ghazni *(p. 48)* étendit son empire jusqu'à cette région et donna son nom (qui signifie « frontière de l'Inde » en persan) à la ville.

Les Moghols construisirent plusieurs édifices remarquables dans ce qui s'appelle aujourd'hui l'**Aam Khas Bagh**, complexe touristique géré par le gouvernement. Avec ses bains chauds et froids alimentés par des puits voisins au moyen d'un système élaboré de poulies manuelles, l'ancien **Royal Hammam** est particulièrement intéressant. Un peu plus loin, vous verrez les ruines du palais bâti sur deux niveaux de Shah Jahan, le **Daulat Mahal**, et celles du **Sheesh Mahal** qui est dans un meilleur état de conservation et dont les murs

Le sanctuaire Rauza Sharif de Shaikh Ahmad Faruqi Sirhindi à Sirhind

conservent en partie des décors de faïence et de stuc d'origine.

Au nord d'Aam Khas Bagh, le **Fatehgarh Sahib Gurdwara** s'élève au milieu des champs de moutarde qui deviennent tout jaunes en janvier. Ce temple sikh a été construit à la mémoire des fils martyrs du dixième *guru* Govind Singh. Ils furent emmurés vivants à cet endroit même par l'empereur Aurangzeb en 1705 parce qu'ils avaient refusé de se convertir à l'islam.

Adjacent au temple, le sanctuaire du maître soufi et théologien Shaikh Ahmad Faruqi Sirhindi, connu également sous le nom de Mujaddad-al-Saini (« réformateur du millénaire »), est un haut lieu de pèlerinage pour les musulmans. Cette structure octogonale surmontée d'un dôme en tuiles vernissées bleues date du XVIe siècle. Connue sous le nom de **Rauza Sharif**, elle est aussi sacrée que le Dargah Sharif d'Ajmer *(p. 312)*. Non loin de là, le **Mauseleum of Mir Miran**, gendre de l'un des souverains lodi, date de la même époque. La **Salavat Beg Haveli** est un bel exemple de demeure de la période moghole.

Aam Khas Bagh
mar.-dim.

Anandpur Sahib ❻

District de Roopnagar. 73 km au N. de Chandigarh. *31 000.* *Hola Mohalla (mars-avr.).*

Protégé par les monts Shivalik et un anneau de forts imposants, l'Anandpur Sahib est un complexe historique de temples sikhs. C'est ici que la tête du neuvième *guru* Tegh Bahadur décapité sur l'ordre d'Aurangzeb fut conduite pour la cérémonie de la crémation qui se déroula à l'emplacement de l'actuel **Sisganj Sahib Gurdwara**. À cet endroit, le dixième et dernier *guru* Govind Singh créa, en 1699, les Khalsa (« armée des Purs ») avec cinq volontaires pour défendre la foi. Élevé en commémoration de cet événement, le **Kesgarh Sahib Temple** est considéré comme l'un des quatre *takht* ou sièges principaux de la religion sikh, les autres étant Amritsar *(p. 96)*, Nanded dans le Maharashtra et Patna *(p. 182)* au Bihar. En avril 1999, le 300e anniversaire de la création des Khalsa fut célébré pendant une semaine entière.

Moine-guerrier nihang paré de ses plus beaux atours

Plusieur forts entourent Anandpur Sahib : le **Lohagarh Fort** qui servait d'arsenal aux Khalsa, le **Fatehgarh Fort** qui gardait la route entre Delhi et Lahore, et le **Taragarh Fort** qui protégeait celle-ci des États montagneux du Nord.

Chaque année à la fête de Hola Mohalla *(p. 93)*, Anandpur Sahib reprend vie : des milliers de dévots se rassemblent là pour voir les moines-guerriers nihang en robe bleue, descendants des gardes personnels des *guru*, faire une démonstration de leur formidable savoir-faire de guerriers et de cavaliers.

La religion sikh

Peinture du *guru* Nanak avec ses disciples (milieu du XIXe siècle)

Avec leurs turbans et leurs barbes entières, les sikhs sont facilement reconnaissables. La religion sikh fut fondée au XVe siècle par le *guru* Nanak. Rigoureusement opposée au culte des idoles, aux rituels et au système des castes, elle croit à un Dieu « sans forme ». Elle est aussi appelée Gurmat (« doctrine du *guru* ») et les temples sikhs sont des *gurdwara* (littéralement « portes conduisant au *guru* »). Le premier des dix *guru*, Nanak, choisit son successeur parmi ses disciples les plus pieux. En 1699, le dernier *guru* Govind Singh (1666-1708) réorganisa la communauté en un ordre militaire, les *khalsa*, pour s'opposer aux persécutions religieuses des Moghols. Il donna à la communauté sikh une identité religieuse caractérisée par le port des 5 K : *kesha* (barbe non taillée), *kaccha* (caleçon court), *kirpan* (petit sabre), *kangha* (peigne) et *kara* (bracelet en métal). Son Livre sacré, le *Guru Granth Sahib*, est conservé au Temple d'or *(p. 98-99)*.

Détail d'une sculpture en marbre de l'Elysee Palace à Kapurthala

Kapurthala ❼

District de Kapurthala. À 165 km au N.-O. de Chandigarh.

Cette ancienne principauté doit son patrimoine architectural au maharaja Jagatjit Singh qui, en 1906, décida de créer un petit coin de France au Pendjab. Ce francophile passionné demanda à un architecte français de lui construire un palais sur le modèle du château de Versailles en y ajoutant quelques éléments du château de Fontainebleau et du palais du Louvre. L'étonnant édifice, qu'il appelait pompeusement « le Palais de l'Élysée » (devenu aujourd'hui le **Jagatjit Palace**), s'élève au milieu de beaux jardins agrémentés de statues et de fontaines en pierre. Il est entouré des villas de ses officiers construites sur le modèle des villas des faubourgs parisiens très en vogue à la fin du XIXe siècle. Le bâtiment aux plafonds Renaissance abrite aujourd'hui une école, mais il est ouvert au public. Après la construction de ce petit Versailles, le maharaja traversa une phase hispanique au cours de laquelle il fit bâtir le **Buena Vista Hunting Lodge**. Situé à la lisière de la ville, ce pavillon est habité aujourd'hui par ses descendants. Autre curiosité de Kapurthala, la **Moorish Mosque** inspirée de la Koutoubia de Marrakech fut dessinée par un autre architecte français au service du maharaja. L'intérieur du dôme a été décoré par des peintres pendjabi.

Jagatjit Palace
mar.-dim.

Le Jagatjit Palace, construit sur le modèle de Versailles, à Kapurthala

Le maharaja Ranjit Singh

Le maharaja Ranjit Singh (1790-1839)

Il fut l'un des plus éminents souverains d'Inde du Nord. En persuadant les chefs sikhs rivaux de s'unir, il fonda le premier royaume sikh du Pendjab et organisa une armée qui tint en échec Britanniques et Afghans. Sous son règne, le Pendjab devint un centre industriel et de commerce prospère. Homme pieux, il contribua à l'embellissement du Temple d'or et fut un souverain éclairé. Ayant perdu un œil, il se plaisait à dire : « Dieu a voulu que je regarde toutes les religions avec un seul œil. » Dix ans après sa mort, les Britanniques annexèrent le Pendjab et s'emparèrent de ses fabuleux trésors, dont le célèbre diamant *Koh-i-Nor*.

Amritsar ❽

District d'Amritsar. À 217 km au N.-O. de Chandigarh. *1 000 000.* *Palace Hotel face à la gare ferroviaire, (0183) 240 2452.* *12 km au N.O. du centre-ville.* *Guru Parab (nov.).*

Fondée en 1577 par Ram Das, le quatrième *guru* des sikhs, Amritsar fut bâtie sur un site offert en donation par l'empereur moghol Akbar. Au cœur de la vieille ville se dresse le Golden Temple ou Temple d'or *(p. 98-99)*, le lieu le plus saint du sikhisme entouré par un dédale de ruelles et 18 portes fortifiées. Occupé en 1984 par des autonomistes extrémistes, le temple fut pris d'assaut par l'armée indienne et subit de sérieux dommages. Remis en état, l'édifice a retrouvé sa splendeur d'autrefois.

Le complexe est une véritable ville dans la ville dont l'entrée principale est la porte nord appelée **Darshani Darwaza**. Elle abrite aussi le **Central Sikh Museum**. Ce musée possède des collections de peintures, de monnaies, de manuscrits et d'armes qui donnent un bon aperçu de l'histoire des sikhs. Après la porte monumentale, un escalier descend au quai à pavement de marbre, le **Parikrama**, en bordure de l'Amrit Sarovar (« bassin d'ambroisie ») qui a donné son nom à la ville, ainsi qu'au Hari Mandri (« temple de Dieu »), le principal sanctuaire du complexe avec son dôme recouvert de plaques d'or. Plusieurs sanctuaires entourent le bassin, notamment le **Dukh Bhanjani Ber**, dont l'arbre miraculeux soigne les maladies, et l'**Athsath Tirath,** qui représente 68 des plus saints lieux de pèlerinage hindous.

Plus loin, l'Akal Takht est le siège de la secte. Commencé en 1589, l'édifice fut achevé en 1601 par le sixième *guru*, Har Govind, au moment où celui-ci entreprit d'organiser la communauté sikh en une entité politique. Les niveaux

Le complexe du Temple d'or avec le sanctuaire central et l'entrée principale

supérieurs furent construits par le maharaja Ranjit Singh. Tous les jours à l'aube, le *Guru Granth Sahib*, ou Livre sacré des sikhs, est transporté au Hari Mandir pour être ouvert par le grand prêtre qui lit le *vaq*, ou message du jour. Du soleil levant jusque tard dans la nuit, le temple résonne de la musique des *ragi*, musiciens employés par le temple pour chanter des versets du Livre sacré. À leur arrivée, les visiteurs (y compris les non-sikhs) reçoivent un *prasad* (nourriture consacrée) et, pour que cette visite soit vraiment complète, ils doivent se rendre au **Guru ka Langar** où leur sera servi gracieusement un repas de *dal-roti* (curry de lentilles et pain). Gérées par des volontaires bénévoles, les cuisines et la cantine peuvent servir 10 000 repas par jour et accueillir 3 000 personnes à la fois. Elles sont le symbole de la société égalitaire sans hiérarchie de castes que les *guru* sikhs se sont employés à créer. La notion de *kar-seva* (travail manuel bénévole au service d'une cause) est un élément important de la secte. Ces volontaires bénévoles montrent un grand zèle à balayer l'enceinte du temple, faire la cuisine ou garder les chaussures des pèlerins, en guise de pénitence ou en signe de ferveur. À 21 h 45, une fois les prières du soir terminées, le Livre sacré est refermé avec dévotion et transporté sur un palanquin d'argent jusqu'à l'Akal Takht. Le pavement du temple est ensuite lavé avec du lait et de l'eau avant la fermeture de la porte de Darshani Darwaza.

Le mémorial de Jallianwala Bagh

Quelques autres sanctuaires se trouvent près de l'enceinte du Golden Temple : un sanctuaire dédié au *guru* Har Govind Singh et la **Baba Atal Tower** de neuf étages érigée à l'endroit où un fils du *guru* subit le martyre.
À 2 km au nord-est du Temple d'or, le **Durgiana Temple** datant du XVIe siècle est dédié à Durga. Également proche du Temple d'or, le **Jallianwala Bagh** est situé à l'endroit où eut lieu le terrible massacre de 1919. Sur l'ordre du général Reginald Dyer arrivé de Jalandhar à la tête d'un peloton d'infanterie, plusieurs centaines de manifestants non armés furent alors abattus. Cet événement contribua à accélérer la fin de la domination britannique. Un mémorial a été érigé à l'extrémité est du jardin.

AUX ENVIRONS : Le dernier poste-frontière indien est situé à 9 km d'Amritsar, à **Wagah**, et séparé d'Attari au Pakistan par un étroit ruban de route. Tous les soirs, deux gardes au superbe uniforme s'avancent au pas de l'oie pour aller baisser les deux drapeaux de leurs pays respectifs. Leur coordination est si parfaite qu'on a l'impression de voir l'exercice se refléter dans un miroir. La cérémonie qui attire une immense foule rappelle l'époque poignante de la partition du Pendjab en 1947 *(p. 56)*.

Gardes sikhs escortant le Livre sacré à sa sortie d'Akal Takht

Le Golden Temple d'Amritsar

Détail en *pietra dura*

Centre spirituel de la religion sikh, le Temple d'or fut construit entre 1589 et 1601. L'architecture de l'édifice est une superbe synthèse du style musulman et du style hindou. Conformément à la tradition syncrétique de l'époque, c'est un saint musulman, Mian Mir, qui en posa la première pierre. Détruit en 1761 lors d'une incursion de l'envahisseur afghan Ahmed Shah Abdali, il fut reconstruit quelques années plus tard par le maharaja du Pendjab Ranjit Singh, qui en recouvrit le dôme de plaques d'or et en décora somptueusement l'intérieur.

Premier étage
Les murs de marbre sont ornés d'incrustations de pierres dures et de stuc à motifs d'inspiration animale et florale recouverts de feuilles d'or.

Hari Mandir
Lieu le plus saint du sikhisme, ce temple construit sur trois niveaux est décoré d'incrustations de pierres dures. Le Livre sacré y est déposé chaque matin.

★ Shish Mahal
La salle aux miroirs de l'étage supérieur est dotée d'un plafond bangaldar *en forme de voûte. Le pavement est nettoyé à l'aide d'un balai spécial en plumes de paon.*

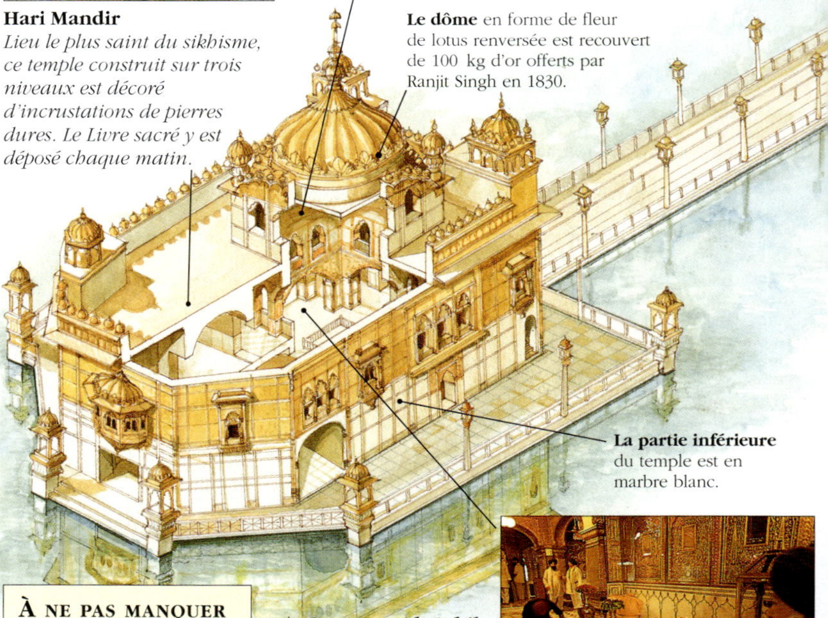

Le dôme en forme de fleur de lotus renversée est recouvert de 100 kg d'or offerts par Ranjit Singh en 1830.

La partie inférieure du temple est en marbre blanc.

★ Guru Granth Sahib
Le Livre sacré trône sous un dais de pierres précieuses du Durbar Sahib (« cour du Seigneur »).

À NE PAS MANQUER
- ★ Shish Mahal
- ★ Guru Granth Sahib

Darshani Deorhi
Cette porte monumentale qui pénètre dans l'enceinte du sanctuaire possède deux vantaux recouverts d'argent. Des versets du Livre sacré sont sculptés en relief sur les murs.

> **MODE D'EMPLOI**
>
> Circular Rd. *Bureau d'information, (0183) 255 3954* *t.l.j.* *à l'extérieur des sanctuaires. À l'entrée, les visiteurs doivent ôter leurs chaussures, purifier leurs pieds dans le pédiluve et se couvrir la tête. Alcool et tabac sont interdits dans l'enceinte du complexe.*

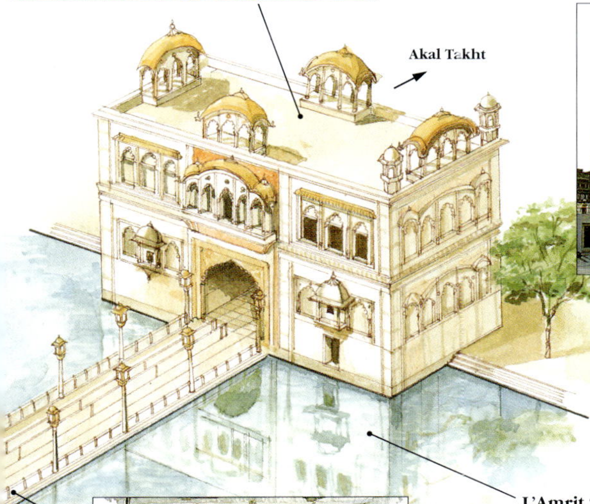

Akal Takht
C'est au siège de l'instance dirigeante suprême des sikhs que sont conservés les sabres et les hampes des guru et, pendant la nuit, le Livre sacré.

L'Amrit Sarovar, ou « bassin d'ambroisie », où sont baptisés les sikhs, fut construit en 1577 par le 4e *guru* Ram Das.

Le pont
Long de 60 m, le pont en marbre flanqué de neuf lampes dorées sur chacun de ses côtés franchit le « bassin d'ambroisie ».

LE COMPLEXE DU TEMPLE D'OR

1 Bureau du Temple
2 Vestiaires
3 Darshani Darwaza et Clock Tower
4 Hari Mandir
5 Athsath Tirath (68 sanctuaires)
6 Guru ka Langar (cantine)
7 Résidence de Baba Karak Singh
8 Assembly Hall (salle d'assemblée)
9 Sanctuaire de Baba Deep Singh
10 Darshani Deorhi
11 Arbre d'Arjun Dev
12 Akal Takht
13 Nishan Sahibs (hampes)
14 Sanctuaire de Govinf Singh
15 Dukh Bhanjani Ber (« sanctuaire de l'arbre »)

0 50 m

LÉGENDE

Illustration au-dessus

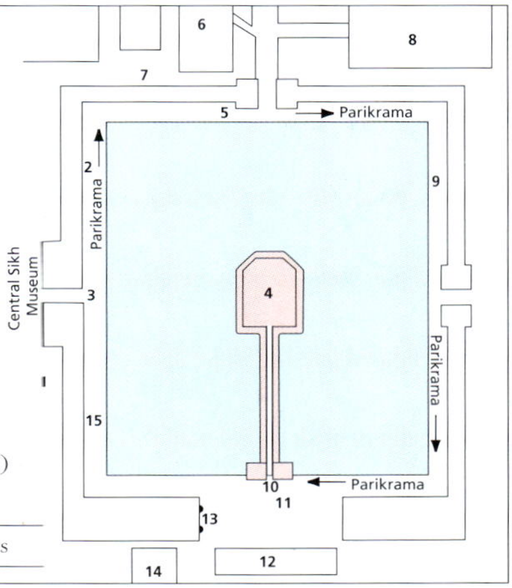

L'Himachal Pradesh

L'Himachal (« séjour de la neige ») couvre plus de 56 000 km² des Himalayas occidentaux, depuis les contreforts des Siwaliks en bordure de la plaine du Pendjab, jusqu'au massif transhimalayen du Zanskar aux confins du Ladakh et du Tibet. Ancienne capitale d'été de l'Empire britannique des Indes, Shimla, devenue capitale de l'État, reste une grande destination touristique. Autre station d'altitude, Manali se trouve au cœur de la vallée de Kulu qui, arrosée par la rivière Bias, est une excellente base pour les treks et les excursions. La vallée de Kangra avec ses pommeraies et, en toile de fond, le massif du Dhaula Dar est plus à l'ouest. Dharamsala, principale ville de cette vallée, est le lieu de résidence du dalaï-lama et d'une communauté tibétaine dynamique ainsi que le siège du gouvernement tibétain en exil. Dans la partie orientale de l'Himachal Pradesh, la vallée du Kinnaur abrite de beaux villages au milieu de verts pâturages. Au nord, le Lahoul-et-Spiti est une région de montagnes aux parois rocheuses auxquelles s'accrochent les monastères tibétains.

La région d'un coup d'œil

Villes et cités anciennes
Mandi 9
Nahan 4
Rampur 6
Sarahan 7
Dalhousie 12
Dharamsala 11
Kasauli 3
Manali 18
Narkanda 5
Shimla 1

Stations d'altitude et sites naturels
Bharmour 14
Chail 2
Chamba 13

Monastères
Tabo Monastery 20

Vallées et districts
Vallée de Kangra 10
District du Kinnaur 8
Vallée de Kulu 15
Lahoul-et-Spiti 19
Vallée de Parvati 16

Parcs nationaux
Great Himalayan National Park 17

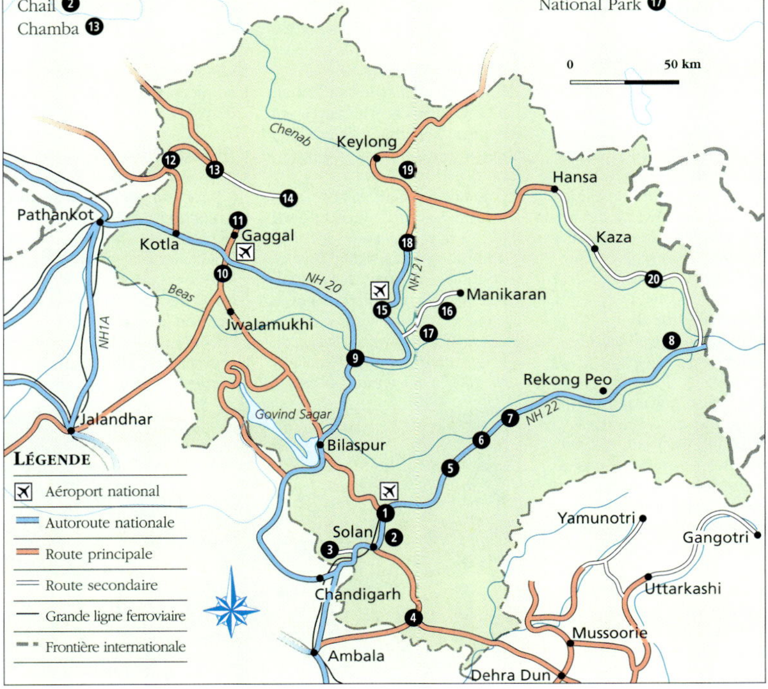

◁ **Drapeaux à prières flottant au vent dans les montagnes aux arêtes acérées du Spiti**

Shimla ❶

Vitrail de Christ Church

Station d'altitude très courue bénéficiant d'une situation exceptionnelle au milieu de massifs boisés et d'un climat vivifiant, Shimla a attiré un grand nombre de visiteurs depuis sa découverte par le capitaine anglais Charles Kennedy au début du XIXe siècle. En 1864, l'ancien village devint le quartier général d'été de l'administration britannique. Shimla est aujourd'hui la capitale en pleine expansion de l'Himachal Pradesh et, même si le béton a recouvert les hauteurs et les forêts environnantes, elle a conservé son charme colonial.

The Ridge avec la Bibliothèque municipale et Christ Church

The Ridge

Au nord du Mall.

Lieu de promenade très couru et centre de la vie socioculturelle de Shimla, The Ridge, situé sur le contrefort occidental du mont Jakku, à 2 230 m d'altitude, offre un magnifique panorama sur les cimes enneigées de l'Himalaya. L'endroit accueille régulièrement des cérémonies officielles et des revues militaires.

Christ Church

t.l.j. *8h, 11h le dim. Contacter le gardien si la porte est fermée.*

Cette église gothique domine l'extrémité est du Ridge. Construite en 1846, elle fut l'une des premières églises d'Inde du Nord. Ses vitraux et ses orgues sont un peu plus récents. La fresque qui entoure la fenêtre du chœur fut réalisée par Lockwood Kipling, le père de Rudyard Kipling. La **Municipal Library** (Bibliothèque municipale) de style pseudo-Tudor est proche de là.

The Mall

Boutiques *lun.-sam. Restrictions de circulation des voitures.*

Cette artère qui va de Boileauganj à l'ouest à Chhota Shimla au sud-est (7 km) marque les limites de la ville historique. Sa partie centrale bordée de maisons à colombages était et reste encore aujourd'hui l'endroit le plus à la mode avec ses nombreux restaurants, bars et boutiques de luxe. À Scandal Point – ledit scandale étant le prétendu enlèvement d'une dame anglaise par le maharaja Bhupinder Singh de Patiala *(p. 102)* à cet endroit précis, à la fin du XIXe siècle – se dresse la statue de Lala Lajpat Rai, célèbre défenseur des libertés. Un des passe-temps favoris des autochtones comme des visiteurs est la promenade entre Scandal Point et Combermere Bridge qui conduit au Clarkes Hotel de style pseudo-Tudor. Vous verrez un peu plus loin le Post Office à charpente de bois, le Town Hall (mairie) et le Gaiety Theatre, véritable joyau inauguré en 1887 qui accueille aujourd'hui des compagnies amateurs.

Lower Bazaar

Boutiques *lun.-sam.*

Kipling décrivait le Lower Bazaar comme une cage à lapins pleine de monde alimentant la population autochtone de Simla. Avec ses boutiques meilleur marché que celles du Mall ainsi que ses hôtels et restaurants moins en vogue, ce bazar fait figure de Mall du pauvre. Plus bas, le **Ganj**, toujours rempli de monde, abrite des magasins d'alimentation en gros. Le Lower Bazaar a su conserver une atmosphère surannée plus que tout autre endroit de la ville. Clients et coolies se côtoient dans les allées animées emplies des arômes d'épices.

State Museum

Chaura Maidan. *(0177) 280 5044.* *mar.-dim.* *jours fériés.*

Aménagé dans un ancien bâtiment de l'administration britannique appelé Inverarm, le musée ouvert en 1974 possède une collection de près de 10 000 pièces provenant de différentes régions de l'Himachal Pradesh. Parmi les objets

L'intérieur du Gaiety Theatre, centre de la vie culturelle de Simla

exposés dans les 15 salles figurent des sculptures en pierre des périodes gupta et pratihara datant du VIe au XIe siècle ainsi que des miniatures de l'école Kangra *(p. 111)* sur le thème des saisons *(baramasa)*, des modes musicaux *(ragamala)* et du *Gita Govinda*, poème de dévotion à Vishnou. Mais les plus remarquables sont sans doute les peintures murales de Chamba datant de la moitié du XIXe siècle qui se trouvent au rez-de-chaussée.

Jakhu Hill Temple

Jakhu Hill. *t.l.j.*

Le sommet boisé de Jakhu Hill (2 450 m) domine Simla. Un sentier escarpé de 2 km part du Ridge à travers la forêt de déodars et de chênes pour arriver au temple dédié à Hanuman qui se trouve là. Dans l'épopée du *Ramayana* *(p. 27)*, le singe vient à cet endroit pour trouver la miraculeuse herbe Sanjivini de l'Himalaya qui doit guérir la blessure de Laksman. S'il est courant de voir des singes à Shimla, leur endroit de prédilection est Jakhu Hill. Ces charmantes créatures ayant la main preste pour faire les poches et les sacs des visiteurs, soyez vigilant !

Viceregal Lodge

The Mall. *(0177) 283 1375.*
t.l.j.

L'ancienne résidence d'été du vice-roi des Indes est le plus grand bâtiment de la période britannique de Shimla. Située au sommet d'Observatory Hill, cette construction en pierre dessinée par Lord Dufferin dans le style de la Renaissance anglaise date de 1888. Avec ses deux rangées de balcons donnant sur le hall de réception lambrissé de tek, l'intérieur est tout aussi imposant. À l'arrière, une plaque de bronze indique le nom de tous les sommets que l'on aperçoit au loin. Rebaptisé Rashtrapati Niwas, le bâtiment abrite aujourd'hui l'Indian Institute of Advanced Studies. Seuls le hall d'entrée et les jardins sont ouverts au public.

Mode d'emploi

District de Shimla. À 365 km au N. de Delhi. *142 200.* *21 km au S.-E. de Simla.* *HP Tourism, The Mall, (0177) 265 8302.* *Sipi Fair (mai).* **Permis** *nécessaire pour certaines zones de l'H. Pradesh (p. 115). Contacter le Deputy Commissioner au (0177) 26 53535.*

L'imposant Viceregal Lodge entouré d'une pelouse parfaitement entretenue

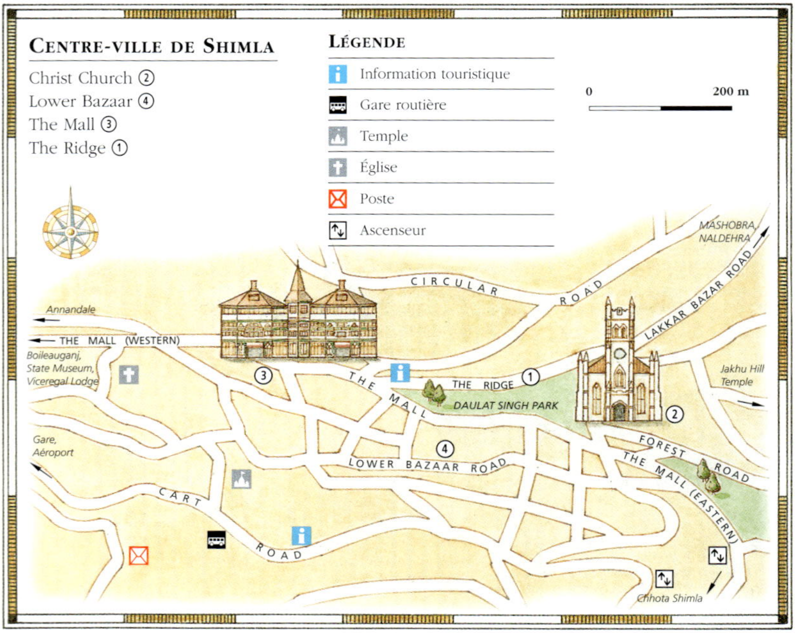

Camping sous un épais manteau de neige hivernal à Kufri

Les environs de Shimla

De la Christ Church part une route qui monte sur 4 km au milieu de la forêt de Jakhu Hill, en direction du sud-est, et qui arrive près de l'un des plus anciens établissements scolaires de Shimla, le St Bede's College for Women. On aperçoit en chemin le pittoresque bazar de Chhota Simla.

Le même massif compte d'autres endroits à visiter. À Charabra, situé à 13 km au nord, l'ancienne demeure du maréchal Kitchner a été transformée en hôtel de luxe *(p. 693)* : le **Wildflower Hall**. Dix kilomètres plus loin, sur l'ancienne Hindustan-Tibet Road en direction du nord, juste après la route qui monte sur la gauche au village de Mashobra, une allée en gravillon avec une barrière indique l'entrée du **Seog Wildlife Sanctuary**. Cette réserve naturelle abrite des espèces sauvages endémiques (daims, renards des montagnes et faisans). Au départ de Mashobra, un sentier forestier escarpé conduit à un petit temple dédié à une divinité locale. C'est dans ce temple modeste que la foire annuelle de Sipi se déroule.

En continuant sur la route en direction du nord, vous arriverez au terrain de golf à 9 trous de **Naldehra** bordé de déodars et de cèdres bleus, qui fut aménagé par le vice-roi des Indes Curzon à la fin du XIXe siècle.

À environ 16 km à l'est de Shimla, le pittoresque village de **Kufri**, à 2 650 m d'altitude, est en train de devenir une station de sports d'hiver très courue. Le zoo d'**Himalayan Nature Park** accueille de nombreux animaux, notamment des ours noirs de l'Himalaya et des cerfs musqués.

Himalayan Nature Park
Kufri. t.l.j..

Terrain de golf de Naldehra

Chail ❷

District de Solan. À 45 km au S.-E. de Shimla.
Hotel Chail Palace, (01792) 248 141.

Cette minuscule station d'altitude nichée dans un massif boisé était, dans les années 1920, la capitale d'été des maharajas de Patiala *(p. 102)*. Situé sur un plateau au milieu d'un verger et d'un parc, l'ancien **Chail Palace** a été transformé en hôtel de luxe *(p. 642)*. Le terrain de cricket proche de là serait le plus haut du monde. Joueurs passionnés de ce sport, les souverains de Patiala invitèrent le Marylebone Cricket Club en 1933. Une promenade dans la forêt de déodars de la réserve naturelle de Chail, où a été introduite une espèce de cerf à robe rouge, est la meilleure façon de découvrir la beauté sauvage de Chail. Le bazar local est de petite taille mais il mérite une visite.

Kasauli ❸

District de Solan.. À 77 km au S. de Shimla 5 000.

Boîte aux lettres à Kasauli

Station d'altitude la moins haute de la région, Kasauli se caractérise par une végétation de sapins chir, de chênes et de marronniers, à l'ombre desquels serpentent des sentiers de promenade. Le meilleur moment pour y séjourner se situe à la fin de la mousson, quand les collines se couvrent de dahlias. Les restrictions qu'impose la présence des cantonnements militaires ont permis de préserver le centre historique du béton. Les anciennes maisons à pignons et à balcons de bois qui bordent les deux rues principales, **Upper Mall** et **Lower Mall**, sont restées telles quelles. **Monkey Point**, le point culminant de Kasauli situé à 4 km de la gare routière, offre une vue dégagée sur Shimla, la Sutlej et Chandigarh. Une belle piste de 5 km conduit à la **Lawrence School** de Sanawar, école publique fondée par Sir Henry Lawrence *(p. 197)* en 1847.

Aux environs : À environ 60 km au nord-est de Kasauli

Les stations d'altitude

Une fois l'administration anglaise bien en place à la fin du XIXe siècle, les fonctionnaires de l'Empire des Indes firent venir leurs familles. Plus de 80 établissements virent ainsi le jour sur les pentes himalayennes pour accueillir en été les familles expatriées et leur progéniture de plus en plus nombreuse qui supportaient mal la chaleur des plaines. Ces stations d'altitude s'efforçaient de recréer les mêmes conditions de vie qu'au pays natal, avec maisons à colombages, clubs, églises, hôpitaux, parcs avec kiosque à musique et grande rue (The Mall).

Des pensionnats dispensant un bon enseignement furent construits pour les enfants qui n'avaient pas la possibilité d'aller étudier en Grande-Bretagne.

***Le Cottage de Kennedy* par J. Luard, Simla, 1822**

se trouve **Nalagarh**, ancienne principauté de Hindur. Le palais est aujourd'hui un hôtel inscrit au Patrimoine national : le Nalagarh Resort *(p. 693)*.

Nahan ❹

District de Sirmaur. À 100 km au S. de Shimla. *Renuka Fair (nov.).*

Nahan est située sur une crête boisée des contreforts des Siwaliks, à 930 m d'altitude. La vieille ville a conservé son lacis de ruelles pavées et son bazar construit au XVIIe siècle. L'ancien palais Raja Mahal est fermé au public, mais la ville possède d'autres curiosités touristiques comme le Ranzore Palace qui fait face au Chaugan (terrain de polo), le Jagannath Temple dans le bazar et la forêt de pins chir de Villa Round. Nahan est aussi une étape pratique sur la route du Renuka Lake.

Aux environs : À 42 km à l'est de Nahan, le Renuka Lake est un lac sacré dont les rives dessinent les formes d'une femme endormie. Dans la mythologie hindoue, Renuka est l'épouse du sage Jamdagni et la mère de Parashurama, sixième avatar de Vishnou. Elle fut tuée par son fils sur l'ordre de son mari, mais revint à la vie, pour disparaître à nouveau en laissant l'empreinte de son corps. Le lac attire de nombreuses espèces d'oiseaux et, à son extrémité, une petite réserve naturelle abrite des lions, des ours noirs de l'Himalaya et des antilopes. Non loin de là s'étend un autre lac plus petit, le Parasurama Tal, au-dessous duquel se tient la Renuka Fair (foire) en novembre.

Le Renuka Lake accueille la Renuka Fair en novembre

Fêtes de l'Himachal Pradesh

Shivatri *(fév.-mars)* à Mandi. Les divinités locales descendent des montagnes environnantes sur des palanquins pour rendre hommage à Shiva au temple de Bhootnath.

Festival d'été *(mai-juin)* à Shimla. Organisé depuis peu, ce festival qui coïncide avec la saison touristique accueille chanteurs, musiciens et danseurs.

Minjar *(juil.-août)* à Chamba. Au début de la fête qui dure une semaine, des pousses de maïs enfilées sur des fils de soie sont jetées dans les eaux de la Ravi afin que les récoltes soient abondantes.

Manimahesh Yatra *(août-sept.)* à Bharmour. Le pèlerinage au lac sacré de Manimahesh attire des millions d'hindous. Ses eaux sont censées laver les péchés d'une vie entière.

Dussehra *(sept.-oct.)* à Kulu *(p. 127)*.

Foire de Lavi *(nov.)* à Rampur. Les produits en provenance du Tibet et du Ladakh étaient jadis troqués contre les produits de la plaine et des collines. Aujourd'hui, articles de laine et de *pashmina* du Tibet, noix chilgoza et châles du Kinnaur se vendent bien de même que les chevaux Spiti.

Renuka Fair *(nov.)* à Nahan. Les gens des villages alentour se rassemblent sur les rives du lac Renuka pour fêter la fin des récoltes.

Éventaire de châles kinnauri à la Foire de Lavi à Rampur

Temple au sommet de Hatu Peak, à un jour de marche de Narkanda

Narkanda 5

District de Shimla. À 64 km au N. de Shimla.

Narkanda est située le long de l'Hindustan-Tibet Road, à 2 750 m d'altitude. Vus de cet endroit, les sommets himalayens paraissent encore plus proches et les sentiers à travers l'épaisse forêt tempérée, où les épicéas, les sapins et les chênes d'altitude ont remplacé les déodars et les cèdres bleus, sont magnifiques. Le plus beau est celui qui monte à Hatu Peak (3 300 m), où les Gurkha ont livré un de leurs derniers combats contre les Britanniques en 1815. Les alentours de Narkanda sont une succession de champs de pommiers. En hiver, les pentes sont parfaites pour le ski.

Rampur 6

District de Shimla. À 130 km au N.-E. de Shimla. *t.l.j.* *Lavi Fair (nov.).*

Le pavillon du parc attenant au palais de Rampur

Située sur l'ancienne route marchande qui reliait l'Inde et le Tibet, Rampur est aujourd'hui un centre de commerce important où, chaque mois de novembre, la Lavi Fair attire beaucoup de monde *(p. 105)*.

L'ancien palais royal construit au début du XXe siècle est toujours habité. Le parc qui l'entoure est ouvert au public. Au centre de ce parc se dressent un petit pavillon et un temple hindou. Les autres édifices intéressants sont les temples Narsingh et Raghunath ainsi que le temple bouddique de Dumgir.

Sarahan 7

District de Shimla. À 198 km au N.-E. de Shimla. *t.l.j.* *Dussehra (sept.-oct.).*

Perchée sur la rive gauche de la Satlej, Sarahan était autrefois la résidence d'été des rois de Rampur-Bushahr. À 2 165 m d'altitude, elle jouit d'un climat agréable et d'un beau panorama sur le massif du Srikhand avec les deux sommets de Gushu et Pishu et la montagne sacrée du Srikhand Mahadev qui domine tous les autres massifs. La curiosité touristique la plus intéressante est le **Bhimakali Temple** avec ses deux tours. Le bazar local est très animé : les fidèles se rendant au temple constituent sa principale clientèle. En dehors de la ville, une réserve de faisans abrite le monal à robe bleue et le tragopan de l'Himalaya occidental dont il ne subsiste que quelques spécimens. Ces oiseaux rares sont élevés ici en captivité.

Kinnaur District 8

District du Kinnaur. À 244 km au N.-E. de Shimla. *19 250.* *t.l.j..* *Sazi (janv.).* **Permis obligatoire** *pour certaines parties du Kinnaur. Contacter le bureau du Subdivisional Magistrate à Rekong Peo au (01786) 222 253.*

Situé à l'extrémité nord-est de l'Himachal Pradesh, aux confins du Plateau tibétain, le Kinnaur est une région de paysages grandioses. Son relief escarpé n'en faisait un endroit accessible qu'aux voyageurs les plus intrépides. En outre, il fut soumis dans les années 1950 à des restrictions de circulation en raison de la proximité de la frontière internationale avec le Tibet. Mais depuis 1992, ces restrictions se sont assouplies.

La diversité du relief, du climat, de la faune et de la flore a divisé la région en trois parties : le bas Kinnaur, le moyen Kinnaur et le haut Kinnaur. Le bas Kinnaur comprend les gorges de la Satlej. Avec ses pentes boisées, ses champs en terrasses et ses villages blottis sur les flancs des coteaux, la rive gauche de la rivière contraste avec la rive droite où le relief est plus escarpé, les sommets plus élevés et la population moins nombreuse. Beaucoup plus aride, le moyen Kinnaur comprend en son cœur le massif du Kinner Kailash et au sud la vallée plus riante de la Baspa, l'un des affluents de la Satlej. Le massif rocheux du Zanskar fait du haut Kinnaur

Les gorges de la Satlej à Tranda, dans la vallée de Sangla

Vue du Kinner Kailash en hiver par temps clair

une région froide et aride de montagnes dénudées parsemées de villages ici et là et de champs irrigués.

Le nouveau chef-lieu du district, **Rekong Peo**, est une bourgade animée de la rive droite de la Satlej, avec quelques commerces et des liaisons routières relativement bonnes. L'ancien chef-lieu **Kalpa** est situé sur le même massif, à 13 km en amont. Avec sa vue panoramique sur le massif du Kinner Kailash, c'est un passage obligé de tous les circuits dans le Kinnaur. Une des nombreuses promenades monte vers les alpages en traversant les forêts de déodars et de pins chilgoza. Le village voisin de Chini compte de vieux temples.

Relief sculpté d'un temple de Sapni

À 20 km de Rekong Peo, la rivière Baspa rejoint la Satlej après avoir arrosé une vallée boisée le long de laquelle se succèdent de paisibles villages. Ce n'est qu'en fin de parcours que ses eaux deviennent tumultueuses. Cette vallée est flanquée d'étonnantes falaises de gneiss, de forêts de déodars, de conifères et de bouleaux qui plus haut cèdent la place aux alpages, puis aux cimes enneigées. La vallée de la Baspa est mieux connue sous le nom de **vallée de Sangla**, du nom du plus gros village du Kinnaur. En 1933, l'explorateur Marco Pallis y tomba en admiration devant le pavot bleu.

Une excursion en voiture de deux ou trois jours est le meilleur moyen de découvrir la prodigieuse diversité des paysages de la vallée de Sangla. Vous passerez des paysages de montagnes majestueuses aux paysages de forêts où les rhododendrons se mêlent aux chênes, avant d'arriver dans les pittoresques villages aux toits d'ardoise blottis au milieu des champs et des vergers. Vous partirez du village de **Kafour** perché sur son éperon rocheux en contrebas de la route. Le temple d'Hirma dédié à une déesse mère locale émerge au-dessus des toits gris des maisons. Un peu plus loin à Tranda, la route offre une vue impressionnante sur les falaises qui dévalent vers la rivière qui coule 500 m plus bas dans une étroite gorge impénétrable. La route passe ensuite devant le temple de **Sungra Maheshwar** au toit en forme de pagode. Arrêtez-vous pour aller admirer les vantaux finement sculptés de ses portes et ses bas-reliefs. Dans le village suivant, **Sapni**, la tour-sanctuaire abrite quelques-uns des plus beaux spécimens de reliefs en bois du Kinnaur. De la tour du **Kamroo Narayan Temple**, autre curiosité de l'endroit, la vue sur la vallée est superbe, avec d'un côté les vergers et les champs qui descendent vers la rivière et de l'autre les épaisses forêts qui montent vers les alpages. Non loin de là, **Sangla** est le plus gros village de la vallée. Le dernier village du circuit est Chitkul, qui se trouve juste avant les alpages de la haute vallée de la Baspa. Sangla et Chitkul comptent tous deux des hôtels au confort rudimentaire. Tous les villages que vous traverserez vous offriront un grand choix de belles promenades et de festivités auxquelles vous pourrez participer avec les autochtones.

Le bouddhisme est omniprésent dans le haut Kinnaur. Un peu partout des drapeaux à prières flottent au vent et les temples aux murs en pisé remplis de représentations en argile et de peintures murales sont nombreux, rappelant aux visiteurs que le Tibet est proche. Beaucoup de ces temples sont attribués à Rinchen Zangpo, vénéré dans le bouddhisme tibétain comme le Lotsava (« le traducteur »). L'homme a entrepris la traduction des textes indiens en tibétain, une tâche gigantesque. Instigateur d'un mouvement qui a donné le jour à une multitude de temples, il aurait érigé 108 monastères en l'espace d'une nuit. À 100 km de Rekong Peo, non loin du Reo Purgyal, le plus haut sommet de l'Himachal Pradesh qui culmine à 6 816 m, **Nako** est doté d'un petit lac. Entre juin et septembre, le haut Kinnaur est idéal pour les amateurs de trekking car il ne reçoit pas les pluies de la mousson.

Moines bouddhistes dans un monastère du Kinnaur

Le Bhimakali à Sarahan

Statue de tigre

Ce complexe composé d'un palais et d'un temple doit son origine à une tradition ancienne qui voulait que la divinité familiale habite à l'étage supérieur de la demeure du suzerain, en l'occurrence le souverain de Rampur-Bushahr.

Des portes monumentales commandent une série de cours intérieures. Bhimakali, l'une des multiples formes de la déesse Kali, préside au premier étage du temple en forme de pagode. Ce temple, dont on ne connaît pas l'âge exact, est associé à des faits historiques remontant au VIIe siècle mais certaines parties datent seulement de 800 ans.

Ornements en bois
Ornements en bois sculpté en forme de quille des avant-toits du temple.

Vue du complexe du Bhimakali Temple
Les tours jumelles du temple au toit recouvert d'un manteau de neige se détachent sur le massif du Srikhand à l'arrière-plan.

Le Ram Mandir est situé dans la seconde cour intérieure

Toit en ardoise

Entrée principale
Une porte métallique richement ouvragée donne accès à la première cour intérieure.

Narashina Temple

Fête de Dussehra
Cette fête est le seul moment de l'année où l'image de Bhimakali deux fois séculaire est adorée avec ferveur.

À NE PAS MANQUER
- ★ Balcons en bois sculpté
- ★ Tours-sanctuaires
- ★ Portes en argent

★ Balcons en bois sculpté
L'étage supérieur du temple restauré est entouré de balcons en panneaux de bois finement sculpté.

MODE D'EMPLOI

t.l.j. Janmashtami (juil.-août), Dussehra (sept.-oct.). Port obligatoire du bonnet de couleur safran (fourni). Chaussures et objets de cuir interdits.

Épis de faîtage dorés
Les épis, combinaison des symboles du Soleil et de la Lune, représentent la divinité et ses royaux protecteurs.

★ Tours-sanctuaires
La tour penchée (à droite) était le temple principal avant d'être endommagée par un séisme en 1905. Depuis, la tour adjacente est devenue le sanctuaire principal.

★ Portes en argent ouvragé
Les portes qui conduisent à la seconde cour intérieure sont décorées de panneaux en argent ouvragé représentant différents dieux hindous qui ont été ajoutés sous le règne de Padam Singh (1914-1947), souverain de Rampur-Bushahr.

Groupe de maisons à toit pentu de Mandi

Mandi 9

District de Mandi. À 156 km au N. de Shimla. *26 900.* *Joginder Nagar, 53 km au N.-O. de Mandi, puis bus ou taxi.* *Shivatri (fév.-mars).*

Mandi se trouve au confluent de la Bias et d'un petit cours d'eau alimenté par les pluies. Certains l'appellent « la porte de la vallée de Kullu » *(p. 116)*. Jadis capitale de l'État princier de Mandi, ce petit bourg constituait la liaison vitale entre les villages de toute la vallée. Le marché très actif, où sont vendus des produits de toutes sortes, est situé au centre dans un jardin en contrebas de la rue ; c'est l'une des curiosités touristiques les plus intéressantes de Mandi. Également au centre, l'ancien palais des souverains de Mandi, construit dans le style colonial, est devenu le Rajmahal Palace Hotel, établissement inscrit au Patrimoine national. Mandi compte plusieurs temples des XVIe et XVIIe siècles avec de beaux reliefs en pierre, dont les plus connus sont le Madho Rai Temple, le Tarna Devi Temple et le Bhootnath Temple où est célébrée la fête de Shivatri.

Aux environs : Le paisible village de **Rewalsar** est situé à 24 km au sud-est de Mandi. Les rives de son lac, qui occupe le creux d'un éperon rocheux, abritent un monastère, trois temples et un *gurdwara* érigé en souvenir du séjour d'un mois du dixième *guru* sikh, Govind Singh en 1738. On raconte que le religieux Padmasambhava, qui introduisit le bouddhisme au Tibet au VIIIe siècle, usa de ses pouvoirs légendaires pour s'envoler d'ici vers le Tibet et que son esprit repose sur l'îlot de roseaux flottants.

La région autour de Mandi est aussi très belle. Situés au milieu des champs de pommiers à environ 100 km en direction de l'est, **Jhanjheli** et **Karsog** sont les points de départ de magnifiques treks à destination des temples alpestres de Shikari Devi et de Mahunag.

Pommier dans le district de Mandi

Vallée de Kangra 10

District de Kangra. À 222 km au N.-O. de Shimla. *9 200.* *Gaggal, 55 km au N. de Kangra.* *Joginder Nagar et Una.*

Située dans la partie occidentale de l'Himachal Pradesh, entre les contreforts des Shiwariks et le massif du Dhauladhar, la vallée de Kangra est une belle région tranquille avec les eaux étincelantes de ses ruisseaux alimentés par les glaciers qui courent parmi les ondulations des jardins de thé et les terrasses des rizières. Le district de Kangra est le plus peuplé de l'Himachal Pradesh et, situé en bordure du Pendjab, il a l'avantage d'être bien relié à la plaine.

La vallée doit son nom à l'ancienne cité de Kangra, bien que le chef-lieu du district soit aujourd'hui Dharamsala. L'histoire de Kangra remonte à 3 500 ans, à l'époque où elle s'appelait Nagarkot et qu'elle était la capitale du royaume de Trigartha. En 1620, l'empereur Jahangir prit la citadelle qui se trouva ainsi annexée à une province moghole. Les ruines de l'imposant fort perché sur une falaise, surplombant les étroits cours d'eau du Banganga et du Majhi, dominent aujourd'hui la ville. L'enceinte du fort abrite

De forme carrée, le Rewalsar Lake occupe le creux d'un éperon rocheux

Tour du Brajshwari Devi Temple à Kangra

deux temples hindous dédiés à Ambika Devi (déesse locale) et à Lakshmi Narayan, ainsi qu'un temple jaïn avec une statue en pierre d'Adinath. Derrière le bazar, le Brajeshwari Devi Temple, dont Mahmud de Ghazni *(p. 48)* pilla les fabuleuses richesses en 1009, a été reconstruit en 1920 après le terrible séisme qui détruisit la ville entière en 1905.

À 15 km au sud-ouest de Kangra, les 15 temples rupestres de Masroor construits dans le même style que ceux d'Ellora *(p. 388-390)* datent du Xe siècle. Le **Jwalamukhi Temple**, 19 km plus loin, est l'un des lieux de pèlerinage les plus importants d'Inde du Nord.

À 45 km à l'est de Kangra, **Palampur** se niche au milieu des jardins de thé. À l'est de la ville, le Baijnath Temple en pierre dédié à Shiva date du IXe siècle. Bir possède un monastère bouddhique tibétain et Billing une base de parapente d'où l'on peut partir pour survoler la vallée.

Sur la rive droite de la Bias, à 40 km au sud-est de Palampur, la forteresse de **Sujanpur-Tira** fut édifiée par les souverains de Kangra au début du XVIIIe siècle. C'était la résidence favorite de Raja Sansar Chand, qui fut le patron de l'école de peinture Kangra. L'édifice abrite également de superbes peintures murales.

À 55 km au sud de Palampur, à l'extrémité de la vallée, **Jogindernagar** est le terminus d'une ligne de chemin de fer qui serpente dans la vallée depuis Pathankot à l'ouest.

Créé en 1979 au moment de la construction du barrage de Pong sur la Bias, le **Maharana Pratap Sagar Lake** est situé au sud-ouest du district de Kangra. Cette vaste réserve d'eau, qui s'étend sur plus de 45 000 ha lorsque le lac est plein, est une halte bien connue des oiseaux migrateurs venant d'Asie centrale.

Rizières en terrasses dans la vallée de Kangra

MINIATURES PAHARI

La peinture Pahari (« colline ») désigne les diverses écoles de miniatures comme les écoles Kangra, Baschli, Mankot et Guler qui furent florissantes entre le milieu du XVIIe siècle et la fin du XIXe siècle dans les royaumes rajpoutes bordant les contreforts de l'Himalaya. Bien que la peinture dans cette région soit attestée dès 1552, les premières peintures Pahari virent le jour aux environs de 1650 dans le petit État de Basohli. Ces miniatures de format horizontal utilisaient des aplats de couleurs vives, essentiellement des jaunes et des rouges. Se caractérisant par une architecture stylisée, des personnages aux larges yeux et au profil droit portant des vêtements et des bijoux raffinés, elles illustraient le *Rasamanjari*, poème sanskrit traitant des conduites des amants. Au XVIIIe siècle, un style tout aussi vivant apparut dans l'État voisin du Mankot et produisit une remarquable série de portraits des grands de la Cour. À la fin du XVIIIe siècle, la tradition locale s'estompa sous l'influence moghole pour donner une palette lyrique et plus sereine avec un certain naturalisme dans les formes caractéristiques des miniatures Guler et Kangra. L'école Guler fut dominée par une famille d'artistes dont le plus talentueux fut Nainsukh. La peinture Kangra prospéra sous le règne de Raja Sansar Chand (1775-1823). Le style très raffiné de cette période utilisait en toile de fond des paysages champêtres pour les thèmes romantiques. Parmi les autres centres de peinture Pahari figuraient Mandi, Jammu, Nurpur, Chamba et Kullu.

Miniature Kangra de 1788 représentant Krishna tuant le serpent-démon Kaliya

Dharamsala ⓫

District de Kangra. À 124 km au N.-O. de Shimla. *19 100.* *Gaggal, 11 km au S. du centre-ville.* *Pathankot, 80 km au N.-O. De Dharamsala, puis bus ou taxi.* *Himachal Pradesh Tourism, Mc Leod Ganj, (01892) 221 205* *t.l.j.* *Summer Festival (juin), Bodh Festival (oct.).*

Fondée au milieu du XIXe siècle par les Britanniques, cette station d'altitude est aujourd'hui la résidence du dalaï-lama et le siège du gouvernement tibétain en exil. Située sur les contreforts du Dhauladhar, la ville comprend deux parties : la ville basse avec l'arrêt de bus principal et le bazar, et la ville haute connue sous le nom de **McLeodganj**. À 7 km au nord, c'est la destination de la majorité des visiteurs étrangers. La ville basse ne présente guère d'intérêt, hormis le **Kotwali Bazaar** et le **Museum of Kangra Art** avec sa remarquable collection de miniatures Kangra *(p. 111)* et son école où est enseigné l'art de la peinture miniature.

Mc Leod Ganj, du nom de David Mc Leod qui fut lieutenant-gouverneur du Pendjab en 1848, est une ville essentiellement tibétaine dont le cœur est le **complexe Tsuglagkhang**, situé tout au sud et comprenant la résidence du dalaï-lama (fermée au public), le **Namgyal Monastery** où l'on peut voir l'après-midi les moines s'exerçant à des joutes oratoires et le grand **Tsuglagkhang Temple**.

Moniales tibétaines en robe rouge – elles sont nombreuses à Dharamsala

L'édifice se résume à une grande salle jaune avec un dais surélevé d'où le dalaï-lama donne des conférences et trois belles images du panthéon bouddhique : Sakyamuni (le Bouddha historique), Padmasambhava *(p. 110 et 127)* et Avalokitesvara dont le dalaï-lama est supposé être l'incarnation. Un autre temple abrite une peinture murale de la Kalacakra (« la roue du temps ») et de beaux mandalas en sable créés avec minutie par les moines durant une période donnée, puis détruits suivant un rituel précis.

Situés à la lisière nord de la ville, le **Tibetan Institute of Performing Arts** et le **Norbulingka Institute** s'efforcent de promouvoir l'art et l'artisanat tibétains.

Gangchen Kyishong, centre administratif du gouvernement tibétain en exil, se trouve à mi-chemin entre la ville haute et la ville basse. Il comprend une excellente bibliothèque, la **Library of Tibetan Works and Archives**, un musée au premier étage avec des représentations en bronze et des *thangka*, ainsi que l'**Institute of Tibetan Medicine**. Non loin de là le **Nechung Monastery** est le siège de l'Oracle du Tibet dont les prédictions concernant les événements de l'année à venir pèsent lourd sur la communauté tibétaine. Sur la route qui conduit au bazar de Kotwali, juste au-dessous de Mc Leod Ganj, s'élève une pittoresque église en pierre grise, la **Church of St John in the Wilderness**, construite en 1852. Des plaques en cuivre et de beaux vitraux décorent l'intérieur. Le vice-roi des Indes James Bruce Elvin mort ici en villégiature en 1863 repose dans le cimetière.

Vitrail de l'église St John-in-the-Wilderness

Museum of Kangra Art
Main Rd, Dharamsala. *(01892) 224 214.* *mar.-dim.*

Library of Tibetan Works and Archives
Gangchen Kyishong, Mc Leod Ganj Rd. *lun.-ven.*

St John in the Wilderness
t.l.j. *11h dim.*

Aux environs : Une route bordée de chênes et de déodars conduit à **Dharamkot**, situé à 3 km au nord-est de Mc Leod Ganj. Ce beau village offre de superbes vues sur la vallée de Kangra.

Façade aux couleurs vives du Namgyal Monastery à Mc Leod Ganj

Le Petit Tibet

Lorsqu'en 1959, le 14e dalaï-lama Tenzin Gyatso s'enfuit du Tibet occupé par la Chine, Dharamsala devint sa nouvelle résidence et le siège du gouvernement tibétain en exil. Aujourd'hui, la ville souvent appelée « la Petite Lhassa » préserve le patrimoine religieux et culturel tibétain, défend la cause du Tibet au niveau international et sert de point de ralliement aux 100 000 Tibétains des camps de réfugiés en Inde. Dharamsala attire aussi des bouddhistes du monde entier tels que l'acteur américain Richard Gere.

Lampe à beurre

Sur le drapeau tibétain *figurent une montagne enneigée et 6 bandes rouges symbolisant les 6 tribus du Tibet.*

Le dalaï-lama *qui reçut le Prix Nobel de la paix en 1990, est le chef de la Gelupta ou « secte des Bonnets jaunes » (p. 127) et il est vénéré comme le dieu-roi du Tibet.*

Religion et culture

Les nombreux monastères et centres d'artisanat de Dharamsala ainsi que l'École des arts du spectacle permettent à la religion et à la culture tibétaines d'être toujours florissantes.

L'opéra tibétain*, ou* lhamo, *a pour thèmes les mythes, les contes et les légendes populaires.*

Sculpture en beurre

Sceptre

Cloche

L'autel *d'un monastère tibétain comporte, en plus des images de divinités, sept bols rituels d'eau, des lampes à beurre, des sculptures en beurre, une cloche et un sceptre pour les prières et certains rites.*

Les mandalas de sable *qui symbolisent l'univers sont élaborés avec beaucoup de soin avant d'être détruits au cours d'un rituel.*

Les **thangka** *sont des rouleaux de peinture sur soie représentant les divinités bouddhiques. Ils font partie des arts traditionnels que les réfugiés s'efforcent de faire vivre.*

Voir également « Dans les pas de Bouddha » ***(p. 189).***

Tigre gardant le Jagannathi Devi Temple à Kullu

Vallée de Kullu ⓯

District de Kullu. À 240 km au N. de Shimla. *18 300.* *Bhuntar, 10 km au S. de la ville de Kullu.* *HP Tourism, près de Maidan, (01902) 222 349.* *Dussehra (sept.-oct.).* **Pour les permis,** *contacter le Deputy Commisioner au (01902) 222 727.*

Située au centre de l'Himachal Pradesh et arrosée par la Bias, la vallée de Kullu est habitée par l'homme depuis longtemps ainsi que l'attestent les textes anciens en sanskrit qui la désignent sous le nom de Kulantapith (« fin du monde habitable »). Ce nom décrit avec justesse la vallée si l'on compare les pommeraies et les champs verdoyants de cette vallée de 80 km de long avec la région désolée du Lahoul *(p. 119)* située sur l'autre versant du Pir Panjal. Ses habitants l'appellent « la vallée des Dieux » car c'est ici que se rassemblent les 360 dieux des différents temples de la région pour la fête de Dussehra.

À la différence des stations d'altitude de l'Himalaya créées par les Britanniques, Kullu resta en dehors des circuits touristiques jusque dans les années 1960 où elle fut découverte par les hippies. Ces derniers appréciaient autant les coteaux couverts de plants de cannabis que la beauté de la nature, les sublimes paysages de montagne et la gentillesse de la population. Les hommes de la vallée portent le *topi*, bonnet de laine avec un fanion de couleur. Les femmes tissent d'épais châles bordés de motifs géométriques, travail qui est aujourd'hui une industrie florissante car rares sont les visiteurs qui résistent à la tentation d'acheter ce genre de produit artisanal. Les maisons des villages sont très coquettes. Située sur la rive droite de la Bias, **Kullu** est le chef-lieu du district et la plus grande localité de la vallée. Sa principale curiosité touristique est le **Raghunat Temple** (XVIIe siècle) dédié à Rama et à Sita, dont les représentations conduisent la procession à la fête de Dussehra. À la limite nord de la ville, l'Akhara Bazaar, réputé pour ses échoppes où sont vendus châles et bijoux traditionnels en argent, mérite également une visite. Situé tout au sud de la ville, **Dhalpur Maidan**, grand espace vert, accueille les festivités de Dussehra.

Bordure typique à motifs géométriques des châles de Kullu

Les alentours de Kullu comptent plusieurs temples avec de superbes reliefs en pierre et de remarquables représentations : le **Vaishno Devi Cave Shrine** à 4 km vers le nord-est ; le **Jagannathi Devi Temple** à Bekli, à 5 km vers le nord ; le **Vishnou Temple** à Dayar, à 12 km vers l'ouest ; le **Basheshwar Mahadev Temple** à Bajaura, à 15 km vers le sud, qui a une forme pyramidale et de superbes images de Vishnou, Ganesh et Durga ; et enfin le plus connu, le **Bigli Mahadev Temple** dédié au « seigneur de la Foudre », à 14 km vers le sud-est. Érigé sur un éperon du versant opposé de la vallée, ce temple est surmonté d'un mât de 18 m qui attire régulièrement la foudre pendant les orages, surtout à la période de la mousson. Même s'il brise en éclats le lingam de Shiva placé à l'intérieur du sanctuaire, ce phénomène est considéré comme une bénédiction divine. Chaque fois le grand prêtre recolle laborieusement les fragments de pierre à l'aide d'un mortier composé de beurre clarifié et de grains de céréales.

Aux environs : À 70 km au sud de Kullu, le **Jalori Pass** (col de Jalori) qui franchit la ligne de crête séparant les bassins de la Bias et de la Satlej est le point de départ de deux belles promenades à travers les épaisses forêts de chênes et les pâturages. Le premier sentier monte doucement jusqu'au petit lac de Saryolsar (à 5 km) et le second conduit aux ruines d'une citadelle occupée par les Gurka au XIXe siècle.

Cascade dans la vallée de Kullu

Le Petit Tibet

Lorsqu'en 1959, le 14e dalaï-lama Tenzin Gyatso s'enfuit du Tibet occupé par la Chine, Dharamsala devint sa nouvelle résidence et le siège du gouvernement tibétain en exil. Aujourd'hui, la ville souvent appelée « la Petite Lhassa » préserve le patrimoine religieux et culturel tibétain, défend la cause du Tibet au niveau international et sert de point de ralliement aux 100 000 Tibétains des camps de réfugiés en Inde. Dharamsala attire aussi des bouddhistes du monde entier tels que l'acteur américain Richard Gere.

Lampe à beurre

Sur le drapeau tibétain *figurent une montagne enneigée et 6 bandes rouges symbolisant les 6 tribus du Tibet.*

Le dalaï-lama *qui reçut le Prix Nobel de la paix en 1990, est le chef de la Gelupta ou « secte des Bonnets jaunes » (p. 127) et il est vénéré comme le dieu-roi du Tibet.*

Religion et culture

Les nombreux monastères et centres d'artisanat de Dharamsala ainsi que l'École des arts du spectacle permettent à la religion et à la culture tibétaines d'être toujours florissantes.

***L'opéra tibétain**, ou lhamo, a pour thèmes les mythes, les contes et les légendes populaires.*

***L'autel** d'un monastère tibétain comporte, en plus des images de divinités, sept bols rituels d'eau, des lampes à beurre, des sculptures en beurre, une cloche et un sceptre pour les prières et certains rites.*

Sculpture en beurre

Sceptre

Cloche

Les mandalas de sable *qui symbolisent l'univers sont élaborés avec beaucoup de soin avant d'être détruits au cours d'un rituel.*

Les thangka *sont des rouleaux de peinture sur soie représentant les divinités bouddhiques. Ils font partie des arts traditionnels que les réfugiés s'efforcent de faire vivre.*

Voir également « Dans les pas de Bouddha » *(p. 189)*.

Silvetton, l'une des nombreuses maisons coloniales de Dalhousie

Dalhousie ⓬

District de Chamba. À 336 km au N.-O. de Shimla. *7 400.* *Geetanjali Hotel, près de l'arrêt de bus, (01 899) 242 136* t.l.j. *Summer Festival (juin).*

Avec ses grands « bungalows » à pignons, ses allées bordées d'arbres et ses églises, cette bourgade, qui s'étend sur cinq collines entre 1 525 et 2 378 m d'altitude, a conservé l'atmosphère de l'époque de l'Empire des Indes. Fondée en 1853, Dalhousie, du nom du gouverneur général des Indes (1854-1856), était destinée à être un sanatorium pour les expatriés et non un lieu de villégiature à la mode. Les promenades les plus connues sont les circuits jumeaux de **Garam Sarak** (« route chaude ») et de **Thandi Sarak** (« route froide ») ; l'un des sentiers est plus ensolleillé que l'autre. Un itinéraire plus court allant de Circuit House à Gandhi Chowk (le centre-ville où se trouvent une école, une église et une poste) offre de belles vues sur le massif du Pir Panjal. De Gandhi Chowk, un autre sentier conduit à l'aire de pique-nique de Panjpula (« cinq ponts ») située à environ 3 km au sud.

Pour les inconditionnels de l'Empire des Indes, une piste part à droite de l'arrêt de bus principal et passe devant l'ancien cimetière anglais au milieu des bois, pour arriver devant une caserne. L'une des deux églises qui se trouvent là possède de beaux vitraux et de belles arches en grès.

Aux environs : Une belle route passant au milieu des forêts de pins, de déodars, de chênes, de marronniers et de rhododendrons conduit au **Kalatope Wildlife Sanctuary**, à environ 8 km à l'est de Dalhousie. En demandant au préalable une autorisation à Chamba, vous pourrez prendre une déviation à Bakrota pour gagner un refuge au cœur de la réserve. À environ 26 km de Dalhousie, **Khajjiar** se trouve à 2 000 m d'altitude. La beauté de cette vaste étendue verte en forme de soucoupe bordée de déodars est comparable à celle des plus beaux paysages du Cachemire ou de la Suisse. Au centre se trouve un petit lac avec une île flottante sur laquelle est construit un temple coiffé d'une coupole dorée et dédié à Devi.

Kalatope Wildlife Sanctuary
Pour l'autorisation, contacter le Forest Department à Chamba.
(01899) 222 639.

Masque en argent de Parvati à Chamba

Chamba ⓭

District de Chamba. À 356 km au N.-O. de Shimla. *20 300.* *t.l.j.* *Sui (avr.), Minjar (juil.-août).*
Permis : *contacter le Deputy Commissioner au (01899) 225 371.*
Pour plus de détails voir p. 624.

Au xe siècle, Raja Sahil Varman abandonna Bharmour pour établir la nouvelle capitale de sa principauté dans cette cité. Il choisit le nom de Chamba en hommage à sa fille favorite Champavati qui, selon la légende, se sacrifia pour faire revenir l'eau qui était venue à manquer dans la cité. À la fête de Sui, femmes et enfants chantent ses louanges.

Le pont qui franchit la Ravi monte vers la ville perchée sur une éminence qui surplombe la rive droite de la rivière. Au cœur de la cité, le **Chaugan** est le centre de la vie socioculturelle. D'imposants édifices se trouvent en bordure, notamment le vieil **Akhand Chandi Palace**, aujourd'hui transformé partiellement en établissement d'enseignement supérieur. Le marché principal propose toutes sortes de marchandises, des bijoux traditionnels en argent aux *chappa* (sandales) brodées tout à fait adaptées aux promenades alentour.

Les hauts temples en pierre de Chamba comptent parmi les plus beaux de la région. Les plus importants sont les six tours-sanctuaires *(shikhara)*, dont le complexe de **Lakshmi Narayan Temple**, à l'ouest du

Représentations de déesses sur les murs du Lakshmi Narayan Temple

Couleurs automnales dans les montagnes environnantes de Chamba

Chaugan. Trois sont dédiées à Vishnou et les trois autres à Shiva. La représentation en marbre blanc de Lakshmi Narayan qui se trouve dans le temple principal a été transportée depuis le centre de l'Inde au Xᵉ siècle. Les reliefs sur les murs mêlent les motifs de fleurs et d'animaux aux scènes de la mythologie.

Parmi les autres temples, citons le **Madho Rai Temple** proche du palais, qui abrite une représentation en bronze de Krishna, et le **Chamunda Temple** situé un peu plus en amont.

Créé en 1908 à partir d'une collection de peintures miniatures rares du souverain de l'époque, le **Bhuri Singh Museum** donne un aperçu du riche patrimoine de Chamba. Aujourd'hui, il possède également de belles peintures Pahari *(p. 111)* ainsi que des peintures murales, plaques gravées de fontaine, panneaux de pierre sculptée et autres objets ouvragés tels que *rumal*, masques en métal, plats en cuivre et bijoux en argent.

Bhuri Singh Museum
Au S. du Chaugan.
(01899) 222 590.
mar.-dim.

Bharmour ⓮

District de Chamba. À 64 km au S.-E. de Chamba. *Manimahesh Yatra (août-sept.).*

La région de Bharmour est le pays des bergers Gaddis semi-nomades. Elle s'étend sur tout un versant escarpé au pied duquel coule la Budhil, important affluent de la Ravi. Bharmour fut la première capitale des souverains de Chamba. Sa principale attraction touristique est le complexe du **Chaurasi Temple** (« 84 ») édifié au Xᵉ siècle sous le règne de Raja Sahil Varman en hommage aux 84 saints qui visitèrent la cité. Les principaux sanctuaires sont dédiés à Narasimha, à Ganesh et aux divinités locales Larkana Devi et Manimahesh. Les reliefs en bois sculpté des linteaux et les représentations de divinités majeures sont remarquables. On raconte que le sculpteur eut les mains coupées afin que son œuvre reste une pièce unique.

Aux environs : Situé à 35 km de Bharmour, à 3 950 m d'altitude, le **Manimahesh Lake** est le lac le plus sacré de la région : ses eaux sont supposées laver tous les péchés. En août et en septembre, des milliers de pèlerins se rassemblent pour célébrer Manimahesh Yatra *(p. 105)*. La principale route carrossable continue pendant 16 km jusqu'à Hadsar, d'où part la *yatra* (procession) en direction du lac niché au pied du Manimahesh Kailasa.

Les plus aventuriers auront la possibilité de faire un trek de cinq jours jusqu'au Lahoul *(p. 119)* en passant par le col de Kugti à 5 040 m. À 26 km de Bharmour, Holi situé dans la vallée de la Ravi est le point de départ de plusieurs chemins qui mènent à la vallée de Kangra en franchissant le massif du Dhauladhar. Ils pourront même pousser jusqu'à la vallée de Kullu. En longeant la Ravi par la route de Chamba, l'image en bronze de Shakti Devi du **Chatrari Temple** mérite une halte.

Le Chaurasi Temple (Xᵉ siècle) à Bharmour

Les *rumal* de Chamba

Ces mouchoirs et couvertures finement brodés, de forme généralement carrée, servaient à l'origine à envelopper les objets que l'on donnait soit pour les offrandes, soit pour les échanges rituels lors des cérémonies de mariage. Ils servaient aussi parfois de dais pour abriter les divinités dans les temples. Une pièce de satin double face, une pièce de mousseline écrue et du fil de soie suffisaient à créer ces compositions sur tissu de ton pastel qui s'inspiraient des miniatures Pahari. Les dames de la Cour qui furent les premières à confectionner ces *rumal* choisissaient des thèmes religieux qu'elles agrémentaient de motifs d'animaux ou de plantes et encadraient le tout de motifs de fleurs.

***Rumal* brodé à la main de Chamba**

Tigre gardant le Jagannathi Devi Temple à Kullu

Vallée de Kullu ⓯

District de Kullu. À 240 km au N. de Shimla. *18 300.* *Bhuntar, 10 km au S. de la ville de Kullu.* *HP Tourism, près de Maidan, (01902) 222 349.* *Dussehra (sept.-oct.).* **Pour les permis,** *contacter le Deputy Commisioner au (01902) 222 727.*

Située au centre de l'Himachal Pradesh et arrosée par la Bias, la vallée de Kullu est habitée par l'homme depuis longtemps ainsi que l'attestent les textes anciens en sanskrit qui la désignent sous le nom de Kulantapith (« fin du monde habitable »). Ce nom décrit avec justesse la vallée si l'on compare les pommeraies et les champs verdoyants de cette vallée de 80 km de long avec la région désolée du Lahoul *(p. 119)* située sur l'autre versant du Pir Panjal. Ses habitants l'appellent « la vallée des Dieux » car c'est ici que se rassemblent les 360 dieux des différents temples de la région pour la fête de Dussehra.

À la différence des stations d'altitude de l'Himalaya créées par les Britanniques, Kullu resta en dehors des circuits touristiques jusque dans les années 1960 où elle fut découverte par les hippies. Ces derniers appréciaient autant les coteaux couverts de plants de cannabis que la beauté de la nature, les sublimes paysages de montagne et la gentillesse de la population. Les hommes de la vallée portent le *topi*, bonnet de laine avec un fanion de couleur. Les femmes tissent d'épais châles bordés de motifs géométriques, travail qui est aujourd'hui une industrie florissante car rares sont les visiteurs qui résistent à la tentation d'acheter ce genre de produit artisanal. Les maisons des villages sont très coquettes. Située sur la rive droite de la Bias, **Kullu** est le chef-lieu du district et la plus grande localité de la vallée. Sa principale curiosité touristique est le **Raghunat Temple** (XVIIe siècle) dédié à Rama et à Sita, dont les représentations conduisent la procession à la fête de Dussehra. À la limite nord de la ville, l'Akhara Bazaar, réputé pour ses échoppes où sont vendus châles et bijoux traditionnels en argent, mérite également une visite. Situé tout au sud de la ville, **Dhalpur Maidan**, grand espace vert, accueille les festivités de Dussehra.

Bordure typique à motifs géométriques des châles de Kullu

Les alentours de Kullu comptent plusieurs temples avec de superbes reliefs en pierre et de remarquables représentations : le **Vaishno Devi Cave Shrine** à 4 km vers le nord-est ; le **Jagannathi Devi Temple** à Bekli, à 5 km vers le nord ; le **Vishnou Temple** à Dayar, à 12 km vers l'ouest ; le **Basheshwar Mahadev Temple** à Bajaura, à 15 km vers le sud, qui a une forme pyramidale et de superbes images de Vishnou, Ganesh et Durga ; et enfin le plus connu, le **Bigli Mahadev Temple** dédié au « seigneur de la Foudre », à 14 km vers le sud-est. Érigé sur un éperon du versant opposé de la vallée, ce temple est surmonté d'un mât de 18 m qui attire régulièrement la foudre pendant les orages, surtout à la période de la mousson. Même s'il brise en éclats le lingam de Shiva placé à l'intérieur du sanctuaire, ce phénomène est considéré comme une bénédiction divine. Chaque fois le grand prêtre recolle laborieusement les fragments de pierre à l'aide d'un mortier composé de beurre clarifié et de grains de céréales.

Aux environs : À 70 km au sud de Kullu, le **Jalori Pass** (col de Jalori) qui franchit la ligne de crête séparant les bassins de la Bias et de la Satlej est le point de départ de deux belles promenades à travers les épaisses forêts de chênes et les pâturages. Le premier sentier monte doucement jusqu'au petit lac de Saryolsar (à 5 km) et le second conduit aux ruines d'une citadelle occupée par les Gurka au XIXe siècle.

Cascade dans la vallée de Kullu

Les sources chaudes de Manikaran sont très fréquentées

Vallée de Parvati ⑯

District de Kullu. À 180 km au N.-E. de Shimla (par le col de Jalori). 🚌 ℹ *HP Tourism, près de Maidan, Kullu, (01902) 222 349.*

Avec ses rizières en terrasses verdoyantes et ses pommeraies, cette vallée attire un nombre croissant de visiteurs. Néanmoins, la production illicite de cannabis dans la campagne voisine lui a valu, ces dernières années, la réputation de plaque tournante de la drogue et plusieurs disparitions d'étrangers ont été rapportées. Si vous faites un trekking, il est conseillé de prendre un guide et des porteurs à Naggar *(p. 118)* ou à **Manikaran**.

Point de départ de plusieurs treks, Manikaran, qui est la principale localité, est connue aussi pour ses sources chaudes, dont une légende explique l'origine. Un serpent déroba les pendants d'oreilles de l'épouse de Shiva, Parvati, puis s'enfuit avec son larcin au fond d'un trou, mais voyant la colère de Shiva, il fut terrorisé à l'idée de sortir de sa cachette. Il réussit cependant à faire remonter les bijoux volés à la surface et des orifices ainsi creusés dans le sol jaillirent des sources chaudes. On dit que les bains dans ces eaux chaudes sont sains pour le corps et l'esprit. Les autochtones font parfois cuire le riz dans la vapeur qui s'échappe des sources. Le Rama Temple et le Shiva Temple qui jouxtent un *gurdwara* sikh sont toujours remplis de *sadhu*.

Great Himalayan National Park ⑰

District de Kull. À 205 km au N. de Shimla (par le col de Jalori). **Entrées :** *Saing, Gushani.* 🚌 *Shamchi, 15 km au S. de Kullu, puis Jeep.* ℹ ***Pour rés. et permis**, contacter le directeur à Shamchi au (01902) 265 320.*

Ce parc national s'étend sur 754 km² jusqu'à un autre parc national situé dans une région froide et désertique : le Pin Valley National Park. Son altitude varie entre 1 300 et 6 100 m. Toute la faune et la flore de l'Himalaya occidental y est représentées Diverses espèces subtropicales et alpines poussent à côté des edelweiss et des forêts de chênes. La faune comprend les chèvres de l'Himalaya, le cerf musqué, le léopard des neiges et quelque 300 espèces d'oiseaux, dont au moins six variétés de faisans.

Faisan monal à robe bleue

Dans la zone protégée, plusieurs pistes de trek et des refuges forestiers permettent d'aller à la découverte de ces plantes et de ces animaux.

RASSEMBLEMENT DES DIEUX

À Kullu, les festivités de Dussehra prennent une ampleur particulière. L'Inde entière célèbre cette fête en souvenir de la victoire de Rama sur Ravana relatée dans l'épopée du *Ramayana* *(p. 27)*. Les traditions locales de Kullu ajoutent une touche singulière à ce mythe : son souverain Jagat Singh (XVIIe siècle) ayant causé la mort par inadvertance d'un prêtre brahmane, il installa, pour expier sa faute, Raghunat, incarnation de Rama, sur le trône en faisant le serment de n'exercer désormais que la régence. La représentation de Raghunat fut transportée depuis Ayodhya *(p. 171)*, ville natale de Rama, jusqu'à Kullu. Depuis, chaque année en septembre-octobre, Raghunat « convie » tous les dieux de la vallée à célébrer Dussehra. Parmi les 360 divinités figurent Hadimba, le dieu tutélaire des rajas de Kullu qui vient de Manali, et Jamlu, qui règne sur Malana et qui administre la justice par l'intermédiaire du prêtre du village. Les dieux quittent leurs temples respectifs sur un palanquin et arrivent à Dhalpur Maidan au son des tambours, en tête d'une joyeuse procession. Suivent neuf jours de festivités durant lesquels se tient un marché où l'on vend un peu de tout, depuis les châles et les chaussures de la production locale jusqu'aux jouets en plastique fluo. Des groupes locaux de danse Natti s'adonnent dans la bonne humeur à de gracieuses joutes chorégraphiques.

Représentation de la divinité locale Vashishta Devta

Préparatifs de la fête de Dussehra

Manali ⓲

District de Kullu. À 281 km au N. de Simla. 6 300. *The Mall, (01902) 253 531.* *t.l.j.* *Winter Carnival (janv.), Dhungri Mela (mai).*

Située sur la rive ouest de la Bias, Manali est avant tout une ville touristique qui offre de nombreuses possibilités de promenades et de treks à travers les forêts. Même si les hôtels et les boutiques ont envahi le centre ces dernières années, les environs de cette station d'altitude ont conservé leur beauté naturelle.

À 3 km au nord du bazar principal, le vieux village avec son temple dédié au sage hindou Manu, d'où le nom de Manali, est tout à fait charmant.

À 1,5 km au nord du bazar principal, l'**Hadimba Temple** est un édifice en bois à quatre niveaux avec un toit en forme de pagode situé à l'ombre d'un bosquet de déodars. Il fut élevé en 1553 autour d'une petite grotte qui contient les empreintes de pas de la démone Hadimba, épouse de Bhima (un des frères Pandava) *(p. 26)*.

Sur la rive gauche de la Bias, à environ 3 km du bazar, les sources chaudes du village de Vashisht alimentent des bains turcs. Plus haut, la **vallée de Solang** (à 14 km du centre de Manali) se prête aux sports de montagne : trekking à destination des pâturages de Dhumti et du petit lac glaciaire de Bias Kund, parapente et ski en hiver.

Ruisseau courant à travers les pâturages des environs de Manali

L'Hadimba Temple (XVIe siècle) à Manali

AUX ENVIRONS : Rohtang Pass est un col à 3 980 m d'altitude qui se trouve à 52 km au nord de Manali, en direction du Lahoul. Cette randonnée d'une journée n'est possible qu'en été, avec une courte halte aux Rahalla Falls (cascade).

Jagatsukh, la première capitale des rois de Kullu, se trouve sur la rive gauche de la Bias, à 6 km au sud de Manali. Les deux tours-sanctuaires *(p. 20)* en pierre datent probablement du VIe siècle. Plus au sud, toujours sur le même versant de la vallée, **Naggar** fut la seconde capitale du royaume avant d'être remplacée au XVIIe siècle par Kullu *(p. 116)*. Construit au XVe siècle, le château de Naggar a été aménagé en hôtel. Avec ses murs où alternent les rangées de pierre taillée et les poutres en bois, il constitue un bel exemple d'architecture locale traditionnelle. La bâtisse offre une belle vue sur la vallée de la Bias. Non loin de là, la **Roerich Art Gallery** expose des œuvres du peintre russe Nicholas Roerich.

Détail de porte en bois sculpté à Malan

Sur l'autre versant de la vallée, le village de **Katrain** est entouré de vergers et bien connu des pêcheurs à la truite. À 25 km au sud-est de Naggar, de l'autre côté du Chanderkhani Pass, Malana a des coutumes très particulières. En effet, ses habitants évitent tout contact physique avec les étrangers et restent isolés du reste de la vallée. Ils protègent jalousement leur culture, leur langue et leur système de gouvernement. Les visiteurs ne peuvent entrer dans le village que s'ils y ont été invités par les habitants.

Roerich Art Gallery
Naggar. *t.l.j.*

NICHOLAS ROERICH (1874-1947)

Cet artiste russe, qui était à la fois peintre, poète et philosophe universaliste et dont la pensée s'inspirait de nombreuses religions, parcourut longuement le Tibet et les Himalayas. Le peintre est surtout connu pour ses paysages transhimalayens colorés qui célèbrent la nature. Roerich vécut à Naggar où il mourut en 1947. Sa maison est aujourd'hui un musée. Son fils Svyatoslav qui est peintre lui aussi vit également en Inde.

Paysage de montagne de Nicholas Roerich

Lahoul-et-Spiti ⓳

District de Lahoul-et-Spiti. À 350 km au N. de Shimla. 33 200. *Ladarcha Festival, Spiti (août).*

Situé en bordure du Tibet et de la vallée du Zanskar au Ladakh, à 2 750 m d'altitude, le Lahoul-et-Spiti fait partie de la chaîne transhimalayenne. Contrairement à la vallée de Kullu aux pâturages verdoyants, cette région est constituée de massifs rocheux et de glaciers. Les pluies étant rares, les cultures d'orge, de millet et de pommes de terre de semence sont tributaires de la fonte des neiges.

Si le relief difficile du Spiti *(p. 120-121)* décourage de nombreux voyageurs, le Lahoul est plus facile d'accès. Le haut Lahoul se compose de grands massifs et des vallées profondes de la Chandra et de la Bhaga, tandis que le bas Lahoul se situe en aval de Tandi, où les deux rivières se rejoignent pour former la Chandrabhaga ou Chenab.

La religion qui domine aujourd'hui est un syncrétisme du bouddhisme et de l'hindouisme, reflétant bien les liens étroits de la région avec le Tibet, le Ladakh et la vallée de Kullu par le passé.

Située sur la Bhaga, **Keylong** est le chef-lieu du district et la ville principale de la région. Avec ses nombreux hébergements au confort

Méandres de la Cheab dans les environs de Gondhla

rudimentaire, elle constitue une étape pratique sur la route de Leh *(p. 124-125)* et une base idéale pour les treks. Sur l'autre versant de la vallée, un chemin escarpé monte au **Drugpa Kardang Gompa**, le plus grand monastère *(gompa)* du Lahoul où l'on peut voir une belle collection de *thangka (p. 113)*, d'instruments de musique et d'armes anciennes. Un peu plus loin, le **Shashur Gompa** (monastère du XVIe siècle) est réputé pour son *thangka* de 4,5 m de longueur.

Détail d'un moulin à prières à Keylong

Sur la route de Manali, à 16 km au sud de Keylong, la tour de huit étages des chefs gondhla domine le paysage. Le plus ancien monastère du Lahoul, le **Guru Ghantal Gompa**, construit il y a 800 ans, se trouve à Tandi, à 11 km au sud-ouest de Keylong. Il aurait été construit par *guru* Padmasambhava, le fondateur du bouddhisme tibétain.

Le **Mikrula Devi Temple** en bois sculpté à **Udaipur**, dans la vallée de Pattan à 44 km à l'ouest de Tandi, et **Trilokinath** avec sa représentation en marbre d'Avalokitesvara *(p. 130)* méritent aussi une visite.

Après Keylong, la route qui va à Leh passe à **Darcha**, dernier village du Lahoul, où une intéressante piste de trekking conduit à Zanskar *(p. 134-135) via* le Shingo-la.

Le lac glaciaire Sujaj Tal où la Bhaga, un des principaux cours d'eau du Lahoul, prend sa source

La vallée sacrée du Spiti

Situé au cœur de la zone froide et désertique de l'Himachal Pradesh, le Spiti est une terre de contrastes : monastères et drapeaux à prières sur les rives des cours d'eau alimentés par les glaciers, moutons bleus et bouquetins dans les maigres pâturages parsemés de fossiles marins. Le Spiti appartenait au royaume du Tibet occidental avant d'être annexé au Ladakh au XVIIe siècle, puis à l'Empire des Indes au XIXe siècle. Tout au long de son histoire politique, le Spiti est resté une région isolée. Bien qu'il fasse aujourd'hui partie de l'Himachal Pradesh, le Spiti a conservé son caractère tibétain et sauvegardé son patrimoine bouddhique séculaire.

Camaïeu d'ocres d'une paroi rocheuse typique de la région du Spiti

Le Chandra Tal *ou (« lac de la Lune »), à 4 270 m d'altitude, est situé à la limite du Lahoul et du Spiti. Massifs escarpés et glaciers suspendus dominent ses eaux d'un bleu profond.*

Le gompa de Ki*, qui date selon la tradition du XIIIe siècle, est le plus grand monastère du Spiti. Perché sur un escarpement et doté d'une belle collection de* thangka*, il est la résidence de Lochen Tulku, réincarnation de Rinchen Zangpo* (p. 107).

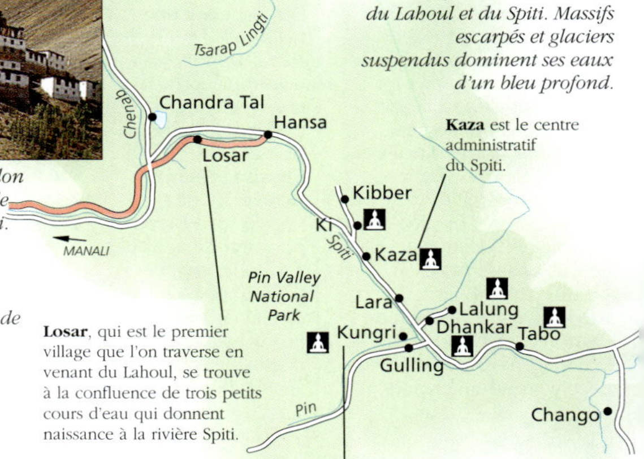

Kaza est le centre administratif du Spiti.

Losar, qui est le premier village que l'on traverse en venant du Lahoul, se trouve à la confluence de trois petits cours d'eau qui donnent naissance à la rivière Spiti.

Le *gompa* de Kungri dans la Pin Valley appartient à la secte Nyingmapa *(p. 127)*. La salle du haut du sanctuaire principal possède d'anciennes peintures murales et sculptures en bois.

LÉGENDE

- Région décrite
- Monastère
- Route principale
- Route secondaire

0 25 km

Territoire des bouquetins et des léopards des neiges*, le Pin Valley National Park est une zone d'alpages à l'ombre des cimes enneigées qui le dominent. Ce parc naturel est traversé par la rivière Pin et son affluent, la Paraibo. S'il est courant de voir des renards et des loups des neiges, il est plus rare de voir des léopards des neiges.*

Chorten **d'un village de la Pin Valley**

Peinture murale d'une scène de la mythologie bouddhique au *gompa* de Tabo

Tabo Monastery 20

District de Lahoul-et-Spiti. À 442 km au N.-E. de Shimla. *avr.-sept.* *Monastery Festival (oct.-nov.).* **Permis obligatoire** *entre Tabo et Jangi (Kinnaur). Contacter le Deputy Commisioner de Shimla* (p. 103) *ou le bureau du Subdivisional Magistrate de Rekong Peo* (p. 106-107).

Ce monastère qui fait aujourd'hui la fierté du Spiti date d'une époque importante dans l'expansion du bouddhisme au Tibet. Après le règne du roi Lang-darma au IXe siècle, qui fit reculer le bouddhisme tibétain, il allait falloir un siècle entier à celui-ci pour renaître. Le lama roi de Guge au Tibet occidental contribua largement à ce renouveau. Sous sa protection, le légendaire savant Rinchen Zangpo répandit la foi en traduisant les textes bouddhiques et en favorisant la construction des temples.

Né de ce mouvement, le *gompa* (monastère) de Tabo fut édifié par Rinchen Zangpo en personne. À cette époque, les temples des monastères se construisaient au voisinage des villages et celui de Tabo est l'un des plus grands. Entourées par un long mur en pisé, les structures massives en terre n'ont rien d'impressionnant vues de l'extérieur, mais à l'intérieur, les peintures murales constituent l'un des plus grands trésors artistiques du bouddhisme tibétain. Les peintures du *dukhang* (salle d'assemblée) des Xe et XIe siècles représentent différentes anecdotes de la vie de Bouddha. La salle contient également d'imposantes représentations en argile des divinités majeures du panthéon bouddhique. Les sept autres sanctuaires contiennent des peintures datant des XVe et XVIe siècles. L'un d'eux abrite une gigantesque représentation en argile de Maitreya (le Bouddha du futur) assis. Tabo est également l'une des retraites favorites du dalaï-lama.

L'accès à la basse vallée du Spiti en aval de Tabo reste difficile en raison des restrictions de circulation qui sont imposées par la proximitié de la frontière avec le Tibet.

Moines priant au *gompa* de Tabo

***Dhankar**, ancienne capitale du Spiti, est nichée entre les anfractuosités d'un éperon rocheux et les dépôts de roches alcalines. Le vieux* gompa *est décoré de nombreuses fresques et d'une statue en bronze d'Avalokitesvara.*

Enfants du Spiti

La représentation de* guru *Padmasambhava, *recouverte de feuilles d'or, est la principale curiosité du* gompa *de Lahung, l'un des 108 monastères attribués à Rinchen Zangpo.*

Le Ladakh et le Jammu-et-Cachemire

Situé en bordure du Pakistan et du Plateau tibétain, le Jammu-et-Cachemire est l'État le plus septentrional de l'Inde. Composé de trois régions distinctes – le Ladakh, la vallée du Cachemire et le Jammu –, il offre une grande diversité de paysages, de religions et de populations. Faiblement peuplé, le Ladakh est un désert de haute altitude dont le vert émeraude des villages-oasis, la lumière cristalline du ciel bleu et la silhouette altière des vieux monastères bouddhiques viennent adoucir les lignes acérées du relief. La vallée du Cachemire à prédominance musulmane est une mosaïque de forêts, de rizières, de lacs et de voies navigables, dont la beauté est aujourd'hui ternie par l'insurrection armée *(p. 136)*. Le Jammu où alternent plaines, montagnes et collines est connu pour son sanctuaire de Vaishno Devi, haut lieu de pèlerinage des hindous.

La région d'un coup d'œil

Villes et cités anciennes
Jammu 13
Kargil 9
Leh 1
Mulbekh 8
Srinagar 14

Monastères et palais
Alchi Monastery 7
Hemis Monastery 5
Matho Monastery 4
Shey 3
Stok 2

Sites naturels
Gulmarg 15
Pahalgam 16
Rangdum 11
Sud-est du Ladakh 6

Rivières et vallées
Vallée de la Suru 10
Zanskar 12

◁ **Moines bouddhistes du Ladakh soufflant dans des conques pour annoncer le début de la prière**

L'ancien Leh Palace aujourd'hui désaffecté

Acclimatation

Les visiteurs qui arrivent à Leh (située à 3 500 m d'altitude) doivent prendre le temps de s'acclimater à l'altitude. Ils doivent éviter de faire tout effort physique pendant au moins 24 h. Les premiers jours, l'altitude peut en effet provoquer des insomnies, des maux de tête, des difficultés respiratoires et une perte d'appétit.

Leh ❶

District de Leh. À 1 077 km au N. de Delhi. *15 000.* *11 km au S. du centre-ville.* *(01982) 252 297.* *Muharram (mars-avr.), Bouddha Jayanti (mai), Losar (déc.).* **Permis obligatoire** *pour les secteurs du Ladakh soumis à des destructions* (p. 129).

Principale ville du Ladakh, Leh fut aussi, entre le XVIIe siècle et 1949, un carrefour caravanier important au croisement des routes qui reliaient le Pendjab à l'Asie centrale et le Cachemire au Tibet. Avec ses larges trottoirs, le **Main Bazaar** était manifestement destiné à faciliter le passage des ânes, des chevaux et des chameaux et à permettre aux marchands d'exposer ou d'entreposer leurs produits.

Le Bouddha du palais royal

La ville est dominée par le **Leh Palace** de neuf étages construit vers 1630 par Sengge Namgyal. Prolifique bâtisseur de monastères et de citadelles, ce fut le souverain le plus célèbre du Ladakh. Les murs massifs inclinés vers l'intérieur de l'édifice sont dans la même tradition architecturale que le Potala de Lhassa, avec une cinquantaine d'années d'avance. Malheureusement, l'extérieur est en meilleur état que l'intérieur actuellement en restauration.

La ville est surtout intéressante pour les promenades qu'on peut faire au centre et dans les environs. Le Main Bazaar et **Chang Gali**, ruelle parallèle au bazar, sont bordés d'endroits pour se restaurer et d'échoppes de souvenirs vendant des pierres précieuses et des objets rituels. Sur les trottoirs du bazar, des femmes des villages voisins vendent des légumes présentés dans de grands paniers en filant la laine et en devisant gaiement entre deux clients. Le **Jokhang**, temple bouddique moderne, et la mosquée datant de la fin du XVIIe siècle sont proches du bazar. À l'extrémité est de la ville, entre le bazar et le terrain de polo, s'étire la **Vieille Ville** avec son lacis de ruelles, ses *chorten*, ses murs de *mani* (pierres sur lesquelles sont gravées des mandalas), ses maisons en brique crue et à toit plat.

Sur la montagne qui surplombe la ville s'élèvent le petit fort et le monastère de **Namgyal Tsemo** (milieu du XVIe siècle) qui, selon la tradition, fut la première résidence royale de Leh. Le fort aujourd'hui en ruines jouxte un *gonkhang* (temple des divinités tutélaires) et un temple dédié à Maitreya (le Bouddha du futur) qui possèdent l'un et l'autre de belles peintures murales. Une peinture du *gonkhang* représente une scène de Cour avec un personnage qui pourrait être le roi Tashi Namgyal (milieu du XVIe siècle), fondateur du site.

À l'extrémité ouest de Leh, l'**Ecological Center** conduit des programmes de développement concernant l'agriculture et l'énergie solaire, et de sensibilisation aux problèmes sanitaires et environnementaux, dans plusieurs villages des environs. Le centre abrite également une bibliothèque et une boutique.

Le **Shanti Stupa** (« pagode de la Paix ») d'un blanc étincelant, qui fut construit dans les années 1980 sous le patronage des bouddhistes japonais, est situé sur une hauteur à l'ouest de la ville.

Leh est entourée de tous côtés par des champs d'orge verts ou dorés suivant la saison, qui sont à peine à 10 min à pied du centre. Plus bas, le village de **Skara**

Champs d'orge aux alentours de Leh

Concours de tir à l'arc près de Leh

possède une fortification aux murs massifs en pisé datant du XIXe siècle : le **Zorawar Fort**. Une autre belle promenade mène au paisible village de **Changspa** avec son vieux *chorten* et sa **Moravian Church** sur le chemin. De là une route part en direction du **Sankar Monastery** (XIXe siècle) magnifiquement entretenu, qui abrite des représentations d'Avolokitesvara et de Vajra Bhairav, gardien de l'ordre des Gelukpa *(p. 127)*.

AUX ENVIRONS : À 7 km au sud de Leh, **Choglamsar** réunit la plus grande colonie de réfugiés tibétains du Ladakh, avec le Shanti Sthal (terrain de prières), l'Institut central d'études bouddhiques, un village d'enfants tibétains, un hôpital chauffé à l'énergie solaire et des ateliers pour la promotion de l'artisanat tibétain. Occupant une position spectaculaire sur une hauteur si proche de l'aéroport que les ailes des avions frôlent presque ses murs au moment de l'atterrissage, le **Spituk Monastery**, le plus ancien monastère de l'ordre des Gelukpa au Ladakh, abrite la bibliothèque de Tsongkapa, fondateur de l'ordre, et un sanctuaire dédié à la déesse Tara, avec des représentations étonnantes de ses multiples manifestations. Situé dans l'un des plus beaux villages du Ladakh, le **Phiyang Monastery** est l'un des deux seuls monastères de l'école lamaïste Drigungpa. Fondé au XVIe siècle par le souverain du Ladakh, Tashi Namgyal, pour réparer vraisemblablement la violence et la traîtrise auxquelles il avait recouru pour accéder au trône, il possède de nombreux trésors, notamment une vaste collection de bronzes cachemiri de divinités bouddhiques datant du XIIIe siècle.

Leh Palace
t.l.j. Réservation obligatoire.

Namgyal Tsemo
t.l.j. Réservation obligatoire.

Ecological Center
lun.-ven. (01982) 253 221.

Jokhang
t.l.j.

Sankar Monastery
t.l.j.

Spituk Monastery
t.l.j. avec l'autorisation du lama responsable.

Phiyang Monastery
t.l.j. avec l'autorisation du lama responsable.

Le monastère de Spituk avec son dédale de passages reliant les sanctuaires

FÊTES DU LADAKH ET DU JAMMU-ET-CACHEMIRE

Hemis Festival *(juin-juil.)*, au monastère de Hemis. Cette fête lamaïque, qui est la plus célèbre de tout le Ladakh *(p. 128)*, avec théâtre dansé, masques et costumes colorés, donne un authentique aperçu de la culture ladakhi.

Danseurs masqués au Hemis Festival

Sindhu Darshan *(1-3 juin)* à Leh. Célébrée depuis peu, cette fête rend hommage à l'Indus, avec expositions, matchs de polo et concours de tir à l'arc.

Ladakh Festival *(1-15 sept.)* à Leh et à Kargil. Subventionné par le Département du tourisme, ce festival se déroule à Leh (sur le terrain de polo), à Kargil et dans certains villages pendant deux semaines, avec danses masquées traditionnelles, matchs de polo, concours de tir à l'arc) et exposition d'artisanat.

Thikse Festival *(oct.-nov.)* à Thikse. Fête annuelle de l'ordre des Gelukpa dans un endroit superbe. Les dates précises des festivités sont fixées en fonction du calendrier lunaire tibétain et changent par conséquent tous les ans.

Milad-ul-Nabi *(avr.-mai)* à Srinagar. La naissance du Prophète est célébrée avec une ferveur particulière à la mosquée Hazratbal où une mèche de cheveux de Mahomet, relique sacrée de la mosquée, est exposée à la vue des fidèles.

Monastères de la vallée de l'Indus

Maitreya à Thikse

Centre historique et culturel du Ladakh, la vallée de l'Indus regroupe plusieurs monastères mondialement connus. Le *gompa* ladakhi type est construit sur une hauteur ou une corniche dominant un village. Sa partie supérieure abrite les temples *(thakhang)*, la grande salle d'assemblée *(dukhang)* et le temple des divinités tutélaires « terrifiantes » *(gonkhang)*. Les habitations des moines s'échelonnent sur le flanc de la montagne. Attention ! les visiteurs doivent pénétrer dans un monastère avec tout le respect qui est dû à un lieu de prière.

Moines exécutant une danse dans la cour du Lamayuru Monastery

Le gompa de Likir *fondé au* XII*e siècle abrite une belle collection de* thangka *et d'images de Bouddha entourées d'un cadre en bois sculpté.*

Le gompa de Basgo *renferme des peintures murales du* XVI*e siècle à l'intérieur du fort et du temple dédié à Maitreya, le Bouddha du futur. Basgo était la capitale du bas Ladakh aux* XIV*e et* XV*e siècles.*

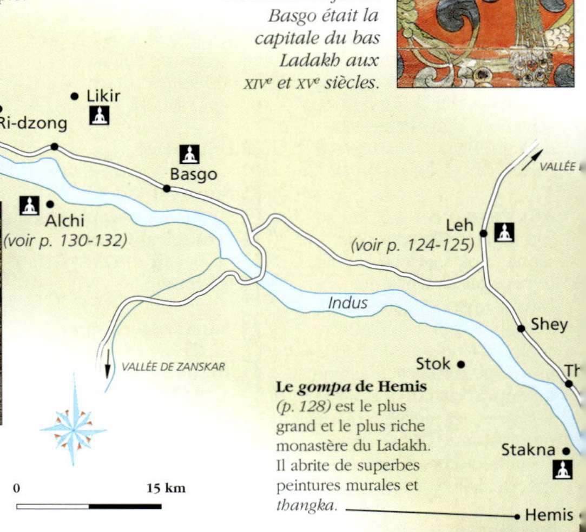

Le gompa de Ridzong *est construit sur une moraine qui barre une gorge sinueuse. Les moines appartenant à l'ordre des Gelukpa observent des règles austères.*

Le *gompa* de Hemis *(p. 128)* est le plus grand et le plus riche monastère du Ladakh. Il abrite de superbes peintures murales et *thangka.*

Le gompa de Lamayuru*, perché sur un éperon rocheux, domine un paysage lunaire. Édifié selon la tradition du* XI*e siècle, il abrite une belle collection de* thangka *et à l'intérieur du plus ancien temple une célèbre représentation de Vairocana, Grand Bouddha de méditation* (p. 132).

Le gompa de Stakna*, du* XVII*e siècle, abrite à l'intérieur du* dukhang *un beau* chorten *entouré de peintures murales très colorées.*

Voir également « Le petit Tibet » *(p. 113)* et « Sur les traces de Bouddha » *(p. 189)*.

***Le gompa de Thikse**, véritable joyau architectural du XVe siècle perché sur une crête, appartient à la secte Gelukpa. Il possède aussi un temple moderne dédié à Maitreya, qui a été consacré par le dalaï-lama.*

***Le gompa de Chemrey**, qui date des années 1640, possède des livres sacrés avec une couverture en argent et des caractères en or.*

Le *gompa* de Thak-Thok d'obédience nyingmapa est construit autour d'une grotte où *guru* Padmasambhava se serait arrêté au VIIIe siècle pour méditer.

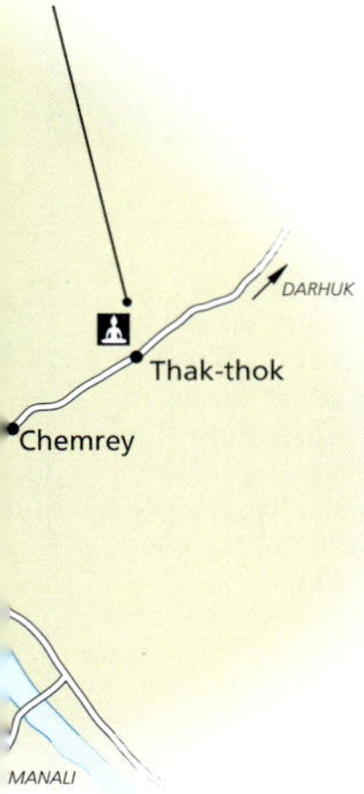

Légende

- Monastère
- Route

Le Stok Palace, résidence de l'ancienne famille royale du Ladakh

Stok ❷

District du Ladakh. À 14 km au S. de Leh. *Office de tourisme de Leh, (0982) 252 297. Fête lamaïque de Stok (fév.-mars).*
Palais de Stok *mai-oct.*

Le palais de Stok est toujours la résidence de l'ancienne famille royale de Namgyal depuis l'indépendance du Ladakh en 1843. Une partie de l'édifice a été transformée en musée. Parmi les collections relatant l'histoire de la dynastie figurent un ensemble de 35 *thangka (p. 113)* qui auraient été commandés par le roi Tashi Namgyal (XVIe siècle), des images, des objets rituels comme la cloche et le sceptre symbolisant la foudre *(doje)* d'une facture incomparable, ainsi que des objets de la Cour tels que tasses en jade, bijoux d'apparat de la reine dont une superbe couronne, la couronne du roi en forme de turban, des vêtements de cérémonie et un sabre avec une lame formant un nœud que la puissance physique de Tashi Namgyal aurait suffi à tordre pour lui donner cette forme.

Shey ❸

District du Ladakh. À 15 km au S.-E. de Leh. *Office de tourisme de Leh, (01982) 252 297. Shey Shrubla (1re semaine de sept.).*
Palais de Shey *t.l.j.*

Ancienne capitale royale du Ladakh, Shey abrite dans l'enceinte de son palais un temple avec une statue de Bouddha (fin du XVIIe siècle) et des peintures murales de divinités avec de l'or. Une autre image de Bouddha se trouve dans un temple voisin. Au-dessous du palais, les reliefs sculptés dans la pierre des cinq Bouddha de méditation *(p. 132)* remontent au XIe siècle.

Couple ladakhi amenant son enfant à Shey pour le faire bénir

Les sectes bouddhiques du Ladakh

Cinq sectes du bouddhisme tibétain sont représentées au Ladakh. Le Thak-Thok Monastery appartient au Nyingmapa basé sur les enseignements de Padma sambhava (VIIIe siècle) *(p. 110)* et celui de Matho *(p. 128)* célèbre pour ses oracles, au Sakyapa. Les sectes du Drugpa et du Drigungpa sont fondées sur les enseignements d'une lignée de maîtres indiens du XIe siècle. Les lamas de toutes ces sectes portent une coiffe rouge pendant les cérémonies. Les lamas à « bonnet jaune » font partie de la secte réformiste des Gelukpa, à la tête de laquelle se trouve le dalaï-lama *(p. 113)* et qui exerça le pouvoir politique au Tibet jusqu'en 1959. Hormis les *gompa* de Thak-Thok et de Matho et ceux de Phiyang *(p. 125)* et de Lamayuru d'obédience Drigungpa, tous les monastères ladakhi appartiennent à la secte des Drugpa ou des Gelukpa.

Moines Gelukpa psalmodiant des prières

Danse de l'Oracle au *gompa* de Matho (XVIe siècle)

Matho Monastery ❹

District de Leh. À 30 km au S.-E. de Leh. t.l.j. Fête lamaïque (fév.-mars).

Seul *gompa* ladakhi de la secte des Sakyapa *(p. 127)*, Matho (construit au début du XVIe siècle) est aussi l'un des rares monastères qui continuent à attirer un grand nombre de novices. Mais il est surtout connu pour ses oracles, deux moines qui, après des mois de purification par le jeûne et la méditation, sont possédés par une divinité. Cet événement a lieu pendant la fête lamaïque de Matho, en février-mars. Le moment où les oracles courent, les yeux bandés, le long d'un garde-fou du monastère qui se trouve en bordure d'un précipice de 30 m, est palpitant. Ils répondent aussi aux questions d'ordre privé ou public qui leur sont posées et une grande foi est accordée à leurs prédictions. Matho possède également un petit musée doté d'une remarquable collection de *thangka* et de costumes du XVIe siècle.

Hemis Monastery ❺

District de Leh. À 43 km au S.-E. de Leh. t.l.j. Fête lamaïque de Hemis (juin).

Niché en haut d'une gorge du versant sud de la vallée de l'Indus, ce *gompa* est le plus grand et le plus riche de la région centrale du Ladakh. Fondé dans les années 1630 par le roi Sengge Namgyal, ce monastère de la secte des Drugpa a toujours eu les faveurs de la dynastie des Namgyal. L'endroit le plus intéressant est le *tshog-khang*, petite salle d'assemblée abritant une belle représentation de Bouddha et un gigantesque *chorten* en argent incrusté de superbes turquoises.

Hemis est aussi connu pour sa fête annuelle dédiée à *guru* Padmasambhava, qui introduisit le bouddhisme au Tibet au VIIIe siècle. Célébrée en été, elle prend une dimension encore plus exceptionnelle quand, tous les 12 ans, un immense *thangka* brodé avec applications de perles et de pierres semi-précieuses représentant Padma sambhava est déployé sur la façade haute

***Thangka* géant déployé sur la façade du *gompa* de Hemis**

Théâtre dansé sacré du Ladakh

Les pièces de théâtre dansé présentées à l'occasion des fêtes lamaïques du Ladakh ont un immense succès auprès du public, constituant ainsi un lien entre bouddhisme populaire et bouddhisme ésotérique. Ces représentations, auxquelles assistent les lamas de haut rang et les novices avec leurs vêtements et leurs coiffes de cérémonie ainsi que les familles villageoises dans leurs costumes traditionnels, sont l'expression vivante de valeurs culturelles et religieuses séculaires. Les danseurs qui incarnent une divinité ou un héros de la mythologie portent une longue robe de brocart et un masque. Les danses rituelles se déroulent dans la cour intérieure du monastère, avec des interludes comiques pendant lesquels d'autres danseurs déguisés en squelettes s'adonnent à des facéties gymniques, à la plus grande joie des spectateurs, pour caricaturer les rituels accomplis précédemment. À la fin, les personnages masqués brisent les membres d'une poupée fabriquée avec une pâte à base de farine d'orge (qui symbolise peut-être l'âme humaine) et les jettent dans toutes les directions. En plus d'attirer de nombreux visiteurs étrangers, ces fêtes permettent aux habitants des villages isolés de se retrouver, de s'informer mutuellement des dernières nouvelles et d'échanger quelques points de vue.

Danseurs masqués dans un festival

Cimes et glaciers encerclant les eaux bleu-vert du Pang-gong Tso

de trois étages du bâtiment. Le prochain rendez-vous est en 2016.

Southeast Ladakh ❻

Pang-gong Tso, district de Leh. À 150 km à l'E. de Leh. **Tso Moriri** district de Leh. À 220 km au S.-E. de Leh. *Office de tourisme de Leh, (01982) 252 297.* **Permis obligatoire.** *Contacter le Deputy Commissioner à Leh (01982) 252 010. Il est délivré uniquement aux visiteurs voyageant en groupe d'au moins quatre personnes et pour certains itinéraires, dans le cadre d'un circuit organisé par une agence agréée.*

Situé à la frontière sensible avec le Tibet, le Sud-Est du Ladakh est une superbe région de lacs. Les deux plus grands, **Pang-gong Tso** et **Tso Moriri,** sont accessibles par la route (mais il n'y a pas de ligne de bus régulière).

De forme étroite et allongée, le premier est celui qui a la plus grande superficie avec une longueur de 130 km et une altitude de 4 420 m. Il empiète sur le Tibet occidental. Les visiteurs peuvent aller jusqu'à **Spangmik** en longeant la rive sud pendant 7 km. De là, ils découvriront la superbe vue sur la face nord du massif du Chang-chenmo qui se reflète dans les eaux saumâtres du lac d'un bleu-vert intense. Au-dessus de Spangmik se dressent les cimes enneigées du massif du Pang-gong.

À 30 km au sud du lac Pang-gong Tso, les eaux d'un bleu profond du Tso Moriri s'étendent sur 140 km². Situé à 4 600 m d'altitude, il est entouré de montagnes aux neiges éternelles. **Karzok**, la seule localité de la région située sur la rive ouest du lac, comprend quelques maisons et un monastère dont les champs d'orge sont sans doute les plus hauts du monde.

Le lac et ses bras d'eau douce accueillent de nombreux oiseaux migrateurs tels que la grue à cou noir et le grand grèbe huppé à la période de la reproduction. Dans la région, on peut voir aussi des ânes sauvages, des marmottes et des renards. La population du Sud-Est ladakhi se compose notamment de bergers nomades, les *chang-pa*, qui sous leurs tentes en peaux de yack résistent à des températures hivernales de - 40 °C et à des températures nocturnes glaciales même en été. Ils élèvent des moutons et des yacks, mais leur principale richesse est la chèvre *pashmina* qui produit en hiver une sous-couche de laine très douce, qu'elle perd ensuite au début de l'été. Cette laine appelée *pashm* constitue la matière première de l'industrie du châle au Cachemire et du tricot de *cashmere*. Le commerce lucratif de ce *pashm* en provenance des alpages ladakhi et du Tibet occidental poussa le maharaja du Cachemire à annexer le Ladakh en 1834.

Chèvre *pashmina*

Le grand grèbe huppé se reproduit sur le Tso Moriri

AUX ENVIRONS :

Le **Tso Kar** et le **Startsapuk Tso**, deux lacs jumeaux, sont situés à 80 km au nord du Tso Moriri, sur la route de Leh. Les eaux saumâtres du Startsapuk Tso permettent aux bergers *chang-pa* de faire la récolte du sel.

LES CARAVANES DES MARCHANDS

La route commerciale qui reliait le Pendjab à l'Asie centrale passait par le Ladakh, et ce jusqu'en 1949. Les caravanes faisaient étape à Leh *(p. 124-125)* où s'effectuaient les transactions, avant de franchir la passe du Karakorum à 5 578 m, un des plus hauts cols du monde. En été, elles empruntaient la vallée de la Nubra et, en hiver, la haute vallée de la Shayok. Plus de 10 000 bêtes de somme (chevaux, yacks, chameaux de Bactriane et moutons d'une espèce endémique résistante) traversaient chaque année la région de la Nubra chargés de brocarts de Varanasi, de soie chinoise, de thé indien, de perles, d'épices, de laine *pashm*, de sel, d'indigo, d'opium, de tapis et d'or.

Cavalier ladakhi faisant une halte pour prier

À la découverte du monastère d'Alchi

Inconnu en dehors du Ladakh jusqu'à l'ouverture de la région au tourisme en 1974, le monastère d'Alchi est aujourd'hui réputé pour être un grand centre de l'art bouddhique. Il date de l'époque de la Seconde Diffusion, celle de la renaissance du bouddhisme au Tibet au XIe siècle à partir de textes religieux en provenance du Cachemire. Tout le panthéon des divinités du bouddhisme du *Mahayana* est représenté dans les cinq temples aux côtés de superbes peintures de la Cour royale, de batailles et de pèlerinages montrant l'architecture, les costumes et les usages de l'époque.

Une des nombreuses salles de prière du monastère d'Alchi

Le **Dukhang**, le plus ancien des temples, abrite quelques-uns des plus beaux trésors d'Alchi. L'image centrale de Vairocana, le Grand Bouddha de méditation, s'y trouve à l'intérieur d'un cadre de bois abondamment décoré de représentations sculptées de danseurs, de musiciens, d'éléphants et d'animaux mythiques. Quatre autres Bouddha de méditation se trouvent de part et d'autre. Encore plus remarquables, les six mandalas associent des scènes de la vie à cette époque. Le style rococo des détails ornementaux remplissant l'espace entre les mandalas est assez inattendu. Le temple de **Sumtsek** contient des représentations et des peintures exceptionnelles, notamment les images sur trois murs d'Avalokitesvara, de Maitreya et de Manjushri, chacune dans son alcôve. Du 1er niveau on ne distingue que les jambes et le torse et il faut monter au 3e niveau pour voir la tête. Une sorte de *dhoti* les recouvre de la taille aux genoux, le reste du corps étant couvert de peintures miniatures élaborées très vivantes. Munissez-vous d'une torche pour examiner les détails. La représentation d'Avolokitesvara est couverte de miniatures représentant des sanctuaires et des palais ainsi que de vignettes de la vie de l'époque. L'image de Maitreya montre des scènes de la vie de Bouddha à l'intérieur de ronds et celle de Manjushri représente les 84 *mahasiddha* (maîtres des tantras).

Les trois autres temples un peu plus récents (fin du XIIe ou début du XIIIe siècle) sont aussi intéressants, même s'il est vrai que les deux premiers leur font de l'ombre. Le ***lhakhang* de Manjushri** abrite des peintures murales des Mille Bouddha et une représentation du bodhisattva récemment restaurée. Dans le ***lhakhang* du Lotsawa**, les peintures et les images sont un peu plus austères. Ce temple est dédié à Rinchen Zangpo qui fut également associé aux monastères de Thikse *(p. 127)* et de Tabo *(p. 121)*. Le ***lhakhang* de Soma**, le plus récent, possède des peintures murales montrant des divinités à l'aspect terrifiant et des scènes du Bouddha prêchant.

Cavaliers de type d'Asie centrale, image d'Avolokitesvara

LES CINQ BOUDDHA DE MÉDITATION

Au XIIe siècle, le bouddhisme mit l'accent sur les cinq Dhyani-Bouddha ou Bouddha de méditation, représentés sur plusieurs mandalas d'Alchi.

Chacun de ces Bouddha est associé à une orientation et à une couleur. Vairocana (« Celui qui illumine ») est associé au centre et au blanc ; Amitabha (« la Lumière infinie ») à l'ouest et au rouge ; Akshobhya (« l'Immuable ») à l'est et au bleu ; Amoghasiddhi (« le Succès infaillible ») au nord et au vert ; et Ratnasambhava (« Né du joyau ») au sud et au jaune. Les cinq Bouddha de méditation symbolisent les différents aspects de Bouddha et les mandalas sont conçus pour aider les adeptes à méditer sur ces aspects.

Mandala avec les cinq Dhyani-Bouddha

Mulbekh ❽

District de Kargil. À 190 km au N.-O. de Leh. *Office de tourisme de Kargil, (01985) 232 721.*

C'est dans ce beau village de la vallée verdoyante de la Wakha que la vague de prosélytisme musulman déferlant vers le Centre du Ladakh commença à être en perte de vitesse. La population de Mulbekh est un mélange de musulmans et de bouddhistes qui ont respectivement leur mosquée et leur monastère. Perché sur un éperon dominant le village, le *gompa* est surtout connu pour la représentation de Maitreya, le Bouddha du futur, sculptée sur une paroi rocheuse, qui daterait du VIIIe siècle.

Maitreya, le Bouddha du futur, mesure 8 m de hauteur, *gompa* de Mulbekh

Kargil ❾

District de Kargil. À 230 km au N.-O. de Leh et au N.-E. de Srinagar. *Office de tourisme de Kargil, (011985) 232 721. Muharram (mars-avr.), Ladakh Festival (sept.).* **Permis obligatoire** *pour la région de Dha-Hanu délivré à Leh* (p. 129).

Deuxième centre urbain du Ladakh, Kargil est une bonne étape sur la route de Leh à Srinagar. Avant la partition de l'Inde, c'était un centre important pour le commerce, quand la route pour Skardu au Baltistan (Pakistan) était encore ouverte. La majorité de la population est musulmane chiite, de la secte qui considère Ali, cousin de Mahomet, comme son vrai successeur.

Vue du massif du Nun Kun depuis la vallée de la Suru

Les abricots de Kargil sont réputés. Les vergers sont magnifiques en mai quand les arbres sont en fleurs et en juillet quand les fruits sont mûrs. La ville est aussi une base pour les expéditions dans la vallée de la Suru, au Zanskar et au Nun Kun. Kargil ayant été bombardée pendant le conflit indo-pakistanais en 1999, il est recommandé de s'informer sur la situation politique avant de s'y rendre.

Vallée de la Suru ❿

District de Kargil. À 19 km au S. de Kargil. *à destination de Sankhu.*

La vallée de la Suru s'étend sur 100 km dans la direction sud-est. Avec ses alpages aux larges ondulations, ses maisons villageoises aux murs en pisé et ses points de vue sur les majestueuses cimes enneigées, c'est l'une des plus belles régions du Ladakh. L'abondance des eaux de la rivière à la fonte des neiges favorise la culture de l'orge ainsi que les plantations de peupliers et de saules, notamment aux alentours de Sankhu. Non loin de ce village se trouvent des représentations rupestres de Maitreya et d'Avolokitesvara datant de la période préislamique. Les pics et les glaciers du Nun Kun (7 135 m) surplombent la haute vallée. Les expéditions à travers le massif partent du village de Panikhar où, en juin et juillet, les pâturages sont couverts de fleurs des montagnes.

Peintures rupestres datant de la préhistoire dans la vallée de la Suru

Le peuple des Dardes

Vous ne manquerez pas de les remarquer dans les bazars de Kargil et de Leh avec leurs chapeaux colorés ornés de fleurs. Ils se distinguent des autres Ladakhi par leur nez aquilin, leur teint clair et leurs coutumes. Plusieurs hypothèses ont été émises concernant les origines de cette petite communauté, notamment celle selon laquelle ils seraient les descendants des soldats d'Alexandre le Grand. Selon des études anthropologiques, leurs ancêtres seraient venus de Gilgit au Pakistan avant l'islamisation de la région. Il y a des villages dardes au Dha-Hanu, à l'est de Kargil, à proximité de l'endroit où l'Indus quitte le Ladakh en direction du Baltistan (Pakistan).

Darde coiffé de son chapeau typique

Rangdum ⓫

District de Kargil. À 110 km au S.-E. de Kargil. *Office de tourisme de Kargil, (01985) 232 721.*

Les voyageurs allant de Kargil *(p. 133)* au Zanskar y font étape pour la nuit. Ce village à majorité bouddhiste fait partie de la vallée de la Suru mais est tourné vers le Zanskar, culturellement parlant. Situé sur un plateau arrosé par de nombreux torrents et encerclé par des cimes enneigées et des parois rocheuses, Rangdum possède une beauté sauvage. Son *gompa* gelukpa (XVIIIe siècle) aux allures de forteresse se dresse sur une éminence. L'intérieur de l'un des temples abrite une peinture murale figurant une scène de bataille, où les guerriers ont un armement et une tenue analogues à ceux des Mongols.

Zanskar ⓬

District de Kargil. À 230 km au S.-E. de Kargil en direction de Padum. *à destination de Padum.* *Office de tourisme de Padum, (01983) 254 017.* *Fête lamaïque de Karsha (juil.-août).*

Le Zanskar a quelque chose de mystique qui est dû sans nul doute à son isolement et à son altitude élevée (entre 3 350 et 4 400 m) et aussi au fait que son accès est difficile – la seule route carrossable qui mène dans la vallée est ouverte seulement du début juin à la mi-octobre. Mais l'image paradisiaque du Zanskar vient de la majesté de ses paysages, de la simplicité de la vie dans ses villages et de la sérénité de son *gompa*. Les *gompa* ont souvent été construits autour de grottes nichées au sommet d'une falaise où des religieux aujourd'hui vénérés comme des saints se sont arrêtés pour méditer.

Le Zanskar comprend deux vallées, celles de la Stod et de la Lungnak, qui longent le versant nord des Grands Himalayas avant de se rejoindre pour former la Zanskar. Celle-ci poursuit son cours en direction du nord avant de pénétrer dans une gorge des montagnes de Zanskar et de rejoindre l'Indus.

Gorge de la vallée de la Zanskar

La vallée de la Stod (située sur la rive ouest de la Zanskar) et la plaine centrale du Zanskar sont des régions fertiles et bien arrosées où les villages sont des oasis de verdure et où la quasi-absence d'arbres contribue à donner une impression extraordinaire d'espace et de lumière. Ici, la majorité de la population est constituée de paysans cultivant l'orge, le blé et les pois dans les vallées ou élevant du bétail (yacks, moutons et *dzos* – hybrides de la vache et du yack) à une altitude plus élevée. En hiver, un grand nombre de ces paysans empruntent le seul itinéraire possible pour aller vendre leur beurre de yack à Leh en longeant pendant six jours la rivière gelée de la Zanskar. L'autre bras de la Zanskar situé sur la rive est, la Lungnak, arrose une vallée aride où se succèdent des gorges étroites.

***Perak*, coiffe traditionnelle pour les femmes**

La principale voie d'accès à la région du Zanskar est le col de **Pensi-la**, situé à 4 000 m et à 130 km au sud-est de Kargil. De là-haut, la vue est magnifique ; on voit notamment le **glacier de Drangdrung** où la Stod prend sa source. La route continue ensuite vers **Padum**, à 3 500 m d'altitude et à 130 km de distance de Kargil, le plus gros village et le centre administratif du Zanskar. C'est le seul endroit de la région qui compte des hôtels, des transports et quelques magasins sommaires. C'est aussi le point de départ de nombreux treks. Padum offre peu d'intérêt, hormis une sculpture rupestre des cinq Dhyani-Bouddha *(p. 132)* au centre du village. Une mosquée a été construite récemment pour la petite

Images et ornements en stuc d'un bas-relief du monastère de Sani

communauté musulmane. Il y a un certain nombre de choses intéressantes à découvrir dans les environs. Le village de **Pipiting**, facilement accessible à pied, possède un temple et un *chorten* au sommet d'une moraine, ainsi qu'un pavillon construit spécialement pour les assemblées de prières du dalaï-lama.

Non loin de là, à 8 km au nord-est de Padum, **Sani** est l'un des plus vieux sanctuaires de l'Himalaya occidental. Le monastère abrite à l'intérieur de son enceinte le *chorten* Kanina, probablement nommé d'après le souverain kushana Kanisha *(p. 43)* dont l'Empire s'étendait aux Ier et IIe siècles depuis l'Afghanistan jusqu'à Varanasi. Le monastère lui-même aurait été élevé par Padmasambhava *(p. 110)* au VIIIe siècle. Le temple principal possède de belles peintures murales mais il y a également un petit temple, plus intéressant encore, avec des bas-reliefs peints en stuc et des niches abritant des images qui sont tout à fait exceptionnels. Sani est entouré par des peupliers, insolites dans ce paysage sans arbre.

De Padum on aperçoit le monastère gelukpa de Karsha à 10 km en direction du nord-est. Ses bâtiments semblent se répandre sur le versant ouest de la vallée pour aller se fondre ensuite avec les maisons et les champs du village. Ses sculptures rupestres et les peintures murales à l'intérieur du temple dédié à Avolokitesvara donnent à penser qu'il date de

Champs d'orge et de blé de la fertile vallée de la Stod au Zanskar

la même époque que l'Alchi Monastery *(p. 130-132)*. Mais la tradition attribue la fondation de Karsha à Padmasambhava. Son importante communauté de lamas organise une fête haute en couleur chaque année entre le mois de juillet et le mois d'août.

Situé à 12 km de Padum, sur l'autre versant de la vallée, **Stongde** est perché sur sa crête qui domine la mosaïque des champs du village. Fondé selon la tradition au XIe siècle, il abrite sept temples dans un parfait état de conservation dont certains renferment de belles peintures murales. Si les villages de Sani, Karsha et Stongde sont accessibles par la route, les monastères de la **vallée de la Lungnak** sont plus difficiles d'accès. L'étroit sentier qui remonte cette vallée serpente au milieu d'éboulis qui rendent la marche assez pénible. À pied ou à cheval, la montée vers les monastères de **Bardhan** et de **Phugtal** est raide. Perché sur son pic à une centaine de mètres au-dessus de la rivière, Bardhan (situé à 9 km au sud-est de Padum) offre un spectacle saisissant. L'intérieur du *gompa* abrite de belles peintures murales datant de l'époque de sa construction, au début du XVIIe siècle. Mais Phugtal est le plus beau des *gompa* ladakhi : il se dresse dans un cadre aussi grandiose que spectaculaire, à 60 km au sud-est de Padum. Les temples principaux sont situés à l'intérieur d'une immense grotte creusée dans l'à-pic d'une falaise qui surplombe la rivière Tsarap. En contrebas, les habitations des lamas sont accrochées à la montagne ou nichées dans un creux de la roche et reliées aux temples par des échelles et des passerelles. La date de la fondation de Phugtal n'est pas connue à ce jour mais le style des peintures, dont certaines sont étonnantes, donne à penser qu'il a été construit à la même époque que le Tabo Monastery *(p. 121)*, conformément aux traditions établies au XIe siècle par le religieux tibétain Rinchen Zangpo *(p. 107)*. Les lamas font partie de l'ordre des Gelukpa.

Mandala du Bardhan Monastery

Le Phugtal Monastery construit sur le flanc d'une paroi rocheuse

Sani, Karsha, Stongde, Bardhan et Phugtal Monasteries

t.l.j.

Mosquée en bois de Shah Hamadan (XIVe siècle) à Srinagar

Avertissement

À l'heure actuelle, il est déconseillé de se rendre au Jammu-et-Cachemire en raison des troubles politiques. Des attentats à la bombe, des tirs de *sniper* et des enlèvements perpétrés par des groupes terroristes ont été rapportés ces dernières années. Les touristes étrangers sont parfois pris pour cibles.

Jammu ⓭

District de Jammu. À 500 km au N.-O. de Delhi. *378 400.* *8 km au S.-O. du centre-ville.* *J & K Tourism, Vir Marg, (0191) 254 8172.* *Lohri (13 janv.), Jammu Festival (avr.), Navratra (sept.-oct.).*

Capitale d'hiver de l'État du Jammu-et-Cachemire, Jammu est situé sur une hauteur des monts Siwaliks. Sa principale curiosité est l'**Amar Mahal**, l'ancienne résidence des maharajas transformée aujourd'hui en musée. On y découvre des objets ouvragés appartenant à la culture et à l'histoire de la région. Jammu est aussi le point de départ du pèlerinage au sanctuaire rupestre dédié à **Vaishno Devi,** à 50 km de là. 4 millions d'hindous s'y rendent chaque année.

Amar Mahal Museum
Près de Srinagar Rd. *mar.-dim.*

Srinagar ⓮

District de Srinagar. À 700 km au N.-O. de Delhi. *895 000.* *8 km au S. du centre-ville.* *J & K Tourism, (0194) 245 2690.* *Milad-ul-Nabi (mai).*

Capitale d'été de l'État du Jammu-et-Cachemire, Srinagar est une ville dotée d'une architecture en bois pittoresque, avec des jardins moghols, des lacs et des voies d'eau. Les vieux quartiers bordent les deux berges de la rivière Jhelum. Les sept ponts qui traversent le cours d'eau portent chacun un nom, comme par exemple le pont Amira Kadal ou le pont Zaina Kadal, mais ils ont également un numéro. Le huitième pont construit plus récemment (au XXe s.) au-dessus du premier pont a été baptisé, avec l'esprit qui caractérise les Cachemiri, « le pont zéro ». Il dessert la ville moderne construite à la fin du XIXe siècle. À la lisière de l'ancienne cité, le **Dal Lake** et le **Nagin Lake** sont deux lacs romantiques reliés par un réseau d'eaux stagnantes.

Les mosquées et les mausolées en bois richement sculpté sont les plus belles curiosités touristiques de Srinagar. Ici, les dômes ont été remplacés par un toit en forme de pagode. Les édifices les plus représentatifs sont la **Shah Hamadan Mosque** dans la vieille ville et le **Shah Makhdum Sahib Shrine** sur la colline Hari Parbat. Plus conventionnelles, les **Patthar Mosque** et **Mosque of Akhund Mulla Shah** sont des constructions en pierre aux proportions harmonieuses qui datent du XVIIe siècle. Dans un style tout à fait différent, la **Hazratbal Mosque**, avec son dôme en marbre blanc et son minaret élancé, a été reconstruite dans le style saracénique après l'incendie qui l'a détruite dans les années 1960. Elle contient la relique la plus sacrée du Cachemire : un poil de la barbe du prophète Mahomet.

Feuilles de chinar aux couleurs de l'automne

Les empereurs moghols qui aimaient la région pour la beauté de ses paysages introduisirent le chinar, ou platane d'Orient, dans la vallée du Cachemire. Ils créèrent aussi des jardins en terrasses agrémentés de fontaines et de ruisseaux en captant et en canalisant l'eau des sources naturelles ou des rivières.

Des 777 jardins moghols de

Ruines du temple du Soleil de Martand (VIIIe siècle)

Chalet à Gulmarg, l'une des rares stations de ski de l'Inde

la vallée du Cachemire n'en subsistent aujourd'hui que quelques-uns. Srinagar en compte trois sur la rive est du lac Dal : le **Chashmashahi**, le **Nishat** et le **Shalimar Bagh**. Au-dessus du Chashmashahi Bagh se dressent les ruines d'un collège religieux du XVIIe siècle. Construit par un prince moghol pour son professeur, il porte le nom incongru de **Pari Mahal** (« palais des Fées »). L'endroit offre une vue magique sur le lac Dal et les cimes enneigées du massif de Pir Panjal.

Aux environs : Vestiges de la période préislamique du Cachemire, les ruines des temples hindous d'**Avantipora** sont situées à 28 km au sud-est de Srinagar et celles du temple de **Martand** à 60 km au sud-est de Srinagar. Les deux temples d'Avantipora datent probablement du IXe siècle et le temple du Soleil de Martand du VIIIe siècle. Construits avec d'énormes blocs de calcaire scellés avec du mortier, ces temples témoignent du degré de technicité élevé des bâtisseurs.

Chashmashahi Bagh
t.l.j.
Nishat et Shalimar Bagh
t.l.j.

Gulmarg ⓯

District de Srinagar. À 58 km à l'O. de Srinagar. *J & K Tourism, office de tourisme de Gulmarg, (01954) 254 439.*

Située à 2 730 m d'altitude, la station de Gulmarg (« la prairie fleurie ») a été créée par les Britanniques autour d'une prairie du versant nord du massif du Pir Panjal. Un golf, l'un des plus hauts du monde, occupe une cuvette centrale entourée de chalets construits à la lisière d'une forêt de pins. Gulmarg et Khilangmarg, qui se trouvent à quelque 300 m en amont, font partie des rares stations de ski de l'Inde. Elles sont dotées d'un équipement sportif pour tous les niveaux, y compris les débutants.

Pahalgam ⓰

District de Srinagar. À 96 km à l'E. de Srinagar. *J & K Tourism, office de tourisme de Pahalgam, (01936) 234 224.*

Pahalgam se trouve dans la vallée de la Lidder, sur le versant sud du Grand Himalaya. C'est le point de départ de plusieurs treks dans le Kishtwar et dans la vallée de la Suru *(p. 133)* ainsi que du célèbre pèlerinage d'**Amarnath**. Cette grotte sacrée attire plusieurs milliers d'Hindous chaque année au mois d'août.

On peut également y pratiquer la pêche à la truite, le golf et la randonnée pédestre au milieu des champs de moutarde. La route de Srinagar à Pahalgam passe par **Pampore**. La ville est réputée depuis le Xe siècle pour la culture du safran. Les champs de crocus sont en fleur à la fin de l'automne.

Champs de moutarde autour d'une ferme à Pahalgam

Houseboats et *shikara*

Au XIXe siècle, quelques habitants de Srinagar vivant dans leur maison flottante du bord du lac eurent l'idée de construire une version luxueuse de leur bateau pour y loger les visiteurs. Ces *houseboats* ancrées à demeure sont aujourd'hui très prisés des touristes séjournant à Srinagar. Celles de la catégorie « de luxe » sont dotées d'un grand confort, avec un salon et une chambre qui sont une véritable vitrine de l'artisanat cachemiri (boiseries sculptées, étoffes brodées, tapis et objets en papier mâché). Des *shikara* (sortes de pirogues avec une pagaie en forme de cœur) font la navette entre les *houseboats* et la rive du lac. Que vous séjourniez dans un bateau ou à l'hôtel, vous découvrirez comme il es romantique de voguer au fil de l'eau, allongé sur les coussins d'une *shikara*.

***Houseboats* et *shikara* sur le lac Dal**

L'Inde du Centre

Présentation de l'Inde du Centre

Certaines des destinations les plus visitées de l'Inde se trouvent dans cette région. Aussi vaste que variée, elle regroupe les basses plaines du Gange, plusieurs chaînes himalayennes ainsi que les forêts verdoyantes du cœur du sous-continent. Au tout premier plan se trouvent le Taj Mahal d'Agra, la cité sacrée de Varanasi (Bénarès), les extraordinaires temples sculptés de Khajuraho et les hauts lieux du bouddhisme que sont Sanchi et Bodh Gaya. L'Inde du Centre abrite également les sanctuaires animaliers de Kanha et de Corbett, les palais et les forts médiévaux de Gwalior et d'Orchha ainsi que les villégiatures des collines de Mussoorie, de Nainital et de Ranikhet, point de départ de nombreuses randonnées.

Dans les collines de l'Uttaranchal, les alpages alternent avec des forêts luxuriantes de pins chir

VOIR AUSSI

Hébergement p. 573-576

Restaurants p. 602-606

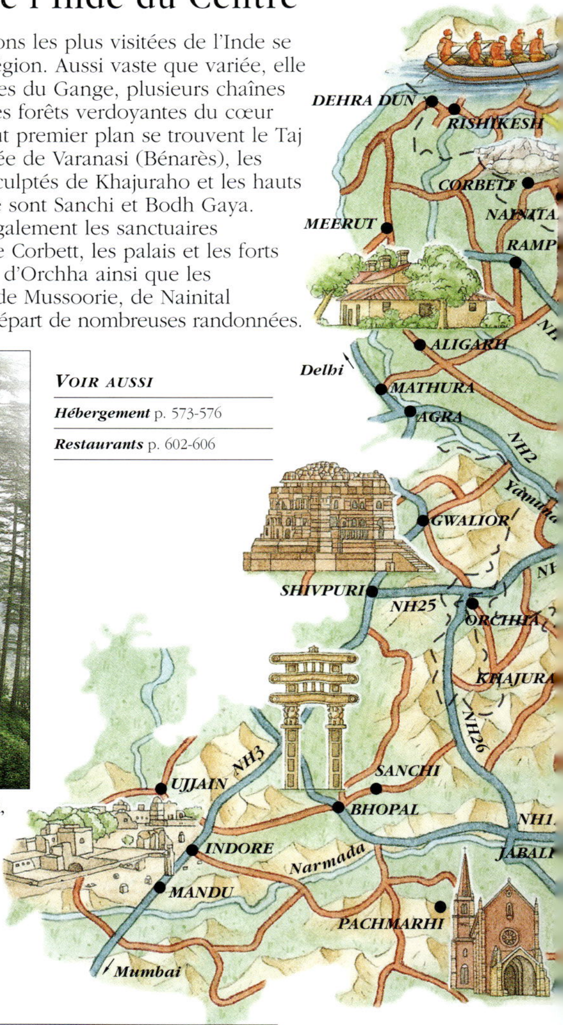

Les cénotaphes des souverains d'Orchha, sur les rives de la Betwa

LÉGENDE

Route principale

Route secondaire

Cours d'eau

Frontière

◁ Paysage pastoral de l'arrière-pays de Kumaon, près de Mukteshwar *(p. 162)*, dans les Himalayas occidentales

Circuler

Qu'il s'agisse d'Agra, de Varanasi (Bénarès), de Dehra Dun, de Khajuraho, de Bhopal, de Raipur ou de Patna, les centres d'intérêt principaux de la région ainsi que ses capitales sont tous desservis par des lignes aériennes et des chemins de fer. Un train climatisé, le Taj Express, permet de réaliser l'aller-retour Dehli-Agra en une journée dans des conditions agréables. La majorité des villes de la région sont reliées les unes aux autres par un dense réseau routier. La route nationale 2 traverse Agra, Allahabad, Varanasi et Bodh Gaya. Des routes secondaires permettent de rejoindre les collines de Nainital et de Mussoorie à partir de la route nationale 24.

Une scène champêtre dans une localité de l'État de Bihar

L'Uttar Pradesh et l'Uttarancha

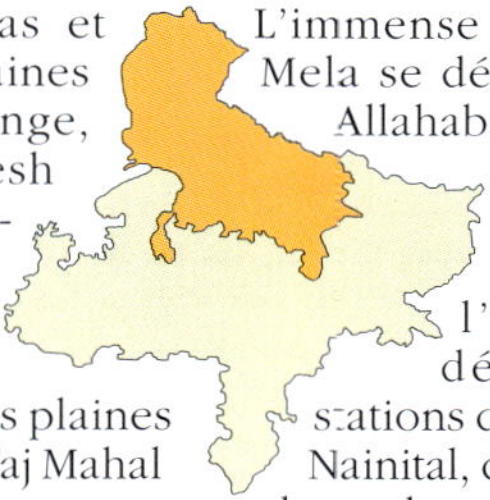

Partant des Himalayas et s'étendant sur les plaines de l'Indus et du Gange, les États de l'Uttar Pradesh (UP) et de l'Uttaranchal couvrent un vaste territoire de 294 000 km² et abritent une population de presque 175 millions d'habitants. Les plaines de l'UP abritent le célèbre Taj Mahal ainsi que d'autres grands monuments de l'islam, sans oublier la cité sainte hindoue de Varanasi (Bénarès) et les stûpas bouddhiques de Sarnath. L'immense pèlerinage de Kumbh Mela se déroule tous les 12 ans à Allahabad et à Haridwar. Depuis l'an 2000, les collines de l'Uttar Pradesh forment un État spécifique : l'Uttaranchal. Vous y découvrirez les belles stations d'altitude de Mussoorie et Nainital, de magnifiques itinéraires de randonnée, des circuits de rafting et des ashrams où pratiquer le yoga ainsi que le Corbett National Park, célèbre pour ses tigres.

L'Uttar Pradesh et l'Uttaranchal d'un coup d'œil

Villes et villages
Agra 1
Aligarh 20
Allahabad 28
Dehra Dun 9
Jaunpur 25
Jhansi 21
Kanpur 22
Lucknow 23
Rampur 19

Stations d'altitude et réserves naturelles
Almora 13
Kausani 16
Lansdowne 15
Mussoorie 10
Nainital 12
Ranikhet 14
Les collines de Garhwal 11

Sites historiques
Ayodhya 24
Fatehpur Sikri 5
Kalinjar Fort 30
Sarnath 27
Sikandra 2

Temples et lieux saints
Brindavan 4
Chitrakoot 29
Haridwar 6
Mathura 3
Rishikesh 7
Varanasi 26

Parcs nationaux
Corbett National Park 17
Dudhwa National Park 18

Excursion
Croisière sur le Gange 8

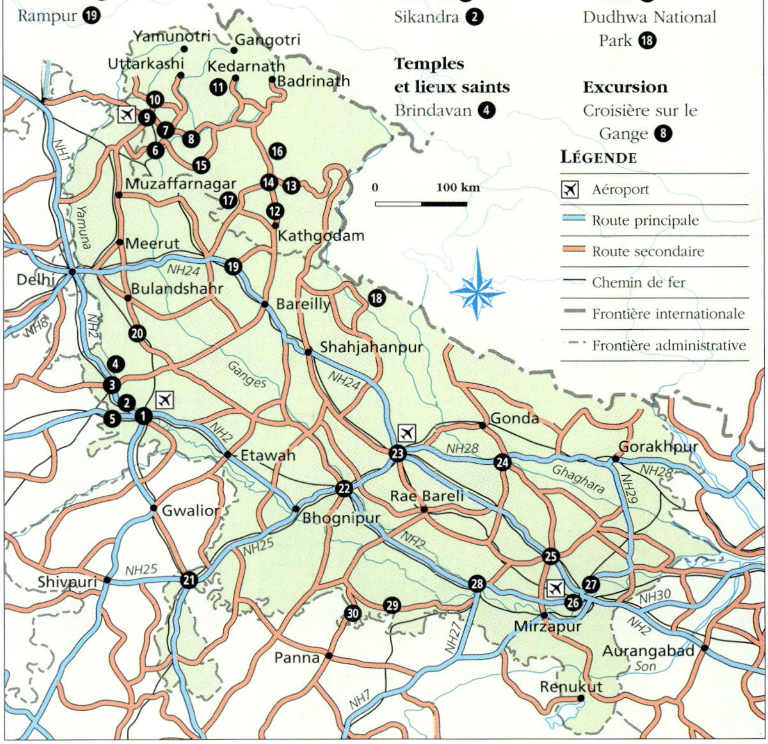

◁ La Jami Masjid à Fatehpur Sikri est une mosquée érigée au XVIe siècle par le Grand Moghol Akbar

Agra ❶

Marqueterie de pierre

Avant que Delhi ne devienne la capitale de l'Inde, Agra abrita la Cour impériale moghole, aux XVIe et XVIIe siècles. Profitant de sa position stratégique, à la croisée de la rivière Yamuna et de la Grand Trunk Road, elle dut sa prospérité aux empereurs Akbar, Jahangir et Shah Jahan, qui y firent bâtir un somptueux ensemble de palais, de forts, de jardins et de mausolées. Parmi ceux-ci, le Taj Mahal, le fort d'Agra et Fatehpur Sikri, la capitale éphémère d'Akbar, ont été élevés au rang de Patrimoine de l'humanité par l'Unesco. Au crépuscule de l'Empire moghol, la ville d'Agra tomba entre les mains des Jats, puis des Marathes, avant d'être prise par les Britanniques au début du XIXe siècle.

Agra Fort

Voir p. 146-147

Jami Masjid

t.l.j. aux non-musulmans, en dehors des heures de prière.

La construction de la Mosquée du vendredi, cet édifice aux proportions admirables situé au cœur de la vieille ville, fut entreprise par Jahanara Begum, la fille favorite de Shah Jahan. Elle fit également bâtir de nombreux autres monuments, aménager des jardins et creuser le canal qui traversait autrefois Chandni Chowk *(p. 78-79)* à Delhi. Inaugurée en 1648, la mosquée domine le quartier du haut de ses bulbes de grès et de marbre, ornés de motifs en chevrons zigzagants caractéristiques. L'aile est fut détruite par les Britanniques en 1857 *(p. 53)*. Les salles réservées à la prière des femmes ont survécu, ainsi que la citerne et sa « chaudière royale » *(shahi chirag)*, qui permettaient de réchauffer l'eau dans la cour. Le quartier qui s'étend au pied de la Jami Masjid était autrefois un lieu de rendez-vous très fréquenté, réputé pour ses marchands de kebabs et ses bazars animés. Une promenade à pied ou en *rickshaw* le long de ses étroites ruelles est une expérience inoubliable. Ce quartier abrite aujourd'hui le centre artisanal et commercial de la ville. Vous y trouverez bijoux, broderies *zari*, marqueteries de marbre, *dhurries*, fruits secs, confiseries, chaussures et cerfs-volants. Le Johri Bazaar, le Kinari Bazaar, le Kaserat Bazaar et le Kashmiri Bazaar font partie des plus grands bazars de la ville. Des ruelles plus tranquilles comme celle de Panni Gali comportent des bâtiments intéressants ; leurs portails imposants s'ouvrent parfois sur des cours cachées où les artisans d'Agra ont leurs ateliers.

Détail du minaret, Jami Masjid

La Jami Masjid fut érigée par Jahanara, la fille favorite de Shah Jahan

Le St John's College, conçu par Sir Samuel Swinton Jacob

St John's College

Mahatma Gandhi Rd. (0562) 252 0123. lun.-ven. jours fériés.

L'architecture très originale du St John's College a été décrite comme « un curieux mélange de l'antique, du savant et du symbolique ». Disposés autour d'une cour carrée, ses bâtiments en grès rouge abritent une bibliothèque et une grande salle de réunion. Ce pastiche de Fatehpur Sikri est l'œuvre de Sir Samuel Swinton Jacob *(p. 291)*, l'un des représentants principaux du courant architectural indo-saracénique. Créé à l'initiative de la Church Missionary Society, le collège fut inauguré en 1914 par le vice-roi des Indes Lord Hardinge.

Roman Catholic Cemetery

En face du palais de justice. t.l.j.

Le cimetière catholique se trouve au nord de la ville. Fondé au XVIIe siècle par le marchand arménien Khoja Mortenepus, c'est le plus ancien cimetière européen de l'Inde septentrionale. Quelques pierres tombales de style islamique, où figurent des inscriptions en arménien, ont survécu jusqu'à nos jours. Le cimetière abrite également les tombes de nombreux missionnaires, marchands et aventuriers européens. Le

Le tombeau de John Hessing, dans le cimetière catholique

tombeau le plus grandiose est celui de John Hessing, un mercenaire hollandais à la solde des Scindia, les souverains de Gwalior *(p. 196)*. Son mausolée en grès rouge, construit en 1803, ressemble à une miniature du Taj Mahal. L'une des tombes les plus anciennes est celle du marchand anglais John Mildenhall, l'émissaire de la reine Élisabeth Ire auprès du Grand Moghol, chargé d'établir des relations commerciales entre les deux pays. Le cimetière contient également les tombes de Bernardino Maffi, un médecin vénitien, et de Geronimo Veronese (autrefois considéré à tort comme l'architecte du Taj). Près de la chapelle, un obélisque signale l'emplacement de la tombe des quatre enfants du général Perron, un commandant français de l'armée des Scindia. Un autre Français, Jean-Philippe Bourbon, un parent du roi Henri IV, repose également dans le cimetière.

Fort Railway Station

(0562) 236 4131.

La gare du Fort d'Agra, monument emblématique de l'architecture du Raj, fut construite en 1891 pour accueillir les touristes. Le *chowk* octogonal du bazar, qui reliait à l'origine la Porte de Delhi et le Fort d'Agra à la vieille ville et au Jami Masjid, fut détruit pour faire place à la gare. Les plates-formes sont abritées sous des toitures à couverture d'ardoise. La gare est encore en activité. Les deux autres gares d'Agra sont situées dans le cantonnement militaire et à Raja ki Mandi.

MODE D'EMPLOI

District d'Agra. 223 km au S.-E. de Delhi. *1 160 000.* *Kheria, 8 km au N.-E. du centre-ville.* *Cantonnement, (0562) 236 8598 ; Raja ki Mandi, (0562) 235 4477 ; Fort.* *Idgah, (0562) 236 6588.* *UPTDC, 64 Taj Rd, (0562) 236 0517 ; ITDC, 191 Mall Rd, (0562) 236 3959.* *Kailash Fair (août-sept.)*

Des *rickshaws* motorisés devant la gare du Fort d'Agra

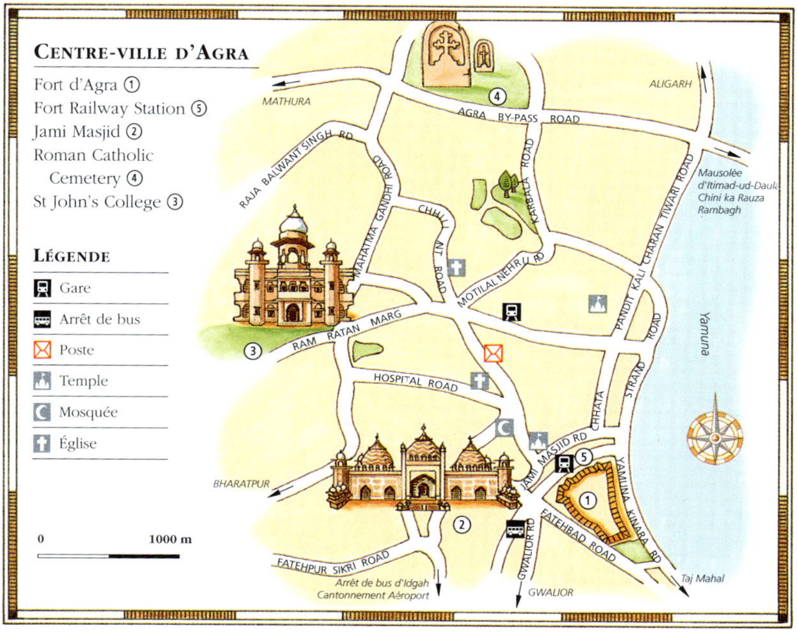

Les colonnades du Diwan-i-Aam, la salle des audiences publiques du Grand Moghol

Red Fort

t.l.j. *gratuit ven.*

Son et lumière *t.l.j. à 19h30.*

L'empereur Akbar fit construire le Fort Rouge entre 1565 et 1573, sur les berges de la rivière Yamuna. Ses puissants remparts en grès rouge forment un vaste demi-cercle. Les styles des bâtiments princiers qu'ils abritent vont de l'éclectisme d'Akbar à l'élégance sublime de Shah Jahan. Les baraquements militaires situés au nord furent ajoutés par les Britanniques au XIXe siècle. Des douves profondes, autrefois alimentées par les eaux de la Yamuna, font le tour des fortifications. On pénètre dans le fort par le sud, en passant par le portail monumental **Amar Singh**. Le **Jahangiri Mahal** se trouve immédiatement à droite. De tous les palais du fort, c'est le seul dont la construction fut entreprise sous le règne d'Akbar. Cet ensemble complexe de salles, de galeries et de cours intérieures abritait le *zezana*, le harem principal, ainsi que plusieurs cachots. Devant le Jahangiri Mahal se trouve un grand bassin en marbre. La légende prétend que l'épouse de Nur Jahan, qui aimait se baigner dans une eau parfumée, le faisait régulièrement remplir de milliers de pétales de roses. Surplombant la rivière, le **Khas Mahal** est une élégante salle en marbre dotée d'un plafond peint dans des couleurs chatoyantes, caractéristique de

Le Jahangiri Mahal, le harem, donne sur la rivière

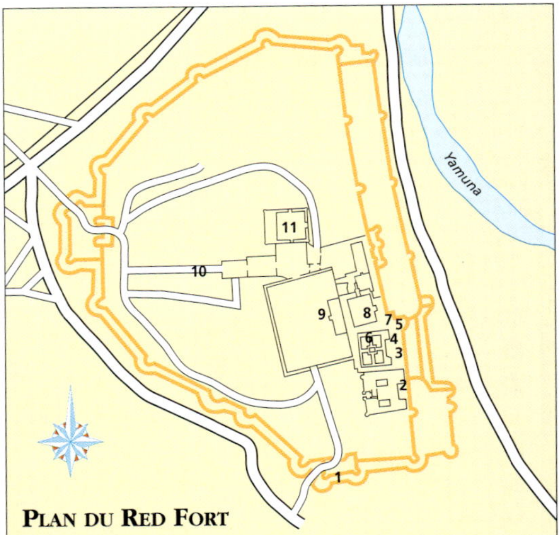

PLAN DU RED FORT

1 Amar Singh Gate
2 Jahangiri Mahal
3 Khas Mahal et Anguri Bagh
4 Sheesh Mahal
5 Musamman Burj
6 Mina Masjid
7 Diwan-i-Khas
8 Machchhi Bhavan
9 Cour du Diwan-i-Aam
10 Nagina Masjid
11 Moti Masjid

La St George's Church du cantonnement d'Agra, bâtie en 1826

l'architecture du règne de Shah Jahan. On y trouve également deux pavillons dorés surmontés de toitures *bangaldar*, qui sont associés au souvenir des princesses Jahanara et Roshanara. Les deux pavillons s'ouvrent sur **Anguri Bagh**, le Jardin des raisins. Le **Sheesh Mahal** et les bains royaux sont situés au nord-est, à côté de l'extraordinaire Musamman Burj. C'est dans cette tour que Shah Jahan, emprisonné par son fils Aurangzeb, passa les dernières années de sa vie. Non loin de là, la **Mina Masjid** (Mosquée des joyaux), qui servait d'oratoire privé à l'empereur, est sans doute la plus petite mosquée du monde. À quelques pas du Musamman Burj, le **Diwan-i-Khas** est la salle où le Grand Moghol recevait la Cour. C'est une grande salle ouverte, somptueusement décorée, dont les colonnes sont entièrement recouvertes de marqueteries de pierre *(pietra dura)*. En face, le **Machchhi Bhavan** (Maison des poissons) était un somptueux palais aquatique. À l'ouest se déploie le **Diwan-i-Aam**. Cette magnifique salle, composée de nombreuses arcades, abritait le fabuleux trône du Paon. Au nord-ouest se dressent la **Nagina Masjid** (Mosquée des bijoux), réservée aux femmes du harem de Shah Jahan, et la délicate **Moti Masjid** (Mosquée de la perle).

Le Musamman Burj

Cantonment

Situé entre Mahatma Ghand Road, Grand Parade Road et Mall Road.

Ce quartier agréable abritait autrefois le cantonnement militaire. Ses avenues ombragées abritent des bâtiments publics intéressants : des églises, des cimetières, une gare et des bungalows. La **St George's Church** (1826) fut conçue par le Colonel J T Boileau, l'architecte de la Christ Church de Shimla *(p. 102)*. La **Havelock Memorial Church**, construite en 1873 dans un style « classique, sans extravagance », porte le nom d'un général de l'armée britannique qui s'illustra au cours de la grande mutinerie de 1857. La **Queen Mary's Library**, le **Central Post Office** et la **Circuit House**, où étaient logés les hauts fonctionnaires du Raj, sont également dignes d'intérêt.

Firoz Khan Khwajasara's Tomb

Au S. d'Agra, sur Gwalior Road.

t.l.j.

Un panneau sur Gwalior Road signale la sortie à prendre pour rejoindre le tombeau de l'eunuque Firoz Khan Khwajasara, le gardien du harem de Shah Jahan. L'édifice en grès rouge, de plan octogonal, est situé au bord d'un lac. Il est bâti sur deux niveaux. On accède au tombeau, qui est situé à l'étage supérieur, en gravissant un escalier extérieur. De nombreux bas-reliefs ornent les façades du pavillon funéraire. À la différence de la majorité des autres monuments de son époque, celui-ci ne comporte aucune décoration calligraphique. Un gardien qui réside dans le village voisin ouvrira le portail si vous souhaitez accéder au tombeau.

Le tombeau de Firoz Khan Khwajasara, bâti au XVIIe siècle

ZARDOZI : FIL D'OR ET PERLES DE VERRE

Le terme *zardozi* désigne une broderie traditionnelle, typique d'Agra, réalisée à l'aide de fil d'or *(zari)* et de perles de verre. Originaire de l'Asie centrale, cette technique fut importée par les empereurs moghols. Des artisans locaux, chargés de confectionner des vêtements et des accessoires pour la Cour impériale, enrichirent son répertoire de motifs raffinés. Le déclin de la dynastie moghole aurait pu être fatale à l'art du *zardozi*, qui doit sa renaissance à l'intérêt qu'il suscite chez les créateurs de mode contemporains.

Détail d'une étoffe brodée

Agra : le Taj Mahal

Niches extérieures sculptées

Le Taj Mahal fut érigé par l'empereur Shah Jahan en souvenir de son épouse favorite : Mumtaz Mahal. Ses proportions parfaites et l'extraordinaire richesse de détails de ses décorations lui ont valu d'être comparé à « une vision, un rêve, un poème, une merveille ». Ce mausolée et ses jardins, conçus comme une représentation du paradis islamique, coûtèrent au Grand Moghol 41 millions de roupies et 500 kg d'or. Après 12 années de travaux (20 000 ouvriers), le Taj Mahal fut inauguré en 1643.

Dôme

Orné d'un pinacle à boules dorées, il mesure 44 m de haut.

★ Écran de marbre

Ce panneau ajouré, taillé dans un unique bloc de marbre, était censé protéger les tombeaux royaux des regards indiscrets.

Quatre minarets, mesurant chacun 40 m de haut, couronnés de pavillons octogonaux ouverts *(chhatri)*, encadrent le tombeau et mettent en valeur la parfaite symétrie de l'ensemble.

Plate-forme

La Yamuna

★ Chambre funéraire

Le cénotaphe de Mumtaz Mahal est placé sur un catafalque à côté de celui de Shah Jahan. Les tombes, à l'abri d'une crypte souterraine, ne sont pas accessibles au public.

À NE PAS MANQUER

- ★ Écran de marbre
- ★ Chambre funéraire
- ★ *Pietra dura*

Le *charbagh* était irrigué avec l'eau de la rivière Yamuna

Entrée principale

MODE D'EMPLOI

Tajganj. (0562) 233 0496.
sam.-jeu.
Taj Mahotsava (fév.).
Musée mar.-jeu.
jours fériés.
Nocturnes

Bassin du Lotus
Il doit son nom à ses jets d'eau en forme de fleur de lotus. Le mausolée, en s'y reflétant, en a fait l'un des plans d'eau les plus photographiés du monde.

Pishtaq
L'impression de profondeur créée par l'enfoncement des arches et le halo lumineux généré par les panneaux de pierres incrustées renforcent l'aura mystique du tombeau.

★ *Pietra dura*
Des motifs floraux sculptés dans le marbre blanc et sertis de pierres précieuses recouvrent l'édifice, tempérant l'austérité qui s'en dégage.

Panneaux calligraphiques
La taille des lettres qui composent les versets coraniques augmente à mesure qu'elles s'éloignent de l'observateur.

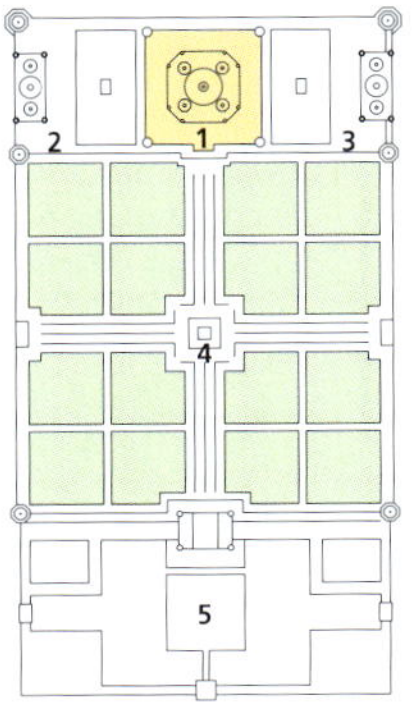

TAJ MAHAL

1 Tombeau principal
2 *Masjid* (mosquée)
3 *Mehmankhana* (résidence)
4 *Charbagh*
5 Portail

LÉGENDE

Zone illustrée ci-dessus
Charbagh

À la découverte d'Agra : la rive est

La pittoresque rive orientale de la Yamuna comporte de nombreux jardins, des palais et des pavillons historiques, dont le merveilleux **mausolée d'Itimad-ud-Daulah**. Au nord de celui-ci se dresse le **Chini ka Rauza** (Tombeau chinois), dont le nom fait allusion aux carreaux de faïence qui en ornent l'extérieur. Ce dernier fut érigé par le poète Afzal Khan, qui fut le ministre des Finances de Shah Jahan. Ce grand édifice carré de style persan était autrefois recouvert de panneaux calligraphiés et de faïences en provenance de Lahore et de Multan. Les décors de la chambre funéraire sont en stuc coloré.

En amont, le **Rambagh**, aussi appelé Aram Bagh (Jardin du repos), fut sans doute le premier jardin moghol. Conçu en 1526 par Babur, le fondateur de la dynastie moghole, il lui servit également de sépulture temporaire, avant que son corps ne soit transporté jusqu'à Kaboul pour y être inhumé. Par la suite, l'impératrice Nur Jahan le fit agrandir et le dota d'un mur d'enceinte. Des pavillons ouverts occupent la terrasse qui surplombe la rivière.

Chini ka Rauza
1 km au N. du mausolée d'Itimad-ud-Daulah *t.l.j.*

Rambagh
3 km au N. du mausolée d'Itimad-ud-Daulah *t.l.j.* *gratuit ven.*

Pavillon au bord de la rivière à Rambagh

Agra : le mausolée d'Itimad-ud-Daulah

Motif floral stylisé

Décrit comme étant « un écrin de marbre », le tombeau-jardin d'Itimad-ud-Daulah, le grand trésorier de l'Empire moghol, fut érigé par sa fille Nur Jahan, l'épouse favorite de Jahangir. Commencée en 1622, la construction de ce mausolée de dimensions modestes mais de conception extrêmement raffinée dura six années. Le marbre blanc y côtoie des mosaïques multicolores, des marqueteries de pierres et des panneaux à claire-voie. D'un point de vue architectural, c'est l'un des édifices moghols les plus innovants du XVIIe siècle.

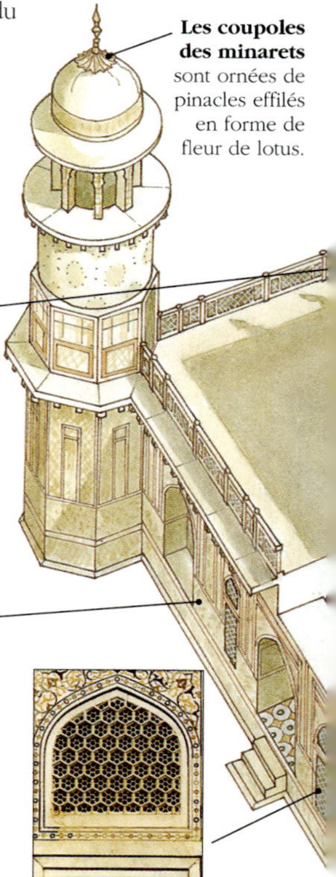

Les coupoles des minarets sont ornées de pinacles effilés en forme de fleur de lotus.

Pavillon supérieur
Des répliques des tombes d'Itimad-ud-Daulah et de sa femme sont placées à l'abri des jali *du pavillon supérieur.*

Mosaïques de pierres
Des panneaux ornés de motifs géométriques, composés de pierres de couleur incrustées, parent les murs du tombeau.

★ Panneaux en marbre ajouré
Des jali *ornés de motifs raffinés sont taillés dans un unique bloc de pierre.*

À NE PAS MANQUER

★ **Panneaux en marbre**

★ **Chambre funéraire**

★ ***Pietra dura***

Le toit, en forme de baldaquin, était très original pour l'époque.

MODE D'EMPLOI

Rive E. de la Yamuna. À 4 km en amont du Taj Mahal.
t.l.j.
gratuit ven.

Tombeau
Ce mausolée de plan carré comporte deux étages. Il est entouré d'un charbagh. *Le pavillon supérieur s'ouvre sur une large plate-forme dont les quatre coins sont occupés par des minarets aux profils trapus.*

★ Chambre funéraire
Des stalactites peintes et d'autres décorations en stuc doré ornent le plafond. Les coffrets en marbre jaune semblent taillés dans du bois.

Chhatri
Les minarets sont coiffés de pavillons ouverts à colonnes.

★ *Pietra dura*
Le marbre poli est incrusté de pierres. C'est la première fois que l'on fit un usage aussi extensif de cette technique de marqueterie dans l'architecture moghole.

Motifs floraux
Des niches décorées de peintures représentant des bouquets, des arbres, des fruits et des carafes de vin ornent les cloisons intérieures de la chambre funéraire principale.

L'entrée du mausolée d'Akbar à Sikandra

Sikandra ❷

District d'Agra, 8 km au N.-O. d'Agra. **Mausolée d'Akbar** *(0562) 264 1230 (appeler pour obtenir l'autorisation de visiter la terrasse).* *t.l.j.* *gratuit ven.* *Urs, au tombeau d'Akbar (mi-oct.).*

Le Grand Moghol Akbar est enterré dans ce petit village des environs d'Agra. La construction du mausolée fut commencée de son vivant et fut achevée par son fils Jahangir. La tombe est placée au centre d'un édifice symétrique, entouré d'un vaste jardin. Au sud, le portail en grès rouge de l'entrée principale est doté d'une arche immense, ornée de mosaïques polychromes de marbre blanc, d'ardoise noire et de pierres multicolores. Les quatre coins de l'édifice sont occupés par de gracieux minarets en marbre,qui préfigurent ceux du Taj Mahal *(p. 148-149).*

Le grand jardin, laissé à l'abandon, sert aujourd'hui de terrain de jeu aux singes. Il n'en demeure pas moins un bel exemple de *charbagh*, ces jardins dont chacune des quatre parties est censée représenter une étape de la vie et qui sont séparées les unes des autres par des chemins surélevés, des canaux et des petits bosquets.

Le tombeau principal se démarquait radicalement des tombeaux traditionnels de son époque, comme celui en forme de dôme de Humayun, le père d'Akbar, à Delhi *(p. 77)*. Les trois premiers étages de cette structure majestueuse sont des pavillons en grès rouge. Le quatrième et dernier étage comporte une terrasse, entourée de panneaux de marbre, et une réplique du tombeau d'Akbar. Celle-ci est ornée d'une profusion de motifs floraux, d'arabesques, de formes nébuleuses d'inspiration chinoise et d'un décor calligraphique qui épelle les 99 noms d'Allah.

Mathura ❸

District de Mathura, 62 km au N.-O. d'Agra. *299 000.* *Old Bus Stand, (0565) 240 6468.* *Holi (mars), Hariyali Teej (juil.), Janmashtami (juil.-août), Kansa Vadha (sept.), Annakut (sept.-oct.).*

La ville de Mathura, qui occupe la rive occidentale de la Yamuna, est vénérée car elle abriterait le lieu de naissance de Krishna. Il serait venu au monde dans une obscure cellule, qui fait aujourd'hui partie du temple **Sri Krishna Janmabhoomie**, un édifice récent, situé à la périphérie de la ville. Au bord de la rivière, les 25 *ghât* de Mathura possèdent un magnifique ensemble de pavillons, de bosquets et de temples.

Une image religieuse à Mathura

La **Jami Masjid**, une mosquée aux toitures admirables, est cachée derrière les immeubles qui bordent la rivière. La **Church of the Sacred Heart**, une église catholique bâtie en 1860 dans le cantonnement militaire, présente un curieux mélange d'éléments occidentaux et locaux.

Le **Government Museum** possède une magnifique collection de sculptures. Taillées dans le grès rouge à taches blanches de la région, elles furent réalisées entre le Ve siècle avant J.-C. et le IVe siècle de notre ère. Elles témoignent de l'époque où Mathura, centre majeur du

Le Cishram Ghat de Mathura, au crépuscule, lorsque des lampes à huile sont emportées par la rivière

bouddhisme, prospéra au sein de l'Empire kushana *(p. 43)*. Il abrite un remarquable bouddha debout et la célèbre statue décapitée de Kanisha, le grand roi kushana.

Government Museum
Dampier Nagar. *(0565) 250 0847.* *mar.-dim.* *jours fériés.* *payant.*

Brindavan ❹

District de Mathura, 68 km au N. d'Agra. *t.l.j.* *Holi (mars), Rath ka Mela (mars), Hariyali Teej (juil.), Janmashtami (juil.-août).*

Située sur les rives de la Yamuna, la bourgade de Brindavan est un centre de pèlerinage important de l'hindouisme. C'est ici que le jeune Krishna vécut comme un simple bouvier et séduisit la belle laitière Radha. De tout temps, leur amour a été célébré dans la danse, l'art et la littérature. La majorité des temples, des ashrams et des *ghât* de Brindavan furent construits à l'initiative de rois hindous et de riches marchands. De nombreuses veuves, vêtues de blanc et le crâne rasé, se retirent dans les ashrams de Brindavan pour se consacrer au culte de Krishna. Le **Govindeoji Temple** *(p. 290)* fut bâti en bordure de la ville en 1590, par Raja Man Singh Ier d'Amber. Il est situé en face du

La *gopura* du temple Ranganatjih, dont le style évoque l'Inde du Sud

Sri Ranganathji Temple (XIXe siècle) qui possède un remarquable pilier rituel doré ainsi qu'un musée abritant le trésor du temple.

Les ruelles étroites de la vieille ville permettent d'accéder aux bosquets sacrés de Seva Kunj. C'est à l'abri de leurs murs qu'est exécutée la danse traditionnelle appelée Raslila, qui raconte la vie de Krishna. Brindavan compte aussi le **Madan Mohan Temple,** en grès rouge, édifié en 1580, le **Banke Bihari Temple,** qui attire de nombreux pèlerins et qui est situé non loin du grand bazar, et le **Jugal Kishore Temple,** du XVIe siècle. L'**Iskon Temple** est récent.

La Grand Trunk Road

Festivités du Rang Gulal

La grand-route célébrée par Rudyard Kipling, ce « corridor des rois » qui relie Kolkata (Calcutta) à Kaboul, fut ouverte par Sher Shah Sur *(p. 73)* au XVIe siècle. À cette époque, elle résonnait du bruit des armées en campagne et, en temps de paix, de la pompe qui accompagnait les déplacements des empereurs moghols entre Agra et Delhi. Elle demeure l'une des grandes voies de communication de l'Asie et la route principale de l'Inde du Nord. Quelques rares arbres y dispensent encore une ombre bienfaisante, mais les anciens caravansérails sont tous tombés en ruine, remplacés par les *dhaba*. Situés au bord de la route, à intervalles réguliers, ils accueillent les voyageurs et plus particulièrement les chauffeurs de poids lourds. On peut s'y sustenter d'un plat de *dahl* ou de *roti* à bon marché, se désaltérer d'un thé chaud ou d'un *lassi* glacé, ou faire une sieste dans un hamac.

Fêtes de l'Uttar Pradesh et de l'Uttaranchal

International Yoga Week *(fév.)*, à Rishikesh. Le yoga est à l'honneur lors de cette semaine consacrée à la régénération.
Taj Mahotsava *(fév.)*, à Agra. Ce festival de dix jours de musique et de danse a lieu non loin du Taj Mahal.
Jhansi Festival *(fév.)*, à Jhansi. Cinq journées consacrées à l'artisanat de la ville.
Rang Gulal *(fév.-mars)*. Le Festival des couleurs, également connu sous le nom de Holi, est célébré avec enthousiasme dans tout l'Uttar Pradesh.

Célébration de Rang Gulal

Bouddha Mahotsava *(mai)*, à Sarnath et Kushinagar. Des fêtes religieuses célèbrent la naissance du Bouddha, son illumination et sa mort. Elles se déroulent à Sarnath, où il prêcha son premier sermon, et à Kushinagar, où il atteignit le nirvana.
Janmashtami *(juil.-août)*, à Brindavan et Mathura. Les pèlerins déambulent autour des lieux sacrés (un rituel appelé *parikrama*) pour célébrer la naissance de Krishna. Minuit marque le point culminant des festivités.
Ganga Festival *(oct.-nov.)*, à Varanasi. Célébration de la gloire immémoriale du Gange.
Lucknow Mahotsava *(nov.-déc.)*, à Lucknow. Festins, concerts et danses célèbrent l'histoire, les traditions et l'artisanat de la ville.

Fatehpur Sikri ❺

Panneau ajouré : ***jali***

Érigée par le Grand Moghol Akbar entre 1571 et 1585, en mémoire du saint Salim Christi, un soufi de l'ordre de Chisti *(p. 312)*, Fatehpur Sikri fut la capitale de l'Empire moghol pendant 14 années. Cette magnifique cité fortifiée, dotée de portails impressionnants, abritait les quartiers privés de l'empereur et les bâtiments de son administration. Son architecture est un mélange de styles islamique et hindou et reflète le syncrétisme d'Akbar ainsi que son sens politique. Après que la ville a été abandonnée, ses trésors furent pillés. Elle dut son salut aux efforts du vice-roi Lord Curzon, qui le premier engagea d'importants travaux de restauration.

Diwan-i-Khas
La plate-forme centrale de la salle des audiences s'inspire de l'architecture gujarati.

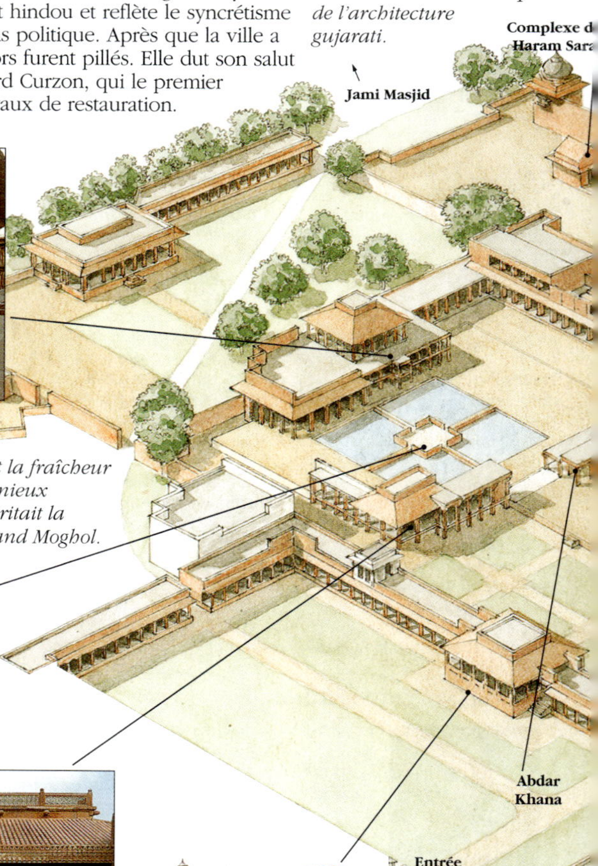

Khwabgah
Cette somptueuse « chambre des Rêves », dont la fraîcheur était entretenue par d'ingénieux conduits de ventilation, abritait la chambre à coucher du Grand Moghol.

Le bassin Anoop Talao est associé au souvenir du musicien Tansen *(p. 196)*, dont le chant avait, selon la légende, le pouvoir magique d'allumer les lampes à huile.

★ **Turkish Sultana's House**
Dans ce pavillon en grès rouge, les apparences sont trompeuses : les panneaux et les murs en pierre ouvragée semblent taillés dans du bois et l'extraordinaire toiture, elle aussi en pierre, semble faite de tuiles en terre cuite.

Diwan-i-Aam
Les abords de cette large cour et de son pavillon, destinés aux audiences publiques et aux fêtes, étaient autrefois décorés de riches tapisseries.

★ Panch Mahal
Ce pavillon ouvert, dont les cinq étages surplombent la cour Pachisi, était réservé aux reines d'Akbar et à leurs suites, qui en appréciaient la fraîcheur, à la tombée du jour. Ses panneaux décoratifs furent sans doute dérobés après que la ville a été abandonnée.

Mode d'emploi

District d'Agra, 37 km à l'O. d'Agra. *UPTDC, 64 Taj Rd, Agra, (0562) 236 0517.* *t.l.j.* *caméras vidéo payantes.*

★ Diwan-i-Khas
La salle des audiences privées et des conciliabules est un merveilleux exemple de syncrétisme architectural et religieux.

Ankh Michauli
Des animaux mythologiques, taillés dans de puissants étais de pierre, montent la garde à l'intérieur de l'édifice, dont on prétend qu'il abritait le trésor du Grand Moghol.

La cour Pachisi
fait référence au jeu du même nom. Ce jeu qui ressemble au *ludo* était très en faveur auprès des dames de la Cour.

À ne pas manquer

- ★ Turkish Sultana's House
- ★ Panch Mahal
- ★ Diwan-i-Khas

Plan de Fatehpur Sikri

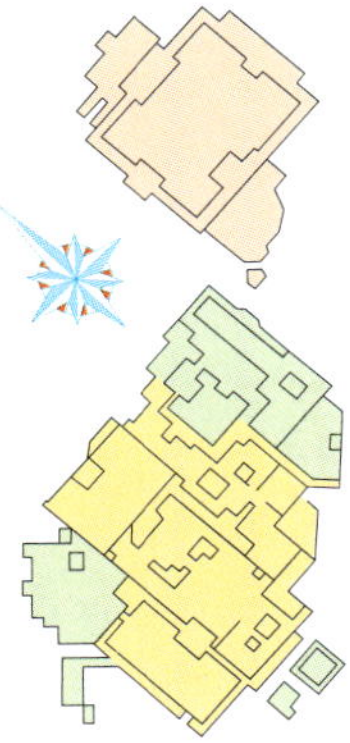

La cité royale de Fatehpur Sikri abrite les quartiers privés du Grand Moghol – comme le harem et le trésor impérial – et les espaces publics de la cour d'Akbar. Séparés des quartiers royaux par le portail privé de l'empereur, le Badshahi Darwaza, la Jami Masjid et le tombeau de Salim Christi forment le cœur sacré de Fatehpur Sikri.

Légende

- Zone illustrée ci-dessus
- Autres bâtiments
- Édifices religieux (Jami Masjid)

À la découverte de Fatehpur Sikri

Détail d'un panneau sculpté

Au cœur de la cité d'Akbar, les bâtiments du palais impérial occupent des terrasses aménagées le long d'une crête rocheuse. Cette heureuse synthèse des traditions architecturales préislamiques, hindoues et jaïnes, avec les dômes et les arcades élégantes de l'architecture islamique, est contemporaine de l'annexion du Gujarat par l'Empire moghol. Des terrasses disposées en degrés concentriques séparent les quartiers privés du Grand Moghol des espaces publics. La plupart des bâtiments furent bâtis en grès rouge, le matériau de prédilection d'Akbar. Les blocs de pierre étaient extraits de la crête sur laquelle fut édifiée la cité.

Le Hiran Minar

Vue aérienne de Fatehpur Sikri, la grandiose capitale d'Akbar

On emprunte encore de nos jours, pour entrer dans la capitale d'Akbar, la route que le souverain fit construire il y a plus de 400 ans. Autrefois bordée de bazars exotiques, elle passe par la Porte d'Agra et conduit jusqu'aux trois arches de la **Naubat Khana**, où l'arrivée de l'empereur était annoncée par des roulements de tambour. L'entrée occidentale du palais se trouve non loin de là. Elle permet d'accéder à la grande cour cloîtrée du **Diwan-i-Aam**, où se déroulaient les audiences publiques. La citadelle intérieure se trouve de l'autre côté de la cour. Elle abrite le **Diwan-i-Khas**, le **Khwabgah**, l'**Anoop Talao**, le trésor et l'**Abdar Khana** où étaient entreposées les réserves d'eau et de fruits. Elle contient également l'énigmatique **Turkish Sultana's House**. Le pavillon a été construit pour l'une des femmes d'Akbar, mais l'identité de cette dernière reste inconnue. La grande esplanade en face du Diwan-i-Khas comprend une « cour dans la cour » en forme de damier, dont la ressemblance avec le jeu de *pachisi* lui a valu d'être appelée **Pachisi Court**.

Au-delà de la Maison de Mariyam, aussi appelée **Sunahra Makan** (Maison dorée), en référence à ses riches fresques et dorures, se trouve le Haram Sara, ou Grand Harem, un véritable dédale de bâtiments reliés entre eux. Situé un peu plus loin, le **Jodh Bai's Palace** possède une grande cour intérieure, entourée de pavillons aux toitures recouvertes de carreaux de faïence bleue. Une passerelle discrète reliait autrefois le palais au **Hawa Mahal**, que flanque un petit jardin décoratif. La **Nagina Masjid**, mosquée située de l'autre côté du jardin, était réservée aux dames de la suite royale. Le pavillon à deux étages, à l'est du palais de Jodh Bai, la **Birbal's House,** est un édifice original aux murs ornés de superbes bas-reliefs. Plus loin, un grand cloître à colonnades était sans doute réservé aux serviteurs du harem et aux chevaux.

Le **Hathi Pol** et le **Sangi Burj** relient le harem à la zone périphérique du palais. Les bâtiments annexes – caravansérails, hammams et équipements hydrauliques – y sont disposés en cercles concentriques autour du cœur de la citadelle. Akbar fit construire le **Hiran Minar** en mémoire de son éléphant favori. Dans cet *akash deep* (« lumière céleste »), les lampes guidant les visiteurs étaient accrochées aux « défenses » en pierre.

L'entrée de la Birbal's House

Jami Masjid

Mosaïque de pierre

Cette mosquée grandiose domine la cité de Fatehpur Sikri. Elle servit de modèle pour de nombreuses autres mosquées mogholes. On accède à sa vaste cour centrale, entourée de colonnades, par deux portails monumentaux situés à l'est et au sud. Haut lieu spirituel de l'Inde musulmane, le tombeau et l'ermitage du mystique soufi Salim Christi attirent aujourd'hui autant de pèlerins qu'à l'époque d'Akbar.

Tomb of Cheik Salim Christi
D'étonnantes consoles en forme de serpents et des panneaux de marbre ajourés entourent la tombe du saint, placée sous un dais en bois de santal.

Hujra
Disposées symétriquement de chaque côté de la mosquée et faisant tout le tour de la cour, ces salles hypostyles à plafond plat sont dédiées à la prière.

Badshahi Darwaza
Akbar avait coutume de gravir les hautes marches de ce portail royal pour pénétrer dans la grande cour, qui donnait sur la mosquée.

Corridors

Buland Darwaza
Érigé par Akbar pour commémorer sa victoire sur le Gujarat en 1573, ce portail monumental, haut de 54 m, fut souvent imité par les architectes moghols ultérieurs.

Vœu dans le tombeau de Salim Christi

Conformément à la prophétie de Salim Christi, l'an 1568 vit naître l'héritier tant attendu d'Akbar. Depuis, le tombeau attire de nombreux suppliants, et plus particulièrement des femmes sans enfants, qu'amène l'espoir d'une intercession miraculeuse. Les visiteurs de la *dargha* somptueusement décorée par Akbar et son fils Jahangir font leurs vœux en nouant un fil de coton au treillis de marbre qui entoure la tombe.

Détail d'un panneau sculpté

Lustrations rituelles dans le Gange à Haridwar

Haridwar 6

District de Haridwar. À 214 km au N. de Delhi. *GMVN, Lalta Rao Bridge, (0133) 244 240. Kumbh Mela (tous les 12 ans), Ardh Kumbh Mela (tous les 6 ans), Festival d'Haridwar (oct.), Dussehra (sept.-oct.)*

Le Gange, le fleuve le plus sacré de l'Inde, après être descendu des Himalayas, commence son long périple en traversant les plaines de Haridwar – ce qui confère à la ville son statut unique.

Étrangement, Haridwar possède peu de monuments anciens. Son centre névralgique et sa raison d'être sont le Gange ainsi que les *gâth*, les bassins et les temples qui occupent ses rives. La foi absolue des hindous dans le pouvoir du fleuve n'est nulle part aussi manifeste que dans les rituels qui animent ses berges et dans la dévotion des pèlerins venus prier pour leur salut et celui de leurs ancêtres. Le *ghât* principal, **Har-ki-Pauri**, doit son nom aux empreintes de pieds, encore visibles, que Vishnu y aurait laissées. À la tombée de la nuit, des centaines de personnes participent à la cérémonie quotidienne des *aarti*, en confiant leurs offrandes de fleurs et de bougies à de frêles embarcations. Au sud, un pont de corde permet de traverser le Gange et de rejoindre le **Mansa Devi Temple**. Bâti sur une colline, il offre une vue panoramique sur Haridwar. Également située au sud de la ville, la prestigieuse **université Gurukul Kangri** est une école védique réputée. L'enseignement y est encore dispensé oralement par des *guru*, conformément aux traditions. Elle possède une riche collection archéologique.

Enseigne de restaurant, Haridwar

Une promenade dans le bazar qui longe la rive permet de s'imprégner de l'atmosphère intemporelle de Haridwar. La ville regorge de petites échoppes où se vendent aussi bien de la nourriture que des objets de dévotion. Jarres et boîtes sont très demandées car elles permettent de transporter l'eau du Gange *(Gangajal)*, l'un des ingrédients essentiels du rituel hindou.

Rishikesh 7

Disrict de Haridwar. À 238 km au N. de Delhi. *Shail Vihar Haridwar Bye Pass Rd, (0135) 243 1783. Semaine internationale du yoga (fév.).*

Cette cité jumelle de Haridwar, située à la confluence de la rivière Chandrabhaga et du Gange, est le point de départ du pèlerinage sacré de Char Dham *(p. 161)*. Le lieu saint de Muni-ki-Reti (Sable-des-Sages), situé en amont du Triveni Ghat, est dédié à la méditation depuis la nuit des temps. Il possède plusieurs ashrams réputés, parmi lesquels ceux de Sivanand, Purnanand et Shanti Kunj, qui proposent également des initiations à la religion védique. Au nord de Muni-ki-Reti, deux ponts suspendus traversent le Gange : Rama ou Sivananda Jhula et Lakshman Jhula.

Yoga : la voie antique de la santé globale

Il y a plus de 2 000 ans, le sage Patanjali formalisa une série de postures appelées *asana*. Exécutées en même temps que des exercices de respiration et de méditation *(pranayama)*, elles devaient permettre à l'individu de s'engager sur le chemin de la réalisation de soi. Depuis, le yoga est pratiqué aussi bien par les ascètes que par le commun des mortels. Le yoga apaise l'esprit et lui permet de se concentrer en stimulant la circulation sanguine tout en détendant les muscles et les nerfs. Ce remède efficace contre le stress est parfaitement adapté au style de vie moderne. La visite des Beatles à l'ashram de Maharishi Mahesh Yogi à Rishikesh n'est pas étrangère au rayonnement international que le yoga a connu depuis la fin des années 1960. Il existe aujourd'hui de nombreuses écoles aussi bien en Inde qu'en Europe et en Amérique du Nord. Rishikesh, avec ses nombreux ashrams, fait figure de capitale mondiale de la discipline. Un Festival international du yoga *(p. 153)* s'y déroule chaque année en février.

Une femme exécutant une *asana*

Découverte du Gange en bateau ❽

Entre les mois de septembre et d'avril, le Gange, gonflé par les eaux de la mousson, se transforme en torrent impétueux et dévale les flancs de la montagne. Pendant cette période, les amateurs de sports d'eau vive ont coutume de se donner rendez-vous sur certains spots où le fleuve, bien que très agité, leur permet de pratiquer leur sport dans des conditions de sécurité raisonnables. Seules les sorties organisées par des professionnels qualifiés sont autorisées. Les visiteurs moins téméraires emprunteront la route panoramique qui traverse cette vallée des Sages, dont les collines abritent de nombreux ashrams.

Le Gange s'écoule paisiblement au milieu des collines boisées

Kaudiyala ①
La base nautique principale de la région abrite également plusieurs campements.

Marine Drive ②
Ce campement emprunte son nom à un itinéraire de randonnée de Mombai, réputé pour ses vues panoramiques *(p. 374)*.

Shivpuri ③
Le campement de Shivpuri offre de très belles vues sur la vallée. La maison de verre *(p. 574)* a une vue plongeante sur le Gange.

Brahmapuri ④
Ce campement abrite l'un des nombreux ashrams de la vallée.

Lakshman Jhula ⑤
Un pont suspendu *(jhula)* traverse le Gange au nord de Rishikesh. Le vieux pont de corde fut remplacé en 1929.

Rishikesh ⑥
L'ancien centre spirituel de Rishikesh permet de profiter en toute sérénité des belles collines boisées qui bordent le Gange.

0 — 10 km

LÉGENDE

- Itinéraire
- Route
- Cours d'eau
- Point de vue
- Rapides
- Camping

MODE D'EMPLOI

Longueur : *36 km.*
Déroulement : *La descente en rafting peut s'étaler sur deux ou trois jours, en faisant escale dans des campements spécialement aménagés à Kausiyala, Marine Drive, Shivpuri et Brahmapuri. On peut également faire le tour en une journée.*

La façade du Forest Research Institute, fondé en 1914, à Dehra Dun

Dehra Dun ❾

District de Dehra Dun. À 256 km au N.-E. de Delhi. 447 800. Jolly Grant, 24 km au S. du centre-ville. GMVN, 74/1, Rajpur Road, (0135) 274 7898.

La ville de Dehra Dun est située à l'abri des collines de Shivalik, dans la pittoresque vallée de la Doon, entre le Gange et la rivière Yamuna. Capitale provisoire du nouvel État de l'Uttaranchal, la ville commande l'entrée des collines de Garhwal. Nombre d'institutions prestigieuses y ont établi leur siège, comme le Survey of India et le Forest Research Institute, qui possède un jardin botanique. La ville abrite par ailleurs le collège le plus prestigieux du pays, la Doon School, ainsi que la meilleure école d'officiers de l'armée indienne, l'Indian Military Academy. Réputée pour ses restaurants et ses boulangeries, Rajpur Road part de l'ancienne tour de l'Horloge, le principal point de repère de la ville, en direction des collines. Le climat tonifiant de Dehra Dun et la proximité de Mussoorie en font un lieu de retraite apprécié. La vallée de la Doon est également réputée pour son riz basmati parfumé, ses mangues et ses litchis.

Aux environs : Le **Rajajai National Park**, à 5 km au sud-ouest de Dehra Dun, est une réserve naturelle de 800 km², réputée pour ses oiseaux et ses troupeaux d'éléphants.

Mussoorie ❿

District d'Uttarkashi. À 35 km au N. de Dehra Dun. 26 000. Uttaranchal Tourist Bureau, The Mall, (0135) 263 2663.

La ville de Mussoorie, à 1 920 m d'altitude, surplombe la vallée de la Doon. Autrefois villégiature d'été du Raj, elle est désormais prise d'assaut chaque été par de nombreux vacanciers indiens. L'animation se concentre autour de l'artère principale de la ville, le Mall, bordée de magasins et de restaurants. La vieille bibliothèque se trouve à l'ouest de la ville et l'Everest House, 7 km plus à l'ouest. Elle fut occupée par Sir George Everest, le topographe qui donna son nom au plus haut sommet du monde et fut l'un des tout premiers résidents occidentaux de Mussoorie. La petite communauté tibétaine de la ville s'est installée dans la **Happy Valley**, près de Convent Hill. Le **Tibetan Market**, situé en dessous du Mall, propose un choix intéressant de lainages. Le Mall mène jusqu'à **Gun Hill**. La colline offre une vue superbe sur de nombreux sommets himalayens, La **Camel's Back Road** longe la crête. Cette promenade très fréquentée doit son nom à un rocher dont le profil rappelle l'appendice du chameau. Les **Kempty Falls,** des cascades situées à 12 km au nord-ouest de la ville, offrent un cadre idéal pour un pique-nique.

Le quartier de **Landour,** à l'est du bazar de Kurli, accueillait autrefois des soldats britanniques en convalescence. Ses bungalows coloniaux et son atmosphère tranquille ont préservé le caractère de l'ancienne Mussoorie.

Petit martin-pêcheur bleu

Les *Pundit*

L'espace occupé par le Tibet et l'Asie centrale sur les cartes des géographes est resté presque entièrement vierge jusqu'au milieu du XIXe siècle. De fait, ces régions d'une grande importance stratégique étaient interdites aux étrangers. Entre 1865 et 1885, le Survey of India forma des géographes indiens dans le but d'explorer ces régions interdites. Connus sous le nom de *Pundit* ces topographes intrépides arpentèrent l'Asie centrale en se faisant passer pour des pèlerins et des commerçants. Leurs compas et leurs carnets de notes étaient dissimulés dans des moulins à prière, et les thermomètres à mercure cachés dans leurs bâtons de pèlerins. Ils mesuraient les distances parcourues en égrainant les perles de leurs chapelets. Le plus remarquable fut sans doute Nain Singh, qui rapporta de ses missions des informations très précises d'une valeur inestimable.

Portrait de Nain Singh (1830-1895)

Collines de Garhwal ⓫

Districts d'Uttarkashi et de Chamoli. À148 km au N. de Rishikesh jusqu'à Uttarkashi. *Uttaranchal Tourist Bureau, Uttarkashi, (01374) 274 761.*

Les collines occidentales de l'Uttaranchal sont connues sous le nom de Garhwal Hills. Au nord, des sommets inaccessibles servent de toile de fond aux nombreux lieux de pèlerinage et aux sanctuaires de la région. **Uttarkashi**, la ville principale, est située à 148 km au nord de Rishikesh *(p. 158)*. C'est un camp de base idéal pour partir à la découverte des hautes vallées du Garhwal. La ville abrite une école d'alpinisme réputée, le **Nehru Institute of Mountaineering**, qui peut s'enorgueillir d'avoir formé Bachendri Pal, la première femme indienne à avoir atteint le sommet du mont Everest, en 1984.

Cette région correspond à la zone traditionnellement désignée sous le nom de Dev Bhoomi (« demeure des dieux »). Les quatre principaux lieux de pèlerinage de la région – **Gangotri, Yamunotri, Kedarnath et Bradinath** – constituent le Char Dham : ils sont tous situés à plus de 3 000 m d'altitude et sont accessibles à

Badrinath, le *dham* le plus fréquenté de Garhwal

partir d'Uttarkashi, Haridwar ou Rishikesh. La période des pèlerinages s'étend du mois d'avril au début de novembre, ensuite la neige ne laisse passer que les plus téméraires.

La rivière Yamuna prend sa source à Yamunotri, à 209 km au nord de Rishikesh et à 13 km de marche de Hanuman Chatti. Son temple fut reconstruit au XXe siècle, après que le monument d'origine a été détruit par une crue. Le petit village de Gangotri, à 100 km au nord-est d'Uttarkashi, tient son nom du Gange qui le traverse. Son temple du XVIIIe siècle possède de belles statues de divinités hindoues. **Gaumukh**, la source du Gange, est située à 18 km en amont. Un chemin remonte la vallée jusqu'à sa source. À ce niveau, la rivière s'appelle encore Bhaggirati. Elle ne devient le Gange qu'après s'être unie à la rivière Alaknanda, à **Devprayag**.

Mendiant en robe traditionnelle safran

Les pèlerins vénèrent Shiva à Kedarnath, un lieu saint situé au pied de la chaîne de montagnes du même nom, à 223 km au nord-est de Rishikesh. À Gaurikund, à 4 km de marche de la fin de la route, se dresse un très beau temple en pierre sculptée qui date probablement du XIIe siècle.

Le pèlerinage de Badrinath, à 298 km au nord-est de Rishikesh, est la destination la plus visitée du groupe de Char Dham. Son temple multicolore dédié à Vishnu ne désemplit jamais. Entourée des chaînes montagneuses de Nar et de Narayan, la ville possède un cadre exceptionnel. Le Neelkanth ou sommet de la Gorge Bleue, nommé en l'honneur de Shiva, domine la ville du haut de ses 6 957 m. **Joshimath** est l'un des quatre *matha*, ou centres d'enseignement, fondés au IXe siècle par le vénérable Adi Shankaracharya *(p. 530)*. Situé à Vishnuprayang, à 250 km au nord-est de Rishikesh, à la confluence des rivières Dhauli Ganaga et Alakmanda, c'est un ancien carrefour de routes caravanières himalayennes. La ville permettait d'accéder au sanctuaire du Nada Devi, avant qu'il ne soit fermé au public en 1983. De nos jours, ce sont les pistes de ski d'**Auli** qui attirent les foules, qui pour y accéder peuvent choisir entre la route et le téléphérique qui partent de Joshimath. À 20 km au nord de Joshimath, Ghangaria marque le point de départ de l'itinéraire qui mène au sanctuaire sikh de **Hemkund Sahib** et au **Valley of Flowers National Park.** Cette réserve naturelle est particulièrement belle entre juin et septembre.

Gaumukh, la source glacière du Gange, au pied des montagnes de Bhagirati

Nainital ⓬

District de Nainital. À 322 km au N.-E. de Delhi. 🚉 *Kathgodam, 35 km au S. de Nainital, puis taxi ou bus.* 🚌 ℹ *KMVN, Om Park, (05942) 231 436.*

La ville, qui était autrefois capitale d'été des Provinces unies du Raj britannique, fait aujourd'hui partie du nouvel État d'Uttaranchal.

Cette charmante station d'altitude, située au milieu des collines de Kumaon, tient son nom des yeux vert émeraude *(naini)* de Parvati, la concubine de Shiva. Un temple fut érigé en l'honneur de la déesse sur la rive septentrionale du lac de Nainital. De l'autre côté du lac, la Mall Road et les Flats sont un lieu de promenade et de récréation apprécié des habitants de la ville. Fondé en 1890, le **Boat House Club** propose de nombreuses activités : on peut même y louer une embarcation. Parmi les nombreux bâtiments coloniaux de Nainital, la résidence d'été du gouverneur (construite en 1899), la St Joseph School, l'ancien Secrétariat (qui abrite aujourd'hui la Haute Cour de justice d'Uttaranchal) et la Bibliothèque municipale sont particulièrement intéressants. **St John in the Wilderness** (Saint-Jean-au-Désert), église gothique au nom évocateur, possède de superbes vitraux et de jolis bancs en bois foncé. Nainital est le point de départ de nombreuses randonnées. Partant des Flats, un chemin traverse les forêts boisées des collines de l'Ayarpata et mène à **Tiffin Top** et à **Doothy's Seat,** qui offrent tous deux une vue panoramique sur le lac. Non loin de là, une ancienne école privée, le Sherwood College est cachée dans la forêt. L'Upper Cheena Mall mène jusqu'à la Cheena Peak, qui offre des vues magnifiques sur les chaînes de montagnes des environs. Les visiteurs moins entreprenants peuvent prendre le téléphérique jusqu'à **Snow View** pour profiter de la vue.

Le lac de Nainital offre la possibilité de pratiquer des sports nautiques

Temples en pierre du XIe siècle à Jageshwar, près d'Alomora

Aux environs : La région de Nainital est réputée pour la sérénité de ses lacs et ses belles forêts. Des voyages organisés permettent de découvrir le **Bhim Tal**, à 22 km à l'est de Nainital, le **Naukuchiya Tal**, 4 km plus loin – un lac en forme d'étoile qui abrite de nombreuses espèces d'oiseaux – et le **Sat Tal**, un groupe de sept lacs situé à 21 km au nord-est de Nainital. À 30 km au nord-est de la ville, Mukteshwar et les vergers de **Ramgarthest** offrent certains des plus beaux paysages de la région.

Almora ⓭

District d'Almora. À 285 km au N.-E. de Delhi. 🚉 *Kathgodam, 90 km au S. d'Almora, puis taxi ou bus.* 🚌 ℹ *KMVN, Holiday Home, (05962) 230 250.*

La grande ville marchande d'Almora est un chef-lieu de district. Les hauteurs de la ville offrent des vues spectaculaires sur les chaînes himalayennes et les sommets du Trishul et du Nanda Devi. Les rues pavées au-dessus du Mall abritent un bazar pittoresque, le fief des artisans de la ville, qui y proposent leurs *tamta*, ustensiles en cuivre et en bronze martelés et plaqués argent, et des *bal mithai*, vêtements traditionnels. Les façades étroites en bois sculpté sont une spécificité de l'architecture locale. L'**Almora Jail**, qui peut déjà se prévaloir d'un cadre extrêmement pittoresque, se vante d'avoir accueilli dans ses cellules d'illustres locataires comme le Mahatma Gandhi et Jawaharlal Nerhu. Plusieurs temples sont éparpillés dans les environs. Les plus fréquentés sont ceux de **Chitai** et d'**Udyotchandeshwar**. Le **Brighton End Corner,** situé à l'ouest de la ville, offre de belles vues sur les montagnes.

Sculpture, Jageshwar

Aux environs : Binsar, à 34 km au nord-est d'Almora, offre du haut de ses 2 412 m une vue magnifique sur les montagnes alentour. La route, bien qu'escarpée, mérite le détour. Après avoir traversé une forêt de pins odorants et juste avant de parvenir au sommet, elle passe à côté d'un temple du XIIIe siècle dédié à Shiva. **Jageshwar,** situé à 34 km à l'est d'Almora, était autrefois

Le terrain de golf de Ranikhet offre de belles vues sur la montagne

un centre religieux important. Construit au XIe siècle, il regroupe plus de 100 temples en pierre sculptée.

Ranikhet ⓮

District d'Almora. À 367 km au N.-E. de Delhi. *Tourist Reception Centre, Mall Rd, (05966) 220 893.*

Cette ville de garnison est le domicile du célèbre régiment Kumaon. Omniprésente, l'armée indienne occupe les nombreux bungalows à toits rouges du « champ de la Reine », traduction littérale de *Ranikhet*. L'Upper Mall relie le marché principal de la ville, le **Sadar Bazaar**, aux quartiers plus tranquilles et à **Chaubatia**, un ancien sanatorium britannique transformé en pépinière, contenant plus de 200 essences différentes d'arbres fruitiers. Ranikhet est surtout réputée pour les vues qu'elle offre sur les montagnes, un panorama extraordinaire qui permet d'embrasser d'un seul coup d'œil presque 350 km de chaînes himalayennes. L'**Army Golf Course** est situé à Uphat, à 6 km de la ville, sur la route d'Almora. Cet ancien hippodrome est aujourd'hui l'un des parcours de golf d'altitude les plus élevés du pays. Malgré les panneaux qui en défendent l'accès, il est possible, en s'acquittant du *green fee*, d'y jouer une partie.

Lansdowne ⓯

District d'Almora. À 216 km au N.-E. de Delhi. *Kotdwar, 37 km au S.-O. du centre-ville, puis par taxi ou bus.*

Demeuré à l'écart des circuits touristiques, l'ancien cantonnement militaire de Lansdowne est une des rares stations d'altitude qui ait su échapper à la fièvre immobilière des 30 dernières années. La ville occupe le flanc d'une colline recouverte de pins, de cèdres et de chênes verts. La visite du mess impeccablement entretenu du régiment des Garhwal Rifles est un *must*. Une jolie promenade de 3 km jusqu'au promontoire du **Tip-n-Top** permet de découvrir les montagnes des environs.

Guêpier vert avec sa proie

Kausani ⓰

District d'Almora. À 385 km au N.-E. de Delhi. *Tourist Reception Centre, (05962) 258 006.*

Kausani était la station d'altitude favorite du Mahatma Gandhi. Après un long séjour à l'**ashram Anashkati Yoga**, il fit remarquer que les Indiens n'avaient nul besoin d'aller faire des cures dans les Alpes puisqu'ils disposaient de Kausani. Les 400 km de la chaîne du Nanda Nevi peuvent être embrassés d'un seul coup d'œil depuis l'ancienne **Circuit House**.

Aux environs : **Baijnath**, situé à 20 km au nord de Kausani, abrite les vestiges d'un ensemble de temples du XIe siècle. Le **Parvati Temple** contient une statue de 2 m de haut de la déesse du même nom, qui date du XIIe siècle. **Bageshwar**, à 41 km à l'est de Kausani, se trouve à la confluence des rivières Gomti et Saryu. C'était autrefois un centre d'échanges important, sur la route qui reliait le Tibet au Kumaon. Bien que les liens avec le Tibet aient été rompus, des marchands locaux continuent de vendre leurs pelisses et leur laine pendant la fête annuelle d'Uttaryani. Avec ses temples en pierre dédiés à Shiva, Bageshwar est également un lieu de pèlerinage important du Kumaon. Nila Parvat (la montagne Bleue) se dresse fièrement entre les deux rivières. Les habitants de la région assurent que les 330 millions de divinités du panthéon hindou y ont élu domicile. De nombreux voyageurs font escale à Bageshwar sur la route du glacier de Pindari.

Des citrouilles sèchent sur un toit d'ardoise, à Kausani

Dudhwa National Park 18

District de Lakhimpur-Kheri. À 220 km au N. de Lucknow. **Accès** *par Palia.* *Réservations auprès du Field Director, Dudhwa, (05872) 252 106. 15 nov.-15 juin. payant. Jeeps disponibles.*

Situées aux confins du Népal, les plaines couvertes de forêts du Dudhwa National Park s'étendent sur 490 km². Elles abritent certains des plus beaux spécimens d'arbres sal *(Shorea robusta)* du pays. Dudhwa a obtenu le label « Tiger Reserve » en 1988, grâce aux efforts de Billy Arjan Singh, un défenseur de l'environnement devenu célèbre après avoir élevé au biberon une tigresse, Tara, avant de la relâcher dans la nature en 1978.

De nos jours, le parc compte plus d'une trentaine de tigres. Il est également réputé pour ses troupeaux de cerfs des marais *(Cervus duvauceli)*. Connus localement sous le nom de *barasingha* (« 12 pointes »), ces cervidés habitent les pâturages marécageux des confins méridionaux du parc.

Parmi les nombreuses autres espèces qu'héberge le parc, on trouve des léopards, des ours lippus et quelques rhinocéros importés du Népal et de l'Assam, dans un but de réinsertion à long terme.

Le parc accueille également 400 espèces d'oiseaux, parmi lesquelles des perdrix des marais, des outardes passarage et des calaos. Les lacs attirent des aigles pêcheurs et des ibis.

Cerfs des marais ou *barasigba* dans les plaines de Dudhwa

Rampur 19

Disctrict de Rampur. À 310 km au N.-O. de Lucknow. *281 500.*

Autrefois place forte des Rohilla – guerriers afghans originaires des collines du Peshawar –, Rampur est devenue un État princier à l'époque de l'Empire britannique. Les souverains de Rampur, des nababs musulmans, étaient de grands amateurs d'art. Leur Cour attira de nombreux artistes et savants, dont les œuvres enrichirent les collections royales. Ils fondèrent un conservatoire de musique réputé *(gharana)*. Ayant accédé au trône en 1896, le nabab Hamid Ali Khan Bahadur fit construire le Hamid Manzil, qui abrite aujourd'hui la **Raza Library**. Cette bibliothèque rassemble près d'un millier de miniatures mogholes, plus de 10 000 livres, des manuscrits rares et des portraits peints entre les XVIe et XVIIIe siècles. Elle est fermée au public, mais des dérogations sont possibles. Hamid Ali Khan entreprit la restauration les palais de Rampur, en commençant par celle du grand palais fortifié qui est situé au nord-ouest de la ville. Rampur était autrefois réputée pour la qualité de ses cotons damassés *(khes)*. Le souvenir des guerriers Rohilla est entretenu par leurs célèbres poignards, qui sont encore vendus dans les nombreux bazars de la ville, et par les expressions pashtoun qui émaillent le patois ourdou local.

Couteaux et poignards de Rampur

Raza Library

Pour la visiter, contacter le conservateur. (0592) 232 5045, 232 5346.

Hamid Ali, nabab de Rampur

AUX ENVIRONS : La petite ville de **Moradabad**, à 26 km à l'ouest de Rampur, fut fondée au XVIIe siècle. Elle est réputée pour son artisanat du cuivre. Le fort et la mosquée sont cachés par les immeubles d'habitation qui ont surgi au milieu des bazars du centre-ville.

Aligarh 20

District d'Aligarh. À 371 km au N.-O. de Lucknow. *667 700.* *Numaish (fév.).*

Aligarh doit sa prospérité aux riches terres agricoles des environs. La ville devint une place forte rajput au XIIe siècle, avant de tomber entre les mains des Moghols. Son fort, bâti en 1524, fut pris par les soldats britanniques de Lord Lake en 1803. Influencé par le modèle britannique, Sir Sayyid Ahmed Khan fonda l'**Aligarh Muslim University** en 1875, dont le campus possède une réplique à échelle réduite de la mosquée Jami Masjid de Delhi *(p. 80)*. La ville lui doit son rayonnement actuel.

Jhansi 21

District de Jhansi. À 301 km au S.-O. de Lucknow. *383 200.* *UP Tourism, Shivpuri Road, (0517) 244 1267.* *Jhansi Festival (fév.).*

Les remparts du Shankar Fort à Jhansi, pris d'assaut par les Britanniques

Connu surtout pour le rôle joué par sa reine au cours de la grande mutinerie de 1857, Jhansi est une escale importante sur la route qui relie Delhi aux temples de Khajuraho *(p. 202-203)*. Le **Shankar Fort**, construit en 1613 par Raja Bir Singh Deo, est l'attraction principale de la ville. Entouré de remparts concentriques mesurant 9 m de haut, il offre de belles vues sur les environs.

L'**Archaeological Museum**, situé entre le fort et la ville, possède une collection hétéroclite de sculptures hindoues, de souvenirs des nababs et d'ustensiles préhistoriques.

Archaeological Museum
mar.-sam. *2e sam.* *supplément pour les caméras vidéo.*

Kanpur 22

District de Kanpur. À 79 km au S.-O. de Lucknow. *2 532 100.*

Kanpur fut l'une des plus importantes villes de garnison de l'Inde britannique. Connue alors sous le nom de Cawnpore, elle fut le théâtre de certains des épisodes les plus sanglants de la grande mutinerie de 1857. Plus de 1 000 soldats et colons britanniques périrent lorsque Nasa Sahib, le chef des Maratha, parvint à briser la défense du général Sir Hugh Wheeler, en juin 1857. Les représailles britanniques furent tout aussi féroces.

Aujourd'hui, Janpur est une cité industrielle spécialisée dans la production du cuir, du coton et de l'huile. Les casernes, occupées par l'armée indienne, possèdent d'intéressants vestiges du Raj, parmi lesquels l'**All Souls Memorial Church**, un édifice gothique dont le portail occidental est surmonté de très beaux vitraux. Elle fut érigée en mémoire des victimes du siège de 1857. À l'est de l'église, le **Memorial Garden** possède une sculpture représentant un ange entouré de panneaux de style gothique. Cette statue se dressait à l'origine sur une place du centre-ville, près de Bibighar, sur le lieu même où de nombreuses femmes et enfants furent massacrés et jetés pêle-mêle dans un puit.

Au nord-est de l'église se trouve le **Sati Ghaura Ghat.** C'est là, sur les rives du Gange, que les Indiens massacrèrent quelque 500 soldats et civils britanniques. Le **Military Cemetary** qui se trouve en bordure du cantonnement contient de nombreuses tombes intéressantes. En ville, le **King Edward VII Memorial Hall** et la **Christ Church** (construite en 1840) valent également le détour.

AUX ENVIRONS : Bithur, à 25 km à l'ouest de Kanpur, serait le lieu de naissance de Lav et de Kush, les frères jumeaux nés de l'union de Rama et de Sita *(p. 27)*. À 60 km au nord de Kanpur se dresse le merveilleux temple en brique de **Bhitargaon**, bâti au ve siècle par les rois gupta, et le seul en son genre à nous être parvenu. Quelques sculptures en terre cuite ont été préservées.

Vitraux de l'All Souls Memorial Church à Kanpur

RANI LAKSHMIBAI DE JHANSI

Rani Lakshmibai est la Jeanne d'Arc de l'Inde. Lorsque son époux, Raja Gangadhar Rao, décéda en 1853, sans laisser d'héritier mâle, les Britanniques tentèrent de l'empêcher de devenir régente en invoquant la doctrine de Lapse *(p. 53)*. Défiant le Raj, la reine et son général Tantia Tope s'emparèrent du fort de Gwalior en 1857, alors que la mutinerie indienne couvait dans le Nord du pays. Elle mourut au combat à Kotah-Sarai, non loin de Gwalior, un an plus tard. Selon l'historien Christopher Hibbert, « elle mourut vêtue en homme, tenant son épée à deux mains, les rênes de son cheval entre les dents ». Elle est demeurée jusqu'à ce jour une des héroïnes les plus aimées de l'Inde.

Rani Lakshmibai sur son cheval

Lucknow 23

Emblème des nababs

Le royaume des Avadh fut un des nombreux petits États indépendants à surgir des ruines de l'Empire moghol. En 1775, le quatrième nabab, Asaf-ud-Daula, déplaça la capitale de son royaume de Faizabad *(p. 171)* à Lucknow. Les nababs, réputés pour leur style de vie extravagant et raffiné, transformèrent cette ville en centre culturel. Grands amateurs de musique et de danse, les Avadh firent également construire de nombreux monuments. En 1856, les Britanniques s'emparèrent de Lucknow et déposèrent le dernier nabab, Wajid Ali Shah. L'incident provoqua la grande mutinerie indienne de 1857, au cours de laquelle la ville fut témoin de l'un des épisodes les plus sanglants de l'histoire coloniale.

Vue du tombeau de Khurshid Zadi, à Qaiser Bagh

Qaiser Bagh Palace

Qaiser Bagh. *t.l.j.*

Le Qaiser Bagh est un des plus beaux palais de Lucknow. C'est l'œuvre de Wajid Ali Shah, le dernier nabab, qui régna de 1847 à 1857. Lorsque les Britanniques reprirent la ville aux mutins en 1858, ils détruisirent une partie des bâtiments. Même en très mauvais état, les édifices qui restent permettent cependant de se faire une idée de l'ancienne splendeur du Qaiser Bagh. Le **Lal Baradari** abrite aujourd'hui l'Académie des beaux-arts ainsi que les collections archéologiques du State Museum. Le **Pathar Wali Baradari** est un conservatoire de musique hindustani. Le **Safaid Baradari**, où le nabab, déguisé en fakir, recevait la Cour, a été converti en bureaux. Seules demeurent en l'état les deux ailes résidentielles du palais, qui autrefois abritaient le harem du nabab. L'emblème royal, en forme de poisson, est omniprésent. Deux grands tombeaux jouxtent le palais : le **mausolée de Saadat Ali Khan**, le cinquième nabab, et celui de son épouse, le **mausolée de Khurshidzada**. Sous le règne du nabab Wajid Ali Shah, Lucknow connut un essor artistique sans précédent. Il délaissa la politique pour consacrer sa vie à la poésie et à la musique. Il serait à l'origine du *thurmi*, musique classique légère, et il développa l'école de danse de Lucknow *(gharana)*. Déposé par les Britanniques en 1856, il dut s'exiler à Calcutta.

Sikander Bagh

Sikander Bagh. *t.l.j.*

Nommé en l'honneur de la reine favorite de Wajid Ali Shah, Sikander Bagh était autrefois le jardin de récréation des nababs. C'est là qu'en 1857 les troupes de Sir Colin Campbell mirent fin au siège de la Résidence britannique. Les **National Botanical Gardens and Research Centre** y ont depuis élu domicile. À l'est, le **Shah Najaf Imambara** abrite le tombeau du sixième nabab, Ghazi-ud-Din.

Le grand portail de Sikander Bagh, qui porte l'emblème du nabab

Chattar Manzil

Au N.-O. de Qaiser Bagh. *t.l.j.*

Construit sous le règne de Saadat Ali Khan (1798-1814), le Chattar Manzil (palais du Parapluie) doit son nom à son dôme doré en forme de parapluie *(chattar)*. Les sous-sols, situés en dessous du niveau d'eau de la rivière Gomti, étaient inondés en été afin de maintenir dans l'édifice une température agréable. Le Chattar Manzil abrite aujourd'hui le Central Drug Research Institute.

The Residency

Au N.-O. de Qaiser Bagh. *t.l.j.*.

Les ruines de l'ancienne Résidence sont un des lieux les plus fascinants de Lucknow. Cette enclave britannique, puissamment fortifiée, abritait autrefois l'imposante demeure en brique rouge du résident ainsi que des bâtiments administratifs. Pendant le siège de 1857, toute la population britannique de la ville vint s'y réfugier. Sir Henry Lawrence,

La Résidence britannique, avant les destructions du siège de 1857

qui commandait la place, dut attendre les renforts très longtemps. Lorsque après 87 jours Sir Henry Havelock et ses troupes arrivèrent enfin, la joie des Britanniques fut de courte durée. Après avoir brisé les rangs des assaillants, ils se retrouvèrent emprisonnés à l'intérieur de la forteresse. Sept semaines plus tard, une seconde expédition, menée par Sir Colin Campbell, délivra la population assiégée mais près de 2 000 Britanniques avaient péri.

La Résidence n'a guère changé depuis 1857. Elle contient aujourd'hui un petit musée, et les traces laissées sur les fortifications par l'artillerie indienne sont encore visibles. Une **Model Room** située au rez-de-chaussée contient une maquette du fort qui indique la position des troupes britanniques. Au sous-sol, on peut encore visiter les caves ou femmes et enfants vinrent s'abriter pendant le siège. Non loin de là, un cimetière abrite les tombes des victimes du siège, dont celle de Sir Henry Lawrence.

Sur l'autre rive de la rivière Gomti se dresse l'**Indian Martyr's Memorial**.

Bara Imambara

Hussainabad. *t.l.j.* *pendant Muharram (mars-avr.).*

Les constructions les plus originales de Lucknow sont les *imambara*. Ces salles de cérémonie sont au centre des fêtes de Muharram *(p. 549)*. La Bara (Grande) Imambara, érigée par Asaf-ud-Daula en 1784, fut conçue pour offrir du travail à ses sujets les plus démunis. Un groupe de travailleurs défaisait la nuit ce qu'un premier groupe avait bâti pendant la journée. On accède à ce vaste édifice par des portiques somptueux. Une vaste salle de 50 m de long est dotée d'un plafond haut de 15 m. À l'étage supérieur, le *bhulbhulaiya* est un véritable labyrinthe de balcons reliés par de multiples passages. L'édifice abrite également l'**Asafi Mosque** et un puits souterrain monumental.

Asaf-ud-Daula fit également construire le **Rumi Darwaza**, un portail de 18 m de haut, l'entrée occidentale de l'*imambara*.

Mode d'emploi

District de Lucknow. À 516 km à l'E. de Delhi. *1 917 000.* *Amausi, 15 km au S.-O. de Lucknow.* *Regional Tourist Office, 10 Station Road, (0522) 263 8105.* *Muharram (mars-avr.).*

Le Bara Imambara fut construit au XVIIIe siècle

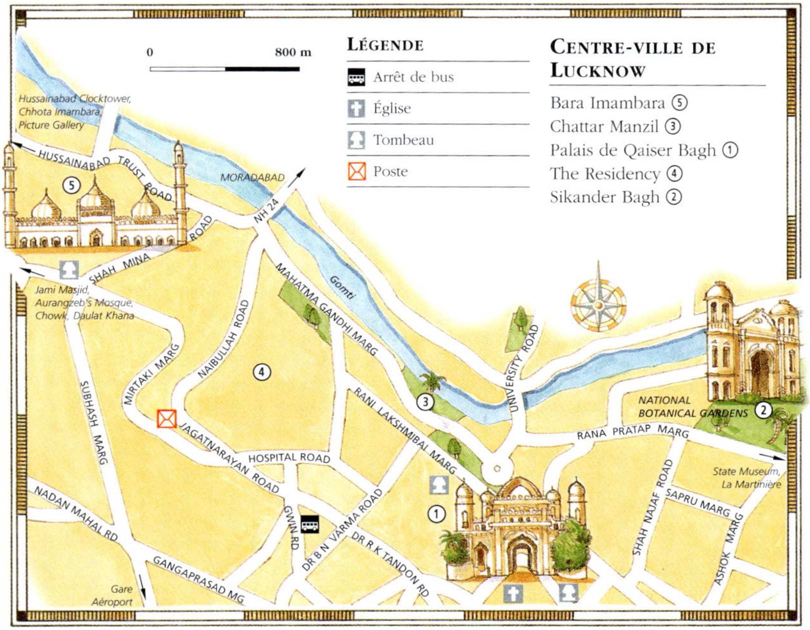

À la découverte des environs de Lucknow

Certains des plus beaux monuments de Lucknow sont situés en dehors du centre-ville. Alors que les édifices religieux comme les *imambara* et les mosquées révèlent une forte influence persane, les constructions séculières – palais des nababs et monuments de l'époque coloniale – sont plus marquées par l'influence européenne. La Martinière est un exemple extravagant de ce mélange de styles indien et européen. La résidence de l'aventurier français fut transformée en collège après sa mort, et servit de modèle à la Saint Xavier's School que Kipling immortalisa dans son célèbre roman *Kim*.

Portrait du nabab Wajid Ali Shah, exposé à la Picture Gallery

À quelques pas de la Rumi Darwaza *(p. 169)*, l'**Aurangzeb Mosque** occupe les hauteurs de Lakshman Tila, le site de l'ancienne ville de Lucknow. L'**Hussainabad Clocktower,** tour gothique de 67 m de haut, fut érigée en 1887 à l'est de la ville pour célébrer l'entrée en fonction du premier lieutenant-gouverneur de la ville, Sir George Cooper. À l'ouest de l'horloge, le palais du Baradani fut construit au XIXe siècle par Muhammed Ali Shah, le huitième nabab ; il abrite aujourd'hui la **Picture Gallery** et ses magnifiques portraits grandeur nature des dix nababs de Lucknow.

À l'ouest de la Picture Gallery, une délicate coupole dorée signale l'emplacement de la Hussainabad Imambara, mieux connue sous le nom de **Chhota Imambara**. Les murs extérieurs de ce joyau architectural sont ornés de magnifiques décors calligraphiques. On y entrepose les *tazia* (répliques de tombeaux) et les *alam* (fanions) dans l'attente des processions du Festival de Muharram qui a lieu en mars et avril. Au sud-ouest de la ville, la **Jami Masjid**, érigée par Muhammed Ali Shah au début du XIXe siècle, est réputée pour les riches décors de ses arches et façades.

Situé au nord-ouest de la Jami Masjid, le **Daulat Khana** était le palais d'Asaf-ud-Daula. Sa construction remonte à la fin des années 1780 et son style offre un mélange d'éléments indiens et européens. L'édifice le plus impressionnant est l'**Asafi Kothi**, dont les façades élégantes sont percées de baies demi-circulaires.

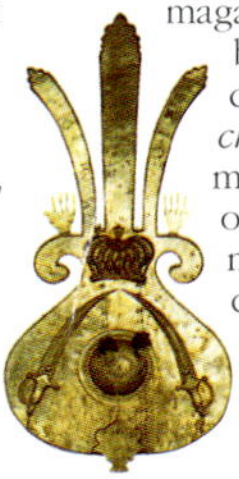

***Alam*, Chhota Imambara**

Le marché principal de Lucknow est situé dans le **Chowk**, le vieux quartier de la ville. S'étendant entre Gol Darwaza et Akbari Darwaza, ce labyrinthe de ruelles étroites *(gali)* contient de nombreux magasins proposant aussi bien cerfs-volants aux couleurs vives que *chikankari* de Lucknow, mousselines délicates ornées de broderies. Le marché aux fleurs déborde littéralement de roses et de jasmin, et les magasins *attar* vendent de minuscules flacons de parfums. Le Chowk est également l'endroit idéal pour s'initier à la cuisine locale et goûter aux succulents kebabs de Lucknow.

À l'extrémité sud-est de la ville, dans l'enceinte du Jardin zoologique, le **State Museum de Lucknow** expose une collection de pièces rares en argent et en or, des peintures du XVIe siècle et des sculptures en pierre du IIe siècle avant J.-C.

L'inoubliable **La Martinière College** est situé au sud-est de la ville.

Devenu l'homme le plus riche de Lucknow, le général Claude Martin, un mercenaire français, se fit construire cet extraordinaire château gothique en 1793. Les façades sont somptueusement décorées d'une foule d'animaux et de créatures mythologiques. L'un des canons de la terrasse fut coulé par le général dans son arsenal privé, d'où sortit également la cloche de bronze. Décédé en 1800, il fut inhumé dans les sous-sols du château. En 1840, sa résidence fut transformée en école de garçons, selon ses dernières volontés. L'école fut évacuée pendant le siège de la ville, mais fut réouverte un an après, à la suite d'importants travaux de restauration.

Picture Gallery
lun.-sam.

State Museum
(0522) 220 6158. mar.-dim.

Collège La Martinière
Obtenir la permission du proviseur.
(0522) 222 3863.

La façade sophistiquée du La Martinière College

Le Hanuman Garhi, temple situé dans la ville d'Ayodhya

Ayodhya 24

District de Faizabad. À 134 km à l'E. de Lucknow. *Kartik Purnima (oct.-nov.).*

Situé sur les berges de la rivière Sarayu, Ayodhya est le lieu de naissance de Rama, le héros d'origine divine du *Ramayana* *(p. 27)*. Une douzaine de temples commémorent sa naissance. L'empereur moghol Babour, en 1526, sema les premières graines de la discorde en faisant construire une mosquée à côté du lieu de naissance présumé de Rama. Connue sous le nom de **Babri Masjid** (Mosquée de Babour), celle-ci est devenue une source de tensions quasi permanentes entre hindous et musulmans. En 1992, une foule de manifestants hindous s'attaqua au monument, provoquant des émeutes dans tout le pays. Le site est aujourd'hui protégé par des gardes armés. Un semblant de temple, situé à l'extérieur du cordon de sécurité, continue d'attirer de nombreux pèlerins, particulièrement les nuits de pleine lune, pendant les fêtes de Kartik Purnima. Parmi les centaines de sanctuaires qui bordent la rivière, l'un des temples les plus célèbres est le **Hanuman Garhi**. Bâti derrière les murs d'un ancien fort, il est dédié au dieu-singe Hanuman.

Aux environs : Située 6 km à l'ouest d'Ayodhya, **Faizabad** est considérée comme sa ville jumelle. Elle abrite une large population musulmane et fut la première capitale du royaume d'Avadh, avant Lucknow. Au centre-ville, la Jami Masjid fut construite par les derniers empereurs moghols. Le tombeau de Bahu Begum, l'épouse de Shuja-ud-Daula, le troisième nabab d'Avadh, est un monument austère avec une très belle roseraie.

La mangue : la reine des fruits

Les mangues langra mûrissent en été

Considérée comme la reine des fruits tropicaux, la mangue *(aam)* est le fruit préféré des Indiens. Le Grand Moghol Babour l'adouba « meilleur fruit de l'Hindoustan ». Les motifs qui ornent les étoffes en cachemire s'inspirent du fruit du manguier et ses feuilles sont considérées comme étant de bon augure – ce qui explique sans doute qu'elles soient employées comme décorations pendant les fêtes. Parmi les centaines de variétés cultivées dans le sous-continent, rares sont celles qui peuvent rivaliser avec les mangues de Jaunpur. La variété langra est sans doute la plus succulente et la plus délicieuse de toutes. Elle est charnue, juteuse et sucrée, et possède un goût acidulé caractéristique. Relativement chère, elle est vendue dans tout le pays et exportée au Moyen-Orient et en Europe. La dussehri de Lucknow et la chausa de la région de Rampur sont aussi extrêmement populaires.

Jaunpur 25

District de Jaunpur. À 60 km au S.-E. de Lucknow. *160,000.*

Peu visitée, Jaunpur possède pourtant de très beaux exemples d'architecture islamique médiévale. La ville fut fondée sur les berges de la rivière Gomti par Feroze Shah Tughluq *(p. 85)* à la fin du XIVe siècle, et devint un centre de commerce important. Fief de la dynastie musulmane des Sharqi au XVe siècle, elle tomba entre les mains d'Ibrahim Lodi en 1479, avant d'être investie par les Moghols au début du XVIe siècle.

Les maîtres successifs de Jaunpur ont chacun laissé leur marque sur l'architecture de la ville. Le Grand Moghol Akbar fit construire l'immense **Akbari Bridge** (pont d'Akbar). Au nord du pont, l'**Old Shahi Fort** fut bâti sous le règne des Tughluq. Il abrite une mosquée en briques émaillées jaunes et bleues et un hammam. La plus belle mosquée de la ville, l'**Atala Masjid**, fut construite à l'extérieur du fort à l'époque des Sharqi. Elle possède de grandes arches enfoncées et de multiples frises ornementales. Des cours carrées sont disposées autour de l'édifice central. Bien qu'elle soit bâtie sur une échelle différente, la **Jami Masjid**, dont la construction remonte au XVe siècle, s'inspire dans sa conception de l'Atala Masjid.

La grande façade de la Jami Masjid à Jaunpur

Varanasi 26

Varanasi est la ville la plus sacrée de l'Inde. Située sur la rive occidentale du Gange, elle est également connue sous les noms de Kashi (la ville de la Lumière) et de Bénarès. Son héritage spirituel et religieux remonte à 3 000 ans. C'est la ville de Shiva. Des douze lieux où séjourna le dieu, Varanasi est aujourd'hui le plus prestigieux. C'est de Varanasi que Shiva s'élança en direction du ciel sous la forme d'une colonne de lumière *(jyotirlinga)*. Sanctifiés par le séjour du dieu et par l'omniprésence du Gange, les quelque 90 *ghât* qui bordent le fleuve sont l'âme et la vie de Varanasi. Ils s'étendent sur plus de 6 km, de l'Asi Ghat au sud jusqu'à l'Adi Keshava Ghat et au pont Malviya au nord. Leurs innombrables temples et sanctuaires accueillent aussi bien les dévotions quotidiennes que les rites de passage, dans un cycle de prières et de rituels qui semble ne jamais finir.

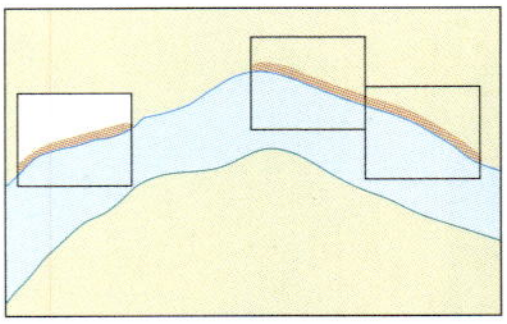

CARTE DE SITUATION
De l'Asi Ghat au Shivala Ghat

Tulsi Ghat
C'est l'un des sites les plus anciens de Varanasi. Autrefois connu sous le nom de Lolarka Ghat, il fut rebaptisé en honneur du poète Tulsidas qui vécut à Bénarès au XVIe siècle (sa demeure ainsi qu'un temple qui lui est dédié se trouvent à proximité).

Asi Ghat
Un lingam est installé à l'ombre d'un arbre pipal, sur le ghât le plus septentrional de Varanasi, à la confluence du Gange et de la rivière Asi.

Une peinture murale d'une déesse au Ganga Mahal Ghat

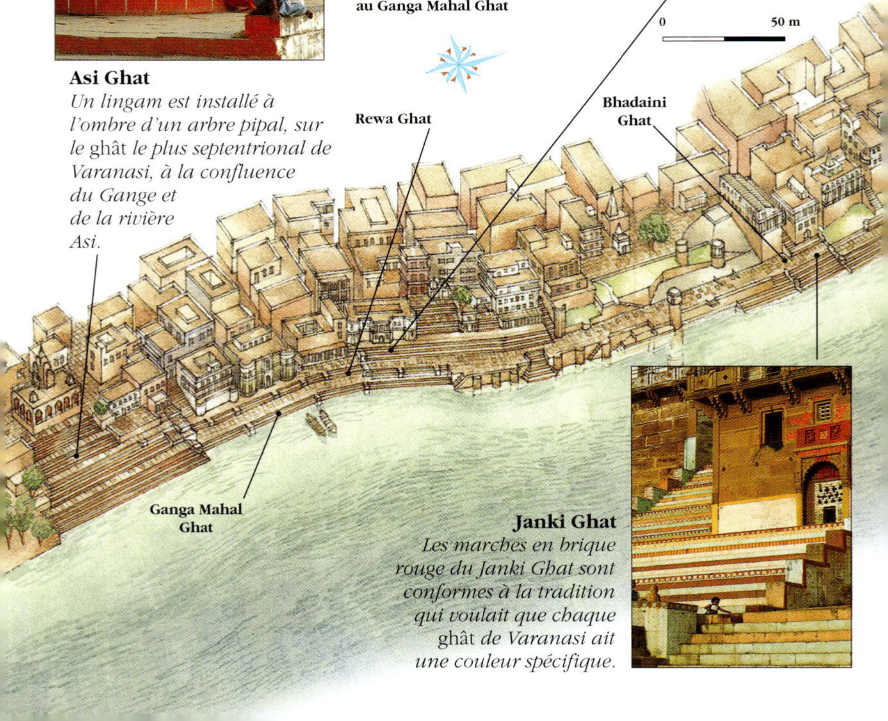

Janki Ghat
Les marches en brique rouge du Janki Ghat sont conformes à la tradition qui voulait que chaque ghât de Varanasi ait une couleur spécifique.

Chet Singh Ghat
Le fort se dresse à l'emplacement où Maharaja Chet Singh fut vaincu par les Britanniques au milieu du XVIIIe siècle.

MODE D'EMPLOI

District de Varanasi. À 286 km au S.-E. de Lucknow.
2 000 000. 22 km au N.-O de la ville. Parade Kothi, (0542) 220 8162. Varanasi Junction Station, (0542) 234 6370. t.l.j. Shivatri (fév.-mars), Ramlila (sept.-oct.), Ganga Festival (oct.-nov.).

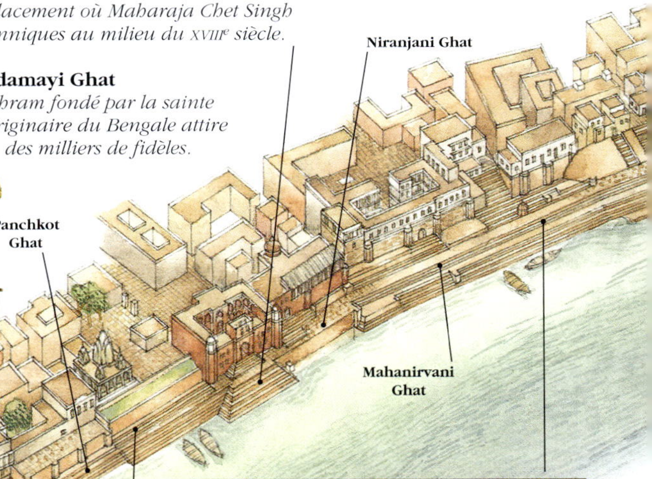

Anandamayi Ghat
L'ashram fondé par la sainte originaire du Bengale attire des milliers de fidèles.

Shivala Ghat
Ce ghât fut construit en 1770 par Chet Singh, le maharaja de Varanasi.

Chantiers navals
Le bois reste le matériau de construction principal des nombreuses embarcations qui sillonnent le fleuve.

RAMLILA

Le cycle de pièces de théâtre appelé *Ramlila* est tiré du *Ramayana* *(p. 27)* et raconte les aventures du seigneur Rama, exilé de son royaume pendant 14 ans. La tradition du *Ramlila* fut inaugurée à Varanasi par Tulsidas, l'auteur du *Ramcharitmanas*, version populaire du *Ramayana*. En septembre et en octobre, des spectacles sont montés le soir aux quatre coins de Varanasi, attirant des milliers de spectateurs. La représentation qui se déroule dans l'ancienne résidence du maharaja, au fort de Ramnagar, est la plus spectaculaire de Varanasi.

Jeunes garçons jouant les rôles principaux

Varanasi : du Digpatiya Ghat au Mir Ghat

Les *ghât* qui occupent la partie médiane de la ville sont les plus sacrés. Nombre d'entre eux furent construits à l'initiative des princes hindous de Darbhanga, de Jaipur et d'Indore. Le Harishchandra Ghat, l'un des deux *ghât* crématoires de Varanasi, est situé à l'extrémité sud. Derrière le *ghât* sacré de Dasashvamedha se trouve une ruelle tortueuse connue sous le nom de Vishwanath Gali, qui contient une multitude d'échoppes spécialisées dans le commerce des objets de culte. Elle mène au sanctuaire principal de la ville, le Vishwhanat Temple, construit il y a 1 000 ans.

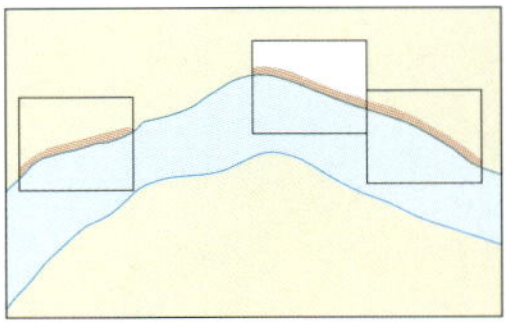

Carte de situation
Du Digpatiya Ghat au Mir Ghat

Chausatthi Ghat
Des guru dispensent leur enseignement sur ce ghât *dont le nom fait référence au temple des Chausath Yoginis, les 64 divinités féminines.*

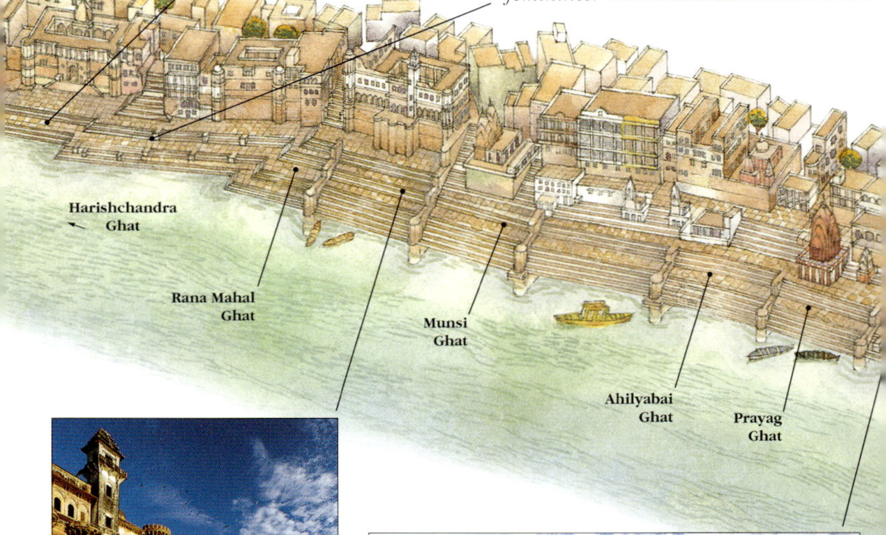

Darbhanga Ghat
Le donjon et les tourelles de la vieille haveli, *construite au début du XX*[e] *siècle par deux princes de Bihar, dominent le* ghât. *Certaines de ses colonnes massives évoquent l'architecture grecque.*

Dasashvamedha Ghat
Situé au cœur de la ville, c'est le ghât *le plus sacré de Varanasi. Il fut nommé en mémoire des dix sacrifices de chevaux offerts simultanément par Brahma le Créateur. Des rangées de prêtres assis sous des parasols récitent des prières rituelles pour le compte des pèlerins.*

Vishwanath Gali
Des jarres laquées, de la poudre de cinabre, de l'eau du Gange en bouteille, des bracelets et des pièces de brocart : on trouve de tout dans l'allée qui mène au Vishwanath Temple, le centre spirituel de Varanasi.

Vishwanath Temple
Quelque 750 kg d'or furent employés pour décorer les coupoles du sanctuaire de Shiva, érigé en 1777 par Ahilyabai d'Indore.

Man Mandir Ghat
Jai Singh II de Jaipur fit construire l'une de ses quatre Jantar Mantars (p. 296-297) *au-dessus du palais de Raja Man Sigh, en 1710. Son cadran solaire est visible depuis le* ghât.

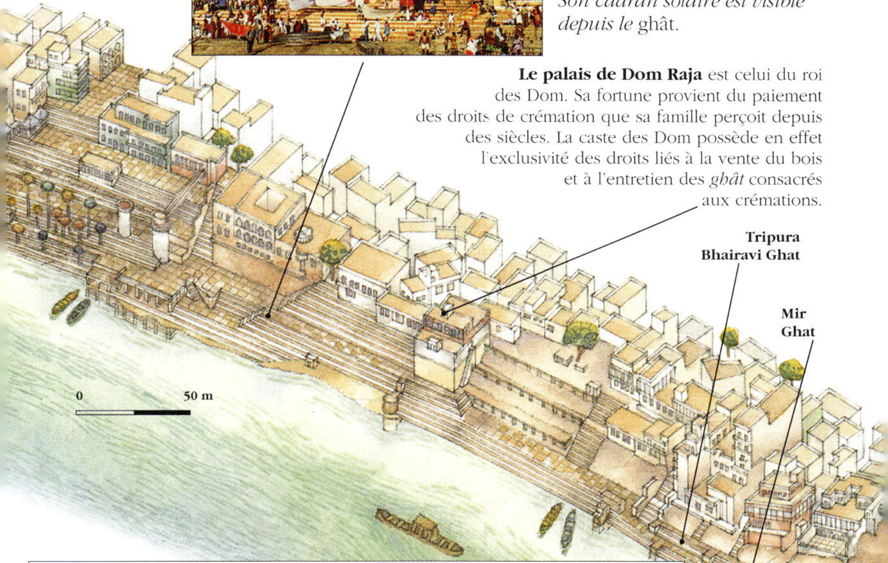

Le palais de Dom Raja est celui du roi des Dom. Sa fortune provient du paiement des droits de crémation que sa famille perçoit depuis des siècles. La caste des Dom possède en effet l'exclusivité des droits liés à la vente du bois et à l'entretien des *ghât* consacrés aux crémations.

Excursion en bateau

Le Dasashvamedha Ghat à l'aube

Un tour en bateau au lever du soleil, lorsque les temples qui bordent le fleuve sont baignés d'une douce lumière, est le point d'orgue d'une visite de Varanasi. Dès les premières lueurs de l'aube, les habitants de la ville commencent à émerger du labyrinthe des ruelles. Les dévots font des offrandes de fleurs et d'encens au fleuve et prennent des bains rituels. Idéalement, on partira du Dasashvamedha pour rejoindre le Manikarnika Ghat *(p. 176)*. Des douzaines de bateaux à rames arpentent le fleuve et peuvent être loués pour une durée déterminée. Négociez les prix avant d'embarquer.

Varanasi : du Nepali Ghat au Panchaganga Ghat

C'est ici que se trouve le célèbre Manikarnika Ghat, l'un des deux *ghât* funéraires de Varanasi. Selon la légende, la *mani* de Shiva (joyau qui ornait sa couronne) et les *karnika* (boucles d'oreilles) de sa compagne Parvati seraient tombées dans un puits pendant qu'ils se baignaient, donnant son nom au *ghât*. Mourir à Varanasi est un grand privilège pour les hindous : c'est une façon d'être libéré définitivement du cycle des réincarnations, en recevant la *moksha* (le salut). Shiva murmurerait aux oreilles des mourants, et nombreux sont ceux qui font le voyage pour rendre leur dernier souffle à Varanasi.

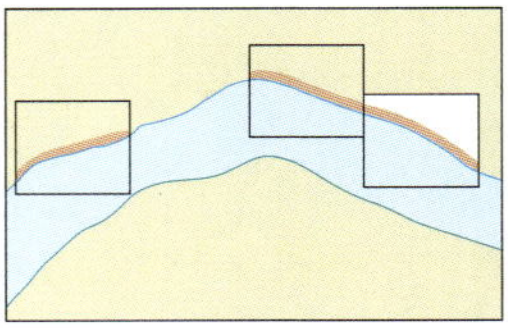

CARTE DE SITUATION
Du Nepali Ghat au Panchaganga Ghat

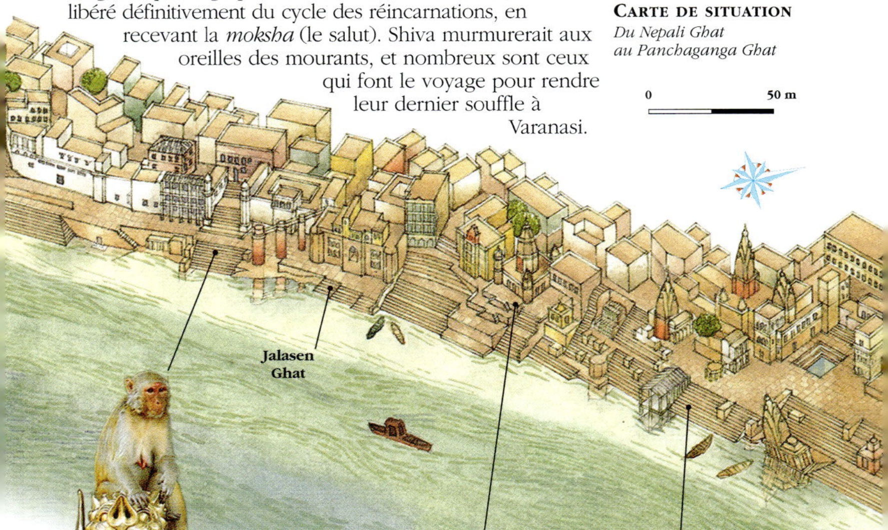

Nepali Ghat
Un lion monte la garde devant un temple en bois sculpté, en forme de pagode, érigé par la famille royale du Népal.

Manikarnika Ghat
Des bûchers funéraires brûlent nuit et jour sur ce ghât. *Les corps sont enveloppés dans des suaires et alignés sur des civières entre les tas de bois. Au milieu du* ghât *se trouve le puits* (kund) *que Vishnu creusa avec son disque, avant que le fleuve ne traverse Varanasi.*

Scindia Ghat
Les édifices qui s'étaient effondrés sous leur poids ont été restaurés par Daulat Rao Scindia de Gwalior. Il faut pénétrer dans le Gange pour accéder à l'un des temples à moitié submergés par la rivière.

Les rituels du Gange

Objet rituel

Le Gange est plus sacré que les 700 temples que compte Varanasi. Le fleuve est vénéré à l'égal d'une déesse vivante, et on lui attribue un pouvoir purificateur illimité. Les textes sacrés de l'hindouisme prescrivent des bains quotidiens dans le fleuve afin de préparer l'âme pour son dernier voyage, celui qui la libérera à tout jamais. Les offrandes de fleurs et de *diya* qui flottent sur le fleuve composent un spectacle inoubliable.

Bain rituel
Ils sont des milliers à se baigner tous les jours dans le Gange et à lui rendre hommage.

***Aarti* du soir**
Des prières en forme d'hommage (aarti) *sont récitées chaque jour à l'aube et au crépuscule. Des offrandes de lampes à huile accompagnent la récitation de mantras sacrés, sur fond de tintement de clochettes.*

Autel au bord du fleuve
Une veuve vêtue de blanc fait une offrande de fleurs, d'encens et d'un récipient en bronze contenant de l'eau du Gange.

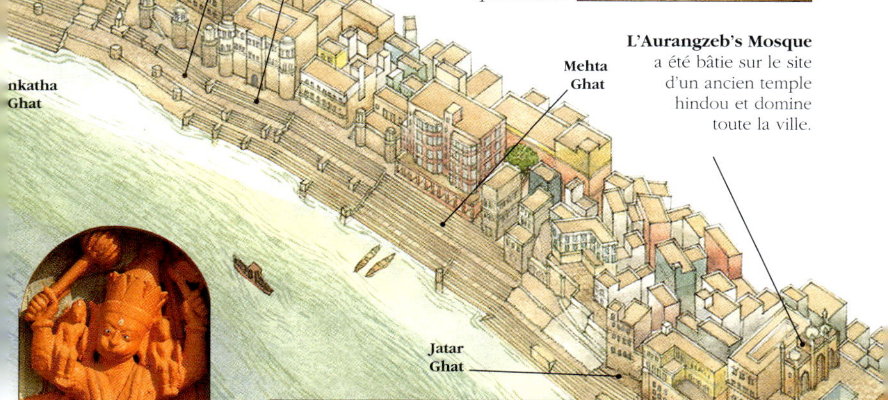

Le Ganga Mahal Ghat fut construit par le roi de Gwalior au début du XIXe siècle.

Akhara
La ville est célèbre pour ses combats de lutteurs (akhara). *Les sportifs vivent et s'entraînent à plein temps dans des établissements spécialisés.*

L'Aurangzeb's Mosque a été bâtie sur le site d'un ancien temple hindou et domine toute la ville.

Hanuman, le dieu-singe, au Ganga Mahal Ghat

Panchaganga Ghat
Ce ghât marque le point de confluence mythique entre cinq rivières (Gange, Yamuna, Saraswati, Dhupapapa et Kirana) et possède de nombreuses effigies des cinq déesses qui leur sont associées.

Les remparts couverts de plantes grimpantes de l'Allahabad Fort, construit par le Grand Moghol Akbar

Sarnath 27

District de Varanasi. À 10 km au N.-E. de Varanasi. *Bouddha Mahotsava (mai).*

Sarnath est aussi sacrée aux yeux des bouddhistes que Varanasi l'est aux yeux des hindouistes. Le Bouddha y prêcha son premier sermon en 528 avant J.-C., au lieu-dit du Jardin des daims *(p. 189)*, peu de temps après avoir connu l'illumination. Les grands voyageurs chinois Fa-Hsien et Hiuen Tsang *(p. 187)* ont décrit les monastères florissants de cet important centre d'enseignement de l'hindouisme.

Le **Dhamekh Stupa** occupe le centre de Sarnath. Il fut construit au ve siècle après J.-C., à l'endroit où le Bouddha avait prononcé son premier sermon, devant cinq disciples. À l'ouest, le Dhamarajika Stupa fut érigé par Ashoka, l'empereur Mauryan *(p. 42)*, pour conserver les reliques sacrées du Bouddha. L'ensemble comporte également plusieurs temples et une statue à l'effigie d'Anagarika Dharmapala, un bienfaiteur de Sarnath et de Bodh Gaya *(p. 190-191)*.

L'**Archaeological Museum** contient une magnifique collection d'objets bouddhiques, dont un chapiteau en grès poli en forme de lion de l'époque d'Ashoka qui est devenu l'emblème national de l'Inde moderne *(p. 4)*.

Archaeological Museum
(0542) 258 5002.
sam.-mar.

Allahabad 28

District d'Allahabad. À 227 km au S.-E. de Lucknow. *990 300.* *Tourist Bungalow, 35 MG Marg, Civil Lines, (0532) 260 1837.* *Kumbh Mela (tous les 12 ans).*

Allahabad doit à sa position géographique, à la confluence *(sangam)* de trois rivières sacrées (le Gange, la Yamuna et la mythique Saraswati), une prééminence politique, religieuse et culturelle qui dura presque 3 000 ans. Le moine bouddhiste Hiuen Tsang, qui visita la ville en 643 avant J.-C., lorsqu'elle s'appelait Prayag, évoquait déjà une cité prospère et influente.

Au XVIe siècle, la ville tomba entre les mains des Moghols, qui la rebaptisèrent Allahabad. Par la suite, les Britanniques y maintinrent une importante présence militaire et la dotèrent d'un tribunal et d'une université. Jawaharlal Nehru *(p. 57)*, le Premier ministre, y est né en 1889. La ville fut l'un des foyers du mouvement d'indépendance. Aujourd'hui, Allahabad est une ville provinciale prospère.

L'**Allahabad Fort** fut construit en 1583 par l'empereur Akbar. Il fit sceller dans ses murs un pilier d'Ashoka du IIIe siècle avant J.-C., trouvé à Kausambi. Celui-ci se trouve dans une partie des fortifications (malheureusement fermées au public). À l'est du fort, un temple abrite un arbre banyan prétendument immortel : l'**Akshaivata**. On prétend que quiconque sauterait de ses branches serait libéré du cycle éternel des réincarnations. Avant d'éviter que l'arbre ne succombe définitivement aux assauts incessants que lui valait sa célébrité, il fut protégé par une palissade. Un permis spécial, délivré par l'office du tourisme local, est désormais exigé pour le voir.

Le **Khusrau Bagh**, un paisible jardin moghol situé sur la bordure ouest de la ville, perpétue le souvenir du fils aîné de l'empereur Jahangir. Après s'être rebellé sans succès contre son père, il fut assassiné en 1615 au terme du conflit qui l'opposa à son frère Shah Jahan pour la succession de l'Empire. Sa tombe est située à côté de celles de sa sœur et de sa mère. Cette dernière, une princesse rajpoute de

Les tombeaux du prince Khusrau et de sa sœur la princesse Khusrau Bagh

Jaipur, en proie au désespoir, se suicida en avalant de l'opium. Les *chhatri* qui ornent sa tombe sont d'inspiration rajpoute.

L'**Anand Bhavan** est le siège ancestral de la principale dynastie politique de l'Inde moderne : la famille Nehru-Gandhi. La ville abrite aujourd'hui un musée Nehru où sont exposés des effets personnels de cette illustre famille ainsi qu'une chronologie détaillée du mouvement d'indépendance. Non loin de là, dans le quartier des Civil Lines, se trouve le **Muir College**. Bâti en 1870, c'est un monument emblématique de l'architecture indo-saracénique. L'édifice comporte de multiples arches ainsi que de nombreuses tours, dont l'une mesure 60 m de haut. En face du collège, l'**Allahabad Museum** possède une collection intéressante de terres cuites de l'époque kausambi ainsi que des sculptures chandela du Xe au XIIIe siècle. De l'autre côté du quartier des Civil Lines, à l'ouest, se dresse l'**All Saints Cathedral**. Construite en 1877 sur des plans de William Emmerson, l'architecte du Victoria Memorial de Kolkata *(p. 232-233)*, elle possède un intérieur entièrement revêtu de marbre de Jaipur.

Allahabad Fort
au public.
Anand Bhavan
mar.-dim.
Allahabad Museum
mar.-dim.

Aux environs : Kausambi est située à 63 km d'Allahabad, soit une heure de route en longeant la rive orientale de la Yamuna. Les vestiges d'un stûpa, d'un palais et de fortifications importantes sont tous situés dans un rayon de 2 km. Selon la légende locale, la ville aurait été construite par les Pandava, les héros du *Mahabharata* *(p. 26)*. Les fouilles ont révélé qu'une communauté bouddhiste s'y était installée entre 600 avant J.-C. et 600 après J.-C. Le Bouddha y prêcha en personne. Le site contient les vestiges d'une route pavée de briques, de petites maisons disposant chacune d'un égout en

Les vestiges des remparts de brique et de terre de Kausambi.

céramique, et la base d'un pilier ashokan du IIIe siècle avant J.-C. Des objets en terre cuite et des sceaux du IIe siècle avant J.-C. sont exposés dans le musée d'Allahabad. Les prés verdoyants et les petits villages des alentours, la proximité de la rivière Yamuna concourent à l'exceptionnelle sérénité des lieux.

Chitrakoot 29

District de Banda. À 128 km au S.-O. d'Allahabad. *Karwi, 8 km au N.-E. du centre-ville, puis en taxi ou en bus.* *UPSTDC Tourism Bungalow, (05198) 224 219.* *t.l.j.*

Ce centre de pèlerinage installé sur les berges de la rivière Mandakini, bien que situé dans l'État du Madhya Pradesh, est plus facilement accessible depuis Allahabad. Chitrakoot signifie « la colline aux nombreuses merveilles », en référence au *Ramayana* et à la **colline de Kamadgiri** où Rama, Sita et Lakshman séjournèrent pendant leur exil. Au pied de la colline jaillit une source naturelle appelée **Hanuman Dharaqui**, sur laquelle veille une effigie du dieu-singe Hanuman. La ville possède plusieurs temples et accueille de nombreux *sadhu*. Des excursions en bateau partent du **Ramghat**, le *ghât* principal de la ville, offrent une vue magnifique sur les temples qui bordent la rivière, et permettent de goûter au charme unique de cette ville.

Kalinjar Fort 30

District de Banda. À 190 km à l'O. d'Allahabad. *Banda, 53 km au N. du fort de Kalinjar, puis en taxi ou en bus.* *t.l.j.*

Kalinjar est l'un des plus anciens forts de l'Inde : il figure sous le nom de Kanagora dans les écrits de Ptolémée, le géographe grec du IIe siècle après J.-C. Sa position stratégique sur la route qui reliait le Nord au Sud de l'Inde en fit l'objet de la convoitise de nombreux souverains. Il changea plusieurs fois de mains au Moyen Âge puis fut investi par les armées du souverain afghan Sher Shah Sur *(p. 73)* en 1545.

Sept portails, portant des noms de planètes et ornés de nombreux bas-reliefs, contrôlent l'accès du fort. L'un d'entre eux est surmonté d'un shiva gigantesque, doté de 18 bras, qui danse avec Ganesh. Le **Neelkanth Temple**, à l'intérieur du fort, est dédié à Shiva. Son sanctuaire abrite un lingam très ancien.

Le Ramghat de Chitrakoot se reflète dans la rivière Mandakini

LE BIHAR ET LE JHARKHAND

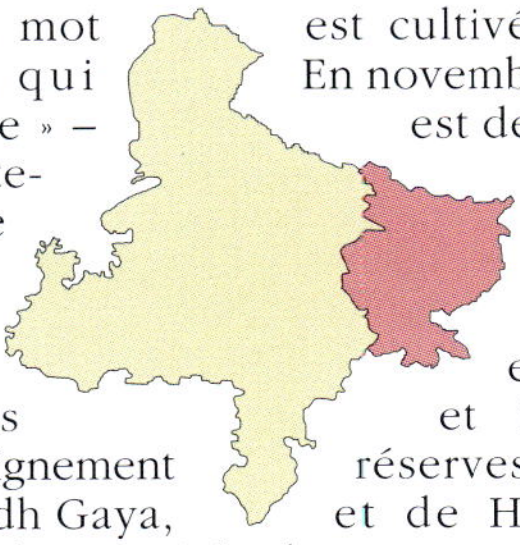

Bihar est dérivé du mot sanskrit *vihara,* qui signifie « monastère » – nom qui convient parfaitement au lieu de naissance du bouddhisme. Situés dans les plaines arides du Centre de l'État de Bihar, les nombreux sites associés à la vie et à l'enseignement du Bouddha, comme Bodh Gaya, Nalanda et Rajgir, attirent la majorité des visiteurs de cette partie de l'Inde. Au Nord, le Gange et ses affluents traversent la plaine agricole fertile où est cultivé le célèbre riz patna. En novembre 2000, le Sud de Bihar est devenu le nouvel État de Jharkhand. Dominé par le magnifique haut plateau du Chhota Nagpur, cet État riche en ressources minérales et forestières abrite les réserves naturelles de Palamau et de Hazaribagh ainsi que les terres ancestrales de tribus aborigènes dont on pense qu'elles descendent directement des premiers habitants du sous-continent.

LA RÉGION D'UN COUP D'ŒIL

Villes et villages
Jamshedpur 16
Munger 5
Patna 1
Ranchi 15

Station d'altitude
Netarhat 14

Sites historiques
Nalanda 7
Rajgir 8
Sasaram 2
Vaishali 4

Centres religieux et lieux sacrés
Bodh Gaya 10
Deoghar 6

Gaya 9
Parasnath 11
Sonepur 3

Parcs nationaux
Hazaribagh Wildlife Sanctuary 12
Palamau National Park 13

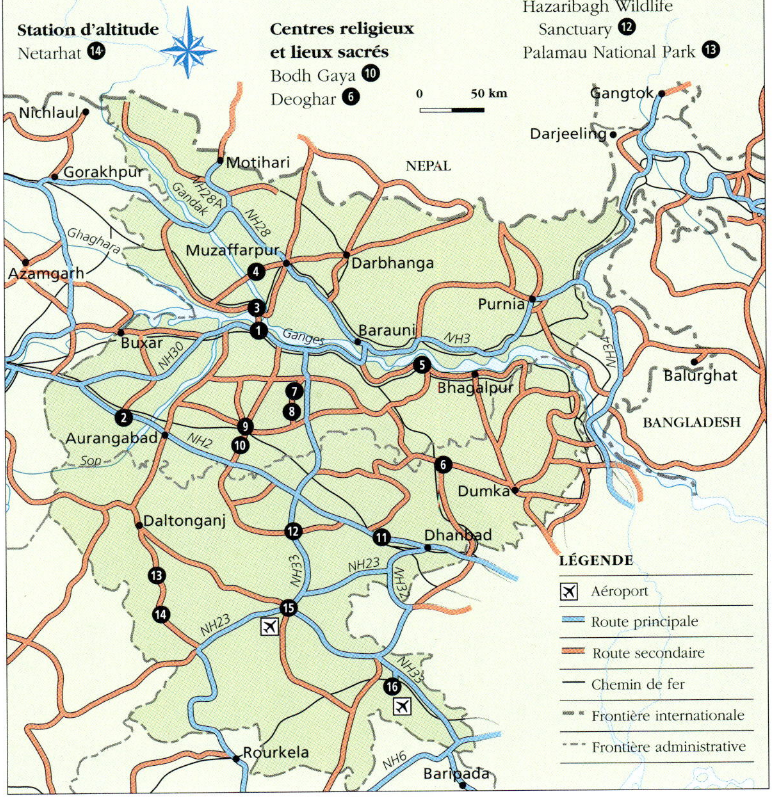

◁ **Le Mahabodhi Temple à Bodh Gaya est le site du plus important pèlerinage bouddhique**

Patna ❶

Didarganj Yakshi

La capitale de l'État de Bihar est une cité moderne dont les origines fort anciennes remontent au VIe siècle avant J.-C. Sous le règne des empereurs maurya et gupta *(p. 42-43)*, Patna, connue sous le nom de Patliputra, était une des plus grandes capitales de l'Asie. C'est aujourd'hui une vaste agglomération congestionnée, qui s'étire le long de la rive sud du Gange. La ville de West Patna, fondée par le Britanniques, offre de beaux exemples d'architecture coloniale. À l'est, la vieille ville abrite monuments anciens et bazars animés.

Une vue de Patna, sur la rive sud du Gange

Golghar

t.l.j.

Le monument le plus remarquable de Patna est sans doute le Golghar (« Maison ronde »), un immense dôme qui ressemble à une ruche géante. Construit en 1786 par le capitaine John Garstin pour lutter contre les famines chroniques qui ravageaient la région, ce silo à grains ne fut jamais utilisé. Il mesure 26 m de haut et 125 m de large et a une capacité de 124 258 tonnes. Deux escaliers extérieurs permettent d'accéder au sommet. Des plate-formes furent aménagées à mi-hauteur pour permettre aux porteurs de se reposer, car l'idée initiale était de remplir le silo par le haut. L'écho à l'intérieur de la structure est extraordinaire. Pendant la période de la mousson, le sommet du Golghar offre une vue magnifique sur le Gange, dont le cours par endroits mesure 8 km de large.

State Museum

(0612) 223 0173. mar.-dim.

Le musée de l'État possède de véritables trésors. Il contient une statue en pierre polie de Didarganj Yakshi (une servante) de l'époque maurya. Ce chef-d'œuvre de l'art indien fut probablement sculpté au IIIe siècle avant J.-C. Vous admirerez aussi des statues Gandharan de bhodisattvas, des bouddhas en bronze et en pierre noire de la période pala (VIIIe au XIIe siècle), des figures en terre cuite, d'anciens manuscrits bouddhiques et une collection de *tanga* (bannières peintes) tibétains. Le musée possède aussi un tronc d'arbre fossilisé, vieux de 200 millions d'années.

Khudabaksh Library

(0612) 267 0109. sam.- jeu.

Fondée en 1900, cette bibliothèque possède une très belle collection de tapis persans et de manuscrits arabes. On y trouve des corans médiévaux enluminés, des miniatures mogholes et des ouvrages qui proviennent vraisemblablement de l'université maure de Cordoue.

Harmandir Sahib

t.l.j.

La *gudwara* historique des sikhs se dresse sur le lieu de naissance du dixième *guru firebrand* *(p. 95)*, Gobind Sigh, né en 1666. Considéré comme l'un des quatre sanctuaires sikhs les plus sacrés de l'Inde, ce temple en marbre fut construit au XIXe siècle par Maharaja Ranjit Singh *(p. 96)*. L'étage supérieur abrite un musée où sont exposées les reliques du *guru*.

Bâti au XVIIIe siècle, le Golghar ressemble à une gigantesque ruche

L'éclectique collection privée du musée de Jalan

Jalan Museum

sur r.-v. 📞 *(0612) 222 5070.*

Également connu sous le nom de Qila House (« le fortin »), ce musée expose la collection assemblée au XIXe siècle par un aïeul de la famille Jalan. Il contient des peintures chinoises, des jades et de l'argenterie moghols, un lit ayant servi à Napoléon et quelques pièces de porcelaine de Sèvres qui auraient appartenu à Marie-Antoinette. La Qila House est un édifice intéressant, bâti sur les ruines d'un fort du XVIe siècle construit par le guerrier afghan Sher Shah Sur *(p. 73)*.

Kumrahar

mar.-dim.

Ce site abrite les vestiges de l'ancienne cité de Pataliputra. Les fouilles ont mis au jour d'anciennes fortifications en bois, des piliers en grès poli et les vestiges d'une grande salle de réunion maurya du IIe siècle avant J.-C. Un musée expose quelques vestiges de cette lointaine et glorieuse époque où Patana suscitait des superlatifs. Mégasthènes, l'émissaire grec à la cour des Maurya, la décrivit comme étant « une ville de lumière où même le bois brille comme du verre ».

Mode d'emploi

District de Patna. À 1 015 km à l'E de Delhi. *1 377 000.* *7 km à l'O. du centre-ville.* *Bihar Tourism, JP Loknayak Bhavan, Fraser Rd, (0612) 222 5411.* *lun.-sam.* *Patliputra Mahotsava (mars).*

Old Opium Warehouse

Gulzarbagh. *lun.-ven.*

Cachés derrière un grand mur qui longe la rive du Gange, les bâtiments de l'ancien entrepôt d'opium de l'East India Company abritent aujourd'hui l'imprimerie de l'État de Bihar. On peut visiter les trois longs bâtiments où était entreposé l'opium avant d'être expédié par bateau jusqu'à Kolkata (Calcutta).

Aux environs : Situé 30 km à l'ouest de Patna, **Maner** est un centre d'enseignement islamique important. Le mausolée du saint soufi Hazrat Makhdum Yahya Maneri est un élégant édifice en grès, bâti au milieu d'un parc. Maner est également réputé pour ses *laddoo*, une délicieuse sucrerie à base de mélasse et de farine de *gram*.

Le magnifique tombeau du roi afghan Sher Shah, érigé au XVIe siècle, à Sasaram

Sasaram ❷

District de Rohtas. À 158 km au S.-O. de Patna.

La ville poussiéreuse de Sasaram se trouve à trois heures de route de Patna, le long de la légendaire Grand Trunk Road *(p. 153)*. Elle doit sa renommée à la présence du merveilleux **Mausoleum of Sher Shah**, le grand souverain afghan *(p. 73)*, chef-d'œuvre de l'architecture du XVIe siècle.

Située au milieu d'un lac artificiel, la structure pyramidale en grès s'élève à 45 m au-dessus de l'eau. Les deux premiers niveaux sont composés d'un sous-sol entouré de gradins et d'une vaste terrasse encadrée de quatre pavillons. Le tombeau octogonal qui occupe le centre de la plate-forme s'élève sur trois étages. Ornés de balustrades crénelées, d'arches et de petits kiosques reposant sur des piliers, ils soutiennent un dôme lui-même coiffé d'une fleur de lotus dorée. Tous ces éléments forment une structure aux proportions admirables qui semble flotter sur le lac comme par enchantement.

Étrangement, la tombe n'est pas parfaitement alignée sur l'axe du monument (il existe un écart de 8°) un fait que l'architecte Aliwal Khan s'employa à dissimuler avec ingéniosité. On aperçoit encore par endroits les briques vernissées jaunes et bleues qui à l'origine recouvraient l'édifice. Le tombeau de Hasan Sur Khan, le père de Sher Shah, se trouve non loin de là. Il fut conçu par le même architecte.

Sonepur ❸

District de Saran. À 25 km au N. de Patna. *Bihar Tourism, Patna, (0612) 222 5411.* *Sonepur Mela (oct.-nov.).*

Au nord de Patna, de l'autre côté de l'immense pont Mahatma-Gandhi, la petite ville de Sonepur est réputée pour sa *mela* annuelle, le plus grand marché aux bestiaux de toute l'Asie. La foire commence à la pleine lune de Kartik Purnima, à cheval entre octobre et novembre, et dure un mois. L'événement attire des millions de pèlerins, de paysans et de *sadhu*, ainsi que des marchands de bestiaux venus des quatre coins de l'Inde. On y vend des éléphants, des chameaux, des chevaux et des vaches, du grain et du fourrage, ainsi que de nombreux oiseaux exotiques. Des musiciens, des prestidigitateurs, des acteurs du répertoire *nautanki* (le vaudeville indien), des danseurs, des lutteurs et des gymnastes se disputent l'attention des badauds. Les visiteurs profitent également de la *mela* pour se baigner dans le Gange, car, pendant cette période du calendrier hindou, les bains rituels sont de très bon augure. Une semaine avant le début de la foire, le Département du tourisme met en place des hébergements provisoires : bungalows et tentes peuvent être réservés auprès du bureau de Patna. La Foire de Sonepur est un mélange haut en couleur de rituels religieux, de divertissements et de foire aux bestiaux exotiques.

Un zoo itinérant, au grand marché de Sonepur

Des éléphants prennent un bain pendant Sonepur Mela

Vaishali ❹

District de Vaishali. À 55 km au N. de Patna. *Tourist Information Centre, Vaishali, (06225) 259 424.*

Située au cœur des paysages verdoyants du Nord de l'État de Bihar, entourée de champs de bananiers et d'arbres à litchis, Vaishali est un centre religieux important. Mahavira, le fondateur du mouvement jaïn, y serait né en 599 avant J.-C. C'est également le lieu où le Bouddha prêcha son dernier sermon *(p. 189)*. Au VIᵉ siècle avant J.-C., Vaishali était une cité florissante. Les souverains lichhavi y avaient établi une des premières républiques de l'histoire. À 4 km à l'ouest de la Tourist Lodge se dresse un pilier maurya. Datant du IIIᵉ siècle avant J.-C. mais bien préservé, il est surmonté d'un lion grandeur nature.

À côté du pilier se trouve le **Ramkund Tank,** également appelé Monkey Tank (réservoir du Singe). Aujourd'hui rempli d'eau stagnante, il aurait été creusé par les singes qui avaient offert au Bouddha affamé un peu de miel. Les ruines d'un stûpa du Vᵉ siècle avant J.-C. se trouvent à proximité. Il aurait été érigé par les souverains lichhavi peu après la mort du Bouddha pour y conserver ses cendres. Des fouilles ont révélé la présence de nombreux autres stûpas.

En 1996, des bouddhistes japonais firent construire un temple et une immense Vishwa Shanti Stupa (stûpa pour la Paix dans le Monde), remettant ainsi Vaishali sur le circuit des pèlerinages bouddhiques.

Un pilier du IIIᵉ siècle avant J.-C., surmonté d'un lion, à Vaishali

La célèbre Bihar School of Yoga, dans le Munger Fort

Munger ❺

District de Munger. À 180 km à l'E. de Patna. *Tourist Information Centre, Fort Area, Munger, (06344) 222 392.*

Située sur les rives du Gange, la pittoresque ville de Munger abrite la célèbre **Bihar School of Yoga,** fondée par Swami Sayanand et dirigée aujourd'hui par son disciple Swami Niranjananand. L'école est située derrière les murs du Munger Fort, qui date du XVᵉ siècle. Il fut tour à tour occupé par les Moghols, des roitelets locaux et par les Britanniques. Près de la porte nord du fort, un cimetière britannique du XVIIIᵉ siècle possède de beaux tombeaux pyramidaux.

Bihar School of Yoga
(06344) 222 430. *t.l.j.*

Deoghar ❻

District de Deoghar. À 180 km à l'E. de Patna. *Tourist Information Centre, (06432) 222 422.* *Mela (juil.-août).*

Le Baidyanath Dham de Beoghar est un temple shivaïste important. Il signale l'endroit où le cœur de Parvati, la compagne de Shiva, finit par retomber sur terre. Le lingam que contient le temple est particulièrement vénérable. C'est en effet l'une des douze *jyotirlingam* de Shiva *(p. 172)*, qui se seraient matérialisées à partir de colonnes de lumière. Au cour de la *mela* annuelle, des centaines de milliers de pèlerins viennent lui rendre hommage chaque jour.

PEINTURE *MADHUBANI*

Typiques du folklore du Nord de l'État de Bihar, les peintures dites *madhubani (p. 75)* sont mondialement connues. Cet art est l'apanage des femmes, qui peignent sur les murs des maisons de village des scènes empruntées à la mythologie, aux festivals et à la vie quotidienne, agrémentées de motifs floraux. Le *kohbar*, ou chambre nuptiale, est décoré pour la nuit de noces de peintures où figurent traditionnellement un dieu et une déesse entourés d'oiseaux, sous un ciel où paraissent côte à côte le soleil, la lune et les étoiles. Depuis que les artistes ont participé à des expositions internationales, de nouveaux motifs – gratte-ciel, avions et femmes portant des talons aiguilles – sont apparus. Les couleurs sont obtenues à partir de pigments végétaux et minéraux, et appliquées à l'aide de minces bâtonnets de bambou. Désormais, les peintures *madhubani* sont souvent réalisées sur des supports en papier ou en tissu et sont vendues dans de nombreuses villes d'Inde.

Peinture *madhubani*

Nalanda ❼

Bodhisattva, temple 3

L'université bouddhique de Nalanda, fondée au ve siècle avant J.-C., était autrefois l'un des centres d'enseignement les plus prestigieux de l'Inde. Elle pouvait accueillir simultanément jusqu'à 5 000 étudiants et enseignants, en provenance de toute l'Asie. Sa légendaire bibliothèque possédait 9 millions de manuscrits. Bâtie sur un site sanctifié par les nombreux séjours qu'y fit le Bouddha, Nalanda prospéra jusqu'en 1199 après J.-C., date à laquelle elle fut malheureusement saccagée par l'envahisseur turc Bakhtiar Khalji.

Chaitya 12
Les vestiges d'un torana *(portique) se dressent devant ce temple du VIIe siècle, en face des monastères.*

★ Chaitya 3
Le temple le plus important de Nalanda date du VIe siècle. Il est entouré de petits stûpas votifs. Un four à briques se dresse au nord du champ de ruines.

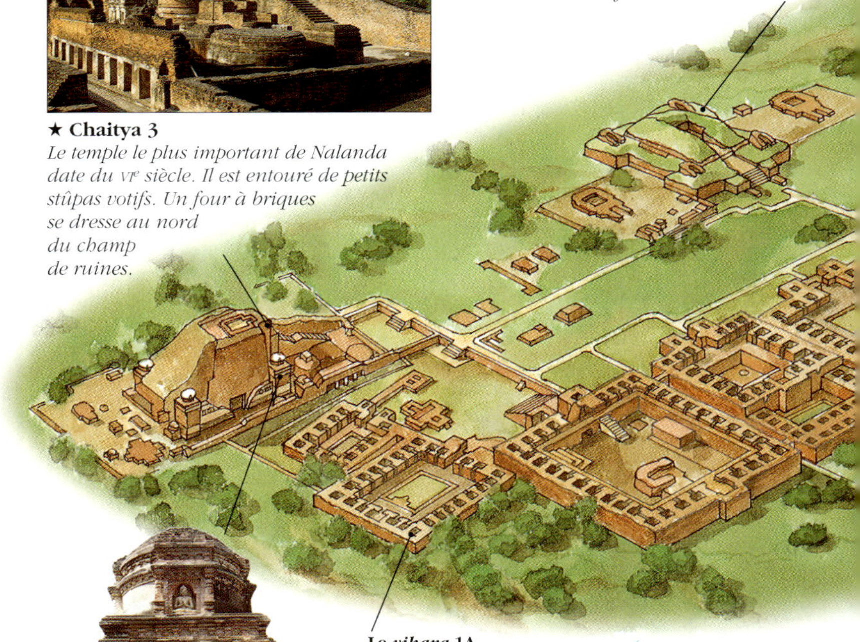

Le *vihara* 1A
(monastère) fut probablement érigé par le roi de Sumatra au IXe siècle.

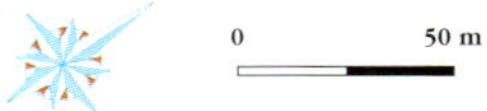

★ Stûpas votifs
Situés dans la cour du temple n° 3, ils possèdent des statues en plâtre de bodhisattvas debout et des bouddhas assis.

A NE PAS MANQUER

- **★ Chaitya 3**
- **★ Stûpas votifs**
- **★ Bas-reliefs du *chaitya* 2**

Une vue des monastères
Chacun des onze monastères comporte une cour entourée de cellules, où logeaient autrefois les moines.

MODE D'EMPLOI

District de Nalanda. À 90 km au S. de Patna. *depuis Patna.* *Bihar Tourism, Nav Nalanda, près de l'arrêt de bus.* *t.l.j.* **Musée** *sam.-jeu.*

Chaitya 14
Quelques traces de peinture subsistent dans une niche à piédestal où trônait autrefois un bouddha.

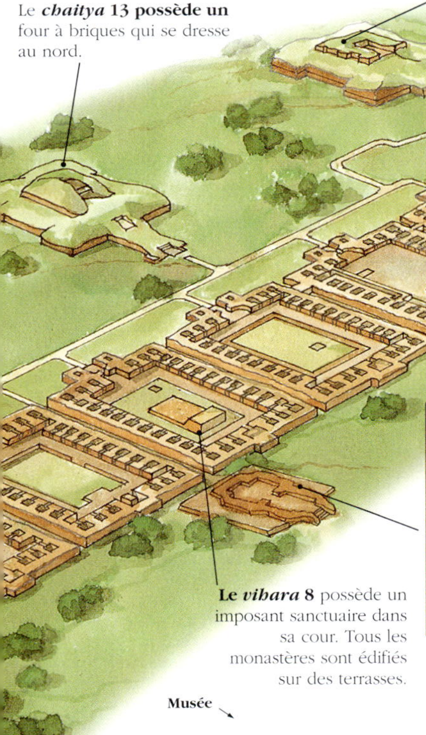

Le ***chaitya* 13 possède un** four à briques qui se dresse au nord.

Le *vihara* 8 possède un imposant sanctuaire dans sa cour. Tous les monastères sont édifiés sur des terrasses.

Musée

★ **Bas-reliefs du *chaitya* 2**
Il ne reste de ce temple que les sous-sols, qui datent du VIIe siècle. Leurs parois sont ornées de 200 bas-reliefs où figurent des dieux, des animaux et des motifs floraux.

Murs en brique
Les vestiges de constructions beaucoup plus anciennes peuvent être aperçus dans les murs de Nalanda.

HIUEN TSANG À NALANDA

Le grand moine savant chinois Hiuen Tsang dut traverser des déserts hostiles et les terribles montagnes des Himalayas pour atteindre Nalanda au VIIe siècle. Il y étudia et y enseigna pendant douze années, et fut émerveillé par les « vastes dômes et les pinacles effilés, les piliers rouges sculptés et les balustrades richement décorées ». De retour en Chine, il se retira dans la Grande Pagode de l'oie de Xian, où il traduisit en chinois les nombreux manuscrits bouddhiques qu'il avait rapportés de Nalanda.

Estampe représentant Hiuen Tsang

Sources thermales d'eau sulfureuse, Rajgir

Rajgir ❽

District de Nalanda. À 115 km au S.-E. de Patna. *33 700.*
Bihar Tourism, Kund Market.

À l'abri de ses cinq collines sacrées, la pittoresque petite bourgade de Rajgir est un lieu saint aussi bien pour les bouddhistes que pour les jaïns. Le Bouddha et Mahavira, le fondateur du jaïnisme, y séjournèrent tous deux pendant de longues périodes pour méditer et prêcher. Les collines des environs sont parsemées de temples jaïns, de monastères en ruine et de grottes consacrées à la méditation. Le grand stûpa de marbre et de grès **Vishwa Shanti** qui domine la ville fut bâti par les Japonais, et doté de quatre bouddhas dorés. Des télésièges mènent jusqu'au stûpa de la colline de Ratnagii. De là, un chemin permet de rejoindre la **Griddhakuta Hill** (colline des Vautours), un lieu vénéré par les bouddhistes en raison de ses grottes où le Bouddha aimait à venir méditer. C'est également sur cette colline qu'il prêcha deux de ses plus célèbres sermons. L'incident au cours duquel le Bouddha apprivoisa un éléphant sauvage, une scène de l'iconographie bouddhique, se déroula également à Rajgir.

À l'ouest de Griddhakuta se trouve la **Vaibhava Hill**. Des sources d'eau sulfureuse aux vertus thérapeutiques y attirent de nombreux baigneurs. Les sept **Saptaparni Caves** sont situées au sommet de la colline. Peu après la mort du Bouddha, le premier concile bouddhique s'y réunit dans le but de consigner son enseignement par écrit. La **Pippala Watchtower,** en contrebas, est une étrange structure en pierre, bâtie dans la roche. La tour de guet fut érigée au ve siècle avant J.-C., à l'époque où Rajgir était la capitale de l'Empire des Magadha *(p. 42)*. Les vestiges de l'immense muraille de pierre sèche que fit construire le roi Bimbisara, qui se convertit au bouddhisme, sont encore visibles.

AUX ENVIRONS : **Pawapuri**, à 38 km à l'est de Rajgir, est un lieu de pèlerinage jaïn car c'est là que le fondateur du jaïnisme, Mahavira, mourut en 500 avant J.-C.

Gaya ❾

District de Gaya. À 100 km au S. de Patna. *383 200.*
Bihar State Tourism Office, Gare, (0631) 232 155.

Située sur les berges de la rivière Phalgu, Gaya fait partie, avec Varanasi et Allahabad, des trois sites funéraires les plus sacrés de l'hindouisme. C'est Vishnou en personne qui consacra Gaya, en décrétant que les prières récitées en ce lieu en faveur des défunts les absoudraient de leurs pêchés. Le **Vishnupad Temple** est au cœur de la vie religieuse de la cité. Son accès est réservé aux hindous mais les *ghât* et les sanctuaires qui bordent la rivière sont accessibles à tous.

AUX ENVIRONS : Les **Barabar Caves**, qui s'enfoncent profondément dans des collines de granite, se trouvent à 45 km au nord de Gaya, le long d'une route défoncée. Elles inspirèrent à E. M. Forster ses cavernes de Marabar, qui fournissent le cadre à son célèbre roman *La Route des Indes*. Creusées au IIIe siècle avant J.-C., ce sont les exemples les plus anciens de grottes aménagées en Inde. Parmi les quatre cavernes conçues, selon les vœux d'Ashoka, l'empereur des Maurya, pour accueillir des ascètes, les plus impressionnantes sont celles de **Loma Rishi** et de **Sudama**. L'aspect poli et lustré de la pierre et la façon dont elle fut sculptée de manière à imiter les demeures en bois et en bambou de l'époque sont particulièrement remarquables. La façade de la caverne Lomas Rishi est entièrement sculptée, dans un motif qui rappelle un treillis en bois, et possède un bas-relief représentant des éléphants qui s'inclinent devant des stûpas.

Un guide expérimenté est nécessaire pour visiter la région ; renseignez-vous au Bihar Tourism Office.

Bain rituel au Phalgu Ghat de Gaya

Dans les pas de Bouddha

Le Bouddha est né en 566 avant J.-C. sous les traits de Siddharta Gautama, prince du royaume de Kapilavatsu à Lumbini au Népal. Pourtant, les lieux associés à sa vie et à son enseignement se trouvent tous dans les États indiens du Bihar et de l'Uttar Pradesh. Ils constituent les étapes d'un circuit qui retrace l'itinéraire du Bouddha de Bodh Gaya, où il connut l'illumination, jusqu'à Sarnath, où il prêcha son dernier sermon, et à Kushinagar, où il décéda en 486 avant J.-C.

Les empreintes des pieds du Bouddha

Renonçant *à une vie royale, le prince Siddhartha (représenté ici sous la forme d'un cheval sans cavalier) abandonna son palais et sa famille à l'âge de 30 ans, afin de partir à la recherche du sens de l'existence et de la souffrance.*

Émacié *par les nombreux jeûnes et les pénitences qu'il s'était imposés pendant les six années qu'il passa en compagnie d'ascètes, le prince Siddhartha finit par conclure qu'il ne trouverait pas de réponse à ses questions dans la mortification.*

L'illumination *lui vint à Bodh Gaya. Après avoir médité pendant 49 jours sous l'arbre Bodhi, il comprit que la cause de toute souffrance est le désir, et que le désir peut être conquis en franchissant les huit étapes du chemin de la délivrance.*

Le premier sermon*, prononcé à Sarnath (p. 178), contient l'essence de son enseignement. Il y rejette l'ascétisme, les rituels, les distinctions de castes et de classes, au nom des huit nouveaux commandements : pensée juste, compréhension, parole, action, subsistance, effort, concentration et contemplation.*

Le Bouddha *décéda en 486 avant J.-C., après avoir mangé des champignons sauvages que lui avait apportés l'un de ses disciples. Il mourut dans un bosquet d'arbres sal, à Kushinagar, où un stûpa signale le lieu de sa crémation.*

Lieux de pèlerinage

Le Buddhist Trail *attire des visiteurs du monde entier, parmi lesquels de nombreux Japonais et Thaïlandais. Ce circuit compte de nombreux temples et stûpas, qui doivent leur existence aux dons des pèlerins. Ce bouddha fut construit par les Japonais.*

Voir également les encadrés sur le Petit Tibet *(p. 113).*

Le monastère thaïlandais de Bodhgaya a l'aspect d'un *wat* (temple)

Bodh Gaya ⑩

District de Gaya. À 115 km au S.-E. de Patna. *30 900.* *Gaya, 13 km au N. du centre-ville, puis en taxi ou en bus.* *Bihar Tourism, 34 Mahabodhi Market Complex, (0631) 240 0672.* *Monlam Chenmo Prayers (janv.-fév.), Bouddha Jayanti (mai).*

Bodh Gaya est le lieu le plus sacré du bouddhisme, car c'est à Bodhgaya que le Bouddha connut l'illumination. Le cœur de la ville est le **Mahabodi Temple** (« Grande Illumination »), dont les toits pyramidaux dominent le paysage. Le temple est fermé de trois côtés par une balustrade en pierre du Ier siècle avant J.-C., ornée de médaillons en forme de fleur de lotus et de représentations de scènes de la vie du Bouddha. L'enclos abrite l'arbre Bodhi (un figuier pipal) au pied duquel le Bouddha connut l'illumination, au terme d'une longue méditation.

Des stûpas recouverts de sculptures dans la cour du temple

Le temple d'origine était un stûpa rond, construit par le roi Ashoka, de la dynastie maurya, au IIIe siècle avant J.-C. C'est aux travaux de restauration considérables entrepris au VIIe siècle après J.-C. que le temple doit sa configuration actuelle. Au XIIe siècle, il fut gravement endommagé par des envahisseurs musulmans. Puis, alors que le bouddhisme semblait sur le point de disparaître du Nord de l'Inde, le site fut d'abord inondé, puis enseveli sous des sédiments et « oublié » pendant plusieurs siècles. Des bouddhistes birmans le « redécouvrirent » au XIXe siècle. Ayant dégagé les ruines du temple, ils entreprirent des travaux de restauration.

Aujourd'hui, Bodh Gaya revit et attire de nouveau des bouddhistes du monde entier. Des temples et des monastères érigés par de nombreux pays, dont la Chine, le Japon, le Sri Lanka, le Vietnam, la Thaïlande, la Corée, le Bhoutan et le Népal, sont disséminés dans la ville. Le temple thaïlandais est sans doute le plus pittoresque. Le temple japonais possède un remarquable bouddha de 25 m, qui trône à l'entrée. Les monastères bouthanais et tibétains comptent de nombreux muraux colorés et des moulins à prière.

Pendant trois semaines, chaque hiver, un immense campement s'organise autour du temple, alors que des milliers de moines et de pèlerins se rassemblent pour les prières du Monlam Chenmo, cérémonie souvent présidée par le dalaï-lama.

Le bouddha de 25 m du temple japonais

En face du temple, l'**Archaeological Museum** possède des fragments de la balustrade sculptés d'origine, un chef-d'œuvre du IIIe siècle avant J.-C. ainsi que des statues en bronze et en pierre du VIIe au XIIe siècles qui furent découvertes pendant la restauration du temple.

Archaeological Museum
sam.-jeu.

L'arbre Bodhi sacré

La légende voudrait que l'arbre Bodhi d'origine *(Ficus religiosa)* ait été abattu par l'épouse de l'empereur Ashoka, qui était jalouse du temps qu'il consacrait à ses dévotions bouddhiques. L'empereur ramena l'arbre à la vie en abreuvant ses racines de lait, et fit ensuite construire une balustrade protectrice. L'arbre que l'on voit aujourd'hui serait un descendant direct de l'arbre d'origine. Mahinda, le fils d'Ashoka, emporta une bouture de l'arbre Bodhi lorsqu'il partit convertir les habitants du Sri Lanka. Le bouturage fut un succès, et le deuxième arbre fut bouturé à son tour et replanté à Bodh Gaya, après la mort de l'arbre Bodhi d'origine.

Des pèlerins autour de l'arbre Bodhi

Bodh Gaya : le Mahabodhi Temple

Lotus, Chakramana

Le temple de la Mahabodhi, inscrit au Patrimoine de l'Unesco, occupe le site où il y a plus de 2 500 ans le prince Sidhharta vint méditer sur les causes de la souffrance humaine. C'est au terme d'une longue méditation sous l'arbre Bodhi qu'il trouva la réponse, devenant ainsi le Bouddha l'Illuminé. Visitez le temple au crépuscule, lorsque les lanternes le baignent dans un halo doré, et que les prières bouddhiques se fondent en un chant de dévotion universelle.

MODE D'EMPLOI

Mahabodhi Temple Complex. Temple Office, (0631) 240 0445. t.l.j. suppléments. Bouddha Jayanti (mai).

Le bouddha
Le bouddha en pierre dorée du xe siècle qui trône dans le sanctuaire principal dégage une aura de sérénité. Le piédestal est recouvert d'éléphants et de lions.

Le Torana
Le portail en granit est recouvert d'inscriptions qui reprennent les enseignements principaux du Bouddha. Il fut érigé au VIIIe siècle.

La flèche mesure 54 m de haut. Elle est recouverte d'innombrables sculptures et surmontée d'un pinacle en forme de parapluie.

L'arbre Bodhi sous lequel le Bouddha médita 49 jours d'affilée.

L'entrée mène jusqu'au grand bouddha qui se trouve dans le sanctuaire principal.

Le Chakramana
Cette promenade sacrée, ornée de lotus sculptés, fut empruntée par le Bouddha pendant qu'il réfléchissait à l'opportunité de partager sa découverte avec le reste du monde.

Le Vajrashila
Le siège en gré rouge au pied de l'arbre Bodhi marque l'endroit ou se tint le Bouddha. Il fut sans doute mis en place au IIIe siècle avant J.-C.

Parasnath ⓫

District de Giridih. À 179 km au N.-E. de Ranchi. *Madhuban.*

Ce lieu de pèlerinage des adeptes de Jaïn fut nommé en l'honneur de Parsvanatha, le 23e jaïn *tirthankara*, qui y atteint le nirvana. S'élevant à 1 400 m, la colline de Siyaki est le point culminant de l'État de Jharkhand. Son sommet abrite 24 temples dédiés aux *tirthankara* jaïns. Celui qui occupe le point le plus élevé est consacré à Parsvanatha. Les pèlerins commencent l'ascension de la colline sacrée à Madhuban. De là, trois heures de marche à travers les forêts sont nécessaires pour rejoindre le sommet, qui offre des vues magnifiques sur les environs. Des palanquins sont mis à la disposition de ceux qui ne souhaitent pas marcher.

Hazaribagh Wildlife Sanctuary ⓬

District de Hazaribagh. À 107 km au N. de Ranchi. *Hazaribagh Road Station, 67 km au S. de Pokharia, le point d'accès principal, puis en bus.* *Tourist Office, près de l'arrêt de bus, ville de Hazaribagh, à 16 km au S. de Pokharia.* **Permis** *délivrés par le Divional Forest Officer, Hazaribagh, (06546) 223 340.*

Cette réserve d'animaux sauvages de 190 km², créée en 1954, se trouve à 16 km de Hazaribagh, au milieu des forêts tropicales du plateau de Chhota Nagpur. Son nom, qui signifie « mille tigres », fait référence à l'époque où les environs étaient infestés de tigres. La déforestation les a presque

La route de Netarhat traverse le pittoresque plateau de Chhota Nagpur

tous fait disparaître et il est très rare d'en apercevoir un.

Malheureusement, la route qui relie Ranchi à Kolkata le traverse de part en part et le trafic a fait fuir bon nombre d'animaux. Il reste cependant beaucoup de sangliers sauvages, des nilgai et des léopards, ainsi que de nombreuses espèces d'oiseaux pour lesquels ces forêts sont un véritable paradis.

Léopard au Palamau Park

Palamau National Park ⓭

District de Palamau. À 170 km à l'O. de Ranchi. *Daltonganj, 24 km au N.-O. de Betla, l'accès principal.* *Tourist Office, Betla, (06562) 256 513.* **Permis** *délivrés par le Deputy Director, Palamau National Park, Daltonganj. Jeeps disponibles à Betla.*

Également connue sous le nom de Betla National Park, cette réserve naturelle est située en bordure nord-ouest du plateau de Chhota Nagpur. Ce pays de collines est traversé par les rivières Koel et Burha. Le parc est recouvert de forêts de bambou, de bosquets de sal *(Shorea robusta)*, de pâturages et d'immenses arbres mahua *(Madhuca indica)*, dont les fleurs jaune pâle sont récoltées par les tribus locales pour fabriquer une puissante liqueur.

Le sanctuaire abrite des éléphants, des cerfs, des léopards, des tigres (44) et de nombreuses espèces d'oiseaux. Le parc a aménagé des tours d'observation et des cachettes situées près des points d'eau. Il abrite également les ruines pittoresques d'un château du XVIe siècle, des sources thermales et quelques villages indigènes.

Netarhat ⓮

District de Palamau. À 156 km à l'O. de Ranchi.

Perchée à 1 140 m, Netarhat est la seule station d'altitude de la région. Cachée dans les forêts des collines de Nagpur, non loin de la route qui relie Ranchi à Hazaribagh, cette petite ville est le point de départ de nombreuses excursions. **Magnolia Point** offre de belles vues sur les environs. Les **Burhaga Falls** sont un lieu idéal pour pique-niquer. Non loin de là, un étrange édifice, un chalet suisse en bois, servait autrefois de résidence secondaire aux gouverneurs britanniques de Bihar. Il abrite aujourd'hui un pensionnat de garçons. Le bâtiment est ouvert au public et se visite.

Tour d'observation dans le Harazibagh Wildlife Sanctuary

Champs des environs de Ranchi

Ranchi ⓯

District de Ranchi. À 289 km à l'E. de Patna. *846 500.* *5 km au S. du centre-ville.* *Birsa Vihar Tourist Complex, Main Road, (0651) 230 0646.* *t.l.j.* *Rath Yatra (juin-juil.).*

Ranchi est la capitale du nouvel État de Jharkhand. C'est un excellent camp de base pour partir à la découverte des forêts du plateau de Chhota Nagpur. C'était à l'époque du Raj britannique la capitale estivale de l'État de Bihar. Elle attire encore chaque été de nombreux visiteurs fuyant la chaleur et la poussière des plaines de Bihar. Son centre d'intérêt est le **Jagannath Temple**, perché sur une colline au sud-ouest de la ville. Comme son homologue de Puri *(p. 264)*, il accueille tous les ans un Festival du chariot. Les forêts du plateau Chhota Nagpur sont habitées par les tribus Munda et Oraon. La riche collection d'objets du **Ranchi Museum** permet de se faire une idée de leurs modes de vie et de leurs structures sociales.

Danse traditionnelle oraon

Ranchi Museum
lun.-sam. *jours fériés.*

Aux environs : Les **Hundru Falls**, à 45 km à l'est de Ranchi, sont un lieu idéal pour pique-niquer. C'est là que la rivière Subarnarekha termine sa traversée du plateau de Chhota Nagpur, formant une cataracte de 100 m de haut. La tranquille bourgade de **McCluskiegunj**, située à 40 km au nord-ouest de Ranchi, est un curieux vestige de l'époque du Raj. Elle fut fondée pour accueillir une population eurasienne qui, souffrant d'une crise d'identité, choisit de vivre à l'écart de la société indienne moderne. Seules quelques-unes des familles d'origine demeurent, habitant des vieux cottages remplis de bibelots anglais en porcelaine et de portraits de la famille royale britannique. La majorité des descendants des premiers habitants de McCluskiegunj ont émigré en Australie.

Jamshedpur ⓰

District de l'East Singbhum. À 130 km au S.-E. de Ranchi. *570 300.* *Tourist Information Centre, Bistupur, (0657) 243 2892.* *t.l.j.* *Founder's Day (mars).*

C'est l'un des plus grands centres industriels de l'Inde et une oasis de propreté et d'efficacité. Cette ville ouvrière, entourée de lacs et de rivières, fut fondée en 1908 par le millionnaire parsi Sir Jamshedji Tata *(p. 362)*. Le père du développement industriel de l'Inde fut attiré au pays des collines de Dolm par les gisements de fer et de charbon. Depuis la création de la *Tata Iron and Steel Company* (TISCO), l'empire Tata n'a jamais cessé de prospérer. Les instituts de recherche et d'éducation et les centres culturels que cet homme providentiel a fondés sont ouverts au public.

Fêtes du Bihar et du Jharkhand

Maner Urs *(fév.) à* Maner. Festivités et chants qawwali exécutés devant le mausolée de Sheik Yahya Mneri forment l'essentiel de ce festival en l'honneur du saint soufi.
Sarhool *(mars-avr.)*, Jharkhand. Les membres des tribus Munda, qui pratiquent le culte des arbres, participent à des cérémonies religieuses, des danses et des festins.
Jatra *(mars-avr.)*, Jharkhand. Les nombreuses danses traditionnelles du festival permettent aux jeunes filles des tribus Oraon de choisir leur compagnon.
Buddha Jayanti *(mai)* à Bodh Gaya. Festivités et prières collectives célèbrent la naissance du Bouddha, son illumination et son nirvana.

Pèlerin portant des offrandes au dieu du Soleil à Chhat

Batsavitri *(mai-juin)*. Ce festival commémore la légende de Savitri, qui ramena son époux Satyavan du royaume des morts grâce à l'intensité de sa prière. Les femmes mariées jeûnent et prient.
Sonepur Mela *(oct.-nov.) à* Sonepur *(p. 184)*.
Chhat *(oct.-nov.)*. Des confiseries en forme de fleurs, les *thekua* sont confectionnées dans toutes les maisons pendant ce festival d'action de grâces, dédié au dieu du Soleil, qui est célébré à travers tout l'État de Bihar pendant trois jours.

LE MADHYA PRADESH ET LE CHHATTISGARH

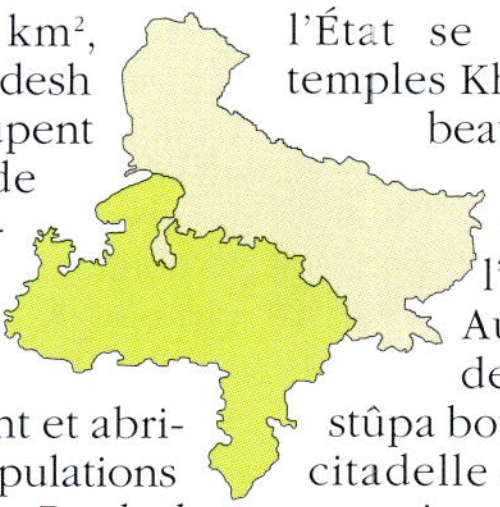

S'étendant sur 443 406 km², les États du Madhya Pradesh et du Chhattisgarh occupent le cœur géographique de l'Inde. Ensemble, ils possèdent des frontières communes avec sept autres États, regroupent un tiers des forêts du sous-continent et abritent près de la moitié des populations tribales du pays. Le Madhya Pradesh est traversé par les chaînes montagneuses de Vindhya et de Satpur et par la rivière Narmada. Au Nord de l'État se dressent les célèbres temples Khajuraho. Deux des plus beaux sanctuaires animaliers du pays, Bandhavgarh et Kanha, se trouvent à l'Est du Madhya Pradesh. Au Sud-Ouest, le plateau de Malwa abrite le grand stûpa bouddhique de Sanchi et la citadelle romantique de Mandu, construite aux XVᵉ et XVIᵉ siècles. En novembre 2000, les forêts du Sud-Est sont devenues un État à part entière sous le nom de Chhattisgarh.

LES SITES D'UN COUP D'ŒIL

Villes et villages
Bhopal 9
Chanderi 5
Gwalior 1
Gyaraspur 12
Indore 13
Jabalpur 19
Mandla 20
Shivpuri 4
Khajuraho 6
Mandu 15
Orchha 3
Sanchi 11

Sites historiques
Ajaigarh 7
Bhojpur 10

Parcs nationaux
Bandhavgarh National Park 8
Kanha National Park 21

Station d'altitude
Pachmarhi 18

Temples et lieux saints
Maheshwar 16
Omkareshwar 17
Ujjain 14

Tour
Bundelkhand Tower 2

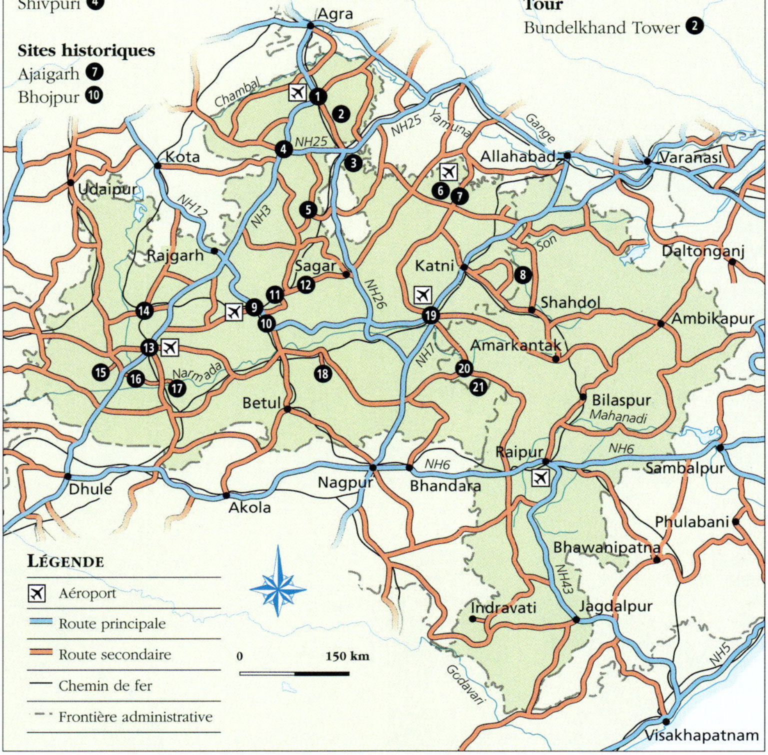

◁ **Apsaras (nymphes célestes) du temple de Lakshman, bâti au Xᵉ siècle, à Khajuraho**

La grande salle de réception du palais de Jai Vilas

Gwalior ❶

District de Gwalior, 321 km au S. de Delhi. 👥 *827 000.* ✈ *14 km au N. du centre-ville.* 🚉 🚌
ℹ *MP Tourism, 6 Gandhi Marg, (0751) 234 2606.* 🎭 *Tansen Music Festival (nov.-déc.).*

Mis à part sa **citadelle**, le principal centre d'intérêt de la ville de Gwalior est la somptueuse villa italienne du **Jai Vilas Palace**, conçue pour le maharaja de Gwalior par son architecte attitré, Sir Michael Filose, et bâtie au sud du fort à la fin du XIXe siècle. Bien que les descendants des souverains scindia y habitent encore, une partie du palais a été transformée en musée. La salle la plus splendide est le Durbar Hall et ses deux immenses lustres de trois tonnes. Pour tester la résistance du plafond, on fit déambuler des éléphants à l'étage supérieur. La villa possède également un train miniature en argent massif qui transportait les liqueurs autour de la table du maharaja

La vieille ville de Gwalior s'étire au nord du fort. Elle abrite deux monuments islamiques intéressants : le **Tomb of Mohammed Ghaus**, du XVIe siècle, orné de somptueux panneaux en pierre sculptée, et le **Tomb of Tansen,** sépulture du célèbre chanteur, l'un des « neuf joyaux » de la cour du Grand Moghol Akbar *(p. 154).*

🏛 Jai Vilas Palace Museum
● *mer.* 📞 *(0751) 232 2390.* 🎫

Gwalior Fort : Man Mandir Palace

Frise avec perroquets

L'immense citadelle de Gwalior mesure presque 3 km de long et occupe la crête d'une colline de grès et de basalte haute de 100 m. Ses puissants murs, soutenus par de nombreux bastions, mesurent 10 m de haut. Ils abritent un ensemble exceptionnel de palais et de temples, dont le plus spectaculaire est sans doute le palais de Man Mandir. Il fut construit entre 1486 et 1516 par le Raja Man Singh de la dynastie tomar. Orné de superbes bas-reliefs et de panneaux en pierre sculptée, ce palais à deux étages est considéré comme l'un des chefs-d'œuvre de l'architecture civile rajpoute. Sa façade est décorée de carreaux de faïence de couleurs vives – bleu, jaune et vert –, sur lesquels figurent des animaux : perroquets, paons, canards, éléphants.

Cour
Les chambres donnent sur une cour intérieure. Deux étages souterrains équipés de fontaines et de bains furent convertis en cachots.

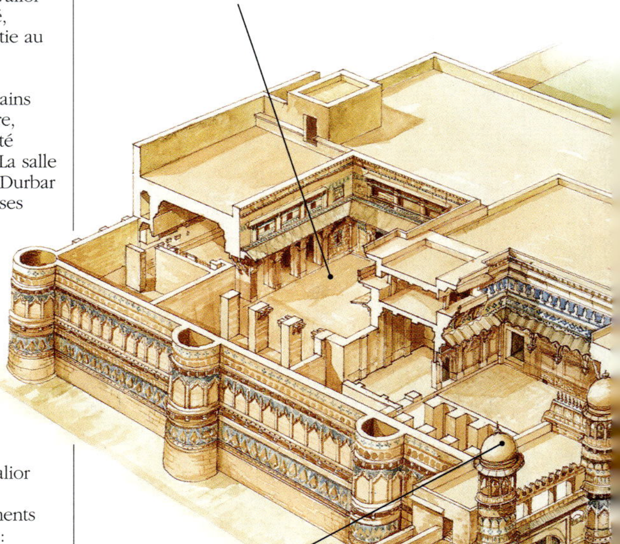

Les bastions
De minces bastions arrondis, décorés de carreaux de faïence colorés, tempèrent la sévérité des hautes murailles du fort.

Le magnifique portail d'entrée appelé Hathia Paur.

Les somptueuses sculptures et décorations de la façade sud du Man Mandir

Balustrades en pierre ajourée

La fenêtre en encorbellement des quartiers des femmes se détache des balustrades en pierre ajourée. Deux éléphants sculptés flanquent la fenêtre.

À la découverte du Gwalior Fort

Il fut décrit au XVIe siècle par un chroniqueur persan comme « la perle du collier des châteaux de l'Inde ». La citadelle de Gwalior, fondée au XIIIe siècle, appartint à une série de dynasties locales, aux sultans de Delhi et aux empereurs moghols avant de tomber entre les mains des Marathas Scindia, qui devinrent les maharajas de Gwalior au XVIIIe siècle. Elle fut brièvement investie par les Britanniques au XIXe siècle. On entre dans la citadelle par l'**Urwahi Gate** située à l'ouest, à côté des 21 immenses **reliefs jaïns** des *tirthankara* (patriarches jaïns) qui furent sculptés dans le flanc de la colline entre le VIIe et le XVe siècle.

À gauche des colosses, le **Teli ka Mandir Temple** est le plus grand temple de l'acropole. Construit au IXe siècle et recouvert de sculptures, il est dédié à Vishnou. Son *shikara* (tour) haut de 25 m et arrondi au sommet évoque l'architecture de l'Inde du Sud. Au nord du Teli ka Mandir se dressent deux temples dédiés à Vishnou construits au XIe siècle, appelés les **Saas-Bahu** (la mère et la belle-fille). À la différence de ses *shikhara*, les superbes sculptures de danseuses et de divinités survécurent aux saccages de l'armée du sultan Qutbuddin Aibak, qui pilla Gwalior au XIe siècle.

Au nord, les piliers richement ornés du **Hathia Paur**, la porte d'entrée du palais de Man Mandir, soutiennent l'encorbellement somptueux de ses arches. Au nord-est du fort, le **Gujari Mahal** fut construit au XVe siècle par le Raja Man Singh. Il abrite désormais l'**Archaeological Museum,** qui possède une belle collection de sculptures jaïnes et hindoues parmi lesquelles se trouve la célèbre statue de la *salabhanjika* (la nymphe sylvestre), qui provient du temple de Jaipur.

Le Teli ka Mandir du IXe siècle, le plus haut temple du fort

Bas-relief jaïn taillé dans la roche

MODE D'EMPLOI

Au N. du centre-ville. *t.l.j.*
Son et lumière *t.l.j., avr.-sept., 20 h 30, oct.-mars 19h30.*
Archaeological Museum *mar.-dim.*

GWALIOR FORT

1 Urwahi Gate
2 Reliefs jaïns
3 Teli ka Mandir
4 Temples Saas-Bahu
5 Hathia Paur Gate
6 Man Mandir Palace
7 Gujari Mahal

À la découverte de Bundelkhand ❷

Gwalior et la région environnante de Bundelkhand, nommé en l'honneur des souverains bundela rajpoutes, constituent une entité culturelle distincte au Centre de l'Inde. D'innombrables forts et monuments sont éparpillés dans un paysage rocailleux d'une grande beauté, perpétuant le souvenir des fastes de la cour des Bundela Rajput, et de la valeur des guerriers telle Rani de Jhansi *(p. 167)*. Le passé glorieux de la région et ses traditions artistiques raffinées sont reflétés dans les trésors architecturaux de Gwalior, dans ceux de la ville médiévale d'Orchha, et dans les temples de Sonagiri, perchés sur une colline.

Gwalior ①
Siège de nombreuses dynasties depuis le VIIIe siècle, Gwalior *(p. 196)* est la « porte d'entrée » la plus prestigieuse de la région de Bundelkhand.

Pawaya ②
Les vestiges d'un ancien fort – seuls témoignages de la capitale des rois nag (IIIe siècle) – sont visibles depuis la route de Dabra.

Sonagiri ③
On accède à cet ensemble de 77 temples jaïns merveilleusement préservés en traversant un village de pèlerins.

Jhansi ⑤
La ville est connue pour son fort et pour l'héroïque Rani Lakshmibai, morte en défendant la ville contre les Britanniques en 1858.

Datia ④
Les palais surélevés de l'ancienne capitale des Bundela offrent une jolie vue sur les nombreux petits lacs des environs.

Légende

- Parcours de découverte
- Autre route
- Rivière

0 — 20 km

Orchha ⑥
Les temples, les cénotaphes et les palais d'Orcha sont de parfaits exemples de l'architecture de Bundelkhand.

Conseils aux automobilistes

Distance : *120 km*
Étapes : *Gwalior, Sonagiri, Datia, Jhansi, Orchha et Taragram sont des étapes idéales. Il y a une station-service à Dabra, après Gwalior.*
Des hôtels touristiques gérés par l'État et des chambres d'hôte existent à Gwalior, Datia, Jhansi et Orchha.
Des bus desservent les sites.

Taragram ⑦
Une très intéressante fabrique de papier traditionnel promeut le savoir-faire des artisans locaux.

Le cénotaphe en marbre de Madhavrao Scindia à Shivpuri

Orchha ❸

Voir p. 200-201

Shivpuri ❹

District de Shivpuri. À 117 km au S.-O. de Gwalior. *146 900.* *MP Tourism, Railway Station, (0751) 254 0777.*

Shivpuri était autrefois la capitale d'été des Scindia, la famille régnante de Gwalior. Ses forêts étaient un terrain de chasse très apprécié des souverains moghols. Aujourd'hui, les attractions principales de la ville sont les cénotaphes en marbre blanc élevés au XIXe siècle en mémoire de Madhavrao Scindia et de sa mère. Les deux édifices occupent un jardin de type moghol. L'association de *shikhara*, de dômes et de coupoles offre un parfait exemple d'architecture indo-saracénique. Le cénotaphe de Madhavrao est décoré de marqueteries de lapis-lazuli et d'onyx *(pietra dura)*. Selon les traditions familiales, on continue de déposer chaque jour devant les sculptures grandeur nature du monarque et de sa mère une offrande de leurs mets favoris. Le **Madhav Vilas Palace**, une construction de style colonial, possède de belles terrasses qui surplombent la ville. Les forêts du **Madhav National Park** s'étendent sur 156 km². Jiyajirao Scindia y fit construire un pavillon de chasse, le **George Castle**, en souvenir de George V qui séjourna dans la région en 1911.

Chanderi ❺

District de Guna. À 227 km au S. de Gwalior. *28 300.* *MP Tourism, Tanabana, (07547) 252 222.*

Le **Kirtidurga Fort**, perché 200 m au-dessus de la rivière Betwa, domine la ville de Chanderi et le grand lac artificiel de Kirtisagar du haut de ses 6 km de remparts en granit. Fondée par les rois pratihara au Xe siècle, Chanderi tomba aux mains des sultans de Delhi et de Malwa, puis de l'empereur moghol Babur avant d'être envahie par les armées des Marathes, pour être finalement absorbée par le royaume scindia de Gwalior. On pénètre dans la ville par le Khuni Darwaza (« Portail ensanglanté »), qui signale l'endroit où en 1528 l'empereur Babur prit la ville. Plusieurs statues jaïnes sont taillées dans les rochers qui l'entourent. La plupart des édifices qui se trouvent à l'intérieur du fort sont attribués au sultan Mahmud de Malwa. Leur style afghan est typique de l'architecture de Mandu *(p. 213-215)*. L'édifice le plus ambitieux est le **Koshak Mahal**, qui date de 1445. Le sultan avait initialement prévu de construire un palais à sept étages, mais n'en acheva que deux. Ceux-ci disposent chacun de balcons, de rangées de fenêtres et de magnifiques plafonds voûtés. La **Jami Masjid** et le **Badal Mahal**, qui possède un élégant portail, sont également dignes d'intérêt. L'ancienne prospérité de cette ville marchande est encore visible dans ses grandes *haveli* en grès et ses caravansérails en ruine. Chanderi est également réputée pour ses saris en mousseline de soie et ses brocarts.

Détail d'un minaret du Kirtidurga Fort

Aux environs : Le **Deogarth Fort**, la « forteresse des Dieux », se dresse à 25 km au sud-est de Chanderi. Ses murs abritent une collection fantastique de sculptures en provenance de temples jaïns des IXe et Xe siècles. Juste en dessous du fort se trouve le temple Vishnou Dasavatara du Ve siècle. Il possède de belles sculptures et des piliers sur lesquels sont perchés des musiciens célestes. La statue de Vishnou endormi sur Anantha, le serpent cosmique *(p. 24-25)*, qui orne l'un de ses murs extérieurs, est un chef-d'œuvre de l'art indien.

Le Chanderi's Fort fut témoin de nombreuses batailles

Le cénotaphe d'un roi bundela à Orchha

Orchha ❸

District de Tikamgarh. À 120 km au S.-E. de Gwalior. *Jhansi, 19 km au N.-O. d'Orchha, puis en taxi ou en bus.* *MP Tourism, Sheesh Mahal, (07680) 252 624.* *Ramnavami (avr.), Dussehra (sept.-oct.).*

Perchée sur une île rocailleuse de la rivière Betwa, la cité d'Orchha jouit d'une situation exceptionnelle. Fondée en 1531, elle fut la capitale des rois bundela jusqu'en 1738, date à laquelle elle fut délaissée au profit de Tikamgarh.

Des palais en ruine, des pavillons, des hammams, des murailles et des portails reliés à la ville par une impressionnante chaussée surélevée, soutenue par 14 arches, sont les seuls témoignages de la capitale des Bundela. Les trois palais principaux sont disposés symétriquement. Ce sont le **Raj Mahal** (1560), le **Jahangiri Mahal** (1626) et **le Raj Praveen Mahal**, bâti aux environs de 1670 et nommé en souvenir d'une maîtresse du roi.

La vieille ville est dominée par trois magnifiques temples : le **Ram Raja**, le **Lakshmi Narayan** et le **Chaturbhuj**. Mélange unique d'architecture religieuse et militaire, le Chaturbhuj Temple est dédié à Vishnou. Il possède d'immenses salles à arcades et un toit en forme de spirale.

Les 14 cénotaphes des souverains d'Orchha sont alignés sur les *ghât* qui bordent la rivière Betwa.

Orchha : le Jahangiri Mahal

Motif floral en pierre turquoise

Ce palais, magnifique exemple d'architecture rajpoutre bundela, fut construit par le roi Bundela Bir Singh Deo et nommé en l'honneur de l'empereur moghol Jahangir, qui y séjourna une nuit. Le palais possède 132 chambres, réparties sur de nombreux étages autour de la cour centrale, et presque autant de pièces souterraines. Bâti en grès rouge, il est orné de nombreux carreaux de lapis-lazuli, de *chaatri* gracieux et de *jali* (panneaux ajourés). Un petit musée y a été aménagé.

Chaatri
Ces coupoles donnent aux toitures du palais un profil délicat et aérien.

Des niches sculptées bordent les murs extérieurs.

Entrée

★ Portail d'entrée
Certaines des pièces qui donnent sur la cour centrale abritent aujourd'hui un musée.

À NE PAS MANQUE[R]

★ Portail d'entrée

★ Pavillons à coupol[es]

★ Pavillons à coupole
Des pavillons, surmontés chacun d'un dôme et abritant un appartement, occupent les quatre coins et les quatre côtés de l'édifice.

Mode d'emploi

Palais. t.l.j. jours fériés.
MP Tourism, Sheesh Mahal, (07680) 252 624.
Musée
t.l.j. jours fériés.

Carreaux de faïence
Des motifs géométriques couleur lapis ornent les parties supérieures des façades.

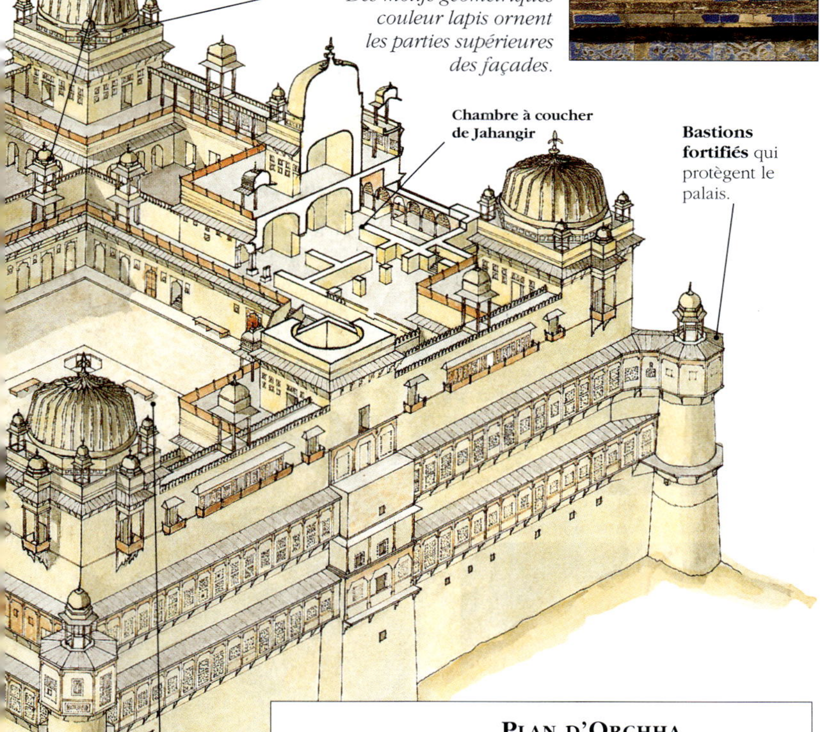

Chambre à coucher de Jahangir

Bastions fortifiés qui protègent le palais.

La cour centrale est visible quel que soit l'endroit où on est placé. Certaines des pièces qui donnent sur la cour centrale abritent aujourd'hui un musée.

Plan d'Orchha

La ville fortifiée d'Orchha contient trois palais principaux et les ruines de nombreuses structures annexes.

1 Jahangiri Mahal
2 Sheesh Mahal
3 Raj Mahal
4 Raj Praveen Mahal
5 Hammam
6 Écuries

Légende

Zone illustrée

Les frises juste au-dessus de la terrasse représentent des déesses et des personnages en procession.

À la découverte de Khajuraho

Les 25 temples de Khajuraho témoignent de l'explosion de créativité artistique qui se produisit sous le règne des souverains chandela, lorsqu'ils firent de Khajuraho leur capitale d'été. L'isolation relative des temples les sauva des déprédations des envahisseurs musulmans, mais elle fut également la cause de leur abandon, après le déclin de la dynastie chandela au XIIIe siècle. Cachés au cœur de la forêt pendant 700 ans, ils furent redécouverts en 1838 par le capitaine T. S. Burt des Bengal Engineers. La tradition locale prétend qu'il y aurait eu 85 temples à l'origine. Les fouilles ont déjà mis au jour de nombreux vestiges.

Statue du sanglier Varaha, l'un des avatars de Vishnou

Les temples de Khajuraho sont répartis en trois groupes. Le plus important est le **groupe Ouest** qui inclut les temples de **Lakshmana** et de **Vishwanatha** mais exclut celui de Kandariya Mahadev *(p. 202-203)*.

Les structures, les ornements et les thèmes des deux temples du groupe Ouest sont similaires à ceux du Kandariya Mahadev, mais les temples possèdent cependant des qualités distinctes. Le Lakshmana Temple, bâti en 930, dispose d'un magnifique porche d'entrée, au plafond particulièrement remarquable, de très belles femmes ainsi que deux chanteurs ambulants sur la façade sud. En face se dresse un pavillon qui contient une merveilleuse statue du sanglier Varaha, un avatar de Vishnou, ainsi que de nombreux bas-reliefs représentant des divinités.

La façade sud du Vishwanatha Temple, bâti en 1002, possède une merveilleuse représentation d'une apsara qui se retire une épine du pied. L'intérieur contient une autre apsara, tout aussi remarquable, en train de jouer de la flûte.

Le **Matangeshara Temple**, bâti en 900 abrite une vaste salle circulaire, d'une grande sobriété. C'est le seul temple de Khajuraho qui soit encore en activité *(p. 209)*. L'**Archaelogical Museum**, situé près de l'entrée du groupe Ouest, possède une belle collection de sculptures. Celles-ci proviennent toutes du site, notamment un ganesh en train de danser et une frise qui illustre la construction des temples de Khajuraho avec des scènes représentant la taille et le transport des pierres.

Apsara appliquant du khôl

Non loin de là se trouve le **groupe Est** des temples. Le **Parsvanath Temple**, temple jaïn construit en 950, est le plus remarquable. Le porche est finement sculpté. La façade ouest possède deux apsaras appliquant du khôl autour de leurs yeux et se peignant les pieds avec grâce. Sur la façade nord, plusieurs apsaras nouent des clochettes à leurs chevilles.

La dernière phase de la construction des temples de Khajuraho est visible dans le **groupe Sud**. Le sanctuaire du temple de Chaturbhuj, bâti en 1090, possède un superbe shiva à quatre bras. C'est le seul temple important de Khajuraho sans sculptures érotiques.

Statue de Vishnou du Lakshman Temple

Archaelogical Museum
sam.-jeu. (07686) 272 320.

Aux environs : Les Raneh Falls (cascades) se trouvent à 17 km au sud de Khajuraho. Le **Rajagarh Palace**, au sud-est de Khajuraho, fut conçu au XIXe siècle dans le style bundela des palais de Datia et d'Orchha *(p. 200-201)*. À 32 km au sud-est de Khajuraho, au bord de la rivière Ken, le **Panna National Park** possède des troupeaux de cerfs, des léopards et des crocodiles et abrite les belles Pandav Falls (cascades). Le *Gille's Tree House* est un étonnant restaurant perché à 20 m au-dessus du sol.

Ajaigarh 7

District de Panna. À 75 km à l'E. de Khajuraho. *t.l.j.*

Cette grande citadelle chandela, construite au IXe siècle à 500 m au-dessus de la plaine, est aujourd'hui un spectaculaire champ de ruines. Le chemin abrupt qui y mène passe à côté de sculptures colossales taillées dans la falaise, parmi lesquelles se trouve une représentation d'une vache et de son veau. Le fort abrite les vestiges de magnifiques palais, plusieurs piliers *sati*, témoins de l'immolation par le feu des veuves rajpoutes.

Bandhavgarh National Park 8

Tigre indien

C'est l'une des réserves de tigres les plus importantes d'Inde. Le parc recouvre un territoire de 625 km². En plus de ses quelque 50 tigres, le parc accueille 250 espèces d'oiseaux, des léopards, des cerfs, des chats des marais ainsi que des meutes de dholes (chiens sauvages). Des collines rocailleuses, de belles forêts, des marécages et des prairies composent le parc. Un fort pittoresque, perché sur une colline, possède de belles sculptures et attire de nombreux visiteurs.

Mode d'emploi

District de Shahdol. À 237 km au S.-E. de Khajuraho. *Umaria, 33 km au S.-O. de Tala, l'accès principal.* *MP Tourism, White Tiger Lodge, Tala, (07653) 265 308.* *oct.-juin.* *payant.* *possibilité de safari en Jeep.*

Statue de Sheshasaya
Au pied du fort, une statue de 11 m de long représente Vishnou endormi, veillé par un serpent à sept têtes.

Fort de Bandhavgarh
Les remparts du fort, fondé au Ier siècle, offrent un point d'observation idéal pour les amateurs d'oiseaux.

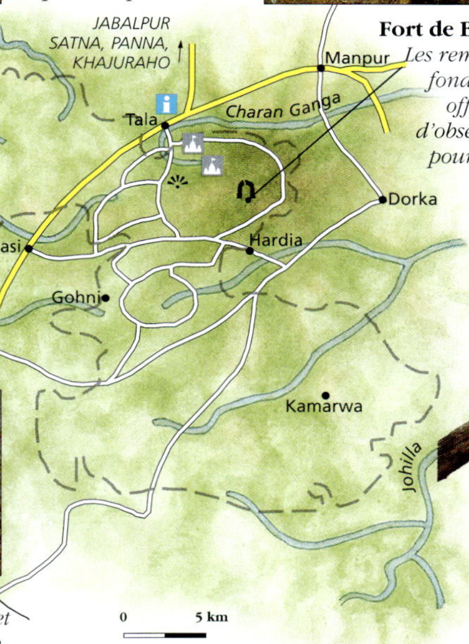

Dhole
Le chien sauvage indien émet un sifflement caractéristique pour rassembler sa meute. Son poil est roux et il possède de longues oreilles dressées.

Serpentaire bacha
Ce gros aigle se nourrit de serpents et de lézards.

Légende

- Limite du parc
- Route principale
- Route secondaire
- Temple
- Information touristique
- Point de vue
- Fort

Le tigre blanc de Rewa

En 1951, le maharaja de Rewa captura un tigre blanc dans les forêts de Bandhavgarh. Baptisé Mohan, il devint rapidement un reproducteur très courtisé. Tous les tigres blancs des zoos du monde entier sont des descendants de Mohan. Le zoo de Bhopal en possède un couple *(p. 207)*. Depuis 1951, aucun autre tigre blanc n'a été aperçu dans la région de Bandhavgarh. En termes génétiques, le tigre blanc n'est pas un albinos, ni une espèce distincte : c'est une aberration.

Le tigre blanc est très rare à l'état sauvage

Bhopal ❾

Détail d'une arche du Moti Masjid

La capitale de l'État du Madhya Pradesh, Bhopal, fut fondée au XIe siècle par Raja Bhoj, de la dynastie des Paramara. Au XVIIe siècle, elle tomba entre les mains d'une dynastie musulmane, à la tête de laquelle se sont illustrées quelques femmes remarquables : les bégums de Bhopal. La ville est entourée de collines et s'étend sur les rives de deux lacs artificiels : l'Upper Lake et le Lower Lake. Le vieux quartier de Bhopal, situé au nord des lacs, est un méandre de ruelles étroites ; la ville moderne, au sud, est un mélange de banlieues résidentielles verdoyantes et de zones industrielles. En décembre 1984 eut lieu l'un des accidents industriels les plus meurtriers de l'histoire : une fuite de gaz toxique survenue à l'usine d'Union Carbide tua 5 000 personnes.

Taj-ul-Masjid

Hamidia Rd. *t.l.j.* *aux non-musulmans, ven. et pendant les fêtes religieuses.*

Cette mosquée rose est le monument le plus imposant de Bhopal. Les travaux de construction, lancés par la bégum Shah Jehan en 1878, furent interrompus pendant presque un siècle, avant d'être achevés en 1971. Une souveraine éclairée, la Bégum, organisa le système postal de la ville et la dota de plusieurs hôpitaux, mais elle vida rapidement les caisses de l'État. La vaste cour de la mosquée abrite une *dukka* (réservoir d'eau) pour les ablutions rituelles. La grande salle des prières possède une remarquable série de colonnades. La mosquée grandiose est surmontée de trois dômes blancs et flanquée de deux minarets de 18 étages.

The Chowk

Bazar. *mar.-dim.* **Jami Masjid** *t.l.j.* *aux non-musulmans, ven. et pendant les fêtes religieuses.*

Situé au cœur de la vieille ville, le Chowk (« place principale ») occupe le centre d'un réseau complexe de ruelles, chacune étant spécialisée dans la vente d'une marchandise spécifique : les *batua* de Bhopal (bourses en perles de verre), les soies *tussar*, les couvre-chefs, les instruments de percussion et les épices. Les rez-de-chaussée des *haveli* du quartier hébergent des boutiques aux devantures en bois, que surplombent de beaux balcons en fer forgé. Les fanions d'or de la Jami Masjid dominent le quartier. Construite en 1837 par Qudsia Begum, une souveraine de Bhopal, la mosquée est entourée de magasins spécialisés dans la vente des bijoux en argent.

Bourse de Bhopal

Au sud du Chowk, une autre mosquée, la Moti Masjid (« Mosquée de la perle ») fut érigée en 1860 par Sikandra Begum, la fille de Qudsia Begum, qui lui succéda sur le trône. Avec son dôme à rayures et ses minarets en grès effilés, elle ressemble à une version miniature de la Jami Masjid de Delhi *(p. 80)*.

Le Shaukat Mahal vaut également le détour. Ce palais offre un curieux mélange de styles indo-saracénique et rococo.

La fontaine et le bassin de la Moti Masjid

Bharat Bhavan

Collines de Shamla. *(0755) 266 0353.* *mar.-dim.*

Le centre culturel de Bharat Bhavan fut créé en 1982 pour mettre en valeur le riche héritage artisanal et folklorique des tribus du sous-continent. À droite de l'entrée, la Tribal Art Gallery possède une superbe collection d'objets votifs, de figurines en terre cuite, de masques, de peintures murales, de statues en bois et de sculptures en métal typiques de l'artisanat bastar. De l'autre côté de la cour, une galerie expose les œuvres d'artistes indiens contemporains.

State Archaeological Museum

Banganga Rd. *(0755) 255 5099.* *mar.-dim.*

Le musée possède un groupe de bronzes jaïns du XIIe siècle, découverts dans le district de Dhar du Madhya Pradesh occidental, d'une qualité exceptionnelle. On y trouve

La Taj-ul-Masjid, le monument le plus impressionnant de Bhopal

Reconstitution d'une hutte tribale, Rashtriya Manav Sangrahalaya

également une série de sculptures en pierre du VIe au Xe siècle et des pièces plus anciennes, comme des *yakshi* (servantes) du IIe siècle avant J.-C. et un bouddha debout en granite noir.

Rashtriya Manav Sangrahalaya (Musée de l'Habitat tribal).

Au S. des collines de Shamla.
mar.-dim.

Situé sur les collines qui surplombent l'Upper Lake, ce musée s'étend sur 40 ha et contient des exemples d'habitations tribales authentiques, réalisées sur place par des artisans indigènes. Les principales tribus du sous-continent sont représentées à travers des expositions d'outils, d'objets rituels, d'instruments de musique, d'ustensiles, de peintures murales, de bas-reliefs, de bijoux et de costumes.

Van Vihar National Park

mer.- lun., 6h-10h30, 15h-17h30.

Les habitants les plus célèbres de ce vaste parc situé près de l'Upper Lake sont ses tigres blancs *(p. 205)*. Vous avez une chance de les apercevoir à 16 h, lorsqu'ils s'approchent des bordures de leur enclos pour le repas du soir. Le zoo

MODE D'EMPLOI

District de Bhopal. À 744 km au S. de Delhi. *1 433 900.* *11 km à l'O. du centre-ville.* *MP Tourism, Gangotri, TT Nagar, (0755) 277 4340.* *mar.-dim.* *Bhopal Mahotsav (fév.)*

abrite également des lions, des léopards et des ours des Himalayas.

Birla Museum

Près du temple Lakshmi Narayan *(0755) 255 1388.* *jeu.- mar.*

Ce musée dispose d'une belle collection de sculptures en pierre réalisées entre le VIIe et le XIIe siècle. Shiva, Vishnou et de nombreuses déesses sont représentés sous leurs divers avatars. Les représentations de Vishnou sous la forme du sanglier Varaha, de la déesse Durga sous les traits de la féroce Chamunda, et de Shiva et de sa conjointe Parvati dans leur demeure céleste du mont Kaisala sont particulièrement impressionnantes. Près du musée se dresse le grand temple Lakshmi Narayan, de construction récente, qui surplombe le Lower Lake.

Centre-ville de Bhopal

Bharat Bhavan ③
State Archaeological Museum ④
Taj-ul-Masjid ①
Le Chowk ②

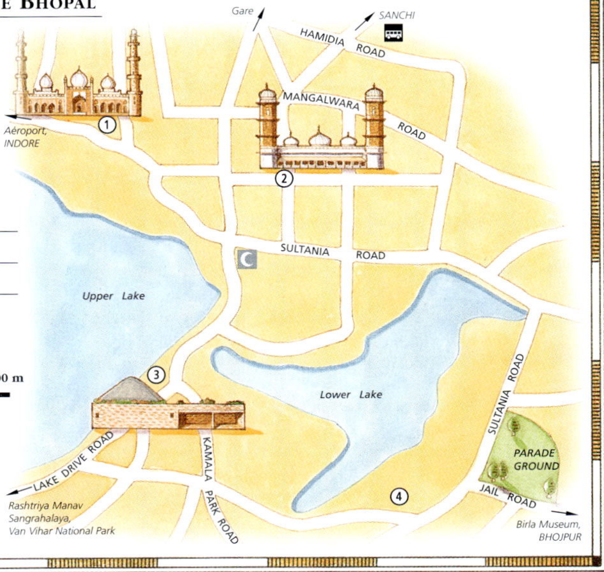

LÉGENDE

Arrêt de bus
Mosquée

Sculpture du temple inachevé de Bhojeshvara, Bhojpur

Bhojpur ⑩

District de Bhopal. À 28 km au S.-E. de Bhopal. *MP Tourism, Bhopal, (0755) 277 4340.*

Fondée au XIe siècle par Raja Bhoj, le roi paramara qui bâtit également Bhopal *(p. 206)*, Bhojpur est dominée par un énorme temple inachevé : le **Bhojeshvara Mandir**. De merveilleuses sculptures ornent le portail d'entrée et les encorbellements de son plafond à moitié béant.

À l'intérieur, un lingam de 2,3 m de haut et de 5,3 m de circonférence repose sur une plate-forme à gradins. Les plans de l'architecte sont gravés dans les dalles et les rochers de la cour d'entrée. Au nord-est, on peut voir les vestiges d'une colossale rampe en terre utilisée pour transporter les pierres jusqu'au sommet de l'édifice.

AUX ENVIRONS : Les cavernes préhistoriques de Bhimbetka, ornées d'art rupestre vieux de 12 000 ans, se trouvent à 17 km au sud de Bhojpur.

Sanchi ⑪

District de Raisen. À 46 km au N.-E. de Bhopal. *Traveller's Lodge, (07482) 266 723. Chaityagiri Vihara Festival (nov.)*

La paisible colline de Sanchi abrite l'un des sites les plus extraordinaires et les mieux préservés de l'Inde bouddhique. Entre le IIIe siècle avant J.-C. et le VIIe siècle de notre ère, ce centre florissant du bouddhisme vit se dresser d'innombrables temples et stûpas. Les monuments de Sanchi illustrent l'évolution de l'art bouddhique sur une période de plus de 1 000 ans.

Fondée par l'empereur Ashoka *(p. 42)* dont l'épouse était originaire de la ville voisine de Vidisha, Sanchi prospéra sous les dynasties successives grâce aux dons généreux des riches marchands de Vidisha. Lorsqu'au XIVe siècle le bouddhisme indien commença à décliner, Sanchi fut désertée et à moitié oubliée, jusqu'à e qu'elle soit redécouverte par le général Taylor des Cavaliers du Bengale. Entre 1912 et 1919, le site fut entièrement restauré par l'*Archaeological Survey of India* (ASI) sous la direction de Sir John Marshall et inscrit au Patrimoine de l'humanité de l'Unesco en 1989. La majorité des monuments de Sanchi sont regroupés derrière un vaste enclos, au sommet d'une colline, que dominent le Grand Stûpa et ses quatre superbes portails *(p. 210-211)*. Non loin de là, plus au nord, le stûpa 3 (construit au IIe siècle avant J.-C.), de dimension plus modeste et doté d'un portail unique, contient les reliques des deux plus proches disciples du Bouddha : Sariputra et Maudgalayana.

L'enclos abrite également plusieurs monastères, situés à l'est, à l'ouest et au sud. Le **Monastery 51**, bâti au Xe siècle, est le plus intéressant. Ses 22 cellules de moines donnent sur un cloître à colonnades.

Stûpa votif

Le **Temple 17**, situé à l'est, date du Ve siècle. Cette structure à toit plat est l'un des plus anciens exemples de temple en pierre indien. Il a fortement influencé le développement ultérieur de l'architecture sacrée indienne.

Situé en contrebas du grand stûpa, à l'extérieur de l'enclos, le **Stupa 2** qui date du IIe siècle avant J.-C. possède des balustrades sculptées ornées de médaillons où figurent des fleurs de lotus et des animaux mythologiques. Près du portail sud du Grand Stûpa gît le fût brisé d'un pilier ashoka en pierre polie. Il fut employé pour presser la canne à sucre par un seigneur local au XIXe siècle. Son chapiteau orné de quatre lions est similaire à celui de Sarnath

LES PEINTURES RUPESTRES DE BHIMBETKA

Une caverne de Bhimbetka

En 1957, l'archéologue indien V. S. Wakanker découvrit un réseau de plus de 1 000 cavernes, au milieu de la forêt, non loin de Bhimbekta. Plus de la moitié d'entre elles étaient ornées de peintures rupestres, dont le style vif et épuré rappelait les chefs-d'œuvre de Lascaux et du Kalahari en Afrique. Les œuvres les plus anciennes, datées du paléolithique supérieur, représentent des bisons et des rhinocéros, à l'aide de pigments rouges, et des figures humaines en vert. La majorité des peintures, scènes de la vie quotidienne et épisodes de chasse, furent cependant exécutées au mésolithique (entre 8 000 et 5 000 ans avant notre ère). Des peintures plus récentes, du Ier siècle de notre ère, figurent des batailles et des divinités hindoues. En 2003, le site a été classé au Patrimoine de l'Unesco.

Peinture du mésolithique à Bhimbetka

Le stûpa contenait autrefois les reliques des disciples du Bouddha

(p. 178), bien que ne possédant pas la même finesse. Il est exposé à l'**Archaeological Museum** de Sanchi, qui contient aussi un couple de lions ailés mauryan, des frises sculptées qui ornaient autrefois un portail, des bouddhas et des bodhisattvas.

Aux environs : Située à 10 km au nord-est de Sanchi, à la confluence des rivières Beas et Betwa, **Besnagar** était autrefois un centre de commerce important. La ville a conservé un vestige tout à fait exceptionnel de son passé : l'**Heliodorus Column**. Dotée d'un chapiteau en forme de cloche, la colonne fut érigée en 113 avant J.-C. et dédiée au dieu Vasudeva par un émissaire du roi grec de Taxila (aujourd'hui situé au Pakistan), pour célébrer la conversion de ce dernier à l'hindouisme.

À 20 km au nord de Sanchi, **Udayagiri** possède de beaux exemples de grottes sculptées du Ve siècle, creusées dans le flanc de la montagne. La plus célèbre est la **Grotte 5**, qui possède une sculpture du sanglier Varaha, l'avatar de Vishnou, sauvant la déesse de la Terre de l'océan déchaîné.

Bas-relief représentant le sanglier Varaha, Grotte 5 d'Udayagiri

Le **Raisen Fort** est perché au sommet d'une colline à 23 km au sud-est de Sanchi. Son portail du XIIIe siècle, ses palais, ses temples et ses nombreux pavillons furent dévastés par les armées du sultan de Gujarat au XVIe siècle. Le site possède une atmosphère envoûtante.

Udayapur, à 70 km au nord-est de Sanchi, abrite le merveilleux **Nikanteshwar Temple**, en grès rouge, bâti au XIe siècle et dédié à Shiva. Il est comparable en taille et en beauté aux temples de Khajuraho *(p. 202-204)*. La symétrie de son *shikhara*, qui s'élève gracieusement en gradins de pierre sculptée, est rompue par une silhouette insolite, qui semble suspendue en plein air et représenterait selon la légende locale l'architecte en train d'essayer de monter jusqu'au ciel.

Gyaraspur ⓬

District de Vidisha. À 64 km au N.-E. de Bhopal. *MP Tourism, Bhopal, (0755) 277 4340.*

Le **Maladevi Temple,** construit au IXe siècle, se dresse sur une colline, à Gyaraspur. En partie taillé dans le rocher, il est aujourd'hui en ruine, et nombre de ses superbes sculptures ont malheureusement été pillées. L'admirable statue de la *salabhanjika*, la fierté de l'Archaelogical Museum du Gwalior Fort *(p. 197)*, fut découverte ici.

Fêtes du Madhya Pradesh et du Chhattisgarh

Shivatri *(fév.-mars)*, à Khajuraho.
Les noces de Shiva et de Parvati sont célébrées au cours de processions colorées et par une mise en scène du mariage céleste dans le temple de Matangeshvara, qui dure toute la nuit.

Festival de danse *(fév.-mars)* à Khajuraho.
Pendant une semaine, les plus grands danseurs d'Inde se produisent devant le Kandariya Mahadev Temple. Les apsaras qui figurent sur les bas-reliefs du temple semblent revenir à la vie.

Une danseuse classique, Festival de Khajuraho

Dussehra *(sept.-oct.)*, à Chhattisgarh. Ce festival de 10 jours en l'honneur de Ram est célébré dans la joie, au pays des Bastar, au cœur du Chhattisgarh. La mise en scène des épisodes du *Ramayana (p. 27)* s'accompagne d'un marché traditionnel, de combats de coqs et de danses.

Chaityagiri Vihara Festival *(nov.)*, à Sanchi.
Des bouddhistes viennent des quatre coins d'Inde pour se se réunir autour des reliques des deux disciples du Bouddha.

Tansen Music Festival *(nov.-déc.)*, Gwalior.
Nommé en souvenir du grand musicien Tansen, l'un des « neufs joyaux » de la cour du Grand Moghol Akbar, ce festival attire les meilleurs musiciens et chanteurs du sous-continent.

Sanchi : le Grand Stûpa

Animaux ornant un *torana*

Le Grand Stûpa de Sanchi, bâti au IIe siècle avant J.-C., est le plus somptueux monument de cette époque du bouddhisme. Il est inscrit au Patrimoine de l'Unesco. Sa forme hémisphérique a donné lieu à de nombreuses interprétations. On y a vu un bol à aumône renversé et la protection du Bouddha s'étendant à tous ses disciples. Les quatre portiques en pierre *(torana)* ajoutés au Ier siècle de notre ère sont splendides. Leurs magnifiques décorations semblent imiter l'art des sculpteurs de bois et d'ivoire.

Portique ouest
Cette scène animée extraite des Fables de Jataka *montre des singes traversant un pont pour échapper à des soldats.*

Chemins de circumambulation
Ils sont bordés de balustrades ornées de médaillons en forme de fleurs, d'oiseaux et d'animaux et gravées avec les noms des donateurs.

Portique sud
La roue de la Loi, entourée de dévots, symbolise le Bouddha.

Les quatre portiques sont décorés de scènes de la vie du Bouddha et d'épisodes des *Fables de Jataka*. Le Bouddha n'est pas représenté sous sa forme humaine, mais symboliquement, par l'Arbre Bodhi, ou par une empreinte de pied sur une roue.

Détail d'une architrave
Ses décors sophistiqués pourraient être l'œuvre de sculpteurs de bois et d'ivoire.

★ Portique nord
Sujata, la fille du chef du village, offre au Bouddha (représenté ici par l'arbre Bodhi) un gâteau de riz (kheer), *pendant que le démon Mara envoie une tentatrice pour le séduire.*

Mode d'emploi

t.l.j. **Archaeological Museum** (07482) 26 6611.
mar.-dim. La circumambulation se fait dans le sens des aiguilles d'une montre.

Les *vedika* (balustrades) en pierre semblent taillées dans du bois. Les balustrades en trompe-l'œil de Sanchi inspirèrent celles qui entourent le Sansad Bhavan et le Parlement *(p. 68)* de New Delhi.

Le Grand Stûpa et son portique ouest
Contenant un stûpa en brique plus petit, bâti par l'empereur Ashoka au IIe siècle avant J.-C., le Grand Stûpa est coiffé d'un parapluie en pierre à plusieurs niveaux.

Des statues représentant le Bouddha en train de méditer furent ajoutées au Ve siècle en face de chaque portique.

Portique est
Cette scène représente la suite royale du palais de Kapilavastu, où demeura le Bouddha jusqu'à ce qu'il renonce à la vie princière.

★ *Salabhanjika*
Soutenant l'architrave inférieure du portique est, une nymphe arboricole, sensuelle et enjôleuse, se pend aux branches d'un manguier.

À ne pas manquer

★ **Portique nord**

★ ***Salabhanjika***

Indore ⓭

District d'Indore. À 187 km à l'O. de Bhopal. 1 597 400. 10 km à l'O. de la ville. MP Tourism, derrière Ravindra Natyagriha, (0731) 252 8653. lun.-sam. Ganesha Chaturthi (août-sept.).

Indore est la capitale économique de l'État du Madhya Pradesh. La ville est demeurée un État princier, sous la dynastie des Maratha Holkar, jusqu'en 1947.

Au cœur de la cité, dominant le bazar animé de la ville, se dressait autrefois le **Rajwada Palace**, dont seule l'imposante façade a survécu à l'incendie de 1984. À l'ouest, le **Kanch Mandir** (« Temple de verre ») est un opulent édifice jaïn du XIXe siècle, décoré de manière extravagante.

Le sud-ouest de la ville abrite le riche Lalbagh Palace, bâti par les souverains d'Indore au début du XXe siècle. Il abrite aujourd'hui un musée, le **Nehru Centre**, qui expose une collection de peintures miniatures, des pièces du Moyen Âge et des exemples d'artisanat tribal. À l'extérieur, une statue de la reine Victoria inspecte le jardin d'un air sévère.

Nehru Centre
Lalbagh Palace. (0731) 247 3264. mar.-dim.

Aux environs : **Dewas**, à 35 km au nord-est d'Indore, fournit le cadre du roman d'E. M. Forster *La Colline de Devi* (1953).

L'intérieur rutilant du Kanch Mandir à Indore

Les *ghât* sacrés le long de la rivière Shipra à Ujjain

Ujjain ⓮

District d'Ujjain. À 56 km au N.-O. d'Indore. 429 900. MP Tourism, Railway Station, (0734) 396 9000. Kumbh Mela (tous les 12 ans), Shivatri (fév.-mars).

Située sur les berges de la rivière Shipra, Ujjain est l'une des villes les plus sacrées de l'Inde, et l'un des quatre sites qui tous les 12 ans accueillent la Kumbh Mela *(p. 178)*. Aux IVe et Ve siècles, elle fut la seconde capitale de l'Empire gupta *(p. 43)*. Les fortunes de Shipra connurent un premier revers lorsqu'elle fut saccagée au XIIIe siècle par les armées du sultan de Delhi *(p. 48)*. Le **Mahakaleshwar Temple**, une construction du XVIIIe siècle qui s'élève sur le site de l'édifice original, est aujourd'hui le principal centre d'intérêt de la ville. Son lingam attire de nombreux dévots. Le **Gopal Temple** domine la place principale de la ville. Ses portes en argent auraient été dérobées au Somnath Temple de Gujarat, qui fut pillé par Mahmud de Ghazni au XIe siècle. Le Temple d'or d'Amritsar en possède une paire similaire *(p. 96-97)*. Le plus long des *ghât* sacrés de la ville est le **Ram Ghat**. C'est là que se tient la Kumbh Mela. Le **Chintaman Ganesha Temple** qui se dresse sur la rive opposée possède des piliers sculptés du XIe siècle, seuls vestiges du monument d'origine.

Le **Vedh Shala Observatory** est situé au sud-ouest de la ville. Bâti en 1730 par Sawai Jai Singh II de Jaipur, le gouverneur de Malwa nommé par l'empereur moghol, il ressemble à un modèle réduit de l'observatoire de Jaipur *(p. 296-297)*.

Aux environs : Le charmant **Kalaideh Palace**, situé à 8 km au nord d'Ujjain, fut bâti au XVe siècle sur une île de la rivière Shirpa par les sultans de Malwa.

La colline de Devi

Le célèbre romancier anglais Edward Morgan Forster (1879-1970) séjourna plusieurs mois dans l'État princier du Dewas, à titre de secrétaire particulier de son excentrique maharaja. Son roman, *The Hill of Devi* décrit cette Cour provinciale et ses fêtes, ses intrigues et son protocole extrêmement compliqué. Dewas est dominé par une colline au sommet de laquelle se dresse le temple de la déesse Chamunda Devi, qui prêta son nom au roman. Le minuscule État de Dewas était partagé entre deux frères, possédant chacun son palais, son armée et son hymne national. Forster servit à la Cour du plus âgé des deux. Cette expérience lui fournit également la matière de son roman le plus célèbre : *A Passage to India* (1924).

Peinture de Devi, Dewas

Mandu ⓯

District de Dhar. À 105 km à l'O. d'Indore. Tourist Cottages, (07292) 26 3235.

Perchée sur la crête des montagnes Vindhya, la citadelle abandonnée de Mandu est un des sites les plus pittoresques et les plus romantiques du pays. À l'abri de ses murs à parapets, entourée de profonds ravins boisés, cette « cité de la joie » *(Shadabad)* est l'œuvre des sultans de Malwa *(p. 49)*. Les mosquées, les palais, les lacs et les pavillons de plaisir qui la composent furent construits entre 1401 et 1529. La ville s'étire sur 23 km², mais ses principaux monument sont regroupés en deux ensembles, les palais de Munja Talao ou Royal Enclave et le groupe de Mandu.

Les arcs rythment l'espace à l'intérieur de l'Hindola Mahal à Mandu

Royal Enclave

t.l.j.

La Royal Enclave est dominée par le **Jahaz Mahal** *(p. 214-215)* et par le majestueux **Hindola Mahal** en forme de T. Le nom de ce dernier signifie « le palais qui penche » : une illusion produite par ses puissants murs inclinés par rapport à la verticale. Il fut bâti à la fin du XVᵉ siècle pour abriter les assemblées royales. Le puits de **Champa Baoli** est connecté à une série de pièces souterraines dont la fraîcheur, entretenue par la source voisine, faisait les délices des femmes du harem pendant la canicule. À l'est, le **complexe de Gada Shah** est constitué d'une maison et de boutiques qui appartenaient à un ambitieux chef rajput de la cour de Mandu. Les boutiques étaient en fait une salle d'audience et la maison un édifice luxueux à deux étages équipé de canalisations d'eau et de fontaines. Deux portraits du chef et de son épouse ont été conservés. Le plus ancien monument de la Royal Enclave est la Dilawar Khan Masjid, construite en 1405 par le premier sultan malwa, en réemployant les pierres de taille et les piliers des temples hindous et jaïns qui s'élevaient sur le site.

Detail du tombeau de Hoshang Shah

Monuments du village

t.l.j.

Le **Hoshang Shah's Tomb** (1440), le plus puissant sultan de Malwa, fut la première sépulture en marbre du sous-continent indien. L'entrée de cette structure aux proportions parfaites porte une inscription qui signale la visite des quatre architectes de Shah Jahan en 1659. En face du tombeau, la somptueuse **Maji Masjid** fut bâtie en 1454. Trois grands dômes et 58 autres de dimension plus modeste s'élèvent sur ses colonnades. Le mirhâb est décoré de merveilleux motifs calligraphiques. Non loin de là, la *madrasa* (école coranique) **Ashrafi Mahal** possède une tour de la Victoire. Elle fut érigée par le Sultan Mahmud en 1443, pour commémorer la bataille qui l'opposa au maharaja de Mewar. Curieusement, ce dernier fit lui aussi élever une tour de la Victoire à Chittorgarh *(p. 330)*, en souvenir de cette bataille.

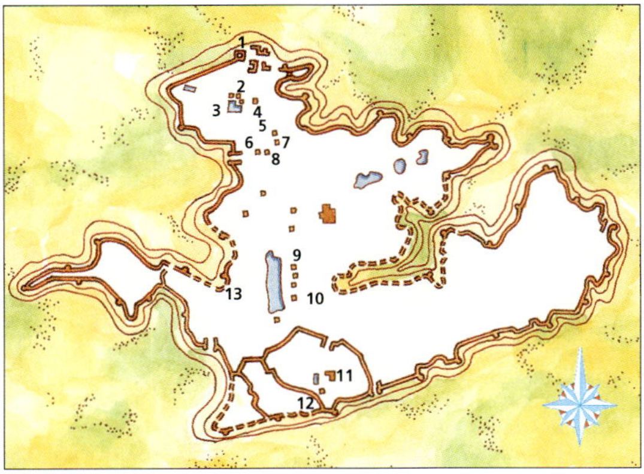

Plan de Mandu

1 Delhi Gate
2 Hindola Mahal
3 Champa Baoli
4 Gada Shah's House
5 Jahaz Mahal
6 Hoshang Shah's Tomb
7 Ashrafi Mahal
8 Jami Masjid
9 Malik Mugith's Mosque
10 Dai ka Mahal
11 Baz Bahadur Palace
12 Rupmati's Pavilion
13 Neelkanth Mahal

Mandu : le Jahaz Mahal

Fenêtre d'un pavillon

Le Jahaz Mahal (« Palais du bateau »), fut construit par Ghiyassudin, le cinquième sultan de Malwa, qui régna entre 1469 et 1500. Bâti sur l'étroite bande de terre qui sépare les deux lacs artificiels de Munja Talao et de Kapur Talao, le palais évoque un navire immobile, particulièrement pendant la mousson lorsque les lacs semblent sur le point de déborder. Ce palais consacré aux seuls plaisirs du sultan hédoniste était occupé par les 15 000 femmes de son harem, qui lui servaient également de gardes du corps.

Pavillons
La juxtaposition de toits coniques et de dômes fait partie du charme et de l'originalité du Jahaz Mahal.

Faïences
Des carreaux de faïence jaunes et bleus ornent les pavillons.

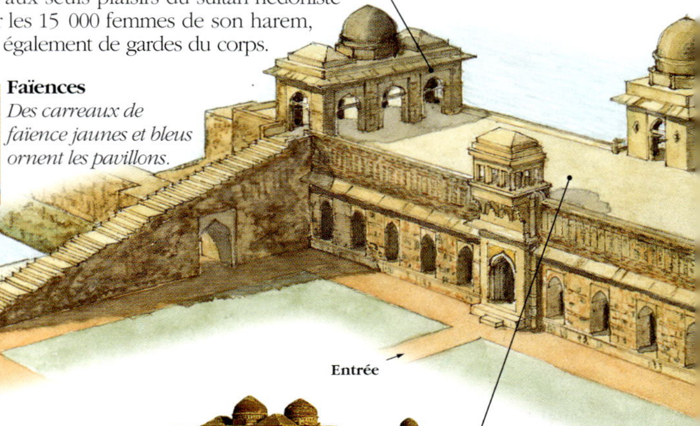

Terrasse
La partie la plus spacieuse du palais est sa terrasse. Ornée de pavillons et de kiosques, elle offre de belles vues sur le lac.

À NE PAS MANQUER

- ★ **Canalisations**
- ★ **Piscine**

À la découverte de Mandu

La zone comprise entre le groupe de Mandu (monuments du village) et le Sagar Talao, le plus grand lac de Mandu, comporte plusieurs édifices intéressants. La **Malik Mugith's Mosque**, construite en 1432, a réemployé de nombreux piliers hindous, prélevés sur des temples en ruine. Plus au sud, bâtis à l'abri d'un joli petit bois, deux palais ont conservé une partie de leurs faïences jaunes et bleues. Le **Dai ki Chhoti Bahen ka Mahal** (« Palais de la sœur cadette de la nourrice ») et le **Dai ka Mahal** (« Palais de la nourrice ») furent nommés en souvenir de favorites du sultan. Au sud-est de Sagar Talao, perché sur une falaise, l'ensemble architectural du Rewa Kund est associé à la légendaire histoire d'amour du sultan Baz Bahadur et de la belle chanteuse Rupmati. Le **Baz Bahadur Palace** fut construit entre 1508 et 1509, près du puits monumental de Rewa Kund, dont l'eau sacrée provient d'une rivière souterraine. Il possède un charmant pavillon octogonal qui surplombe un jardin, aujourd'hui envahi par les mauvaises herbes.

Lingam, Neelkanth Mahal

Le **Rupmati's Pavilion** qui se trouve au sud du jardin est coiffé de ravissants dômes en forme de flûtes et offre une vue magnifique sur la campagne environnante.

Baz Bahadur, le dernier sultan de Malwa, a régné de 1554 à 1561. Sa déposition par les Moghols en 1561 amorça le déclin de Mandu, qui devint une simple ville d'étape sur la route de Deccan. En 1616, la cité revint brièvement à la vie pendant le séjour de sept mois qu'y fit l'empereur Jahangir, au cours duquel il rénova les palais et offrit des fêtes somptueuses dans le Jahaz Mahal. L'ambassadeur de la reine Élisabeth à la cour du Grand Moghol, Sir Thomas Roe, a laissé des descriptions fascinantes des festivités royales ainsi que des chasses au lion et au tigre qui se déroulaient dans les forêts des environs.

★ Canalisations
Le dessin des canalisations, en forme de spirale, est caractéristique de l'architecture élégante de Mandu.

Mode d'emploi

Royal Enclave. *t.l.j.*
Tourist Cottages, Mandu, (07292) 26 3235.

★ Piscine
Ce merveilleux bassin est situé au nord du palais et entouré de colonnades sur trois de ses côtés.

La terrasse du bassin, de conception similaire à celle du rez-de-chaussée, est alimentée par un canal.

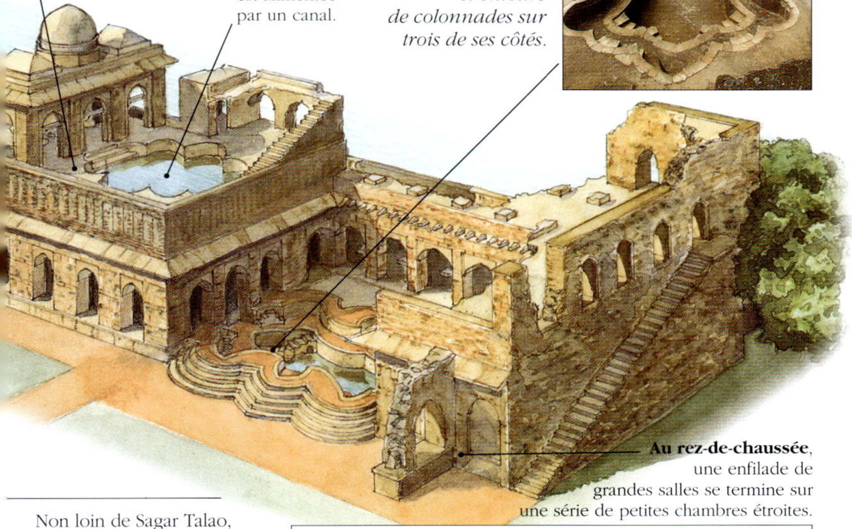

Au rez-de-chaussée, une enfilade de grandes salles se termine sur une série de petites chambres étroites.

Non loin de Sagar Talao, des escaliers mènent au fond d'un ravin jusqu'au **Neelkanth Mahal**, palais entouré de nombreux canaux et de cascades. Il fut construit en 1574 sur le site d'un ancien sanctuaire de Shiva, pour l'épouse hindoue de l'empereur moghol Akbar. Le dieu est encore vénéré dans la chambre principale du palais, en dépit des calligraphies arabes qui ornent ses murs.

Aux environs : Les **Bagh Caves**, à 50 km à l'ouest de Mandu, furent habitées par des moines bouddhistes entre le Ve et le VIIIe siècle. Les peintures murales, malgré leur mauvais état de conservation, rappellent celles d'Ajanta *(p. 391)*.

Baz Bahadur et Rupmati

Un jour qu'il était parti à la chasse, le sultan Baz Bahadur aperçut une jeune fille hindoue, Rupmati, qui chantait en se baignant dans la rivière Narmada. Ensorcelé par sa beauté et sa voix, Baz Bahadur la persuada de venir vivre avec lui à Mandu. Consacrant désormais tout son temps à l'amour et à la musique, il se désintéressa progressivement des affaires du royaume et, lorsque Adham Khan, le général d'Akbar, attaqua Mandu en 1561, la cité ne put lui opposer qu'une résistance symbolique. Baz Bahadur fuit le champ de bataille et abandonna Rupmati, qui fut capturée par les Moghols. La courtisane fut plus courageuse que son maître : elle se donna la mort en avalant du poison.

Rupmati et Baz Bahadur, miniature du XVIIIe siècle

Vue du Maheshwar's Fort, des sanctuaires et des *ghât*

Maheshwar 16

District de West Nimar. À 90 km au S.-O. d'Indore. 19 600. *Barwaha, 39 km à l'E. du centre-ville, puis en taxi ou en bus.* *MP Tourism, Narmada Cottages, (07283) 27 3455.* *Panchkosi Yatra (mars).*

Cet important lieu de pèlerinage hindouiste est situé sur les berges de la rivière Narmada. La ville pittoresque de Maheshwar occupe le site de l'ancienne cité de Mahismati, mentionnée dans les anciens textes sanskrits. Les merveilleux temples et *ghât* de Maheshwar furent construits au milieu du XVIIIe siècle par la reine Ahilyabai de la dynastie des Holkar *(p. 212)*.

Les sanctuaires et les élégants cénotaphes des souverains holkar se succèdent sur 1,5 km le long des *ghât* qui bordent la rivière.

Un superbe escalier en forme d'éventail conduit des rives de la Narmada jusqu'à l'enclave royale du Mareshwar's Fort et à l'**Ahilyeshwar Temple,** bâti en 1798. Sa cour intérieure est ornée de nombreux bas-reliefs et possède une statue de la reine Ahilyabai. Celle-ci fit construire le Vishwanath Temple à Varanasi *(p. 175)* et fut décrite par Sir John Malcolm, un officier de la couronne britannique, comme « l'un des souverains les plus purs et les plus exemplaires qui aient jamais régné ». Le fort abrite la Rehwa Weavers' Society, où sont tissées les mousselines de coton et de soie réputées de Maheshwar.

Statue de la reine Ahilyabai

Omkareshwar 17

Disctrict d'East Nimar. À 77 km au S. d'Indore. *MP Tourism, Tourist Bungalow, (07280) 27 1455.* *Shivatri (fév.-mars).*

L'île d'Omkareshwar, située à la confluence des rivières Narmada et Kaveri, est l'un des lieux de pèlerinage les plus enchanteurs de l'Inde. Vue de haut, elle a la forme du symbole sacré Om. L'île mesure 2 km de long et 1 km de large, et ses rives sud et est sont bordées de falaises escarpées. Elle est parsemée de temples, de grottes où vivent des *sadhu* (ascètes brahmaniques), et de *ghât* consacrés aux bains rituels. Le pèlerinage d'Omkareshwar prévoit un tour de l'île : un chemin est aménagé à cet effet.

Une chaussée bétonnée permet d'accéder à l'île, mais on peut également traverser la rivière à bord d'une embarcation à fond plat. Omkareshwar est dominée par l'imposant *shikhara* blanc du **Sri Omkar Mandhata Temple** (« celui qui exauce les désirs »). Son lingam fait l'objet d'un culte assidu, car c'est l'un des 12 *jiotyrlinga* (« lingam de lumière ») de l'hindouisme.

À l'est de l'île, le **Siddhnath Temple**, bâti au Xe siècle, possède de merveilleuses apsaras sculptées. Le nord de l'île est occupé par des temples hindouistes et jaïns. En surplomb, un temple en ruine est l'unique vestige d'un ancien village fortifié, mis à sac par des envahisseurs musulmans au XIe siècle.

Pèlerin priant sur les rives de la Narmada à Omkareshwar

La controverse du barrage de la Narmada

Depuis le milieu des années 1980, le projet ambitieux de construire un barrage sur la Narmada provoque de vives controverses. La Narmada Valley Authority affirme que le barrage apportera de l'eau potable, de l'irrigation et de l'électricité aux millions d'habitants de la vallée. Les militants écologistes qui s'opposent à sa construction rétorquent que celle-ci entraînerait la destruction de quelque 37 000 ha de forêts, déplaçant 200 000 villageois appartenant pour la plupart à des tribus dont le mode de vie, la culture et les moyens de subsistance seront engloutis avec leurs terres. En dépit des efforts de Medha Paktar, qui dirige le mouvement « Save the Narmada », et d'Arundhati Roy, vainqueur d'un prestigieux prix littéraire britannique, la Cour suprême de l'Inde a statué en faveur de la construction du barrage.

Manifestation contre le barrage

La Christ Church de Pachmarhi, construite en 1875

Pachmarhi ⓲

District de Hoshangabad. À 210 km au S.-E. de Bhopal. *11 400.* *Piparia, 47 km au N. de Pachmarhi, puis en taxi ou en bus.* *Piparia, (07576) 22 3499.* *MP Tourism, Amaltas Complex Station, (07578) 25 2100.* *Shivatri (fév.-mars).*

Cette agréable station d'altitude, à 1 067 m, est nichée au milieu des collines verdoyantes de Satpur. Elle possède de nombreuses cascades, des bassins naturels et des cavernes riches en art préhistorique. C'est le capitaine James Forsyth des Lanciers du Bengale qui en 1857 remarqua ce plateau en forme de soucoupe, qui fut par la suite transformé en sanatorium et en campement militaire par les Britanniques.

La ville a préservé son atmosphère d'origine. Parmi les nombreux vestiges du Raj, la **Christ Church**, qui fut construite en 1875, possède de beaux vitraux et l'**Army Music School** perpétue certaines traditions militaires britanniques en sonnant parfois dès le matin la *Marche du colonel Bogey*.

Pachmarhi signifie « les cinq maisons », une allusion aux anciennes grottes de Pandava, situées au sud de l'arrêt de bus. Un chemin mène des cinq grottes à **Apsara Vihar** (« bassin des Fées ») et aux **Rajat Prapat Waterfalls**.

Les collines boisées qui entourent Pachmarhi sont habitées par les tribus Gond et Korbu. Elles abritent de nombreuses grottes, dont certaines furent habitées et ont conservé leurs peintures rupestres, vieilles de 10 000 ans. La plus accessible est la **Mahadeo Cave**, à 6 km de Jai Stambh ou « pilier de la Victoire » et du centre-ville. Le **Jatashankar Cave Temple,** dédié à Shiva, se trouve à 2 km de l'arrêt de bus. Pèlerins et *sadhu* se réunissent ici pendant le Shivatri Festival.
Le chemin qui y mène passe à côté de la **Harper's Cave**.

Jabalpur ⓳

District de Jabalpur. À 330 km à l'E. de Bhopal. *951 500.* *14 km à l'O. du centre-ville.* *MP Tourism, gare, (0761) 267 7690.*

Jabalpur commande l'accès de Bandhavgarh *(p. 205)* et de Kanha *(p. 218-219)*, deux des plus belles réserves d'animaux sauvages du pays. Entre le XIIe et le XVIe siècle, Jabalpur fut la capitale du royaume des Gond, dont la célèbre Rani Durgavati fut la souveraine à la fois courageuse et éclairée. En 1817, les Britanniques transformèrent la ville en centre administratif et y installèrent un cantonnement militaire pour lutter contre les *thuggee,* bandits qui sévissaient dans la région. L'intérêt considérable que suscita la campagne du colonel William Sleepman contre les *thuggee,* qu'il mit plusieurs années à capturer, a fait entrer le mot *thug* dans la langue anglaise. Le **Rani Durgavati Museum**, situé dans le bazar, expose des sculptures en pierre et des objets de l'artisanat gond. Le **Madan Mahal Fort** fut bâti par un souverain gond en 1116. Perché sur une colline à l'ouest de Jabalpur, il n'en reste que des ruines.

Décoration d'une habitation gond

Rani Durgavati Museum
lun.-sam.

Aux environs : les **Marble Rocks, le Chausath Yogini Temple** et les **Dhuandhar Falls** se trouvent à 22 km au sud-ouest de Jabalpur.

Mandla ⓴

District de Mandla. À 95 km au S. de Jabalpur. *t.l.j.*

Cette petite ville paisible est située dans une boucle de la rivière Narmada. Bâti au XVIIe siècle par un souverain gond, le fort est aujourd'hui en ruine. Mandla est une ville sacrée pour la tribu des Gond. Leur reine Durgavati s'y suicida en 1564, après sa défaite contre les armées du Grand Moghol Akbar. Des temples et des *ghât* occupent les rives de la Narmada. Le bazar principal, situé prêt de l'arrêt de bus, vend des bijoux en argent, divers objets en bronze et des produits artisanaux.

Les temples et les *ghât* de la rivière Narmada à Mandla

Kanha National Park ㉑

Le parc de Kanha est souvent décrit comme étant la plus belle réserve d'animaux sauvages de l'Inde et cité comme un modèle de protection de l'environnement. Il rassemble des paysages très divers de prairies, de collines et de forêts. Le parc fournit autrefois son cadre au célèbre *Livre de la jungle* de Rudyard Kipling, et il fait aujourd'hui partie de l'ambitieux Project Tiger *(p. 245)*. Il fait partie des rares parcs en Inde, avec Bandhavgarh *(p. 205)*, qui offrent une aussi forte probabilité d'apercevoir un tigre, tant ces créatures sont généralement discrètes. Ce parc de 1 954 km², autrefois chasse gardée des vice-rois britanniques, abrite une grande variété d'espèces : cerfs, léopards, hyènes, ours lippus, pythons et presque 300 variétés d'oiseaux.

Mangouste
Ce lointain cousin de la belette est un combattant féroce qui n'a pas peur de s'attaquer aux serpents.

Cerfs dans les *dadar*
Les prairies désignées sous le nom de dadar *recouvrent une grande partie de Kanha. C'est l'habitat de prédilection des herbivores comme ces cerfs tachetés.*

Ibis noir
Cet élégant oiseau au plumage luisant est souvent aperçu arpentant la rive des points d'eau de Kanha à la recherche de petits poissons, de grenouilles et de vers de terre.

Kipling Camp
Cet établissement britannique (p. 576) *situé à Kisli, près de l'entrée du parc, dispose de chalets agréables, construits au milieu de la forêt. Il organise des safaris.*

Les centres d'information
situés à Khatia, à Mukki et à Kanha possèdent d'excellents livres, des films et des modèles réduits.

Shravantal
Ce plan d'eau paisible attire plusieurs espèces d'oiseaux aquatiques, comme les sarcelles et les canards souchets. Il est équipé de plusieurs plates-formes d'observation.

MODE D'EMPLOI

District de Mandla. À 196 km au S.-E. de Jabalpur. *Jusqu'à Katia et Kisli, les accès principaux.* *MP Tourism, Kisli, (07649) 27 7227; Bhopal, (07649) 27 7242.* **Autre accès :** *Mukki.* *oct.-juin.* *suppléments.* *guides obligatoires.* *Jeeps disponibles à Kish. Promenades interdites dans le parc.*

Les tigres
Kanha compte à peu près 100 tigres. Les guides du parc parviennent généralement à retrouver leur trace grâce aux cris d'alarme des cerfs et des singes entelles.

Barasingha d'Inde centrale
Grâce à une politique de préservation, le nombre d'individus de cette espèce rare de cerfs, proche de l'extinction dans les années 1930, a augmenté.

LÉGENDE

- Limite du parc
- Route principale
- Route secondaire
- Information touristique
- Point de vue
- Hébergement

LE LIVRE DE LA JUNGLE DE KIPLING

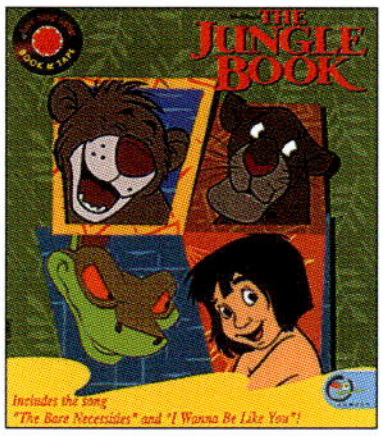

Couverture du *Livre de la jungle* (selon Disney)

L'écrivain anglais Rudyard Kipling (1865-1936) est né à Bombay et l'Inde fournit la toile de fond d'une grande partie de son œuvre. *Le Livre de la jungle*, l'un de ses plus grands succès, est un merveilleux conte sur le monde des animaux. L'histoire se déroule dans la forêt Seonee de Kanha. Mowgli, un jeune garçon qui a été élevé par des loups, est le héros attachant d'une aventure où figurent de nombreux animaux comme Rikki-tikki-tavi la mangouste, Sher Khan le tigre, le python Kaa et l'ours Balou.

L'Inde de l'Est

Présentation de l'Inde de l'Est

Kolkata (Calcutta), la seconde plus grande ville du sous-continent, est la destination principale des visiteurs de l'Inde orientale. En plus de cette métropole fascinante, la région possède une diversité exceptionnelle de paysages, de peuples et de cultures. Les forêts de mangroves qui bordent le golfe du Bengale, les montagnes magnifiques du Darjeeling (qui s'écrit officiellement *Darjiling*) et du Sikkim, les temples et les plages d'Orissa sont autant d'aspects incontournables de l'Inde orientale. À l'extrémité Est du pays, l'Assam et les États du Nord-Est, régions reculées, d'une beauté sauvage et intacte, sont habités par de nombreuses tribus qui ont conservé leur culture.

Un indien Nishi traverse la rivière Siang, un affluent du Brahmapoutre, sur une corde tendue

Voir Aussi

- ***Hébergement*** p. 577-580
- ***Restaurants*** p. 606-609

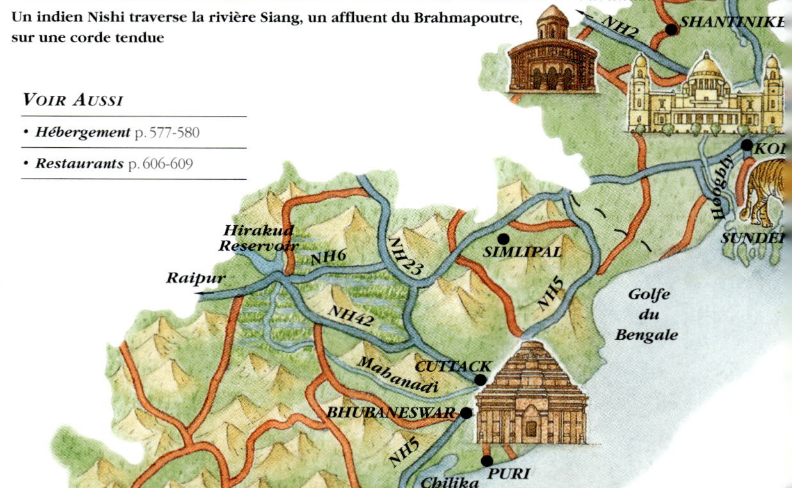

Le Mukteshwar Temple, construit au xe siècle à Bhubaneswar

◁ **Femme pêchant dans le lac Loktak *(p. 282)* au Manipur**

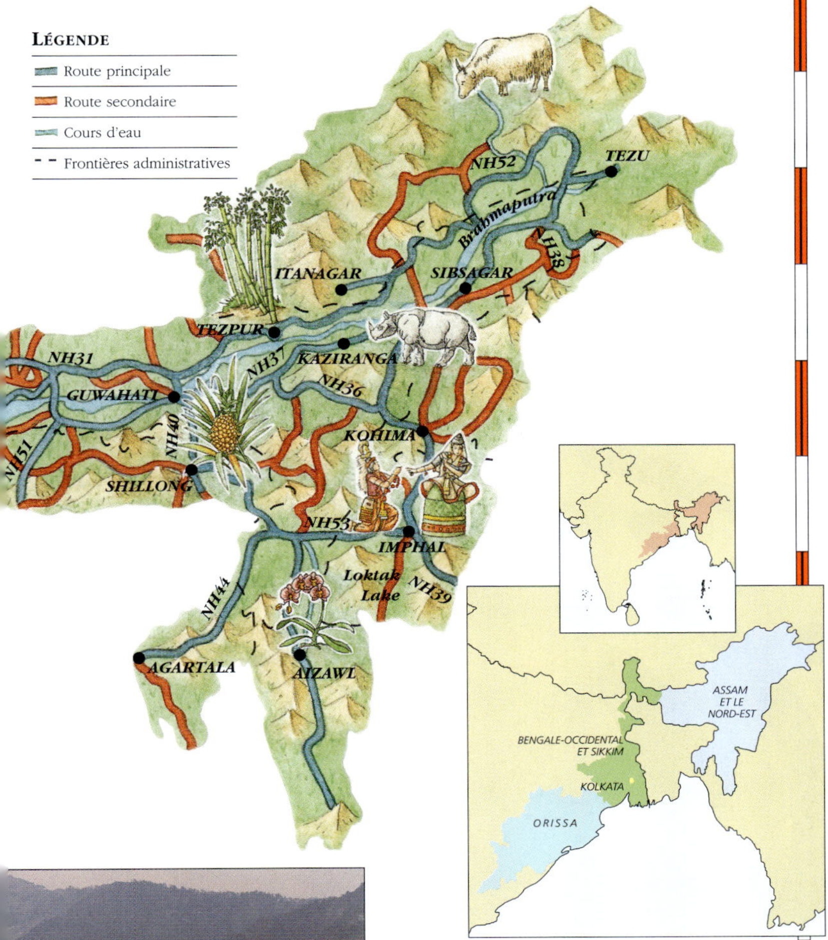

Les jardins de Darjeeling, au pied des Himalayas

CIRCULER

Kolkata, Guwahati et Bhubaneswar, les trois villes principales, sont reliées au reste du pays par un dense réseau de lignes ferroviaires et aériennes. Des vols réguliers au départ de Kolkata et de Guwahati desservent toute la région. Pour rejoindre Darjeeling ou Gangtok, prenez l'avion ou le train jusqu'à Bagdogra-Siliguri, puis terminez le voyage en bus ou en taxi. L'inoubliable Himalayan Toy Train relie Darjeeling à Siliguri et offre des vues magnifiques sur les Himalayas. Si vous partez de Kolkata, la majorité des destinations du Bengale-Occidental se trouvent le long de la route n° 34. Vous découvrirez la région d'Orissa en empruntant la route n° 5. La ville de Guwahati dans l'État d'Assam est la porte du Nord-Est. Les routes n° 37, n° 40 et n° 52 permettent d'accéder aux six autres États. Certaines destinations du Nord-Est requièrent un visa spécial.

KOLKATA

Calcutta, aujourd'hui appelée Kolkata, a connu de nombreuses métamorphoses avant de devenir l'une des grandes métropoles du monde moderne. Ce modeste village de la rivière Hooghly s'est élevé en quelques siècles au rang de capitale de l'Empire britannique des Indes. Aujourd'hui, la ville a conservé un peu de son parfum impérial et est devenue la capitale de l'État du Bengale-Occidental, le seul État indien à avoir élu un gouvernement communiste.

En 1690, un marchand anglais, John Charnock, établit un comptoir de commerce dans le village de Sutanuti. Son agglomération avec les villages voisins de Govindapur et de Kolikata donna naissance à la cité de Calcutta. Au cours des deux siècles suivants, Calcutta devient une grande ville marchande et se dote d'imposants monuments de style gothique victorien, d'églises et de grands boulevards. Cette prospérité économique sans précédent s'accompagne d'une renaissance de l'art et de la littérature bengali. Celle-ci entraîne la formation du mouvement nationaliste réformateur, la fondation du Brahmo Samaj, une variante de l'hindouisme, et la création du prestigieux Presidency College, la principale école britannique du Raj. Le transfert de la capitale à New Delhi et la crise urbaine des années 1960 réduisent l'influence de la ville sans entamer sa prodigieuse vitalité.

En 2001, Calcutta est devenue Kolkata, se conformant ainsi à la prononciation bengali. Malgré le surpeuplement et une misère endémique, la ville conserve un attrait inexplicable. La vie bouillonnante qui, partant des rives de la Hooghly, se répand le long du Strand, l'animation bruyante des bazars, le pullulement des échoppes sur les trottoirs, le charme désuet des quartiers résidentiels concourent à créer une atmosphère électrique et cosmopolite, unique en Inde. Le charme de Kolkata est présent dans les vestiges de sa grandeur impériale, dans les restaurants et les boutiques chic de Park Street, dans le somptueux parc du Maidan qui s'étend à l'ombre du Victoria Memorial, le symbole de l'ancienne splendeur coloniale, dans la maison de Rabindranath Tagore à Jorasanko, dans le temple de Kaligath et dans le village des potiers de Kumartuli.

Le Howrah Bridge, le troisième plus grand pont suspendu du monde, sur la rivière Hooghly

◁ **Statue de la jeune reine Victoria, au centre du Victoria Memorial**

À la découverte de Kolkata

Kolkata (Calcutta) est une ville tout en longueur, délimitée par la rivière Hooghly à l'ouest et les marécages à l'est. Le centre-ville s'est développé le long du Strand et autour des 400 ha du parc Maidan où les résidents de Kolkata aiment jouer au football, participer à des rassemblements politiques ou se promener le soir pour profiter de la fraîcheur. De l'autre côté du parc, l'artère principale de la ville, Chowringhee, également appelée Jawaharlal Nehru Road, est bordée de nombreux hôtels, de magasins, de bureaux et d'immeubles résidentiels. Le sud de la ville abrite les quartiers résidentiels de la classe moyenne tandis que le nord regroupe les quartiers les plus anciens. Dans ce labyrinthe de ruelles, les maisons, les ateliers et les échoppes semblent empilés les uns sur les autres.

Plan de situation

Scène de rue à New Market, avec au premier plan les taxis emblématiques de Kolkata

Le quartier d'un coup d'œil

Monuments et quartiers historiques

Alipore (13)
Autour de BBD Bagh p. 228-229 (1)
Chowringhee (9)
College Street (4)
Jorasanko (18)
Kumartuli (19)
Marble Palace (17)
Maidan (7)
Mother House (11)
Nilhat House (3)
Nirmal Hridaya (15)
Park Street Cemetery (12)
Tangra (16)

Musées

Indian Museum p. 234-235 (10)
Victoria Memorial p. 232-233 (8)

Églises, temples et mosquées

Armenian Church of St Nazareth (6)
Nakhoda Mosque (5)
Kalighat (14)
St John's Church (2)

Parcs et jardins

Botanical Gardens (20)

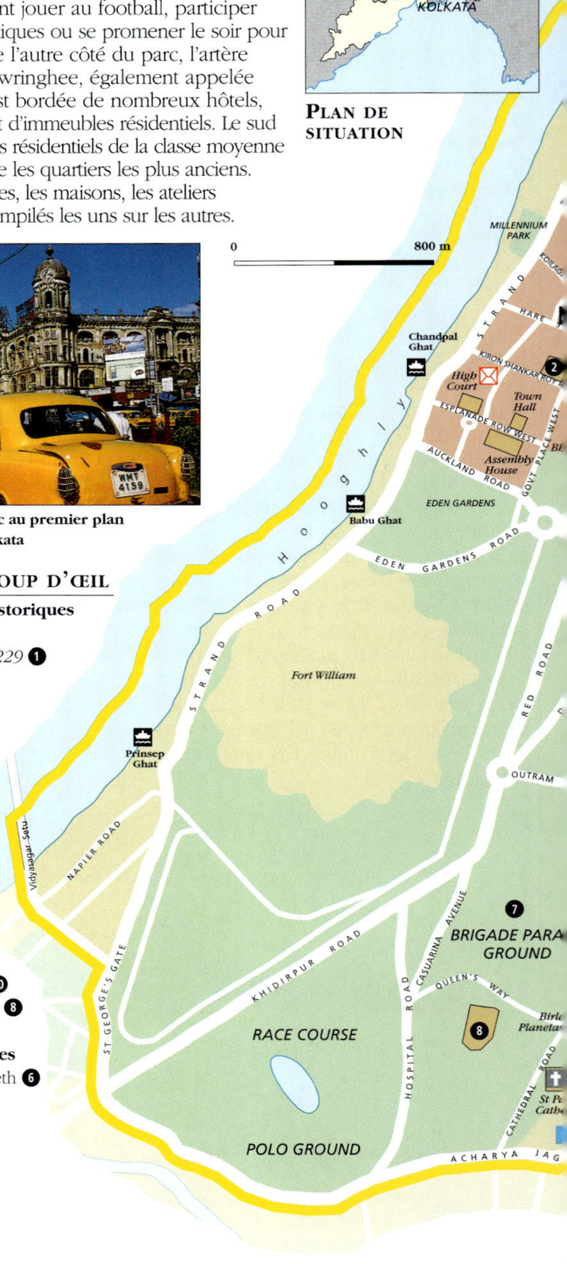

CIRCULER

Le centre de Kolkata est relativement compact et peut facilement être découvert à pied. Les bus et les mini-bus, bien que souvent bondés, sont une alternative valable aux taxis. Les tramways et le métro qui relient le nord au sud de la ville, de Tollygunge jusqu'à Dum Dum, sont également très pratiques. Finalement, les *rickshaws* sont utiles pour circuler dans les ruelles étroites et les allées encombrées.

❷ **Un étalage coloré dans l'un des principaux marchés de fleurs de la ville**

LÉGENDE

- Voir le plan du quartier pas à pas *p. 228-229*
- Gare
- Arrêt de bus
- Embarcadère de ferry
- Station de métro
- Information touristique
- Hôpital
- Poste de police
- Temple
- Mosquée
- Gurdwara
- Église
- Poste
- Autoroute
- Route principale
- Route secondaire

VOIR AUSSI

• ***Hébergement*** p. 577

• ***Restaurants, cafés et bars*** p. 606-607

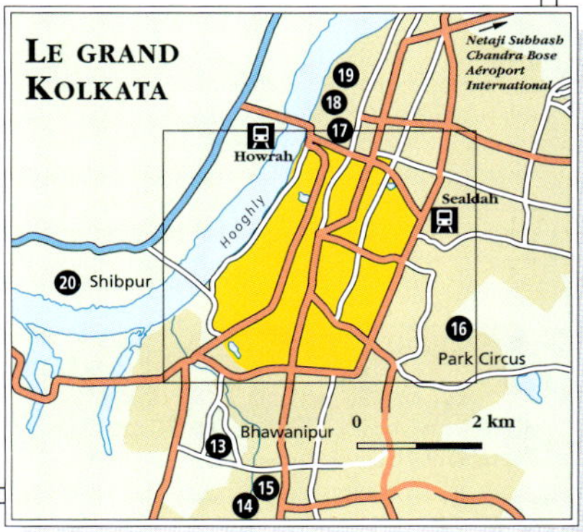

Le quartier de BBD Bagh, pas à pas

Le Royal Insurance Building

C'est le véritable cœur de Kolkata et l'emplacement de l'ancien village de Kolikata, qui donna naissance à la ville. C'est aux alentours du réservoir central que trois jeunes indépendantistes indiens, Binay, Badal et Dinesh, abattirent le chef de la police britannique en 1930. Le square qui porte aujourd'hui leur nom est bordé de bâtiments coloniaux, dont la construction remonte aux XVIIIe et XIXe siècles. C'est l'ancien centre commercial et administratif de la ville.

John Charnock's Tomb
John Charnock serait à l'origine de l'implantation britannique à Calcutta.

★ St John's Church
Cette église fut imitée de St Martin in the Fields, qui se trouve à Londres (p. 230). *Les ingénieurs, qui craignaient que les fondations de l'édifice ne soient pas assez stables, optèrent pour un petit clocher.*

Portail de Raj Bhavan
Un magnifique portail néoclassique se dresse à l'entrée de l'ancienne Government House, construite au milieu du XVIIIe siècle. Elle est désormais la résidence du gouverneur de l'État.

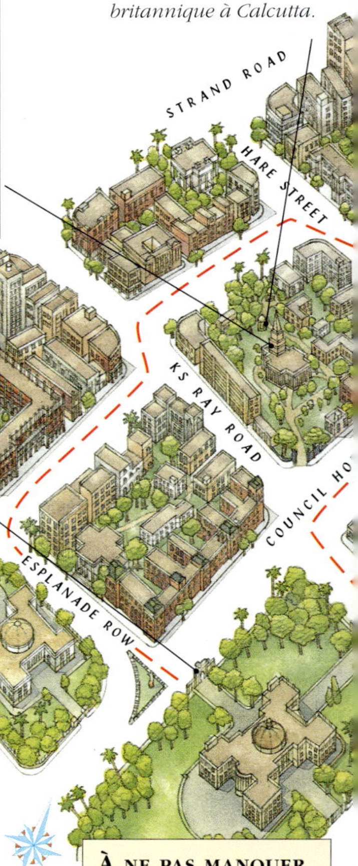

Les tramways de Kolkata

Les premiers tramways de la ville firent leur apparition à la station de Sealdah le 24 février 1873. Ils étaient tirés par des chevaux. Les premiers tramways électriques, toujours utilisés aujourd'hui, furent introduits en 1902. Une promenade en tramway est une expérience très divertissante, même si l'on risque d'être un peu secoué. Le tintement de leurs sonnettes fait partie du paysage sonore de Kolkata mais leur lenteur pourrait bientôt les rendre obsolètes.

Un tram électrique sillonne les rues de Kolkata

À ne pas manquer

- ★ St John's Church
- ★ GPO
- ★ Writers' Building

★ GPO

Ce monument magnifique, orné d'un dôme monumental, abrite le General Post Office de Kolkata. Conçu par Walter Granville et bâti en 1860, il occupe l'emplacement de l'ancien fort en terre séchée.

Carte de situation

Voir le plan de Kolkata *p. 226-227*

St Andrew's Kirk

Consacrée en 1818, elle possède un clocher coiffé d'une flèche impressionnante. Son grand orgue et sa chaire en bois sculpté ne manquent pas d'intérêt.

★ Writers' Building

Construit en 1777, l'ancien centre névralgique de l'Inde coloniale tient son nom des employés de l'East India Company qui y travaillaient autrefois. Cet immeuble imposant abrite des bureaux du gouvernement de l'État.

Vue sur le réservoir de Lal Dighi

Le siège administratif de l'East India Company, ses tribunaux et ses églises étaient tous installés autour de ce réservoir qu'alimentent plusieurs sources.

Vue de St John's Church et de son clocher

St John's Church ❷

Council House St. ☎ *(033) 2243 6098.* ○ *t.l.j.* ✝ *9h lun.-sam. ; 8h dim.*

Première église paroissiale de Kolkata, la St John's Church fut bâtie en 1787.
Elle possède un vitrail réalisé par Johann Zoffany, qui représente la Cène. L'artiste attribua aux douze apôtres les visages des personnalités les plus en vue de Calcutta.
St Jonn's est intimement liée à l'histoire de l'East India Company. Le gouverneur du Bengale, Warren Hastings, s'y est marié. La cour abrite un monument élevé à la mémoire de la vice-reine Lady Canning, décédée en 1861. Son souvenir est entretenu dans la mémoire collective de la ville par une sucrerie dont elle était friande et qui fut nommée *leddy-kenny* en son honneur. La cour abrite également le mausolée de John Charnock *(p. 228)*. Non loin se trouve le monument élevé en mémoire des victimes du Black Hole « trou noir ». Cet épisode tragique devint une des histoires effrayantes les plus racontées du Raj. Lorsqu'en 1756, Siraj-ud-Daula, le nabab du Bengale, s'empara du vieux fort britannique qui s'élevait sur l'emplacement de l'actuel General Post Office *(p. 229)*, il fit emprisonner une centaine de colons et de soldats dans une cellule minuscule. Le lendemain, seuls 23 captifs étaient encore en vie, les autres étant morts d'asphyxie et de soif au cours de la nuit.

Nilhat House ❸

Derrière l'Old Mission Church. Ventes aux enchères lun. et mar. à 8h30. Autorisations délivrées par les courtiers J. Thomas.
☎ *(033) 2248 6201*

La Bourse au thé fut construite en 1886 sur l'emplacement d'un ancien magasin d'indigo (*nil* signifie « indigo », et *hat* « marché »). Après celle de Londres, c'est la plus ancienne maison de ventes aux enchères du monde. Le thé a joué un rôle important dans l'économie de la région, particulièrement à l'époque coloniale. De nos jours, les ventes de thé en provenance du Darjeeling, des Dooars, dans le Nord du Bengale, ou de l'Assam sont parfois très animées. Les prix sont fixés par les goûteurs, dont les palais peuvent facilement reconnaître le type, l'origine et la récolte de chaque échantillon. Une autorisation préalable est requise pour participer à une vente.

College Street ❹

Bidhan Sarani, North Kolkata.
Ashutosh Museum ☎ *(033) 2241 0071.* ○ *lun.-ven.*

La rue qui abrite la plus prestigieuse école de la ville est au cœur de la vie intellectuelle du Bengale. Ses trottoirs accueillent les échoppes de bouquinistes vendant des livres de classe, des classiques et toutes sortes de livres d'occasion. College Street compte également certaines des meilleures librairies de Kolkata.

Le **Presidency College** a été fondé en 1817. Il s'appelait autrefois le Hindu College. Il était réservé aux riches citoyens de Calcutta qui souhaitaient que leurs fils reçoivent une éducation occidentale. L'école peut se vanter d'avoir formé des scientifiques, des savants et des écrivains de renom. Le metteur en scène Satyajit Ray (1922-1992) et l'économiste Amartya Sen, qui remporta le Prix Nobel en 1998, y firent tous deux leurs études.

De l'autre côté de la rue, l'**Indian Coffee House** est, depuis sa création en 1944, le lieu de rendez-vous favori de l'intelligentsia de Kolkata. Professeurs, étudiants, écrivains et poètes se retrouvent dans cette salle obscure, tout en profondeur.

Situé au fond d'une allée en face du Presidency College, le **Sanskrit College** fut fondé en 1824 pour développer l'étude des langues, de la culture et de l'histoire de l'Antiquité indienne.

La **Calcutta University,** qui a ouvert ses portes en 1857, se trouve à côté du Presidency College. Ce bel édifice dont le portique néoclassique est orné de gracieuses colonnes ioniennes fait aujourd'hui modeste figure à côté de ses gigantesques annexes.

Le rez-de-chaussée abrite l'**Ashutosh Museum** spécialisé dans l'art de l'Inde orientale. Sa collection est composée de terres cuites, de bronzes, de pièces anciennes, de vieux manuscrits, de quelques exemples de *kantha* (technique de molletonnage) et de peintures de Kalighat, également appelées *pat* *(p. 237)*.

Marchand de livres d'occasion, College Street

Détails du portique de la mosquée de Nakhoda

Nakhoda Mosque ❺

Zakaria Street *(033) 2235 4183.* *t.l.j.* *aux non-musulmans, aux heures de prière.*

La plus grande mosquée de la ville s'est inspirée du tombeau d'Akbar à Sikandra *(p. 152)*. Bâties en 1926, ses façades sont recouvertes de grès rouge. Les minarets qui s'élèvent de chaque côté du dôme mesurent 46 m de haut. Non loin de là, l'**Hotel Royal**, est célèbre pour ses délicieux *biryani* et ses *chaanp* (côtelettes de chèvre préparées dans une sauce pimentée). Ce quartier fascinant comporte de nombreuses maisons du XIXe siècle, des vieux bazars et des temples.

Armenian Church of St Nazareth ❻

Armenian Street près de Brabourne Road *(033) 2242 4308.* *t.l.j.* *6h ven.-sam. ; 7h dim.*

Cette église fut construite par des marchands arméniens en 1724 sur le site d'une ancienne église en bois qui avait été détruite par un incendie. Originaires d'Ispahan en Perse, les Arméniens furent parmi les premiers marchands étrangers à s'installer à Kolkata. Formant autrefois une communauté florissante, ils sont aujourd'hui beaucoup moins nombreux. L'église possède un clocher arrondi original et abrite un petit cimetière avec quelques pierres tombales sculptées.

Maidan ❼

Entre Strand Road, A.J.C. Bose Road, Cathedral Road et Eden Gardens Road. **St Paul's Cathedral** *t.l.j.* *7h30, 8h30 et 18h dim.*

Situé au cœur de la ville, ce parc de 400 ha s'étend de la rivière Hooghly à l'ouest jusqu'au quartier de Chowringhee à l'est. Il contient plusieurs monuments intéressants. Au début du XVIIIe siècle, une clairière fut taillée dans la jungle pour faire place au **Fort William**, après que le premier fort en terre séchée eut été détruit en 1756. Le fort actuel, achevé en 1773, abrite aujourd'hui le quartier général de l'armé de l'Inde orientale.

Au nord du fort, les **Eden Gardens**, conçus en 1841 par Emily et Fanny Eden, les sœurs du gouverneur général Lord Auckland, accueillent désormais les matchs internationaux de cricket. La partie septentrionale du Maidan possède un petit lac au milieu duquel se dresse le **Burmese Pavilion** (« Pavillon birman »), que Lord Dalhouise ramena du Myanmar en 1854.

À l'est, vous verrez le **Shahid Minar** – ce qui signifie « mémorial des Martyrs ». Il était autrefois connu sous le nom de Monument Ochterlony, en souvenir de Sir David Ochterlony, un trompe-la-mort qui conduisit les troupes britanniques à la victoire pendant la guerre anglo-népalaise de 1916. Le monument est constitué d'une colonne dorique unique, haute de 48 m et surmontée d'une coupole. Le monument le plus impressionnant du parc est sans aucun doute le **Victoria Memorial** *(p. 232-233)* situé plus au sud. À une courte distance du Memorial se dresse la **St Paul's Cathedral**, conçue par le Major W. N. Forbes en 1847. Son clocher actuel est une copie du clocher de la cathédrale de Canterbury. Les vitraux ont été réalisés par Edward Burnes-Jones en mémoire du vice-roi Lord Mayo. Le **Race Course** occupe le sud-ouest du parc. Les courses de chevaux ont beaucoup de succès à Kolkata et se déroulent tout au long de l'année. L'hippodrome accueille également des parties de polo en hiver, pendant quelques semaines.

Vitrail de la St Paul's Cathedral

Les deux plus grands clubs de football de la ville, Mohun Bagan et East Bengal, s'entraînent dans le parc. Il y a également des clubs de golf et un bowling. Le dimanche après-midi, le nord du parc accueille artistes de rue et badauds. C'est également ici qu'ont lieu les grandes manifestations politiques.

Les Eden Gardens accueillent les matchs de cricket et de football

Victoria Memorial ❽

Lion impérial à l'entrée

Le monument le plus célèbre de la ville, élevé à la gloire de l'Empire des Indes, est l'œuvre de Lord Curzon (1859-1925), l'un des vice-rois les plus flamboyants du Raj. Cette structure classique surmontée d'un dôme fut achevée en 1921. Elle fut bâtie en marbre de Makrana, le matériau utilisé pour construire le Taj Mahal. Les travaux furent financés par des donations de princes et de citoyens ordinaires. Il abrite aujourd'hui un musée, dont les 25 galeries occupent le rez-de-chaussée et le premier étage de l'édifice. Ses collections sont principalement consacrées au Raj. La Calcutta Gallery contient des peintures à l'huile et des aquarelles représentant les principales étapes de l'histoire de la ville.

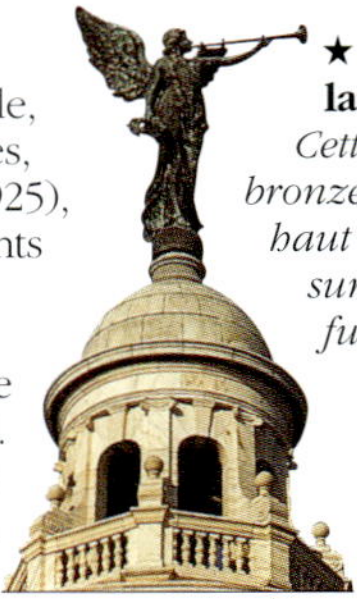

★ Ange de la Victoire
Cette figure en bronze de 6 m de haut qui tourne sur elle-même fut fabriquée en Italie.

Lord Cornwallis
Ce gouverneur général jeta les fondements de l'administration du Raj au XVIIIe siècle.

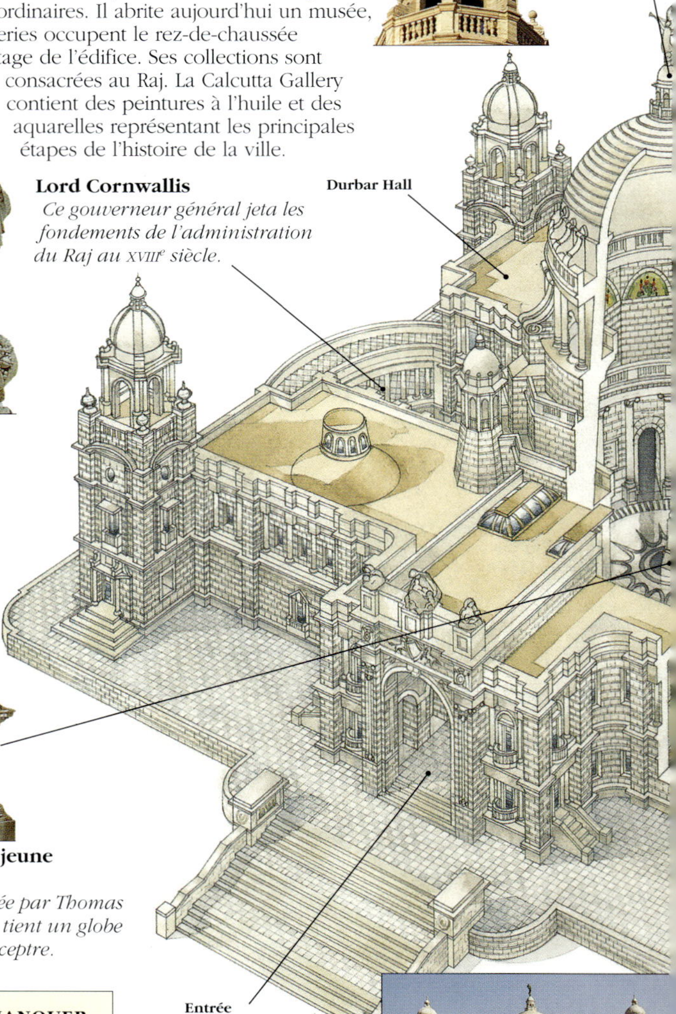

Durbar Hall

Entrée

★ Statue de la jeune reine Victoria
La reine, sculptée par Thomas Brock en 1921, tient un globe terrestre et un sceptre.

Vue d'ensemble
L'impressionnante façade en marbre du Victoria Memorial.

À NE PAS MANQUER

- ★ Ange de la Victoire
- ★ Statue de la jeune reine Victoria

Panneaux en bronze

Deux panneaux en bronze, représentant le vice-roi en procession solennelle, décorent le pont situé à l'entrée septentrionale du monument.

Dôme

Des petites fenêtres percées dans la rotonde de marbre laissent pénétrer la lumière.

Calcutta Gallery

Cette galerie possède une excellente collection de paysages du XVIIIe siècle d'artistes britanniques.

Galerie des peintures

MODE D'EMPLOI

Queen's Way. (033) 2223 5142. mar.-dim. jours fériés. **Son et lumière** (en anglais) 19h15 oct.-fév. ; 19h45 mar.-juin.

À la découverte du Victoria Memorial

La première pierre de ce majestueux édifice fut posée en 1906 par le prince de Galles, le futur roi George V, au cours d'un voyage en Inde. Conçu par William Emerson, le président du *British Institute of Architects*, le monument occupe un vaste parc orné de palmiers, de plans d'eau et de statues. Le musée contient 10 000 objets représentant divers aspects du Raj, notamment un bureau qui aurait appartenu à la reine Victoria. La très belle collection de peintures possède des œuvres de Thomas Daniell et de son neveu William Daniell, des paysagistes du XVIIIe siècle dont les eaux-fortes et les lithographies indiennes influencèrent considérablement la manière dont les Britanniques se représentaient le pays au XIXe siècle. Vous verrez aussi des peintures de Johann Zoffany (1733-1810), des portraits des grandes figures de la colonisation, des archives de l'East India Company, des manuscrits persans et des peintures de l'histoire de Kolkata.

Statue en bronze de la reine Victoria par Sir George Frampton

Chowringhee 9

J.L. Nehru Rd. **The Asiatic Society**, *Park St.* *(033) 2229 0779.* **Bibliothèque** *lun.-ven.* **Musée** *mar.-dim.* www.asiaticsocietycal.com

Rebaptisée Jawaharlal Nehru Road, Chowringhee était à l'époque du Raj un lieu de promenade à la mode et l'une des artères les plus animées de la ville. L'**Oberoi Grand** *(p. 577)*, situé à l'extrémité nord de Chowringhee, est l'un des hôtels les plus élégants du pays. Construit en 1870 et plus connu sous le nom de Grand Hôtel, il était considéré comme « le plus célèbre, le plus chic et le plus merveilleux hôtel de l'Inde ». Situé derrière l'Oberoi Grand, le **New Market** fut construit en 1874. Surmonté d'une grande tour avec une horloge, ce marché couvert abrite de nombreux commerces et un véritable labyrinthe de galeries couvertes. La pâtisserie juive Nahoum est l'un de ses magasins les plus anciens. L'**Asiatic Society**, à l'extrémité sud de Chowringhee, sur Park Street, fut fondée en 1784 par Sir William Jones, un orientaliste qui découvrit la parenté entre le latin et le sanskrit, et désigna ce dernier comme « la mère de toutes les langues ». Le **musée** et sa **bibliothèque** possèdent une collection de plus de 60 000 anciens manuscrits sanskrits, arabes et persans. On y trouve une stèle épigraphique du IIIe siècle avant J.-C. et des folios du XVIIe siècle du *Padshahnama*, célèbre chronique du règne du Grand Moghol Shah Jahan.

Des façades d'époque bien préservées bordent Chowringhee

Indian Museum 10

Pièce d'or, ère gupta

La fondation du plus grand et du plus ancien musée de l'Inde remonte à 1814. Cet imposant édifice est l'œuvre de Walter Granville, l'architecte du General Post Office *(p. 229)*. Il fut achevé en 1875 et abrite aujourd'hui des vestiges de la civilisation de l'Indus, qui remontent à 2500 avant J.-C., des sculptures de Gandhara, les merveilleuses balustrades sculptées du stûpa bimillénaire de Bharhut et une précieuse collection de pièces gupta du Ve siècle.

Peinture de Kalighat
Exécutée au XIXe siècle dans le style folklorique de l'école de Kalighat, cette peinture représente le saint Chaitanya de l'ordre des Vaishnava.

Arhat Vanavasin Thangka
Cette peinture sur soie d'un sage bouddhiste provient du Tibet.

Bronze de l'époque pala
Ce bodhisattva du XIIe siècle est d'une grâce remarquable.

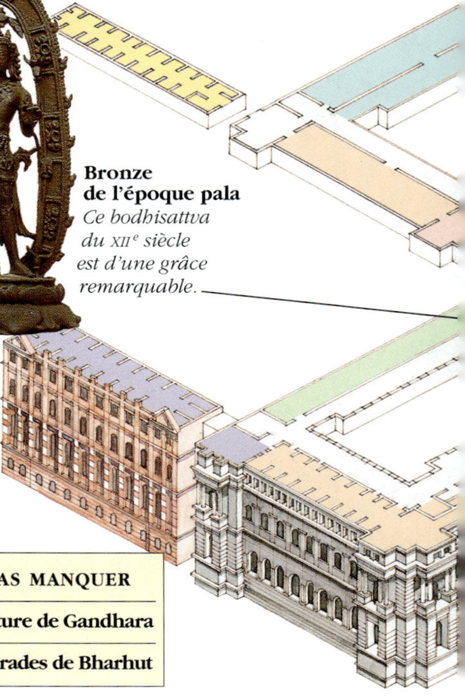

À NE PAS MANQUER

★ **Sculpture de Gandhara**

★ **Balustrades de Bharhut**

Peinture de la Company School
Cette œuvre du XIXe siècle représente un groupe de danseuses (nautch) et associe des techniques européennes et indiennes.

MODE D'EMPLOI

J.L. Nehru Rd. (033) 2286 1702. mar.-dim. jours fériés. supplément. **Projection de films éducatifs t.l.j. et expo. temporaires.**

LÉGENDE

- Arts et textiles
- Géologie
- Botanique
- Zoologie
- Anthropologie
- Archéologie
- Galerie égyptienne
- Numismatique
- Bibliothèque

Sculpture chandela
Exécutée aux Xe ou XIe siècle, cette sculpture de Khajuraho représente une jeune femme avec un nourrisson dans les bras et deux enfants à ses pieds.

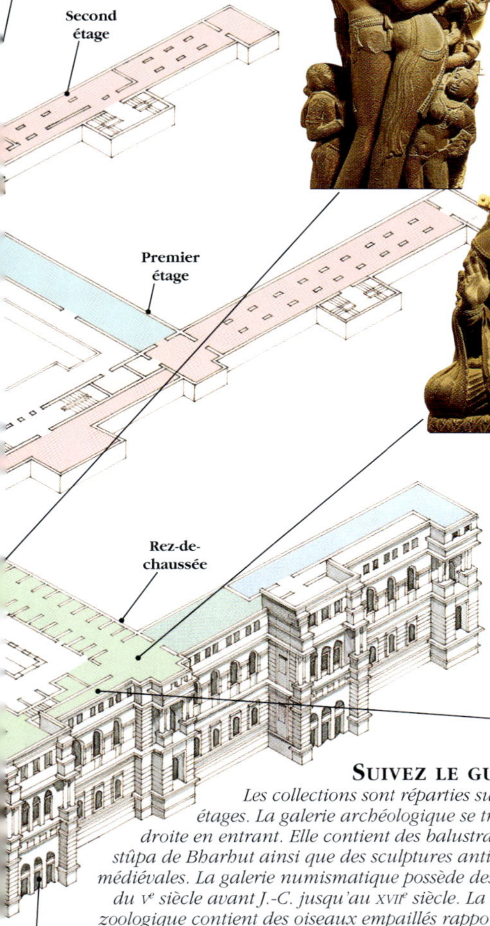

★ Sculpture de Gandhara
Réalisé au IIIe siècle, le modelé de cette représentation de Maitreya, le futur Bouddha, révèle une forte influence grecque.

★ Balustrades de Bharhut
Elles sont ornées de scènes tirées des textes sacrés du bouddhisme, d'épisodes de la vie du Bouddha et d'images de la vie quotidienne.

SUIVEZ LE GUIDE !

Les collections sont réparties sur deux étages. La galerie archéologique se trouve à droite en entrant. Elle contient des balustrades du stûpa de Bharhut ainsi que des sculptures antiques et médiévales. La galerie numismatique possède des pièces du Ve siècle avant J.-C. jusqu'au XVIIe siècle. La section zoologique contient des oiseaux empaillés rapportés des expéditions britanniques. Le second étage accueille les collections artistiques de peintures et de miniatures.

Une sœur de la charité devant la Mother House

Mother House ⓫

54A, A.J.C. Bose Rd. (033) 2249 7115. *ven.-mer. Les dons sont exonérés de taxes.*

La ville de Kolkata est inextricablement liée au nom de Mère Teresa. Entrée au couvent de Loreto en qualité d'enseignante, les souffrances dont elle fut témoin pendant la famine de 1943 et pendant la partition du pays en 1947 *(p. 56)* la conduisirent à renoncer à la vie monacale pour dédier sa vie aux plus démunis. Elle créa l'ordre des Missionnaires de la charité en 1950. Les modestes bâtiments de la Mother House abritent encore le quartier général de l'ordre. Sa tombe se trouve dans une salle du rez-de-chaussée qui contient une bible posée à proximité et un panneau au mur sur lequel est écrit «I thirst» («J'ai soif»).

Park Street Cemetery ⓬

Entre Rawdon Street et Park Street. *lun.-ven.*

Ce petit coin de verdure au cœur de la ville plaira aux nostalgiques du Raj. Il fut inauguré en août 1767 pour accueillir le tombeau de John Wood, un officier des douanes de l'East India Company. Jusqu'au milieu du XIXe siècle, ce fut le cimetière européen de Calcutta. Park Street s'appelait à l'origine Burial Ground Road. Elle fut rebaptisée Park Street en référence au parc créé un peu plus loin par Elijah Impey, le président de la Cour suprême. Le grand universitaire William Jones, le fondateur de l'Asiatic Society, y est enterré sous une pyramide. Henry Vansittart, un des premiers gouverneurs du Bengale, est également enterré ici, ainsi que Henry Louis Vivian Derozio (1809-1831), enseignant eurasien du Hindu College et poète, mort prématurément à l'âge de 22 ans. Derozio encourageait ses élèves à se libérer du poids des traditions, et fut l'un des pionniers du mouvement intellectuel Renaissance du Bengale. Le tombeau le plus célèbre est celui de Rose Aylmer, un des premiers amours du poète Walter Savage Landor. Quelques vers du poète sont inscrits sur sa tombe, qui est surmontée d'un obélisque. Le capitaine Kyd, le fondateur des Jardins botaniques *(p. 239)*, est également enterré au Park Street Cemetery.

Alipore ⓭

Entre A.J.C. Bose Road, Belevedere Road et Alipore Road. **Alipore Zoological Gardens** *ven.-mer.* **National Library** *(033) 2479 1384. ven.-mer. jours fériés.* **Agri Horticultural Society** *(033) 2479 0834. lun.-sam.* www.agrihorticultureindia.com *Flower Show (fév.).*

Le quartier d'Alipore, situé au sud de Kolkata, est l'adresse la plus chic de la ville. Cette enclave verdoyante parcourue d'avenues spacieuses est remplie de palais et de magnifiques pelouses. Le zoo de Kolkata, l'**Alipore Zoological Gardens**, a ouvert ses portes en 1875. Il possède une grande collection de mammifères et d'oiseaux. L'une de ses attractions principales est un tigron, un croisement extrêmement rare entre une tigresse et un lion. La Belvedere Estate, entourée d'une vaste pelouse, abrite aujourd'hui la **National Library**. C'est la plus grande bibliothèque du pays avec 2 millions de livres et de manuscrits. Construite dans le style de la Renaissance italienne, le Belvedere était à l'origine la résidence du

Vestiges de l'époque coloniale dans le Park Street Cemetery

La National Library d'Alipore, avec sa véranda à colonnades

lieutenant-gouverneur du Bengale. Un peu plus bas, les jardins somptueux de l'**Agri Horticultural Society**, furent créés en 1820 par le missionnaire William Carey *(p. 243)* pour favoriser le développement de l'agriculture et de l'horticulture en Inde. Au cours des 40 premières années de son existence, des graines, des bulbes et des boutures furent importés d'Angleterre, d'Afrique du Sud et d'Asie du Sud-Est. La Société possède aujourd'hui une collection extraordinairement variée de fougères, d'arbres et d'arbustes, de plantes médicinales et de fleurs rares, ainsi qu'un magasin où il est possible d'acquérir quelques spécimens.

Kalighat ⓮

Ashutosh Mukherjee Rd. ◯ *t.l.j.*

Kalighat est le lieu de pèlerinage le plus ancien de Kolkata. À ce titre, il est mentionné dans plusieurs poèmes et ballades du Moyen Âge. La légende raconte que le dieu Shiva, rendu fou de douleur par la mort de sa compagne Sati (une incarnation de Parvati), la prit sur ses épaules et se mit à danser la terrible *Tandava nritya* ou « danse de la mort », détruisant tout sur son passage. Pour mettre fin au carnage, Vishnou lança sur Sati son disque magique *(chakra)*, éparpillant ses membres aux quatre coins de la Terre. Son orteil atterrit à Kalighat, dont le nom pourrait être à l'origine de celui de Kolkata. Le Kali Temple que l'on voit aujourd'hui fut construit au XIXe siècle, mais le site est beaucoup plus ancien. L'image de la déesse qui est exposée dans la crypte ressemble à une furie : sauvage, indomptable, les cheveux hérissés sur la tête, les yeux exorbités, tout dans son aspect inspire la terreur. Sa langue est recouverte d'une nouvelle feuille d'or tous les jours. Le temple est toujours bondé, particulièrement les mardis et les samedis.

Peinture de Kalighat représentant deux mendiants itinérants

Le dôme en brique et en mortier du Kali Temple à Kalighat

Kalighat a prêté son nom aux peintures de Kalighat, des peintures à l'eau sur rouleau, typiques du Bengale. L'Indian Museum *(p. 234-235)* en possède une belle collection.

Nirmal Hridaya ⓯

251, Kalighat Rd. ☎ *(033) 2464 4223.* ◯ *lun.-sam. 8h-11h et 15h-17h ; dim. 15h-17h.*

La maison des indigents créée par Mère Theresa, Nirmal Hridaya (« le cœur pur »), est située près du Kali Temple. Le quartier attire depuis longtemps les personnes démunies et les vieillards, qui viennent y attendre la mort dans l'espoir d'atteindre la *moksha* (délivrance). Une grande salle remplie de lits, très propre, accueille les malades et les mourants. Des sœurs en sari bleu et blanc prennent soin d'eux. Si vous souhaitez y travailler comme volontaire, inscrivez-vous à la Mother House.

MÈRE TERESA (1910-1997)

Mère Teresa est née en Albanie sous le nom d'Agnes Gonxha Bajaxhiu. Elle vint à Calcutta en 1929 en qualité d'enseignante. Bouleversée par la pauvreté et la souffrance qui l'entouraient, elle quitta le couvent pour fonder l'ordre des Missionnaires de la charité. Son dévouement au service des lépreux, des mourants et des nécessiteux lui a valu une reconnaissance universelle. Les habitants de Kolkata l'appelaient « la Mère ». L'amour qu'elle leur inspirait transcendait les distinctions de religions, de classes ou de communautés. Elle reçut le Prix Nobel de la paix en 1979.

Timbre à l'effigie de Mère Teresa

***Kim Li Loi*, un restaurant chinois de Tangra**

Tangra ⓰

En bordure de l'Eastern Metropolitan Bypass. *Nouvel An chinois (fév.).*

L'immigration chinoise au Bengale remonte au XVIIIe siècle. Située dans la banlieue est de la ville, Tangra abrite aujourd'hui la plus grande communauté chinoise de Kolkata. Sa culture riche et variée s'exprime aussi bien à travers des publications de langue chinoise que dans sa cuisine. Servie dans une multitude de petits restaurants familiaux, la cuisine chinoise de Tangra a subi une forte influence indienne. La cuisine de Tangra est devenue un style de cuisine chinoise au même titre que celles du Sichuan et de Canton. Les Chinois de Kolkata se sont spécialisés dans le commerce de la chaussure - ce qui explique la présence de nombreuses tanneries dans le quartier.

Marble Palace ⓱

46, Muktaram Babu St. *lun. et mar.* **Permis d'entrer** *Autorisation : contacter le Tourism Centre, 312 BBD Bagh, (033) 2248 8271.*

Cette demeure opulente fut construite en 1835 pour Raja Rajendra Mullick, un *zamindar* (propriétaire terrien) fortuné. Bien que sa famille y réside encore, une partie de la maison est ouverte au public. Rajendra Mullick se constitua au cours de ses nombreux voyages une collection éclectique de chandeliers vénitiens, de vases Ming et d'antiquités égyptiennes. Doté d'une façade néoclassique et d'une cour à colonnades, le Marble Palace permet de se représenter la vie d'une famille bengali prospère au XIXe siècle. Plus de 100 variétés de marbres furent employées. Les œuvres de peintres européens ornent ses murs. La cour intérieure abrite le temple familial. Une rocaille et une volière contenant des mainates et des aras agrémentent le jardin.

Jorasanko ⓲

6/4, Dwarkanath Tagore Lane. **Rabindra Bharati Museum** *(033) 2269 6610.* *mar.-dim.* **Son et Lumière** *t.l.j. à 19h15, en anglais.* *lun. et jeu.* *Anniversaire de Rabindranath Tagore (mai).*

Jorasanko est la demeure ancestrale de l'un des enfants chéris du Bengale : Rabindranath Tagore *(p. 248)*. Bâtie en 1785, cette modeste demeure en brique rouge appartint aux Tagore, une famille cultivée qui donna au Bengale de nombreux intellectuels et réformistes sociaux. La rue dans laquelle se trouve la maison est nommée en l'honneur de Dwarkanath Tagore (1784-1846), le père du poète, un riche entrepreneur. Devenue un centre de la vie artistique et culturelle du Bengale dès le XIXe siècle, la maison fut agrandie. Elle fait aujourd'hui partie de la **Rabindra Bharati University**, dédiée à l'étude de la culture du Bengale. La maison elle-même accueille le **Rabindra Bharati Museum**, qui retrace l'histoire de la famille grâce à une collection d'œuvres d'art et d'objets personnels. Une section est consacrée aux peintures de Rabindranath. La chambre dans laquelle il est décédé a été conservée dans son état d'origine.

La façade en briques de la Rabindra Bharati University, à Jorasanko.

Dernières retouches sur une statue de Durga

Kumartuli ⓳

North Chitpur Rd.

C'est dans les allées sinueuses de Kumartuli («quartier des potiers») que sont fabriquées les célèbres statuettes votives. Le meilleur moment pour visiter le quartier se situe entre la fin août et le début septembre, lorsque les artisans fabriquent les idoles qui sont au cœur du Festival de Durga Puja. Il est merveilleux de les voir façonner l'argile, mélangée à de la paille et des brindilles, pour créer des représentations de Durga, la déesse aux longs cheveux et aux yeux de poisson. Son visage évoque plus souvent les traits des actrices populaires du cinéma hindi que ceux d'un animal aquatique. Non loin de là se dresse un ancien temple dédié à Shiva, le **Buro Shiva,** ou « Vieux Temple de Shiva ». C'est le seul temple en terre cuite de la ville à nous être parvenu en bon état. Des tablettes de terre cuite ornent les frises en dessous du toit. Un peu plus loin, l'immense **Howrah Bridge** (rebaptisé Rabindra Setu) s'élance au-dessus des eaux troubles de la rivière Hooghly *(p. 225)*. Cette élégante structure en métal est un des principaux points de repère de la ville. Les couchers de soleil sur le pont valent le détour. Construit en 1943, c'est le troisième plus grand pont suspendu du monde. Il mesure 97 m de haut et 705 m de long et relie Kolkata à Howrah, la gare principale, sur la rive opposée. Au sud, le pont suspendu Vidyasagar Setu fut construit en 1993 pour relier le sud de la ville à Shibpur et à la gare de Howrah.

Botanical Gardens ⓴

Rive O. de la rivière Hooghly, Shibpur. *depuis Babu Ghat* *(033) 2668 6226.* t.l.j. **La Palm House** *lun.-sam.* **Le National Herbarium** *lun.-sam.* *2e sam.*

Les Botanical Gardens, situés dans le quartier Shibpur de Howrah, furent créés en 1786 par le colonel Kyd, un officier de l'East India Company. Ils possèdent une collection extraordinaire de cactus, de fougères et de palmiers, ainsi que des espèces en provenance de tous les continents. L'attraction principale est un magnifique arbre banian (*Ficus bengalensis*) qui mérite à lui seul le déplacement. Âgé de plus de 200 ans et doté d'un houppier composé de quelque 300 branches et de plus de 60 m de diamètre, c'est sans doute le plus grand arbre banian du monde. Frappé par la foudre en 1919, le tronc central dut être enlevé.

Les immenses nénuphars *Victoria amazonica* des Botanical Gardens

Le Durga Puja

Image de la déesse à dix bras Durga terrassant Mahisha

Le Durga Puja est la fête principale du Bengale et mobilise chaque année toute la population de l'État. Elle se déroule entre les mois de septembre et d'octobre et célèbre l'arrivée de l'automne et la nouvelle moisson. Chaque village organise sa propre *puja*, grâce à des clubs locaux et à des associations financées par des dons publics. Certaines anciennes familles du Bengale organisent leur propre *puja* dans leurs maisons ancestrales. Des *pandal* (des maquettes en bambou) illuminés, représentant des monuments célèbres comme la Maison blanche ou le Taj Mahal, sont installés sur les bords des routes et dans les parcs. Une statue de la déesse Durga *(p. 25)*, apprêtée pour la circonstance, est installée à l'intérieur. Dans les *puja* privées, elle est souvent parée de véritables bijoux. Des cadeaux sont échangés au cours de grands festins. Le dernier jour, les idoles sont plongées dans la rivière Hooghly, au son des tambours et aux cris de « *Jai ma Durga* ! » («Honneur à la Mère Durga ! »).

Le Bengale-Occidental et le Sikkim

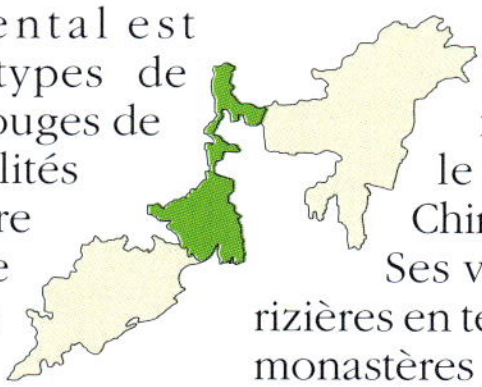

Le Bengale-Occidental est composé de trois types de paysages. Les terres rouges de l'Ouest donnent leurs tonalités chaudes aux temples en terre cuite de Bishnupur. Dans le Sud, le delta du Gange abrite des marécages et des forêts de mangroves où règne le tigre royal du Bengale. Au Nord, les charmantes stations d'altitude de Darjeeling et de Kalimpong sont perchées sur les contreforts des Himalayas. L'État voisin du Sikkim, qui a des frontières communes avec le Bhoutan, le Népal et la Chine, est cerné de montagnes. Ses vallées vert émeraude aux rizières en terrasses sont parsemées de monastères bouddhiques. La troisième plus grande montagne du monde, le Kanchendzonga (8 598 m), domine l'horizon et la vie des habitants du Sikkim. Les deux États réunis ont une population de 81 millions d'habitants.

Les sites d'un coup d'œil

Villes
Barddhaman 6
Gangtok 16
Murshidabad 8
Pelling 17
Shantiniketan 7
Siliguri 11

Sites historiques
Gaur 9
Pandua 10

Temples, monastères et lieux saints
Belur Math 1
Bishnupur Shyama Raya Temple 5
Dakshineshwar 2
Tashiding Monastery 19

Parcs nationaux
Jaldapara Wildlife Sanctuary 12
The Sunderbans 4

Stations et sites naturels
Darjeeling 14
Kalimpong 15
Kurseong 13
Yuksam 18

Rivière et vallée
Hooghly River 3

◁ **Image de la déesse à dix bras Durga, somptueusement parée pour les fêtes de Durga Puja**

Belur Math ❶

District de Howrah. À 10 km au N. de Kolkata. [bus] [bateau] ou en taxi de Kolkata. [horaires] t.l.j. ; vêtements discrets recommandés.

Belur Math, le quartier général de la mission Ramakrishna, est installé aux portes de Kolkata, sur la rive ouest de la Hooghly. L'ordre a été fondé en 1897 par le réformiste hindou Swami Vivekananda *(p. 615)*, le plus important des disciples de Ramakrishna Paramhansa. Le temple moderne qui occupe le centre de ce vaste ensemble architectural fut construit en 1938. Le plan cruciforme de l'édifice, les arches des fenêtres qui rappellent l'architecture moghole, l'influence bouddhique du portail et les motifs hindous qui ornent sa façade illustrent parfaitement l'esprit syncrétique de Ramakrishna, qui prônait l'unité de toutes les religions. L'édifice principal est entouré de temples secondaires. L'atmosphère qui règne dans cet endroit d'une grande propreté est calme et contemplative. De nos jours, la mission possède des centres dans le monde entier.

Belur Math, sur la rive occidentale de la rivière Hooghly.

Dakshineshwar ❷

24, district de Parnagas. À 12 km au N. de Kolkata [bus] [bateau] ou en taxi de Kolkata. [horaires] t.l.j. ; vêtements discrets recommandés.

Au nord de Belur Math, sur la rive orientale de la Hooghly, le temple de Dakshineshwar est un des lieux de pèlerinage les plus célèbres du Bengale. Le temple fut érigé en 1855 par une riche veuve très pieuse, Rani Rashmoni. Conspuée par l'orthodoxie parce qu'elle n'était pas une brahmane (la caste la plus élevée de la société hindoue), aucun brahmane n'acceptait de venir célébrer les offices dans son temple. Seul Ramakrishna Paramhansa, qui n'était alors qu'un jeune garçon, accepta cette charge. Il servit le temple de Dakshineshwar pendant de nombreuses années et y développa sa théorie de l'unicité de toutes les religions. Sa chambre, qui est située à l'intérieur du temple, a été conservée dans son état d'origine. Blanchi à la chaux, surmonté de neuf coupoles, le temple fut bâti sur une plate-forme surélevée. Les toitures offrent une perspective spectaculaire de corniches arquées. Le sanctuaire contient une représentation de Bhabatarini, une incarnation de la déesse Kali. Le vaste complexe qui s'étend le long de la rivière possède 12 autres petits temples tous dédiés à Shiva.

Les *bangalar* curvilignes du toit du temple de Kali, à Dakshineshwar.

Ramakrishna Paramhansa (1836-1886)

Ramakrishna, l'un des grands maîtres spirituels de l'Inde moderne, est né dans une modeste famille de prêtres en 1836. Il devint prêtre à Dakshineshwar, ou il commença une vie de prières et de méditation. Sa philosophie partait du principe qu'il y a une vérité inhérente dans toutes les religions et qu'une vie simple est une vie pure. Ce mystique qui prétendait parler directement avec Dieu pouvait expliquer des concepts théologiques très complexes dans une langue d'une grande simplicité – ce qui lui attira un grand auditoire. Ses enseignements furent propagés en Europe et aux États-Unis par son principal disciple, Swami Vivekananda (1863-1902), qui créa des missions Ramakrishna dans le monde entier.

Ramakrishna Paramhansa

Rivière Hooghly ❸

District de Hooghly. À 24 km au N. de Kolkata, dans la direction de Shirampur. [train] [bus] [bateau] croisières le long de la rivière. [i] Babu Ghat (près des Eden Gardens) ou office du tourisme, (033) 2248 7302.

Lorsque le Gange atteint les basses plaines du Bengale-Occidental, le fleuve se divise en plusieurs cours d'eau. Le plus important d'entre eux, la Hooghly, s'écoule sur 260 km entre Nabadwip et le golfe du Bengale.

Entre les XVe et XVIIIe siècles, cette rivière navigable a attiré les marchands français, hollandais, britanniques, danois et portugais, qui y

Personnes en train de prier devant l'église N.-D. de Bandel.

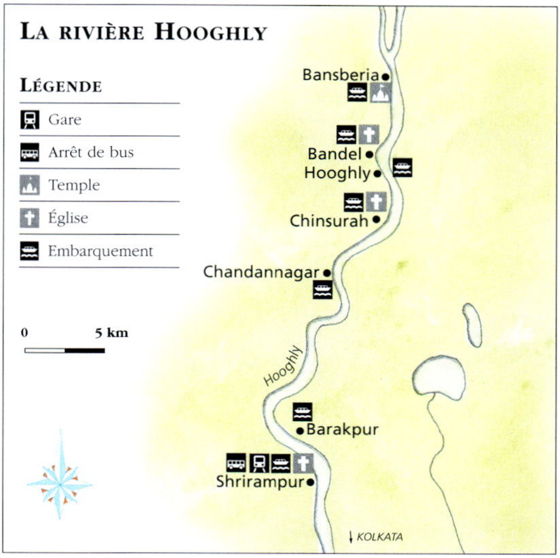

fondèrent des comptoirs commerciaux, transformant ses rives en une Europe miniature. Des croisières sur la rivière permettent d'en découvrir les principaux vestiges.

Situé en amont de Kolkata, **Shrirampur** (Serampore) fut une colonie danoise jusqu'en 1845. Le Dr William Carey, le premier missionnaire baptiste de l'Inde *(p. 237)*, y fonda une imprimerie en 1799. Il fit traduire la Bible dans les principales langues du sous-continent. Il y fonda également le premier collège de théologie chrétienne de l'Inde, l'actuel Shirampur College, en 1805. Sa bibliothèque possède une collection de livres des XVIIIe et XIXe siècles d'une valeur inestimable.

L'Armenian Church de Chinsurah.

Barakpur (Barrackpore) est située sur la rive est. C'est là que se trouvait autrefois la maison de campagne du vice-roi des Indes.

Chandannagar (Chandernagore) a accueilli une communauté française de 1673 jusqu'en 1952. Les bancs publics qui bordent la rive (l'ancien quai Dupleix) ressemblent aux bancs publics parisiens. L'élégante résidence de l'administrateur, bâtie au XVIIIe siècle, abrite désormais l'Institut de Chandernagore. Sa bibliothèque et son musée contiennent de nombreux souvenirs de la communauté française. L'église du Sacré-Cœur possède une statue de Jeanne d'Arc et une grotte dédiée à N.-D. de Lourdes.

Chinsurah (Chunchura), un comptoir arménien repris par les Hollandais en 1625, puis par les Britanniques, se trouve au nord de Chandannagar. L'Armenian Church date de 1695. Son clocher est un ajout postérieur. La ville de **Hooghly** située plus au nord possède une impressionnante mosquée *(imambara)*, construite en 1836. Toujours plus en amont, **Bandel** fut fondée par les Portugais en 1580. L'église de N.-D. de Bandel, consacrée en 1599, est l'une des plus anciennes églises de l'Inde orientale. Des pèlerins de toutes les religions viennent prier devant la statue miraculeuse de N.-D.-des-Voyages-Heureux. En 1632, alors que la ville était mise à sac par l'armée du Grand Moghol Shah Jahan, la statue, après avoir été jetée dans la rivière, réapparut sur la rive devant l'église.

Encore plus au nord, **Bansberia** abrite plusieurs temples en terre cuite. L'Ananta Vasuddeva Temple, construit en 1679, possède au-dessus de l'entrée principale un bas-relief représentant des guerriers. Le Hanseshwari Temple, construit en 1814, possède une série de dômes en forme d'oignon qui rappellent le Kremlin et une façade aux jolies sculptures.

La résidence de l'administrateur français à Chandannagar

Les Sunderbans ❹

Martin-pêcheur à poitrine blanche

Le vaste delta formé par le Gange et le Brahmapoutre s'étend sur 18 000 km² et déborde sur le Bangladesh. Il possède la plus grande forêt de mangroves du monde. Les 2 585 km² de la réserve des Sunderbans, un site classé au Patrimoine de l'humanité par l'Unesco, sont situés en plein cœur du delta. Elles furent déclarées Tiger Reserve en 1973, afin de protéger le tigre du Bengale, menacé d'extinction. Le réseau complexe de canaux, de criques et d'îles alluviales qui la composent abrite de nombreuses espèces aquatiques : dauphins et crustacés coexistent avec les tortues Olive Ridley et les crocodiles des estuaires. Les marécages attirent également un grand nombre d'oiseaux, particulièrement des échassiers. Des croisières sont organisées dans les forêts de mangroves.

Crabes violonistes
Les mâles de l'espèce possèdent une pince énorme qui ressemble à un violon ou un archet, dont ils se servent pour attirer les femelles et se défendre contre leurs ennemis.

Forêt de mangroves
Réputées pour la richesse de leurs mangroves, les Sunderbans possédaient autrefois de nombreux arbres sundari (Heritiera fomes). *Les coupes illégales les ont presque fait disparaître. Les mangroves se sont adaptées aux inondations et à l'eau salée du delta, en développant des racines respirantes.*

Les bateaux
Les petits bateaux à rames qui partent de Sajnakhali sillonnent les canaux de la réserve. Plus agréables que les bateaux à moteur, ils offrent également l'avantage de ne pas effrayer les animaux et plus particulièrement les oiseaux.

VOIR AUSSI

La frontière occidentale des Sunderbans comporte de nombreuses plages et des stations balnéaires, accessibles en bateau ou par la route. **Ganga Sagar** (l'île de Sagar) attire tous les ans au mois de janvier des millions de pèlerins pour le Festival de Ganga Sagar Mela *(p. 251)*, pendant le Makar Sankranti. La **baie du Diamant** est un lieu de pique-nique très populaire. Les stations balnéaires Le **Bakkhali** et **Digha** possèdent de très belles plages. Bakkhali abrite aussi un sanctuaire ornithologique.

Les crocodiles de l'estuaire

Les crocodiles d'eau salée, connus sous le nom de « salties », peuvent mesurer jusqu'à 8 m de long. Ils se nourrissent de petits mammifères et s'attaquent parfois aux êtres humains.

MODE D'EMPLOI

24, district de Parnagas. À 168 km au S.-E. de Kolkata. *Canning, 45 km au N.-O de Sajnakhali, entrée de la Tiger Reserve.* *Basanti, 30 km au N.-O. de Sajnakhali.* *de Canning ou Basanti via Gosaba pour Sajnakhali.* **Pour réserver**, *contacter les Field Director, (03218) 255 280.* **Permis disponibles** *au Tourist Dept, Kolkata, (033) 2248 7302.* *nov.-mars.* *obligatoire.* *Canots avec un guide au départ de Sajnakhali.*

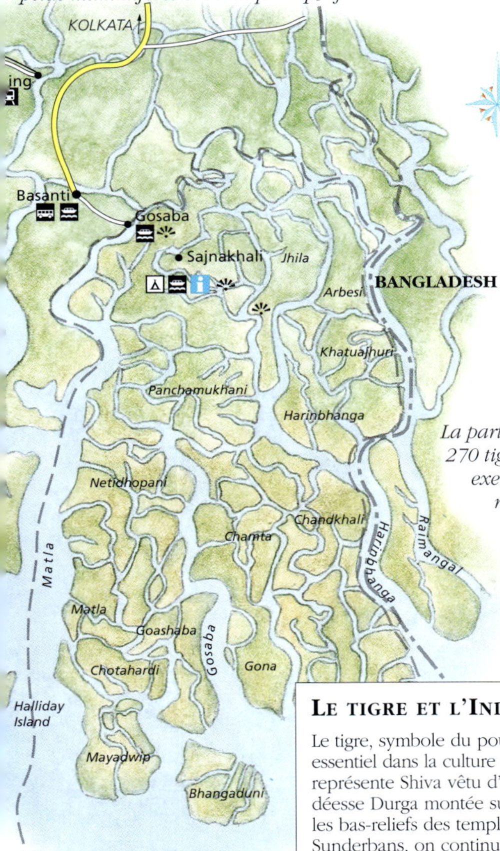

Tigre royal du Bengale

La partie indienne des Sunderbans possède 270 tigres royaux du Bengale. C'est le seul exemple connu de tigre vivant dans des mangroves. Il s'est remarquablement bien adapté à son environnement. Cet excellent nageur se nourrit de poissons et peut boire de l'eau salée.

LÉGENDE

- Gare
- Arrêt de bus
- Embarquement
- Information touristique
- Hébergement
- Point de vue
- Route principale
- Route secondaire
- Limites du parc
- Frontière internationale

LE TIGRE ET L'INDE

Le tigre, symbole du pouvoir et de la royauté, joue un rôle essentiel dans la culture de l'Inde. L'iconographie hindoue représente Shiva vêtu d'une peau de tigre et la terrible déesse Durga montée sur un tigre. Il est aussi présent dans les bas-reliefs des temples bouddhiques. Dans les Sunderbans, on continue de faire des offrandes rituelles à la divinité de la forêt Banbibi, pour se protéger des tigres. Pourtant, les tigres qui étaient 40 000 en 1900 n'étaient plus que 1 800 en 1972. Pour parer à la menace d'extinction, le gouvernement indien lança le Project Tiger. Depuis, la tendance démographique est redevenue positive et l'Inde compte aujourd'hui entre 2 750 et 3 500 tigres, soit 60 % de la population mondiale. L'Inde compte 27 réserves sur son territoire.

Dans cette scène, Banbibi protège une femme et son enfant d'un tigre

Bishnupur : le Shyama Raya Temple ❺

Motif de plante

Aux XVIIe et XVIIIe siècles, Bishnupur était la capitale du royaume de Mallabhumi. Elle doit sa renommée actuelle à ses merveilleux temples en terre cuite rouge. Le plus impressionnant de tous est sans doute le temple de Shyama Raya. Il est décoré de scènes de la vie du seigneur Krishna, d'épisodes tirés de l'épopée du *Ramayana* *(p. 27)*, de scènes de chasse, de parades militaires et de défilés de bateaux.

Façade principale du Shyama Raya Temple

Shikhara
La conception des cinq tours s'inspire du temple voisin d'Orissa (p. 258).

Les corniches rappellent les toits de chaume des maisons villageoises.

Les arches
Trois arches soutenues par des piliers trapus permettent d'accéder à un long corridor voûté.

Le saint des saints est appelé *thakurbari* («chambre du dieu»). Il contient un autel en pierre sculptée.

MODE D'EMPLOI

District de Bankura. À 152 km au N.-O. de Kolkata.
62 000. *t.l.j.*
Rasa Festival (août).

Frises en terre cuite
Des épisodes du Ramayana *alternent avec des scènes de la vie quotidienne. Ici, Krishna joue de la flûte pour les* gopi *(laitières).*

La corniche curviligne permet d'évacuer l'eau de pluie vers les angles de l'édifice.

Décorations des arches
Les murs sont ornés de bas-reliefs représentant des plantes grimpantes et des fleurs.

Les toits jumeaux du Keshta Raya Temple, à Bishnupur

À la découverte des temples de Bishnupur

Répartis sur 3 km, les temples en terre cuite de Bishnupur se détachent nettement du paysage vert et ocre environnant.

Le **Rasa Mancha Temple**, bâti par l'empereur Bir Hambir au début du XVIIe siècle, possède 108 piliers et un toit en forme de pyramide. Une tradition très ancienne veut que des représentations de Krishna et de Radha soient exposées ici pendant toute la durée du Festival de Rasa.

Au nord du temple de Rasa Mancha, le grand **Keshta Ray Temple (Jor Bangla)** a été construit en 1655. Il possède deux toits identiques attachés l'un à l'autre et appelés *jor bangla* («toits jumeaux»).

Le **Madan Mohan Temple**, plus au nord, fut construit en 1694 et possède une frise représentant des épisodes de la vie de Krishna.

Le **Shirdhara Temple** du IXe siècle, possède 9 tours. La frise qui orne l'entrée principale représente Shiva en train de danser.

Barddhaman ❻

District de Barddhaman. À 125 km au N.-O de Kolkata.
Barddhaman Festival (janv.).

Les puissants rajas de Barddhaman furent de grands mécènes des arts, comme l'attestent les nombreux monuments des environs. Ils firent construire plusieurs temples à **Kalna**, à 50 km à l'est de Barddhaman, aux XVIIIe et XIXe siècles. Le Shiva Temple et ses 108 chapelles est le plus impressionnant de tous. La charmante petite ville de **Nabadwip**, à 20 km au nord, est le berceau de Sri Chaitanya (1486-1533), à l'origine de la renaissance du culte de Krishna *(p. 153)* en Inde. Elle possède quelques vieilles maisons en briquette, typiques de l'architecture du Bengale précolonial.
Non loin de là, à **Mayapur**, le grand et moderne Chandrodaya Temple a été construit par l'ISKCON (International Society for Krishna Consciousness).

LES CHEVAUX DE BANKURA

De génération en génération, l'artisanat de Bankura perpétue la tradition des figurines en argile. Le produit emblématique de la région est le cheval de Bankura, une figure en terre cuite très stylisée, dotée d'un long cou et de grandes oreilles. Les dimensions varient du petit jouet qui peut tenir dans la paume de la main à des créations plus importantes qui peuvent mesurer jusqu'à 1 m de haut. Les chevaux sont des figures votives qui sont généralement offertes aux divinités locales.

Cheval de Bankura

Cours en plein air à la Visva Bharati University

Shantiniketan 7

District de Birbhum. À 213 km au N.-O. de Kolkata. *Bolpur, 3 km au S. de Shantiniketan, puis en* rickshaw. *Bolpur. Kendulimela (janv.), Pausch Mela (déc.).*

La communauté de Shatiniketan a été fondée en 1921 par Rabindranath Tagore, dans la tradition des *gurukul,* ces écoles indiennes où des *guru* dispensent leur enseignement assis au pied d'un arbre. Animée d'un fort esprit communautaire, l'institution se consacra à l'étude des arts et des sciences humaines, et plus particulièrement à la culture du Bengale. Rebaptisée **Visva Bharati University**, elle s'est depuis dotée d'une organisation plus conventionnelle, même si certaines traditions, comme les sacro-saints cours en plein air, ont été maintenues. Elle continue d'attirer les nombreux admirateurs du poète Tagore (voir ci-contre). L'Uttarayan Complex, où le poète vécut et travailla pendant de nombreuses années, est situé sur le campus. Le département **Kala** est dédié aux beaux-arts, le **Bhavan**, **Sangeet** à la musique et le **China Bhavan** à la sinologie. Les liens privilégiés qu'entretient Shantiniketan avec l'art contemporain sont mis en évidence par les nombreuses œuvres d'artistes indiens exposées sur le campus comme celles de Binode Bihari Mukherjee (1904-1980), Nandlal Bose (1882-1966) et Ram Kinkar Baij (1910-1980). Le **Vichitra Museum** possède une collection d'objets personnels du grand homme et certains de ses tableaux, réalisés d'après les dessins dont il ornait les marges de ses manuscrits. Des concerts de *Rabindra Sangeet* (chansons écrites et mises en musique par Tagore) sont organisés sur le campus tous les soirs.

Le village voisin de **Kenduli** est le lieu de naissance du poète Jayadevra, qui composa le *Gita Govinda*, un hymne en l'honneur de Krishna. Tous les ans, au mois de janvier, les bauls, des chanteurs itinérants, se réunissent ici pour Kendulimela, un festival au cours duquel ils chantent à tour de rôle pendant trois jours, sans interruption.

Visva Bharati University
(03463) 25 2531. jeu.-mar.
Vichitra Museum
jeu.-mar.

Murshidabad 8

District de Murshidabad. À 200 km au N. de Kolkata.

L'ancienne capitale des nababs du Bengale, Murshidabad, est entourée de paysages vert et or. Cette ville fut fondée en 1704 sur les berges de la rivière Bhagirathi par le nabab Murshid Quli Khan, le gouverneur de l'empereur moghol Aurangzeb. Il est enterré sous les marches de la **Katra Mosque**, construite en 1724 sur le modèle de la mosquée de La Mecque. Le nabab voulait que les fidèles, en se rendant à la prière, soient obligés de marcher sur sa tombe.

Hazarduari («les Mille Portes») le palais du nabab, fut bâti en 1830 par le général Duncan McLeod, du régiment des Ingénieurs du Bengale. S'inspirant de

La grande façade du Hazarduari Palace à Murshidabad

RABINDRANATH TAGORE (1861-1941)

Tagore fut l'un des grands hommes de la Renaissance indienne. Son influence se fait encore sentir dans de nombreux domaines artistiques, particulièrement au Bengale. Né en 1861 dans une famille riche et cultivée *(p. 238)*, il devint poète, chansonnier, auteur de romans, de nouvelles et d'essais, peintre, chorégraphe, acteur et chanteur. Une de ses compositions fut choisie pour être l'hymne national de l'Inde. Peu après que William Butler Yeats eut traduit son poème *Gitanjali* en anglais, il reçut le Prix Nobel en 1913. Élevé au rang de chevalier par la couronne d'Angleterre, il refusa cet honneur pour protester contre le massacre de Jallianwala Bagh *(p. 56)*. Le Mahatma Gandhi l'appelait Gurudev (« Grand Maître »). Tagore est décédé en août 1941, mais son souvenir est honoré au Bengale : son portrait occupe une place symbolique importante dans les demeures des classes moyennes.

Portrait de Tagore en 1930, lauréat du Prix Nobel

l'architecture baroque italienne, il le dota d'une salle de banquet entourée de miroirs et d'un superbe vestibule circulaire, le Durbar Hall. Le palais a depuis été transformé en musée. Sa collection comporte un lustre géant offert par la reine Victoria, qui était suspendu directement au-dessus du trône en argent du nabab. La bibliothèque contient quelque 10 000 volumes et de merveilleux corans enluminés. Il possède également une collection très variée d'armes et d'armures, parmi lesquelles se trouve le canon qui fut employé à la bataille de Plassey *(p. 52)*, lorsque Robert Clive vainquit le nabab Siraj-ud-Daulah, en 1757. Cette victoire décisive ouvrit la voie à la constitution de l'Empire britannique des Indes. La ville fut éclipsée par Calcutta au XIXe siècle.

Hazarduari Museum
sam.-jeu.

Gaur ❾

District de Malda. À 325 km au N. de Kolkata. *Malda, 16 km au N. de Gaur, puis en taxi ou en bus.*
Monuments *t.l.j.*

Les ruines impressionnantes de Gaur permettent de se faire une idée de l'ancienne splendeur de la ville. Le second empereur moghol Humayun fut si vivement impressionné qu'il l'appela Jinnatabad ou « séjour de paradis ». Cette cité abandonnée s'étend sur 52 km². Elle fut en grande partie construite aux XVe et XVIe siècles, même si elle a des origines plus anciennes. Les rois bouddhiques

Les façades en terre cuite de l'Eklakhi Mausoleum à Pandua

pala régnèrent sur Gaur entre le VIIIe et le XIIe siècle, avant d'être expulsés par les Sena, la dernière dynastie hindoue du Bengale. La cité fut ensuite occupée par une série de sultans musulmans dont les Ilyas Shahi. La ville fut pillée par Sher Shah Sur *(p. 73)* en 1537 et ravagée par la peste en 1575, puis annexée par l'Empire moghol.

La structure la plus ancienne de Gaur est le **Sagar Dighi**, un immense réservoir bâti au XIIe siècle. Sur la rive orientale de la Bhagirathi se dressent les remparts d'un fort qui abritait autrefois un palais. Le portail nord, le **Dakhil Darwaza**, construit en 1425, est doté d'une arche monumentale et orné de nombreux bas-reliefs. Au nord, la **Chhota Sona Masjid**, en ruine, fut construite en 1526 ; c'était la plus grande mosquée de la ville. Citons aussi la **Kadam Rasul Masjid**, construite en 1530, pour abriter une empreinte de pied du prophète Mahomet, la **Tantipara Masjid**, mosquée en brique, la **Lattan Masjid** et la **Gumti Darwaza**, l'entrée orientale de la ville.

La Gumti Darwaza, Gaur.

Pandua ❿

District de Malda. À 360 km au N. de Kolkata. *Malda, 18 km au S. de Pandua, puis en taxi ou en bus.*

Les ruines de la cité de Pandua, envahies par les plantes grimpantes, s'étendent sur 10 km le long d'une ancienne route en brique. En 1338, Pandua détrôna Gaur à la tête du Bengale. Elle fut la capitale des souverains musulmans jusqu'en 1500. À son extrémité nord, l'imposante **Adina Masjid** est une imitation de la grande mosquée de Damas. C'est l'une des plus grandes mosquées de l'Inde et elle contient la tombe de Sikandar Shah. Plus au sud, l' **Eklakhi Mausoleum**, construit au début du XVe siècle, contient le tombeau du sultan Jalal-ud-Din. Cet édifice ostentatoire fut l'un des tout premiers tombeaux en brique à plan carré du Bengale. Fait étrange : la chambre intérieure octogonale possède une image de Ganesh, le dieu-éléphant hindou. La **Qutb Shahi Masjid**, au sud-est, est parfois appelée « Mosquée dorée », en référence aux superbes tuiles jaunes qui ornaient ses minarets. Elle fut érigée en 1585 par le sultan Makhdum Shah, dont la tombe est située à côté de la mosquée.

Le Dakhil Darwaza à Gaur, bâti avec de petites briques rouges

Les plantations de thé bordent la route reliant Bagdogra à Siliguri

Siliguri ⓫

District de Darjeeling. À 79 km au S.-E. de Darjeeling. 470 300. *Bagdogra, 12 km à l'O. de Siliguri, puis en taxi ou en bus.* *New Jalpaiguri, 60 km au S.-E. de Siliguri, puis en taxi ou en bus.* *Tourist Office, Siliguri, (0353) 251 1974.*

Siliguri est située au pied des Himalayas orientales. C'était autrefois une paisible petite ville provinciale. Les propriétaires des plantations de thé des environs s'y rendaient régulièrement pour faire leurs provisions. Depuis, une grande partie de la ville a été transformée en centre logistique tout en conservant quelques-uns de ses bazars animés, comme celui qui borde **Tenzing Norgay Road**. On y trouve des lainages tibétains à bon marché, ainsi que des meubles en rotin. L'hiver, Siliguri accueille des conférences internationales bouddhiques. Les visiteurs du Jaldapara Wildlife Sanctuary y font généralement escale.

Aux environs : Située non loin de Siliguri, **New Jalpaiguri**, est la gare principale de la région. La ville voisine de **Bagdogra** possède un aéroport. Avec Siliguri, ces deux villes commandent l'accès des stations d'altitude de Darjeeling, Kurseong et Kalimpong, du Bhoutan et du Sikkim.

Jaldapara Wildlife Sanctuary ⓬

District de Jalpaiguri. À 200 km à l'E. de Siliguri. *Madarihat, puis en taxi.* *Madarihat.* *Pour toute information ou pour réserver des chambres dans la Hollong Forest Lodge, contacter le Tourist Office, Siliguri, (0353) 251 1974.* *oct.-mai.* *supplément.* *Hollong.*

Les forêts de la vallée des Dooars qui s'étendent autour de la réserve de Jaldapara constituaient autrefois une réserve de chasse des rois du Bhoutan. Elles abritent aujourd'hui l'une des plus grandes réserves

Le Darjeeling Himalayan Railway (DHR)

La meilleure façon de se rendre de Darjeeling depuis Siliguri est de prendre le Toy Train, officiellement le Darjeeling Himalayan Railway (DHR). Ce train à voie étroite relie New Jalpaiguri à Darjeeling, à 2 134 m au-dessus du niveau de la mer. Le voyage dure neuf heures et l'itinéraire représente un dénivelé de 2 088 m sur une distance de 80 km. Construite entre 1879 et 1881, cette ligne de chemin de fer fut à son époque saluée comme un chef-d'œuvre technique. Elle a depuis été classée au rang de Patrimoine de l'humanité par l'Unesco. Certains passages doivent être franchis en marche arrière. Chacune des locomotives à vapeur peut tirer trois wagons. Si la perspective d'un voyage de neuf heures vous rebute, vous pourrez prendre le train jusqu'à Kurseong et terminer le trajet en bus. L'alternative est d'embarquer à Ghoom et de ne faire que la dernière partie du trajet. Les tickets sont vendus aux stations de New Jalpaiguri et de Darjeeling. Le train quitte la station à 9h et à 15h pendant la haute saison. Pour plus de détails, voir *p. 643*.

Le Toy Train est tiré par des locomotives à vapeur

naturelles du Bengale-Occidental. Fondée en 1943, celle-ci comporte des forêts et des plaines broussailleuses, que traverse la rivière Toarsa. C'est l'un des rares endroits en Inde où l'on peut encore apercevoir un rhinocéros unicorne *(p. 276)*. Une cinquantaine de spécimens y ont trouvé refuge, à l'abri des braconniers qui les chassent pour leur corne, aux vertus prétendument aphrodisiaques. Le sanctuaire abrite également de nombreuses autres espèces rares comme des tigres, des léopards, des lapins de l'Assam, des blaireaux à nez de cochon et des ours lippus. Des cerfs calamians, des cerfs aboyeurs, des cerfs mouchetés et des bisons indiens (appelés « gaur ») peuvent également être aperçus à Jaldapara. Parmi les oiseaux, on trouve des calaos et des floricans du Bengale au plumage rayé. Huit différentes espèces de tortues d'eau douce cohabitent dans les étangs de Jaldapara. La partie septentrionale du sanctuaire, connue sous le nom de Totopara, occupe les berges de la rivière Torsa. Les 950 membres de la tribu Toto qui y habitent ont résisté jusqu'à présent aux chants des sirènes de la civilisation. La meilleure façon de découvrir le parc est de faire un safari à dos d'éléphant. Les pachydermes appartiennent à l'office des Forêts et passent toute leur vie dans le parc. Parfois, l'éléphant qui transporte les visiteurs est accompagné de son éléphanteau, qui gambade à ses côtés. Les nombreux points d'eau du parc attirent les animaux en fin de journée.

La **Hollong Forest Lodge** une élégante demeure, permet de faire une agréable pause à l'intérieur du parc. Vous pouvez vous y restaurer et être hébergé.

Kurseong ⓭

District de Darjeeling. À 31 km au N. de Siliguri.

À mi-chemin entre Siliguri et Darjeeling, desservie par l'Himalayan Railway, Kurseong est une bourgade pleine de charme. Plus petite que Darjeeling et située à plus basse altitude, son climat est plus clément. Située au milieu des plantations de thé, dotée d'une végétation exubérante et d'un lac pittoresque, Kurseong est réputée pour sa beauté. La légende locale prétend que Kurseong serait dérivée du nom d'une orchidée locale, la kurson-rip. Kurseong est un paradis pour les randonneurs. L'itinéraire qui relie **Mirik** à Kurseong en huit heures traverse plantations de thé, orangeraies, champs de cardamome et petits villages tout en offrant des vues magnifiques sur la vallée. Le chemin de randonnée qui relie **Ghoom** en cinq heures en longeant une crête est très beau.

On trouve de nombreux coqs sauvages dans les forêts de Jaldapara

Bisons indiens (gaur) dans les plaines buissonneuses de Jaldapara

FÊTES DU BENGALE-OCCIDENTAL ET DU SIKKIM

***Pandal* pour Saraswati Puja**

Ganga Sagar Mela *(mi-janv.)*, dans l'île de Sagar. Des milliers de pèlerins se rassemblent pour une grande foire et un bain rituel dans l'embouchure du Gange.

Saraswati Puja *(janv.-fév.)*. Saraswati est la déesse de l'Apprentissage. Les écolières viennent placer leurs livres de classe aux pieds de la déesse pendant ce festival.

International Flower Festival *(avr.-mai)*, à Gangtok. Ce festival qui coïncide avec la période de la floraison est consacré aux fleurs du Sikkim, à ses orchidées rares et aux rhododendrons.

Saga Dawa *(mai)*, à Gangtok. Les textes sacrés conservés dans les monastères sont portés en procession solennelle pour célébrer la naissance du Bouddha, son illumination et son nirvana.

Durga Puja *(sept.-oct.)* *(p. 239)*

Bura Din *(25 déc.)*, à Kolkota. Également connu sous le nom de Noël, Bura Din est célébré par tous les habitants de Kolkata. Les principales rues marchandes sont décorées. Les marchés locaux proposent des petits sapins en plastique, et des décorations traditionnelles.

Une vue de Darjeeling avec le Kanchendzonga à l'arrière-plan

Darjeeling ⓮

District de Darjeeling. À 79 km au N.-O. de Siliguri. *107 600.* *Bagdogra, 90 km au S. du centre-ville, puis en taxi ou en bus.* *Government Tourist Office, Chowrasta,. (0354) 225 4050.*

Darjeeling aurait hérité son nom du monastère de Dorje Ling (signifiant « cité de la foudre ») qui se dressait autrefois sur l'Observatory Hill. Les Britanniques choisirent ce contrefort ensoleillé de la chaîne de l'Himalaya pour y bâtir un sanatorium au milieu du XIXe siècle. La station d'altitude devint rapidement la capitale d'été du Bengale. Une grande partie de ce qui faisait autrefois la splendeur de Darjeeling a survécu jusqu'à aujourd'hui.

Cette ville pittoresque, agrippée au flanc d'une colline, possède trois avenues principales : **Hill Cart Road**, **Laden Road** et le **Mall**. Ce dernier est le cœur de Darjeeling. Il mène jusqu'à la très animée **Chowrasta** (« l'intersection ») et possède plusieurs librairies comme l'**Oxford Book and Stationery**, qui propose de nombreux livres sur l'Inde. D'autres magasins vendent du thé, des bibelots et des souvenirs. Une promenade énergique à dos de poney vous permettra de faire le tour de Chowrasta en 10 minutes.

Non loin de là, le **Buthia Busty Monastery** fut construit en 1879. Le texte canonique du bouddhisme tibétain, *Le Livre des morts*, fut découvert dans une de ses bibliothèques avant d'être traduit en anglais en 1927. Les peintures sur les murs sont magnifiques.

Du haut de ses 8 598 m, le **Kanchendzonga** domine la ville. C'est le plus haut sommet de l'Inde. L'**Observatory Hill**, ornée d'une multitude de drapeaux à prière, offre de très belles vues de la partie ouest de la chaîne de l'Himalaya.

North Point, au nord-ouest de Darjeeling, est le point de départ du funiculaire qui relie en une heure et demie Darjeeling à **Singla Bazaar** dans la vallée de Little Rangeet. C'est le premier funiculaire de son genre à être construit en Inde ; il traverse de superbes paysages de montagnes et de vastes plantations de thé.

L'**Himalayan Mountaineering Institute** se trouve au sud de North Point, sur la Birch Hill. Le Mountaineering Museum possède une maquette impressionnante de la chaîne de l'Himalaya. Le musée de l'Everest retrace l'histoire des nombreuses tentatives d'ascension du plus haut sommet du monde et de quelques autres montagnes des environs. L'**Himalayan Zoo** qui se trouve non loin de là est célèbre pour ses spécimens de faune des montagnes : léopards des neiges, tigres sibériens et pandas rouges. Au sud, les **Lloyds Botanical Gardens** possèdent une collection intéressante de flore himalayenne – les centaines de variétés d'orchidées de son

La façade sculptée et peinte du Yoga Choeling Monastery

Orchid House sont particulièrement belles. La ville est remplie de vestiges de l'époque coloniale. La **St Andrew's Church**, à l'ouest de l'Observatory Hill, fut bâtie en 1873. Son clocher est un ajout récent.
La **St Columba's Kirk**, située près de la gare, fut construite en 1894 et possède de magnifiques vitraux.

Les hôtels et les clubs de Darjeeling comptent parmi les plus beaux vestiges du Raj. Le **Windamere Hotel** *(p. 578)* est situé juste au-dessus de l'Observatory Hill. Sa salle de lecture est l'endroit idéal où se reposer en écoutant la musique d'un quatuor de musiciens pendant que des serveuses en tabliers blancs amidonnés servent sandwichs et thé.
Les fantômes des anciens colons semblent encore hanter le **Planters' Club**, dont les murs sont décorés de gravures anciennes représentant des scènes de chasse.

Bhutia Busty Monastery
Chowrasta. *t.l.j.*

Himalayan Mountaineering Institute
Birch Hill Park, entrée sur Jawahar Road West. *(0354) 225 4083. t.l.j. Jeu. supplément.*

Himalayan Zoo
ven.-mer.

Aux environs : Le **Yoga Choeling Monastery**, à 10 km au sud de Darjeeling, fut fondé en 1875 par la secte des Gelugpa (« chapeaux jaunes ») ; il possède de nombreuses peintures murales de divinités bouddhiques. Il est préférable de demander l'autorisation avant d'entrer dans le monastère. La **Tiger Hill**, à 11 km au sud de Darjeeling, offre des vues spectaculaires sur l'**Everest** (8 848 m) et sur d'autres sommets de la partie ouest de la chaîne de l'Himalaya, notamment le **Makalu** (8 475 m) et le **Janu** (7 710 m). Le spectacle est superbe au lever du soleil. Seuls les lève-tôt pourront en profiter : Tiger Hill se trouve à 45 minutes de Jeep de Darjeeling.
Le **Senchal Lake**, à 5 km à l'ouest de Tiger Hill, est un ravissant lac d'altitude qui attire de nombreux promeneurs.
Pendant la saison de la cueillette (entre avril et novembre), il est possible de visiter les jolis jardins à thé de la **Happy Valley Tea Estate**, situés à la sortie de la ville.

Des femmes à la cueillette dans les plantations de thé au Nord du Bengale, près de Darjeeling

Yoga Choeling Monastery
t.l.j. Donations bienvenues.

Kalimpong ⓯

District de Darjeeling. À 51 km à l'E. de Darjeeling. *43 000.*

Kalimpong a fait partie du Sikkim et du Bhoutan avant d'être annexée par l'Inde britannique au XIXe siècle. C'était une ville d'étape sur l'ancienne route marchande qui reliait l'Inde au Tibet, et elle a préservé son atmosphère de ville de frontière. Le souvenir du Raj est entretenu par de jolis cottages en pierre et par le charme désuet de l'**Himalayan Hotel** *(p. 578)*, qui était autrefois une demeure familiale.
Le **Thongsa Monastery** est le plus ancien de Kalimpong. Construit en 1692, il se trouve à une heure de marche de la ville. Au sud, le monastère de **Zangdopelri Fo-Brang**, béni par le dalaï-lama en 1976, possède quelques mandalas en relief intéressants. Les nombreuses pépinières de la ville, comme l'**Udai Mani Pradhan Nursery,** sont spécialisées dans les orchidées exotiques, les glaïeuls, les amaryllis, les lys et les cactus.

Fresque du monastère de Zangdopliri Fo-Brang

Tenzing Norgay (1914-1986)

Statue de Tenzing devant l'Himalayan Mountaineering Institute

Tenzing Norgay et Sir Edmund Hillary furent les deux premiers hommes à atteindre le sommet du mont Everest. Tenzing Norgay est né à Tsa-chu, dans la communauté des sherpas. Installé à Darjeeling, il fit sa première ascension comme porteur dans une expédition britannique en 1935 et escalada par la suite de nombreuses montagnes. Après six tentatives avortées, il atteignit finalement le sommet de l'Everest avec Hillary, en 1953, en tant que *sherpa sirdar* (chef des sherpas). Tenzing fut décoré de la George Medal et devint par la suite le président de l'Himalayan Moutaineering Institute de Darjeeling. La notoriété de Tenzing a permis de mettre en valeur le rôle des sherpas.

Stûpa au Namgyal Institute of Tibetology de Gangtok

Gangtok ⓰

District de l'East Sikkim. À 110 km au N. de Siliguri. 👥 *29 200.* ✈ *Bagdogra, 117 km au S. du centre-ville, puis en taxi ou en bus.* 🚆 *Siliguri, 107 km au S. du centre-ville, puis en taxi ou en bus.* 🚌 ℹ *Sikkim Tourism, MG Marg, (03592) 221 634.* *Losar Festival (fév.-mars), Enchey Monastery Festival (août et déc.). Pour obtenir des* **laissez-passer**, *appeler le (011) 2611 5346.*

Gangtok, la capitale du Sikkim, est à l'image de l'extraordinaire diversité ethnique de ce petit État. Dans cette ville joyeuse et animée, agrippée au flanc de la montagne, les Lepcha autochtones côtoient les Tibétains, les Buthias, les Népalais et les Indiens des plaines. Gangtok possède aujourd'hui de nombreux immeubles modernes, mais certaines parties de la ville et de ses environs ont préservé une ambiance qui évoque le mythique Shangri La. Jusqu'en 1975, le royaume du Sikkim était un protectorat indien. Les Chogyals, des bouddhistes d'origine tibétaine, y régnaient depuis le XVIIIe siècle. La politique du Raj, qui consistait à importer de la main-d'œuvre bon marché du Népal voisin pour cultiver le riz, la cardamome et le thé, a profondément modifié la démographie du royaume. En moins d'un siècle, les hindous d'origine népalaise représentèrent plus de 75 % de la population. En 1975, la grande majorité de la population du Sikkim vota le rattachement à la République indienne.

Au nord de la ville, l'**Enchey Monastery,** construit au XXe siècle, possède une large salle de prière remplie de peintures murales. Au sud de la ville, le **Namgyal Institute of Tibetology,** fondé en 1958, expose une précieuse collection de manuscrits bouddhiques médiévaux, de bronzes et de *thangka* brodées.

Enchey Monastery
t.l.j. 📷 *interdites à l'intérieur du monastère.*

Namgyal Institute of Tibetology
lun.-sam. *1er et 3e sam.* W www.tibetology.com

Aux environs : Le **Saramsa Orchidarium**, situé à 14 km au sud de Gangtok, possède un bel échantillon des 450 variétés d'orchidées.

Le **Rumtek Monastery,** à 24 km au sud-ouest de Gangtok, est le siège de la secte des Kagyupa (« chapeaux noirs »), l'une des plus anciennes sectes bouddhiques tibétaines, et la résidence de son chef spirituel, le *Gyalwa Karmapa*. Après s'être échappé du Tibet en 1959, au moment de l'invasion chinoise, le 16e *karmapa* fit construire à Rumtek une réplique de son monastère tibétain de Tsurphu et y fit transférer son trésor. Le résultat est un bel ensemble architectural composé de nombreux édifices à toits plats, coiffés de fleurons dorés. Le reliquaire chorten du 16e *karmapa* est particulièrement admirable. Exposée derrière la salle de prière principale, sa structure en or et en argent est incrustée d'énormes morceaux de corail, d'ambre et de turquoise. Depuis la mort du 16e *karmapa* en 1981, deux prétendants ont fait valoir leurs droits à la succession. L'un d'entre eux s'est échappé du Tibet pour se réfugier en Inde en 2000. Des hommes en armes montent la garde devant le monastère.

Gardien de l'Est à Rumtek

Les festivals principaux de Rumtek ont lieu en février-mars et en mai-juin.

Le **Tsomgo Lake,** à 40 km au nord-est de Gangtok, est situé à une altitude de 3 780 m. Il requiert un laissez-passer, délivré par l'office du tourisme de Gangtok. La route du lac longe la frontière chinoise et traverse des paysages spectaculaires. À la belle saison, les rives du lac sont parsemées de fleurs de montagne. En hiver, le lac est gelé. Des randonnées à dos de yak sont proposées.

Rumtek Monastery
☎ *(03592) 252 246.* *t.l.j.* 📷 *autorisé seulement à l'extérieur du monastère.* W www.rumtek.org

La salle de prière richement décorée du Rumtek Monastery

Pelling ⓱

District du West Sikkim. À 120 km à l'O. de Gangtok. *Gezing, 9 km au S. du centre-ville, puis en bus ou taxi.* *Mount Pandim, Pemayangtse, (03595) 250 573.* *Pemayangtse Festival (fév.-mars). Pour obtenir des* **laissez-passer**, *appeler le (011) 2611 5346.*

Située sur une crête à 2 040 m d'altitude, Pelling offre des vues magnifiques sur les sommets et les glaciers des montagnes du Kanchendzonga. Cette ville en pleine expansion offre de nombreuses possibilités d'hébergement. C'est l'endroit idéal pour partir à la découverte du Sikkim-Occidental. Ses vastes forêts et ses vallées verdoyantes sont parcourues de nombreux itinéraires de randonnée et abritent certains des plus anciens monastères du Sikkim. Pelling se trouve à une journée de route de Gangtok, et peut être rejointe depuis Darjeeling, qui est située à 72 km au sud. L'attraction principale de Pelling est le **Pemayangtse Temple**, construit en 1705, qui occupe une crête située à une demi heure de marche de la ville. Le monastère principal est un édifice de trois étages qui, derrière sa façade austère, abrite un véritable trésor. Rempli de *thangka* magnifiques, de peintures murales et de statues, il possède également un modèle réduit de Zangdopelri, la demeure céleste du *guru* Padmasambhava *(p. 127)*. Pemayangtse accueille tous les ans un festival de danses masquées. **Sangachoeling** est le plus ancien monastère du Sikkim. Bâti en 1697, il se trouve à 40 minutes de marche de Pemayangtse. Il possède des peintures murales remarquables. L'ancienne capitale du Sikkim, bâtie par le second Chogyal *(p. 254)* au XVIIᵉ siècle, est située à Rabdentse, à 3 km au sud de Pelling. Il n'en reste que des ruines.

Détail d'une porte à Permayangtse

Aux environs : Le merveilleux **Khecheopalri Lake**, à 33 km au nord de Pelling, est un lieu sacré. Les hindous et les bouddhistes viennent y faire des vœux. Vu d'en haut, le lac ressemble à une gigantesque empreinte de pied, attribuée au Bouddha.

Yuksam ⓲

District du West Sikkim. À 162 km à l'O. de Gangtok. *Mount Pandim, Pemayangtse, (03595) 250 573. Pour obtenir un* **laissez-passer**, *appeler le (011) 2611 5346.*

Yuksam fut la première capitale du Sikkim. C'est là qu'en 1641 le premier Chogyal fut couronné par trois lamas. Un trône en pierre et quelques *chorten* marquent le lieu de son investiture, au-dessus du **Kathok Lake**. Situé à une demi-heure de là, le **Dubdi Monastery**, bâti en 1700, est célèbre pour ses images bouddhiques et sa grotte de méditation.

Des drapeaux à prière près de Yuksam, la première capitale du Sikkim

Pierres *mani* en train d'être sculptées au monastère de Tashiding

Tashiding Monastery ⓳

District du West Sikkim. À 145 km à l'O. de Gangtok. *t.l.j.* *Bumchu Festival (fév.-mars). Pour obtenir un* **laissez-passer**, *appeler le (011) 2611 5346.*

Construit en 1717, le monastère de Tashiding occupe le sommet d'une colline en forme de cœur. Entouré de *chorten*, de pierres *mani* et de moulins à prière hydrauliques, baigné par les rivières Ratong et Rangeet et dominé par le mont Kanchendzonga, c'est un lieu magique. Pendant le festival annuel de Bumchu, il attire des foules en provenance de tout le Sikkim. Le monastère possède une jarre d'eau sacrée, scellée au XVIIᵉ siècle par un saint bouddhique. Pendant le festival, une petite quantité d'eau est prélevée et mélangée à l'eau de la rivière pour être distribuée aux pèlerins. Chaque année, lorsque la jarre est ouverte, les oracles de Sikkim peuvent prédire l'avenir d'après le niveau de l'eau. Qu'il soit trop haut ou trop bas et le Sikkim connaîtra une mauvaise année. Tashiding possède également le **Thongwa Rangdol Chorten**, qu'il suffit d'apercevoir pour être absous de tous ses péchés. Le temple principal, reconstruit en 1987, possède de grands bouddhas et des bodhisattvas.

SHOE STAND

L'Orissa

Bordé à l'Ouest par les collines boisées des Ghâts orientaux et à l'Est par les 500 km de côte de la baie du Bengale, l'État d'Orissa a une superficie totale de 156 000 km². Ses sites les plus célèbres sont tous regroupés dans une zone qui a la forme d'un triangle, située dans le delta fertile du fleuve Mahadani, sur la côte Est. On y trouve le magnifique Temple du Soleil, bâti au XIIIe siècle et classé au Patrimoine de l'humanité par l'Unesco, ainsi que d'autres temples aussi extraordinaires à Bhubaneswar et à Puri. Non loin de là, les plages de Puri, de Konark et de Gopalpur-on-Sea, leurs villages de pêcheurs et leurs cocotiers offrent un cadre idéal pour se remettre de la fatigue du voyage. Au Sud, le Chilika Lake, le plus grand lagon d'Asie, est un véritable paradis pour les amateurs d'oiseaux. Les rizières de l'arrière-pays sont parsemées de ruines de monuments bouddhiques et de hameaux paisibles, d'où provient une majeure partie de l'artisanat de la région. Le Simlipal National Park, au Nord de l'État, abrite de nombreux animaux sauvages. Les tribus d'Orissa, qui habitent dans le Nord, représentent un quart de la population de l'État, qui s'élève à 35 millions de personnes.

La région d'un coup dœil

Villes et villages
- Baleshwar 11
- Baripada 12
- Berhampur 6
- Bhubaneswar 1
- Cuttack 8
- Puri 3

Sites historiques
- Konark 2
- Ratnagiri 9

Sites naturels
- Chilika Lake 4
- Gopalpur-on-Sea 5
- Taptapani 7

Parcs nationaux
- Bhitarkanika Sanctuary 10
- Simlipal National Park 13

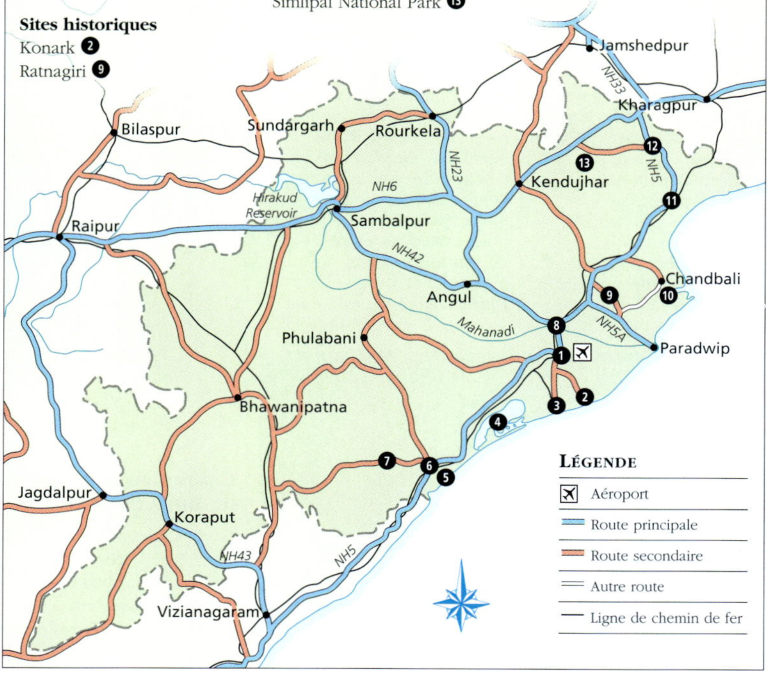

◁ **Des pèlerins se rassemblent autour d'un chariot géant pendant le Festival de Rath Yatra à Puri**

Bhubaneswar ❶

Boîte peinte d'Orissa

Le quartier moderne de la capitale d'Orissa, avec ses immeubles administratifs et ses larges avenues bordées d'arbres, occupe le nord de la ville. C'est au sud de Bhubaneswar, dans la vieille ville, que se trouvent les superbes temples hindous qui ont fait sa renommée. Bâtis sous l'égide des dynasties Shailodbhava et Bhauma Kara aux VIIe et VIIIe siècles, des Somavalshi du IXe au XIe siècle et des Ganga orientaux aux XIIe et XIIIe siècles, ils constituent les vestiges éloquents d'une époque marquée par le déclin du bouddhisme et la renaissance de l'hindouisme.

Bain rituel dans les eaux sacrées du Bindusagar

À la découverte des temples

Sur les 7 000 temples que la légende attribue à Bhubaneswar, la « cité des temples », il n'en reste aujourd'hui plus que 500. En l'espace de quelques siècles, un style de temple hindou tout à fait original a vu le jour à Orissa *(p. 21)*. À mesure que les souverains devenaient plus puissants et plus riches, les monuments devenaient plus somptueux et plus raffinés.
La majorité des temples sont composés de deux parties principales. D'une part, une tour de plan carré aux arêtes incurvées, qui s'élève au-dessus de la cella où est conservée l'image de la divinité, et qui est désignée dans la langue d'Orissa sous le nom de *deul* (l'équivalent local du *shikhara*). D'autre part, un grand vestibule, ou salle d'assemblée appelée *jagamohan,* surmonté d'un toit en forme de pyramide à gradins. L'édifice principal, protégé par un mur d'enceinte, est généralement entouré de sanctuaires plus modestes et de bassins pour les ablutions.
Le magnifique **Lingaraja Temple**, construit au XIe siècle, représente l'apogée du style d'Orissa. La majesté de sa tour, qui mesure 55 m de haut, ses arêtes plongeantes spectaculaires, le talent exceptionnel qui s'exprime dans les bas-reliefs et dans les frises composent un ensemble à la fois gracieux et exubérant. La grande cour du temple possède plus de 100 petites chapelles. Le temple est dédié à Shiva Tribhuvaneswar («le seigneur des trois mondes»), qui donna son nom à la ville. Le motif omniprésent d'un lion bondissant sur un éléphant accroupi reste mystérieux : peut-être s'agit-il d'un symbole royal? L'accès leur étant interdit, les non-hindous peuvent observer le Lingaraja Temple depuis une plate-forme située à côté de l'entrée nord. Les autres temples sont ouverts aux visiteurs.
Au nord du temple, le **Bindusagar Lake** est un lac sacré qui comporte un pavillon en son centre. On prétend qu'il contient de l'eau en provenance de toutes les rivières et de tous les fleuves sacrés de l'Inde. La statue de la divinité du temple de Lingaraja y est conduite chaque année pour prendre un bain rituel *(p. 261)*.

La tour impressionnante du temple de Lingaraja, bâti au XIe siècle

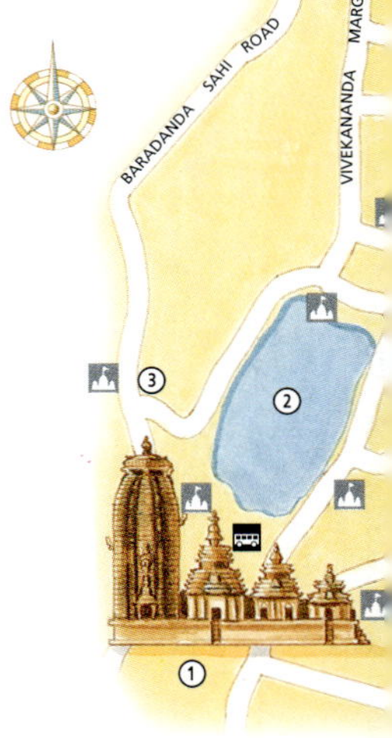

Centre-ville de Bhubaneswar

Construit au VIIIe siècle, le **Vaital Deul Temple** est décoré de mystérieux bas-reliefs qui semblent faire référence à des rituels tantriques macabres et à des sacrifices humains. Le temple est dédié à Chamunda (nom honorifique de Kali), déesse terrifiante, dotée de huit bras.

Bâti au VIIe siècle, le **Parasurameshwara Temple**, situé sur la route de Puri, est bien conservé et somptueusement décoré. La tour carrée du sanctuaire est flanquée d'un *jagamohan* rectangulaire, dont la fenêtre ouest est décorée de merveilleuses représentations de danseurs et de musiciens. L'entrée principale du *jagamohan* possède également des bas-reliefs d'éléphants domestiques capturant des éléphants sauvages, situés à gauche du linteau. Les murs extérieurs du sanctuaire sont ornés de nombreuses représentations de divinités.

Le **Mukteshwara Temple**, non loin de là, est un joyau de l'architecture sacrée d'Orissa. Bâti au Xe siècle, il est réputé pour ses sculptures et ses proportions élégantes. Son merveilleux *torana* (portail) est décoré de figures féminines langoureuses. Les murs sud et nord du *jagamohan* sont percés de fenêtres en forme de diamants, dont les chambranles extérieurs sont décorés de singes en train de jouer. Le *jagamohan* possède également un toit sculpté en forme de fleur de lotus à huit pétales. Les figures féminines qui ornent le temple sont remarquables pour l'expressivité de leurs visages, la finesse des détails de leurs bijoux et de leurs superbes chevelures. Le mur octogonal qui entoure le temple est percé d'un certain nombre de niches abritant chacune une roue, un médaillon de lotus et un rouleau, tous sculptés dans la pierre.

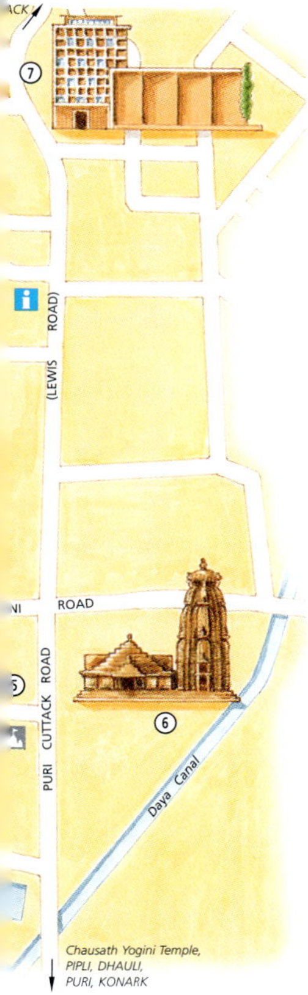

Légende

- Arrêt de bus
- Temple
- Information touristique

0 — 500 m

Le magnifique *torana* sculpté du Mukteshwara Temple

Mode d'emploi

District de Bhubaneswar. À 480 km au S. de Kolkata. *647 350. 4 km au N.-O. du centre-ville. Orissa Tourism, B.J.B. Nagar, (0674) 2432 1177. Tribal Mela (janv.), Ashokashtami (mars-avr.).*

Le **Rajarani Temple,** du XIe siècle, se dresse au milieu des rizières à côté de la route. Il possède une tour particulièrement intéressante, recouverte de versions miniatures d'elle-même, qui s'élèvent par gradins successifs jusqu'à son sommet. Ce temple est réputé pour ses délicates sculptures de *dikpal* (gardiens des huit points cardinaux), perchés sur des fleurs de lotus. Parmi eux se trouvent Agni, le dieu du Feu, assis sur un bélier, et Varuna, le dieu des Océans, assis sur un crocodile. Les figures féminines en ronde-bosse qui ornent les murs du temple sont tout aussi remarquables.

Figures tutélaires du Rajarani Temple

Orissa State Museum

B.J..B Nagar. *mar.-dim.* *jours fériés.*

Ce musée possède une riche collection de sculptures bouddhiques et jaïnes, de pièces anciennes et de manuscrits sur feuilles de palme. Il contient également des exemples d'art tribal, des bijoux traditionnels et des instruments de musique.

Aux environs : Le **Nandan Kanan Zoo**, et son jardin botanique, à 16 km au nord de Bhubaneswar, est célèbre pour ses tigres blancs *(p. 205)*. Les animaux évoluent dans une épaisse forêt qui ressemble fort à leur habitat naturel. Cela explique que des panthères et des gavials du Gange (*Gavialis gangeticus*) s'y soient reproduits avec succès.

Nandan Kanan Zoo

mar.-dim.

Les environs de Bhubaneswar

Tuile de terre cuite

Les environs de Bhubaneswar comportent de nombreux sites d'une grande valeur artistique et historique. Monastères troglodytes jaïns,stûpas bouddhiques, stèles de l'empereur Ashoka : toutes ces merveilles sont éparpillées aux quatre coins de la campagne verdoyante qui entoure la ville. Certains de ces vestiges datent du IIIe siècle avant J.-C., lorsque la région faisait partie du grand royaume de Kalinga, d'autres du XIIIe siècle de notre ère. Ensemble, ils témoignent d'un millénaire et demi de prééminence politique et religieuse.

La grotte Bagh Gumpha à Udaigiri, dont l'entrée évoque une gueule de lion

Udaigiri et Khandagiri Caves

6 km au N.-O. de Bhubaneswar.
t.l.j. Sadhu Convention (janv.).

Les collines jumelles d'Udaigiri (« colline du soleil levant ») et de Khandagiri (« colline brisée ») furent percées de multiples galeries au Ier siècle avant J.-C. pour accueillir des moines jaïns qui venaient y faire des retraites. Séparées par la route qui relie Bhubaneswar à Kolkata, ces deux collines se dressent au milieu d'une plaine.

Udaigiri est située sur la droite en arrivant de Bhubaneswar. Elle mérite d'être visitée en premier, car elle possède les grottes les plus intéressantes. La plus impressionnante de ses 18 grottes est la **Rani Gumpha**, grotte de la Reine ou grotte n °1. Elle comporte deux étages et possède des frises merveilleuses représentant des femmes en train de danser et de jouer de la musique, des rois et des reines, des scènes de Cour, des éléphants, des singes et des feuillages. Les sculptures ont été comparées aux célèbres portails de Sanch *(p. 210-211)*.

Bas-reliefs des grottes d'Udaigiri

L'entrée de la **Chhota Hathi Gumpha** ou grotte du Petit Éléphant (n° 3) est flanquée de six superbes éléphants. Les bas-reliefs de la **Ganesh Gumpha** ou grotte de Ganesh (cave n° 10) contiennent une scène étonnante représentant une femme montée sur un éléphant poursuivi par des guerriers en kilts. L'entrée de la **Bagh Gumpha** ou grotte du Tigre (n° 12) ressemble à la gueule grande ouverte d'un tigre. D'un point de vue historique, la grotte la plus importante est la **Nhathi Gumpha**, la grotte dite «de l'Éléphant» (n° 14). Une inscription du Ier siècle avant J.-C. est encore visible au-dessus de l'entrée. Elle rappelle que les grottes furent creusées par Kharavela, le troisième roi de la puissante dynastie des Chedi, le conquérant d'une large partie du Bihar, du Deccan et du Sud de l'Inde. L'inscription signale également que le roi Kharavela fit reconstruire sa capitale Kalinganagar après qu'elle eut été ravagée par un cyclone. L'Orissa continue d'être régulièrement dévasté par des cyclones. Le dernier cataclysme remonte au mois d'octobre 1999.

Située de l'autre côté de la route, la **colline de Khandagiri** possède 15 grottes dont les parois sont ornées de symboles sacrés jaïns. La grotte principale est l'**Ananta Cave** (n° 3). Ses arches sont surmontées de paires de serpents sculptés dans la pierre. Les frises sont ornées de scènes très animées, comme celle d'un garçon pourchassant des lions et des taureaux. Trois grottes (n° 5, 8 et 9) possèdent des sculptures en haut-relief des *tirthankara* (patriarches) jaïns.

À la différence des grottes bouddhiques comme celles d'Ajanta *(p. 391)* et d'Ellora *(p. 390)*, la majorité des grottes d'Udaigiri et de Khandagiri sont tellement basses qu'il est impossible de s'y tenir debout. Cette absence de confort est à l'image de l'ascétisme et

Le monastère troglodyte jaïn de Khandagiri

Le temple à ciel ouvert de Chausath Yogini, à Hirapur

de la volonté de mortification des moines jaïns. Le site continue d'attirer des *sadhu*, qui s'y retrouvent tous les ans au mois de janvier pour méditer dans les grottes.

Dhauli

8 km au S. de Bhubaneswar.

Un stûpa bouddhique d'un blanc immaculé se dresse au milieu des rizières verdoyantes, au bord de la rivière Daya, sur l'emplacement de la sanglante bataille de Kalinga, que remporta en 260 av. J.-C. l'un des plus illustres souverains indiens, l'empereur Ashoka de la dynastie des Maurya *(p. 42)*. Dégoûté par le carnage et en proie à de violents remords, il décida du jour au lendemain de changer le cours de sa vie. Il abandonna la *digvijaya* (la conquête militaire) en faveur de la *dharmavijaya* (la conquête spirituelle) et embrassa le bouddhisme. Il fit connaître ses nouveaux préceptes en les gravant sur des stèles qui furent ensuite placées aux quatre coins de son empire. L'une de ces fameuses stèles se trouve au pied de la colline Dhauli. L'empereur y déclare : « Tous les hommes sont mes enfants » et somme ses officiers de faire preuve d'impartialité et de prôner la non-violence et la justice dans l'administration de son empire. La partie supérieure du rocher est sculptée en forme de tête d'éléphant, le symbole du *dharma* bouddhique. C'est l'une des plus anciennes sculptures du sous-continent indien. L'immense stûpa blanc, Shanti (« pagode de la Paix »), qui se dresse au sommet de la colline fut érigé par des bouddhistes japonais au début des années 1970.

Chausath Yogini Temple

15 km au S.-E. de Bhubaneswar.

Ce temple circulaire du IXe siècle est dédié aux *chausath yogini* (les 64 manifestations de la déesse Shakti), symboles de l'énergie créative féminine. Toutes les idoles, mesurant chacune 60 cm de haut, sont taillées dans de la pierre noire de chlorite, et placées dans des niches à l'intérieur du temple. La divinité principale occupe la

Parasol en « appliqué » de Pipli

31e niche. Le temple est situé dans le joli village de Hirapur.
AUX ENVIRONS : Pipli, à 15 km au sud de Bhubaneswar, sur la route de Puri, est un village d'artisans célèbre pour ses appliqués colorés. À l'origine, cette technique était employée pour confectionner des parures pour les idoles des temples et des fanions pour les processions religieuses. Aujourd'hui, elle est employée pour fabriquer des parasols, des coussins, des tentures murales et des sacs. Des oiseaux, des fleurs, des animaux et d'autres motifs décoratifs sont découpés dans des morceaux de tissus puis cousus sur un tissu de couleur différente. De nombreux magasins de Pipli vendent des appliqués.

FÊTES DE L'ORISSA

Tribal Mela *(janv.)*, à Bhubaneswar.
Les nombreuses tribus de l'Orissa vendent leurs produits artisanaux et dansent au son de leurs musiques traditionnelles pendant une semaine.
Makar Mela *(14 janv.)*, à Chilika Lake. Des pèlerins apportent des offrandes dans la caverne et le temple dédiés à la déesse Kali, sur l'île rocailleuse de Kalijai, au milieu du Chilika Lake.
Magha Saptami *(janv.-fév.)*, à Konark. Les pèlerins prennent un bain de mer purificateur en l'honneur du dieu du Soleil Surya avant de se rendre au temple.
Ashokashtami *(mars-avr.)*, à Bhubaneswar. La statue de Shiva du Lingaraja Temple est portée en procession sur un chariot jusqu'au lac sacré de Bindusagar, où l'attend un bain rituel.
Chaitra Parba *(avr.)*, à Baripada. Ce festival du printemps est célèbre pour ses spectacles de danse martiale (appelée *Mayurbhanj Chhau*).
Rath Yatra *(juin-juil.)*, à Puri.
Konark Dance Festival *(1er-5 déc.)*, Konark. Des spectacles de danse classique se déroulent près du Temple du Soleil cinq jours durant.

Danseur du Festival de Rath Yatra

Konark : le Temple du Soleil ❷

Immenses éléphants

Le temple du dieu du Soleil Surya est une des merveilles architecturales de l'Inde. Conçu comme un gigantesque chariot monté sur douze roues, c'est le véhicule qu'emprunte chaque jour le dieu du Soleil pour traverser le ciel de l'aube jusqu'au crépuscule. Construit au XIIIe siècle par le roi Narasimhadeva de la dynastie des Ganga orientaux *(p. 44)*, le temple possède des sculptures exceptionnelles. Dieux et démons, rois et paysans, éléphants et chevaux y côtoient des scènes érotiques. Konark (Konarak) a été classé au Patrimoine de l'humanité par l'Unesco.

Jeune fille avec un oiseau
Des jeunes femmes prennent des poses gracieuses sur les façades du temple.

Scène de Cour
Ce bas-relief représente le roi recevant une girafe en cadeau – ce qui atteste l'existence de liens maritimes très anciens entre le royaume d'Orissa et l'Afrique.

★ Surya
Le dieu du Soleil se tient majestueusement sur son chariot. Ses femmes et d'autres divinités se tiennent à ses côtés.

★ Roues du chariot
Les douze paires de roues sculptées symbolisent les mois de l'année tandis que les huit larges rayons représentent la division de la journée en sections de trois heures. Les sept chevaux qui tirent le chariot incarnent les jours de la semaine.

Le Temple du Soleil de Konark sur les rives du golfe de Bengale

MODE D'EMPLOI

District de Puri. À 65 km au S.-E. de Bhubaneswar. *Orissa Tourism, Sunvilla, (06758) 236 8202.* *t.l.j.* *Magha Saptami (janv.-fév.), Konark Dance Festival (déc.)* **Archaeological Museum** *ven.-mer.*

Toit à trois gradins De forme pyramidale, il est coiffé d'une pierre en forme de flûte appelée *amalaka*. Les terrasses entre chaque niveau sont habitées par une multitude de personnages sculptés.

Joueur de cymbales
Cette statue fait partie d'un groupe de musiciens, de danseurs et de percussionnistes qui occupent l'un des gradins du toit pyramidal.

Médaillon
Des divinités et des danseurs sont représentés sur les médaillons qui ornent les roues du temple.

Sculptures érotiques
Une déesse-serpent se tient à côté d'un couple enlacé. Les sculptures érotiques de Konark sont une célébration de l'énergie vitale.

À NE PAS MANQUER

- ★ Surya
- ★ Roues du chariot

Ruines de Bhogmandir
De gigantesques lions sont accroupis sur des éléphants apeurés.

À la découverte de Konark

Le Temple du Soleil de Konark possédait à l'origine une tour *deul* haute de 70 m. Dominant le sanctuaire, visible depuis la mer, appelée « la Pagode noire », elle servit longtemps de point de repère aux navigateurs qui faisaient route vers Kolkata. L'érosion due au vent, au sable et à l'air marin affaiblit tant cette structure en khondalite qu'elle finit par s'effondrer au XIXe siècle. Il n'en reste aujourd'hui que la base. Le Bhogmandir Temple quant à lui n'a plus de toit. Seuls la plate-forme et les piliers demeurent, ornés de silhouettes de danseurs dont les postures reproduisent fidèlement les pas de danse traditionnels de l'Odissi *(p. 28)*.

Le *jagamohan* (vestibule) en forme de chariot servait autrefois de salle d'assemblée. Il resta enseveli pendant plusieurs siècles sous le sable avant d'être dégagé et restauré par l'Archeological Survey of Inda (ASI) au début du XXe siècle. Sa plate-forme est ornée de 1 700 éléphants sculptés et de ravissantes *alasa kanya*, courtisanes en train de s'amuser.

Trois statues grandeur nature du dieu du Soleil Surya, réalisées en pierre de chlorite de différentes couleurs, sont positionnées de manière à ce que les rayons du soleil éclairent leurs visages à l'aube, au zénith et au crépuscule.

Le sanctuaire des neuf planètes se dresse au nord-est. C'est une grande pierre ornée de bas-reliefs représentant les **9 divinités planétaires**. Des sculptures gigantesques de chevaux de guerre et d'éléphants montent la garde au nord et au sud. Non loin de là, l'**Archaeological Musem** contient des statues découvertes sur le site. La plage est située à 3 km du temple, mais de puissants courants en interdisent l'accès aux baigneurs.

Le Jagannath Temple avec la roue et le drapeau de Vishnou

Puri ❸

District de Puri. À 60 km au S. de Bhubaneswar. *157 650.* *Orissa Tourism, Station Rd, (06752) 222 664.* *t.l.j.* *Rath Yatra (juin-juil.).* **Jagannath Temple** *t.l.j.* *aux non-hindous.*

***Ganjifa* peinte à la main, Puri**

Puri est l'un des centres de pèlerinage les plus importants de l'Inde. Située au bord de la mer, la ville est dominée par l'imposant temple de Jagannath. Les marins européens qui l'utilisaient comme point de repère la baptisèrent « la Pagode blanche », pour la distinguer du Temple du Soleil de Konrak, appelé « la Pagode Noire ».

Le **Jagannath Temple** fut bâti au XIIe siècle par le roi Anantavarman de la dynastie des Ganga orientaux *(p. 44)*. Entouré d'un mur de 6 m de haut, son entrée principale est gardée par une paire de lions peints de couleurs vives. Les non-hindous n'ont pas le droit d'y pénétrer mais peuvent néanmoins obtenir une bonne vue sur le temple, ses multiples sanctuaires et sa cour remplie de pèlerins, depuis les toits de la Raghunandan Library située de l'autre côté de la rue.

La conception du temple est similaire à celle du Lingaraja Temple à Bhubaneswar *(p. 258)*. Trois petites chapelles y jouxtent la grande tour du sanctuaire principal. L'élégante colonne en pierre qui se dresse près de l'entrée, sur laquelle se tient Arun, le conducteur de char du dieu du Soleil, provient du Temple du Soleil de Konark.

Partant du temple, la route principale de Puri, la **Bada Danda**, traverse toute la ville. Elle est bordée d'auberges et de magasins vendant de la nourriture, des souvenirs et des objets artisanaux. Les spécialités locales sont les peintures *pattachitra* et les cartes à jouer rondes appelées *ganjifa* illustrées de thèmes religieux.

La plage est l'autre pôle d'attraction de Puri, bien que la présence de forts courants rende parfois la baignade impossible. De nombreuses échoppes bordent la Marine Parade, lieu de promenade populaire. Si vous souhaitez vous baigner, préférez la pointe est, qui est à la fois plus propre et plus isolée, ou l'une des plages qui sont rattachées aux grands hôtels.

Un pique-nique en famille sur la plage de Puri

Le Chilika Lake, sanctuaire des oiseaux et des dauphins

Chilika Lake ❹

Districts de Puri, de Ganjam et de Khordha. À 50 km au S.-O. de Puri. *Balugaon, puis en taxi ou en bus.* *Balugaon et Satpada.* *Orissa Tourism, Barkul, (06756) 220 488.* *Makar Mela (janv.).* **Îles de Satpada et de Nalabana** *Location à Barkul, Balugaon, Satpada et Rambha.*

Séparé du golfe du Bengale par une berge sablonneuse et relié à la mer par un étroit canal, le lac de Chilika est un vaste lagon peu profond de 1 100 m². C'est le plus grand lac d'eau saumâtre d'Asie ; une immense variété d'espèces de poissons et d'oiseaux habitent cette zone marécageuse. Entre les mois de novembre et février, le lac et ses îlots de roseaux accueillent des myriades d'oiseaux venus y faire leurs nids, dont des oiseaux migrateurs, pluviers dorés, flamands et balbuzards pêcheurs. Le lac abrite également des dauphins, que l'on aperçoit parfois au large de **Satpada Island**, non loin de l'endroit où le lac rejoint la mer. **Nalabana Island**, située au centre du lac, est le meilleur endroit pour observer les oiseaux. L'Orissa Tourism organise des visites des îles en bateau. Le **Kalijai Temple**, bâti sur une petite île rocailleuse, attire de nombreux pèlerins pendant les fêtes de Makar Mela en janvier. Le lac permet aussi à de nombreux villageois de vivre de la pêche au crabe, à la crevette et au poisson.

Gopalpur-on-Sea ❺

District de Ganjam. À 172 km au S.-O. de Bhubaneswar. *Berhampur, 18 km à l'E. du centre-ville, puis en bus ou en taxi.* *Orissa Tourism, Berhampur Railway Station, (0680) 228 0226.*

Cette ville paisible était autrefois un port de commerce spécialisé dans les échanges commerciaux avec l'Indonésie *(p. 266)*. Par la suite, les Britanniques y développèrent une station balnéaire. Si les fêtes de Durga Puja *(p. 239)* attirent chaque année au mois d'octobre une foule de touristes en provenance de tout le Bengale, le reste de l'année, Gopalpur-on-Sea est un lieu de villégiature calme. La plage est très agréable, même si la baignade y est déconseillée à cause des courants.

Berhampur ❻

District de Ganjam. À 170 km au S.-O. de Bhubaneswar. *Orissa Tourism, Railway Station, (0680) 228 0226.*

La principale ville marchande du Sud de l'Orissa est réputée pour sa soie *ikat* tissée à la main. Elle est vendue dans les bazars de la ville et on peut voir les tisserands travailler sur leur métier. C'est à Berhampur qu'arrivent les trains pour Gopalpur-on-Sea et la ville est un bon point de départ pour visiter **Jaugarh**, à 35 km au nord. La ville possède un édit de l'empereur Ashoka, gravé dans la pierre au IIIe siècle avant J.-C. peu après la bataille de Kalinga. Similaire à celui de Dhauli *(p. 261)*, l'édit de Jaugarh déclare : « Tous les hommes sont mes enfants », et expose le code de conduite d'Ashoka. Le Biramchinarayan Temple du XVIIe siècle, à **Buguda**, est décoré de magnifiques fresques représentant des scènes du *Ramayana*.

Un panneau peint du temple du XVIIe siècle à Buguda

Une offrande de fleurs pour la déesse de la Fertilité

Taptapani ❼

District de Ganjam. À 51 km à l'O. de Berhampur. *Orissa Tourism, (06816) 255 031.*

Situé dans les pittoresques collines boisées des Ghâts orientaux, ce spa est réputé pour ses sources thermales. Une eau chaude et sulfureuse jaillit en bouillonnant du fond d'une crevasse. Des canalisations l'acheminent depuis sa source dans la colline jusque dans un grand bassin, situé dans une clairière. Un petit sanctuaire dédié à une déesse tribale de la Fertilité rappelle que ces eaux guérissent non seulement de nombreuses maladies mais aussi de l'infertilité. Les femmes stériles doivent ramasser au fond de l'eau des graines tombées d'un arbre qui surplombe le bassin – ce qui est plus difficile qu'il n'y paraît car l'eau est tellement chaude qu'il est difficile d'y demeurer submergé plus que quelques instants. Les femmes de la tribu des Saroas *(p. 269)*, dont les villages se trouvent à proximité, viennent souvent s'y baigner. Louez une chambre dans l'hôtel de l'Orissa Tourism car ses salles de bains situées sous la piscine sont alimentées en eau de source.

Cuttack 8

District de Cuttack. À 35 km au N. de Bhubaneswar. 535 150.
Orissa Tourism, Arunodaya Market Building, Link Rd, (0671) 231 2225.
Bali Yatra (oct.-nov.).

Située sur le delta Mahadani, Cuttack est la ville la plus peuplée de l'Orissa. Elle en fut la capitale du Xe siècle jusqu'en 1956, avant d'être remplacée par Bhubaneswar *(p. 258)*. Rares sont les vestiges de l'ancienne Cuttack à nous être parvenus. Le portail et les douves de l'ancien **Barabati Fort**, au nord-ouest de la ville, sont tout ce qui demeure de la grande citadelle qui au XIIIe siècle abritait un palais de neuf étages. L'est de la ville est plus intéressant. Les orfèvres du **Balu Bazaar** et de **Nayasarak** fabriquent les célèbres objets en filigrane d'argent de Cuttack. Les boutiques de **Jail Road** proposent des produits artisanaux d'Orissa, des soies *ikat* aux cornes sculptées en passant par les peintures traditionnelles. Non loin de là, se dressent les dômes verts de la **Kadam Rasul Mosque** du XVIIIe siècle. Elle possède une pierre circulaire sur laquelle est gravée l'empreinte des pieds du prophète Mahomet.

La mosquée Kadam Rasul, bâtie au XVIIIe siècle à Cuttack

LIENS AVEC L'INDONÉSIE

Entre le IVe siècle avant J.-C. et le XIVe siècle de notre ère, la prospérité des royaumes d'Orissa a reposé sur le commerce maritime et plus spécifiquement sur les échanges avec les îles de Java, de Bali et de Sumatra. Depuis le Xe siècle, le mot *kling*, dérivé de Kalinga, l'ancien nom d'Orissa, désigne en Indonésie l'ensemble de l'Inde et ses habitants. Le commerce des marchandises favorisa les échanges culturels. Il est donc peu surprenant que l'influence indonésienne se fasse encore sentir dans l'artisanat de l'Orissa. Les tisserands indiens ont acquis leur savoir-faire auprès des maîtres de l'*ikat* indonésien, qu'ils finirent par supplanter, lorsqu'ils se mirent à fournir les cours et les temples de l'archipel en soie d'Orissa. Le filigrane d'argent de Cuttack a lui aussi des origines indonésiennes. Les anciens liens avec Bali, Java et Sumatra sont commémorés tous les ans au cours du Festival de Bali Yatra, qui se déroule à Cuttack pendant la pleine lune de Kartik, en octobre-novembre. À cette occasion, une foire est organisée sur les berges de la rivière Mahanadi et des petits bateaux confectionnés en écorce de bananier et munis de lampes à huile sont largués sur la rivière.

Le portail coloré de la Foire de Bali Yatra à Cuttack

Ratnagiri 9

District de Cuttack. À 70 km au N.-E. de Cuttack. *Orissa Tourism, Link Rd, Cuttack, (0671) 231 2225.*

Les trois sites bouddhiques de Ratnagiri, d'Udayagiri et de Lalitgiri sont placés les uns à côté des autres. Une journée suffit pour les visiter tous les trois en partant de Cuttack ou de Bubhaneswar. Située au milieu d'un merveilleux paysage de collines et de rizières, Ratnagiri, « colline des Joyaux », est sans doute la plus impressionnante des trois. Elle abrite une grande université bouddhique et un monastère, bâtis entre le VIe et le XIe siècle et décrits en termes éloquents par le voyageur chinois Hiuen Tsang *(p. 187)* dès le VIIe siècle. Située au sommet de la colline et couronnée par un large stûpa, la structure la mieux préservée est un monastère doté d'une cour centrale et d'une colonnade impressionnante qui donne sur les cellules des moines. Un magnifique bouddha assis mesurant 4 m de haut trône à l'intérieur. Le portail d'entrée est orné de bas-reliefs. Un petit **Archaelogical Museum** présente les sculptures découvertes sur le site.

Udaigiri, « colline de l'Aube », située à 10 km au sud de Ratnagiri, n'a encore été que partiellement fouillée. Les sculptures découvertes jusqu'à présent étaient très bien

Un bouddha du VIIe siècle, à Ratnagiri

Des échassiers dans les mangroves du sanctuaire de Bhitarkanika

préservées. À l'ouest, on trouve des bas-reliefs taillés dans la roche. Le nord abrite les vestiges d'un ancien stûpa et un bouddha colossal du VIIIe siècle.

Lalitgiri, « colline de la Grâce », à 10 km au sud d'Udaigiri, est reliée directement à Cuttack par une ligne de bus. Ce serait le plus ancien des trois sites. Les ruines, réparties sur deux collines adjacentes, comportent une plate-forme en pierre, une galerie de bodhisattvas grandeur nature et un temple en forme d'abside. Certaines des sculptures les mieux préservées ainsi qu'un portique ont été incorporés dans un temple hindou moderne. Au pied de la colline, des tailleurs de pierre perpétuent les traditions artistiques d'Orissa.

Ratnagiri Archaeological Museum
sam.-jeu.

Bhitarkanika Sanctuary ⓾

District de Kendrapara. À 106 km au N.-E. de Cuttack. **Accès par** *Chandbali et Rajnagar.* *Bhadrakh, 50 km au N.-O. de Chandbali, puis en bus.* *jusqu'à Rajnagar.* *de Rajnagar ou Chandbali jusqu'à Dangmal, Ekakula et Habalikhati.* **Pour permis et réservations,** *contacter Bhubaneswar, (06786) 220 397, ou Rajnagar, (06729) 272 460.* *mi-oct.-mi-avr.*

Rendu célèbre par les tortues Olive Ridley qui viennent chaque année y pondre leurs œufs, ce sanctuaire de 170 km² est situé dans le delta des rivières Brahmani et Baitarani, sur le golfe du Bengale. Il possède la plus grande forêt de mangroves du pays après celle des Sunderbans *(p. 244-245).*

Les douze îles de la réserve, ses criques, ses longues plages sablonneuses et ses nombreux cours d'eau poissonneux accueillent plus de 170 espèces d'oiseaux. Bhitarkanika possède également la plus grande population de crocodiles d'estuaire de tout le pays.

Vous pouvez loger à la Forest Rest House de Chandbali, à l'entrée de la réserve, ainsi qu'à Dangmal, à Habalikhati et à Ekakula (tous trois se trouvent à l'intérieur du sanctuaire et peuvent être rejoints en bateau). Les bureaux de l'Orissa Tourism situés à Bhubaneswar et à Cuttack organisent des visites et délivrent les permis.

La tortue Olive Ridley

Tous les ans, un phénomène d'une ampleur extraordinaire se produit sur les plages de Gahirmata. Des centaines de milliers de tortues Olive Ridley, dont certaines proviennent d'Amérique latine, accostent sur les 10 km de plage du sanctuaire de Bhitarkanika, situé dans l'estuaire de la rivière Brahmani. C'est la plus grande *arribada* du monde (mot espagnol qui signifie « arrivée »). Elle a lieu en février-mars. Chacune des quelque 200 000 femelles vient y enfouir entre 50 et 200 œufs. Après deux mois d'incubation dans le sable chaud, les nouveau-nés émergent par millions et se précipitent vers la mer. Rares sont ceux qui parviennent à échapper au festin auquel s'invitent chaque année les chiens, les mouettes, les requins et les braconniers. Finalement, moins de 1 tortue sur 1000 survivra jusqu'à l'âge adulte. L'absence d'*arribada* en 1997 et en 1998 causa de vives inquiétudes. Puis, en 2000, au soulagement de tous, quelque 700 000 tortues furent recensées sur les plages de Gahirmata : un record absolu.

Une tortue Olive Ridley en train de pondre ses œufs

Des nouveau-nés se dirigent vers la mer

Baleshwar ⓫

District de Baleshwar. À 214 km au N.-E. de Bhubaneswar. *Orissa Tourism, S.P.A. Complex, Station Square, (06782) 262 048.*

Baleshwar a été fondé par les Britanniques en 1642. Ce port autrefois prospère fut occupé tour à tour par les Français et les Hollandais. Sa rade s'étant progressivement embourbée, Baleshwar cessa d'attirer les navires marchands dès le XVIIIe siècle. Son passé colonial est encore visible dans ses quelques tombeaux hollandais et dans les vestiges des canaux qui le reliaient autrefois à la mer. Baleshwar est aujourd'hui une ville paisible entourée de rizières. Ses artisans sont réputés pour leurs boîtes en laque et leurs poissons en cuivre.

AUX ENVIRONS : Le paisible village côtier de **Chandipur**, à 16 km à l'est de Baleshwar, est accessible en taxi ou en scooter. À marée basse, la mer recule de 5 km, laissant derrière elle une vaste étendue de sable blanc. L'Orissa Tourism propose d'héberger les visiteurs dans un vieux bungalow pittoresque, situé à une courte distance de la mer. Le menu est déterminé par la pêche du jour. La seule tache sur ce tableau idyllique est la présence aux portes de Chandipur d'un champ de tir de roquettes de l'armée indienne. Les écologistes et les villageois font campagne pour sa fermeture depuis des années.

Un poisson en cuivre de Baleshwar

Baripada ⓬

District de Mayurbhanj. À 295 km au N.-E. de Bhubaneswar. *t.l.j.* *Chaitra Parba (avr.), Rath Yatra (juin-juil.).*

La principale ville commerçante du Nord de l'Orissa est aussi le chef-lieu du district. Entourée de forêts qui abritent de nombreuses tribus, Baripada commande l'accès du Simlipal National Park. La ville accueille un Rath Yatra (Festival du chariot) chaque année en juin et juillet, aux alentours du **Jagannath Temple**. Il est moins important que celui de Puri *(p. 264)* mais tout aussi animé et joyeux, et tous les habitants de la ville y participent. À la différence du Festival de Puri, le chariot de la déesse Subhadra qui défile à Baripada ne peut être tiré que par des femmes.

Pendant le Festival de Chaitra Parba qui se déroule au mois d'avril, les tribus de la région endossent de merveilleux costumes pour participer aux danses *Chhau*, qui à l'origine étaient exécutées par des guerriers avant la bataille. À l'est de la ville, le **Baripada Museum** possède de belles sculptures, des poteries et des pièces de monnaie de la région.

Baripada Museum
mar.-dim

AUX ENVIRONS : Haripur, à 16 km au sud-est de Baripada, possède les vestiges évocateurs des palais et des temples érigés par les souverains bhanja, qui en firent leur capitale au XVe siècle. Les ruines les plus impressionnantes sont celles du temple en brique de Rasikaraya et celles du Durbar Hall des rois bhanja.

Simlipal National Park ⓭

District de Mayurbhanj. À 320 km au N. de Bhubaneswar. Accès : Lulung et Jashipur. *Baripada, à 50 km à l'E. du parc, puis en bus ou en taxi.* *jusqu'à Lulung (via Baripada) et Jashipur.* *Pour obtenir* **permis et autorisations**, *contacter le Field Director, Simlipal Tiger Reserve, Baripada, (06792) 52 553.* *nov.-mi-juin.* *supplément.* *Jeeps disponibles dans le parc.*

Ce parc exceptionnel est situé au milieu des collines et des forêts du Nord-Est de l'Orissa. S'étendant sur 2 750 km^2, Simlipal contient d'épaisses forêts de sal (*Shorea robusta*) et de bois de rose, parsemées de clairières. De nombreux torrents et rivières traversent la forêt, qui possède également quelques chutes

Des femmes dans les rizières près de Baleshwar

Cascade dans les collines de Barechipani, Simlipal National Park

d'eau spectaculaires, comme celles de Joranda (150 m) et de Barehipani (400 m).

Cette réserve de chasse privée du maharaja de Mayurbhanj fut transformée en réserve naturelle en 1957. C'est l'une des plus anciennes réserves de tigres en Inde, et elle abrite aujourd'hui une centaine de spécimens, ainsi que de nombreux autres animaux: éléphants, panthères, cerfs, bisons indiens (gaur) et pangolins. Ces derniers sont d'étonnants mammifères recouverts d'écailles qui se nourrissent exclusivement de termites et de fourmis dont ils ravagent les nids avec leurs griffes afin d'attraper les insectes à l'aide de leur langue gluante. Lorsqu'il se sent menacé, le pangolin se roule sur lui-même pour se mettre à l'abri de sa carapace impénétrable.

Pangolin, à Simlipat

Une sculpture du XIe siècle de Shiva et Parvati, à Khiching

Plus de 230 espèces d'oiseaux habitent à Simlipal.

Quelques rares muggers (crocodiles de marais) peuvent être apperçus dans les rivières ou prenant le soleil sur les berges, enfouis dans la boue, bien au frais. À Jashipur, la porte d'entrée occidentale du parc, le **Crocodile Sanctuary** permet d'observer crocodiles et reptiles de près. La prairie de **Bacchuri Chara**, particulièrement appréciée des éléphants, est l'un des meilleurs endroits du parc pour observer les animaux. Du haut de ses 1 158 m, le **Manghasani Peak** est l'un des points culminants du parc et offre de belles vues sur les environs. Le parc a aménagé des centres d'hébergement et de restauration à Lulung, à Barehipani, à Chahala, à Joranda et à Nawana.

AUX ENVIRONS : Khiching fut la capitale des rois bhanja aux Xe et XIe siècles. Elle possède certaines des plus belles sculptures de l'Orissa. Située à 20 km à l'ouest de Jashipur, qui commande l'accès ouest du parc de Simlipal, et à 114 km à l'ouest de Baripada, son attraction principale est le colossal temple de Khiachakeshwari, bâti au début du XXe siècle en réemployant les matériaux des ruines de l'ancien temple. Il possède de merveilleuses statues de divinités, dont un ganesh qui danse. La zone abrite d'autres temples, ainsi que les vestiges de deux forts bâtis par les souverains bhanja.

Le petit **Archaeological Museum** vaut le détour. Parmi ses nombreux trésors, on trouvera des statues grandeur nature de Shiva et de sa compagne Parvati, et de très beaux panneaux sculptés provenant de temples disparus.

Archaeological Museum
mar.-dim. *jours fériés.*

LES TRIBUS DE L'ORISSA

Une jeune fille kondh portant des bijoux tribaux

Plus de 60 différentes tribus cohabitent aujourd'hui dans l'Orissa. La plupart descendent des occupants préaryens de la région. Elles ont survécu dans leurs forêts ancestrales à l'abri des influences du monde extérieur. Les Saoras, installés non loin de Taptapani *(p. 265)*, sont des agriculteurs qui vivent dans de belles maisons en terre, décorées de peintures et ornées de portes et de linteaux en bois sculpté. Les Koyas, dont les coutumes veulent que les femmes n'épousent que des hommes beaucoup plus jeunes qu'elles, vivent plus à l'Ouest. La tribu dominante de l'Orissa est celle des Kondhs. Avant que les Britanniques y mettent fin au milieu du XIXe siècle, ils pratiquaient des sacrifices humains, pour s'assurer de la fertilité de la terre. Aujourd'hui, les Kondhs sont réputés pour leur connaissance des herbes médicinales et pour leurs merveilleux bijoux en métal. Le gouvernement de l'Orissa organise désormais des visites des zones tribales. Contactez l'Orissa Tourism à Bhubaneswar au (0674) 43 2203, pour obtenir des permis et des informations sur les rares possibilités d'hébergement qu'offre la région.

L'Assam et le Nord-Est

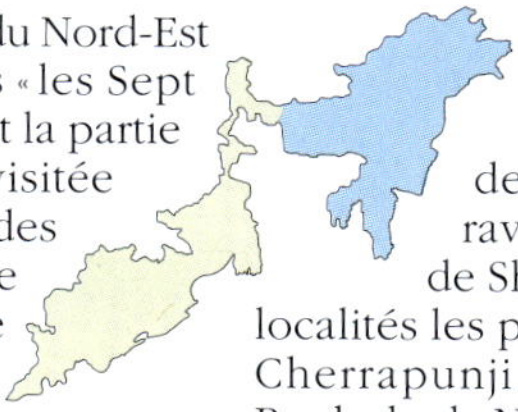

L'Assam et les six États du Nord-Est sont souvent appelés « les Sept Sœurs ». Ils constituent la partie la plus isolée et la moins visitée de l'Inde. La région, qui a des frontières avec la Chine, le Myanmar, le Bhoutan et le Bangladesh, est composée d'une grande diversité d'ethnies, de religions, de langues, de climats et de paysages. La plus grande des Sept Sœurs est l'Assam, qui s'étend le long de la vallée du Brahmapoutre, célèbre pour ses plantations de thé et ses rhinocéros unicornes, une espèce très rare. Les vertes collines de Meghalaya abritent la ravissante station d'altitude de Shillong, ainsi qu'une des localités les plus arrosées du monde, Cherrapunji. Les États d'Arunachal Pradesh, de Nagaland, de Manipur, de Mizoram et de Tripura regroupent plus de 100 différentes tribus. La richesse exceptionnelle de la flore et de la faune du Nord-Est en fait un paradis pour les naturalistes.

La région d'un coup d'œil

Villes
- Agartala 12
- Aizawl 13
- Bomdila 3
- Dimapur 17
- Guwahati 1
- Imphal 14
- Itanagar 8
- Kohima 16
- Sibsagar 6
- Tezpur 2
- Ziro 9

Parcs nationaux
- Kaziranga National Park 5
- Namdapha National Park 10

Monastère
- Tawang Monastery 4

Stations d'altitude et sites naturels
- Loktak Lake 15
- Majuli River Island 7
- Shillong 11

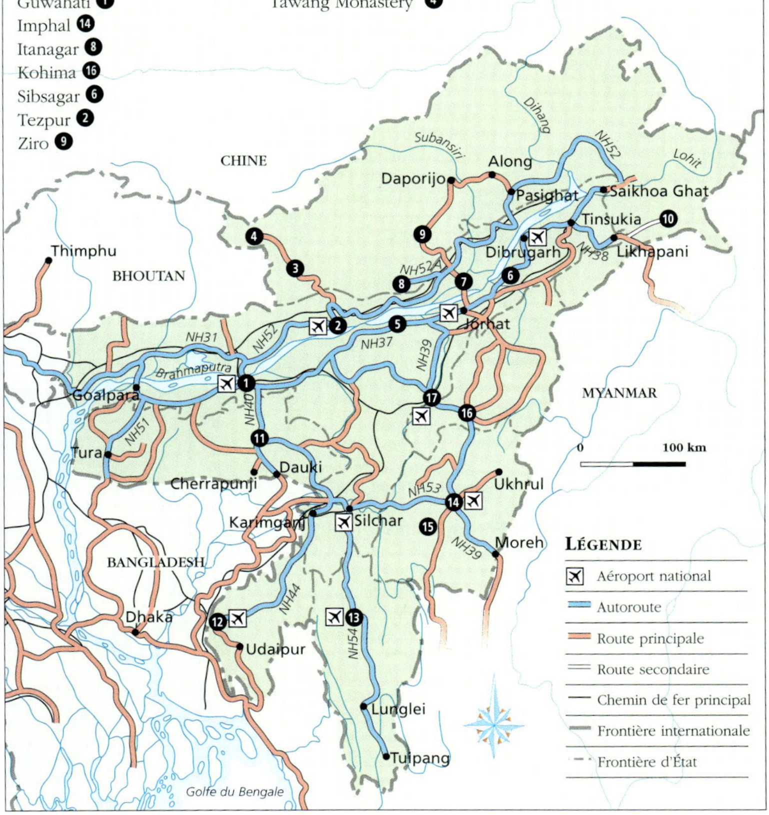

◁ **Une petite cascade entourée de fougères, dans la forêt de Meghalaya, près de Shillong**

Des dévots devant le Kamakhya Temple à Guwahati, un centre de pèlerinage majeur de l'hindouisme

Guwahati ❶

District de Kamrup. À 1 081 km au N.-E. de Kolkata. 808 000. *Borjhar, 25 km à l'O. du centre-ville, puis en bus ou en taxi.* *Assam Tourism, Station Rd, (0361) 254 4475.* *Rongali Bihu (avr.), Ambubachi (juin), Assam Tea Festival (déc.).*

Guwahati est la capitale de l'Assam et la porte d'entrée du Nord-Est de l'Inde. Entourée par les collines de Nilachal, la ville s'étend sur les deux rives du Brahmapoutre. Autrefois haut lieu du tantrisme hindouiste, la ville a conservé quelques temples intéressants. Guwahati est désormais au centre du commerce du thé et de l'huile de l'Assam. On trouve aux abords de la ville de nombreux bosquets d'arbres à bétel, qui lui auraient d'ailleurs donné son nom (*Guwahati* signifie « marché aux noix de bétel »).

Un présentoir en bronze pour servir de la feuille de bétel

Kamakhya Temple

Perché sur la colline de Nilachal, à 8 km au nord-ouest de la ville, ce temple est l'un des centres de pèlerinage les plus importants de l'Inde. Le monument fut construit au XVIIe siècle, après que la structure d'origine eut été détruite par l'envahisseur musulman. Son *shikhara* en forme de ruche est typique de l'architecture de l'Assam. Selon la légende, après que Shiva eut porté la dépouille de sa compagne Sati jusqu'au ciel, son corps fut démembré et les morceaux éparpillés aux quatre coins de la Terre *(p. 237)*. Par la suite, les lieux où les différentes parties du corps de Sati étaient retombées furent sanctifiés par des temples. Kamakhya signale l'emplacement où serait retombé son vagin – ce qui explique qu'il soit investi de pouvoirs liés à l'énergie créatrice. Une chèvre est sacrifiée chaque jour. Le joyeux festival annuel d'Ambubachi, qui signale la fin du cycle menstruel de la Terre, attire des pèlerins de l'Inde tout entière.

Navagraha Temple

La colline de Chitranchal, au nord-est de Guwahati, est occupée par le temple de Navagraha (« les neuf planètes »), dont on prétend qu'il se dresse sur les ruines de l'antique cité de Pragjyotishpur, l'ancienne Guwahati, autrefois un centre d'astronomie très célèbre. Son dôme rouge en forme de ruche abrite une cella obscure qui contient neuf lingams, représentant les neufs planètes.

Umananda Temple

Peacock Island. *Umananda Ghat, à 1 km au N. de la gare.*

Situé dans le cadre enchanteur de l'île des Paons, au milieu du Brahmapoutre, ce temple du XVIe siècle est dédié à la compagne de Shiva. Colonisée par les inoffensifs singes langur, l'île offre des vues magnifiques sur la rivière, agitée par endroits de courants violents.

State Museum

G.N. Bordoloi Rd. *(0361) 254 0651.* *mar.-dim.*

Situé à l'est de la gare, ce musée possède de belles reconstitutions de villages tribaux, une collection exhaustive des produits de

L'Umananda Temple est situé sur une île du Brahmapoutre

l'artisanat local et une galerie de sculptures médiévales en pierre et en bronze, découvertes au cours des fouilles du site archéologique d'Ambari, situé au cœur de la ville.

Zoo et Botanical Gardens
R.G. Baruah Rd. *sam.-jeu.* *supplément.*
Ce zoo bien entretenu est situé à l'est de la ville. Un tigre blanc, des panthères tachetées, des calaos et un rhinocéros unicorne évoluent dans de vastes enclos entourés de douves profondes. Le jardin botanique se trouve à côté du zoo.

Le temple de Vashishtha se dresse sur une colline boisée

Aux environs : Le **Vashishtha Temple**, à 12 km au sud-est de Guwahati, se dresse au cœur d'un joli paysage. La tradition locale prétend que le sage Vashishtha, un personnage du *Ramayana* *(p. 27)*, y aurait installé son ashram.

Sualkuchi, à 32 km à l'ouest de Guwahati, est un centre artisanal important. On y produit la célèbre soie dorée *muga* et paat, une spécialité de l'Assam. Plusieurs établissements sont ouverts au public.

Hajo, à 32 km à l'ouest de Guwahati, est un lieu de pèlerinage pour les bouddhistes, les hindous et les musulmans. Le Hayagriva Madahva Temple, sur la colline de Matikuta, est sacré aux yeux des bouddhistes et des hindous. Selon la légende, le Bouddha y aurait rendu son dernier souffle. L'étang, en contrebas du temple, abrite le résident le plus célèbre de Hajo : une tortue géante. La mosquée du XIIe siècle de Pao Mecca (« quartier de La Mecque ») se dresse sur une autre colline de Hajo. Aux yeux des musulmans, le pèlerinage de Hajo à une valeur équivalente au quart de celle du pèlerinage de La Mecque.

Les ruines spectaculaires du **Madan Kamdev Temple** se trouvent à 50 km au nord-ouest de Guwahati, sur une petite colline. Vous y découvrirez des bas-reliefs érotiques exubérants représentant des divinités aux prises avec des nymphes célestes.

Brahmapoutre le magnifique

Cette majestueuse rivière qui domine la vie de l'Assam et d'une grande partie de l'Arunachal Pradesh est appelée « le fils de Brahma », le créateur de l'univers. Étrangement, c'est la seule rivière indienne à posséder un nom masculin. Le Brahmapoutre commence son périple de 2 900 km près de la montagne sacrée de Kailasa au Tibet, où il est aussi connu sous le nom de Tsang Po. Descendant du haut de ses 5 200 m, il creuse un sillon rectiligne dans le haut plateau tibétain. Après avoir contourné les Himalayas orientales, il se jette dans les gorges profondes de l'Arunachal Pradesh et prend le nom de Siang. À ce stade, il est traversé par de nombreux ponts en cordes, d'aspect peu engageant. L'un d'entre eux, situé à Kamsing, mesure 367 m : c'est l'un des plus longs du monde. Le Brahmapoutre fait son entrée dans les plaines près de la frontière de l'Assam et de l'Arunachal, puis traverse l'Assam d'ouest en est sur 724 km. Le Brahmapoutre est une rivière tranquille une grande partie de l'année. Puis, pendant la mousson, elle devient terrible, inondant les forêts et les plaines, emportant les maisons, les cultures et les animaux dans un rituel annuel de destruction. Peu avant d'arriver à la mer, le Brahmapoutre mêle ses eaux à celles du Gange, créant l'immense delta du Bengale, pour finir dans le golfe du même nom, au Bangladesh.

Le Brahmapoutre à l'aube

Statue d'une déesse au milieu des ruines du Madan Kamdev Temple

Les ruines du Da Parbatia Temple (ve et vie siècles) à Tezpur

Tezpur ❷

District de Sonitpur. 180 km au N.-E. de Guwahati. *58 250.* *Saloni, 10 km au N. du centre-ville, puis en bus ou en taxi.*
Tourist Office, Parvati Nagar, (03712) 221 016.

La ville pittoresque de Tezpur est située sur la rive nord du Brahmapoutre, au milieu des plantations de thé. Avec les collines de l'Arunachal septentrional qui se dessinent à l'horizon, c'est un camp de base idéal pour visiter l'Arunachal Pradech.

Tezpur signifie « cité du sang ». La ville tient ce nom effrayant de son statut légendaire de capitale des rois démoniaques, les Asuras, qui furent vaincus par le seigneur Krishna au terme d'une terrible bataille. Plus récemment, en 1962, Tezpur échappa de justesse à un autre bain de sang lorsque l'armée chinoise, après avoir envahi la région, s'arrêta aux portes de la ville et déclara le cessez-le-feu *(p. 57)*.

Les ruines du **Da Parbatia Temple**, à 5 km à l'ouest de la ville, datent des ve et vie siècles et témoignent de l'ancien prestige de la ville. Il ne reste du temple que quelques sculptures, les plus anciennes de l'Assam, et une porte encadrée par les figures des déesses Ganga et Yamuna. Le **Cole Park**, situé près de la loge touristique, est l'un des plus jolis sites de Tezpur. Ce ravissant jardin situé près d'un lac a été décoré de sculptures des xe et xie siècles découvertes dans la ville. Une église coloniale du xixe siècle se dresse derrière la loge touristique.

AUX ENVIRONS : Bhalukpong, à 58 km au nord-ouest de Tezpur, est située au milieu des collines, à la frontière de l'Assam et de l'Arunachal Pradesh, sur les berges de la rivière Kameng.

Les environs de la ville possèdent des sources thermales dont les eaux sont réputées pour leurs vertus médicinales. L'Orchid Center de **Tipi**, à 7 km de là, possède quelque 500 variétés de fleurs, toutes originaires de l'Arunachal. Le **Nameri Sanctuary**, à 35 km au nord de Tezpur, possède une superficie de 200 km^2. Traversées par la rivière Jia Bhoroli, ses forêts abritent des panthères longibandes, des mithuns (bisons indiens) et des canards des bois à ailes blanches – une espèce rare. Nameri gagne à être exploré à dos d'éléphant. L'Eco-Camp de Postali, au bord de la rivière, est géré par l'office des Forêts, et organise des descentes de la rivière en raft ainsi que des parties de pêche *mahseer*. L'**Orang Wildlife Sanctuary**, à 65 km au nord-ouest de Tezpur, est considéré comme une version miniature de Kaziranga *(p. 276-277)*, en raison de ses marécages, de ses rivières et de ses prairies, qui rappellent celles de son illustre modèle. Il compte également des rhinocéros unicornes, ainsi que des buffles sauvages et des macaques de Hoolock.

Orchidée

Nameri Sanctuary
Permis : *Divisional Forest Office, Koloabhomora, (03712) 220 854.* *sept.-avr.* *supplément.* *Potasali Eco-Camp, (03712) 210 533.*

Orang Wildlife Sanctuary
Permis : *Divisional Forest Officer, Mangaldoi, (03712) 22 065.* *oct.-avr.*

Bomdila ❸

District de West Kameng. À 180 km au N.-O. de Tezpur. *Losar (fév.-mars).* **Permis nécessaire** *(voir p. 624).*

La route escarpée qui relie Tezpur à Bomdila (2 530 m d'altitude) traverse d'épaisses forêts. Bomdila est le chef-lieu du district de West Kameng, dans l'Arunachal. La ville abrite plusieurs monastères bouddhiques et offre de belles vues sur les sommets enneigés, les rizières en terrasses et les cascades des environs. Le **Crafts Centre** est célèbre pour ses tapis tissés. Les habitants de la ville appartiennent principalement aux tribus Monpa et Sherdukpen, dont les croyances sont un mélange de bouddhisme tibétain et de pratiques animistes ancestrales. La casquette noire à cinq queues est typique des habitants de la région.

Des Monpa célèbrent le Nouvel An avec la danse du Yak à Bomdila

Rangées de moulins à prière devant le Tawang Monastery du XVIIe siècle

Tawang Monastery ❹

District de Tawang. À 325 km au N.-O. de Tezpur. *Losar (fév.-mars)* **Permis nécessaire** *(voir p. 624).*

Situé à 3 050 m d'altitude, dans l'État de l'Arunachal Pradesh, Tawang abrite le plus grand monastère bouddhique de l'Inde. La route de Bomdila traverse des paysages de montagne, des forêts de pins, de chênes, de rhododendrons et d'une variété de bambous nains qui constitue la nourriture favorite du panda rouge. Au-delà de la vallée de Dirang, passé le vieux *dzong* (fort), la route redevient escarpée jusqu'au **Sela Pass**. Situé à 4 249 m, c'est le second plus haut col routier du monde.

Au-delà du monument érigé en mémoire du vaillant soldat indien qui tint tête à l'armée chinoise lors du conflit de 1962, la route redescend en direction d'une grande et belle vallée, où se trouve le monastère. Il occupe un éperon rocheux au pied des montagnes enneigées. Lorsque le dalaï-lama s'échappa du Tibet en 1959, il passa par Tawang. Il retourne encore régulièrement dans la région pour y participer à des prières collectives.

Fondé en 1645 par un lama originaire de Merak, dans le Bouthan voisin, cet établissement de la secte des Gelupa, dits aussi « chapeaux jaunes », est occupé par quelque 500 moines. C'est le lieu de naissance du sixième dalaï-lama. Le *dukhang* à trois étages (salle d'assemblée du monastère) possède un magnifique bouddha de 8 m de haut. Donnant sur une cour, la bibliothèque de Tawang est très ancienne et possède une belle collection de *thangka* et de précieux manuscrits bouddhiques.

Le **Bramdungchung Nunnery**, couvent réservé aux femmes, est situé à 12 km au nord-ouest. Il n'est accessible qu'avec une Jeep. La route traverse des superbes paysages de montagne, recouverts de genévriers et de rhododendrons nains, et des petits hameaux mopa, avec leurs maisons typiques en pierre. Des drapeaux multicolores et un long mur de prière signalent le couvent, gardé comme la plupart des monastères de la région par de féroces mastiffs tibétains.

Une roue de la Vie peinte sur un mur du Tawang Monastery

Fêtes de l'Assam et du Nord-Est

Losar *(fév.-mars)*, à Bomdila et Tawang. Les tribus Monpa et Sherdukpen de l'Arunachal Pradesh célèbrent le Nouvel An : festins, danses masquées et prières dans les monastères.

Rongali Bihu *(avr.)*, à Guwahati. Le Nouvel An de l'Assam est célébré dans tout l'État avec des chants, des concerts de percussions et des danses. Les femmes dansent aux sons des trompes et des tambours. Guwahati accueille les festivités les plus animées.

Des danseurs au Festival de Rongali Bihu, en Assam

Weiking Dance *(avr.-mai)*, à Shillong. Ce festival du printemps dure trois jours et comporte des processions, des danses et des prières. Les jeunes filles khasi, parées de couronnes et des bijoux, forment un premier cercle. Des jeunes hommes habillés en guerriers forment un second cercle autour d'elles.

Lai Haraoba *(avr.-mai)*, à Imphal et Moirang. Ce festival du printemps est célébré chez les Manipuri en l'honneur des nombreuses divinités préhindouistes de la région. Des prières, des spectacles d'arts martiaux et des danses rituelles sont destinés à apaiser les divinités. Moirang accueille les plus beaux spectacles.

Kaziranga National Park ❺

Une oie à tête barrée en plein vol

Le magnifique Kaziranga National Park de l'Assam, classé au Patrimoine mondial de l'humanité par l'Unesco, est la patrie du rhinocéros unicorne. Situé sur les rives du Brahmapoutre, le parc comporte 430 km² de prairies, de marécages et de forêts. Au sud, les collines de Mikir accueillent chaque année de nombreux oiseaux migrateurs, pendant la mousson. Le parc abrite une grande diversité d'espèces. On y dénombre quelque 80 tigres, qui coexistent avec les buffles sauvages, les hardes d'éléphants, les gibbons de Hoolock, les pythons et plus de 300 espèces d'oiseaux, dont l'outarde du Bengale, une espèce extrêmement rare.

À la découverte de Kaziranga
Perchés sur le dos d'un éléphant, les visiteurs sont à l'abri des charges des rhinocéros et des buffles.

Buffles sauvages asiatiques
Kaziranga possède la plus grande population de buffles asiatiques de tout le pays. Dotés de cornes gigantesques, ils aiment se vautrer dans la boue des marécages.

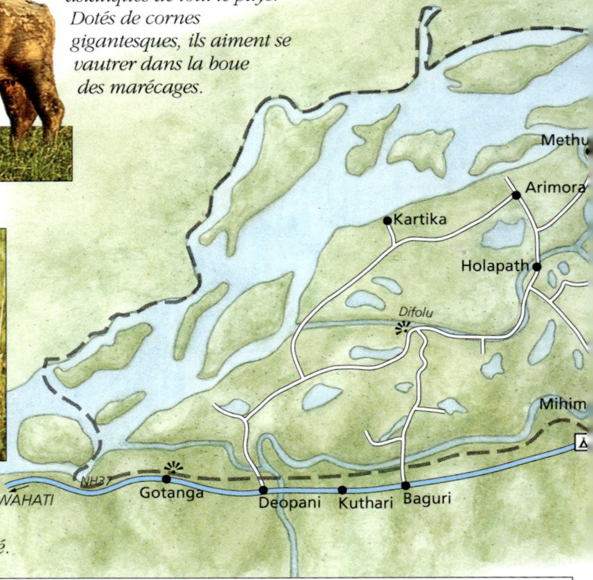

Outarde du Bengale
Cet oiseau rare est reconnaissable à son magnifique plumage rayé.

Le rhinocéros indien unicorne

Kaziranga est un des derniers refuges du rhinocéros indien unicorne *(Rhinoceros unicornis)*. L'espèce faillit disparaître entièrement au début du XXᵉ siècle. Des mesures de protection adéquates ont porté leur nombre à 2 500 spécimens, aujourd'hui répartis entre l'Assam et les contreforts himalayens du Népal. Quelque 1 500 se trouvent à Kaziranga. Autrefois présents sur tout le sous-continent, ils furent décimés par les braconniers qui les chassaient pour leur corne, ingrédient précieux de la médecine chinoise traditionnelle. Constitué d'une masse de poils soudés ensemble, cet appendice se vend extrêmement cher en Asie du Sud-Est, où il est réputé pour ses vertus médicinales et aphrodisiaques.

Une mère rhinocéros et son petit dans les prairies du Kaziranga

Beel
À chaque mousson, le parc est inondé. Les marécages et les plans d'eau éphémères attirent les éléphants, les oiseaux et les autres animaux.

0 8 km

Légende

- Limites du parc
- Route principale
- Route secondaire
- Information touristique
- Point de vue
- Hébergement

Mode d'emploi

District de Golagath. À 215 km au N.-E. de Guwahati. *Jorhat, 96 km au N.-E. de Kohora, le point d'entrée, puis en taxi.* *Furkating, 75 km à l'E. de Kohora, puis en taxi.* *Bonani Tourist Lodge, Kohora, (03776) 262 423.* *nov.-avr.* *suppléments.* *Jeeps disponibles sur place.*

Cerfs-cochons
Ces cousins du cerf tacheté (chital) occupent les prairies du parc en grand nombre.

Wild Grass Resort
Situé à 5 km de Kohora, à l'extérieur du parc, cet hôtel écologiste (p. 580) organise des promenades à dos d'éléphant et des visites des plantations de thé voisines.

Gibbon de Hoolock
Ce singe qui mesure 1 m de haut se reconnaît à la bande argentée caractéristique qui orne ses sourcils et à ses cris stridents qui résonnent dans la forêt.

Sibsagar 6

District de Sibsagar. À 370 km au N.-E. de Guwahati. *54 500.* *Jorhat, 60 km au S. du centre-ville, puis en taxi ou en bus.* *Assam Tourism, près du temple de Shivadol, (03772) 22 394.* *Shivatri (fév.-mars).*

Située au cœur de la principale région productrice de thé et d'huile de l'Assam, Sibsagar est une ville chargée d'histoire. Elle fut le siège de la dynastie des Ahom *(p. 48)*, qui régna sur l'Assam pendant 600 ans. Originaires du Myanmar, les Ahom se convertirent à l'hindouisme après avoir conquis l'Assam en 1228, et finirent par s'intégrer entièrement au monde indien. Déposés par les Birmans en 1817, ils furent ensuite annexés par l'Empire britannique des Indes en 1826.

Les Ahom étaient de grands bâtisseurs, comme l'attestent les ruines de Sibsagar et de ses environs. Un immense lac artificiel de 103 ha, bordé de trois temples, domine la ville. Le **Shivadol Temple**, avec sa tour dorée de 33 m de haut, fut érigé par une reine ahom en 1734. Le **Karen Ghar** et le **Talatal Ghar**, deux palais du XVIIIe siècle en brique de sept étages, se trouvent à 4 km au sud de la ville. Les sous-sols et les nombreux passages souterrains du Talatal Ghar sont intéressants. L'élégant pavillon royal de Rang Ghar, au nord-est, édifice ovale de deux étages, fut construit en 1746.

Masque vaishnavite, Majuli

Majuli River Island 7

District de Jorhat. À 314 km au N.-E. de Guwahati. *Nemati Ghat, 13 km au N. de Jorhat.* *de Nemati Ghat à Majuli, puis en bus jusqu'à Garamur.* *Les étrangers doivent se présenter à l'officier sous-divisionnaire dès leur arrivée, Majuli, (03775) 74 424, qui s'occupe des réservations.*

Avec ses 929 km², Majuli est sans doute la plus grande île fluviale habitée du monde. Il est d'ailleurs facile d'oublier que l'on est sur une île, lorsqu'on s'y trouve au centre, entouré de collines et de rivières. Chaque année pendant la mousson, le rivage de l'île est remodelé par le Brahmapoutre. La rivière inonde de larges portions de terre, obligeant les habitants à s'installer temporairement sur des terrains plus élevés. En se retirant, la rivière laisse derrière elle des terrains recouverts de limon fertile, et les habitants retournent cultiver leurs terres.

Les *satra* sont des monastères originaux fondés au XVe siècle par le philosophe vaishnavite réformateur Shankardeva. Les *satra* possèdent de merveilleux exemples d'artisanat assamite. Des spectacles de danse et de théâtre en l'honneur de Vishnou y sont régulièrement organisés. **Garamur** est le plus grand village de Majuli. Il possède deux *satra*. Vingt autres monastères sont éparpillés sur l'île. Les visiteurs souhaitant y séjourner seront invités à contribuer aux frais d'entretien et au coût des repas en faisant une donation.

Itanagar 8

District de Papum Pare. À 420 km au N. de Guwahati. *35 000.* *Lakhimpur, 60 km au N.-E. du centre-ville, puis en taxi ou en bus* *Sector C, Naharlagun, (0360) 224 4328.* **Permis nécessaire** *(p. 624).*

Avant de devenir la capitale de l'État d'Arunachal Pradesh en 1971, Itanagar était un village nishi, l'une des plus importantes tribus de l'État, qui en compte 26. Quelques huttes

Forêt de bambous près d'Itanagar, dans l'Arunachal Pradesh

Femme apatani dans les rizières près de Ziro

traditionnelles ont survécu au milieu des bâtiments administratifs modernes. Les Nishi sont reconnaissables à leur coiffe en rotin ornée de plumes de calao noir et blanc, à leurs cheveux qu'ils portent coiffés en boule sur le front, et à leurs sacs en peau d'ours.

Le **Nehru Museum**, près du Secrétariat, offre une vision globale de l'artisanat et du folklore des tribus de l'Arunachal Pradesh. On y trouve de très beaux bijoux, des textiles, des objets en bambou et en rotin et des totems. Une route cabossée de 6 km relie Itanagar au ravissant lac vert émeraude de **Gyakar Sinyi**, situé au milieu d'une forêt où les orchidées abondent.

Bâtisse adi, près d'Along

Nehru Museum

Siddharth Vihar. *(0360) 221 2276.* *mar.-sam.*

Ziro 9

District du Lower Subansiri. À 150 km au N.-E. d'Itanagar. *12 300.* *Deputy Commissioner's Office, (03788) 224 255.* **Permis nécessaire** *(p. 624).*

La ville pittoresque de Ziro occupe une large vallée bordée de collines boisées, au cœur de l'Ataranchal Pradesh. Connue sous le nom de l'Apatani Plateau, cette zone est habitée par la tribu des Apatani, des agriculteurs qui pratiquent simultanément la pisciculture et la riziculture, en élevant des petits poissons dans les rizières. Comme les Nishi, les Apatani portent leurs cheveux coiffés en boule sur le front et tenus en place par une broche en cuivre. Hommes et femmes sont tatoués. Les femmes portent également de larges ornements naseaux en bambou. Au nord-est de Ziro, les trois régions de **Daporijo**, **Along** et **Pasighat** sont désormais ouvertes aux étrangers, même s'il est encore nécessaire d'obtenir un permis pour y pénétrer. Les deux dernières, situées sur les rives du Brahmapoutre, sont habitées par la tribu des Adi *(p. 281)*. La route de 300 km qui relie Ziro à Pasighat traverse des forêts vierges et de nombreux villages tribaux, remarquables pour leurs longues bâtisses à toits de chaume.

Namdapha National Park 10

District de Changlang. À 380 km au N.-E. d'Itanagar. *Margherita, 64 km au S.-O. de Miao, point d'accès* *Directeur, Project Tiger, Miao, (03807) 222 249.* *oct.-mars.* **Permis nécessaire** *(p. 264).*

Ce superbe parc de 1 985 km² est situé à la frontière du Myanmar. S'élevant de la plaine jusqu'à 4 500 m d'altitude, il regroupe une grande diversité de paysages. C'est la seule réserve en Inde où cohabitent les quatre grands fauves himalayens : le tigre, la panthère, la panthère nébuleuse et la panthère des neiges. Le parc est devenu une réserve de tigres en 1983. Il abrite également des calaos indiens, des pandas rouges et des gibbons de Hoolock *(p. 277)*.

Aux environs : La légendaire Burma Road (ou route de Sitwell) part de **Ledo**, à 60 km au sud-ouest de Miao. Longue de 1 700 km, cette route, d'une importance stratégique capitale pendant la Seconde Guerre mondiale, relie Ledo à Kumming, en Chine, et traverse les jungles et les montagnes quasi impénétrables de l'Arunachal Pradesh et du Nord du Myanmar. Construite au prix de nombreux sacrifices humains, elle est aujourd'hui abandonnée. Seuls quelques paysans locaux l'utilisent encore, généralement à pied.

Membres d'une tribu de l'Arunachal Pradesh sur Burma Road

Paniers en bambou au Bara Bazaar de Shillong

Shillong ⓫

District des East Khasi Hills. À 127 km au S. de Guwahati. *132 900.* *Meghalaya Tourism, 3 rd Secretariat, Lower Lachumiere, (0364) 222 6054.* *Weiking Dance (avr.-mai).*

Shillong est la capitale du petit État de Meghalaya. Ses collines brumeuses, ses forêts de pins et ses lacs lui ont valu d'être appelée « l'Écosse de l'Orient ». Perchée à 1 496 m, elle abrita longtemps le siège de l'administration britannique de l'Assam, et devint une station d'altitude réputée, offrant un refuge providentiel contre la canicule de la plaine.

La ville a conservé une ambiance coloniale grâce à ses bungalows Tudor, ses églises, son terrain de polo et son magnifique parcours de golf. Shillong est aussi le domicile de la tribu matrilinéaire des Khasi. Les paysages idylliques qui entourent la ville se prêtent merveilleusement bien aux excursions.

Bara Bazaar

Bara Bazaar Rd. *lun.-sam.*

Ce vaste marché permet d'entrer en contact avec la tribu des Khasi. On y trouve tous les produits des villages des environs : miel, ananas, cochons, poisson séché, champignons sauvages et paniers de bambou. Le marché est l'affaire des femmes, généralement vêtues de tuniques *jainsem* traditionnelles et de châles dont les motifs rappellent les tartans écossais.

Museum of Entomology

Umsohsun Rd. *09863–021965.* *lun.-sam.*

Ce petit musée privé situé au nord du Bara Bazaar fut fondé dans les années 1930 par la famille Wankhar. Il possède une collection de papillons rares et d'autres insectes originaires de la région, notamment d'énormes phasmes, des scarabées iridescents et un spécimen de papillon géant jaune et noir, qui se défend contre les prédateurs en s'enduisant le corps d'un poison mortel.

Ward Lake and Lady Hydari Park

Park *t.l.j.* *supplément.*

Situé au cœur de la ville, le Ward Lake est un plan d'eau en forme de fer à cheval. Non loin de là, le Lady Hydari Park possède un joli jardin japonais et un zoo miniature. On y trouvera des animaux natifs des forêts de Meghalaya, comme des calaos, des chats-panthères, et un loris paresseux, animal qui ressemble à un furet et qui comme son nom l'indique se traîne par terre comme s'il était sous l'influence d'un puissant sédatif.

Aux environs : Les **Bishop** et **Beadon Falls** se trouvent à 3 km au nord de Shillong, au bord de la route qui relie Shillong à Guwahati. L'**Umiam Lake**, un grand réservoir artificiel, est situé sur la même route, 14 km plus loin. La route de **Mawphlang**, localité à 24 km au sud-ouest de Shillong, traverse une belle forêt pleine d'orchidées.

La cascade des Elephant Falls se fraye un chemin entre les fougères

Les tribus du Nord-Est

Le Nord-Est de l'Inde abrite de nombreuses tribus. L'Arunachal Pradesh à lui seul en compte 26, et le Nagaland 16. Des douzaines d'autres tribus habitent l'Assam, le Manipur, le Mizoram, le Meghalaya et le Tripura. Bien qu'habitant la même région, elles sont restées relativement isolées les unes des autres, conservant leurs langues et leurs cultures spécifiques.

__Les Thankul du Manipur__ sont d'excellents tisserands, et produisent une étoffe rouge et blanche aux reflets soyeux.

__La danse des Cheraw__ exige des femmes qu'elles se déplacent avec adresse entre des obstacles en bambou mobiles.

L'Ujjayanta Palace, bâti en 1901 à Agartala

Agartala ⓬

District de West Tripura. À 600 km au S. de Guwahati. *189 300.* *12 km au N. du centre-ville, puis en bus ou en taxi.* *Tripura Tourism, Ujjayanta Palace Complex, (0381) 232 4688.*

L'agréable ville d'Agartala est la capitale de Tripura, un ancien État princier, situé à la frontière du Bangladesh. Des bâtiments administratifs en brique rouge se détachent sur un fond de végétation tropicale luxuriante. L'**Ujjayanta Palace** domine la ville. Construit en 1901 dans le style indo-saracénique, il abrite aujourd'hui le parlement de l'État. Somptueusement décoré, l'intérieur du palais possède une salle chinoise recouverte de faïences et dotée d'un magnifique plafond. On peut visiter la salle entre deux séances d'assemblée. Tripura est particulièrement renommée pour son artisanat du bambou et du rotin. Des paniers de toutes les tailles et différents articles sont vendus sur le marché.

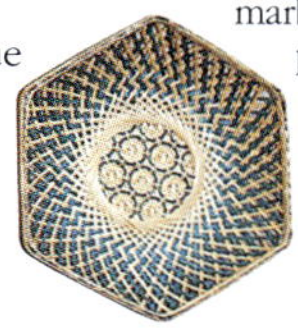

Motif de panier de Tripura

Aux environs : Le **Neermahal Water Palace**, à 55 km au nord d'Agartala, occupe une île sur le lac de Rudrasagar. C'était autrefois la résidence d'été des maharajas de Tripura. Bâti en marbre rouge et blanc, ce palais digne d'un conte de fées possède une profusion de pavillons, de balcons, de tourelles et de ponts, en partie ouverts au public. **Udaipur**, à 58 km au sud d'Agartala, fut la première capitale des souverains de Tripura. Le **Tripurasundari Temple**, à l'extérieur de la ville, fut construit au XVIe siècle, et possède un toit typiquement bengali.

Aizawl ⓭

District d'Aizawl. À 480 km au S.-E. de Guwahati. *229 700.* *35 km à l'O. du centre-ville, puis en bus ou en taxi.* *Mizoram Tourism, Chandmary, (0389) 231 2473.* **Permis nécessaire** *(voir p. 624).*

Aizawl est la capitale du Mizoram. Bâties sur une crête, ses maisons et ses églises se détachent de la verdure des collines environnantes. La ville est habitée par les tribus Mizos, originaires des collines Chin du Myanmar, qu'elles auraient quittées il y a 300 ans. Le centre-ville abrite le marché principal. La majorité de la population du Mizoram s'est convertie au christianisme, sous l'influence de missionnaires venus évangéliser la région dès 1891. Grâce aux écoles qu'ils y ont fondées, l'État s'enorgueillit d'avoir le second plus haut taux d'alphabétisation du pays. Les femmes continuent de porter leurs élégantes jupes *puan*. On peut voir des tisserands à l'œuvre au **Weaving Centre** de Luangmual.

Aizawl fut bâtie sur une crête

***Les Konyak du Nagaland**, réputés pour leurs danses martiales, portent des vêtements très colorés, avec des plumes de calaos, des défenses de sangliers et des couvre-chefs en rotin peint.*

***Les Adi de l'Arunachal Pradesh** sont des bâtisseurs réputés : ils construisent d'excellents ponts, comme cette structure en rotin qui traverse le Brahmapoutre.*

***Les Khasi** forment une société matrilinéaire dans laquelle seules les femmes peuvent hériter de la terre. La benjamine de chaque famille est responsable de la maison et des rituels.*

Marchandes de poisson à Imphal

Imphal ⓮

District d'Imphal. À 484 km au S.-E. de Guwahati. *217 300.* *6 km au S. du centre-ville.* *Manipur Tourism, à côté de l'Hotel Imphal, (0385) 222 4603.* *Yaosang (fév.-mars), Lai Haraoba (avr.-mai).* **Permis nécessaire** *(voir p. 264).*

Imphal est la capitale de Manipur, « pays des joyaux ». Elle occupe une grande vallée ovale bordée de collines boisées. La majorité de ses habitants sont des Meitei. La partie la plus animée de la ville est l'**Ima Keithel**, « marché des Mères », où plus de 3 000 femmes vendent poisson, céréales, objets en rotin et produits artisanaux (élégantes étoffes à rayures). Ces formidables *ima*, dont le nez est orné d'une *tika* faite à base de pâte de bois de santal, forment une puissante organisation qui se vante de pratiquer des prix équitables. Le temple principal d'Imphal se dresse à l'est du bazar et accueille des spectacles de danse manipuri *(p. 29)* pendant les festivals dédiés au seigneur Krishna. Sagol Kangjei, le polo de Manipur, est le sport favori d'Imphal. Ne manquez pas l'occasion d'assister à un match. Le terrain de polo est situé au milieu de la ville. Dans ce jeu rapide et agressif, les cavaliers portent des vêtements *dhoti* et montent leurs chevaux à cru. Deux **Commonwealth War Graves Cemeteries**, à l'est et au nord de la ville, contiennent les tombes des soldats morts en défendant Manipur contre les Japonais pendant la Seconde Guerre mondiale. L'impressionnant **Orchidarium** vaut également une visite : situé à 12 km au nord de la ville, il possède de nombreuses espèces originaires de la région.

Danseuse manipuri

AUX ENVIRONS : À 45 km au sud d'Imphal, **Moirang** possède un temple très ancien dédié à une divinité pré-hindoue. Thangjing est le centre spirituel des Meitei, qui y célèbrent Lai Haraoba en grande pompe *(p. 275)*. Pendant la Seconde Guerre mondiale, Moirang abrita le quartier général à l'INA (Indian National Army), qui lutta contre les Alliés sous les ordres de Subhash Chandra Bose.

Loktak Lake ⓯

District de Bishnupur. À 48 km au S. d'Imphal. *Pour réserver sur l'île de Sendra, contacter Manipur Tourism, (0385) 222 0802.* **Permis nécessaire** *(voir p. 264).*

Le lac de Loktak est un des lieux les plus enchanteurs du Nord-Est. Il est aux deux tiers recouvert d'îles flottantes. Les pêcheurs bâtissent leurs villages sur ces îlots de roseaux et d'humus qui ont la forme de grandes soucoupes et s'appellent des *phumdi*. Le **Keibul Lamjao National Park** s'étend au sud du lac. Constitué de *phumdi* collés les uns contre les autres, c'est l'habitat naturel du cerf sangai, une espèce protégée. Ces ongulés sont dotés de sabots à plusieurs « doigts », particulièrement bien adaptés à leur habitat flottant, et de cornes élégamment recourbées. Ils ne sont plus qu'une centaine et ne vivent à l'état sauvage que dans les 6 km² du parc. **Sendra Island**, au cœur du parc, offre une vue magnifique sur le lac, ses îles et ses nombreux oiseaux. Les visiteurs peuvent y

Les îles flottantes du Loktak Lake, avec leurs maisons et leurs barques de pêcheurs

Une des nombreuses églises baptistes de la région, à Kohima

séjourner, et le parc propose également des excursions en bateau à travers le dédale des canaux du lac.

Kohima 16

District de Kohima. À 339 km à l'E. de Guwahati. 78 600. *Dimapur, 74 km au N.-O. de Kohima, puis en taxi ou en bus.* *Nagaland Tourism, (0370) 227 0107.* **Permis nécessaire** *(voir p. 264).*

Kohima est la capitale du Nagaland. Située à une altitude de 1 500 m, c'est une petite ville agréable. La ville a été rendue célèbre par la bataille entre Japonais et Britanniques pendant la Seconde Guerre mondiale, qui mit un terme à l'avancée de l'armée japonaise en Inde en avril 1944.

Cimetière militaire à Kohima

Les victimes de la bataille sont enterrées dans le **War Cemetery** de la ville. Impeccablement entretenu, il occupe plusieurs gradins creusés dans les flancs de la colline.

La **Cathedral of Reconciliation**, qui surplombe le cimetière, fut construite en 1995 et en partie financée par le gouvernement japonais.

Le bazar principal de Kohima est l'endroit idéal où apercevoir des Naga *(p. 281)*. Parés de châles colorés, ils affluent des villages environnants pour vendre leurs produits. Le marché permet également de se faire une idée du régime alimentaire de ces redoutables guerriers : viande de chien et larves d'abeilles.

Le **State Museum**, à 2 km au nord du bazar, possède une belle collection anthropologique de masques, d'étoffes, de bijoux et de totems qui proviennent des seize tribus naga. Exposé sous un abri extérieur, un large tambour de cérémonie fait d'un tronc évidé qui ressemble à un canoë offre peut-être la clef de l'origine des Naga. Le tambour est orné de vagues sculptées et ses bâtons ressemblent étrangement à des rames. Il fait partie d'un faisceau d'indices qui ont amené les chercheurs à imaginer que les Naga seraient un peuple de la mer, originaire de Sumatra. De nos jours, une large proportion de Naga sont chrétiens, et des églises ont été bâties dans tout l'État.

Bara Basti, village originel, est encore habité par des Naga. Il est situé sur une colline qui surplombe la ville. Bien qu'ayant été modernisé, il a conservé son portail de cérémonie et sa grande bâtisse communautaire, le *morung*, dont le pignon est orné de cornes. Khonoma est nettement moins moderne. Situé à 20 km au sud-ouest de **Khonoma**, il a conservé ses maisons en bois, ses portails sculptés et son enceinte en pierre. Ses habitants sont réputés pour leur connaissance de l'agriculture. Les rizières en terrasses qui recouvrent les collines des environs sont irriguées grâce à un système de canalisation en bambou très sophistiqué. On y cultive deux savoureuses variétés de riz.

State Museum
lun.-sam. *jours fériés.*

Dimapur 17

District de Kohima. À 74 km au N.-O. de Kohima. *107 400.* *Office du tourisme, près du Nagaland State Transport Office.* **Permis nécessaire** *(voir p. 264).*

Cette ville animée commande l'accès de l'État du Nagaland. Elle fut fondée par les souverains karachi, qui appartenaient à un peuple tibéto-birman, déplacé de son pays d'origine vers l'Assam par l'invasion des Ahom au XIIIe siècle *(p. 278)*. Quelques vestiges de leur ancienne capitale, comme les 30 mégalithes sculptés, sans doute des symboles de fertilité, sont encore visibles dans le centre de la ville. À 5 km de là, sur la route de Kohima, le **Ruzaphema Bazaar** propose toute une variété de produits d'artisanat local.

Monolithe érigé par les rois karachi à Dimapur

Présentation de l'Inde de l'Ouest

Cette région est l'une des plus touristiques du pays. Au Rajasthan, les citadelles du désert de Jodhpur et de Jaisalmer, les lacs et les palais d'Udaipur ainsi que le parc national de Ranthambhore évoquent la splendeur passée de ses 19 anciens États princiers. Au Gujarat, les temples jaïns et les puits à degrés sont de pures merveilles architecturales mais la nature y est aussi fort belle comme dans l'île de Diu ou la réserve aux lions de Gir Forest. Dans cette partie du sous-continent, les paysages alternent entre les dunes de sable du Rajasthan, les salines du Kutch et les deux capitales trépidantes que sont Jaipur et Ahmedabad.

Femmes du Rajasthan en robe de fête à la Foire de Pushkar

Séchage des piments au soleil du désert près d'Osyian au Rajasthan

0 50 km

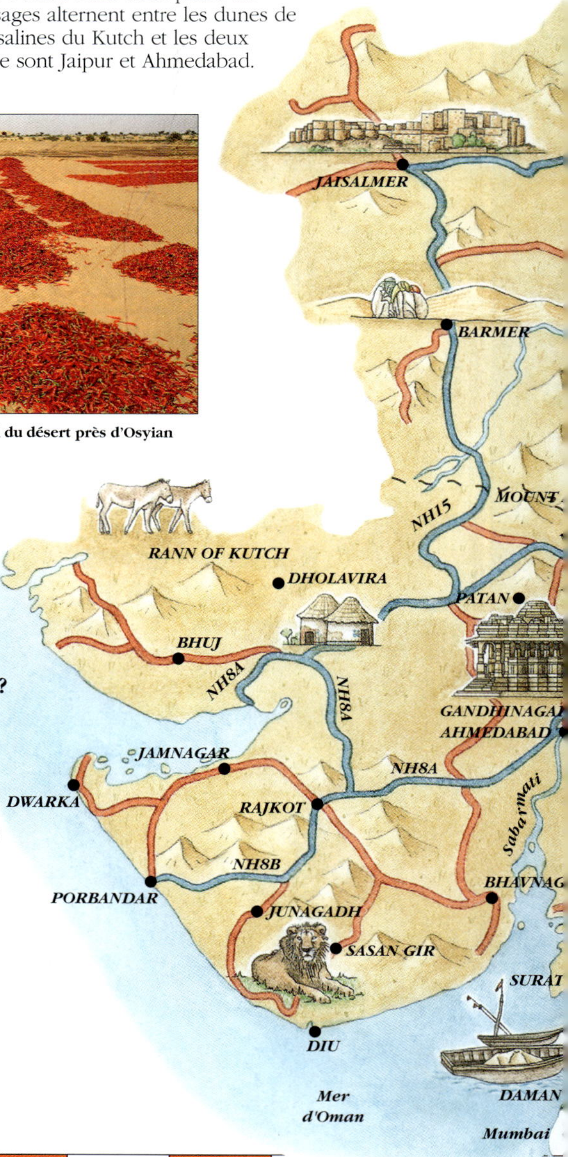

Comment s'y rendre ?

Des lignes aériennes relient Jaipur, Jodhpur, Udaipur et Ahmedabad entre elles ainsi qu'à Delhi et à Mumbai. Toutes les grandes villes sont desservies par le train, avec des liaisons rapides entre Delhi et Jaipur. Le Palace on Wheels et le Royal Orient *(p. 643)*, deux trains de luxe, sont une manière plus romantique de visiter le Rajasthan et le Gujarat. Un réseau autoroutier dessert la plupart des sites touristiques du Rajasthan, les autoroutes 8, 14 et 15 continuant en direction du Gujarat.

◁ **Peintures murales du Garh Palace de Bundi *(p. 332)* au Rajasthan**

Une des nombreuses églises baptistes de la région, à Kohima

séjourner, et le parc propose également des excursions en bateau à travers le dédale des canaux du lac.

Kohima ⓰

District de Kohima. À 339 km à l'E. de Guwahati. *78 600.* *Dimapur, 74 km au N.-O. de Kohima, puis en taxi ou en bus.* *Nagaland Tourism, (0370) 227 0107.* **Permis nécessaire** *(voir p. 264).*

Kohima est la capitale du Nagaland. Située à une altitude de 1 500 m, c'est une petite ville agréable. La ville a été rendue célèbre par la bataille entre Japonais et Britanniques pendant la Seconde Guerre mondiale, qui mit un terme à l'avancée de l'armée japonaise en Inde en avril 1944.

Cimetière militaire à Kohima

Les victimes de la bataille sont enterrées dans le **War Cemetery** de la ville. Impeccablement entretenu, il occupe plusieurs gradins creusés dans les flancs de la colline.

La **Cathedral of Reconciliation**, qui surplombe le cimetière, fut construite en 1995 et en partie financée par le gouvernement japonais.

Le bazar principal de Kohima est l'endroit idéal où apercevoir des Naga *(p. 281)*. Parés de châles colorés, ils affluent des villages environnants pour vendre leurs produits. Le marché permet également de se faire une idée du régime alimentaire de ces redoutables guerriers : viande de chien et larves d'abeilles.

Le **State Museum**, à 2 km au nord du bazar, possède une belle collection anthropologique de masques, d'étoffes, de bijoux et de totems qui proviennent des seize tribus naga. Exposé sous un abri extérieur, un large tambour de cérémonie fait d'un tronc évidé qui ressemble à un canoë offre peut-être la clef de l'origine des Naga. Le tambour est orné de vagues sculptées et ses bâtons ressemblent étrangement à des rames. Il fait partie d'un faisceau d'indices qui ont amené les chercheurs à imaginer que les Naga seraient un peuple de la mer, originaire de Sumatra. De nos jours, une large proportion de Naga sont chrétiens, et des églises ont été bâties dans tout l'État.

Bara Basti, village originel, est encore habité par des Naga. Il est situé sur une colline qui surplombe la ville. Bien qu'ayant été modernisé, il a conservé son portail de cérémonie et sa grande bâtisse communautaire, le *morung*, dont le pignon est orné de cornes. Khonoma est nettement moins moderne. Situé à 20 km au sud-ouest de **Khonoma**, il a conservé ses maisons en bois, ses portails sculptés et son enceinte en pierre. Ses habitants sont réputés pour leur connaissance de l'agriculture. Les rizières en terrasses qui recouvrent les collines des environs sont irriguées grâce à un système de canalisation en bambou très sophistiqué. On y cultive deux savoureuses variétés de riz.

State Museum
lun.-sam. *jours fériés.*

Dimapur ⓱

District de Kohima. À 74 km au N.-O. de Kohima. *107 400.* *Office du tourisme, près du Nagaland State Transport Office.* **Permis nécessaire** *(voir p. 264).*

Cette ville animée commande l'accès de l'État du Nagaland. Elle fut fondée par les souverains karachi, qui appartenaient à un peuple tibéto-birman, déplacé de son pays d'origine vers l'Assam par l'invasion des Ahom au XIIIe siècle *(p. 278)*. Quelques vestiges de leur ancienne capitale, comme les 30 mégalithes sculptés, sans doute des symboles de fertilité, sont encore visibles dans le centre de la ville. À 5 km de là, sur la route de Kohima, le **Ruzaphema Bazaar** propose toute une variété de produits d'artisanat local.

Monolithe érigé par les rois karachi à Dimapur

L'Inde de l'Ouest

Présentation de l'Inde de l'Ouest

Cette région est l'une des plus touristiques du pays. Au Rajasthan, les citadelles du désert de Jodhpur et de Jaisalmer, les lacs et les palais d'Udaipur ainsi que le parc national de Ranthambhore évoquent la splendeur passée de ses 19 anciens États princiers. Au Gujarat, les temples jaïns et les puits à degrés sont de pures merveilles architecturales mais la nature y est aussi fort belle comme dans l'île de Diu ou la réserve aux lions de Gir Forest. Dans cette partie du sous-continent, les paysages alternent entre les dunes de sable du Rajasthan, les salines du Kutch et les deux capitales trépidantes que sont Jaipur et Ahmedabad.

Femmes du Rajasthan en robe de fête à la Foire de Pushkar

Séchage des piments au soleil du désert près d'Osyian au Rajasthan

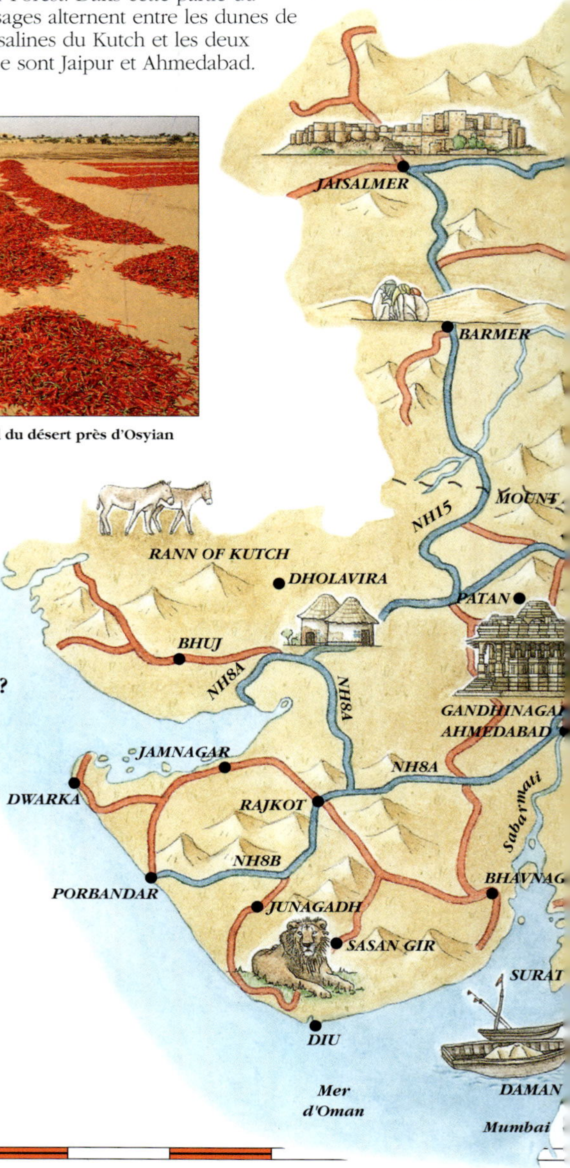

Comment s'y rendre ?

Des lignes aériennes relient Jaipur, Jodhpur, Udaipur et Ahmedabad entre elles ainsi qu'à Delhi et à Mumbai. Toutes les grandes villes sont desservies par le train, avec des liaisons rapides entre Delhi et Jaipur. Le Palace on Wheels et le Royal Orient *(p. 643)*, deux trains de luxe, sont une manière plus romantique de visiter le Rajasthan et le Gujarat. Un réseau autoroutier dessert la plupart des sites touristiques du Rajasthan, les autoroutes 8, 14 et 15 continuant en direction du Gujarat.

◁ **Peintures murales du Garh Palace de Bundi *(p. 332)* au Rajasthan**

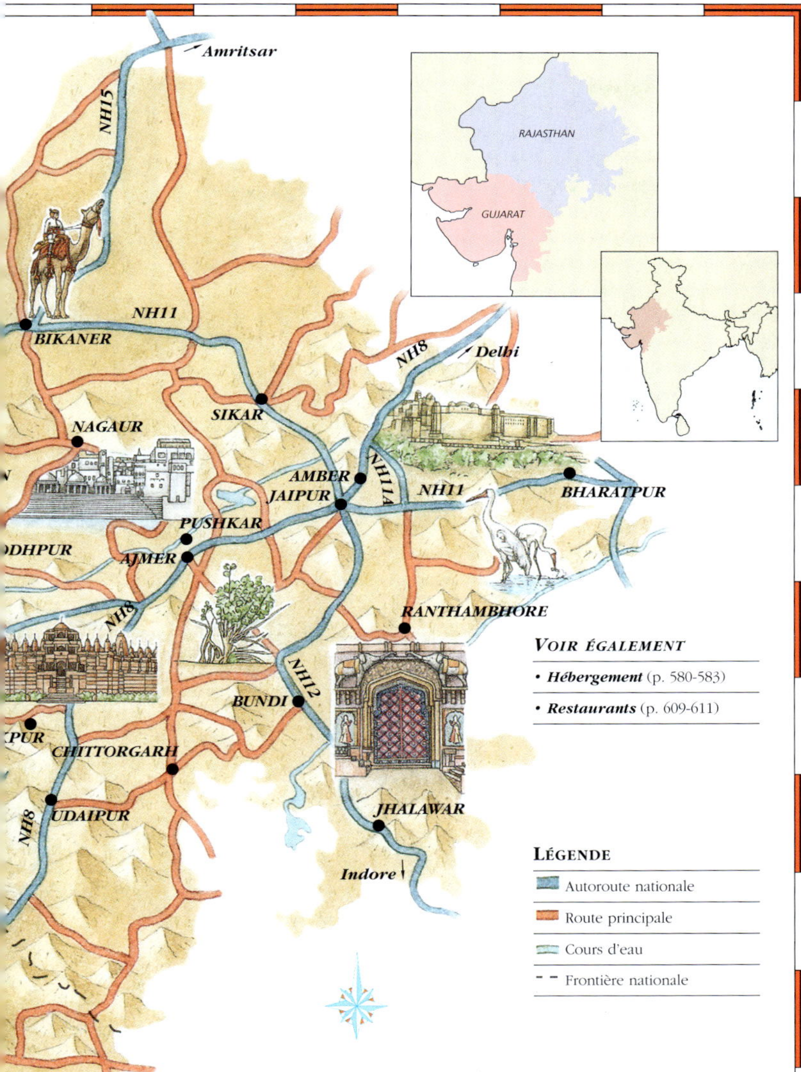

VOIR ÉGALEMENT

- ***Hébergement*** (p. 580-583)
- ***Restaurants*** (p. 609-611)

LÉGENDE

- Autoroute nationale
- Route principale
- Cours d'eau
- Frontière nationale

Berger rabari nomade avec son troupeau dans le Gujarat

LE RAJASTHAN

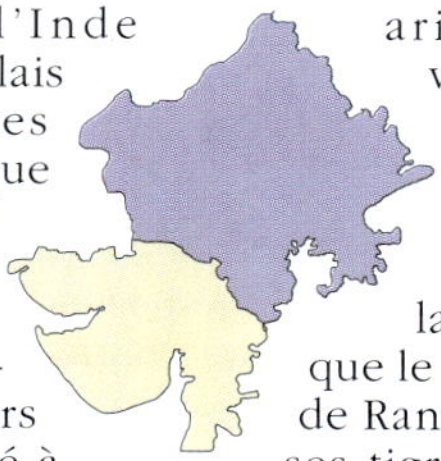

Aucune région de l'Inde n'est aussi riche en palais et citadelles, en fêtes et bazars hauts en couleur que le Rajasthan. Cet État de 342 000 km² est coupé en deux par les monts Aravalli dans le sens nord-est sud-ouest. Son principal cours d'eau est la Chambal. Situé à l'Ouest, le désert de Thar se divisait autrefois en trois royaumes : Jaisalmer, Jodhpur et Bikaner. Le Nord semi-aride compte Shekhawa, ville réputée pour ses somptueuses *haveli* décorées de peintures, tandis que les plaines orientales abritent Jaipur, la trépidante capitale, ainsi que le magnifique parc national de Ranthambhore célèbre pour ses tigres. Les collines boisées du Sud abritent les lacs, les forts et les palais magiques d'Udaipur ainsi que les temples jaïns du mont Abu.

LE RAJASTHAN D'UN COUP D'ŒIL

Villes, cités anciennes et districts

Ajmer 10
Alwar 6
Bharatpur 3
Bikaner 12
Bundi 24
Dungarpur 20
Jaipur 1
Jaisalmer 15
Jhalawar 22
Jodhpur 14
Kota 23
Nagaur 11
Phalodi 13
Shekhawati 8
Udaipur 19

Forteresses et palais

Fort d'Amber 2
Chittorgarh 21
Deeg 5
Kumbhalgarh 18

Temples et sanctuaires

Pushkar 9
Ranakpur 17

Station d'altitude

Mont Abu 16

Parcs nationaux

Keoladeo Ghana National Park 4
Ranthambhore National Park 25
Sariska National Park 7

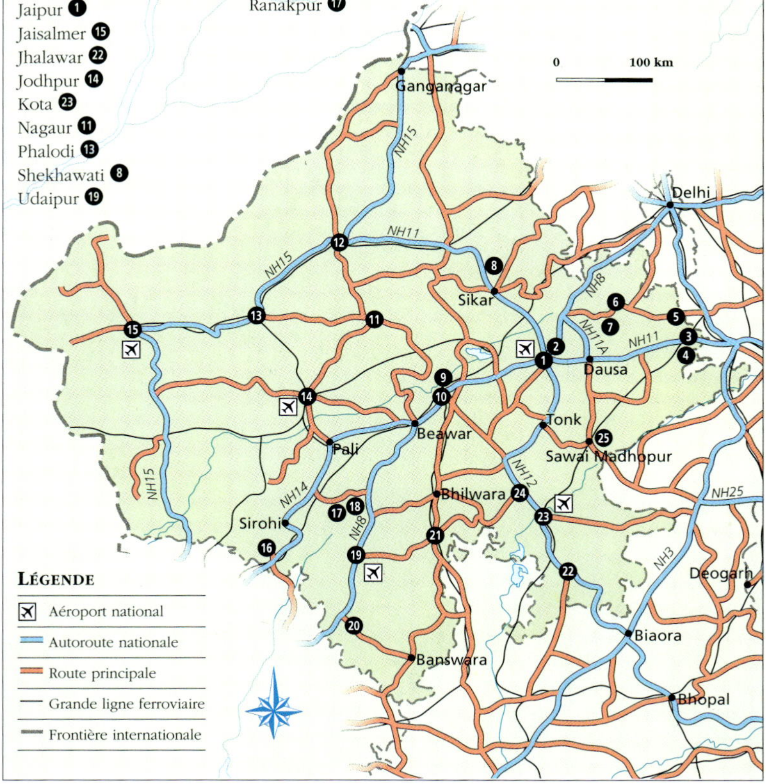

◁ **Détail de la façade en pierre ciselée du Patwa-ki-Haveli à Jaisalmer**

Jaipur ❶

Divinité, Hawa Mahal

Dotée de palais fastueux, de monuments historiques et de bazars envoûtants, Jaipur doit son nom de « ville rose » à la couleur du revêtement de ses édifices. Ici, tradition et modernité cohabitent : dans les rues, les motocyclettes se frayent un passage au milieu des attelages de chameaux et les vieux paysans en turban marchent à côté des jeunes gens en jeans. L'enceinte de la vieille ville abrite le palais royal, un observatoire astronomique et des marchés, auxquels s'est ajoutée récemment une galerie d'art contemporain, mais le point d'orgue reste le Hava Mahal ou « Palais des vents ».

Le Govinda Deva Temple est dédié à Krishna

City Palace Museum

Voir p. 294-295.

Govinda Deva Temple

Jaleb Chowk (derrière le City Palace).
t.l.j. *Holi (mars), Janmashtami (juil.-août), Annakut (oct.-nov.).*

Ce temple insolite est dédié à Krishna le joueur de flûte (connu aussi sous le nom de Govind Dev). La représentation de la divinité qui provient du temple Govindeoji de Brindavan *(p. 153)* fut d'abord transportée à Amber, l'ancienne capitale royale *(p. 302-333),* à la fin du XVIIe siècle, pour échapper au zèle iconoclaste de l'empereur moghol Aurangzeb. Selon la tradition, l'édifice était un pavillon au milieu d'un jardin où résidait le roi Sawai Jai Singh II pendant les travaux de construction de la ville de ses rêves : Jaipur. La légende raconte qu'il se réveilla une nuit avec Krishna à ses côtés et que ce dernier lui demanda de lui restituer sa *devasthan* ou « divine résidence ». Le souverain alla alors s'installer à Chandra Mahal, du côté opposé du jardin, et y installa la représentation sculptée de la divinité protectrice des souverains de Jaipur.

Juste derrière le temple, le **Jai Niwas Bagh** est un jardin moghol du XVIIIe siècle avec ses fontaines et ses canaux. Plus au nord, le Badal Mahal est un merveilleux pavillon de chasse.

Chaugan Stadium

Brahmpuri. *t.l.j.*

Cette esplanade proche du City Palace doit son nom au jeu de polo de l'ancienne Perse qui se pratiquait avec un maillet incurvé, le *chaugan*. Elle servait autrefois pour les parades à l'occasion des fêtes ou des combats de lions et d'éléphants. Avec ses pavillons en guise de tribunes, elle accueille aujourd'hui le célèbre Elephant Festival *(p. 309)* qui a lieu au moment de la fête de Holi, qui est très suivie dans le sous-continent.

Hawa Mahal

Sireh Deori Bazaar. *(0141) 266 8862.* *t.l.j.* *jours fériés.* *supplément.*

Étonnante fantaisie venant s'ajouter au vocabulaire architectural déjà riche du Rajasthan, le Hawa Mahal ou « Palais des vents » fut édifié en 1799 sous le règne de Sawai Pratap Singh (1778-1803). Sa façade rose richement ornée est devenue une icône pour Jaipur. Cette composition baroque à fenêtres et loges saillantes dotées d'un

Vue de Jaipur

JAIPUR D'UN COUP D'ŒIL

Chaugan Stadium ①
City Palace Museum ③
Government Central Museum ⑤
Govinda Deva Temple ②
Hawa Mahal ④
Jantar Mantar ⑥

écran de pierre ajouré s'élève sur cinq étages, mais n'a quasiment pas de profondeur et pas plus de 20 cm d'épaisseur de murs. Faite d'un mélange de chaux et de mortier, la structure était destinée à permettre aux femmes du harem d'observer le spectacle de la rue sans être vues. De loin, le Hawa Mahal dédié à Krishna ressemble au *mukut* (couronne) dont est souvent coiffée la divinité. Les visiteurs peuvent monter par une rampe et pénétrer à l'intérieur du complexe qui abrite des bureaux et l'**Archaelogical Museum**, où est exposée une petite collection de sculptures et d'objets ouvragés, dont plusieurs ustensiles datant du IIe siècle av. J.-C.

Mode d'emploi

District de Jaipur. À 261 km au S.-O. de Delhi. *2 324 500.* *15 km au S. du centre-ville.* *Paryatan Bhavan, Mirza Ismail Rd, (0141) 511 0598.* *lun.-sam.* *fête des Cerfs-Volants (14 janv.), Fête des Éléphants (mars), Gangaur (mars-avr.), Teej (juil.-août).*

Légende

- Quartier pas à pas *(p. 292-293)*
- Gare routière
- Information touristique
- Poste
- Commissariat de police
- Temple
- Église

Government Central Museum

Ram Niwas Bagh. *(0141) 256 5124.* *sam.-jeu.* *jours fériés.* *gratuit lun.*

Connue aussi sous le nom d'Albert Hall Museum, cette bâtisse fut dessinée par un maître du style indo-saracénique : Samuel Swinton Jacob. Au rez-de-chaussée sont exposés des boucliers décoratifs, des plateaux en métal repoussé et quelques spécimens de poterie vernissée locale. Un *phad* (rouleau de tissu peint) de 9 m relate la vie de Pabuji, héros populaire du XIVe siècle *(p. 317)*. Le premier étage abrite une belle collection de miniatures mogholes et rajpoutes. Mais le vrai trésor du musée, c'est la collection de tapis persans (datant de 1632), la plus grande au monde, que l'on peut demander à voir dans le Durbar Hall.

Éléphant caparaçonné à l'occasion d'une fête

Jantar Mantar

P. 296-297.

Construction de Jaipur

Sawai Jai Singh II (1700-1743)

Le maharaja Sawai Jai Singh II était un érudit, un homme d'État et un protecteur des arts éclairé. À l'âge de 11 ans il reçut le titre de Sawai (« un et quart ») attribué aux personnes hors du commun. Avec l'aide d'un ingénieur bengali de talent, Vidyadhar Chakravarty, Jai Singh édifia une nouvelle capitale au sud d'Amber, qu'il baptisa Jaipur ou « cité de la Victoire ». Commencés en 1727, les travaux s'achevèrent six ans plus tard. Entourée d'une muraille crénelée percée de sept portes monumentales, la ville construite sur un plan géométrique est un modèle d'urbanisme raisonné.

Badi Chaupar pas à pas

Située à l'extrémité est de Tripolia Bazaar, Badi Chaupar (« grande place ») a conservé pratiquement le même plan de rues depuis le XVIIIe siècle. Les venelles sont bordées d'échoppes d'artisans qui fabriquent marionnettes, bijoux en argent et autres spécialités locales. Derrière se trouvent les *haveli* appartenant à la classe dominante, dont certaines ont été transformées en écoles, en magasins ou en bureaux. Riche en effluves et haut en couleur le quartier est très animé, les cloches des temples venant ajouter au brouhaha ambiant.

★ Jantar Mantar
Les instruments colossaux de l'observatoire astronomique de Jai Singh II ont des allures de sculptures futuristes (p. 296-297).

Tripolia Gate
Construite en 1734, cette porte monumentale était autrefois l'entrée principale du City Palace.

Ishwar Lat
Ishwari Singh fit élever cette tour en 1749 pour commémorer sa victoire sur son beau-frère Madho Singh Ier pour l'accession au trône.

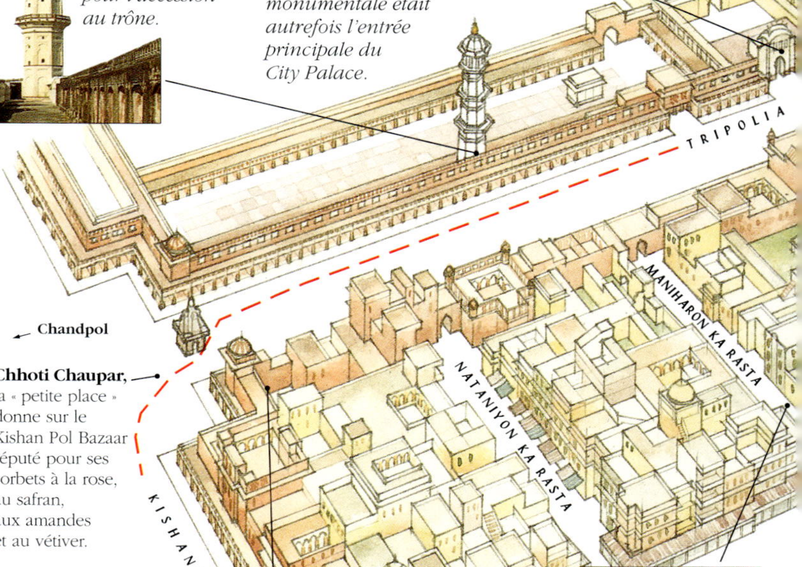

Chhoti Chaupar, la « petite place » donne sur le Kishan Pol Bazaar réputé pour ses sorbets à la rose, au safran, aux amandes et au vétiver.

Marchands de fleurs
Œillets d'Inde et autres fleurs sont vendus ici pour faire des guirlandes qui sont offertes aux divinités des temples.

Bracelets de laque
Maniharon ka Rasta regorge d'ateliers fabriquant ces bracelets.

★ **Hawa Mahal**
Vue de la façade arrière du Palais des vents depuis le City Palace.

★ **Johari Bazaar**
Des marchands de légumes sont installés à l'extrémité de cette rue qui compte de nombreux commerces de pierres précieuses et leurs bureaux.

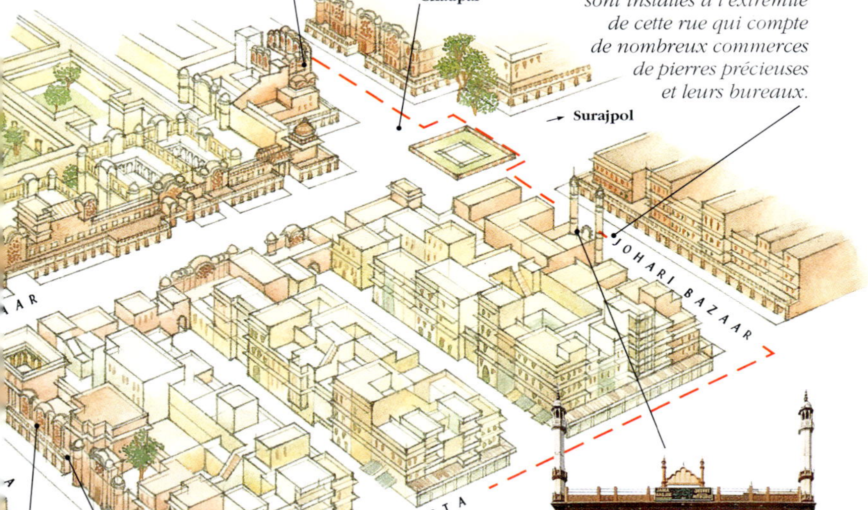

Jami Masjid
La « Mosquée du vendredi » possède une façade de trois étages percée de fenêtres à écrans ajourés en forme d'arches et flanquée de hauts minarets.

Échoppe de potier
Jarres en terre cuite, pots de toutes dimensions, cloches, statuettes, gratte-pieds et lampes à huile de l'artisanat traditionnel sont vendus ici.

À NE PAS MANQUER

★ **Jantar Mantar**

★ **Hawa Mahal**

★ **Johari Bazaar**

City Palace Museum

Armoiries de Jaipur

Construit au cœur de la cité de Jai Singh II, le City Palace est la résidence des maharajas de Jaipur depuis le XVIIIe siècle. L'ensemble est un superbe mélange d'architectures rajpoute et moghole : les édifices publics de style moghol commandent les appartements privés. Une partie est aujourd'hui ouverte au public : il s'agit du musée du maharaja Sawai Man Singh II ou City Palace Museum. Les collections de miniatures, de manuscrits, de tapis moghols, d'instruments de musique, de costumes royaux et d'armes qui y sont présentées sont une splendide entrée en matière pour découvrir le passé historique et artistique de Jaipur.

★ Pritam Chowk
La « cour de la bien-aimée » est commandée par quatre portes dont les peintures représentant les saisons.

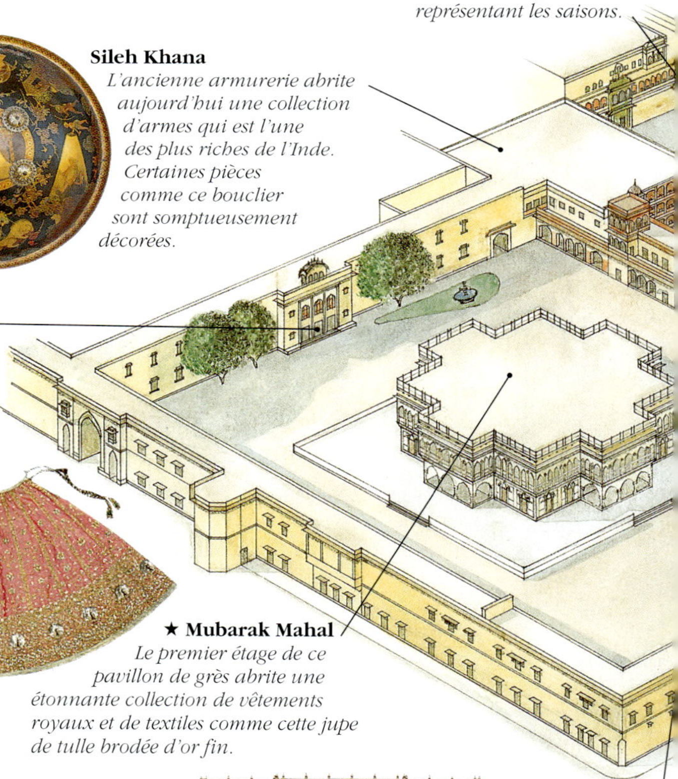

Sileh Khana
L'ancienne armurerie abrite aujourd'hui une collection d'armes qui est l'une des plus riches de l'Inde. Certaines pièces comme ce bouclier sont somptueusement décorées.

Démonstrations d'artisans

★ Mubarak Mahal
Le premier étage de ce pavillon de grès abrite une étonnante collection de vêtements royaux et de textiles comme cette jupe de tulle brodée d'or fin.

À NE PAS MANQUER

- **★ Pritam Chowk**
- **★ Mubarak Mahal**
- **★ Rajendra Pol**
- **★ Jarres en argent**

★ Rajendra Pol
La porte, monumentale, est flanquée de deux gros éléphants taillés chacun dans un seul bloc de marbre.

Chandra Mahal
Chacun des 7 étages de ce palais (fermé au public) est décoré de manière extravagante et porte un nom spécifique correspondant à sa fonction.

> **MODE D'EMPLOI**
> City Palace Complex. (0141) 260 8055. t.l.j. jours fériés. pour lmusée et Jaigarh Palace . seul. façades. Supp. pour les magnétoscopes.
> **Démonstrations d'artisans** t.l.j. jours fériés.

★ Jarres en argent
Les deux énormes jarres exposées dans le Diwan-i-Khas figurent au Guinness Book of Records *comme les plus grandes pièces en argent du monde. Elles transportèrent l'eau sacrée du Gange pour le maharaja Madho Singh II lors de son voyage à Londres en 1901.*

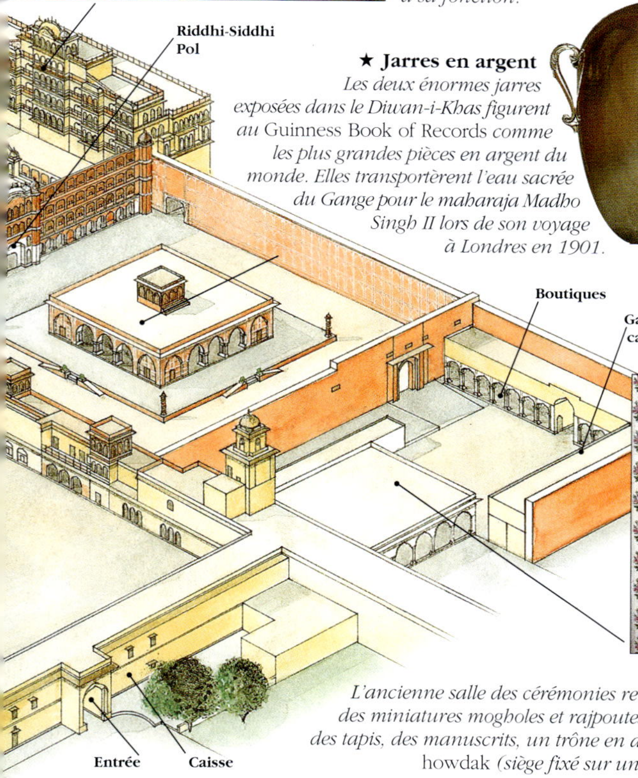

Diwan-i-Aam
L'ancienne salle des cérémonies renferme aujourd'hui des miniatures mogholes et rajpoutes d'une qualité rare, des tapis, des manuscrits, un trône en argent ouvragé et un howdak *(siège fixé sur un éléphant) en ivoire.*

LE CITY PALACE

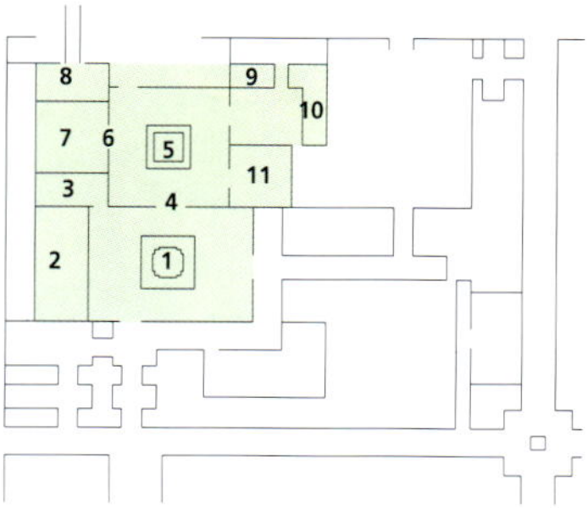

1 Mubarak Mahal
2 Démonstrations d'artisans
3 Sileh Khana
4 Rajendra Pol
5 Diwan-i-Khas
6 Riddhi-Siddhi Pol
7 Pritam Chowk
8 Chandra Mahal
9 Boutiques
10 Galerie des calèches
11 Diwan-i-Aam

LÉGENDE
Partie illustrée

0 200 m

de tous les autres instruments de l'observatoire.

À la découverte des environs de Jaipur

Deux petits massifs parallèles bordent Jaipur à l'est, depuis Sanganer jusqu'à Amber et au-delà, en formant une étroite vallée. C'est sur les versants boisés et les parois rocheuses de cette vallée que la noblesse édifia temples, pavillons, palais et jardins en terrasses. Les altières forteresses de Jaigarh et de Nahargarh protégeaient respectivement Amber et la nouvelle capitale, Jaipur. Dans les environs subsistent les vestiges de remparts, de temples et de *haveli* ainsi que les cénotaphes en marbre des souverains kachwaha d'Amber et de Jaipur.

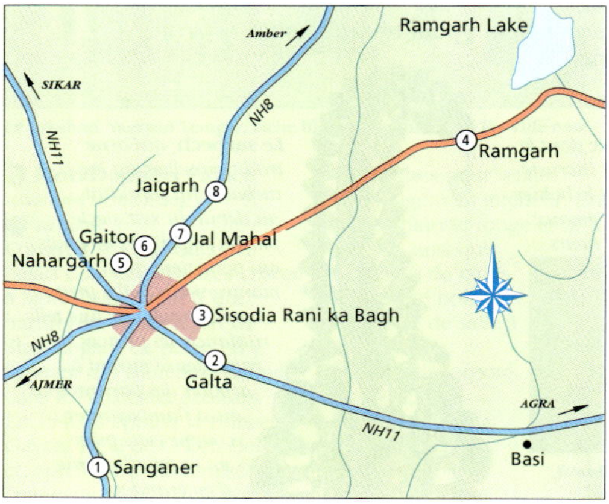

La région d'un coup d'œil

- Gaitor ⑥
- Galta ②
- Jaigarh ⑧
- Jal Mahal ⑦
- Nahargarh ⑤
- Ramgarh ④
- Sanganer ①
- Sisodia Rani ka Bagh ③

Légende

- Centre-ville de Jaipur
- Autoroute nationale
- Route principale

0 — 25 km

Statue de marbre d'un *tirthankara* jaïn du temple Sanghiji de Sanganer

Sanganer

District de Jaipur. À 15 km au S.-O. de Jaipur.

Réputée pour ses cotonnades imprimées au tampon, Sanganer doit sa réussite à la Dhundnadi dont les eaux riches en minéraux ont la propriété de fixer les teintures. Aujourd'hui les artisans du textile appartiennent en général à une guilde et leur production est vendue au détail à un prix équitable. La ville compte aussi une fabrique de papier mâché et des ateliers de poterie bleue où sont fabriqués des tuiles et des vases décorés de motifs persans, turcs et indiens. Les vieux quartiers abritent le **Sanghiji Temple**, temple jaïn du XIe siècle, doté d'une profusion de reliefs sculptés. La grande activité de l'agglomération est due à l'aéroport de Jaipur.

Bassin sacré de Galta

Galta

District de Jaipur. À 10 km à l'E. de Jaipur.

Cette gorge abrite le site religieux de Galta Kund (XVIIIe siècle) composé de deux temples principaux et de plusieurs sanctuaires plus petits. Les bassins sacrés, alimentés par une source naturelle, auraient des pouvoirs de guérison. Les deux pavillons en bordure du site sont décorés de fresques en bon état. Perché sur une crête, le temple de Surya offre une vue spectaculaire sur Jaipur.

Sisodia Rani ka Bagh

District de Jaipur. Purana Ghat. À 6 km à l'E. de Jaipur. *(0141) 264 0594.* *t.l.j.*

Les jardins en terrasses ont été dessinés au XVIIIe siècle par la

À la période de la mousson, le Jah Mahal semble flotter sur le lac

deuxième épouse de Sawai Jai Singh II. Elle accepta d'épouser ce dernier à la condition que son propre fils soit désigné comme le successeur du trône. Afin d'éviter les intrigues de palais, la maharani s'installa en dehors des remparts de la ville, dans ce petit palais décoré de belles peintures murales. L'endroit est utilisé aujourd'hui pour les tournages de films.

Ramgarh

District de Jaipur. À 40 km à l'E. de Jaipur.

Le fondateur de la dynastie kachwaha, Duleh Rai (1093-1135), édifia ici l'une des premières forteresses kachwaha ainsi qu'un temple dédié à la déesse Jamvai Mara. Des milliers de fidèles se rendent aujourd'hui à ce sanctuaire. Sur la rive nord d'un lac artificiel, le Ramgarh Lodge, élégant pavillon de chasse à la française, fut construit en 1931 pour la famille royale de Jaipur. La bâtisse est aujourd'hui un bel hôtel du Patrimoine national doté de l'un des meilleurs terrains de polo du pays.

Nahargarh

District de Jaipur. À 9 km au N.-O. de Jaipur. *(0141) 253 0293.* *t.l.j.* *jours fériés.*

La « Forteresse du tigre » est située au sommet d'une colline qui était recouverte autrefois d'une épaisse forêt. La redoutable tribu Meena régna sur cette région avant sa défaite contre les Kachwaha. Les fortifications furent consolidées par Sawai Jai Singh II, puis agrandies par ses successeurs. Madho Singh II y ajouta un somptueux palais, le Madhavendra Bhawan, pour ses neuf épouses. Construit en terrasses et doté de nombreuses cours intérieures, le bâtiment possède au niveau supérieur une chambre d'où les femmes pouvaient contempler la ville. Les murs et les colonnes sont en *arayish*, sorte de plâtre poli à la main avec un morceau d'agate pour lui donner l'aspect du marbre.

Gaitor

District de Jaipur. À 8 km au N. de Jaipur. *t.l.j.* *jours fériés.*

Le célèbre Jai Van

Les cénotaphes en marbre des souverains kachwaha se trouvent dans un jardin clos proche de la route d'Amber. Sawai Jai Singh II choisit cet endroit après le transfert de la capitale d'Amber *(p. 302-303)* à Jaipur. Des piliers sculptés soutiennent les *chaatri* qui s'élèvent au-dessus des plates-formes où furent brûlées les dépouilles des maharajas. Avec ses 20 piliers aux scènes mythologiques sculptées en relief et sa coupole en marbre blanc, le cénotaphe de Jai Singh II est le plus remarquable. Le plus récent est celui érigé à la mémoire de Jagat Singh, fils unique de Sawai Man Singh II et de Gayatri Devi, en 1997.

Jal Mahal

District de Jaipur. À 8 km au N. de Jaipur. *t.l.j.*

À la période de la mousson, le Man Sagar Lake est plein et le « Palais de l'eau » semble émerger des eaux tel un mirage. Le bâtiment fut construit au milieu du XVIIIe siècle par Madho Singh Ier sur le modèle du Lake Palace d'Udaipur où le souverain passa son enfance. Il fut ensuite utilisé pour ses parties de chasse aux canards. Aujourd'hui, le lac abrite des oiseaux aquatiques. Les jardins en terrasses sont agrémentés d'une tour semi-octogonale.

Jaigarh

District de Jaipur.. À 12 km au N.-O. de Jaipur. *(0141) 267 1848.* *t.l.j.* *jours fériés.*

Le Victory Fort ou « Forteresse de la victoire » veille sur l'ancienne capitale d'Amber. Elle abrite l'une des rares fonderies de canons existantes. Le Jai Van de 1726 serait le plus gros canon du monde (50 tonnes) mais il ne fut jamais utilisé. Jaigarh compte aussi le Diva Burj, tour de sept étages à l'intérieur de laquelle une colossale lampe à huile était allumée pour l'anniversaire du maharaja, deux temples et un palais de plus de 200 ans.

Les remparts du Jaigarh Fort, chef-d'œuvre du génie militaire

Amber Fort ❷

Détail de porte du temple de Shila Devi

Amber fut la citadelle des Kachwaha jusqu'en 1727, année du transfert de la capitale à Jaipur, mais les maharajas continuèrent de venir ici dans les grandes occasions afin de recevoir la bénédiction de la divinité de la famille royale : Shila Devi. Man Singh Ier érigea la citadelle en 1592 sur les vestiges d'un ancien fort du XIe siècle et Jai Singh Ier (1621-1667) y ajouta de somptueux bâtiments qui constituent la partie centrale du fort.

Montée à dos d'éléphant le long de la rampe qui va au fort

★ Shish Mahal
Le reflet de la flamme d'une bougie sur les petits miroirs transformait le plafond en une voûte céleste étoilée.

Jas Mandir
La salle des audiences privées est dotée de fenêtres treillissées et d'un plafond à motifs de fleurs avec des moulures en albâtre et des incrustations de miroirs. Un écran de marbre offre une belle vue sur les jardins du lac Maota.

Aram Bagh, jardin d'agrément

Jai Mandir

Vue du fort d'Amber
Protégés par la forteresse de Jaigarh, les remparts du fort suivent la ligne de crête des collines.

MODE D'EMPLOI

★ Shish Mahal

★ Ganesh Pol

★ Shila Devi Temple

MODE D'EMPLOI

District de Jaipur. À 11 km au N. de Jaipur. ☎ *(0141) 253 0293.* ○ *t.l.j.* ● *jours fériés.*

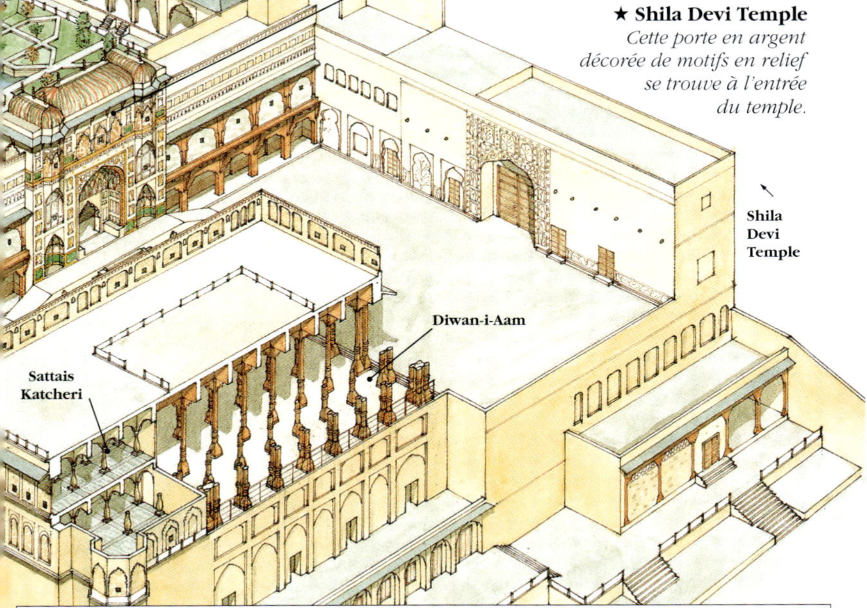

★ Ganesh Pol

Cette porte monumentale avec trois étages d'arcades, construite en 1640, donne accès aux appartements privés. Au premier étage, un écran de marbre ajouré permettait aux femmes du purdah *de suivre les cérémonies.*

★ Shila Devi Temple

Cette porte en argent décorée de motifs en relief se trouve à l'entrée du temple.

PLAN DE L'AMBER FORT

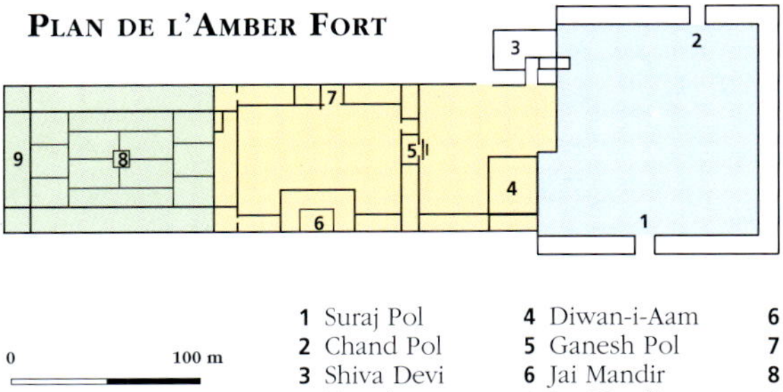

LÉGENDE

- Partie illustrée
- Palais de Man Singh
- Jaleb Chowk

1 Suraj Pol
2 Chand Pol
3 Shiva Devi Temple
4 Diwan-i-Aam
5 Ganesh Pol
6 Jai Mandir
6 Jas Mandir
6 Sheesh Mahal
7 Sukh Niwas
8 Baradari
9 Zenana

À la découverte d'Amber

Détail de peinture de la Ganesh Pol

Perché sur la ligne de crête d'une colline, le fort d'Amber offre une vue panoramique sur le lac Maota et sur la cité historique qui fut la première capitale royale avant la construction de la citadelle. Plusieurs *haveli*, temples et puits à degrés ont été édifiés, témoignant de l'autarcie de l'ancienne cité où l'empereur moghol Akbar avait coutume de faire halte lors de son pèlerinage annuel à Ajmer *(p. 312)*.

Le Sattais Katcheri où étaient enregistrées les recettes

Amber Fort

L'entrée principale du fort est l'imposante **Suraj Pol** ou « Porte du soleil », ainsi appelée en raison de son orientation vers le soleil levant, emblème des Kachwaha. Elle donne accès à une première cour intérieure, la **Jaleb Chowk**, bordée sur trois côtés par des boutiques qui vendent souvenirs et boissons.
Un escalier monte au **Shila Devi Temple**, fermé par des portes en argent et décoré de lampes à huile en argent, de piliers incurvés en forme de bananiers et d'une représentation en pierre *(shila)* de la déesse Kali, protectrice de la famille royale. À côté se trouve le **Diwan-i-Aam**, salle des audiences publiques, que jouxte la **Sattais Katcheri**, colonnade de 27 *sattais* (piliers) où se tenaient les scribes. La **Ganesh Pol** (porte) donne accès à trois palais d'agrément bordant un jardin à la moghole appelé **Aram Bagh**.
Deux autres jardins ornent le lac Maota qui alimentait autrefois le fort : le **Kesar Kyari Bagh**, avec ses parterres de fleurs en forme d'étoile où était cultivé le safran *(kesar)*, et le **Dilaram Bagh**, aménagé en 1568 pour y accueillir l'empereur Akbar lors de son voyage annuel à Ajmer. Ce dernier tient son nom, « tranquillité du cœur », de l'architecte Dilaram.
Un petit musée archéologique se trouve non loin de là.
La partie la plus ancienne et la plus éloignée du fort abritait le *zenana* (quartier des femmes), avec ses écrans ajourés et ses balcons couverts. Des vestiges de fresques sont visibles sur les murs. Au centre de la cour se dresse le superbe **Baradari**, pavillon à 12 piliers.

Cité d'Amber

À l'opposé de Suraj Pol, la **Chand Pol** ou « porte de la Lune » conduit à l'ancienne cité qui s'étend au pied du fort. Le long du chemin se trouve notamment le **Jagat Shiromani Temple** avec son beau *torana* (portique) et son bassin, le **Panna Mian ka Kund**. À l'ouest, **Sagar** est un endroit très prisé pour les pique-niques avec ses deux lacs en terrasses. Amber est traversée par l'autoroute Delhi-Jaipur, le long de laquelle se trouvent le marché principal et l'arrêt de bus. Plus au nord se dressent l'**Akbari Mosque**, construite en 1569 par l'empereur Akbar, et vers l'est les murs d'enceinte du **Bharmal ki Chaatri**, où étaient brûlées les dépouilles des maharajas avant la construction des cénotaphes de Gaitor *(p. 310)* près de Jaipur.

Divinité hindoue

Le Kesar Kyari Bagh, du nom du précieux safran *(kesar)* cultivé autrefois dans ses parterres de fleurs

Bharatpur ❸

District de Bharatpur. À 181 km à l'E. de Jaipur. *204 500.* *R.T.D.C. Hotel Saras, (05644) 22 2542.* *Jaswant Mela (oct.).*

Connue surtout pour sa réserve ornithologique, Bharatpur est l'ancienne capitale des Jat, peuple d'agriculteurs intrépides dont le plus illustre chef, Raja Suraj Mal (1724-1763), fortifia la cité en 1733 et pilla les édifices moghols pour embellir les forts et les palais de son royaume.

Au centre-ville se dresse le **Lohagarh** ou « Fort de fer » dont les doubles remparts construits avec de la terre et des matériaux pillés résistèrent aux attaques répétées des Marathes et des Britanniques, jusqu'à la prise de la ville par le général Lake en 1805. Les trois palais sont une fusion harmonieuse des styles moghol et rajpoute. Les deux édifices proches de Katcheri Bagh sont devenus le **State Museum** (qui abrite une collection de reliefs sculptés en pierre des Ier et IIe siècles) et le troisième une faculté de pharmacie. Non loin du musée se trouve un hammam. En 1818, Bharatpur fut le premier État princier de la région à signer un traité avec la célèbre East India Company.

Fossé et remparts de Lohagarh

State Museum
(05644) 22 8185. *ven.-mer.* *jours fériés.* *gratuit lun.* *supplément.*

Keoladeo Ghana National Park ❹

P. 306.

Deeg ❺

District de Bharatpur. À 36 km au N. de Bharatpur. *R.T.D.C. Hotel Saras, Bharatpur, (05644) 22 3700.* *Holi (mars), Jawahar Mela (août).* **Water Palace** *t.l.j.* *le lendemain de Holi (mars).*

L'ancienne capitale d'été des rois jat de Bharatpur connut son apogée au XVIIIe siècle, après le déclin de l'Empire moghol. La citadelle et la ville fortifiée, qui abritaient jadis de superbes demeures et jardins, sont aujourd'hui délaissées par les visiteurs. Raja Suraj Mal et son fils Jawahar Singh édifièrent de somptueux palais d'agrément avec des bassins et des jardins, dont le plus remarquable est le **Water Palace** ou « Palais des eaux », résidence d'été des rois jat. Pour défier la mousson, ils inventèrent un matériau composé de grès et de marbre. Ils mirent également au point un système de refroidissement alimenté par un immense réservoir qui simulait les averses de la mousson en produisant même des éclairs.

Sawan Pavilion, Water Palace

Aujourd'hui, les fontaines ne fonctionnent que pour la fête de Jawahar Mela.

Le Water Palace

Le Sawan Pavilion en forme de bateau retourné est doté d'un système ingénieux pour donner une forme semi-circulaire à la chute d'eau.

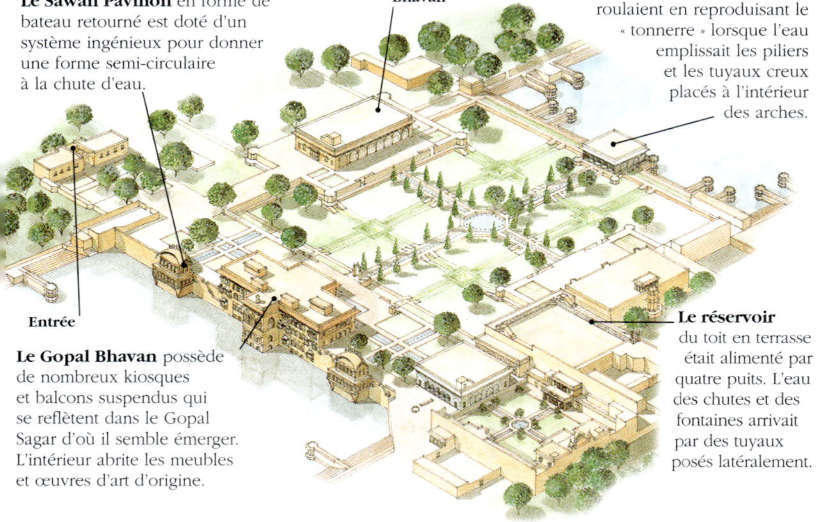

Le toit du Keshav Bhavan était couvert de billes de pierre qui roulaient en reproduisant le « tonnerre » lorsque l'eau emplissait les piliers et les tuyaux creux placés à l'intérieur des arches.

Le Gopal Bhavan possède de nombreux kiosques et balcons suspendus qui se reflètent dans le Gopal Sagar d'où il semble émerger. L'intérieur abrite les meubles et œuvres d'art d'origine.

Le réservoir du toit en terrasse était alimenté par quatre puits. L'eau des chutes et des fontaines arrivait par des tuyaux posés latéralement.

Keoladeo Ghana National Park ❹

Inscrit au Patrimoine mondial de l'Unesco, le Keoladeo Ghana National Park ou « temple de Shiva dans la forêt dense » est considéré comme l'une des plus grandes réserves ornithologiques du monde. Au XVIIIe siècle, les souverains de Bharatpur firent de cet endroit aride couvert de broussailles leur réserve de canards en détournant les eaux d'un canal d'irrigation proche de là. Aujourd'hui, le parc qui s'étend sur 29 km de marais et de forêts attire toutes sortes d'oiseaux aquatiques et d'oiseaux migrateurs arrivant de régions aussi lointaines que la Sibérie. La forêt composée de feuillus et de broussailles abrite une faune très variée.

MODE D'EMPLOI

District de Bharatpur. 185 km à l'E. de Jaipur. *Bharatpur, à 5 km de l'entrée, puis taxi.* *Bharatpur.* *R.T.D.C. Hotel Saras, Bharatpur, (05644) 22 3700. Deputy Chief Wildlife Warden, (05644) 22 2777.* *supplément.* *vélos et rickshaws à pédales à disposition.*

Se déplacer dans le parc
Des barques ainsi que des vélos et des rickshaws à pédales pour les sentiers forestiers sont à la disposition des visiteurs.

La grue de Sibérie
Le parc est le seul endroit du sous-continent qui accueille cette espèce rare en hiver.

Le nilgaut
Ce ruminant très vorace est la plus grosse antilope vivant en Asie.

0 1 km

Sur une plaque de pierre proche du Keoladeo Temple sont enregistrées les prises d'oiseaux abattus les années précédentes.

LÉGENDE

- Route principale
- Route secondaire
- Limite du parc
- Sentier piéton / piste cyclable
- Marécages
- Point de vue
- Embarcadère
- Promenade en barque
- Poste de police
- Temple
- Hébergement

La brousse semi-aride est très appréciée des nilgauts et de certains cervidés.

La tortue à carapace molle
Les marécages de la réserve sont un habitat idéal pour cette espèce menacée.

Alwar 6

District d'Alwar. À 150 km au N.-E. de Jaipur. *260 300.*
R.T.D.C., Nehru Marg, opp railway station, (0144) 234 7348.
Jagannathij Fair (mars-avr.)

La capitale de l'ancien État princier d'Alwar est aujourd'hui une ville provinciale poussiéreuse où les visiteurs s'arrêtent rarement, sauf pour se rendre au parc national de Sariska. Elle compte cependant quelques monuments du XVIIIe siècle qui méritent le détour. Le plus beau de ces monuments est le **City Palace**, à l'architecture extravagante avec une profusion de toits *bangaldar* (de forme arrondie), de

Porte du tombeau de Fateh Jang

chaatri et de *jali* à motifs floraux. Construit en 1793, le palais abrite aujourd'hui une perception et un commissariat de police. De la cour intérieure on peut admirer ses superbes pavillons de marbre. L'accès au Durbar Hall et au Shish Mahal, situés au premier étage et richement décorés, n'est possible qu'avec une autorisation spéciale.

Une porte sur le côté droit de la cour intérieure conduit au **musée** qui occupe trois salles du dernier étage. Les plus belles pièces exposées témoignent de l'opulence dans laquelle vivaient les maharajas d'Alwar. Citons les exemplaires rares du *Gulistan* écrit en 1258 par le poète persan Saadi et des *Babur Nama* (*Mémoires de Babur*) datant de 1530, ainsi que de superbes miniatures mogholes et rajpoutes et une collection d'armes impressionnantes (notamment un curieux anneau appelé *nagpha* qui servait à étrangler l'ennemi). Une autre pièce remarquable est la table à manger en argent avec des compas à travers lesquels on peut voir nager des poissons. Le cénotaphe du maharaja Bakhtawar Singh (1790-1815) se trouve à l'arrière du palais, sur le côté opposé d'un superbe bassin. Il est connu dans la région sous le nom de **Moosi Maharani ki Chaatri**, car sa maîtresse s'était immolée sur son bûcher funéraire. Les murs de l'édifice sont faits d'un mélange de grès brun et de marbre blanc et des peintures à la feuille d'or ornent les plafonds.

Sur le haut de la colline qui domine la ville se dresse le fort **Bala Qila**, doté de longs remparts et de portes monumentales. Construit au Xe siècle (en pisé), il fut annexé par les Moghols, puis par les Jat et pris d'assaut en 1775 par le maharaja Pratap Singh d'Alwar. Dans l'enceinte de la citadelle, un palais décoré de fresques, le Nikumbh Mahal, abrite dans sa

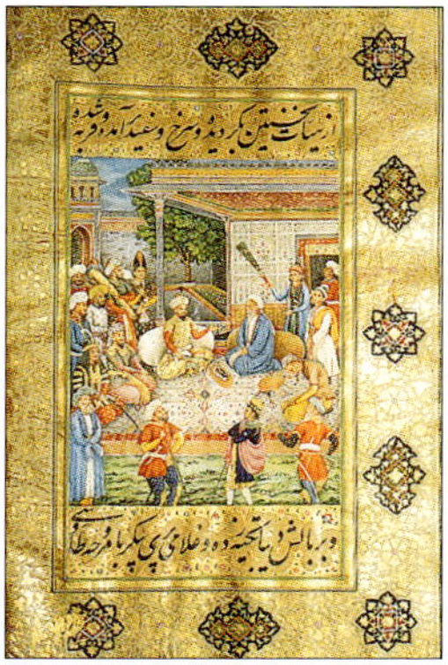

Page enluminée du *Gulistan*

cour intérieure une station de radio de la police (plutôt inattendue). On peut également voir les ruines du palais Salim Mahal, du nom de l'héritier d'Akbar qui fut exilé après avoir comploté l'assassinat de l'historien officiel de l'empereur, Abul Fazl.

Près de la gare ferroviaire, le **Fateh Jang Tomb**, vizir de Shah Jahan, fut édifié en 1647. Coiffé par un immense dôme, l'édifice de cinq étages est orné de moulures avec de belles calligraphies au premier étage.

Les jardins, le **Company Bagh**, qui sont le poumon de la ville abritent une serre.

City Palace
Près du Collectorate (perception).
t.l.j.

City Palace Museum
sam.-mar. *jours fériés.*

Moosi Maharani ki Chaatri
sam., jeu. *jours fériés.*

Bala Qila
t.l.j. **Autorisation écrite** à *demander au bureau du commissaire de police du City Palace.*

Fateh Jang Tomb
Près de la gare ferroviaire. *t.l.j.*

Le Moosi Maharani ki Chaatri est un élégant pavillon de marbre

Le Sariska Palace, hôtel situé en bordure de la réserve de tigres

Sariska National Park ❼

Disctrict d'Alwar. À 37 km au N.E. d'Alwar. 🚌 ℹ *Field Director, Project Tiger Sanctuary, Sariska, (0144) 284 1333.* ◯ *sept.-juin.* *supp. pour les voitures particulières et les Jeeps.*

Devenue une réserve de tigres en 1979 dans le cadre du Project Tiger lancé par le gouvernement indien *(p. 245)*, l'ancienne réserve de chasse des princes d'Alwar s'étend sur plus de 800 km². C'est à Sariska que les monts Aravalli se divisent en formant des plateaux de faible altitude et des vallées qui abritent une faune très variée dans les vastes prairies de la savane. Le nombre de tigres se situe aujourd'hui entre 20 et 30. Il arrive parfois que les guides du parc qui les pistent soient en mesure de conduire les visiteurs à un endroit d'où ils pourront apercevoir l'un de ces insaisissables prédateurs.

La réserve compte une série de points d'eau (Pandupol, Bandipol, Slopka, Kalighati et Talvriksha) où il est plus facile d'observer les animaux, surtout au coucher du soleil quand ils vont boire. Il est courant de voir des cerfs tachetés *(chital)*. L'antilope à quatre cornes, qui ne se trouve qu'à Sariska, ne peut être aperçue qu'autour de Pandupol. Il existe d'autres espèces comme la panthère, le langur à face noire, le chacal, la hyène, le nilgaut, le sanglier et le porc-épic. C'est depuis Kalighati et Slopka que l'on voit le plus d'oiseaux : aigles huppés, grands ducs, pics, martins-pêcheurs et perdrix.

Les forêts de feuillus s'éveillent durant la courte saison du printemps et au début de l'été au moment où les dhak *(Butea monosperma)* et les cytises sont en fleurs. Les palmiers commencent à porter des dattes et les kair *(Capparis decidua)* se couvrent de baies.

La réserve compte également un fort du XVIIᵉ siècle, le **Kankwari Fort**, et plusieurs vestiges de temples. Le **Sariska Palace** construit à la fin du XIXᵉ siècle est l'ancien pavillon de chasse du maharaja d'Alwar, aujourd'hui transformé en hôtel de luxe *(p. 583)*. Il possède une collection importante de photos de famille *(shikar)*.

Shekhawati ❽

Districts de Sikar et Jhunjhunu. À 115 km au N.-O. de Jaipur par la route de Sikar. 🚌 *Gangaur Festival (mars-avr.), Dussehra (sept.-oct.).*

Cette région qui doit son nom au chef de clan rajpoute Rao Shekha (XVᵉ siècle) compte plusieurs localités avec des *haveli* peintes bien conservées, des temples et des citadelles. **Dundlod** compte

LES *HAVELI* PEINTES DU SHEKHAWATI

Les bourgades du Shekhawati comptent un grand nombre de demeures ancestrales des grandes familles d'industriels indiens comme les Birla et les Goenka. Construites entre la fin du XVIIIᵉ siècle et le début du XXᵉ siècle par les marchands marwari partis faire fortune à Bombay ou à Calcutta, ces *haveli* sont décorées d'une profusion de peintures murales. Au contact des Anglais, de la ville et de l'industrie moderne, ces marchands modifièrent leur mode de vie. Leurs demeures de plus en plus somptueuses devenaient la vitrine des idées qu'ils rapportaient de la ville, de leur nouveau statut social et de leur nouvelle richesse.

Fresque représentant des chefs rajpoutes en turban

Entrée de la Biyani Haveli à Sikar

Le style et les sujets des fresques qui ornaient ces *haveli* s'urbanisaient également. Les artistes locaux continuaient de peindre dans une seule dimension et dans un style réaliste conformément à la tradition picturale rajpoute, mais en juxtaposant aux divinités et aux héros guerriers des images d'un monde en mutation. Les ladies anglaises, les Anglais coiffés de haut-de-forme, les soldats des fanfares, les trains, les automobiles, les aéronefs, les gramophones et les téléphones figurant sur les fresques devenaient ainsi le symbole de la nouvelle société industrielle de la fin du XIXᵉ siècle.

Vue de l'imposant Char Chowk Haveli à Lachhmangarh

un fort bien restauré et deux splendides *haveli* des Goenka. Le **Mandawa Fort** est aujourd'hui un hôtel de charme du Patrimoine national *(p. 583)*. Parmi les *haveli* les plus intéressantes figurent la Char Chowk Haveli (« quatre cours ») à **Lachhmangarh**, les Singhania, Jalan et Goenka Haveli de **Fatehpur** ainsi que l'Ath Haveli (« huit ») et la Poddar Haveli à **Nawalgarh**.

Située à 20 km au nord de Fatehpur, **Ramgarh** mérite vraiment une visite. Le Shani Temple, dont l'intérieur est décoré d'incrustations de miroirs et de dorures, est réputé. Le temple compte aussi le Ram Gopal Poddar Chaatri et ses 400 peintures. Le bazar principal abrite de nombreuses échoppes d'« antiquités » où sont vendues des fenêtres et des portes sculptées de *haveli* laissées à l'abandon – un grand nombre de celles-ci étant de parfaites copies.

À **Mahansar**, située à 15 km au nord-est de Ramgarh, la superbe Sona Chaandi-ki-Haveli est décorée de peintures à la feuille d'or. Celles du plafond en voûte représentant les incarnations de Vishnou sont peut-être les plus belles de toute la région.

À 10 km au nord-est de Mahansar, **Bissau** possède un fort du XVIIIe siècle, le Keshargarh Fort, qui offre une superbe vue sur les dunes de sable. La localité compte également 10 *haveli* décorées de riches peintures. Pendant la fête de Dussehra, une représentation du *Ramayana* est donnée chaque soir. Les acteurs portent des masques et des costumes confectionnés par les *sadhi* (femmes sadhu), selon une tradition du XIXe siècle. Située dans le désert à 12 km au nord-ouest de Bissau, **Churu** ne fait pas vraiment partie du Shekhawati, mais elle figure sur le circuit touristique des *haveli* peintes. Avec ses 1111 fenêtres, la Surana Hawa Haveli est la principale curiosité de la ville. La Banthia Haveli, située à l'est du marché aux légumes, est décorée de fresques insolites ; sur l'une d'elles, Jésus est représenté en train de fumer un cigare.

L'intérieur du Dundlod Fort

Fêtes du Rajasthan

Foire aux bestiaux de Nagaur *(janv.-fev.)*, à Nagaur. Courses de chameaux, spectacles de marionnettes, musiques et danses traditionnelles pendant une semaine *(p. 312)*.

Gangaur *(mars-avr.)*. Cette fête qui célèbre pendant 18 jours l'union de Shiva et de Parvati est très importante, notamment à Udaipur. Des processions de femmes, tenant des images de la déesse et dansant la *Ghoomar* en guise de prière pour le bien-être de leur mari, investissent les rues.

Célébration de Gangaur, Udaipur

Elephant Festival *(mars)*, Jaipur. Processions d'éléphants superbement caparaçonnés et tournois de polo à dos d'éléphant.

Mewar Festival *(avr.)*, à Udaipur. Fête du printemps avec spectacles culturels et feux d'artifice.

Teej *(juil.-août)*. Les jeunes filles habillées de neuf chantent et dansent en l'honneur de Parvati, déesse de l'Harmonie conjugale. La fête annonce aussi l'arrivée de la mousson.

Urs *(oct.)*, à Ajmer. Les *qawali* (chants de dévotion) marquent les cérémonies qui célèbrent pendant 13 jours l'anniversaire de la mort du soufi Khwaja Muin-ud-Din Chisti.

Pushkar Fair *(oct.-nov.)*, à Pushkar *(p. 310-311)*.

Ajmer ⑩

District d'Ajmer. À 135 km au S.-O. de Jaipur. 485 200.
Rajasthan Tourism, près de l'hôtel Khadim, (0145) 262 7426. Urs (oct.).

Ajmer est célèbre dans tout le sous-continent pour son **Dargah Sharif**, sanctuaire musulman, et son mausolée du grand soufi Khwaja Muin-ud-Din Chisti (1143-1235). Situé dans la partie sud-ouest de la vieille ville, ce mausolée est au cœur du sanctuaire, véritable petite ville religieuse avec un bazar et deux mosquées de marbre érigées par les empereurs moghols Akbar et Shah Jahan aux XVIe et XVIIe siècles. Akbar fut le plus célèbre fidèle de l'ordre de Chisti et fit une fois le chemin pieds nus depuis Agra (363 km) pour remercier Dieu après la naissance de son fils Salim, le futur empereur Jahangir.

Des millions de pèlerins viennent à Ajmer à l'occasion de la fête annuelle d'Urs (anniversaire de la mort du soufi) en octobre, durant laquelle des musiciens soufi chantent ses louanges devant son tombeau. Dans les chaudrons géants de la cour du Dargah, du riz est mis à cuire pour les fidèles.

Au nord-ouest du Dargah, l'**Adhai-din-ka-Jhonpra Mosque** ou « Hutte des deux jours et demi » doit son nom à la fête religieuse qui s'y déroulait autrefois pendant deux jours et demi. Bien qu'en ruine, l'édifice construit au flanc d'une colline au début du XIIIe siècle est impressionnant de beauté. La façade à sept arches qui fait face à la colonnade est une merveille : chaque arche est différente et les colonnes sculptées sont d'une grande richesse d'exécution.

Pèlerins au Dargah Sharif d'Ajmer

Au sud-est de la ville, le **Mayo College** est l'une des meilleures universités du pays. L'édifice de style saracénique fut construit en 1875 par le vice-roi, Lord Mayo, qui voulait en faire l'Eton de l'Orient des princes rajpoutes. Les premiers élèves vinrent accompagnés par leurs serviteurs et leurs précepteurs et certains, comme le prince d'Alwar, arrivèrent même sur leurs éléphants. À l'arrière du **Nasiyan Temple**, temple jaïn au cœur de la vieille ville, le Svarna Nagari Hall est décoré d'une profusion de mosaïques de verre coloré et de statues en bois doré recréant des scènes de la mythologie jaïne.

Détail de calligraphie d'Adhai-din-ka-Jhonpra

Le **Rajputana Museum** fait partie du palais-forteresse d'Akbar. À l'intérieur sont exposées de remarquables sculptures datant du IVe au XIIe siècle.

L'**Anasagar Lake**, au nord-ouest de la ville, est bordé d'élégants pavillons de marbre construits par l'empereur Shah Jahan au XVIIe siècle, au milieu des jardins de Daulat Bagh. Au sommet de la colline de Beetli, au nord, le **Taragarh Fort** date du XIIe siècle. Il est aujourd'hui en ruine mais il offre une superbe vue sur Ajmer et la campagne environnante.

Temple Nasiyan
S.M. Soni Marg. t.l.j.

Rajputana Museum
Près de l'arrêt de bus. t.l.j.

Nagaur ⑪

District de Nagaur. À 137 km au N.-E. de Jodhpur. 83 400.
Foire aux bestiaux (janv.-fév.).

Cette bourgade du désert à mi-chemin entre Jodhpur et Bikaner est dominée par l'**Ahichhatragarh Fort**, du XIIe siècle. Au milieu du XVIIIe siècle, le souverain de Jodhpur, qui reçut le fort en cadeau des Moghols, l'embellit en y construisant un palais d'agrément. Plusieurs pièces de ce palais sont décorées de belles fresques qui sont actuellement en restauration. Vous verrez également des canaux ornés de motifs d'écailles de poisson et des jets d'eau ainsi qu'un ingénieux système de conduits d'air pour rafraîchir l'intérieur du palais.

La foire aux bestiaux de Nagaur rivalise avec celle de Pushkar *(p. 311)* avec une exposition d'artisanat et des spectacles de marionnettes où les célèbres marionnettistes de la ville font revivre les légendes populaires du Rajasthan.

La façade à sept arches de la mosquée Adhai-din-ka-Jhonpra d'Ajmer

Les vaisseaux du désert de Thar

Fresque de chameaux

Au Rajasthan, les habitants du désert ne pourraient survivre sans les chameaux. Dans les sables inhospitaliers du désert de Thar, les camélidés sont leur unique moyen de transport, leurs animaux de bât et une source d'alimentation importante (le lait de chamelle légèrement salé se boit dans tout de désert du Rajasthan). Le robuste animal ne demande rien en retour. Capable d'absorber 70 litres d'eau à la fois, il peut se passer de manger et de boire jusqu'à un mois en hiver et une semaine en été. Toutes les foires du désert où les chameaux parés de pompons et de bijoux ont la place d'honneur témoignent de l'affection que portent les Rajasthanis à leurs chameaux.

Les types de chameaux

Le Rajasthan compte trois types de chameaux pourvus d'une double rangée de cils qui protègent les yeux du sable et de trois bosses contenant une épaisse couche de graisse qui isole le corps du soleil brûlant du désert.

Le chameau du Bikaner *a de longs poils aux oreilles. C'est un excellent animal de bât doté d'une grande endurance.*

Le chameau de Jaisalmer *a des pattes plus longues et peut parcourir jusqu'à 22 km à l'heure.*

Le chameau du Gujarat *au poil plus sombre est capable de traverser des zones marécageuses comme le Rann du Kutch.*

Les carrioles à chameau*, munies de pneus d'avion usagés, sont courantes dans les villes du Rajasthan.*

Dans les courses*, les chameaux doivent porter un pot de lait aussi longtemps que possible sans en renverser une goutte.*

Dhola et Maru *prirent la fuite sur leur fidèle chameau. Les amants maudits du folklore rajasthani sont un thème de prédilection pour les peintres de miniatures.*

Les peaux de chameau *servent à la fabrication de beaux objets d'artisanat comme les gourdes, les sacs, les mules et les abat-jour.*

Les régiments de chameaux *de l'Indian Army sont issus des bataillons de chameliers du maharaja de Bikaner qui combattirent en Égypte pendant la Première Guerre mondiale. Aujourd'hui, ils patrouillent aux frontières des déserts.*

Bikaner ⓬

District de Bikaner. À 361 km au N.-O. de Jaipur. *529 000.* *Dhola Maru Hotel, Pooran Singh Circle, (0151) 222 6701.* *Camel Festival (janv.), Jambeshwar Festival (fév.-mars), Kolayat Fair (nov.).*

Les imposants remparts du fort Junagarh (XVIe siècle) de Bikaner

Bikaner était avec Jodhpur et Jaisalmer l'un des trois grands royaumes du désert du Rajasthan. Ceux-ci prospérèrent grâce à leur situation stratégique sur la route des caravanes reliant l'Asie centrale à la Chine. Le royaume fut fondé en 1486 par Rao Bika, fils cadet du maharaja de Jodhpur *(p. 316-317)* qui quitta le palais familial en quête d'un nouveau territoire.

Quelque peu éclipsée par les splendeurs de Jodhpur et de Jaisalmer, la ville de Bikaner compte néanmoins beaucoup de curiosités touristiques telles que la vieille cité avec ses échoppes, ses temples, ses palais et le fort Junagarh, qui est peut-être le mieux conservé et le plus riche en ornementations de tous les forts du Rajasthan.

Junagarh Fort

sam.-jeu. *supplément.* **Musée** *t.l.j.*

Édifié entre 1587 et 1593 par le troisième souverain de Bikaner, Rai Singh, le fort est protégé par un rempart en grès de 986 m de long doté de 37 bastions, un fossé et l'immense désert du Thar qui constituait la meilleure défense qui soit. Il ne tomba d'ailleurs jamais aux mains des envahisseurs – ce qui explique aussi son excellent état de conservation. À l'intérieur des austères remparts se trouvent pas moins de 37 palais, temples et pavillons, dotés d'une profusion d'ornements qui furent ajoutés par les souverains successifs avec une remarquable continuité de style. Le plus bel édifice est l'**Anup Mahal** construit en 1690 par Anup Singh qui en fit sa salle d'audience privée. Entre 1787 et 1800, Surat Singh y ajouta de somptueux ornements. Les murs de plâtre furent polis pour imiter la pierre dure moghole et ornés de motifs en laque rouge et or, puis agrémentés de miroirs et de feuilles d'or.

Balancelle du maharaja au fort Junagarh

Le **Karan Mahal**, salle des audiences publiques, construit entre 1631 et 1669, est moins somptueux.

Le **Chandra Mahal** ou « Palais de la lune » et le **Phool Mahal** ou « Palais des Fleurs » datent du XVIIe siècle. Le premier qui était le palais de la reine est décoré de panneaux de marbre sculpté racontant la légende de Radha et Krishna. Le second contient un petit lit bas sur lequel Rao Bika dormait avec les pieds qui touchaient le sol de manière à pouvoir se lever prestement pour repousser les intrus mal intentionnés. Dans les deux palais, les *jali* en pierre et les reliefs sculptés sont superbes. Le **Badal Mahal** ou « Palais des nuages » est couvert de fresques représentant des nuages et des éclairs et pourvu d'un système pour faire ruisseler la pluie sur les murs – fantaisie très prisée dans cette région aride. Dans le **Hawa Mahal** ou « Palais des vents », un immense miroir est placé au-dessus du lit du maharaja qui lui permettait apparemment de surveiller la cour de l'étage inférieur. Le plus ancien palais, le **Lal Niwas**, qui date de 1595, est décoré de motifs floraux rouge et or tandis que le plus récent, le **Durbar Niwas** ou « Palais du couronnement » fut construit au début du XXe siècle par le souverain le plus progressiste de Bikaner : Ganga Singh (1887-1943). Ce dernier dota son royaume d'un réseau ferré et d'un canal d'irrigation, le Ganga Canal. Il était également

Intérieur de l'Anup Mahal avec ses ornements en laque

réputé pour les parties de chasse *(shikar)* qu'il organisait en l'honneur de ses hôtes britanniques. Le Durbar Niwas abrite aujourd'hui un musée dont la salle d'armes contient des pièces remarquables : une armure de 56 kg, un poignard avec pistolet intégré, des sabres à pommeaux en forme de lions. Les salles voisines abritent un trône en bois de santal qui aurait appartenu aux rois de Kannauj (Ve siècle) et une demi-cuillère à soupe que le maharaja utilisait pour ne pas salir sa luxuriante moustache en avalant sa nourriture.

Armoiries des souverains de Bikaner

Cité fortifiée

À l'extrémité ouest de M.G. Road.
Boutiques *t.l.j.*

Si vous franchissez la Kote Gate, vous pénétrerez à l'intérieur des remparts et découvrirez le bazar. Ce dernier regorge de produits de l'artisanat local tels que couvertures, tapis, abat-jour en peau de chameau et miniatures. Spécialités culinaires de la région, le *bhujia* et les bonbons au lait de chamelle sont connus dans toute l'Inde. D'imposantes *haveli* des XVIIe et XVIIIe siècles ayant appartenu à de riches négociants bordent les ruelles adjacentes à Rampuria Street, notamment la **Rampuria Haveli** (devenue aujourd'hui un hôtel du patrimoine national) et la **Kothari Haveli**. Dans la partie sud-ouest de la vieille ville s'élèvent les temples jaïns **Bhandeshwar** et **Sandeshwar**. Ils datent du début du XVIe siècle et sont décorés l'un et l'autre de fresques, d'incrustations de miroir et de volutes recouvertes de feuilles d'or.

Fidèle du temple de Karni Mata donnant du lait aux rats sacrés

Lalgarh Palace

Au N. du centre-ville.
(0151) 254 0201. **Musée**
jeu.-mar.

Situé à l'extérieur des remparts, ce palais est décoré d'une profusion de frises sculptées, de *jali*, de piliers et d'arches en grès rose tirant sur le rouge – ce qui valut à Bikaner le nom de « ville rouge ». Le palais fut construit entre 1902 et 1926 sur les plans de Samuel Swinton Jacob *(p. 291)* dans un mélange de style rajpoute traditionnel et de style Renaissance, avec une décoration intérieure de style Art nouveau. Une partie a été transformée en hôtel *(p. 580)* et une autre en musée. Les visiteurs découvriront des photographies anciennes et des trophées de chasse. Le musée et les jardins sont ouverts au public.

Aux environs :
Allez visiter la **Camel Breeding Farm**, à 9 km au sud-est de Bikaner. Le meilleur moment est la fin d'après-midi quand tous les chameaux sont rentrés. Créée en 1975, cette ferme élève près de la moitié des chameaux de tout le pays, y compris ceux du régiment de l'Indian Army. **Gajner**, à 30 km au nord-est de Bikaner, abrite l'ancien Summer Palace («Palais d'été») en grès rouge des maharajas devenu aujourd'hui un hôtel de luxe *(p. 580)* et le Gajner National Park où vivent sangliers, renards du désert et oiseaux migrateurs.

À Deshnok, à 30 km au sud-est de Bikaner, le **Karni Mata Temple** est appelé aussi « Temple des rats » en raison des centaines de muridés sacrés qui vivent là. Le prêtre et les visiteurs leur donnent du lait et des sucreries car ils sont considérés comme la réincarnation de saints. Le temple est dédié à Karni Mata, incarnation de Durga, et possède deux portes en argent massif décorées de reliefs.

Camel Breeding Farm
lun.-sam.
Karni Mata Temple
t.l.j. *Karni Mata Festival (mar.-avr. et sept.-oct.).*

L'un des deux canons de l'entrée de Lalgarh Palace

Phalodi ⓭

District de Jodhpur. À 150 km au S.-O. de Bikaner.

Cette grande ville est connue des visiteurs grâce au Khichan Lake situé 4 km plus à l'est, où de septembre à mars se rassemblent des grues demoiselles. Ces oiseaux migrateurs venus des steppes de Mongolie passent l'hiver ici. Chaque jour, les habitants du hameau répandent des grains dans les champs à leur intention et leur nombre a considérablement augmenté ces dernières années. D'après le dernier recensement, elles seraient 7 000 à la saison hivernale.

Jodhpur ⓮

Pendule, Umaid Bhavan Palace

Avec son majestueux Fort Mehrangarh qui domine les palais opulents, les bazars colorés et les sables du désert de Thar, Jodhpur incarne l'âme chevaleresque et la splendeur féodale du Rajasthan. Deuxième ville de l'État, Jodhpur fut fondée en 1459 par Rao Jodha, prince bathore du Marwar. Occupant une position stratégique sur la route des caravanes, elle devint bientôt un centre marchand florissant. Les Marwar *(p. 308-309)* qui ont conservé leurs talents d'entrepreneurs se trouvent à l'heure actuelle à la tête de nombreuses entreprises indiennes de premier plan. C'est ici que furent inventés les pantalons des princes-cavaliers de Jodhpur connus aujourd'hui dans le monde entier.

Maisons bleues de la cité ancienne de Jodhpur

Fort Mehrangarh

P. 318-319.

Sardar Bazaar

t.l.j.

Le bazar de Jodhpur est situé au cœur de la vieille cité corsetée d'un mur d'enceinte de 10 km de longueur percé de huit portes. Regroupé autour de la Clock Tower construite en 1912, ce marché pittoresque compte de nombreuses échoppes de bijoux en argent, de bracelets en laque, de tissus colorés, de chaussures en cuir de chameau, de marionnettes, de figurines en argile, de sucreries et d'épices. Le long des trottoirs des artistes décorent les mains des femmes de fins dessins au henné. Édifié au début du XVIIe siècle pour une favorite du souverain, le **Taleti Mahal** doté de balcons sculptés soutenus par des piliers de temple abrite aujourd'hui une école. Le quartier possède plusieurs autres belles maisons le plus souvent en grès rouge et décorées d'une profusion de reliefs sculptés.

Jaswant Thada

t.l.j.

Cet élégant temple de marbre décoré de piliers et d'écrans ajourés a été élevé à la mémoire du maharaja Jaswant Singh II (1878-1895) qui apporta l'eau et la prospérité à ses terres arides grâce à un système d'irrigation innovant.

L'Umaid Bhavan Palace allie les styles rajpoute, jaïn et Arts déco

MODE D'EMPLOI

District de Jodhpurn. À 331 km à l'O. de Jaipur. 846 500. 5 km au S. du centre-ville. High Court Rd, (0291) 254 5083. lun.-sam. Marwar Festival (oct.).

Les autochtones qui croient que le souverain a conservé ses pouvoirs magiques viennent régulièrement prier et faire une offrande de fleurs dans son sanctuaire. Les cénotaphes de ses successeurs et autres membres de la famille royale entourent le temple – ceux de ses prédécesseurs se trouvent à Mandore.

Umaid Bhavan Palace

t.l.j.

Cet immense palais de marbre et de grès rose montre l'opulence dans laquelle vivaient les maharajas. Il compte 347 pièces dont huit salles à manger, deux théâtres, une salle de bal, plusieurs salons de réception somptueusement décorés et une immense piscine souterraine. Une coupole de 60 m coiffe la pièce centrale qui accueillit 1 000 convives le jour de l'inauguration.

Le maharaja Umaid Singh fit construire l'édifice pour donner du travail à son peuple frappé par la famine. Commencé en 1929, le chantier s'acheva 15 ans plus tard. Il fit également poser 19 km de voie ferrée pour transporter les blocs de grès. L'architecte H. V. Lanchester, qui dessina les plans du hall central du palais de Westminster à Londres, conçut un édifice mêlant les styles rajpoute, jaïn et Arts déco.

Le petit-fils d'Umaid Singh, Gaj Singh II, occupe aujourd'hui une partie du palais, l'autre partie ayant été transformée en hôtel de luxe *(p. 582)*. Le petit musée possède des collections d'armes, de montres, d'horloges aux formes insolites, de peintures, de porcelaines et de mobilier français. La route qui passe devant est bordée de magasins d'antiquités.

AUX ENVIRONS : Mandore, à 9 km au nord de Jodhpur, fut la capitale des rois bathore du Marwar jusqu'à la fondation de la nouvelle capitale de Jodhpur au XVe siècle par Rao Jodha. Des jardins en terrasses abritent les mausolées en grès rouge des maharajas, dont le plus imposant est celui d'Ajit Singh en forme de temple hindou. À la mort de ce dernier, ses 6 épouses et ses 58 concubines pratiquèrent la *sati* sur son bûcher funéraire. Non loin de là, la galerie des Héros contient 15 grandes statues de divinités hindoues et de héros populaires taillées dans un seul bloc de rocher. Plus en amont se trouvent les cénotaphes des reines (Raniyon ki Chaatri) et le palais Ek Thamba Mahal datant du XVIIe siècle.

Balsamand, à 6 km au nord de Jodhpur, possède un palais princier en grès rouge du XIXe siècle en bordure d'un lac artificiel. À 55 km au sud de Jodhpur, le **Sardar Samand Lake** attire des oiseaux aquatiques, notamment des aigrettes, des ibis et des pélicans. Sur la rive s'élève un pavillon de chasse de style Arts déco. La route qui y conduit traverse des villages *vishnoï (p. 320)*.

Jaswant Thada, mausolée du maharaja Jaswant Singh II (1878-1895)

LES BARDES BHOPA

À l'instar des troubadours de l'Europe médiévale, la tribu nomade des Bhopa originaire de l'Ouest du Rajasthan perpétue la tradition de la ballade. Un homme déroule un long *phad* (rouleau peint) couvert de peintures retraçant les nombreux faits glorieux accomplis par le guerrier marwar Pabuji. Il raconte son histoire en chantant et en éclairant chaque peinture à l'aide d'une lanterne. Pendant ce temps, sa femme illustre les diverses séquences par des danses. Les spectacles des Bhopa attirent une foule de spectateurs enthousiastes pendant les foires et les fêtes du Marwar.

Rouleau peint utilisé par les Bhopa

Découverte du Mehrangarh Fort Museum

Le musée du fort est considéré à juste titre comme le plus beau des musées installés dans les nombreux palais du Rajasthan. Parmi les pièces de sa riche collection figurent un trône en or, de fines miniatures, des costumes traditionnels et des armes impressionnantes. Magnifiquement restaurés, les palais donnent une image vivante des usages à la cour des princes du Rajasthan.

Berceau royal avec un système mécanique de balancier, Jhanki Mahal

L'entrée du musée se fait par la Suraj Pol, sur le côté sud-est du fort. Après la porte, sur le côté droit, la **Palki Khana** comporte une collection de palanquins *(palki)* aux riches dorures. La **galerie des Howdahs** expose des sièges d'éléphants, notamment un *howdah* en argent massif du VIIe siècle offert par l'empereur moghol Shah Jahan. Un autre palanquin recouvert de feuilles d'or datant de 1730 se trouve dans la **Daulat Khana** (« salle du Trésor »), juste avant la **Sileh Khana** et sa superbe collection d'armes.

De là un escalier monte à l'**Umaid Mahal**, où sont exposées des miniatures de l'école de Jodhpur. S'inspirant fortement du style moghol, ces peintures sont autant de vignettes de la vie à la Cour : on y voit des maharajas chevauchant leur chameau avec leur escorte ou conduisant des processions religieuses. La même salle abrite un majestueux dais en soie que les souverains utilisaient lors de leurs déplacements. La salle suivante située à l'étage supérieur est le **Phool Mahal** ou « Palais des fleurs », la salle des audiences publiques datant du XVIIIe siècle avec également de superbes miniatures, notamment une série de 36 *ragamala* qui dépeignent les sentiments de divers modes mélodiques. Construit au XIXe siècle par un maharaja qui aimait les plaisirs, le **Takhat Mahal** est doté de peintures murales représentant Radha et Krishna ainsi que de jeunes danseuses. Les boules d'arbre de Noël en verre suspendues au plafond furent ajoutées dans les années 1930. Le **Sardar Vilas**, juste au-dessous, possède de beaux ornements en bois, en particulier une porte incrustée d'ivoire.

Bouclier en peau de rhinocéros

La salle suivante, le **Jhanki Mahal** (« Palais d'observation »), compte de nombreux écrans de pierre ajourés à travers lesquels les femmes du *zenana* pouvaient observer les cérémonies et les fêtes qui se déroulaient dans la cour à l'étage inférieur. Elle contient aujourd'hui une collection de berceaux royaux. L'un d'eux est surmonté par des anges gardiens et doté d'un système de balancier. De là, une cour mène au **Moti Mahal** ou « Palais de la perle ». Un spécialiste est assis là pour lire les lignes de la main des visiteurs.

Le musée possède aussi une belle collection de turbans rajasthani et d'instruments de musique populaire. Les salles contenant les costumes, les tentes royales et autres trésors particuliers sont actuellement en travaux.

AUX ENVIRONS : À 64 km au nord-ouest de Jodhpur, **Osian** est réputé pour ses 16 temples jaïns et hindous. Édifiés par de riches marchands entre les VIIIe et XIIe siècles, à l'époque où Osian était une étape importante sur la route des caravanes qui allaient en Asie centrale, ils sont très représentatifs des débuts de l'architecture sacrée au Rajasthan.

Un premier groupe de 11 temples ornés de reliefs sculptés se trouve aux extrémités sud et ouest du village. Le plus remarquable est le **Mahavira Temple** du VIIIe siècle avec son superbe plafond et ses 20 piliers sculptés soutenant le portique principal. Le Temple du Soleil du Xe siècle ainsi que les **Vishnou et Harihara Temples** des VIIIe et IXe siècles sont également intéressants. Le second groupe de temples est situé au flanc d'une colline à l'est du village. Situé en amont, le **Sachiya Mata Temple** du XIIe siècle est précédé par une série d'arches. Les femmes stériles viennent ici car Sachiya Mata, incarnation de Durga, aurait le pouvoir de les rendre fécondes.

Le Sachiya Mata Temple, à Osian

Jaisalmer ⓯

Fondée au XIIe siècle par le *maharawal* Jaisal du clan des Batti, Jaisalmer est aujourd'hui un poste avancé du désert de Thar. La ville fut autrefois un centre marchand florissant sur la route des caravanes qui allaient en Afghanistan et en Asie centrale. Ses premiers souverains s'enrichirent en pillant les pierres, les soieries et l'opium des caravanes mais, à partir du XVIe siècle, Jaisalmer devint un endroit plus paisible où princes et riches marchands rivalisaient d'ardeur pour édifier palais et *haveli*, qui aujourd'hui encore sont les plus beaux spécimens du travail de la pierre existant au Rajasthan. Mais avec le développement des ports de Surat et de Bombay au XVIIIe siècle, le commerce caravanier déclina. Les édifices de l'âge d'or de Jaisalmer demeurent néanmoins blottis au pied de la citadelle *(p. 322-323)*.

Manik Chowk

La place du marché principal où s'arrêtaient les caravanes est située à l'entrée de la citadelle. On y trouve des couvertures en poil de chameau, des bijoux en argent et des tissus brodés avec applications de miroir. Les nomades du désert et leurs chameaux ajoutent au pittoresque de l'endroit.

Badal Vilas

Près de la porte d'Amar Sagar. *t.l.j.*.

Ce palais qui date de la fin du XIXe siècle se distingue par sa tour à cinq étages en forme de *tazia* (tour en bois, métal et papier que portent les musulmans chiites pendant Muharram) *(p. 549)*, qui fut offerte en cadeau d'adieu au *maharawal* par les tailleurs de pierre chiites de la ville qui émigrèrent au Pakistan après l'indépendance.

***Ghât* du Gadisagar Lake**

Gadisagar Lake

Au S.-E. des remparts.

Ce réservoir d'eau de pluie creusé en 1367 était l'unique source d'approvisionnement en eau de la ville. Bordé de temples et de *ghât*, il s'anime à l'arrivée de la procession conduite par le *maharawal* lors de la fête de Gangaur. Le portique d'entrée fut construit par un courtisan du nom de Telia dont l'audace mit les épouses du souverain dans une telle colère qu'elles en ordonnèrent la démolition. Telia s'empressa alors de faire poser une statue de Krishna au sommet du portique. À partir de ce moment l'édifice non seulement demeura en place mais les gens s'inclinaient avant de le franchir.

Haveli Salim Singh

Près de l'entrée de la citadelle. *Possibilité de visiter avec un guide local.*

Construite en 1815 par un puissant Premier ministre, Salim Singh, cette *haveli* possède six étages qui vont en s'élargissant et dont les 38 loggias ont toutes un ornement différent. Des paons dansent entre les arches de la loggia du dernier étage et des coupoles bleues coiffent le toit. L'arrière de la bâtisse a été endommagé par le séisme de janvier 2001 mais les visites sont autorisées.

Mode d'emploi

District de Jaisalmer. À 285 km à l'O. de Jodhpur. 58 300. *Tourist Reception Centre, Station Rd, (02992) 25 2406.* *Desert Festival (fév.), Gangaur Festival (mars-avr.).*

Haveli Nathmalji

Près de Gandhi Chowk. *Possibilité de visiter avec un guide local.*

Construite en 1855 par un autre Premier ministre de Jaisalmer, cette *haveli* de cinq étages se compose de deux ailes sculptées par des frères artisans, Hathu et Lallu ; les détails de l'ornementation sont très différents dans les deux ailes. À côté des motifs floraux et géométriques habituels se trouvent aussi des attelages de chevaux, des bicyclettes et des locomotives à vapeur révélant l'influence de l'Europe.

Jaisalmeri avec son *hookah*

Patwa ki-Haveli

À l'E. de la haveli Nathmalji. *t.l.j.*

Cette immense *haveli* fut construite entre 1805 et 1855 par Guman Chand Patwa, l'un des plus riches marchands et banquiers de la ville. Cet homme entreprenant faisait le commerce de la soie, du brocart et de l'opium et sa chaîne de comptoirs s'étendait de l'Afghanistan à la Chine. La demeure de six étages comptait cinq maisons adjacentes pour chacun de ses fils ainsi que 66 loggias à l'avant-toit cintré évoquant une flotte de navires et des fenêtres à claire-voie finement ciselées.

Jaisalmer Fort

Détail du fort de Jaisalmer

La citadelle de Jaisalmer émerge tel un mirage des sables du désert de Thar avec ses 99 bastions dont seule la couleur dorée du grès vient adoucir les contours. Édifiée en 1156 par le *maharawal* Jaisal et agrandie par ses successeurs, elle se dresse au sommet de la colline de Trikuta (80 m). Au Moyen Âge, toute la population vivait à l'intérieur des remparts. La citadelle est la seule forteresse encore habitée aujourd'hui (quelques milliers de personnes y vivent) : les échoppes côtoient les palais, les temples jaïns et les *haveli*.

Les remparts sud ont été édifiés sans mortier

La Gyan Bhandar au sous-sol du temple de Sambhavnatha est une bibliothèque où sont conservés des manuscrits jaïns illustrés en feuille de palme ; certains remontent au XIe siècle.

Des reliefs en grès finement sculptés ornent les sept temples dédiés aux *tirthankara* jaïns, dont Rishabdeo, Sambhavnatha, ou Parsvanatha.

★ Temples jaïns

Ces temples finement ouvragés furent élevés aux XVe et XVIe siècles pour les riches marchands de la ville.

Les remparts, renforcés par une muraille, sont pourvus de terrasses où sont placés des canons prêts à écraser l'envahisseur.

Le Jaisalmer Fort en danger

Le développement touristique et les récents essais de cultures dans le désert environnant font peser une menace sur la citadelle. Conçue pour un climat aride, elle ne disposait d'aucun système d'arrivée ou d'écoulement d'eau. Aujourd'hui, avec la montée de la nappe phréatique et la mise en place de canalisations dans le fort, le suintement des eaux provoque par endroits l'effritement du grès. Des organisations nationales et internationales prennent actuellement des mesures pour tenter de sauver ce lieu unique.

Le Jaisalmer Fort du XIIe siècle est menacé par l'humidité croissante

À ne pas manquer

- ★ **Temples jaïns**
- ★ **Moti Mahal**
- ★ **Dussehra Chowk**

Rajmahal
Doté de sept étages, le palais se compose de plusieurs bâtiments construits entre les XVIe et XIXe siècles et reliés entre eux par des galeries.

MODE D'EMPLOI

Jaisalmer Fort *Rajasthan Tourism, Station Rd, (02992) 25 2406.* *t.l.j.* *supplément.* **Temples jaïns** *t.l.j.* *supplément.* **Gyan Bhandar** *t.l.j.*

Sarvottam Vilas
Des faïences bleues vernissées et des mosaïques de miroir ornent ce palais du milieu du XVIIIe siècle.

L'Annapurna Bhandar était à l'origine le grenier à grains de la citadelle. Le rez-de-chaussée abrite un temple.

Moti Mahal

La Nassar Khana ou « galerie des joueurs de tambour » est dotée d'un balcon octogonal richement sculpté.

★ Moti Mahal
Ce palais du XVIIIe siècle est décoré de peintures florales et de portes en bois ciselé.

Rani Mahal

★ Dussehra Chowk
Fêtes, spectacles et parades se déroulaient sur cette place bordée par les bâtiments du palais royal. Sur un côté se trouve un trône en marbre où prenait place le maharawal.

L'intérieur ciselé du Vimala Vasahi Temple

Mount Abu 16

District de Sirohi. À 185 km à l'O. d'Udaipur. *22 100.* *Abu Rd., 20 km au S-.E. du centre-ville, puis bus.* *En face de la gare routière principale (02974) 235151.* *Summer Festival (juin).*

La seule station d'altitude du Rajasthan possède l'un des plus beaux sanctuaires jaïns d'Inde : les cinq **Dilwara Temples** en marbre situés sur une colline à 3 km au nord-est de la ville. Les deux plus remarquables sont le **Vimala Vasahi Temple** et le **Luna Vasahi Temple** parés d'une profusion de sculptures d'une grande finesse d'exécution. Les détails des portes, des portiques, des piliers, des niches et des plafonds sont époustouflants. Le marbre est par endroits si finement ciselé qu'il en devient presque translucide.

Le Vimala Vasahi Temple, dédié au premier *tirthankara*, fut édifié en 1031 par Vimal Shah, riche Premier ministre des rois solanki du Gujarat. La statue du mécène à dos d'éléphant se trouve dans un pavillon à droite de l'entrée. À l'intérieur, des nymphes et des musiciens, des chevaux fougueux et des éléphants ornent les arches et les piliers ainsi que la superbe coupole formée de onze anneaux concentriques dans la salle principale. Une statue d'Adinath méditant trône dans un vestibule et autour 52 niches sculptées abritent les autres *tirthankara*. Consacré à Nemisath, le 22e *tirthankara*, le Luna Vasahi Temple, qui date de 1231, est orné d'une débauche de sculptures. Dans la salle principale, une magnifique fleur de lotus taillée dans un seul bloc de marbre pend de la clef de voûte de la coupole. Derrière le sanctuaire principal, la salle des donateurs possède une procession d'éléphants montés et des statues des donateurs et de leurs épouses dont les robes et les bijoux sont sculptés dans les moindres détails.

Au cœur de la ville s'étend le **Nakki Lake** bordé de demeures coloniales de la fin du XIXe siècle et de palais d'été des souverains rajpoutes. Sur la rive se profile l'étrange **Toad's Rock** et au sud-ouest **Sunset Point** offre une vue spectaculaire.

À environ 4 km au sud de la ville, sur un chemin de traverse se dresse le **Gaumukh Temple** ou « gueule de vache » où une source naturelle jaillit de la gueule d'une vache en marbre.

Danseuse du temple de Luna Vasahi

Temples jaïns de Dilwara
t.l.j. *aux femmes ayant leurs règles. Objets en cuir interdits à l'intérieur des temples.*

Aux environs : À 8 km des temples se dressent les ruines du fort d'**Achalgarh** (XVe siècle) et d'un temple de Shiva avec une statue de Nadi en or, en argent, en laiton et en cuivre pesant plus de 4 tonnes. À 5 min à pied du temple, **Guru Shikhar** est le point culminant du Rajasthan (1 721 m) ; il est doté d'un petit temple de Vishnou.

Ranakpur 17

District de Rajsamand. À 90 km au N.-O. d'Udaipur. **Groupe de temples** *t.l.j.* *aux femmes ayant leurs règles. Objets en cuir interdits à l'intérieur des temples.*

Situé dans un vallon boisé de la chaîne des Aravalli, l'ensemble des temples de Ranakpur dominé par l'**Adinath Temple** est l'un des cinq grands sanctuaires du jaïnisme. La dimension et la complexité architecturales de l'édifice en marbre blanc ainsi que sa riche ornementation en font le spécimen peut-être le plus marquant de l'architecture sacrée de l'Inde de l'Ouest.

Le bâtiment a la forme inhabituelle d'un quadrilatère avec quatre entrées distinctes. Chaque entrée conduit au sanctuaire central qui abrite l'image à quatre faces d'Adinath, en passant par une véritable forêt de colonnes.

Chacun des 1 444 piliers du temple est sculpté de motifs floraux différents, avec en point d'orgue le jeu d'ombres et de lumières

Vue du complexe des temples jaïns de Ranakpur

L'inexpugnable Kumbhalgarh Fort avec ses remparts épousant les contours du relief

à mesure que le soleil se déplace. Les volutes sculptées en filigrane qui ornent le plafond et les déesses à la grâce exubérante qui forment les consoles sont stupéfiantes. Sur l'une des colonnes faisant face au sanctuaire un panneau sculpté représente Dharna Shah, le fondateur du temple qui était ministre du *maharana* du Mewar, et son architecte Depa.

Un mur surmonté de flèches entoure le complexe qui possède également un Temple du Soleil hindou et deux autres temples jaïns, dont le Parsvanatha Temple datant du XVe siècle, aux fenêtres en pierre à claire-voie finement ouvragées.

Kumbhalgarh ⓲

District de Rajsamand. À 63 km au N. d'Udaipur. *Kankroli, 35 km au S.-E. de Kumbhalgarh, puis bus.*

Les hauts remparts de Kumbhalgarh épousent les escarpements des monts Aravalli sur un périmètre de 36 km. Occupant une position stratégique à 1 050 m de hauteur, à la limite du Marwar (Jodhpur) et du Mewar (Udaipur), la massive forteresse du XVe siècle qui offre une vue à des kilomètres à la ronde était connue comme « l'œil du Mewar ». Elle fut construite par le *maharana* Kumbha (1433-1468) qui édifia également Chittorgarh *(p. 330)*. Ses remparts où six cavaliers pouvaient avancer côte à côte et ses sept portes fortifiées hérissées de pointes de fer qui conduisent à l'entrée lui avaient valu, à juste titre, la réputation d'être la forteresse la plus inexpugnable de tout le Rajasthan.

À l'intérieur de la muraille crénelée se trouvent le petit Kartargarh Fort ainsi que plusieurs palais et temples aujourd'hui en ruine, des champs, des réservoirs et des écuries. Édifié au XIXe siècle, au point le plus élevé de la forteresse, le **Badal Mahal** est doté de pièces aérées peintes en rose, en vert et en turquoise, avec de belles peintures murales représentant des scènes de chasse. Le **Neelkantha Temple** (XVe siècle) qui possède un lingam de Shiva est toujours en service.

Divinité censée prévenir les malheurs

Le **Navachoki Mandeva Temple** est également intéressant. Il est situé dans une gorge à l'est de Kartargarh. Il contient plusieurs tablettes en granit noir (dont la plus ancienne remonte à 1491) avec des inscriptions relatant l'histoire du Mewar. Le cénotaphe du *maharana* Kumbha jouxte le sanctuaire.

Kumbhalgarh est également le lieu de naissance du *maharana* Pratap (1540-1597), grand roi guerrier célèbre pour son héroïsme face aux troupes de l'empereur moghol Akbar.

AUX ENVIRONS : Le **Kumbhalgarh Wildlife Sanctuary** s'étend sur 578 km à l'ouest de la forteresse. La réserve abrite panthères, loups, écureuils volants et de nombreuses espèces d'oiseaux.

À 35 km au sud-est de Kumbhalgarh, à **Kankroli,** sur la rive sud du Rajsamand Lake s'élève le Dwarkadhish Temple du XVIIe siècle. La rive ouest est bordée de beaux pavillons en marbre et de *ghât*. La charmante bourgade de **Deogarh**, située à 55 km au nord de Kumbhalgarh, dans une région de collines et de lacs, abrite le Rajmahal Palace construit au XVIIe siècle et doté de superbes peintures murales, ainsi que le temple rupestre d'Anjaneshwar Mahadev. Deogarh est aussi une base idéale pour des randonnées à cheval.

Udaipur 19

Avec ses palais de marbre et ses lacs entourés de collines, Udaipur est une ville féerique. Construite en 1559 par le *maharana* Udai Singh, elle devint la capitale du Mewar après la chute de Chittorgarh en 1567 *(p. 330)*. Farouchement indépendants, les souverains du Mewar, qui appartenaient à la dynastie des Sisodia fondée en 566, refusèrent de s'allier aux Moghols et tiraient gloire de leur réputation d'ardents défenseurs de la fierté rajpoute. Le City Palace qui domine la cité fortifiée donne sur le Pichola Lake et ses palais romantiques construits sur des îles. *Haveli*, *ghât* et temples bordent également le lac. Les rues derrière abritent des bazars animés.

Vue du Pichola Lake et du Jag Niwas (Lake Palace) sur son île

City Palace

P. 328-329.

Jag Mandir

Pichola Lake. *t.l.j.* *Embarcadère du City Palace.* **Jag Niwas** *(0294) 252 8016.* *ouvert aux non-résidents.*

Ce palais de marbre aux murs décorés d'arabesques de pierre et aux jardins luxuriants date de 1620. Huit éléphants en pierre gardent l'entrée.

Le prince Khurram (le futur empereur moghol Shah Jahan), qui y trouva refuge entre 1623 et 1624 lors de sa rébellion contre son père, s'en serait inspiré pour la construction du Taj Mahal.

Le **Jag Niwas** ou Lake Palace qui fut construit entre 1734 et 1751 comme résidence d'été est devenu un hôtel de luxe de notoriété mondiale *(p. 583)*. Des films y sont souvent tournés comme le James Bond *Octopussy*. Des bateaux partent de l'embarcadère pour la visite des deux palais.

Jagdish Mandir

Moti Chhohta Rd. *t.l.j.* **Bagore ki Haveli** Gangaur Ghat. *(0294) 25 3858.*

Ce temple du XVIIe siècle abrite une gigantesque représentation de Vishnou en pierre noire au milieu d'une profusion de reliefs sculptés. L'entrée est flanquée d'éléphants et abrite sur le devant un garuda en bronze. Un peu plus loin, en amont du *ghât* de Gangaur, le **Bagore ki Haveli** (XVIIIe siècle) est un musée où sont exposés objets d'art et d'artisanat traditionnel, costumes, instruments de musique et pièces ouvragées en marbre. Un spectacle de musique et de danse du Rajasthan a lieu tous les soirs à 19h.

Peinture *pichhwaï*

À l'est de Jagdish Mandir, la cité fortifiée compte une multitude d'échoppes et de maisons peintes ainsi que les **Bapu** et **Bara Bazaars** où sont vendus jouets en bois, marionnettes, étoffes brodées et *pichhwaï*.

Le Jag Niwas se dresse sur une île au milieu du Pichola Lake

Fateh Sagar Lake

Fateh Sagar Rd.

Au nord du lac Pichola s'étend le lac Fateh Sagar occupé en son centre par une île avec un café au milieu de jardins. La statue de Pratap, illustre *maharana* guerrier (XVIe siècle), et son coursier Chetak s'élève au sommet de Moti Magri.

Saheliyon ki Bari

Saheli Marg. *t.l.j.*

Situé au nord de la ville, le « Jardin des demoiselles d'honneur » fut aménagé au XVIIIe siècle pour une souveraine dont la dot comprenait 48 servantes, avec des fontaines, un bassin en forme de fleur de lotus et une roseraie pour l'agrémenter.

Ahar

Ashok Nagar Rd. **Museum** *sam.-jeu.* *jours fériés.*

À 3 km à l'est d'Udaipur, Ahar regroupe les cénotaphes de 19 souverains du Mewar et un petit musée archéologique.

AUX ENVIRONS : À 8 km au nord-ouest d'Udaipur, **Shilpgram** est un musée ethnographique vivant avec artisans, musiques et danses traditionnelles, reconstitutions de maisons traditionnelles et promenades à chameau.

Le pavillon du jardin Saheliyon ki Bari a été aménagé au XVIIIe siècle

Les temples de Saas-Bahu à Nagda vus à travers un portique ouvragé

Mode d'emploi

District d'Udaipur. À 269 km au S. d'Udaipur. *389 400. 25 km du centre-ville. Rajasthan Tourism, Suraj Pol, (294) 241 1535. Gangaur Festival (mars-avr.), Mewar Festival (avr.).*

Eklingji, à 22 km au nord-est d'Udaipur, est un ensemble de 108 temples et sanctuaires édifiés à l'endroit où Bappa Rawal, fondateur de la dynastie des *maharana* du Mewar, reçut la bénédiction d'un sage qui vivait là. Le temple principal en marbre et en granit date du XVIe siècle. Il comprend une imposante salle à piliers ainsi qu'une image à quatre faces de Shiva en marbre noir et un Nandi en argent.
Non loin de là, **Nagda** avec ses temples Saas-Bahu (« Temples de la belle-mère et de la belle-fille ») mérite une visite.
Les deux sanctuaires jumeaux du XIe siècle dédiés à Vishnou auxquels on accède par un portique finement ciselé sont réputés pour leurs reliefs très ouvragés représentant des couples d'amoureux et des scènes du *Ramayana*.
À 48 km au nord-est d'Udaipur, le Shrinathji Temple (XVIIIe siècle) est l'un des principaux lieux de pèlerinage du Rajasthan. Il renferme une image en pierre noire de Krishna connu localement sous le nom de Shrinathji, qui fut transportée jusqu'ici depuis Mathura *(p. 152)* pour échapper aux destructions du Grand Moghol Aurangzeb au XVIIe siècle. Derrière elle sont suspendues de belles tentures peintes appelées *pichhwaï*. L'accès du sanctuaire est interdit aux non-hindous mais les visiteurs étrangers peuvent aller voir les peintres au travail dans le bazar de la bourgade.
Le *pichhwaï* est une des formes les plus vivantes de la peinture indienne.
Les motifs peints avec des couleurs végétales et minérales sur une étoffe rigide décrivent les 24 scènes de la légende de Krishna liées chacune à une fête ou à un jour férié.
Au centre se trouve l'image de Krishna avec son visage couvert de cendres, ses yeux en forme de fente et ses bijoux ouvragés, sur fond de feuillages, d'oiseaux, d'animaux et de ciel. Vaches, bouvières et fidèles entourent la divinité.

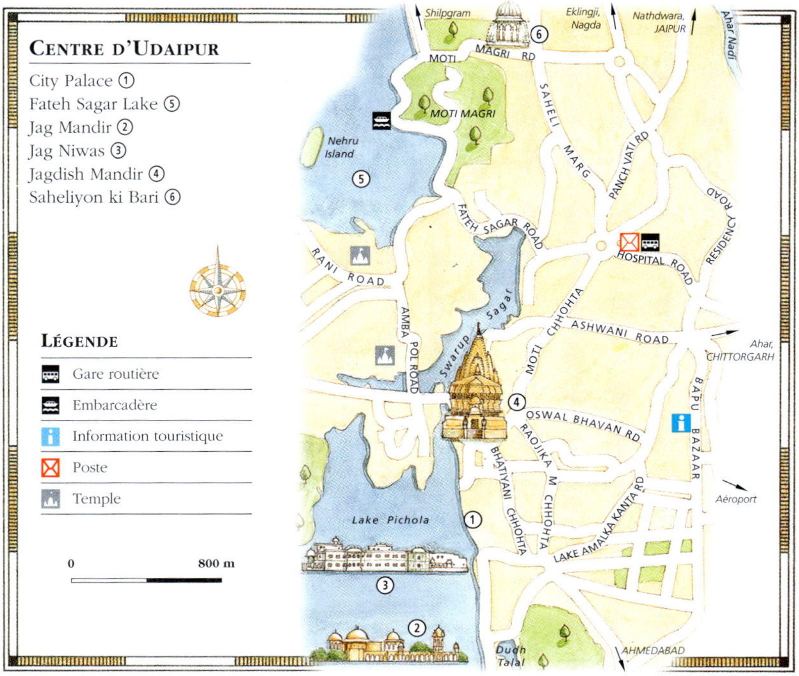

Le City Palace d'Udaipur

Armoiries du Mewar

Situé sur la rive orientale du lac Pichola, le City Palace est un extraordinaire amalgame d'architecture militaire rajpoute et de techniques décoratives mogholes. Son austère façade semblable à celle d'une forteresse surmontée d'une profusion de balcons, coupoles et tourelles a été comparée à un gâteau ordinaire nappé d'un fabuleux glaçage. D'une superficie de 2 ha qui en fait le plus grand palais du Rajasthan, le City Palace est en réalité un ensemble de palais construits ou agrandis successivement par 22 *maharana* entre les XVIe et XXe siècles. Une grande partie de l'édifice a été transformée en musée et en hôtels de luxe.

Fateh Prakash

Ce palais du début du XXe siècle doté d'un magnifique salon de réception et d'une galerie abritant une collection de mobilier en cristal est aujourd'hui un hôtel.

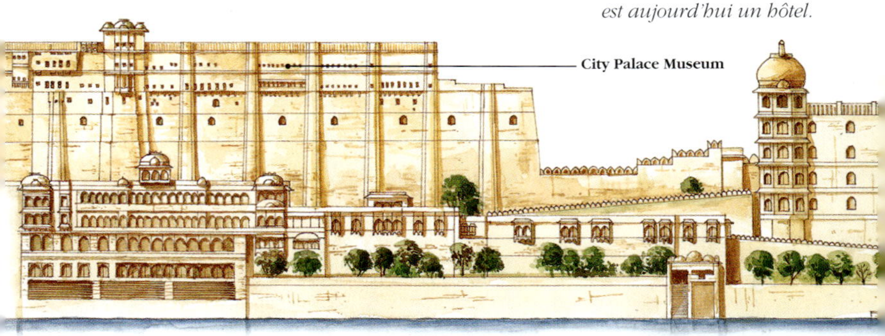

City Palace Museum

Temple dédié à la déesse Dhuni Mata, Rajya Angan Chowk

À la découverte du City Palace

La partie la plus ancienne du palais date de 1568. Les murs fortifiés abritent un dédale de salles de réception, de cours intérieures et d'appartements royaux reliés entre eux par des passages étroits et des escaliers raides – caractéristiques des palais rajpoutes de cette époque pour désorienter l'envahisseur. Le **City Palace Museum** auquel on accède par l'imposante **Tripolia Gate** (construite en 1713) occupe plusieurs palais. Au-dessus de l'entrée se trouvent les armoiries du Mewar (un grand soleil car le clan des Sisodia prétendait descendre du Soleil) flanquées de guerriers rajpoutes et bhil (cette tribu de talentueux archers joua un rôle héroïque dans les grandes batailles du Mewar).

Une seconde porte, la **Ganesh Deorhi Gate**, qui abrite la caisse, conduit à une cour intérieure décorée de fresques de chevaux et d'éléphants ainsi que d'un relief sculpté en marbre de Ganesh entouré de mosaïques de miroir et de verre.

De la cour suivante appelée **Rajya Angan Chowk**, un escalier monte au Chandra Mahal construit en 1620. Avec ses colonnes, ses fenêtres chantournées et ses reliefs sculptés en marbre représentant des femmes rajpoutes, dont une portant un bouclier, c'est l'un des plus beaux palais. De là, la vue sur le lac Pichola et sur ses palais construits sur des îles est superbe. Une autre volée d'escaliers monte au jardin en terrasses du **Bari Mahal** (aménagé en 1699) sur le flanc de la colline enserrée par les murs fortifiés. En bordure se trouvent plusieurs salles

Vue du City Palace sur la rive orientale du lac Pichola

MODE D'EMPLOI

Complexe du City Palace
(0294) 252 8016. *t.l.j.*
restrictions. **Musée**
supplément.
Fateh Prakash *ouvert aux non-résidents.* **Shiv Niwas** *ouvert aux non-résidents.*

Shiv Niwas
Ce palais à la somptueuse décoration où étaient reçus les hôtes étrangers a été transformé hôtel de luxe (p. 583).

Le Shambhu Niwas est aujourd'hui occupé par la famille royale

Fateh Prakash

Le Kanch Burj aux incrustations de verre rouge et argent

s'ouvrant par des arcades ciselées et au centre une piscine en marbre que les hauts *neem* protègent des ardeurs du soleil.

Du Bari Mahal on accède au Dilkhushal Mahal (construit en 1620) comprenant deux palais : le Kanch Burj ou « tourelle de verre » avec ses incrustations de verre rouge et argent, et le Krishna Niwas où sont exposées des miniatures mewar. Ce palais était celui de la princesse Krishna Kumari, qui se suicida en 1807 à l'âge de 16 ans quand deux prétendants rivaux de Jodhpur et de Jaipur menacèrent de se faire la guerre pour savoir lequel l'épouserait.
Sur la gauche, le Moti Mahal était le palais du *maharana* Jawan Singh (1828-1838), personnage dissolu qui promit un jour à une danseuse la moitié de son royaume si elle traversait le lac sur une corde tendue entre les deux rives. La jeune fille avait presque atteint son but lorsqu'un courtisan trancha la corde et la danseuse se noya. Encore plus à gauche, la **Mor Chowk** ou « cour des Paons » est rutilante de mosaïques de verres colorés du XIXe siècle représentant trois paons en train de danser. L'extrémité sud du City Palace comporte trois autres palais datant de la fin du XIXe siècle et du début du XXe siècle : le **Shambhu Niwas**, où habite la famille royale, le **Fateh Prakash**, avec son magnifique salon de réception, sa collection de portraits et sa galerie de mobilier en cristal, et le **Shiv Niwas**, de forme semi-circulaire, où étaient reçus les hôtes étrangers (la reine Élisabeth II fut invitée). Le Fateh Prakash et le Shiv Niwas sont des hôtels de luxe mais les non-résidents peuvent visiter les collections et aller au restaurant.

Mosaïque de la danse du paon de Mor Chowk

L'intérieur riche en couleurs du Juna Mahal à Dungarpur

Dungarpur 20

District de Dungarpur. À 110 km au S. d'Udaipur. *42 550.* *Vagad Festival (janv.-fév.), Baneshwar Festival (fév.).*

Bien qu'elle soit relativement peu connue, Dungarpur peut se vanter de posséder quelques trésors artistiques. Dominant la ville, le palais-forteresse, le **Juna Mahal**, date du XIIIe siècle. Si l'extérieur du bâtiment de sept étages a subi les outrages du temps, l'intérieur doté d'une ornementation exubérante renferme quelques-unes des plus belles fresques que l'on puisse voir au Rajasthan. Vous admirerez notamment une série de peintures érotiques remarquablement conservées du *Kama-sutra* dans la chambre royale du dernier étage.

Construit au XIXe siècle, dans le granit gris-vert de la région en bordure d'un lac, l'**Udai Vilas Palace** est un mélange de styles rajpoute et moghol. Au centre de la cour intérieure s'élève un pavillon de quatre étages doté d'arches à lobes, de frises richement sculptées et d'une profusion de balcons et de dais. La pièce du haut est décorée d'incrustations en pierres semi-précieuses.

Chittorgarh 21

District de Chittorgarh. À 115 km au N.-E. d'Udaipur. *Janta Avas Graha, Station Rd, (01472) 24 1089.* *Meera Utsav (oct.).*

La forteresse incarne à travers son histoire la vaillance, l'esprit chevaleresque et la loi du sacrifice avant le déshonneur célébrés dans les légendes rajpoutes. Sur leur plate-forme rocheuse dominant la plaine de ses 180 m de hauteur, les vestiges de Chittorgarh qui s'étendent sur 280 ha témoignent de l'illustre passé de la capitale du clan des Sisodia (du XIIe au XVIe siècle).

La plus puissante forteresse du Rajasthan fut souvent la cible des envahisseurs. Le premier assaut fut donné en 1303 par le sultan Alauddin Khilji *(p. 48)* qui voulait capturer également la reine Rani Padmini dont il avait aperçu la légendaire beauté dans un miroir. Mais au moment où la défaite devenait inéluctable, la souveraine se résolut à pratiquer le *jauhar* (suicide rituel par le feu pratiqué par les femmes rajpoutes pour échapper au déshonneur de tomber aux mains de l'ennemi). Elle fut imitée par 13 000 autres femmes. La bataille qui suivit fit 50 000 victimes chez les guerriers rajpoutes et de nombreux édifices furent détruits. Mais quelques années plus tard, la forteresse était reprise par le petit-fils du souverain du clan sisodia.

La bataille suivante eut lieu en 1535 contre le sultan Bahadur Shah du Gujarat. Pendant les combats, la reine mère Rani Jawaharbai périt avec l'élite de la jeunesse rajpoute en conduisant une charge de cavalerie. Là encore, des milliers de femmes pratiquèrent le *jauhar*. Le troisième siège de la ville fut celui de l'empereur moghol Akbar en 1567. Vaincus, les Sisodia s'en allèrent fonder une nouvelle capitale : Udaipur *(p. 326-327)*.

Sept portes monumentales hérissées de pointes mènent au fort de Chittorgarh. Le premier bâtiment sur la droite est le **Rana Kumbha Palace** (construit entre 1433 et 1468), sans doute le plus ancien modèle de palais rajpoute qui subsiste à ce jour. Quelques pans de mur orientés au nord montrent une profusion de balcons ciselés et un mur à gradins unique en son genre. Dans la partie

Vue de l'impressionnant fort Chittorgarh construit sur une éminence rocheuse

publique du palais se trouvent les stalles des éléphants et une salle du Conseil tandis que les appartements privés sont un dédale de pièces, comportant notamment le *zenana*. Un peu plus loin, le **Fateh Prakash Palace** (XXe siècle) abrite aujourd'hui un musée archéologique où sont exposées des sculptures provenant du site. Le palais compte aussi le **Kumbha Shyamiji Temple** datant du XVe siècle qui contient une belle statue de Vishnou sous la forme du sanglier Varaha et le **Meerabai Temple** construit en 1440 par la reine Meerabai *(p. 49)*, autre illustre souveraine du Mewar. Poétesse et mystique, elle défia les conventions rajpoutes pour se consacrer au culte de Krishna.

Au sud de ce temple s'élève la **Vijay Stambh** ou « tour de la Victoire » construite par le *maharana* Kumbha entre 1458 et 1468 pour commémorer sa victoire sur Mahmud, sultan du Malwa *(p. 213)*. La vue depuis le haut de cet édifice en grès de neuf étages (36 m) est superbe. La rue longe ensuite des demeures seigneuriales jusqu'au **Gaumukh Reservoir**, alimenté par une source souterraine, et au **Kalika Mata Temple** du XVIe siècle qui occupe l'emplacement du Temple du Soleil détruit lors du siège de 1303.

La Vijay Stambh

En face, le **Padmini Palace** est agrémenté d'un pavillon bordant un bassin qui fut reconstruit au XIXe siècle et qui renferme le miroir dans lequel le sultan Alauddin Khilji aperçut l'image de la reine. Encore plus au sud, s'élève la **Kirti Stambh** ou « Tour de la renommée » de sept étages dédiée au premier *tirthankara* Adinath.

Musée Fateh Prakash

sam.-jeu. gratuit lundi.

Temple du dieu-Soleil (XIe siècle) à Jhalrapatan

Jhalawar ㉒

District de Jhalawar. À 323 km au S. de Jaipur. *48 100.* *Hotel Chandrawati, (07432) 23 0081.* *Foire aux bestiaux de Chandrabhaga (oct.-nov.).*

Un fort du XIXe siècle, ancienne capitale princière, domine cette bourgade entourée d'orangeraies et de champs de coquelicots. Des bureaux administratifs occupent aujourd'hui une partie du fort et le **Bhavani Natya Shala Theater**, construit en 1921 sur le modèle des grands opéras que le maharaja avait vus en Europe, occupe une autre partie. À 6 km au sud du fort **Jhalrapatan** ou « Cité des cloches » possède un groupe de temples du XIe siècle à l'intérieur de ses remparts, notamment le **Surya Temple** avec son image étonnante du dieu-Soleil. À 1,5 km plus au sud, sur les berges de la Chandrabhaga s'élève le **Chandra Mauleshwar Temple** du VIIe siècle doté de superbes reliefs sculptés.

AUX ENVIRONS : À 10 km à l'ouest de Jhalawar dans un paysage de collines boisées et de champs, le **Ghagron Fort** (XIVe siècle) est entouré sur trois côtés par les rivières Kali, Sindh et Ahu. À 70 km à l'ouest de Jhalawar, la forêt luxuriante, les prairies et les falaises du **Darrah Wildlife Sanctuary** ressemblent exactement à celles des célèbres peintures des parties de chasse que l'on voit au palais royal de Kota ; il n'y manque que les tigres et les princes !

Kota ㉓

District de Kota. À 261 km au S. de Jaipur. *696 000.* *Hotel Chambal, (0744) 232 7695.* *Dussehra Mela (sept.-oct.).*

L'imposante façade du **City Palace**, en bordure de la rivière Chambal, évoque le passé de cette ancienne principauté devenue aujourd'hui un grand centre industriel. L'intérieur du palais royal donne un aperçu du riche patrimoine artistique de Kota : le moindre espace est couvert de miniatures, d'incrustations de miroir, de fresques et de mosaïques. Le grand salon de réception possède de remarquables portes en ébène et en ivoire. Une grande partie des appartements privés est occupée par le **Rao Madho Singh Museum** où sont exposés une collection d'armes, des peintures, des sceaux et de beaux objets ayant appartenu aux souverains.

Le **Jag Mandir** fut construit au XVIIIe siècle sur une île du lac Kishor Sagar par une souveraine de Kota, nostalgique d'Udaipur *(p. 326)*, où elle avait passé son enfance.

Rao Madho Singh Museum

sam.-jeu.

AUX ENVIRONS : À 55 km au sud-ouest de Kota, **Bardoli** possède l'un des plus beaux ensembles de sanctuaires du Rajasthan. Le Ghateshwar Mahadev Temple (IXe siècle) abrite une étonnante image sculptée de Nataraja (Shiva dansant) sur la porte.

Porte en ébène et en ivoire du City Palace (XVIIe siècle) de Kota

Vue de Bundi blottie au fond d'une étroite vallée des monts Aravalli

Bundi 24

District de Bundi. À 215 km au S. de Jaipur. *88 350.*
Rajasthan Tourism, Circuit House, (0747) 244 3697. *t.l.j.*
Gangaur (mars-avr.).

Cette cité fortifiée est souvent décrite comme le joyau méconnu du Rajasthan. Blottie au fond d'une vallée des Aravalli, elle a conservé son caractère d'autrefois. Le **Taragarh Fort** coiffe l'éminence rocheuse qui domine la ville basse et, sur les flancs de celle-ci, le **Garh Palace** étage ses terrasses. Dans ses *Annales et Antiquités du Rajasthan*, le lieutenant-colonel et agent de l'Empire britannique James Tod (1782-1835) écrivait que le « coup d'œil » sur ce joyau était, sous n'importe quel angle, le plus marquant de tous ceux que l'Inde pouvait offrir.

L'État princier de Bundi fut fondé en 1341 par Rao Deva du clan rajpoute des Hada Chauhan (« nés du feu ») et c'est pendant son règne que fut construit le Taragarh Fort. Le chantier du palais commença au XVIe siècle et pendant les 200 ans qui suivirent d'autres palais furent ajoutés à différents niveaux de la colline. Comme dans la plupart des autres palais du Rajasthan, l'influence moghole n'est guère perceptible. Le bâtiment est en réalité un modèle rare de pur style rajpoute, avec des pavillons et des kiosques à toit cintré, une profusion de colonnes dans les temples, des consoles ornementales et des motifs décoratifs d'éléphants et de fleurs de lotus. Fait inhabituel, le palais n'est pas en grès comme dans les autres royaumes rajpoutes, mais en serpentine dure de couleur verte provenant de la région. À la différence du grès, cette pierre ne se prête pas au travail de ciselure remplacé ici par des peintures murales. On entre par l'imposante **Hathia Pol** ou « porte des Éléphants » flanquée de deux tours et surmontée de deux énormes pachydermes peints. Les édifices les plus spectaculaires sont le **Chattar Mahal** (édifié en 1660) et le **Chitrashala,** galerie en arcades construite entre 1748 et 1770 donnant sur un jardin suspendu. Les peintures murales des deux édifices passent pour être quelques-uns des plus beaux spécimens de peinture rajpoute. Elles représentent des scènes de la légende de Radha et Krishna, des cérémonies religieuses, des parties de chasse et autres divertissements princiers. Les couleurs dominantes sont le bleu et le vert, avec des touches de rouge sombre et de jaune. Au pied du palais, le **Nawal Sagar Lake** est agrémenté en son centre d'un petit temple édifié sur une île. Le spectacle du palais et du fort qui se reflètent dans les eaux du bassin est sublime.

Peinture du Chitrashala

Bundi compte plus de 50 puits, dont le plus beau est le **Rani-ki-Baori** de 46 m de profondeur situé également au centre de la ville basse. Construit au XVIIe siècle, il ressemble de manière frappante à celui d'Adalaj Vav au Gujarat *(p. 340-341)*, avec ses voûtes richement décorées et ses sculptures des dix avatars de Vishnou.

Situé à l'extrémité nord de Bundi, au bord du **Jait Sagar Lake**, le **Sukh Niwas Mahal,** qui date du XVIIIe siècle, est l'ancienne résidence d'été des maharajas. Sur la rive opposée s'élèvent les cénotaphes royaux et à l'ouest la Shikar Burj, élégante tour d'observation pour les chasseurs.

Aux environs : À 50 km au sud-ouest de Bundi sur la route de Chittorgarh, **Bijolia** possède trois temples du XIIIe siècle dédiés à Shiva. **Menal**, 20 km plus loin, compte des temples du XIe siècle édifiés au milieu des bois à proximité d'une gorge impressionnante. À 113 km au nord de Bundi, **Tonk** est l'ancienne capitale du seul État princier musulman du Rajasthan. Sa principale curiosité touristique est le Sunehri Kothi ou « Demeure dorée », situé dans l'enceinte du palais, dont l'intérieur est entièrement recouvert de feuille d'or, de laque, de moulures en stuc et d'incrustations de miroir. L'Institut d'études arabes et persanes possède une collection de manuscrits arabes enluminés du Moyen Âge.

L'intérieur recouvert d'or du Sunehri Kothi à Tonk

Ranthambhore National Park ㉕

Rollier d'Inde

Situé au pied des monts Aravalli et Vindhya, ce parc s'étend sur 275 km. Ses escarpements, ses gorges, ses lacs et sa jungle abritent des carnivores tels que caracals, panthères, chacals et hyènes ainsi que diverses espèces de cerfs et de nombreux oiseaux sédentaires et migrateurs, mais le plus illustre de ses hôtes est le tigre aujourd'hui en voie de disparition. Comme d'autres parcs naturels de la région, celui-ci est une ancienne réserve de chasse des maharajas de Jaipur, transformée en réserve de tigres depuis 1973.

MODE D'EMPLOI

District de Sawai Madhopur. À 180 km au S.-E. de Jaipur. *Sawai Madhopur, 10 km à l'E. de l'entrée, puis taxi.* *Sawai Madhopur.* *R.T.D.C. Hotel Vinayak, Sawai Madhopur, (07 462) 221 333.* *oct.-juin.* *supplément.* *obligatoire. Interdiction de se déplacer à pied. Seules les Jeeps du Project Tiger Office sont autorisées, (07462) 220 223, proche de la gare ferroviaire.* *Dastkari Kendra, (07462) 222 842, à l'opposé du village de Kutalpura sur la route de Kundera.*

Rajbagh Talao

Des pavillons en ruine bordent le Rajbagh Talao, l'un des trois lacs du parc.

Les tigres

Seul le hasard vous permettra d'apercevoir le plus gros prédateur du parc. Ses traces sont plus visibles.

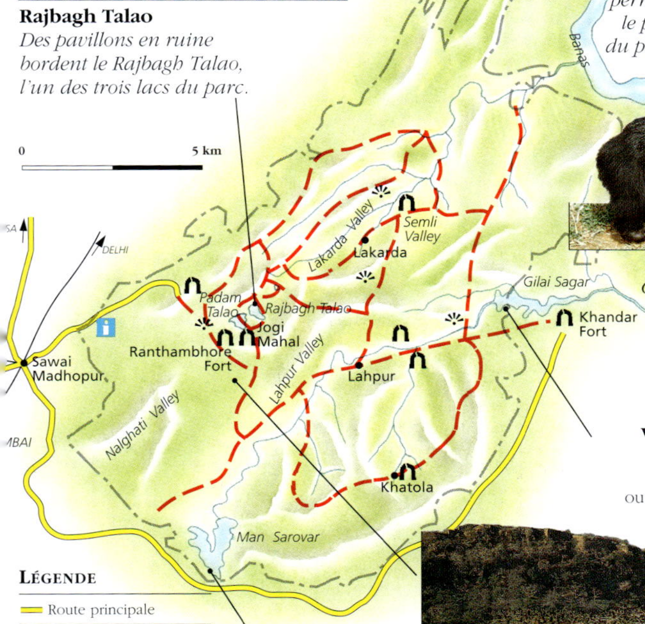

L'ours paresseux

Cet ours à poil long est doté de courtes pattes arrière et d'un long museau.

Vous apercevrez des crocodiles des marais à la surface de l'eau ou sur les rives des lacs.

LÉGENDE

- Route principale
- Voie ferrée
- Limite du parc
- Point de vue
- Piste
- Site archéologique
- Information touristique

Les troupeaux de cerfs sambar *(Cervus unicolor)* viennent s'abreuver et manger des plantes aquatiques autour des lacs sans se laisser perturber par les Jeeps ni les visiteurs.

Ranthambhore Fort

Le parc doit son nom à cet imposant fort rajpoute millénaire situé à 215 m d'altitude.

Ahmedabad ❶

Principale ville du Gujarat, Ahmedabad fut aussi la capitale de l'État jusqu'en 1970. Devenue un important centre industriel, elle a conservé néanmoins ses vieux quartiers. La légende raconte qu'elle fut fondée par le sultan Ahmed Shah (1411-1442) qui, ayant découvert lors d'une partie de chasse un terrier de lapins sur les berges de la Sabarmati, fut stupéfait de les voir s'en prendre à sa meute pour défendre leur territoire. Voyant là un signe de bon augure, il choisit cet endroit pour construire sa nouvelle capitale.

Vue des berges de la Sabarmati

Vieille ville

Limitée par Lady Vidyagauri Rd, Sardar Patel Rd et Kasturba Gandhi Rd.
Heritage Walking Tours ☎ *(079) 2539 1811.*

La cité ancienne qui s'étend sur 3 km est un dédale de ruelles avec ses bazars, ses portes monumentales *(pol)*, ses façades de maisons sculptées, ses temples, ses mosquées et ses puits à degrés *(vaw)*. Elle se visite de préférence à pied : des promenades de découverte du patrimoine sont organisées. Le toit du **Bhadra Fort** (la première cité) offre un beau panorama sur les rues alentour. Au sud-ouest, l'**Ahmed Shah Mosque** fut édifiée en 1414 à l'emplacement d'un temple hindou du XIIIe siècle. L'édifice le plus photographié d'Ahmedabad est la **Sidi Saiyad Mosque** située à l'angle nord-est du fort et réputée pour ses fenêtres à claire-voie. Admirez notamment les deux *jali* de la façade ouest réalisés par un esclave du sultan en 1572 qui représentent les frondaisons d'un arbre de vie. Au sud-est du fort, la **Tin Darwaza** ou « triple porte » marque l'entrée d'une large rue bordée d'échoppes vendant des tampons, de l'argenterie et toutes sortes d'objets. Non loin de là, sur Mahatma Gandhi Road s'élève la mosquée de grès jaune, la **Jami Masjid**. Elle fut construite en 1423 par le sultan Ahmed Shah afin de permettre aux fidèles de se rassembler pour la prière du vendredi, avec quelques matériaux récupérés des temples hindous et jaïns qui avaient été démolis. Le bloc noir proche de l'arche principale serait ainsi le pied d'une idole jaïne à l'envers. Les 15 coupoles sont soutenues par 260 piliers ornementés. La lumière pénètre dans l'édifice par des écrans ajourés. À l'extérieur de l'entrée est de la mosquée, près du bazar des orfèvres de Manek Chowk se dresse le **Tomb of Ahmed Shah** avec ses élégantes colonnades où le souverain est inhumé avec son fils et son petit-fils. De l'autre côté de la rue, le mausolée des épouses du sultan, le **Rani-ka-Hazira** est construit sur le même plan. Au sud-est de Manek Chowk, la **Rani Sipri Mosque** est également connue sous le nom de Masjid-e-Nagina ou « Joyau de la mosquée » en raison de ses élégantes proportions et de ses minarets élancés. Au nord-ouest de Manek Chowk, la **Rani Rupmati Mosque** dédiée à la veuve hindoue d'un sultan fut construite au XVe siècle. La mosquée affiche un heureux mariage de styles hindou et musulman. Des écrans de pierre ajourés protégeaient les femmes des regards. Près de la gare ferroviaire, les célèbres minarets de Sidi Bashir, connus aussi sous le nom de « shaking minarets » à cause de leurs mouvements d'oscillation, ne sont plus accessibles au public.

***Jali* de l'arbre de vie de la mosquée Sidi Saiyad**

Porte monumentale de Tin Darwaza

En dehors de la vieille ville

Au N. de la vieille ville.

Situé au-delà de la Delhi Gate, le **Hathi Singh Temple** fut édifié par un marchand jaïn. Ce sanctuaire de marbre finement ciselé est dédié au quinzième *tirthankara* Dharmanath. La cour pavée abrite 52 petits temples dédiés à d'autres *tirthankara*. Au nord-est de la vieille ville, le **Dada Harir Vav** est un bel exemple de puits à degrés avec ses parements et ses piliers sculptés. Il fut creusé en 1500 pour une femme du harem : Bai Harir Sultani.

New Ahmedabad

Sur la rive droite de la Sabarmati, à l'O.

La ville moderne est située sur l'autre rive de la Sabarmati. Elle possède quelques beaux spécimens d'architecture contemporaine de Le Corbusier *(p. 93)* et de l'Américain Louis Kahn. Dessiné par Le Corbusier, le **Sanskar Kendra** possède une collection de miniatures rares. L'IIM, le meilleur institut de gestion du pays, est installé sur un campus dessiné par Louis Kahn. Non loin de là, le **LD Institute of Indology** abrite des peintures et des manuscrits anciens. Le **Calico Museum** *(p. 338-339)* expose une remarquable collection de textiles. Le prestigieux National Institute of Design se trouve sur la rive sud de la Sabarmati.

Sabarmati Ashram

t.l.j. *mi-juin–mi-oct.* **Son et lumière** *lun., mar., mer. et ven. à 18h30.*

Cet ashram fut une seconde maison pour Gandhi. C'est ici que le grand leader pacifiste orchestra la lutte finale pour la liberté de l'Inde. La modeste maison au toit en tuiles du Mahatma, Hriday Kunj, est restée pratiquement dans l'état où il l'a laissée : on y voit quelques objets personnels du grand homme comme ses lunettes rondes, ses mules en bois, des livres et des lettres.

Le rouet de Ghandi à l'ashram de la Sabarmati

Mode d'emploi

District d'Ahmedabad. 545 km au N.-O. de Mumbai.
3 515 400. *10 km au N. du centre-ville.* *H.K. House, Ashram Rd, (079) 2658 9683.* *lun.-sam.* *Uttarayan (14 janv.), Navratri (sept.-oct.).*

Aux environs : À 4 km au sud de la ville, le **Vishala Complex** est un écomusée où sont exposés des ustensiles et des objets utilitaires, avec un restaurant situé dans un joli cadre en plein air, proposant une excellente cuisine gujarati *(p. 611)*. À quelques kilomètres au sud-ouest, le **Sarkhej Roja** est un bel ensemble de mausolées et de pavillons autour d'un lac artificiel qui servit de résidence d'été aux souverains du Gujarat entre 1445 et 1461. Les tombes comptent celle du guide spirituel d'Ahmed Shah : Sheikh Ahmed Khattu. Les claires-voies en cuivre sont caractéristiques de ce lieu. À 25 km au nord d'Ahmedabad, la capitale **Gandhinagar** fut construite à la fin des années 1960 suivant un plan d'urbanisme. Elle s'étend sur 60 km, avec le secteur administratif en son centre.

Adalaj Vav ❷

Détail de relief sculpté d'une niche murale

Les puits à degrés *(vav)* du Gujarat sont une réponse ingénieuse à la pénurie d'eau dans cette région aride. Abondamment décorés, ces puits souterrains sont dédiés à des divinités, l'eau qui maintient la vie étant considérée comme la manne des dieux. Construit en 1499 par Rudabai, l'épouse d'un chef local, pour conserver l'eau et créer un lieu à la fois agréable et vivant, l'Adalaj Vav est peut-être le plus beau puits monumental du Gujarat. Une série de paliers et de galeries creusées sur les côtés descend jusqu'à la nappe d'eau.

Femmes descendant les marches du puits, lieu de détente

Corridor à degrés
Ce corridor construit sur cinq niveaux descend à 30 m de profondeur en traversant des pavillons dont les murs, les piliers et les niches sont recouverts de reliefs.

★ Premier puits
L'Adalaj est un puits double avec un réservoir intermédiaire de 7 m de diamètre et de forme octogonale entièrement décoré de ciselures.

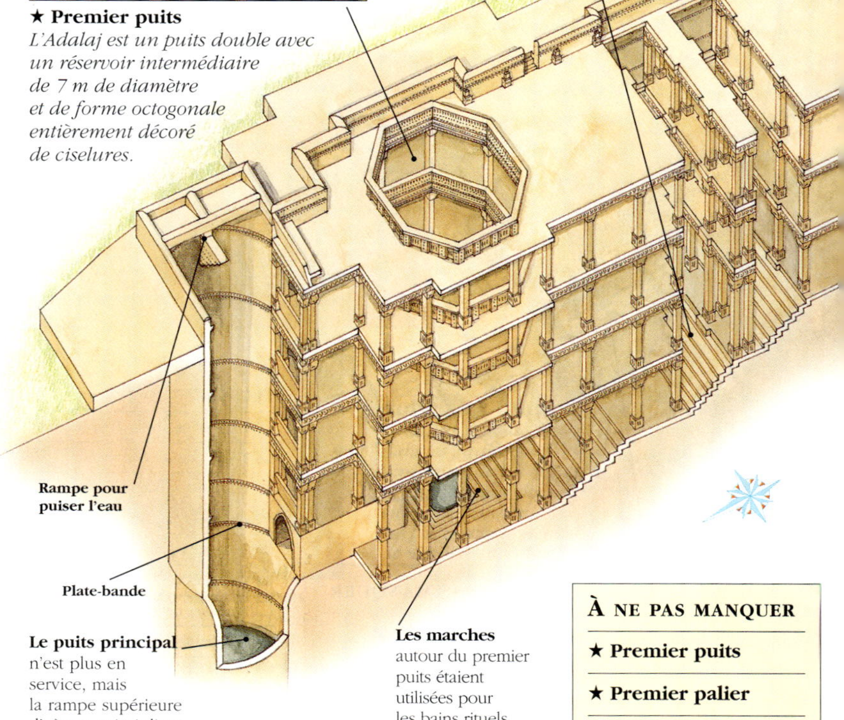

Rampe pour puiser l'eau

Plate-bande

Le puits principal n'est plus en service, mais la rampe supérieure d'où on puisait l'eau est toujours là.

Les marches autour du premier puits étaient utilisées pour les bains rituels.

À NE PAS MANQUER

- ★ **Premier puits**
- ★ **Premier palier**
- ★ **Niches murales**

Détail ornemental
Les parois du puits sont ornées d'une profusion de reliefs sculptés à motifs géométriques ou floraux et de figurines.

Mode d'emploi

District de Gandhinagar. À 17 km au N. d'Ahmedabad. *Le taxi et le bus sont les meilleures options au départ d'Ahmedabad.* *t.l.j.* *photos au flash interdites.*

Un des trois porches d'entrée

Les plates-bandes viennent rompre la monotonie des murs dépourvus d'ornementation.

★ Premier palier
Il est orné de balcons, de fenêtres, de portes et de niches consacrées à des divinités. À midi, la lumière du soleil pénètre jusqu'au fond du puits.

Pavillons
S'ouvrant par des arcades, chaque pavillon baigne dans une lumière diffuse qui en fait un lieu de détente idéal.

★ Niches murales
Présentes dans tous les pavillons, elles sont ornées de reliefs à motifs de jarres, de chevaux, de fleurs et de feuilles.

Autres puits à degrés du Gujarat

Le puits **Rani ni Vav** à Patan *(p. 343)* qui date du XIe siècle est l'un des plus riches en reliefs sculptés (environ 800) du Gujarat. Construit en 1499, le **Dada Harir Vav** *(p. 337)* à Ahmedabad est l'un des plus beaux spécimens de *vav* de la période musulmane. À 18 km d'Ahmedabad, l'**Ambarpur Vav**, qui date du XVe siècle, est l'un des rares puits à degrés encore en service.

Le Rani ni Vav est l'un des plus grands *vav* en Inde

Entrepôt en briques séchées au soleil datant de 2500 av. J.-C. à Lothal

Lothal ❸

District d'Ahmedabad. À 75 km au S.-O. d'Ahmedabad. *Gare de Lothal-Burkhi, s6 km au S.-O. de Lothal, puis moyens de transport locaux.* *pour Burthi.* *sam.-jeu.*

Les vestiges d'une cité de la civilisation de l'Indus vieille de 4 500 ans *(p. 41)* ont été mis au jour par les archéologues. Située à 6 km au nord-ouest du confluent des rivières Sabarmati et Bhogavo, Lothal ou « tertre funéraire » était un port florissant sur un estuaire s'ouvrant sur le golfe de Cambay (aujourd'hui Khambat) qui commerçait avec l'Égypte, la Perse et la Mésopotamie.

Le site montre les fondations d'une cité construite sur un plan précis, avec des pâtés de maisons, des égouts, des caniveaux, des puits et douze thermes. Des colliers de perles, des poteries décorées de motifs d'oiseaux et d'autres animaux, des sceaux portant des idéogrammes non déchiffrés à ce jour ainsi que des poids et des mesures ont été mis au jour. Une digue de briques séchées protégeait la cité des inondations permanentes qui finirent probablement par la détruire vers 1900 av. J.-C.

L'**Archaeological Museum** expose des pièces intéressantes, dont une figurine en cuivre et un collier de perles en or.

En procédant à des tests d'évaluation de la pollution dans le golfe de Khambat en 2001, des océanographes indiens découvrirent les fondations de deux cités sous la mer avec des rues, des maisons, des escaliers et des temples. Les objets retrouvés dans les fonds marins, notamment une tuile en pierre couverte de marques mystérieuses (forme primitive d'écriture ?) et des rondins de bois sculptés, remonteraient selon la datation au carbone à 7500 av. J.-C. La découverte de cette « Atlantide de l'Asie » a passionné les historiens et les archéologues du monde entier car elle donne à penser que la civilisation a peut-être commencé 5000 ans plus tôt que ce que l'on croyait. Selon eux, la cité aurait été submergée au moment de la montée du niveau de la mer à la fin de la période glaciaire vers 8000 av. J.-C.

Musée archéologique

sam.-jeu.

Lits de roseaux sur le lac Nal

Nal Sarovar Sanctuary ❹

District d'Ahmedabad. À 60 km au S.-O. d'Ahmedabad. *Viramgam, 35 km au N. de l'entrée de la réserve, puis taxi.* *Viramgam.* *Conservator of Forests (Wildlife), Gandhinagar, (079) 952717–223 500.*

Cette réserve est l'une des plus grandes réserves ornithologiques du pays. La meilleure période pour la visiter se situe entre novembre et février, quand le lac Nal (d'une superficie de 115 km²) et les forêts marécageuses qui l'entourent accueillent quelque 250 espèces aquatiques (flamants roses, oies, grues, pélicans, cigognes, cormorans, ibis et spatules). Les oiseaux migrateurs, comme l'élégante grue cendrée, viennent, parfois de très loin – Sibérie – et se rassemblent également ici par centaines. Ils peuvent être observés depuis les bateaux qui sillonnent le lac. La grue antigone, la plus grosse espèce au monde, habite ici en permanence. Avant l'accouplement, mâles et femelles s'adonnent à un rituel nuptial au cours duquel ils exécutent une danse synchronisée avec force révérences. Malheureusement l'activité des communautés locales de pêcheurs et le nombre croissant des touristes tendent à réduire la faune du lac Nal.

Les flamants roses sont nombreux à la Nal Sarovar Sanctuary

Images finement sculptées de divinités hindoues du Rani ni Vav à Patan

Modhera Sun Temple ❺

P. 344-345.

Patan ❻

District de Mehsana. À 140 km d'Ahmedabad. *112 050.* *Jatar Fair (sept.-oct.).*

Patan fut la capitale de la région du VIIIe au XVe siècle avant que le sultan Ahmed Shah aille s'installer à Ahmedabad *(p. 336-337)* en 1411. Les ruines de l'ancienne capitale Anhilwada situées à 2 km au nord-ouest de Patan comptent notamment un puits monumental de sept étages, le **Rani ni Vav**, qui avec l'Adalaj Vav *(p. 340-341)* est le plus beau du Gujarat, ainsi qu'un réservoir d'eau. Ce chef-d'œuvre d'architecture datant de la dynastie des Solanki (Xe-XVe siècles) ne compte pas moins de 800 sculptures individuelles d'une grande finesse d'exécution. Il a été méticuleusement restauré. Édifié au XIe siècle par la reine Udaimati à la mémoire de son époux Bhina Deva, ce puits doté d'escaliers directs et latéraux qui descendent jusqu'à la nappe d'eau est unique. À la base de la construction, 37 niches abritent chacune une représentation sculptée de Ganesh. Non loin de là, le réservoir d'eau de **Sahastra-linga Talav**, situé sur les berges de la Saraswati, abrite quelque 1 000 sanctuaires dédiés à Shiva.

Patan peut également se vanter de posséder plus de 100 temples jaïns : le **Panchasara Parsvanatha Temple** est le plus intéressant. La ville compte aussi de nombreuses *haveli* aux façades finement ciselées.

Le sari *patola* est la propriété exclusive d'une seule famille qui transmet son savoir-faire de génération en génération. Ces saris sont vendus à Patan ainsi que dans les grandes villes indiennes.

Siddhpur ❼

District de Mehsana. À 128 km au N. d'Ahmedabad. *53 600.*

Située sur les bords de la rivière Anjuni, cette ville était connue autrefois pour son ensemble de temples de Rudra Mala du Xe siècle consacrés à Shiva. Ces temples furent détruits lors des invasions musulmanes au XIIIe siècle. Les textes historiques décrivent des constructions à trois étages ornées d'une profusion de reliefs en pierre sculptés et soutenues par 1600 piliers, ainsi que onze sanctuaires plus petits et trois portes monumentales de 40 m de hauteur. Aujourd'hui, il ne reste plus que deux porches et quatre colonnes du sanctuaire principal ainsi qu'un portique sculpté avec deux hautes colonnes dans un bon état de conservation. Le centre-ville abrite des *haveli* en bois et des demeures à colonnes des marchands musulmans datant du XIXe siècle.

AUX ENVIRONS : Ambaji, à 88 km au nord de Siddhpur, et **Bahucharaji**, à 55 km au sud-ouest, sont deux villes de pèlerinage dont le temple est dédié à la déesse Amba (réincarnation de Parvati, épouse de Shiva). Lors des quatre fêtes de la pleine lune en mars, juin, septembre et novembre, les fidèles se font collectivement raser la tête.

Maisons traditionnelles à la façade finement ciselée de Siddhpur

LA TECHNIQUE *PATOLA*

Détail de sari *patola*

Le *patola* est une technique de tissage de la soie propre à Patan où les fils de chaîne et de trame sont noués par groupes pour réserver des motifs, puis plongés dans la teinture et tissés suivant la méthode dite « du double *ikat* » *(p. 548)*. Mélangés à des motifs géométriques, bijoux, fleurs, animaux et danseuses sont les motifs les plus courants. Le procédé étant très long (1 moispour une longueur de sari, soit 5,5 m),les saris *patola* sont très prisés, surtout pour les trousseaux de mariée. La précieuse étoffe fut exportée en Indonésie où elle habilla la Cour royale.

Modhera Sun Temple ❺

Surya, dieu du Soleil

Ce Temple du Soleil fut édifié par le roi Bhima Ier de la dynastie Solanki en 1026. Orienté est-ouest, il reçoit les rayons du soleil tout au long de la journée et, chaque jour à midi, un faisceau de lumière pénètre jusqu'au centre de l'arrière-salle. À l'intérieur comme à l'extérieur, les reliefs sculptés d'une extraordinaire finesse d'exécution représentent des divinités du panthéon hindou et des scènes de la vie quotidienne. Un vaste bassin précède le temple. Cette disposition s'inspire des textes védiques selon lesquels le soleil naquit des profondeurs d'un océan primordial.

Vestibule à colonnes
Ce sabhamandapa *abrite douze représentations de Surya décrivant les phases de l'astre solaire à chaque mois de l'année.*

Chapelles
Le bassin est entouré de petites chapelles coiffées de shikhara *aux arêtes curvilignes.*

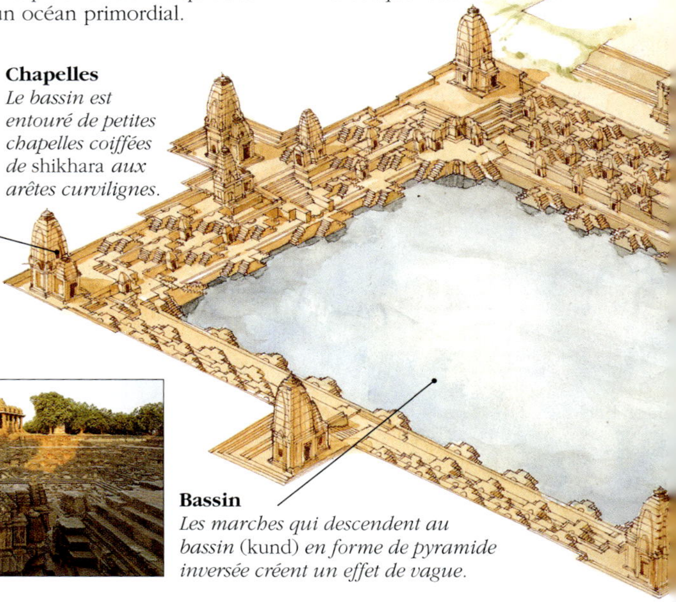

Bassin
Les marches qui descendent au bassin (kund) *en forme de pyramide inversée créent un effet de vague.*

Vadodara ❽

District de Vadodara. À 113 km au S.-E. d'Ahmedabad. *1 306 100.* *8 km au N.E. du centre-ville.* *Gujarat Tourism, (0265) 242 7489.* *Vadodara Municipal Corporation, (0265) 243 3116.*

Située sur les rives de la Vishwamitri, Vadodara doit sa splendeur à Sayajirao Gaekwad (1875-1939) qui transforma sa principauté en une ville moderne dans le domaine de la culture, de l'éducation et de l'industrie. Connue aussi sous le nom de Baroda, Vadodara est une ville dynamique avec de nombreux édifices, musées et jardins.

Le **Laxmi Vilas Palace** de style saracénique fut édifié sur les plans de l'architecte anglais Major Charles Mant *(p. 381)*. Commencé en 1878, le chantier s'acheva en 1890. Le palais est habité par l'ancienne famille royale mais il est question de le transformer en hôtel de luxe. Le **Maharaja Fateh Singh Museum,** situé dans le parc du palais, possède une collection

Façade du Laxmi Vilas Palace

Portique d'entrée
Du torana *ne subsistent que les deux jambages ornés de riches sculptures.*

MODE D'EMPLOI

District de Mehsana. À 119 km au N.-O. d'Ahmedabad. *Mehsana, à 25 km, puis taxi ou bus.* *(02734) 28 4334.* *t.l.j.* *Festival de danse de Modhera (janv.).*

Garbhagriha
Les murs et les piliers du temple proprement dit sont couverts d'une multitude de reliefs représentant des divinités dans l'ordre de la hiérarchie céleste.

Sabha Mandapa,
La salle hypostyle des assemblées était réservée aux homélies et aux manifestations culturelles.

Nritya Mandapa
Ce hall situé entre la salle hypostyle et l'arrière-salle servait pour les spectacles de danse.

d'œuvres de l'un des grands peintres indiens : Raya Ravi Varma (1848-1906). Au cœur de la ville, le parc **Sayaji Bagh** abrite un zoo et le **Vadodara Museum and Picture Gallery**, où est exposé un véritable bric-à-brac de miniatures mogholes, d'étoffes, de portes sculptées provenant d'anciennes *haveli* et d'objets ayant appartenu à la dynastie gaekwad. Vous y verrez notamment une collection de 68 bronzes provenant d'Akota qui était un grand centre de la culture jaïn au Ve siècle. Les autres curiosités de la ville sont le **Kirti Mandir**, *samadhi* (mémorial) de la famille royale, le **Nyaya Mandir** de style saracénique transformé en tribunal, plusieurs *haveli* peintes et le **College of Fine Art**, de l'université fondée par le maharaja Sayajirao.

***Radha et Madhava* de Raya Ravi Varma**

Laxmi Vilas Palace
(0265) 243 1819. *mar.-dim. Visite sur r.-v. uniquement.*

Maharaja Fateh Singh Museum
(0265) 242 6372. *mar.-dim.*

Vadodara Museum and Picture Gallery
(0265) 279 3801.
t.l.j.

AUX ENVIRONS : À 38 km au nord-ouest de Vadodara, la célèbre **Amul Dairy** est synonyme de la « révolution blanche » qui donna à l'Inde son autosuffisance en lait et qui aida les producteurs à s'organiser en coopératives. Aujourd'hui, elle fournit 1 million de litres de lait par jour. Elle est ouverte au public entre 15h et 17h.

Temple jaïn du Pavagadh Fort près de Champaner

Champaner 9

District de Vadodara. À 52 km au N.-E. de Vadodara. *Makahali Festival (mars-avr.).*

Cette ville aujourd'hui désertée et classée au Patrimoine mondial de l'Unesco fut la capitale de la dynastie rajpoute des Chauhan avant d'être conquise en 1484 par le sultan Mahmud Begada qui passa 23 ans à reconstruire la citadelle en y ajoutant mosquées, palais et tombeaux. Capitale du Gujarat jusqu'en 1535, Champaner passa aux mains de l'empereur moghol Humayun et déclina.

Une grande partie de la ville est en ruine. Les vestiges des palais et mosquées mêlent traditions musulmanes et jaïnes. Construite en 1523, la **Jami Masjid**, est un grand édifice aux formes symétriques surmonté d'un dôme et orné de minarets de 30 m de hauteur et de 172 piliers. C'est l'une des plus belles mosquées de l'Inde de l'Ouest. La **Nagina Masjid** qui date du XVIe siècle est aussi une mosquée élégante.

Le **Pavagadh Fort**, situé à 4 km au sud-ouest de Champaner, occupe le sommet de la colline Pavagadh à 820 m d'altitude. Il abrite un groupe de sanctuaires musulman, hindou et jaïn. Les ruines d'une ancienne fortification témoignent de son passé tourmenté. À mi-hauteur se trouvent les vestiges du **Sat Mahal**, palais à sept étages de la dynastie chauhan. Les derniers souverains qui refusaient de se convertir à l'islam après la conquête musulmane furent massacrés, tandis que leurs femmes et leurs enfants pratiquaient le *jauhar*. Les deux greniers à grains Makai Kothar et Naulakha Kothar sont coiffés d'un dôme.

AU ENVIRONS : À 75 km au sud de Champaner, le **Dabhoi Fort** fut édifié au XIIIe siècle par le clan rajpoute des Solanki (Xe-XIVe siècles). C'est un exemple intéressant d'architecture militaire rajpoute avec ses quatre portes, son réservoir d'eau alimenté par un aqueduc et ses champs dans l'enceinte du fort pour éviter la famine pendant les sièges.

Détail de sculpture, Jami Masjid

Ruines de la Jami Masjid (XVIe siècle) à Champaner

Surat 10

District de Surat. À 234 km au S. d'Ahmedabad. *2 433 800.* *1/847 Athugar St, Nanpura, (0261) 247 8586.* *lun.-sam.*

Occupant une position stratégique sur la ligne côtière, Surat fut autrefois un port florissant convoité par de nombreuses puissances entre les XVIe et XVIIIe siècles. Portugais, Hollandais, Moghols, Marathes et Britanniques s'y imposèrent à différentes périodes mais la ville commença à décliner à partir de 1837, à la suite d'inondations et d'un important incendie. Un grand nombre des marchands hindous et parsi *(p. 363)* émigrèrent à Bombay qui devint le premier port de la côte occidentale. Surat est aujourd'hui un centre industriel important. Situé à côté du pont Tapti, le **Surat Castle** (XVIe siècle) est le plus vieil édifice de la ville. Construit par Khudawan Khan, un chrétien albanais qui se convertit à l'islam, le château est entouré de remparts de 12 m de hauteur et d'une muraille de 4 m d'épaisseur. Les différents éléments furent assemblés par des bandes de fer et tous les joints remplis de plomb en fusion. Avec ses pointes de fer sur sa face externe et ses délicates sculptures sur l'autre face, la porte monumentale de l'aile orientale est remarquable. Malheureusement, les divers bureaux qui occupent aujourd'hui le château lui ont un peu ôté de son cachet.

Au nord-est du château, juste après la **Kataragama Gate**, les cimetières anglais, hollandais et arménien sont envahis par les mauvaises herbes. Les épitaphes racontent une époque du Gujarat. Dans le cimetière anglais, le mausolée de George Oxinden, ancien gouverneur du port de Surat, et de son frère est particulièrement impressionnant. Le tombeau du baron Adriaan van Reede édifié au XVIIe siècle dans le cimetière hollandais est surmonté d'une double coupole gigantesque.

La ville moderne est réputée pour son industrie textile qui produit la fameuse soie à brocart *(tanchoi)*. Spécialisée également dans l'orfèvrerie, elle est aujourd'hui mondialement connue pour la taille du diamant. Devenue aussi malheureusement synonyme d'« insalubrité urbaine » dans les années 1980, Surat fut frappée en 1994 par une épidémie de peste qui poussa la municipalité à procéder à un grand nettoyage. La ville qui renaît depuis est devenue un centre de commerce prospère.

Daman ⓫

Territoire de l'Union de Daman. À 390 km au S. d'Ahmedabad. *35 750. Vapi, 10 km au S.-E. de Daman, puis taxi ou bus. Nani Daman, (0260) 225 5104.*

Située à l'extrémité Sud du Gujarat, à la limite du Maharashtra, la minuscule enclave de Daman fut une colonie portugaise jusqu'en 1961. La rivière Damanganga qui va se jeter dans la mer d'Oman divise la ville en deux parties distinctes : Moti Daman ou « Grande Daman » qui est la vieille cité portugaise et Nani Daman ou « Petite Daman » avec ses hôtels et ses bars.

Moti Daman est située dans l'enceinte du **Daman Fort** qui est entouré par une douve reliée à la rivière et dont les dix bastions et les deux portes datent de 1559. La ville compte plusieurs églises bien conservées

Le portail du St Jerome Fort dans Nani Daman

comme la **Bom Jesus Cathedral**, édifiée en 1603 et dotée d'un portail richement sculpté ainsi que d'un autel ornemental. Plus petite, la **Rosario Chapel** à l'extérieur des remparts possède des panneaux en bois sculptés illustrant la vie de Jésus. Au nord du fort, le phare donne vue sur le golfe de Cambay.

Moins imposant que le Daman Fort, le **St Jerome Fort** situé dans Nani Daman abrite la chapelle Notre-Dame-de-la-Mer à la façade classique à douze colonnes.

L'alcool est en vente libre dans les bars miteux de Nani Daman, contrairement au reste du Gujarat où il est prohibé. Les bars attirent une foule d'ivrognes ; aussi si vous souhaitez découvrir l'atmosphère de la ville, évitez-les. Allez plutôt au marché paysan ou au marché aux poissons situé au bord de la rivière. À 5 km respectivement au nord et au sud de Daman, les plages de Devka et de Jampore sont des endroits tranquilles au milieu des *casuarina*.

Vue du St Jerome Fort et du port en arrière-plan, à Daman

Fêtes du Gujarat

Uttarayan *(14 janv.)* À l'occasion de cette fête coïncidant avec Makar Sankranti qui célèbre la fin de l'hiver, le ciel du Gujarat s'emplit de milliers de superbes cerfs-volants.
Festival de danse de Modhera *(janv.)*, au temple du Soleil. Ce festival de danse traditionnelle qui dure trois jours est l'occasions de voir des danses de l'Inde dans leur forme originelle.
Foire de Tarnetar *(août-sept.)* à Tarnetar. Durant cette *mela* matrimoniale,

Bracelets à la Foire de Tarnetar

les aspirants au mariage déambulent sur le champ de foire en arborant des ombrelles de couleur tandis que leurs homologues féminins reconnaissables à leur jupe froncée dansent aux alentours. Les filles s'approchent des garçons qu'elles ont choisis et engagent la conversation, laissant aux aînés le soin de régler les détails matériels.
Navratri *(sept.-oct.)*, « les neuf nuits ». Cette fête célébrée dans tout le Gujarat donne lieu à des spectacles de danses traditionnelles en l'honneur de la déesse mère. Dans la *Garba*, les femmes font cercle en tournant sur elles-mêmes et en frappant dans leurs mains. Dans la *Dandia ras*, hommes et femmes marquent le rythme avec des petits bâtons en laque en allant crescendo.

Bhavnagar ⓬

District de Bhavnagar. À 200 km au S.-O. d'Ahmedabad. *511 000.* *8 km au S.-E. du centre-ville.*

Pour la majorité des visiteurs, Bhavnagar n'est qu'une base pour aller voir les temples de Palitana. Mais avec son vieux bazar bordé de quelques belles *haveli* et regorgeant de bijoux en or et en argent et d'étoffes à l'aspect gaufré constellées de petits points (selon la technique du *tie-and-dye*), la ville n'est pas dépourvue de charme. À l'extrémité sud-est de l'ancienne cité, sur la route de l'aéroport, le **Barton Museum** (1895) abrite une collection privée de monnaies, d'armes et d'objets d'art ayant appartenu à un agent de l'Empire britannique.

Construit en 1859, le **Nilambagh Palace** est une ancienne résidence royale transformée en hôtel de luxe *(p. 584)* avec une grande salle de banquet et un jardin où se promènent des paons.

Barton Museum
(0278) 242 4516. *lun.-sam.* *jours fériés.*
Nilambagh Palace
Ahmedabad Rd. *(0278) 242 4241.*

Aux environs : À 65 km au nord de Bhavnagar, le **Velavadar National Park** abrite sur ses 36 km de plaine herbeuse plus de 1 000 antilopes pallas *(blackbuck)* qui étaient déjà protégées par la communauté bishnoï. En se promenant dans le parc à l'heure du crépuscule, vous apercevrez peut-être des loups chassant lesdites antilopes ainsi que des sangliers et des nilgauts venant s'abreuver aux trous d'eau.

Velavadar National Park
Forest Dept, Bhavnagar, (0278) 288 0222. *mi-oct.-mai.* *supplément.*

Palitana ⓭

District de Bhavnagar. À 52 km au S.-O. de Bhavnagar. *(02848) 25 2327.* *Falgun Suth Tera (fév.-mars).*

Un groupe de 1008 temples jaïns coiffe les sommets jumeaux et le col de la Shatrunjaya. C'est sur cette colline qu'Adinath, le premier *tirthankara* *(p. 396),* serait venu un jour et que son premier disciple, Pundarika, aurait reçu l'illumination. La majorité des temples datent du XVIe siècle – les plus anciens ayant été détruits lors des invasions musulmanes des XIVe et XVe siècles. Les temples répartis entre neuf *tuk* (ensemble fortifié) portent le nom des riches fidèles qui financèrent les travaux de construction. Chaque *tuk* est doté d'un sanctuaire principal entouré de plusieurs autres édifices plus petits. Le plus intéressant est l'**Adinath Temple** (XVIIe siècle) situé sur la corniche nord. Ses plafonds, ses murs et ses consoles de chapiteaux sont recouverts de reliefs sculptés représentant saints, danseuses, musiciens et fleurs de lotus. De nombreuses images d'Adinath sont présentes à l'intérieur. L'**Adishvara Temple** (XVIe siècle), sur la corniche sud, est doté d'une tour à l'abondante ornementation, qui abrite notamment une image de Rishabhnath, aux yeux en cristal, portant une couronne en or et des colliers.

Comptez environ deux heures pour parcourir les 4 km de montée en longeant les centaines de temples dont les tours se détachent sur le ciel. En haut, le panorama sur le golfe de Cambay et la campagne est magnifique.

Détail de porte d'un temple de Palitana

Images sculptées de *tirthankara* dans un temple de Palitana

Diu ⓮

Territoire de l'Union de Diu. À 418 km au S. d'Ahmedabad. *21 600.* *Delwada, 8 km au N. du centre-ville* *Embarcadère de Diu, (02875) 225 2653.*

L'île de Diu couvre une superficie de seulement 39 km². Celle qu'on appelait autrefois « le Gibraltar de

Le Nilambagh Palace (XIXe siècle) à Bhavnagar est situé au milieu d'un immense parc

Le fort côtier de Diu construit au XVIe siècle

l'Orient » était une colonie portugaise florissante depuis le XVIe siècle. Cédée à l'Inde en 1961, elle constitue aujourd'hui un Territoire de l'Union administré par le gouvernement central. Le majestueux **Diu Fort** domine la ville à l'extrémité orientale de l'île. Édifié en 1535 au moment où les Portugais prirent le contrôle de Diu, il mérite une visite pour son double fossé, ses vieux canons et la vue au coucher du soleil.

Avec ses nobles demeures et ses églises, la ville délimitée par le fort à l'est et les remparts à l'ouest a conservé son atmosphère portugaise. La **Nagar Seth Haveli** est particulièrement intéressante avec ses balcons ciselés et ses lions en pierre. La **Church of St Paul**, construite en 1610, possède un bel autel en bois ciselé, des statues de saints et un vieil orgue. Non loin de là, la **St Thomas Church** (1598) abrite un musée où sont exposés des objets religieux et des inscriptions de stèles liés à l'histoire de l'île. À 7 km de la ville, **Nagoa** possède une longue plage de sable ombragée de palmiers. Les autres plages voisines sont celle de Jallandhar et celle de Chakratirth où l'on vient assister au coucher du soleil. Territoire de l'Union, Diu n'est pas soumise à l'interdiction des importations de boissons alcoolisées – ce qui explique la profusion de bars dans la ville et l'invasion des Gujarati le week-end.

Somnath ⓯

District de Junagadh. À 406 km au S.-O. d'Ahmedabad.

Situé à un endroit de la côte avec un superbe point de vue sur la mer d'Oman, le **Somnath Temple** est l'un des douze sites les plus sacrés du shivaïsme. Sa richesse légendaire en fit la cible de pilleurs successifs, à commencer par Mahmud Ghazni en 1026 qui repartit, dit-on, avec ses chameaux chargés d'or et de pierres précieuses, en ne laissant que des ruines derrière lui. Reconstructions et pillages allaient ainsi se succéder durant 700 ans. L'édifice actuel en pierre date de 1950. À l'est du temple, au confluent de trois rivières se trouve le **Triveni Tirth**. Les *ghât* qui descendent à la mer sont supposés marquer l'endroit où se déroulèrent les funérailles de Krishna tué par la flèche d'un chasseur qui croyait viser un cerf.

Sasan Gir National Park ⓰

District de Junagadh. À 368 km au S.-O. d'Ahmedabad. **Entrée :** *Sasan Gir.* **pour les permis**, *contacter le Field Director, Sinh Sadan, Sasan Gir au (02877) 85 541. mi-oct.-mi-juin. supplément. Jeeps à disposition des visiteurs.*

Jusqu'au siècle dernier, on pouvait voir le lion d'Asie en de nombreux endroits entre le Gujarat et le Bihar. Aujourd'hui, le parc national de Sasan Gir est le seul espace en dehors de l'Afrique où vivent des lions sauvages. Le lion d'Asie est plus petit que celui d'Afrique, avec un pli caractéristique sur le ventre et une crinière plus courte pour les mâles. Quelque 320 fauves vivent actuellement sur les 259 km² de forêt de broussailles. Au début des années 1900, l'espèce a failli s'éteindre et sa réapparition dans cette réserve est attribuée aux mesures de protection prises par l'ancien *nawab* de Junagadh *(p. 350)*, puis par les autorités du Gujarat.

Le nombre de rivières arrosant le Gir favorise la diversité de la faune qui compte notamment des caracals, des antilopes à quatre cornes *(chausingha)*, des antilope pallas *(blackbuck)* et des léopards (relativement nombreux).

Lionne d'Asie de la réserve de Sasan Gir, se prélassant au soleil

La légende du temple de Somnath

Marié aux 27 filles de Daksha, fils de Brahma, le dieu de la Lune Som n'aimait que Rohini – ce qui contrariait fortement les 26 autres sœurs. Furieux, Daksha jeta une malédiction sur son gendre qui se trouva ainsi dépouillé de son lustre. Désespéré, Som se tourna vers Shiva et lui voua une telle dévotion que le dieu accepta de lever la malédiction en le faisant croître pendant la moitié du mois et décroître pendant l'autre moitié. Reconnaissant, le dieu de la Lune éleva à Somnath un temple consacré à Shiva.

Le temple de Somnath où se rendent les fidèles shivaïstes

Les temples jaïns du Girnar Hill situés juste à la limite de Junagadh

Junagadh 17

District de Junagadh. À 393 km au S.-O. d'Ahmedabad. *168 700.* *Majwadi Darwaza, (0285) 262 1201.* *lun.-sam.* *Bhavnath Fair (fév.-mars), Kartik Mela (oct.-nov.).*

Junagadh ou « vieux fort » doit son nom à la citadelle d'Uparkot du IVe siècle qui se dresse sur un plateau à la limite est de la ville. Il est entouré de remparts de plus de 20 m de haut par endroits et d'un fossé de 90 m de profondeur creusé à l'intérieur des remparts. Autrefois, ce fossé grouillait de crocodiles qui se nourrissaient des criminels et des ennemis politiques. Une porte monumentale à trois arches marque l'entrée au-delà de laquelle un chemin pavé longe des temples hindous avant d'arriver à la **Jami Masjid**, mosquée aujourd'hui désaffectée, qui se dresse au sommet du plateau. On voit à ses reliefs sculptés en pierre et ses piliers qu'elle fut construite sur les vestiges d'un temple hindou détruit. À côté se trouvent des grottes bouddhiques du IIe siècle ainsi que deux puits à degrés du XIe siècle : le Navghan Kuan Vav et l'Adi Charan Vav.

Au milieu du XIXe siècle, les *nawab* quittèrent le fort pour s'installer dans des palais de style colonial de la ville basse. Le **Durbar Hall** du City Palace construit en 1870 abrite aujourd'hui un musée où sont exposés tous les objets du cérémonial afférent à la royauté : palanquins, trônes d'argent et vieilles armures. Près de la gare ferroviaire, la nécropole royale comporte notamment le mausolée de **Mahabat Maqbara**, doté de splendides portes en argent.

Sculptures du mausolée de Mahabat Maqbara

La principale attraction de Junagadh est le **Girnar Hill**, à 6 km à l'est de la ville. Ce volcan éteint est un lieu sacré pour les bouddhistes, les jaïns et les hindous depuis le IIIe siècle av. J.-C. Plus de 4 000 marches montent au sommet à 1 080 m d'altitude. Ils passent devant les 14 **édits gravés sur la pierre d'Ashoka** *(p. 42)* dans lesquels l'empereur délivra en 250 av. J.-C. un message de non-violence et de paix, et à mi-hauteur devant des temples jaïns dont le plus important est le **Neminath Temple**. Une statue de marbre noir du 22e *tirthankara* rappelle qu'il serait mort ici. En haut, l'**Amba Mata Temple** (XIIe siècle) est fréquenté par les jeunes mariés en quête de bonheur conjugal.

Durbar Hall Museum

(0285) 262 1685. *jeu.-mar.* *2e et 4e sam.*

Porbandar 18

District de Porbandar. 404 km au S.-O. d'Ahmedabad. *133 100.* *lun.-sam.* *(0286) 224 5476.*

Cet ancien grand port de la mer d'Oman est surtout connu aujourd'hui comme la ville natale de Gandhi. La maison où le Mahatma vit le jour en 1869 est située dans une petite rue des quartiers ouest. À côté, le **Kirti Mandir Museum** expose des photos de Gandhi tout au long de sa vie, des extraits de ses

LE *NAWAB* DE JUNAGADH ET SES CHIENS

À l'instar de ses aïeux, le onzième *nawab* de Junagadh (1900-1959) avait une passion pour l'élevage de chiens : quelque 800 spécimens de race menaient une vie de luxe dans une partie réservée du palais, servis par des domestiques. Le souverain organisait même des banquets pour célébrer leurs « noces ». À la veille de l'indépendance, lorsque les États princiers durent choisir entre l'Inde et le Pakistan, la décision du *nawab* de rattacher sa principauté au Pakistan souleva de nombreuses protestations. Il décida alors de quitter Junagadh et, au moment du départ, il fit monter les chiens à bord de son avion, laissant toutes les concubines dans le *zenana*.

Portrait du *nawab* avec son chien favori

discours et de ses écrits. La ville serait devenue récemment un repaire de dangereux caïds de la Mafia. Une grande partie de la diaspora gujarati, et plus particulièrement celle installée en Afrique, est originaire du district de Porbandar.

Entrée du Kirti Mandir Museum à Porbandar

Dwarka ⓳

District de Jamnagar. À 453 km à l'O. d'Ahmedabad. *Janmashtami (juil.-août)* *(02892) 23 4013.*

La légende raconte qu'il y a 5 000 ans, Krishna quitta son royaume de Mathura *(p. 152)* pour aller au bord de la mer à Dwarka où il fonda une cité brillante. Cette cité aurait ensuite été submergée. Nul ne peut dire s'il s'agit d'un mythe ou de la réalité, mais de récentes fouilles dans les fonds marins ont mis au jour une cité engloutie à proximité de Dwarka.

Les pèlerins hindous affluent à Dwarka toute l'année. Le **Dwarkadhish Temple** qui date du XVIe siècle est le temple principal de la ville. Avec ses sept étages de granit, son socle de 540 m de long et soutenu par 60 piliers, il atteint la hauteur de 51 m.

Un peu plus à l'est, le petit **Rukmini Temple** est dédié à l'épouse de Krishna. Il date du XIIe siècle ; vous y admirerez de nombreux reliefs sculptés.

Jamnagar ⓴

District de Jamnagar. À 308 km au S.-O. d'Ahmedabad. *447 800.* *10 km à l'O. de la cité ancienne.* *lun.-sam.*

Fondée en 1540 par le prince Jam Rawal, l'ancienne cité fortifiée de Jamnagar est dominée par le **Lakhota Fort**, la première capitale, autour duquel s'étend le **Ranmal Lake**. Le fort fut très endommagé par le séisme de janvier 2001 mais il reste ouvert aux visiteurs. Le musée qu'il abrite expose des sculptures (IXe au XVIIIe siècle) provenant des sites archéologiques voisins. Non loin de là, le bastion de Kotha servait à entreposer l'arsenal des souverains.

Au cœur de la vieille ville, le **Darbar Gadh** est l'ancienne salle des audiences publiques des *jamsaheb* (nom donné aux souverains). Il a été sérieusement endommagé par le tremblement de terre mais l'accès au rez-de-chaussée est autorisé. Les ruelles alentour méritent une visite car la ville est réputée pour ses cotonnades teintes en réserve par ligature *(tie-and-dye)* et ses bijoux en argent. Vous découvrirez aussi les **Shantinath et Adinath Temples**, jaïns, entièrement recouverts d'incrustations de miroirs, de feuilles d'or, de peintures et de mosaïques. La **Ratanbai Mosque**, toute proche, possède des portes incrustées de nacre. Au début du XXe siècle, Jamnagar était gouvernée par le célèbre joueur de cricket K.S. Ranjit Sinhji (1907-1933) qui dota la ville de plusieurs édifices publics élégants et de parcs.

Lakhota Fort Museum

jeu.-mar. *2e et 4e sam.*

Aux environs : Le **Marine National Parc** est situé dans le golfe du Kutch, à 30 km de Jamnagar. La faune marine est riche dans cet archipel de 42 îles. L'île de Pirotan offre la meilleure vue d'ensemble du parc.

Marine National Park

Jamnagar Jetty. **Pour les permis** *contacter le directeur du parc, Jamnagar au (0288) 255 2077.*

Rajkot ㉑

District de Rajkot. À 216 km à l'O. d'Ahmedabad. *966 700.* *1 km au N.-O. du centre-ville.* *Bhavnagar House, (0281) 223 4507.* *lun.-sam.*

Ancien siège du gouvernement britannique du Saurashtra, Rajkot est aujourd'hui tournée vers le commerce et l'industrie. Centre régional de l'arachide, la ville est aussi réputée pour son artisanat.

Les nombreux bâtiments du XIXe siècle lui donnent une atmosphère coloniale. Situé dans Jubilee Bagh, le **Watson Museum** possède des portraits de souverains et des objets ouvragés provenant de sites de la civilisation harappéenne. Fondé par les Britanniques pour les fils de l'aristocratie gujarati, l'imposant Rajkumar College est encore aujourd'hui une école privée prestigieuse.

Watson Museum

(0281) 222 3065. *jeu.-mar.* *2e et 4e sam.* *supplément.*

Aux environs : À 39 km au nord-est de Rajkot, le **Wankaner Palace** est un mélange de styles moghol, italien et gothique victorien. Il est toujours habité par l'ancienne famille royale mais une partie a été transformée en hôtel de luxe *(p. 584)*. À 125 km au nord de Rajkot, **Halvad** possède un palais du XVIIe siècle construit au bord du lac et orné de riches sculptures en bois.

Statue du premier proviseur de Rajkumar College à Rajkot

Femmes rabari rapportant de l'eau

Bhuj 22

District du Kutch. À 217 km à l'O. d'Ahmedabad. *121 100.* *7 km au N. du centre-ville.* *Gujarat Tourism, Toran Rann Resort, Mirzapur Bhuj, (02832) 22 4950.* *Ashadhi Bij (juil.-août).*

Avant le terrible séisme de janvier 2001 qui réduisit une grande partie de la ville à l'état de ruines, Bhuj était une magnifique cité fortifiée avec des palais, des *haveli* et un bazar réputé pour l'artisanat et les bijoux. La capitale de l'ancien État princier du Kutch tira sa richesse du commerce avec l'Afrique orientale et le golfe Persique : une activité florissante où les esclaves africains tenaient une place importante. Bon nombre de leurs descendants vivent encore ici. Le **Darbargadh Palace**, principale curiosité touristique de la ville, abrite dans son enceinte le célèbre **Aina Mahal** ou « Palais des miroirs ». Construit en 1752, celui-ci fut aménagé par un Gujarati au fabuleux destin du nom de Ramsinh Malam. Ayant fait naufrage sur la côte orientale de l'Afrique à l'âge de 12 ans, il fut secouru par un navire hollandais qui l'emmena aux Pays-Bas où il apprit pendant 17 ans l'art de la faïence de Delft, du soufflage du verre, de l'émaillage et de l'horlogerie. À son retour en Inde, le souverain du Kutch, Rao Lakha, lui fournit l'occasion de montrer son savoir-faire. C'est ainsi qu'il décora l'Aina Mahal de chandeliers vénitiens, de faïences bleues de Delft, d'objets en argent émaillé et de carillons qu'il fit tous fabriquer sur place. Il eut également recours aux artisans locaux pour fabriquer des portes incrustées d'ivoire, des boucliers et des sabres sertis de pierres et une peinture sur rouleau de 15 m de longueur représentant un cortège royal avec des pages africains. Toutes ces pièces se trouvaient dans le musée du palais, qui est fermé depuis le séisme de 2001 mais qui devrait rouvrir ses portes à la fin des travaux de réfection.

Si les cénotaphes royaux, le Swaminarayan Temple et le bazar sont malheureusement en ruine aujourd'hui, le **Folk Arts Museum** est ouvert. Une belle collection de textiles, de broderies, d'armes et autres objets de l'artisanat local y est présentée ainsi que la reconstitution d'un village de *bhoonga* rubari.

Folk Arts Museum

Mandvi Rd. *(02832) 220 541.* *lun.-sam.*

LE SÉISME DE 2001 AU GUJARAT

Le 26 janvier 2001 à 8 h 46, alors que l'Inde célébrait sa fête nationale (Republic Day), un terrible séisme, dont l'épicentre était situé dans le Kutch, dévastait le Gujarat. D'une intensité de 7,7 sur l'échelle de Richter, il détruisit la quasi-totalité de Bhuj, chef-lieu du district du Kutch, ainsi qu'Anjar, la deuxième ville du Kutch, et rasa 450 villages. Parmi les 20 000 victimes figuraient 400 écoliers d'Anjar qui furent ensevelis sous les décombres des immeubles bordant une rue étroite où ils défilaient. À Ahmedabad, les gens se retrouvèrent pris au piège des tours d'habitation de construction récente qui s'effondrèrent comme des châteaux de cartes, tandis que les monuments historiques centenaires du Gujarat subissaient relativement peu de dégâts, à l'exception du **Darbargadh Palace** de Bhuj construit au XVIIIe siècle. À l'intérieur de l'édifice les dégâts sont irréparables, cependant le palais réouvrira probablement ses portes après des travaux. En revanche, les *bhoonga* en terre séchée des Rabari du Kutch ont bien résisté. Le Gujarat, et plus particulièrement le Kutch, a toujours été une zone d'activité sismique – ce qui pour certains historiens expliquerait le déclin des cités de la civilisation de l'Indus *(p. 41)* telles que Dholavira et Lothal, vers 1900 av. J.-C. Plus récemment, 1 100 personnes périrent dans le séisme de 1819 et 7 000 dans celui de 1956. Celui de 2001 fit plus de 250 000 sans-abri. De gigantesques travaux de reconstruction furent entrepris presque sur-le-champ avec l'aide du gouvernement du Gujarat et de l'Union indienne et celle de plus de 150 pays. Mais c'est le courage et la force morale du peuple du Gujarat qui permirent un rapide retour à la normale.

Bhuj après le tremblement de terre de janvier 2001

Le bord de mer à Mandvi qui était autrefois un port actif

Mandvi ㉓

District de Bhuj. À 60 km au S.-O. de Bhuj. *14 300.*

Cette ancienne ville portuaire est dotée de belles plages. Non loin de la mer, le **Vijay Vilas Palace**, construit dans les années 1940 dans un mélange de styles indien et Belle Époque, est une ancienne résidence royale d'été. Le salon de réception, la terrasse sur le toit et les jardins sont ouverts aux visiteurs. Au centre-ville, l'**Old Palace** (XVIIIe siècle), ancien palais des souverains kutchi transformé en école de filles, possède une façade décorée, notamment de chérubins hollandais tenant un gobelet à vin, touchant clin d'œil de l'architecte et décorateur Ramsinh Malam *(page précédente)* à son pays d'adoption.

Vijay Vilas Palace
jeu.-mar. *supplément.*

Dholavira ㉔

District de Bhuj. À 250 km au N.-E. de Bhuj. **Pour les permis,** *contacter le Superintendant of Police à Bhuj au (02832) 25 0444.* *t.l.j.*

Les vestiges d'une cité datant d'environ 3000 av. J.-C. ont été mis au jour dans ce petit village. Ce site archéologique qui se trouve sur l'île de Khadir dans le Rann du Kutch est avec Lothal *(p. 342)* le plus grand établissement de la vallée de l'Indus connu à ce jour en Inde. Il montre une cité construite sur un plan remarquable avec de larges rues, une citadelle centrale, une ville intermédiaire avec des habitations spacieuses et une ville basse avec de grands espaces pour les marchés et les fêtes ainsi que deux stades. La porte nord de la citadelle porte une inscription qui n'a pas été déchiffrée. Un barrage et de grands réservoirs témoignent de l'existence d'un système élaboré de collecte de l'eau.

Le Kutch est la terre d'élection de l'onagre d'Asie

Little Rann of Kutch Sanctuary ㉕

District du Kutch. **Entrée :** Dhrangadhra à 130 km à l'O. d'Ahmedabad et Dasada à 117 km au N.-O. d'Ahmedabad.
Dhrangadhra. 20 km au S. de la réserve. *Dhrangadhra et Dasada, puis bus ou Jeep.* *Gujarat Tourism, Ashram Rd, Ahmedabad, (079) 2658 9172.* **Pour les permis** *et les visites guidées, contacter le Forest Office à Dhrangadhra.*
supplément.

Vaste étendue de salines et d'herbages située au nord-ouest du Gujarat, le Petit Rann du Kutch est d'une beauté inoubliable. Au soleil, les cristaux de sel brillent comme autant de diamants et, la nuit, ils enveloppent le paysage d'une étrange brume bleutée. Chaque année pendant la mousson, lorsque la mer et les cours d'eau inondent la région, les salines se transforment en marécages, avec les parcelles les plus élevées formant des îlots herbeux ou *bet*. Les quelque 4841 km² de cet écosystème unique en son genre qui abrite une faune rare constituent une réserve naturelle, l'un des derniers refuges de l'onagre, l'âne sauvage d'Asie *(Equus hemionus khur)* connu ici sous le nom de *ghorkhur*.
Parent du kiang tibétain, le *ghorkhur* se différencie par une bande dorsale de couleur sombre.
Les onagres ne sont plus qu'un millier. Réputés pour leur vélocité (jusqu'à 60 km/h), ils vivent en troupeaux conduits par un étalon et survivent en allant de *bet* en *bet* au fil des saisons, en quête de nourriture.

La réserve abrite également des nilgauts, des antilopes pallas, des *chinkara* (antilopes d'Inde), des loups et des caraculs. Des oiseaux migrateurs tels que grues demoiselles, pélicans et flamants roses se rassemblent ici en hiver. **Dhrangadhra** et **Dasada** sont des bases intéressantes pour la visite de la réserve du Petit Rann du Kutch. Dhrangadhra qui fut la capitale d'un État princier possède un palais du XVIIIe siècle et un bazar avec de belles maisons coloniales. Dasada compte un fort du XVe siècle et un village d'artisans spécialisés dans la poterie et l'impression de tissus.
La visite de la réserve peut être organisée par l'intermédiaire du Forest Office. Le refuge géré par le gouvernement peut héberger les visiteurs.

Les puits salants du Rann sont une importante source de revenus

L'Inde du Sud-Ouest

Présentation de l'Inde du Sud-Ouest

Cette région composée de trois États (le Maharashtra, Goa et le Karnataka) recouvre le plateau central du Deccan, le littoral étroit du Konkan ainsi que les Ghâts occidentaux escarpés, parallèles à la côte. Sa ville principale est Mumbai (Bombay), capitale commerciale du pays. Ses points d'intérêt sont nombreux : plages idylliques de Goa, églises portugaises, grottes et temples anciens d'Ajanta et Ellora, ainsi que les magnifiques ruines de Hampi. Plus au Sud, on découvre Bangalore, la Silicon Valley de l'Asie, l'ancienne principauté de Mysore et les superbes temples hoysala de Belur et de Halebid.

Les fermiers du Maharashtra ornent leurs bœufs de décorations colorées

Circuler

La région compte trois aéroports internationaux : Mumbai, Bangalore et Dabolim (Goa) et des aéroports nationaux : à Pune, Aurangabad, Nagpur et Mangalore. Des trains rapides relient les grandes villes. Des trains climatisés desservent la plupart des villes et bourgades. Le spectaculaire Konkan Railway, qui vient d'être achevé, longe la côte sur 760 km, de Mumbai à Thiruvananthapuram (dans le Kerala), franchissant 2 137 ponts, 140 cours d'eau et 83 km de tunnels. Circulant à 160 km/h, c'est le train le plus rapide d'Inde. Des cars desservent l'arrière-pays, empruntent autoroutes, routes nationales et départementales. Des sociétés de cars privées exploitent également les itinéraires les plus empruntés, comme la ligne Mumbai-Goa-Hampi, avec des véhicules haut de gamme.

Légende

	Autoroute
	Route principale
	Cours d'eau
- -	Frontière de l'État

◁ **Ces banians forment une voûte au-dessus d'une route du Maharashtra**

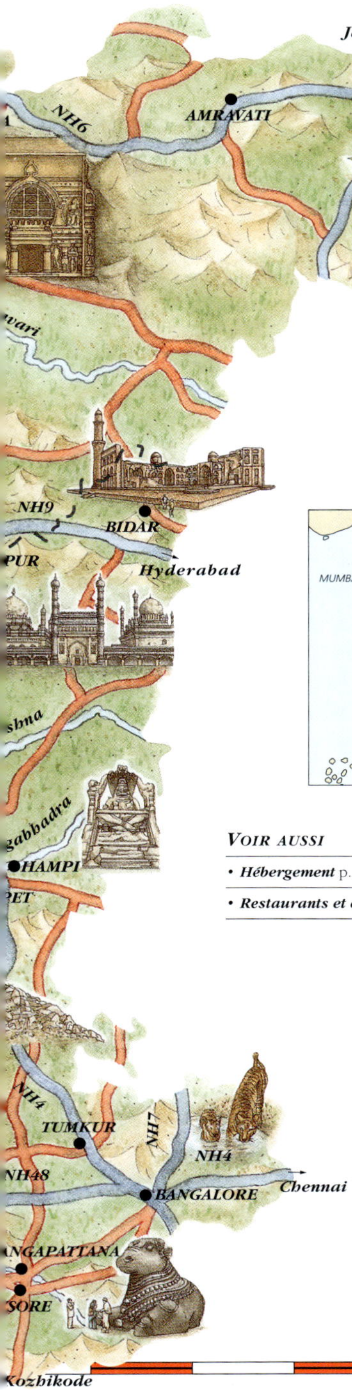

Chars colorés d'un défilé, carnaval annuel de Goa

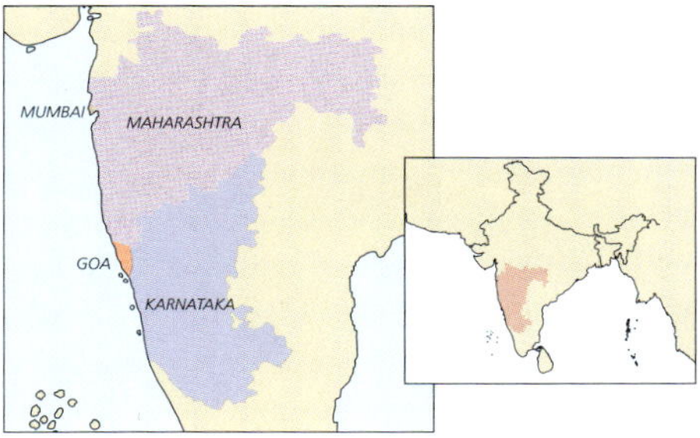

VOIR AUSSI

- ***Hébergement*** p. 584-590
- ***Restaurants et cafés*** p. 612-618

0 100 km

Vue du King's Bathing Ghat entouré de rizières verdoyantes, Srirangapattana, Karnataka

MUMBAI

Chef-lieu du Maharashtra, Mumbai (anciennement Bombay) est la ville la plus dynamique, la plus cosmopolite et la plus peuplée du pays. La mégapole compte quelque 15 millions d'habitants, milliardaires et sans-abri. La capitale financière de l'Inde est aussi son premier port, ainsi que la patrie de Bollywood, la plus grande industrie cinématographique mondiale.

Bombay (du portugais Bom Bahia, « bonne baie ») était composée de sept îles marécageuses lorsque les Portugais l'acquirent en 1534. La ville devint propriété de la couronne britannique en 1661, avec la dot qu'apporta Catherine de Bragance lorsqu'elle épousa Charles II d'Angleterre. Peu intéressés par ces îles, les Britanniques les louèrent pour une bouchée de pain à l'East India Company, qui exploita rapidement le potentiel de ce port naturel de la mer d'Oman. Au XVIIe siècle, Bombay était devenue la plus grande ville et le premier chantier naval de la côte occidentale. Au XIXe siècle, les terres gagnées sur la mer permirent de relier les îles, pour en faire l'étroite bande actuelle. Les perspectives d'affaires attirèrent Gujarati, Parsi *(p. 363)* et juifs baghdadi ou séfarades dans cette ville, qui se dota d'une forte identité cosmopolite dynamique. Aujourd'hui, la ville a repris son nom local, Mumbai, qu'elle doit à Mumba Devi, la déesse à huit bras vénérée par les Koli, des pêcheurs qui furent les premiers habitants des îles.

Dans cette ville riche en contrastes, les gratte-ciel côtoient d'imposantes demeures victoriennes, les bazars traditionnels bruyants jouxtent des centres commerciaux flambant neufs, et les bidonvilles entourent les quartiers résidentiels élégants. La population ne cesse d'augmenter et les banlieues de Mumbai s'étendent toujours plus loin, car la « ville de l'or » continue d'attirer des gens de tout le pays, en quête de gloire, de richesse ou juste d'un petit rôle à Bollywood.

Circulation dense autour de la Flora Fountain, au cœur de Mumbai

◁ **Symbole de Mumbai, la Gateway of India se dresse sur les bords de la mer d'Oman**

À la découverte de Mumbai

La ville est installée sur une étroite bande de terre de 430 km², qui s'avance dans la mer d'Oman. Le quartier historique du Fort, au sud, doit son nom à d'anciennes fortifications coloniales. C'est le centre névralgique, avec les points d'intérêt, les hôtels et les restaurants les plus connus. Malabar Hill, l'élégant quartier résidentiel, s'étend sur la côte occidentale, juste au nord de Marine Drive. La banlieue tentaculaire de Mumbai, avec ses nouveaux ensembles, s'étend vers le nord, depuis Bandra.

Voir aussi

- ***Hébergement*** p. 584-586
- ***Restaurants et cafés*** p. 612-614

Bateaux de pêcheurs, décorés pour la fête de Holi, dans le sud de Mumbai

La ville d'un coup d'œil

Rues, quartiers et bâtiments historiques
Ballard Estate 13
Bandra 21
Colaba Causeway 3
Flora Fountain 9
Gateway of India 1
General Post Office 14
Horniman Circle 7
Kala Ghoda p. 364-365 4
Khotachiwadi 18
Malabar Hill 16
Marine Drive 15
Mumbai Stock Exchange 8
Shahid Bhagat Singh Marg 12
Town Hall 6
Victoria Terminus p. 370-371 10
Wellington Fountain 2

Site historique
Elephanta Island 25

Musée
The Prince of Wales Museum p. 366-367 5

Temples et mosquées
Banganga 17
Haji Ali Mosque 20
Mahalaxmi Temple 19

Plages et parcs
Juhu Beach 22
Sanjay Gandhi National Park 24

Marché
Crawford Market 11

Loisirs
Film City 23

Carte de situation

Légende

- Plan du quartier pas à pas *p. 364-365*
- Aéroport international
- Aéroport national
- Gare ferroviaire
- Gare routière
- Embarcadère des ferries
- Information touristique
- Hôpital
- Poste de police
- Bureau de poste
- Église
- Autoroute
- Route principale

Circuler

Trois lignes de train, ponctuelles mais bondées, relient les banlieues nord au centre et à la pointe sud de la ville. La voiture, le taxi et les bus BEST rouges sont également des solutions pratiques et abordables pour se déplacer dans Mumbai.

Bus à impériale, Victoria Terminus *(p. 370-371)*

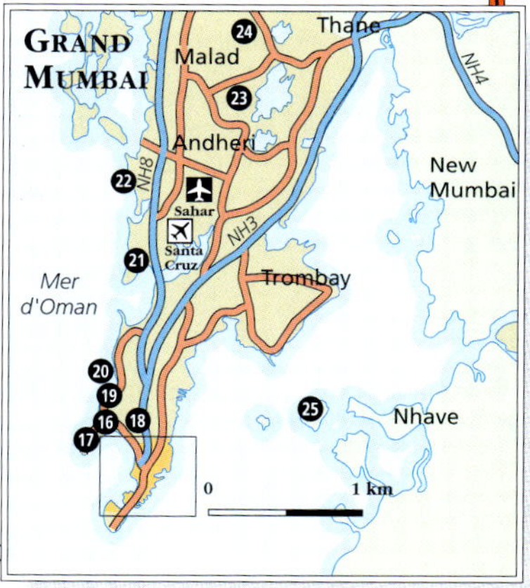

La Gateway of India, avec le Taj Mahal Hotel et son dôme rouge en arrière-plan

Gateway of India ❶

Apollo Bunder, Chhatrapati Shivaji Marg et P.J. Ramchandani Marg.

À la grande époque du Raj britannique, la Porte de l'Inde, le monument le plus connu de Mumbai, était la première chose qu'apercevaient les voyageurs arrivant sur les rives indiennes. Ironie de l'Histoire : elle fut aussi le point de départ des soldats britanniques lors de l'indépendance, en 1947. La Porte fut construite en 1911, pour la visite du roi George V et de la reine Mary, qui se rendaient au *durbar* de Delhi. En réalité, les souverains furent accueillis par une structure en carton et l'arc de triomphe actuel, en basalte couleur miel, ne fut achevé qu'en 1924, bien des années plus tard. La structure monumentale, qui compte deux vastes salles de réception, des arches et des minarets, ainsi que des ornements inspirés par l'architecture gujarati médiévale, est l'œuvre de l'architecte écossais George Wittet. La Porte de l'Inde, qui offre une vue superbe sur la mer, est particulièrement majestueuse la nuit, lorsqu'elle est illuminée et qu'elle se détache sur la mer noire en arrière-plan. De nombreux habitants de la ville, visiteurs et marchands se pressent sur ce lieu de promenade très apprécié, au cœur du quartier touristique de Mumbai. Les bateaux et les barges amarrés ici desservent la baie et les îles, comme Elephanta *(p. 377)*. Ils proposent également des excursions sur la côte.

Statue de Chhatrapati Shivaji, en face de la Porte de l'Inde

Au nord de la Gateway of India, en direction de Wellington Fountain, s'étend Chhatrapati Shivaji Road. Anciennement Apollo Pier Road, la rue a été rebaptisée d'après Shivaji, le grand héros maharate. Une statue équestre de Shivaji se dresse dans un joli jardin, en face de la Porte. Non loin se trouve une autre statue, celle de Swami Vivekananda, grand philosophe et réformateur hindou du XIXe siècle *(p. 501)*. Autour de la Porte s'élèvent quelques bâtiments majestueux datant de l'époque coloniale, comme l'ancien **Yacht Club**, qui abrite désormais la Commission de l'énergie atomique (accès interdit), le **Royal Bombay Yacht Club,** construit autrefois comme annexe résidentielle de l'ancien Yacht Club, et le Taj Mahal Hotel *(p. 586)*, derrière lequel s'étend la Colaba Causeway, très animée.

Le majestueux Taj Mahal Hotel, coiffé d'un dôme rouge, a été construit en 1903 par un célèbre industriel parsi, Jamshedji Tata *(p. 193)*, qui aurait, dit-on, décidé de bâtir ce palace après s'être vu interdire l'entrée du Watsons Hotel, « réservé aux Blancs ». Avec ses arches et ses colonnes mauresques magnifiques, ses escaliers et ses galeries majestueux, le Taj demeure l'un des palaces les plus somptueux d'Asie. Quant au Watsons, c'est désormais un bâtiment décrépit, qui n'accueille plus d'hôtel.

Le front de mer oriental, face à la Gateway of India, est la promenade la plus appréciée de Mumbai. Appelée **Apollo Bunder**, elle fut le dock traditionnel des pêcheurs koli, les premiers habitants des îles. Aujourd'hui, charmeurs de serpents et singes savants, astrologues et nettoyeurs d'oreilles y proposent leurs services aux flâneurs.

Le Royal Bombay Yacht Club, vestige du Raj britannique

L'entrée de Cusrow Baug, une enclave parsi sur Colaba

Wellington Fountain ❷

Bordée par M.G. Rd, Shahid Bhagat Singh Marg, Chhatrapati Shivaji Marg et Mme Cama Rd.

Construite pour commémorer la visite du duc de Wellington à Bombay en 1801, la fontaine de Wellington (rebaptisée Shyama Prasad Mukherjee Chowk) est entourée de magnifiques bâtiments coloniaux, comme l'ancien **Majestic Hotel**, qui abrite le Sahakari Bhandar, propriété d'État, avec ses faux minarets et ses balcons gujarati, et l'élégant **Regal Cinema** de 1934, de style Arts déco, dû à Charles Stevens. Le père de l'architecte, Frederick William Stevens, conçut en 1876 l'imposant **Sailors' Home** en pierre grise, de style indo-gothique, dont le pignon est orné d'un bas-relief de Neptune. Il abrite désormais la préfecture de police. Le Cowasjee Jehangir Hall, de style edwardien, qui accueille la **National Gallery of Modern Art** *(p. 365)*, et le **Prince of Wales Museum** *(p. 366-367)*, indo-saracénique, sont tout aussi majestueux. À côté, la Hornbill House est le siège de la BNHS, la prestigieuse Société d'histoire naturelle de Bombay, fondée en 1883.

Colaba Causeway ❸

Shahid Bhagat Singh Marg. **Afghan Memorial Church** *t.l.j.* *7h et 16h30, dim.*

La chaussée de Colaba a été construite en 1838 par les Britanniques, pour relier la ville à Colaba, sa pointe sud. Aujourd'hui, la chaussée, aussi appelée Shahid Bhagat Singh Road *(p. 372)*, est un lieu animé, avec des magasins, des restaurants et des zones résidentielles, comme la charmante colonie parsi de **Cusrow Baug**, construite dans les années 1930, où la culture et le mode de vie de cette communauté sont préservés. Parmi les nombreux restaurants de la chaussée, le **Leopold Café and Bar** *(p. 613)*, véritable institution fondée en 1871, est un lieu de rendez-vous très apprécié. Plus au sud, on trouve les Sassoon Docks, à visiter tôt le matin, lorsqu'ils foisonnent d'animation. Les pêcheurs y déchargent leurs prises que vendent les poissonnières koli, réputées pour avoir la langue bien pendue.

À l'extrémité sud de Colaba se dresse l'**Afghan Memorial Church of St John the Evangelist**, construite entre 1847 et 1858 *(p. 21)*. Cette majestueuse église néo-gothique, dotée d'une haute flèche et d'un imposant porche en basalte, a été élevée à la mémoire des soldats morts pendant la première guerre afghane (1843). Elle abrite de nombreuses pierres commémoratives poignantes ainsi que de superbes vitraux, notamment sur sa face ouest, où l'on peut admirer une magnifique *Crucifixion*. Un monument aux martyrs se dresse dans le jardin.

Les pêcheurs apportent leur prise aux Sassoon Docks

La communauté parsi de Mumbai

Le chef d'orchestre Zubin Mehta est un Parsi natif de Mumbai

La culture cosmopolite de Mumbai doit beaucoup à la communauté parsi. Originaires d'Iran, où ils pratiquaient la religion ancienne de Zoroastre, les Parsi vinrent en Inde au IXe siècle, lorsque les musulmans persécutèrent les zoroastriens. Ils intégrèrent un grand nombre de traditions locales sur la côte Ouest du Gujarat, avant de partir pour Mumbai, où ils s'établirent comme financiers et marchands réputés. Les Parsi prirent souvent le nom de leur métier. C'est ainsi que l'on trouve des noms de famille comme Mistry (maçon), Vakil (avocat) ou Readymoney ! Cette communauté prospère et talentueuse, à laquelle appartiennent plusieurs grandes dynasties, comme les Tata et les Godrej, est également connue pour sa philanthropie. Les Parsi sont les fondateurs de plusieurs institutions culturelles, éducatives et médicales de Mumbai.

Kala Ghoda pas à pas ❹

Détail, Clock Tower

Kala Ghoda ou « Cheval noir » doit son nom à la statue équestre du roi Edward VII qui se dressait autrefois à l'intersection de Mahatma Gandhi Road et de K. Dubash Marg. Bien que la statue ait été retirée depuis longtemps, ce nom est resté. Ce quartier historique, très animé sur le plan culturel, s'étend de Wellington Fountain, à l'extrémité sud de Mahatma Gandhi Road, jusqu'à la Bombay University, au nord. Bordé par l'Oval Maidan et la base navale à la Lion Gate, le quartier compte de nombreuses galeries d'art, des cafés, des restaurants, des magasins et des boutiques.

David Sassoon Library
Derrière la bibliothèque, un jardin sert d'espace de lecture.

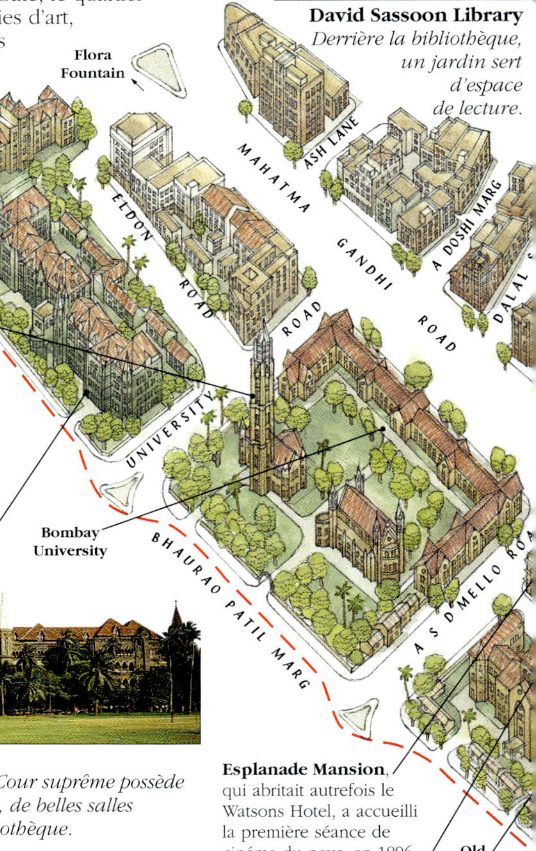

★ Rajabai Clock Tower
La tour de l'université de Bombay, de 78 m de hauteur, est ornée de représentations des communautés indiennes.

★ High Court
Semblable à une forteresse, la Cour suprême possède un escalier central majestueux, de belles salles d'audience et une grande bibliothèque.

Esplanade Mansion, qui abritait autrefois le Watsons Hotel, a accueilli la première séance de cinéma du pays, en 1896.

Old Secretariat

À NE PAS MANQUER

- ★ Rajabai Clock Tower
- ★ High Court
- ★ Prince of Wales Museum

Army and Navy Building
Ce bâtiment néoclassique, qui fut un dépôt au début du XXe siècle, abrite les locaux de sociétés du groupe Tata.

Kenneseth Eliyahoo Synagogue
La plus ancienne synagogue séfarade de la ville est un don de la famille Sassoon. C'est un lieu de culte pour les juifs des communautés baghdadi et Bene Israël.

0 50 m

CARTE DE SITUATION
Voir plan de Mumbai *p. 360-361*

Elphinstone College
Les archives nationales occupent une partie de ce magnifique bâtiment de style gothique vénitien.

LÉGENDE

- - - Itinéraire conseillé

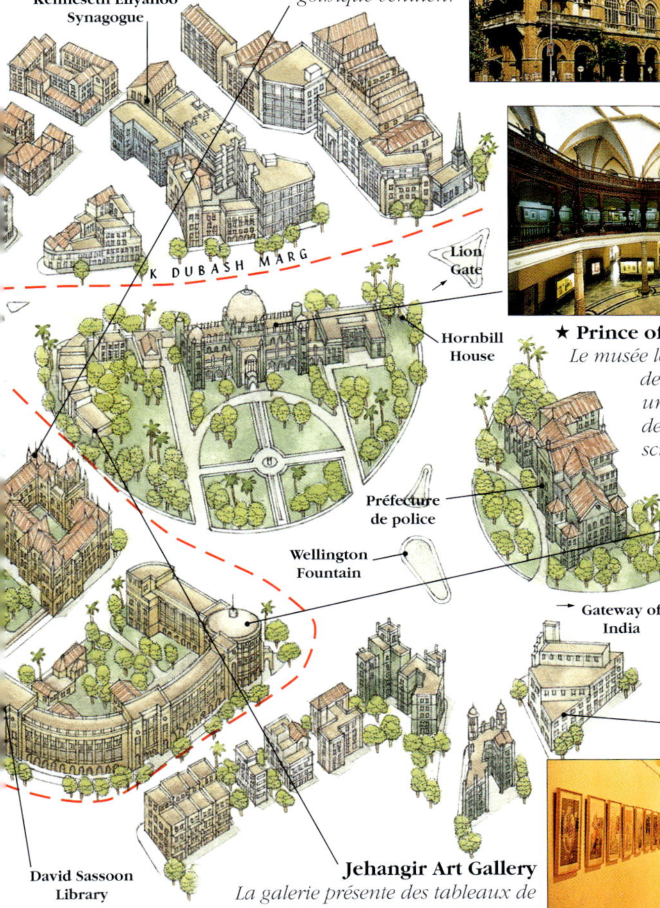

★ Prince of Wales Museum
Le musée le plus prestigieux de Mumbai possède une belle collection de miniatures et de sculptures rajpoutes (p. 366-367).

La National Gallery of Modern Art, un bâtiment edwardien, s'enorgueillit du plus bel espace d'exposition de Mumbai.

Jehangir Art Gallery
La galerie présente des tableaux de grands artistes indiens contemporains.

Prince of Wales Museum ❺

Épée damasquinée, Mysore, 1732

Particulièrement renommé pour ses superbes sculptures et ses peintures miniatures, le Prince of Wales Museum occupe un majestueux bâtiment indo-saracénique dû à George Wittet. La première pierre de l'édifice a été posée par le prince de Galles (futur roi George V) en 1905. Durant la Première Guerre mondiale, il accueillit un hôpital militaire, avant d'être officiellement inauguré en 1923. Les généreuses donations de collectionneurs privés ont permis au musée de constituer une collection d'une qualité rare.

Cloisonné japonais
Ce vase du XIXe siècle appartient à l'impressionnante collection d'art d'Extrême-Orient.

Second étage

Statuette d'ivoire
Une fillette parsi, Bai Aimai Wadia, est représentée en vêtements traditionnels. Cette œuvre du XIXe siècle se trouve dans la galerie des Arts décoratifs.

La section « Armes et armures » comprend des sabres et des boucliers finement décorés des empereurs moghols.

★ Jahangir nourrissant les pauvres
Cette miniature moghole du début du XVIIe siècle représente Jahangir distribuant l'aumône à des mendiants soufi au Dargah Sharif d'Ajmer.

Le Coomaraswamy Hall accueille des séminaires et des expositions temporaires.

À NE PAS MANQUER

- ★ **Jahangir nourrissant les pauvres**
- ★ **Bouddha Maitreya**
- ★ **Sculpture du Gandhara**

LÉGENDE DU PLAN

- Galerie de préhistoire
- Galerie centrale
- Sculpture indienne
- Histoire naturelle
- Arts décoratifs
- Peintures miniatures
- Bronzes
- Art népalais et tibétain
- Histoire maritime
- Peinture européenne
- Art d'Extrême-Orient
- Armes et armures
- Galerie Premchand Roychand

SUIVEZ LE GUIDE !

Rebaptisé Chhatrapati Shivaji Maharaj Vastusangrahalaya, le musée occupe trois niveaux. Le rez-de-chaussée présente des sculptures (dont des chefs-d'œuvre du Gandhara), la galerie de préhistoire et de protohistoire et la section d'histoire naturelle. Le premier étage accueille les miniatures, les Arts décoratifs, l'art népalais et tibétain et la récente galerie Premchand Roychand. Le second étage expose la peinture européenne, les armes et les armures.

Mode d'emploi

Mahatma Gandhi Rd, quartier du Fort. (022) 2284 4519. *mar.-dim.* *Tarif réduit pour les titulaires d'une carte internationale d'étudiant.*

Galerie centrale
La salle centrale, au rez-de-chaussée, offre un aperçu des trésors du musée, avec des pièces maîtresses de différentes galeries.

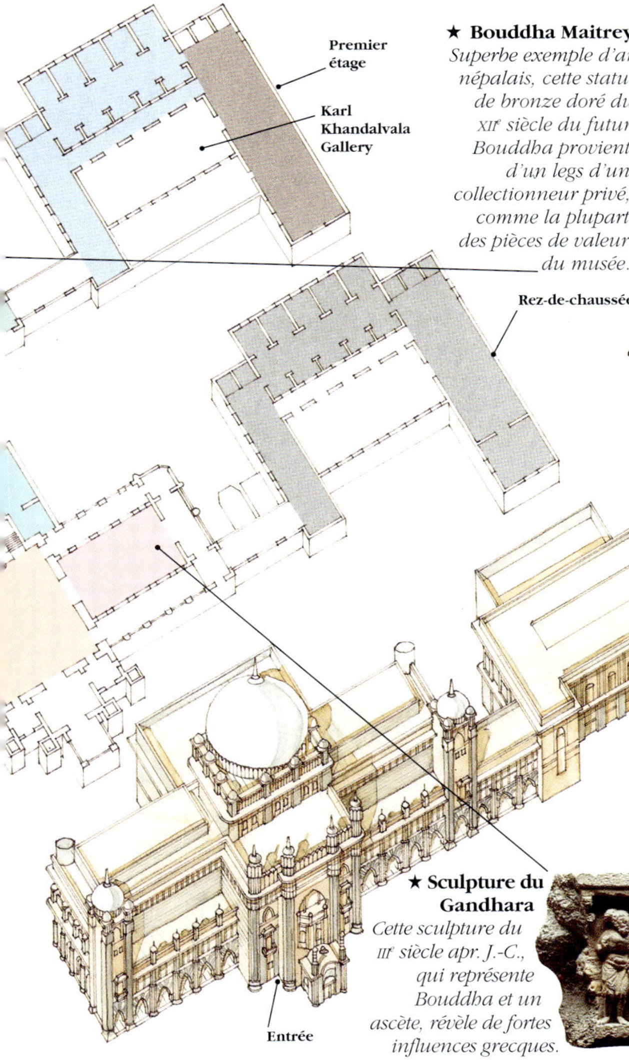

★ Bouddha Maitreya
Superbe exemple d'art népalais, cette statue de bronze doré du XIIe siècle du futur Bouddha provient d'un legs d'un collectionneur privé, comme la plupart des pièces de valeur du musée.

★ Sculpture du Gandhara
Cette sculpture du IIIe siècle apr. J.-C., qui représente Bouddha et un ascète, révèle de fortes influences grecques.

Le Town Hall est le bâtiment public le plus élégant de Mumbai

Town Hall 6

Shahid Bhagat Singh Marg, quartier du Fort. *(022) 2266 0956.* *lun.-sam.* *jours fériés.* **The Asiatic Society** *(022) 2266 0956.* *lun.-sam.*

Devenue un centre marchand dynamique, Mumbai se dota au XIXe siècle d'un hôtel de ville, en face du vaste espace de Cotton Green (aujourd'hui Horniman Circle). Conçu par le colonel Thomas Cowper, l'hôtel de ville, achevé en 1833, compte parmi les plus beaux bâtiments néoclassiques du pays. C'est aussi l'un des plus anciens édifices coloniaux de Mumbai. Son imposante façade à portique, surmontée d'un fronton, présente une rangée de colonnes doriques cannelées, originaires d'Angleterre. Un escalier majestueux conduit à la somptueuse salle des fêtes, où les réunions publiques se tenaient à l'époque du Raj. L'aile nord abrite l'**Asiatic Society**, fondée en 1804, qui compte un haut plafond imposant, des murs lambrissés de teck et d'élégantes balustrades en fer forgé. L'impressionnante bibliothèque de l'institution réunit quelque 800 000 ouvrages, d'une valeur inestimable, dont une édition originale de la *Divine Comédie* de Dante, des manuscrits sanskrits anciens et de vieux index géographiques de Bombay. Le premier étage abrite des statues en marbre des pères fondateurs de Mumbai, dont deux gouverneurs, Mountstuart Elphinstone et Sir Bartle Frere, et le philanthrope parsi Sir Jamsetjee Jeejeebhoy.

Horniman Circle 7

Veer Nariman Rd, quartier du Fort. **St Thomas' Cathedral** *(022) 2202 0121.* *t.l.j.* *8h et 16h30, dim.*

Autrefois appelé Cotton Green, cet espace vert où se pratiquait le négoce des balles de coton est devenu un jardin public en 1869. Rebaptisé Elphinstone Circle, l'espace vert fut renommé après l'indépendance du pays, en hommage à Benjamin Guy Horniman, ancien directeur de la rédaction du *Bombay Chronicle*, qui s'engagea activement pour l'India's Freedom Movement. Le jardin accueille également des représentations théâtrales de plein air et des manifestations culturelles, en hiver. L'élégant cercle de bâtiments néoclassiques qui entoure le jardin a été construit dans les années 1860, sur le modèle de célèbres places anglaises comme Bath Crescent et Tunbridge Wells. Conçues par James Scott, les constructions qui entourent le jardin présentent des façades identiques, avec des arcades piétonnes et des clés de voûte décoratives en terre cuite venues d'Angleterre. Jouxtant la face ouest de Horniman Circle et sa profusion de fleurs, se dresse la **St Thomas' Cathedral**, la plus ancienne église de la ville, consacrée en 1718. Comme de nombreux bâtiments de Mumbai, l'église a été construite grâce aux dons collectés en grande partie par un jeune aumônier de l'East India Company : Richard Cobbe. L'église possède un imposant clocher et des arcs-boutants, ainsi que plusieurs beaux vitraux du XIXe siècle. L'intérieur spacieux abrite de splendides monuments élevés à la mémoire des héros du Raj. Celui du gouverneur Duncan, qui le représente se faisant bénir par des hindous pour ses efforts déployés dans la lutte contre l'infanticide, est particulièrement remarquable. Devant le porche de l'entrée se dresse une ravissante fontaine néogothique. Due à Sir Gilbert Scott, elle fut offerte par Cowasjee Readymoney, un financier parsi.

Vitrail, St Thomas' Cathedral

En face de la cathédrale se dressent plusieurs jolis bâtiments anciens, comme l'**Elphinstone Building**, de style néogothique, qui date de la fin du XIXe siècle, et la **British Bank of the Middle East**, de style néoclassique. De l'autre côté de la rue, on découvre la **Readymoney Mansion**, avec ses décorations en bois ouvragé, ses arches mogholes et ses balcons sculptés. Le bâtiment, qui rappelle une *haveli* du Rajasthan, est lui aussi dû à George Wittet *(p. 366)*.

Clé de voûte d'inspiration grecque, à Horniman Circle

La Mumbai Stock Exchange est l'épicentre financier de l'Inde

Mumbai Stock Exchange 8

Dalal Street, Fort Area. ● *au public.*

Épicentre financier de l'Inde, la Bourse de Mumbai domine Dalal Street, la « Wall Street » indienne, qui doit son nom aux nombreux agents de change *(dalal)* installés dans le quartier. Presque 50 banques se côtoient dans cette rue à l'animation frénétique. Avant l'heure du déjeuner, le quartier foisonne de *dabbawallah (p. 373)*, qui apportent aux employés des bureaux les gamelles provenant de leur domicile.

Flora Fountain 9

Intersection des Veer Nariman Rd, M.G. Rd et Dr Dadabhai Naoroji Rd, quartier du Fort.

Symbole de Mumbai, la fontaine s'élève au croisement de trois grandes rues. Taillée dans de la pierre de Portland, cette fontaine venue d'Angleterre est surmontée par la déesse romaine Flora, qui se dresse au-dessus d'une profusion de coquillages, de dauphins et de créatures mythologiques. Édifiée en 1869 sur ce qui était alors une place spacieuse, la fontaine est aujourd'hui noyée dans un océan de circulation, à l'ombre du **Martyrs' Memorial** installé par le gouvernement de l'État du Maharashtra en 1960. Rebaptisée Hutatma Chowk (« place des Martyrs »), la place marque l'emplacement des remparts occidentaux de l'ancien Fort, construit par l'East India Company en 1716, qui couvrait la partie sud de la ville. Le Fort fut démoli dans les années 1860 par le gouverneur Sir Bartle Frere, pour permettre l'extension de la ville et pour être remplacé par de grandioses bâtiments publics et commerciaux. Toutes ces constructions abritent des arcades piétonnes, où de nombreux marchands proposent des marchandises, allant des livres anciens aux vêtements en passant par les gadgets électroniques. Au nord de Flora Fountain s'étend Dadabhai Naoroji (D.N.) Road, qui se dirige vers Victoria Terminus. La rue est bordée de magnifiques bâtiments victoriens et coloniaux, comme le **Capitol Cinema**, avec ses détails classiques, le **JN Petit Institute and Library** (1898), à la façade de style néogothique vénitien, et le **Watcha Agiary** (Temple du feu parsi), un bâtiment Arts déco, orné de sculptures de style assyrien, qui date de 1881. Admirez également le **Times of India Building**, de style indo-saracénique, et l'extravagant **Municipal Corporation Building**, avec ses minarets islamiques, ses tours gothiques et ses dômes bulbeux.

Flora Fountain, un haut lieu de Mumbai

Victoria Terminus 10

P. 370-371.

Crawford Market 11

Dr Dadabhai Naoroji Rd et Lokmanya Tilak Rd. **Commerces** ○ *t.l.j.*

Rebaptisé Mahatma Jyotiba Phule Market, ce marché, qui est l'un des endroits les plus fascinants et les plus animés de Mumbai, s'étend au nord de Victoria Terminus. Conçue par William Emerson, cette extravagante construction de 1869 ornée d'arches mauresques et de pignons à colombages, hérissée d'un clocher, se compose d'une vaste halle centrale dotée de deux ailes. Fruits, fleurs, poissons et oiseaux exotiques : quelque 3 000 tonnes de produits frais y sont vendues chaque jour sur des étals en bois. Le pavement du sol est en pierre de Caithness, en Écosse, qui reste fraîche toute la journée. On y découvre des lampes en forme de dragons ailés. Au-dessus des portes, de ravissants bas-reliefs en marbre représentent des scènes de marché. Ils sont l'œuvre de Lockwood Kipling *(p. 102)*, le père de l'écrivain Rudyard Kipling, tout comme la fontaine de la cour aux exubérantes décorations.

À l'ouest de Crawford Market, le **Zaveri Bazaar** et ses boutiques luxueuses proposent des diamants, de l'or et de l'argent. Au nord-ouest du marché, sur Mutton Street, s'étend le fascinant **Chor Bazaar** (« marché aux voleurs »), avec ses antiquaires et ses brocanteurs.

Marchand de légumes à Crawford Market

Victoria Terminus ❿

Emblème du Central Railway, sur l'entrée

Désormais rebaptisée Chhatrapati Shivaji Terminus, cette gare, qui est l'exemple le plus somptueux d'architecture victorienne en Inde, foisonne de dômes, de spires et d'arches. Dû à Frederick William Stevens et superbement décoré par des étudiants en art et des artisans indiens, le bâtiment qui doit son nom au jubilée d'or de la reine Victoria a été achevé en 1888. Il a été classé par l'Unesco en 2004. La gare, qui abrite le siège de la Compagnie des chemins de fer, accueille tous les jours plus de 1 000 trains et 2 millions de passagers, dont d'innombrables banlieusards.

Victoria Terminus, une gare aussi somptueuse qu'un palais ou une cathédrale

Pignons
Les sculptures qui surmontent les pignons représentent la Technique, l'Agriculture et le Commerce.

★ Booking Hall
La salle des guichets est coiffée d'un toit voûté néo-gothique avec des nervures en bois. Des vitraux, des carrelages colorés et de jolies grilles en fer ajoutent encore à son charme.

Entrée
Les piliers de l'entrée sont dominés par deux sculptures en pierre, un lion et un tigre, symbolisant respectivement la Grande-Bretagne et l'Inde.

À NE PAS MANQUER

- ★ **Booking Hall**
- ★ **Sculptures en pierre**

MODE D'EMPLOI

Dr Dadabhai Naoroji Rd, quartier du Fort. ☎ *(022) 2264 6464*
à l'intérieur.

Dôme central
Une statue du Progrès tenant une torche, de 4 m de haut, domine le dôme colossal, doté de huit nervures décorées.

Un majestueux escalier en pierre bleue, doté de jolies rampes en fer, s'élève sous le dôme.

Des gargouilles, représentant des têtes d'animaux, jaillissent de la base du dôme.

Vitraux
La tour octogonale couronnée par le dôme est ornée de vitraux colorés, représentant une locomotive et du feuillage.

Portraits en médaillons
Les bustes de personnalités de l'époque du Raj, comme Sir Bartle Frere (p. 368)*, ornent la façade.*

★ Sculptures en pierre
Cette fenêtre est décorée d'un ravissant paon sculpté. Ailleurs, des panneaux et des frises sculptés représentent des éléphants, des singes et des serpents.

La Ruttonsee Mulji Fountain est richement sculptée et décorée

Shahid Bhagat Singh Marg ⓬

Quartier du Fort.

Aussi appelée Colaba Causeway *(p. 363)* à son extrémité sud, cette rue animée est le centre commercial et administratif du quartier du Fort *(p. 369)*. Dans ce quartier, où ne subsiste quasiment aucun vestige de l'ancienne structure, le Bombay colonial et le Mumbai contemporain cohabitent de manière fascinante.

La **Reserve Bank of India**, qui se dresse sur le site d'une ancienne caserne, est la banque centrale. Construit en 1939, ce bâtiment possède une majestueuse entrée Arts déco, flanquée de deux colonnes impressionnantes, qui lui confèrent une physionomie respectable. Les fenêtres sont ornées de belles grilles en fer forgé. Les nouveaux locaux modernes de la Reserve Bank, de l'autre côté de la rue, se dressent quant à eux sur le site de l'ancienne **Mint**. Ce majestueux bâtiment, à la façade classique, a été construit en 1817 par le major John Hawkins, membre du Bombay Engineers' Regiment. L'hôtel des Monnaies ne se visite pas, mais on peut admirer son portail en pierre construit par les Portugais, qui se trouve désormais dans le dépôt de la marine (INS Angre).

À l'ouest de l'hôtel des Monnaies, à l'intersection des rues Pherozeshah Mehta et Shahid Bhagat Singh, s'élève l'imposant **Gresham Assurance Building**. Cette construction Arts déco possède une impressionnante façade en basalte, avec deux majestueux piliers et un dôme.

Juste en face, le **Marshall Building**, coiffé d'un dôme florentin, a été construit en 1898 pour accueillir les entrepôts et les bureaux d'une société d'ingénierie britannique. Sa façade, associant anges, œils-de-bœuf et frontons, est un exemple réussi d'intégration d'architecture européenne contemporaine dans un environnement oriental.

Des fontaines d'eau potable, ou *pyav*, ont été implantées dans la ville par des philanthropes indiens pour permettre aux passants de se désaltérer. À l'intersection de Shahid Bhagat Singh Marg et de Mint Road se dresse la **Ruttonsee Mulji Drinking Water Fountain**, due à F. W. Stevens, le principal artisan du Bombay victorien, à qui l'on doit également le Municipal Corporation Building et le Victoria Terminus *(p. 370-371)*. La fontaine fut construite en 1894 par un marchand, en mémoire de son fils unique. En calcaire et en granit rouge et bleu, elle est décorée de têtes d'éléphants, dont les trompes crachent de l'eau. Soutenu par des colonnes en granit bleu, le dôme est couronné par la représentation d'un jeune homme. La fontaine possède un abreuvoir pour les animaux. Plus bas sur Mint Road, juste avant son intersection avec Walchand Hirachand Marg, se trouve une autre *pyav* et le **Kothari Kabutarkhana**, littéralement « pigeonnier ». Cette structure en pierre, construite au XVIIIe siècle par un marchand jaïn, Purushottamdas Kothari, est un ajout du XIXe siècle et du début du XXe siècle. À l'instar des bouddhistes, les jaïns croient que tous les êtres vivants possèdent une âme et que les bonnes actions envers toute forme de vie donnent du mérite pour la vie future.

À l'extrémité occidentale de la Walchand Hirachand Marg, **Nagar Chowk** est une oasis de verdure au milieu de la circulation. La place est ornée d'une statue de Sir Dinshaw Manekji Petit, baronnet, capitaine d'industrie et grand philanthrope parsi du début du XXe siècle. Le jardin qui entoure cette statue due à Sir Thomas Brock permet d'admirer plusieurs majestueux bâtiments victoriens comme le Victoria Terminus, le bâtiment de la Bombay Municipal Corporation et le General Post Office.

Gresham Assurance Building

Shahid Bhagat Singh Marg débouche dans D'Mello Road, autrefois appelée Frere Road. Cette partie de la ville fut gagnée sur la mer dans les années 1860, par le Port Trust. Aujourd'hui, la rue est bordée de nombreux restaurants.

Les pigeons du Kothari Kabutarkhana viennent picorer leur ration quotidienne de graines

Ballard Estate 13

Délimitée par Shahid Bhagat Singh Marg, Walchand Hirachand Marg et Shoorji Vallabhdas Marg.

Toute cette zone a été gagnée sur la mer par le Bombay Port Trust, avant d'être transformée en quartier d'affaires. Planifié entre 1908 et 1914 par George Wittet, l'architecte de la Gateway of India, le quartier a été aménagé dans le strict respect des règles fixées par l'architecte, affichant une élégante sobriété. Les larges trottoirs et les avenues impeccables plantées d'arbres sont bordés de bâtiments en pierre affichant une homogénéité de taille et de style – ce qui crée une atmosphère paisible. Shoorji Vallabhdas Marg, à proximité de l'imposant Marshall Building, offre un accès intéressant au quartier. Parmi les bâtiments les plus impressionnants de la rue, on compte la **Customs House**. Conçue par Wittet, elle présente un majestueux portique d'entrée de style Renaissance, flanqué de deux colonnes aussi hautes que le bâtiment. À côté se dresse le **Bombay Port Trust**, lui aussi dû à Wittet. Deux bateaux, toutes voiles dehors, sont sculptés sur sa façade de basalte. En descendant la rue, vers l'est, on découvre le **Port Trust War Memorial**, qui rend hommage aux employés du port morts pendant la Première Guerre mondiale. Le monument possède une colonne de pierre cannelée, surmontée d'une lanterne. Le **Grand Hotel** domine l'angle de Walchand Hirachand Marg et de Ram Gulam Marg. Cette création de George Wittet possède un magnifique atrium central. Le grandiose **Mackinnon & Mackenzie Building** est doté d'un impressionnant portique, de colonnes et de statues. Ce bâtiment, ainsi que diverses constructions edwardiennes, comme la **Darabshaw House** et la **Neville House**, contribuent à l'élégance du quartier.

Le General Post Office, la poste centrale, associe les styles européen et indien

Port Trust Memorial

General Post Office 14

Walchand Hirachand Marg.
lun.-sam.

Achevé en 1911, ce bâtiment extravagant réunissant minarets, dômes et arches a été conçu par John Begg. La construction de la poste centrale a été supervisée par George Wittet. Fleuron du style indo-saracénique, le General Post Office (GPO) associe des éléments d'architecture indienne, notamment un dôme islamique inspiré par le Gol Gumbad de Bijapur *(p. 445)*, et des éléments européens classiques. L'intérieur abrite une spacieuse rotonde à trois étages, qui dessert les différents services de la poste. Les opérations s'effectuent à d'anciens guichets en bois au charme suranné.

LES *DABBAWALLAH* DE MUMBAI

L'un des spectacles les plus typiques de Mumbai est le ballet des *dabbawallah*, qui vont chercher plus de 100 000 repas aux domiciles des banlieusards pour les leur livrer sur leur lieu de travail. La plupart des employés passent en moyenne deux heures par jour dans les transports en commun. Les repas chauds, cuisinés maison, seraient un luxe inaccessible, s'il n'y avait les *dabbawallah*. Ces derniers vont chercher les plats chauds, généralement composés de *roti,* de légumes et de *dal,* dans trois ou quatre gamelles rondes en acier, appelés *dabba* (d'où le nom de *dabbawallah*), aux différents domiciles, inscrivent sur les couvercles des codes de couleurs correspondant aux adresses des bureaux, et embrochent les *dabba* sur de longues perches avant de se rendre à vélo à la gare la plus proche. Là, les *dabba* sont confiés à d'autres *dabbawallah,* qui les livrent dans les bureaux. Incroyable mais vrai : il est rare que des déjeuners se perdent. Puis en fin d'après-midi, les *dabba* vides font le trajet en sens inverse. Traditionnellement originaires de la ville voisine de Pune, les *dabbawallah* sont organisés au sein d'une association.

Les *dabbawallah* livrent des repas maison aux employés de bureau

Marine Drive longe le bord de mer, reliant le nord et le sud de Mumbai

Marine Drive ⓯

Netaji Subhash Chandra Rd.

Surnommée « Queen's Necklace » (« collier de la reine »), en raison des nombreux lampadaires qui la jalonnent, Marine Drive (rebaptisée Netaji Subhash Chandra Road) longe une promenade en bord de mer, de **Nariman Point** à Malabar Hill. Construite sur des terres gagnées sur la mer dans les années 1920, c'est la principale artère reliant les banlieues aux quartiers commerciaux et administratifs de Nariman Point et du Fort *(p. 369)*. À sa périphérie orientale se trouve **Oval Maidan**, d'où sont issus de grands talents du cricket indien, comme Sachin Tendulkar (né en 1973) et Sunil Gavaskar (né en 1949). Les bâtiments de Marine Drive se démarquent par leur forte influence Arts déco, très en vogue à Bombay dans les années 1939 et 1940. Des immeubles de cinq étages se sont construits sur le front de mer, faisant du quartier la zone résidentielle la plus élégante de l'époque.

La meilleure solution pour découvrir Marine Drive pendant la journée consiste à s'installer au premier étage d'un bus rouge à impériale : vous aurez une excellente vue de la mer et de la ville. Le soir, la rue regorge de promeneurs, de couples qui se retrouvent après le travail, et de familles qui se pressent autour des marchands de jus de coco et de *bhelpuri*. Chowpatty Beach est la promenade la plus appréciée de la ville. C'est aussi la plus méridionale des plages. Accueillant autrefois des étals de nourriture et des colporteurs, le quartier a été « nettoyé » par les autorités locales. Ce but de promenade peu coûteux, très apprécié le soir, reste animé jusque tard dans la nuit. C'est aussi là que se déroule la plus grande fête de Mumbai : Ganesha Chaturthi. Des foules nombreuses se réunissent alors sur Chowpatty Beach pour plonger des représentations de Ganesh, le dieu à tête d'éléphant, dans la mer d'Oman.

Le **National Centre for Performing Arts** (NCPA), à l'extrémité sud de Marine Drive, accueille des représentations de musique, de danse et de théâtre. Sa troupe, le Tata Theatre and Experimental Theatre, qui réunit les plus grands talents locaux, montre des œuvres d'auteurs indiens et internationaux, tandis que les meilleurs musiciens et danseurs du pays se produisent régulièrement dans les auditoriums du complexe.

Malabar Hill ⓰

Délimité par Napean Sea Rd, Ridge Rd et Walkeshwar Rd.

Jadis parsemé de bungalows installés dans de vastes domaines boisés, ce quartier résidentiel verdoyant compte aujourd'hui des immeubles très élégants. C'est aussi dans ce quartier que se trouvent les **Towers of Silence** parsi. Les Parsi *(p. 363)* croient au caractère sacré des éléments : la terre, l'eau, l'air et le feu ne doivent pas être profanés. Aussi posent-ils leurs morts sur ces hautes tours de pierre cylindriques, où ils sont décharnés par les vautours. La population de vautours de la ville ne cesse de diminuer – ce qui préoccupe la communauté parsi. Une haute muraille et une épaisse ceinture d'arbres entourent les tours, inaccessibles aux visiteurs. Non loin de là, les **Hanging Gardens**, un espace vert agréable, offrent de belles vues de la ville.

Les Hanging Gardens s'étagent sur Malabar Hill

Banganga 17

Walkeshwar, Malabar Hill.

Ce petit peuplement blotti entre les gratte-ciel de Malabar Hill est installé autour d'un réservoir sacré. Selon la légende, Rama, héros du *Ramayana* *(p. 27)*, se reposa ici en allant secourir Sita, son épouse enlevée. Il tira une flèche dans le sol et une source jaillit à l'endroit où le réservoir a été construit. Les fidèles viennent y prendre des bains rituels. Le site compte plusieurs temples : le **Jabreshwar Mahadeo**, à l'angle du réservoir, est le plus joli, tandis que le **Walkeshwar Temple**, du XVIIIe siècle, possède un lingam construit, dit-on, par Rama. Les alentours comptent des gîtes *(dharamsala)* pour les pèlerins.

Ruelles de Khotachiwadi bordées de maisons ornées de balcons

Khotachiwadi 18

Délimité par Jagannath Shankarshet Rd et Raja Ram Mohan Roy Rd, Girgaum.

Les ruelles étroites de Girgaum, au centre de Mumbai, abritent le vieux quartier de Khotachiwadi (littéralement « verger du chef »), devenu un faubourg de la ville, au nord du Fort, au XIXe siècle. Il a conservé l'atmosphère paisible d'un village de bord de mer. Ses maisons basses, aux toits de tuiles, ont des avant-toits en bois et des vérandas ouvertes, avec des balcons en fer forgé.

Le Mahalaxmi Temple, dédié à Lakshmi, déesse de la Richesse

Les habitants du quartier, convertis au christianisme par des missionnaires portugais, portent des noms tels que Fernandes, D'Costa et D'Lima. *Anant Ashram*, un petit restaurant du quartier, sert un excellent curry aux crevettes avec du riz.

Mahalaxmi Temple 19

Mahalaxmi Temple Lane, perpendiculaire à Bhulabhai Desai Rd.

Riches ou pauvres, les fidèles se pressent dans ce temple dédié à Lakshmi, déesse de la Richesse et de la Prospérité, aussi appelée Laxmi dans le Maharashtra et dans certaines parties du Gujarat *(p. 345)*. Aux abords du temple, des étals proposent des offrandes religieuses, comme des noix de coco, des fleurs et des petites icônes en plastique. L'histoire du temple remonte au XVIIIe siècle, époque où les quais construits dans la baie furent balayés par les flots à plusieurs reprises. L'entrepreneur fit un rêve : si un temple était élevé à Laxmi, le mur tiendrait. Et c'est ce qui se produisit. Non loin, le **Mahalaxmi Race Course**, près de Mahalaxmi Station, accueille tous les week-ends des courses hippiques (de novembre à avril) qui attirent de nombreux visiteurs.

Haji Ali Mosque 20

Desservie par Lala Lajpat Rai Marg.

Le *dargah* (tombeau) de Haji Ali Shah Bukhari, un riche marchand qui renonça à sa fortune après un pèlerinage à La Mecque, est desservi par une longue chaussée que les eaux recouvrent à marée haute. Si le *dargah* date du XVe siècle, l'éblouissante mosquée blanche, qui semble flotter sur son îlot de la mer d'Oman, a été construite dans les années 1940. La chaussée, où se presse une foule de mendiants, conduit à une vaste cour en marbre, qui accueille le tombeau. Les fidèles touchent de la tête le *chador* (étoffe cérémonielle) richement brodé qui le couvre. Les femmes prennent place derrière un *jali* (écran de pierre).

La Haji Ali Mosque, installée sur un îlot, est desservie par une chaussée

Bandra ㉑

Au N. de Mahim Bay. **Mount St Mary Basilica**, Mount Mary Rd.
(022) 2642 3152. *t.l.j.*
fête de Bandra (sept.).

Cette banlieue prospère, au nord de Mumbai, est reliée à la ville par Mahim Causeway. Elle compte des immeubles récents, des boutiques branchées et des restaurants mais aussi des vestiges de l'ancienne petite enclave portugaise. Ses rues paisibles sont habitées par une communauté de chrétiens des Indes orientales, dont les ancêtres furent convertis par les Portugais. Ces derniers, qui restèrent à Bandra jusqu'à la fin du XVIIIe siècle, y ont également construit plusieurs églises catholiques. La principale, la **Mount St Mary Basilica**, attire des fidèles de toutes les fois. Devant l'église, un étrange marché propose des représentations en cire de diverses parties du corps, que les fidèles placent solennellement sur l'autel, devant la Sainte Vierge, en escomptant une guérison miraculeuse. Perché sur une colline, la **Castella de Aguada**, un fort portugais déserté, offre des vues magnifiques de la mer et de l'arrière-pays.
Dans l'élégant quartier de **Pali Hill**, les villas de plusieurs stars de Bollywood attirent des hordes de touristes indiens. On y vient aussi pour se promener en front de mer, sur **Bandstand** et **Carter Road**, particulièrement apprécié des jeunes. Les bords de mer abritent aussi un petit village de pêcheurs koli.

Vendeur de noix de coco vertes sur Juhu Beach, une plage de Mumbai très fréquentée

Juhu Beach ㉒

Au N. de Bandra.

Cette plage de sable, qui s'étend au nord du centre-ville, ne se prête guère à la détente, car elle est toujours bondée. Le week-end surtout, elle regorge de familles qui viennent pique-niquer, jouer au cricket et patauger dans l'eau. Les nombreux vendeurs proposant friandises, jouets et attractions ajoutent à l'ambiance de *mela* (foire). Juhu compte aussi plusieurs hôtels de luxe, où les magnats de Mumbai et les stars de Bollywood viennent se reposer le week-end.
Le **Prithvi Theatre**, sur Juhu Church Road, a été créé en 1978 par l'une des grandes familles de Bollywood : les Kapoor. On y présente des pièces en hindi, en gujarati et en anglais. Son café est apprécié de la faune branchée de Mumbai. Un festival de théâtre s'y déroule en novembre.

Tournage à Film City, Goregaon

Film City ㉓

Goregaon East. *Contactez le bureau des relations publiques de Film City au (022) 2840 1533.*

Construit en 1978 pour répondre aux besoins de l'industrie cinématographique en hindi, Bollywood *(p. 32-33)*, en plein essor, ou Film City s'étend sur plus de 140 ha, dans les faubourgs nord de la ville. Avec ses quelque 120 films produits chaque année, Bollywood est la première industrie cinématographique au monde. Seules ses cousines telugu et tamoul de l'Inde du Sud peuvent rivaliser avec elle. C'est ici que sont filmées la plupart des grandes productions bollywoodiennes, des séries et des sit-coms. Scènes dansées et chantées, mélodrames déchirants et combats animés sont tournés simultanément sur une dizaine de plateaux, dans des décors de châteaux forts, de jungles foisonnantes ou d'exubérants palais en carton-pâte.

Sanjay Gandhi National Park ㉔

Borivili. *Centre de pédagogie de l'environnement, près de l'Elephant Gate, Goregaon, (022) 2842 1174.*
mar.-dim. **Kanheri Caves**
mar.-dim.

Les forêts de feuillus de ce parc national, à une heure de train au nord de Mumbai, abritent de nombreux oiseaux et une faune d'une grande richesse, comportant sangliers, cobras et quelques tigres. Des safaris permettent de voir des tigres et des lions, dans les parties clôturées du parc.
Dans le parc, une jolie zone boisée abrite un extraordinaire ensemble de 109 grottes bouddhiques, les **Kanheri Caves**, qui datent du IIe au IXe siècle. Avec ses bouddhas colossaux, ses piliers et ses supports sculptés, et son stûpa hémisphérique, la **Cave 3**, du VIe siècle, est la plus impressionnante. Pour découvrir les grottes, mieux vaut accéder au parc par l'entrée nord.

Elephanta Island ㉕

Shiva et Parvati sculptés dans la pierre

Situés sur une île au large de la côte orientale de Mumbai, les temples rupestres d'Elephanta du VIe siècle ont été taillés dans une falaise. Dédiés à Shiva, ils abritent plusieurs chefs-d'œuvre sculptés. Autrefois appelée Gharapuri, l'île a été rebaptisée Elephanta par les Portugais, d'après un gigantesque éléphant de pierre aujourd'hui exposé dans le jardin du Bhau Daji Lad Museum à Mumbai. Depuis Mumbai, une excursion d'une journée en bateau permet de visiter ces temples, inscrits au Patrimoine mondial de l'humanité.

MODE D'EMPLOI

À 9 km au N.-E. de Mumbai. *de la Gateway of India.* *pour les ferries, (022) 2202 6364.* *mer.-lun.* *Festival de danse et de musique d'Elephanta (fév.).*

Les grottes d'Elephanta sont taillées dans la falaise

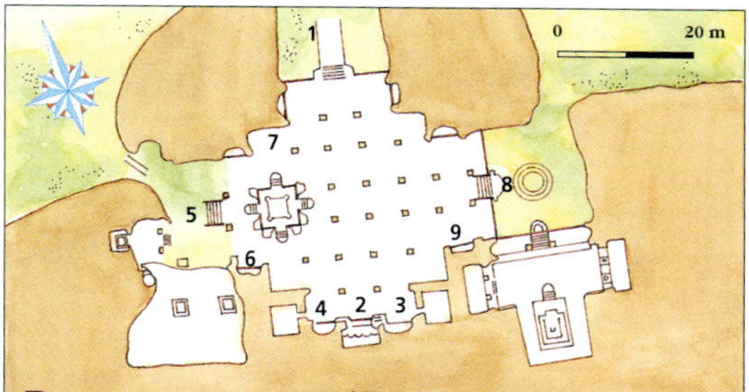

PLAN DES GROTTES D'ELEPHANTA

1 Entrée nord
2 Mahesamurti
3 Ardhanarishvara
4 Gangadhara
5 Entrée ouest
6 Mariage de Shiva et Parvati
7 Shiva empalant Andhaka
8 Entrée est
9 Shiva et Parvati jouant aux dés

À la découverte d'Elephanta

Ces temples rupestres, dont les origines restent inconnues, datent probablement du VIe siècle. Ils attestent d'un regain du brahmanisme à l'époque où le bouddhisme connut un déclin. De l'embarcadère, où arrivent les visiteurs, un escalier de 125 marches conduit à l'entrée principale, la **Northern Entrance**. Cette vaste salle carrée, de 40 m de côté, est soutenue par deux douzaines de piliers massifs. Ici, dans un profond renfoncement du mur postérieur (sud) se trouve la gigantesque statue de Shiva tricéphale : **Mahesamurti**. Aucun visiteur ne restera insensible à cette œuvre puissante, qui a fait la renommée d'Elephanta. L'historien de l'art Percy Brown la considère comme la « création d'un génie ». Les trois visages représentent les différentes manifestations de Shiva. Coiffé d'une tiare sophistiquée, le visage central incarne Shiva conservateur du monde, sublimement serein et introspectif. Le visage tourné vers l'ouest, Shiva le Créateur, est doux, plein de sollicitude et de grâce. Avec sa bouche cruelle, son nez crochu et ses cheveux couverts de serpents, celui tourné vers l'est représente Shiva le Destructeur.

De part et d'autre de la statue se trouvent d'autres magnifiques sculptures. Celle à l'est représente Shiva **Ardhanarishvara**, le dieu androgyne, qui symbolise l'unité divine dans laquelle tous les contraires sont résolus. À l'ouest, Shiva **Gangadhara** aide Ganga, la déesse du fleuve, à descendre sur Terre, sous le regard de son époux Parvati et d'autres divinités.
Dans tout le temple, de magnifiques sculptures symbolisent la paix et la violence, la joie et la fureur. L'une d'elles, près de l'entrée ouest, la **Western Entrance**, représente le mariage de Shiva et de Parvati. En face, un panneau puissant montre Shiva empalant le démon Andhaka. L'entrée est, l'**Eastern Entrance**, est ornée de Shiva et Parvati jouant aux dés dans leur résidence, que le dieu-démon Ravana tente de détruire en secouant la montagne.

Du haut de ses 5,50 m, Mahesamurti domine le temple rupestre

Le Maharashtra

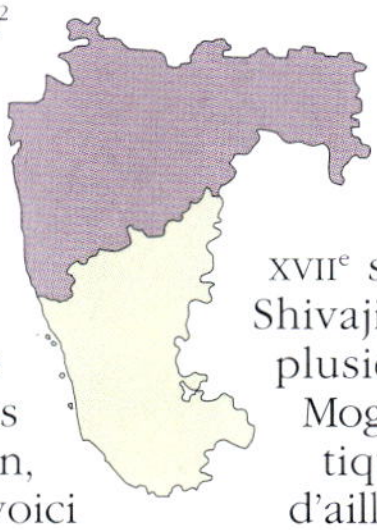

Cette région de 300 000 km² comprend aussi bien des collines verdoyantes que des plaines côtières pittoresques et des centres industriels animés. Les collines des Ghâts occidentaux, où de nombreuses rivières prennent leur source, se déroulent parallèlement aux côtes du Konkan. Le plateau du Deccan, formé de lave volcanique noire voici 70 millions d'années, quant à lui, occupe le centre du Maharashtra. À compter du IIᵉ siècle av. J.-C., les arts et l'architecture prospérèrent dans cette région, qui accueille deux sites inscrits au Patrimoine de l'humanité : les grottes bouddhiques d'Ajanta et les grottes d'Ellora. La région rocailleuse des environs de Pune est parsemée de forts massifs, construits au XVIIᵉ siècle par le chef marathe Shivaji, qui lança avec succès plusieurs campagnes contre les Moghols. Le Shiv Sena, parti politique nationaliste, perpétue d'ailleurs son culte. Aujourd'hui, le Maharashtra est une région prospère, fortement industrialisée, mais aussi très attachée à son agriculture. Le coton et le tabac y sont cultivés, ainsi que divers fruits, comme des oranges, les *chikoo* (sapotilles) et les mangues.

La région d'un coup d'œil

Villes
- Ahmadnagar 9
- Aurangabad 11
- Kolhapur 4
- Nagpur 17
- Pune 6
- Wardha 18

Temples et lieux saints
- Nasik 10
- Pandharpur 19

Sites historiques
- Ajanta 14
- Daulatabad 12
- Ellora 13
- Murud-Janjira 2

Parcs nationaux et sites géographiques
- Lonar 15
- Melghat Tiger Reserve 16

Stations climatiques
- Lonavla 7
- Mahabaleshwar 5
- Matheran 8

Plages
- Alibag 1
- Ganapatipule 3

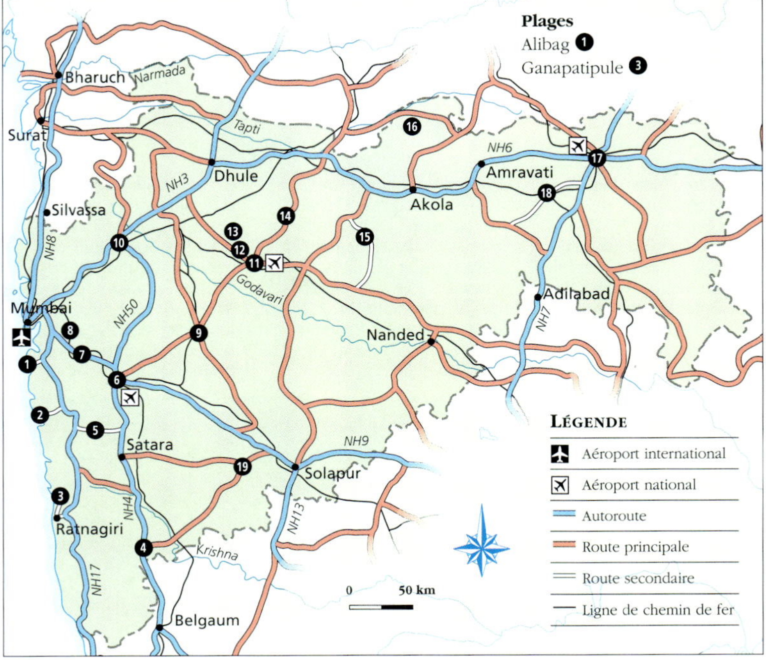

◁ **Stûpa votif de la salle du *chaitya*, de la fin du vᵉ siècle, grotte 19, à Ajanta**

L'imposant Janjira Fort a été édifié sur un îlot

Alibag 1

District de Raigarh. À 108 km au S. de Mumbai. *de la Gateway of India, Mumbai, jusqu'à Mandve, à 18 km au N. d'Alibag, puis en car.*

Le port d'Alibag fut développé au XVIIe siècle par les Marathes pour protéger leur royaume des Hollandais, des Portugais et des Britanniques, qui gagnaient en puissance. Aujourd'hui, Alibag est une ville paisible, située en face de Mumbai dans la baie. Son site le plus impressionnant est sa plage de sable doux argenté, bordée de cocotiers et de pins australiens, qui s'étend sur 5 km de long.

Construit en 1680 sur une île par Shivaji, un chef marathe chhatrapati, le fort de Kolaba domine la ville. L'imposante masse de plomb, d'acier et de pierre, perchée sur un rocher dans la mer, est accessible à pied à marée basse. Ses hauts remparts renferment un temple dédié à Ganesh *(p. 382)*.

À côté, on voit un puits qui rendit sans doute de précieux services durant les sièges. Le fort compte deux entrées principales : un accès s'effectue par le rivage, l'autre par la mer. La gigantesque porte du côté de la mer est décorée de sculptures d'éléphants, de tigres et de paons.

AUX ENVIRONS : Kihim Beach, à 9 km au nord d'Alibag, est une bourgade paisible, dont les bois abritent de nombreux oiseaux et fleurs sauvages. L'ornithologue Salin Ali (1896-1987), auteur d'un ouvrage renommé sur les oiseaux indiens, aimait y séjourner.

Murud-Janjira 2

District de Raigarh. À 185 km au S. de Mumbai. *de la Gateway of India, Mumbai, jusqu'à Mandve, à 120 km au N. de Murud, puis en car.* *de Rajpuri jusqu'au fort de Janjira.*

Cette bourgade côtière paisible, aux ruelles sinueuses et aux maisons indo-gothiques, possède une plage idyllique, propice aux après-midi oisifs et aux baignades dans ses eaux cristallines. Le petit village de Rajpuri, à 4 km au sud de Murud, permet d'accéder au Janjira Fort, la plus imprenable des îles-forts du Konkan, qui subit toujours les assauts de la mer d'Oman. Des bateaux partent de Rajpuri pour le visiter.

Aussi appelé Jazira-Mehruba ou « fort-lune », l'ouvrage a été bâti en 1511 par les Siddi, venus d'Abyssinie dans le Deccan comme marchands d'esclaves. Avec ses hauts remparts, ses 22 bastions et ses murs de granit aux joints en plomb conçus pour tenir tête à la mer, le fort résista aux Portugais, aux Britanniques et même au grand chef Shivaji. Des marches conduisent à un imposant portail de pierre, où un lion sculpté tient captifs six minuscules éléphants, représentant les six victoires siddi successives. Des canons rouillés se trouvent dans des niches des remparts. Les palais, jardins et mosquées sont en ruine, et une végétation luxuriante croît autour du palais du chef siddi Sirul Khan.

Ganapatipule 3

District de Ratnagiri. À 365 km au S. de Mumbai. *Ratnagiri, à 22 km au S. de Ganapatipule, puis en car.* *Gauri Ganapati (sept.-oct.).*

Ce village côtier doit son nom à un temple de 400 ans, le Swayambhu Ganapati, où l'idole Ganapati (nom local du dieu Ganesh) est vénérée par les hindous comme l'un des huit sites sacrés ou « Ashtha Ganapati » d'Inde. Bien qu'elle attire de nombreux fidèles et mendiants, sa plage compte de longues étendues de sable blanc immaculé et des eaux cristallines. Le long de la côte s'étendent des plantations d'arbres fruitiers, comme des manguiers, des bananiers, des jaquiers, des cocotiers et des bétels.

Mangue Alphonso

AUX ENVIRONS : Ratnagiri, à 19 km au sud de Ganapatipule, est célèbre pour ses plantations de mangues Alphonso, appelées « hapus ». La forteresse de Ratnagiri, Bala Qila, intacte, se dresse sur la côte. Ses murs renferment un beau temple de Bhagavati.

Le Swayambhu Ganapati Temple, au pied d'une colline à Ganapatipule

Bateaux de pêche colorés sur la côte à Malvan

Kolhapur ❹

District de Kolhapur. À 225 km au S. de Pune. 485 500. *Maharashtra Tourism, (0231) 265 2935.*

Situé sur les rives de la Panchganga, ce centre commerçant prospère est renommé aujourd'hui pour son industrie laitière. C'est aussi l'un des plus importants lieux de pèlerinage du Maharashtra, associé depuis les temps les plus reculés au culte de Shakti (la déesse mère). Sous domination de la dynastie hindoue des Yadavas entre le Xe et le XIIIe siècle, Kolhapur fut prise par le chef marathe Shivaji, avant de revenir à son plus jeune fils. L'État resta aux mains des Bhonsle (l'une des quatre familles princières héréditaires marathes) jusqu'à l'indépendance de l'Inde, en 1947.

Parmi les nombreux temples de Kolhapur, le **Shri Mahalakshmi** ou Amba Bai Temple, dédié à la déesse mère, est le plus vénéré. Construit au VIIe siècle par Karnadeva, le roi chalukya, l'idole du temple, qui serait un *swayambhu* ou monolithe naturel, est incrustée de diamants et de différentes pierres précieuses. Le *mandapa* (salle à piliers) possède un plafond superbement sculpté. Derrière le temple se trouvent les vestiges de l'Old Palace ou Rajwada, où vivent toujours les membres de la famille de l'ancien maharaja. On célébrait autrefois dans son imposante entrée de gigantesques mariages publics. Derrière les portes du palais se trouve le terrain de lutte de la ville, où les jeunes hommes pratiquent la lutte indienne traditionnelle, le *kushti*.

***Chappal* de Kolhapur**

Le **New Palace**, à 2 km au nord du centre-ville, a été achevé en 1881. C'est l'œuvre de Charles Mant *(p. 344)*, qui fusionna des éléments architecturaux européens, jaïns, hindous et islamiques pour donner naissance au style indo-saracénique. Aujourd'hui, le palais abrite le Shahji Chhatrapati Museum, qui présente une collection d'objets royaux, comme des vêtements, des photographies de chasse et une épée de l'empereur moghol Aurangzeb.

La **Town Hall**, également conçu par Mant, abrite un musée présentant diverses trouvailles provenant des sites de fouilles voisins. Kolhapur est aussi célèbre pour ses mules en cuir faites main, appelées *chappal* kolhapuri.

Old Palace
t.l.j.

New Palace
t.l.j.

AUX ENVIRONS : L'un des principaux forts du Deccan se trouve à **Panhala**, paisible petite bourgade perchée sur les collines, à 19 km au nord-ouest de Kolhapur. Le fort est gardé par trois impressionnantes portes à doubles murailles et des remparts de 7 km de long. À l'intérieur de l'enceinte se dressent deux temples, l'un dédié à Amba Bai et l'autre à Maruti, le dieu du Vent. Toutefois, les monuments les plus intéressants sont les gigantesques greniers en pierre, dont le plus grand, Ganga Kothi, couvre 948 m². Construit au XIIe siècle par Raja Bhoja II, le fort tomba successivement aux mains des Yadava, des Adil Shahi de Bijapur, des Shivahi, de l'empereur Aurangzeb et enfin des Britanniques. Le climat et l'altitude de Panhala en font un lieu de villégiature agréable aux nombreuses résidences secondaires, comme celle de la célèbre chanteuse Lata Mangeshkar *(p. 411)*.

Le fort de Panhala sur les pittoresques Sahyadris, après la mousson

Panchgani offre des vues spectaculaires de la Krishna

Mahabaleshwar ❺

District de Satara. À 115 km au S.-O. de Pune. 12 800. Location de vélos.

Plus grande station climatique des collines du Maharashtra, Mahabaleshwar est située à 1 372 m d'altitude. En 1828, Sir John Malcolm, gouverneur de Bombay, choisit ce bel emplacement pour y installer un sanatorium officiel. Rapidement, les versants boisés se couvrirent de bâtiments coloniaux, comme la **Christ Church**, la **Government House** (résidence du gouverneur), le **Frere Hall** et le **Mahabaleshwar Club**. La petite ville permet de nombreuses promenades agréables. Il y a plusieurs points de vue, comme **Bombay Point** d'où l'on peut voir la mer par beau temps, et **Arthur's Seat** qui offre des vues panoramiques de la côte du Konkan.

Dans la vieille ville, le **Krishna Temple** est construit, dit-on, sur le site légendaire de la Panchganga ou « source des cinq rivières » (Koyna, Savitri, Venna, Gayatri et la puissante Krishna). D'ici, cette dernière se déroule sur 1 400 km, jusqu'au golfe du Bengale, sur la côte orientale. Deux autres temples sont dédiés à Hanuman et à Rama. Non loin de la ville, plusieurs fermes permettent aux visiteurs de cueillir eux-mêmes divers fruits rouges (fraises, framboises et mûres).

Aux environs : À 18 km à l'est de Mahabaleshwar, la station de **Panchgani**, entourée de cinq collines, compte d'anciens bungalows anglais et parsi. De nombreux jolis sentiers de randonnée en partent *(p. 385)*. Les majestueux forts de **Pratapgarh** et **Raigad**, situés sur les collines respectivement à 18 km à l'ouest et à 70 km au nord-ouest de Mahabaleshwar, sont d'anciens bastions marathes. À 111 km environ au sud de Mahabaleshwar, **Chiplun** est située sur les rives de la Vashishti, dont les eaux approvisionnent un lac artificiel, le Koyna Lake. La ville est connue pour son programme d'irrigation mis en place dans les années 1980, qui fournit de l'eau à la région côtière entre les Sahyadris et la mer.

Gargouille, Krishna Temple

Ganesh, la divinité qui écarte les obstacles

Le dieu Ganesh

Fils de Shiva et de Parvati, ce dieu à tête d'éléphant et à ventre rebondi, qui est la divinité la plus populaire du panthéon indien, est particulièrement vénéré dans le Maharashtra. On le retrouve dans toutes les maisons, sur les portails des temples et les entrées des magasins, sur les papiers à lettres et les faire-part de mariage. En Inde, rien n'est entrepris avant d'invoquer Ganesh, dieu des Commencements. Il est aussi Vighneshvara, qui écarte les obstacles, et Siddhidata, dieu de la Prospérité et de la Réussite. Aimable et bienveillant, Ganesh est avant tout un ami. Selon la légende, Shiva, furieux, aurait coupé la tête de son fils, avant d'être pris de remords et de lui donner la tête d'un éléphant qui passait par là. Les quatre bras de Ganesh tiennent ses divers attributs. Deux mains tiennent toujours sa défense brisée et une confiserie ronde, appelée *modaka*. Ses deux autres mains peuvent tenir une fleur de lotus, un aiguillon à éléphant, une hache ou un rosaire. Sa fête, Ganesha Chaturthi *(p. 385)*, est célébrée pendant dix jours dans tout le Maharashtra. Les effigies en argile confectionnées et consacrées le premier jour sont ensuite posées sur des *pandal*, des autels décorés, puis vénérées. Le dixième jour, des chars colorés, accompagnés de danseurs folkloriques et de fidèles qui chantent, conduisent les processions jusqu'au bord de l'eau, où des centaines d'idoles sont immergées dans les rivières, les lacs ou la mer. Cette immersion marque le retour de la divinité dans sa demeure.

Des représentations de Ganesh sont plongées dans les eaux

Le campus animé de l'université de Pune

Pune ❻

District de Pune. À 170 km au S.-E. de Mumbai. *2 540 500.* *12 km au N.-E. du centre-ville, puis en taxi ou en voiture.* *Maharashtra Tourism, I Block, Central Bldg, (020) 2612 6867.* *Ganesha Chaturthi (août-sept.).*

Cette ville industrielle qui se développe rapidement est située sur le plateau du Deccan, au confluent de la Mutha et de la Mula. Elle est bordée à l'ouest par les Sahyadris. Son climat agréable valut à cette ville proche de Bombay d'être élue capitale de la mousson par les Britanniques au XIXe siècle. Alors appelée Poona, elle devint un centre administratif important et un cantonnement militaire. Aujourd'hui encore, elle accueille la base du commandement Sud de l'armée indienne.

C'est aussi ici que le chef marathe Shivaji passa son enfance. Entre 1750 et 1817, la ville, capitale de la Confédération marathe, fut dirigée par les Peshwa. Les vestiges de leur palais, le **Shaniwar Wada Palace**, se trouvent dans la vieille ville. Construit en 1736, le palais fut ravagé par un incendie en 1828. Seuls ses murs extérieurs et son entrée principale, aux grandes pointes destinées à repousser les éléphants des ennemis, subsistent. Plus au sud, le **Vishram Bagh Wada** est un beau palais peshwa, à la façade en bois sophistiquée.

Beaucoup de visiteurs connaissent Pune pour la célèbre **Osho International Commune** fondée par Bhagwan Rajneesh ou Osho, située dans le parc Koregaon. Surnommé « gourou du sexe », il connut une immense popularité en Occident. Si le *guru* est mort en 1990, son ashram continue d'attirer des fidèles venus d'Europe et des États-Unis.

Le charmant **Raja Kelkar Museum**, musée privé, occupe une maison marathe traditionnelle ou *wada*. Il présente une collection de magnifiques objets quotidiens : pots, lampes, crayons, encrier, casse-noix, etc. Les visiteurs ne manqueront pas d'admirer un parchemin peint chitrakathi du Maharashtra, utilisé dans le théâtre populaire. Le **Tribal Museum**, à l'ouest de la gare, présente la culture tribale de cet État, et notamment de Sahyadri et de Gondwana.

Peinture *warli*, au Raja Kelkar Museum

L'**Aga Khan Palace** est situé sur l'autre rive de la Mula, au nord de la ville. Le Mahatma Gandhi y fut emprisonné par les Anglais pendant deux ans. Aujourd'hui, il abrite le Gandhi National Memorial. L'épouse de Gandhi, Kasturba, y est morte. Ses cendres reposent dans un mémorial du jardin.

Dans la ville, on remarque également la St Mary's Church, une belle église consacrée en 1825, le Pataleshwar Temple du VIIIe siècle, taillé dans la pierre, le Parvati Temple, perché sur une colline, et de nombreux beaux jardins, comme les Empress Botanical Gardens et les Bund Gardens.

Capitale de la culture marathe, Pune possède une riche tradition du théâtre, de la musique classique et de la danse. C'est aussi une importante ville universitaire, qui abrite le prestigieux Film and Television Institute et les Archives nationales du film.

AUX ENVIRONS : À 6 km environ au sud-ouest se trouve la **National Defence Academy**, à Khadakvasla, où sont formés les cadets de l'armée de terre, de l'air et de la marine. Plus au sud-ouest se dressent les spectaculaires forts de **Rajgad** et **Sinhgad** (le « fort-lion »), associé à Tanaji Malasure, un général de Shivaji. Selon la légende, il aurait pris le fort en passant des cordes autour du corps de varans qui escaladèrent ensuite les parois du fort.

Osho International Commune
(020) 401 9999. *t.l.j.*

Raja Kelkar Museum
1378, Shukrawar Peth.
t.l.j.
jours fériés.

Aga Khan Palace
Ahmadnagar Rd. *lun.-sam.*
2e et 4e sam. du mois, jours fériés.

Le Vishram Bagh Wada est un palais peshwa, au cœur de la vieille ville

Le *chaitya griha* bouddhique de la Karla Cave, près de Lonavla

Lonavla 7

District de Pune. À 62 km au N.-O. de Pune. *55 700.* **Karla Cave** *Maharashtra Tourism, Karla, (02114) 282 230.* *t.l.j.* **Bhaja Caves**

Située sur la ligne de train principale Mumbai-Pune, Lonavla, qui était autrefois une station climatique assoupie connue surtout pour son *chikki*, un genre de caramel, est devenue un lieu de villégiature très prisé où les habitants de Mumbai viennent passer le week-end. La ville, qui s'articule autour de sa rue principale animée, permet de jolies promenades. C'est aussi une bonne base pour découvrir les collines environnantes.

Aux environs : À 8 km environ au nord-ouest de Lonavla, **Khandala** est une jolie ville offrant de belles vues des Ghâts occidentaux. La célèbre **Karla Cave**, grotte bouddhique taillée dans la pierre, à 11 km à l'est de Lonavla, date des IIe et Ier siècles av. J.-C. Le splendide *chaitya griha (p. 20)*, la plus grande des anciennes grottes bouddhiques du Deccan, est aussi la mieux préservée. Elle possède une cour magnifiquement sculptée, une façade de 14 m de haut percée d'une fenêtre en fer à cheval et une vaste salle à piliers. Les **Bhaja Caves** sont situées à 4 km de la route menant à Karla. Ces grottes (une vingtaine) du IIe siècle av. J.-C. sont les plus anciennes de la région. La grotte 12, un *chaitya griha*, a conservé les vestiges des poutres en bois de son plafond. Sur l'autre côté de la façade, on découvre des structures sculptées à plusieurs étages, avec des fenêtres et des balcons. Les Bedsa Caves, à 9 km de Bhaja, datent du Ier siècle apr. J.-C. Le plafond de la grotte principale porte des vestiges de peintures.

Statue d'un couple de divinités, Karla Cave

Matheran 8

District de Raigarh. À 118 km au N.-O. de Pune. *5 200.* *De Neral Junction, prendre le train jusqu'à Matheran (2 h).* *En face de la gare.*

Perché à 803 m d'altitude, Matheran (« forêt mère »), est la station climatique la plus proche de Mumbai. Cette bourgade pittoresque se trouve sur les flancs boisés des Sahyadris. En 1855, Lord Elphinstone, gouverneur de Bombay, y fit construire l'imposant **Elphinstone Lodge**, pour y passer ses week-ends. Matheran devint alors à la mode. Une ligne de chemin de fer fut construite en 1907, et un petit train *(p. 643)* part toujours de Neral pour serpenter dans les collines et les forêts. Aucun véhicule à moteur ne circule dans cette bourgade, paisible en dépit des nombreux visiteurs qui s'y pressent, surtout le week-end. Matheran ne compte pas moins de 33 points de vue. **Porcupine Point** ou Sunset Point est apprécié des visiteurs pour ses couchers de soleil spectaculaires. **Louisa Point** offre des vues du Prabal Fort, en ruine, et d'un sentier de montagne appelé Shivaji's Ladder. Le plus impressionnant des points de vue est **Hart Point**, d'où l'on peut voir Mumbai au loin, par beau temps. Parmi les nombreux bâtiments de l'époque du Raj, on compte St Paul's Anglican Church, le joli Lord's Hotel et la Roman Catholic Church.

Porcupine Point, aussi appelé Sunset Point, à Matheran, offre des vues magnifiques

Pierre sculptée, Damri Mosque

Ahmadnagar 9

District d'Ahmadnagar. À 140 km au N.-E. de Pune. *307 500.*

Siège d'un puissant royaume musulman au XVIe siècle, Ahmadnagar fut fondée en 1490 par Ahmad Nizam Shah Bahri, fils d'un hindou converti. En 1599, les Moghols, conduits par Akbar, envahirent la ville après l'assassinat du sultan. Toutefois, la sœur du sultan, Chand Bibi, défendit le royaume. Les années qui suivirent furent marquées par l'ascension de Malik Ambar, un ancien esclave africain qui combattit avec succès Bidar *(p. 446)* et Golconda *(p. 546-547)*, non loin de là. En 1636, le royaume finit par se soumettre à la domination moghole.

Les chefs de la dynastie nizam shahi furent de grands bâtisseurs : leur style architectural révèle une indéniable influence persane. L'**Ahmadnagar Fort**, à 4 km au nord-est, a été construit en 1490, mais ses impressionnants murs de pierre sont des ajouts de 1563. Seul élément préservé, le palais se compose d'une vaste salle avec un ensemble de dômes. En 1942, Jawaharlal Nehru y fut détenu. C'est ici que le prisonnier politique rédigea son célèbre ouvrage : *The Discovery of India*. La **Jami Masjid** date de la même période. Non loin se dresse la **Damri Mosque**, une mosquée de 1568 au joli parapet et aux fleurons couronnés de pavillons miniatures.

L'empereur Aurangzeb mourut à Ahmadnagar en 1707. Sa dépouille reposa brièvement au petit **Alamgir Dargah**, près du cantonnement, avant d'être enterrée à Khuldabad *(p. 387)*. À l'ouest de la ville s'étend le **Bagh Rauza**, un vaste jardin ceinturé par un mur. Il accueille le mausolée d'Ahmad Nizam Shah Bahri, à l'intérieur richement décoré.

Randonnée dans les Sahyadris

Les Ghâts occidentaux, également appelés Sahyadris dans le Maharashtra, se déroulent parallèlement à la côte occidentale de l'Inde, dans les États du Maharashtra, du Karnataka, du Tamil Nadu et du Kerala. Formées de roches volcaniques, les collines forment un dédale de crêtes et de vallées. Les nombreuses stations climatiques du Maharashtra sont d'excellents points de départ pour des randonnées. **Mahabaleshwar** et **Panchgani** sont particulièrement bien balisées, avec des sentiers qui traversent des forêts luxuriantes et des vallées. Les parois rocheuses des collines se prêtent aussi à merveille à l'escalade (**Lonavla**). À **Matheran**, la Shivaji's Ladder, un sentier qui mène de One Tree Hill jusqu'à la vallée, est très prisée des randonneurs. Les Sahyadris sont particulièrement beaux en septembre, après les pluies : les versants se couvrent alors de fleurs sauvages et une multitude de cascades se forment.

Les crêtes rocheuses des Sahyadris

Fêtes du Maharashtra

Janmashtami *(juil.-août)*. La naissance du dieu Krishna est célébrée dans tout l'État. Des pyramides humaines tentent d'atteindre des pots de beurre suspendus dans les rues, en hauteur, pour imiter les frasques d'enfant du dieu.

Janmashtami à Mumbai

Naga Panchami *(août-sept.)*. Cette fête rend hommage aux serpents, dotés de pouvoirs et vénérés dans tout le pays. Ils sont nourris avec du lait avant d'être sortis, lors de processions colorées, puis lâchés dans la nature.

Ganesha Chaturthi *(août-sept.)*. La fête la plus importante du Maharashtra est célébrée avec une ferveur particulière à Pune et à Mumbai. Des idoles en argile du dieu Ganesh *(p. 382)* sont réalisées puis vénérées pendant plus de dix jours, lors de festivités animées. Puis les idoles sont menées au cours d'eau le plus proche, lors de processions colorées, avant d'être immergées.

Kalidasa Festival *(nov.)*, à Nagpur. Ce festival qui réunit de grands noms de la musique classique et de la danse rend hommage au poète et écrivain sanskrit du IVe siècle : Kalidasa.

Ellora Festival *(déc.)*, à Ellora. Diverses représentations se déroulent dans le cadre évocateur du Kailasanatha Temple.

Le réservoir sacré de Ramkund, à Nasik

Nasik ⑩

District de Nasik. À 187 km au N.-E. de Mumbai. *1 077 000.* *Maharashtra Tourism, (0253) 257 0059.* *Kumbh Mela (tous les 12 ans).*

Située sur les deux rives de la Godavari, cette ville animée, qui compte parmi les lieux les plus saints d'Inde, réunit presque 200 temples. Les *ghât* qui bordent la rivière accueillent le spectaculaire Kumbh Mela. Selon la légende, Rama, héros du *Ramayana* *(p. 27)*, aurait vécu ici durant ses quatorze années d'exil.

Le **Ramkund**, le réservoir central, se dresse, dit-on, à l'emplacement où Rama et son épouse Sita se baignèrent. C'est aussi ici que sont dispersées les cendres des défunts. La plupart des temples datent du XVIIIe siècle. Le **Kala Rama Temple**, à l'est de Ramkund, a été construit en pierre noire, avec un *shikhara* de 25 m de haut. Il marque l'endroit où Sita aurait été enlevée par Rama. Le **Rameshwar Temple** possède un hall au toit superbement sculpté. Quant au **Muktidham Temple**, près de la gare, il comporte sur ses murs des inscriptions de la *Bhagavad Gita*.

AUX ENVIRONS : Pandu Lena, à 8 km au sud de Nasik, compte 24 grottes bouddhiques datant des Ier et IIe siècles av. J.-C. La plus ancienne est la grotte 10, un *vihara* (monastère) doté de magnifiques sculptures et inscriptions au-dessus de son entrée. La grotte 18, un *chaitya griha* ancien, présente un bel extérieur sculpté. Parmi les autres belles grottes, citons la 3 et la 20. Le **Trimbakeshwar Temple**, un lieu sacré à 33 km à l'ouest de Nasik, se dresse sur le site de l'un des douze *jyotirlinga* (lingams de lumière) naturels de Shiva. Entouré d'une vaste plate-forme pavée, il présente un *shikhara* sculpté. Le site n'est pas accessible aux non-hindous, mais les visiteurs peuvent avoir un bon aperçu de la cour et du temple. À 65 km environ au sud de Nasik se trouve **Shirdi**, l'ensemble de temples du premier Sai Baba, le saint le plus populaire du Maharashtra, mort en 1918.

Aurangabad ⑪

District d'Aurangabad. À 404 km au N.-E. de Mumbai. *873 000.* *à 10 km à l'E. du centre-ville, puis taxi.* *Maharashtra Tourism, Station Rd East, (0240) 233 1513.*

La plus grande ville du Nord du Maharashtra accueille l'aéroport le plus proche des splendides grottes d'Ellora et d'Ajanta *(p. 388-391)*. Fondée en 1610 par Malik Ambar, Premier ministre de la dynastie des Nizam Shahi d'Ahmadnagar *(p. 385)*, la ville devint en 1653 la résidence d'Aurangzeb, dernier grand empereur moghol. C'est depuis cette ville, à laquelle il donna son nom, qu'il conquit les États du Deccan.

Le monument le plus célèbre de la ville est le **Bibi ka Maqbara**. Située hors des murs de la ville, cette réplique du Taj Mahal a été construite en 1678 par Azam Shah, le fils d'Aurangzeb, en mémoire de sa mère, Rabia Durrani. Installé au cœur d'un vaste jardin moghol, il compte une plate-forme surélevée ponctuée de quatre minarets surdimensionnés. Tout comme le Taj Mahal, il est construit en marbre blanc et en stuc, mais il ne possède pas les ouvrages en *pietra dura* qui caractérisent l'œuvre de Shah Jahan *(p. 148-149)*.

La ville d'Aurangzeb, ceinturée par des murailles, se dresse au centre de la ville. Certaines parties de la ville de Malik Ambar, plus ancienne, ont été préservées, comme le **Naukonda Palace** (en ruine) et la **Jami Masjid**. Sur la rive gauche de la Khan se trouve le **Dargah of Baba Shah Musafir**, saint soufi et guide spirituel d'Aurangzeb.

L'ensemble réunit une petite mosquée, une *madrasa* (école théologique), un tribunal, le *zenana* (quartier des femmes) et un moulin à eau (*panchakki*), alimenté par un réservoir rectangulaire. Dans la vieille ville, près de la Zafar Gate, se trouve aussi la **Himroo Factory**. Aurangabad est réputée pour son art ancestral du tissage de brocarts, avec des fils de soie et d'or, appelés *kamkhab*. Lorsque la ville devint moins prospère, les

Détail de la porte d'entrée, Bibi ka Maqbara

Le Bibi ka Maqbara, à Aurangabad, est une réplique du Taj Mahal d'Agra

Hall à piliers richement orné, Aurangabad Caves

tisserands utilisèrent des fils de coton et d'argent, moins coûteux, pour produire de l'*himroo*, dont le nom signifie « pareil ». On trouve dans la ville de nombreux saris et des écharpes de ce type. L'usine produit également de somptueux saris paithani, richement tissés de fils d'or.

Aux environs : À 3 km environ plus au nord, vous découvrirez les **Aurangabad Caves**. Essentiellement creusées durant les périodes vakataka et kalachuri (VIe et VIIe siècles), ces grottes se divisent en deux ensembles. Parmi les cinq grottes du groupe occidental, la plus ancienne est la grotte 4, du Ier siècle apr. J.-C. Il s'agit d'un beau *chaitya griha* avec un stûpa monolithique. Sculpté sur la roche, à l'extérieur, on voit un magnifique bouddha installé sur un trône en forme de lion. La grotte 3 (XVe siècle) possède un hall à piliers dont l'acoustique amplifie les sons. Dans le sanctuaire, un Bouddha assis est flanqué de fidèles. Le groupe oriental, non loin, réunit quatre grottes. La grotte 6 présente des bodhisattvas délicatement sculptés. La plus belle est la grotte 7, un sanctuaire somptueux avec de grandes sculptures de Tara et d'Avolokitesvara. L'intérieur est orné d'une frise représentant une danseuse accompagnée de sept musiciens.

Tissu *bimroo*, Aurangabad

Daulatabad ⓬

District d'Aurangabad. À 13 km à l'E d'Aurangabad. *Des tours en bus sont offert par Maharashtra Tourism, Aurangabad, (0240) 233 1513. Taxis et Jeeps à Aurangabad.*
t.l.j.

Perché sur un éperon de granit du plateau du Deccan, ce fort extraordinaire fut le témoin de l'un des plus grands carnages de la région. Alors appelé Deogiri, il fut pris en 1296 par Alauddin Khilji, premier conquérant musulman du Deccan, venu de Delhi. Il fut suivi par Muhammad bin Tughluq, qui annexa le fort en 1328, avant de rebaptiser la ville Daulatabad (« ville de la Chance »). Il décida d'y transférer sa capitale, contraignant toute la population de Delhi à s'y rendre à pied, parcourant quelque 1 127 km. En chemin, des milliers de personnes moururent de faim ou de maladie. Lorsque le transfert se révéla un échec, le sultan et sa Cour firent le chemin en sens inverse pour revenir à Delhi. Daulatabad fut successivement conquise par les sultans bahmani du Deccan, les Nizam Shahi, les Moghols, les Marathes et enfin Nizam de Hyderabad, chaque conquête se révélant plus sanglante et sauvage que la précédente. La colline pyramidale sur laquelle se dresse l'imposant fort se détache des massifs environnants, culminant à 183 m d'altitude. Quatre imposantes murailles concentriques protègent le fort. La première des trois zones est l'**Ambarkot** ou « fort extérieur ». À l'intérieur se dresse la tour de la Victoire de 60 m de haut, le **Chand Minar**, construite en 1435 par Alauddin Bahmani pour célébrer sa prise du fort. Dans la **Jami Masjid**, non loin, 106 piliers provenant de temples hindous et jaïns divisent la salle principale en 25 allées. Un triple portail hérissé de pointes de fer donne accès au **Kataka**, le fort intérieur. Des portes traversent des murs fortifiés pour mener à la base de la citadelle, appelée **Balakot**. À proximité de la dernière porte se trouve le **Chini Mahal**, aux carreaux bleus et blancs, où le dernier sultan de Golconda fut emprisonné par Aurangzeb en 1687. Sur un bastion, non loin, un énorme canon de bronze est orné d'une tête de bélier, le **Qila Shikhan** ou « briseur de Fort », de 6 m de long. Plusieurs tunnels sombres mènent au cœur de la citadelle, débouchant à proximité d'un pavillon à piliers, le **Baradari**, une construction moghole tardive. Depuis les remparts du fort, la vue porte loin.

Aux environs : À 10 km au nord se trouve le village de **Khuldabad** (« demeure céleste »), protégé par une enceinte. Son monument le plus connu est l'Alamgir Dargah, dédié au saint musulman Sayeed Zain-ud-Din (mort en 1370). Plusieurs sultans du Deccan choisirent d'être enterrés dans ce complexe religieux également appelé Rauza et fondé au XIVe siècle par des saints soufi. L'empereur Aurangzeb, qui mourut dans le Deccan en 1707, y repose dans un tombeau tout simple, dans la cour. Le beau tombeau de Malik Ambar *(p. 385)* est situé non loin, au nord.

Le Chand Minar était jadis couvert de carreaux persans vernissés

Ellora : Kailasanatha Temple ⓭

Détail du toit du portail d'entrée

Le Kailasanatha Temple (grotte 16), inscrit au Patrimoine mondial de l'Unesco, est la plus belle des grottes rupestres d'Ellora. Commandé par Krishna Ier, un souverain rashtrakuta, au VIIIe siècle, ce gigantesque complexe de 81 m sur 47 m a été taillé dans la façade d'une falaise. Des sculpteurs ciselèrent environ 85 000 m³ de pierre, en commençant par le haut de la falaise pour progresser vers le bas, afin de représenter le mont Kailasa, demeure sacrée du dieu Shiva. Le résultat, rehaussé de gigantesques panneaux sculptés, est absolument éblouissant.

★ Toit

Le toit du mandapa *(salle de réunion) est décoré d'un lotus sculpté en cercles concentriques, couronné de quatre lions de pierre.*

Le Nandi Pavilion

Cour

De part et d'autre de la cour se trouvent deux éléphants grandeur nature.

Obélisques

Le pavillon de Nandi est flanqué de deux piliers monolithiques de 17 m de haut, ornés de frises de lotus et de guirlandes sculptées.

★ Lakshmi et les éléphants

En face de l'entrée, le superbe haut-relief gajalakshmi du Nandi Pavilion représente Lakshmi se faisant asperger par des éléphants tenant des récipients dans leurs trompes.

La tour de 32,60 m de haut était autrefois couverte de plâtre blanc, pour rappeler les pics enneigés du mont Kailasa.

Mode d'emploi

District d'Aurangabad. À 30 km au N.-O. d'Aurangabad. *Location de Jeeps à Aurangabad et excursions avec tour-opérateurs.* *mar.-dim.* *Photos avec flash interdites. Meilleure luminosité l'après-midi.* *Emportez à manger, lampe de poche, chaussures confortables et chapeau.* *Festival d'Ellora (déc.).*

Éléphants soutenant le temple
Des éléphants sculptés tenant dans leurs trompes des lotus ornent tout le pourtour de l'étage inférieur, semblant soutenir la structure.

0 10 m

Monastères taillés dans la pierre

★ Ravana secouant le mont Kailasa
Un vaste panneau représente Ravana (le roi-démon du Ramayana) secouant le mont Kailasa pour déranger Shiva et Parvati dans leur demeure.

Des panneaux du *Ramayana* ornent le mur sud, tandis que le mur nord est décoré de scènes empruntées au *Mahabharata* et à des légendes de Krishna.

À ne pas manquer

- ★ **Toit**
- ★ **Lakshmi et les éléphants**
- ★ **Ravana secouant le mont Kailasa**

Trois déesses
La salle des sacrifices abrite des représentations grandeur nature de Durga, Chamunda et Kali, ainsi que de Ganesh, de Parvati et des sept déesses mères.

À la découverte d'Ellora

Taillées dans un feston rocheux de 2 km de long, les 34 grottes d'Ellora comptent parmi les joyaux de l'architecture rupestre en Inde. L'émergence d'Ellora et son développement coïncidèrent avec le déclin du bouddhisme et une renaissance de l'hindouisme sous les dynasties chalukya et rashtrakuta (VIIe au IXe siècle). Ellora se trouvait sur une importante route marchande reliant Ujjain, dans le Madhya Pradesh, à la côte occidentale. Les revenus engendrés par le commerce financèrent cinq siècles de travaux à Ellora. Les grottes d'Ellora, qui se divisent en trois groupes distincts (bouddhique, brahmanique et jaïn), sont numérotées du sud au nord.

Les **Buddhist Caves** (grottes bouddhiques : 1 à 12) datent de la période chalukya, des VIIe et VIIIe siècles. Les neuf premières, des *vihara* ou « monastères », abritent une profusion de bouddhas magnifiques, de bodhisattvas et de scènes de la mythologie. La plus splendide est la **grotte 10**, ou Vishwakarma, du nom du charpentier céleste. Ce *chaitya griha (p. 20)* saisissant est dominé par une sculpture de Bouddha enseignant, en face d'un stûpa votif, sous une voûte. La pierre est si finement sculptée qu'elle ressemble à du bois. Citons aussi la **grotte 11**, ou Do Thal (à deux niveaux), et la **grotte 12**, ou Tin Thal (à trois niveaux). La salle supérieure de la grotte 12 abrite sur ses murs de grands bodhisattvas sculptés, tandis que des rangées de sept bouddhas flanquent l'entrée de l'antichambre.

Les **Hindu Caves** (grottes brahmaniques : 13 à 29) furent ciselées dans la pierre entre le VIIe et le IXe siècle, à l'apogée d'Ellora. La **grotte 14**, ou Ravana ki Khai, contient de somptueuses sculptures du panthéon hindou, comme Durga tuant le démon-buffle et Vishnou sous la forme de Varaha à tête de sanglier. La **grotte 15**, ou Dashavatara, abrite elle aussi de magnifiques sculptures. La **grotte 21**, ou Rameshvara, et la **grotte 29**, ou Dhumar Lena, sont elles aussi impressionnantes.

Les **Jain Caves** (30 à 34), qui datent de la dernière période d'Ellora, sont plus sobres que les grottes brahmaniques. La plus belle est la **grotte 32**, ou Indra Sabha. Ce sanctuaire monolithe est orné d'éléphants, de lions et de *tirthankara* sculptés sur les murs de la cour. La **grotte 30**, ou Chhota Kailasa, est une petite réplique incomplète du Kailasanatha Temple *(p. 388-389)*, qui abrite des sculptures de plusieurs *tirthankaras*a insi que Mahavira sur un trône-lion.

AUX ENVIRONS : Non loin, le **Grishneshvara Temple** du XVIIIe siècle est l'un des 12 sanctuaires jyotirlinga dédiés à Shiva par Rani Ahilyabai d'Indore *(p. 216)*.

Vue du spectaculaire escarpement d'Ellora, avec sa chute d'eau saisonnière

Salle de l'étage supérieur, Vishwakarma (grotte 10)

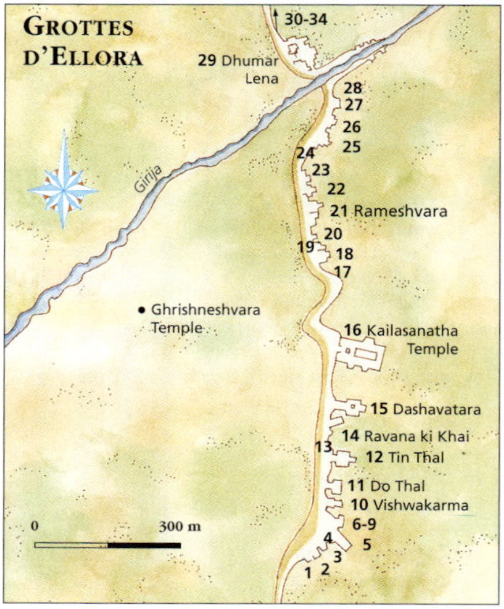

La façade de la grotte 19, à Ajanta, est percée d'une grande fenêtre

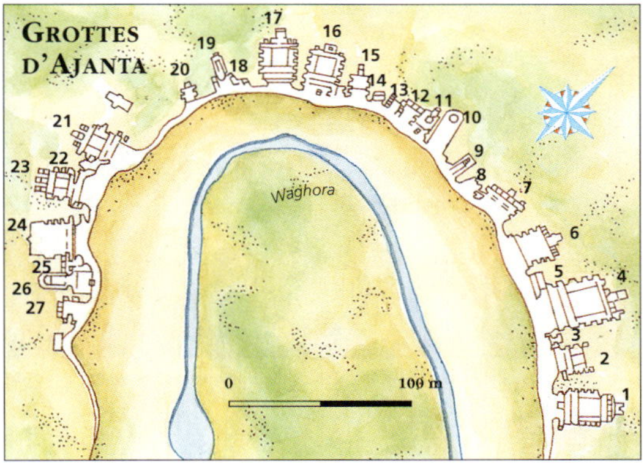

Ajanta ⓮

District d'Aurangabad. À 110 km au N.-E. d'Aurangabad. *Excursions avec visites et taxis depuis Aurangabad.* *d'Aurangabad, mar.-dim.* *Photos avec flash interdites.* *Emportez un déjeuner, de l'eau et une lampe de poche. Prévoyez des chaussures confortables et un chapeau pour vous protéger du soleil.*

Inscrites au Patrimoine mondial de l'Unesco, ces 30 grottes taillées dans la roche sont disposées en fer à cheval et dominent les gorges de la Waghora. Elles ne furent occupées que durant une courte période, avant d'être cachées par la jungle environnante. Elles furent redécouvertes par hasard en 1819 lors d'une chasse au tigre. Les grottes se composent de deux groupes. Le premier date de la phase hinayana du bouddhisme, plutôt austère (IIe-Ier siècles av. J.-C.), pendant laquelle Bouddha n'était pas représenté sous forme humaine, mais uniquement par des symboles, comme la roue de la Loi ou l'arbre Bodhi. Le second groupe, qui date de la période mahayana (Ve-VIe siècles), a été taillé dans la pierre sous la dynastie vakataka, où l'expression artistique était plus exubérante. Les grottes étaient habitées par des moines, des artistes et des artisans, qui s'en servaient comme *varshvatika* ou « sanctuaires de mousson ». Sur le plan stylistique, on distingue deux types de grottes : les *chaitya griha* (sanctuaires) et les *vihara* (monastères). Les *chaitya* possèdent des plafonds voûtés et des colonnes octogonales qui divisent l'espace en une salle centrale abritant un stûpa votif. Les ailes latérales servaient aux déambulations. Les *chaitya* Mahayana abritent également des représentations de Bouddha. Les *vihara*, quant à eux, sont généralement dotés d'une véranda, d'une salle entourée de cellules, et d'un sanctuaire intérieur avec de gigantesques représentations de Bouddha.

Des sept grottes mahayana, du Ve siècle, la **grotte 1** est connue pour ses splendides décorations murales. Au-dessus de la véranda, des frises illustrent la vie de Bouddha. Le plafond est soutenu par 20 piliers sculptés et peints.

La **grotte 2** possède une superbe façade sculptée de représentations des rois naga et de leurs serviteurs *(gana)*. Le sanctuaire principal présente un magnifique plafond peint.

Les grottes 8, 9, 10, 12, 13 et 15 sont des grottes hinayana. La **grotte 9**, un *chaitya griha*, possède une façade ornée de fenêtres et de décorations ajourées. Les grands bouddhas sur les côtés sont des ajouts ultérieurs (Ve siècle). Les décorations murales, elles, datent des deux époques. La **grotte 10**, qui serait la plus ancienne du site, abrite l'un des plus beaux *chaitya griha*.

Les grottes 15 à 20 sont des grottes mahayana de la fin du Ve siècle. L'entrée de la **grotte 16** est ornée de belles nymphes, tandis que dans la **grotte 17** l'entrée du sanctuaire intérieur est agrémentée de bouddhas, de déesses et de lotus.

Les grottes 21 à 27 (VIIe siècle) forment le dernier groupe. La **grotte 26** illustre tout l'art des sculpteurs d'Ajanta. Admirez les deux splendides panneaux : la tentation de Bouddha par le démon Mara et le **Parinirvana**, un bouddha gisant de 7 m de haut, qui a les yeux clos comme s'il dormait.

Le Parinirvana, représentation de la mort de Bouddha, grotte 26

Le gigantesque cratère de Lonar a été creusé par une météorite

Lonar ⓯

District de Buldana. À 130 km à l'E. d'Aurangabad. *Jalna, à 83 km à l'O. de Lonar, puis en car. d'Aurangabad. Taxis.*

Le minuscule village de Lonar est connu pour son gigantesque cratère de 2 km de diamètre et de 700 m de profondeur, le seul au monde creusé dans le basalte par une météorite, voici 50 000 ans. De l'avis des scientifiques, la météorite serait toujours enfouie sous le gigantesque cratère, au sud-est. Un lac se trouve au fond du cratère, au bord duquel s'étendent les ruines de plusieurs temples hindous. De nombreux oiseaux y ont élu domicile, ainsi que des singes et des troupeaux de cerfs. Le village compte quelques chambres à louer et des restaurants.

Melghat Tiger Reserve ⓰

District d'Amravati. À 400 km au N.-E. d'Aurangabad. *Amravati, à 100 km au S.-E. de l'entrée. Maharashtra Tourism (organise le transport en car ou en jeep jusqu'au parc, depuis Amravati. Pour les réservations, contactez le « Field Director », (0721) 266 2792. déc.-mai.*

La réserve expérimentale de Melghat, dont le nom signifie « lieu de rencontre des Ghâts », s'étend sur les collines de Gawilgarh, dans la partie sud des monts Satpura, qui culminent à environ 1 178 m d'altitude. Les collines sont couvertes de magnifiques forêts de teck et de bambou, menacées par l'exploitation commerciale de bois. Outre ses 73 tigres, la réserve abrite aussi environ 80 léopards, des chausingha (tétracères, un genre d'antilope), des dhole (chiens sauvages), des chats sauvages, des hyènes et une grande diversité d'oiseaux. La réserve compte également la plus grande concentration de gaurs, bisons indiens désormais menacés.
La meilleure période pour découvrir le parc se situe entre janvier et avril. En été, ses cinq rivières (Khandu, Khapra, Sipna, Garga et Dolar) s'assèchent et les quelques mares d'eau de pluie qui subsistent deviennent des points d'eau précieux.

Aux environs : Chikhaldhara, à 25 km au nord-est de Melghat, est une station climatique créée en 1839 par les Britanniques.

Un tigre se repose dans un arbre, Melghat Tiger Reserve

Nagpur ⓱

District de Nagpur. À 520 km au N.-E. d'Aurangabad. *2 051 500. 10 km au S. du centre-ville, puis car ou taxi. Maharashtra Tourism, (0712) 253 3325. Pola (juin-juil.), fête de Kalidasa (nov.).*

Située sur les rives de la Nag, Nagpur fut la capitale des provinces centrales avant d'être rattachée à l'État du Maharashtra à l'indépendance. Cette ville industrielle au développement rapide, localisée sur la principale ligne de chemin de fer Nord-Sud du pays, est aussi la capitale de l'orange. Par le passé, elle fut la capitale des tribus gond aborigènes avant d'être prise par les Bhonsle marathes *(p. 381)* en 1740, puis par les Britanniques en 1861.

En octobre 1956, la ville fut le théâtre d'un événement majeur : le Dr B. R. Ambedkar, auteur de la Constitution indienne et défenseur des libertés, né dans une famille hindoue de caste inférieure, se convertit au bouddhisme, en réaction au système de castes rigide de l'hindouisme. Le mouvement prit de l'ampleur, entraînant environ 3 millions de conversions.
Nagpur est construite autour du **Sitabaldi Fort**, entouré des douves profondes. Le fort n'est ouvert au public que le 26 janvier et le 15 août. Dans la partie orientale de la ville s'étendent les vestiges du **Bhonsle Palace**, ravagé par le feu en 1864. Le sud de la vieille ville abrite les **Chaatri** ou monuments aux rois Bhonsle. La partie occidentale de Nagpur compte un grand nombre de bâtiments coloniaux, dont la High Court (1737-1742) et l'Anglican Cathedral of All Saints (1851).

Aux environs : Ramtek, à 40 km au nord-est de Nagpur, est associée aux 14 années d'exil de Rama, Sita et Lakshman *(p. 27)*, décrites dans le *Ramayana* *(p. 27)*. Entre le IVe et le VIe siècle, la ville fut la capitale de la dynastie vakataka. Le fort sur la colline de Rama date de cette période. Ses murailles,

Paniers d'oranges gorgées de jus, sur le marché animé de Nagpur

elles, ont été construites plus tard, en 1740, par le fondateur de la dynastie bhonsle de Nagpur : Raghoji Ier. Les temples dédiés à Rama et Sita datent du ve siècle.

Wardha ⓲

District de Wardha. À 493 km au N.-O d'Aurangabad. 🚉 🚌 *de Nagpur à Wardha, puis bus ou voiture pour Sevagram.* ☎ *(07152) 284 753.*

La plupart des visiteurs qui font halte ici sont en route pour le célèbre **Sevagram Ashram** du Mahatma Gandhi, à 8 km au nord-ouest de la ville. Fondé par Gandhi en 1933, Sevagram (« village du Service ») reposait sur la philosophie du développement économique rural de Gandhi. Le lieu devint le siège de l'India's National Movement. Gandhi y vécut et y travailla pendant plus de 15 ans. L'ashram, qui recouvre 40 ha de terres agricoles, compte de nombreux *kutir* ou habitations rurales et plusieurs centres de recherche. Des effets personnels de Gandhi, comme son rouet et ses lunettes, y sont exposés. On y vend également du *khadi*, le coton brut filé à la main rendu célèbre par Gandhi comme symbole du combat de l'Inde pour la liberté. En face de l'entrée principale, une exposition de photos illustre la vie de Gandhi. Un hôpital où sont soignés les villageois se trouve sur la route principale. Des prières sont faites quotidiennement, à 4 h 30 et à 18 h, sous un figuier pipal planté par Gandhi. Les visiteurs peuvent y assister.

Niche accueillant une lampe à huile, Sevagram

Aux environs : L'ashram du disciple de Gandhi, Vinobha Bhave, est situé à **Paunar**, à 10 km au nord de Sevagram. Bhave lança le mouvement Bhoodan (« don de terres »), qui connut un certain succès et qui visait à convaincre de riches propriétaires terriens de donner des parcelles de terre à des pauvres.

Pandharpur ⓳

District de Sholapur. À 250 km au S.-E. de Pune 👥 *91 500.* 🚉 🚌 🎉 *fête d'Ashada Ekadashi (juil.).*

Capitale spirituelle du Maharashtra, Pandharpur se trouve sur les rives de la Chandrabhaga. Elle abrite le sanctuaire de Vithoba, une incarnation du dieu Vishnou. Construit en 1228, le temple est l'objet d'un pèlerinage sacré qui attire des milliers de varakarid (membres de l'une des sectes les plus populaires de l'État). Tous les ans, en juillet, ils viennent assister à la fête d'Ashada Ekadashi. Des *dindi* ou processions accompagnées de chants votifs viennent à Pandharpur depuis tous les villages de la région. Les bords de la rivière, sur lesquels se trouvent de nombreux *ghât*, se remplissent alors de foules venues s'y adonner à des bains rituels.

L'intérieur spartiate de l'ashram du Mahatma Gandhi à Sevagram, près de Wardha

GOA

Ce minuscule État de 3 702 km², sur la côte du Konkan, ne compte que deux districts : Goa Nord et Goa Sud. La culture de Goa est marquée par son passé colonial. En 1510, Alfonso de Albuquerque décida d'y créer une enclave portugaise, petite mais puissante. Si Goa a été intégré à l'Union indienne en 1961, les témoignages de quatre siècles de présence portugaise demeurent omniprésents, tant dans les vêtements des Goans que dans leur langue, leur religion, leur cuisine et leur musique, qui mêle la puissante mélancolie du fado aux mélodies cadencées des chansons populaires du Konkan. Plages idylliques, rizières verdoyantes, plantations de cocotiers, villages aux jolies églises blanchies à la chaux et demeures majestueuses : Goa est aujourd'hui l'une des destinations indiennes les plus appréciées des vacanciers. Parmi ses points d'intérêt, on compte aussi les temples hindous des environs de Ponda, construits entre le XVe et le XVIIIe siècle, et les magnifiques cathédrales d'Old Goa.

LA RÉGION D'UN COUP D'ŒIL

Villes et bourgades
- Mapusa 5
- Margao 15
- Panaji 1
- Pernem 7

Églises, temples et séminaires
- Pilar 11
- Ponda 12
- Rachol 14
- Reis Magos 2
- Tambdi Surla 13

Sites historiques
- Promenade dans Old Goa 10
- Terekhol Fort 9
- Braganza House 16

Plages et stations balnéaires
- Anjuna 4
- Arambol 8
- Calangute 3
- Cavelossim 18
- Colva 17
- Palolem 19
- Vagator 6

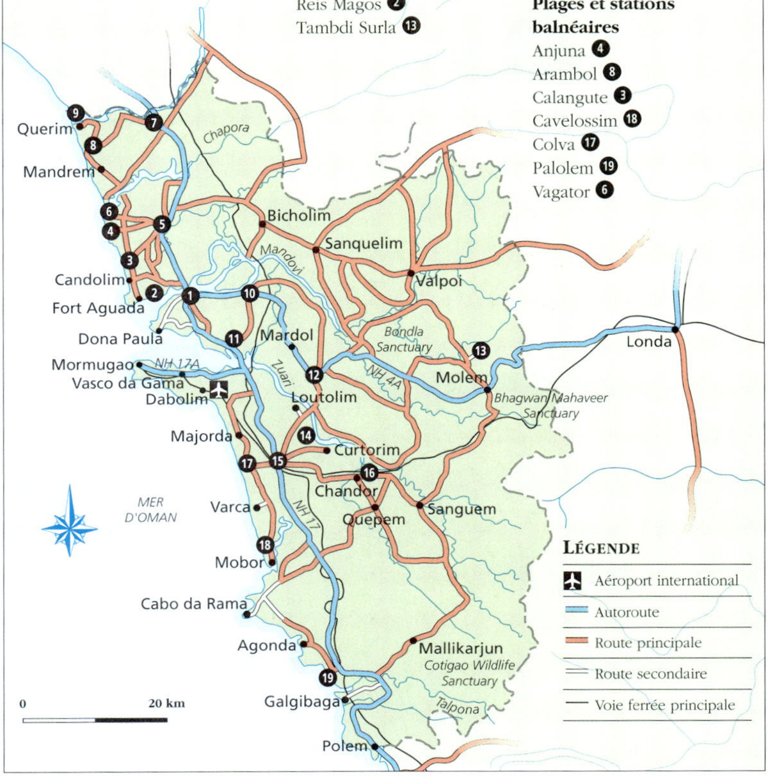

Des cocotiers et des rizières entourent une chapelle villageoise, Goa

Panaji ❶

Située à l'embouchure de la Mandovi, Panaji, la capitale de Goa, a des faux airs de bourgade méditerranéenne. À l'arrivée des Portugais, en 1510, cet ancien port des rois adil shahi de Bijapur *(p. 444)* devint un débarcadère et un entrepôt militaires. En 1759, après une vague d'épidémies qui toucha Old Goa, le vice-roi transféra sa résidence à Panaji, alors appelée Panjim. Toutefois, ce n'est qu'en 1843 que la ville devint la capitale officielle des territoires portugais en Inde. Il y règne aujourd'hui une ambiance détendue et agréable, surtout sur les avenues verdoyantes de la vieille ville *(p. 398-399)*. La partie commerçante plus récente, aménagée sur un plan quadrillé, réunit des bâtiments en béton, entrecoupés d'églises et de bâtiments coloniaux.

La Church of Our Lady of the Immaculate Conception

Secretariat

Avenida Dom Joao Crasto. *(0832) 222 2701.* *lun.-ven.*

Situé sur les rives du fleuve, le Secretariat, qui est l'un des plus vieux bâtiments de Panaji, abrite l'Assemblée législative de l'État. L'ancien palais d'été de Yusuf Adil Shah, souverain musulman qui régna sur Goa au XVIe siècle, tomba aux mains des Portugais en 1510, malgré la batterie de 55 canons et les douves remplies d'eau de mer qui le protégeaient. Reconstruit en 1615, ce bâtiment qui jouit d'un emplacement stratégique devint un point d'arrivée pour les bateaux et une halte pour les vice-rois et les gouverneurs se rendant à Old Goa *(p. 409)*. En 1760, après l'abandon d'Old Goa en faveur de Panaji, l'Idalcaon's Palace, comme on l'appelait alors, devint la résidence officielle des vice-rois jusqu'en 1918, où elle fut transférée au Cabo Palace, dans le sud-ouest de Panaji. D'importants travaux ont transformé la structure islamique d'origine pour en faire le bâtiment colonial actuel, doté d'un toit en tuile, de grandes vérandas en bois et de piliers en fer forgé. Au-dessus de l'entrée du bâtiment, le *chakra* d'Ashoka et la roue de la Loi bouddhique, les emblèmes de l'État indien, ont remplacé les armoiries des vice-rois portugais.

La statue de l'Abbé de Faria, du XIXe siècle

A l'ouest du Secretariat se dresse la statue de l'abbé de Faria. Originaire de Goa, ce religieux né à Candolim en 1756 suivit des études théologiques à Rome. Après son ordination, il partit à Paris, où il devint le père de l'hypnose moderne.

Church of Our Lady of the Immaculate Conception

Church Square. *(0832) 242 6939.* *t.l.j.* *(en anglais) lun.-sam. 8h ; dim. 8h30.*

La Church of Our Lady of the Immaculate Conception, qui est l'emblème de la ville, domine le Largo da Igreja ou « place de l'Église ». Les marins portugais venaient se recueillir dans la chapelle d'origine, consacrée en 1541, après leurs longs et tumultueux périples en mer depuis Lisbonne.

L'église actuelle, à la façade baroque encadrée de tours jumelles, date de 1619. Son élément le plus marquant, la double volée d'escaliers qui la dessert, est un ajout de 1871. Le fronton central date de la même époque, tout comme le beffroi,

Vue du Secretariat avec son toit en tuile et sa façade coloniale, sur les rives du fleuve à Panaji

construit pour accueillir la gigantesque cloche provenant du monastère des Augustins d'Old Goa *(p. 404)*. La chapelle du transept sud présente de beaux *reredo* (retables) provenant de la chapelle du vice-roi, au Secretariat. La splendeur baroque du maître autel et les deux autels du transept contraste avec la sobriété de l'intérieur.

Menezes Braganza Institute

Malaca Rd. (0832) 222 4143. *lun.-ven.*

Superbe exemple de l'architecture civile portugaise du XIXᵉ siècle, l'Institut Vasco da Gama a été bâti pour diffuser la connaissance des arts et des sciences. Plus tard, il fut renommé d'après le philanthrope Luis de Menezes Braganza (1878-1938), dont la maison familiale se trouve à Chandor *(p. 416-417)*. Aujourd'hui, le bâtiment abrite la bibliothèque centrale de Goa, qui réunit une intéressante collection d'ouvrages anciens. Le superbe panneau de carreaux de céramique bleus peints (*azulejos*), ajouté dans l'entrée en 1935, représente des scènes de l'épopée *Os Lusiadas* (« Les Habitants du Portugal », de Lusitania, l'ancien nom du Portugal). L'œuvre de Luis Vaz de Camões, poète du XVIᵉ siècle, retrace l'histoire de la présence portugaise à Goa. L'Institute possédait autrefois une galerie présentant des œuvres d'artistes européens de la fin du XIXᵉ et du début du XXᵉ siècle, qui sont désormais présentées au State Museum. L'**Azad Maidan**, la place couverte de pelouse en face de l'Institute, est bordée sur une face par la préfecture de police, construite en 1832 avec des pierres provenant de bâtiments abandonnés d'Old Goa. Le pavillon au centre fut construit en 1847, avec les colonnes corinthiennes d'une église dominicaine du milieu du XVIᵉ siècle. À l'intérieur, un monument élevé au Dr Tristao de Braganza Cunha, défenseur de la liberté, a remplacé une statue plus ancienne du premier vice-roi, Alfonso de Albuquerque, qui se trouve désormais au musée archéologique d'Old Goa *(p. 408)*.

Le pavillon central d'Azad Maidan

State Museum

Patto. (0832) 243 8006. *lun.-ven.* *jours fériés.*

Le musée présente une collection modeste d'objets précoloniaux : statues, pierres de *sati*, meubles anciens, sculptures provenant de temples et icônes chrétiennes.

Aux environs : Miramar, la plage la plus proche de Panaji, se trouve à 3 km à l'ouest. **Dona Paula**, à 7 km au sud-ouest de Panaji, est située non loin du cap qui sépare les estuaires de la Zuari et de la Mandovi. Elle doit son nom à la fille d'un vice-roi qui se serait jetée à la mer parce qu'elle ne pouvait épouser un pêcheur. L'embarcadère offre de belles vues du fort Aguada. On peut y louer des jet-skis ou faire une excursion en ferry jusqu'au port Vasco da Gama.

Mode d'emploi

District de Goa Nord (Tiswadi Taluka). À 588 km au S. de Mumbai. *58 800.* *Dabolim, 30 km au S. du centre-ville, puis car ou taxi.* *Margao, 33 km au S.-E. du centre-ville.* *G.T.D.C. Trionora Apartments, (0832) 222 6515.* *Fête de Notre-Dame (déc.) ; Carnaval (fév.).*

Scène d'*Os Lusiadas*, représentant l'arrivée de Vasco da Gama à Goa

Les croisières fluviales de Goa

Les nombreuses croisières proposées à l'heure du coucher du soleil sur la Mandovi par la Goa Tourism Development Corporation au (0832) 22 6728 et par des sociétés privées permettent de passer une soirée fort agréable. La plupart des croisières partent de l'embarcadère, au pied du Mandovi Bridge, tous les jours, entre 18 h et 19 h. L'animation est assurée par des danseurs et des musiciens goan. Les nuits de pleine lune, un excellent dîner est également servi à bord. Par ailleurs, des excursions d'une journée sont proposées. Certaines sociétés, comme Sea Aventure au (0832) 255 0705, organisent des visites dans les mangroves peuplées d'oiseaux et de crocodiles. Spice Villages au (0832) 234 4268 propose des excursions ciblées sur la culture et la cuisine. Les visiteurs partent ainsi à la découverte des plantations d'épices et découvrent par la même occasion de magnifiques oiseaux.

Une excursion en bateau, le soir, sur la Mandovi

La vieille ville de Panaji pas à pas

Médaillon en terre cuite

Les vieux quartiers résidentiels de Panaji Fontainhas et São Tomé sont blottis entre les rives de l'Ourem et la colline Altinho. Ils ont été construits au XIXe siècle sur des terres gagnées sur la mer. Fontainhas doit son nom à la fontaine du Phénix, jadis la seule source du quartier, tandis que São Tomé tient le sien de l'église éponyme. Les rues de ce quartier aux maisons peintes coiffées de toits en tuiles, sont bordées de tavernes proposant une authentique cuisine goane et du *feni* (liqueur de noix de cajou) ainsi que de pâtisseries vendant de la *bebinca*, une délicieuse spécialité locale.

Prêtre à l'entrée de la St Sebastian's Chapel

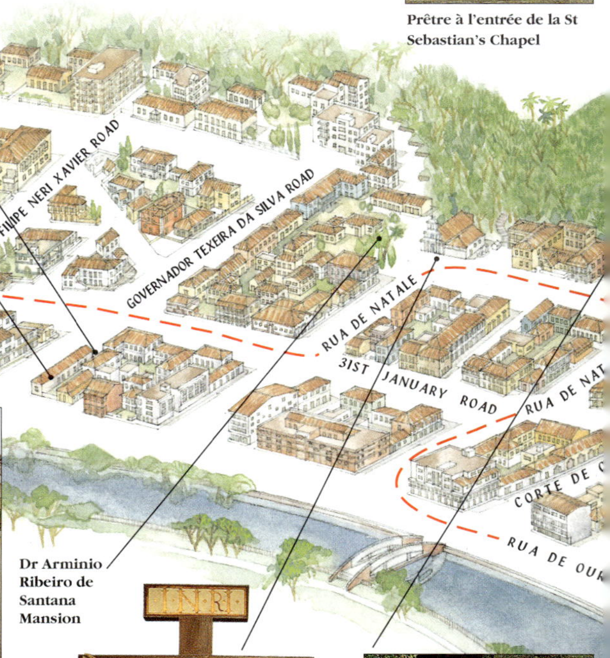

★ Fundação de Oriente
Cette maison familiale abrite désormais une fondation portugaise pour la promotion de l'art, de la culture et des sciences. La bibliothèque est ouverte au public

★ St Sebastian's Chapel
La chapelle, construite en 1888, possède un crucifix de la taille du Christ qui se trouvait dans le palais de l'Inquisition, à Old Goa.

★ Rua de Natale
Outre cette rue qui serpente sur Altinho Hill, des escaliers permettent aussi aux piétons de monter sur la colline.

À NE PAS MANQUER

- ★ **Fundação de Oriente**
- ★ **St Sebastian's Chapel**
- ★ **Rua de Natale**

Ourem Creek
La pittoresque Rua de Ourem borde les rives du fleuve. À l'arrière-plan, des maisons colorées s'étagent sur Altinho Hill.

MODE D'EMPLOI

Fontainhas et São Tomé. **St Sebastian's Chapel** ◯ *matin seulement.* **São Tomé Church** ◯ *matin seulement.* **Fundação de Oriente Library** ☎ *(0832) 243 6108.* ◯ *dim.-ven.* **Velha Goa Galeria** ☎ *(0832) 242 6628.* ◯ *lun.-sam.*

Restaurant *Venite*
Ce restaurant domine la rue. On y déguste une exquise cuisine européenne et goane dans une ambiance extraordinaire.

São Tomé, minuscule église construite en 1849, se trouvait autrefois sur une place animée. L'hôtel des Monnaies, non loin, se dresse sur le lieu d'exécution de l'Inquisition.

Rues de la ville
Fidèles aux anciennes traditions portugaises, la plupart des maisons sont peintes en jaune, en ocre, en vert ou en indigo, avec des bords blancs.

***Reredos* derrière le maître-autel, Reis Magos Church**

Reis Magos ❷

District de Goa Nord (Bardez Taluka).
À 3 km au N.-O. de Panaji.
Fête des Trois Rois (janv.).

Le fort de Reis Magos fut construit en 1551 par Don Alfonso de Noronha, cinquième vice-roi, comme deuxième ligne de défense derrière les forts d'Aguada et de Cabo (l'extrémité de Dona Paula). Il accueillit une prison, qui fut transférée à Mormugao en 1996. Construite en 1555, l'église Reis Magos adjacente au fort est l'une des plus anciennes de Goa. Sur sa façade figurent les armoiries royales du Portugal.

Aux environs : Le **Fort Aguada**, à 4 km à l'ouest, fut construit en 1612 comme défense contre les Marathes et les Hollandais. Son église dédiée à saint Laurent, patron des marins, fut bâtie en 1630. Le phare, quant à lui, date de 1864. Certains bâtiments du fort abritent la prison de l'État. La plage de Sinquerim est connue pour ses hôtels de luxe.

Calangute ❸

District de Goa Nord (Bardez Taluka).
À 16 km au N.-O. de Panaji.
G.T.D.C. Tourist Resort, (0832) 227 6024.

Paradis des hippies dans les années 1960 et 1970, Calangute est la plage la plus appréciée de Goa. Le jour, elle est bondée de vacanciers, de marchands, de masseurs et autres nettoyeurs d'oreilles. L'étendue de sable jusqu'à la plage de Baba, attenante, est bordée d'hôtels, de stands proposant des babioles, de bars et de paillotes, comme *Reggie's Bar* et *Souza Lobo* *(p. 616)*, qui sert une excellente cuisine goane. **Atlantis Water Sports** propose différents sports aquatiques. On peut aussi faire des excursions en bateau de pêche. L'église **St Alex**, coiffée d'un grand dôme, se trouve sur la route de Mapusa. L'intérieur blanc et doré, de style rococo, présente de belles niches en forme de coquillages.

Match de football, Calangule

Atlantis Water Sports
Calangute. 09890 47272.

Aux environs : Au nord de Calangute, **Baga Beach** est beaucoup moins fréquentée, même si la plage compte elle aussi des pensions et des bars. Le samedi soir, un marché s'y tient. C'est une bonne alternative au marché du mercredi d'Anjuna, non loin. *Tito's Bar*, qui possède la seule piste de danse de la plage, est l'épicentre de la vie nocturne. **Candolim Beach**, à 2,5 km au sud de Calangute, se déroule jusqu'au fort Aguada. Ses eaux, jadis paisibles, résonnent désormais du bruit des hors-bord et des jet-skis. **Saligao**, à 2 km à l'est de Calangute, possède une jolie église de style néogothique, Mae de Deus, ainsi qu'un séminaire qui prépare les garçons aux études théologiques du séminaire de Rachol *(p. 412)*.

Anjuna ❹

District de Goa Nord (Bardez Taluka).
À 18 km au N.-O. de Panaji.
Marché aux puces (mer.).

Plus connue pour ses *rave-parties* de pleine lune et pour son grand marché aux puces que pour sa plage, Anjuna a détrôné Calangute comme paradis des routards. Ce marché (tous les mercredis) foisonne de marchands venus des quatre coins du pays, qui vendent batiks balinais, bijoux en argent, boîtes en papier mâché, moulins à prières tibétains, miroirs du Rajasthan et objets en bois sculpté du Kerala, sans oublier divers accessoires « *rave* » fluo et vêtements de plage branchés. On y trouve aussi des singes savants et des taureaux nandi, qui prédisent l'avenir.

Vendeuse de sarongs au marché aux puces d'Anjuna

Les plages de Goa

Les magnifiques plages goanes se déroulent sur plus de 106 km, de Querim au Nord jusqu'à Mobor au Sud. Si chaque plage possède son ambiance spécifique, celles du Sud, découvertes récemment seulement par les touristes, sont beaucoup moins construites que les autres. Beaucoup de plages comptent des paillotes servant de la bière, des en-cas et des fruits de mer. On y trouve aussi des marchés aux puces animés et les prestations les plus diverses y sont proposées, des massages de la tête jusqu'aux excursions permettant de voir des dauphins.

Vacancier à la plage

Querim, près de Terekhol, compte une jolie étendue de sable intacte.

Arambol, plage idyllique et paisible bordée de bateaux de pêche, possède un pittoresque lagon d'eau douce alimenté par des sources chaudes *(p. 403)*.

__À Vainguinim__, les vacanciers peuvent faire de la voile, de la planche à voile, du ski nautique, du parachute ascensionnel, du canoë et de la plongée sous-marine, du bateau à moteur et du jet-ski.

__Baga__, dans le prolongement de Calangute, la plage la plus construite de Goa, est très animée, avec ses innombrables bars et paillotes, et ses boîtes de nuit.

Siridao, une petite plage isolée à quelques minutes de route de Panaji, est parsemée de jolis coquillages.

Sinquerim, qui s'étend jusqu'aux remparts du fort Aguada, compte trois hôtels de luxe, sur la plage. Plusieurs sociétés sérieuses proposent des sports aquatiques, ainsi que des excursions en bateau.

Bogmalo, où l'on peut nager en toute sécurité, est une excellente plage familiale, qui propose des sports aquatiques *(p. 417)*.

__Colva__ compte l'une des plus longues étendues de sable ininterrompues, bordée de palmiers dispensant de l'ombre. C'est la plage la plus appréciée du Sud de Goa. On y trouve une place du marché animée et plusieurs bars et cafés servant des fruits de mer (p. 417).

La plage de Palolem, en forme de croissant, est la plus jolie plage du Sud de Goa. D'ici, des excursions permettent de voir des dauphins. Des cabanes dans les arbres sont à louer. La vue au coucher du soleil est spectaculaire *(p. 417)*.

La façade de la St Jerome Church (Our Lady of Miracles), à Mapusa

Mapusa ❺

District de Goa Nord (Bardez Taluka). À 13 km au N. de Panaji. *40 150.* *G.T.D.C. Hotel, (0832) 226 2794.* *ven.* *Fête de Notre-Dame-des-Miracles (avr.).*

Tous les vendredis, la plus grande ville du Nord de Goa accueille un marché animé, aux parfums envoûtants de poisson séché, d'épices, de piments, de vinaigre, de grog local et de saucisse goane épicée, la *chouriça*. Les noix de cajou de la région sont très réputées. Sous les arcades en face des magasins, des marchands vendent vêtements de plage, T-shirts bon marché et robes. Dans les ruelles qui partent du marché principal, des étals proposent de l'artisanat et des souvenirs des quatre coins du pays.
La **St Jerome's Church**, aussi appelée Church of Our Lady of Miracles, fut reconstruite à deux reprises, tout d'abord en 1719 puis en 1838, après un incendie. Son maître-autel, doté d'une image de Nossa Senhora de Milagres, possède des retables saisissants, sauvés d'une église d'Old Goa. Fait intéressant, les communautés hindoues et catholiques célèbrent la fête de Notre-Dame (16 jours après Pâques) avec la même ferveur. À l'issue des festivités, les fidèles hindous, accompagnés par les catholiques, rapportent l'huile sainte de l'église Saint-Jérôme au Shanteri Temple, non loin.

Aux environs : Le **Mayem Lake**, à 14 km au sud-est de Mapusa, se prête aux pique-niques, au bateau et aux baignades. On y trouve aussi un bon restaurant.

Vagator ❻

District de Goa Nord (Bardez Taluka). À 17 km au N. de Panaji. *Village de Chapora.*

Située dans une jolie baie abritée à ses deux extrémités par des éperons rocheux, Vagator se compose de plusieurs petites plages bordées de cocotiers, qui dispensent de l'ombre. Cet endroit rarement bondé est parfait pour découvrir la beauté intacte de Goa.
La crique la plus au sud, **Ozran**, s'étire au pied d'une falaise escarpée, où de l'eau douce se déverse dans un bassin cristallin, invitant à la baignade. **Little Vagator**, au nord, est une étendue de sable isolée, connue des seuls initiés. **Big Vagator Beach**, quant à elle, est dominée par le **Chapora Fort**, en latérite rouge, au sommet d'une colline, à son extrémité nord. Aujourd'hui en ruine, ce fort fut construit par les Portugais en 1717, sur les vestiges d'un bastion plus ancien bâti par les sultans adil shahi. Chapora vient de *Shahpura* ou « ville du Shah », l'ancien nom du village. En 1739, Sambhaji, fils du chef marathe Shivaji, occupa brièvement le fort, jusqu'à sa restitution aux Portugais en échange de Bassein, près de Mumbai. Ses remparts, aujourd'hui en ruine, offrent de magnifiques vues de la côte. Le village de Chapora, au pied du fort, compte des cafés agréables.

Filets de pêche colorés

Aux environs : Pour rejoindre les nombreux villages de pêcheurs de la côte Nord, il faut traverser la Chapora en ferry depuis Siolim, à 10 km du village de Chapora. Les environs de **Morgim**, à 5 km au nord du village de Chapora, se prêtent à l'observation des oiseaux. **Mandrem** est un village paisible jouissant d'un bel emplacement, à 12 km au nord de Chapora.

Pernem ❼

District de Goa Nord (Pernem Taluka). À 29 km au N. de Panaji. *toutes les 30 min de Siolim.*

Chef-lieu du *taluka* ou sous-district le plus septentrional de Goa, Pernem fut l'une des dernières conquêtes des Portugais de la période allant de 1764 à 1788, durant laquelle ils étendirent leur territoire pour y inclure Pernem, Bicholim et Satari au Nord, et Ponda *(p. 410)*, Sanquem, Quepem et Canacona au Sud. Les conversions étant moins nombreuses qu'au temps des premières conquêtes, ces régions restèrent essentiellement hindoues.

Dans le bazar, le **Bhagavati Temple**, peint de couleurs vives, se dresse sur ce site depuis cinq siècles. Toutefois la structure actuelle date du XVIIIe siècle. Elle est dédiée à

Paillote sur Morgim Beach, une image courante à Goa

Pêcheur lançant son filet à Querim Beach

Bhagavati, déesse à huit bras et incarnation de Parvati, l'épouse de Shiva. Son portail raffiné est encadré par deux éléphants grandeur nature. Non loin du bazar, la **Deshprabhu House**, du XIXe siècle, est la demeure d'une famille hindoue fortunée, les Deshprabhu, qui s'engagèrent pour la libération de Goa en 1961. Cette gigantesque propriété, qui s'articule autour de 16 cours, comprend un temple privé et un musée qui présente des portraits de famille et des antiquités.

Deshprabhu House
(0832) 220 1234 pour organiser une visite.

Arambol 8

District de Goa Nord (Pernem Taluka). À 50 km au N. de Panaji. *toutes les 30 min de Siolim.*

Aussi appelé Harmal, Arambol est le seul village de pêcheurs du Nord de Goa comptant des infrastructures touristiques de base. Situé sur une plage peu commerciale, il a conservé tout le charme des villages de pêcheurs traditionnels – si l'on oublie les vendeurs de foulards et de jupes colorées. À la différence du Centre de Goa, l'influence hindoue est manifeste. Ici, les nombreux cafés et pensions s'appellent *Ganesha* et *Namaste* – et non *Pete's* ou *Johnny's*.

À l'extrémité nord du village, un sentier rocailleux mène à une deuxième plage entourée de falaises. Son lagon d'eau douce, alimenté par des sources chaudes, est bordé de boues sulfureuses. Un chemin de 5 km de long, qui part vers le nord, mène à **Querim Beach** (prononcer « Kéri »), plage intacte de sable blanc.

Terekhol Fort 9

District de Goa Nord (Pernem Taluka). À 42 km au N. de Panaji. *toutes les 30 min de Querim.*

Le hameau de Terekhol, dominé par le Terekhol (Tiracol) Fort, est situé sur l'autre rive de la Terekhol, en face de Querim. En 1776, les Portugais prirent cet ouvrage aux Bhonsle, un clan marathe. Il fut le théâtre d'un soulèvement en 1954, où un groupe de *satyagrahi* (combattants pour la liberté) hissa le drapeau indien sur ses remparts, dans un geste de désobéissance civile contre le pouvoir colonial. Les hauts remparts du fort font face à la mer, donnant sur Fort Aguada, Arambol et Chapora, au-delà de l'eau. La minuscule chapelle du fort, dont la cour s'orne d'une statue du Christ, est généralement fermée, mais le pittoresque Terekhol Fort Heritage Hotel *(p. 588)* en offre de belles vues.

Croix au sommet d'un tertre, Arambol Beach

Roi du Carnaval, sur un char

Fêtes de Goa

Jatra *(janv.)*, à Quepem. Une fête colorée *(jatra)* honorant des divinités locales est célébrée dans le Shantadurga Temple *(p. 410)*.
Carnival *(fév.)*, à Panaji. La plus grande fête de Goa marque le début du Carême. Le « roi Momo », qui incarne l'amusement et la joie, ordonne à ses sujets d'oublier leurs soucis, pour mener une parade colorée dans les rues. Suivent trois jours et trois nuits de festivités.
Shigmotsav (Shigmo) *(mars)*. Cette fête du printemps hindoue donne lieu à des célébrations joyeuses dans tout l'État. Les festivités se poursuivent pendant cinq jours, notamment avec des chars colorés (dans les villes), du théâtre populaire, des danses du sabre et des dispersions de poudre de couleur.

Danseurs masqués, Carnaval

Procession de tous les saints *(avr.)*, à Goa Velha et Pilar. Des foules de fidèles portent des statues de 26 saints en procession, depuis la St Andrew's Church, dans ce petit village près de Pilar..
Fête de Saint-François-Xavier *(3 déc.)*, à Old Goa. La fête du saint patron de Goa est célébrée le jour de sa mort. La manifestation attire des pèlerins catholiques venus des quatre coins du monde. Elle est précédée des *novena* (neuf jours de prières).

Promenade dans Old Goa ❿

Portrait de Vasco de Gama

Un magnifique ensemble de cathédrales, d'églises et de monastères s'étend sur 1,5 km, marquant l'emplacement d'Old Goa, qui fut la capitale portugaise jusqu'au milieu du XVIIIe siècle. Une promenade sur ce site inscrit au Patrimoine mondial de l'Unesco permet de découvrir deux des plus importants monuments religieux de Goa : la Basilica de Bom Jesus et la somptueuse Sé Cathedral. Elle s'achève sur Holy Hill, où se dressent quelques-unes des plus vieilles églises de Goa. Ces bâtiments, dus à des architectes italiens ou portugais, mêlent divers styles européens, de la sobriété de la Renaissance à l'exubérance baroque et manuéline *(p. 409)*.

④ Sé Cathedral
C'est sans doute la plus grande église d'Asie. Le maître-autel doré compte six splendides retables illustrant la vie de sainte Catherine d'Alexandrie.

⑬ Our Lady of the Rosary a été construite en 1526 par Afonso de Albuquerque, à l'endroit où il assista à la défaite de Yusuf Shah en 1510 avant de faire le serment d'y ériger une église.

⑦ La Chapel of St Catherine, comme Our Lady of the Rosary, a été bâtie pour célébrer la victoire d'Albuquerque en 1510. Elle fut la seule cathédrale de Goa jusqu'à la construction de la Sé Cathedral.

⑫ Royal Chapel of St Anthony
Saint Antoine, saint patron du Portugal, était également le capitaine de l'armée.

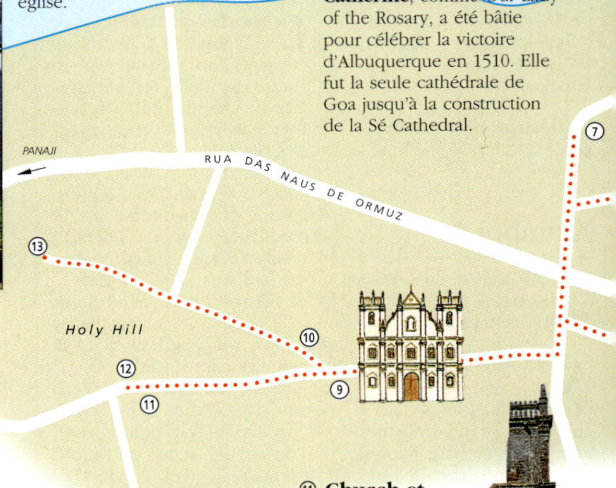

⑩ Le Convent of St Monica, du milieu du XVIIe siècle, abritera le premier musée d'Art chrétien d'Asie, autrefois à Rachol *(p. 412)*.

⑨ Church et Convent of St John of God
Ce couvent fut construit en 1685 par l'ordre des Hospitaliers de Saint-Jean, pour accueillir les malades. Il a été reconstruit en 1953.

⑪ Church et Monastery of St Augustine
Le beffroi en latérite de 46 m de haut domine les vestiges de ce qui fut la plus grande église d'Inde.

② **Gateway of Adil Shah's Palace**
La porte, composée d'un linteau et de piliers de basalte, est tout ce qu'il reste du palais d'Adil Shah, résidence du vice-roi entre 1554 et 1695.

① **Viceroy's Arch**
Au XVIIe siècle, plus de 1 000 bateaux arrivaient chaque année avec à leur bord des colons, qui passaient sous cet arc en latérite, construit par Francisco da Gama (vice-roi de 1597 à 1600).

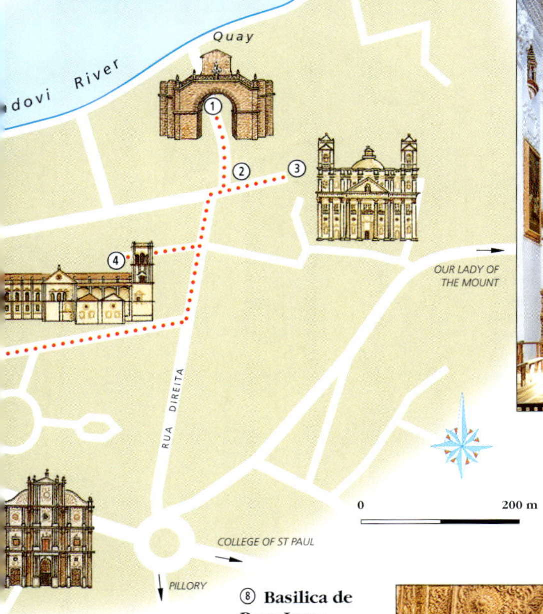

MODE D'EMPLOI

District de Goa Nord (Tiswadi Taluka). À 9 km à l' E. de Panaji. *Karmali, à 9 km au S. d'Old Goa ou en taxi de Panaji. G.T.D.C., Old Goa Tourist Hotel, derrière le commissariat, près de la M.G. Statue (0823) 228 5327. Fête de Saint François-Xavier (3 déc.). Un petit livret sur Old Goa est disponible à l'Archaeological Museum.*

③ **Church of St Cajetan**
Construite par des religieux italiens en 1651, l'église est connue pour les exubérantes sculptures en bois du maître-autel et de la chaire.

⑧ **Basilica de Bom Jesus**
(p. 406).

⑤ **Church of St Francis of Assisi**
Construite par des franciscains en 1521, c'est l'une des principales églises d'Old Goa. Son maître-autel, sculpté et doré, représente Jésus sur la Croix, les quatre évangélistes, saint François et la Vierge à l'Enfant.

⑥ **Archaeological Museum**
Une statue en bronze du poète Luis Vaz de Camões, tenant son épopée Os Lusiadas *(p. 397), se dresse dans le musée, aujourd'hui installé dans le couvent Saint-François-d'Assise, adjacent à l'église.*

Old Goa : Basilica de Bom Jesus

Les catholiques du monde entier vénèrent la Basilica de Bom Jesus, qui abrite la dépouille de saint François-Xavier, saint patron de Goa. Elle fut la première église d'Asie du Sud à se voir conférer le statut de basilique mineure par le pape Pie XII, en 1946. Construite par les jésuites en 1594, l'imposante structure baroque mêle sur sa façade à trois niveaux des éléments corinthiens, doriques et ioniques. Cosimo III, grand-duc de Toscane, fit don du tombeau raffiné de saint François, en échange de l'oreiller sur lequel reposait la tête du saint. Il fallut dix ans au sculpteur florentin Giovanni Foggini pour réaliser ce tombeau, achevé en 1698. La Professed House (1589) attenante servit de quartier aux prêtres, avant d'être ravagée par un incendie en 1633.

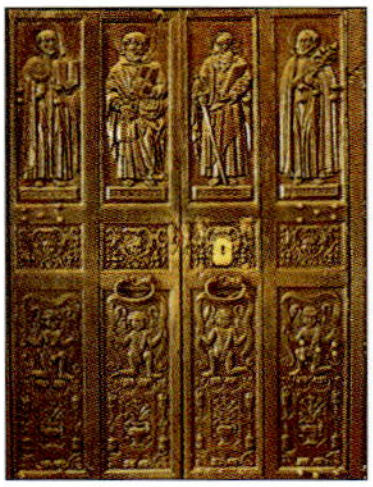

Portail de la sacristie
Un magnifique portail en bois sculpté donne sur la sacristie.

★ Maître-autel
Le reredos doré abrite une statue de saint Ignace de Loyola et une autre de l'Enfant Jésus. Rompus à la décoration de temples, les artisans locaux créèrent sur l'autel des chérubins à la physionomie typiquement hindoue.

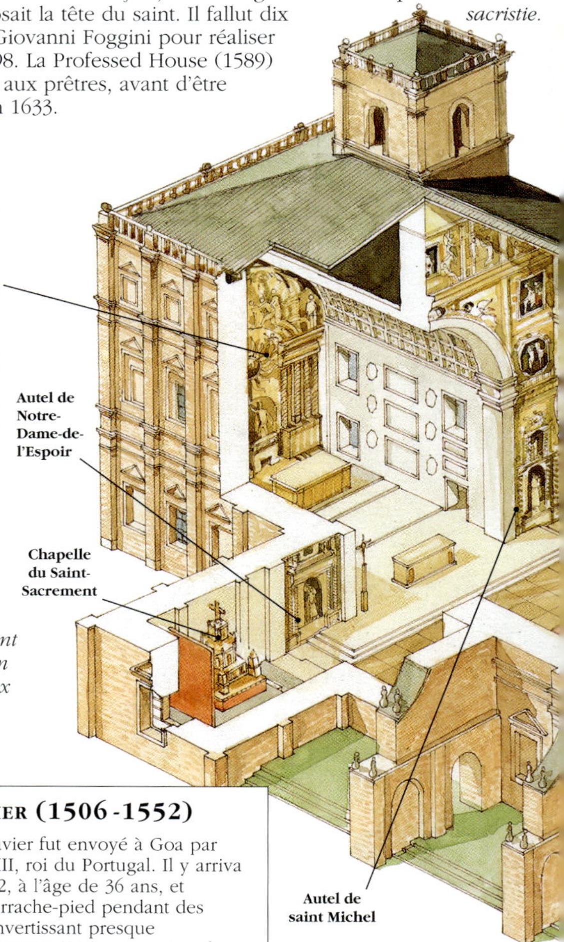

Autel de Notre-Dame-de-l'Espoir

Chapelle du Saint-Sacrement

Autel de saint Michel

Saint François-Xavier (1506-1552)

Saint Francois-Xavier, galerie d'Art

François-Xavier fut envoyé à Goa par Dom Joao III, roi du Portugal. Il y arriva en mai 1542, à l'âge de 36 ans, et travailla d'arrache-pied pendant des années, convertissant presque 30 000 personnes. Après sa mort au large des côtes de Chine, en 1552, il fut temporairement enterré sur une île. Sa dépouille, qui fut exhumée, trois mois plus tard, pour transférer ses ossements, était intacte. Elle était toujours inaltérée lorsqu'elle arriva un an plus tard à la Basilica de Goa. On parla d'un miracle, et il fut canonisé en 1622. Ses reliques sont exposées environ tous les dix ans.

À ne pas manquer

- ★ Maître-autel
- ★ Tombeau de saint François-Xavier
- ★ Chaire en bois

★ Tombeau de saint François-Xavier
Le monument en marbre et en jaspe est orné de quatre plaques de bronze représentant des scènes de la vie du saint. Mêlant styles italien et indien, le reliquaire en argent est surmonté d'une croix avec deux anges.

Mode d'emploi

District de Goa Nord (Tiswadi Taluka). Rua das Naus de Ormuz, Old Goa. *(0832) 228 5790.*
t.l.j. *pendant la messe.*
Tous les services sont en konkani : lun.-sam. 7h et 8 h ; dim. 8h et 9h15.
Galerie d'Art Professed House.
t.l.j.

★ Chaire en bois
Jésus et plusieurs évangélistes sont joliment sculptés sur la chaire.

Plaque en basalte
La devise des Jésuites, IHS *ou* Iaeus Hominum Salvator, *signifie « Jésus le Sauveur » en latin.*

Religieuses catholiques à l'entrée de la Basilica

Façade
C'est la seule église de Goa qui n'est pas couverte d'enduit à la chaux. L'enduit d'origine fut retiré en 1956, mettant au jour la latérite rouge tendre en dessous. Les trois portails et les six fenêtres sont tous flanqués d'élégants piliers et ornés de détails en basalte.

À la découverte d'Old Goa

La Goa Dourada (« Goa dorée ») portugaise fut une grande ville de plus de 30 000 habitants. Au XVIe siècle, elle attira missionnaires et soldats, négociants et marchands de chevaux. Ses demeures et ses palais élégants suscitaient l'admiration des visiteurs. Toutefois, au milieu du XVIIIe siècle, une vague d'épidémies et l'ensablement de la Mandovi contraignirent le vice-roi à déplacer sa résidence à Panaji, plus haut sur le fleuve *(p. 396)*. La ville se mit à décliner avant d'être abandonnée au XIXe siècle. Ses maisons furent détruites. Aujourd'hui, Old Goa n'est plus que l'ombre de ce qu'elle était, mais les quelques églises et cathédrales qui ont subsisté comptent parmi les plus beaux monuments de Goa.

Des rangées de piliers bordent la nef centrale de la Sé Cathedral

Church of St Cajetan

À l'E. de la Viceroy's Arch. *t.l.j.*

Au XVIIe siècle, le pape Urbain III envoya des prêtres italiens, de l'ordre des Théatins, à Golconda *(p. 546-547)*. Se voyant interdire l'accès à la ville, ils s'établirent à Old Goa, où ils érigèrent en 1651 une église dédiée au fondateur de leur ordre, saint Gaétan, inspirée du plan de Saint-Pierre de Rome. Le dôme caractéristique et l'intérieur, en plan en croix grecque, incarnent toute la majesté du baroque italien. Le monastère attenant abrite aujourd'hui un collège théologique.

Détail de l'autel, Church of St Cajetan

Sé Cathedral

Senate Square. (0832) 228 4710. *t.l.j.* *(en konkani) lun.-sam. 7h30 et 18h ; dim. 7h20 et 16h.*

Chargé par le Portugal de construire une église à l'image du puissant empire, Francis Coutinho (vice-roi de 1561 à 1564) conçut une cathédrale somptueuse, qui devait être la plus grande d'Asie. C'est ainsi que ce bâtiment de style Renaissance, créé au XVIe siècle par Julio Simao et Ambrosio Argueiro, vit le jour. Sa construction dura plus de 80 ans. Sa façade de 30 m de haut, de style toscan, était flanquée de deux clochers carrés, dont un seul a été préservé. Il abrite la Cloche dorée, connue pour sa sonorité particulière, qui retentissait durant les terribles *auto-da-fé*, les procès qui se tenaient sur la place devant la cathédrale.

L'intérieur, orné de détails corinthiens raffinés, possède une nef centrale de 76 m de long et n'abrite pas moins de 15 autels. Toutefois, son œuvre majeure est le maître-autel doré, dédié à sainte Catherine d'Alexandrie, dont les retables peints illustrent la vie. Deux des huit chapelles, celle du Saint-Sacrement et celle de la Croix des Miracles, abritent de superbes filigranes. Les fonts, dans lesquels saint François-Xavier baptisa les convertis, se trouvent près de l'entrée. Les saintes reliques de sa dépouille, conservées dans la Basilica de Bom Jesus *(p. 406-407)*, sont exposées tous les dix ans dans la cathédrale.

Archaeological Museum

Convent of St Francis of Assisi. *(0832) 228 5333.* *sam.-jeu*

Le monastère de saint François- Xavier (construit en 1517), qui fut le plus grand de Goa, abrite aujourd'hui le Musée archéologique, fondé en 1964. Une gigantesque statue de bronze d'Afonso de Albuquerque domine le hall d'entrée. Vous découvrirez une belle représentation sculptée de Vishnou, une statue surya, de la période des Kadamba (XIe-XIIe siècles), et des inscriptions dans la pierre, en

De droite à gauche, la Sé Cathedral, la Church of St Francis of Assisi et la Church of Our Lady of the Rosary, Old Goa

marathi et en persan, qui proviennent de dynasties qui régnèrent ici autrefois. Admirez également des pierres de *sati* hindoues et une statue en bronze de sainte Catherine, dans la cour.

La galerie des portraits, au premier étage, compte 60 œuvres représentant les vice-rois et les gouverneurs de Goa.

Détail d'une plaque commémorative, ruines de Saint-Augustin

Church of St Francis of Assisi

À l'O. de Sé Cathedral. t.l.j.

Construite en 1521 par des franciscains, cette église possède un magnifique portail sculpté provenant du bâtiment d'origine. C'est l'un des rares témoignages du style manuélin portugais, qui intègre quantité de motifs nautiques, et qui vit le jour sous le règne du roi Dom Manuel (1469-1521). Deux globes de navigateurs et une croix grecque (emblème ornant tous les navires portugais) figurent sur le portail. Les murs et le plafond du superbe intérieur baroque sont décorés de fresques florales. Le sol est pavé des pierres tombales sculptées de nobles portugais. Sur l'autel doré, on voit saint François et le Christ. Les visiteurs remarqueront également la chaire, ornée de motifs floraux sculptés, et les panneaux peints du chœur, représentant des scènes de la vie du saint.

La Church of St Francis of Assisi et ses deux tours octogonales

Church and Monastery of St Augustine

Holy Hill.

Saint-Augustin, qui fut la plus grande église d'Inde, avec sa majestueuse façade à cinq niveaux, est aujourd'hui en ruine. Construite en 1512 par les augustins, l'église de style gothique fut abandonnée en 1835. Son toit s'effondra sept ans plus tard. Les fouilles entamées en 1989 ont mis au jour huit chapelles, quatre autels, des sculptures murales et plus de cent pierres tombales en granit. On dit que l'église possédait au XVIIe siècle des escaliers et des galeries majestueuses, ainsi qu'une bibliothèque comparable à celle d'Oxford. Aujourd'hui, seul subsiste le clocher *(p. 404)*.

Church of Our Lady of the Rosary

Holy Hill. t.l.j.

Avec ses tourelles et son autel sobre, c'est l'une des premières églises de style manuélin de Goa. Elle abrite le tombeau de Dona Catarina, l'épouse de Garcia de Sá (vice-roi de 1548 à 1549) et première femme portugaise venue s'établir à Goa.

En dehors du centre

Plusieurs bâtiments intéressants se trouvent dans le quartier sud-est d'Old Goa. À l'extrémité de la Rua Direita, la rue principale, se dresse un pilier de basalte, sur une plate-forme. C'est le vestige du **Pillory** sur lequel criminels et hérétiques étaient attachés, au centre de la ville. Non loin, sur la route de Ponda, le **College of St Paul** fut fondé en 1541 par les jésuites. Avec ses 3 000 élèves, c'est la plus grande école jésuite d'Asie. Il abrita également la première imprimerie d'Asie. Saint François-Xavier y séjourna et y prêcha, tout comme dans la chapelle plus loin, qui lui fut vouée ultérieurement.

La **Church of Our Lady of the Mount**, construite en 1510 sur une colline, est desservie par un chemin qui part de la route de Cumbarjua. Bâtie par Afonso de Albuquerque après sa victoire sur Yusuf Adil Shah, l'église a été restaurée récemment. Elle offre de belles vues.

Autel de la Church of Our Lady of the Rosary, sur Holy Hill

L'Inquisition à Goa

À la demande de François-Xavier *(p. 406)*, un tribunal de jésuites vint à Goa en 1560 et s'installa dans le palais secondaire d'Adil Shah (dont il ne reste que peu de vestiges), au sud de la Sé Cathedral. Leur mission était de lutter contre le mode de vie libertin des colons portugais et de convertir les infidèles. Durant l'Inquisition de 1567, toutes les cérémonies hindoues furent interdites, les temples détruits et les hindous convertis de force. Tous les réfractaires furent emprisonnés dans les donjons du Palais de l'Inquisition (comme on appelait alors le palais d'Adil Shah), pour y attendre les *auto-da-fé* (« actes de foi »). Les condamnés étaient ensuite brûlés vifs devant une congrégation de dignitaires. Au cours des deux siècles qui suivirent, 16 000 procès furent tenus, et des milliers de personnes trouvèrent la mort. L'Inquisition ne cessa qu'en 1812.

Prêtre prosélyte

Tableau du XVIIe siècle de sainte Cécile, patronne des chœurs, Pilar

Pilar ⓫

District de Goa Nord (Tiswadi Taluka). À 12 km au S.-E. de Panaji.

Le **Pilar Seminary** fut construit en 1613 par des capucins sur le site d'un ancien temple hindou. Abandonné en 1835, il fut réouvert par les carmélites en 1858. En 1890, la Société de Pilar fonda un collège de missionnaires. Des cours se tiennent encore dans l'ancien bâtiment du séminaire.

Le **Church of Our Lady of Pilar**, adjacente, possède un portail en pierre richement sculpté, surmonté d'une représentation de saint François d'Assise. À l'intérieur, on voit une statue de Notre-Dame de Pilar, originaire d'Espagne. Le tombeau d'Agnelo D'Souza (directeur du séminaire de 1918 à 1927) est adjacent à l'église. Le **New Seminary** se dresse non loin. Son musée présente des fragments du temple d'origine, de l'art chrétien, des pièces de monnaie portugaises et un lion de pierre, symbole de la dynastie des Kadamba.

Museum
(0832) 221 8521. *t.l.j.*

AUX ENVIRONS : Goa Velha, à 2 km au sud-ouest de Pilar, s'étend sur le site de Govapuri, capitale portuaire des Kadamba entre le XIe et le XIIIe siècle, dont il ne reste que peu de vestiges.

Ponda ⓬

District de Goa Sud (Ponda Taluka). À 28 km au S.-E. de Panaji. *17 700.* *Urs de Shah Abdullah (fév.).*

Le principal point d'intérêt de ce centre commerçant animé est la **Safa Shahouri Mosque**, à 2 km à l'ouest. Construite en 1560 par Ibrahim Adil Shah (successeur de Yusuf Adil Shah), la mosquée est une structure rectangulaire avec des fenêtres en arches, couronnée par un toit pentu couvert de tuiles. Son bassin rituel est orné des mêmes motifs que les mihrâbs (niches en arches). Ponda a donné son nom à son *taluka* (sous-district), connu pour ses nombreux temples hindous cachés dans les forêts. En étendant leur domination vers le Centre de Goa, les Portugais détruisirent plus de 550 temples. Les prêtres hindous se réfugièrent alors dans des régions échappant à la domination portugaise, surtout aux environs de Ponda, où ils construisirent de nouveaux temples aux XVIIe et XVIIIe siècles.
Les temples de Goa, dont plus de la moitié de la population est hindoue, affichent un fascinant mélange d'architectures baroque européenne, musulmane et hindoue, unique en Inde. Si le plan des temples demeure hindou, des dômes musulmans remplacent souvent les *shikhara* (tours) traditionnels au-dessus des sanctuaires principaux. Quant aux salles de prière, elles sont décorées de lustres européens élégants.
Le **Shantadurga Temple** à Quela, à 3 km au sud-ouest de Ponda, est le sanctuaire le plus connu de Goa. Construit par Shahu, petit-fils du chef marathe Shivaji, ce temple beige et brun est coiffé d'un toit original qui rappelle celui d'une pagode, dominé par une tour-lanterne octogonale à cinq niveaux, unique à Goa. Des lustres somptueux sont suspendus au plafond doré de la gigantesque salle centrale, et des écrans en argent estampé ornent le sanctuaire principal, qui abrite une shantadurga (variante de Parvati, épouse de Shiva) en argent, provenant du *taluka* de Mormugoa. On remarquera aussi les gigantesques *ratha* (chariots) utilisés pour la fête de Jatra, en janvier *(p. 403)*. Le **Shri Ramnath Temple**, à quelques minutes de marche, est connu pour son magnifique écran en argent estampé, orné de motifs animaux et floraux, devant le sanctuaire. Son lingam, qui provient de Loutolim, est vénéré par les adorateurs de Shiva et de Vishnou. Le **Shri Nagueshi Temple** à Bandora, à 4 km à l'ouest de Ponda, date de 1780. Toutefois, on pense qu'un temple se dressait ici jadis. Construit pour le culte de Nagesh (Shiva seigneur des

Tour-lanterne en laiton, Shri Mahalsa Temple

Le grand bassin du Shri Mangesh Temple date du XVIIIe siècle

serpents), c'est l'un des plus vieux temples de la région. L'entrée est ornée de frises en bois sculpté, représentant des scènes du *Ramayana* et du *Mahabharata (p. 26-27)*.

Le **Shri Lakshmi Narasimha Temple** du XVIIIe siècle est situé à Velinga, à 5 km au nord-ouest de Ponda. Sa majestueuse représentation de Narasimha, incarnation mi-humaine mi-lion de Vishnou, originaire de Mormugoa, fut installée ici vers 1560. Entouré de forêts, c'est l'un des plus jolis temples de Goa, avec son bassin sacré et son portail raffiné. La tour, non loin, accueille les musiciens du temple pendant la fête annuelle de Jatra, célébrée en mai.

Mardol, à 7 km au nord-ouest de Ponda, accueille le **Shri Mahalsa Temple**, dédié à Vishnou. La divinité principale (une forme féminine de Vishnou ou son épouse Lakshmi) provient de Verna. L'élément le plus remarquable du temple est son pilier en cuivre d'une hauteur exceptionnelle, qui compte 21 niveaux au total et qui s'élève sur une représentation de Kurma (incarnation de Vishnou en tortue) avec Garuda (sa monture) perché au sommet. Le sanctuaire d'origine est une structure en bois coiffée d'un toit pentu. Les porches sont ornés de musiciens et de guerriers sculptés. La salle principale est décorée de piliers richement sculptés. La partie centrale du plafond, quant à elle, est surélevée, avec des représentations peintes de dieux dans ses niches.

Procession lors du Shigmo Jatra, au Shri Mahalsa Temple

Le Tambdi Suri Temple date de la période des Kadamba

Non loin de là, au nord-ouest, s'élève le **Shri Mangesh Temple**, le temple le plus somptueux de Goa, à Priol. Il date du XVIIIe siècle et est dédié à Shiva. Dans la cour, un *tulsi* (basilic) sacré est planté dans une urne vert vif, typique de Goa. Il y a un grand bassin sacré et une tour-lanterne à sept niveaux. Des spectacles de danse s'y tiennent durant la fête de Jatra, en avril et en mai. Un éléphant sur roulettes, peint de couleurs vives, se dresse à l'entrée du temple blanc et jaune. Le sanctuaire principal possède un lingam qui provient de Mormugoa. La maison où Lata Mangeshkar (née en 1929), célèbre chanteuse de musiques de films, passa son enfance se trouvait près du temple. À 4 km environ au nord-est de la ville de Ponda, près de Khandepar, un ensemble de **grottes rupestres hindoues** datent du Xe au XIIIe siècle. Les grottes possèdent des plafonds ornés de lotus sculptés et des niches pour les lampes à huile. Plusieurs plantations d'épices, où l'on cultive notamment la cardamome, la muscade et la cannelle, sont des buts d'excursion intéressants, à visiter dans la journée depuis Ponda. La Pascoal Plantation, à 8 km à l'est, et le Savoi Spice Garden, à Savoi Verem, à 12 km au nord, sont faciles à atteindre.

Détail, au Tambdi Surla Temple

Tambdi Surla ⓭

District de Goa Sud (Sanguem Taluka). À 73 km à l'E. de Panaji. *Prenez un taxi de Panaji ou de Ponda.*

Le plus vieux temple hindou de Goa est caché dans les forêts de Tambdi Surla. Il date de la période des Kadamba (entre le XIe et le XIIIe siècle). Le temple en basalte noir, dédié à Shri Mahadeva (Shiva), doit probablement sa survie à son emplacement caché. La structure symétrique est construite avec des blocs de pierre qui s'emboîtent parfaitement, sans mortier. Le hall d'entrée compte dix piliers. Le *shikhara* (tour) au-dessus du sanctuaire est orné d'un relief miniature et de belles sculptures de Brahma, Vishnou, Shiva et son épouse Parvati.

Aux environs : Le **Bhagwan Mahaveer Sanctuary**, à 20 km au sud-est de Tambdi Surla, s'étend sur 240 km². Des léopards, des cerfs et des bisons indiens y vivent. Les **Dudhsagar Waterfalls**, chutes d'eau de 600 m de hauteur, sont situées à la frontière entre Goa et le Karnataka. Le petit **Bondla Sanctuary**, à 30 km à l'est de Tambdi Surla, est connu pour la diversité de ses oiseaux.

Bhagwan Mahaveer Sanctuary
t.l.j.

Bondla Sanctuary
sept.-juin : ven.-mer.

La Church of St Ignatius Loyola, Rachol

Rachol ⓮

District de Goa Sud (Salcete Taluka). À 52 km au S.-E. de Panaji.

Ce hameau occupe le site d'une ancienne forteresse construite par les sultans de Bijapur *(p. 444)*, cédée aux Portugais en 1520. Du bastion, autrefois protégé par cent canons, qui gardait les frontières Sud des territoires portugais, il ne reste qu'une arche en latérite et les douves asséchées. La jolie église **Nossa Senhora das Neves** (Notre-Dame-des-Neiges) date de 1576. Aujourd'hui, le **Rachol Seminary**, construit en 1606, est sans doute le séminaire le plus important de Goa. Fondé à l'origine à Margao en 1574, il comprenait un hôpital, une école pour les indigents et une imprimerie. Il fut transféré ici après la destruction de l'institution de Margao par les musulmans, en 1579. Le séminaire, qui fut l'institution pédagogique la plus prestigieuse de Goa, tant pour les études séculaires que religieuses, proposait une formation théologique et philosophique dispensée en sept ans, préparant les jeunes séminaristes à la prêtrise. Perché à un emplacement spectaculaire, au sommet d'une colline, le bâtiment possède une façade majestueuse, semblable à celle d'un fort, flanquée d'imposantes tours de guet. Le vaste hall d'entrée du séminaire, aux murs décorés, s'ouvre sur une cour centrale, entourée de compartiments en teck, chacun doté d'un cabinet d'étude lambrissé. Le majestueux escalier est orné de sculptures hindoues, mises au jour dans l'ancien temple qui se dressait autrefois sur le site. Il mène au premier étage et à la bibliothèque, qui possède une collection rare d'ouvrages en latin et en portugais, ainsi que des portraits des archevêques de Goa.

À côté du séminaire, la **Church of St Ignatius Loyola**, dédiée à saint Ignace de Loyola possède un autel doré richement sculpté avec un tableau représentant saint Constantin, premier empereur romain converti au christianisme. Selon la légende, quelques fragments de ses ossements et une fiole de son sang furent emportés à Rachol en 1782, et seraient conservés près de l'entrée. Les stalles du chœur abritent de belles représentations des saints fondateurs de différents ordres religieux. Le balcon du premier étage accueille de magnifiques grandes orgues du XVIe siècle, provenant de Lisbonne.

Reliquaire en argent, collection du musée

Jusqu'en 2001, le séminaire accueillit aussi le Museum of Christian Art, fondé en 1991. Actuellement, toute la collection est en cours de transfert au Convent of St Monica, à Old Goa *(p. 404)*, pour être exposée dans la Chapel of the Weeping Cross, adjacente au couvent. L'impressionnante collection d'objets religieux des XVIIe et XVIIIe siècles comprend des ornements en argent et en ivoire, de beaux vêtements liturgiques, des croix processionnelles et des aspersoirs. Notez également l'autel portatif destiné aux missionnaires, avec divers accessoires pour célébrer la messe et des bougeoirs.

Margao ⓯

District de Goa Sud (Salcete Taluka). À 33 km au S. de Panaji. *78 500.* *Margao Residency, (0832) 271 5528.* *Fête du Saint-Esprit (déc.).*

Deuxième ville de Goa après Panaji, Margao (Madgaon) est la capitale administrative et commerciale du district de Goa Sud. Cette ville animée est également la plaque tournante du commerce du poisson et des produits agricoles.

La place principale, la **Praça Jorge Barreto**, est bordée par le grand Municipal Building, un bâtiment colonial dont la partie sud abrite la bibliothèque, et par un café renommé, *Longinhos*, non loin de là. Juste derrière le Municipal Building, au sud, des bazars animés proposent

Le séminaire et l'église de Rachol sont perchés sur la colline

poissons frais, fruits et légumes. Le **Covered Market**, non loin, est un marché couvert qui vend savon en paillettes, fruits secs, poisson séché, légumes en saumure, saucisses de porc épicées, tamarin, guirlandes de fleurs et vaisselle. Une rangée de magasins, au nord, vend des vins locaux. Quant aux ruelles devant le marché, elles abritent des marchands de tissus.

L'**Abbé de Faria Street**, qui serpente vers le nord depuis la place, est bordée de plusieurs demeures coloniales bien préservées. La rue mène à l'ancien Quartier latin de Margao. Sa place centrale, le **Largo de Igreja**, est entourée de belles demeures des XVIIIe et XIXe siècles, avec des toits en tuiles, des balcons en fer forgé et des balustrades. Au milieu de la place se dresse une monumentale croix du XVIe siècle, dominée par la **Church of the Holy Spirit**, une église baroque. Construite en 1565 sur le site d'un temple hindou détruit, l'église et le Jesuit College of All Saints, adjacent, furent mis à sac plusieurs fois par des incursions musulmanes. Le séminaire fut transféré à Rachol. L'église, quant à elle, fut reconstruite en 1675. Sa façade blanchie à la chaux est flanquée de deux tours couronnées de dômes et ornée de lanternes. À noter : les murs latéraux n'ont pas été couverts d'enduit à la chaux – ce qui est inhabituel. L'intérieur somptueux possède un plafond en stuc, une chaire dorée décorée de sculptures des apôtres, un autel rococo et d'élégants retables dans les transepts. Juste derrière l'église, l'Agostinho Lorenço Street part vers l'est, pour rejoindre une imposante demeure appelée **Sat Burnzam Gor** ou « Sept pignons » qui doit son nom aux sept pignons d'origine de son toit. C'est le seul exemple préservé de maison à toit pyramidal à Goa. Construite en 1790 par Ignacio da Silva avec ses revenus de secrétaire du vice-roi, la demeure aux gigantesques salons abrite des meubles en bois de rose richement sculptés et des porcelaines inestimables. Sa chapelle privée fut la première à être autorisée à Goa. À l'intersection à l'est de l'église, une route monte vert **Monte Hill** en serpentant. La minuscule chapelle au sommet ne se visite pas, mais la vue sur les toits de Margao et la côte Sud, au-delà, est magnifique.

Le Municipal Building, rouge et blanc, Praça Jorge Barreto à Margao

Croix monumentale du Largo de Igreja

Sat Burnzam Gor

sur r.-v. uniquement. Contactez Mme de Silva.

AUX ENVIRONS : Les jolis villages des environs comptent de nombreuses demeures coloniales, qui datent des XVIIIe et XIXe siècles, époque où les propriétaires terriens locaux profitèrent de la domination portugaise sur les voies marchandes maritimes entre l'Afrique et Malacca (en Malaisie). De nombreuses maisons appartenaient à des Goans occupant des postes élevés dans l'administration portugaise, qui obtinrent des terres en rétribution de leurs services.

Loutolim, à 10 km au nord-est, fut un important centre administratif portugais. La ville compte un grand nombre de belles demeures, toutes à proximité de la place de l'église. L'office du tourisme de Goa et le Houses of Goa Museum au (0832) 241 0711, situé à Salvador do Mundo, organisent des visites. **Chandor**, à 13 km à l'est de Margao, abrite la Braganza House, la plus grande demeure privée de Goa *(p. 414-415)*. **Chinchinim**, à 10 km au sud de Margao, et **Benaulim**, à 6 km au sud-ouest de Margao, possèdent également de belles demeures aux *balcao* (porches) typiquement goans et aux toits pentus couverts de tuiles en terre cuite.

Crevettes, sardines, maquereaux et saumons, au bazar de Margao

Braganza House ⓰

Assiette en porcelaine chinoise bleue

Ses dimensions gigantesques et la magnificence de son intérieur en font la demeure coloniale la plus somptueuse de Goa. Ce bâtiment du XVIIe siècle est toujours habité par deux branches de la famille Braganza. Les descendants d'Antonio Elzario Sant'Anna Pereira occupent l'aile est, tandis que ceux de Francisco Xavier de Menezes Braganza vivent dans l'aile ouest. Ces deux hommes reçurent des titres royaux et des armoiries du roi du Portugal, à la fin du XIXe siècle. Les étages supérieurs comprennent la salle de bal, la bibliothèque et la chapelle, ainsi que de beaux meubles du XVIIIe siècle et des porcelaines chinoises.

Salle à manger
La salle à manger du premier étage de cette gigantesque demeure abrite une longue table.

★ Chapelle
La chapelle de style baroque abrite un ongle incrusté d'un diamant de saint François-Xavier.

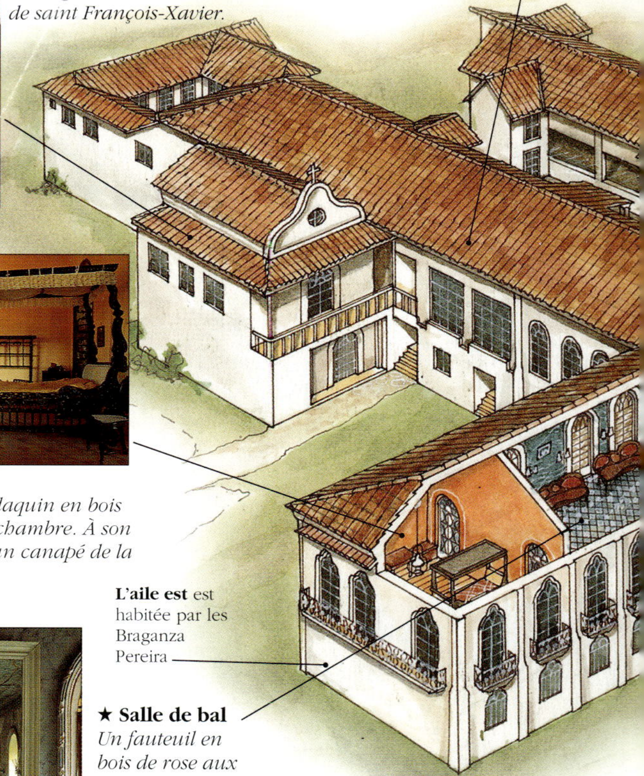

Chambre d'amis
Un grand lit à baldaquin en bois de rose domine la chambre. À son extrémité, on voit un canapé de la même essence.

L'aile est est habitée par les Braganza Pereira

★ Salle de bal
Un fauteuil en bois de rose aux armoiries des Braganza et un miroir doré ornent la salle la plus somptueuse de la demeure. Les murs et le sol sont en marbre. Des lustres sont accrochés au plafond en zinc orné d'un motif floral.

À NE PAS MANQUER

- ★ Chapelle
- ★ Salle de bal
- ★ Vestibule

Salon Menezes Braganza
Une collection de magnifiques porcelaines chinoises est présentée dans l'un des salons, où un vase occupe une place d'honneur.

MODE D'EMPLOI

Church Square, Chandor (Salcete Taluka). À 20 km à l'E. de Margao. **Aile Menezes Braganza** *(0832) 278 4201;* **Aile Braganza Pereira** *(0832) 278 4227. Visite des deux ailes sur r.-v. seulement.* *Dons appréciés.*

Portrait de Francisco Xavier de Menezes Braganza
Un portrait du grand-père du célèbre journaliste Luis de Menezes Braganza (p. 397) *est situé dans la salle de bal de l'aile ouest.*

L'aile ouest est habitée par les Menezes Braganza.

La bibliothèque qui compte plus de 5 000 ouvrages à reliure en cuir abrite la plus belle collection privée de Goa.

★ Vestibule
Le long vestibule, élégamment meublé, se trouve juste derrière la façade de la demeure. Ses 28 fenêtres donnent sur un jardin parfaitement entretenu.

Escalier
Le monumental double escalier, au cœur de la demeure, relie le niveau inférieur de l'entrée aux étages supérieurs, meublés.

Les demeures coloniales de Goa

La campagne goane est émaillée de demeures coloniales majestueuses construites par la noblesse de Goa, qui prospéra aux XVIIIe et XIXe siècles. Édifiées dans le style traditionnel de la région, elles possèdent des cours centrales, des porches profonds et des volets en coquilles d'huîtres. Le mobilier et la décoration intérieure, en revanche, étaient essentiellement européens. Aujourd'hui, les lustres belges, les miroirs taillés vénitiens et les miroirs dorés, les meubles baroques en bois de rose et les porcelaines chinoises qui les ornent livrent un fascinant aperçu des goûts et des modes de vie de cette époque révolue.

Vase chinois

***Des volets en coquilles d'huîtres** ponctuent la façade de Sat Burnzam Gor (« sept pignons ») à Margao. Spécifiques à l'architecture goane des XVIe et XVIIe siècles, les coquilles d'huîtres remplaçaient les panneaux de verre pour protéger les maisons de la chaleur et du soleil.*

***Un* balcao** *ou « porche » pyramidal typique orne l'entrée de la Figueredo House à Loutolim. On installait volontiers des sièges sous le* balcao, *pour y discuter.*

***Cette sculpture ancienne** en bois de rose, de la Braganza House, la demeure la plus somptueuse de Goa à Chandor* (p. 416-417), *est un exemple typique du baroque indo-portugais.*

***Les salons de style européen**, comme la somptueuse salle de bal de la Dr Alvaro Loyola Furtado Mansion de Chinchinim, construite en 1833, abritent des lustres en cristal et des meubles élégants.*

Mobilier ancien sculpté, Casa dos Mirandos

Où voir des demeures goanes ?

Loutolim compte quatre maisons intéressantes : Salvador da Costa House, Roque Caetan Miranda House, Figueredo House et Casa dos Mirandos, la plus belle. À **Margao**, allez voir la Sat Burnzam Gor, à **Chinchinim** la Loyola Furtado Mansion, et à **Chandor** la Braganza House. (Voir *p. 413*.)

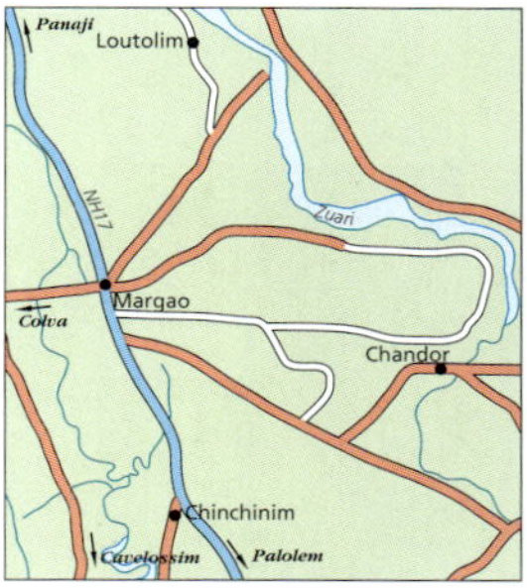

Colva 17

District de Goa Sud (Salcete Taluka). À 6 km à l'O. de Margao. GTDC Tourist Cottage, (0832) 278 8047. Farna de Menino Jesus (oct.)

Sa proximité avec Margao fait de Colva un lieu de villégiature très prisé, en été, pour les habitants de la ville. C'est l'une des plus anciennes plages de Goa, et aussi l'une des plus exploitées. Avec ses 25 km de sable, de la péninsule de Mormugao au nord à Mobor au sud, c'est la plus longue plage ininterrompue de l'État. Aujourd'hui, Colva attire de nombreux visiteurs, qui y viennent pour l'ambiance animée des nombreuses paillotes, perchées sur pilotis sur arrière-plan de palmiers. On y déguste de délicieux homards grillés et d'autres spécialités de fruits de mer. Un grand nombre d'hôtels bordent la route principale, le long de la plage. Les étendues plus au sud sont plus sauvages. Les pêcheurs y proposent leurs prises sur la plage. Cette dernière accueille aussi des *rave-parties* les nuits de pleine lune.

Non loin de la mer, la **Church of Our Lady of Mercy**, construite en 1630, possède un bel intérieur baroque. L'église abrite la célèbre statue du Menino (bébé) Jesus, tenant un globe et un drapeau, vénéré pour ses pouvoirs de guérison miraculeux.

Serveur souriant, Mobor

Aux environs : Majorda, à 7 km au nord de Colva, possède une vaste plage, parsemée d'hôtels de luxe. **Bogmalo Beach**, à 20 km au nord-ouest de Colva, est appréciée des véliplanchistes.

Le tourisme de Colva a gagné le paisible village de **Benaulim**, à 2 km au sud, dont les rues sont bordées de petites pensions, de restaurants et de bars. **Varca Beach**, à 5 km au sud, dispose d'hôtels somptueux et d'une belle église.

Cavelossim 18

District de Goa Sud (Salcete Taluka). À 15 km au S. de Margao.

Très prisée des célébrités indiennes, Cavelossim possède une plage magnifique de 2 km de long. On y trouve également un golf, des complexes hôteliers de luxe et d'excellents restaurants de fruits de mer, comme le *Seaways Bar*. La **Church of the Holy Cross**, richement ornée, se dresse sur une jolie place.

Aux environs : Mobor, à 5 km au sud de Colva, est un endroit idyllique. Le joli village de pêcheurs de **Betul** est blotti près de la rivière Sal. C'est là que se trouve le Leela Beach Resort. **Cabo da Rama** (« cap Rama »), juste au sud de Betul, doit son nom au héros du *Ramayana*, qui se cacha ici, dit-on, durant son exil *(p. 27)*. On y voit les ruines d'une forteresse hindoue, prise par les Portugais en 1763.

Paillote de Palolem Beach

Palolem 19

District de Goa Sud (Salcete Taluka). À 37 km au S. de Margao.

Célèbre pour ses couchers de soleil spectaculaires, cette baie est ponctuée par un éperon rocheux à une extrémité, et par Canacona Island, un bon terrain de camping, à l'autre. L'emplacement reculé de Palolem, loin des plages bondées du centre de Goa, en fait un emplacement idéal pour des vacances paisibles. Les pêcheurs y proposent des excursions en mer, pour voir des dauphins.

Aux environs : Le Sud de Goa est, en grande partie, préservé du tourisme. **Agonda**, à 7 km au nord de Palolem, est encore plus paisible que sa voisine. **Galgibaga**, à 8 km au sud de Palolem, possède une belle étendue de sable intacte, ombragée par des eucalyptus. Le **Cotigao Wildlife Sanctuary**, à 18 km à l'ouest de Palolem, d'une beauté paisible, séduira les amateurs de nature.

Vacanciers sur la plage de Colva, la plus longue de Goa

LE KARNATAKA

De la mer d'Oman et des crêtes boisées fertiles des Ghâts occidentaux, avec leurs plantations de café, d'épices et de fruits, jusqu'à la région plus aride, parsemée de rochers, du plateau du Deccan, le Karnataka réunit des paysages d'une infinie diversité. Ses monuments historiques sont tout aussi variés : temples hindous du VIe au VIIIe siècle à Badami, Pattadakal et Aihole, île-forteresse de Tipu Sultan du XVIIIe siècle, de style européen, à Srirangapattana et palais de Mysore, du début du XXe siècle, aux tourelles extravagantes. Les visiteurs admireront également les temples de Belur et de Halebid, le colossal monolithe de Gommateshvara à Sravana Belgola et les magnifiques ruines de Hampi, site de l'extraordinaire citadelle de Vijayanagar. Dans le Nord du Karnataka, les visiteurs découvriront les citadelles médiévales des sultans du Deccan, à Bijapur, Gulbarga et Bidar, avec leurs mosquées, leurs salles des audiences et leurs tombeaux royaux.

◁ **Mendiant dans un sanctuaire sur les rives de la Tungabhadra, Hampi**

Bangalore ❶

Pierre sculptée, musée

Souvent surnommée « la Silicon Valley de l'Asie », en raison de son industrie informatique en plein d'essor, Bangalore est la cinquième ville d'Inde et celle qui connaît le développement le plus rapide. Jusqu'au boom du secteur des hautes technologies, à la fin des années 1980, elle était appelée « la Ville-Jardin », à cause de sa végétation luxuriante et de son agréable climat tempéré. Aujourd'hui, avec sa population de jeunes cadres en plein développement, son ambiance est devenue cosmopolite et branchée. Créée au XVIe siècle par un chef local, Kempe Gowda, Bangalore doit son nom au mot kannada *benda kaluru*, « haricots cuits », qu'une vieille femme offrit au Xe siècle à un roi hoysala qui frappait à sa porte, affamé.

Vidhana Soudha

À l'O. de Vidhana Vidhi.
● *au public.*

Cet imposant bâtiment en granit et en porphyre abrite le Secrétariat et le Parlement du Karnataka. Construit en 1956 après le transfert de pouvoirs de la dynastie des Wodeyar au gouvernement central, il fut conçu par Kengal Hanumanthaiah, Premier ministre de l'époque, qui voulait un bâtiment « à l'image de la puissance et de la dignité du peuple ». Il est couronné par un dôme de 20 m de haut, surmonté par le lion d'Ashoka à quatre têtes, symbole de l'État indien. Avec ses *jharokha* rajasthani, ses piliers indo-sarracéniques et ses autres éléments décoratifs, le Vidhana Soudha illustre le style néodravidien du Bangalore d'après l'indépendance. Les boiseries de l'intérieur, notamment la porte en bois de santal de la Cabinet Room et la Speaker's Chair en bois de rose de Mysore, sont magnifiques. Le bâtiment, illuminé, est spectaculaire le dimanche soir.

Le magnifique Vidhana Soudha abrite le Secrétariat du Karnataka

Attara Kacheri

À l'E. de Vidhana Vidhi.
○ *lun.-ven.*

Ce joli bâtiment à deux niveaux, orné de colonnes corinthiennes, a été achevé en 1864. Jusqu'en 1956, il abrita l'administration, qui fut ensuite transférée au Vidhana Soudha. Le bâtiment accueillit alors le tribunal. Le plafond de la salle centrale est orné d'un portrait de Sir Mark Cubbon, préfet de Mysore entre 1834 et 1861. Derrière le bâtiment, une statue équestre due au baron Marochetti le représente.

Cubbon Park

Cantonment. ○ *t.l.j.*

Aménagé en 1864 par Richard Sankey, ingénieur en chef de Mysore, ce parc, qui doit son nom à un préfet, s'étend sur plus de 135 ha. Ses paysages intègrent des rochers, des bosquets et des bambous géants.

Le parc abrite de nombreuses statues, comme celle de Chamarajendra Wodeyar (1868-1894), qui domine la mare près d'un kiosque à musique octogonal en fer forgé. On y voit aussi des statues en marbre de la reine Victoria et du roi Edward VII. Au milieu du parc, le **Sheshadri Iyer Memorial**, un bâtiment néoclassique peint en rouge, abrite une bibliothèque publique.

Chamarajendra Wodeyar

Government Museum

Kasturba Gandhi Rd. *(080) 2286 4483.* ○ *mar.-dim.*
Venkatappa Art Gallery
○ *jeu.-mar.*

Ce musée fondé en 1866 est l'un des plus vieux du pays. Installé dans un bâtiment néoclassique en stuc rouge orné de colonnes corinthiennes, il comporte

La Ville-Jardin

Vue de Cubbon Park

Le Cantonment de Bangalore fut créé en 1809, pour accueillir les soldats britanniques stationnés ici au XIXe siècle. Avec ses rues ordonnées, ses maisons aux avant-toits caractéristiques et ses pelouses, ses arbres et ses fleurs, la ville fut surnommée « la Ville-Jardin de l'Inde «. Véritables poumons de la ville, ses deux grands parcs, Cubbon Park et Lalbagh, ainsi que de nombreux autres espaces verts plus petits, comme Kensington Gardens, sont des havres de paix permettant d'échapper à l'agitation des rues. La ville est particulièrement charmante en janvier et en août, lorsque fleurissent dahlias, soucis et roses.

18 sections, qui présentent bijoux, peintures miniatures, sculptures, objets de Mohenjodaro et vestiges du néolithique, vieux de 5 000 ans.

La **Venkatappa Art Gallery**, qui doit son nom à un artiste du début du XXe siècle, cher aux chefs wodeyar de Mysore, occupe une aile du bâtiment. Elle présente des aquarelles et des peintures du style de Mysore. Le revêtement légèrement vert des œuvres est dû à leur finition au jade. La galerie expose aussi une collection de marionnettes en cuir, en peaux de daim et de chèvre, et de belles sculptures des périodes satvahana, hoysala et vijayanagar.

Peinture de Mysore Venkatappa Art Gallery

St Mark's Cathedral

Mahatma Gandhi Rd. *mar.-dim.*

Cette sobre cathédrale néoclassique, achevée en 1812, a été consacrée par l'évêque de Calcutta en 1816. L'élégante structure couleur crème possède un portique majestueux à l'avant et un renfoncement dans l'abside à l'arrière. Un dôme peu bombé surplombe la croisée du transept.

Bangalore Palace

Au N. du Vidhana Soudha. *(080) 2333 6165, pour autorisation de visite.*

Construit en 1880 pour un coût exorbitant de 1 million de roupies, ce palais est largement inspiré du château de Windsor, avec ses tours fortifiées et ses parapets à tourelles. Il se dresse sur une pelouse dont une partie accueille un jardin formel symétrique. Le palais de 13 700 m² tomba en décrépitude après 1949, où sa propriété devint l'enjeu d'un litige entre le gouvernement et les Wodeyar au pouvoir. Depuis, le bâtiment a été restitué aux Wodeyar, et il est loué pour diverses manifestations comme des mariages, des concerts et des tournages de films. Une scène tournée dans ce cadre ne saurait manquer à aucun film kannada qui se respecte !

Mode d'emploi

District de Bangalore. À 998 km au S. de Mumbai. *4 292 500.* *À 9 km à l'E. du centre-ville, puis car ou taxi.* *Govt of India Tourist Office, 48 Church St, (080) 2558 5417; Karnataka Tourism, Badami House, NRS Square, (080) 2227 5869.* *Karaga (avr.), Kadalekaye Parishe (nov.-déc.).*

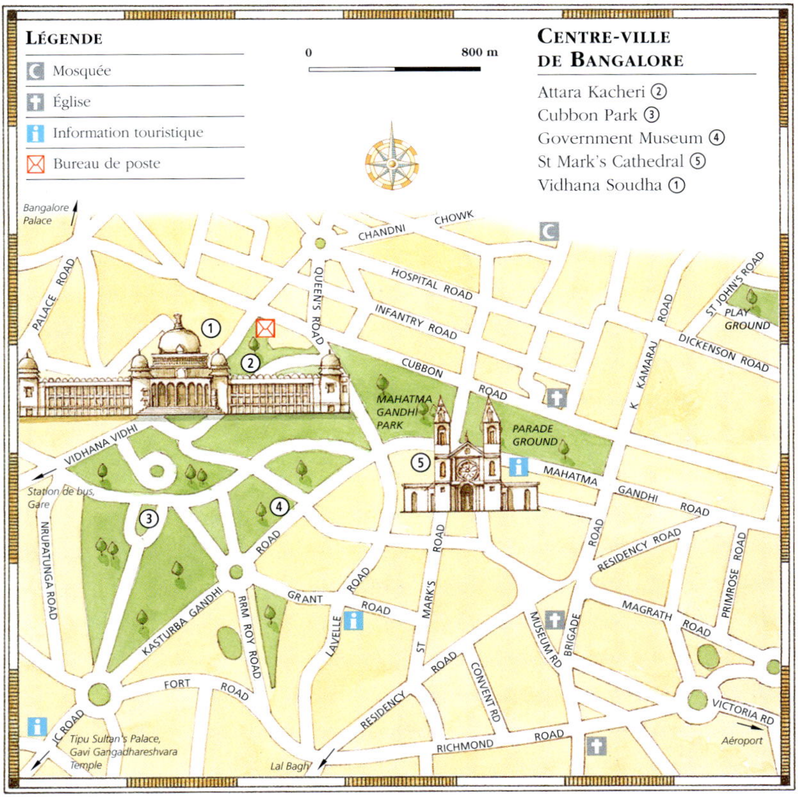

À la découverte du vieux Bangalore

Cette ville en pleine expansion compte aussi de nombreux vestiges de son passé, dans les rues du vieux Bangalore, au sud du centre. Le quartier, qui contraste avec la modernité du reste de la ville, réunit des monuments qui vont de l'époque des Gowda à celles de Haidar Ali et de Tipu Sultan. On y trouve des témoignages de l'histoire de la ville du XVIe au XIXe siècle.

Tipu Sultan's Palace

Albert Victor Rd.
sam.-jeu.

La citadelle originelle, un fort en brique construit en 1537 par Kempe Gowda, abrite en son sein le Tipu Sultan's Palace, qui date d'environ 1790. Presque entièrement en bois, avec des balcons, des piliers et des arches joliment décorées, ce bâtiment de deux étages est une réplique du Daria Daulat Bagh à Srirangapattana *(p. 425)*. Il servait de résidence d'été à Tipu Sultan, qui surnommait affectueusement l'endroit Rashk-e-Jannat, « Jalousie du paradis ». Bien que délabré, l'endroit a conservé un charme inouï. Si les colonnes en teck d'origine du palais ont été préservées, la plupart des décorations peintes ont été détruites. Le palais abrita les locaux de l'administration entre 1831 et 1868, année où elle fut transférée à l'Attara Kacheri *(p. 420)*.

Dahlia, à Lalbagh

Le **Venkataramana-swamy Temple**, non loin, fut construit au début du XVIIIe siècle par les rois wodeyar.

Lalbagh

Lalbagh Fort Rd.
t.l.j.
Exposition florale (janv. et août).

Considéré comme l'un des jardins botaniques les plus variés d'Asie du Sud, Lalbagh, dans la partie sud de la ville, fut aménagé par Haidar Ali en 1740. Un grand nombre de plantes tropicales et subtropicales prospèrent sur plus de 97 ha. Elles ont été apportées ici par Tipu Sultan, le fils de Haidar Ali. Plus tard, John Cameron, superintendant du parc vers 1870, importa de Kew Gardens, à Londres, d'autres essences plus rares. C'est aussi Cameron qui initia les travaux de la célèbre Glass House, inspirée du Crystal Palace de Londres et destinée à accueillir des expositions horticoles. Entourée de champaka et de cèdres blancs, la verrière a reçu la visite de plusieurs dignitaires. Une exposition florale s'y tient tous les ans.

L'entrée du parc est gardée par une statue équestre de Chamarajendra wodeyar de Mysore. Admirez également l'horloge florale, surréaliste, entourée de Blanche-Neige et des Sept Nains. C'est un don de l'entreprise Hindustan Machine Tools, qui fabrique des horloges.

Gavi Gangadhareshvara Temple

À l'O. de Lalbagh. *t.l.j.* *Makar Sankranti (janv.).*

Ce temple, l'un des plus anciens de Bangalore, fut construit par Kempe Gowda dans une grotte naturelle de Gavipuram au XVIe siècle. Selon la légende, Kempe Gowda exprima ainsi sa gratitude après avoir été libéré par Rama Raya de cinq années d'emprisonnement. Admirez les piliers de granit, dont deux soutiennent de gigantesques disques représentant le soleil et la lune. Deux autres accueillent Nandi et un trident. Les fidèles s'y retrouvent pendant la fête de Makar Sankranti pour assister à un phénomène unique : les rayons du soleil du soir passent entre les cornes de Nandi pour tomber sur le lingam, dans la grotte.

La vaste Glass House de Lalbagh, du XIXe siècle, et son élégante structure en fer forgé

Les réserves naturelles du Karnataka

Oiseau

La Nilgiri Biosphere Reserve, qui recouvre six parcs naturels attenants, s'étend sur trois États, à savoir le Karnataka, le Kerala et le Tamil Nadu. Créée pour préserver l'extraordinaire biodiversité des dernières étendues de forêt tropicale à feuillages persistants et caducs des Ghâts occidentaux, la réserve recouvre la région sur laquelle règne Veerapan, célèbre bandit et trafiquant de bois de santal. La réserve et le Mudumalai Sanctuary *(p. 492)* attenant, forment l'un des plus importants couloirs de migration pour des animaux tels que l'éléphant d'Asie et le bison indien. Ces parcs peuvent être aisément visités depuis Bangalore *(p. 420-421)* et Mysore *(p. 426-427)*.

Le Ranganthittoo Bird Sanctuary *couvre 540 km² d'îles émaillant les eaux de la Kaveri. Durant la période de nidification, notamment de juin à novembre, le parc attire de nombreux oiseaux aquatiques.*

Bandipur*, classé « parc naturel » en 1931 par le maharaja de Mysore, s'étend sur 875 km². Il compte de nombreux chausingha (tétracères) et est aussi une réserve pour les tigres* (p. 245).

Le BRT Wildlife Sanctuary*, à l'est de la Nilgiri Biosphere Reserve, est un couloir entre les Ghâts occidentaux et orientaux. Ses 540 km² accueillent une grande diversité d'oiseaux, dont des cigognes.*

Le Nagarhole Wildlife Sanctuary*, avec sa profusion de cours d'eau et de prairies marécageuses, reste vert toute l'année. Créé en 1983, ce parc de 645 km² compte notamment des macaques à bonnet.*

Le Kabini Reservoir*, qui sépare Bandipur de Nagarhole, offre de belles vues. La Kabini River Lodge, non loin, est un excellent endroit pour admirer la faune et se loger* (p. 590).

CARTE DE SITUATION

Parcs naturels

Les fidèles se retrouvent au Vaidyeshvara Temple, à Talakad

Talakad ❷

District de Mysore. À 45 km au S.-E. de Mysore. *Panchalinga Darshana (tous les 4 à 12 ans).*

Cette ville historique, située sur la rive nord de la Kaveri, est désormais en partie enfouie sous des dunes de sable. Entre le ve et le xe siècle, elle fut la capitale de la dynastie des Ganga *(p. 429)*. De cette époque, seuls deux temples modestes subsistent. Le plus grand bâtiment du site, le **Vaidyeshvara Temple**, du xiie siècle, est dédié à Shiva. Non loin se trouve le Kirti Narayana Temple, plus modeste, où les fidèles vénèrent toujours une représentation de Vishnou de 3 m de haut. Une importante fête, très suivie, le Panchalinga Darshana, est célébrée ici tous les 4 à 12 ans.

Somnathpur ❸

District de Mysore. À 36 km à l'E. de Mysore.

L'un des plus beaux exemples de l'architecture hoysala, le **Keshava Temple** est le joyau de ce petit village. Construit en 1268 par Somnatha, un général du roi Narasimha III, il serait dû au célèbre sculpteur et architecte Janakacharya. On accède au temple par l'est, par une entrée dotée d'un portique ouvert, sur lequel un bloc de pierre rappelle les généreuses donations de Somnatha. Contrairement aux autres temples hoysala de Halebid et Belur *(p. 430)*, celui-ci est bien préservé, et ses tours sont intactes. Le temple compte trois sanctuaires en forme d'étoile, qui partent d'une salle à piliers. Les sanctuaires et la salle sont hissés sur un podium élevé. Les bases des sanctuaires intérieurs et de la salle sont richement sculptées de motifs floraux et animaux, tandis que des représentations de divinités, sous un toit de feuillages, ornent les murs.

L'intérieur de la salle est remarquable pour ses colonnes splendides et son plafond. Les trois sanctuaires abritent des représentants grandeur nature de Krishna jouant de la flûte (sud) et de Janardana, une incarnation de Vishnou (nord). Le krishna du sanctuaire ouest, récent, est venu remplacer l'original. Somnathpur compte aussi les ruines du **Panchalinga Temple** en granit. Le temple fut construit en 1268 en mémoire de la famille de Somnatha.

Keshava Temple
t.l.j..

Srirangapattana ❹

District de Mandya. À 16 km au N. de Mysore. *de Mysore.* *de Mysore. Location de voitures et de vélos.*

Appelée Seringapatam par les Britanniques, cette île-forteresse sur la Kaveri fut le théâtre de batailles entre les Britanniques et Tipu Sultan, « le Tigre de Mysore ». Les Britanniques finirent par prendre la citadelle en 1799, tuant Tipu et consolidant leur pouvoir dans le Sud de l'Inde. Aujourd'hui, aucune structure n'a été préservée au sein du fort, qui entoure les ponts enjambant les deux bras de la Kaveri, d'où l'on peut voir les *ghât* et les remparts. À l'est et au sud, de larges douves entourent les bastions polygonaux et les parapets couronnés de tours construits par les architectes français employés par Tipu. La porte de Mysore et la porte des Éléphants, au sud, sont flanquées par des salles de garde. La Sultan Battery, les prisons où Tipu enfermait ses prisonniers, se trouve au nord. Non loin s'élève la Water Gate, où Tipu fut tué.

Le **Sri Ranganatha Temple**, qui a donné son nom à l'île, est un vaste complexe restauré au xixe siècle. Le sanctuaire intérieur abrite une statue de Vishnou allongé. On y accède par des salles dotées de piliers et une cour ouverte avec une

Insigne gravé, à Srirangapattana

Représentations de divinités hindoues au Keshava Temple

Peinture murale, au Daria Daulat Bagh, Srirangapattana

colonne dorée destinée à accueillir une lampe.

La **Jami Masjid**, construite par Tipu en 1787, se dresse à l'extrémité est du fort. Elle comporte une salle de prière surélevée avec de hauts minarets de part et d'autre.

Le **Daria Daulat Bagh**, le palais d'été de Tipu Sultan construit en 1787, est entouré d'un beau jardin près de la rivière, non loin du fort, au sud. Chaque face compte au centre trois ouvertures en arche, et le palais tout entier est entouré d'une véranda reposant sur des piliers. Les murs est et ouest de la véranda sont ornés de peintures murales, restaurées en 1855. Le mur ouest est couvert de scènes de batailles, dont la victoire de Haidar Ali sur les Britanniques à Pollilur (1780). Le mur est, quant à lui, représente des scènes de la Cour. Le bois sculpté et les élégants motifs floraux peints sur le mur révèlent une influence moghole. Le palais abrite un musée, qui présente des peintures, des cartes et des objets de Tipu.

Sanctuaire aux serpents, à Srirangapattana

Plus au sud, après avoir passé la Church of the Abbé Dubois (où le prêtre jésuite et écrivain français vécut entre 1799 et 1823) et le cimetière britannique, on arrive au **Gumbaz**, le mausolée de Haidar Ali et Tipu Sultan. Les murs des salles sont décorés du motif à rayures de tigre *(bubri)* cher à Tipu. Les portes en ébène et en ivoire sont un don du vice-roi, Lord Dalhousie, en 1855. Le *sangam* (« confluent ») des deux bras de la Kaveri est situé plus au sud.

Daria Daulat Bagh Museum

(08326) 252 045. sam.-jeu.

Tipu Sultan : « le Tigre de Mysore »

Portrait de Tipu Sultan (1750-1799)

Tipu Sultan, maître de Mysore, se démarque des autres chefs indiens de son époque. Fin diplomate, il était aussi un excellent soldat, un érudit et un poète accompli. Cet homme doté de compétences militaires et administratives rêvait de bâtir un État industrialisé moderne. Pour cela, il multiplia les contacts avec l'Europe et fit travailler des ingénieurs français. Ses principaux adversaires étaient les Britanniques, qui conquirent une partie du territoire sur lequel régnait son père, Haidar Ali, et ses richesses lors des deux premières guerres de Mysore (1767-1769 et 1780-1784). Tipu mena deux autres guerres contre les Anglais, qui trouvèrent leur apogée lors de la chute de Srirangapattana en mai 1799, où il mourut au combat.

Fêtes du Karnataka

Banashankari Temple Fair *(janv.-fév.)* à Badami. Cette fête de 20 jours associe rites religieux et ambiance de foire. Une foire au bétail, spécialisée dans les taureaux blancs, se tient à la même période

Hoysala Mahotsava *(mars)* à Belur et Halebid. Festival de danse et de musique dans le cadre spectaculaire des temples historiques.

Royal Dasara *(sept.-oct.)* à Mysore. Appelée Dussehra dans le Nord de l'Inde, cette fête somptueuse qui dure 10 jours célèbre la victoire de la déesse Chamundeshvari (Durga) sur le démon-buffle Mahishasura. Elle doit son origine à la fête de Mahanavami *(p. 435)*. Un éléphant royal portant une statue de la déesse ouvre un cortège somptueux de fanfares militaires. Des cérémonies religieuses rendent hommage à l'éléphant, au cheval et à diverses armes. Des feux d'artifice, des concerts et des combats de lutte se déroulent en soirée. Un descendant des Wodeyar joue un rôle essentiel. Et le célèbre trône doré, qui n'est généralement pas visible, sert aux rituels.

Hampi Festival *(nov.)* à Hampi. Danseurs et musiciens célèbres viennent de tout le pays pour y participer.

Éléphant caparaçonné aux festivités de Dasara, à Mysore

Mysore : l'Amba Vilas Palace

Ce magnifique palais, qui abrite des sculptures sublimes et des œuvres d'art des quatre coins du monde, a été construit par les Wodeyar. La partie principale de ce bâtiment indo-saracénique, avec ses dômes, ses tourelles, ses arcs et ses colonnades, a été conçue par Henry Irving, en 1897, en remplacement d'un bâtiment plus ancien, détruit par un incendie. Le week-end et pendant les festivités, des milliers de lumières éclairent la façade grise du palais.

Public Durbar Hall
La Durbar Hall, richement décorée en or et en turquoise, au deuxième étage, affiche une splendeur royale. Un ensemble de peintures dues à Raja Ravi Varma orne le mur du fond.

Amba Vilas Hall
La Private Durbar Hall est plus petite que la Public Hall, mais tout aussi somptueuse. Sa verrière multicolore a été réalisée à Glasgow. Des colonnes en fer forgé et des arches soutiennent la partie centrale du plafond.

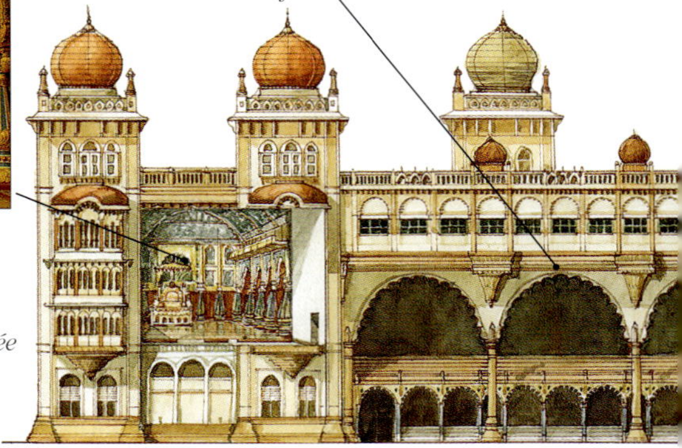

Mysore ❺

District de Mysore. À 138 km au S.-O. de Bangalore. 742 500. Karnataka Tourism, Irwin Rd, *(0821) 242 2096.* *Vairamudi Festival (mars-avr.), Feast of St Philomena (août), Royal Dasara (sept.-oct).*

Entourée de champs fertiles et de collines boisées, Mysore fut la capitale des Wodeyar, les gouverneurs du Sud du Karnataka sous les rois vjayanagar. La dynastie wodeyar régna de 1399 à l'indépendance, avec une interruption de 38 années pendant le règne du musulman Haidar Ali et de son fils Tipu Sultan *(p. 425)*. La Mysore moderne est l'œuvre de Tipu Sultan qui rasa la vieille ville en 1783 pour construire la ville actuelle. Aujourd'hui, ce centre culturel important, qui compte la plus grande université du Karnataka, est également connu pour ses ivoires, ses soieries, ses encens et ses sculptures en bois de santal.

Plusieurs bâtiments publics élégants, construits sous les Wodeyar, bordent les larges allées. Le cœur de la ville abrite l'**Amba Vilas Palace**. À l'ouest de celui-ci, le **Jaganmohan Palace** fut construit en 1902 pour le couronnement de Krishnaraja III. Il éclipse en partie un bâtiment néoclassique, la **Chamarajendra Art Gallery**, qui abrite une intéressante collection d'objets disparates : meubles anciens, instruments de musique, céramiques, ivoires, etc. L'étage supérieur présente une splendide collection d'instruments de musique, ainsi que de belles peintures de Raja Ravi Varma, célèbre artiste du Kerala du XIXe siècle.

Le **Krishnaraja Circle** est situé non loin de l'angle nord-ouest de l'Amba Vilas Palace : une statue de Krishnaraja Wodeyar se dresse près d'un

Nandi couché, sur Chamundi Hill

Vue de l'Amba Vilas Palace, à Mysore

MODE D'EMPLOI

Ramvilas Rd. *(0821) 243 442.* *t.l.j.* *Royal Dasara (sept.-oct.).*

Golden Throne

Ce somptueux trône, qui était à l'origine en bois de figuier couvert d'ivoire, fut ensuite plaqué d'or et d'argent. Aujourd'hui, il n'est sorti que pour les célébrations de Dasara.

Galerie permettant d'admirer la procession de Dasara, qui se tient tous les ans à Mysore *(p. 425)*.

pavillon.

De la place part **Sayyaji Rao Road**, la principale rue commerçante de la ville.

Non loin, la Government House est le siège des résidents britanniques depuis 1805.

À proximité, la **Cathedral of St Philomena**, un bâtiment néogothique de 1959, est agrémentée de beaux vitraux.

Le **Manasa Gangotri**, à l'ouest de la ville, est le campus néoclassique de l'université de Mysore, dont l'**Oriental Research Institute** abrite une collection de manuscrits sanskrits. Le **Folklore Museum**, quant à lui, présente une importante collection ethnographique de jouets, marionnettes et objets quotidiens du Sud de l'Inde, ainsi que deux superbes chariots en bois.

Prenez la route de **Chamundi Hill** : à 3 km au sud-est de Mysore, s'élève le **Lalitha Mahal Palace**, construit en 1930. Cette ancienne maison d'invités royale abrite désormais un hôtel *(p. 590)*. À mi-hauteur de la colline, vous découvrirez un nandi monolithe, qui date de 1659. Taillé dans un seul bloc de pierre, il mesure 7,5 m de long sur 5 m de large. Le taureau richement décoré est représenté couché. Le **Chamundeshvari Temple**, au sommet de la colline, a été construit au XVIIe siècle par les Wodeyar, puis remanié par la suite. Le temple abrite une idole de Chamundeshvari, divinité tutélaire des rois wodeyar.

AUX ENVIRONS : À 16 km au nord, les pittoresques **Brindavan Gardens**, appréciés pour les pique-niques, ont été aménagés sous le barrage de Krishnarajasagar par Krishnaraja Wodeyar. Trois fois par semaine, des lumières multicolores éclairent les nombreuses fontaines donnant un spectacle féerique.

Cathedral of St Philomena

Plantation de café à Madikeri

Kodagu 6

District de Kodagu. À 100 km au S. de Mysore. *Karnataka Tourism, P.W.D. Bldg, Mangalore Rd, (08272) 228 580.* *Keil Poldu (sept.), Huthri (nov.).*

Situé dans le cadre pittoresque boisé des Ghâts occidentaux, le district de Kodagu (ou Coorg) fut un État indépendant jusqu'à son rattachement au jeune État du Karnataka, en 1956. Charmant chef-lieu du district, **Madikeri**, perché à 1 500 m d'altitude sur une colline, est entouré de plantations de caféiers et d'orangers. C'est une excellente base pour découvrir le Kodagu.

Madikeri (ou Mercara) fut la capitale des rois hindous lingayat, qui régnèrent pendant plus de deux siècles à partir de 1600, avec une courte interruption due à Tipu Sultan. Le **Fort**, au centre de la ville, a été construit par le troisième roi lingayat, en 1812. Ses remparts de pierre entourent le palais des rois lingayat, un temple, une église ancienne, un musée et la prison locale.

Le célèbre **Omkareshvara Shiva Temple**, à l'est du Fort, fut construit par Linga Raja II en 1820 pour être dédié à Vishnou et à Shiva. Le complexe réunit des bâtiments en brique de style indo-saracénique, installés dans des cours entourées de vérandas à piliers. Parmi les monuments intéressants, citons les **Royal Tombs** de Raja Dodda Vira, de son épouse et de son fils Linga Raja II. Curieusement, les tombeaux affichent une nette influence islamique, avec des dômes en oignon, des minarets et des décorations ajourées.

Le Kodagu reste agréablement frais tout au long de l'année. Après les fortes pluies de la mousson, les collines permettent des randonnées agréables. Une excursion très appréciée qui mène jusqu'aux **Abbey Falls**, à 8 km de Madikeri, conduit les randonneurs à travers des forêts et des plantations de café.

Kodagu est connu pour ses grandes plantations, aménagées par les Britanniques au XIXe siècle. Les Kodava rachetèrent leurs terres après l'indépendance, mais plusieurs domaines ont conservé leurs noms anglais. Kodagu produit parmi les meilleures variétés au monde de cafés doux. Ce district, le plus riche du Karnataka, produit la majeure partie des exportations de café de l'État. Les caféiers poussent à l'ombre de grands arbres comme des chênes et des palissandres, ainsi que dans des plantations mixtes, avec des orangers, des poivriers et des cardamomes.

Nisargadhama, à 27 km de Madikeri, est situé sur une île de la Kaveri. Les cabanes en bambou construites par le département des Forêts se prêtent à merveille à l'observation de la nature.

À 45 km au sud-ouest de Madikeri, **Talakaveri**, à 1 276 m d'altitude, est la source de la Kaveri, l'une des sept rivières sacrées de l'Inde *(p. 490)*. Un petit sanctuaire entoure la source.

À **Bhagamandala**, à 36 km au sud-ouest de Madikeri, la Kanike et la Sujoythi se jettent dans la Kaveri. Les environs comptent plusieurs sanctuaires et le magnifique temple de Bhandeshvara, construit dans le style du Kerala *(p. 21)*.

Le sanctuaire de Talakaveri revêt une grande importance religieuse

Les Kodava

Les habitants du Kodagu, les Kodava, appartiennent à un groupe ethnique spécifique, dont la langue est le coorgi. Les Kodava sont fiers de leurs origines martiales, et l'armée indienne compte plusieurs généraux appartenant à cette communauté. S'ils ne vivent plus dans leurs grandes maisons à quatre ailes, les *ain mane*, ils se retrouvent pour leurs nombreuses fêtes traditionnelles, célébrées avec enthousiasme. Les mariages coorgi ont ceci d'unique qu'ils ne sont pas célébrés par des prêtres, mais par des anciens. Les hommes portent les *kupya* traditionnels, de longs habits noirs attachés à la taille par une large ceinture rouge et or, tandis que les femmes portent des saris de style coorgi, avec des plis sur l'arrière. Leur cuisine comprend des curries de porc piquants accompagnés de bouchées de riz.

Couple de Kodava en habits traditionnels

Melkote 7

District de Mandya. À 54 km au N.-O. de Mysore. *Vairamudi (mars-avr.).*

Cette bourgade pittoresque, aux nombreux sanctuaires et monastères, est un important lieu de pèlerinage pour les adeptes de Vishnou. Elle est également associée à Ramanuja, célèbre philosophe et réformateur de la société, mort en 1137. Il est vénéré, avec Vishnou, dans le **Narayana Temple**, au sud de la ville. Au sommet d'une colline, au nord-est de la ville, le petit **Narasimha Shrine** domine le grand bassin de Kalyani.

À Melkote, la vie quotidienne s'articule autour des rituels qui se déroulent dans les temples, et de nombreuses institutions, dont la plus connue est l'Academy of Sanskrit Research, perpétuent la tradition d'enseignement religieux introduite par Ramanuja.

Le Narasimha Shrine domine le bassin de Kalyani à Melkote

Sravana Belgola 8

District de Hassan. À 145 km à l'O. de Bangalore. *Tourist Office, (08176) 257 254. Mahamastaka-bhisheka (tous les 12 ans).*

Située entre deux collines de granit, Indragiri et Chandragiri, la bourgade est le plus important site jaïn de l'Inde du Sud. Elle est dominée par un monolithe de 17,70 m de haut, la colossale **Statue of Gommateshvara**, aussi appelée Bahubali, fils du premier *tirthankara* jaïn. Au sommet de l'Indragiri Hill, de 143 m d'altitude, au sud, la statue du sauveur nu se

Cérémonie d'onction de la tête à Sravana Belgola

dresse sur une fourmilière, regardant devant lui, impassible. Les plantes qui s'enroulent autour de ses jambes et de ses bras témoignent de la durée de sa méditation. Une inscription sur sa base rappelle sa consécration en 981 par Chamundaraya, puissant ministre de Rajamalla IV, un roi ganga.

La bourgade, au pied de la colline, possède un grand bassin, ainsi que plusieurs temples jaïns *(basti)*. Le plus intéressant est sans doute le *matha*, près des marches menant à Indragiri Hill. Les murs de la cour sont ornés de peintures murales du XVIIIe siècle illustrant la vie de Parsvanatha, 23e *tirthankara*, ainsi que des scènes de la foire annuelle qui se tient ici. De beaux bronzes jaïns sont exposés dans le sanctuaire sur lequel donne la cour. Sur Chandragiri Hill, au nord de la ville, se dresse un autre ensemble de *basti*, construits du Xe au XIIe siècle par les rois ganga et leurs puissants ministres. Le **Neminatha Basti**, commandé par Chamundaraya, renferme une statue de Neminatha, 22e *tirthankara*. Le **Chandragupta Basti**, attenant, présente des panneaux miniatures sculptés sur des écrans de pierre perforés, représentant des scènes de la vie de Bahubali et de son royal disciple Chandragupta. Une statue de 5 m de haut de Parsvanatha, 23e *tirthankara*, se trouve dans un *basti* non loin.

Tous les 12 ans, la fête la plus importante du jaïnisme, la spectaculaire Mahamastakabhisheka (cérémonie d'onction de la tête), se déroule ici. La fête commémore la consécration du monolithe de Bahubali, attirant des milliers de moines, de prêtres et de pèlerins. Un échafaudage installé derrière la statue permet aux prêtres d'oindre la divinité de lait, d'eau de rivières sacrées, de ghee, de safran, de pâte de bois de santal, de vermillon et de pétales de fleurs. Lors de la dernière cérémonie, en 1993, un hélicoptère spécialement affrété a survolé la statue, déversant 20 kg de feuille d'or, 200 litres de lait, des soucis et des bijoux, à la plus grande joie de la foule.

AUX ENVIRONS : Le village de **Kambadahalli**, à 15 km à l'est, est un autre bastion jaïn. Le Panchakuta Basti, du Xe siècle, abrite trois *tirthankara*, dans trois sanctuaires distincts.

Chandragiri Hill domine Sravana Belgola

Pavillon de Nandi orné de colonnes de l'Hoysaleshvara Temple, Halebid

Halebid 9

District de Hassan. À 220 km à l'O. de Bangalore. *Hassan, 31 km au S. du centre-ville, puis car ou taxi.* *Location de vélos.* *Tourist Office, (08177) 773 224.*

Au milieu de paysages agricoles verdoyants, bordé au loin par des collines, ce site isolé fut la capitale des Hoysala aux XIIe et XIIIe siècles. Si le palais n'a pas encore été mis au jour, les remparts qui entouraient autrefois la ville sont visibles. À l'extérieur des remparts, à l'est, s'étend un grand bassin, appelé Dorasamudra, qui est l'ancien nom de la ville.

Aujourd'hui, le principal point d'intérêt de Halebid est le **Hoysaleshvara Temple**, dont la construction fut entamée en 1121 par le roi Vishnuvardhana, mais ne fut jamais achevée. La structure se compose de deux temples jumeaux, dotés chacun d'un lingam tourné vers l'est qui s'ouvre sur un hall et un *mandapa* doté d'ouvertures ajourées. Chaque temple est également précédé d'un pavillon doté d'une gigantesque statue de Nandi, le taureau monté par Shiva. Les deux halls sont reliés, formant un vaste espace orné de colonnes. Les murs extérieurs reposent sur des frises d'animaux naturalistes et fantaisistes, entrecoupés de sculptures représentant des scènes du *Ramayana* et du *Mahabharata* (*p. 26-27*). Parmi les plus beaux panneaux des murs, on voit Shiva dansant sur le corps du démon-éléphant qu'il a tué, Krishna jouant de la flûte et Krishna soutenant le mont Govardhan, sur la face sud du sanctuaire sud. Sur la face nord du sanctuaire nord, on voit un splendide nataraja (Shiva dieu de la Danse) et un panneau représentant Ravana avec des bras et des têtes multiples, couché, rampant vers Shiva et Parvati installés sur le mont Kailasa. Sur la plinthe qui porte le temple, une composition en relief représente un guerrier plongeant son épée dans le corps d'une bête léonine à tête féroce, qui serait le symbole de la dynastie des Hoysala. Le jardin paysager devant le Hoysaleshvara Temple abrite l'**Archaeological Museum**. Les pièces exposées comprennent un majestueux ganesh assis. Non loin du complexe, au sud, on découvre un ensemble de *basti* jaïns du XIIe siècle.

Magnifique nandi assis, à Halebid

Archaeological Museum
sam.-jeu.

Belur 10

District de Hassan. À 14 km au S.-O. de Halebid. *Hassan, à 34 km au S.-E. du centre-ville, puis car ou taxi.* *Tourist Office, (08177) 722 209.*

Le **Chennakeshava Temple**, l'un des joyaux architecturaux du Sud de l'Inde, fut construit en 1117 par Vishnuvardhan pour commémorer la victoire des Hoysala sur les Chola (*p. 46-47*). À l'extrémité de la rue principale, un *gopura* à tour, construit au XVIe siècle par les rois de Vijayanagar (*p. 434*), marque l'entrée du temple. À l'intérieur, une cour pavée spacieuse est entourée de sanctuaires et d'arcades. Au centre, le temple principal, en forme d'étoile, s'ouvre sur un hall à colonnes doté d'un *mandapa*.

Le bâtiment en schiste gris-vert est entièrement couvert de reliefs sculptés. Les linteaux sont ornés de cadres passant entre des monstres aquatiques à gueule ouverte (*makara*). Les fenêtres de pierre qui filtrent la lumière du *mandapa* reposent sur des frises ornées d'éléphants, de lotus, de guirlandes et de couples. Des consoles en forme de danseuses, de musiciennes et de chasseresses se tiennent avec grâce sous des arbres perforés, soutenant les avant-toits pentus qui surmontent les fenêtres ajourées. Dans le temple, on peut admirer des consoles encore plus raffinées. Bien qu'aucune des figures votives d'origine n'ait été préservée dans le temple, des gardiens richement ornés flanquent toujours la porte.

Chennakeshava Temple
t.l.j. *aux non-hindous.*

Le Chennakeshava Temple de Belur se dresse au centre d'une grande cour

Toits de tuiles en terre cuite, à Mangalore

Mangalore ⓫

District du Kanara Sud. À 357 km à l'O. de Bangalore. 399 000. 20 km au N. du centre-ville, puis taxi ou car. Karnataka Tourism, Hotel Indraprastha, (0824) 244 2926.

Ce port prospère, sur les estuaires de la Netavati et de la Gurpur, est la plus grande ville du Dakshina Kanara (Kanara Sud), connue pour ses plantations de café, de noix de cajou et de poivre. La richesse de ces récoltes attire des marchands depuis fort longtemps. Des marchands arabes arrivèrent ici aux XIIIe et XIVe siècles, suivis plus tard par les Portugais et les Britanniques.

Aujourd'hui, Mangalore réunit maisons à toits en tuiles, églises blanchies à la chaux, temples et mosquées, installés entre les cocotiers. Parmi ses bâtiments historiques, citons l'ancienne tour de guet en latérite, appelée **Sultan's Battery**, construite en 1763 par Haidar Ali de Mysore *(p. 426)*.

Les églises du XIXe siècle comprennent la Church of the Most Holy Rosary, coiffée d'un dôme, et le Jesuit College of St Aloysius. Au pied de Kadiri Hill, à 3 km au nord de la ville, le **Manjunath Temple** date du XVIIe siècle. Son *mandapa* abrite plusieurs belles représentations de Bouddha des Xe et XIe siècles.

AUX ENVIRONS : L'agréable complexe balnéaire d'**Ullal** se trouve à 12 km au sud. De nombreux temples et monastères jaïns émaillent les environs de Mangalore. Le plus beau d'entre eux est le Chandranatha Basti de **Mudabidri**, à 35 km au nord-ouest. Le monolithe de Gommateshvara est perché au sommet d'une colline à **Karkala**, à 18 km plus au nord. Il mesure 13 m de hauteur et est une réplique de celui de Sravana Belgola *(p. 429)*, plus ancien et plus grand. Le Chaturmukha Basti, du XVIe siècle, temple parfaitement symétrique dont la chambre centrale renferme 12 *tirthankara*, est situé au pied de la colline. **Dharmasthala**, à 75 km à l'est, est bien connue pour son temple de Shiva, qui attire les pèlerins. Sa statue de Gommateshvara fut installée ici en 1973 par une famille locale influente.

Udipi ⓬

District d'Udipi. À 58 km au N. de Mangalore. 113 100. Tourist Office, Krishna Building, Car Street, (0820) 252 9718. Pargaya (janv.), fête des Chariots (août).

Toutes les routes d'Udipi conduisent à la grande place du centre-ville, où se dresse le **Krishna Temple**. C'est le cœur spirituel et commercial de cette ville animée, qui accueille de très nombreux pèlerins. Madhava, le célèbre maître de Vaishnava du XIIIe siècle, aurait fondé ce temple en y installant une statue de Krishna qu'il sauva d'un naufrage. À l'extérieur du temple, vous pourrez voir les chariots utilisés pour la fête qui a lieu en août. Ils comportent des tours en bambou couvertes de tissus colorés. Après avoir passé l'entrée du temple, les fidèles se baignent dans le bassin avant d'entrer dans le sanctuaire principal, aux portes en argent. Autour de la place, s'élèvent d'autres temples et les huit *matha* associés au Krishna Temple, avec des vérandas en bois et des toits pentus.

Udipi a également donné son nom aux gargotes bon marché qui sont nées ici. Elles proposent à une clientèle locale des plats végétariens de l'Inde du Sud, comme du *masala dosa* et de l'*idli*. Ces restaurants, qui permettent de manger rapidement une cuisine simple mais savoureuse, pour un prix modique, existent désormais dans toute l'Inde.

AUX ENVIRONS : À 5 km à l'ouest d'Udipi s'étend **Malpe Beach**. Vous pouvez vous adresser aux pêcheurs si vous souhaitez faire une excursion. **Manipal**, à 4 km à l'est, est un centre industriel et de formation. La **House of Vijayanath Shennoy** est une maison traditionnelle, présentant une belle collection d'objets utilitaires.

House of Vijayanath Shennoy
lun.-sam.

Prêtres exécutant des rituels durant la fête des Chariots, à Udipi

Magasin d'objets religieux, à Barkur

Barkur ⓭

District d'Udipi. À 71 km au N. de Mangalore. *Navaratri (sept.-oct.).*

Cette ville côtière fut un port prospère aux XVe et XVIe siècles, jusqu'à ce que son fleuve s'ensable. Aujourd'hui, Barkur est surtout connue pour ses nombreux temples aux toits pentus, couverts de tuiles en terre cuite. Le plus grand, le **Panchalingeshvara Temple**, est situé à l'extrémité sud de la ville. Les fidèles se réunissent sur le bassin doté de marches, près du temple, pour un bain rituel avant de rejoindre les deux lingams orientés vers l'est. Parmi les temples intéressants, citons également celui dédié à Shiva et à Ganesh, et deux autres plus petits : les temples de Someshvara et de Somanatheshvara.

AUX ENVIRONS : Mekkekattu, à 8 km au nord de Barkur, est connu pour ses *bhuta* peints (esprits locaux). Il s'agit de copies des originaux, exposés au Crafts Museum de New Delhi *(p. 74-75)* et au Folklore Museum de Mysore *(p. 427)* depuis la rénovation du lieu saint dans les années 1960. Nandikeshvara (taureau ailé), peint de couleurs vives, se dresse dans le sanctuaire inférieur tandis que son épouse occupe le sanctuaire supérieur. De nombreuses divinités incarnant des gardiens se trouvent dans une salle latérale.

Bhatkal ⓮

District de Kanara Nord. À 120 km au N. de Mangalore. *31 800.* *Navaratri (sept.-oct.).*

Bordant un grand axe routier pittoresque qui longe la côte, la ville fut un port important aux XVIe et XVIIe siècles. Ses nombreux temples de pierre jaïns et hindous datent de cette époque prospère. La rue principale de la ville compte deux *basti* : celui de Chandranatheshvara et celui de Parsvanatha. À 2 km à l'est, de l'autre côté de l'axe routier, se dresse le **Khetapai Narayan Temple**, construit en 1540. Son sanctuaire et son hall sont entourés de décorations en pierre imitant l'apparence du bois. Comme toujours, des gardiens sculptés flanquent la porte.

Détail d'un panneau de pierre, à Bhatkal

AUX ENVIRONS : Caché dans les collines boisées de **Kollur**, à 35 km au sud-est de Bhatkal, le principal lieu de pèlerinage de la région est dédié à la déesse Mukambika. Les plus hautes chutes d'eau du pays, les **Jog Falls**, se situent à 60 m au nord-est de Bhatkal. Elles sont encadrées par des pics rocheux. On peut les admirer à la source de la Sharavati.

Gokarna ⓯

District de Kanara Nord. À 100 km au N. de Mangalore. *Tourist Office, Main Rd, Karwar, (08382) 221 172.* *Shivatri (fév.-mars).*

Avec son magnifique site sur la mer d'Oman, Gokarna est très prisée des amateurs de soleil et de plage. Cette charmante bourgade, aux nombreuses maisons en brique rouge coiffées de toits de tuiles, est aussi un important centre d'enseignement du sanskrit.

L'ancien **Mahabaleshvara Temple**, à l'extrémité ouest de la rue principale, fut détruit par les Portugais en 1714 puis reconstruit au XVIIIe siècle. Dans le sanctuaire, un lingam de pierre est installé sur un serpent de pierre. Le sol du hall, devant, est orné d'une tortue géante sculptée. L'anniversaire de Shiva (fév.-mars) donne lieu à de grandes célébrations. Les deux grands chariots du temple ouvrent une procession dans les ruelles, tandis que prêtres et pèlerins chantent des hymnes à la gloire de la divinité.

LES PLAGES DES ENVIRONS DE GOKARNA

De longues étendues de sable intactes se déroulent sur la côte Ouest, de Gokarna jusqu'à Karwar, à 60 km plus au nord. Au sud de Gokarna s'étirent les plages de Half Moon et de Paradise. Plus près de Karwar se trouvent les ravissantes plages de Binaga et d'Araga. Les criques bordées de palmiers abritent des villages, où la vie est rythmée par la mer et les prises des pêcheurs. Le tourisme y est quasi inexistant, et seules quelques paillotes proposent de la cuisine et des hébergements très simples.

Sur une plage près de Karwar, les vagues viennent se briser sur les rochers

Le Vidyashankara Temple de Sringeri compte deux niveaux

Sringeri 16

District de Chikmagalur. À 100 km au N.-E. de Mangalore.
Navaratri (sept.-oct.).

Le village de Sringeri, caché dans les massifs boisés des Ghâts occidentaux, est devenu un important lieu de pèlerinage et l'un des bastions de l'hindouisme orthodoxe dans le Sud de l'Inde. C'est ici que Shankaracharya *(p. 530)*, grand philosophe et réformateur de la société du IXe siècle, fonda le premier de ses quatre *matha*. Les trois autres sont situés à Joshimath dans l'Himalaya *(p. 161)*, à Puri *(p. 264)* à l'est et à Dwarka *(p. 351)* à l'ouest. Aujourd'hui, ses successeurs (appelés Shankaracharya) ont une influence considérable, tant dans le domaine religieux que temporel. Les *matha*, eux, servent toujours de centres d'enseignement religieux.

Sur deux terrasses pavées s'élèvent deux temples qui dominent la Tunga, foisonnant de poissons sacrés. Le plus petit des deux, dédié à Sharada, une forme populaire de la déesse Saraswati, attire de nombreux pèlerins locaux. À côté, le **Vidyashankara Temple** date du XVIe siècle. Le Shankaracharya y est vénéré sous la forme d'un lingam. Cette structure de pierre installée sur une plate-forme est aménagée sur un plan en étoile, presque circulaire. Des frises représentant différentes formes de Shiva et de Vishnou ornent les murs à facettes. Le hall qui précède le sanctuaire intérieur possède des piliers massifs sculptés de *yali* (bêtes mythologiques léonines).

Offrande de fleurs, temple de Sringeri

Chitradurga 17

District de Chitradurga. À 200 km au N. de Bangalore

Cette ville à l'emplacement spectaculaire, au pied d'une chaîne montagneuse, se développa comme avant-poste de l'Empire vijayanagar *(p. 434-435)*. Plus tard, aux XVIIe et XVIIIe siècles, elle devint le siège d'une lignée de chefs locaux, les Beda, jusqu'à son occupation par Haidar Ali *(p. 425)* en 1799 puis par les Britanniques.

Le **Fort**, délimité par des murailles en blocs de granit, domine la ville. Trois portes s'ouvrent sur l'intérieur, parsemé d'imposants blocs de granit. Il compte plusieurs petits temples, ainsi que des portes cérémonielles construites par les Beda. Les plates-formes et les pavillons sur le site du **Sampige Siddheshvara Temple** marquent le lieu de couronnement des Beda. Non loin, vous verrez les vestiges de greniers et d'habitations, ainsi qu'un grand puits circulaire.

Dans la ville, plus bas, le **Government Museum**, installé dans une salle de garde près d'une porte, présente des objets provenant des environs. L'Ucchalingamma Temple, du XVIIe siècle, est situé dans la rue principale.

Fort
t.l.j.

Government Museum
(08194) 224 202. *lun.-sam.*

Le fort de Chitradurga, parsemé de blocs de granit, abrite des vestiges de portes et de sanctuaires

Hampi ⓲

Escalier sculpté, plate-forme de Mahanavami

Inscrit au Patrimoine mondial de l'humanité, le site de Hampi, situé sur la rive sud de la Tungabhadra, abrite les superbes ruines de Vijayanagar, ou « ville de la Victoire ». Capitale de trois générations de chefs hindous pendant plus de deux siècles, Hampi connut son apogée sous Krishnadeva Raya (env. 1510-1529) et Achyuta Raya (env. 1529-1542). Le site, qui recouvre la ville sacrée et la ville royale, occupe un emplacement magnifique, dont les crêtes rocheuses et les blocs de granit servent de défenses naturelles. Le cœur urbain de la ville, fortifié, était séparé de la ville sacrée par une vallée irriguée, qui compte toujours des canaux et des voies navigables.

King's Balance
Les rois au pouvoir étaient pesés sur cette balance, puis leur poids en or ou en blé était ensuite distribué aux pauvres.

Krishna Temple
Krishnadeva Raya construisit ce temple en 1516 en mémoire de sa victoire sur l'Orissa. Le site n'est plus voué au culte.

★ Virupaksha Temple
Le temple de Virupaksha, dédié à la déesse Pampa et à son époux Shiva, est dominé par un gopura *de 50 m de haut. C'est le principal lieu de culte de Hampi.*

★ Narasimha Monolith
Taillée dans un seul bloc de pierre en 1528, cette représentation saisissante montre Vishnou sous son avatar d'homme-lion.

À NE PAS MANQUER

- **★ Virupaksha Temple**
- **★ Narasimha Monolith**
- **★ Lotus Mahal**

Fête des Chariots
Bazaar Street, très animée, est le centre de la ville. C'est là que se déroule la fête des Chariots. Un chariot transporte la divinité principale dans les rues, où les fidèles l'honorent.

MODE D'EMPLOI

District de Bellary. À 460 km au N.-O. de Bangalore. *Hospet, 13 km à l'O. du site.* *Bazaar St, (08344) 228 537.* **Virupaksha Temple** *t.l.j.* **Lotus Mahal** *comprend aussi Vitthala Temple.* *fête des Chariots (fév.), Festival de Hampi (nov.). Les étrangers doivent se faire enregistrer au poste de police de Virupaksha Temple.*

Elephant Stables
Cette imposante construction comportant 11 stalles abritait autrefois les éléphants royaux. Notez les toits polygonaux, qui alternent avec des dômes lisses ou striés.

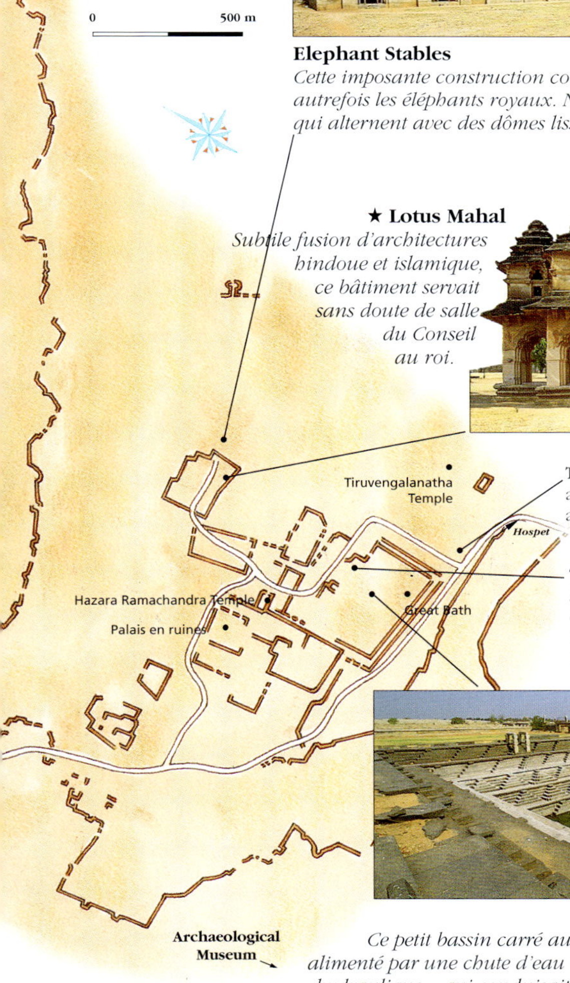

★ Lotus Mahal
Subtile fusion d'architectures hindoue et islamique, ce bâtiment servait sans doute de salle du Conseil au roi.

The Queen's Bath, en plein air, était probablement voué aux loisirs royaux.

The Mahanavami Platform servait aux rois lors de la fête du même nom *(p. 425)* et pour les cérémonies qui précédaient les guerres.

Stepped Tank
Ce petit bassin carré aux nombreuses marches était alimenté par une chute d'eau intégrée à un vaste « système hydraulique », qui conduisait l'eau jusqu'à la ville royale.

Hampi : Vitthala Temple

Le plus somptueux de tous les monuments religieux de la ville sacrée porte à son apogée l'art et l'architecture de Vijayanagar. Si l'on ignore qui furent ses fondateurs, on sait que le temple fut agrandi au XVIe siècle par deux des plus grands rois de Vijayanagar : Krishnadeva Raya et Achyuta Raya. Précédant le sanctuaire principal, le grand hall ouvert ou *mahamandapa* est construit sur un podium peu élevé et soutenu par des piliers richement sculptés. Il s'agit d'un don d'un chef militaire, en 1554, 11 ans avant le saccage et l'abandon de la ville.

★ *Yali*
Des yali *(bêtes mythologiques léonines), chevauchés pour la plupart par des cavaliers, soutiennent les colonnes extérieures du temple.*

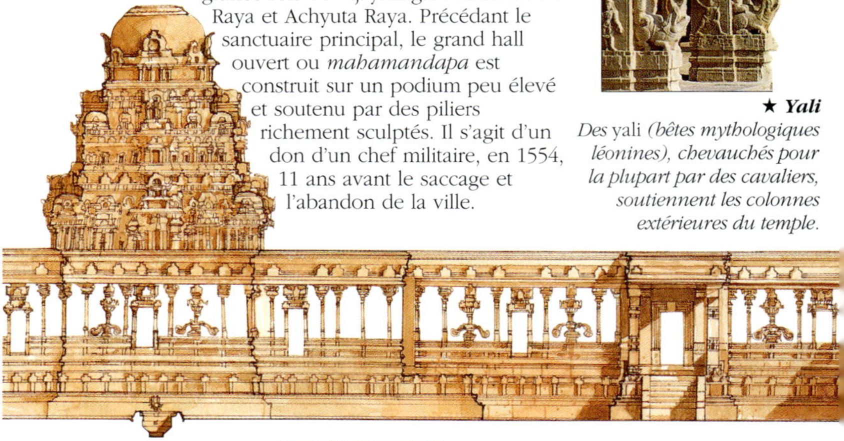

RECONSTRUCTION DE LA TOUR
La *vimana* (tour) pyramidale dominant le sanctuaire principal du Vitthala Temple apparaît ici telle qu'elle était lors de sa construction, au XVIe siècle.

Relief
Dans un pilier de pierre, une niche abrite un superbe garuda, l'aigle que chevauche Vishnou.

À NE PAS MANQUER

- ★ ***Yali***
- ★ **Chariot**

À la découverte de Hampi

La ville légendaire des rois de Vijayanagar *(p. 434-435)* s'étend sur 20 km² dans un paysage spectaculaire désolé, parsemé de gros rochers.

La **ville sacrée**, sur la rive sud de la Tungabhadra, est dominée par l'impressionnant **Virupaksha Temple**, dédié à une forme de Shiva (Virupaksha) appelé ici Pampapati (« seigneur de Pampa ».) Il commémore le mariage du dieu avec Pampa, la déesse des Tungabhadra. Devant le temple se déroule **Bazaar Street**, bordée d'arcades. Elle fut essentiellement construite entre le XVIe et le milieu du XVIIe siècle, époque où elle foisonnait de pèlerins et de voyageurs en quête d'exotisme. Un chemin longeant la rivière mène au **Kodandarama Temple**, où des représentations de Rama, de Sita et de Lakshman sont sculptées dans le roc, à l'intérieur du sanctuaire. Les *ghât* sont considérés comme les plus sacrés du site.

Plus loin, le **Temple of Achyuta Raya** est l'un des plus grands ensembles hindous de Hampi, qui date de 1534. Il est dédié à Tiruvengalanatha, l'avatar de Vishnou vénéré à Tirupati *(p. 557)*. Son plan parfait, aux deux enceintes concentriques, chacune desservie par un haut *gopura* au nord, peut s'admirer du sommet de **Matanga Hill**. . Le chemin longe la rivière jusqu'au Vitthala Temple, d'où une route mène au village de **Kamalapuram**, site d'un **Archaeological Museum**.

La route qui part au sud du village de Hampi en traversant la ville sacrée grimpe sur **Hemakuta Hill**, parsemée de nombreux sanctuaires des débuts de la période de Vijayanagar, voire antérieurs, dont beaucoup sont ornés de petites tours pyramidales. Une grande représentation de Ganesh, le

Matanga Hill

Mode d'emploi

À l'E. de la ville sacrée. ☐ *t.l.j.* ☐ *gratuit ven.*

Vitthala Temple
Ce temple éblouissant doté de magnifiques mandapa *(salles hypostyles) est dédié à Vitthala, un avatar de Vishnou le Préservateur, le deuxième dieu de la trinité hindoue.*

Colonnes musicales
Lorsqu'on les frappe doucement, ces petites colonnes creuses produisent différents sons.

Détail de la frise
Ce trio de nymphes célestes chevauchent des perroquets.

★ Chariot
Dédié à Garuda, ce sanctuaire devant le temple a la forme d'un char de pierre.

dieu-éléphant, sculptée sur un rocher, se dresse au sommet de l'éminence. Plus au sud, le **Krishna Temple**, construit au début du XVIe siècle sous Krishnadeva Raya, est desservi par un *gopura* massif, en partie en ruine. La rue bordée d'arcades, à l'est, traverse des plantations de canne à sucre. Le bassin carré, non loin, contient toujours de l'eau. En continuant au sud, la route passe le gigantesque monolithe de Narasimha, une représentation de Vishnou en homme-lion.

Des murailles entourent la **ville royale**, au centre de laquelle se trouve le superbe **Hazara Rama Temple**, construit par Deva Raya I, roi de Vijayanagar du XVe siècle. Ses murs extérieurs sont couverts de frises représentant les cérémonies et les défilés de la fête de Mahanavami. Ses reliefs illustrent des épisodes du *Ramayana*. Autour du temple, des vestiges de palais, de bains et d'une salle des audiences, avec une centaine de colonnes, ont été mis au jour. Les Elephant Stables et le **Lotus Mahal** sont situés au nord.

Coracle faisant traverser la Tungabhadra à ses passagers

Archaeological Museum
Kamalapuram. ☐ *sam.- jeu.*

Aux environs : Le village historique d'**Anegondi** est établi sur l'autre rive de la Tungabhadra. En attendant l'achèvement du pont, le village est desservi par les coracles qui traversent la rivière depuis des siècles. Bien qu'en ruine, les palais, les temples et les *ghât* d'Anegondi, qui fut un peuplement important avant la création de Vijayanagar, ont conservé leur splendeur passée. Le Kalyan Mahal, qui rappelle le Lotus Mahal de Hampi *(p. 435)*, se dresse sur la place centrale. Non loin se dressent un temple et une porte du XIVe siècle. Les murailles imposantes et les bastions de la citadelle entourent les collines rocheuses, à l'ouest de la ville principale. Anegondi est également intéressant pour ses maisons traditionnelles et les belles vues de la rivière.

Mur extérieur du Someshvara Temple de Gadag, orné de reliefs représentant des tours de temples

Gadag ⓳

District de Gadag. À 450 km au N.-O. de Bangalore. *Hotel Durga, complexe de Vihar.* *t.l.j.*

Cette petite bourgade assoupie se réveille à la saison de la récolte du coton, en mai et en juin. Le marché au coton foisonne alors d'activité et mérite une visite.

Dans la ville, de nombreux monuments de la fin de l'époque chalukya (XIe-XIIe siècles) témoignent de son passé. Au sud se dresse le **Trikuteshvara Temple**, dont les trois sanctuaires font face à un hall commun, en partie ouvert. Des blocs de pierre qui servent de sièges sur les balcons sont décorés de panneaux figuratifs. Ils sont surplombés par des avant-toits. Dans le hall, les colonnes sont dotées de niches abritant des sculptures. Le sanctuaire oriental compte trois lingams. Celui qui se trouve au sud est dédié à la déesse Saraswati. Au centre de la ville s'élève le **Someshvara Temple**. Il est abandonné et en ruine mais il abrite de belles sculptures, bien préservées. Les portes du hall sont richement décorées de personnages et de végétaux sculptés.

AUX ENVIRONS : Le petit village de **Lakkundi**, à 11 km à l'est de Gadag, compte des temples datant des XIe et XIIe siècles, en schiste chloritique gris-vert. Entourés de maisons en terre, plusieurs temples du même type sont cachés dans les ruelles. Le Jain Basti, le plus grand d'entre eux, possède une tour à cinq étages. Son podium est orné de frises représentant des éléphants et des pétales de lotus. Des colonnes réalisées au tour décorent le *mandapa* de l'entrée. Le Kashi Vishvanatha, non loin, compte deux sanctuaires tournés l'un vers l'autre, séparés par un *mandapa*. Sur le mur, des reliefs sculptés représentent deux *makara* ou monstres aquatiques, caractéristiques de l'art chalukya tardif.

Figures sculptées

Belgaum ⓴

District de Belgaum. À 502 km au N.-O. de Bangalore. *Office du tourisme, Ashoka Nagar, (0831) 47 0879.*

Cette localité animée était une importante ville de garnison à l'époque britannique. Aujourd'hui encore, le cantonnement, avec ses bungalows et ses baraquements, abrite des forces militaires. Aux XVIe et XVIIe siècles, Belgaum fut une localité importante sous les chefs adil shahi de Bijapur *(p. 444)*, les Marathes de Pune *(p. 383)* et les Moghols, qui occupèrent cette partie du Karnataka. Le **Fort**, à l'est, présente une forme elliptique, inhabituelle. Ses murs de pierre intègrent des blocs de pierre provenant de temples plus anciens. La **Mosque** fut construite au XVIe siècle par Asad Khan, gouverneur de Belgaum. La ville compte aussi trois temples de la fin de la période des Chalukya.

Le Fort de Belgaum est de forme elliptique

Badami ㉑

Serpent enroulé, grotte 1

Occupant un site spectaculaire de falaises en grès rouge en fer à cheval, dominant les eaux vertes d'un lac, cette ville historique fut la capitale des puissants rois chalukya, qui régnèrent sur le Deccan aux VIe et VIIe siècles. Ces chefs exercèrent également leur domination sur Pattadakal *(p. 440-441)* et Aihole *(p. 442-443)*. De tous les monuments, les plus richement décorés sont les temples rupestres, taillés dans la face sud de la falaise. La grotte 1 est dédiée à Shiva, la 2 et la 3 à Vishnou, et la 4, au sommet d'une falaise, aux saints jaïns.

MODE D'EMPLOI

District de Bagalkot. À 500 km au N.-O. de Bangalore. *Karnataka Tourism, Hotel Mayura Chalukya, (08357) 220 414.* **Grottes** *t.l.j.* **Musée archéologique** *(08352) 220 047.* *sam.-jeu.*

GROTTE 1

Un escalier monte jusqu'à une véranda à piliers, derrière laquelle se trouve un hall carré à colonnes, avec un petit sanctuaire taillé dans le mur du fond. Admirez le panneau de Nataraja et les panneaux sculptés du plafond.

Nataraja Panel
Ce shiva dansant à douze bras est l'une des plus anciennes et plus belles représentations de Nataraja dans le Karnataka.

Un sanctuaire à lingam est taillé dans le mur du fond.

GROTTE 2
Cette grotte vaishnava est ornée d'une superbe frise de Varaha, avatar de Vishnou en sanglier, sculptée sur une extrémité du porche.

GROTTE 3
La véranda de cette grotte abrite une grande représentation de Vishnou à quatre bras, assis sur le serpent Adisesha, dont les cinq capuchons protègent la couronne du dieu ; à ses pieds, sa monture, l'oiseau Garuda.

GROTTE 4
Des tirthankara *jaïns ornent les murs et les colonnes de cette grotte. Certains sont des ajouts des XIe et XIIe siècles, où la région fut dominée par une autre lignée de chefs chalukya.*

Pattadakal ㉒

Le complexe sacré de Pattadakal, inscrit au Patrimoine mondial de l'humanité, occupe un site pittoresque sur les rives de la Malprabha. Ces superbes temples du VIIIe siècle ont poussé à leur apogée les réalisations artistiques des rois chalukya, que l'on peut aussi admirer à Badami *(p. 439)* et à Aihole *(p. 442-443)*. Pattadakal, contrairement aux autres villes, comptait une population réduite et servait essentiellement aux festivités royales et aux cérémonies de couronnement.

À LA DÉCOUVERTE DE PATTADAKAL

Le principal complexe se dresse dans un jardin paysager, non loin du petit village. Associant le style des temples du Nord et du Sud de l'Inde *(p. 20)*, ces structures majestueuses sont riches en enseignements sur l'évolution de l'architecture des temples de l'Inde du Sud.

Le modeste Galaganatha Temple, en grès

Le **Galaganatha Temple**, plus grand mais incomplet, non loin, présente une tour bien préservée, avec plusieurs étages de motifs en fer à cheval, couronnée par un vase. Le **Kashi Vishvanatha Temple**, à l'ouest, date du milieu du VIIIe siècle. Il illustre l'évolution du style des temples du Nord.

LES TEMPLES DU STYLE DE L'INDE DU NORD

Le **Kadasiddeshvara** et le **Jambulinga Temples**, près de l'entrée, sont typiques de l'architecture de l'Inde du Nord, avec leurs tours aux arêtes curvilignes *(shikhara)* qui dominent les sanctuaires intérieurs. Ces constructions en grès possèdent des murs ornés de sculptures (souvent endommagées) et des tours à plusieurs étages.

Sa tour à facettes est entièrement couverte de motifs en fer à cheval. Les colonnes du petit vestibule qui précède le sanctuaire sont sculptées de nombreuses scènes mythologiques.

LES TEMPLES DU STYLE DE L'INDE DU SUD

Leurs tours *(vimana)* présentent une forme pyramidale en escaliers, comme celles du **Sangameshvara Temple**, le plus ancien du complexe, construit par le roi chalukya

Shiva jaillissant de son lingam, au Virupaksha Temple

Vijayaditya qui mourut en 733, avant son achèvement. Sa tour à étages est couronnée par un dôme carré. Le hall incomplet, devant, a été restauré.

Les plus grands temples sont le **Virupaksha Temple** et le **Mallikarjuna Temple**, au sud, deux bâtiments jumeaux dédiés à Shiva, construits par deux sœurs du puissant roi chalukya Vikramaditya pour commémorer sa victoire sur les chefs pallava du Tamil Nadu. L'architecture des débuts de la période des Chalukya trouve son apogée dans ces deux temples, qui seraient inspirés du Kailasanatha Temple de Kanchipuram *(p. 476)*. Ils servirent à leur tour d'inspiration au colossal monolithe de Kailasanatha d'Ellora *(p. 388-390)*.

Devant le **Virupaksha**

Le Virupaksha Temple et le Mallikarjuna Temple, deux bâtiments jumeaux à Pattadakal

Nataraja, panneau ornant le plafond du Papanatha Temple

Temple se dresse un pavillon de Nandi décoré d'un magnifique taureau sculpté couvert par un tissu. Le temple se compose d'un hall spacieux à colonnes, avec des triples porches menant au sanctuaire du lingam, entouré d'un déambulatoire. Les piliers et les plafonds richement sculptés illustrent des scènes mythologiques et religieuses. Les plus beaux reliefs se trouvent de part et d'autre du porche est. Admirez Shiva *lingodbhavamurti,* jaillissant de son lingam, et Vishnou Trivikrama, traversant l'Univers en trois pas.

Le Mallikarjuna Temple, identique, est toutefois plus petit et plus compact. Les sculptures ornant les colonnes du hall, à l'intérieur, représentent des scènes du *Panchatantra*, un recueil de fables dont les héros sont des oiseaux et des animaux. Les murs qui entourent le temple et le pavillon de Nandi, devant le temple, sont incomplets.

Du Virupaksha Temple, un chemin longe la rivière pour rejoindre le **Papanatha Temple**, du début du VIIIe siècle. Il fut agrandi à plusieurs reprises, comme le révèle son plan inhabituel à double *mandapa*.

L'extérieur, fort intéressant, associe des niches dans les pilastres des murs, caractéristiques du Sud de l'Inde, à des motifs de treillage et des tours curvilignes du Nord. Les scènes de combat du *Ramayana* *(p. 27)* sculptées sur le mur est s'achèvent par le couronnement de Rama. Les deux *mandapa* sont dotés d'allées centrales, avec des chapiteaux sculptés. Des consoles et des poutres décorées soutiennent les panneaux du plafond, dont le plus beau représente un *naga* (serpent) enroulé et un Shiva qui danse (Nataraja) dans le *mandapa* intérieur.

MODE D'EMPLOI

District de Bagalkot. À 29 km au N.-E. de Badami. *Badami, 14 km au S.-O. du centre-ville.* *Festival de danse de Pattadakal (janv.).*

Temple jaïn

À l'ouest du village se situe un temple jaïn construit au IXe siècle par les chefs rashtrakuta qui remplacèrent les Chalukya au VIIIe siècle. Un spacieux porche ouvert, avec des colonnes, est surmonté par des avant-toits. Plusieurs magnifiques bustes d'éléphants sculptés de taille nature se trouvent à côté de la porte menant au hall intérieur.

Combat opposant Arjuna à Shiva, au Virupaksha Temple

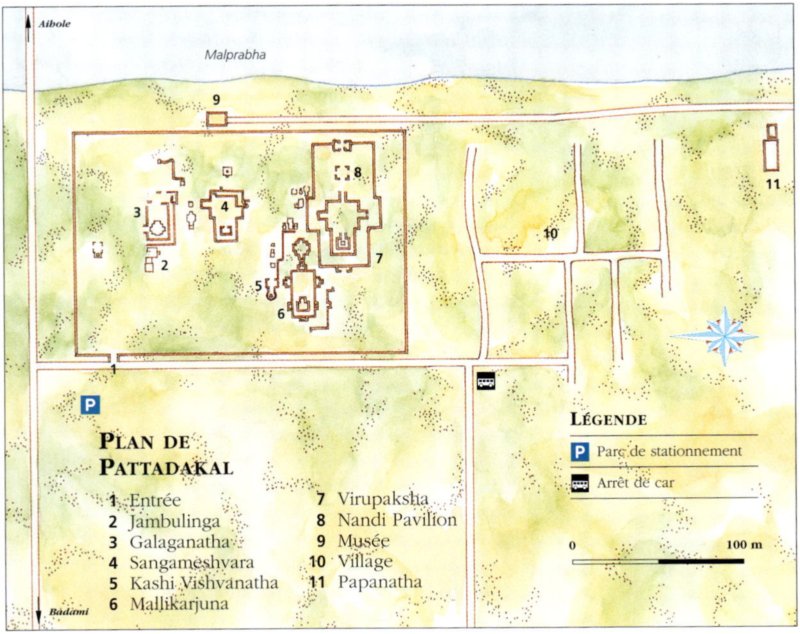

Le Gaudar Gudi avec le Ladkhan Temple à l'arrière-plan, à Aihole

Aihole 23

District de Bagalkote. À 27 km au N.-E. de Badami. *Badami, 28 km au S.-O. de la ville, puis car ou taxi.* *Fête des Chariots de Ramalinga Temple (fév.-mars).*

Le temps semble s'être arrêté dans cette petite ville poussiéreuse, installée sur les rives de la Malprabha, à 12 km environ en aval de Pattadakal *(p. 440-441)*. Les murailles qui ceinturent en grande partie la ville abritent d'anciens temples en grès de différents types, dont certains servirent d'habitations et portent les noms de leurs occupants. Ces temples associés aux chefs chalukya de Badami *(p. 439)* datent du VIe au XIe siècle.

La plupart des visiteurs commencent la découverte d'Aihole par le **Durga Temple**. Non loin, le **Ladkhan Temple** est reconnaissable aux étages de blocs de pierre qui couronnent le grand hall, ainsi que le porche d'entrée. Des déesses de rivières et des couples d'amoureux sont sculptés sur les colonnes du porche. Des représentations des divinités figurent sur les murs latéraux d'une petite chambre, au niveau du toit. Le **Gaudar Gudi** adjacent comprend un petit sanctuaire doté d'un *mandapa* ouvert. Le Chakra Gudi, en ruine, se trouve près du bassin doté de marches. Le **Kunti Group**, qui réunit quatre temples conçus comme des halls à colonnes ouverts, avec des sanctuaires intérieurs, se trouve au sud. Le temple au sud-est, sans doute le premier à voir le jour ici, possède un plafond aux superbes panneaux sculptés, représentant la trinité hindoue : Brahma, Vishnou et Shiva. Un trio comparable figure sur les panneaux du plafond du Hucchapayya Math, non loin de là.

Un chemin mène au sommet de la colline, au sud-est de la ville, où se dresse le plus ancien monument maçonné du Karnataka : le **Meguti Temple**, construit en 634. Il illustre la première phase de l'architecture de temple du Sud de l'Inde *(p. 20)*. Le sanctuaire abrite une impressionnante figure jaïne assise. Des sépultures mégalithiques de la préhistoire sont situées derrière le temple. La route, en descendant, suit les fortifications puis passe le Jyotirlinga Group, pour arriver au Durga Temple. Au nord, le **Chikki Gudi** possède des colonnes, des poutres et des panneaux de plafond magnifiquement sculptés. Sur la droite, un chemin mène au petit **Hucchimalli Gudi**, avec une tour du style du Nord de l'Inde, et une icône inhabituelle de Karttikeya, le fils de Shiva, sculptée sur le plafond du porche avant.

Non loin, la **Ravala Phadi Cave** a été taillée dans la roche à la fin du VIe siècle. L'intérieur est orné de splendides sculptures de divinités hindoues, comme Shiva dansant, Ardhanarishvara, Harihara et Shiva avec Ganga sur les murs de la salle principale, et Varaha et Durga dans l'antichambre précédant le petit sanctuaire à lingam. Devant se dressent de minuscules sanctuaires et une colonne cannelée.

L'exubérant relief représentant Shiva dansant, à la Ravala Phadi Cave

Aihole : le Durga Temple

Médaillon d'un pilier du porche

Le plus grand et le plus beau temple d'Aihole est aussi le plus inhabituel, en raison de son sanctuaire absidial entouré d'une colonnade ouverte. Il se dresse sur une haute plinthe avec, à une extrémité, des marches menant à un porche dont les colonnes sont ornées de couples sensuels et de gardiens sculptés. D'autres chefs-d'œuvre sculptés, comme Shiva avec Nandi, Narasimha, Vishnou avec Garuda, Durga et Harihara, ornent les niches bornant la colonnade. En contraste, l'intérieur du hall paraît sobre et la plinthe circulaire du sanctuaire vide. Le nom du temple prête à confusion : en réalité, on ignore à quelle divinité il était dédié.

Mode d'emploi

Au N. de l'Archaeological Museum. t.l.j. aux temples.

Vue du sanctuaire semi-circulaire de Durga Temple

Naga du plafond
Le plafond du mandapa *est orné d'un panneau représentant un* naga *doté d'un corps de serpent enroulé.*

Le porche de l'entrée possède des colonnes superbement sculptées.

L'ornement *(amalaka)* couronnant la tour, un disque à côtes, est tombé.

Sculptures des colonnes
Ce couple d'amoureux sculpté sur une colonne du porche est un chef-d'œuvre de l'art chalukya.

Durga
Durga combat le démon-buffle de ses multiples bras.

Shikhara
Il ne reste pas grand chose de la tour qui dominait autrefois le sanctuaire intérieur.

Bijapur ㉔

District de Bijapur. À 550 km au N.-O. de Bangalore. *246 000.* *Karnataka Tourism, Station Rd, (08352) 250 359.* *Festival de musique de Bijapur (janv.), fête d'Asar Mahal Urs (sept.).*

À la chute des Bahmanides *(p. 446)*, les sultans adil shahi devinrent aux XVIe et XVIIe siècles les principaux maîtres du Deccan. Leur capitale, la ville fortifiée de Bijapur, était protégée par des remparts. De nombreux canons d'origine sont toujours visibles. Le Malik-i-Maidan (« seigneur de la plaine »), qui serait le plus grand canon de cette époque dans toute l'Inde, garde l'entrée ouest. Les murailles du fort abritent des mosquées, des palais et des tombeaux magnifiques, construits par une succession de chefs.

Les arcades de la salle de prière de la Jami Masjid

Citadelle

La citadelle, au cœur de la ville, est délimitée par ses murailles fortifiées doublées de larges douves. La porte sud, la seule préservée, conduit à ce qui fut le complexe du palais. Le centre cérémoniel de Bijapur, entouré d'arcades, est appelé le **Quadrangle**. Aujourd'hui, il accueille l'administration municipale. Au nord-ouest, le **Sat Manzil** est un palais qui comptait sept étages, dont cinq seulement ont été préservés. De son sommet, on voyait autrefois toute la ville. Il domine un pavillon miniature magnifiquement décoré : le **Jal Mandir**. Non loin, plus au nord, le **Gagan Mahal**, la salle des audiences d'Ali Adil Shah Ier, possède une façade à plusieurs arches qui donne sur un espace ouvert. L'**Anand Mahal** ou « Palais de la joie » abrite les dames du sérail. Admirez également la **Mecca Masjid**, ravissante petite mosquée à l'est de la citadelle, et, près de la porte sud, la **Karimuddin's Mosque**, construite en 1310 par Alauddin Khilji *(p. 48)* avec des matériaux provenant de temples.

Médaillon de la Jami Masjid

En dehors de la citadelle

La ville fortifiée, en dehors de la citadelle, est parsemée de monuments construits par les sultans adil shahi. À l'est de la citadelle se trouve l'**Asar Mahal**, à deux étages, le palais de justice construit en 1646 puis transformé pour abriter deux cheveux du Prophète. Les salles du haut sont décorées de peintures murales représentant des motifs floraux et des scènes de Cour, avec des personnages de style européen. Non loin se trouve l'élégant **Mihtar Mahal**, construit sous Ibrahim II (1580-1626), desservi par un portail à trois niveaux. Les balcons en surplomb sur la rue reposent sur des supports sculptés, imitant l'apparence du bois. Le portail conduit à une petite mosquée.

La construction de la **Jami Masjid**, au sud-est, fut entamée par Ali Adil Shah Ier en 1576. Ce dernier avait l'intention de créer un bâtiment grandiose, mais la mosquée ne fut jamais achevée. Le sol en marbre de la grande salle de prière a été divisé en quelque 2 250 espaces rectangulaires, imitant des tapis de prière. Pour la prière du vendredi, la mosquée attire encore plus de 2 000 fidèles. Au nord et à l'ouest sont situés d'autres tombeaux et des mosquées, ainsi que le Taj Baoli, un grand bassin carré.

Ibrahim Rauza

t.l.j. *supplément à payer.*

Ce magnifique mausolée, souvent décrit comme la plus belle construction islamique du Deccan, a été construit par Ibrahim II pour son épouse. Le souverain, qui mourut avant elle, repose lui aussi ici. Le complexe funéraire réunit un cénotaphe et une mosquée, entourée d'un jardin formel. Un grand bassin, non loin, porte le nom de son épouse : Taj Sultana. Les murs du mausolée sont ornés de magnifiques calligraphies et de motifs géométriques. La salle du tombeau possède un plafond plat aux côtés incurvés.

Ibrahim Rauza, le tombeau superbement proportionné d'Ibrahim II

Bijapur : le Gol Gumbad

Détail d'un médaillon

Le bâtiment le plus connu de Bijapur, le monumental tombeau de Muhammad Adil Shah (1627-1656), deuxième fils et successeur d'Ibrahim II, est appelé Gol Gumbad ou « dôme rond ». Représentatif du bâtiment, son dôme, le plus grand au monde après Saint-Pierre de Rome, repose sur une base de pétales. Achevé en 1656, le tombeau se dresse au centre d'un jardin formel. Sur le côté ouest, une petite mosquée est dotée de cinq arches, flanquée de minarets étroits.

MODE D'EMPLOI

Mahatma Gandhi Rd. *t.l.j.* *gratuit ven. Voitures et vélos en loc.*

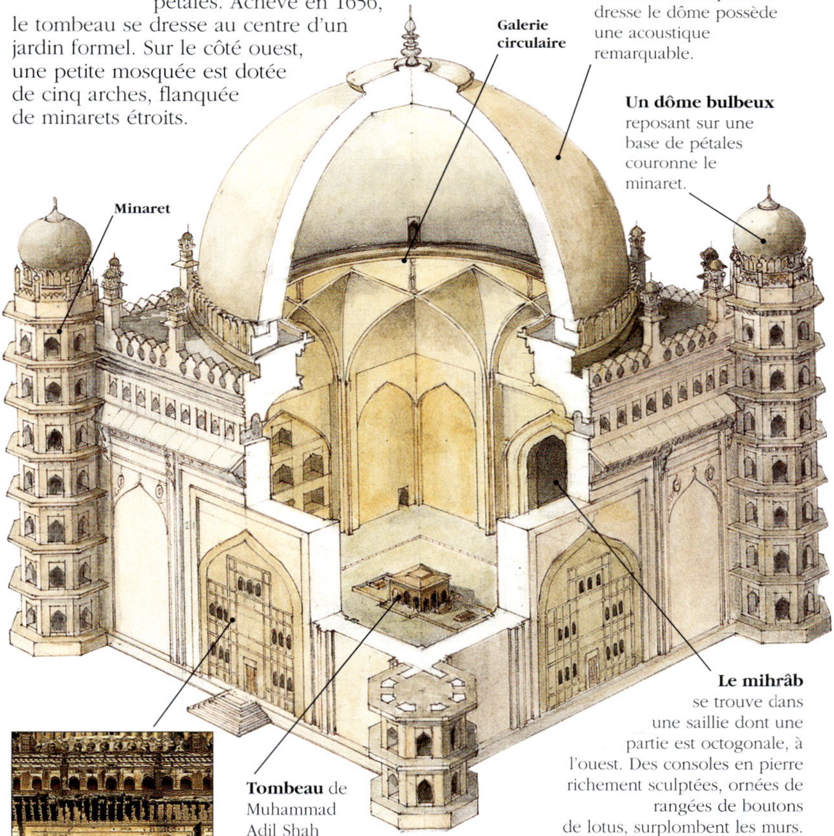

Arche de l'entrée
La façade de l'entrée est ornée en son centre d'une grande arche, percée sur ses côtés de petites fenêtres.

La peinture du Deccan

Aux XIVe et XVe siècles, les chefs musulmans du Deccan, et notamment ceux de Golconda *(p. 546-547)* et de Bijapur, encouragèrent les arts et créèrent une école de peinture du Deccan, qui fut d'abord influencée par des contacts directs avec l'Asie centrale et la Perse, puis par les Moghols. À la cour de Bijapur, des éléments de Renaissance européenne et d'art persan vinrent s'intégrer à la tradition indienne classique, donnant naissance à un style spécifique.

***Chand Bibi jouant au polo,* peinture du Deccan**

Intérieur voûté de la Jami Masjid, à Gulbarga

Gulbarga ㉕

District de Gulbarga. À 616 km au N.-E. de Bijapur. 428 000. *Gulbarga Tourist Office, (08472) 240 947.* *Urs (mars).*

Les réalisations de l'architecture islamique de cette petite ville provinciale comptent parmi les plus anciennes du Karnataka. Elles datent des XIVe et XVe siècles, époques où Gulbarga prospéra comme capitale des sultans bahmanides *(p. 49)*, maîtres du premier des grands royaumes musulmans qui dominèrent le Deccan.

Le **Dargah of Gesu Daraz** (mort en 1422), au nord-est de la ville actuelle, est l'un des sanctuaires musulmans les plus sacrés de l'Inde du Sud. Khwaja Gesu Daraz, ou Bande Nawaz comme il était appelé affectueusement, était un mystique soufi de la secte de Chisti *(p. 312)*. Ayant fui le Nord de l'Inde, il trouva refuge ici, à la cour de Firuz Shah Bahmani, un chef pieux. Son tombeau tout simple se dresse au centre d'un vaste complexe réunissant tombeaux, mosquées et *madrasa*. C'est un lieu de pèlerinage important. Le Dargah of Shah Kamal Mujarrad, autre saint qui vécut à Gulbarga, est situé plus au sud.

Un ensemble de sept tombeaux royaux, appelé le **Haft Gumbad**, s'étend à l'ouest du Dargah. Firuz Shah Bahmani, qui mourut lui aussi en 1422, repose ici, dans le plus grand des mausolées. À l'ouest de la ville, vous verrez les ruines de l'imposant fort presque circulaire, protégé par de larges douves. Il ne reste que peu de vestiges du centre royal. Près de la porte d'entrée s'élève le Bala Hisar, un donjon qui date du XVIIe siècle, où les Adil Shahi *(p. 444-445)* occupaient la ville. Toutefois, le bâtiment le plus intéressant est la grande **Jami Masjid**, non loin. Construite en 1367 pour commémorer le statut de capitale de Gulbarga, c'est l'une des plus anciennes mosquées de l'Inde du Sud, et la seule dépourvue de cour ouverte. Derrière la mosquée s'étire Bazaar Street. Cette rue du XIVe siècle est bordée de petites pièces aujourd'hui transformées en logements. Les tombeaux en ruine des premiers sultans bahmani sont situés à l'ouest du fort.

Fidèles à l'entrée du Dargah of Gesu Daraz, à Gulbarga

La **Shah Bazaar Mosque** est un autre bâtiment du XIVe siècle, au nord du fort. Son entrée couronnée d'un dôme mène à une cour qui précède une salle de prière. De là, une rue part vers l'ouest pour rejoindre un portail à arcades, flanqué de deux hauts minarets. Derrière le portail, le Dargah of Sheikh Sirajuddin Junaydi est un tombeau tout simple.

AUX ENVIRONS : Les ruines pittoresques de **Firuzabad**, la ville-palais fondée en 1400 par Firuz Shah Bahmani sur la rive orientale de la Bhima, s'étendent à 28 km au sud. Les murs de pierre massifs, dotés de bastions rectangulaires et de portes en arches, délimitent une zone presque carrée, de quasiment 1 000 m de côté. Les bâtiments les mieux conservés sont la Jami Masjid et une salle des audiences à deux étages. Parmi les vestiges, on trouve aussi les bains royaux (hammams), qui seraient les plus anciens du Deccan.

Bidar ㉖

District de Bidar. À 111 km au N.-E. de Gulbarga *Location de voitures et de vélos.*

Bidar devint la capitale des Bahmanides en 1424, quand Ahmad Shah, frère et successeur de Firuz Shah, y déplaça la cour. À la fin du XVe siècle, quand la dynastie s'effondra, la région tomba aux mains des Baridi.

Le **Fort** de Bidar, construit en 1428 par Ahmed Shah Bahmani, occupe un promontoire protégé par une double rangée de murailles et des douves en partie taillées dans la roche. Un ensemble de trois portes à arches, dont l'une ornée de carreaux

Une route bordée de murs mène à l'entrée du Fort de Bidar

polychromes et l'autre d'un dôme, mènent à l'ancienne enclave royale. À gauche, le Rangin Mahal est un magnifique palais construit par Ali Shah Barid au XVIe siècle. Le hall, dont les colonnes sont en bois d'origine, présente des consoles et des poutres décorées. La pièce du fond, ornée de magnifiques mosaïques et d'incrustations de nacre, est superbe. Non loin, admirez une mosquée originale, la Solah Khamba Mosque, aux colonnes rondes, construite par les Tughluq *(p. 48)* en 1327. Devant s'étend le Lal Bagh, un jardin entouré de murs avec, au centre, un bassin. Non loin, au sud, le Diwan-i-Am ou salle des audiences est en ruine et on peut voir le Takht Mahal, un portail monumental comportant des vestiges de carreaux octogonaux ornés d'emblèmes représentant le tigre et le soleil.

La vieille ville entourée de murs s'étend sous les remparts du Fort. D'un côté de la rue principale, la **Takhti-i-Kirmani** est une porte du XVe siècle ornée de motifs végétaux et d'arabesques. Plus au sud, la magnifique **Madrasa of Mahmud Gawan**, de la fin du XVe siècle, doit son nom au Premier ministre qui fut le véritable maître du royaume des Bahmanides. Cet ancien centre d'enseignement théologique abrita aussi une grande bibliothèque. La construction, qui reflète l'influence de l'Asie centrale, présente quatre portails en arches qui se dressent sur un arrière-plan de dômes donnant sur une cour centrale. Deux minarets flanquent sa façade. À l'extérieur, des mosaïques ont été préservées, dont une bande calligraphique bleue et blanche. Plus au sud, le **Chaubara** marque l'intersection des deux rues principales de Bidar.

Mosaïque de la *madrasa* de Bidar

Le **Mausolea of the Baridi Rulers** se dresse à l'ouest de Bidar. Le plus grand est le tombeau d'Ali Shah Barid (1577). Cette grande salle couronnée d'un dôme, ouverte sur quatre côtés, se dresse au centre d'un jardin symétrique. Les panneaux vides au-dessus des arches contenaient autrefois des mosaïques, dont certaines sont présentées à l'intérieur. Le sarcophage en basalte noir poli se trouve toujours à sa place.

Bidar est également connue pour le *bidri (p. 545)*, une technique de marqueterie du métal souvent confondue avec le damasquinage. Introduite au XVIIe siècle par des artisans venus d'Iran, cette technique caractérisée par des incrustations d'or, d'argent ou de laiton sur une surface noire mate, formant des motifs floraux et géométriques, prospéra à la Cour. Aujourd'hui, les plus belles pièces sont conservées dans des musées, et seules quelques familles d'artisans perpétuent cette technique dans sa ville d'origine.

AUX ENVIRONS : La nécropole des Bahmanides s'étend dans la campagne près d'**Ashtur**, à 3 km au nord-est de Bidar. Le plus majestueux des tombeaux est celui d'Ahmad Shah, du début du XVe siècle. De magnifiques peintures murales ornent les murs intérieurs et la vaste coupole. Adjacent, le tombeau d'Alauddin Ahmad II présente des mosaïques colorées. À l'extérieur de la nécropole, admirez le Chaukhandi, modeste tombeau du saint Khalil Allah (mort en 1460), aux portes surmontées de superbes calligraphies.

Façade de la Madrasa of Mahmud Gawan, à Bidar

L'Inde du Sud

Présentation de l'Inde du Sud

La région, située au sud des monts Vindhya, offre mille et une merveilles aux visiteurs. Les rivages spectaculaires de la mer d'Oman et du golfe du Bengale se rejoignent à Kanniyakumari, sur l'océan Indien. Parmi les trésors naturels, citons aussi les plages isolées, les forêts touffues et les réserves naturelles. Le Tamil Nadu compte des temples somptueux. Pondicherry, quant à elle, possède une culture très différente, où l'influence française demeure omniprésente. Le Kerala dispose de paysages magnifiques et d'un patrimoine culturel très riche, tandis que l'Andhra Pradesh abrite quelques-uns des plus fascinants sites historiques de la région.

Pêcheurs près d'une porte d'écluse sur la Kaveri

Classe d'une école védique traditionnelle, au Tamil Nadu

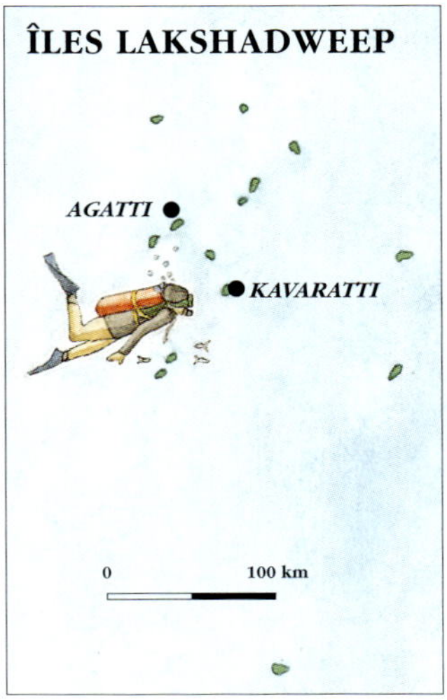

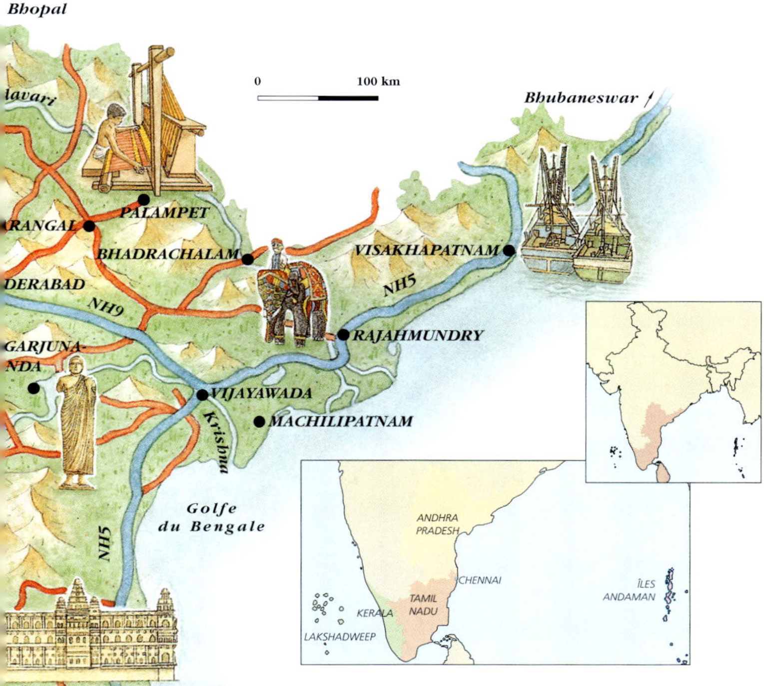

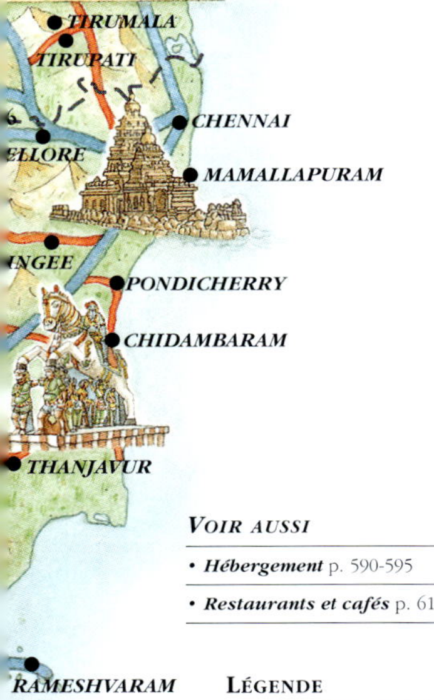

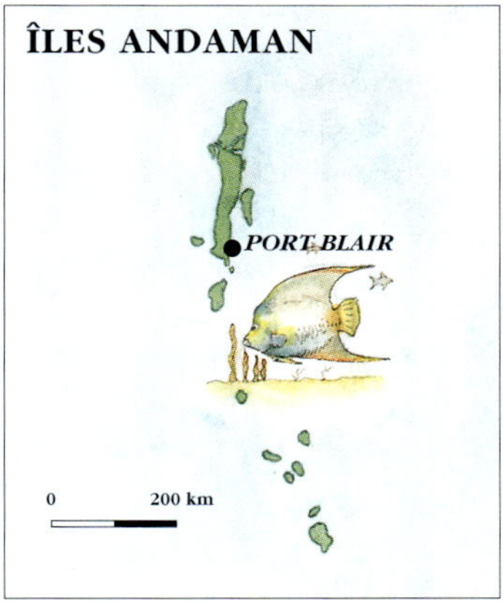

Voir aussi

- ***Hébergement*** p. 590-595
- ***Restaurants et cafés*** p. 618-621

Légende

- Autoroute
- Route principale
- Cours d'eau
- Frontière d'État

Circuler

Les chefs-lieux des trois États du Sud, Chennai, Thiruvananthapuram et Hyderabad, sont desservis par des vols intérieurs et internationaux. Le réseau routier et ferroviaire, bien développé, permet de rejoindre les petites villes. Pour un voyage mémorable, prenez le Blue Mountain Train de Coimbatore à Ooty *(p. 492)*. Des vols partent régulièrement de Kolkata et Chennai pour les îles Andaman, et de Kochi (Kerala) pour Agatti (Lakschadweep). Des bateaux partent de Kochi pour Lakshadweep et de Chennai, Kolkata et Visakhapatnam pour les Andaman.

CHENNAI

Chef-lieu du Tamil Nadu, Chennai est la porte d'entrée de l'Inde du Sud, d'une grande richesse culturelle. Sous les Britanniques, plusieurs villages de pêcheurs de la côte de Coromandel se sont développés progressivement pour former une véritable ville. Aujourd'hui, l'ancienne Madras est la capitale culturelle et commerciale du Sud, et aussi la quatrième métropole du pays.

Cette jolie ville-jardin, devenue aujourd'hui un chef-lieu d'État moderne, se composait autrefois de plusieurs petits villages installés parmi des rizières bordées de palmiers, jusqu'à ce que deux marchands de l'East India Company, Francis Day et Andrew Cogan, y installent un comptoir commercial. Achevé le jour de la Saint-Georges, le 23 avril 1640, ce peuplement fortifié fut appelé Fort St George. Au-delà des murs s'étendait George Town, dont les rues bondées étaient chacune dédiées à un métier particulier. Le pouvoir colonial relia les différents villages, y compris le peuplement fondé au XVIe siècle par les Portugais à San Thomé, le site sacré associé à l'apôtre saint Thomas. Plusieurs siècles avant l'arrivée des Européens, au VIIe siècle, Mylapore abritait un grand port des Pallava. Son Kapaleshvara Temple, ainsi que le Parthasarathi Temple de Triplicane témoignent de cette époque. Avec l'arrivée des colons, un centre marchand vit le jour ici. Aujourd'hui, la plupart des grandes sociétés ont leurs bureaux à George Town. Fort St George, quant à lui, est le centre de l'administration de l'État du Tamil Nadu. Aujourd'hui, cette ville de 172 km^2 mêle avec bonheur passé et présent. D'imposants bâtiments coloniaux y côtoient des immeubles modernes. Littérature, danse et musique, les universités et les diverses scènes de la ville perpétuent l'extraordinaire héritage culturel tamoul. C'est aussi une ville où la politique joue un rôle important, comme en témoignent les nombreux monuments élevés aux hommes politiques, sur Marina Beach.

Ce panneau publicitaire sur la promenade de la Marina représente une femme politique du Tamil Nadu

◁ **Marchande vendant des guirlandes de fleurs parfumées près du Kapalesvara Temple, Mylapore**

À la découverte de Chennai

Née de la réunion de plusieurs villages, la ville ne possède pas de véritable centre, mais elle se divise en plusieurs quartiers, reliés par quatre rues principales. George Town s'étend au nord-est de Periyar George Town (Poonamallee High Road), tandis qu'Egmore, Triplicane et Mylapore se trouvent au sud. L'artère principale de la ville, Anna Salai (Mount Road), relie Fort St George et Mount St Thomas, au sud. Les autres rues principales, Rajaji Salai (North Beach Road) et Kamarajar Salai (South Beach Road), longent le front de mer et la Marina, en direction de Kalakshetra.

CARTE DE SITUATION

Boutique d'un fleuriste de Parry's Corner au petit matin

La ville d'un coup d'œil

Bâtiments et quartiers historiques

Adyar (10)
Anna Salai (6)
Egmore (4)
Fort St George (1)
George Town (2)
Triplicane (8)

Églises et lieux de culte

Little Mount et Mount of St Thomas (14)
Mylapore et San Thomé (9)
St Andrew's Kirk p. 458-459 (3)

Promenade

Promenade sur la Marina p. 464-465 (7)

Musée

The Pantheon Complex (5)

Parc et jardin

Guindy National Park (13)

Loisirs

Kalakshetra (11)
M.G.R. Film City (12)

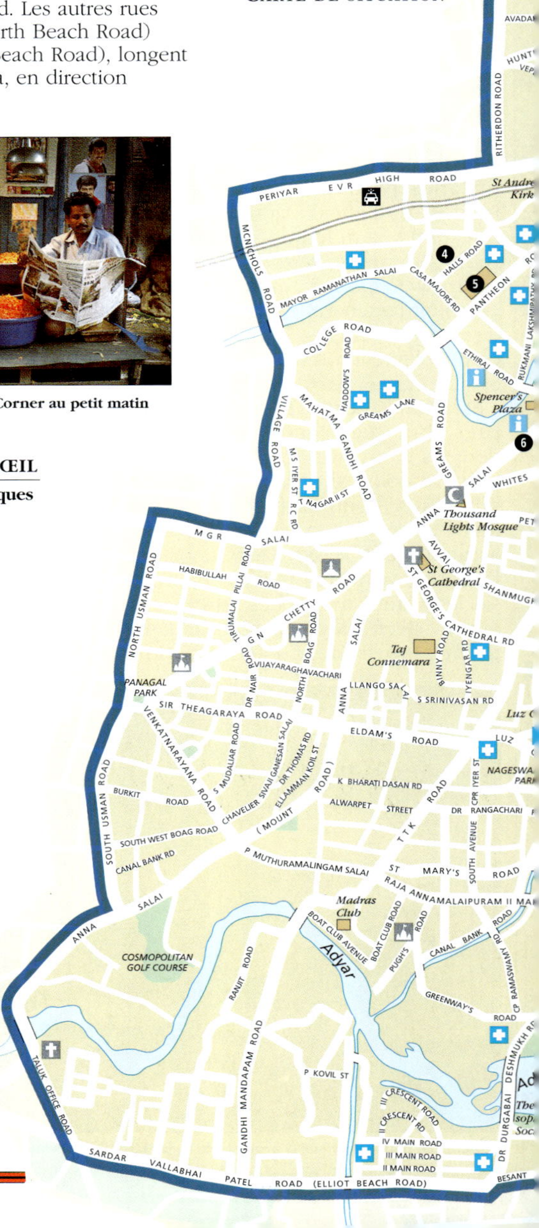

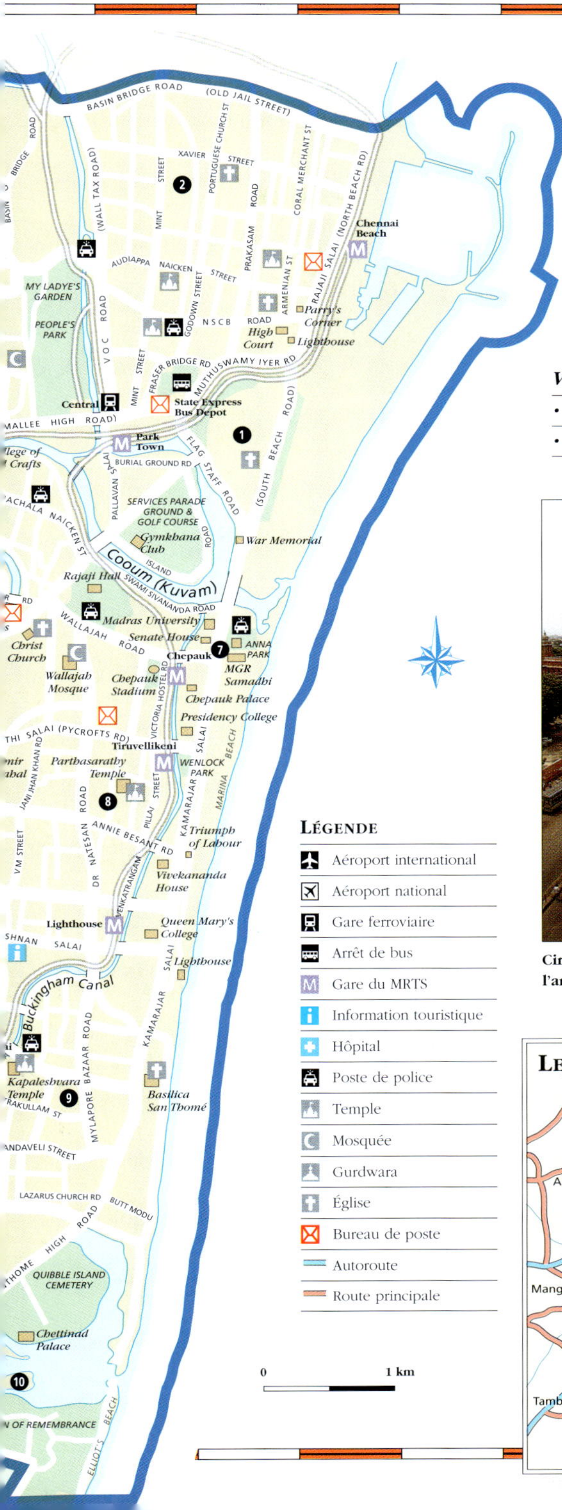

CIRCULER

Le bus, la voiture de location et le taxi sont les solutions les plus pratiques pour se déplacer dans Chennai. Les trains du MRTS, qui circulent dans la ville, et les trains de banlieue desservent Chennai et ses environs. Des tour-opérateurs privés proposent des visites organisées de la plupart des sites intéressants.

VOIR AUSSI

- ***Hébergement*** p. 590-591
- ***Restaurants et cafés*** p. 618-619

Circulation sur Anna Salai, l'artère principale de Chennai

LÉGENDE

- Aéroport international
- Aéroport national
- Gare ferroviaire
- Arrêt de bus
- Gare du MRTS
- Information touristique
- Hôpital
- Poste de police
- Temple
- Mosquée
- Gurdwara
- Église
- Bureau de poste
- Autoroute
- Route principale

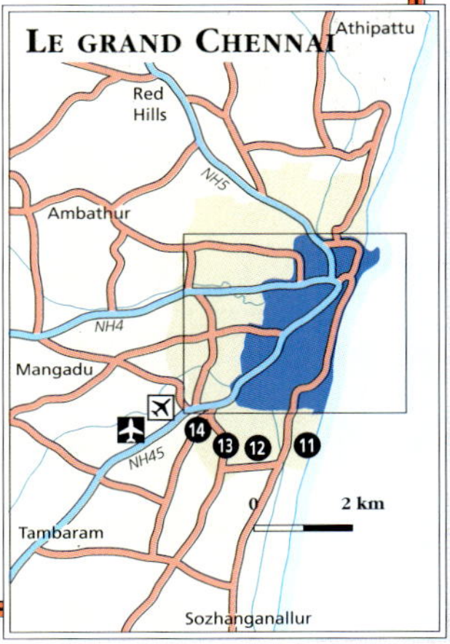

Le Secretariat de Fort St George, siège du gouvernement du Tamil Nadu

Fort St George ❶

Délimité par Sir Muthuswamy Iyer Rd, Flag Staff Rd et Kamarajar Salai (South Beach Rd). **Fort Museum** ☎ *(044) 2538 4510.* ○ *sam.-jeu.* ● *jours fériés.*

Le premier bastion britannique en Inde, qui devait donner naissance à un empire, a été fondé ici, dans une bananeraie appartenant à un fermier du nom de Madrasan. Toutefois, la concession officielle des terres fut accordée par Venkatadri Nayak, représentant du raja de Chandragiri *(p. 558)*. La première fabrique au sein de l'enceinte fortifiée fut achevée le jour de la Saint-Georges, le 23 avril 1640. Le site, baptisé Fort St George, resta le principal établissement de l'East India Company jusqu'en 1774, où Calcutta, actuelle Kolkata, devint le siège du gouvernement.

Les remparts, dont les créneaux destinés aux armes à feu sont toujours visibles, ont été construits par Bartholomew Robins en 1750, après la destruction des murs d'origine par l'armée française, un an plus tôt. Ils forment un pentagone irrégulier, renforcé par une ceinture de murs en terre qui descendent jusqu'aux douves entourant l'ensemble du complexe. Les ponts-levis qui menaient autrefois aux cinq portes principales du fort ont été remplacés par des routes.

Le premier bâtiment que l'on découvre, en entrant dans le fort par la Sea Gate, est le **Secretariat** néoclassique, qui abrite l'administration du Tamil Nadu. Derrière s'étendent les **Legislative Council Chambers**. Construits entre 1694 et 1732, ces bâtiments impressionnants aux belles lignes classiques et aux façades ornées de colonnes noires compteraient parmi les plus anciens bâtiments anglais conservés en Inde. Le mât de 45 m de haut fut érigé par le gouverneur Elihu Yale en 1687 afin d'y hisser l'Union Jack pour la première fois en Inde. Aujourd'hui, c'est le drapeau tricolore indien qui flotte fièrement ici. Yale commença sa carrière comme employé de bureau de l'East India Company, avant de faire fortune et de fonder la célèbre Yale University aux États-Unis.

Au sud du Parlement se dresse **St Mary's Church**, la plus ancienne église anglicane d'Asie, construite entre 1678 et 1680 par Streynsham Master, gouverneur de Madras. Des souvenirs, des tableaux, des bibles anciennes (dont une imprimée en 1660) et de l'argenterie y sont exposés, témoignant de l'histoire de l'église. Elihu Yale et Robert Clive se sont tous deux mariés ici, et les trois filles de John Charnock *(p. 225)* y ont été baptisées, avant le départ de la famille pour le Bengale. Arthur Wellesley, futur duc de Wellington et vainqueur à Waterloo, et Robert Clive vécurent tous deux à Fort St George. Bien que délabrées, leurs maisons, la Wellesley House et la Clive House, se dressent toujours en face de l'église.

Au nord s'étend le **Parade Ground**, aménagé en 1715, où se tenaient des défilés magnifiques. À l'est, on voit des bureaux de ministères et

L'autel de la St Mary's Church, avec une peinture représentant la Cène

PLAN DU ST GEORGE FORT

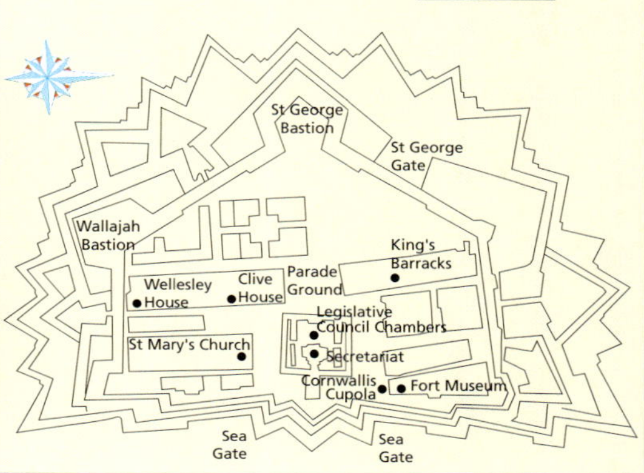

des casernes.
Près de l'angle sud-est de Parade Ground se dresse le **Fort Museum**, construit vers 1780. Foisonnant de trésors de l'époque coloniale, le musée abrite des tableaux représentant des membres de la famille royale anglaise, ainsi que des armes, des emblèmes et d'autres souvenirs de l'époque britannique.
On y voit aussi une maquette du fort et un tableau représentant le roi George III et la reine Charlotte. Les lithographies du deuxième et du troisième étage montrent le Madras d'autrefois ainsi que d'autres régions de l'Inde du Sud.
Près de l'extrémité sud du musée, la **Cornwallis Cupola**, qui domine un canon, se trouvait autrefois sur Parade Ground. La statue du gouverneur général, Lord Cornwallis, sculptée en 1800, le représente acceptant en otages les deux jeunes fils de Tipu Sultan *(p. 425)*.

George Town ❷

Délimité par Rajaji Salai (North Beach Rd) et N.S.C. Bose Rd.

Vers 1640, des tisserands et des teinturiers venus d'Andhra Pradesh s'installèrent dans cette enclave, afin d'y fabriquer des tissus pour l'East India Company. Si les Britanniques baptisèrent le

General Post Office, à George Town

peuplement « Black Town », ses habitants l'appelaient Chennapatnam, d'où Chennai tient son nom. Lors de la reconstruction du site, 100 ans plus tard, il fut rebaptisé George Town. À cette époque, la majeure partie de l'activité commerciale de la ville était concentrée dans cette zone de 5 km^2, qui reste foisonnante d'activité, avec ses institutions publiques au sud, son quartier commerçant au centre et ses quartiers résidentiels au nord.

Le premier point d'intérêt est la **Lighthouse**, un phare de 38 m de haut sur Rajaji Salai, dont le fanal se voyait à 25 km à la ronde. La cour de justice, ou **High Court**, en brique rouge, adjacente, a été construite en 1892 par Chisholm dans le style indo-saracénique, avec des vitraux et des meubles sculptés. Avec ses arches et ses tours carrées, la poste, ou **General Post Office**, est un autre bel exemple d'architecture indo-saracénique. **Parry's Corner**, à l'intersection de N.S.C. Bose Road et Rajaji Salai, doit son nom à Parry and Company. Fondée en 1790 par Thomas Parry, c'est la plus ancienne société de commerce britannique de Chennai. La **Dare House**, le siège actuel de l'entreprise, se dresse sur le site.

Marchands de fruits sur les trottoirs de George Town

La plus longue rue du quartier, **Mint Street**, doit son nom à l'hôtel des Monnaies installé ici en 1841, pour frapper des pièces d'or pour les Britanniques et pour divers souverains locaux. Les bâtiments appartiennent aujourd'hui à l'hôtel des Monnaies du gouvernement. Les maisons de George Town, du XVIIe siècle, servaient autrefois d'habitations et de bureaux à des marchands indiens, mais aussi portugais, arméniens et autres. **Armenian Street** doit d'ailleurs son nom aux nombreux Arméniens qui y vivaient, tandis que **Coral Merchant Street** accueillait une petite communauté juive qui pratiquait le négoce du corail. Aujourd'hui, chaque rue de George Town est le bastion d'un métier particulier. Anderson Street est spécialisée dans le papier, Audiappa Naicken Street dans le commerce du blé, et Govindappa Naicken Street et Godown Street dans le négoce en gros de tissus.

ROBERT CLIVE (1725-1774)

Portrait de Robert Clive par Nathaniel Dance (1773)

Robert Clive, qui fut l'une des personnalités les plus flamboyantes des Indes britanniques, n'avait que 19 ans lorsqu'il entra à l'East India Company comme employé de bureau. Il devint ensuite soldat et mena avec succès de nombreuses batailles *(p. 52)*, comme les guerres carnatiques, qui permirent à la Compagnie d'asseoir sa main mise sur le Sud de l'Inde. Clive se vit confier l'intendance de Fort St George, avant de devenir gouverneur du Bengale. La fortune qu'il accumula en Inde lui valut d'être accusé de corruption en Angleterre. Il se suicida en 1774.

St Andrew's Kirk ❸

Plaque commémorative

Ce superbe exemple d'architecture néoclassique, consacré en 1821, a été inspiré par l'église St Martin in the Fields de Londres. Elle fut conçue et construite par le major Thomas de Havilland et le colonel James Caldwell et coûta 20 000 livres sterling. Le corps de l'église, circulaire, possède des compartiments rectangulaires à l'est et à l'ouest. La partie circulaire, de 24,50 m de diamètre, est couronnée par un dôme maçonné plat, bleu sombre. Le dôme orné d'étoiles dorées est soutenu par 16 couronnes cannelées surmontées de chapiteaux corinthiens.

Vue de la St Andrew's Kirk et de son clocher

★ Dôme

Véritable merveille architecturale, le dôme repose sur un cadre en brique soutenu par une arche annulaire. Il est rempli de cônes en terre cuite. La coupole doit sa couleur bleue à un mélange de coquillages pilés et de lapis-lazuli.

Vitraux

Les vitraux aux couleurs riches et chaleureuses, au-dessus de l'autel, comptent parmi les joyaux de l'église.

Bancs

L'église conserve une chaire et de superbes bancs en acajou. À partir de 1839, ces bancs furent loués à des notables de la ville. Les cadres en laiton qui maintenaient les cartes indiquant leurs noms sont toujours visibles.

Seize colonnes corinthiennes cannelées, gage d'équilibre et d'harmonie, soutiennent le dôme.

Le clocher mesure 50 m de haut, soit 4 m de plus que son modèle, St Martin in the Fields, à Londres. Une girouette en bronze se dresse au sommet de l'étroite flèche pyramidale.

Entrée

La double colonnade de 12 colonnes ioniennes polies est surmontée par un fronton.

Mode d'emploi

Egmore. ☎ (044) 2561 2608. ◯ t.l.j. ✝ 9h et 18h le dim. Fête de la St-Andrew (nov.).

Les puits de St Andrew's Kirk

Les fondations de cette église occupant un site sablonneux, sujet aux inondations durant la mousson, reposent sur un ensemble de puits, d'une profondeur de 4 à 15 m. Les architectes se sont inspirés d'une technique utilisée pour des bâtiments de la région. Construits avec des briques concaves ou des cylindres de terre cuite, ces puits sont disposés de manière à assurer une compacité maximale du sol. L'eau peut ainsi s'élever dans les puits - ce qui préserve le bâtiment. Les quelque 150 puits ont été creusés par des puisatiers itinérants : les *mumvutties*.

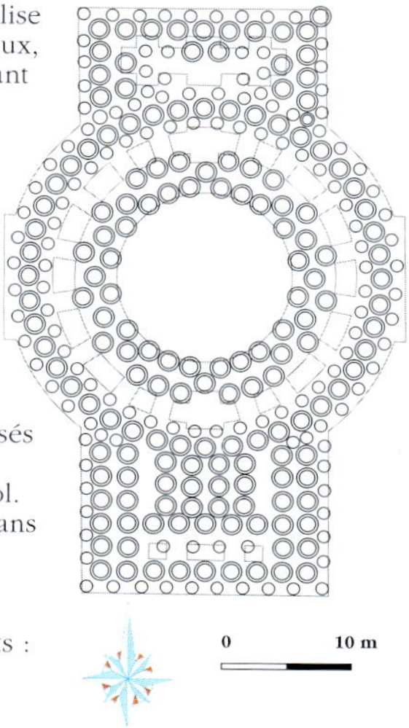

★ Grandes orgues
L'autel est dominé par les magnifiques grandes orgues, vert pâle et or bruni. Construit dans le Yorkshire, en Angleterre, l'instrument a été installé ici en 1883.

À ne pas manquer

★ Dôme

★ Grandes orgues

La gare, Egmore Railway Station, est l'un des emblèmes de la ville

Egmore ❹

Délimité par Periyar E.V.R. High Rd et Pantheon Rd. *Egmore Railway Station, (044) 2825 4533.*

Ce quartier recouvre toute la zone au sud de Periyar E.V.R. High Road (anciennement Poonamallee High Road) et le méandre de la Cooum. L'East India Company (Compagnie des Indes orientales) fit l'acquisition de ce petit village à la fin du XVIIe siècle, lorsqu'elle commença à étendre son territoire. Egmore fut également l'un des premiers quartiers résidentiels, où les marchands fortunés de la Compagnie construisirent des demeures entourées de jardins luxuriants, les *garden houses*, très en vogue dans le Chennai colonial.

Le **Government College of Arts and Crafts**, fondé en 1850, se dresse sur E.V.K. Sampath Salai. Ce bâtiment gothique et sa galerie d'art ont été construits par Robert Fellowes Chisholm *(p. 465)*, qui en devint le directeur en 1877. Le premier directeur indien, Debi Prasad Roy Chowdhary, était un peintre et un sculpteur connu dans les années 1950. C'est son successeur, Dr K.C.S. Panicker, qui a fondé le village d'artistes de Cholamandal *(p. 472)*. Aujourd'hui, l'établissement est l'une des écoles des Beaux-Arts les plus prestigieuses du pays. Sa galerie présente régulièrement des expositions de peinture et de sculpture contemporaines.

À l'ouest, **Egmore Railway Station** est un autre joyau architectural de Chisholm. Ce joli bâtiment de style indo-saracénique s'orne de dômes plats originaux et d'arches en ogives. La gare, en service depuis le début du XXe siècle, relie Chennai au reste du Tamil Nadu et du Sud du pays. Aujourd'hui, Egmore est le quartier commerçant élégant de Chennai, une jungle de béton où voisinent bureaux, grands magasins, boutiques et hôtels. Sur Pantheon Road se trouvent les plus grands showrooms de Co-Optex, qui vend des saris en soie et en coton ainsi que des tissus tissés à la main dans l'État du Tamil Nadu.

Bouddhas debout d'Amravati

Pantheon Complex ❺

Pantheon Rd. *(044) 2819 3778.* *sam.-jeu.* *jours fériés.*
Connemara Public Library *(044) 2819 3751.* *t.l.j.*

Ce complexe qui réunit plusieurs institutions culturelles doit son nom au Panthéon, où se trouvait au XVIIIe siècle la salle des fêtes municipale. À l'époque, le site spacieux, planté d'arbres, accueillait toutes les manifestations publiques de la ville. Le **Government Museum**, un bâtiment de style indo-

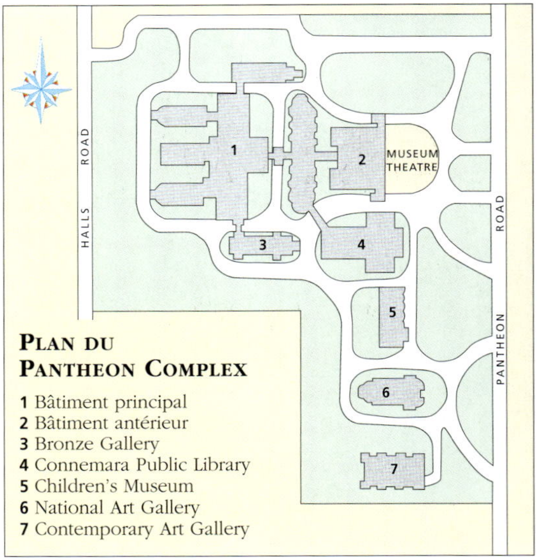

Plan du Pantheon Complex

1 Bâtiment principal
2 Bâtiment antérieur
3 Bronze Gallery
4 Connemara Public Library
5 Children's Museum
6 National Art Gallery
7 Contemporary Art Gallery

Façade de la National Art Gallery, de style néomoghol

saracénique aux murs rouges délavés, abrite un labyrinthe d'escaliers et de galeries reliées entre elles. Le musée recouvre cinq sections, présentant chacune une collection spécifique. Plus de 30 000 pièces y sont exposées, des pierres aux livres en passant par des sculptures et des fossiles. La section archéologique, dans le bâtiment principal, est connue pour sa collection exceptionnelle illustrant l'Antiquité de l'Inde du Sud. On y découvre des sculptures en pierre et en métal, des gravures sur bois et des manuscrits. Sa collection rare d'antiquités bouddhiques réunit plus de 1 500 pièces. Une section importante comprend des objets d'Amravati *(p. 554)*, apportés ici au début du XIXe siècle par le colonel Colin Mackenzie. On y voit des reliefs sculptés, des panneaux et des statues. Admirez une plaque votive du IIe siècle représentant un stûpa, et plusieurs panneaux de pierre dont les bas-reliefs illustrent des épisodes de la vie de Bouddha. La section numismatique présente une importante collection de monnaies, notamment mogholes et de l'Inde du Sud. Elle comprend aussi quelques pièces d'or gupta avec des inscriptions en sanskrit. Le Government Museum fut l'une des premières institutions d'Inde à faire entrer l'ethnologie et l'archéologie de la préhistoire au musée. La section d'anthropologie, à l'avant du complexe, conserve une belle collection d'objets préhistoriques, notamment des ustensiles de cuisine et des armes de chasse, dont le premier paléolithe découvert en Inde, en 1863. La section zoologique, dans le bâtiment principal, est l'une des plus grandes du musée. La collection est limitée à la faune de l'Inde du Sud, mais quelques animaux non indigènes sont venus l'enrichir, comme l'ara, le canard mandarin et le faisan doré. Le squelette d'une baleine de 18,50 m de long est également présenté.

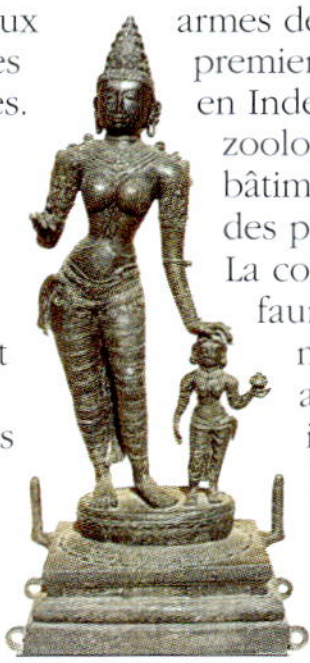

Parvati, IXe siècle, période chola

Le Museum Theatre, un bâtiment semi-circulaire du XIXe siècle de style indo-saracénique, servait à l'origine d'amphithéâtre. Il accueille aujourd'hui des spectacles. La **Bronze Gallery** présente quelques joyaux. Sa superbe collection de presque 700 bronzes, notamment des périodes pallava et chola (du IXe au XIIIe siècle), provenant de temples et de sites de la région, comprend de nombreuses représentations impressionnantes de Nataraja – Shiva exécutant sa danse cosmique de la Création *(p. 462)*. Un ardhanarisvara chola du XIe siècle représente Shiva et son épouse Parvati réunis en une entité unique. On y voit aussi des bronzes d'autres divinités du panthéon hindou, comme Rama, Sita et Ganesh. Les visiteurs admireront également des bronzes bouddhiques d'Amravati, un Tara chola et un avolokitesvara maitreya, ainsi que plusieurs *tirthankara* jaïns du XIe siècle.

L'imposante **Connemara Public Library**, inaugurée en 1896, se trouve en face. Ce bâtiment à la décoration de stucs, de boiseries et de vitraux doit son nom à un frère du vice-roi Lord Mayo. C'est l'une des quatre bibliothèques nationales d'Inde. Elle contient tous les livres publiés dans le pays. Son ouvrage le plus ancien est une bible de 1608.

La **National Art Gallery**, anciennement Victoria Memorial Hall and Technical Institute, est sans doute le plus beau bâtiment du complexe. Conçu par Henry Irwin, le bâtiment en grès rose de style néomoghol a été achevé en 1909. Son immense porte rappelle le monumental portail de Fatehpur Sikri *(p. 154-157)*. On y admire d'autres bronzes chola, dont deux belles représentations de Rama et Sita, et un superbe Nataraja du XIe siècle. À côté, la **Contemporary Art Gallery** abrite une belle collection d'art contemporain indien, et notamment d'artistes du Sud de l'Inde, comme Raja Ravi Varma *(p. 512)*.

Panneau d'un stûpa du IIe siècle d'Amravati

Shiva, le danseur cosmique

Les bronzes représentant des divinités sont de véritables joyaux de l'art de l'Inde du Sud. Les proportions de chaque figure ainsi que la signification symbolique des postures, gestes de mains, armes et ornements étaient régies par des règles iconographiques précises. Toutefois, les grands sculpteurs parvenaient à donner naissance à des œuvres extrêmement personnelles, puissantes et belles, dans le respect de ces règles. Parmi les bronzes les plus remarquables, on compte Shiva Nataraja, le danseur cosmique, et son épouse Parvati. Dotées d'une iconographie riche en symboles, ces œuvres ont été réalisées durant la période chola, entre le IXe et le XIIe siècle.

Splendide statue en bronze de Parvati

NATARAJA

Nataraja, Shiva danseur cosmique, symbolise le cycle de l'évolution et de la transmutation de la Nature. Cette œuvre démontre toute la maîtrise des formes et des expressions de l'art des Cholas.

Le mariage de Shiva et de Parvati *est un bel exemple d'art chola. L'œuvre représente Shiva, grand et majestueux, tenant tendrement la main de son épouse, Parvati. Vishnou, le frère de Parvati, compte parmi l'assistance.*

Des représentations en bronze *des divinités principales des temples sont sorties lors de processions. Elles sont alors revêtues de soie et couvertes de pâte de bois de santal et de guirlandes de fleurs.*

Voir aussi les encadrés sur la mythologie hindoue *(p. 24-25)* et sur Ganesh *(p. 382).*

La façade de la Thousand Lights Mosque est ornée de nombreuses arches

Anna Salai 6

De Cooum Island à Little Mount.
Rajaji Hall *(044) 2536 6921.*
t.l.j.

Cette longue artère relie le nord de Chennai à Little Mount *(p. 469)*, à l'extrémité sud de la ville. Jusqu'au début du XXe siècle, elle était bordée de part et d'autre de *garden houses*, belles demeures de l'élite de Chennai. Aujourd'hui, c'est une rue commerçante moderne bordée d'affiches représentant des stars du cinéma, où les vastes demeures d'antan ont cédé la place à des immeubles.

Anna Salai commence sur une île de Cooum Creek, juste au sud de Fort St George. Le site est dominé par la statue de Sir Thomas Munro, gouverneur de la présidence de Madras de 1819 à 1826. Non loin, installé dans une débauche de verdure, se trouve le prestigieux **Gymkhana Club**. Situé à proximité du siège de l'armée, le club était un établissement très select. Jusqu'en 1920, seuls les officiers pouvaient être membres, et aujourd'hui encore, le site appartient à l'armée.

L'Old Government Estate, au sud-ouest du Gymkhana Club, accueille l'ancienne somptueuse résidence des gouverneurs de Madras. Bien que le bâtiment principal soit délabré, la salle des banquets, construite en 1802 par le deuxième Lord Clive, fils aîné de Robert Clive, a conservé toute sa splendeur. Elle fut baptisée **Rajaji Hall**, du nom du premier gouverneur général indien, C. Rajagopalachari, surnommé Rajaj. Dans cet élégant bâtiment néoclassique, un escalier majestueux mène à la grande salle des banquets, ornée de boiseries et de lustres superbes.

Passé ce bâtiment, Anna Salai devient plus commerçante. Cette partie de la rue compte quelques-uns des commerces les plus connus de la ville, comme **Higginbotham's**, l'une des plus grandes librairies du pays, **Spencer's**, un grand magasin international, et l'un des plus beaux hôtels de la ville, le **Taj Connemara** *(p. 591)*.

De l'autre côté de la rue se trouve l'**Old Madras Club**, fondé en 1832, désormais légèrement décrépit. La **Thousand Lights Mosque** du XIXe siècle, plus loin, doit son nom à une tradition qui consistait à allumer 1 000 lampes à huile pour illuminer la salle des fêtes qui se trouvait autrefois sur le site. Plus au sud se dresse la **St George's Cathedral**, conçue par James Lillyman Caldwell et construite par Thomas de Havilland en 1814. Sa flèche de 42 m de haut est l'un des emblèmes de Chennai.

Maître-autel de la St George's Cathedral, construite au XIXe siècle

Stars du cinéma et de la politique

Pancartes représentant des héros de l'Inde du Sud

De nombreuses personnalités politiques sont sorties du sérail de l'industrie cinématographique de l'Inde du Sud, notamment tamoule et telugu. Le premier membre du Dravidian Party (alors appelé DMK) à devenir Premier ministre du Tamil Nadu, le Dr C. N. Annadurai, ainsi que son successeur, M. Karunanidhi, étaient d'anciens scénaristes à succès. Toutefois, le plus connu des acteurs convertis à la politique était Marudur Gopalamenon Ramachandran, devenu l'incarnation de l'intégrité grâce aux rôles de héros qu'il a interprétés. Surnommé M.G.R., il est devenu une personnalité-culte de la région, avant d'occuper le poste de Premier ministre du Tamil Nadu entre 1977 et 1987. Sa protégée, Jayalalitha, autre Premier ministre charismatique et star du grand écran, a été démise de ses fonctions en 2001, en raison des soupçons de corruption pesant sur elle, avant de réintégrer son poste la même année.

Promenade sur la Marina ❼

Chennai possède l'une des plus grandes plages urbaines du pays. Celle-ci se déroule sur 13 km, sur le flanc oriental de la ville. La Marina, qui relie Fort St George à la San Thomé Basilica, à presque 5 km de là, a été construite par Mounstuart Elphinstone Grant-Duff, gouverneur de 1881 à 1886. Pour le spécialiste de l'histoire de l'architecture Philip Davies, c'est l'une des plus belles promenades en bord de mer du monde. Les habitants de Chennai viennent y profiter de la brise marine. La promenade sur Kamarajar Salai (anciennement South Beach Road) permet de découvrir des parcs, des rues pavées bordées d'arbres et de magnifiques bâtiments coloniaux et indo-saracéniques.

Le Presidency College, de style indo-saracénique, abrite l'université de Madras

Anna Park
La promenade commence au Victory War Memorial ① qui marque l'extrémité nord de Kamarajar Salai. Le monument, qui commémorait autrefois la victoire des Alliés durant la Première Guerre mondiale, fut par la suite dédié aux soldats de la présidence de Madras morts pendant la Seconde Guerre mondiale. Plus au sud, dans Anna Park, l'Anna Samadhi ② est un monument dédié à C. N. Annadurai, ancien Premier ministre de l'État du Tamil Nadu et artisan d'importantes réformes politiques et sociales. Plus au sud encore, on découvre le M.G.R. Samadhi ③, un jardin construit en l'honneur de M. G. Ramachandran *(p. 463)*, icône du cinéma tamoul et Premier ministre de l'État. Cette partie de la plage compte de nombreux magasins de souvenirs et de restaurants, attirant une foule de touristes. Le dimanche, un marché intéressant s'y tient.

Victory War Memorial, sur Kamarajar Salai

Le nord de la Marina
Au-delà de Kamarajar Salai se dressent plusieurs bâtiments de brique rouge imposants, qui mêlent différents styles architecturaux, avec des éléments indiens et maures. L'université de Madras ④, de style indo-saracénique, a été fondée en 1857 : c'est l'une des plus anciennes facultés d'Inde. Joyau architectural, la Senate House ⑤ a été conçue par Robert Chisholm qui associa éléments byzantins et saracéniques. Le bâtiment accueillit la Madras University en 1879. Les édifices se dressent sur le vaste domaine de l'ancien Chepauk Palace ⑥. Ce magnifique bâtiment indo-saracénique, sur Wallajah Road, est l'ancienne résidence du *nawab* d'Arcot. Chisholm ajouta des extensions à ce palais de 1768, comme la tour qui reliait les deux ailes. Le bâtiment abrite aujourd'hui des administrations. Chepauk Stadium, le célèbre terrain de cricket, s'étend derrière le palais. En descendant encore la rue, on rejoint le Presidency College ⑦, première institution d'enseignement supérieur d'Inde du Sud, fondé en 1840. Le bâtiment austère possède un dôme strié orné de quatre horloges. Parmi ses anciens élèves, on compte le premier gouverneur général indien, C. Rajagopalachari, ainsi que les deux lauréats du Prix Nobel de physique, C. V. Raman et son neveu S. Chandrasekhar.

Le sud de la Marina
Plus au sud, sur Kamarajar Salai, se dresse une célèbre statue, *Triumph of Labour* ⑧, œuvre de Debi Prasad Roy Chowdhary

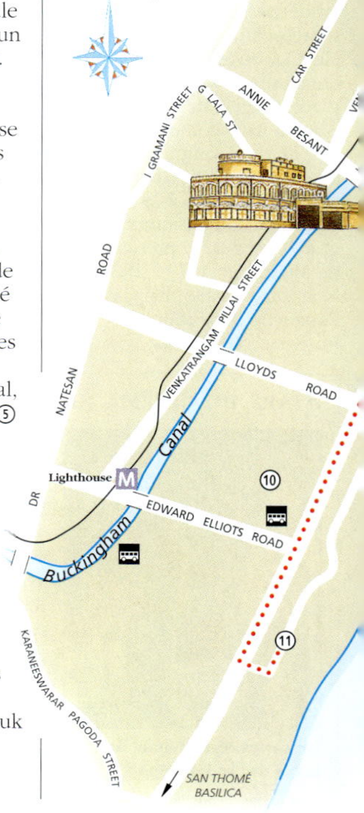

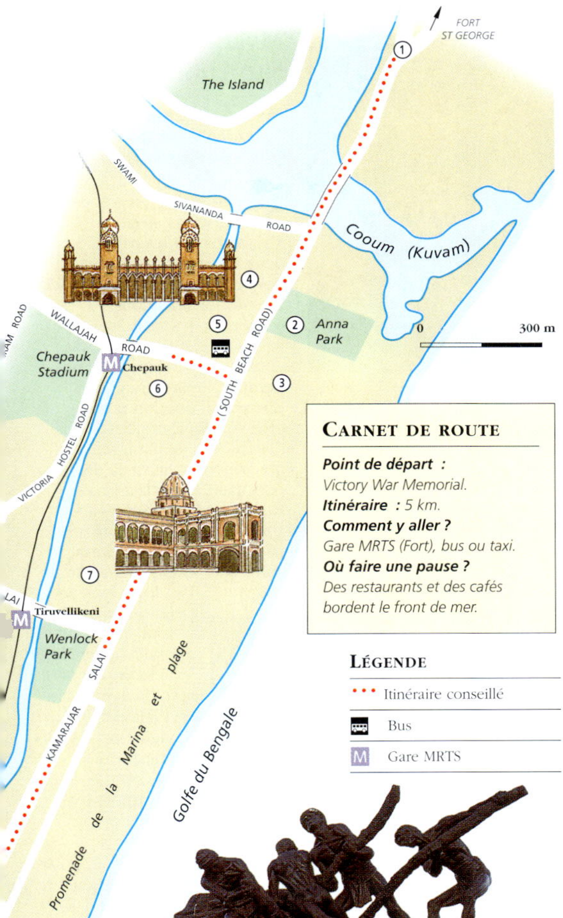

CARNET DE ROUTE

Point de départ : *Victory War Memorial.*
Itinéraire : *5 km.*
Comment y aller ? *Gare MRTS (Fort), bus ou taxi.*
Où faire une pause ? *Des restaurants et des cafés bordent le front de mer.*

LÉGENDE

- Itinéraire conseillé
- Bus
- Gare MRTS

***Triumph of Labour*, de Debi Prasad Roy Chowdhary, 1959**

Animation sur Marina Beach, le soir

(p. 460), qui devint en 1929 le premier directeur indien de la Madras School of Arts and Crafts.

À l'ouest de la rue principale, non loin de Annie Besant Road, l'Ice House ⑨ était il y a peu de temps un foyer pour femmes, appelé Vivekananda House. Vers 1840, ce bâtiment circulaire, au toit couronné d'un ananas de pierre, fasait entrepôt pour la glace importée de Nouvelle-Angleterre, aux États-Unis. C'est aussi ici que Swami Vivekananda *(p. 501)* prononça ses discours. Aujourd'hui, le bâtiment appartient à la Ramakrishna Mission, qui prévoit de le rénover. Plus au sud, on découvre le Queen Mary's College ⑩, aujourd'hui Madras College for Women. L'établissement inauguré en juillet 1914 fut la première université pour femmes de Madras. Un buste de la reine orne toujours l'entrée du bâtiment. Un phare ⑪ imposant marque l'extrémité sud de la Marina.

L'HÉRITAGE DE ROBERT CHISHOLM

Robert Fellowes Chisholm (1845-1884) compte parmi les architectes indiens les plus talentueux de son époque. En 1864, ses plans pour le Presidency College et la Senate House remportèrent un concours. Il fut également nommé architecte consultant du gouvernement de Madras. Au cours des 15 années qui suivirent, d'importants travaux furent entrepris sur la Marina, et de nombreux bâtiments novateurs virent le jour. Les créations de Chisholm associèrent éléments italiens et saracéniques, permettant aux nouveaux édifices de se marier harmonieusement au Chepauk Palace. Pendant de nombreuses années, il dirigea la School of Industrial Art, fondée en 1855, l'actuel Government College of Fine Arts.

La Senate House, œuvre maîtresse de Robert Chisholm, a été achevée en 1873

Pastèques et autres fruits vendus sur le marché de Triplicane

Triplicane ❽

Au-delà de Kamarajar Salai (South Beach Rd). **Parthasarathi Temple** t.l.j. *Neeratu Utsavam (déc.).*

Cette banlieue très peuplée fut l'un des premiers villages achetés par l'East India Company vers 1670. Triplicane doit son nom au bassin aux lys sacrés *(tiru-alli-keni)* qui se situait autrefois ici. Le **Parthasarathi Temple** est l'un des plus anciens de la ville. Construit au IXe siècle, il est dédié à Krishna (ou Partha) pour son rôle de conducteur de char *(sarathi)* d'Arjuna dans le *Mahabharata* *(p. 26)*. La fête du temple, en décembre, attire des milliers de fidèles. Autrefois, les résidences des membres de la caste des brahmanes, celle des prêtres, se trouvaient dans les ruelles étroites entourant le temple. Parmi elles, on comptait les demeures de Srinivasa Ramanujan (1887-1920), mathématicien de génie, et de Subramania Bharati, poète nationaliste du début du XXe siècle. Triplicane appartenait autrefois au royaume de Golconda *(p. 546-547)* -- ce qui explique que le quartier compte la plus importante communauté musulmane de la ville. Le *nawab* d'Arcot, Muhammad Ali Wallajah (1749-1795), allié des Britanniques dans leur lutte d'influence contre les Français, contribua généreusement à la construction d'une grande mosquée, en 1795. Appelé **Wallajah (grande) Mosque**, ce magnifique bâtiment en granit gris, aux minarets étroits, se dresse sur Triplicane High Road. Le cimetière attenant abrite les tombeaux de plusieurs saints musulmans. Les descendants du *nawab* vivent toujours à Triplicane, dans une imposante demeure, l'**Amir Mahal**, construite en 1798, qui devint leur résidence lorsque le Chepauk Palace *(p. 464)* fut pris par les Britanniques.

Des minarets flanquent la jolie façade de la Wallajah Mosque

Mylapore et San Thomé ❾

Au S. de Triplicane. **Kapaleshvara Temple** t.l.j. **Basilica of San Thomé** t.l.j. **Luz Church** t.l.j.

Site d'un important port pallava aux VIIe et VIIIe siècles, Mylapore est aujourd'hui l'une des zones les plus animées de la ville. Ce quartier traditionnel, avec ses organisations religieuses, ses maisons minuscules et ses bazars, est dominé par le **Kapaleshvara Temple**, le plus grand de Chennai. Il doit son nom originel, Mayilapura, ou « ville des Paons », au paon *(mayil)* qui symbolise Shiva, la divinité principale. Selon la légende, Parvati, l'épouse de Shiva, aurait pris la forme d'une paonne pour vénérer Shiva, représenté ici par son lingam. Un panneau sculpté, dans un petit sanctuaire de la cour, illustre cette légende. Le temple actuel a été construit après la destruction du bâtiment d'origine par les Portugais, au XVIe siècle. Les liens de Mylapore avec le christianisme remontent au Ier siècle, à l'époque de saint Thomas *(p. 469)*. Au Xe siècle, un groupe de chrétiens nestoriens de Perse découvrirent le lieu où reposait le saint, avant d'y construire une église et un tombeau. Les Portugais, sur les traces du saint, établirent le peuplement de San Thomé au début du XVIe siècle. L'actuelle **Basilica of San Thomé**, construite sur la tombe de l'apôtre, est une impressionnante structure de style gothique construite en 1898. Elle possède un magnifique intérieur orné de superbes vitraux et une haute flèche. La crypte contiendrait un petit os de la main du saint et l'arme qui lui coûta la vie.

La Basilica of San Thomé, de style gothique

Non loin, la **Luz Church**, construite en 1516 par un moine franciscain, est la plus ancienne église catholique de Chennai.

Adyar ⑩

Au S. de San Thomé, au-delà de l'Adyar. **Theosophical Society** (044) 2491 7198. lun.-ven. et sam. matin. **Brodie Castle** t.l.j.

À Chennai, peu d'endroits dégagent autant de sérénité que les vastes jardins de la **Theosophical Society**, installée dans le quartier d'Adyar, sur les rives de la rivière du même nom. Fondée à New York en 1875, la Société théosophique s'établit ici sept ans plus tard, après avoir fait l'acquisition des Huddlestone Gardens. Construite en 1776 par John Huddlestone, cette vaste demeure abrite aujourd'hui le siège mondial de la Société. Son magnifique domaine de 108 ha comprend plusieurs bâtiments du XIXe siècle. Le bâtiment principal abrite le Great Hall, d'une austérité presque spartiate, où se tiennent les prières. On y voit des bas-reliefs représentant les différentes fois, et des inscriptions gravées de versets des Écritures saintes de toutes les religions du monde, ainsi que des statues en marbre des fondateurs, le colonel Olcott et Helena Petrovna Blavatsky, et d'Annie Besant, qui devint la présidente en 1907. L'Adyar Library and Research Centre, fondé par Olcott en 1886, est l'une des plus belles bibliothèques du pays. Elle compte 165 000 livres et 20 000 manuscrits sur feuilles de palmier et sur parchemins – ce qui en fait un lieu précieux pour la recherche en indologie. Les jardins paisibles comptent des sanctuaires dédiés à différentes fois, mais surtout un vieux banian de 400 ans dont les branches couvrent une superficie de 4 180 m². Au cours des ans, de nombreux réunions et discours de la Société se sont tenus sous sa voûte. Malheureusement, son tronc principal a été détruit par une tempête en 1989.

L'entrée de Brodie Castle, à Adyar, est ornée de piliers

Banian de plus de 400 ans, jardins de la Société théosophique

Le **Brodie Castle**, au nord de la Société théosophique, est un imposant bâtiment blanc, sur les rives de l'Adyar. Aujourd'hui appelé Thenral, il abrite le prestigieux College of Carnatic Music. Construite en 1796 par James Brodie, un employé de la Compagnie des Indes orientales, la demeure serait l'une des premières *garden houses*, ces demeures spacieuses dotées de grandes vérandas à piliers, installées dans de vastes jardins, typiques du Chennai colonial. Cette demeure devint par la suite la résidence du premier président de la Cour suprême de Madras.

Plus au nord, le **Madras Club** fut construit par George Moubray, un comptable arrivé en Inde en 1771. Il acheta 42 ha de terres sur les rives de l'Adyar, pour y construire une maison dotée d'une coupole centrale, dans un superbe jardin. Appelé Moubray's Cupola, le bâtiment était autrefois un club élégant fréquenté par la population européenne de la ville. Les Indiens n'y furent admis en qualité de membres qu'en 1964, lors de sa fusion avec l'Adyar Club.

La Société théosophique

Vers 1870, le colonel Henry S. Olcott, vétéran de la guerre de Sécession, fit la connaissance d'Helena Petrovna Blavatsky dans le Vermont, aux États-Unis. Peu après, ils décidèrent de fonder un mouvement destiné à développer la fraternité universelle, dans le but de créer une société utopique permettant aux hommes de vivre en harmonie, indépendamment de leur caste, de leur foi ou de leur couleur de peau. Le mouvement attira de nombreux penseurs et intellectuels de renom, dont le Dr Annie Besant, présidente du Congrès national indien en 1917. L'idée de fonder un parti politique national fut énoncée pour la première fois vers 1890 au siège de la Société, à Adyar, sous le célèbre banian, par un fonctionnaire britannique, A. O. Hume. Le philosophe renommé Jiddu Krishnamurti a également été associé à la Société.

La Société théosophique

Cours de danse *Bharat Natyam* à Kalakshetra

Kalakshetra ⓫

Thiruvanmiyur, East Coast Rd. *ou taxi.* *(044) 2491 1844.* *t.l.j.* *Festival des arts de Kalakshetra (déc.-janv.).*

Cette institution pour la danse classique, la musique et les beaux-arts, fondée en 1936, est née dans l'esprit de Rukmini Devi. Cette protégée d'Annie Besant fut marquée par les idées de progrès de la Société théosophique *(p. 467)*. À 16 ans, elle suscita un scandale en épousant George Sydney Arundale, le directeur de l'école de la Société, âgé de 40 ans. Les voyages du couple aux quatre coins du monde permirent à Rukmini de découvrir la culture occidentale, et notamment la danse, qu'elle étudia auprès de la grande danseuse russe Anna Pavlova. De retour à Chennai, elle défia à nouveau la tradition, en apprenant et en exécutant le *Dasi Attam* classique, l'apanage des *devadasi* (danseurs de temple). L'International Centre for the Arts qu'elle a fondé pour la renaissance de cette danse, aujourd'hui appelée *Bharat Natyam (p. 29)*, devint par la suite le Kalakshetra, ou « Temple de l'art ».
Sur un campus de 40 ha, la musique et la danse classiques sont enseignées selon des méthodes traditionnelles, avec un *guru* transmettant son savoir à un petit groupe d'étudiants. Les plus grands danseurs indiens, comme Yamini Krishnamurti, Leela Samson et Alarmel Valli, y ont été formés. Un festival se tient tous les ans, et des représentations sont données dans un auditorium conçu comme un *koottambulam*, le théâtre traditionnel des temples du Kerala *(p. 521)*.

M.G.R. Film City ⓬

Près d'Indira Nagar. *(044) 2254 2424.* *t.l.j.* *en supplément.*

L'une des attractions les plus récentes de la ville est sa cité du cinéma, dédiée à la star M. G. Ramachandran *(p. 463)*, immensément populaire. Avec ses décors extravagants et ses équipements high-tech, c'est aujourd'hui le site majeur de l'industrie cinématographique tamoule, la deuxième du pays après celle de Mumbai *(p. 32-33)*. Film City attire de nombreux fans venus de tout le Tamil Nadu pour entrevoir leurs idoles.

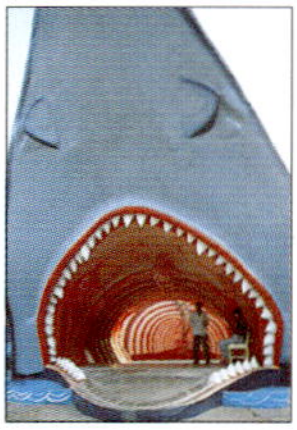

Décor de cinéma à M.G.R. Film City

Guindy National Park ⓭

Chennai S. Sardar Vallabhbhai Patel Rd. Gare de Guindy. *Guindy station.* *mer.-lun.* **Raj Bhavan** *au public.*

Guindy, qui était autrefois une banlieue éloignée de Chennai, a désormais été intégrée à la métropole tentaculaire. Une zone qui appartenait à la forêt privée entourant Guindy Lodge a été classée « parc national », devenant le Guindy National Park en 1977. Cette jungle d'acacias est parsemée d'arbres plus grands, comme des santals *(Santalam album)*, des banians *(Ficus bengalensis)* et des jamun *(Syzygium cumini)*. Ses habitants les plus connus sont les antilopes cervicapres *(Antelope cervicapra)*, introduites ici en 1924. Parmi les 130 espèces d'oiseaux qui y vivent, on trouve des oiseaux de proie, comme la bondrée apivore et le pygargue blagre. La meilleure période pour voir les oiseaux est l'hiver, où les migrateurs viennent dans la forêt. Dans le parc, on trouve également le **Madras Snake Park**, fondé dans les années 1970 par Romulus Whitaker, le zoologiste américain créateur de la Crocodile Bank, à l'extérieur de Chennai *(p. 472)*. Aujourd'hui, ce parc abrite de nombreuses espèces de serpents, dont des cobras royaux, des vipères et des pythons, mais aussi des crocodiles, des tortues et des lézards. De

Séquence de comédie musicale tournée pour un film tamoul

grandes pancartes présentent des informations sur l'habitat et le comportement des animaux. Les amateurs pourront aussi y assister à une démonstration d'extraction de venin, utilisé comme antidote en cas de morsure de serpent.

La Guindy Lodge, construite voici 300 ans, à l'ouest du parc, abrite désormais le **Raj Bhavan**, la résidence du gouverneur du Tamil Nadu. Le joli bâtiment blanc, où les dirigeants britanniques de la ville venaient passer les week-ends, a été agrandi au milieu du XIXe siècle par le gouverneur de l'époque, Grant-Duff.
Aujourd'hui, les institutions de Guindy comptent parmi les plus prestigieuses de la ville. Le quartier réunit aussi quelques monuments élevés aux leaders de l'Inde moderne, comme le Mahatma Gandhi, K. Kamaraj et C. Rajagopalachari.

La Masonry Cross, taillée dans la roche de la grotte, Little Mount

Façade de la Church of Our Lady of Expectations, Mount of St Thomas

Little Mount et Mount of St Thomas ⓮

S.-O. de Chennai. Près de Marmalog Bridge. *Arrêt St Thomas Mount.*

Mortellement blessé, saint Thomas aurait trouvé refuge dans une grotte taillée dans la roche de Little Mount, en 72 apr. J.-C. Près de la **Church of Our Lady of Good Health**, un bâtiment moderne, se dresse la **Blessed Sacrament Chapel**, construite par les Portugais sur la grotte. Dans la grotte, on voit le passage par lequel le saint en fuite se fraya un chemin. Près de l'entrée, sa main laissa une empreinte qui est toujours visible. Au fond de la grotte, on voit la croix devant laquelle l'apôtre aurait prié. À côté de la **Church of the Resurrection** se trouve une source aux pouvoirs de guérison. Selon la légende, elle aurait jailli lorsque saint Thomas frappa le rocher de son bâton pour désaltérer la congrégation assoiffée.

À environ 3 km au sud-ouest de Little Mount, le Mount of St Thomas ou Great Mount se dresse à 95 m de hauteur. Quelque 132 marches mènent au sommet et à la **Church of Our Lady of Expectations**, construite au XVIe siècle par les Portugais. Sa principale relique est une ancienne croix de pierre, sur le mur de l'autel. C'est la légendaire croix sculptée par le saint en personne, qui saigna miraculeusement entre 1558 et 1704.

Sous le versant oriental du mont s'étire le quartier du **Cantonment**, aux rues ombragées bordées de bungalows néoclassiques du XVIIIe siècle.

SAINT THOMAS EN INDE

Selon la légende, saint Thomas, l'un des douze apôtres, vint dans le Sud de l'Inde peu après la mort de Jésus-Christ. Il débarqua, dit-on, à Cranganore *(p. 531)* en l'an 52, et il passa les douze années qui suivirent sur la côte de Malabar, prêchant l'Évangile et convertissant la population locale. Il se déplaça vers l'Est avant de s'établir à Mylapore *(p. 466)*. Il vécut les dernières années de son existence dans une grotte de Little Mount. De là, il marchait chaque jour jusqu'à la plage, où il se reposait avant de prêcher dans les bosquets. On raconte qu'un jour, en l'an 72, alors qu'il priait sur le Mount of St Thomas, il fut mortellement blessé par une lance et qu'il se réfugia à Little Mount, où il mourut. Ses fidèles portèrent son corps à San Thomé, où il fut enterré dans la crypte de la petite chapelle qu'il avait construite, l'actuelle Basilica de San Thomé. Un grand vitrail y raconte l'histoire de l'apôtre. Les Portugais colonisèrent Mylapore au début du XVIe siècle, attirés par les récits du Vénitien Marco Polo, qui visita la chapelle nestorienne au XIIIe siècle. En 1972, le saint, qui occupe une place privilégiée dans le cœur des Indiens, devint l'Apôtre de l'Inde.

Saint Thomas

LE TAMIL NADU

Berceau de l'ancienne culture dravidienne, le Tamil Nadu s'étend de la côte de Coromandel, à l'Est, jusqu'aux Ghâts occidentaux boisés, à l'Ouest. Le cœur de l'État abrite la vallée fertile de la Kaveri, avec ses rizières et ses temples spectaculaires, site de l'ancienne Cholamandalam, où les rois chola construisirent des temples magnifiques, notamment à Thanjavur. Les visiteurs découvriront aussi des temples superbes à Madurai et à Chidambaram, où la danse, la musique et la littérature connurent leur apogée. La ville portuaire de Mamallapuram du VIIe siècle, aux spectaculaires temples rupestres, est inscrite au Patrimoine mondial de l'Unesco. L'ancienne enclave française de Pondicherry, ainsi que les forts et les églises britanniques témoignent du passé colonial de l'État. Quant au préfixe *Tiru*, « sacré », dans le nom de nombreuses villes, il indique la présence d'un site religieux important.

LA RÉGION D'UN COUP D'ŒIL

Villes, localités et districts
Chettinad 21
Coimbatore 17
Pondicherry 7
Ramanathapuram 22
Tiruchirapalli 13
Tuticorin 24
Vellore 4
Kanniyakumari 28
Kumbakonam 10
Madurai 20
Palani 18
Rameshvaram 23
Srirangam 14
Suchindram 27
Thanjavur 12
Tiruchendur 25
Tirunelvelli 26
Tiruvaiyaru 11
Tiruvannamalai 5

Sites historiques
Dakshina Chitra 1
Gingee Fort 6
Mamallapuram 2

Temples
Chidambaram 8
Gangaikondacholapuram 9
Kanchipuram 3

Parc national
Mudumalai Wildlife Sanctuary 16

Stations climatiques
Kodaikanal 19
Yercaud 15

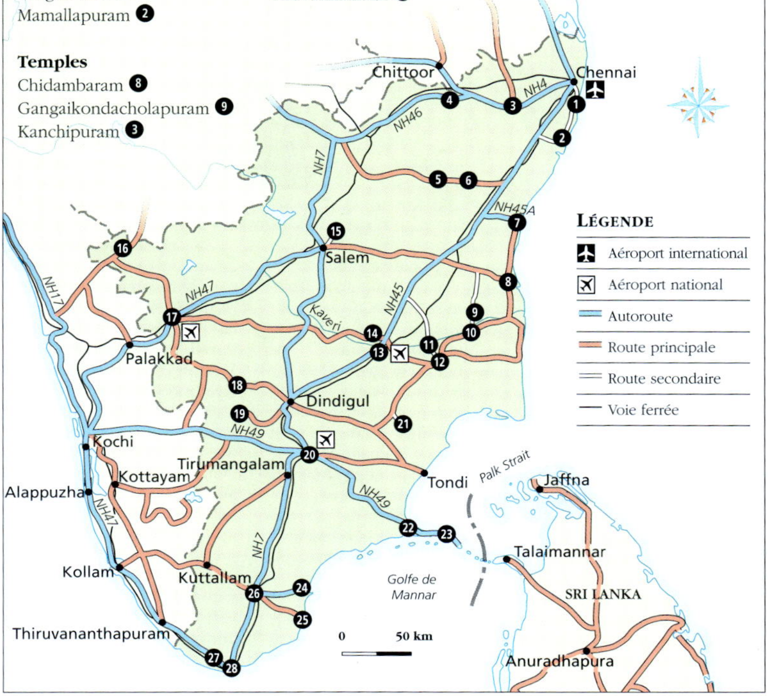

◁ **Détail du *gopura* d'un temple, orné de stucs colorés, Sarangapani Temple, à Kumbakonam**

Dakshina Chitra ❶

District de Chingleput. À 26 km au S. de Chennai. (04114) 272 603. mer.-lun.

Ce village de la côte de Coromandel offre un aperçu fascinant de l'habitat et du mode de vie des populations locales, avec des reconstitutions de six maisons traditionnelles du Tamil Nadu, trois du Kerala et une du Karnataka. La jolie demeure de Chettiars *(p. 498)*, avec sa porte en bois richement sculptée, témoigne de la richesse de cette communauté de commerçants, tandis que les maisons de prêtres, de fermiers, de tisserands et de potiers sont fonctionnelles mais élégantes. On y voit aussi un sanctuaire ayyanar *(p. 493)* et une cour ouverte qui accueille des représentations folkloriques, des spectacles de danse classique et des démonstrations d'artisanat.

Aux environs : Le **Cholamandal Village**, à 12 km au nord de Dakshina Chitra, est un village d'artistes créé en 1966. Les amateurs d'animaux visiteront la **Crocodile Bank**, fondée par le zoologiste américain Romulus Whitaker, à 15 km au sud du village. Il y a aussi une ferme de serpents et une coopérative d'Irula, une ethnie spécialisée dans la capture de rats.

Cholamandal Village
(044) 2449 0092. t.l.j.
Crocodile Bank
mer.-lun. en supplément.

Pancarte colorée indiquant l'entrée de la Crocodile Bank

Relief sculpté de Mamallapuram, représentant l'ascèse de Bhagiratha

Mamallapuram ❷

District de Kanchipuram. À 58 km au S. de Chennai. Covelong Rd, (04114) 242 232. t.l.j. Festival de danse (janv.-fév.).

Inscrit au Patrimoine mondial de l'Unesco, ce site, aussi appelé Mahabalipuram, fut une importante ville portuaire, fondée au VIIe siècle par le roi pallava Narasimha Varman Ier, surnommé Mamalla, « le Grand Lutteur ». Ce site spectaculaire, sur le golfe du Bengale, s'étend dans un paysage parsemé de blocs de pierre. On y trouve des grottes rupestres et des sanctuaires monolithiques *(p. 474-475)*, des temples maçonnés et de gigantesques bas-reliefs, considérés comme les plus beaux exemples de l'art pallava. Les nombreux ateliers du village perpétuent la tradition de la sculpture qui a donné naissance à ces merveilles. Perché sur un promontoire près de la mer, le spectaculaire **Shore Temple**, dédié à Vishnou par Mamalla, a survécu aux outrages du temps et de l'érosion. Les deux sanctuaires de Shiva, eux, ont été ajoutés par le successeur de Mamalla, Narasimha Varman II. Le temple est doté d'une enceinte peu élevée, qu'entourent des rangées de nandis assis. Dans le temple, on voit un vishnou allongé, un lingam poli à 16 facettes et des reliefs de Somaskanda, divinité composite associant Shiva, son épouse Parvati et leurs fils Skanda et Ganesh.

Le Krishna's Butter Ball, un rocher naturel

En partant vers l'intérieur des terres, au centre du village, on découvre un célèbre bas-relief, le **Bhagiratha's Penance**, aussi appelé « Ascèse d'Arjuna » ou « la Descente du Gange ». Sculpté sur un immense rocher doté d'une fissure verticale naturelle symbolisant le Gange, le panneau représente avec force détails l'histoire du fleuve sacré, descendu du ciel. À cet acte divin, rendu possible par l'ascèse du sage Bhagiratha, assistent des créatures célestes et semi-célestes, des ascètes et des animaux. Le symbolisme de l'œuvre se comprend aisément durant la mousson, lorsque l'eau de pluie ruisselle dans la fissure avant d'être recueillie dans le bassin, plus bas. Non loin se dressent le **Panch Pandava Cave Temple**, inachevé, et le **Krishna's Butter Ball**, un rocher installé en équilibre précaire sur une éminence. Au sud de Bhagiratha's Penance se trouve le **Krishna Mandapa**, un gigantesque bas-relief représentant le dieu soulevant le mont Govardhan pour protéger les hommes des pluies torrentielles, et accomplissant son travail de vacher. L'**Olakkanatha Temple**, au-dessus du *mandapa*, servait autrefois de phare.

L'éperon rocheux au sud-ouest de Bhagiratha's Penance compte trois temples rupestres. Le **Mahishasuramardini Cave Temple** possède un joli portrait de la déesse Durga sur son lion, maîtrisant le démon-buffle Mahisha, sur le mur nord. Ce panneau plein de vie contraste avec celui du mur sud, représentant Vishnou en pleine méditation avant de créer la Terre.

Non loin, l'**Adivaraha Cave Temple** possède d'intéressants panneaux représentant les chefs pallava et leurs épouses. Le Lion Throne, au sommet d'une colline plus à l'ouest, est une plate-forme surélevée avec un lion assis, découvert près des monceaux de briques qui seraient les vestiges du palais des Pallava.

Le **Trimurti Cave Temple**, au nord-ouest de Bhagiratha's Penance, est dédié à Shiva, Vishnou et Somaskanda. Une sculpture de Durga debout sur la tête de Mahisha orne un mur extérieur. Au sud, le **Varaha Cave Temple** possède de jolis piliers ornés de lions. Les reliefs de Lakshmi, Durga et Varaha, avatar de Vishnou en sanglier, comptent parmi les chefs-d'œuvre de l'art pallava. Le **Ganesha Ratha** à deux étages, un bâtiment rectangulaire plus au sud, serait l'œuvre de Parameshvara Varman Ier (VIIe siècle). Dédié à l'origine à Shiva, le temple possède de belles inscriptions énumérant les titres royaux de Parameshvara Varman.

Un petit **Archaeological Museum**, qui présente des sculptures et des fragments d'objets mis au jour sur le site, s'étend à l'est.

Archaeological Museum
West Raja St. t.l.j. **Shore Temple** *valable aussi pour les Panch Rathas.*

AUX ENVIRONS : La **Tiger's Cave**, à 4 km au nord, est une grotte gardée par un grand rocher, ornée de têtes de *yali* (créatures mythologiques). Elle accueillait probablement des représentations en plein air. Au sommet d'une colline de **Thirukkazhukunran**, à 17 km à l'ouest, le Vedagirisvara Temple, dédié à Shiva, est connu pour les deux aigles qui viennent à midi se faire nourrir par les prêtres. Ces oiseaux seraient des saints qui se reposent ici entre Varanasi *(p. 172-177)* et Rameshvaram.

Pêcheurs sur la plage de Mamallapuram

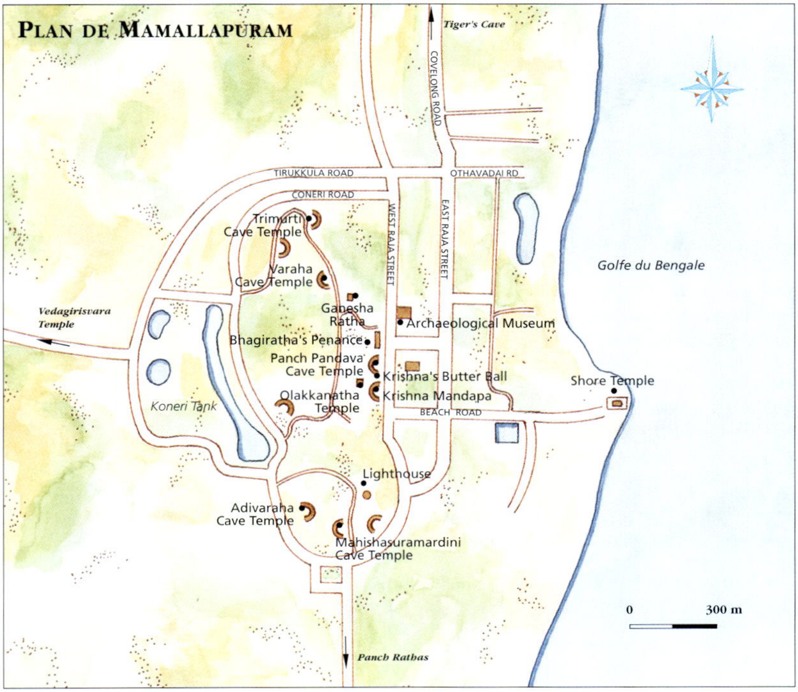

Mamallapuram : le Panch Rathas

Sculpture de Subramanya

Ce complexe du VIIe siècle, qui réunit des sanctuaires monolithes taillés dans la pierre, les Panch (cinq) Rathas (chariots de temple processionnels), doit son nom aux cinq frères Pandava, héros du *Mahabharata* *(p. 26)* et à leur reine, Draupadi. Bien qu'inachevés, ces temples impressionnants attestent du génie des tailleurs de pierre qui sculptèrent ces gigantesques blocs *in situ*. Les styles et les techniques propres à l'architecture en bois ont été transposés à la pierre, donnant naissance à une diversité de formes dont l'influence fut décisive pour l'architecture des temples de l'Inde du Sud.

Arjuna Ratha, Draupadi Ratha et Nandi

Arjuna Ratha
Ce temple de deux étages est décoré d'une jolie représentation de Shiva appuyé sur sa monture, le taureau Nandi. Des couples royaux et d'autres personnages élégamment sculptés ornent les niches des murs extérieurs.

★ Panneau de Durga
Une durga à quatre bras est sculptée sur le mur du fond du sanctuaire du Draupadi Ratha, avec des fidèles agenouillés devant elle. L'un d'eux s'apprête à se couper la tête, dans un geste de sacrifice suprême.

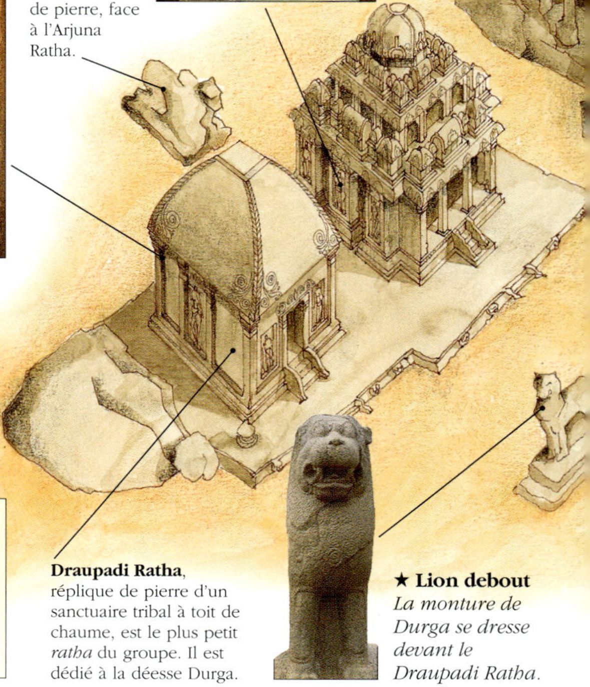

Nandi, taillé dans un bloc de pierre, face à l'Arjuna Ratha.

Draupadi Ratha, réplique de pierre d'un sanctuaire tribal à toit de chaume, est le plus petit *ratha* du groupe. Il est dédié à la déesse Durga.

★ Lion debout
La monture de Durga se dresse devant le Draupadi Ratha.

À NE PAS MANQUER

★ Panneau de Durga

★ Lion debout

★ Harihara

Roi Narasimha
Le roi pallava Narasimha Varman Ier, l'artisan de ce complexe à qui il a donné son surnom, Mamalla, est représenté portant une couronne, des vêtements de soie et des bijoux.

MODE D'EMPLOI

À 1,5 km au S. du village de Mamallapuram. *t.l.j.*
Tamil Nadu Tourism, Covelong Rd, (04114) 242 232.

Dharmaraja Ratha, un imposant *ratha* de trois niveaux, est couronné par un dôme octogonal. Des panneaux sculptés ornent les étages supérieurs.

Le Bhima Ratha est un gigantesque *ratha* rectangulaire avec un toit en voûte à berceau. Le niveau inférieur est inachevé. Ce *ratha* doit son nom au frère Pandava renommé pour sa force.

★ Harihara
Les niches du niveau inférieur accueillent de belles sculptures de Harihara, dieu composite réunissant Vishnou et Shiva (p. 47). *Le côté droit, aux mèches de cheveux emmêlées, est Shiva, tandis que le côté gauche est Vishnou, coiffé d'une couronne cylindrique effilée.*

Nakul Sahdeva Ratha
Ce ratha, *qui doit son nom aux jumeaux Pandava, est unique de par sa forme absidale, appelée* gajaprishta *(« dos d'éléphant ».) Comme pour souligner cette similitude, un éléphant, sculpté dans un bloc de pierre, se dresse à côté.*

Prêtres vishnouites, au Varadaraja Temple

Kanchipuram ❸

District de Kanchipuram. À 76 km au S.-O. de Chennai. 153 000. Hotel Tamil Nadu, 78, Kamakshi Amman Sannathi St, (04112) 222 552. Shivatri (fév.-mars), fête de Panguni Uthiram (mars-avr.), Brahmotsava (mai-juin).

Cette petite ville, souvent appelée Kanchi, est l'une des sept cités saintes de l'hindouisme. Entre le VIe et le VIIIe siècle, elle fut la capitale des Pallava *(p. 472)*. Les dynasties des Chola, des Pandya et des Vijayanagar qui leur succédèrent consolidèrent sa réputation de centre religieux et marchand. Sacrée tant pour les shivaïtes (dévots de Shiva) que pour les vishnouites (dévots de Vishnou), Kanchipuram est divisée en deux zones distinctes, avec les temples shivaïtes au nord et les temples vishnouites au sud-est. La ville possède un important temple de Devi (déesse), le **Kamakshi Temple**, situé au nord-est de l'arrêt de bus.

Le **Kailasanatha Temple**, lui, se dresse à l'ouest de l'arrêt de bus. Construit au début du VIIIe siècle par Rajasimha, dernier grand roi pallava, ce temple de Shiva est le plus ancien et aussi le plus majestueux de la ville. Les fresques découvertes ici récemment sont les plus anciennes de l'Inde du Sud. L'autre magnifique temple de Shiva, l'**Ekambareshvara Temple**, sur Car Street, est l'un des cinq *panchalinga* ou « sanctuaires des cinq éléments ». Il abrite un lingam en terre *(prithvi)*. Les couloirs du temple comptent quantité de lingams. Sur la face ouest du sanctuaire se trouve un manguier sacré, qui aurait 3 000 ans.

Le **Vaikuntha Perumal Temple**, près de la gare, est l'un des 18 temples dédiés à Vishnou. Le plus important est le **Varadaraja Temple**, sur Gandhi Road. Sa divinité principale est une forme de Vishnou appelée Varadaraja (« roi qui donne la bénédiction »). Les joyaux du temple comprennent un précieux collier en or, qui serait un don de Robert Clive *(p. 457)*. Il orne la divinité durant la fête de Garuda. Kanchipuram est un grand centre de tissage de soieries, produisant des saris renommés pour leur lustre. C'est aussi la ville de l'un des quatre Shankaracharya, la lignée de prêtres du centre religieux fondé par Adi Shankaracharya *(p. 530)*, saint et philosophe du IXe siècle.

Kailasanatha, le plus vieux temple de Kanchipuram

Le Vellore Fort est un ouvrage rectangulaire entouré de douves

Vellore ❹

District de Vellore. À 145 km à l'O. de Chennai. *177 500.* *Katpadi, à 5 km au N. du centre-ville, puis car ou voiture.* *t.l.j..*

Entouré de douves, le **Vellore Fort**, du XVIe siècle, se dresse au centre de la ville. Cet exemple impressionnant d'architecture militaire possède une histoire mouvementée. Aujourd'hui, une partie du bâtiment abrite des administrations, dont l'ASI, le Centre d'études archéologiques, des tribunaux et une prison, mais aussi un musée, qui présente une petite collection intéressante d'objets mis au jour sur le site. Le seul bâtiment important préservé au sein de la forteresse est le magnifique **Jalakanteshvara Temple**, construit par les Nayaka, gouverneurs sous les rois de Vijayanagar, au milieu du XVIe siècle. Ce temple de Shiva se trouve près de la muraille nord. Dans la cour extérieure se dresse le Kalyana Mandapa, richement orné, aux piliers sculptés de chevaux et de figures chevauchant des *yali*.

Vellore est connue pour le prestigieux **Christian Medical College**, fondé en 1900 par le Dr Ida Scudder et spécialisé dans la recherche sur les maladies tropicales. À l'est de Vellore se trouve **Arcot**, connue pour ses *nawab* flamboyants *(p. 570)*.

Vellore Fort
t.l.j. **Museum** *sam.-jeu.*
2e sam. du mois.
Jalakanteshvara Temple *t.l.j.*
dans le sanctuaire.

Tiruvannamalai 5

District de Tiruvannamalai. À 85 km au S. de Vellore.
Karthigai Deepam (nov.-déc.).

C'est dans cette ville de pèlerinage, l'une des plus sacrées du Tamil Nadu, que Shiva serait apparu sous la forme d'une colonne de feu *(linga sthavara)* pour affirmer sa suprématie sur Brahma et Vishnou. Arunachala Hill (« montagne Rouge ») qui se dresse en arrière-plan de la ville serait le site où le feu se serait manifesté. Par conséquent, l'endroit est considéré comme la lumière de Dieu. Le jour de la fête de Karthigai Deepam *(p. 481)*, une gigantesque *deepa* (« lampe »), consommant 2 000 litres de *ghee* et une mèche de 30 m, brûle durant plusieurs jours. Par une nuit de pleine lune, les pèlerins font tout le tour de la colline à pied, sur 14 km.

L'**Arunachaleshvara Temple**, le bâtiment le plus important de la ville, est l'un des cinq sanctuaires de Shiva liés aux cinq éléments. Son lingam, orné d'or, représente le feu. Le site du temple, qui s'étend sur 10 ha, est l'un des plus vastes d'Inde. Certaines parties datent du XIe siècle. Le temple compte neuf tours imposantes, de gigantesques *prakara* (murs d'enceinte), le grand Shivaganga Tank, qui est un bassin, et une vaste salle aux mille colonnes. C'est aussi à Tiruvannamalai que Sri Ramana Maharishi, célèbre saint du XXe siècle, passa 23 ans en méditation. Le **Sri Ramana Maharishi Ashram**, près d'Arunachala Hill, est un centre spirituel de renommée internationale, qui attire quantité de fidèles.

L'Arunachaleshvara Temple, à Tiruvannamalai

Le Gingee Fort s'étend sur trois collines

Arunachaleshvara Temple

t.l.j. *aux non-hindous.*
dans le sanctuaire.

Gingee Fort 6

District de Viluppuram. À 37 km à l'E. de Tiruvannamalai. *t.l.j.*

Gingee (appelé Senji localement) Fort est une véritable prouesse d'architecture militaire. Ses trois citadelles, perchées de manière spectaculaire sur trois collines – Krishnagiri au nord, Rajagiri à l'ouest et Chandrayandurg au sud-est – sont ceinturées par des murs de pierre, formant une enceinte triangulaire, qui s'étend sur plus de 1,5 km du nord au sud.

Construit par les gouverneurs nayaka pour les rois de Vijayanagar, aux XVe et XVIe siècles, le fort fut occupé par les sultans adil shahi de Bijapur *(p. 444)*, puis par les Marathes, les Français et enfin les Britanniques.

Cette ville fortifiée est parsemée de constructions à arcades, de mosquées, de petits sanctuaires, de bassins et de greniers. Beaucoup de temples, essentiellement dédiés à Vishnou, ont été préservés. C'est le cas du temple abandonné de la citadelle principale, sur Rajagiri Hill, à 242 m d'altitude. Le plus remarquable, toutefois, est le Venkataramana Temple, près de la Pondicherry Gate, construit par Muthialu Nayaka au XVIIe siècle. Ses piliers d'origine ont été retirés par les Français pour être utilisés sur la Government Square à Pondicherry *(p. 478)*. Près de la porte, des panneaux représentent des scènes du *Ramayana* et du *Vishnu Purana*.

Le Ranganatha Temple et le Krishna Temple, plus petits que le **Venkataramana Temple**, se trouvent sur Krishnagiri Hill, tout comme le **Durbar Hall**, dont les balcons offrent de belles vues des environs. Le plus beau monument du fort est le **Kalyana Mahal**, un bâtiment carré construit pour les dames de la Cour. Il possède une grande tour centrale pyramidale à huit étages, avec une grande salle unique à chaque étage.

Le Kalyana Mahal, Gingee

On y voit aussi les vestiges d'un réseau de sources et de bassins qui alimentaient la citadelle en eau. L'un des bassins, Chettikulam, possède une plate-forme sur laquelle se déroula au XVIIIe siècle la crémation de Raja Thej Singh, courageux chef rajpout et vassal de l'empereur moghol. Des chansons populaires tamoules glorifient Gingee et Raja Thej Singh, tué lors d'une bataille héroïque contre le *nawab* d'Arcot.

Pondicherry pas à pas ❼

Statue de Jeanne d'Arc

L'ancienne capitale des territoires français en Inde a été fondée en 1674 par François Martin, premier directeur de l'East India Company. La ville est aménagée sur un plan en damier, avec des rues parallèles se coupant à angle droit. Sa promenade principale, Goubert Salai, qui se déroule sur 3 km le long du golfe du Bengale, appartenait au quartier français, avec ses élégantes demeures coloniales, ses boulevards bordés d'arbres, ses parcs, ses bars et ses cafés. Au-delà s'étendait un canal, aujourd'hui asséché, qui délimitait la ville tamoule, où vivait la population locale.

Government Square
Un pavillon s'élève au centre de cette place plantée d'arbres.

Une statue du Mahatma Gandhi, de 4 m de haut, se dresse sur un piédestal entouré de huit colonnes de pierre.

★ Church of Our Lady of the Angels
Cette belle église construite en 1865 abrite une peinture de Notre-Dame-de-l'Assomption, cadeau de l'empereur Napoléon III.

Le Café, un restaurant très renommé de Goubert Salai.

Joseph François Dupleix

Dupleix (1696-1763)

Le passé colonial de Pondicherry est inextricablement lié au redoutable marquis Joseph François Dupleix, gouverneur de 1742 à 1754. Cet homme d'État énergique tenta vaillamment de lutter contre la suprématie britannique en nouant des alliances avec des princes locaux. Cette lutte d'influence fut encore renforcée par la guerre de Succession d'Autriche, opposant l'Angleterre à la France. Avec la défaite des Français lors de la deuxième guerre carnatique, Dupleix fut contraint de quitter son poste de gouverneur et rentra à Paris en disgrâce. Une statue le représentant se dresse sur Goubert Salai.

À ne pas manquer

- ★ Church of Our Lady of the Angels
- ★ Aurobindo Ashram
- ★ Vue du front de mer

Raj Nivas
Mariage harmonieux d'architectures française et indienne, la demeure de Dupleix est désormais la résidence officielle du lieutenant-gouverneur.

MODE D'EMPLOI

Territoire d'union de Pondicherry. À 160 km au S. de Chennai. *220 800.* *Pondicherry Tourism, Goubert Salai, (0413) 315 1510.* *lun.-sam.* *Masimagam (fév.-mars), Ganesha Chaturthi (août-sept.).*

Manakula Vinayakar Temple
Ce temple dédié à Ganesh possède une flèche dorée. Sur ses murs, le dieu est représenté sous 40 formes différentes.

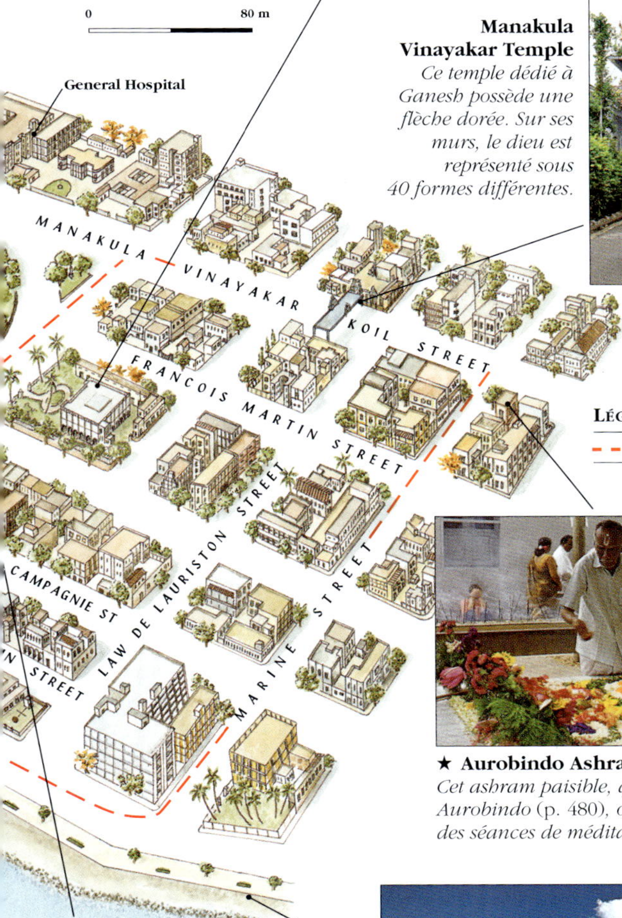

LÉGENDE

Itinéraire conseillé

★ Aurobindo Ashram
Cet ashram paisible, qui doit son nom à Sri Aurobindo (p. 480), organise régulièrement des séances de méditation, ouvertes à tous.

Le Pondicherry Museum's présente une collection comprenant des objets romains, des bronzes chola et de jolis coquillages.

★ Vue du front de mer
Le Goubert Salai, le boulevard qui longe le golfe du Bengale, est bordé de majestueux bâtiments coloniaux.

À la découverte de Pondicherry

Policier coiffé d'un képi

Souvent comparée à une ville de province hexagonale assoupie, Pondicherry a conservé une atmosphère bien française. Les plus vieux habitants parlent encore la langue de Molière, et les imposantes demeures coloniales qui bordent les rues plantées d'arbres ont conservé leurs noms coloniaux. Même les policiers portent toujours le képi. Aujourd'hui, cette ville installée sur la côte orientale du Tamil Nadu a été rebaptisée Puduchcheri. C'est le chef-lieu administratif d'un Territoire d'union recouvrant les anciennes enclaves françaises de Mahe dans le Kerala *(p. 536)*, de Yanam dans l'Andhra Pradesh et Karaikkal dans le Tamil Nadu.

Pondicherry Museum

49, rue St-Louis. *Directeur arts et culture, (0413) 233 6236.* *mar.-dim.*

Installé dans le charmant Law Building, près du Government Park, le Pondicherry Museum présente une magnifique collection d'objets illustrant l'époque coloniale française. Les salles d'une section du musée, meublées dans le style français, sont ornées de statues en marbre, de miroirs et d'horloges. Admirez le lit de Dupleix et un pousse-pousse. Le musée présente aussi des bronzes et des sculptures en pierre des périodes pallava et chola. Les pièces mises au jour non loin à Arikamedu, un port qui entretenait des relations marchandes avec la Rome impériale, comprennent des perles, des amphores, des pièces de monnaie, des lampes à huile, des urnes funéraires et des fragments de poteries et de porcelaines. Ce bâtiment abrite aussi la **Romain Rolland Library**. Fondée en 1872, la bibliothèque conserve une collection de plus de 300 000 ouvrages, dont de nombreuses éditions rares, en français et en anglais. Son bibliobus, avec plus de 8 000 ouvrages, dessert les villages des environs. La section des ouvrages à consulter, au deuxième étage, est ouverte au public.

Romain Rolland Library

(0413) 233 6426. *lun.-sam.*

Church of the Sacred Heart of Jesus

South Boulevard. *t.l.j.*

Vitrail, Church of the Sacred Heart of Jesus

Il règne une grande sérénité dans cette église néogothique marron et blanche du XVIIIe siècle. Ses éléments les plus intéressants sont des grands vitraux illustrant la vie de Jésus et les belles arches de la nef. En poursuivant plus loin sur le boulevard sud, on arrive au cimetière, qui possède quelques tombes intéressantes, avec de belles décorations en marbre.

Botanical Gardens

Au S. de l'arrêt de bus.

À l'extrémité occidentale de l'ancienne ville tamoule, le jardin botanique a été aménagé à la française en 1826, avec des topiaires, des parterres de fleurs, des allées en graviers et des fontaines. Les Français y introduisirent des arbres et des arbustes originaux et exotiques de toute l'Inde et des quatre coins du monde. Avec ses 1 500 espèces, c'est l'un des jardins botaniques les plus intéressants de l'Inde du Sud. Le petit aquarium permet de découvrir des espèces marines de la côte de Coromandel.

House of Ananda Rangapillai

Ananda Rangapillai St. *(0413) 233 5756 pour autorisation de visite.*

Cette demeure richement meublée, qui fut au XVIIIe siècle la résidence d'un aristocrate indien, offre un aperçu fascinant d'un mode de vie disparu. Transformée en musée, elle appartenait à Ananda Rangapillai, le courtier *(dubash)* favori de Dupleix. Observateur et commentateur avisé, il rédigea un journal intime entre 1736 et 1760, consignant ses vues sur les fluctuations de fortune des Français. Toutefois, le personnage déplaisait à Mme Dupleix, qui finit par le faire démettre de ses fonctions.

SRI AUROBINDO GHOSE

Sri Aurobindo Ghose (1872-1950)

Le poète et philosophe bengali Aurobindo Ghose, qui participa à la lutte pour l'indépendance au début du XXe siècle, était connu pour ses positions radicales. Pour échapper aux Britanniques, il se réfugia sur le territoire français de Pondicherry, où il s'intéressa à la spiritualité. C'est ici qu'il étudia, écrivit et rendit populaires les principes du yoga. Son disciple, Mirra Alfassa, appelée plus tard « la Mère », était une Parisienne mystique, peintre et musicienne, qui vint à Pondicherry avec son époux durant la Première Guerre mondiale. La philosophie de Sri Aurobindo l'inspira à tel point qu'elle décida de rester à Pondicherry. Elle participa ensuite à la fondation de l'ashram d'Aurobindo.

La cour verdoyante de l'École française de l'Extrême-Orient

École française de l'Extrême-Orient

16 et 19, rue Dumas. (0413) 233 2504.

Cet institut de recherche de renommée internationale, fondé au XIXe siècle, est connu pour ses travaux en archéologie, en histoire et en sociologie.

French Institute of Indology

11, rue St Louis. (0413) 233 4539.

Le prestigieux Institut français d'indologie a été fondé dans les années 1950 par le Dr Jean Filliozet, indologue éminent, pour l'étude de la langue et de la culture locales. L'Institut entretient désormais des liens avec des universités et des instituts de recherche français.

Aurobindo Ashram

Rue de la Marine. (0413) 233 9648. t.l.j.

Le site le plus connu de Pondicherry, l'ashram, rythme la vie de la ville. Fondé en 1926 par Sri Aurobindo, l'ashram est un site paisible, aux cours ombragées par des arbres. Le *samadhi* (mémorial) couvert de fleurs de Sri Aurobindo et de la Mère est situé dans la cour principale, sous un frangipanier. Le mémorial, qui compte deux compartiments superposés, est entouré de nombreux fidèles qui viennent y méditer.

Aux environs : À 8 km au nord-ouest de Pondicherry, **Auroville**, ou « ville de l'Aurore » a été créée par l'architecte français Roger Anger, en 1968. Conçu comme un paradis utopiste par Mirra Alfassa, la Mère, le site a été pensé comme une ville futuriste internationale, permettant aux hommes de bonne volonté de vivre ensemble, en paix. L'International Commune, avec 40 peuplements aux noms tels que Grâce, Sérénité et Certitude, et ses 550 résidents permanents, devait réunir des gens de castes, de religions et pays différents vivant en harmonie. Deux peuplements importants, Fraternité et Harmonie, vendent des objets fabriqués par des artisans locaux. Le Matri Mandir, un centre de méditation installé dans un site de 25 ha, reflète les croyances spirituelles de la Mère. Cette construction sphérique en marbre contient un cristal qui réfléchit les rayons du soleil. La lumière concentrée sert de point focal facilitant la méditation.

Matri Mandir, le centre spirituel et géographique d'Auroville

Fêtes du Tamil Nadu

Pongal *(mi-janv.)*. Cette fête rendant grâce au Soleil, à la Terre et au bétail est célébrée dans tout le Tamil Nadu. L'offrande principale est un pudding de riz sucré *(pongal)*. Dans les districts du Sud se déroulent des combats de taureaux, appelés *manju virattal*.

Chitirai *(mi-avr.)*. Le Nouvel An tamoul est célébré dans tout l'État, avec des offrandes de nourriture aux dieux. À Madurai, le mariage de Minakshi (Parvati) et Sundareshvara (Shiva) est fêté en grande pompe.

Adi Perukku *(juil.-août)*. Des sucreries et diverses préparations à base de riz sont données en offrandes aux rivières du Tamil Nadu, pour marquer le début de la mousson.

Navaratri Gollu *(sept.-oct.)*. Cette fête de neuf jours réservée aux femmes célèbre la victoire de la déesse Durga sur le démon-buffle Mahisha. Les maisons sont décorées de poupées *gollu*, qui représentent dieux et déesses, ainsi que d'icônes séculaires contemporaines.

Karthigai *(nov.-déc.)*, à Tiruvannamalai. Les gens décorent leurs maisons de lumières, pour célébrer la naissance de Murugan, fils de Shiva *(p. 477)*.

Femmes tamoules préparant la fête de Pongal

Le toit plaqué or du sanctuaire principal du Nataraja Temple, à Chidambaram

Chidambaram 8

District de Thanjavur. À 60 km au S. de Pondichery. 59 000. *Hotel Tamil Nadu, Railway Feeder Rd, (04144) 238 739.* *Festival de danse (fév.-mars), Arudhra (déc.-janv.).*

Le Chidambaram sacré, où Shiva aurait exécuté sa danse cosmique, le *Tandava Nritya*, est une ville traditionnelle où les croyances et les pratiques hindoues ancestrales sont respectées rigoureusement, dans un cycle sans fin de rites et de rituels. Le centre de la ville est le majestueux **Nataraja Temple**, construit par les Chola *(p. 46-47)* au IXe siècle en l'honneur de leur patron, Shiva Nataraja, le « seigneur de la Danse » *(p. 462)*. Le temple possède un sanctuaire inhabituel rappelant une hutte, au toit plaqué or. On y voit aussi le gigantesque Shivaganga Tank, un bassin entouré d'une colonnade, et les quatre *gopura* colorés. Le *gopura* oriental, qui présente des sculptures des 108 mouvements de mains et de pieds du *Bharat Natyam*, est le plus intéressant *(p. 29)*.
Les trois vastes enclos du temple abritent quatre grands halls *(sabha)*, possédant chacun un but précis. Dans l'enclos extérieur, à côté du Shivaganga Tank, le Raja Sabha (« Hall royal ») est un beau hall à mille piliers, construit pour les rituels et les festivités du temple. Dans l'enclos central se dresse le Deva Sabha (« Hall divin »), où sont conservés les bronzes du temple et qui abrite l'administration. Le Nritya Sabha (« Hall de danse ») contient une superbe collection de sculptures ; la plus belle est l'**Urdhava Tandava**. L'enclos intérieur, le plus sacré, contient le Chit Sabha ou Chitambalam (« Hall de la béatitude »), qui a donné son nom à la ville. C'est le sanctuaire principal, abritant l'un des cinq lingams liés aux éléments de Shiva, le lingam *akasha* représentant l'éther, élément essentiel à l'existence humaine. Un parfum de mystère flotte dans le sanctuaire intérieur abritant le lingam. Ce dernier est caché derrière un rideau noir symbolisant l'ignorance, écarté uniquement lors des prières. Enfin, la cinquième salle, devant le Chit Sabha, est le Kanaka Sabha (« Hall doré »). C'est ici que Shiva aurait exécuté sa danse cosmique.

L'Urdhava Tandava, au Nataraja Temple

Les traditions religieuses sont perpétuées par un groupe de prêtres héréditaires, dont les ancêtres arrivèrent à Chidambaram voici 3 000 ans. Appelés *dikshitar*, ils étaient aisément reconnaissables à leurs cheveux tirés. La ville est également connue pour son université moderne, l'**Annamalai University**, située à l'est. Fondée par un philanthrope voici plus de 50 ans, c'est la première université avec internat du Tamil Nadu, spécialisée dans les études de l'Inde du Sud.

Nataraja Temple

Près de l'arrêt de bus. *t.l.j.*

Gangaikondacholapuram 9

District de Piruchirapalli. À 40 km au S.-O. de Chidambaram. *de Chidambaram ou Kumbakonam.*

Ce modeste village, dont le nom signifie « ville du Chola qui prit le Gange », fut la capitale de la puissante dynastie chola *(p. 46-47)* sous le règne de Rajendra Ier (règne : 1012-1044). Grand chef militaire comme son père, Rajaraja Ier, Rajendra Ier fut le premier souverain tamoul à s'aventurer vers le Nord. Il bâtit cette ville pour commémorer sa campagne au-delà du Gange. On dit qu'il aurait ordonné aux vaincus de porter sur leurs têtes des récipients remplis d'eau du Gange, pour remplir le bassin Chola-Ganga.
Hormis le magnifique **Brihadishvara Temple**, il ne reste que peu de vestiges de cette capitale. Réplique du Brihadishvara Temple de Thanjavur *(p. 488-489)*, le sanctuaire surmonté d'une tour du temple de Shiva, en granit, est moins haut que son modèle. Les murs inférieurs, les colonnes et les niches sont couverts de frises magnifiques. L'une des plus remarquables est le panneau représentant Shiva bénissant Chandesha, un dévot ressemblant à Rajendra Ier. Les sculptures des *dikpala* (gardiens des huit directions), des *ekadasa* (les 11 formes de Shiva), de Saraswati, de

La superbe sculpture de Nataraja à Gangaikondacholapuram

L'Adikumbheshvara Temple, du XVIIe siècle, à Kumbakonam

Kalyanasundara et de Nataraja *(p. 462)* sont des joyaux de l'art chola. Près du petit sanctuaire de Durga de la cour, des marches passent la sculpture d'un lion assis pour mener à un puits, qui aurait été rempli d'eau du Gange pour les rituels quotidiens.

Le petit **Archaeological Museum**, près du temple, présente des objets chola provenant de sites des environs.

Brihadishvara Temple
t.l.j. **Museum** *sam.-jeu.*

Kumbakonam ⑩

District de Thanjavur. À 74 km au S.-O. de Chidambaram. *140 100.* *Thanjavur Tourist Office, (04362) 23 132.* *Fête du temple de Nageshvara (avr.-mai), fête de Mahamaham (tous les 12 ans).*

Située sur la rive sud de la Kaveri, c'est l'une des villes saintes du Tamil Nadu, à l'instar de Kanchipuram *(p. 476)*. C'est ici que, selon la légende, la flèche de Shiva aurait brisé le pot de terre cosmique *(kumbh)* contenant le divin nectar *(amrit)* de la création. Kumbakonam doit à ce mythe son nom et son caractère sacré. Aujourd'hui, la ville incarne les valeurs culturelles traditionnelles de la terre tamoule. C'est aussi le centre marchand et artisanal de la région, connu pour ses textiles, ses bijoux et son travail du bronze.
On raconte que, lorsque le nectar divin s'écoula du pot de terre, il remplit le gigantesque **Mahamaham Tank**. C'est le centre sacré de Kumbakonam et aussi le lieu de la grande fête de Mahamaham, qui se déroule tous les 12 ans. Le bassin sacré, rénové par les Nayaka au XVIIe siècle, compte des marches aux quatre points cardinaux et 16 pavillons dorés, en l'honneur des 16 *mahadana* (grands présents offerts par un chef à un centre spirituel). Au nord se dresse le **Kashivishvanatha Temple**, dont le petit sanctuaire fait face à l'eau. Il est dédié aux neuf fleuves sacrés, personnifiés par des déesses. La représentation de la Kaveri se trouve au centre.

Procession du mariage de Shiva, à Darasuram

À l'est du bassin, l'**Adikumbheshvara Temple**, du XVIIe siècle, se dresse là où Shiva aurait brisé le récipient. Le temple possède une superbe collection de *vahana* (véhicules), utilisés lors des festivités pour transporter les divinités du temple. Le majestueux Sarangapani Temple, à l'est, est le plus important sanctuaire vishnouite de la ville. Non loin, le **Nageshvara Temple**, du IXe siècle, est un bel exemple d'architecture des débuts de l'époque chola. C'est aussi le plus vieux temple de la ville.

AUX ENVIRONS : Le spectaculaire Airavateshvara Temple de **Darasuram**, à 4 km à l'ouest de Kumbakonam, a été construit par le roi chola Rajaraja II (règne : 1146-1173). Il est dédié à Shiva, appelé ici Airavateshvara, « seigneur d'Airavata ». La légende veut que, lorsque Airavata, l'éléphant blanc d'Indra, le dieu des Cieux, retrouva sa couleur perdue, il vénéra Shiva à cet endroit. Le temple à quatre niveaux possède un sanctuaire et trois halls, dont le plus beau est le Rajagambira Mandapa, conçu comme un chariot de pierre tiré par des chevaux caparaçonnés et conduit par Brahma. À 8 km à l'ouest de Kumbakonam s'élève le **Swamimalai**, l'un des six sanctuaires sacrés dédiés au seigneur Murugan *(p. 25)*, qui, selon la légende, aurait suggéré la signification du « Om », le mantra sacré, à son père Shiva – ce qui lui valut le titre de Swaminatha (« seigneur des seigneurs »). Le temple, sur une colline, s'abrite dans son sanctuaire une statue de Murugan qui, ici, est transporté par un éléphant. Le petit village est aussi un centre du moulage du bronze, où des artisans créent de superbes œuvres pour les temples *(p. 484)* en utilisant des méthodes traditionnelles.

Petits sanctuaires votifs en dehors de l'Airavateshvara Temple, Darasuram

Le College of Music de Tiruvaiyaru, sur les rives de la Kaveri

Tiruvaiyaru ⓫

District de Thanjavur. À 13 km au N. de Thanjavur. 14 500.
Festival de musique de Thyagaraja (janv.).

La région fertile baignée par la Kaveri et ses quatre affluents est appelée Tiruvaiyaru, « terre sacrée *(tiru)* de cinq *(i)* rivières *(aru)* ». Depuis presque 2 000 ans, la Kaveri est pour les Tamouls la source sacrée de la vie, de la religion et de la culture, incitant un grand nombre d'érudits, d'artistes, de poètes et de musiciens à s'établir ici, sous le patronage éclairé des maîtres de Thanjavur *(p. 486-487)*. Parmi eux, on compte le saint Thyagaraja (1767-1847), le plus grand compositeur de musique carnatique, dont l'existence est intimement liée à cette bourgade.

Le petit **Thyagaraja Temple** a été construit pour commémorer la sépulture du célèbre saint et compositeur. Un Festival de musique s'y tient tous les ans, à l'anniversaire de sa mort, en janvier. Des milliers de musiciens et d'étudiants de musique carnatique se retrouvent pour chanter les chansons de Thyagaraja du matin jusqu'à minuit, pendant une semaine entière. Lorsque le jour se lève sur la rivière, les musiciens se rendent en procession de la maison de Thyagaraja au temple, sans cesser de chanter. Les amateurs de musique attendent impatiemment au sanctuaire, installés sur le sol en terre de l'auditorium au toit de chaume. Tandis que les prêtres interprètent des chants sacrés, l'image en pierre de Thyagaraja subit un bain rituel de lait, d'eau de rose, de bois de santal et de miel. Les *pancha ratna* (« cinq joyaux ») de Thyagaraja, cinq chansons considérées comme des chefs-d'œuvre inégalés de la musique carnatique, sont interprétées par tous les musiciens réunis, dans un acte de dévotion au grand compositeur. Pour les amateurs venus de toute l'Inde, c'est une expérience magique.

La ville abrite aussi le **Panchanandishvara Temple** (« seigneur des cinq rivières »), construit par les Chola. Dédiés à Shiva, les sanctuaires d'Uttara (nord) Kailasha et de Dakshina (sud) Kailasha, de part et d'autre du temple principal, ont été construits par les épouses de Rajaraja Ier et Rajendra Ier *(p. 46-47)*. Les chansons des Nayannar, une secte de saints-poètes du VIIe siècle *(p. 45)*, ont immortalisé les gigantesques *prakara* (murs d'enceinte) du temple, les *mandapa* à piliers et le Mukti Mandapa.

AUX ENVIRONS : Le village de Pullamangai, à 12 km au nord-est de Tiruvaiyaru, est connu pour le **Brahmapurishvara Temple**, du Xe siècle, qui abrite de belles représentations de différentes divinités.

Des enfants s'amusent dans les eaux de la Kaveri, Tiruvaiyaru

LES BRONZES DU THANJAVUR

Artisan fabriquant des idoles de bronze

Les nombreuses traditions artistiques de la région du Thanjavur comptent entre autres la création de superbes bronzes, réalisés à la cire perdue. Pour cela, un modèle est tout d'abord façonné en cire, puis enduit de terre cuite pour former un moule, qui sera chauffé pour permettre à la cire fondue de s'écouler par un trou de la base. Un alliage de cinq métaux fondus *(panch loha)* est ensuite versé dans l'orifice. Une fois le métal refroidi, on brise le moule, puis la statue est finie et polie. Enfin, les yeux de la statue sont scellés par un mélange de miel et de *ghee*, puis « ouverts » selon un rituel par un prêtre, avec une aiguille en or. Aujourd'hui encore, les artisans traditionnels, les *sthapathi*, créent ces bronzes en respectant des règles consignées dans le *Shilpa Shastra*, un traité ancien sur cet art. Le principal centre du moulage de bronzes du Tamil Nadu se trouve à Swamimalai *(p. 483)*.

La musique carnatique

Bien que la musique carnatique, la musique classique de l'Inde du Sud, repose sur les concepts généraux de *raga* (mélodie) et de *tala* (rythme) que l'on retrouve dans la musique hindoustani *(p. 28-29)*, elle s'en distingue à plusieurs égards. Presque exclusivement dévotionnelle, elle recourt à des percussions et à des instruments de musique différents, en développant la mélodie de manière plus structurée et met davantage d'emphasesur le rythme. De nombreux grands morceaux ont été composés entre 1750 et 1850 par la « trinité musicale », Thyagaraja, Syama Sastri et Muthuswami Dikshitar, auteurs de plus de 2 500 chansons en sanskrit et en telugu, modifiant et affinant les règles de ce genre musical.

Thyagaraja, le père de la musique carnatique

Les instruments d'accompagnement

Des instruments traditionnels de l'Inde du Sud, comme le *veena*, le *nadasvaram*, la flûte et le *thavil*, sont utilisés pour accompagner les chants, mais aussi des instruments occidentaux, comme le violon et le saxophone.

***Le violon**, un instrument à cordes frottées d'origine occidentale, se joue assis.*

***Le ghatam**, un simple pot de terre, produit des rythmes fabuleux entre les mains d'un musicien chevronné.*

***Mridangam* (percussion à deux surfaces)**

***Veena* saraswati**

Flûte

M. S. Subbulakshmi est un grand interprète.

***De nombreux festivals de musique** se déroulent dans les villes, où des concerts ont lieu dans de petits auditoriums, les* sabha. *Les chanteurs sont généralement accompagnés d'un violoniste et de deux percussionnistes. Lors des concerts qui durent souvent environ trois heures, ils interprètent des chansons, généralement en telugu. Les paroles, aussi importantes que la mélodie, sont souvent dévotionnelles.*

***Le* nadasvaram**, *un instrument à vent, est incontournable dans les fêtes de temples, les mariages et les occasions festives. Le joueur de* thavil *(tambour) exécute des improvisations rythmiques complexes pour accompagner la mélodie.*

***Le veena**, qui ressemble au sitar, plus connu, est un bel instrument à cordes, fabriqué à la main.*

Thanjavur 13

Thanjavur ou Tanjore se trouve dans la vallée fertile du delta de la Kaveri, surnommée « le bol de riz du Tamil Nadu ». Pendant presque un millénaire, la ville joua un rôle majeur dans l'histoire de la région et fut la capitale de trois puissantes dynasties : les Chola (IXe-XIIIe siècles), les Nayaka (1535-1676) et les Marathes (1676-1855). Le magnifique Brihadishvara Temple *(p. 488-489)* est le monument chola le plus important. Le Royal Palace, lui, date des périodes nayaka et marathe. Aujourd'hui, la ville s'enorgueillit d'une culture florissante, dans les domaines de la danse et de la musique classiques ainsi que dans ceux de la peinture et des bronzes.

Tour d'observation de sept étages du Royal Palace, à Thanjavur

Shivaganga Fort

Hospital Rd. *t.l.j.*

Le fort rectangulaire, au sud-ouest de la vieille ville, a été construit par Sevappa Nayaka au milieu du XVIe siècle. Ses murailles de pierre, qui ceinturent un site de 14 ha, sont entourées de douves, en partie taillées dans la pierre. Dans le fort, le **Shivaganga Tank**, un bassin carré, a été creusé par Rajaraja Ier, puis rénové pour approvisionner la ville en eau potable. Le fort est aussi le site du Brihadishvara Temple, de la Schwartz Church et d'un agréable parc de loisirs, très fréquenté.

Brihadishvara Temple

P. 488-489.

Schwartz Church

Au-delà de West Main Rd. *t.l.j.*

Vestige du passé colonial de Thanjavur, la Christ Church ou Schwartz Church se dresse à l'est du Shivaganga Tank. L'église a été fondée en 1779 par le révérend Schwartz, un missionnaire danois. À la mort de celui-ci, le souverain marathe Serfoji II fit don à l'église d'un magnifique ex-voto en marbre. Œuvre de John Flaxman, l'ex-voto est situé à l'extrémité occidentale de l'église. Il représente le missionnaire mourant, bénissant son royal patron, entouré de religieux et d'élèves de l'école qu'il a fondée.

Royal Palace

East Main Rd. *t.l.j.*
en supplément.

Ce palais, dont la silhouette rappelle celle d'un aigle en vol, a été construit par les souverains nayaka comme résidence royale, avant d'être remanié par les Marathes. Une grande cour rectangulaire mène au site, ponctué à une extrémité par une tour pyramidale. À l'extérieur du complexe se dresse la tour d'observation à arcades, qui compte sept niveaux. Aujourd'hui, elle est privée du pavillon qui la couronnait.

Le chef marathe Serfoji II (règne : 1798-1832)

Le splendide Durbar Hall marathe, construit en 1684 par Shahji II, s'orne de colonnes, de murs et d'un plafond richement peints et décorés. Une voûte en bois rehaussée de morceaux de verre brillants, qui repose sur quatre piliers en bois, se dresse au-dessus d'un bloc de granit vert sur lequel se trouvait jadis le trône royal marathe. Parmi les autres bâtiments, on compte le Sadir Mahal, qui est toujours la résidence de l'ancienne famille royale, et le Puja Mahal.

Le **Rajaraja Museum and Art Gallery**, dans le Durbar Hall nayaka, a été créé en 1951. Le musée abrite une collection somptueuse d'idoles en pierre et en bronze, datant du VIIe au XXe siècle. Admirez notamment les représentations de Shiva comme le Kalyanasundaramurti, qui représente le mariage de Shiva et Parvati *(p. 462)*, et le Bhikshatanamurti, montrant Shiva en mendiant itinérant, tenant un bol et accompagné d'un chien.

La **Saraswati Mahal Library**, construite par les souverains marathes, est située à côté du Rajaraja Museum. C'est l'une des plus grandes bibliothèques d'ouvrages à consulter en Inde. Elle conserve une magnifique collection de manuscrits rares sur feuilles de palme et de

Peinture ornant l'entrée du Saraswati Mahal, Royal Palace, à Thanjavur

livres réunis par Serfoji II, aux goûts éclectiques. Le **Museum** attenant présente certains de ces ouvrages.

Le **Royal Museum**, qui occupe une partie des quartiers privés du Maratha Palace, présente la collection privée de Serfoji II.
À côté, le Sangeeta Mahal (salle de musique), construit par les Nayaka, est doté d'une acoustique particulière pour accueillir des concerts.

Fresque vithoba de la galerie d'art du Royal Palace, à Thanjavur

Rajaraja Museum and Art Gallery
t.l.j.
jours fériés.
Saraswati Mahal Library
au public. **Museum** *jeu.-mar.*
Royal Museum
t.l.j.

Aux environs : À 55 km à l'est de Thanjavur, **Thiruvarur** est célèbre pour son Thyagaraja Temple, dédié à Somaskanda, une forme de Shiva *(p. 472)*. Le temple compte quatre *gopura* et une salle au plafond couvert de peintures du XVIIe siècle représentant des scènes de la légende de Shiva.

Mode d'emploi

District de Thanjavur. À 350 km au S.-O. de Chennai.
215 800. *Jawan Bhavan, (04362) 231 325.* *lun.-sam.* *Anniversaire de la naissance de Rajaraja Chola (oct.).*

La peinture de Thanjavur

Sous le règne des Marathes, et notamment de Serfoji II, une école de peinture a vu le jour, dont le style extrêmement décoratif se caractérise par des couleurs vives et par des ornementations avec des feuilles d'or et des pierres précieuses et semi-précieuses. Ses thèmes sont essentiellement religieux. Les couleurs (rouge, noir, bleu et blanc), chargées d'une valeur symbolique, permettent de représenter chaque divinité dans une couleur spécifique. Les personnages sont généralement replets, avec des yeux en amande.

Krishna bébé dans les bras de sa mère, Yashodhara

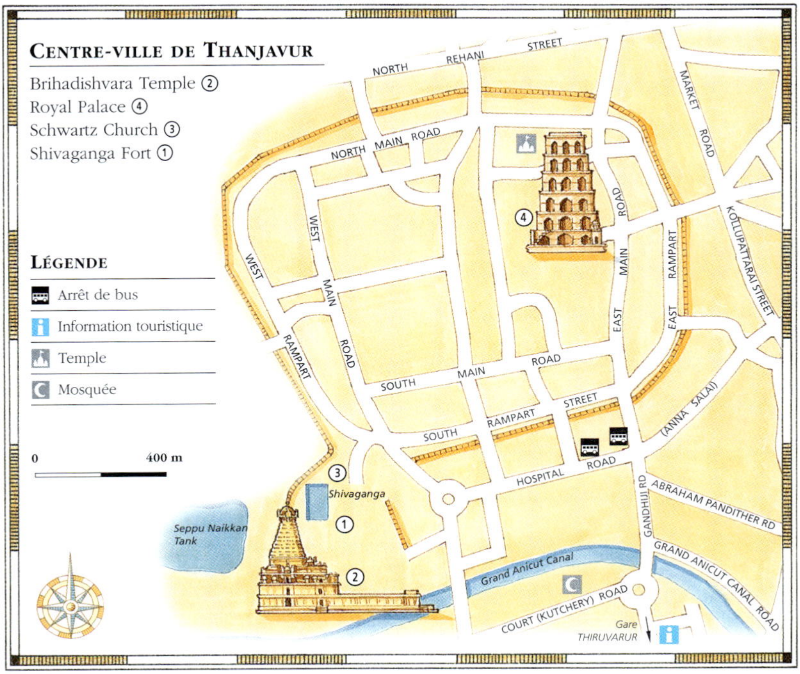

Thanjavur : Brihadishvara Temple

Sculpture de Shiva

Joyau de l'architecture chola, ce temple de granit monumental est désormais inscrit au Patrimoine mondial de l'Unesco. Achevé en 1010 et dédié à Shiva, il a été construit par Rajaraja Chola Ier *(p. 46-47)* pour symboliser la puissance sans égale des Chola. La base du temple est couverte d'inscriptions foisonnant de détails sur l'administration du temple et ses revenus, livrant ainsi des informations historiques précieuses sur la société des Chola et son organisation.

Une coupole octogonale, magnifiquement taillée dans un bloc de granit de 80 tonnes, couronne le *vimana*.

Le déambulatoire est construit sur deux niveaux – ce qui s'explique par la taille colossale du lingam, de 4 m de haut.

Sanctuaire du lingam

★ *Vimana*
Le vimana *pyramidal de 66 m de haut est un bâtiment à 13 niveaux. Sa flèche dorée est un don du roi.*

★ *Dvarapala*
Deux gigantesques dvarapala *ou « gardiens », indiquent du doigt la direction du sanctuaire aux fidèles, à l'entrée orientale.*

Fresques
Le déambulatoire qui entoure le sanctuaire est orné de fresques chola, découvertes lorsque les peintures marathes du XVIIe siècle qui les couvraient commencèrent à se désintégrer.

À NE PAS MANQUER

- **★ *Vimana***
- **★ *Dvarapala***
- **★ Nandi Mandapa**

Vue d'ensemble du temple
Le Brihadishvara Temple, qui se dresse au centre d'une cour rectangulaire, est entouré de sanctuaires secondaires. Sur la face sud de la cour, l'Archaelogical Museum présente notamment des photos du temple avant sa restauration.

Mode d'emploi

Thanjavur. À l'O. de l'arrêt de bus. *t.l.j. Pour visiter les compartiments intérieurs du sanctuaire et les étages supérieurs, contactez le temple au (04362) 230 826 ou l'office du tourisme de Thanjavur.* **Archaeological Museum** *t.l.j.*

★ Nandi Mandapa
Taillé dans un bloc de granit de 25 tonnes, ce gigantesque nandi, de 6 m de long, fait face au sanctuaire intérieur.

Prêtres à l'extérieur du temple
Bien que placé sous la juridiction de l'ASI, le Centre d'études archéologiques, le temple a été réouvert au culte récemment.

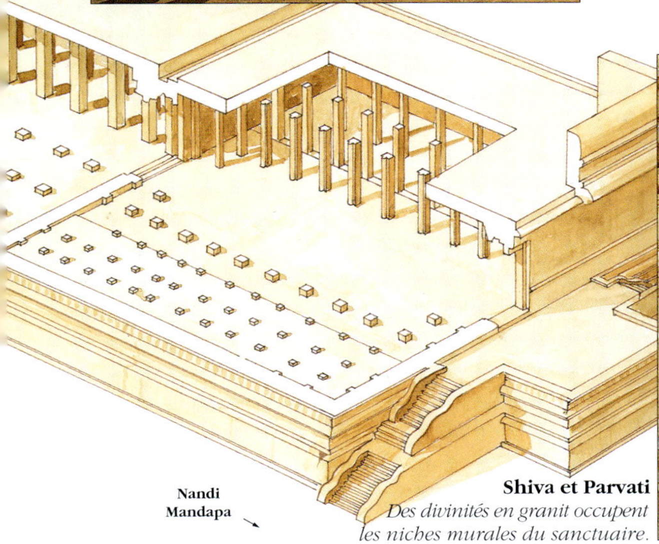

Shiva et Parvati
Des divinités en granit occupent les niches murales du sanctuaire.

Le Rock Fort domine la ville de Tiruchirapalli

Tiruchirapalli ⓭

District de Tiruchirapalli. À 60 km à l'O. de Thanjavur. 746 100. à 7 km *au S. du centre-ville, puis en bus ou en taxi.* *Hotel Tamil Nadu, 1 Williams Rd, (0431) 241 4346.* *Fête de Teppakulam (mars).*

Située à la tête du fertile delta de la Kaveri, cette ville doit son nom au féroce démon à trois têtes *(tirusira)* qui obtint le salut après avoir été tué par Shiva. L'histoire de la ville est intimement liée aux destins des Pallava, des Chola, des Nayaka et enfin des Britanniques, qui la baptisèrent Trichy.

Aujourd'hui, Tiruchirapalli est la deuxième ville du Tamil Nadu.

Dominant la ville, l'imposant **Rock Fort** est perché sur un éperon rocheux qui se dresse à 83 m de hauteur. Cette forteresse imprenable a été construite par les Nayaka de la Madurai voisine, qui firent de Tiruchirapalli leur sconde capitale, aux XVIe et XVIIe siècles. Ils agrandirent également le temple de Shiva, où le dieu est vénéré comme Thayumanavar (« dieu qui devint mère »). La légende veut que, lorsqu'une inondation empêcha une mère de venir à l'aide de sa fille enceinte, Shiva prit sa forme et aida à l'accouchement. Plus haut, au sommet, le petit Ganesha Temple offre de magnifiques vues des rizières verdoyantes et de l'île sacrée de Srirangam.

À la base de la face sud du rocher s'élève le premier des deux temples rupestres. Le plus bas date du VIIIe siècle, le plus haut du règne du grand chef pallava Mahendra Varman (règne : 600-630). Il abrite l'un des joyaux de l'art pallava : un panneau de Gangadharan, qui représente Shiva tenant une mèche de ses cheveux afin d'aider la rivière Ganga à descendre du ciel.

La ville actuelle date en grande partie du XVIIIe et du XIXe siècle, époque où les Britanniques construisirent le cantonnement militaire ainsi que de nombreux bâtiments et églises. Ces édifices sont nombreux aux environs du grand Teppakulam Tank, un bassin au pied du fort. Ce quartier animé compte des marchés aux fruits, aux légumes et aux fleurs.

La Christ Church (1766), fondée par le révérend Schwartz *(p. 486)*, au nord du bassin, et la **Cathedral of Our Lady of Lourdes** (1840), de style néogothique, à l'ouest du bassin, font partie des plus anciennes églises de la ville. Au sud-ouest du fort, le cantonnement, quant à lui, abrite la Church of St John (1816).

Rock Fort

t.l.j. *en supplément.*

La Cathedral of Our Lady of Lourdes à Tiruchirapalli

LA KAVERI

Sanctuaire représentant la légende de la déesse Kave

De sa source à Talakaveri, dans le Karnataka *(p. 428)*, jusqu'à Poompuhar, dans le golfe du Bengale, la Kaveri, l'un des neuf fleuves sacrés de l'Inde, se déroule sur 785 km. Plusieurs mythes en font la personnification d'une déesse (la fille de Brahma dans certaines versions), qui jaillit du pot à eau *(kamandala)* du sage Agasthya. Dès les premiers siècles de l'ère chrétienne, la Kaveri joua un rôle central dans la culture tamoule, notamment sous les Chola, entre le IXe et le XIIe siècle. Les grandes villes qui virent le jour sur ses rives devinrent des centres importants pour la religion, la danse, la musique et les arts. Les dispositifs astucieux de gestion de l'eau dans le delta, conçus par les Chola, ont transformé la région de Thanjavur pour en faire le « bol de riz » du Tamil Nadu. Aujourd'hui encore, le 18e jour du mois tamoul d'Adi (juillet-août), les fidèles offrent du riz à la déesse du fleuve. Malheureusement, ces eaux sont devenues l'enjeu d'un âpre conflit entre les gouvernements du Tamil Nadu et du Karnataka.

Aux environs : À **Kallanai**, à 24 km au nord-est de Tiruchirapalli, un barrage en terre de 300 m de long, le Grand Anicut, barre la Kaveri. Il appartenait au gigantesque système d'irrigation créé par les Chola *(p. 46-47)*. En réalité, l'ouvrage d'origine n'existe plus. Celui que l'on voit a été reconstruit par des ingénieurs britanniques au XIXe siècle.
Parmi les autres points d'intérêt, citons le temple de Shiva, du VIIe siècle, à **Narthamalai**, à 17 km au sud, et les temples rupestres jaïns du IXe siècle de **Sittanavasal**, à 58 km au sud-est. Là, des peintures aux couleurs passées représentent des fillettes qui dansent et un bassin aux lotus, avec des cygnes et des poissons.

Srirangam ⓮

District de Tiruchirapalli. À 9 km au N. de Tiruchirapalli. Vaikuntha Ekadashi (déc.-janv.), fête du Chariot (janv.).

Cette île sacrée de 3 km de long, baignée par la Kaveri et la Kollidam, est l'un des lieux de pèlerinage les plus vénérés du Sud de l'Inde. Au centre se dresse le majestueux **Ranganatha Temple**. Dédié à Vishnou, c'est l'un des plus grands ensembles de temples du Tamil Nadu, couvrant 60 ha.
Le complexe sous sa forme actuelle est le fruit de quatre siècles d'évolution. D'importants travaux de reconstruction se sont déroulés en 1371, après la destruction du temple d'origine, du Xe siècle, par le sultan de Delhi, Alauddin Khilji *(p. 48)*. Sa forme actuelle comprend des extensions réalisées au XVIIe siècle par les Nayaka, dont la seconde capitale se trouvait non loin, à Tiruchirapalli. Le dernier ajout date de 1987, où la porte sud, inachevée, fut terminée.
Dominé par 21 impressionnants *gopura* (portes), le site compte sept *prakara* (murs d'enceinte), délimitant ses sept enclos. Les trois enclos extérieurs recouvrent des logements pour les prêtres, des hébergements pour les pèlerins ainsi que des petits restaurants et des magasins proposant ouvrages religieux, images et offrandes. La zone sacrée commence à partir du quatrième enclos. Au-delà, les non-hindous ne sont pas admis. C'est là que se trouvent les sanctuaires les plus importants du temple. C'est le cas du Mandapa aux mille colonnes, où des représentations de Ranganatha et de son épouse sont installées sur un trône et vénérées durant l'une des nombreuses fêtes du temple, et du magnifique **Seshagirirayar Mandapa**, orné de chevaux de pierre montés par des guerriers attaquant des bêtes féroces et des *yali*. Un petit musée, non loin, abrite une belle collection de statues en pierre et en bronze. Le cœur du complexe abrite le sanctuaire, avec son *vimana* plaqué or, abritant une représentation de Vishnou comme Ranganatha, s'appuyant sur le serpent cosmique, Adisesha. C'est ici que Ramanuja *(p. 429)*, le grand philosophe du XIe siècle, fit évoluer le culte bhakti de la dévotion personnelle pour en faire un mode de culte formalisé. Aujourd'hui, un cycle de fêtes à la gloire de Vishnou est célébré toute l'année.
À l'est du Ranganatha Temple s'élève le **Jambukeshvara Temple**, du milieu du XVIIe siècle, dans le village de Tiruvanaikka. Le sanctuaire principal contient l'un des cinq lingams liés aux éléments, représentant Shiva comme manifestation de l'eau. Selon la légende, le lingam aurait été créé par Parvati, l'épouse de Shiva. En son honneur, le prêtre revêt un sari pour exécuter la *puja*. Les non-hindous peuvent accéder aux sanctuaires extérieurs du complexe, mais non au sanctuaire principal.

Coracle sur la Kaveri, à Srirangam

Cheval, au Seshagirirayar Mandapa

L'une des portes d'enceinte du Ranganatha Temple, à Srirangam

Sri Ranganatha Temple
t.l.j. pour le point de vue tout en haut. avec supplément.
Museum *t.l.j.*
Jambukeshvara Temple
t.l.j. avec supplément.

La verdoyante Marthanda Valley, avec les brumeuses Nilgiri Hills en arrière-plan ▷

Yercaud doit son nom au Yerikadu Lake

Yercaud ⓯

District de Salem. À 32 km au N.-E. de Salem. Salem, puis car. *Hotel Tamil Nadu, Yercaud Ghat Rd, (04281) 223 335. Fête du temple de Shevaroyan (mai).*

Cette agréable station climatique des monts Shevaroy a été fondée au début du XIXe siècle par les Britanniques, qui y introduisirent la culture du café. Aujourd'hui, c'est l'une des régions de l'État qui en produit le plus. Les versants environnants sont entièrement couverts de plantations.

Le **Yerikadu Lake**, un lac artificiel, et les **Killiyur Falls**, des chutes d'eau, comptent parmi les sites les plus pittoresques. Le **Lady's Seat** offre de magnifiques vues des paysages. La ville et ses environs comptent plusieurs ruchers produisant un miel délicieux. La **Horticultural Research Station** possède une collection intéressante de plantes rares.

Mudumalai Wildlife Sanctuary ⓰

District de Nilgiri. À 64 km à l'O. de Udhagamandalam. *Theppakadu, principal point d'entrée.* *Office du tourisme, Theppakadu, (0423) 4526 580.* **Pour réserver**, *contactez le Wildlife Warden's Office, Ooty, (0423) 2443 977. t.l.j. (parfois fermé en fév. -mars). Jeeps disponibles.*

Situé à la base des monts Nilgiri, Mudumalai, ou « Massif ancien », n'est séparé du Bandipur National Park *(p. 423)* dans le Karnataka que par les eaux de la Moyar. Ce parc est un élément important de la Nilgiri Biosphere Reserve qui s'étend sur 5 500 km² dans les Ghâts occidentaux. Avec Bandipur et Nagarhole, situées non loin de là, c'est l'une des plus grandes réserves pour les éléphants et les bisons. Le parc s'étend sur 322 km² de paysages vallonnés. Sa végétation, très variée, recouvre de denses forêts et des prairies. La réserve est l'habitat de quantité d'animaux, comme le tahr du Nilgiri *(p. 19)*, le cerf sambar, le tigre, le léopard, le cerf axis, l'écureuil volant, la civette Malabar et l'entelle de Nilgiri. On peut aussi y voir plus de 120 espèces d'oiseaux, sédentaires et migrateurs, comme le hibou petit-duc et l'aigle huppé.

Coimbatore ⓱

District de Coimbatore. À 96 km au N.-E. de Chennai. *924 000.* *à 10 km au N.-E. du centre-ville, puis car.* *Tamil Nadu Tourism, gare ferroviaire. (0422) 230 2176. lun.-sam. Thaipoosam (janv.-fév.), Karthigai (nov.-déc.).*

Troisième ville du Tamil Nadu, Coimbatore est un grand centre industriel et la capitale commerciale de l'État. Par ailleurs, c'est aussi une bonne base pour découvrir les stations climatiques les monts Nilgiri. La ville compte une école d'agronomie renommée, et deux temples célèbres : le **Perur Temple**, sur la Noyyal, et le **Muruga Maruthamalai Temple**, au sommet d'une colline, respectivement dédiés à Shiva et à son fils Murugan. Durant les fêtes, des milliers de fidèles s'y rendent.

Les **Siruvani Waterfalls** sont des chutes d'eau magnifiques, et l'eau de la Siruvani est renommée pour sa pureté et son goût.

LES MONTS NILGIRI

Jacaranda en fleur sur les monts Nilgiri

Les pittoresques *nila giri* ou « montagnes bleues », à la jonction des Ghâts occidentaux et orientaux, doivent leur nom au kurunji *(Strobilanthes kunsthianus)*, un arbuste dont les fleurs teintent les paysages de bleu tous les 12 ans. Couverts de prairies de haute altitude et de *shola* (forêts de montagne à feuillage persistant), ces monts passionnent botanistes et entomologistes. Dix-huit groupes tribaux y vivent, dont les plus connus sont les Toda, une communauté pastorale. On y trouve plusieurs stations climatiques. Ooty ou Udhagamandalam s'enorgueillit d'être la « reine des stations climatiques ». C'est là que s'achève l'itinéraire du Blue Mountain Train. À l'est s'étend Kotagiri, à l'ombre du Dodda Betta, point culminant des monts. Coonoor, au sud, est entouré de collines et de plantations de thé et de café verdoyantes. Plusieurs excursions, autour d'Ooty, permettent d'explorer les monts Nilgiri à pied.

Chutes d'eau des monts Nilgiri

Avenue bordée d'arbres de Kodaikanal

Palani ⓲

District de Madurai. À 100 km au N.-O. de Madurai. ✈ *Madurai, à 119 km au S.-E. du centre-ville, puis car ou taxi.* 🚉 🚌 *Thaipoosam (janv.-fév.), Karthigai (nov.-déc.).*

Cet important lieu de pèlerinage se situe en bordure du grand Vyapuri Tank. Le **Subrahmanyam Temple**, au sommet de la colline, est la plus connue des six demeures de Murugan, le fils de Shiva, qui serait venu ici déguisé en mendiant, après s'être disputé au sujet d'un fruit avec son frère Ganesh. L'effigie de Murugan, ou Dandayutha Pani (« porteur du bâton »), représenté la tête fraîchement rasée, tenant un bâton, est faite avec un mélange d'herbes médicinales formant une substance cireuse. Pendant la fête de Thaipoosam, le temple attire des milliers de pèlerins, nombreux à se raser la tête. Un funiculaire conduit les fidèles jusqu'au sanctuaire, desservi par 600 marches. C'est aussi une excellente base pour faire des randonnées dans les collines environnantes.

Profusion colorée d'offrandes religieuses, à Panali

Kodaikanal ⓳

District de Madurai. À 120 km au N.-O. de Madurai. 🚉 *Palani, à 65 km au N. du centre-ville, puis car ou taxi.* 🚌 ℹ *Tamil Nadu Tourism, (04542) 241 336.* *lun.-sam.* *Fête de l'Été (mai), exposition florale (mai), fête de l'Hiver (déc.).*

Avec ses vallées verdoyantes, ses plantations en terrasses et son climat agréable, Kodaikanal est une station climatique très appréciée. La localité, surnommée Kodai, a été « découverte » par des missionnaires américains vers 1840. Séduits par le climat et la pureté de l'environnement, ils y créèrent un sanatorium, puis une école internationale en 1901.

Elle s'étend désormais autour du **Kodai Lake**, un lac artificiel en forme d'étoile, créé par le barrage construit par Sir Levinge en 1863. Le chemin de 3 km de long autour du lac permet une promenade agréable. À l'est du lac, le **Bryant Park** est connu pour sa collection de plantes et son exposition florale annuelle, qui se tient en mai.

Au-delà du centre-ville, vous découvrirez des endroits pittoresques, comme les Pillar Rocks, la Silver Cascade et la Green Valley (autrefois appelée Suicide Point), qui offre de superbes emplacements de pique-nique et de belles vues de la vallée. Kodai permet également de faire du cyclisme, de l'équitation et de la randonnée. Le chemin, **Coaker's Walk**, qui suit le flanc de la colline offre une vue panoramique de la localité. La promenade s'achève à la Church of St Peter, de 1884, qui possède de beaux vitraux. Non loin se trouve la petite **Telescope House**.

À 3 km au nord-est du lac, le **Kurunji Andavar Temple**, dédié à Murugan, doit son nom aux incroyables fleurs de kurunji *(p. 531)*, associées au dieu. Elles fleurissent tous les 12 ans dans le Chettiar Park, aménagé non loin sur le flanc de la colline.

Les divinités gardiennes

Dans les districts Sud du Tamil Nadu, on peut voir aux environs des villages de gigantesques figures en terre cuite, qui gardent les localités. La divinité populaire la plus connue est Ayyanar, fils de Shiva et de Vishnou. Ce dieu à moustaches, aux yeux proéminents, porte un pantalon court et une épée. Son cheval, à ses côtés, lui permet de chasser les mauvais esprits dans la nuit. Parmi d'autres divinités gardiennes, citons Munisami, armé d'un trident et d'un bouclier, qui chevauche un lion, et Karuppusami, le sombre vengeur nocturne qui punit les voleurs.

Divinités gardant le sanctuaire d'un village

Madurai 20

Sculpture

Cette grande ville de l'Inde du Sud est étroitement associée au célèbre Minakshi Temple *(p. 496-497)*. Au fil des siècles, la localité sur les rives de la Vaigai joua un rôle majeur pour la culture tamoule. Voici 2 000 ans, elle accueillait les célèbres Sangams (académies littéraires et poétiques), qui donnèrent aux lettres tamoules quelques-uns de ses chefs-d'œuvre. Entre le VIIe et le XIIe siècle, la capitale des Pandya vit prospérer les arts et le commerce avec Rome et la Chine. Plus tard, elle fut intégrée à l'Empire des Vijayanagar, avant de devenir la capitale des Nayaka aux XVIe et XVIIe siècles. Aujourd'hui, la religion et la culture continuent à jouer un rôle important.

Le majestueux hall à piliers du Thirumalai Nayaka Palace

Minakshi Sundareshvara Temple

P. 496-497.

Thirumalai Nayaka Palace

À 1,5 km au S.-E. du Minakshi Temple. *t.l.j.* **Son et lumière** *(en anglais)* : 18h45, *t.l.j.*

Les vestiges de ce somptueux palais construit en 1636 par Thirumalai Nayaka traduisent toute la puissance et la richesse des Nayaka. Le bâtiment aux influences islamiques fut en partie restauré au XIXe siècle par Lord Napier, gouverneur de Madras. Aujourd'hui, seule la vaste cour rectangulaire, appelée Swarga Vilasam (« Pavillon céleste »), et quelques bâtiments attenants ont été préservés. Leur échelle impressionnante donne la mesure de la splendeur de cette époque révolue. La cour de 3 900 m² est entourée de piliers circulaires massifs. À l'ouest, la Throne Chamber est une vaste salle couronnée d'un dôme octogonal. Elle mène à la Dance Hall, qui abrite des trouvailles archéologiques.

Theppakulam

À l'E. du Minakshi Temple. *t.l.j.*

Ce grand bassin compte parmi les merveilles attribuées à Thirumalai Nayaka. Les marches de ce bassin carré sont flanquées de balustrades représentant des animaux et des oiseaux, qui conduisent à l'eau. C'est ici que se déroule la fête annuelle de Theppam, qui célèbre le mariage de Shiva et de Minakshi. Des bateaux illuminés conduisent alors leurs effigies au petit pavillon au centre du bassin.

Kadal Alagar Temple

À 1 km au S.-O. du Minakshi Temple. *t.l.j.* *aux non-hindous.*

Ce temple, qui est l'un des 108 lieux de culte vishnouites sacrés, compte trois sanctuaires superposés, de taille décroissante, qui abritent Vishnou. De bas en haut, on voit Vishnou assis, debout et allongé. Le mur extérieur est orné de belles sculptures et de panneaux en pierre.

Anglican Cathedral

Au-delà de W. Masi St. *t.l.j.*

Bel exemple d'architecture néogothique, l'église conçue par Robert Fellowes Chisholm *(p. 466)* a été consacrée en 1881.

Tombs of the Madurai Sultans

Au N. de la Vaigai. *t.l.j.*

Les sultans de Madurai qui régnèrent ici après l'invasion de Malik Kafur, général d'Alauddin Khilji *(p. 48)*, en 1310, reposent au nord de la ville. Le site comprend l'Alauddin's Mosque, une mosquée dotée d'une salle de prière à toit plat et de tours octogonales, et le tombeau d'un saint soufi, Bara Mastan Sada, du XVIe siècle.

Entrée de l'Anglican Cathedral de Madurai

Mur orné d'une scène du *Ramayana*, à l'Alagarkoil Temple

Aux environs : Thiruparankunram, à 6 km au sud-ouest de Madurai, est connu pour sa colline de granit sacrée, considérée comme l'une des six demeures sacrées de Murugan, le fils de Shiva. C'est là qu'il se serait marié avec Devayani, la fille d'Indra. On y trouve un temple rupestre, construit par les Pandya au VIIIe siècle. Il est desservi par un ensemble de *mandapa* des XVIIe et XVIIIe siècles, reliés par des marches en pierre. Le *mandapa* de l'entrée compte des piliers typiques de l'époque nayaka, avec des figures montant des chevaux et des *yali*. Des représentations de chefs nayaka sont sculptées sur les colonnes. Le temple contient cinq sanctuaires.

La fête du temple, célébrée durant 14 jours en mars-avril, commémore la victoire de Murugan sur le démon Suran, son couronnement et son mariage avec Devayani.

Mode d'emploi

District de Madurai. À 498 km au S.-O. de Chennai. 923 000. à 12 km au S. du centre-ville 180, West Veli St, (0452) 233 7471. lun.-sam. fête de Theppam (jan.-fév.), Navaratri (sept.-oct.), Avanimoolam (août-sept.).

Le temple d'**Alagarkoil**, à 12 km au nord de Madurai, est dédié à Kallalagar, une forme de Vishnou considérée comme le frère de Minakshi. La légende veut que, lorsque Kallalagar donna sa sœur en mariage à Sundareshvara, il resta sur les rives de la Vaigai durant la cérémonie. L'événement est célébré tous les ans, en avril-mai. Au sommet de la colline, Palamudircholai est la dernière des six demeures de Murugan, marquée par un sanctuaire. Plus loin, Nupura Ganga est une source utilisée pour tous les rituels du temple, jaillie, dit-on, de la cheville de Vishnou.

Centre-ville de Madurai

Anglican Cathedral ④
Kadal Alagar Temple ③
Minakshi Sundareshvara Temple ①
Thirumalai Nayaka Palace ②

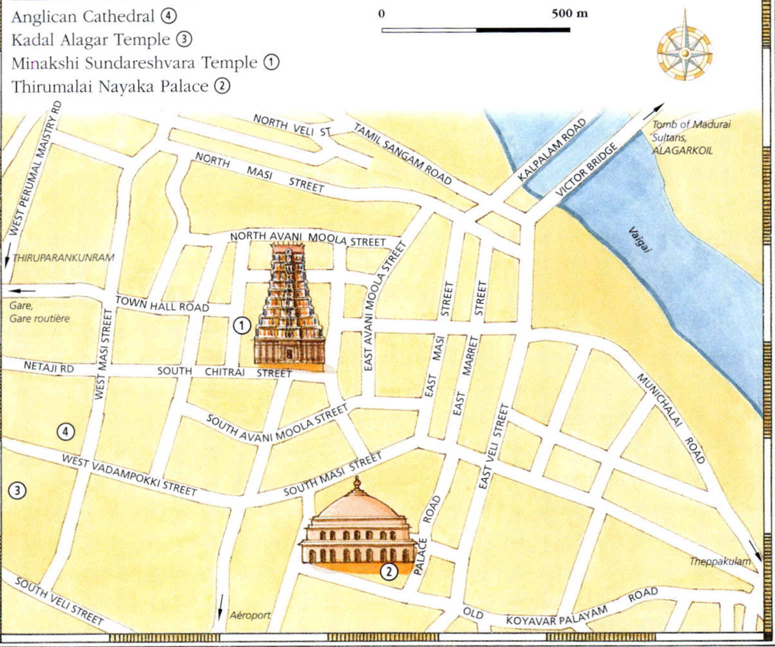

Madurai : Minakshi Sundareshvara Temple

Ce gigantesque complexe est dédié à Shiva, appelé ici Sundareshvara (« beau dieu »), et à son épouse Parvati ou Minakshi (« déesse aux yeux de poisson »). Construit par les premiers Pandya (VIIe-Xe siècles), le site fut agrandi par les dynasties qui leur succédèrent, notamment entre le XIVe et le XVIIIe siècle. Il est protégé par de hauts murs, au centre desquels se trouvent les deux sanctuaires dédiés à Minakshi et Dundareshvara, entourés par plusieurs sanctuaires plus petits et de majestueuses salles à piliers. Les 12 *gopura* sont particulièrement impressionnants. Leurs tours immenses, qui reposent sur des bases en granit, sont couvertes de stucs représentant divinités, animaux mythologiques et monstres, peints de couleurs vives.

Divinités gardiennes
Les monstres féroces et cornus, aux yeux exorbités, qui ornent les extrémités en arches des toits voûtés font office de gardiens.

GOPURA

À l'entrée du complexe, ces portes pyramidales *(gopura)* se dressent à plus de 50 m de hauteur, aux quatre points cardinaux. Des *gopura* moins hauts mènent aux sanctuaires des divinités principales.

Stucs
Les représentations des divinités, sur la tour, sont réparées, repeintes et reconsacrées tous les 12 ans.

Des ouvertures, sur les longueurs, laissent filtrer la lumière dans les compartiments creux, à chaque niveau.

Les piliers richement sculptés du Thousand-Pillared Hall

Mode d'emploi

Chitrai St. (0452) 234 4360. *t.l.j. Accès au sanctuaire interdit aux non-hindous.* *en supplément* *fête de Chitirai (mi-avr.), Avanimoolam (août-sept.)* **Musée** *t.l.j* *en supplément.*

À la découverte du Minakshi Temple

L'accès au temple s'effectue par le côté oriental, par l'**Ashta Shakti Mandapa** (« Hall des huit déesses »), dont les piliers sculptés représentent les différentes formes de la déesse Shakti. À côté, le **Minakshi Nayaka Mandapa** est une vaste salle à colonnes abritant un bazar. On y voit une structure votive pouvant accueillir 1 008 lampes, qui sont allumées pour les occasions festives, formant un spectacle saisissant.

Le **Chitra Gopura** attenant, à sept niveaux, est la plus haute tour du site. À côté se situe le **Potramarai Kulam** ou « bassin des Lotus d'or », doté de marches menant à l'eau. Il est entouré de couloirs à piliers, jadis décorés de peintures de la période des Vijayanagar. À l'ouest du bassin, le **Minakshi Shrine** est l'un des deux sanctuaires principaux. Il comprend deux couloirs concentriques ainsi que de nombreuses salles et galeries. Il abrite le lit dans lequel « l'époux » de Minakshi, sous la forme d'une représentation de Dundareshvara, est transporté tous les soirs depuis son propre sanctuaire, le **Sundareshvara Shrine**, qui se trouve au nord. Le dieu réside ici, dans le deuxième sanctuaire principal, parmi des colonnes ornées des motifs de poissons, emblématiques de son épouse.

***Kalyana Sundara*, Vishnou donnant Minakshi à Shiva**

Devant ce sanctuaire, le **Kambattadi Mandapa** ou « Hall du mât », du XVIe siècle, possède un pavillon avec un nandi assis, un mât doré et des piliers sculptés richement ornés, représentant les 24 formes de Shiva.

À l'est, le **Thousand-Pillared Hall** réunit 985 colonnes joliment décorées. Cette salle du XVIe siècle abrite aujourd'hui un musée, avec des œuvres en bronze et en pierre. Un ensemble de piliers, véritables joyaux de pierre, produisent les sept notes de la musique carnatique. C'est dans le **Kalyana Mandapa**, au sud de la salle à piliers, que le mariage de Shiva et de Parvati est célébré tous les ans, lors de la fête de Chitirai, à la mi-avril.

Pudumandapa, l'immense hall orné de portraits sculptés des chefs nayaka, est en dehors du site principal. Construit par Tirumalai Nayaka en 1635, il abrite un marché vendant saris, bijoux et épices.

Le complexe du temple Minakshi Sundareshvara

1. Ashta Shakti Mandapa
2. Minakshi Nayaka Mandapa
3. Chitra Gopura
4. Potramarai Kulam
5. Minakshi Shrine
6. Sundareshvara Shrine
7. Kambattadi Mandapa
8. Thousand-Pillared Hall
9. Kalyana Mandapa

0 — 100 m

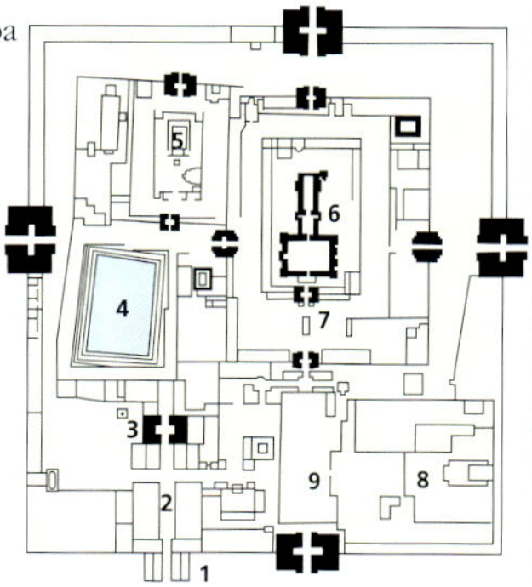

Le Potramarai Kulam, entouré par une colonnade

Les demeures des Chettiars

Le Chettinad, la région aride qui abrite les villes de Karaikudi et Devakottai, ainsi que les villages environnants, compte de vastes demeures richement ornées, qui sont les maisons ancestrales des Chettiars, la riche communauté commerçante tamoule. À l'instar des Marwaris de Shekhavati *(p. 308-309)*, les Chettiars étaient d'excellents hommes d'affaires qui voyageaient loin pour faire fortune. Les richesses qu'ils amassèrent en Birmanie, au Sri Lanka, en Malaisie et au Vietnam leur permirent de construire ces magnifiques maisons. Aujourd'hui, les Chettiars sont des banquiers et des industriels connus, installés à Chennai et à Bangalore.

Passage surmonté d'une arche

Les maisons des Chettiars

Construites au début du XXe siècle, elles illustrent les besoins sociaux, rituels et familiaux et le statut économique de cette communauté. Inoccupées la majeure partie de l'année, elles servent toujours pour les fêtes de famille.

Le superbe Chettinad Palace, à Karaikudi

***Une longue véranda** aux colonnes en bois mène à un ensemble de cours ouvertes, entourées de pièces destinées à accueillir la famille qui s'agrandit.*

***La première salle à piliers**, dont chaque colonne est réalisée avec un tronc d'arbre en teck birman, est réservée aux hommes de la maisonnée, qui y reçoivent leurs invités et qui y font des affaires.*

***La salle de réception élégante** possède un sol en marbre, des vitraux, des corniches peintes, des meubles en teck et en bois de rose, et des lustres.*

***Les magnifiques sols de marbre**, les portes polies, les poutres en bois sculpté, les piliers en granit et les autres éléments décoratifs de cette demeure de Chettiars témoignent du talent des artisans tamouls.*

Porte en bois richement sculptée

Chettinad 21

District de Chettinad. À 82 km au N.-E. de Madurai. t.l.j. *Courses de bœufs (janv.-fév.).*

Karaikudi, au cœur du Chettinad, compte plusieurs temples, dont le **Pillaiyarpati Temple**, du VIIe siècle, dédié à Ganesh. On y trouve aussi de belles demeures de Chettiars, et des magasins d'antiquités foisonnants de trésors.
La région est connue pour sa cuisine épicée, dont l'une des spécialités est le poulet au poivre. Préparés dans des récipients en cuivre, les plats sont servis sur des feuilles de bananier.

Ramanathapuram 22

District de Ramanathapuram. À 117 km au S.-E. de Madurai. *62 000.* t.l.j. *Urs à Erwadi Dargah (déc.).*

Cette ville ancienne est associée aux Setupati, des chefs locaux qui connurent leur apogée à la fin du XVIIe siècle, sous les Nayaka de Madurai, et s'enrichirent en contrôlant l'isthme de l'île de Rameshvaram. Un siècle plus tard, leur domination prit fin et ils se rendirent à l'East India Company.
Le palais des Setupati est situé à l'ouest de la ville actuelle. S'il ne reste que peu de vestiges, le **Ramalinga Vilas**, du XVIIe siècle, sur la face nord du site, présente des peintures murales bien conservées. Elles représentent les épopées, ainsi que des scènes de combat, des transactions marchandes et des cérémonies royales. Les compartiments supérieurs montrent des scènes royales plus privées : réunions de famille, spectacles de danse, concerts et parties de chasse. Un petit sanctuaire, tourné vers le nord, juste au sud du Ramalinga Vilas, est dédié à la divinité tutélaire des Setupati : Rajarajeshvari.
En périphérie de la ville se dresse l'**Erwadi Dargah**, construit voici huit siècles, qui abrite le tombeau d'Ibrahim Syed Aulia, un saint musulman. Lors de sa fête, en décembre, il attire un nombre très important de fidèles venus de tout le pays, du Sri Lanka, de Malaisie et de Singapour.

Le plus long couloir du Ramanathaswamy Temple, orné de piliers sculptés

Rameshvaram 23

District de Ramanathapuram. À 163 km au S.-E. de Madurai. *38 050.* *Tourist office, East Car Street, (04573) 221 064.* *Ramalinga (juin-juil.).*

Cette île, qui est un important lieu de pèlerinage, se dresse dans le golfe de Mannar, le passage étroit qui sépare le Tamil Nadu du Sri Lanka.

Le **Ramanathaswamy Temple**, au centre de l'île, est dédié à Shiva. Il abrite le lingam que Rama, héros du *Ramayana* *(p. 27)*, aurait installé et vénéré après sa victoire sur Ravana à Lanka. Construit par les Chola, puis agrandi considérablement durant la période nayaka, entre le XVIe et le XVIIIe siècle, ce temple massif est entouré d'un haut mur ponctué de cinq *gopura*. L'élément le plus marquant de ce temple est le **Sokkattan Mandapa**, un hall qui doit son nom à sa forme de dé *(sokkattan)*. Il entoure le centre du temple sur quatre côtés, formant un couloir ininterrompu. C'est le plus grand et le plus richement orné dans son genre, réunissant quelque 1 212 piliers qui s'étendent sur 197 m d'est en ouest, et sur 133 m du nord au sud. Le site ne compte pas moins de 22 *tirtha* (« bassins ») destinés aux ablutions rituelles. On dit qu'une immersion dans l'Agni Tirtha, devant le temple, lave de tous les péchés. La cérémonie d'installation du lingam par Rama et Sita est célébrée tous les ans.

Fidèles se baignant dans les eaux sacrées de l'Agni Tirtha

Sur **Gandamadana Hill**, le point culminant de l'île, à 3 km au nord-ouest du Ramanathaswamy Temple, on découvre un *mandapa* à deux niveaux, qui abriterait l'empreinte du pied de Rama.

À **Dhanushkodi** (« Arc de Rama »), à l'extrémité sud de l'île et à 18 km du temple principal, se déroule une plage spectaculaire. De là, plusieurs rochers, appelés Adam's Bridge, s'égrènent dans la mer jusqu'à l'horizon. On raconte qu'ils furent utilisés par Hanuman lorsqu'il traversa l'océan à la recherche de Sita. Le Kodandarama Temple, sur la rive, se dresserait là où le frère de Ravana se rendit à Rama. Il a résisté miraculeusement à un cyclone dévastateur, en 1964.

Tuticorin ㉔

District de Tuticorin. À 135 km au S. de Madurai. 216 100. *Fête du Chariot d'or (août).*

Deuxième port naturel du Tamil Nadu, la ville est aussi le principal port pour les bateaux venant d'Asie du Sud-Est, d'Australie et de Nouvelle-Zélande. C'est également un grand centre industriel, avec d'importantes stations thermiques, des filatures et des raffineries de sel.
Son autre activité importante est la pêche de perles. Depuis les débuts de l'ère chrétienne, les perles de la région sont très prisées. La littérature tamoule ancienne mentionne un commerce prospère avec les Romains.
Aujourd'hui, l'État, qui a créé une société de plongeurs, réglemente sévèrement la pêche de perles, pour protéger les bancs d'huîtres. Il arrive qu'elle ne soit autorisée qu'une fois en dix ans. Les pêcheurs utilisent toujours des méthodes traditionnelles, plongeant jusqu'à 70 m sans bouteilles. La plupart d'entre eux restent plus d'une minute sous l'eau ; le fait de plonger toujours par deux est leur seule protection contre les accidents ou les dangers naturels.

Tuticorin fut occupée par les Portugais au XVIIe siècle, puis par les Hollandais et les Britanniques. Son passé transparaît à travers deux églises élégantes : la **Sacred Heart Cathedral**, hollandaise, construite au milieu du XVIIIe siècle, et la belle **Church of the Lady of the Snows**, bâtie au XVIIe siècle par les Portugais.

Couloir du Kanthimathi Nellaiyappar Temple, à Tirunelveli

Tiruchendur ㉕

District de Tuticorin. À 223 km au S. de Madurai. *de Madurai, Tirunelvelli, Tuticorin et Nagercoil.* *Fête annuelle du temple (juin-juil.)*

Cette jolie ville côtière, qui est l'une des six demeures sacrées du fils de Shiva, Murugan *(p. 493)*, est le site de l'impressionnant **Subramanyam Temple**. Construit au IXe siècle, il a été rénové au Xe siècle. Le temple, auquel on accède par le grand *gopura* de Mela, se dresse sur un promontoire dominant le golfe de Mannar. Sur la rive se trouvent quelques grottes et des sculptures taillées dans la roche.

Aux environs : Manapad, à 18 km au sud, possède l'une des plus vieilles église d'Inde : la Church of the Holy Cross. Construite en 1581, elle abrite un fragment de la « Véritable Croix » rapporté de Jérusalem. Tous les ans, en septembre, une fête attire de nombreux pèlerins . Saint François-Xavier se rendit ici en 1542.

Tirunelvelli ㉖

District de Tirunelvelli. À 154 km au S.-O. de Madurai. *Tamil Nadu Tourism, Tirunelvelli Junction, (0462) 250 0104.* *Fête du Chariot (juin-juil.).*

Située dans l'étendue fertile baignée par la Tamaraparani, Tirunelvelli est dominée par le **Kanthimathi Nellaiyappar Temple**, qui date en partie du XIIIe siècle. Ce site aux temples jumeaux, dédiés respectivement à Shiva et à Parvati, possède deux gigantesques enclos reliés par un long couloir. Le temple de Shiva se trouve au nord, le temple de Parvati au sud. Les *mandapa* raffinés de ce dernier comprennent le Somavara Mandapa, qui contient des piliers sculptés comme des *gopura*, le Rishaba Mandapa, avec de magnifiques sculptures de Manmatha, dieu de l'Amour, et le Mani Mandapa, qui réunit un ensemble de piliers en pierre qui produisent, lorsqu'on les tape, les notes de la musique carnatique *(p. 485)*.
Chaque été, les chariots du temple sont conduits en procession dans la ville, lors de la fête des Chariots, qui attire des milliers de fidèles venus de toute la région.

Aux environs : Les **Courtallam (Kuttalam) Falls**, à 170 m de hauteur, se trouvent à 59 km au nord-ouest de Tirunelvelli. Ces pittoresques chutes d'eau sont réputées pour leur flore exotique et les propriétés médicinales de leurs eaux.

La Church of the Holy Cross, à Manapad

Le Sthanumalaya Temple à Suchindram domine le bassin

Suchindram 27

District de Kanniyakumari. À 247 km au S. de Madurai. *Nagarcoil, à 5 km au N.-O. du centre-ville, puis bus.* *Fête d'Arudhra (déc.-janv.).*

Cette petite ville est étroitement liée à la légende de Kumari, la déesse vierge (une incarnation de Parvati). On dit que Shiva se serait reposé à cet endroit paisible, sur les rives de la Pelayar, tandis que la déesse Kumari faisait sa pénitence à Kanniyakumari.

Le **Sthanumalaya Temple**, unique en son genre, est dédié à la trinité hindoue de Brahma, Vishnou et Shiva. Le complexe rectangulaire possède de gigantesques *gopura* colorés datant des XVIIe et XVIIIe siècles, qui racontent des passages des grandes épopées *(p. 26-27)*. L'un des deux sanctuaires principaux, construit au XIIIe siècle, contient le lingam de Sthanumalaya, qui symbolise Brahma, Vishnou et Shiva. L'autre est dédié à Vishnou.

Le temple abrite également des piliers musicaux, taillés dans des blocs de granit. Lorsqu'on le tape, chaque pilier produit une note différente. Vous admirerez aussi une statue de Hanuman de 5 m de haut, en face du sanctuaire de Rama, et les magnifiques sculptures du Vasantha Mandapa. Un *puja* spécial se tient ici tous les vendredis soir, accompagné de musique et d'une procession. Sur le site se dresse une sculpture de Nandi, le taureau de Shiva, qui, selon une croyance locale, continuerait à grandir.

Kanniyakumari 28

District de Kanniyakumari. À 235 km au S. de Madurai. *19 700.* *Tamil Nadu Tourism, Beach Rd, (04652) 246 257.* *Chaitra Purnima (avr.), Navaratri (sept.-oct.).*

Située à l'extrémité méridionale du sous-continent indien, là où l'océan Indien, la mer d'Oman et le golfe du Bengale se rejoignent, Kanniyakumari offre aux visiteurs des vues enchanteresses, surtout au lever et au coucher du soleil. Le spectacle le plus somptueux se tient lorsque le coucher du soleil coïncide avec le lever de la lune. Kanniyakumari serait la demeure de Kumari, la déesse vierge qui aurait fait pénitence ici pour pouvoir épouser Shiva. Le mariage, toutefois, n'eut pas lieu, car, pour sauver le monde, elle devait rester vierge. Son temple, le **Kumari Amman Temple**, est un lieu de pèlerinage construit au VIIIe siècle par les rois pandya, avant d'être rénové par les Chola, les Vijayanagar et les Nayaka.

Le bâtiment possède un Navaratri Mandapa orné d'un beau panneau peint représentant Mahishasuramardini (Durga tuant le démon Mahisha). Un sanctuaire du XVIIIe siècle, au sein du temple, contient les empreintes de pied *(sripadaparai)* de la déesse Kumari, qui exécuta sa pénitence à cet endroit.

Le **Gandhi Memorial**, près du temple, se dresse là où furent conservées les cendres du Mahatma Gandhi avant leur immersion. Le bâtiment est conçu de manière à ce que le 2 octobre, jour de l'anniversaire de la naissance de Gandhi, à midi, les rayons du soleil tombent précisément à l'endroit où ses cendres furent conservées.

Au large de la côte, sur une île rocheuse, le **Vivekananda Memorial** marque l'emplacement où le grand philosophe indien Swami Vivekananda *(p. 242)* vint méditer avant de participer au Parlement des religions du monde de Chicago, en 1893. Près du mémorial se dresse une impressionnante statue de 40 m de haut de Tiruvalluvar, grand poète tamoul du Ier siècle av. J.-C. et auteur de l'épopée *Tirukural*, considérée comme le plus grand classique de la littérature tamoule.

La **Church of Our Lady of Joy**, fondée par saint François- Xavier vers 1540, est située à la limite sud de la ville, qui possède aussi de belles plages de sable et des blocs de granit multicolores.

Kumari Amman Temple
t.l.j. *sanctuaire interdit aux non-hindous.*

Vivekananda Memorial
mer.-lun. *toutes les 1/2 h.*

Statue du poète Tiruvalluvar sur la plage de Kanniyakumari

LES ÎLES ANDAMAN

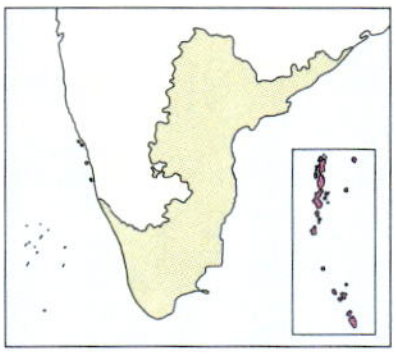

Cet archipel idyllique du golfe du Bengale, situé à 1 000 km environ des côtes, réunit les îles Andaman et les îles Nicobar, non loin. Ces 572 îles sont la partie émergée d'une chaîne montagneuse qui s'étend au fond des mers, du Myanmar jusqu'à l'Indonésie. Elles n'abritent pas moins de trois écosystèmes très différents (forêts tropicales, mangroves et récifs coralliens), où vit une étonnante diversité d'espèces végétales et animales. Pour se rendre aux îles Andaman, les visiteurs étrangers doivent demander une autorisation *(p. 624)* mais les îles Nicobar leur sont interdites. Sur les îles Andaman, de nombreux sites ne sont pas ouverts aux visiteurs, pour préserver la biodiversité de la nature et les six ethnies tribales, dont certaines sont farouchement indépendantes ; ce qui incita Marco Polo à écrire que ces îles étaient peuplées de cannibales. Au XIXe siècle, les Andaman prirent le nom sinistre de Kala Pani (« Eaux noires ») lorsque les Britanniques y établirent une colonie pénitentiaire et la terrible Cellular Jail, la prison de la capitale, Port Blair. La population permanente de l'île compte des personnes venues d'Inde, du Bangladesh, du Sri Lanka ainsi que des Karens du Myanmar.

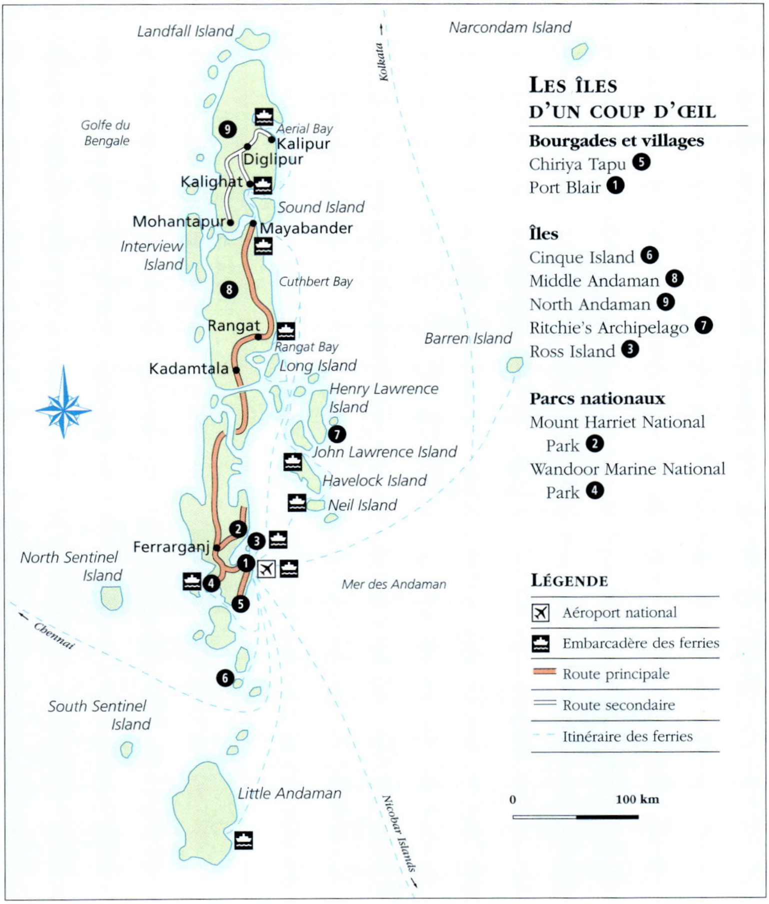

◁ **Cette île des Andaman, couverte d'une dense végétation, est entourée d'eaux cristallines**

Vue aérienne de la capitale, Port Blair

Port Blair 1

South Andaman Island. À 1 190 km à l'E. de Chennai. *100 200.* *3 km au S. du centre-ville, puis bus ou taxi.* *Govt of India Tourist Office, Junglighat Rd, (03192) 233 006 ; Andaman and Nicobar Tourism, (03192) 232 694.* **Une autorisation** *est nécessaire pour se rendre aux îles Andaman* (p. 624). *Fête touristique de l'île (déc.-janv.).*

La capitale, au sud-est de South Andaman Island, est une bonne base pour découvrir l'archipel. On y trouve des hôtels, des banques, des tour-opérateurs et des installations sportives. L'histoire mouvementée de la ville commença en 1798, lorsque le lieutenant Archibald Blair, de l'East India Company, choisit le site de l'actuel Port Blair comme port pour les bateaux de la Compagnie. Cinquante ans plus tard, les îles accueillirent une colonie pénitentiaire, où étaient incarcérés des prisonniers politiques, impliqués dans la révolte des cipayes, en 1857 *(p. 53)*. En 1864, le nombre de détenus était passé de 773 à 3 000. La construction de la **Cellular Jail** fut entamée en 1896. Rapidement, la prison devint le symbole de l'oppression coloniale et valut aux îles le terrible nom de Kala Pani ou « Eaux Noires », en raison des atrocités subies par les prisonniers. L'endroit reste le site le plus connu de Port Blair.

Des sept ailes d'origine, installées autour d'une tour centrale, il n'en reste que trois, bordées de cellules de 3 m sur 3,50 m. Les rations quotidiennes étaient constituées de deux bols d'eau potable et de deux bols de riz. Les exécutions étaient monnaie courante. Durant la Seconde Guerre mondiale, les Japonais, qui ont occupé l'île, ont détruit une partie de la prison. À leur retour, en 1945, les Britanniques installèrent à nouveau leur quartier général à Port Blair mais ils fermèrent la prison. C'est désormais un mémorial dédié aux prisonniers politiques, où un son et lumière émouvant se tient tous les soirs. Les autres points d'intérêt de la ville sont disséminés autour d'Aberdeen Bazaar, dans l'est de la ville. L'**Anthropological Museum**, à l'ouest du bazar, est consacré aux populations tribales des îles, avec une collection de photographies des années 1960. L'Aquarium, aussi appelé **Fisheries Museum**, à l'extrémité orientale de M.G. Road, présente des centaines de poissons, de coraux et de coquillages. À côté, l'**Andaman Water Sports Complex** propose diverses activités aquatiques, comme la planche à voile et le parachute ascensionnel, et loue aussi des canots. Le **Samudrika Marine Museum**, géré par la marine indienne, compte cinq galeries dédiées à l'histoire, à la géographie et à l'anthropologie des îles. On y voit aussi une magnifique exposition sur la vie marine. Le minuscule zoo de Haddo élève des crocodiles marins destinés à être remis en liberté. Le **Forest Museum**, non loin, présente différentes essences locales.

Rangée de cellules exiguës, Cellular Jail

Les **Chatham Sawmills** sur Chatham Island, à 5 km au nord, sont l'une des plus anciennes scieries d'Asie, et aussi l'une des plus grandes. Créée en 1836 par les Britanniques, elle débite les arbres de l'île, dont beaucoup sont en voie de disparition, comme le gigantesque padauk.

Cellular Jail
Son et lumière *en hindi : t.l.j. à 18h ; en anglais : t.l.j. à 19h15.*

Anthropological Museum
mar.-dim. *jours fériés.*

Fisheries Museum
(03192) 232 291. *mar.-dim.* *jours fériés.*

Andaman Water Sports Complex
t.l.j.

Samudrika Marine Museum
(03192) 232 871. *mar.-dim.*

Forest Museum
mar.-dim.. *jours fériés.*

Chatham Sawmills
lun.-sam., le matin de préf.

La prise du jour : le bateau est rempli de langoustes fraîches

Aux environs : La plage la plus proche de Port Blair est **Corbyn's Cove**, en forme de croissant, à 7 km au sud de la capitale. **Viper Island**, qui doit son nom à un bateau britannique qui fit naufrage au XIXe siècle au large de ses côtes, est desservie depuis Port Blair. Son histoire sinistre est marquée par sa prison, construite en 1867, dont les potences et les poteaux de torture sont toujours visibles. À 15 km environ de Port Blair, la **Sippyghat Farm** cultive une grande quantité d'épices ainsi que diverses plantes à fleurs et arbustes locaux.

Mount Harriet National Park ❷

South Andaman Island. À 10 km au N. de Port Blair. *De Chatham Wharf ou Phoenix Bay Jetty (Fisheries Jetty) à Port Blair jusqu'à Bamboo Flats Jetty, puis taxi jusqu'à l'entrée du parc. Billets pour visites à la journée vendus à l'entrée.*

En face de Phoenix Jetty, à Port Blair, dans la baie, le parc compte quelques-uns des plus hauts sommets de l'archipel. Mount Harriet (365 m) est entouré de forêts accueillant une grande biodiversité, et notamment des oiseaux, comme le pic noir et le carpophage pauline. Parmi les sentiers de randonnée bien balisés, on compte celui qui va à Kalapathar (2 km) et un autre desservant Madhuban Beach (16 km), où des éléphants sont formés pour l'exploitation du bois. Attention aux sangsues pendant la mousson !

La **Forest Guest House**, au sommet du Mount Harriet, offre de belles vues de Port Blair et de Ross Island. Pour y passer la nuit, l'autorisation du « Wildlife Warden » *(p. 507)* est nécessaire.

Ross Island ❸

Ross Island. À 2 km à l'E. de Port Blair. *de Phoenix Jetty.* **Une autorisation** *est nécessaire pour se rendre aux îles Andaman* (p. 624). *Excursion pour la journée uniquement..*

Depuis Port Blair, un court trajet en ferry permet de rejoindre Ross Island, qui fut la capitale administrative de la plupart des îles entre 1858 et 1941. Toutefois, son histoire est bien plus ancienne, puisque l'île était peuplée de Grands Andamanais *(p. 509)*. En 20 ans d'occupation britannique, des maladies comme la syphilis et la rougeole avaient quasiment décimé la tribu, dont la population passa de 5 000 à 28 individus. C'est aussi à Ross Island que vivaient les administrateurs britanniques de la colonie pénitentiaire de Port Blair, bénéficiant de piscines et de bungalows. En 1941, les Japonais y installèrent un camp de prisonniers de guerre et construisirent des installations dont des vestiges subsistent. Aujourd'hui, le site est abandonné. En ruine, les quelques témoignages de son glorieux passé colonial comme la maison du directeur sont envahis par la végétation. Le site est désormais sous le contrôle de la marine indienne, dont le musée, Smritika, illustre la vie des prisonniers politiques.

Orchidée

Le calao de Narcondam est un oiseau rare

Tuba et plongée sous-marine

Le tuba, très apprécié, permet de découvrir le monde sous-marin

Le tuba
De nombreux tour-opérateurs, comme l'Andaman Water Sports Complex de Port Blair, louent des tubas pour environ 70 Rs par jour. Les sites sont Corbyn's Cove, Wandoor, Chiriya Tapu, Neil Island et Havelock Island.

La plongée sous-marine
Port Blair compte deux centres de plongée homologués. Samudra au (03192) 232937, un centre renommé, à l'Hotel Sinclair Bay View, propose des plongées à proximité de Port Blair pour 2 500 RS. et au-delà de Wandoor pour 3 500 RS. Port Blair Underwater au (03192) 22 9312, à Peerless Resort à Corbyn's Cove, propose aussi des plongées. L'Andaman Scuba Club, ouvert récemment sur Havelock Island, est un joli centre, sur la plage. @ info@andamanscubaclub.com

Respect de l'environnement
Le moindre contact risque d'endommager les récifs coralliens. Évitez de les toucher ou de marcher dessus. Avant la plongée, entraînez-vous à descendre dans la mer. Souvent, la descente, trop rapide, provoque des contacts avec les récifs. Ne jetez pas l'ancre à proximité des récifs.

Wandoor Marine National Park ❹

Créé en 1983 pour préserver les écosystèmes tropicaux de 15 îles inhabitées de l'archipel, le Mahatma Gandhi Marine National Park de Wandoor s'étend sur 280 km². Il recouvre des baies, des récifs coralliens ainsi que des criques bordées de mangroves et de forêts tropicales, foisonnant de vie marine. Du village de Wandoor, des ferries longent les lagons aux fonds marins extraordinaires, souvent suivis par des bancs de dauphins joueurs. La plupart des îles sont protégées, et donc interdites aux visiteurs. Toutefois, leurs rivages laissent apercevoir une transition fascinante entre les hautes forêts tropicales et les mangroves qui bordent la mer. Seules deux îles se visitent : Jolly Buoy Island, qui se prête à merveille à la plongée au tuba, et Redskin Island, qui possède un sentier de randonnée bien balisé.

Types de coraux
Il existe deux grands types de coraux : les coraux durs et les coraux mous. Les mous, colorés, ne possèdent pas de squelette extérieur.

Poisson-ange
Le poisson-ange est l'un des poissons les plus colorés des récifs. Ses couleurs l'aident à se camoufler et à marquer son territoire.

Rascasse
Les épines de ce joli poisson, qui mesure jusqu'à 40 cm de long, contiennent un venin qui peut être mortel.

Crabe des cocotiers
Ce gros crabe possède des pinces puissantes qui lui servent à grimper aux arbres, puis à casser les coquilles des noix de coco.

Loches
Elles comptent parmi les espèces les plus courantes : elles changent de couleur pour se fondre aux rochers et aux récifs.

Le récif corallien

Considérés comme les forêts tropicales des mers, les récifs multicolores sont des écosystèmes fragiles qui abritent une vie marine *(p. 529)* d'une incroyable richesse, ainsi que plus de 200 espèces de coraux.

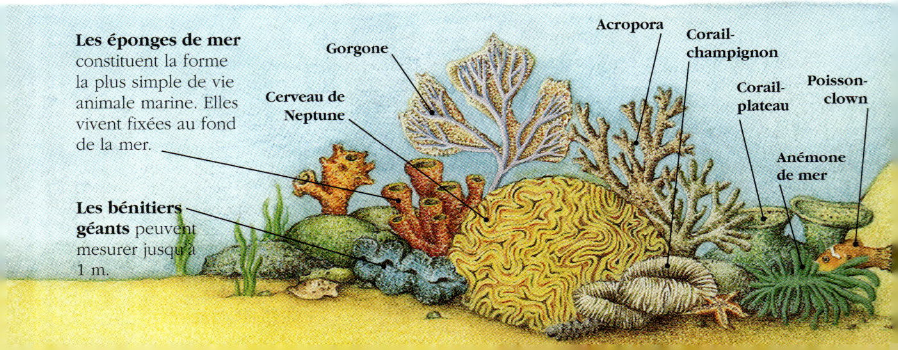

Dendrelaphis
Ce serpent, qui compte parmi la quarantaine d'espèces vivant ici, est inoffensif.

MODE D'EMPLOI

South Andaman Island. À 29 km au S.-O. de Port Blair. *de Wandoor.* *Chief Wildlife Warden, Haddo, Port Blair, (03192) 233 549. Accès autorisé pour Jolly Buoy Island et Redskin Island.* *t.l.j., en fonction du temps.* *La Forest Lodge compte 4 suites.* *Plongée sous-marine et tuba.*

LA FORÊT TROPICALE HUMIDE
Ces forêts à plusieurs strates comprennent des arbres géants, un dense sous-bois et plus de 120 espèces de fougères.

Mangroves
Les baies des îles du parc de Wandoor sont bordées de mangroves touffues où vit une faune d'une grande richesse : serpents, crabes, crocodiles et oiseaux d'eau.

Un bateau glisse sur les eaux cristallines d'un lagon, îles Andaman

Chiriya Tapu ❺

South Andaman Island. À 28 km au S. de Port Blair *de Port Blair. Taxis disponibles à Port Blair.*

Le village de pêcheurs de Chiriya Tapu (« île aux Oiseaux »), à l'extrémité sud de South Andaman Island, se trouve à 1 heure de route de Port Blair. Ses plages de sable blanc qui bordent une grande baie en font un but d'excursion très prisé. Les chemins forestiers font le bonheur des amateurs d'oiseaux, qui y découvrent de nombreuses espèces rares : suimangas, martins-pêcheurs, pics et aigles. Les plages, et notamment la pittoresque **Munde Pahar Beach**, se prêtent à merveille à la plongée au tuba. On y trouve aussi de bons terrains de camping. Un parc biologique destiné à accueillir les animaux du zoo de Port Blair *(p. 504)* est en cours d'aménagement.

Cinque Island ❻

Cinque Island. À 39 km au S. de Port Blair. *Bateaux à moteur de Port Blair et Wandoor, bateaux de pêche de Chiriya Tapu.* **Une autorisation** *est nécessaire pour se rendre aux îles Andaman* (p. 624). *Excursion pour la journée uniquement.*

Nord et South Cinque, reliées par un banc de sable, ont été protégées en 1987. Les plongées au tuba et aux bouteilles dans les récifs environnants, qui abritent des coraux rares et une vie marine riche, comptent parmi les plus intéressantes des îles Andaman. Les rivages sablonneux sont l'un des derniers refuges des tortues à écailles et des tortues vertes, qui viennent y nicher par centaines tous les ans.

Aux environs : Les **Sisters** et les **Brothers**, groupes d'îlots minuscules respectivement situés à 12 et 32 km au sud de Cinque, ne se visitent qu'avec un groupe de plongée encadré par un guide. L'île reculée de **Little Andaman**, à 8 heures de ferry au sud de Port Blair, est en grande partie occupée par une réserve pour la centaine de membres de la tribu Onge. Il est déconseillé de tenter d'entrer en contact avec eux. Une partie du nord de Little Andaman est accessible aux visiteurs.

Little Andaman
2 fois par semaine depuis Port Blair.

Un bernard-l'ermite se creuse un abri temporaire

Ritchie's Archipelago ❼

Ce groupe d'îlots s'étend entre 20 et 40 km à l'E. de South Andaman. *De Port Blair et Rangat Bay (Middle Andaman).* **Une autorisation** *est nécessaire pour se rendre aux îles Andaman* (p. 624).

L'archipel de Ritchie réunit un groupe d'îlots minuscules, en grande partie classés « parc national » pour protéger leur incroyable biodiversité. Seules trois îles sont ouvertes aux visiteurs. Elles sont desservies par ferry depuis Port Blair, certains jours de la semaine.

Neil Island, à 36 km au nord-est, est la plus proche de la capitale. Elle est habitée par des populations venues du Bengale. L'intérieur de l'île est verdoyant, avec des rizières et d'autres cultures. C'est le principal lieu de production de fruits et de légumes de la région. Les plages, relativement intactes, font le bonheur des amateurs de tuba. **Havelock Island**, à 54 km au nord-est de Port Blair, est la plus appréciée des visiteurs, car elle compte des pensions, d'État et privées, ainsi qu'un grand bazar bien achalandé. N'hésitez pas à essayer l'hébergement sous tentes de Radhanagar Beach, à l'extrémité occidentale de l'île, où de longues étendues de sable blanc permettent de voir des tortues et des dauphins. Les éléphants qui vivent sur l'île ont été introduits ici à l'origine pour l'exploitation du bois. Les deux-

Une gorgone colorée et une loche

Sur ces îles, les éléphants sont indispensables à l'exploitation du bois

roues proposés en location sont le meilleur moyen de découvrir l'île.

L'île la plus septentrionale de l'archipel, **Long Island**, à 82 km au nord de Port Blair, attire peu de visiteurs, peut-être en raison des 8 heures de voyage nécessaires pour s'y rendre. Elle possède toutefois de belles plages. Il n'y a qu'une pension, et quasiment pas de transports en commun. Toutefois, on peut y louer des vélos. North Passage Island, à 55 km au sud de Port Blair, possède une belle plage de sable blanc, à Merk Bay.

Aux environs : Barren Island, à 132 km au nord-est de Port Blair, compte le seul volcan en activité d'Inde. Récemment, deux éruptions ont eu lieu, en 1991 puis en 1994, après presque deux siècles d'inactivité. L'énorme cratère jaillissant de la mer continue à cracher de la fumée. Aujourd'hui, l'île est une réserve naturelle. Elle n'est pas desservie par des ferries ; seuls des bateaux de location font le long trajet de 20 heures depuis Port Blair. Il est interdit de débarquer sur l'île : les seuls visiteurs sont les plongeurs.

Ananas aux couleurs vives

Les ethnies indigènes

Jusqu'au XVIIIe siècle, les îles Andaman et Nicobar étaient peuplées de 12 groupes aborigènes distincts. Aujourd'hui, l'immigration, les maladies et la perte de leurs terres ont eu raison de ces populations, dont le nombre a chuté de 5 000 à 400 individus. Les ethnies mongoloïdes Nicobarese et Shompen des îles Nicobar sont probablement originaires du Myanmar, tandis que les origines des quatre ethnies Negritos (Jarawa, Grands Andamanais, Onge et Sentinelese) demeurent une énigme pour les anthropologues. Seul le plus important de ces groupes ethniques, les Nicobarese, s'est intégré à la population. Les Onge et les Grands Andamanais, quant à eux, sont tributaires des subventions et vivent dans des « réserves ». Les Sentinelese de North Sentinel Island, restent hostiles et continuent à accueillir les visiteurs avec des volées de flèches. Les Shompen de Great Nicobar sont tout aussi méfiants. Pour ces derniers représentants de populations indigènes vivant en totale autarcie, la seule chance de survie réside peut-être dans cet isolement qu'ils s'imposent.

Membre de l'ethnie des Jarawa

Middle Andaman ❽

North Andaman Island. À 290 km au N. de Port Blair (jusqu'à Diglipur). *de Port Blair.* **Une autorisation** *est nécessaire pour se rendre aux îles Andaman* (p. 624).

L'intérieur de l'« île du Milieu » est en grande partie occupé par la Jarawa Tribal Reserve, sévèrement protégée. Les Jarawa, des chasseurs-cueilleurs traditionnels, sont sans doute la dernière ethnie totalement authentique d'Inde. L'Andaman Trunk Road serpente de Port Blair jusqu'à Middle Andaman en passant par Bharatrang Island. Toutefois, pour préserver les Jarawa, les transports en commun ne sont que peu développés. Les environs de **Rangat** sont couverts de forêts tropicales luxuriantes. La ville, quant à elle, ne compte que quelques commerces. **Rangat Bay** est le point de départ des ferries pour Port Blair et pour Havelock Island et Long Island. À seulement 15 km de là, **Cuthbert Bay** est un sanctuaire pour des centaines de tortues marines. **Mayabander**, à l'extrémité nord, à 71 km de Rangat, est un endroit magnifique. Certaines plages, comme **Karmatang**, sont connues pour leurs levers du soleil. De plus, des tortues marines viennent s'y reproduire.

North Andaman ❾

North Andaman Island. À 290 km au N. de Port Blair (jusqu'à Diglipur). *de Port Blair.* **Une autorisation** *est nécessaire pour se rendre aux îles Andaman* (p. 624).

C'est la moins peuplée des trois grandes îles Andaman. **Diglipur**, au nord-est, est l'une des rares localités proposant des hébergements. Elle est connue pour ses plages, notamment Ram Nagar et Kalipur. On y trouve aussi le point culminant de l'île, **Saddle Peak** (737 m), classé récemment « parc national ». Un chemin pittoresque mène au sommet.

D'**Aerial Bay**, à 9 km au nord-est de Diglipur, on peut visiter Smith Island et Ross Island *(p. 505)*.

LE KERALA

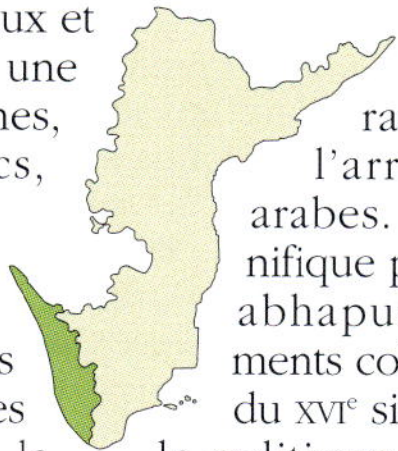

Situé entre les Ghâts occidentaux et la mer d'Oman, le Kerala est une mosaïque de cocotiers, lagunes, rizières, longues plages, lacs, collines verdoyantes et forêts tropicales. La culture kéralaise, d'une grande richesse, a été nourrie par des apports des trois grandes religions, qui y puisent des racines anciennes. L'hindouisme, la religion majoritaire, est pratiqué ici avec une grande rigueur, qui interdit l'accès des temples aux non-hindous. Le christianisme, dont un quart de la population est adepte, fut introduit ici par saint Thomas. L'Islam, quant à lui, commença à s'enraciner au VIIe siècle, avec l'arrivée des marchands arabes. Vous admirerez le magnifique palais en bois de Padmanabhapuram, d'imposants bâtiments coloniaux et une synagogue du XVIe siècle, à Kochi. Cet État, où la politique joue un rôle important, possède le taux d'alphabétisation le plus élevé d'Inde. L'argent que les nombreux habitants de cet État partis travailler au Moyen-Orient envoient chez eux contribue fortement à sa prospérité.

LA RÉGION D'UN COUP D'ŒIL

◁ Canots en bois sur les canaux près d'Allepey (Alappuzha)

Thiruvananthapuram ❶

Vishnou

Appelée récemment encore Trivandrum, la capitale du Kerala fut le bastion de l'ancienne famille royale de Travancore entre 1750 et 1956. Elle doit son nom au magnifique Anantha Padmanabhaswamy Temple. En effet, Thiruvananthapuram signifie « ville sainte d'Anantha », le serpent sacré à mille têtes sur lequel s'appuie Vishnou. Le vieux quartier de la ville construite sur sept collines entoure le temple. Très animée, Mahatma Gandhi Road est bordée de demeures coloniales, d'églises et d'immeubles modernes.

Le Napier Museum date du XIXe siècle

Government Arts and Crafts (Napier) Museum

Museum Rd. *lun., mer. matin et jours fériés pour les musées.* *valable pour tous les musées.*
Kanakakunnu Palace *(0471) 23 18294* **pour autorisation**.

Plusieurs musées et un zoo sont installés dans un grand complexe. Le Government Arts and Crafts Museum, anciennement Napier Museum, du nom d'un ancien gouverneur de Madras, est un bâtiment indo-saracénique en briques rouges et noires, conçu au XIXe siècle par Robert Fellowes Chisholm *(p. 465)*. Il abrite une belle collection de bronzes, de sculptures en pierre, d'ornements en or et d'ivoires, ainsi qu'un chariot de temple, tous originaires des territoires de l'ancien royaume de Travancore. **Shri Chitra Art Gallery** occupe un joli bâtiment qui réunit les plus beaux éléments de l'architecture locale. Les œuvres de Raja Ravi Varma (1848-1906) et de son oncle Raja Raja Varma sont les joyaux de la collection. Les peintures mythologiques de Raja Ravi Varma, considéré comme le plus grand artiste indien de son époque, ont inspiré les gravures religieuses populaires présentes dans quantité de maisons indiennes. Le **Natural History Museum**, à l'est, abrite une belle réplique de maison Nair typique du Kerala, un *naluketu*, qui en présente les principes de construction.

Le **Kanakakunnu Palace**, où la famille royale de Travancore recevait ses invités, est attenant au complexe, au sommet d'une colline. Une partie du palais se loue pour des réceptions.
Non loin de là en voiture, en descendant la rue depuis le complexe, on arrive à la Kowdiar Junction, un rond-point qui fait face au Kowdiar Palace, l'ancienne résidence officielle du maharaja.

Tableau de Raja Ravi Varma, à la Sri Chitra Art Gallery

Mahatma Gandhi Road

L'artère principale se déroule de la Victoria Jubilee Town Hall jusqu'au Anantha Padmanabhaswamy Temple. Les bâtiments majestueux qui la bordent comprennent le Secretariat, qui abrite l'administration de l'État, l'University College et la Public Library, fondée en 1829. Cette bibliothèque réunit plus de 250 000 livres et documents en malayalam, hindi, tamoul et sanskrit. Au nord, au-delà du charmant Connemara Market, se situent la Jami Masjid, la St Joseph's Cathedral et la Christ Church, un bâtiment néogothique.

Anantha Padmanabhaswamy Temple

Quartier du fort. *aux non-hindous. Règles vestimentaires* (p. 628).

Installé au sein du fort qui entoure la vieille ville, c'est le seul temple du Kerala possédant un *gopura* à sept niveaux, construction très

Les arts martiaux du Kerala

***Kalaripayat*, au CVN Kalari Sangham**

Au XIe siècle, les guerres incessantes donnèrent naissance aux *kalaripayattu*, les arts martiaux kéralais. Deux courants ont vu le jour : les *chavverpada*, commandos-suicide, et les *chekavan*, des guerriers qui menaient des duels à mort, pour régler les litiges de la noblesse. Les élèves apprennent à se servir d'armes comme l'épée, la lance, la dague, l'*urumi* (épée en métal) et la perche en bois. L'élève apprend à défaire son adversaire par pression sur des points névralgiques.

L'imposant *gopura* de l'Anantha Padmanabhaswamy Temple

courante dans le Tamil Nadu. La sobriété de l'ornementation, toutefois, est typiquement kéralaise. Un mât couvert d'or se dresse dans la cour. Le couloir principal, qui borde la cour sur quatre côtés, compte 324 colonnes et deux rangées de piliers en granit, chacun orné d'une femme portant une lampe *(deepalakshmi)*. Le hall est également agrémenté d'animaux mythologiques sculptés, tenant des balles entre leurs mâchoires.
De belles décorations ornent les murs extérieurs du sanctuaire intérieur, où l'on trouve un vishnou allongé de 6 m de long, la tête au sud et les pieds au nord.

Kuthiramalika Palace Museum

Quartier du fort. Ouvert *mar.-dim.* Payant. Photos *en supplément.* Accès handicapés. Festival *Festival de musique carnatique (janv.-fév.).*

Ce musée intéressant, aussi appelé Puthen Malika, occupe un palais du XVIIIe siècle construit par Raja Swathi Thirunal Balarama Varma, homme d'État, poète, musicien et réformateur. Magnifique exemple d'architecture kéralaise, ce palais en bois compte des sols polis et un toit pentu en tuiles. Admirez les bois sculptés, et notamment les 122 chevaux qui bordent les avant-toits. On y voit différents objets de la collection royale, comme un trône en cristal, don des Hollandais, et un autre intégrant les défenses sculptées de 50 éléphants.

CVN Kalari Sangham

Quartier du fort est. Ouvert *lun.-sam.*

Ce centre de formation aux *kalaripayattu* a été fondé en 1956 pour faire revivre les arts martiaux du Kerala. Tous les matins, les élèves se retrouvent au gymnase *(kalari)* pour l'entraînement. Le centre compte aussi un sanctuaire dédié à la divinité des arts martiaux, Kalari Paradevata, et une clinique ayurvédique, où les élèves se font prodiguer des massages à l'huile.

Mode d'emploi

District de Thiruvananthapuram. 708 km au S.-O. de Chennai. *3 234 700.* *À 6 km à l'O. du centre-ville, puis bus ou taxi.* *Tourist Facilitation Centre, Museum Rd, (0471) 232 1132; TCR, face au Chaitram Hotel, (0471) 233 0031.* *lun.-sam.* *Chandanakuda (mars-avr.), Navaratri (sept.-oct.), festival de danse de Soorya (oct.), et de Nishangandhi (nov.).*

Centre-ville de Thiruvananthapuram

Anantha Padmanabhaswamy Temple ③
CVN Kalari Sangham ⑤
Government Arts and Crafts (Napier) Museum ①
Kuthiramalika Palace Museum ④
Mahatma Gandhi Road ②

Légende

- Gare
- Arrêt de bus
- Information touristique
- Temple
- Mosquée
- Église
- Bureau de poste

0 — 800 m

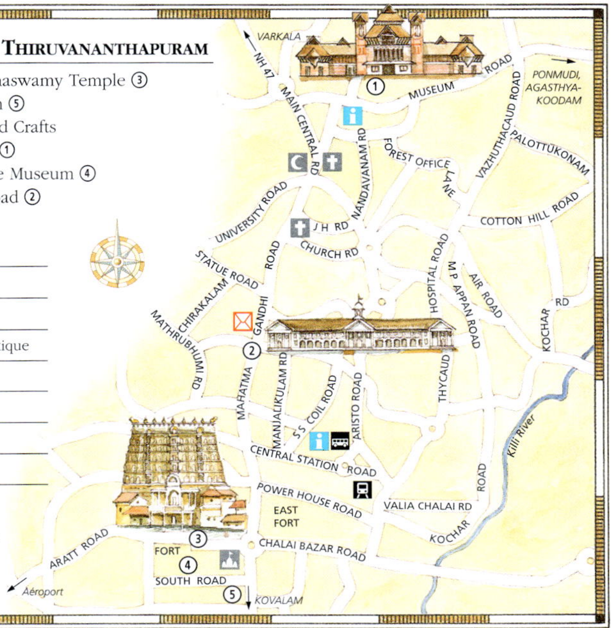

À la découverte des environs de Thiruvananthapuram

Porte d'entrée de la pointe méridionale du sous-continent, la ville compte, au sud, de nombreuses stations balnéaires sur la mer des Laquedives, dont la plus connue est Kovalam. Le Padmanabhapuram Palace *(p. 516-517)*, l'ancienne résidence des rois de Travancore, se trouve au sud-est de la ville, tandis qu'au nord et à l'est, des stations climatiques paisibles sont perchées sur les Carmadom (Ponmudi) Hills. Thiruvananthapuram compte aussi de nombreuses institutions, comme la station météorologique. Enfin, la ville est également l'un des principaux centres d'*ayurveda* d'Inde.

Lighthouse Beach est l'une des nombreuses plages idylliques de Kovalam

Kovalam

District de Thiruvananthapuram. À 16 km au S. de Thiruvananthapuram.

Kovalam Hotel, (0471) 248 0101.

Jusque dans les années 1960, Kovalam n'était qu'un petit village de pêcheurs assoupi, aux ruelles étroites et aux maisons à toits de chaume dotées de grandes cours destinées au séchage du poisson. Puis sa plage magnifique et ses eaux cristallines furent découvertes et Kovalam devint une destination prisée des hippies et des routards et avait la réputation d'être un endroit miteux et bon marché, mais désormais il attire aussi les célébrités, qui s'y rendent dans leurs avions privés. Par conséquent, la plage est bordée d'hôtels de luxe, de pensions bon marché, de cafés et de plusieurs centres d'*ayurveda* homologués, qui proposent du simple massage au traitement de trois semaines. Malgré les assauts du tourisme de masse, Kovalam a conservé son charme et est l'une des plus belles stations balnéaires de l'Inde.

La baie naturelle de Kovalam est bordée de part et d'autre de deux caps rocheux. Ses quatre plages – Samudra Beach, Ashok Beach, Eve's Beach et Lighthouse Beach –, séparées par de courtes distances, offrent aux visiteurs soleil, mer et sable. Tandis que les plages au sud du promontoire sont plus fréquentées, celles au nord offrent de vastes espaces où l'on peut bronzer, nager en toute sécurité, faire des excursions en catamaran et pratiquer des sports aquatiques.

Marchand de fruits, à Varkala

Jeune pêcheur et sa prise, sur Kovalam Beach

Varkala

District de Thiruvananthapuram. À 40 km au N. de Thiruvananthapuram.

Tourist Information Centre, près de l'héliport.

Cette jolie petite localité en bord de plage est plus connue des Indiens comme lieu de pèlerinage. Selon la légende, le sage Narada jeta en l'air un tissu qui atterrit là où se dresse désormais Varkala. Narada demanda ensuite à ses disciples de prier pour leur salut sur Papanasham Beach ou « plage de la Rédemption ». Depuis, elle est associée au culte des ancêtres, et les hindous viennent y immerger les cendres de leurs morts.

Au centre de la ville se dresse le **Janardhana Swamy Temple**, un lieu sacré, dit-on, de plus de 2 000 ans. Dédié à Krishna, le temple attire quantité de pèlerins. On dit que l'une des cloches du temple serait un don d'un capitaine hollandais, au XVIIe siècle, dont les prières auraient été entendues.

L'autre lieu de pèlerinage de Varkala est le **Memorial of Sree Narayana Guru** (1855-1928) à Sivagiri, à 3 km à l'est du temple. Tous les jours, des fidèles se retrouvent au mémorial du grand saint et réformateur de la société, dont le credo était : « une seule caste, une seule religion, un seul dieu pour toute l'humanité ». Varkala, qui s'étend sur un arrière-plan de falaises de latérite rouge dominant la plage, est devenue une station balnéaire et un spa appréciés. Le site est connu pour ses sources aux

La longue plage de sable de Varkala

propriétés thérapeutiques. C'est aussi un centre de yoga et de traitements ayurvédiques. Au sud, l'Anjengo Fort, abandonné, fut la principale garnison de la Compagnie hollandaise des Indes orientales aux XVIIe et XVIIIe siècles.

Ponmudi

District de Thiruvananthapuram. À 61 km au N.-E. de Thiruvananthapuram. *Tourist Complex, (0471) 289 0230.*

Littéralement « couronne d'or », Ponmudi se dresse à 915 m. Entourée de plantations de thé et de collines boisées, cette station climatique intacte est fraîche et auréolée de brume la majeure partie de l'année. Ses sentiers tortueux et ses environs verdoyants permettent des promenades agréables. La profusion de fleurs sauvages qui pousse sur les rives des ruisseaux ajoute encore à son charme.

Agasthyakoodam

District de Thiruvananthapuram. À 60 km au N.-E. de Thiruvananthapuram. **Autorisations pour les randonnées.** *Contactez le bureau du Wildlife Warden, Thiruvananthapuram, (0471) 23 68 607.*

Le point culminant du Sud du Kerala, à 1 890 m d'altitude, appartient aux Ghâts occidentaux et à l'Agasthyakoodam Forest, protégée en 1992. Sacrée pour les bouddhistes et pour les hindous, la montagne serait la demeure du bodhisattva Avolokitesvara, ainsi que du sage Agastya, un disciple de Shiva. Sur les collines poussent de nombreuses herbes médicinales et des orchidées. Elle abrite également une faune riche, notamment des oiseaux. La randonnée jusqu'au sommet (distance : 28 km) prend deux jours. Elle n'est autorisée qu'entre décembre et avril. Le sommet offre de belles vues du grand lac formé par le barrage de Neyyar.

L'AYURVEDA

Traitement ayurvédique

La naissance de l'*ayurveda* dans le Kerala puise ses racines dans un écrit classique sur la médecine : l'*Ashtangahridaya*. Disciple d'un médecin bouddhiste, son auteur, Vagbhata, fut peu reconnu dans le reste de l'Inde. On dit que la médecine ayurvédique originelle était pratiquée par quelques familles nampoothiri (brahmanes). Aujourd'hui, leurs descendants portent toujours le titre honorifique d'*ashtavaidyan*. La méthode kéralaise est connue pour son traitement en cinq points, qui recourt aux huiles, aux plantes, au lait, aux massages et à un régime particulier pour guérir les maux.

LES FÊTES DU KERALA

Vishu *(avr.)*. Les premiers jours du Nouvel An malayali sont célébrés dans tout l'État. On dit qu'en regardant un ensemble d'objets de bon augure au point du jour, on s'assure une année de paix et de prospérité.

Thrissur Pooram *(avr.-mai)*, à Thrissur. Procession cérémonielle de deux *devi* (déesses) sur des éléphants caparaçonnés, jusqu'au Vadakkunnathan Temple. Les parasols tenus au-dessus des éléphants sont échangés lors d'un incroyable rituel synchronisé, au son d'un *chendamelam*, un orchestre de percussions.

Onam *(août-sept.)*. La fête la plus populaire du Kerala rend hommage à Mahabali, un souverain altruiste tant aimé par ses sujets que des dieux jaloux lui tendirent un piège pour lui faire perdre la vie et son royaume. Son dernier souhait fut de pouvoir rendre visite à son peuple une fois par an, pour s'assurer de son bonheur. Pendant Onam, une atmosphère d'opulence est créée pour réjouir Mahabali. On prépare des festins et on porte des vêtements neufs *(athapookkalam)*. La Nehru Trophy Boat Race, course de bateaux *(p. 36)*, se tient à cette époque.

Éléphants caparaçonnés et musiciens, Thrissur Pooram

Padmanabhapuram Palace ❷

Blotti dans un décor de collines verdoyantes, de rizières et de rivières, le Padmanabhapuram Palace est le plus bel exemple qui soit d'architecture en bois kéralaise. Aménagé sur un plan composé de quatre enceintes attenantes, recouvrant des espaces publics et des espaces privés, le palais s'orne de plafonds en bois richement ouvragés, de piliers sculptés, de fenêtres à jalousies et de toits en tuiles en forme de pagodes. De 1590 à 1790, Padmanabhapuram fut le site de l'ancienne principauté de Travancore, à cheval sur l'actuel Tamil Nadu et le Kerala – ce qui explique que ce palais bien entretenu situé dans le Tamil Nadu soit géré par l'État du Kerala.

Détail d'une porte en bois de rose sculpté

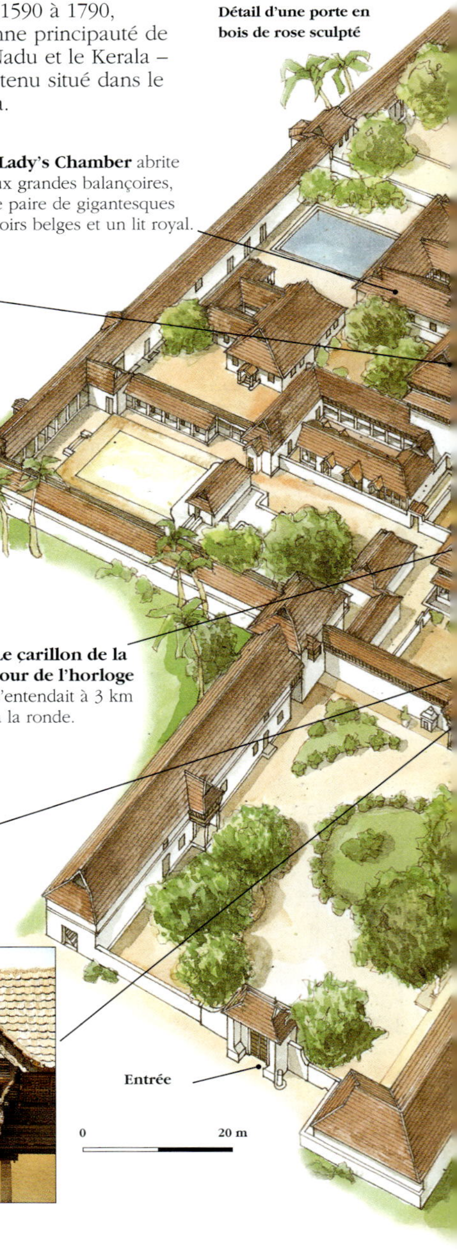

★ Prayer Hall
Située au troisième étage du King's Palace, la salle des prières possède de magnifiques peintures murales. Le lit médicinal, sculpté dans 64 bois différents, est un cadeau des Hollandais.

Entrance Hall
Le hall d'entrée possède un plafond en bois richement sculpté orné de 90 fleurs différentes, un lit en granit poli et un trône chinois décoré.

Main Gate
On atteint l'entrée principale du site après avoir traversé une grande cour. L'entrée est surmontée d'un toit décoré.

Fenêtre en saillie sculptée, permettant d'assister aux processions

Maison des invités

La Bath House est une petite pièce claire où les hommes de la famille royale recevaient un massage avant d'emprunter les escaliers conduisant à un bassin pour se baigner.

MODE D'EMPLOI

État du Tamil Nadu. District de Kanniyakumari. À 55 km au S.-E. de Thiruvananthapuram. (04651) 250 255. *mar.-dim.* *en supplément.*

★ Mother's Palace

Ce bâtiment de 1550 est le plus ancien du complexe. Il possède des piliers richement sculptés, en bois de jaquier. Le sol a été poli avec des fleurs d'hibiscus, pour obtenir sa finition rouge brillante.

Lampe

Une lampe-cheval (animal symbole de bravoure) dans le hall d'entrée est accrochée à une chaîne spéciale, qui assure son parfait équilibre.

La salle à manger, aménagée sur deux niveaux, pouvait accueillir 2 000 invités.

Le musée du palais présente meubles, statues en bois et en granit, pièces de monnaie, armes et autres objets.

★ Council Chamber

La salle d'audience du roi possède des jalousies en bois qui laissent passer l'air et la lumière. Le sol doit sa finition brillante à un mélange de chaux, de sable, de blanc d'œuf, de lait de coco et de charbon.

À NE PAS MANQUER

- ★ **Prayer Hall**
- ★ **Mother's Palace**
- ★ **Council Chamber**

Un éléphant descend les marches du Parthasarathy Temple, à Aranmula

Aranmula ❸

District de Pathanamthitta. À 125 km au N.-O. de Thiruvananthapuram. *d'Alappuzha* *Régate d'Onam (août-sept.).*

Ce pittoresque village, situé sur les rives de la Pampa, est connu comme le site de la célèbre course de bateaux-serpents. Cette fête puise ses origines dans une légende : jadis, un fidèle offrit de la nourriture à un brahmane, qu'il prit pour Vishnou déguisé ; avant de disparaître, le brahmane lui conseilla d'envoyer plutôt son offrande à Aranmula. Depuis, lors de la fête, un bateau cérémoniel sculpté dans un seul bloc de bois transporte de la nourriture du village voisin jusqu'au temple d'Aranmula. Le dernier jour d'Onam *(p. 515)*, ce bateau cérémoniel conduit une procession d'environ trente bateaux-serpents jusqu'au temple. Ce jour, il n'y a pas de course et toutes les embarcations arrivent ensemble, car on dit que Krishna serait présent sur tous les bateaux.

Le **Parthasarathy Temple**, l'un des cinq principaux temples de l'État, est dédié à Krishna. Il abrite une représentation du dieu sous la forme de Parthasarathy, le conducteur de char divin du *Mahabharata*, apportée ici sur un radeau construit avec six bambous, qui ont donné leur nom à la ville. En effet, en malayalam, *aaru* signifie « six » et *mula* « bambous ».

Aranmula est également renommé pour ses miroirs en métal, fabriqués avec un alliage d'argent, de bronze, de cuivre et de plomb. Ils servaient traditionnellement dans les assortiments d'objets de bon augure utilisés pour Vishu, le Nouvel An malayali célébré en avril *(p. 515)*.

Miroir en métal, Aranmula

Aux environs : Le **Thiruvamundur Temple**, près de Chengannur, à 7 km à l'ouest d'Aranmula, est dédié à Krishna. Il aurait été construit au XIVᵉ siècle par Nakul, l'un des cinq frères Pandava *(p. 26)*. Près de Chenganacherry, à 27 km au nord-ouest d'Aranmula, le **Tirukkotdittanam Temple**, du XIᵉ siècle, est dédié à Sahadev, frère jumeau de Nakul. Ses murs sont ornés de jolies peintures murales.

Mannarsala ❹

Alappuzha. À 132 km au N.-O. de Thiruvananthapuram. *Thulam (oct.-nov.).*

Le culte des serpents trouve son apogée à Mannarsala, le plus connu des quatre grands temples de Naga dans le Kerala. Selon la légende, une femme issue d'une famille de dévots de Naga donna naissance à deux fils, dont un enfant-serpent. Il demanda à sa famille de le vénérer avant de disparaître. Les temples de Mannarsala, dédiés au roi des Serpents, Nagaraja, et à son épouse, Sarpayakshini, sont situés dans un bosquet réunissant des arbres et des arbustes touffus, entourés de milliers de serpents de pierre. Dans le Kerala, la maison *(tharavad)* ancestrale des familles Namboothiri et Nair (de classe élevée) possède un *sarpa-kavu* ou « bosquet aux serpents », abritant un *nagakal*, une pierre-serpent. Lorsqu'un *tharavad* ne peut entretenir son sanctuaire, il fait don de ses pierres-serpents à son temple.
Les rites sacrés de Mannarsala sont accomplis par une prêtresse *(amma)*, une vestale qui vit sur le site, assistée dans ses tâches religieuses par sa famille.
Les couples privés d'enfants viennent placer un récipient métallique *(uruli)* retourné devant les divinités, pour obtenir leur bénédiction.

Les sanctuaires des serpents sacrés

Le serpent sacré joue un rôle fondamental dans les croyances kéralaises. Le folklore malayali parle d'une terre boisée peuplée essentiellement de *naga* (« serpents »), seigneurs des régions souterraines, qui furent détrônés par les colons brahmanes conduits ici par Parasurama, sixième incarnation de Vishnou. Après la défaite des serpents, Parasurama demanda à ce qu'on leur accorde le statut divin. La plupart des temples possèdent une niche pour un dieu-serpent, dans des bosquets sacrés, plantés de vieux arbres. Les anciennes maisons ancestrales *(tharavad)* possèdent aussi des temples privés ou des bosquets pour une divinité-serpent.

Bosquet sacré avec des représentations de serpents, au Mannarsala Temple

L'éléphant d'Asie

La littérature, la culture et l'art indiens célèbrent cet animal. Ganesh, le fils à tête d'éléphant de Shiva et de Parvati, abolit les obstacles. Son nom est invoqué avant toute entreprise importante *(p. 382)*. Dans le Kerala, Ganesh n'est qu'une divinité mineure – ce qui n'est pas le cas dans le reste de l'Inde. Toutefois, les éléphants y jouent un rôle important dans la vie quotidienne et dans les fêtes célébrées par les habitants du Kerala, qui entretiennent une relation étroite et affectueuse avec ces pachydermes. Bien qu'essentiellement utilisés comme animaux de trait, les éléphants participent aussi aux rituels des temples, où, revêtus de superbes caparaçons rehaussés d'or, ils portent les divinités lors des processions.

Ganesh, le dieu-éléphant

Les éléphants d'Asie
Habitant des forêts et des plaines inondables des contreforts himalayens, d'Asie centrale et des montagnes du Sud, l'éléphant d'Asie *(Elephas maximus)* est moins grand que son cousin d'Afrique, et ses oreilles sont plus petites.

***Les mâles**, aux larges défenses, restent menacés malgré l'interdiction du commerce de l'ivoire.*

***Cette gravure du XIXe siècle** montre des éléphants dressés qui participent à la capture de leurs congénères sauvages, en les guidant dans les* kheda *(« enclos »).*

***Les éléphants de temples** sont généralement achetés lors du Sonepur Mela à Bihar* (p. 184). *Le cornac passe plusieurs heures par jour à les soigner et à les dresser pour les fêtes des temples. Tous les ordres sont donnés en malayalam.*

***Dans le Kerala**, on voit souvent des éléphants portant leur nourriture. La plupart des Indiens autorisent les cornacs à couper autant de frondes de palmiers que nécessaire pour nourrir l'animal, soit jusqu'à 200 kg par jour.*

***Les icônes et les motifs** représentant des éléphants sont courants dans l'art indien, car cet animal est partie intégrante de la mythologie et de l'imagerie hindoues.*

Kottayam 5

District de Kottayam. À 190 km au N. de Thiruvananthapuram. 60 750. *District Tourist Promotion Council, (0481) 256 0479.* *Festival de théâtre (janv.).*

Bordé par les eaux bleues du Vembanad Lake et les rizières de Kuttanad à l'ouest, les collines verdoyantes des Ghâts occidentaux à l'est, Kottayam est l'un des plus beaux districts du Kerala. Ses paysages et son climat ont contribué à sa prospérité. La ville de Kottayam est entourée de vastes plantations d'hévéas et d'autres cultures comme le thé, le café, la cardamome et le poivre. Première ville d'Inde à atteindre un taux d'alphabétisation de 100 %, c'est aussi le berceau de l'édition dans le Kerala. De nombreux journaux et magazines en malayalam y ont leur siège. La coopérative des gens de lettres, la Sahitya Pravarthaka Shahakanara Sangham, créée voici plus de 50 ans, a joué un rôle majeur dans le développement de la littérature malayalam.

Kottayam s'enorgueillit également d'une longue tradition chrétienne, préservée par son importante communauté syrienne chrétienne. Elle fut l'une des premières villes converties par saint Thomas *(p. 469)* au Ier siècle. Parmi les nombreux séminaires et églises, les plus connues sont les deux églises orthodoxes syriennes, la **Valia Palli** et la **Cheria Palli**, du milieu du XVIe siècle. Elles se dressent sur une petite colline, à 2 km environ au nord du centre-ville. De belles fresques colorées ornent leurs murs. La croix nestorienne de la Valia Palli viendrait de la première église du Kerala, fondée par saint Thomas à Kodungallur *(p. 531)*. Derrière son maître-autel, la Cheria Palli conserve des panneaux peints représentant des scènes de la vie de la Vierge.

Mur de l'imposant temple de Shiva à Ettumanur

Croix nestorienne de la Valia Palli Church, à Kottayam

AUX ENVIRONS : Mannanam, à 8 km au nord de Kottayam, est un lieu de pèlerinage pour les chrétiens syriens qui s'y retrouvent tous les ans, en janvier.

Kumarakom, une réserve ornithologique sur les rives du Vembanad Lake, est située à 12 km à l'ouest de Kottayam. Du rivage, on peut voir une grande variété d'oiseaux.

Un grand temple dédié à **Ettumanur**, à 12 km au nord de Kottayam, est orné de magnifiques peintures murales, comparables à celles du Mattancherry Palace de Kochi *(p. 524)*. Le Mahadeva Temple du XIe siècle à **Vaikom**, à 40 km au nord-ouest de Kottayam, est connu pour ses grandes manifestations réunissant des éléphants et ses spectacles de danse traditionnelle, qui se déroulent entre novembre et décembre. C'est aussi ici que le Mahatma Gandhi prit la tête d'un important *satyagraha* (mouvement de désobéissance civile) destiné à permettre l'accès des temples aux intouchables.

L'ARCHITECTURE EN BOIS DU KERALA

L'importance de l'architecture en bois transparaît à travers les légendes glorifiant Perunthachhan, le maître charpentier. Palais, temples, mosquées et maisons possèdent des toits en tuiles pentus caractéristiques permettant l'écoulement des fortes pluies de la mousson. Les toits à arêtes, dont les pignons sont souvent décorés, sont couronnés d'ornements en laiton. Les toits sont formés de deux étages superposés, voire davantage, pour obtenir des formes pyramidales. Les charpentiers n'utilisent pas de clous, mais des chevilles et des assemblages.

Temple à toit pyramidal

Les consoles sculptées représentent souvent des *yali* ou des divinités.

Ces piliers en bois, richement ornés, sont aussi décoratifs que fonctionnels, car ils soutiennent le toit.

La façade baroque de la St Thomas Church, à Palai

Sabarimalai 6

District de Pathanamthitta. À 191 km au N. de Thiruvananthapuram. *jusqu'à Pamba, puis à pied.* *Mandalam (déc.-janv.), Makaravilakku (mi-janv.).*

Sabarimalai, dans les Ghâts occidentaux, est à 914 m d'altitude. En partant de Pamba, vous devrez effectuer la dernière partie du trajet à pied à travers des forêts. Le temple dédié à Ayyappa, divinité populaire, est ouvert de novembre jusqu'à la mi-janvier, en avril et durant les cinq premiers jours de chaque mois du calendrier malayalam. Des adeptes de toutes les religions peuvent s'y recueillir, mais les femmes de 10 à 50 ans ne sont pas admises. Les dernières18 marches sacrées (représentant chacune un péché auquel le fidèle renonce) sont couvertes de *panchaloha*, un alliage de cinq métaux, et mènent au sanctuaire. Seules les personnes ayant effectué 41 jours de pénitence (abstinence, vêtements noirs et absence de rasage) sont autorisées à effectuer le pèlerinage.

Periyar Tiger Reserve 7

P. 522-523.

Palai 8

District de Kottayam. À 175 km au N. de Thiruvananthapuram. *Épiphanie (6 janv.).* **St Thomas Church** *(en Malayalam) 6h t.l.j.*

Le principal point d'intérêt de cette ville prospère, entourée de plantations d'hévéas, est la petite **St Thomas Church**, une jolie église du XVIe siècle. Construite dans le style traditionnel des églises paléochrétiennes du Kerala, elle possède une jolie chaire en bois, un maître-autel richement sculpté et deux autels latéraux plus simples. Un bloc de pierre comporte des inscriptions en syriaque. De beaux candélabres en verre sont accrochés aux murs et un lustre orne le plafond. Des services religieux s'y tiennent encore. L'église moderne attenante, elle aussi, est dédiée à saint Thomas.

Le culte d'Ayyappa

Fidèles vénérant Ayyappa, Sabarimalai

Divinité dravidienne vénérée dans tout le Kerala, Ayyappa (ou Sastha) est né de l'union de Shiva et de Vishnou (qui s'était transformé en femme, Mohini). Découvert sur les rives de la Pamba, le bébé fut adopté par le roi de Pandalam, privé de descendance. Plus tard, Ayyappa révéla son statut divin en anéantissant un démon. Avant de retourner à sa demeure céleste, il tira une flèche en l'air, qui atterrit près de l'ashram du sage Sabari, où un temple fut construit. Vavar, l'ami guerrier d'Ayyappa, est un saint musulman, dont le *dargah*, non loin, est visité par les musulmans et les hindous.

Les plafonds sont divisés en panneaux sculptés de motifs de lotus ou de divinités hindoues, comme Brahma, entouré de *dikpala* (gardiens).

Les *koottambulam*, théâtres traditionnels, sont souvent situés sur les sites de grands temples et de palais. Ils accueillent des représentations de *koodiyattam* (théâtre dansé).

À l'intérieur, les *koottambulam* possèdent de hauts piliers en bois et des *jali* sur trois côtés, pour permettre une bonne aération. Le toit assure une excellente acoustique.

Periyar Tiger Reserve ❼

Martin-pêcheur

En 1895, la construction du barrage de Mullaperiyar sur la Periyar, à Thekkady, a entraîné l'inondation de vastes étendues de terre, formant un gigantesque lac de 26 km². Des années plus tard, en 1935, le maharaja de Travancore créa une réserve naturelle sur les 600 km² de forêts entourant le lac. Aujourd'hui, le Periyar Lake s'étend toujours au centre de la réserve, qui s'est agrandie, atteignant désormais une superficie de 777 km². Déclaré « réserve pour tigres » en 1978, le site est un exemple rare : ici, l'intervention humaine n'a pas menacé un écosystème, mais lui a au contraire profité.

Visiteurs en bateau sur le Periyar Lake

Lake Palace
Au sein de la réserve, l'ancien pavillon de chasse du maharaja de Travancore abrite désormais un charmant hôtel (p. 594).

Oiseaux
Les oiseaux se perchent sur les troncs d'arbres pétrifiés du lac pour pêcher.

Vie sauvage
Les forêts d'arbres à feuillage caduc, les prairies et les espaces tropicaux à feuillage persistant de Periyar sont l'habitat du macaque à queue de lion (à gauche), aujourd'hui menacé, du bison indien (gaur), de l'ours à miel et du loris grêle.

Troupeaux d'éléphants
Le lac, qui sert de point d'eau tout au long de l'année, et les prairies de la réserve en font un habitat idéal pour les éléphants, dont le nombre s'élève à environ 800 spécimens.

MODE D'EMPLOI

District d'Idukki. À 190 km au N. de Kochi. *Wildlife Tourist Office, Kumily, (0486) 22 2028.*

Écureuil géant de Malabar
Cet écureuil agile effectue d'incroyables bonds pouvant atteindre jusqu'à 6 m. Il vit dans les forêts du parc.

Le Mangaladevi Temple, à 15 km à l'est de Thekkady, est situé à 1 337 m d'altitude. Il offre de belles vues panoramiques des collines boisées des Ghâts.

LÉGENDE

- Autoroute
- Route principale
- Route secondaire
- Embarcadère
- Information touristique
- Point de vue
- Temple
- Hébergement

Periyar Lake
Des balades de deux heures en bateau sur les eaux du lac, auréolé de brume, permettent de voir des animaux sauvages, et notamment des troupeaux d'éléphants.

Orchidées
Periyar est connu pour ses nombreuses fleurs, et notamment ses presque 150 espèces d'orchidées. La Habeneria periyarancis, *une orchidée rare qui doit son nom à la région, ne pousse qu'ici.*

Kochi ❾

Masque de l'Antiquité

Plus connue sous le nom de Cochin, Kochi est la ville la plus cosmopolite du Kerala. C'est aussi le principal centre du commerce des épices et des fruits de mer. Construite sur un lagon de la mer d'Oman, Kochi s'étend en réalité sur un ensemble d'îles étroites et de péninsules. Tandis qu'Ernakulam, sur le continent, foisonne de centres commerciaux en béton et d'immeubles luxueux, Mattancherry et Fort Kochi ont conservé leur charme d'antan, avec leur mélange de bungalows hollandais, portugais et anglais, et leurs ruelles étroites *(p. 526-527)*. Depuis des siècles, l'emplacement pittoresque du port naturel de Kochi, entouré de palmiers, de champs verdoyants, de lacs et de lagunes, ravit les visiteurs venus du monde entier.

Brahma sortant du nombril de Vishnou, au Mattancherry Palace

Mattancherry Palace

Jew Town. (0484) 222 6085.
sam.-jeu.

Construit par les Portugais vers 1550, le palais fut donné à un souverain de Cochin en contrepartie d'une concession. Plus tard, le bâtiment fut rénové par les Hollandais – ce qui lui valut son nom de Dutch Palace. Construit autour d'une cour abritant un petit sanctuaire dédié à Bhagavati, le bâtiment accueille désormais un musée présentant une collection rare de peintures murales et d'objets royaux.

Le Durbar Hall central, où se déroulaient les cérémonies de couronnement, abrite la galerie des portraits des souverains de Kochi. On y voit aussi des palanquins et des textiles. Les chambres et les salles adjacentes sont renommées pour leurs belles peintures murales du XVIIe siècle, représentant des thèmes religieux et mythologiques, ainsi que des épisodes du *Ramayana*.

Paradesi Synagogue

Jew Town. *dim.-ven.*

Dans un cul-de-sac, au fond d'une ruelle étroite, au cœur de Jew Town, se dresse la plus vieille synagogue d'Inde. Les premiers colons juifs seraient arrivés à Kodungallur *(p. 531)* au Ier siècle. Leur peuplement, alors appelé Shingly, prospéra au fil des siècles.

Au début du XVIe siècle, les persécutions des Portugais les contraignirent à partir à Cochin, où ils s'établirent sur des terres données par le raja, avant de construire une synagogue en 1568. La communauté juive de Cochin se composait de deux groupes distincts : les juifs noirs ou Malabari, descendants des colons originels, et les juifs blancs ou Paradesim, venus du Moyen-Orient, à qui la synagogue doit son nom.

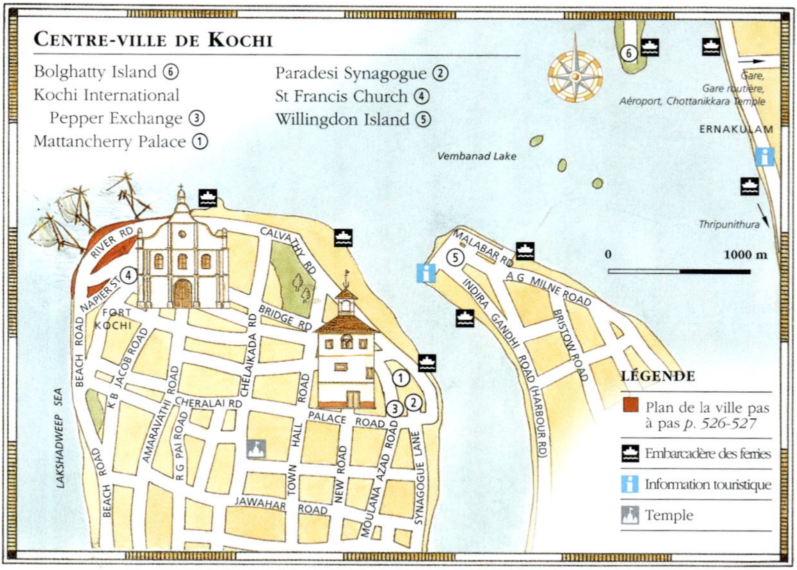

Salle principale de la Paradesi Synagogue

Un troisième groupe, moins important, est celui des juifs marron ou Meshuhurarum, descendants d'esclaves convertis. En 1940, le Kerala comptait une communauté juive de 2 500 membres. Aujourd'hui, il ne reste qu'une dizaine de familles, les autres ayant tous émigré en Israël. Détruite en 1662 par les Portugais, la synagogue actuelle, avec son toit en tuiles et sa tour de l'horloge, fut reconstruite en 1664 avec l'aide des Hollandais. Parmi ses trésors, on compte de superbes rouleaux de la Torah, une multitude de lampes à huile suspendues et de lustres, et une magnifique chaire en laiton. Le sol est couvert de jolis carreaux de faïence bleus peints à la main et rapportés de Canton au XVIIIe siècle par un marchand, Ezekiel Rahabi.
Les ruelles étroites autour de la synagogue sont bordées de maisons de style hollandais, qui abritent des boutiques d'antiquaires.

Kochi International Pepper Exchange

Jew Town. *(0484) 222 4263.* **Laissez-passer** *exigé pour accéder à la salle.* *lun.-sam.*

Cet endroit résonne de mille et une voix que l'on entend en montant les escaliers. Toutefois, rien ne prépare le visiteur à ce qu'il découvre : une petite pièce bordée de minuscules boxes dans lesquels des personnes parlent avec animation au téléphone. Des gestes théâtraux accompagnent cette cacophonie, dans le spectacle quotidien des enchères de poivre.

St Francis Church

Fort Kochi. *lun.-sam.* *en anglais : 8h t.l.j.*

Fondée au début du XVIe siècle par les Portugais, c'est l'une des plus anciennes églises européennes d'Inde. Sa façade toute simple servit de modèle aux églises ultérieures. Hollandaise, puis Britannique, l'église est aujourd'hui rattachée à l'Église d'Inde du Sud. L'intérieur abrite des pierres tombales comportant des inscriptions, dont la plus ancienne est une épitaphe portugaise de 1562. Vasco da Gama *(p. 534)* fut enterré ici en 1524, avant d'être rapatrié au Portugal 14 ans plus tard.

Willingdon Island

Cette île artificielle qui doit son nom à un vice-roi a été créée dans les années 1920 avec la vase draguée dans le port de Kochi. Située entre Fort Kochi, Mattancherry et Ernakulam, l'île compte quelques bons hôtels. On y trouve le port principal, les autorités portuaires, la douane, la gare, ainsi qu'une importante base navale.

Les ruelles de Jew Town sont bordées de boutiques d'antiquaires

MODE D'EMPLOI

District d'Ernakulam. À 222 km au N. de Thiruvananthapuram. *596 500.* *36 km à l'E. du centre, puis bus ou taxi.* *Malabar Hotel (0484) 236 0502 ; TCR, près de l'embar. d'Ernakulam, (0484) 235 3234.* *Onam (août-sept.), Utsavam (nov.-déc.).*

La jolie façade du Bolghatty Palace, converti en hôtel

Bolghatty Island

Bolghatty Palace Hotel *(0484) 275 0500.* *ouvert aux non-résidents.*

C'est sur cette belle île étroite, offrant de sublimes vues sur la baie, que se dresse le Bolghatty Palace. Entouré de 6 ha de pelouses verdoyantes, ce palais fut construit par les Hollandais en 1744, avant de devenir la demeure du résident britannique. Aujourd'hui, c'est un hôtel géré par la Kerala Tourism Development Corporation *(p. 592)*.

AUX ENVIRONS : **Ernakulam**, le centre commerçant animé de Kochi, se trouve à 10 km à l'est de Fort Kochi. Le Hill Palace de **Thripunithura**, à 10 km au sud-est d'Ernakulam, date de 1895. C'était la résidence officielle des souverains de Cochin. Installé dans un vaste domaine, le palais accueille désormais un musée présentant peintures, manuscrits et objets royaux. Les jolis carreaux de faïence des sols diffèrent d'une pièce à l'autre. Quant aux grands escaliers en bois, ils sont majestueux. Le **Chottanikkara Temple** du Xe siècle, dédié à l'une des divinités les plus populaires du Kerala, la déesse mère Bhagavati, se trouve à 16 km au nord-est d'Ernakulam.

Thripunithura Museum

(0484) 278 1113. *mar.-dim.*

Fort Kochi pas à pas

Le port naturel de Kochi, formé en 1341 par une forte crue, attira impérialistes et marchands des quatre coins du monde. Au XVIe siècle, les Portugais y construisirent un fort, qui fut ensuite occupé par les Hollandais, puis par les Britanniques. Aujourd'hui, ce quartier réunit une mosaïque de styles architecturaux, qui illustrent son histoire tumultueuse. Son bâtiment le plus important est la St Francis Church, construite en 1502 par les Portugais. C'est l'une des plus anciennes églises européennes d'Inde. Le quartier a été classé, pour préserver ses nombreux bâtiments historiques.

★ Santa Cruz Cathedral
Le plafond de cette cathédrale construite en 1887 est orné de magnifiques peintures.

Kashi Art Café
Ce restaurant a été aménagé dans un ancien bâtiment hollandais.

Koder House
La résidence de Satu Koder, patriarche des juifs de Kochi, a été construite par ses ancêtres en 1808.

★ Filets de pêche chinois
Installés entre 1350 et 1450, ces carrelets témoignent de relations commerçantes avec la Chine.

Peter Celli Street
La rue est bordée de nombreux hôtels et magasins.

Bishop's House
L'ancienne demeure des gouverneurs portugais, qui date du XVIe *siècle, est désormais la résidence de l'évêque de Kochi.*

L'United Club, un ancien club anglais, abrite aujourd'hui une école.

Malabar House Residency
Ce bâtiment historique abrite un magnifique hôtel (p. 593).

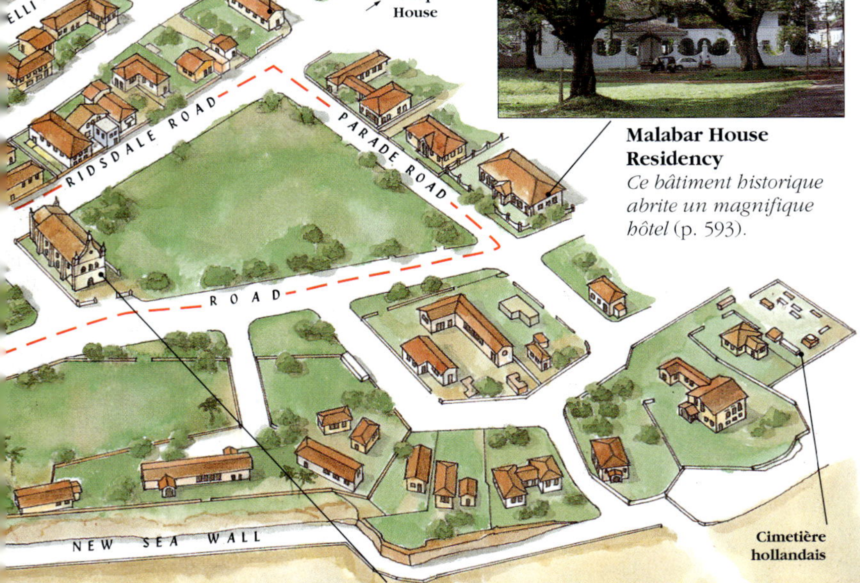

Légende

Itinéraire conseillé

★ St Francis Church
Vasco da Gama fut enterré ici en 1524, avant que sa dépouille ne soit rapatriée au Portugal.

À ne pas manquer

- ★ Santa Cruz Cathedral
- ★ Filets de pêche chinois
- ★ St Francis Church

Lakshadweep Islands ⑩

Oiseau de paradis

Autrefois appelées Laquedives, les Lakshadweep Islands forment un archipel de 36 superbes îles coralliennes, aux plages intactes et aux bosquets de cocotiers verdoyants, éparpillées au large des côtes du Kerala, dans la mer d'Oman. Couvrant seulement 32 km², Lakshadweep (dont le nom signifie « 100 000 îles ») est le plus petit Territoire d'union d'Inde. Les atolls recouvrent des lagons aux eaux peu profondes, qui abritent la plus grande diversité de coraux du pays, ainsi qu'une profusion de poissons colorés. Seules deux îles, Bangaram et Kadmat, sont accessibles aux visiteurs étrangers. Les touristes indiens, eux, ont le choix entre six îles.

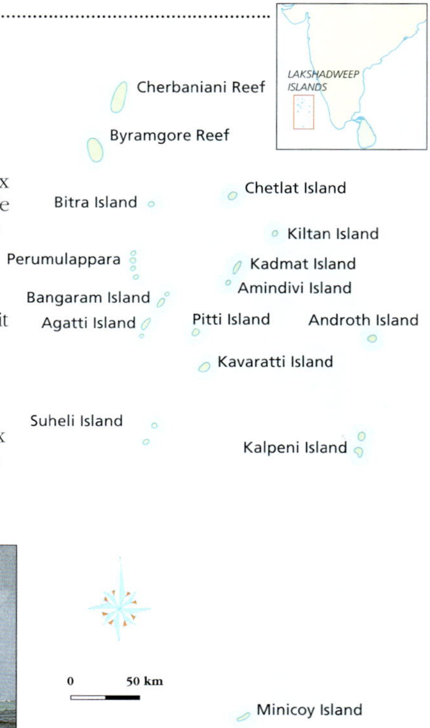

Véliplanchistes aux Lakshadweep Islands

Kavaratti Island

À 450 km à l'O. de Kochi.

aux détenteurs d'un passeport indien uniquement.

Chef-lieu administratif des Lakshadweep, Kavaratti est l'île la plus animée. Elle compte de nombreux Indiens du continent, pour la plupart fonctionnaires. Ses magnifiques plages de sable blanc et son lagon aux eaux cristallines sont appréciés des amateurs de sports aquatiques.

Cette île à population essentiellement musulmane compte 52 mosquées. L'**Ujra Mosque** possède un beau plafond sculpté dans du bois flotté. Le **Marine Aquarium** présente des poissons tropicaux et des coraux.

Cabanons du Bangaram Island Resort

Agatti Island

À 55 km au N.-O. de Kavaratti Island.

aux détenteurs d'un passeport indien uniquement.

L'île, qui possède un beau lagon, permet de faire des excursions aux îles de Bangaram, Tinnakara et Parali I et II, inhabitées. Les visiteurs arrivant en avion passent par Agatti, le seul aéroport de l'archipel, mais le reste de l'île est interdit aux touristes étrangers.

Bangaram Island

À 58 km au N.-O. de Kavaratti.

Cette île inhabitée couverte de cocotiers possède de belles plages de sable.

Le **Bangaram Island Resort** *(p. 593)*, géré par les hôtels Casino de Kochi, possède une trentaine de chambres, un restaurant et un bar. Le lagon, riche en coraux et en poissons tropicaux, est une invitation à la plongée sous-marine et au tuba.

Les visiteurs peuvent y pratiquer des sports aquatiques. Un certificat médical est nécessaire pour pratiquer la plongée sous-marine.

Kadmat Island

À 70 km au N. de Kavaratti Island.

Couverte de palmiers, l'île possède deux beaux lagons, respectivement à l'est et à l'ouest. Le **Water Sports Institute** permet de faire du

Plongée au tuba dans les eaux cristallines des Lakshadweep

Pêcheurs ramassant des moules dans les eaux peu profondes du récif

canoë, du kayak et des excursions en bateau à fond de verre. La **Lacadives Dive School**, au même endroit, propose de la plongée sous-marine et du tuba.

Water Sports Institute

SPORTS Office, Kochi.
(0484) 266 8387.

Lacadives Dive School

Mumbai, (022) 5662 7381; Kochi, (0484) 236 7752.
www.lacadives.com

Kalpeni Island

À 125 km au S.-E. de Kavaratti Island.
aux détenteurs d'un passeport indien uniquement.

Le lagon peu profond, aux eaux transparentes, de Kalpeni Island est le plus grand des Lakshadweep. Avec ses récifs, l'île se prête à merveille à la plongée sous-marine et au tuba. Des sédiments coralliens déposés par une tempête en 1847 ont donné naissance à des formations surélevées sur les rives est et sud. Les habitants de Kalpeni furent les premiers insulaires à scolariser les filles, ouvrant la voie à d'autres îles où femmes et filles étaient cloîtrées dans les maisons.

Bernard-l'ermite sortant de son coquillage

Minicoy Island

À 250 km au S. de Kavaratti Island.
aux détenteurs d'un passeport indien uniquement.

La culture originale de la plus méridionale des îles Lakshadweep a subi l'influence des Maldives voisines. Le mahl parlé ici est un dialecte du dhivehi des Maldives, proche des langues indo-persanes, qui s'écrit de droite à gauche. Minicoy est souvent appelé « l'île des femmes », car ses dix villages ont une organisation matrilinéaire. Le *Lava*, une danse traditionnelle, y est exécuté pour les fêtes. La pêche au thon est devenue une activité importante, avec la création d'une conserverie. Minicoy, qui possède un grand lagon, est aussi la seule île de l'archipel à être bordée de mangroves. Un grand phare, construit par les Anglais en 1885, offre de magnifiques vues sur la mer.

Mode d'emploi

Territoire d'union de Lakshadweep. À 200-450 km à l'O. de Kochi. *10 150 (Kavaratti).* *de Kochi jusqu'à Agatti.* *de Kochi (30 heures).* *Bateaux disponibles pour les trajets entre les îles.* *Le tourisme individuel n'est pas autorisé aux Lakshadweep. Contactez la Lakshadweep Tourism's Society for Nature Tourism & Sports (SPORTS) à Kochi : (0484) 66 8387. Pour tout renseignement, contactez le bureau de Delhi : (011) 338 6807.* **Autorisations de visite.** *Elles doivent être demandées au moins deux mois à l'avance* (p. 624). *Contactez le bureau de la SPORTS à Kochi. Circuits proposés entre octobre et mars.*

La vie marine des récifs coralliens

Les Lakshadweep sont composées de nombreux atolls – formations circulaires de récifs coralliens. Constitués en plusieurs milliers d'années, ces récifs se composent de milliards d'organismes minuscules, appelés « polypes ». Ceux-ci forment un squelette en calcaire en dehors de leur organisme. Les squelettes s'assemblent ensuite en formations coralliennes complexes, où de nouvelles colonies se forment sur les anciennes, donnant naissance à de magnifiques récifs. Complexes et fragiles, ces écosystèmes abritent une faune et une flore très riches. Plus de 600 espèces de poissons de récifs, comme les poissons-clowns et les poissons-perroquets à l'éblouissante palette de couleurs, bénitiers ourlés de pourpre, éventails de mer et anémones de mer graciles, étoiles de mer bleu marine, dauphins, requins inoffensifs et tortues marines, composent l'étonnante diversité de ce monde sous-marin.

Parali Island, l'un des atolls des Lakshadweep

***Des coraux** appartenant à une centaine d'espèces, comme le porite, le cerveau de Neptune (à droite) et l'acropora, sont visibles ici. Les mille et une couleurs proviennent des différentes algues qui poussent sur les coraux.*

La tour à neuf niveaux dédiée à Shankaracharya, à Kaladi

Kaladi ⓫

District d'Ernakulam. À 35 km au N.-E. de Kochi. 🚌

Cette ville paisible, sur les rives de la Periyar, est le lieu de naissance du grand philosophe Shankaracharya. Au bord de la rivière, deux sanctuaires de 1910 lui rendent hommage. L'un est dédié au philosophe, l'autre à la déesse Sharada. Tous deux sont entretenus par le Sringeri Matha *(p. 433)*.
Non loin, un lieu appelé ici Brindavan est le site de la crémation d'Aryamba, la mère de Shankaracharya. Le Shri Krishna Temple, près du Sharada Temple, abrite une représentation de la divinité, installée ici, dit-on, par Shankaracharya en personne. Sur la route menant au Krishna Temple se dresse le Shri Adi Shankaracharya Kirti Stambha Mandapa, une tour octogonale de neuf étages et de 46 m de haut. Chaque étage commémore la vie et l'œuvre du philosophe.

AUX ENVIRONS : La **Malayattor Church**, à 8 km à l'est de Kaladi, s'élève, dit-on, là où saint Thomas érigea une croix.

Le **Kalill Temple**, un temple rupestre de 1 000 ans, à 22 km au sud-est de Kaladi, était à l'origine un temple jaïn. Aujourd'hui, il est dédié à la déesse mère. Ici, c'est une éléphante qui exécute les rituels du temple.

Munnar ⓬

District d'Idukki. À 130 km au N. de Kochi. 🚌 ℹ *Tourist Information Centre, vieux Munnar, (0465) 23 1136.* 🕘 *t.l.j.*

Cette pittoresque petite ville est installée à environ 1 800 m d'altitude, dans une région des Ghâts occidentaux appelée les High Ranges. Munnar (« trois rivières » en tamoul) se dresse au confluent de trois rivières de montagne : la Kundala, la Mudrapuzha et la Nallathanni.
Au cœur de 24 000 ha de plantations de théiers, aménagées par les Britanniques à partir de 1878, Munnar fut un lieu de villégiature estivale pour les fonctionnaires britanniques de l'Inde du Sud.
Aujourd'hui, la plus grande plantation des High Ranges appartient à Tata Tea. Le pittoresque High Range Club, en teck et en osier, qui a conservé son atmosphère d'antan, est toujours fréquenté par les planteurs de Munnar. La ville demeure une destination prisée des habitants du Tamil Nadu et du Kerala. Pour cette raison, Munnar et ses environs comptent une profusion d'hôtels, de restaurants et de centres commerciaux. Toutefois, les quartiers éloignés du centre-ville ont conservé leur authenticité, et les collines tapissées de plantations de thé, de café et de cardamome permettent de faire des excursions à vélo et des randonnées.

AUX ENVIRONS : Le **Mattupetty Lake**, à 13 km au nord de Munnar, est entouré de jolis paysages semi-alpins. Un centre spécialisé dans l'élevage du bétail se trouve non loin.

Plantations de thé aux environs de Munnar

ADI SHANKARACHARYA (788-820)

Adi Shankaracharya, âgé de 32 ans seulement à sa mort, voyagea dans toute l'Inde. Auteur de commentaires érudits sur les Écritures hindoues, il écrivit aussi des poèmes dévotionnels et des prières. L'idée centrale de sa philosophie moniste est qu'il n'existe qu'une seule réalité, Brahman, la force cosmique à laquelle l'âme humaine appartient. Tous les biens matériels, quant à eux, ne sont qu'illusion *(maya)*. De son vivant, les éléments bouddhiques de sa philosophie lui valurent les foudres de brahmanes orthodoxes, qui voyaient en lui un « Bouddha déguisé ». Il a joué un rôle historique important, en fournissant une base intellectuelle à l'hindouisme.

Le philosophe Adi Shankaracharya

Les paysages fascinants de l'Eravikulam National Park

Eravikulam National Park ⓭

District d'Idukki. À 16 km au N.-E. de Munnar. *ou en auto-rickshaw de Munnar jusqu'à l'entrée à Rajamalai.* **Pour les autorisations**, *contactez le Divisional Forest Officer, Munnar, (04865) 231 587.* *août-mai.*

Les prairies vallonnées d'altitude, qui offrent un contraste frappant avec les shola touffus ou les forêts tropicales des vallées, sont une spécificité des paysages de montagne des Ghâts occidentaux. L'Eravikulam National Park, qui s'étend sur 97 km² au pied de l'**Anaimudi Mountain**, est sans conteste la partie la mieux préservée de ces paysages magnifiques. Culminant à 2 695 m, cette montagne est le plus haut sommet au Sud de l'Himalaya. Anaimudi, qui signifie « tête d'éléphant », n'a pas usurpé son nom. Le sommet et ses environs permettent de belles randonnées.

Situé à la frontière entre le Kerala et le Tamil Nadu, le parc a été fondé en 1978, dans le but de préserver le tahr de Nilgiri *(p. 19)*, menacé d'extinction. Aujourd'hui, le parc compte environ 3 000 spécimens de cette chèvre de montagne – ce qui en fait le plus grand peuplement. Cet animal très agile, qui vit sur les versants rocheux, se laisse approcher par les visiteurs. Le parc est également peuplé de macaques, de léopards et de meutes de dhole, des chiens sauvages indiens, fort rares. Les cours d'eau abritent des truites, et le parc compte plus de 90 espèces d'oiseaux, dont des oiseaux chanteurs (garrulaxe). Eravikulam passe pour l'un des parcs les mieux gérés du pays. Les membres de l'ethnie des Muduvan, qui vivent à la périphérie du parc, sont employés pour contribuer à sa protection. Leur méthode traditionnelle de brûlis permet d'éviter les grands incendies de forêt tout en contribuant à régénérer l'herbe tendre, dont les jeunes tahr se nourrissent. Eravikulam est aussi connu pour le kurunji *(Strobilanthes kunthianus)*, les fleurs bleues qui apparaissent brusquement en grandes quantités, tous les 12 ans, inondant de bleu les paysages rocheux. Ici, la prochaine floraison de kurunji est prévue pour 2006.

Fleur de kurunji

Kodungallur ⓮

District de Thrissur. À 32 km au N. de Kochi. *Id (fév.-mars), fête de Bharani (mars-avr.).*

Appelée Muziris par les Grecs de l'Antiquité puis Cranganore par les Européens, Kodungallur fut la capitale historique des Cheraman Perumal, souverains de l'Empire chera *(p. 43)*. Située à l'embouchure de la Periyar, la ville possédait le principal port de la côte du Malabar jusqu'à ce qu'une marée ne l'ensable en 1341. Après cette catastrophe, Kochi *(p. 524)* devint le principal port.

Aujourd'hui, c'est une destination appréciée des hindous, des chrétiens et des musulmans. Le **Bhagavati Temple** accueille pendant trois jours un festival de chansons et de danses érotiques. Jadis dédié à une déesse dravidienne, il servit ensuite aux bouddhistes ou aux jaïns. Le festival marque la restitution du site à la déesse.

Saint Thomas *(p. 469)* serait arrivé ici en l'an 52. Le **Mar Thomas Pontifical Shrine** abrite une relique sacrée apportée du Vatican en 1953 pour célébrer l'événement, 1 900 ans plus tôt.

La **Cheraman Mosque**, à 2 km du centre-ville, a été construite en 629 par Malik Bin Dinar, qui introduisit l'islam dans le Kerala. Cette mosquée, qui fut sans doute la première d'Inde, ressemble à un temple hindou.

L'organisation matrilinéaire du Kerala

Appelé *marumakkathayam* au Kerala, le système matrilinéaire, qui ne reconnaît que l'ascendance maternelle, aurait vu le jour au xe siècle. En ces temps de guerres, cette organisation, qui place les femmes au centre du système d'héritage, permettait aux hommes de partir au combat en sachant que le bien-être matériel de leurs enfants était préservé. Par conséquent, les enfants portent le nom de famille de leur mère et sont considérés comme des membres de sa famille – les frères de la mère jouant le rôle de figure paternelle. Les guerriers étaient traditionnellement issus de la communauté des Nair, pratiquant cette organisation. Pour certains anthropologues, ce système puiserait plutôt ses racines dans le culte de la déesse mère, largement prédominant dans le Kerala.

Matriarche Nair du Kerala

La Lourdes Cathedral de Thrissur

Thrissur ⓯

District de Thrissur. À 80 km au N. de Kochi. *317 500.* *Tourist Office, Govt Guest House, (0487) 233 2300.* *Thrissur Pooram (avr.-mai), course de bateaux de Kamdassamkadavu (août-sept.).*

Construite autour d'une zone surélevée appelée The Round, la ville a été aménagée sous le règne de Raja Rama Varma, souverain de Cochin (Kochi) au XVIIIe siècle. Le cœur du Round abrite le grand **Vadakkunnathan Temple**, aux nombreux toits. Ce temple de Shiva, construit au IXe siècle, possède de magnifiques sculptures en bois et de belles peintures murales. La fête de Pooram s'y tient tous les ans. Les manifestations principales se déroulent en dehors des murs du temple (l'accès au sanctuaire est interdit aux non-hindous). Au nord-est du temple, le State Museum présente une collection intéressante de peintures murales, de bois sculptés et d'ornements antiques. L'Archaeological Museum se trouve non loin. Surnommé « capitale culturelle du Kerala », Thrissur accueille deux prestigieuses institutions culturelles publiques : la Kerala Sangeetha Nataka Academy (pour la musique et le théâtre) et la Kerala Sahitya Academy (pour la littérature). Successivement gouvernée par les Zamorin de Kozhikode *(p. 534)*, Tipu Sultan de Mysore et les souverains de Kochi, la ville connut une histoire mouvementée. Les Hollandais et les Britanniques ont également laissé des témoignages de leur présence, comme en attestent les nombreuses églises : par exemple la **Lourdes Cathedral**, de la fin du XIXe siècle.

L'entrée du Shri Krishna Temple

Le Vadakkunnathan Temple de Thrissur

Aux environs : Guruvayur, à 29 km au nord de Thrissur, possède le temple le plus connu du Kerala. Selon la légende, le Shri Krishna Temple fut fondé au XVIe siècle par Guru (« professeur des dieux ») et Vayu (« dieu des Vents »). De nombreux mariages hindous y sont célébrés. Le sanctuaire des éléphants est situé sur le site d'un ancien palais, non loin. On y trouve plus de 40 pachydermes appartenant à la divinité – en effet, la coutume veut qu'on lui fasse don de cet animal.

Le **Kerala Kala Mandalam**, à 32 km au nord-est de Thrissu, est un centre d'enseignement des arts renommé. Fondé en 1930 par le célèbre poète malayali Vallathol Narayan Menon, à Cheruthuruthy, il dispense des formations intensives en kathakali, mohiniattam et koodiyattam. On y enseigne aussi le chant et la musique. Par ailleurs, le complexe possède un grand *natyagriha* (salle de danse) accueillant des spectacles.

Kerala Kala Mandalam

(04884) 262305 : **autorisation**. *lun.-ven.* *jours fériés, avr.-mai.*

La fête de Pooram

Un *pooram* (« rassemblement ») est une fête marquée par la congrégation cérémonieuse dans un temple de divinités venant d'autres temples. De tous les *pooram* qui se déroulent dans le Kerala, celui de Thrissur est le plus spectaculaire. Célébré en avril ou en mai, il marque l'arrivée processionnelle de deux déesses précédant Shiva, à qui la ville doit son nom. Traversant un océan de fidèles, au rythme hypnotique des percussions, deux rangées d'éléphants s'avancent majestueusement l'une vers l'autre, les animaux centraux portant les divinités. Un feu d'artifice vient clore les célébrations.

Éléphants lors de la fête de Pooram

Palakkad ⓰

District de Palakkad. À 99 km au N. de Kochi. *130 750.* *Tourist Information Centre, près du Children's Park, (0491) 252 3266.* *Fête du Chariot (oct.-nov.).*

Installé au pied des Ghâts occidentaux, Palakkad (Palghat) doit son nom aux denses forêts *(kadu)* de pala *(Alsteria scholaris)* qui couvraient jadis les environs, et qui ont cédé la place aux rizières et aux plantations de tabac.

Le **Tipu's Fort**, au cœur de la ville, fut construit par Haider Ali de Mysore en 1766. Il fut ensuite occupé par les Britanniques, qui défirent Tipu Sultan, son fils et successeur *(p. 425)*, quelque 30 ans plus tard. Ce bâtiment sombre en granit abrite différentes administrations.

Le grand **Vishwanatha Temple**, sur les rives de la Kalpathy, est célèbre pour sa procession de chariots.

À la périphérie de la ville, s'étendent les vastes **Malampuzha Gardens**, un jardin installé au-dessus d'un grand barrage destiné à l'irrigation. D'agréables excursions en bateau sont proposées sur le grand lac installé sur les contreforts.

Aux environs : **Kollengode**, à 19 km au sud de Palakkad, bénéficie d'un joli cadre pastoral. Le Vishnu Temple et le Kollengode Palace méritent une visite. **Thirthala**, à 75 km à l'ouest de Palakkad, possède un temple de Shiva et les ruines d'un fort en terre. Toutefois, le principal point d'intérêt de la ville est le Kattilmadam Temple, un monument bouddhique en granit des IXe et Xe siècles.

Les ruines abandonnées de Tipu's Fort à Palakkad

Silent Valley, un parc national où poussent des plantes rares

Silent Valley National Park ⓱

District de Palakkad. À 88 km au N.-O. de Kochi. *Mannarkkad, à l'entrée. Location de Jeeps jusqu'à Mukkali.* **Pour les autorisations,** *contactez le Wildlife Warden, Mannarkkad, (04924) 253 225.*

Ce parc, qui s'étend sur 90 km^2, possède sans doute la dernière grande étendue de forêt vierge tropicale du pays. Partie intégrante de la Nilgiri Biosphere Reserve *(p. 423)*, elle témoigne de la biodiversité spectaculaire des Ghâts occidentaux. Sa faune compte le langur du Nilgiri, le timide loris nocturne et le macaque à queue de lion, menacé d'extinction. Une grande diversité d'oiseaux, 100 espèces de papillons de jour et 400 espèces de papillons de nuit y vivent également. Le *lodge* forestier de Mukkali, à l'extérieur du parc, offre un hébergement rudimentaire.

Malappuram ⓲

District de Malappuram. À 153 km au N. de Kochi. *(0493) 273 4355.* *t.l.j.* *Valiya Nercha (fév.-mars), Shivatri (fév.-mars).*

Cette « terre sur les collines », située à l'entrée du Malabar, est baignée par trois cours d'eau : la Chaliyar, la Kadalundi et la Bharatapuzha. Centre militaire des Zamorin de Calicut, l'endroit fut le théâtre d'un âpre combat entre les Britanniques et les Mopplah (paysans musulmans), lors de la révolte des Mopplah. Après le principal soulèvement, en 1921, un grand nombre de rebelles furent envoyés en exil aux îles Andaman *(p. 504-505)*. Les casernes anglaises, sur une colline, abritent désormais l'administration du district. Malappuram est aussi un important centre d'enseignement hindou et musulman.

Aux environs : L'institution pionnière du Kerala en matière d'*ayurveda (p. 515)* se trouve à **Kottakkal**, à 12 km au sud-ouest de Malappuram. Fondé en 1902, le Kottakkal Arya Vaidyasala occupe de superbes bâtiments. **Tirur**, à 32 km au sud-ouest de Malappuram, est le lieu de naissance du père de la littérature malayalam : Tunchat Ramanuja Ezhuthachan, né au XVIe siècle. Il enseigna l'alphabet malayalam aux enfants – une pratique perpétuée aujourd'hui encore au sanctuaire qui lui est dédié.

Kozhikode ⓳

District de Kozhikode. À 254 km au N. de Kochi. 436 600. *Karipur, à 25 km au S. du centre-ville.* *Kerala Tourism, S.M. Street, (0495) 273 4355.* *Shivatri Utsavam (fév.-mars).*

Cette cité marchande animée, plus connue sous le nom de Calicut, fut la capitale du royaume des puissants Zamorin, sous lesquels elle devint un important centre du négoce d'épices et de textiles. C'est du nom de Calicut que vient le terme *calicot*, désignant le coton brut non blanchi. C'est aussi ici que Vasco da Gama, l'explorateur portugais qui découvrit la voie maritime des Indes, fut reçu pour la première fois par le Zamorin dans son palais, en mai 1498. Dominant le centre-ville, le vaste Manamchira Tank est un bassin bordé par l'hôtel de ville et la bibliothèque municipale, deux beaux exemples d'architecture locale. Non loin, le **Commonwealth Trust** (Com Trust) fut construit il y a plus d'un siècle. Fondé au XIXe siècle par la Mission de Bâle, le Trust modernisa l'industrie textile et la fabrication de tuiles en terre cuite. On lui attribue aussi la création de la couleur kaki, utilisée ultérieurement pour les uniformes de l'armée britannique. Sur place, un magasin vend des tissus ainsi que des articles en terre cuite.

Une belle cathédrale catholique se dresse aussi près du Manamchira Tank. Le riche héritage musulman de la ville transparaît à travers ses nombreuses mosquées, remarquables par leur grande taille et leurs sculptures en bois. La plus impressionnante, avec son toit à cinq niveaux couvert de tuiles, est la Mishqal Palli, près du port.

Le **Pazhassirajah Museum** présente une belle collection de statues en bois et en métal, des modèles de temples et des reconstitutions de monuments mégalithiques. L'Art Gallery, à côté, compte des peintures de Raja Ravi Varma, peintre du XIXe siècle, qui appartenait à une famille princière de Travancore *(p. 514)*. La rue commerçante animée de Kozhikode, la **Sweetmeats Street**, était autrefois bordée de boutiques vendant le célèbre *halwa* de Calicut, une confiserie colorée à base de farine et de sucre. Aujourd'hui, S.M. Street, comme elle est volontiers surnommée, ne compte plus que quelques commerces proposant ce produit. Court Road, au-delà de SM Street, abrite le marché aux épices, fort animé. Kozhikode est un lieu de négoce pour divers produits cultivés dans les collines, comme les épices (girofle, cardamome, poivre et curcuma) et le café, stockés dans les entrepôts anciens du front de mer.

Commonwealth Trust
South Manamchira St. *(0495) 272 0704* : **pour autorisation de visite**.

Pazhassirajah Museum
East Hill. *(0495) 238 1253.* *mar.-dim.*

Aux environs : En voiture, le petit village de **Kappad**, à 16 km au nord de la ville, est facilement et rapidement accessible. Une plaque commémorative en pierre, sur la plage, indique l'endroit où le célèbre explorateur Vasco da Gama aurait débarqué en 1498.

Beypore, à 10 km au sud, est un centre historique de construction navale.

Caféier en fleur dans une plantation du district de Wynad

Wynad District ⓴

À 280 km au N.-E. de Kochi (pour Kalpetta). *Tourist Information Centre, Kalpetta, (04936) 204 441.*

Cette région reculée, réunissant forêts vierges humides et chaînes montagneuses auréolées de brume, offre les conditions climatiques idéales à la culture

Le Commonwealth Trust, en bordure du grand Manamchira Tank, à Kozhikode

Les vestiges du fort de Tipu Sultan à Sulthan's Bathery, district de Wynad

de la cardamome, du poivre, du café et de l'hévéa. Relativement épargné par la modernité, le district est habité par de nombreuses communautés indigènes, comme les Cholanaiken, à l'habitat rupestre, et les Paniya, qui, il y a 50 ans encore, étaient vendus comme main-d'œuvre aux propriétaires des plantations. Le Wynad est aussi un habitat privilégié pour certains animaux comme le langur du Nilgiri, les éléphants sauvages et l'écureuil géant du Malabar.

Lakkidi, à l'extrémité sud du Wynad, est la porte d'entrée du district. En bordure de la route nationale, un vieil arbre entouré d'une lourde chaîne de fer présente un étrange spectacle. Selon une légende locale, la chaîne maintiendrait l'esprit courroucé d'un membre de l'ethnie des Paniya qui indiqua son chemin à un groupe de topographes. Au lieu d'être remercié, il fut tué ici, et on raconte que son esprit hanta la route jusqu'à ce qu'elle soit exorcisée.

Kalpetta, chef-lieu du district, se trouve à 15 km au nord. La ville qui fut un important centre jaïn possède deux temples jaïns proches l'un de l'autre. L'Anantanathaswami Temple est situé à Puliyarmala, à 6 km, tandis que le Glass Temple de Koottamunda, dédié à Parsvanatha, le troisième *tirthankara* (enseignant religieux) jaïn, est agrippé aux versants du Vallarimal Hill, à 20 km au sud. Le point culminant de la région, le Chembara Peak (2 100 m), est situé à 14 km au sud-ouest de Kalpetta. La colline permet de faire d'excellentes randonnées et d'admirer de nombreux oiseaux.

Sulthan's Bathery (« batterie du sultan »), à 10 km à l'est de Kalpetta, doit son nom à Tipu Sultan de Mysore *(p. 425)*, qui y bâtit un fort au XVIIIe siècle. À environ 12 km au sud de Sulthan's Bathery, les **Edakkal Caves** abritent des inscriptions ainsi que des sculptures humaines et animales qui dateraient de la préhistoire. Certains spécialistes pensent plutôt qu'elles servirent de refuges à des moines jaïns. Les environs comptent de nombreux mégalithes.

Le **Wynad (Muthanga) Wildlife Sanctuary** est situé à 16 km à l'est de Sulthan's Bathery. Le parc, créé en 1973, appartient à la Nilgiri Biosphere Reserve *(p. 423)*.

Mananthavady, à 35 km au nord de Kalpetta, fut le théâtre d'une longue guérilla entre le roi local, Pazhassi Raja, et les Britanniques conduits par Arthur Wellesley, futur duc de Wellington, l'officier qui causa la défaite de Napoléon à Waterloo. À environ 32 km au nord, le Vishnu Temple de Thirunelli se dresse sur les rives de la Paapanassini. C'est un important lieu de pèlerinage, où les hindous accomplissent des rites funéraires.

Edakkal Caves
t.l.j.

Wynad Sanctuary
en supplément. Demander **autorisations** *au Wildlife Warden, Sultan's Bathery, (04936) 22 0454.*

Cette cabane se fond au paysage de forêt, district de Wynad

Mahe ㉑

Territoire d'union de Pondicherry. District de Mahe. À 48 km au N. de Kozhikode. *Govt Tourist Home, (0495) 270 2304.* *Fête de Sainte-Thérèse (oct.).*

Située sur les rives de la Mayyazhi, cette ancienne enclave française doit son nom à Mahé de La Bourdonnais, l'amiral qui débarqua ici en novembre 1741. Colonie française jusqu'en 1954, Mahe appartient désormais au Territoire d'union de Pondicherry *(p. 478)*. Il ne reste que quelques vestiges de son passé colonial, comme la belle résidence de l'administrateur français, à l'embouchure du fleuve. L'église principale de Mahe, la St Theresa Church, un édifice baroque blanchi à la chaux, se dresse sur la route nationale. L'activité principale de la ville réside dans la vente d'alcool bon marché. Routiers et automobilistes viennent s'approvisionner ici.

Marchands de poisson attendant le retour des pêcheurs, à Thalaserry

Thalaserry ㉒

District de Kannur. À 255 km au N. de Kochi.

La pêche est une activité importante de Thalaserry (anciennement Tellicherry). D'ailleurs, le marché aux poissons constitue un spectacle intéressant pour le visiteur. À la fin du XVIIe siècle, l'East India Company créa ici l'un de ses premiers comptoirs. En 1708, les Anglais construisirent le gigantesque fort en latérite, sur la côte. Un ancien phare se dresse toujours sur les remparts. La ville possède aussi deux tunnels secrets, dont l'un mène à la mer. Le Thalaserry Cricket Club, fondé en 1860, est l'un des plus vieux d'Inde. En effet, le cricket a été introduit ici à la fin du XVIIIe siècle. La région est l'un des principaux centres de *kalaripayattu* *(p. 512)* – ce qui en a fait aussi un centre de formation pour les artistes de cirque. Dans le *kalari* (« gymnase »), on peut voir des jeunes gens faire de la musculation et s'entraîner avec des armes en bois. De nombreuses images de divinités ornent le *kalari* – ce qui lui confère un caractère sacré.

Façade du fort, Thalassery

Kannur ㉓

District de Kannur. À 66 km au N. de Kochi. *District Tourism Promotion Council, Taluk Office Campus, (0497) 270 6336.* *t.l.j.*

Aux XIVe et XVe siècles, cette charmante bourgade côtière, appelée Cannanore par les Européens, était un important centre maritime. En 1505, les Portugais construisirent le **St Angelo Fort**, à 5 km au sud de la ville. Ce gigantesque bâtiment en latérite, qui domine le port de pêche, est protégé par la mer sur trois côtés. Plus tard, il fut occupé par les Britanniques, qui y installèrent une importante garnison. **Muzhapilangad Beach**, à 15 km au sud de Kannur, est un endroit paisible avec une plage de sable de 4 km de long, où l'on peut se baigner en toute sécurité.

LE *THEYYAM*, LE SPECTACULAIRE RITUEL DU KERALA

Un danseur de *Theyyam* vêtu d'un costume coloré

À l'origine, cette danse-rituel, spécifique au Nord de la région du Malabar, était destinée à apaiser les divinités de village, la déesse mère, les héros populaires, les ancêtres et les esprits. Avec l'avènement du brahmanisme, les dieux hindous ont remplacé des divinités plus anciennes, et le panthéon du *Theyyam* passa de 300 à 40 dieux. Les spectacles de *Theyyam* commencent par un *thottam* (chant) louant la divinité concernée par le rituel, suivi par la danse, dont les pas et les postures sont fortement influencés par les *kalaripayattu*, les arts martiaux traditionnels du Kerala. Tambours, pipeaux et cymbales accompagnent le spectacle. Les danseurs, tous de sexe masculin, ont le corps peint et portent des masques, des costumes colorés et un couvre-chef imposant *(mudi)*, pouvant atteindre 2 m de haut. Des feuilles tendres de cocotiers sont utilisées pour créer les costumes complexes des danseurs. Les *Theyyam* se déroulent entre décembre et mai. Toutefois, au Parassinikadavu Temple, à 20 km au nord de Kannur, des spectacles de *Theyyam* ont lieu tous les jours.

Les remparts en latérite du Bekal Fort, aux environs de la ville de Kasaragod

Kasaragod District ㉔

À 400 km au S. de Kochi (pour Kasaragod). *Tourist Office, Bekal Fort, (04997) 27 2007.*

Flanqué par les Ghâts occidentaux à l'est et par la mer d'Oman à l'ouest, ce district, le plus septentrional du Kerala, est une région fertile aux collines boisées, entre lesquelles serpentent des cours d'eau. Le district doit son nom à sa ville principale : Kasaragod. À environ 8 km au nord de la ville se dresse le **Madhur Temple**. Ce beau bâtiment au toit de cuivre occupe un emplacement magnifique, dominant la Madhuvahini.

À 16 km au sud de Kasaragod s'élève le **Bekal Fort**, le plus ancien fort du Kerala (c'est aussi le mieux préservé). Cette gigantesque construction circulaire a été assemblée avec d'énormes blocs de latérite. Ses murs extérieurs se dressent majestueusement dans la mer, à 39 m de hauteur. À l'intérieur, un tunnel astucieusement camouflé conduit directement à la mer. Les origines du fort demeurent mystérieuses, mais on pense qu'il aurait été construit au milieu du XVIIe siècle par un chef local, Shivappa Nayak, dont le fief se trouvait non loin, dans le Karnataka. Théâtre de nombreux conflits, le fort fut occupé par les Britanniques après la défaite de Tipu Sultan *(p. 425)*.

De nombreuses belles plages se déroulent au nord et au sud du fort. La plus proche, **Pallikere Beach**, offre une vue spectaculaire du fort. L'État du Kerala et la Bekal Resorts Development Corporation prévoient d'en faire un important centre touristique. À 6 km environ au nord de Bekal, **Kappil Beach** est une plage isolée, se prêtant à la baignade. Kodi Cliff, à une extrémité de la plage, est un endroit pittoresque offrant de belles vues du coucher du soleil sur la mer d'Oman.

Lampe de temple typique

Le **Chandragiri Fort**, sur les rives de la Chandragiri, est situé à 10 km au nord de Bekal. Le fort du XVIIe siècle est lui aussi attribué à Shivappa Nayak, qui le construisit pour défendre son royaume contre les souverains de Vijayanagar *(p. 434-435)*. L'imposante Malik Dinar Mosque, une mosquée non loin, aurait été fondée par Malik Ibn Dinar, disciple du prophète Mahomet, qui introduisit l'islam dans le Kerala vers l'an 664. La tombe de Malik Ibn Muhammad, un descendant de Malik Ibn Dinar, se trouve ici. L'**Ananthapura Temple** du IXe siècle, à 30 km au nord de Bekal, est le seul temple du Kerala construit au centre d'un lac. On dit qu'il s'agirait de la demeure originelle d'Ananthapadmanabha, la divinité de l'Anantha Padmanabhaswamy Temple de Thiruvananthapuram, le chef-lieu de l'État *(p. 512)*.

Entourée de plantations d'hévéas et d'épices, la petite station climatique de **Ranipuram**, à 85 km à l'est de Kasaragod, permet de faire de belles randonnées. La région est aussi le berceau de plusieurs arts comme le *Theyyam (p. 536)* et le *Yakshagana*, un spectacle de marionnettes.

L'Ananthapura Temple se dresse au milieu d'un lac

L'Andhra Pradesh

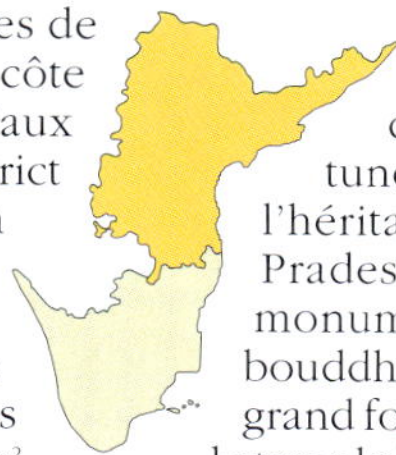

Des belles plages intactes de Visakhapatnam, sur la côte de Coromandel, jusqu'aux rizières vert émeraude du district de Nellore, l'Andhra Pradesh est en grande partie occupé par le Deccan, un plateau rocheux qui se dresse à 1 000 m au-dessus des plaines côtières fertiles. Avec ses 275 000 km², c'est le plus grand État de l'Inde. La langue principale que parlent ses 78 millions d'habitants est le telugu. Toutefois, à Hyderabad, le chef-lieu, on parle aussi l'ourdou. Jusqu'en 1947, cette ville animée fut le siège de la famille royale des Asaf Jahi Nizam, à la fortune fabuleuse. La richesse de l'héritage culturel de l'Andhra Pradesh transparaît à travers ses monuments, comme l'ancien site bouddhique de Nagarjunakonda, le grand fort islamique de Golconda et le temple hindou perché sur la colline de Tirupati, qui attire plus de pèlerins que tout autre temple d'Inde. Parmi les artisanats de l'État, on compte de superbes *ikat* tissés, des bijoux en perles et des incrustations de métal, les *bidri*.

La région d'un coup d'œil

Villes, localités et districts

District de Godavari-Est 10
District de Srikakulam 9
Hyderabad 1
Kondapalli 13
Machilipatnam 11
Pochampalli 3
Vijayawada 12
Visakhapatnam 6
Warangal 4

Sites historiques

Amravati 14
Chandragiri 19
Golconda 2
Nagarjunakonda 15
Penukonda 22
Ramatirtham 8

Temples et lieux saints

Alampur 17
Lepakshi 23
Palampet 5
Puttaparthi 21
Sri Kalahasti 20
Srisailam et Krishna Gorge 16
Tirupati 18

Site naturel

Borra Caves 7

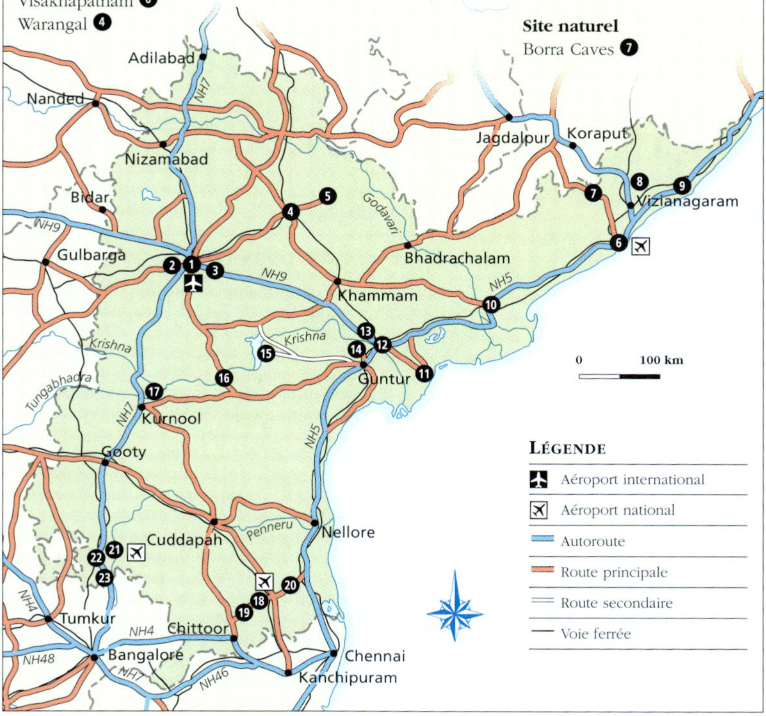

◁ **Tournesols cultivés pour la production d'huile près d'Alampur, dans l'Ouest de l'Andhra Pradesh**

Hyderabad ❶

Carreaux émaillés, Badshahi Ashurkhana

Sixième ville d'Inde, Hyderabad a été fondée en 1591 et aménagée sur un plan à damier, autour du Charminar *(p. 542-543)*. Aujourd'hui, elle a dépassé les limites de l'enceinte d'origine, pour inclure une ville nouvelle au nord de la Musi, le cantonnement militaire de Secunderabad et une zone high-tech en plein essor, surnommée « Cyberabad ». Les somptueux palais de ses souverains, les Nizam, les bazars colorés et les mosquées de la vieille ville sont à voir.

Portraits de Salarjung III et de son fils, peintures sur ivoire

La façade néoclassique de la Purani Haveli, du XIXe siècle

Purani Haveli (Nizam's Museum)

Patthargatti Rd. *(040) 2452 1029.*
sam.-jeu.

Ce vaste complexe réunissant des bâtiments néoclassiques du milieu du XIXe siècle fut la résidence du sixième Nizam, Mahbub Ali Pasha. Le Massarat Mahal, dans l'aile orientale du bâtiment principal, donne un aperçu des fastes de son mode de vie. On y voit la gigantesque garde-robe en bois de 73 m^2 du Nizam, dotée d'armoires sur deux niveaux et d'un ascenseur mécanique desservant le niveau supérieur. Elle contenait notamment 75 costumes en tweed identiques, dont le motif plut tant au Nizam… qu'il acheta tout le stock de l'usine écossaise.

Le Purani Haveli abrite aussi le Nizam's Museum, qui présente des porcelaines, de l'argenterie et des photographies fascinantes qui illustrent la légendaire opulence du Nizam et de sa Cour.

Salarjung Museum

Près de Naya Pul. *(040) 2452 3211.*
sam.-jeu. *jours fériés.*

Cette collection éclectique de plus de 40 000 objets appartenait autrefois à Salarjung III, Premier ministre de Hyderabad entre 1899 et 1949. Ce dernier a réuni des objets d'une beauté extraordinaire comme des pièces plutôt kitsch ; cet éclectisme rend le musée fascinant.

Son joyau est la collection de jades moghols, avec une magnifique coupe translucide, en forme de feuille. Les peintures miniatures sont bien représentées, notamment celles de l'école du Deccan *(p. 445)*, tout comme les sculptures en pierre et les bronzes, les ivoires et les manuscrits islamiques médiévaux. Un précieux coran du XIIIe siècle comporte les signatures de trois empereurs moghols.

Quelques statues du XIXe siècle témoignent du goût de Salarjung pour l'art européen. La collection de peintures, elle, comprend un Canaletto, un Guardi et un Landseer.

Osmania Hospital

Afzalganj. *(040) 2461 9455.*
t.l.j.

Ce bâtiment spectaculaire en pierre, avec ses vastes dômes, a été construit en 1925 dans le cadre du plan de modernisation mis en œuvre par le septième Nizam après l'inondation de 1908. En face, au-delà de la rivière, la **Boys' High School** et la **High Court** sont des bâtiments en granit rose et en grès rouge. Mariant détails décoratifs islamiques et aménagement

Les Nizam de Hyderabad

Hyderabad fut la plus grande principauté de l'Inde, et aussi la plus riche. Ses souverains, les Nizam, appartenaient à la dynastie asaf jahi, fondée en 1724 par Nizam-ul-Mulk, venu à Hyderabad comme gouverneur moghol du Deccan, avant de déclarer son indépendance après le déclin de la puissance moghol à Delhi. Les Nizam doivent essentiellement leur fabuleuse richesse à leurs émeraudes légendaires et à leurs mines de diamant près de Golconda. On raconte de nombreuses légendes sur leur extravagance. Le septième et dernier Nizam, Osman Ali Khan, était l'homme le plus riche de l'Inde. Pourtant, il se distingua de ses prédécesseurs en vivant misérablement, fumant des mégots de cigarettes et portant des vêtements rapiécés. Après l'indépendance, en 1947, les Nizam refusèrent de rejoindre l'Union indienne. Toutefois, des émeutes éclatèrent et l'intervention de l'armée indienne conduisit finalement à l'adhésion de l'État à l'Union.

Portrait du dernier Nizam

intérieur occidental, ces trois bâtiments, ainsi que la Railway Station, la gare, furent construits entre 1914 et 1936, par l'architecte anglais Vincent Esch.

Badshahi Ashurkhana

Afzal Ganj. *t.l.j., avec l'autorisation du gardien.*

L'Ashurkhana ou « maison royale du deuil », a été construite en 1595 par Muhammad Quli Qutb Shah, cinquième souverain qutb shahi *(p. 547)*, comme salle de réunion des Shia durant le mois de Muharram. Elle abrite de beaux *alam* (étendards cérémoniels) en or et en argent qui sont portés en procession durant Muharram *(p. 549)*. Exposés ici toute l'année, ils peuvent être admirés tous les jeudis. De magnifiques mosaïques émaillées jaunes, orange et turquoise ornent la niche centrale et le mur ouest. Le hall extérieur, avec ses colonnades en bois, est un ajout ultérieur.

Charminar

P. 542-543.

Mecca Masjid

P. 542-543.

Mosaïques émaillées du XVIIe siècle, Badshahi Ashurkhana

Mode d'emploi

District de Ranga Reddy. À 688 km au N. de Chennai. *3 449 900.* *16 km au N. du centre-ville, puis bus ou taxi.* *A.P. Tourism, (040) 2345 0179.* *t.l.j.* *Muharram (mars-avr.), Mrigasira (juin).*

Falaknuma Palace

Près de Naya Pul. *pour rénovation, vérifier les horaires.*

Le plus opulent des palais des Nizam a été construit en 1872. La façade antérieure est de style palladien, tandis que l'arrière réunit des dômes et des coupoles indo-saracéniques, ajoutées pour abriter le *zenana*. Une fortune a été dépensée pour l'ornementation intérieure, avec ses plafonds en cuir créés par des artisans florentins, ses meubles et ses tapisseries commandés en France, et son marbre importé d'Italie. Les hôtes les plus illustres des Nizam, notamment le roi George V, furent hébergés ici. Toutefois, après la mort du sixième Nizam, survenue ici en 1911, le palais ne fut quasiment plus utilisé. Il devrait prochainement accueillir un hôtel de luxe.

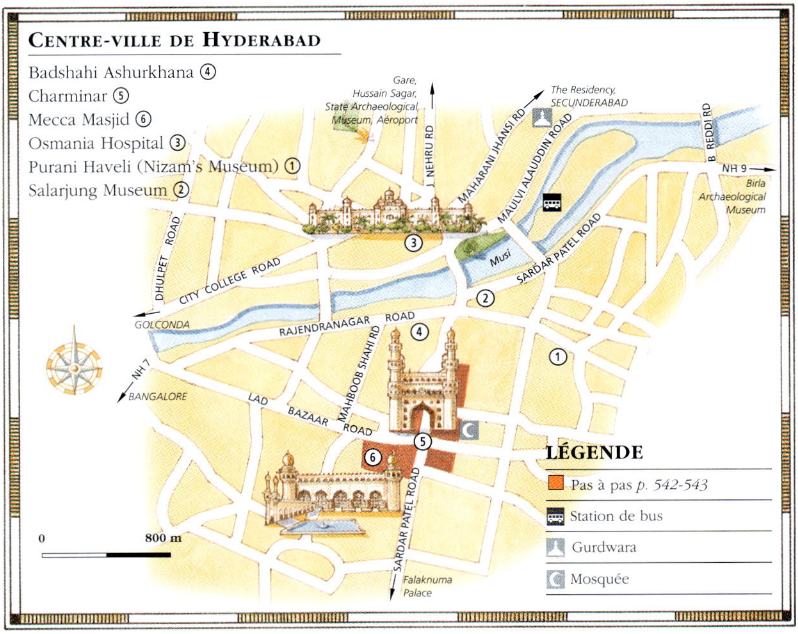

Hyderabad pas à pas : Charminar

Détail de l'arche du Charminar

Situé au cœur de la vieille ville, le Charminar (« quatre tours ») est le symbole de Hyderabad. Construit en 1591 par le roi Muhammad Quli Qutb Shah de la dynastie qutb shahi *(p. 546)*, il se dresse là où, selon la légende, le souverain aperçut pour la première fois sa bien-aimée, la belle danseuse hindoue Bhagmati. Une autre histoire raconte qu'il érigea le bâtiment pour remercier les dieux de la fin d'une épidémie de peste. Aujourd'hui, le Charminar est au cœur d'un quartier commerçant animé, où les somptueux palais et mosquées d'antan sont entourés de bazars animés, proposant perles et parfums, mais aussi choux et ordinateurs.

Marchand de casquettes sur le trottoir, devant la Mecca Masjid

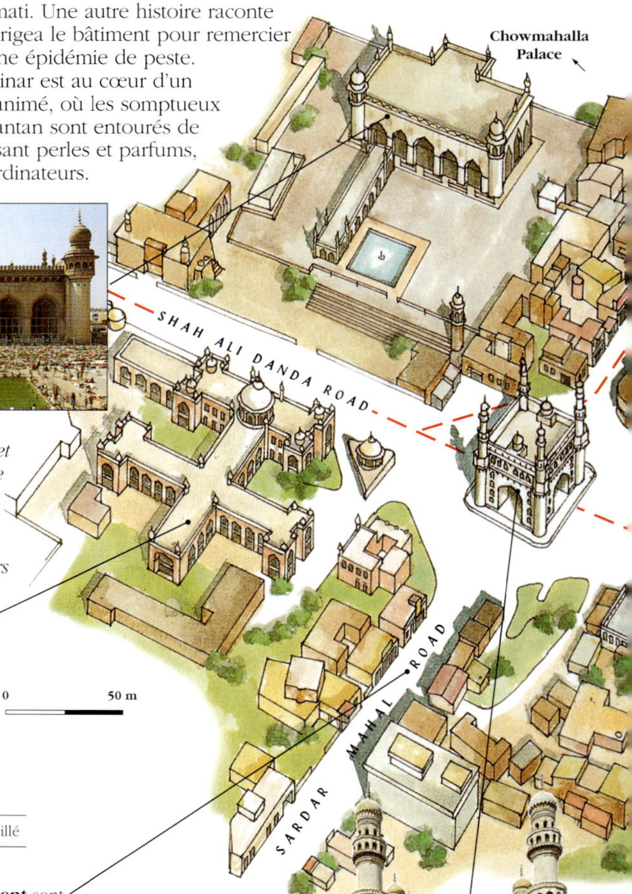

★ Mecca Masjid
Construite entre 1617 et 1694, cette gigantesque mosquée possède, dans son arche centrale, des briques provenant de La Mecque. Plusieurs Nizam reposent ici.

L'Unani Hospital a été construit par le dernier Nizam dans les années 1920, pour l'exercice de la médecine gréco-arabe traditionnelle.

LÉGENDE

Itinéraire conseillé

Des feuilles d'argent sont frappées dans les boutiques de cette rue, devenant aussi fines que du papier à cigarettes pour décorer des confiseries.

★ Charminar
Des arches majestueuses bordent les quatre côtés du Charminar. Le dernier étage abrite la plus ancienne mosquée de la ville. Le minaret se dresse à 54 m de hauteur.

À NE PAS MANQUER

- ★ Mecca Masjid
- ★ Charminar
- ★ Lad Bazaar

★ Lad Bazaar
Bracelets, guirlandes, broderies, turbans de brocart pour les mariés, henné, portions d'herbes, etc. : dans ce bazar coloré, les futures mariées trouvent tout ce qu'elles souhaitent pour leur trousseau.

Attar Shop
Les huiles parfumées vendues dans de minuscules flacons comprennent une spécialité locale, le gil, au parfum de terre mouillée après la première ondée d'un été caniculaire.

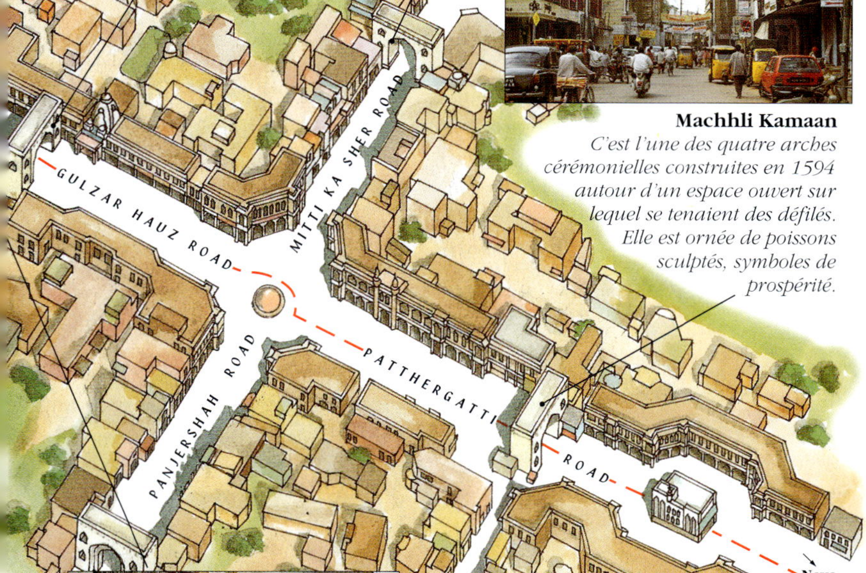

Le Charminar Kamaan servait d'entrée à la mosquée royale, dans le Charminar. À côté, on trouve des magasins de perles.

Le Sher-e-dil-Kamaan mène à des boutiques proposant de jolis brocarts et des saris en soie anciens.

Machhli Kamaan
C'est l'une des quatre arches cérémonielles construites en 1594 autour d'un espace ouvert sur lequel se tenaient des défilés. Elle est ornée de poissons sculptés, symboles de prospérité.

Jami Masjid
Cette mosquée blanchie à la chaux toute simple, construite en 1597, est la deuxième plus ancienne mosquée de Hyderabad.

À la découverte de Hyderabad et de Secunderabad

Au XIXe siècle, Hyderabad commença à dépasser les limites du vieux quartier, sur les deux rives de la Musi. De nouveaux palais, ainsi que le cantonnement militaire britannique de Secunderabad virent le jour aux alentours de la ville.

Birla Archaeological Museum

Au-delà de Vijayawada Highway, Malakpet. (040) 2323 5081. lun.-sam. jours fériés.

Installé dans le pavillon de chasse du XIXe siècle du sixième Nizam, le musée occupe l'Asmangarh Palace. Il présente des sculptures et des objets en métal mis au jour sur différents sites de fouilles de l'Andhra Pradesh, dont de beaux bronzes de Shiva et Vishnou.

Non loin, au sud, un obélisque marque la tombe de Michel Raymond. Ce mercenaire français, qui servit dans l'armée du Nizam de 1785 jusqu'à sa mort, en 1798, est devenu un héros local, vénéré par les musulmans comme par les hindous.

The Residency

Koti. lun.-sam.

Cette élégante demeure palladienne, qui abrite l'University College for Women, a été construite en 1805 par le troisième Nizam qui en fit don au résident britannique à sa Cour. Elle était décorée somptueusement, avec des plafonds peints, des miroirs et des chandeliers. Le fronton qui surmonte le portique est toujours orné des armoiries de l'East India Company.

Sur le terrain, une petite réplique du bâtiment principal a été construite par le résident pour son épouse, une aristocrate de Hyderabad – une union qui fit scandale en son temps. Un petit cimetière anglais occupe un angle du domaine.

State Archaeological Museum

Assembly Rd, au N. de la gare. (040) 2323 4942. mar.-dim. 2e sam. du mois, jours fériés.

Deux grandes portes de style roman gardent l'entrée des Nampally Public Gardens, où le Musée archéologique présente une importante collection d'art bouddhique, de beaux bronzes chola, des pièces romaines et même une momie égyptienne. On y voit aussi des reproductions des peintures murales et des sculptures des grottes d'Ajanta et d'Ellora *(p. 388-391)*. Non loin, la State Legislative Assembly (1913) est un bâtiment couronné d'un dôme, inspiré des palais du Rajasthan.

Hussain Sagar, avec son gigantesque bouddha

Hussain Sagar

Ce gigantesque lac artificiel, au bord de Mahatma Gandhi Road, qui traverse Hyderabad et Secunderabad, a été créé au XVIIe siècle. L'avenue de 3 km qui longe sa rive sud est la promenade la plus appréciée de Hyderabad. Elle est bordée de statues de personnalités marquantes de l'Andhra Pradesh. Au centre du lac, un rocher abrite un bouddha monolithique de 17 m, pesant quelque 350 tonnes. Achevée en 1986, l'œuvre sombra au fond du lac après le naufrage du bateau qui la transportait. Elle fut remontée à la surface, intacte, sept ans plus tard, puis installée ici en 1994.

Secunderabad

Situé au nord-est de Hussain Sagar, le long de la Tank Bund Road, Secunderabad a vu le jour en 1806 comme cantonnement des troupes britanniques. Depuis, le site est devenu une véritable ville, dans le prolongement de Hyderabad. Au centre, le **Parade Ground** est dominé par la **St Andrew's Church** et l'imposant **Secunderabad Club**, de style colonial. La **Holy Trinity Church**, de style néogothique (1848), s'élève à 6 km au nord du Parade Ground. Elle compte de beaux vitraux, des flèches élégantes sur sa tour carrée et un cimetière britannique.

L'enceinte des **Paigah Palaces**, où vivait l'aristocratie de Hyderabad, de dresse à 2 km à l'ouest du Parade Ground, en face de l'aéroport Begumpet. Le palais le plus majestueux est le Vicar Manzil. Le principal noble de la cour du sixième Nizam, Sir Vicar-ul-Urma, avait construit le magnifique Falaknuma Palace *(p. 541)* pour lui-même, mais il en fut délogé par le Nizam.

À l'entrée, la **Spanish Mosque** (1906) est ornée d'arches mauresques et de flèches octogonales.

La Spanish Mosque se dresse à l'entrée de Vicar Manzil, à Secunderabad

La culture de Hyderabad

Le sultan Muhammad Quli Qutb Shah, qui fonda Hyderabad en 1591, était un souverain éclairé doublé d'un poète, d'un érudit et d'un protecteur des arts. Son royaume fut un centre marchand prospère, notamment dans le commerce des perles, des diamants et des chevaux. À sa Cour ainsi que dans ses bazars, les habitants de la ville côtoyaient marchands, érudits et artisans de différents pays. Cette tradition cosmopolite fut perpétuée par la dynastie suivante, celle des Asaf Jahi Nizam, qui régnèrent de 1724 à 1947. Ce brassage explique la culture unique de Hyderabad, mélange de traditions hindoues et musulmanes mâtinées d'influences arabes, persanes et turques, qui transparaissent à travers la langue, la cuisine, les usages et les arts.

Gamelle dorée

Le bidri *repose sur une technique introduite au XVIe siècle par les Persans : du bronze à canon noir est richement incrusté d'argent formant des motifs floraux et géométriques.*

La cuisine de Hyderabad *comprend des plats d'origines turque et persane, comme le* haleem *(viande hachée cuite avec du blé) et le* lukmi *(feuilletés garnis de viande).*

Le Falaknuma Palace*, immortalisé à la fin du XIXe siècle par le photographe de la Cour, Lala Deen Dayal, témoigne de l'opulence du mode de vie du Nizam de Hyderabad.*

Les bijoux de Hyderabad*, légendaires, comprenaient des joyaux fabuleux, comme cet ornement de turban du XIXe siècle, orné de rubis de Birmanie et de diamants issus des mines de Golconda* (p. 546).

Muharram (p. 549) *est observé par les musulmans shia, qui portent en procession dans les rues de la ville des tazia décorés. Les Shia sont en grande partie les descendants de Persans venus s'établir ici plusieurs générations plus tôt.*

Les miniatures de Golconda *représentent souvent la culture cosmopolite raffinée de la ville. Cette peinture du XVIIIe siècle montre des marchands originaires de différents pays proposant leurs articles à une dame.*

Golconda ❷

Détail d'un ornement sculpté, mur de la Bala Hisar Gate

Situé sur un plateau parsemé de blocs de pierre, le fort de Golconda (« Colline du berger ») fut la citadelle de la dynastie des Qutb Shahi, qui régna sur la région de Hyderabad entre 1507 et 1687. Entre 1518 et 1580, le fort de terre du XIIe siècle qui se dressait ici jadis fut transformé en splendide ville fortifiée par les souverains qutb shahi successifs, avec des palais somptueux, des mosquées et des jardins. Le fort était aussi connu pour ses diamants issus des mines de la région comme le célèbre *Koh-i-Nor*, qui appartient aujourd'hui aux joyaux de la couronne britannique. Les ruines colossales de Golconda s'étendent sur 40 km².

La Bala Hisar Gate, l'entrée du complexe royal du Golconda Fort

Golconda Fort

Cette imposante forteresse est protégée par trois lignes de défense massives. La première, une fortification extérieure en gigantesques blocs de granit, entoure la citadelle et toute la localité. La muraille centrale entoure la base de la colline, tandis que les fortifications intérieures suivent les contours de l'éperon le plus élevé. Les visiteurs entrent par la **Fateh Darwaza** (« porte de la Victoire »), sur le côté oriental, dont l'arche est surmontée d'une divinité hindoue. La porte est renforcée par de gigantesques pointes de fer, pour empêcher les soldats à dos d'éléphant de la prendre d'assaut. De la Fateh Darwaza, la route passe devant l'**Archaeological Museum** (l'ancien Trésor) et traverse le bazar, connu jadis pour le taillage et le polissage des diamants. Plus loin, s'élèvent les deux arches massives de la **Habshi Kaman Gate**, dont le sommet abritait autrefois la galerie des tambours et les gardes abyssins du sultan. La porte mène au mur d'enceinte central.

Au nord, l'austère **Jami Masjid**, coiffée d'un dôme, fut construite en 1518 par le sultan Quli Qutb Shah, fondateur de la dynastie. Il fut assassiné ici par son fils Jamshed, en 1543, alors qu'il priait. Au-delà se trouve l'arche cérémonielle, la **Bala Hisar Gate**, décorée de différents motifs hindous, notamment de *yali* (créatures fantastiques léonines). C'est la porte de la citadelle intérieure, le **Bala Hisar Complex**, avec ses palais royaux, ses salles de réunion, ses ateliers et son armurerie. Au nord du Bala Hisar, une enceinte entamée en 1652 devait être une extension du fort intérieur. À l'intérieur, le **Hathion ka Jhaad** (« arbre-éléphant »), un extraordinaire

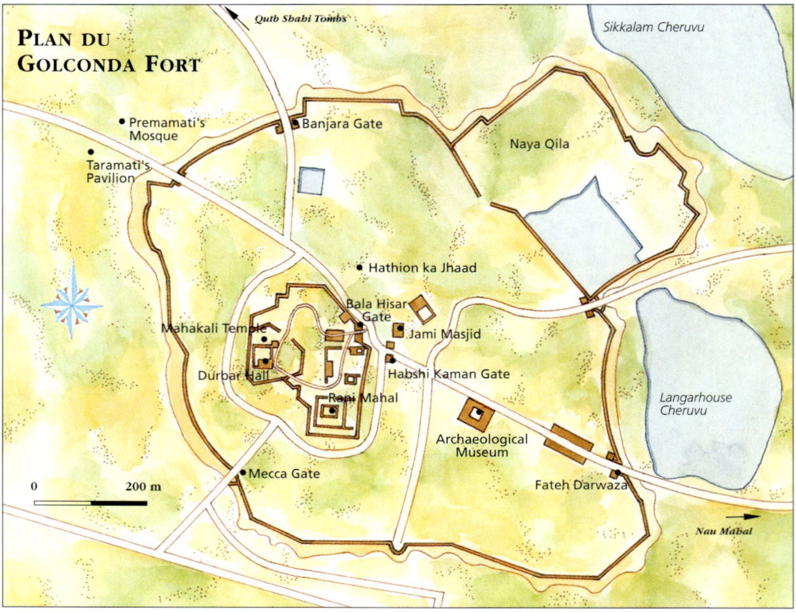

Le bain royal près du Rani Mahal, Golconda Fort

baobab (*Adansonia digitata*), aurait, dit-on, été apporté à Golconda par les gardes abyssins du sultan.

Le **Grand Portico**, coiffé d'un grand dôme, derrière la Bala Hisar Gate, permet de découvrir l'extraordinaire acoustique qui constituait un élément important des défenses du fort. Le plus petit battement de main s'entend des appartements royaux, au sommet de la colline.

À l'ouest du Grand Portico s'étendent les ruines des palais des Qutb Shahi, dont la plus impressionnante est le **Rani Mahal**, une construction dotée d'une voûte sur une terrasse surélevée, décorée de jolies arabesques florales. Les creux des sculptures contenaient autrefois des célèbres diamants de Golconda et d'autres pierres précieuses. À l'ouest du Rani Mahal, 200 marches escarpées conduisent au sommet de la colline, en passant les bains royaux, les greniers, les bassins et des vestiges de jardins. Au bord de la route, on aperçoit des vestiges du système de distribution d'eau qui approvisionnait le sommet de la citadelle. Juste avant d'arriver au sommet, le visiteur découvre une jolie mosquée, construite par Ibrahim Qutb Shah, le troisième sultan, et le **Mahakali Temple**, un ancien temple rupestre hindou.

Au sommet, le **Durbar Hall** (« salle du trône ») à trois étages est orné d'un pavillon sur son toit. De là s'offrent de belles vues du fort et des environs, et notamment de deux jolis bâtiments sur des collines : le **Taramati's Pavilion** et la **Premamati's Mosque**. Ils doivent leurs noms à deux danseuses, favorites du roi, qui avaient le pied si léger qu'elles pouvaient marcher en équilibre sur une corde tendue entre le pavillon et le Bala Hisar.

À l'extérieur du fort, à l'est de la Fateh Darwaza, le **Nau Mahal** (« neuf palais ») était la résidence des Nizam de Hyderabad lorsqu'ils venaient à Golconda.

Décoration du plafond, Bala Hisar Gate

Qutb Shahi Tombs

1 km au N.-O. du Golconda Fort.

Cette nécropole royale, où reposent sept des neuf souverains qutb shahi, est entourée d'un jardin doté de rigoles, de bassins et d'allée bordées d'arbres. Les tombeaux, construits par chaque roi de son vivant, affichent des styles architecturaux éclectiques, avec de grands dômes, des arches persanes, des colonnes turques, et des motifs et des consoles hindous. En granit gris et en plâtre, les dômes des tombeaux sont installés sur une base décorée de pétales, avec des galeries richement ornées.

Le **Tomb of Muhammad Quli Qutb Shah**, le fondateur de Hyderabad, est le plus impressionnant. Il est entouré d'une grande terrasse. Des vestiges de faïences émaillées turquoise et vertes, qui couvraient autrefois les façades de tous les tombeaux, ont été préservés. Admirez aussi le **Tomb of Queen Hayat Baksh Begum**, tombeau de l'épouse de Muhammad Quli Qutb Shah, et la mosquée derrière le tombeau, décorée de jolis motifs floraux et de calligraphies (tous deux du milieu du XVIIe siècle).

Au centre du complexe, le **Royal Mortuary Bath** est simple mais joliment proportionné. Les dépouilles des rois défunts y subissaient un bain rituel avant d'être inhumées sur la plate-forme à douze côtés. Les douze bassins qui l'entourent symbolisent les douze imams shia.

MODE D'EMPLOI

District de Hyderabad. À 9 km à l'O. d'Hyderabad. t.l.j. **Son et lumière** *(en anglais) avr.-oct. : mer, sam. et dim. à 19h ; nov.-mars : mer., sam. et dim. à 18h30.* **Archaeological Museum** et **Qutb Shahi Tombs** *sam.-jeu.*

L'élégant tombeau de Muhammad Quli Qutb Shah, à Golconda

Vue panoramique du Golconda Fort

Pochampalli ❸

District de Nalgonda. À 50 km à l'E. d'Hyderabad. t.l.j.

La patrie de l'*ikat*, célèbre étoffe teinte, borde Hyderabad. Pochampalli est le plus grand centre de cet artisanat. La technique sous sa forme actuelle a été introduite au XIXe siècle à Chirala, dans le district de Guntur, où les tissus étaient exportés vers l'Afrique.

La rue principale de Pochampalli est bordée d'ateliers animés, où se déroulent les différentes étapes de la production. Tout d'abord, les tisserands nouent les fils d'une manière très précise, selon le résultat escompté. Puis ils les teignent dans de grands récipients. Une technique spéciale, faisant intervenir de l'huile, permet de cantonner la teinture à certaines parties du fil. Une fois teint, le fil est séché au soleil, puis tissé sur les grands métiers manuels, donnant naissance à un tissu appelé *telia rumal* *(p. 339)*.

Les entrepôts des coopératives d'État et divers magasins proposent un vaste choix de saris en soie et de tissus.

AUX ENVIRONS : Les villages voisins de **Koyalgudem** et de **Choutuppal** produisent essentiellement des *ikat* en coton. **Narayanpur**, autre grand centre de tissage, se trouve 20 km plus loin, sur Vijaywada Highway.

Le Khush Mahal, la salle des audiences du Warangal Fort

Warangal ❹

District de Warangal. À 140 km au S.-O. de Hyderabad. *A.P.T.D.C., Kazipet, (0870) 243 2312.*

Cet important centre de tissage de *dhurrie* fut décrit par Marco Polo, au XIIIe siècle, comme l'une des principales villes de l'Inde du Sud. Elle fut la capitale des rois kakatiya hindous, qui régnèrent sur la région jusqu'au début du XIVe siècle.

L'ancien fort, en bordure de la ville moderne, est le seul vestige de cette ancienne cité majestueuse. Le plan circulaire du bâtiment construit par la reine kakatiya Rudramadevi (règne : 1262-1289) est toujours visible, avec trois enceintes circulaires. Les deux fortifications extérieures, en terre, dessinent un cercle de 1,2 km de diamètre. L'enceinte intérieure, en pierre, compte quatre portes imposantes aux points cardinaux. Au centre géométrique du fort, quatre *torana* (portes) décorées marquant l'enceinte sacrée sont les seuls vestiges du somptueux temple de Shiva qui se dressait ici.

Non loin, à l'ouest, le **Khush Mahal** est une salle des audiences construite par des envahisseurs musulmans au XIVe siècle. Des murs massifs percés de meurtrières délimitent un intérieur spacieux. Toutefois, le toit est relativement abîmé. Le bâtiment présente une similitude frappante avec le Hindola Mahal de Mandu *(p. 213)*.

AUX ENVIRONS : Hanamkonda, le site de la première capitale kakatiya, se trouve à 3 km au nord-ouest de Warangal. Là, un magnifique temple aux mille piliers, dédié à Shiva, date de 1163. Il fut construit par Rudradeva (règne : 1158-1195), le premier grand roi kakatiya. Ce temple de basalte gris-vert, appelé *trikuta* ou « triple sanctuaire », se compose de trois sanctuaires dédiés à Shiva, Vishnou et Surya. Ils sont reliés à un *mandapa*, aujourd'hui dépourvu de toit, par une plate-forme ornée d'un magnifique nandi poli. Les colonnes possèdent des fûts réalisés au tour. Le plafond est décoré d'un panneau sculpté d'un Nataraja *(p. 462)*. Le jardin paisible contient plusieurs petits sanctuaires et un ancien puits.

Le magnifique temple aux mille piliers de Hanamkonda, près de Warangal

Le Ramappa Temple, du XIIIe siècle, à Palampet

Palampet 5

District de Palampet. À 70 km au S.-O. de Hyderabad.

Ce village est dominé par le **Ramappa Temple**, exemple le mieux conservé d'architecture kakatiya. Dédié à Shiva, il fut construit en 1234 par Recherla Rudra, général du souverain Ganapatideva (règne : 1199-1262). Comme le temple de Hanamkonda, il possède un *mandapa* spacieux avec des colonnes en basalte noir joliment sculptées. Ce *mandapa* de plan cruciforme s'orne aussi de porches. Les avant-toits protégeant les colonnes du pourtour reposent sur des supports, nombreux à présenter la physionomie de jeunes danseuses aux silhouettes gracieuses. D'autres reliefs comparables, quoi que plus petits, ainsi que des scènes tirées des épopées figurent sur le panneau central du plafond, dans le *mandapa*. Contrastant avec l'intérieur, l'extérieur du sanctuaire ne comporte aucune sculpture. La sobriété de l'ornementation et de l'architecture est caractéristique de l'élégance de l'art kakatiya. Un pavillon de pierre abritant un nandi, plus petit que celui de Hanamkonda, se dresse devant le temple.

Au sud du Ramappa Temple s'étend le **Ramappa Cheruvu**, un grand lac artificiel créé par Recherla Rudra, et entouré de collines pittoresques.

Sculpture, à Ghanpur

AUX ENVIRONS : Le visiteur pourra admirer d'autres temples kakatiya à **Ghanpur**, un petit village à 13 km au nord-ouest de Palampet. Le plus grand réunit deux sanctuaires de Shiva, chacun doté d'un *mandapa*. Le sanctuaire principal est orné de magnifiques *dvarapala* (« gardiennes »), de jeunes danseuses et de consoles sculptées. D'autres sanctuaires parsèment l'enceinte.

DHURRIE TRADITIONNELS DE L'ANDHRA PRADESH

Si les palais des Nizam de Hyderabad abritaient des tapis de soie et de laine venus de Perse et de Turquie, l'Andhra Pradesh possède une longue tradition du tissage de tapis, perpétuée à Warangal et à Eluru. Souvent appelés *dhurrie*, ces tapis en laine ou en coton présentent une grande diversité de motifs et de couleurs. Les *dhurrie* en coton de Warangal affichent souvent des motifs géométriques, tandis que les tapis en laine d'Eluru (314 km au sud-est de Warangal) s'ornent de motifs floraux qui traduisent une influence occidentale. Plus coûteux, les *shatranji* (au motif en damier) sont fabriqués sur des métiers horizontaux, avec d'épais fils de coton. Les artisans de Sri Kalahasti *(p. 558)*, spécialistes du *kalamkari*, produisent des tapis aux motifs traditionnels à base de jute, avec des teintures végétales.

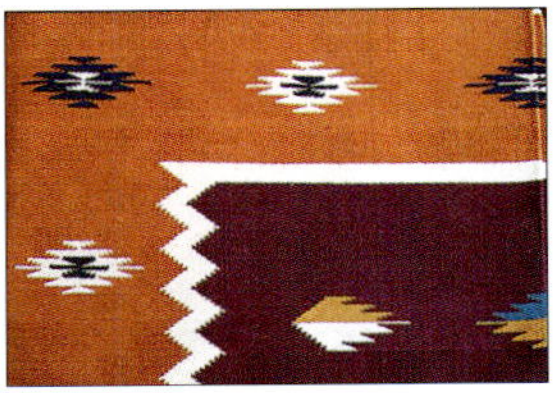

***Dhurrie* à motifs géométriques**

FÊTES DE L'ANDHRA PRADESH

Ugadi *(mars)*. Les maisons subissent un grand nettoyage de printemps et des plats spéciaux sont cuisinés pour célébrer le Nouvel An telugu.
Mrigasira *(juin)*, à Hyderabad. Ce jour, des patients venus de toute l'Inde suivent un traitement original contre l'asthme, en avalant vivant un petit poisson d'eau douce, appelé « maral ».

Fête de Batkamma, à Warangal

Batkamma *(sept.-oct.)* à Warangal. Cette fête de neuf jours en l'honneur de la déesse de la Prospérité, Lakshimi, commence avant Dussehra. Des fleurs disposées sur une représentation de la déesse en curcuma sont portées jusqu'à un lac ou une rivière où les femmes dansent autour de l'offrande de fleurs avant de l'immerger dans l'eau.
Festival de l'Andhra Pradesh *(nov.)*. Ce festival culturel de dix jours marque l'anniversaire de l'accession de l'Andhra Pradesh au statut d'État. Les meilleurs musiciens et danseurs y participent.
Muharram *(fév.-mars)*, à Hyderabad. La communauté musulmane shia commémore le martyre du petit-fils du Prophète, Hussain, lors de la bataille de Karbala, par 49 jours de deuil. Le dernier jour, des *alam* et des *tazia* (répliques de son tombeau) colorés sont portés en procession dans la vieille ville.

Le port de Visakhapatnam sur le golfe du Bengale

Visakhapatnam ❻

District de Visakhapatnam. À 350 km au N. de Vijayawada. *969 600.* *12 km à l'O. du centre-ville, puis car ou taxi.* *A.P.T.D.C., Siripuram, (0891) 274 6446.* *t.l.j.*

Deuxième port après Mumbai, Visakhapatnam, aussi appelé Vizag, est en passe de devenir le plus grand chantier naval du pays. Cette ville industrielle doublée d'une base navale est aussi une excellente base pour découvrir les belles plages du golfe du Bengale et les nombreuses localités des districts côtiers du Nord de l'État ainsi que leurs temples. La ville, qui doit son nom à Visakha, déesse hindoue de la Bravoure, appartenait jadis au vaste Empire de l'empereur maurya Ashoka *(p. 42)*. Plus tard, elle fut dominée par les rois andhra de Vengi, puis par d'autres dynasties de l'Inde du Sud, comme les Pallava, les Chola et les Ganga. Au XVe siècle, elle fut intégrée à l'Empire de Vijayanagar *(p. 434-435)*. Au XVIIe siècle, elle tomba aux mains des Britanniques, qui en firent une importante ville portuaire.

Le port est dominé par une chaîne hérissée de trois crêtes, abritant chacune un sanctuaire. Sur la plus méridionale, le **Venkateshvara Konda** est un temple dédié à Balaji (Krishna). Au centre, on trouve **Ross Hill**, avec son église du milieu du XIXe siècle. La troisième, **Dargah Konda**, possède un sanctuaire dédié à un saint musulman : Ishaque Madina.

Sur la côte Sud, le **Dolphin's Nose**, un éperon rocheux de 358 m de long, se dresse à 175 m au-dessus du niveau de la mer. Il abrite un phare dont la lumière se voit à 64 km à la ronde. Parmi les vestiges de son passé colonial, on compte une église protestante, un fort, une caserne et un arsenal, tous du XVIIIe siècle.

Parmi les plages idylliques installées en bordure des Ghâts orientaux et bordées de collines boisées et de falaises, citons **Ramakrishna Mission Beach**, en cours de développement pour devenir une station touristique, **Rishikonda Beach** et **Lawson's Bay**.

Au nord de la ville, au-delà de Lawson's Bay, **Kailasagiri**, une colline boisée, offre plusieurs points de vue panoramiques sur la ville et le port. La ville de **Waltair**, ancien lieu de cure pour officiers britanniques, se trouve au nord de la baie, tout comme l'Andhra University, l'un des plus grands campus de l'État, et plusieurs jolies églises du XIXe siècle.

AUX ENVIRONS : **Simhachalam**, le temple de « la colline du lion », dédié à Varaha Narasimha, une incarnation de Vishnou, se dresse au sommet de Ratnagiri Hill, une colline couverte de forêts touffues, à 16 km au nord-ouest de Visakhapatnam. Des escaliers mènent à la porte nord, un *gopura* richement décoré qui sert d'entrée principale au temple. Dans l'enceinte se dresse un haut *dvajasthambha* (« mât »). Proche de par son style du Sun Temple de Konark *(p. 262-263)*, le temple a été construit au IXe ou au Xe siècle puis largement remanié au XIIe siècle. On pense qu'à l'origine, il fut dédié à Shiva, qui fut ensuite remplacé par l'incarnation de Vishnou après la visite du saint réformateur Ramanuja *(p. 429)*, au XIe siècle.

Armoiries hollandaises, à Bheemunipatnam

Bheemunipatnam, à 24 km au nord de Visakhapatnam, est situé sur l'une des plus longues routes en bord de plage de l'Inde. Ce village de pêcheurs, à l'embouchure de la Gosthani, a été fondé par les Hollandais, au début du XVIIe siècle. Bimlipatam, comme le village s'appelait alors (localement

Tombes hollandaises en forme d'obélisques, à Bheemunipatnam

Bhimli), fut le théâtre d'attaques marathes et des guerres anglo-hollandaises au XVIIe et au XVIIIe siècle. Son héritage hollandais est visible sur certaines anciennes maisons à colonnades, le fort en ruine et le cimetière hollandais, qui réunit des pierres tombales en forme d'obélisques, inhabituelles.

Stalactites, à l'intérieur des Borra Caves

Borra Caves ❼

District de Visakhapatnam. À 100 km au N. de Visakhapatnam.
t.l.j.

À proximité de la frontière nord du district de Visakhapatnam, ces magnifiques grottes creusées dans le calcaire furent découvertes en 1807. L'office du tourisme de l'État s'attache à faire de ces vastes grottes, hérissées de stalactites et de stalagmites, un centre d'intérêt touristique. Certaines petites stalagmites, devant lesquelles trônent des taureaux Nandi, sont vénérées comme des lingams. Au dire des habitants de la région, l'eau qui goutte du plafond des grottes proviendrait d'une source de montagne, qui est aussi la source de la Gosthani.

AUX ENVIRONS : À 22 km au nord-est de Borra, l'**Araku Valley** est habitée par plusieurs communautés tribales, qui sont les habitants originels de l'État. La route pour Araku traverse des forêts et des plantations de café. Avec ses forêts, ses chutes d'eau et son climat vivifiant, la vallée permet d'agréables promenades.

Ramatirtham ❽

District de Visakhapatnam. À 72 km au N.-E. de Visakhapatnam.

Des ruines de la période ikshvaku (IIIe au IVe siècle apr. J.-C.), où le bouddhisme prospéra dans la région, sont visibles. À l'extérieur du village s'étend un ensemble de bâtiments, sur une colline appelée Gurubhaktakonda ou « colline du disciple dévoué ». Un éperon rocheux, à 165 m de hauteur, abrite les ruines d'un stûpa, de monastères et de salles de prière entourant des stûpas plus petits. Non loin, sur une autre colline, Durgakonda, un ensemble de ruines comparables, ainsi que des sculptures de *tirthankara* jaïns des VIIIe et IXe siècles.

Srikakulam District ❾

À 108 km au N. de Visakhapatnam (jusqu'à Srikakulam).

Femmes aborigènes, Araku Valley

Chef-lieu du district le plus septentrional d'Andhra Pradesh, Srikakulam est situé sur les rives de la Swarnamukhi. En bordure de la ville, à **Arasavalli**, un temple du soleil, ingénieusement conçu, laisse entrer les rayons du soleil qui viennent toucher les pieds de la divinité deux fois par an. Le **Srikurmanatha Temple** de Srikurman, à 13 km à l'est de Srikakulam, est dédié à Kurma, l'incarnation de Vishnou en tortue. Construit par les rois chalukya au Xe siècle, il fut largement remanié par les Chola aux XIIe et XIIIe siècles. La colonnade entourant le sanctuaire principal est ornée de peintures murales du XIXe siècle, représentant Krishna et Vishnou.

Mukhalingam, à 46 km au nord de Srikakulam, fut la première capitale des rois ganga orientaux, avant leur départ pour l'Orissa *(p. 44)*. Les temples qu'on y découvre datent de leur règne, entre le IXe et le XIIIe siècle. Le mieux préservé est le Madhukeshvara Temple, du IXe siècle, avec de magnifiques sculptures de Shiva et des frises représentant des scènes de la légende du dieu. À l'entrée de la ville, le Someshvara Temple, du Xe siècle, abrite de belles statues de déesses des fleuves et d'autres divinités, flanquant la porte principale.

Peinture murale représentant Krishna entouré de *gopi*, au Srikurmanatha Temple, dans le district de Srikakulam

District de Godavari-Est ⑩

À 380 km à l'E. de Hyderabad (jusqu'à Rajahmundry). Rajahmundry.

Au nord de la ville de **Rajahmundry**, la Godavari, l'un des fleuves les plus sacrés d'Inde, atteint par endroit 6 km de large, traversant des paysages de rizières verdoyantes et des plantations de canne à sucre. Rajahmundry, la plus grande ville du district, est connue pour les nombreux temples chalukya de ses environs, et pour le pont de 2 743 m de long qui enjambe le cours d'eau. Le point de vue sur le **Dowleshvaram Dam**, un barrage construit entre 1848 et 1852, à 10 km en aval, offre de magnifiques vues du fleuve. Tous les 12 ans, la fête de Dakshina Pushkaram (le Kumbh Mela de l'Inde du Sud) se tient ici.

Peddapuram, connue pour ses soieries et ses beaux tissus en coton tissés à la main, se trouve à 30 km au nord-est de Rajahmundry, sur la route de Visakhapatnam.

Annavaram, à 70 km au nord-est de Rajahmundry, est le site du Satyanarayana Temple, sur Ratnagiri Hill, connu pour sa statue de la trinité hindoue, de 4 m de haut, et son ancien cadran solaire.

La **Godavari Gorge** commence à 80 km au nord de Rajahmundry. En longeant, en voiture ou en bateau, les gorges qui traversent les Ghâts orientaux et leurs collines, le visiteur découvre des paysages spectaculaires, parsemés de magnifiques lacs.

Ryali, à 24 km au sud de Rajahmundry, possède un temple chalukya dédié à Vishnou. Il abrite une représentation en pierre de la déesse Ganga, dont coule en permanence un filet d'eau.

Draksharamam, à 40 km au sud-est de Rajahmundry, est célèbre pour son Bhimesvara Temple, du Xe siècle, qui associe les architectures chalukya et chola, et qui abrite un lingam de 5 m de haut. La Godavari aurait, dit-on, été divisée en sept fleuves par les Saptarishi (sept grands sages) de la mythologie hindoue, et trois de ces cours d'eau seraient passés sous terre ici. Non loin de la ville s'étend un ancien cimetière hollandais, localement appelé Ollandu Dibba (« butte de Hollande »), avec des pierres tombales datant de 1675 à 1728, ornées pour certaines de motifs complexes.

Antarvedi, sur les rives de la Vashishta, un bras de la Godavari, se trouve à 112 km au sud de Rajahmundry. La meilleure solution pour s'y rendre consiste à prendre le bateau depuis Narsapur, sur la rive sud. Le Lakshminarayana Temple (1823), avec sa tour peinte, se dresse au bord de l'eau. Il est généralement rempli de pèlerins qui viennent s'immerger dans les eaux du fleuve sacré.

Artisan réalisant un *kalamkari*, à Machilipatnam

Machilipatnam ⑪

District de Krishna. À 340 km à l'E. de Hyderabad. *t.l.j.*

Aux XVIIe et XVIIIe siècles, Machilipatnam (« ville des Poissons »), l'un des premiers peuplements européens sur la côte orientale, fut un port et un centre textile prospères. La ville fut également le siège de l'East India Company sur la côte de Coromandel. Les Français et les Hollandais s'y établirent brièvement. Le cimetière hollandais, avec ses tombes richement décorées, est le seul vestige de cette époque.

En 1864, Machilipatnam a été touché par un tsunami provoqué par l'éruption du mont Krakatoa, à 5 000 km de là. Après cette catastrophe, qui fit plus de 30 000 victimes, le port perdit de son importance mais la ville resta renommée pour ses textiles *kalamkari* *(p. 558)*.

Derrière les rizières se dressent les Ghâts orientaux, près de Rajahmundry

Le Prakasam Barrage, construit sur la Krishna à Vijayawada

Vijayawada ⓬

District de Krishna. À 267 km au S.-E. de Hyderabad. *825 400.* *A.P.T.D.C., Hotel Krishnaveni, (0866) 241 8057.* *t.l.j.*

Troisième localité de l'État, Vijayawada est une ville commerçante animée, qui possède l'un des plus grands embranchements de chemin de fer du pays. Située dans un cadre pittoresque, sur la rive nord de la Krishna, la ville est bordée sur trois côtés par les Indrakiladri Hills. Les bords du fleuve offrent un agréable contraste avec la ville bruyante et bondée.

Sur une petite colline, à l'est, se dresse le **Kanakadurga Temple**, dédié à la déesse Lakshmi. Le **Victoria Jubilee Museum**, sur Bunder Road, présente une belle collection de reliques bouddhiques et hindoues datant pour certaines des IIe et IIIe siècles. Admirez notamment le bouddha debout, originaire du site bouddhique d'Alluru (IIIe ou IVe siècle), non loin, et Durga tuant le démon-buffle Mahisa (IIe siècle).

À la périphérie de la ville, le **Prakasam Barrage** est un ouvrage de 1 km de long. Créé en 1855, il a été largement reconstruit en 1955 et permet l'irrigation de presque 1,2 million d'hectares de terres, faisant du delta de la Krishna le grenier à blé de l'Andhra Pradesh. En amont, **Bhavani Island**, une île appréciée pour les pique-niques, est desservie par des bateaux.

Victoria Jubilee Museum
sam.-jeu. *en supplément.*

Aux environs :
Mogalrajapuram, à 3 km à l'est de Vijayawada, et **Undavalli**, à 4 km au sud, sur l'autre rive, sont connus pour leurs temples taillés dans la pierre (Ve-VIIe siècles).

Mangalgiri, à 12 km au sud de Vijayawada, est un village spécialisé dans les saris en coton et les tissus à rayures et à damiers. C'est aussi le site du Lakshmi Narasimha Temple, du XIVe siècle, devant lequel se dresse un petit sanctuaire de Garuda.

Kondapalli ⓭

District de Krishna. À 14 km à l'O. de Vijayawada.

Ce joli village, connu pour ses jouets en bois peints, est dominé par le Hill Fort, construit au VIIIe siècle par la dynastie des Chalukya orientaux.

Entouré de remparts et de tours, le fort fut au XVIe siècle un important bastion des Qutb Shahi de Hyderabad *(p. 546)*. Au sommet de la colline escarpée s'étendent les ruines du Tanisha Palace. Le chemin, en descendant, longe un profond bassin, le grenier et l'armurerie, jusqu'à la Golconda Gate, en direction de Hyderabad.

Les jouets de Kondapalli

La fabrication de jouets est un artisanat perpétué de génération en génération par les habitants de Kondapalli. Entre leurs mains, le bois de poniki, léger et souple, mais solide, se transforme en divinités, en fruits ou en légumes, qui ornent un grand nombre de maisons de l'Andhra Pradesh lors des fêtes. Chaque partie du jouet est taillée pour obtenir sa forme, puis les pièces sont assemblées à l'aide d'une colle spéciale, à base de graines de tamarin. L'ensemble est ensuite verni. Après le séchage, il est peint de couleurs vives – bleu, vert, rouge et jaune – soulignées de quelques touches de noir.

Le dieu Krishna

Artisan peignant un jouet de couleurs vives

Le Maha Chaitya d'Amravati, dont il ne reste plus qu'un monticule de terre

Amravati ⓮

District de Guntur. À 30 km à l'O. de Vijayawada. *de Guntur.* *de l'Hotel Krishnaveni, Vijayawada.* *par A.P. Tourism, Vijayawada.* *Punnami Hotel, (08645) 25 5332.*

Connu pour son **Maha Chaitya** ou « grand stûpa », Amravati était autrefois le plus impressionnant des nombreux peuplements bouddhiques de la vallée de la Krishna. Aujourd'hui, à l'exception d'un petit monticule de terre, il ne reste aucun vestige de ce stûpa qui fut, à son époque, le plus grand et le plus somptueux de l'Inde du Sud. L'édifice fut construit par les Satavahana, la grande dynastie Andhra, aux IIIe et IIe siècle av. J.-C. *(p. 43).* Le Maha Chaitya fut agrandi à plusieurs reprises par les rois ikshvaku qui succédèrent aux Satavahana, avant d'obtenir sa physionomie définitive entre le IIIe et le IVe siècle apr. J.-C. Couvert de calcaire blanc local, le Maha Chaitya était un monticule hémisphérique de 45 m de diamètre, atteignant plus de 30 m de hauteur avec le tambour sur lequel il repose et son fleuron. Il était entouré d'une balustrade de 6 m de haut et de hautes portes aux points cardinaux, toutes richement sculptées. Au Ve siècle, avec le regain de l'hindouisme dans l'Inde du Sud, le stûpa fut abandonné, et il resta à l'abandon jusqu'à ce qu'en 1796, un Anglais, le colonel Mackenzie, entame des fouilles sur le site. Malheureusement, il fallut attendre le milieu du XVIIIe siècle pour que de véritables travaux archéologiques soient lancés. Or, à cette époque, la plupart des parties en calcaire avaient été pillées, et un grand nombre de belles pièces envoyées en Angleterre.

Il reste néanmoins sur le site de belles sculptures, présentées à l'**Archaeological Museum**, à côté du Maha Chaitya. Contrairement au stûpa de Sanchi *(p. 210-211)*, où Bouddha est représenté par des symboles, comme l'arbre Bodhi ou des empreintes, les sculptures d'Amravati le montrent sous une forme humaine. Dans le musée, on peut admirer de grands bouddhas debout, de plus de 2 m de haut pour certains, dont les poses naturelles et les vêtements révèlent l'influence de l'art romain classique. La deuxième galerie présente un magnifique taureau cérémoniel grandeur nature, reconstitué à partir de fragments découverts en 1980. Une partie de la balustrade du stûpa, décorée de scènes de la vie de Bouddha, est reconstruite dans la cour. Admirez également une maquette intéressante du monument original et de superbes sculptures de l'arbre Bodhi, sous lequel Bouddha aurait médité.

Sculpture sur calcaire d'Amravati, représentant une scène des *Jataka*

Archaeological Museum
sam.-jeu. *en supplément.*

AUX ENVIRONS : Juste au nord du musée, l'**Amareshvara Temple** domine la Krishna. Construit aux Xe et XIe siècles, il fut rénové au XVIIIe siècle par un chef local, dont la statue se dresse dans le hall extérieur. Le sanctuaire et le hall ouvert à colonnes se trouvent dans une enceinte. Le sous-sol, desservi par des escaliers, abriterait les vestiges d'un stûpa, suggéré par le lingam en forme de colonne du sanctuaire, qui appartenait sans doute au dôme du stûpa.

Taureau cérémoniel, Amravati Museum

LES SCULPTURES D'AMRAVATI

L'Archaeological Museum d'Amravati, le Government Museum de Chennai *(p. 461)* et le British Museum de Londres se partagent désormais les sculptures en calcaire du Maha Chaitya. Ces reliefs témoignent de la vitalité des traditions artistiques des débuts du bouddhisme dans l'Inde du Sud. Les piliers et les balustrades s'ornent de médaillons de lotus décorés, de frises de guirlandes tirées par des nains, et de scènes des *Jataka*, récits animés figurant des foules, des cavaliers et des courtisans. Les panneaux des tambours sont ornés de pots remplis de lotus, de stûpas miniatures avec des serpents venant s'enrouler autour des tambours et des créatures célestes.

Sculpture sur calcaire, Amravati Museum

Nagarjunakonda ⓯

District de Guntur. À 175 km à l'O. de Vijayawada. *Macherla, 22 km au S.-E. du site, puis car jusqu'à Vijayapuri.* *t.l.j. de Vijayapuri, sauf ven.* *Project House, Hill Colony, (08680) 27 7361.* *de Hyderabad.*

Nagarjunakonda, ou « colline de Nagarjuna », sur les rives de la Krishna, doit son nom à Nagarjuna Acharya, théologien bouddhiste et fondateur d'une école de philosophie influente du IIe siècle. Cet ancien peuplement bouddhique, avec ses grands monastères et stûpas, ses vastes avenues et ses bains publics, a vu le jour aux XIIe et XIVe siècles, alors que la région prospérait sous le règne des puissants rois ikshvaku.

Une succession de dynasties régnèrent ensuite sur Nagarjunakonda, culminant avec les rois de Vijayanagar, qui bâtirent un fort autour des ruines bouddhiques. Au déclin de l'Empire de Vijayanagar, la région fut abandonnée, et ne fut redécouverte qu'entre 1954 et 1961.

Au début des années 1960, lors de la construction du gigantesque Nagarjuna Sagar Dam sur la Krishna, plusieurs de ces sites bouddhiques redécouverts furent menacés d'être submergés par les eaux. Toutefois, nombre d'entre eux ont été démontés puis reconstruits brique par brique au sommet de la colline où se dressait autrefois la citadelle. Aujourd'hui, la majeure partie de la colline et la vallée isolée qui abritaient ces peuplements ont été submergées par les eaux du lac de Nagarjuna Sagar. Seul le sommet de la colline, où les vestiges ont été rassemblés, dépasse, comme une île. Le site est desservi par des bateaux qui partent à intervalles réguliers du petit village de Vijayapuri.

Stûpa hémisphérique, Bodhishri Chaitya, à Nagarjunakonda

Sur l'île, le chemin qui part de l'embarcadère conduit d'abord au **Simha Vihara 4**. Il se compose d'un stûpa construit sur une haute plate-forme avec deux *chaitya griha* (salles de prière) adjacents. L'un des *chaitya griha* contient un deuxième stûpa, l'autre une sculpture monumentale de Bouddha debout. Le **Bodhishri Chaitya**, en face, possède un stûpa surélevé entouré d'une structure en brique hémisphérique. À l'ouest se dresse le **Maha Chaitya**, un stûpa de 27,50 m de diamètre, ce qui en fait le plus grand de Nagarjunakonda. Ses murs intérieurs qui rayonnent vers l'extérieur, comme les rayons d'une roue, sont remplis de terre. Devant, le **Swastika Chaitya** doit son nom au *svastika*, le symbole indien que dessinent ses murs.

Près des murailles de la citadelle se dresse un mégalithe de quelque 2 000 ans. Il cache une chambre funéraire toute simple, qui contenait autrefois quatre crânes.

Détail d'une sculpture, à Nagarjunakonda

À l'est, l'**Archaeological Museum** conserve de superbes sculptures bouddhiques provenant des ruines de Nagarjunakonda, et notamment des reliefs et des panneaux en calcaire représentant des bouddhas assis, des créatures célestes volantes et des stûpas miniatures. Des frises issues des balustrades qui entouraient les stûpas représentent des scènes de la vie de Bouddha. Les sculptures comprennent des bouddhas élégamment vêtus.

Gigantesque statue représentant Bouddha debout, à Nagarjunakonda

Archaeological Museum

sam.-jeu.

Aux environs : À 15 km au sud de Nagarjunakonda, un site réunit d'autres vestiges de la période ikshvaku, comme un stade avec des galeries étagées, accueillant concerts, représentations théâtrales et manifestations sportives. Le complexe monastique adjacent réunit des sanctuaires, des *chaitya griha*, un réfectoire, un magasin et des bains.

Srisailam et Krishna Gorge 16

District de Guntur. À 237 km à l'O. de Vijayawada. *Macherla, 13 km au N.-E. du centre-ville, puis en Jeep. Réserver à l'avance.* *de Nagarjuna Sagar.* *Punnami Hotel, Srisailam, (08524) 28 8320.* *Shivatri (fév.-mars).*

Située dans les forêts des Nallamalai Hills, la jolie ville de Srisailam, qui domine la profonde gorge de la Krishna, est un lieu de pèlerinage. Elle est dominée par le **Mallikarjunaswamy Temple**, dont les *gopura* blancs à étages se voient de loin. Le temple, qui abrite l'un des 12 *jyotirlinga* (lingams naturels contenant la lumière de Shiva), remonterait à l'époque prévédique. Toutefois, le bâtiment actuel date du XVe siècle. Les sculptures des murs représentent Shiva sous ses nombreuses formes. Un hall à piliers mène au sanctuaire intérieur, gardé par un taureau Nandi monolithique.

Plus haut sur la colline, le **Hatakesvaram Temple** se dresse là où, dit-on, le saint philosophe Shankaracharya *(p. 530)* rédigea l'un de ses célèbres traités. Au sommet, un petit temple de Shiva, le **Sikharam**, offre de magnifiques vues de la vallée. Le barrage installé sur la Krishna alimente une gigantesque centrale hydroélectrique à Srisailam. Lorsque le niveau de l'eau est suffisamment élevé, un bateau luxueux, le *Zaria*, conduit ses passagers du réservoir de Nagarjuna Sagar jusqu'au barrage de Srisailam. Pendant presque la moitié du trajet, le bateau traverse une réserve abritant une forêt touffue, peuplée de tigres, de panthères et de hyènes. La rivière est appelée ici Pala Ganga (« Gange souterrain »). En effet, selon la légende, elle naîtrait d'un affluent souterrain du Gange. Sur les *ghât* à proximité du barrage, des pêcheurs proposent des balades enchanteresses sur leurs bateaux en roseau et en bambou.

Le Sangameshvara Temple, aux alentours du village d'Alampur

Alampur 17

District de Mahboobnagar. À 330 km à l'E. de Vijayawada.

Ce village sur la rive nord de la Tungabhadra s'enorgueillit du plus ancien temple hindou de l'Andhra Pradesh. Construits aux VIIe et VIIIe siècles par les Chalukya de Badami *(p. 439)*, les neufs sanctuaires en grès rouge, dédiés à Shiva, sont appelés les **Nava Brahma Temples**. Leur disposition est classique : tous les temples, orientés vers l'est, possèdent un sanctuaire intérieur, un *mandapa* à piliers et un couloir qui les entoure. La tour qui domine le sanctuaire intérieur, couronnée par un *amalaka* (pierre circulaire à côtes), révèle l'influence de l'architecture des temples de l'Inde du Nord *(p. 20)*.

Les temples les plus tardifs du groupe possèdent des porches avec des fenêtres de pierre ajourée sur trois côtés des couloirs. C'est le cas du **Svarga Brahma Temple**, construit en 689. Ce magnifique temple possède de belles sculptures, dont un ensemble complet de *dikpala* (« gardiens ») dans les niches d'angle, et des icônes de Shiva. À l'intérieur, certaines colonnes sont richement sculptées, comme celles du **Padma Brahma Temple**, dont les piliers cannelés sont ornés à la base de lions assis et de chapiteaux côtelés en forme de pots. Le **Bala Brahma Temple** est le seul à être toujours utilisé. L'**Archaeological Museum**, à côté du complexe, présente une jolie collection de sculptures des débuts de la période chalukya. À l'extérieur du village, on peut voir le **Sangameshvara Temple**. Édifié sur un site submergé lors de la construction du barrage, il a été remonté ici. Il ressemble au groupe du Nava Brahma.

Détail du Padma Brahma Temple

Au sud-ouest du complexe du Nava Brahma Temple, les **Papanashanam Temples** (IXe et Xe siècles) sont coiffés d'imposants toits pyramidaux à étages. Ils présentent peu de décorations extérieures. En revanche, à l'intérieur, les colonnes sont richement sculptées. Le plafond de l'un des temples possède un joli panneau des incarnations de Vishnou.

Naga (dieu-serpent), Archaeological Museum d'Alampur

Archaeological Museum
sam.-jeu.

Tirupati, avec le *vimana* plaqué or du temple

Tirupati ⓲

District de Chittoor. À 585 km au S. de Hyderabad. *227 700.* *12 km au S. du centre-ville, puis taxi.* *Andhra Pradesh Tourism, près de Choultry n° 3, (08574) 23 208.* *Brahmotsavam (sept.-oct.).*

Première destination indienne des pèlerins hindous, Tirupati est le site du **Shri Venkateshvara Temple**, situé sur les Tirumala Hills, à 700 m au-dessus de la ville. Les sept « collines sacrées » de Tirumala symboliseraient le dieu-serpent Adisesha à sept têtes, sur lequel dort Vishnou. Le temple, qui date du IXᵉ siècle, a subi plusieurs agrandissements et rénovations à compter du XVᵉ siècle.

L'aura dont jouit Venkateshvara (une forme de Vishnou, aussi appelée Balaji), celui qui « accorde des faveurs », a fait de son temple le plus riche et le plus visité de toute l'Inde, surpassant Jérusalem et Rome par le nombre de pèlerins qu'il attire (25 000 par jour, jusqu'à 100 000 les jours de fêtes). Le *vimana* et le mât en or, ainsi que la porte plaquée or qui mène au sanctuaire intérieur témoignent de la richesse du temple. Une grande représentation de la divinité en pierre noire, de 2 m de haut, se dresse sur un lotus. Elle est ornée de rubis, de diamants et d'or. La divinité porte aussi une couronne de diamants, qui serait l'ornement le plus précieux au monde. Elle est flanquée par ses épouses : Sridevi et Bhudevi. Le portique de l'entrée présente des représentations grandeur nature des rois et reines de Vijayanagar *(p. 434-437)*, dont Venkateshvara était la divinité protectrice.

Le complexe tout entier est conçu pour accueillir les flots de pèlerins qui viennent implorer le dieu Venkateshvara. C'est l'un des rares temples de l'Inde du Sud où les non-hindous sont autorisés à pénétrer dans le sanctuaire intérieur. Les fidèles attendent patiemment la cérémonie du *darshan*, dans de longues files d'attente, et font des offrandes d'argent mais aussi d'or et de bijoux, qui valent au temple des revenus annuels de presque un milliard et demi de roupies. Le TTD qui gère le temple emploie quelque 6 000 personnes pour pourvoir aux besoins des pèlerins et entretenir le site. Le complexe comprend un bassin pour les bains rituels et un petit **Art Museum**, qui conserve des représentations de divinités, des instruments de musique et des objets votifs. Aux environs, le visiteur découvre des vallées verdoyantes et les chutes d'eau d'Akash Ganga, source de l'eau sacrée utilisée pour baigner la divinité.

Le dieu Venkateshvara, la divinité de Tirupati

Fait unique à Tirupati : beaucoup de fidèles font don de leurs cheveux à la divinité. Le site compte même des enclos spéciaux à cette fin. On dit que, comme les cheveux embellissent l'être humain, le fait de les raser permet de se débarrasser de toute vanité. L'offrande s'effectue généralement après l'accomplissement d'un vœu. Les cheveux sont ensuite exportés vers les États-Unis et le Japon, où ils servent à confectionner des perruques.

La plupart des pèlerins s'arrêtent au petit temple de Ganesh, sur les contreforts, puis au **Govindarajaswamy Temple** dans la ville de Tirupati, avant de monter sur la colline jusqu'au sanctuaire de Tirumala. Construit aux XVIᵉ et XVIIᵉ siècles par les Nayaka, successeurs des souverains de Vijayanagar, ce temple est dédié à Krishna et à Vishnou. On l'approche en franchissant un *gopura* extérieur gris, orné de scènes sculptées du *Ramayana* *(p. 27)*. Un superbe pavillon dans la cour centrale possède des piliers en granit sculptés, un toit en bois ouvragé et d'impressionnantes sculptures de lions. Le temple abrite une magnifique représentation de Vishnou allongé, appelé Ranganatha, portant une armure en bronze. Non loin du temple, le **Venkateshvara Museum of Temple Arts** présente maquettes de temples, photographies et objets rituels.

Shri Venkateshvara Temple

t.l.j. Darshan : 6h-11h. *Supplément pour rejoindre la file d'attente plus courte pour un* darshan *spécial de la divinité.*

La porte principale du Govindarajaswamy Temple

Le Rani Mahal, coiffé de tours pyramidales à degrés, à Chandragiri

Chandragiri ⓳

District de Tirupati. À 12 km à l'O. de Tirupati. 🚌 *de Tirupati.*

Cet important avant-poste des rois de Vijayanagar devint la capitale du souverain aravidu Venkatapatideva, dont le règne (1586-1614) marqua le déclin de l'Empire de Vijayanagar.

Le passé glorieux de la ville transparaît à travers les imposantes murailles de sa forteresse de la fin du XVIe siècle et plusieurs palais abandonnés. Le plus important est le **Raja Mahal**, qui s'orne d'un Durbar Hall à arcades et d'un pavillon coiffé d'un dôme. C'est là que Sir Francis Day, de l'East India Company, se vit concéder des terres, en 1639, pour y construire une fabrique qui deviendra la future Madras *(p. 453)*. Non loin, le **Rani Mahal** possède d'impressionnantes tours pyramidales et une façade ornée de motifs à rinceaux et géométriques.

Un temple se dresse à côté des palais en ruine de Chandragiri

Sri Kalahasti ⓴

District de Chittoor. À 36 km à l'E. de Tirupati. 🚌 *de Tirupati.* *Fête du temple (sept.-oct.).*

Nichée entre deux collines escarpées, sur la rive sud de la Svarnamukhi, cette localité est l'un des plus importants lieux de pèlerinage de l'Andhra Pradesh. Dominant une extrémité de la rue principale, fort animée, un *gopura* se dresse à 36,50 m de hauteur. Il fut construit en 1516 par l'empereur Krishnadeva Raya de Vijayanagar *(p. 434-437)*. Les emblèmes royaux de la dynastie, représentant un sanglier et une épée avec le soleil et la lune, sont sculptés sur les murs de cette porte à sept étages. Non loin, des *gopura* semblables, quoique plus petits, donnent accès au **Kalahastishvara Temple**, le principal point d'intérêt de la ville. Une porte, au sud, donne sur un enclos comportant de nombreux halls à colonnes, pavillons, colonnes à lampes et autels, reliés par un dédale de colonnades et de couloirs. Certaines colonnes sont sculptées, figurant des animaux. Le couloir nord est orné d'un ensemble de bronzes représentant les 63 saints shivaïtes appelés « les Nayannar » *(p. 45)*. Le sanctuaire intérieur, qui s'ouvre à l'ouest, abrite le lingam *vayu* (« air »), l'un des cinq lingams de Shiva liés aux éléments dans l'Inde du Sud. Ce lingam présente une forme curieusement allongée. Selon une légende locale, une araignée, un cobra et un éléphant vénéraient le lingam, chacun à sa manière. L'araignée

Marchand de fleurs à Sri Kalahasti

LES *KALAMKARI*

Ces tissus en coton aux couleurs chatoyantes, dont le nom vient de *kalam* (« crayon ») et *kari* (« travail »), sont produits à Machilipatnam *(p. 552)* et à Sri Kalahasti. À l'aide de techniques mêlant peinture et teinture, les artisans dessinent dieux, déesses, arbres et oiseaux sur le tissu, avant de les peindre avec un « crayon » fabriqué avec une tige de bambou entourée de tissu à une extrémité. Les couleurs naturelles traditionnelles, comme l'ocre, le rose pâle, l'indigo, le rouge garance et le noir, sont caractéristiques des textiles *kalamkari*. Les *kalamkari* de Sri Kalahasti faisaient partie des rituels du temple. À l'instar des peintures murales du temple, ils représentent des motifs mythologiques. Ceux de Machilipatnam affichent une très nette influence persane. Ces étoffes firent l'objet d'un commerce lucratif avec l'Europe, remontant jusqu'au XVIIe siècle.

Kalamkari représentant Shiva et Parvati

La ville de Sri Kalahasti, avec ses hauts *gopura* et le Kannappa Temple sur la colline

tissa une toile tout autour du lingam, pour le protéger du soleil. Le cobra fut si contrarié de voir le lingam couvert de toile d'araignée qu'il le nettoya avant de le couvrir de petits cailloux. Puis l'éléphant retira les cailloux pour décorer le lingam avec des fleurs. Ce manège se répéta un temps, chacun estimant que sa vénération était la plus pure et que les autres commettaient un sacrilège. Une bataille s'ensuivit. Touché par leur dévotion, Shiva les bénit et décida de donner leur nom au sanctuaire : Sri (araignée), Kala (cobra) et Hasti (éléphant).

Sri Kalahasti est aussi associé à la légende de Kannappa le chasseur, par l'intermédiaire du **Kannappa Temple**. Dans un élan de dévotion, Kannappa, l'un des 63 Nayannar, offrit l'un de ses yeux à Shiva. Un sanctuaire qui lui est dédié se dresse au sommet de la petite colline, à l'est. Depuis des générations, les fidèles se pressent ici pour se protéger des « effets néfastes » de Saturne. Certains pèlerins y viennent également accompagnés de leurs filles célibataires, dans l'espoir qu'un *puja* particulier dans le temple les aide à trouver un bon mari.

Puttaparthi ㉑

District d'Ananthapur. À 437 km au S. de Hyderabad. *6 km au S. de l'ashram, puis taxi.* *Dharmavaram, 40 km au N. de Puttaparthi, puis car.* *Sri Satya Sai Information Centre, Prasanthi Nilayam, (08555) 28 7388.* *Anniversaire de Sai Baba (23 nov.).*

Lieu de naissance de Sri Satya Sai Baba, « l'homme-dieu » qui prêche la tolérance religieuse, l'amour universel et le dévouement, Puttaparthi est une ville importante pour les adeptes de « l'homme-dieu ». Son aptitude à produire miraculeusement de la *vibhuti* (cendre sacrée) symbolise aux yeux de ses fidèles ses pouvoirs divins. Dès son plus jeune âge, Sai Baba, qui s'appelait Satyanarayana Raju à sa naissance, le 23 novembre 1926, affirma posséder des pouvoirs divins. À 14 ans, il déclara être la réincarnation d'un saint célèbre, Sai Baba de Shirdi dans le Maharashtra, qui mourut en 1918. On dit qu'il reviendra après sa mort, sous l'identité d'un autre saint appelé Prem Sai Baba. En 1950, Satya Sai Baba fonda un ashram pour ses adeptes. Attention ! cette organisation est considérée en France comme une secte. Le **Prasanthi Nilayam**, ou « Demeure de la paix suprême » est désormais un vaste complexe comptant hébergements, dortoirs, cuisines et salles à manger. Au fil des ans, plusieurs bâtiments ont été construits autour de l'ashram : écoles, universités, ensembles résidentiels, hôpitaux, un planétarium, un musée et des centres de loisirs, transformant ce minuscule village en ville cosmopolite. En dehors de l'ashram, dans le bas du village, la vie rurale se poursuit imperturbablement. La campagne aux environs est très fertile, avec des étendues de champs bien irrigués.

Sri Satya Sai Baba, « l'homme-dieu »

Femmes aux champs, à Puttaparthi

Le mihrâb richement orné de la Sher Shah Mosque, à Penukonda

Penukonda ㉒

District d'Anantapur. À 425 km au S. de Hyderabad. *Fête de Babayya (déc.).*

Une colline rocheuse domine Penukonda ou « grande colline ». Sur ses parois escarpées se dressent des murailles formant un fort presque triangulaire. Citadelle stratégique des Vijayanagar entre le XIVe et le XVIe siècle, Penukonda fut la capitale des souverains aravidu qui leur succédèrent. Par la suite, elle fut prise par les Qutb Shahi, puis par les Moghols, auxquels succédèrent les Marathes. Aujourd'hui, portes, tours de guet, halls en ruine et sanctuaires bordent le chemin qui mène au sommet.
Au pied de la colline s'étend la ville fortifiée, dont les portes principales se dressent sur les côtés nord et est. Au sud s'étend un grand bassin. Les principaux monuments sont situés sur l'axe nord-sud traversant la ville. Le **Parsvanatha Jain Temple** abrite une magnifique sculpture de la période hoysala (XIIe-XIIIe siècles) représentant le saint jaïn Parsvanatha face à un serpent. Non loin, la **Sher Shah Mosque**, une mosquée du XVIe siècle, possède une façade à arcades et un dôme.

Plus au sud, deux temples de granit côte à côte sont respectivement dédiés à Rama et à Shiva. La façade du **Rama Temple** est animée par des sculptures représentant des épisodes du *Ramayana* *(p. 27)* et de la légende de Krishna. Le **Shiva Temple**, quant à lui, est orné de scènes de la mythologie de Shiva.

Le **Gagan Mahal**, adjacent, est un palais de la période des Vijayanagar doté d'une véranda à arcades. Le pavillon couronné d'un dôme, au-dessus, est surmonté d'une tour octogonale pyramidale. Une tour comparable, plus petite, orne l'escalier adjacent. À l'est, on voit un pavillon carré avec un parapet ajouré et une tour octogonale pyramidale. À l'intérieur, on découvre des vestiges d'ornements en plâtre. Non loin, un puits est richement orné d'un lion.

Au-delà de l'enceinte de la ville, un peu plus au nord, le **Dargah of Babayya** est le sanctuaire d'un saint musulman du XVIe siècle. Ce lieu de pèlerinage très populaire, cher à Tipu Sultan *(p. 425)*, accueille une grande fête en décembre.

Lepakshi ㉓

District d'Anantapur. À 460 km au S. de Hyderabad. *t.l.j.* *Shivatri (fév.-mars).*

Le principal point d'intérêt de Lepakshi est le **Virabhadra Temple**, installé sur un éperon rocheux, qui fut construit au milieu du XVIe siècle par deux frères, Virupanna et Viranna, gouverneurs de Penukonda sous l'Empire de Vijayanagar. Le temple témoigne de l'évolution des styles de sculptures et de peintures à cette époque. Dédié à Virabhadra (Shiva sous sa forme féroce), le temple se dresse au centre de deux enclos concentriques, aménagés sur trois niveaux. On y accède par un *gopura* sur le côté nord. De part et d'autre de l'entrée intérieure s'élèvent des représentations des déesses des fleuves, Ganga et Yamuna, sur un arrière-plan de rinceaux. Parmi les autres sculptures à admirer, citons celles qui ornent les piliers massifs délimitant l'espace central du hall ouvert, ainsi que les divinités, les gardiens et les sages sculptés sur les colonnes du Kalyana Mandapa, inachevé. Admirez également l'imposant *naga* (« serpent ») monolithe à sept têtes qui abrite un lingam en granit, au sud-est du sanctuaire principal.

***Naga* monolithe, au Virabhadra Temple**

Des peintures exécutées dans de belles couleurs végétales et minérales couvrent les plafonds des deux *mandapa* attenants (l'un ouvert, l'autre fermé par des murs), les murs de l'Ardha Mandapa et plusieurs sanctuaires secondaires. Les dieux et les déesses, les groupes de donateurs et de fidèles ainsi que les scènes tirées de la mythologie et des légendes témoignent de la splendeur de l'art pictural de l'Empire de Vijayanagar.
Selon une légende cruelle associée au Virabhadra Temple, Virupanna aurait détourné des fonds publics pour construire ce sanctuaire, avant d'anticiper le châtiment royal en s'aveuglant lui-même. Les deux taches rouge sombre sur le mur occidental de l'enclos intérieur seraient, dit-on, les marques laissées par ses yeux.

Piliers sculptés du Virabhadra Temple

Les peintures de Lepakshi

Lepakshi est renommé pour les magnifiques plafonds ornés de fresques du Virabhadra Temple. Un superbe ensemble de peintures illustrent de manière très vivante divers épisodes des épopées et des Purana. Les personnages sont représentés de profil, avec des yeux proéminents et avec des nez et des mentons marquants. Les fresques se caractérisent par leurs élégantes lignes noires, qui se détachent sur un fond rouge orangé.

Shiva en mendiant

Les magnifiques costumes et la représentation détaillée des coiffures, des motifs des tissus et des bijoux sont particulièrement frappants. La palette des couleurs est limitée au blanc, au vert, au noir et à différents tons d'ocre et de brun, appliqués sur une surface de stuc ayant subi un traitement à la chaux. Les peintures ornant le plafond du *mandapa* ouvert comptent parmi les plus belles.

Le mariage de Shiva et Parvati
Cette fresque, la plus spectaculaire de Lepakshi, rappelle les peintures murales d'Ajanta de par ses couleurs, la représentation détaillée des costumes et des bijoux, et la grâce des personnages féminins.

***Dakshinamurti** (Shiva enseignant divin), installé sur une colline, parle de mysticisme et de philosophie aux sages réunis à ses pieds.*

***Parvati**, avec ses servantes, se prépare pour le mariage. Les personnages plats, adoptant des poses stylisées et souvent disposés en rangs, sont caractéristiques de ces peintures.*

La Chasse au sanglier *représente un sanglier chargeant Arjuna et Shiva, qui s'apprêtent à le tuer.*

Les bonnes adresses

Hébergement 564-595
Restaurants, cafés et bars 596-621

HÉBERGEMENT

Les structures d'hébergement sont de plus en plus nombreuses en Inde, étant donné le nombre croissant de visiteurs. Le choix va de luxueux hôtels de style occidental, équipés de tout le confort moderne, ou de palais somptueux reconvertis jusqu'à des bungalows et des hôtels très bon marché. Les hôtels de luxe, les hôtels spéciaux, les hôtels-spas et les hôtels historiques pratiquent des tarifs élevés, mais offrent de très bonnes prestations. Les hôtels bon marché, souvent gérés par les offices de tourisme d'État, n'ont pas le même prestige qu'un cinq-étoiles, mais sont toujours bien tenus et proposent un excellent rapport qualité/prix. Les options les moins chères sont les *guesthouses*, les auberges de jeunesse et les *dharamshala* ou les ashrams, lieux de retraite spirituelle. Les prix varient selon la saison et baissent généralement pendant la basse saison, d'avril à septembre. Les pages 568 à 595 fournissent une liste détaillée d'hébergements dans toute l'Inde, adaptés à tous les goûts et tous les budgets.

RAJVILĀS

Logo d'un hôtel de la chaîne d'Oberoi

CLASSEMENT ET PRESTATIONS

Les cinq-étoiles *deluxe* offrent les meilleures prestations. La plupart appartiennent à des grandes chaînes indiennes et internationales, comme **Welcomgroup, Oberoi, Taj**, ou à l'Office national du tourisme (India Tourism Development Corporation), l'**Ashok Group**. De nombreux hôtels de ce groupe sont toutefois sur le point d'être revendus à des sociétés privées. Un peu moins chers, les hôtels trois ou quatre-étoiles sont souvent gérés par des organismes d'État. Mais l'option meilleur marché reste les *guesthouses*. Quant aux hôtels historiques, installés dans d'anciens forts, palais et manoirs magnifiquement restaurés, ils offrent aux voyageurs le dépaysement d'un cadre d'une autre époque.

TARIFS ET RÉSERVATIONS

Séjourner dans les grandes villes coûte généralement cher. Les hôtels historiques, *deluxe* et cinq-étoiles pratiquent les tarifs les plus élevés. L'État possède aussi un vaste réseau d'hébergements à travers tout le pays, dont les prix varient. De même, les tarifs des *guesthouses* ne sont pas fixes et peuvent baisser de 50 % suivant la saison.
Les tarifs sont établis à partir du système européen de location de chambres. Parfois, le petit déjeuner est inclus dans le prix. Pendant la basse saison, les tarifs sont très flexibles. N'hésitez donc pas à négocier le prix de votre location.
Dans les hôtels qui appliquent le système du double tarif (pour les étrangers et les Indiens), les étrangers doivent régler le montant de leur chambre en dollars, auquel s'ajoutent des taxes payables en devises étrangères ou en roupies. Chaque année, les tarifs sont réévalués, mais la plupart ne changent pas d'une année sur l'autre. Pendant la haute saison (d'octobre à mars), il est conseillé de réserver à l'avance. La classification des hôtels pouvant s'avérer déroutante, nous vous conseillons de vous procurer une description détaillée du logement choisi (chambre et service proposé). Demandez toujours à recevoir une confirmation écrite de votre réservation et vérifiez les cartes de crédit acceptées, notamment dans les hôtels milieu de gamme et bon marché. Certains hôtels demandent à être payés à l'avance et ne remboursent qu'une partie du montant de la réservation en cas d'annulation.
Il faut généralement quitter la chambre à midi. Certains hôtels sont plus souples et acceptent des départs tout au long de la journée, moyennant parfois un supplément.

TAXES

La note inclut des taxes d'État pour la location de la chambre uniquement : l'*expenditure tax* d'un taux de 10 %, prélevée dans les hôtels louant des chambres de plus de 3 000 roupies, et la *luxury tax*, qui varie entre 5 et 25 %. Il peut aussi y avoir des taxes locales, comme la *sales tax* (taxe à

Le charmant Fernhill Palace Hotel, de style Raj britannique, à Ooty

◁ **Marché hebdomadaire de Srirangapatna, dans le Karnataka** ***(p. 424-425)***.

Le somptueux Lake Palace Hotel à Udaipur, sur le lac Pichola.

l'achat), la *service tax* et des taxes spéciales sur l'alcool qui varient d'un État à l'autre.

Suppléments-surprises

Certains services donnent lieu à des suppléments, comme le petit déjeuner, le mini-bar de la chambre, l'eau minérale, les communications téléphoniques, le blanchissage, le room-service, un lit supplémentaire, le centre d'affaires, l'envoi d'e-mails ou de fax, la conciergerie et certaines chaînes de télévision. Le transport jusqu'à (ou depuis) l'hôtel est payant, sauf en cas de voyage organisé.
Il revient moins cher de téléphoner depuis une cabine STD *(p. 636)* que depuis l'hôtel. Dans les petites pensions dépourvues d'eau courante, on vous fournira un seau d'eau chaude pour une petite somme.

Hôtels de luxe

En Inde, les hôtels haut de gamme offrent un service et des prestations de standing international. Ils abritent des suites spacieuses, une agence de voyages, des salles de conférence ultramodernes, une galerie marchande, une piscine, un centre de remise en forme et des restaurants gastronomiques. Sur demande, la réception se charge de réserver des services comme l'accès à un court de tennis, de golf ou à un centre équestre. Il est conseillé de réserver à l'avance, en particulier pendant la haute saison.

Hôtels historiques

Plusieurs palais, forts et *haveli*, notamment au Rajasthan, dans le Madhya Pradesh, l'Himachal Pradesh et le Gujarat, ont été restaurés et convertis en somptueux hôtels de luxe, dotés de tout le confort moderne. Ces établissements au charme d'antan sont souvent tenus par d'anciennes familles princières qui réservent à leurs hôtes un accueil royal.
Classés par catégories – *grand, classic* ou *ordinary* –, ils sont affiliés à l'**Heritage Hotels Association of India (HHAI)**. Pour réserver, adressez-vous auprès d'agences privées **(HRH Group of Hotels, Neemrana Hotels et WelcomHeritage)** et d'agences de voyages réputées.

Hôtels milieu de gamme

Moins prestigieux que les cinq-étoiles, ces trois ou quatre-étoiles pratiquent cependant des tarifs moins élevés et proposent un excellent service. Propres et confortables, ils disposent de chambres climatisées avec salle de bains. Ils abritent souvent un restaurant, une boutique de souvenirs, un centre d'affaires et parfois un grand jardin, idéal pour dîner en plein air.

Hôtels bon marché et bungalows touristiques

Les hôtels les moins chers se trouvent généralement près des gares et des gares routières. Décorés avec simplicité, ils sont équipés de toilettes à l'occidentale et de ventilateurs. Ils proposent des repas simples et disposent parfois d'un accès à Internet (payant). Les tarifs augmentent en fonction de l'importance de la ville.
Autre option très intéressante : les offices de tourisme des États et le groupe Ashok ont mis en place dans les petites villes un réseau de bungalows et d'établissements touristiques qui louent à des prix raisonnables des lits en dortoir et des chambres avec salle de bains.

Dak bungalows

Gérés par l'État, les *dak bungalows* sont confortables, propres et bien situés. Ils proposent un hébergement bon marché. Pour réserver, contactez les autorités locales ou régionales. Il est conseillé de s'y prendre à l'avance, car les *dak* sont souvent réservés aux fonctionnaires en déplacement.

Le Resort Cidade de Goa, conçu par l'architecte Charles Correa

Pensions, hôtes payants et séjours chez l'habitant

Dans certains États, comme Goa, le Tamil Nadu, le Rajasthan et le Madhya Pradesh, des cottages familiaux et d'anciens châteaux ont été convertis en partie ou en totalité en *guesthouses*. Le nombre de prestations offertes, la qualité du service et les tarifs varient énormément d'une pension à l'autre. Visitez plusieurs chambres avant de réserver définitivement, car la différence de prix est parfois considérable pour une même prestation. Les meilleures *guesthouses* offrent des chambres climatisées avec salle de bains et W.-C. à l'occidentale.

Les séjours chez l'habitant sont de plus en plus prisés, notamment dans le Kerala. Renseignez-vous auprès des offices de tourisme d'État *(p. 627)* pour obtenir la liste détaillée des familles figurant dans le *Paying Guest Scheme*. Au Kerala, **Sundale Vacations** est spécialisé dans les séjours chez l'habitant. En France, contactez **TCH Voyages**.

Dharamshala et ashrams

Les *dharamshala*, les ashrams et les monastères, lieux de retraite spirituelle, offrent un hébergement simple mais propre. Il n'est généralement pas nécessaire de réserver à l'avance. Le séjour est souvent gratuit, mais les dons sont les bienvenus. Il faut respecter les règles du lieu. Dans certains ashrams en ville, le confort peut se limiter à un matelas sur le sol, suffisant pour une seule nuit. En revanche, les chambres et les sanitaires sont souvent des parties communes.

Pour les ashrams très prisés, comme le **Sri Aurobindo Ashram**, la **Ramakrishna Mission** et le **Sivananda Ashram**, présents à travers tout le pays, il est conseillé de réserver à l'avance. Pour plus de détails, contactez les ashrams principaux.

Au Ladakh, de nombreux monastères proposent un hébergement dans des établissements situés près du cloître, dont le **Lamayuru Monastery Hotel** qui abrite un magnifique enclos *(p. 126)*.

Camping de luxe à Pushkar pendant la foire annuelle aux chameaux.

Parcs nationaux et terrains de camping

De luxueux complexes hôteliers se sont établis à la périphérie des parcs nationaux et réserves naturelles. Les plus connus sont ceux de Ranthambhore (Sher Bagh), Corbett (Infinity Resorts), Kaziranga (Wildgrass) et Nagarhole (Karbini River Lodge). Pour réserver, contactez les agences de voyages ou le **Wild World India**. Le camping est interdit à l'intérieur des réserves. Il est également déconseillé de s'y aventurer seul, sans guide.

Les compagnies de voyages organisés, spécialisées dans les séjours « aventure » comme les raftings sur le Gange *(p. 159)*, offrent un hébergement en camping. Renseignez-vous à l'avance sur les prestations offertes (parfois, les moustiquaires ou l'eau minérale ne sont pas fournies). Au Rajasthan, certains hôtels proposent un hébergement sous tente, au milieu de splendides jardins. Pendant les *mela* (foires) de Pushkar et de Kumbh, l'État dresse des tentes sur le champ de foire.

Kettuvalam, embarcation traditionnelle, sur les *backwaters* du Kerala

Hôtels spéciaux

Face à l'intérêt croissant pour les thérapies de bien-être, de nombreux hôtels se sont équipés de spas proposant des soins à base de massages (aromathérapie ou réflexologie), des séances de méditation, de yoga, des soins ayurvédiques (à base d'herbes), s'accompagnant d'un régime alimentaire plus ou moins strict. Les spas Raj Vilas et Amar Vilas des groupes **Oberoi** et **Ananda** sont de renommée internationale. Au Kerala, les luxueuses *kettwallam* (embarcations traditionnelles de riz reconverties) proposent des excursions organisées par **Tourindia**.

AUBERGES DE JEUNESSE

Les auberges proposent un hébergement en dortoirs et en chambres. Très bon marché, elles sont souvent pleines. Les membres de la **Youth Hostel Association of India** et du Youth Hostel International sont prioritaires au niveau des réservations. Pour les non-membres, les tarifs sont plus élevés. Les auberges du YMCA, plus chères et moins nombreuses, offrent un meilleur confort.

RABATTEURS

À l'aéroport, à la gare ou à la gare routière, vous risquez d'être assiégé par des rabatteurs qui insisteront pour vous conduire en taxi ou en *auto-rickshaw* à un hôtel dont ils perçoivent une commission. Pour éviter cela, réservez votre logement auprès d'un comptoir d'information touristique.
Si vous n'avez pas le choix, avant de payer le chauffeur, assurez-vous qu'il vous a conduit à la bonne adresse.

AMÉNAGEMENTS POUR LES ENFANTS ET LES VOYAGEURS HANDICAPÉS

L'État a récemment lancé un programme pour augmenter le nombre de rampes, d'ascenseurs et de salles de bains adaptés aux personnes handicapées. Cependant, les aménagements dans les hôtels, même cinq-étoiles, restent rares. En cas de problème, le personnel se montre toujours très prévenant. Peu d'hôtels possèdent un équipement spécialement adapté aux enfants, mais presque tous accepteront volontiers d'ajouter un lit dans une chambre. Partout, les enfants sont très bien accueillis. Seuls quelques hôtels proposent un service de baby-sitting.

Hall d'entrée du Cecil Hotel de Shimla

POURBOIRE

Le pourboire est de rigueur, même lorsque le service est compris dans la note. Comptez 10 RS pour un gardien de parking, le room-service, un porteur ou un portier, et 10 % de l'addition pour un serveur. Pour les chauffeurs de taxi, il n'est pas obligatoire, mais il garantit un service efficace.

ADRESSES

CHAÎNES D'HÔTELS

Ashok Group
ITDC, 7 Lodhi Rd, Delhi.
T *(011) 2436 0303.*
W theashokgroup.com

Oberoi Group
Oberoi Maidens, Delhi.
T *(011) 2389 0505.*
W oberoihotels.com

Taj Group
Taj Intercontinental, Mumbai.
T *(022) 2202 3366.*
W tajhotels.com

Welcomgroup
Maurya Sheraton, Delhi.
T *(011) 2611 2233.*
W welcomgroup.com

HÔTELS HISTORIQUES

HHAI
Sansar Chandra Rd, Jaipur.
T *(0141) 237 1194.* W indianheritagehotels.com

HRH Group of Hotels
City Palace, Udaipur.
T *(0294) 252 8016.*
W hrhindia.com

Neemrana Hotels
A-58, Nizammudin East, Delhi.
T *(011) 2435 6145.*
W neemranahotels.com

WelcomHeritage
Dist Centre, Saket, Delhi.
T *(011) 2652 1122.*
W welcomheritage.com

PENSIONS, HÔTES PAYANTS ET SÉJOURS CHEZ L'HABITANT

TCH Voyages
5, rue des Pas-Perdus
BP8338
95804 Cergy Saint-Christophe Cedex France.
T *01 34 25 44 72*

Sundale Vacations
39/5955-A, Atlantis Junction, MG Rd, Kochi.
T *(0484) 238 0127.*
W sundale.com

DHARAMSHALA ET ASHRAMS

Lamayuru Monastery Hotel
Lamayuru Monastery, Ladakh district, Jammu et Cachemire.
T *Pas de téléphone.*

Ramakrishna Mission
Belur Math, Howrah district, West Bengal.
T *(033) 2654 1144.*
W sriramakrishna.org

Sivananda Ashram
Divine Life Society, PO Shivanandanagar, 249192, Tehri Garhwal District Uttaranchal.
T *(0135) 243 0040.*
W divinelifesociety.org

Sri Aurobindo Ashram
1 Goubert Salai (Beach Road), Pondicherry.
T *(0413) 233 4836.*
W sriaurobindoashram.org

PARCS NATIONAUX ET CAMPINGS

Wild World India
21, Kailash Hills, New Delhi 110 065.
T *(011) 2691 4417.*
W wildworldindia.com

HÔTELS SPÉCIAUX

Tourindia
PO Box 163, Thiruvananthapuram.
T *(0471) 233 1507.*
W tourindiakerala.com

AUBERGES DE JEUNESSE

YMCA YMCA Hostel, 1 Jaisingh Rd, PO Box 612, Delhi. T *(011) 2336 1915.*
W ymca.int

Youth Hostels Association of India
Vishwa Yuvak Kendra, 5, Nyaya Marg, Delhi.
T *(011) 2611 6285.*
W yhaindia.org

Choisir un hôtel

Les hôtels présentés ici ont été sélectionnés pour leur emplacement, la qualité de leur service, les prestations disponibles et leur bon rapport qualité/prix. La liste les présente par régions, repérées par des onglets de couleur. Les pages 598-621 conseillent des restaurants.

Delhi

	Cartes bancaires	Nombre de chambres	Air conditionné	S. de bains occidentales	Café
Delhi : *YMCA Tourist Hostel* Rs Rs 1 Jai Singh Rd. (011) 2336 1847. FAX (011) 2374 6032. @ ymcath@ndf.vsnl.net.in Non loin du cœur commercial de la ville, des chambres simples mais confortables à prix raisonnables.	AE MC V	105	■	●	■
Delhi : *Jor Bagh "27" Guesthouse* Rs Rs Rs 27 Jor Bagh. (011) 2469 8647. FAX (011) 2469 8475. W www.budget-inns.com Située dans le Delhi de Lutyens, cette paisible et confortable *guesthouse* se trouve en face du magnifique jardin des Lodi entouré de vieux arbres et de monuments historiques. Des repas sont servis sur commande.	AE MC V	18	■	●	
Delhi : *Maharani Guest House* Rs Rs Rs 3 Sundar Nagar. (011) 2435 9521. FAX (011) 2435 4562. *Guesthouse* très bien tenue et agréablement meublée, installée dans un bâtiment reconverti, proche du célèbre marché de bijoux et d'antiquités. Service courtois et efficace.	AE DC MC V	24	■	●	
Delhi : *Nirulas* Rs Rs Rs L-Block Connaught Circus. (011) 2341 7419. FAX (011) 2341 8957. W www.nirula.com Cet hôtel situé dans le centre-ville propose des chambres propres, confortables et un excellent service. Bonne table.	AE DC MC V	29	■	●	
Delhi : *The Ambassador* Rs Rs Rs Rs Sujan Singh Park. (011) 2463 2600. FAX (011) 2463 8219. W www.tajhotels.com Édifié au début du XIXe siècle dans le New Delhi de Lutyens, cet hôtel récemment rénové propose des chambres spacieuses, de caractère. Bon restaurant chinois et confortable café.	AE DC MC V	88	■	●	■
Delhi : *The Connaught* Rs Rs Rs Rs 37 Shaheed Bhagat Singh Marg. (011) 2336 4225. FAX (011) 2334 0757. W www.hotelconnaught.com Chambres confortables et propres dans un charmant *bed and breakfast*. Personnel accueillant. Restaurant ouvert 24h/24. Cuisine internationale.	AE DC MC V	79	■	●	■
Delhi : *Hans Plaza* Rs Rs Rs Rs 15 Barakhamba Rd. (011) 2331 6868. FAX (011) 2331 4830. W www.hansplaza.com Dans le quartier des affaires de Delhi, cette boutique-hôtel stylée loue des chambres élégantes et confortables. Service efficace.	AE DC MC V	67	■	●	■
Delhi : *Jukaso Inn Downtown* Rs Rs Rs Rs L-1 Connaught Circus. (011) 2435 0308. FAX (011) 2435 4402. W www.hoteljukasoinn.com Situé à proximité du quartier commerçant et des affaires de la ville. Établissement à l'ambiance chaleureuse très apprécié des hommes d'affaires. Il propose un service efficace et un centre d'affaires ouvert 24h/24.	AE DC MC V	36	■	●	
Delhi : *The Oberoi Maidens* Rs Rs Rs Rs 7 Sham Nath Marg. (011) 2397 5464. FAX (011) 2389 0595. W www.oberoihotels.com Ambiance élégante dans cet hôtel raffiné du début du XXe siècle situé dans Old Delhi. Les chambres spacieuses, où séjourna autrefois Ernest Hemingway, conservent un parfum d'époque.	AE DC MC V	54	■	●	■
Delhi : *Ashok Hotel* Rs Rs Rs Rs Rs Chanakyapuri. (011) 2611 0101. FAX (011) 2687 3216. W www.ashokgroup.com Typique des débuts de l'architecture moderne en Inde. Hôtel majestueux à la façade en grès doté de vastes suites et d'une merveilleuse galerie marchande. Des conférences et des banquets s'y tiennent régulièrement.	AE DC MC V	550	■	●	■
Delhi : *Claridges* Rs Rs Rs Rs Rs 12 Aurangzeb Rd. (011) 2301 0211. FAX (011) 2301 0625. @ claridges.hotel@gems.vsnl.net.in Sur une avenue à trois voies dans le Delhi de Lutyens, cet élégant hôtel bénéficie d'une situation calme. Il abrite de très bons restaurants.	AE DC MC V	162	■	●	■

Les prix correspondent à une nuit en chambre double, taxes et service compris, le petit déjeuner est en plus.

- Rs moins de 550 roupies
- Rs Rs 550 à 1200 roupies
- Rs Rs Rs 1200 à 3000 roupies
- Rs Rs Rs Rs 3000 à 6000 roupies
- Rs Rs Rs Rs Rs + de 6000 roupies

CARTES BANCAIRES
Indique les cartes bancaires acceptées : AE American Express ; DC Diners Club ; MC MasterCard Access ; V VISA.

SALLES DE BAINS OCCIDENTALES
Les établissements qui n'en possèdent pas proposent des toilettes à la turque et des « douches » asiatiques (avec un bol).

CAFÉ
L'hôtel comprend un café ouvert 24h/24 qui propose des repas chauds.

AIR CONDITIONNÉ
L'hôtel propose des chambres climatisées.

DELHI : *The Grand* Rs Rs Rs Rs Rs
Vasant Kunj, Phase II. Tél. *(011) 2677 1234.* FAX *(011) 2670 5891.* W www.hyatt.com
Cet hôtel répond aux standards internationaux de confort tout en offrant un service personnalisé.

DELHI : *Hyatt Regency* Rs Rs Rs Rs Rs
Bhikaji Cama Place. Tél. *(011) 2679 1234.* FAX *(011) 2679 1024.* W www.delhi.hyatt.com
Hôtel somptueux et spacieux, le Hyatt doit sa réputation à son superbe restaurant et à sa discothèque animée.

DELHI : *Imperial Hotel* Rs Rs Rs Rs Rs
Janpath. Tél. *(011) 2334 1234.* FAX *(011) 2334 2255.* W www.theimperialindia.com
Cet hôtel majestueux loue des chambres impeccables, décorées d'objets d'époque. Il renferme de bons restaurants, ainsi qu'une collection de peintures de peintres paysagistes de la fin du XVIIIe siècle, tels Thomas et William Daniell.

DELHI : *The Manor* Rs Rs Rs Rs Rs
77 Friends Colony West. Tél. *(011) 2692 7510.* FAX *(011) 2692 2299.* W www.themanordelhi.com
Ce boutique-hôtel, situé dans une colonie résidentielle très tranquille, est peut-être l'un des établissements les plus élégants de la ville. Doté d'un décor classique et chic, il propose un service personnalisé dans une ambiance intime et sert une cuisine fine.

DELHI : *The Oberoi* Rs Rs Rs Rs Rs
Dr Zakir Hussain Marg. Tél. *(011) 2436 3030.* FAX *(011) 2436 4758.* W www.oberoihotels.com
Centre d'affaires, galerie marchande et salon de beauté, cet hôtel haut de gamme séduit une clientèle aisée. Vues spectaculaires sur le tombeau de Humayun depuis le dernier étage de l'hôtel.

DELHI : *The Park* Rs Rs Rs Rs Rs
15 Parliament St. Tél. *(011) 2374 3737.* FAX *(011) 2374 4000.* W www.theparkhotels.com
Au cœur de Connaught Place, cet hôtel loue des chambres luxueuses offrant de belles vues. Il abrite aussi un restaurant de cuisine espagnole très en vogue et une discothèque.

DELHI : *Park Royal* Rs Rs Rs Rs Rs
Nehru Place. Tél. *(011) 2622 3344.* FAX *(011) 2622 4288.* W www.newdelhi.intercontinental.com
Prisé des hommes d'affaires, cet hôtel accueille de nombreuses conférences. Son bar jouit d'une ambiance animée.

DELHI : *Radisson Hotel* Rs Rs Rs Rs Rs
NH 8, Mahipalpur. Tél. *(011) 2677 9191.* FAX *(011) 2677 9009.* W www.radisson.com
Proche de l'aéroport. Hôtel de luxe idéal pour hommes en voyage d'affaires. Il renferme de nombreux restaurants gastronomiques.

DELHI : *Taj Mahal Hotel* Rs Rs Rs Rs Rs
1 Mansingh Rd. Tél. *(011) 2302 6162.* FAX *(011) 2302 6070.* W www.tajhotels.com
Ce magnifique hôtel situé dans le Delhi de Lutyens offre tout le confort moderne, dans un décor traditionnel.

DELHI : *Taj Palace Hotel* Rs Rs Rs Rs Rs
Sardar Patel Marg, Diplomatic Enclave. Tél. *(011) 2611 0202.* FAX *(011) 2611 0808.* W www.tajhotels.com
Situé entre l'aéroport et le centre-ville, ce vaste hôtel luxueux dispose d'un service « affaires » efficace.

DELHI : *Welcomgroup Maurya Sheraton Hotel & Towers* Rs Rs Rs Rs Rs
Sardar Patel Marg, Diplomatic Enclave. Tél. *(011) 2611 2233.* FAX *(011) 2611 3333.* W www.welcomgroup.com
Décor superbe et service remarquable pour cet hôtel équipé d'une piscine chauffée à l'énergie solaire. On peut y déguster les meilleurs *tandoori* de Delhi.

Hôtel	Cartes bancaires	Nombre de chambres	Air conditionné	S. de bains occidentales	Café
The Grand	AE DC MC V	389	■	●	■
Hyatt Regency	AE DC MC V	508	■	●	■
Imperial Hotel	AE DC MC V	263	■	●	■
The Manor	AE DC MC V	16	■	●	
The Oberoi	AE DC MC V	287	■	●	■
The Park	AE DC MC V	224	■	●	■
Park Royal	AE DC MC V	217	■	●	■
Radisson Hotel	AE DC MC V	256	■	●	■
Taj Mahal Hotel	AE DC MC V	296	■	●	■
Taj Palace Hotel	AE DC MC V	422	■	●	■
Welcomgroup Maurya Sheraton Hotel & Towers	AE DC MC V	515	■	●	■

Légende des symboles, voir rabat de couverture.

Les prix correspondent à une nuit en chambre double, taxes et service compris, le petit déjeuner est en plus.
- Rs moins de 550 roupies
- RsRs 550 à 1200 roupies
- RsRsRs 1200 à 3000 roupies
- RsRsRsRs 3000 à 6000 roupies
- RsRsRsRsRs + de 6000 roupies

Cartes bancaires
Indique les cartes bancaires acceptées : AE American Express ; DC Diners Club ; MC MasterCard Access ; V VISA.

Salles de bains occidentales
Les établissements qui n'en possèdent pas proposent des toilettes à la turque et des « douches » asiatiques (avec un bol).

Café
L'hôtel comprend un café ouvert 24h24 qui propose des repas chauds.

Air conditionné
L'hôtel propose des chambres climatisées.

L'Haryana et le Pendjab

Amritsar : *Mrs Bhandari's Guest House* RsRsRs
10 The Cantonment. Tél. *(0183) 222 2390.* FAX *(0183) 222 2390.*
Ambiance chaleureuse, service efficace dans cette charmante *guesthouse*, entourée d'un jardin bien entretenu. Chaque chambre dispose d'une cheminée.

Amritsar : *Ritz Plaza Hotel* RsRsRs
45 Mall Rd. Tél. *(0183) 256 6718.* FAX *(0183) 222 6657.* W www.sarovarparkplaza.com
Récemment rénové, il dispose de chambres joliment décorées, d'un jardin luxuriant et d'un restaurant servant une excellente cuisine internationale.

Chandigarh : *The Aroma Hotel* RsRsRs
Himalaya Marg, Sector 22-C. Tél. *(0172) 270 0047.* FAX *(0172) 270 0051.*
W www.hotelaroma.com
L'avantage de cet hôtel est sa situation à proximité des arrêts de bus et du centre-ville. Chambres dotées d'un confort moderne standard.

Chandigarh : *Hotel Mountview* RsRsRsRs
Sector 10. Tél. *(0172) 274 0544, 274 3268.* FAX *(0172) 274 2565.* @ hmv10@glide.net.in
Au milieu d'un joli jardin, cet hôtel dispose de chambres bien aménagées et d'un centre de remise en forme.

Gurgaon : *Tikli Bottom* RsRsRsRsRs
Manender Farm, Gairatpur BBS, Haryana. Tél. *(95124) 206 6556.* FAX *(011) 2335 1272.*
W www.tiklibottom.com R *(011) 2335 1272 ;* honiwala@tiklibottom.com
Proche de l'aéroport de Delhi, au milieu des monts Aravalli, ce *country house* hôtel, récemment construit, offre de très jolies chambres et des vérandas spacieuses. Personnel accueillant.

Gurgaon : *The Trident Hilton* RsRsRsRsRs
443, Udyog Vihar, Phase V, NH 8, Gurgaon. Tél. *(95124) 245 0505.* FAX *(95124) 245 0606.*
W www.trident-hilton.com
À proximité de l'aéroport international de Delhi, cet hôtel bien équipé convient à la fois aux voyageurs en vacances et aux personnes en déplacement professionnel.

Hôtel	Cartes bancaires	Nombre de chambres	Air conditionné	S. de bains occidentales	Café
Mrs Bhandari's Guest House	AE MC V	15	■	●	
Ritz Plaza Hotel	AE MC V	50	■	●	
The Aroma Hotel	AE DC MC V	30	■	●	■
Hotel Mountview	AE DC MC V	156	■	●	■
Tikli Bottom		3		●	
The Trident Hilton	AE MC V	136	■	●	■

L'Himachal Pradesh

Chail : *Palace Hotel* RsRsRsRs
Palace Hotel, Chail. Tél. *(01792) 248 141.* FAX *(01792) 248 142.* @ htdcchail@sanchar.net.in
Cette somptueuse demeure était autrefois la résidence d'été de la famille royale de Patiala. Entourée de 30 ha d'espaces verts, elle offre un grand choix de logements, dont neuf cottages.

Dalhousie : *Grand View Hotel* RsRsRs
Dalhousie. Tél. *(01899) 240 760.* FAX *(01899) 240 609.* @ grandview@rediffmail.com
Fidèle à sa légende, cet hôtel confortable et propre ménage une vue spectaculaire sur le Pir Panjal Range.

Dharamsala : *Chonor House* RsRsRs
Thekchen Choeling Rd, McLeodganj. Tél. *(01892) 221 006.* FAX *(01892) 221 077.*
@ chonorhs@sancharnet.in
Les artistes provenant du Norbulingka Institute, situé non loin de l'hôtel, ont décoré les chambres avec élégance de peintures murales tibétaines traditionnelles, de meubles en tek et en bois de rose et de tapis faits main.

Dharamsala : *Glenmoor Cottages* RsRsRsRs
McLeodganj. Tél. *(01892) 221 010.* FAX *(01892) 221 021.*
W www.glenmoorcottages.com
Situés dans un environnement calme, ces cinq cottages au charme plaisant offrent un hébergement confortable et propre.

Hôtel	Cartes bancaires	Nombre de chambres	Air conditionné	S. de bains occidentales	Café
Palace Hotel	AE MC V	54		●	
Grand View Hotel		27	■	●	
Chonor House	MC	11	■	●	
Glenmoor Cottages		7	■	●	

KALPA : *Kinner Villa* Rs Rs Village & PO Kalpa District, Kinnaur. *(01786) 226 006.* R *(011) 2645 1482* Hôtel isolé, à la façade en pierre et en bois de conifère. Chambres confortables avec balcon, offrant de belles vues sur les neiges éternelles.		11	■	●	
KEYLONG : *Hotel Dekyid* Rs Town End Upper Keylong, Lahaul et Spiti District. *(019002) 222 217.* FAX *(019002) 222 217.* Cet hôtel bon marché propose un service cordial, des chambres spacieuses et un bon restaurant.		23	■	●	
KULLU : *Span Resorts* Rs Rs Rs Rs Rs Kullu-Manali Highway, Kullu District. *(01902) 240 138.* FAX *(01892) 240 140.* W www.spanresorts.com R *(011) 2331 1434 ;* spanres@del3.vsnl.net.in Ces jolis cottages entourés de jardins luxuriants jouissent d'une situation idyllique, au bord de la rivière Beas. Chaque cottage possède sa propre terrasse.	AE DC MC V	25	■	●	
MANALI : *John Banon's Hotel* Rs Rs Rs Near Circuit House. *(01902) 252 335.* FAX *(01892) 252 392.* W www.fhrai.com L'hôtel date de l'époque du Raj britannique. Les chambres sont spacieuses et propres. Joli verger.	AE DC MC V	14	■	●	
MANALI : *Snowcrest Manor* Rs Rs Rs Rs Beyond Log Hut area. *(01902) 253 351.* FAX *(01892) 253 188.* @ snowcrest@hotmail.com Somptueux hôtel moderne situé à flanc de coteau. Toutes les chambres ont une vue imprenable sur la vallée jusqu'à Rohtang Pass. Bon emplacement pour pratiquer les sports d'aventure.	AE DC MC V	32	■	●	
NALAGARH : *The Nalagarh Fort Resort* Rs Rs Rs Rs The Fort, Nalagarh. *(01795) 223 009.* FAX *(01795) 223 021.* @ sales@nalagarh.com R *(011) 2645 1482 ;* fortresort@net.in Ambiance médiévale pittoresque dans cet hôtel confortable, situé dans une ancienne forteresse entourée d'une forêt et une cerisaie, construite en l'an 1100 apr. J.-C. par Raja Ajai Chand.	AE MC V	22	■	●	
PRAGPUR : *Judge's Court* Rs Rs Rs Jai Bhavan, Tehsil Dehra, Kangra District. *(01970) 245 035.* FAX *(01970) 245 823.* W www.judgescourt.com R *(011) 2410 2223;* info@judgescourt.com Édifié au début du XXe siècle par un éminent juge, Justice Jai Lal, ce somptueux manoir décoré dans le style indo-européen et entouré d'un vaste verger a été rénové avec goût.	AE DC MC V	10	■	●	
SARAHAN : *Srikhand* Rs Rs Village & PO Sarahan, Rampur District. *(01782) 274 234.* Ce pavillon situé au sommet d'une colline, géré par Himachal Tourism, offre de très belles vues.		31		●	■
SHIMLA : *Chapslee Hotel* Rs Rs Rs Rs Chapslee. *(0177) 280 2542.* FAX *(0177) 265 8663.* W www.chapslee.com Autrefois résidence d'été du roi de Kapurthala, ce charmant hôtel a conservé son atmosphère d'antan, et offre même un jeu de croquet sur ses pelouses ultra-soignées. Service impeccable. Excellente cuisine servie dans un décor tout aussi irréprochable.	MC	6		●	
SHIMLA : *Oberoi Cecil* Rs Rs Rs Rs Chaura Maidan. *(0177) 280 4848.* FAX *(0177) 281 1024.* W www.oberoihotels.com R *(011) 2436 3030;* reservations@oberoi-cecil.com Élégant hôtel du groupe Oberoi, situé au bout de la rue principale de Shimla, The Mall, d'une tranquillité agréable. Bar douillet avec verrière, feu de bois, parquet et piscine chauffée.	AE DC MC V	79	■	●	■
SHIMLA : *Woodville Palace Hotel* Rs Rs Rs Rs Raj Bhavan Rd. *(0177) 262 3919.* FAX *(0177) 262 2156.* W www.welcomheritage.com R *(011) 2656 1875;* welcom@ndf.vsnl.net.in Palace très bien tenu, érigé en 1938 par Raja de Jubbal, reconverti en hôtel, entouré d'une forêt privative, idéale pour promenades dans les bois.	AE MC V	28		●	
SHIMLA : *Wildflower Hall* Rs Rs Rs Rs Rs Chharabra, Dhalli PO, Mashobra. *(0177) 264 8585.* FAX *(0177) 264 8686.* W www.oberoihotels.com R *(011) 2436 3030;* reservations@wildflowerhall.com Cet hôtel à la façade de pierre et d'ardoise est le plus luxueux de Shimla. Il se dresse au milieu d'une forêt de cèdres et de pins. Nombreuses activités de plein air.	AE DC MC V	85	■	●	■

Les prix correspondent à une nuit en chambre double, taxes et service compris, le petit déjeuner est en plus.
- Rs moins de 550 roupies
- Rs Rs 550 à 1200 roupies
- Rs Rs Rs 1200 à 3000 roupies
- Rs Rs Rs Rs 3000 à 6000 roupies
- Rs Rs Rs Rs Rs + de 6000 roupies

Cartes bancaires
Indique les cartes bancaires acceptées : AE American Express ; DC Diners Club ; MC MasterCard Access ; V VISA.

Salles de bains occidentales
Les établissements qui n'en possèdent pas proposent des toilettes à la turque et des « douches » asiatiques (avec un bol).

Café
L'hôtel comprend un café ouvert 24h:24 qui propose des repas chauds.

Air conditionné
L'hôtel propose des chambres climatisées.

Le Ladakh et le Jammu-et-Cachemire

Adresse	Prix	Cartes bancaires	Nombre de chambres	Air conditionné	S. de bains occidentales	Café
Alchi : *Alchi Resort* Alchi. (01982) 252 520. FAX (01982) 252 234. Petites huttes propres et confortables, dans un environnement calme, à deux pas du monastère d'Alchi et de la rivière Indus. Architecture et décor intérieur traditionnels. Possibilité de visiter les autres monastères alentour.	Rs Rs Rs		15		●	
Kargil : *Hotel D'zoji-La* Baru. (01985) 232 227. Situé à 2 km de la ville, au bord de la rivière Suru, cet hôtel populaire offre un service en chambre. Liaisons STD et fax.	Rs Rs		41		●	
Leh : *Oriental Guest House* Changspa. (01982) 253 153. FAX (01982) 253 345. W www.hotelcaravancentre.com Très appréciée des voyageurs à petit budget, cette *guesthouse* est située au bord de la route en direction du temple Shanti Stupa.	Rs		25		●	
Leh : *Dragon* Old Rd. (01982) 252 139. FAX (01982) 252 720. @ advnorth@sancharnet.in L'hôtel, à côté du marché, est un bon exemple de l'architecture traditionnelle du Ladakh. Confort moderne.	Rs Rs Rs		30		●	
Leh : *Hotel Shambha-La* Skara. (01982) 252 607 ; 253 500. FAX (01982) 251 100. @ ladakh_shambhala@vsnl.com R (011) 2686 7785. Au milieu d'une peupleraie entourée d'une vaste prairie, l'hôtel propose des chambres agréables et bien tenues. Il organise des excursions et des treks au Ladakh.	Rs Rs Rs	AE	24		●	
Leh : *Yak Tail* Fort Rd. (01982) 252 118 ; 250 019. Hôtel situé dans le centre de Leh. Chambres avec balcon et restaurant agréable dans le jardin. L'hôtel reste ouvert en hiver.	Rs Rs Rs		23		●	
Leh : *Omasila* Changspa. (01982) 250 207. @ hotelomasila@yahoo.com Situé à la périphérie de Leh, cet hôtel familial et paisible sert une bonne cuisine, préparée avec des légumes du jardin.	Rs Rs Rs Rs		35		●	
Nubra : *Hotel Yarab Tso* Tegar Village, PO Sumur. (01982) 220 008. Ambiance rurale charmante dans cet hôtel qui loue des chambres spacieuses et propres avec salle de bains. Room service. Repas inclus dans le prix de la chambre.	Rs Rs Rs		16		●	
Padum : *Hotel Ibex* Padum. (01903) 245 012. Le meilleur hôtel de Padum. Chambres propres avec salle de bains attenante. Blanchisserie et joli jardin.	Rs Rs		15		●	
Srinagar : *Grand Palace Intercontinental* Gupkar Rd. (0194) 247 0101. FAX (0194) 245 3794. W www.interconti.com R (011) 2341 1001 ; newdelhi@interconti.com Construit en 1910, cet ancien palais du maharaja du Cachemire possède une décoration intérieure somptueuse, tout en noyer. Magnifique jardin surplombant le lac Dal.	Rs Rs Rs Rs	AE MC V	125		●	■
Uley-Tokpo : *Ule Ethnic Resort* PO Box 268. (01982) 253 640. FAX (0194) 252 107. @ ulecamp@sancharnet.in Proche d'Alchi, cet agréable complexe sur les rives de l'Indus propose des tentes et des huttes à toit de chaume.	Rs Rs Rs		43		●	

L'Uttar Pradesh et l'Uttaranchal

Agra : *Hotel Lauries* RsRs Fatehabad Rd. *(0562) 236 4536.* FAX *(0562) 226 8045.* Petit hôtel propre relativement bon marché. Ambiance amicale, chambres simples avec salle de bains attenante.	MC V	28	■	●	
Agra : *Taj View Hotel* RsRsRsRs Fatehabad Rd, Taj Ganj. *(0562) 223 2400.* FAX *(0562) 223 2420.* W www.tajhotels.com R *(011) 2332 2256;* trn.delhi@tajhotels.com On aperçoit au loin le Taj Mahal depuis cet hôtel de plusieurs étage. Décoration de style moghol.	AE DC MC V	100	■	●	■
Agra : *The Trident* RsRsRsRs Taj Nagari Scheme, Fatehabad Rd. *(0562) 233 1818.* FAX *(0562) 233 1812.* R agra@trident-hilton.com Ambiance décontractée dans ce petit hôtel entouré d'un vaste parc. Les chambres sont agréablement meublées.	AE DC MC V	140	■	●	■
Agra : *Amar Vilas* RsRsRsRsRs Taj East Gate Rd, Taj Nagari Scheme. *(0562) 223 1515.* FAX *(0562) 223 1516.* W www.oberoihotels.com R *(011) 2389 0505;* reservations@amarvilas.com Luxueux hôtel-spa du groupe Oberoi, entouré d'élégants jardins de style moghol, de pavillons et de piscines. Chaque chambre donne sur le Taj Mahal, situé à 600 m de l'hôtel.	AE DC MC V	106	■	●	■
Agra : *Welcomgroup Mughal Sheraton* RsRsRsRsRs Fatehabad Rd, Taj Ganj. *(0562) 233 1701.* FAX *(0562) 233 1730.* W www.welcomgroup.com R *(011) 2614 0239.* Lauréat du Prix d'architecture Agha Khan, cet hôtel au design original offre une architecture moderne. L'intérieur, impeccable, est d'inspiration moghole. Cuisine indienne de qualité.	AE DC MC V	285	■	●	■
Allahabad : *Kanha Shyam* RsRsRs Civil Lines. *(0532) 256 0123.* FAX *(0532) 256 0123.* @ info@kanhashyam.com Le meilleur endroit où loger à Allahabad. Hôtel moderne et bien tenu, situé dans le quartier Civil Lines.	AE DC MC V	85	■	●	
Almora : *Kalmatia Sangam Himalaya Resort* RsRsRsRs Kalimat Estate, PO 002. *(05962) 233 625.* FAX *(05962) 231 572.* @ info@kalmatia-sangam.com Neuf cottages à flanc de coteau. Cours de yoga et séances de méditation. Le repas est compris dans le prix du logement.	MC V	9	■	●	
Corbett Park : *Infinity Resorts* RsRsRsRs PO Dhikuli via Ramnagar, Nainital District. *(05947) 251 279.* FAX *(05947) 251 880.* W www.tigercorbettindia.com R *(011) 2686 1189.* Pavillon en tuiles confortable avec piscine, au milieu du parc naturel. Safaris et cours de yoga.	AE DC MC V	24	■	●	
Dehra Dun : *Best Western Hotel Madhuban* RsRsRs 97 Rajpur Rd. *(0135) 274 9990.* FAX *(0135) 274 6496.* W www.madhuban.net L'une des meilleures adresses de Dehra Dun. Hôtel central, climatisé. Chambres bien aménagées, spacieuses, terrain de mini-golf et joli jardin. Le restaurant est très coté.	AE DC MC V	42	■	●	
Lucknow : *Gomti* RsRs 6 Tej Bahadur Sapru Marg. *(0522) 221 2291.* FAX *(0522) 221 2659.* @ gomtiup@sancharnet.in Hôtel bon marché bien entretenu, géré par le Tourism Department de l'Uttar Pradesh. Cuisine internationale.	DC MC V	65	■	●	■
Lucknow : *Taj Residency* RsRsRs Vipin Khand, Gomti Nagar. *(0522) 239 1201.* FAX *(0522) 239 2282.* W www.tajhotels.com R *(011) 2332 2256;* trn.delhi@tajhotels.com Grand hôtel de Lucknow, aménagé dans une belle maison de style colonial surmontée d'un large dôme. Immenses pelouses et chambres luxueuses. Savoureuse cuisine Avadhi.	AE DC MC V	110	■	●	■
Mussoorie : *Kasmanda Palace Hotel* Rs The Mall Rd. *(0135) 263 2424.* FAX *(0135) 263 0007.* Ce grand bungalow de couleur blanche, édifié en 1936, accueillait jadis la famille royale de Kasmanda durant les mois d'été. L'intérieur, confortable et chaleureux, est décoré de nombreuses curiosités et de photos de famille.	MC V	14		●	■

Les prix correspondent à une nuit en chambre double, taxes et service compris, le petit déjeuner est en plus.
- Rs moins de 550 roupies
- Rs Rs 550 à 1200 roupies
- Rs Rs Rs 1200 à 3000 roupies
- Rs Rs Rs Rs 3000 à 6000 roupies
- Rs Rs Rs Rs Rs + de 6000 roupies

Cartes bancaires
Indique les cartes bancaires acceptées : AE American Express ; DC Diners Club ; MC MasterCard Access ; V VISA.

Salles de bains occidentales
Les établissements qui n'en possèdent pas proposent des toilettes à la turque et des « douches » asiatiques (avec un bol).

Café
L'hôtel comprend un café ouvert 24h/24 qui propose des repas chauds.

Air conditionné
L'hôtel propose des chambres climatisées.

	Cartes bancaires	Nombre de chambres	Air conditionné	S. de bains occidentales	Café
Nainital : *The Palace Belvedere* Rs Rs Rs Awagarh Estate, Mallital. ☎ *(05942) 237 434.* FAX *(05942) 237 434.* W www.welcomheritage.com Ancien palais du raja d'Awagarh, ce charmant hôtel possède des chambres spacieuses, dont plusieurs avec vue sur le lac. Le service est excellent.	MC V	18		●	
Naukuchiatal : *The Lake Resort* Rs Rs Rs Naukuchiatal. ☎ *(05942) 247 183.* FAX *(05942) 247 061.* W www.naukuchiatal.com R lakeresort@sancharnet.in Cet hôtel isolé, situé au bord du lac, est entouré de vastes pelouses. L'intérieur est décoré avec goût.	AE MC V	24		●	
Rishikesh : *High Banks Peasant Cottage* Rs Tapovan. ☎ *(0135) 243 3478.* FAX *(0135) 243 1654.* @ himalayas@vsnl.com Charmant hôtel situé en amont du Gange, dans les contreforts de l'Himalaya. Chambres confortables et joli jardin de fleurs et de légumes. Cuisine indienne préparée avec des produits frais.		3		●	
Rishikesh : *Hotel Ganga Kinare* Rs Rs Rs 16 Veerbhadra Rd. ☎ *(0135) 243 1658.* FAX *(0135) 243 5243.* W www.uttarakhandtours.com R *(011) 2613 6311 ;* hotelgangakinare@hotmail.com Situé près des rives du Gange, cet hôtel moderne de plusieurs étages offre des chambres bien tenues. Certaines donnent sur le fleuve.	AE DC MC V	38	■	●	
Tehri Garhwal : *The Glass House on the Ganges* Rs Rs Rs 23rd Milestone, Rishikesh-Badrinath Rd. ☎ *(01378) 269 224.* W www.neemranahotels.com R *(011) 2435 5214 ;* sales@neemranahotels.com Situé près d'une plage de sable isolée, au bord du Gange, ce charmant hôtel, entouré de litchis, offre des vues spectaculaires. Feu de bois. Grillades au bord du fleuve.	AE DC MC V	12	■	●	
Tehri Garhwal : *Ananda in the Himalayas* Rs Rs Rs Rs Rs Narendra Nagar. ☎ *(01378) 227 500.* FAX *(01378) 227 550.* W www.anandaspa.com R *(011) 2689 9999;* sales@anandaspa.com L'un des hôtels-spas les plus luxueux de l'Inde dans un domaine de 40 ha. Nombreuses thérapies dont des séances de méditation, des cours de yoga et des soins ayurvédiques.	AE DC MC V	75	■	●	
Varanasi (Bénarès) : *Scindia Guest House* Rs Scindia Ghat, Chowk. ☎ *(0542) 242 0319.* @ scindiaguesthouse@yahoo.com Située au bord du fleuve, cette *guesthouse* offre des chambres petites et simples, un service serviable et accueillant. Belles vues depuis les terrasses et les balcons. La cuisine faite maison est excellente.		21	■	●	
Varanasi : *Hotel Ganges View* Rs Rs Rs Asi Ghat. ☎ *(0542) 231 3218.* FAX *(0542) 236 9695.* Dans une ancienne *haveli*, au charme suranné, surplombant Asi Ghat, cet hôtel dispose de chambres agréablement meublées et d'une grande terrasse. Excellente cuisine végétarienne.		11	■	●	
Varanasi : *Clarks Varanasi* Rs Rs Rs Rs The Mall, Cantonment. ☎ *(0542) 250 1011.* FAX *(0542) 250 2736.* Le plus ancien hôtel de Varanasi. Chambres spacieuses, agréables vérandas et piscine à l'ombre des arbres. Cours de yoga donnés à l'Amrit Rao Haveli, au bord du fleuve.	AE DC MC V	113	■	●	■
Varanasi : *Taj Ganges* Rs Rs Rs Rs Nadesar Palace Ground. ☎ *(0542) 250 3001.* FAX *(0542) 250 2724.* W www.tajhotels.com Hôtel de luxe offrant tout le confort moderne : courts de tennis, yoga et massages. Le soir, le restaurant ouvre ses portes à des danseurs et des musiciens traditionnels.	AE DC MC V	130	■	●	

LE BIHAR ET LE JHARKHAND

Hôtel					
BODH GAYA : *Mahayana Guest House* Rs Rs PO Box 04. (0631) 220 0756. FAX (0631) 240 0756. @ mahayanagt@yahoo.com Cet hôtel récemment ouvert, tenu par des moines tibétains, propose un hébergement agréable. Le dalaï-lama y séjourna lors de sa visite en 1998.		73	■	●	
BODH GAYA : *Hotel Lotus Nikko* Rs Rs Rs Près de l'Archaeological Museum. (0631) 220 0700. FAX (0631) 220 0789. R (011) 2689 6375; 2612 5890; lotus.nikk.hotels@vsnl.net À quelques pas du temple Mahabodhi, ce charmant hôtel offre des chambres spacieuses et confortables. Il abrite un agréable jardin.		32	■	●	
PATNA : *Republic* Rs Rs Lauriya Bagh, Exhibition Rd. (0612) 232 0021. FAX (0612) 232 1024. @ lawlysen@sancharnet.in Cuisine internationale de qualité, service accueillant, aménagements pour les conférences et jardin sur le toit sont les atouts attrayants de cet hôtel sans prétention. Les plats végétariens sont particulièrement succulents.	MC V	35	■	●	
PATNA : *Hotel Chanakya & Towers* Rs Rs Rs R-Block, Beerchand Patel Marg. (0612) 222 3141. FAX (0612) 222 0598. W www.chanakyapatna.com Chambres meublées avec goût. Le restaurant sert une cuisine internationale et dispose d'équipements pour accueillir les conférences.	AE DC MC V	90	■	●	
PATNA : *Maurya Patna* Rs Rs Rs Rs South Gandhi Maidan. (0612) 220 3040. FAX (0612) 220 3060. R maurya@maurya.com La meilleure adresse de la ville : confort moderne et personnel de la réception particulièrement serviable.	AE DC MC V	75	■	●	■
RAJGIR : *Indo Hokke Hotel* Rs Rs Rs Rs District de Nalanda. (06119) 255 245. FAX (06119) 255 231. @ theroyalresidency.com L'hôtel, conçu pour séduire les riches voyageurs venus en pèlerinage bouddhiste, comprend des salles de prière de styles japonais et occidental, des bains publics et une grande salle de méditation. Il est doté d'une tour imposante, vestige de stûpas bouddhiques.	AE DC MC V	26	■	●	
RANCHI : *Hotel Yuvraj Palace* Rs Rs Doranda. (0651) 248 0326; 248 0327. FAX (0651) 248 0328. Cet hôtel confortable au service efficace et amical est situé dans le quartier de la Doranda. Aménagements pour les hommes d'affaires.		35	■	●	

LE MADHYA PRADESH ET LE CHHATTISGARH

Hôtel					
BANDHAVGARH : *Churhat Kothi* Rs Rs Rs Rs Rs Bandhavgarh National Park. (07655) 265 358. R (011) 556 7005. @ info@churhatkothi.com À la périphérie de l'une des plus belles réserves naturelles du sous-continent, le camp propose d'agréables tentes avec deux lits. Spectacles avec des animaux sauvages le soir.		12		●	
BHOPAL : *Jehan Numa Palace* Rs Rs Rs 157 Shamla Hills. (0755) 266 1100. FAX (0755) 266 1720. W www.hoteljehanumapalace.com R (011) 3230 4500; jehanuma@sancharnet.in Sur les flancs des Shamla Hills, un hôtel à l'architecture à la fois coloniale et européenne classique. Massages traditionnels et grillades dans le jardin.	AE DC MC V	60	■	●	■
BHOPAL : *Noor-us-Sabah Palace* Rs Rs Rs VIP Rd, Kohe-Fiza. (0755) 522 3333. FAX (0755) 522 7777. W www.welcomheritage.com R (011) 2626 6650; welcomin@ndf.vsnl.net.in Cet ancien palais a été transformé en hôtel historique et est doté de tout le confort moderne.	AE DC MC V	39	■	●	■
GWALIOR : *Taj Usha Kiran Palace* Rs Rs Rs Rs Jayendraganj. (0751) 232 3993. FAX (0751) 232 1103. W www.welcomgroup.com R (011) 2332 2256; trn.delhi@tajhotels.com Jadis résidence de la famille royale Scindia, cet imposant palais, reconverti en hôtel historique, est une merveille d'architecture, d'une élégance raffinée, avec ses belles pierres sculptées et ses vastes pelouses luxuriantes.	AE MC V	28	■	●	■

Les prix correspondent à une nuit en chambre double, taxes et service compris, le petit déjeuner est en plus.
- Rs moins de 550 roupies
- Rs Rs 550 à 1200 roupies
- Rs Rs Rs 1200 à 3000 roupies
- Rs Rs Rs Rs 3000 à 6000 roupies
- Rs Rs Rs Rs Rs + de 6000 roupies

Cartes bancaires
Indique les cartes bancaires acceptées : AE American Express ; DC Diners Club ; MC MasterCard Access ; V VISA.

Salles de bains occidentales
Les établissements qui n'en possèdent pas proposent des toilettes à la turque et des « douches » asiatiques (avec un bol).

Café
L'hôtel comprend un café ouvert 24h/24 qui propose des repas chauds.

Air conditionné
L'hôtel propose des chambres climatisées.

	Cartes bancaires	Nombre de chambres	Air conditionné	S. de bains occidentales	Café
Gwalior : *The Central Park* Rs Rs Rs 2-A City Centre, Side 1. Tél. *(0751) 223 2440.* Fax *(0751) 234 6502.* W www.centralpark.net Dans un paysage magnifique, cet hôtel propose des chambres confortables et un service personnalisé pour les hommes d'affaires. Sauna et Jacuzzi.	AE DC MC V	60	■	●	■
Indore : *Fortune Landmark* Rs Rs Rs Rs À côté des Meghdoot Gardens. Tél. *(0731) 275 5770.* Fax *(0731) 255 5355.* @ admin@fortuneindore.com R *(011) 2614 1821 ;* reservations@fortunepark.com L'hôtel offre des chambres impeccables et élégantes. Son restaurant est l'un des plus chic d'Indore. On y mange une excellente cuisine internationale. Soirées au bord de la piscine.	AE DC MC V	78	■	●	
Jabalpur : *The Samadariya* Rs Rs 789 Russel Chowk. Tél. *(0761) 231 6800.* Fax *(0761) 231 6354.* La meilleure adresse de la ville. Chambres bien équipées. Jacuzzi. Excellent restaurant végétarien.	DC MC V	62	■	●	
Kanha National Park : *Kipling Camp* Rs Rs Rs Rs Mocha Village, Mandla. Tél. *(07649) 277 218.* Fax *(07649) 277 219.* @ info@kiplingcamp.com R *(033) 2473 3306.* Ces cottages aux toits de tuiles et aux façades blanchies à la chaux se mêlent avec harmonie au sanctuaire voisin. Chambres doubles, excellente cuisine maison et visites guidées du parc.		20		●	
Khajuraho : *Hotel Casa di William* Rs Rs Jhansi Rd. Tél. *(07686) 274 244.* Fax *(07686) 274 252.* Belles vues sur les temples du groupe ouest depuis cet hôtel proposant des chambres simples et agréables. Son restaurant sur le toit sert une cuisine de qualité. On peut notamment y déguster des plats italiens.		15	■	●	
Khajuraho : *Hotel Jass* Rs Rs Rs Rs Bypass Rd. Tél. *(07686) 272 344.* Fax *(07686) 272 345.* @ tjokjar@sancharnet.in Un endroit apaisant : le calme du jardin et la piscine extérieure permettent de se reposer après les visites trépidantes dans Khajuraho. Chambres agréablement meublées. Bar et restaurant de qualité.	AE DC MC V	94	■	●	■
Maheshwar : *Ahilya Fort* Rs Rs Rs Rs Rs 3 RNT Marg. Tél. *(07283) 273 329.* Fax *(07283) 273 203.* W www.ahilyafort.com R *(011) 5155 1175 ;* info@ahilyafort.com Édifié sur les rives du Narmada, ce fort du XVIIIe siècle, doté d'une ambiance simple mais majestueuse, arbore une architecture typique de l'Empire marathe.	AE DC MC V	9		●	
Orchha : *Betwa Cottages* Rs Rs Kanchanghat, Tikamgarh District. Tél. *(07680) 252 618.* W www.mptourism.com R *(011) 2336 6528 ;* mpstdc@vsnl.com Ces charmants cottages sur les rives de la Betwa font face aux plus beaux monuments d'Orchha. Chaque cottage possède son propre jardin.	AE DC MC V	18	■	●	
Orchha : *Sheesh Mahal* Rs Rs Rs Orchha, Tikamgarh District. Tél. *(07680) 252 624.* Fax *(07680) 252 624.* W www.orchharesort.com R *(0562) 36 1820 ;* hsmorcha@sancharnet.in C'est l'un des plus beaux palais d'Orchha. Les chambres, spacieuses, jouissent de belles vues. L'hôtel est situé à proximité du Jahangiri Mahal et du Raj Mahal, célèbre pour ses peintures.	V	8	■	●	
Ujjain : *Surana Palace* Rs Rs Rs 23 GDC Rd, Dashera Maidan. Tél. *(0734) 253 0046.* Fax *(0734) 253 0047.* @ suranaujn@satyam.net.in Cet hôtel bien équipé loue de grandes chambres, confortables, ainsi que des suites luxueuses. Jardin bien entretenu et service efficace.	MC V	22	■	●	

KOLKATA (CALCUTTA)

KOLKATA : *Hotel Victerrace* Rs Rs — AE MC V — 47
1-B Gorky Terrace. (033) 2280 0713. FAX (033) 2282 7430. W www.hotelvicterrace.com
Hôtel situé dans le quartier des affaires de la ville. Il propose des chambres agréablement aménagées. Personnel courtois et efficace. 24 TV

KOLKATA : *The Astor Hotel* Rs Rs Rs — AE MC V — 32
15 Shakespeare Sarani. (033) 2282 9957. FAX (033) 2282 7430.
W www.astorkolkata.com
Un nom aux résonances coloniales, renforcées par la façade de briques rouges et blanches de l'hôtel. Chambres élégantes. 24 TV

KOLKATA : *Fairlawn Hotel* Rs Rs Rs — MC V — 20
13/A Sudder Street. (033) 2252 1510. FAX (033) 2252 1835. W www.fairlawnhotel.com
Vestige du Raj britannique, cet hôtel a conservé un parfum d'époque. Les repas sont servis à heure fixe. Petit déjeuner anglais proposé. 24 TV

KOLKATA : *Lytton Hotel* Rs Rs Rs — MC V — 80
14 Sudder Street. (033) 2249 1877. FAX (033) 2249 1747. W www.lyttonhotelindia.com
Situé au cœur de la ville, cet hôtel décoré avec goût possède des chambres confortables. Il dispose également d'un service « affaires ». 24 TV

KOLKATA : *Tollygunge Club* Rs Rs Rs — AE MC V — 68
120 Deshpran Sasmal Rd. (033) 2473 2316. FAX (033) 2472 0480.
W www.tollygungeclub.org
Situé en plein cœur de Kolkata, sur 40 ha de terrain, l'hôtel est doté d'un terrain de golf de dix-huit trous, de chambres spacieuses et de *guest cottages*. Service courtois mais lent. TV

KOLKATA : *The Kenilworth* Rs Rs Rs Rs — AE DC MC V — 105
1 et 2 Little Russel Street. (033) 2282 3939. FAX (033) 2282 5136.
W www.kenilworthhotels.com R (011) 5560 2937, 5160 6704.
Cet hôtel tranquille, au charme élégant, propose des chambres confortables. Excellents petits déjeuners et déjeuners sous forme de buffet servis dans un pub cosy typiquement anglais. 24 TV

KOLKATA : *Hyatt Regency* Rs Rs Rs Rs Rs — AE DC MC V — 235
JA-1, Sector III, Salt Lake City. (033) 2335 1234. FAX (033) 2335 1235.
W www.kolkata.regency.hyatt.com
Cette prestigieuse chaîne hôtelière se distingue par son calme appréciable et ses chambres spacieuses. 24 TV

KOLKATA : *Oberoi Grand* Rs Rs Rs Rs Rs — AE DC MC V — 213
15 Jawahar Lal Nehru Rd. (033) 2249 2323. FAX (033) 2249 1217.
W www.oberoihotels.com R (011) 2436 3030; reservations@oberoi-cal.com
Ce grand établissement victorien est une institution. L'intérieur est somptueux. Salon de thé et de remarquables restaurants gastronomiques.
24 TV

KOLKATA : *The Park* Rs Rs Rs Rs Rs — AE DC MC V — 149
17 Park Street. (033) 2249 3121. FAX (033) 2249 7343. W www.parkhotels.com
R (011) 2374 3737; tpcl@parkhotels.com
Chambres confortables avec Jacuzzi, boîte de nuit très chic et bibliothèque bien fournie. 24 TV

KOLKATA : *Taj Bengal* Rs Rs Rs Rs Rs — AE DC MC V — 229
34-B Belvedere Rd, Alipore. (033) 2223 3939. FAX (033) 2223 1766.
W www.tajhotels.com R (011) 2332 2333; bengal.calcutta@tajhotels.com
Cet hôtel de luxe, magnifiquement décoré, dispose d'un service « affaires ». Excellents restaurants bengali. 24 TV

LE BENGALE-OCCIDENTAL ET LE SIKKIM

DARJEELING : *Cedar Inn* Rs Rs Rs Rs — MC V — 22
Jalapahar Rd. (0354) 225 4446. FAX (0354) 255 6764. W www.cedarinnindia.com
Vues imprenables sur le Kangchenjunga depuis cet hôtel victorien, de style gothique, doté d'un intérieur en bois très confortable. TV

DARJEELING : *Glenburn Estate* Rs Rs Rs Rs Rs — 4
Glenburn Tea Estate. W www.glenburnteaestate.com
R (033) 2288 4630; 2288 6740; info@glenburnteaestate.com
Cet hôtel, initialement tenu par une société écossaise de thé, propose à ses clients des randonnées et des visites des plantations de thé. 24

Les prix correspondent à une nuit en chambre double, taxes et service compris, le petit déjeuner est en plus.
- Rs moins de 550 roupies
- Rs Rs 550 à 1200 roupies
- Rs Rs Rs 1200 à 3000 roupies
- Rs Rs Rs Rs 3000 à 6000 roupies
- Rs Rs Rs Rs Rs + de 6000 roupies

Cartes bancaires
Indique les cartes bancaires acceptées : AE American Express ; DC Diners Club ; MC MasterCard Access ; V VISA.

Salles de bains occidentales
Les établissements qui n'en possèdent pas proposent des toilettes à la turque et des « douches » asiatiques (avec un bol).

Café
L'hôtel comprend un café ouvert 24h/24 qui propose des repas chauds.

Air conditionné
L'hôtel propose des chambres climatisées.

	Cartes bancaires	Nombre de chambres	Air conditionné	S. de bains occidentales	Café
Darjeeling : *Windamere Hotel* Rs Rs Rs Rs Observatory Hills. Tél. (0354) 225 4041 ; 225 4042. FAX (0354) 225 4043. W www.windamerehotel.com Construit au XIXe siècle, du temps du Raj britannique, ce charmant hôtel familial est élégamment meublé dans le style colonial. On y déguste une cuisine saine, sur fond de musique classique interprétée par un quatuor à cordes.	AE DC MC V	38		●	
Gangtok : *The Chumbi Residency* Rs Rs Rs Tibet Rd. Tél. (03592) 226 618. FAX (03592) 226 620. @ slg_chumbi@sancharnet.in Le personnel de cet hôtel moderne, haut de quatre étages, est très efficace. L'hôtel abrite un café où l'on peut déguster de bons plats chinois.	AE MC V	26		●	■
Gangtok : *Hotel Tibet* Rs Rs Rs Paljor Stadium Rd. Tél. (03592) 20 3468. FAX (03592) 226 233. W www.hoteltashidelek.com Une adresse réputée qui doit son succès au décor de style tibétain, à son excellent restaurant, à son bar et à son atmosphère chaleureuse.	AE MC V	34		●	
Gangtok : *Nor-Khill Hotel* Rs Rs Rs Rs Palijor Stadium Rd. Tél. (03592) 220 064 ; 220 065. FAX (03592) 205 639. W www.elginhotels.com @ norkhill@sancharnet.in R (033) 226 9878. Installé dans l'enceinte d'un ancien palais, entouré d'un très beau jardin, cet hôtel dispose de chambres spacieuses ménageant de belles vues sur le Kangchenjunga.	AE DC MC V	25		●	
Gangtok : *Netuk House* Rs Rs Rs Rs Tibet Rd. Tél. (03592) 202 374. FAX (03592) 202 374. R (0354) 225 4041 ; reservation@windamerehotel.net Ce merveilleux hôtel historique à la décoration raffinée offre un service chaleureux. Les repas sont inclus dans le prix.		10		●	
Kalimpong : *Himalayan Hotel* Rs Rs Rs Upper Cart Rd. Tél. (03552) 25 5248. FAX (03552) 25 5122. W www.himalayanhotel.biz Cet hôtel historique est décoré de nombreuses photos et d'œuvres d'art du Tibet et du Bhoutan. Son jardin possède des plantes de l'Himalaya. L'hôtel offre une vue splendide sur le Kangchenjunga.	AE MC V	16		●	
Shantiniketan : *Mark & Meadows* Rs Rs Rs Shantiniketan. Tél. (03463) 26 4870, 26 4871. W www.markandmeadows.com R (033) 2244 8254 ; dtech@cal.vsnl.net.in Des cottages aux toits de tuiles rouges parsèment les magnifiques pelouses de cet hôtel doté d'une piscine. Le restaurant sert une cuisine bengali. Spectacles de danses tribales le soir.	AE MC V		■	●	
Siliguri : *Hotel Cindrella* Rs Rs Rs 3rd Mile, Sevoke Rd. Tél. (0353) 254 7136 ; 254 4130. W www.cindrellahotels.com @ cindrella@sancharnet.in La meilleure adresse de Siliguri : chambres confortables, service efficace et accès à Internet, cuisine uniquement végétarienne, salle de billard et centre de remise en forme.	AE MC V	48	■	●	
Siliguri : *Hotel Sinclairs* Rs Rs Rs Rs PO Pradhan Nagar. Tél. (0353) 251 2440. FAX (0353) 251 7743. W www.sinclairshotels.com R (011) 2331 5292 ; siliguri@sinclairshotels.com Situé près de la rivière Teesta, cet hôtel au charme suranné propose des chambres spacieuses. Le personnel est courtois et prévenant.	AE DC MC V	46	■	●	■
Sunderbans : *Sajnakhali Tourist Lodge* Rs South 24, Parganas, PO Dayapur. Tél. (03218) 23 6560. R (033) 2210 3199. Cet établissement chauffé à l'énergie solaire propose des chambres confortables. L'hôtel est doté d'un bassin à crocodiles.		30		●	

L'Orissa

Bhubaneswar : *Hotel Swosti* Rs Rs Rs 103 Janpath. *(0674) 253 5778.* FAX *(0674) 253 5784.* W www.swosti.com Construit d'après la science architecturale de l'Inde, le *vaastu*, cet hôtel dispose d'un service «affaires» et d'un bowling de quatre pistes, pour les adeptes du genre.	AE DC MC V	57	■	●	
Bhubaneswar : *Mayfair Lagoon* Rs Rs Rs Rs 8-B, Jayadev Vihar. *(0674) 236 0101.* FAX *(0674) 236 0236.* W www.mayfairhotels.com R *(011) 5165 2245.* Élégant hôtel, entouré d'un lac et de beaux jardins. Les cottages sont bien tenus. Il abrite également de très bons restaurants, une piscine et une galerie marchande.	AE DC MC V	64	■	●	■
Bhubaneswar : *The Oberoi* Rs Rs Rs Rs CBI, Nayapalli. *(0674) 230 1010.* FAX *(0674) 230 1302.* W www.oberoihotels.com R *(011) 2436 3030;* fom@tridentbh.com L'hôtel à l'image de la richesse culturelle de l'Orissa : tout y est raffiné. Il dispose de restaurants et de terrains de tennis.	AE DC MC V	62	■	●	■
Chilika Lake : *Barkul Panthnivas* Rs Rs Barkul, Balugaon. *(06756) 220 488.* W www.orissa-tourism.com Situé sur les rives du lac Chilika, cet hôtel sans prétention sert des fruits de mer frais. Il propose des excursions sur des bateaux de plaisance ou des hors-bord.		30	■	●	
Gopalpur-on-Sea : *Swosti Palm Beach Resort* Rs Rs Rs Rs Gopalpur-on-Sea, Ganjam. *(0680) 224 2455.* FAX *(0680) 224 2453.* W www.swosti.com R *(011) 436 3030;* hspllbs@sancharnet.in Sur l'une des plus belles plages de l'Inde, le Palm Beach appartient à l'une des plus grandes chaînes hôtelières de l'Orissa.	V	32	■	●	
Konark : *Yatri Nivas* Rs Rs AT/PO Konark. *(06758) 236 820.* Situé à proximité du Temple du Soleil, cet établissement du Tourism Department loue des chambres propres et bien tenues. D'un bon rapport qualité/prix, il convient aux voyageurs au budget limité.		28	■	●	
Puri : *Toshali Sands* Rs Rs Rs Ethnic Village Resort, Konark Marine Drive. *(06752) 250 571.* FAX *(06752) 250 899.* W www.toshali.net Cet hôtel donnant sur la réserve forestière de Balukhanda est entouré de 12 ha de terrain et propose un hébergement en cottages, dotés de tout le confort moderne.	AE DC MC V	102	■	●	■
Puri : *Mayfair Beach Resort* Rs Rs Rs Rs Chakratirtha Rd. *(06752) 227 800.* FAX *(06752) 224 242.* W www.mayfairhotels.com Hôtel à l'architecture originale, situé au bord de la mer. Les chambres confortables disposent d'un patio; certaines donnent sur la mer. Grande piscine. Le restaurant sert des fruits de mer frais.	AE MC V	34	■	●	

L'Assam et le Nord-Est

Agartala : *Royal Guest House* Rs Palace Compound, West Gate. *(0381) 222 5652.* FAX *(0381) 232 4958.* Cette *guesthouse*, dans une rue menant à l'ancien palais du maharaja, offre de grandes chambres et sert une bonne cuisine indienne et chinoise.		30	■	●	
Aizawl : *Tourist Lodge* Rs Chaltlang. *(0389) 234 1083.* Cet hôtel bien tenu, aux prix raisonnables est géré par l'office de tourisme d'État. Le restaurant est de qualité.		14	■	●	
Guwahati : *Hotel Dynasty* Rs Rs Rs SS Rd, Lakhotia. *(0361) 251 6021.* FAX *(0361) 252 2112.* Chambres propres et confortables, dans un décor verdoyant. Le restaurant sert de bons plats de poisson.	AE DC MC V	86	■	●	■
Imphal : *Hotel Anand Continental* Rs Rs Khoyathong Rd. *(0385) 222 3422.* FAX *(0385) 224 0107.* Très apprécié des ministres et des hommes d'affaires de la région, cet hôtel abrite un restaurant réputé pour ses kebabs (brochettes de viande).	MC V	30	■	●	

Les prix correspondent à une nuit en chambre double, taxes et service compris, le petit déjeuner est en plus.

- Rs moins de 550 roupies
- RsRs 550 à 1200 roupies
- RsRsRs 1200 à 3000 roupies
- RsRsRsRs 3000 à 6000 roupies
- RsRsRsRsRs + de 6000 roupies

Cartes bancaires
Indique les cartes bancaires acceptées : AE American Express ; DC Diners Club ; MC MasterCard Access ; V VISA.

Salles de bains occidentales
Les établissements qui n'en possèdent pas proposent des toilettes à la turque et des « douches » asiatiques (avec un bol).

Café
L'hôtel comprend un café ouvert 24h/24 qui propose des repas chauds.

Air conditionné
L'hôtel propose des chambres climatisées.

	Cartes bancaires	Nombre de chambres	Air conditionné	S. de bains occidentales	Café
Itanagar : *Donyi-Polo Ashok* RsRsRs C-Sector. (0360) 221 2626. FAX (0360) 221 2611. @ hoteldonyi@sancharnet.in R (011) 336 1607; reservation@theashokgroup.com Cet hôtel propose des suites climatisées et met à disposition des guides pour accompagner les hôtes dans leurs visites.	AE DC MC V	18	■	●	■
Jorhat : *Hotel Paradise* RsRs Solicitor's Rd. (0376) 232 1521. FAX (0376) 232 3512. Situé au cœur de la ville, cet hôtel offre un hébergement simple et propre. Bonne situation pour visiter Majuli Island.	MC V	31	■	●	
Kaziranga : *Wild Grass Resort* RsRsRs Kaziranga National Park. (03776) 262 085. R (0361) 266 9206; maan_barua@satyam.net.in Situé non loin d'un joli ruisseau au milieu des rizières, cet agréable complexe organise de multiples excursions. Excellent déjeuner servi sous forme de buffet.		18		●	■
Kohima : *Hotel Japfu* RsRs PR Hill. (0370) 224 0211. Dans un cadre agréable, au milieu des montagnes, cet hôtel sans prétention, bien tenu, loue de grandes chambres.	MC V	27		●	
Shillong : *Hotel Pinewood* RsRsRs Rita Rd, European Ward. (0364) 222 3116. FAX (0364) 222 4176. @ pwhotel@neline.com Proche du centre-ville et du lac Ward, ce ravissant hôtel du Raj britannique est entouré de jardins de toute beauté. Les chambres et les cottages sont spacieux et confortables.	AE DC MC V	40		●	■
Shillong : *Hotel Polo Towers* RsRsRs Polo Grounds. (0364) 222 2341. FAX (0364) 222 0090. @ polotowers@sancharnet.in L'hôtel, moderne, est situé à proximité du quartier commerçant. Chambres confortables, bar et café. Service efficace.	AE MC V	50		●	■
LE RAJASTHAN					
Alwar : *Amanbagh* RsRsRsRsRs Ajabgarh. (065) 6887 3337. FAX (065) 6887 3338 . W www.amanresorts.com R reservations@amanresorts.com Cet ancien domaine de chasse des rois alwar a été transformé en complexe touristique chic.	AE DC MC V	40	■	●	
Ajmer : *Mansingh Palace* RsRsRsRs Vaishali Nagar. (0145) 242 5956. FAX (0145) 242 5858. W www.mansinghhotels.com La meilleure adresse d'Ajmer. Cette ancienne forteresse du XVIIIe siècle, entourée d'immenses pelouses, offre une vue pittoresque sur le lac Anasagar.	AE DC MC V	54	■	●	■
Bharatpur : *Laxmi Vilas Palace* RsRsRs Kakaji Ki Kothi. (05644) 223 523. FAX (05644) 225 259. W www.laxmivilas.com L'un des nombreux hôtels historiques du Rajasthan. Les chambres spacieuses sont décorées de beaux meubles anciens. Cuisine maison préparée avec des produits de la ferme.	AE MC V	28	■	●	
Bikaner : *Lalgarh Palace* RsRsRs Lalgarh Palace. (0151) 254 0201. FAX (0151) 252 2253. W www.lallgarhpalace.com R lallgarhpalace@realbikaner.com La couleur rouge du grès, la richesse de la décoration intérieure et la beauté des jardins de ce palais aménagé en hôtel tranchent avec le rude paysage de dunes environnant.	AE DC MC V	38	■	●	

BIKANER : *Gajner Palace Hotel* (Rs)(Rs)(Rs)(Rs) PO Gajner, Tehsil Kolayat. *(01534) 255 064.* FAX *(01534) 255 060.* Ce charmant hôtel, situé dans un cadre enchanteur, au bord du lac, occupe l'ancien pavillon de chasse du maharaja de Bikaner. Les chambres sont confortables et l'emplacement est idéal pour observer les oiseaux. Des safaris en Jeep sont organisés.	AE MC V	42		●	
BUNDI : *Royal Retreat* (Rs)(Rs) Garh Palace. *(0747) 244 4426.* FAX *(0747) 244 3278.* L'hôtel, situé en contrebas du fort, est calme. Les chambres, bien tenues, sont disposées autour d'une cour.		5			■
CHITTORGARH : *Hotel Castle Bijaipur* (Rs)(Rs) Village Post Bijaipur. *No telephone* R *(01472) 240 099;* rishi@hotmail.com Ce château féodal jouit d'une situation pittoresque dans la région rurale du Mewar. Nombreuses activités : safaris en Jeep, pêche et soirées folkloriques.		24		●	■
DEOGARH : *Deogarh Mahal* (Rs)(Rs)(Rs) PO Deogarh, Rajsamand district. *(02904) 252 777.* FAX *(02904) 252 555.* W www.deogarhmahal.com Magnifique hôtel historique, bien tenu, décoré dans le style traditionnel. Belles vues sur les monts Aravalli.	MC V	46	■	●	■
DUNGARPUR : *Udai Bilas Palace* (Rs)(Rs)(Rs)(Rs) Udai Bilas Palace. *(02964) 230 808.* FAX *(02964) 231 008.* W www.udaibilaspalace.com Tenu par la famille des anciens souverains du Rajasthan, l'hôtel se situe à proximité d'un lac et d'une forêt privée. Mobilier Arts déco, peintures murales traditionnelles et boiseries.	MC V	20	■	●	
JAIPUR : *Rambagh Palace* (Rs)(Rs)(Rs)(Rs) Bhawani Singh Rd. *(0141) 238 1919.* FAX *(0141) 238 5098.* @ rambagh.jaipur@tajhotels.com R *(011) 2332 2256;* trn.delhi@tajhotels.com Entouré de jardins luxuriants, cet hôtel allie confort moderne et décoration rajpoute princière. Il possède un terrain de polo. Des promenades à cheval sont organisées.	AE DC MC V	95	■	●	■
JAIPUR : *Samode Haveli* (Rs)(Rs)(Rs)(Rs) Ganga Pol. *(0141) 263 2370.* FAX *(0141) 263 1397.* W www.samode.com R reservations@samode.com Construite par étapes sur plus de 200 ans, cette gracieuse demeure propose de magnifiques chambres.	AE MC V	21	■	●	■
JAIPUR : *Raj Vilas* (Rs)(Rs)(Rs)(Rs)(Rs) Goner Rd. *(0141) 268 0101.* FAX *(0141) 268 0202.* W www.oberoihotels.com R *(011) 2436 3030;* reservations@oberoi-rajvilas.com Ce luxueux hôtel avec spa appartient à la chaîne Oberoi. Décoration intérieure raffinée, superbes jardins agrémentés de bassins, excellente cuisine et service irréprochable.	AE DC MC V	71	■	●	■
JAISALMER : *Killa Bhawan* (Rs)(Rs)(Rs) Jaisalmer Fort. *(02992) 251 204.* FAX *(02992) 254 518.* @ kbhawan@yahoo.com Ce petit hôtel, géré avec efficacité, reçoit ses hôtes dans la grande tradition de l'hospitalité du Rajasthan. Des safaris en Jeep et à dos de chameau sont organisés pour explorer le paysage environnant.	MC V	7		●	
JAISALMER : *Hotel Narayan Niwas Palace* (Rs)(Rs)(Rs) Malka Prol. *(02992) 252 408.* FAX *(02992) 252 101.* W www.narayanniwas.com R *(0124) 256 2047.* Du toit de cette jolie maison en pierre, on a une vue magnifique sur Jaisalmer Fort et le désert.	AE MC V	43	■	●	■
JAISALMER : *Gorbandh Palace* (Rs)(Rs)(Rs)(Rs) 1 Tourist Complex. *(02992) 253 801.* FAX *(02992) 253 811.* W www.hrhindia.com Cet hôtel, à l'architecture traditionnelle, est équipé de tout le confort moderne.	AE MC V	67	■	●	■
JODHPUR : *Devi Bhawan* (Rs)(Rs) 1 Defence Lab Rd, Ratanada. *(0291) 251 1067.* FAX *(0291) 251 2335.* W www.devibhawan.com Ce charmant hôtel, propre, propose une excellente cuisine. Les jardins sont luxuriants et le personnel accueillant. L'hôtel organise des safaris en Jeep.	MC V	10	■	●	

Les prix correspondent à une nuit en chambre double, taxes et service compris, le petit déjeuner est en plus.
- (Rs) moins de 550 roupies
- (Rs)(Rs) 550 à 1200 roupies
- (Rs)(Rs)(Rs) 1200 à 3000 roupies
- (Rs)(Rs)(Rs)(Rs) 3000 à 6000 roupies
- (Rs)(Rs)(Rs)(Rs)(Rs) + de 6000 roupies

Cartes bancaires
Indique les cartes bancaires acceptées : AE American Express ; DC Diners Club ; MC MasterCard Access ; V VISA.

Salles de bains occidentales
Les établissements qui n'en possèdent pas proposent des toilettes à la turque et des « douches » asiatiques (avec un bol).

Café
L'hôtel comprend un café ouvert 24h/24 qui propose des repas chauds.

Air conditionné
L'hôtel propose des chambres climatisées.

	Cartes bancaires	Nombre de chambres	Air conditionné	S. de bains occidentales	Café
Jodhpur : *Ajit Bhawan Palace* (Rs)(Rs)(Rs) Près de la Circuit House. Tél. (0291) 251 0410. FAX (0291) 251 0674. W www.ajitbhawan.com R (011) 5060 2771 ; ajitbhawan@rediffmail.com Tenu par un membre de l'ancienne famille de souverains, l'hôtel abrite des voitures d'époque et des objets d'art ancien. Hébergement dans des cottages rustiques.	AE MC V	60	■	●	■
Jodhpur : *Taj Hari Mahal Hotel* (Rs)(Rs)(Rs)(Rs) 5, Residency Road. Tél. (0291) 243 9700. FAX (0291) 264 0911. W www.tajhotels.com R (011) 2332 2333 ; harimahal.jodhpur@tajhotels.com L'hôtel est proche du centre-ville ; ses jardins sont bien dessinés. Vous y dégusterez une cuisine du Marwar traditionnelle.	AE MC V	93	■	●	■
Kota : *Brijraj Bhawan Palace Hotel* (Rs)(Rs)(Rs) Civil Lines. Tél. (0744) 245 0529. FAX (0744) 245 0057. @ brijraj@datainfosys.net L'ancien souverain de Kota réside toujours dans une aile du château, autrefois résidence officielle britannique. Cuisine excellente. Ambiance royale et chaleureuse.	MC V	8	■	●	
Kumbhalgarh : *Aodhi Hotel* (Rs)(Rs)(Rs) PO Kelwara, district de Rajsamand. Tél. (02954) 242 341. FAX (02954) 242 349. Situé en contrebas du grand fort, cet hôtel confortable offre de superbes vues sur la campagne vallonnée. Les hôtes proposent de très beaux safaris à cheval pour découvrir les villages des tribus voisines.	AE MC V	26	■	●	
Mount Abu : *Palace Hotel* (Rs)(Rs)(Rs) Bikaner House, Dilwara Rd. Tél. (02974) 238 673. FAX (02974) 238 674. Jadis résidence d'été du souverain de Bikaner, cet imposant édifice, construit en 1894, associe ambiance de l'époque et confort moderne. Il possède un vaste jardin et une belle salle de banquet.	AE DC MC V	32	■	●	
Neemrana : *Neemrana Fort Palace* (Rs)(Rs)(Rs) Delhi-Jaipur Highway. Tél. (01494) 246 008. FAX (01494) 246 005. W www.neemranahotels.com R (011) 2435 8962 ; sales@neemrana.com Ce fort rajpoute du XVe siècle, superbement rénové, possède de nombreuses petites cours intérieures et une piscine au dernier étage, ainsi qu'une charmante boutique.	AE MC V	44	■	●	
Pushkar : *Hotel Pushkar Palace* (Rs)(Rs)(Rs) Chhoti Basti. Tél. (0145) 277 3002. FAX (0145) 277 2226. W www.welcomheritage.com Le principal attrait de cette demeure historique est son superbe emplacement près du lac.	AE MC V	35	■	●	
Pushkar : *Pushkar Resorts* (Rs)(Rs)(Rs) Village Ganhera, Motisar Rd. Tél. (0145) 277 2944. FAX (0145) 277 2946. W www.pushkarresorts.com R (011) 2464 7370. Entouré de vergers, ce complexe abrite des cottages luxueux. Il possède un mini-terrain de golf et organise des safaris à dos de chameau ou en Jeep.	AE DC MC V	40	■	●	■
Rohet : *Rohet Garh* (Rs)(Rs)(Rs) PO Rohet, Pali District. Tél. (02936) 268 231. FAX (0291) 264 9368. W www.rohetgarh.com R (02936) 243 1161 ; planetindia.net/rohetgarh Demeure de prédilection des écrivains Bruce Chatwin et William Darlrymple, cet hôtel installé dans un ancien fort jouit d'une situation calme.	AE MC V	30	■	●	
Samode : *Samode Palace* (Rs)(Rs)(Rs)(Rs) Village Samode. Tél. (01423) 240 013. FAX (01423) 240 014. W www.samode.com R (0141) 263 2407 ; reservations@samode.com Installé dans un cadre spectaculaire, ce somptueux palais est doté d'une magnifique décoration intérieure.	AE MC V	44	■	●	■

SARISKA : *Hotel Sariska Palace* Rs Rs Rs Rs
Sariska. ☎ *(0144) 284 1322.* FAX *(0144) 284 1323.* W www.sariska.com
R *(011) 2615 4388.*
Cet hôtel confortable occupe un ancien pavillon de chasse royal. Il abrite un centre de yoga et d'*ayurveda*.
AE DC MC V | 125 | ■ | ●

SAWAI MADHOPUR : *Aman-i-Khas Resort* Rs Rs Rs Rs Rs
Sherpur Khilji Village. ☎ *(07462) 252 178.* FAX *(07462) 23 988.*
@ bagiartha@amanresorts.com
Un complexe extrêmement luxueux en pleine jungle, géré par la célèbre société internationale Aman Resorts. Les tentes sont climatisées.
AE MC V | 6 | ■ | ●

SAWAI MADHOPUR : *Sher Bagh* Rs Rs Rs Rs Rs
Sherpur Khiljipur. W www.sherbagh.com
R *(011) 2331 6534;* sherbagh@vsnl.com
Des tentes sont dressées sur un terrain situé dans un cadre enchanteur. Bonne cuisine et atmosphère sympathique.
12 | ●

SHEKHAVATI : *Hotel Castle Mandawa* Rs Rs Rs
Jhunjhunu district, Mandawa. ☎ *(015972) 223 124.* FAX *(015972) 223 171.*
R *(011) 2389 0505* W www.castlemandawa.com
Aucune chambre ne se ressemble dans cet ancien fort du XVIIIe siècle. Danses folkloriques et musique traditionnelle.
AE MC V | 70 | ■ | ●

UDAIPUR : *Jagat Niwas Palace* Rs Rs Rs
24-25, Lal Ghat. ☎ *(0294) 242 2860.* FAX *(0294) 241 8512.* W www.jagatniwaspalace.com
Célèbre pour ses vues splendides sur le lac Pichola, cette charmante *haveli* date du XVIIe siècle. Profitez de son ambiance accueillante et de ses chambres princières et confortables.
29 | ■ | ●

UDAIPUR : *Shiv Niwas Palace Hotel* Rs Rs Rs Rs
City Palace. ☎ *(0294) 252 8016.* FAX *(0294) 252 8006.* W www.hrhindia.com
Située près du City Palace, cette élégante *guesthouse* en forme de croissant est une ancienne demeure royale, décorée de superbes meubles et objets d'art anciens. Centre de remise en forme.
AE DC MC V | 34 | ■ | ●

UDAIPUR : *Udai Vilas* Rs Rs Rs Rs
Haridas Ji Ki Nagri. ☎ *(0294) 243 3300.* FAX *(0294) 243 3200.* W www.oberoihotels.com
R *(011) 2436 3030;* reservations@oberoidel.com
Ce nouvel hôtel luxueux se situe près du lac Pichola. Ses jardins paysagers, ses fontaines, ses pavillons et son décor s'inspirent des arts décoratifs traditionnels d'Udaipur.
AE DC MC V | 90 | ■ | ● | ■

UDAIPUR : *Devi Garh* Rs Rs Rs Rs Rs
PO No 144. ☎ *(02953) 289 211.* FAX *(02953) 289 357.* W www.deviresorts.com
R *(011) 2372 2200;* reservations@deviresorts.com
L'intérieur chic et minimaliste de l'hôtel s'harmonise parfaitement avec la magnifique architecture de cet ancien fort niché dans la montagne. Grande variété de soins traditionnels (*ayurveda*).
AE DC MC V | 29 | ■ | ● | ■

UDAIPUR : *Lake Palace Hotel* Rs Rs Rs Rs Rs
PO Box 5, Lake Pichola. ☎ *(0294) 252 8800.* FAX *(0294) 252 8700.* W www.tajhotels.com
Situé sur un îlot, ce palais féerique est sans doute l'un des hôtels les plus romantiques de l'Inde.
AE DC MC V | 85 | ■ | ● | ■

LE GUJARAT

AHMEDABAD : *Cama Hotel* Rs Rs Rs
Khanpur. ☎ *(079) 2560 1234.* FAX *(079) 2560 2000.* @ camaparkad1@sancharnet.in
Récemment rénové, cet hôtel confortable et élégant renferme de jolis jardins, une piscine et un café.
AE DC MC V | 50 | ■ | ● | ■

AHMEDABAD : *The House of Mangaldas Girdhardas* Rs Rs Rs Rs
En face de la Sidi Saiyad Mosque, Lal Darwaza. ☎ *(079) 2550 6946.* FAX *(079) 2550 6535.*
W www.houseofmg.com R customercare@houseofmg.com
Cette demeure du début du XXe siècle, entièrement rénovée, a gardé un charme suranné.
AE DC MC V | 10 | ■ | ● | ■

AHMEDABAD : *Taj Residency Ummed* Rs Rs Rs Rs
International Airport Circle, Hansol. ☎ *(079) 5566 1234.* FAX *(079) 5566 4444.*
W www.tajhotels.com R *(011) 1 600 111 825;* residency.ahmedabad@tajhotels.com
L'hôtel, construit autour d'une cour centrale, est décoré dans le style du Gujarat. Cuisine du Gujarat authentique.
AE DC MC V | 91 | ■ | ● | ■

Les prix correspondent à une nuit en chambre double, taxes et service compris, le petit déjeuner est en plus.

- Ⓡ moins de 550 roupies
- ⓇⓇ 550 à 1200 roupies
- ⓇⓇⓇ 1200 à 3000 roupies
- ⓇⓇⓇⓇ 3000 à 6000 roupies
- ⓇⓇⓇⓇⓇ + de 6000 roupies

Cartes bancaires
Indique les cartes bancaires acceptées : AE American Express ; DC Diners Club ; MC MasterCard Access ; V VISA.

Salles de bains occidentales
Les établissements qui n'en possèdent pas proposent des toilettes à la turque et des « douches » asiatiques (avec un bol).

Café
L'hôtel comprend un café ouvert 24h/24 qui propose des repas chauds.

Air conditionné
L'hôtel propose des chambres climatisées.

Adresse	Cartes bancaires	Nombre de chambres	Air conditionné	S. de bains occidentales	Café
Calangute : *Pousada Tauma* ⓇⓇⓇⓇⓇ Porba Vaddo, Bardez. (0832) 227 9061. FAX (0832) 227 9064. W www.pousada-tauma.com De jolies chambres autour d'une piscine et un centre ayurvédique de qualité font le charme de ce lieu.	MC V	12	■	●	
Cavelossim : *Dona Sylvia Beach Resort* ⓇⓇⓇ Cavelossim Beach, Salcete. (0832) 287 1321. FAX (0832) 287 1320. W www.donasylvia.com Ce charmant complexe, de style méditerranéen, construit autour d'une piscine, propose un excellent service, des courts de tennis, un bon restaurant et un bar.	AE DC MC V	176	■	●	
Majorda : *Majorda Beach Resort* ⓇⓇⓇⓇⓇ Salcete. (0832) 288 1111. FAX (0832) 288 1124. W www.majordabeachresort.com Ce grand complexe luxueux offre des chambres et des suites spacieuses et bien meublées, une grande piscine et une rue couverte, inspirée d'un village méditerranéen.	AE DC MC V	120	■	●	■
Panaji : *Panjim Inn* ⓇⓇ 212 Mala, Fontainhas. (0832) 222 6523. FAX (0832) 222 8136. W www.panjiminn.com Ce majestueux palais du XVIIIe siècle, situé dans le quartier de Fontainhas, dispose de chambres magnifiquement restaurées, de profondes vérandas, d'un jardin verdoyant et d'un personnel amical.	MC V	14	■	●	
Panaji : *Hotel Mandovi* ⓇⓇⓇ PO Box 164, DB Marg. (0832) 222 4405. FAX (0832) 222 5451. @ mandovi@goatelecom.com Cet hôtel simple mais confortable abrite un restaurant réputé pour son authentique cuisine goanaise.	AE DC MC V	65	■	●	■
Sinquerim : *The Taj Holiday Village* ⓇⓇⓇⓇ Bardez. (0832) 564 5858. FAX (022) 2247 9300. W www.tajhotels.com R (022) 2202 2626 ; trn@tajhotels.com Vous logerez dans de charmants cottages au milieu des palmiers. Service accueillant et efficace, sports nautiques, excellents restaurants : l'hôtel attire de nombreux visiteurs.	AE DC MC V	144	■	●	■
Sinquerim : *Whispering Palms Beach Resort* ⓇⓇⓇⓇ Candolim. (0832) 247 9140. FAX (0832) 247 9142. W www.whisperingpalms.com Ce complexe hôtelier attire une clientèle d'agences. Chambres propres avec balcon privé donnant sur la mer ou sur de vastes champs. La cuisine et le service sont de grande qualité.	AE DC MC V	66	■	●	■
Sinquerim : *The Aguada Hermitage* ⓇⓇⓇⓇⓇ Bardez. (0832) 564 5858. FAX (0832) 564 5868. W www.tajhotels.com R (022) 2202 2626 ; trn@tajhotels.com Villas luxueuses, parsemées sur une butte, avec jardin privé, gérées par le célèbre groupe Taj. La salle de restaurant et la piscine se trouvent à l'hôtel Fort Aguada Beach Resort, situé au pied de la butte.	AE DC MC V	15	■	●	■
Siolim : *Siolim House* ⓇⓇⓇⓇ Wadi Siolim, Bardez. (0832) 227 2138. FAX (0832) 227 2941. W www.siolimhouse.com Profitez pleinement de votre séjour dans cette villa portugaise vieille de 300 ans, située dans le village de Siolim, le long de la rivière Chapora. Ce petit hôtel luxueux allie charme et intimité.	MC V	7	■	●	
Terekhol : *Hotel Tiracol Fort Heritage* ⓇⓇⓇ Querim, Pernem. (02366) 227 631. FAX (0832) 227 6792. Installé dans un vieux fort à l'ambiance romantique et évocatrice, cet hôtel loue des chambres rénovées, meublées avec charme, offrant des vues magnifiques sur l'estuaire et les plaines environnantes.	MC V	7	■		

VAINGUINIM BEACH : *Cidade de Goa Beach Resort* RsRsRsRsRs
Vainguinim Beach. (0832) 245 4545. FAX (0832) 245 4541. W www.cidadedegoa.com
Conçue par l'un des plus grands architectes indiens, Charles Correa, cette luxueuse station balnéaire possède une plage isolée et des aménagements pour les sports nautiques.
AE DC MC V — 202

VARCA : *Club Mahindra Varca Beach Resort* RsRsRsRsRs
Varca Beach. (0832) 274 4555. FAX (0832) 274 4666. W www.sarovarparkplaza.com
Sur la plage, le complexe loue des chambres dotées de tout le confort moderne. Il abrite une piscine à trois niveaux et un centre de remise en forme prodiguant des soins ayurvédiques.
AE DC MC V — 168

VARCA : *Ramada Caravela* RsRsRsRsRs
Varca Village. (0832) 274 5200. FAX (0832) 274 5225. W www.caravelabeachresort.com
Pour un séjour de luxe : chambres avec balcon privé donnant sur la mer, architecture séduisante, plage paradisiaque, sports nautiques et service impeccable.
AE DC MC V — 202

LE KARNATAKA

BADAMI : *Hotel Badami Court* RsRsRs
17/3 Station Rd. (08357) 720 230. FAX (08357) 720 207.
R (080) 2529 5451.
Cet hôtel, proche des monuments historiques, loue des chambres propres. Piscine, salle de gym et personnel accueillant.
26

BANGALORE : *Windsor Manor Sheraton & Towers* RsRsRsRs
25 Sankey Rd, Windsor Square, opp. Golf Course. (080) 2226 9898. FAX (080) 226 4941.
W www.welcomegroup.com
Cet édifice majestueux abrite de somptueuses chambres. Il associe atmosphère coloniale d'antan et efficacité moderne. Superbes restaurants et pub de style anglais.
AE DC MC V — 240

BANGALORE : *The Oberoi* RsRsRsRsRs
37-39 MG Rd. (080) 2558 5858. FAX (080) 2558 5960. W www.oberoihotels.com
R (011) 2436 3030 ; unitresvn@oberoiblr.com
Proche du centre-ville, cet hôtel loue des chambres bien équipées, avec balcon privé surplombant des jardins dessinés. Centre d'affaires et service pour les limousines.
AE DC MC V — 158

BANGALORE : *The Taj West End* RsRsRsRsRs
Race Course Rd. (080) 5660 5660. FAX (080) 5660 5700. W www.tajhotels.com
R (011) 2332 2256 ; tgrresv.chk@tajhotels.com
Ce superbe hôtel occupe un manoir colonial du XIXe siècle. Les salles « Old World Rooms » près du hall d'entrée évoquent une époque révolue. Piscine et restaurants gastronomiques.
AE DC MC V — 129

BIJAPUR : *Hotel Madhuvan International* RsRsRs
Station Rd. (08352) 255 571. FAX (08352) 256 201.
Le principal attrait de cet hôtel est la vue sur le monumental Gol Gumbad. Le jardin plaisant abrite un restaurant servant des spécialités régionales. L'hôtel organise également des excursions.
34

CHIKMAGALUR : *Taj Garden Retreat* RsRsRs
KM Rd, PO Jyothinagar. (08262) 220 202. FAX (08262) 220 222. W www.tajhotels.com
R (011) 2332 2256 ; tgrreesv.chk@tajhotels.com
Sur les pentes des monts Sahyadri, cet hôtel bien géré possède des petits cottages et un restaurant servant une cuisine régionale. Il jouit d'une excellente situation pour visiter les temples hoysala
AE DC MC V — 29

COORG : *Orange County Resort* RsRsRs
Karadigodu Post, Siddapur. (08274) 258 481. FAX (08274) 258 485.
W www.trailsindia.com R (080) 2502 5302 ; coorg@trailsindia.com
Situé au milieu des plantations de café et d'épices, ce complexe abrite d'agréables cottages. Randonnées dans les forêts environnantes, pêche dans la rivière Kaveri et massages aux herbes font partie des activités proposées.
AE DC MC V — 56

HOSPET : *Malligi Tourist Home* RsRsRs
6/143 Jambunath Rd. (08394) 428 101. FAX (08394) 427 038.
@ malligihome@hotmail.com
Proche de Hampi, cet hôtel bien géré est également propriétaire d'une agence de voyages. Parmi ses attraits, une piscine conçue d'après la piscine royale Pushkarni de Hampi.
AE MC V — 140

Les prix correspondent à une nuit en chambre double, taxes et service compris, le petit déjeuner est en plus.

- Rs moins de 550 roupies
- Rs Rs 550 à 1200 roupies
- Rs Rs Rs 1200 à 3000 roupies
- Rs Rs Rs Rs 3000 à 6000 roupies
- Rs Rs Rs Rs Rs + de 6000 roupies

Cartes bancaires
Indique les cartes bancaires acceptées : AE American Express ; DC Diners Club ; MC MasterCard Access ; V VISA.

Salles de bains occidentales
Les établissements qui n'en possèdent pas proposent des toilettes à la turque et des « douches » asiatiques (avec un bol).

Café
L'hôtel comprend un café ouvert 24h/24 qui propose des repas chauds.

Air conditionné
L'hôtel propose des chambres climatisées.

Karapur : *Kabini River Lodge* Rs Rs Rs Rs
Nagarhole National Park. (08228) 264 405. FAX (08228) 264 403.
R (080) 2559 7021 ; jungle@giasbg01.vsnl.net.in
Ancien pavillon de chasse royal situé sur la rivière Kabini. L'établissement admirablement bien géré organise des safaris à dos d'éléphant. Les hôtes peuvent canoter sur la rivière.

Mangalore : *Manjarun Hotel* Rs Rs Rs Rs
Old Port Rd. (0824) 242 0420. FAX (0824) 242 0585.
@ manjarun.mangalore@tajhotels.com R (011) 2332 2256 ; trn.delhi@tajhotels.com
Cet hôtel de plusieurs étages loue des chambres élégantes et confortables, et abrite un bon restaurant.

Mysore : *The Green Hotel* Rs Rs Rs
Chittranjan Palace, 2270 VA Rd. (0821) 251 2536. FAX (0821) 251 6139.
@ grenhotl@sancharnet.in
Construit à l'origine pour la princesse de Mysore, ce palais reconverti en hôtel abrite de beaux jardins et une décoration raffinée. L'établissement reverse tous ses bénéfices aux projets de la ville.

Mysore : *Lalitha Mahal Palace Hotel* Rs Rs Rs
Siddhartha Nagar. (0821) 247 4266. FAX (0821) 247 0555. @ lmpl@sancharnet.in
Donnant sur les Chamundi Hills, ce palais italianisant fut construit par le maharaja de Mysore pour le vice-roi britannique de l'époque. Il possède de ravissants jardins en terrasses.

Chennai (Madras)

Chennai : *Breeze Hotel* Rs Rs Rs
850 Poonamallee High Rd. (044) 2641 3334. FAX 2641 3301. W www.breezehotel.com
L'hôtel est réputé pour la qualité de son service et la saveur de la cuisine de son restaurant. Il est situé à proximité de la gare et de la plupart des centres commerciaux de la ville.

Chennai : *Grand Orient* Rs Rs Rs
693 Anna Salai. (044) 2852 4111. FAX (044) 2852 3412. @ empeegrandorient@vsnl.com
L'hôtel est situé au cœur de la ville, proche du quartier des commerces, des consulats et du centre d'affaires. Il est doté de tout le confort moderne.

Chennai : *Hotel Residency* Rs Rs Rs
49 GN Chetty Rd. (044) 2825 3434. FAX (044) 2825 0085. W www.theresidency.com
L'hôtel est situé dans le quartier des affaires. Les chambres des étages supérieurs offrent de belles vues sur la ville. Bar de style mexicain.

Chennai : *Ambassador Pallava* Rs Rs Rs Rs
30 Montieth Rd. (044) 2855 4476. FAX (044) 2855 4492. @ pallava@vsnl.com
Hôtel moderne et efficace. Le restaurant sert d'excellents fruits de mer.

Chennai : *GRT Grand Days* Rs Rs Rs Rs
120 Sir Thyagaraya Rd, T Nagar. (044) 2815 0500. FAX (044) 2815 0778.
W www.grtgrand.com @ sales@grtgrand.com
Le hall d'entrée, doté d'un impressionnant atrium, est à la mesure du standing de cet hôtel louant des chambres élégantes et gaies. Il bénéficie d'une situation idéale pour les personnes en voyage d'affaires et propose un service efficace.

Chennai : *Quality Inn Aruna* Rs Rs Rs Rs
144-145 Sterling Rd, Nungambakkam. (044) 2825 9090. FAX (044) 5206 8282.
@ hotelaruna@touchtelindia.net
Un intérieur contemporain bien tenu, des chambres spacieuses avec vue et un bon emplacement – proche des principaux magasins et des consulats – sont les atouts de cet hôtel géré avec efficacité.

Hôtel	Cartes bancaires	Nombre de chambres	Air conditionné	S. de bains occidentales	Café
Kabini River Lodge	AE MC V	25	■	●	
Manjarun Hotel	AE DC MC V	97	■	●	■
The Green Hotel	MC V	31		●	
Lalitha Mahal Palace Hotel	AE DC MC V	54	■	●	■
Breeze Hotel	AE DC MC V	90	■	●	
Grand Orient	AE DC MC V	63	■	●	■
Hotel Residency	AE DC MC V	112	■	●	■
Ambassador Pallava	AE DC MC V	107	■	●	■
GRT Grand Days	AE DC MC V	133	■	●	■
Quality Inn Aruna	AE DC MC V	91	■	●	■

CHENNAI : *ITC Park Sheraton & Towers* Rs Rs Rs Rs Rs
TTK Rd. (044) 2499 4101. FAX (044) 2499 7101. W www.welcomgroup.com
Le luxe absolu dans un quartier ultra-chic : chambres élégantes, hall d'entrée orné d'une fontaine, galerie marchande et centre de remise en forme. Les suites dans la tour attenante offrent de belles vues.
AE DC MC V | 283 | ■ | ● | ■

CHENNAI : *The Park* Rs Rs Rs Rs Rs
61, Anna Salai. (044) 5214 4000. FAX (044) 5214 4100.
W the parkhotels.com @ resv.che@theparkhotels.com
Hôtel d'affaires stylé situé dans les anciens locaux des célèbres studios de film Gemini. Avec sa situation très centrale, il est apprécié des personnes en voyage d'affaires.
AE DC MC V | 214 | ■ | ● | ■

CHENNAI : *Taj Connemara* Rs Rs Rs Rs Rs
2, Binny Rd. (044) 5500 0000. FAX (044) 5500 0555. W www.tajhotels.com
Ce charmant hôtel historique est doté d'une paisible cour et d'une belle piscine. Vous dégusterez une cuisine du Chettinad authentique tout en assistant à un spectacle traditionnel.
AE DC MC V | 150 | ■ | ● | ■

CHENNAI : *The Trident* Rs Rs Rs Rs Rs
1/24 GST Rd. (044) 2234 4747. FAX (044) 2234 6699. W www.trident-hilton.com
Un hôtel élégant, d'une hauteur peu élevée, situé à proximité de l'aéroport et entouré d'un jardin tropical luxuriant. Salle de gym bien équipée, salle de conférence et excellent restaurant.
AE DC MC V | 167 | ■ | ● | ■

LE TAMIL NADU

COVELONG : *Fisherman's Cove* Rs Rs Rs Rs Rs
Covelong Beach, Kanchipuram District. (04114) 272 304. FAX (04114) 272 303.
W www.tajhotels.com
Cette station balnéaire occupe le site d'un ancien fort hollandais. Vous logerez dans de ravissantes chambres ou dans un cottage (avec vue sur la mer). Excellents fruits de mer.
AE DC MC V | 88 | ■ | ● | ■

KARAIKUDI : *The Bangala* Rs Rs Rs Rs
Devakottai Rd, Senjai. (04565) 220 221.
W www.thebangala.com R (044) 2464 2985 ; thebangala@hotmail.com
Cet hôtel historique de toute beauté occupe d'anciens bungalows rénovés et décorés selon l'inimitable style de l'architecture du Chettinad : meubles en tek, vérandas à colonnades et chambres spacieuses.
AE MC V | 12 | ■ | ● |

KODAIKANAL : *The Carlton* Rs Rs Rs Rs
Lake Rd. (04542) 240 056. FAX (04542) 241 170. W www.krahejahospitality.com/carlton
R (044) 2860 4089 ; chennai@krahejahospitality.com
Ce superbe hôtel haut de gamme, entouré d'un vaste parc paysager surplombant le lac Kodai, mêle confort moderne et ambiance de l'époque coloniale.
AE DC MC V | 91 | | ● |

MADURAI : *Taj Garden Retreat* Rs Rs Rs Rs
40 TPK Rd, Pasumalai Hill. (0452) 237 1601. FAX (0452) 237 1636.
W www.tajhotels.com R (011) 2332 2256 ; trn.delhi@tajhotels.com
Construit sur une butte donnant sur le temple Minakshi, cet hôtel possède de splendides jardins en terrasses. Certaines chambres occupent une maison coloniale du XIXe siècle, tandis que d'autres se trouvent dans des cottages avec terrasse privée.
AE DC MC V | 63 | ■ | ● |

MUDUMALAI WILDLIFE SANCTUARY : *Jungle Hut* Rs Rs
Près de Bokkapuram. (0423) 252 6240. FAX (0423) 252 6240. @ jungleht@yahoo.co.uk
Ce charmant complexe est composé de trois cottages en pierre, entourés d'un vaste domaine. La particularité du lieu : chaque soir, trente éléphants se livrent à un rituel magique où ils adressent une prière (*puja*) au dieu-éléphant Ganesh.
| 12 | | ● |

OOTACAMUND : *Savoy Hotel* Rs Rs Rs Rs
77 Sylks Rd. (0423) 244 4142. FAX (0423) 244 3318. W www.tajhotels.com
R (011) 2332 2333 ; trn.delhi@tajhotels.com
De ravissants jardins composés de digitales pourprées et de dahlias entourent ce charmant hôtel niché dans les Nilgiri Hills. Chambres avec cheminée.
AE DC MC V | 40 | | ● | ■

PONDICHERRY : *Anandha Inn* Rs Rs Rs
154 SV Patel Rd. (0413) 233 0711. FAX (0413) 233 1241. W www.anandhainn.com
Situé à une courte distance du boulevard pittoresque menant à la plage, des temples et des églises, cet établissement loue des chambres propres et bien équipées.
AE DC MC V | 70 | ■ | ● |

Les prix correspondent à une nuit en chambre double, taxes et service compris, le petit déjeuner est en plus.
Rs moins de 550 roupies
Rs Rs 550 à 1200 roupies
Rs Rs Rs 1200 à 3000 roupies
Rs Rs Rs Rs 3000 à 6000 roupies
Rs Rs Rs Rs Rs + de 6000 roupies

Cartes bancaires
Indique les cartes bancaires acceptées : AE American Express ; DC Diners Club ; MC MasterCard Access ; V VISA.

Salles de bains occidentales
Les établissements qui n'en possèdent pas proposent des toilettes à la turque et des « douches » asiatiques (avec un bol).

Café
L'hôtel comprend un café ouvert 24h/24 qui propose des repas chauds.

Air conditionné
L'hôtel propose des chambres climatisées.

Pondicherry : *Hotel de L'Orient* Rs Rs Rs Rs
17, rue Romain-Rolland. *(0413) 234 3067.* FAX *(0413) 222 7829.*
www.neemrana.com *(011) 2435 6145;* sales@neemrana.com
Merveilleux hôtel, décoré de beaux meubles de l'époque coloniale, de vieilles cartes, de gravures, et d'anciens meubles conçus d'après le style colonial français du XVIIIe siècle. Le restaurant sert une excellente cuisine qui mêle influences indiennes et françaises.

Thanjavur : *Hotel Parisutham* Rs Rs Rs Rs
55 GA Canal Rd. *(04362) 231 801.* FAX *(04362) 230 318.* hotel.parisutham@vsnl.com
Un personnel amical et serviable, une belle piscine, des chambres confortables, une cuisine saine et savoureuse font de ce petit hôtel moderne un lieu de séjour très agréable. Possibilité d'excursions dans les plantations de noix de coco environnantes.

Tiruchirapalli : *Jenneys Residency* Rs Rs Rs Rs
3/14 Macdonalds Rd. *(0431) 241 4414.* FAX *(0431) 246 1451.* jenneys@satyam.net.in
Récemment rénové, cet hôtel spacieux loue des chambres de caractère. Il renferme des boutiques et un centre de remise en forme. Service efficace.

Les îles Andaman

Port Blair : *Hotel Sinclairs Bay View* Rs Rs Rs
South Point. *(03192) 227 937.* FAX *(03192) 228 159.* www.sinclairshotels.com
(011) 331 5292; delhi@sinclairshotels.com
Les chambres de cet hôtel qui donne sur Ross Island offrent des vues spectaculaires sur la mer. Un centre de plongée organise des excursions de plongée sous-marine et des sports nautiques.

Port Blair : *Fortune Resort Bay Island* Rs Rs Rs Rs
Marine Hill. *(03192) 234 101.* FAX *(03192) 231 555.* www.welcomgroup.com
(011) 2614 1821; rmonorth.welcomnet@welcomgroup.com
Construit à flanc de coteau, presque entièrement fait de padauk, un fabuleux bois local, ce complexe possède de très jolies chambres. Piscine d'eau de mer.

Le Kerala

Alappuzha : *Kayaloram Lake Resort* Rs Rs Rs Rs
Punnamada. *(0477) 223 2040.* FAX *(0477) 223 1571.* www.kayaloram.com
L'hôtel est construit dans le style traditionnel d'une *tharavad* (maison ancestrale). Les chambres sont dotées d'une salle de bains à ciel ouvert. Centre ayurvédique et croisières sur les *backwaters*.

Kochi : *Bolgatty Palace Hotel* Rs Rs Rs Rs
Bolgatty Island. *(0484) 275 0003.* FAX *(0484) 275 0457.* bolgatty@vsnl.com
L'hôtel est aménagé dans un palais hollandais du XVIIIe siècle et bénéficie d'une situation spectaculaire à la pointe de l'île de Bolgatty.

Kochi : *The Trident* Rs Rs Rs Rs
Bristow Rd, Willingdon Island. *(0484) 266 9595.* FAX *(0484) 266 9393.*
www.tridenthotels.com *(011) 2436 3030;* cochin@trident-hilton.com
Situé sur l'île de Willingdon, cet hôtel allie confort moderne et ambiance décontractée. Chambres élégantes, bar animé donnant sur la piscine et cuisine traditionnelle kéralaise.

Kochi : *The Brunton Boatyard* Rs Rs Rs Rs Rs
1/498 Fort Kochi. *(0484) 221 5461.* FAX *(0484) 221 5562.* www.casinogroup.com
L'hôtel (appartenant au groupe Casino) allie architecture traditionnelle locale et style colonial portugais et hollandais de Cochin. Il est doté de toits inclinés en tuiles et de parquets en terre cuite. Les chambres offrent de belles vues sur le port.

Hôtel	Cartes bancaires	Nombre de chambres	Air conditionné	S. de bains occidentales	Café
Hotel de L'Orient	AE DC MC V	14	■	●	■
Hotel Parisutham	AE DC MC V	52	■	●	■
Jenneys Residency	AE DC MC V	93	■	●	■
Hotel Sinclairs Bay View	AE DC MC V	30	■	●	■
Fortune Resort Bay Island	AE DC MC V	45	■	●	■
Kayaloram Lake Resort	AE DC MC V	12	■	●	
Bolgatty Palace Hotel	AE DC MC V	26	■	●	
The Trident	AE DC MC V	93	■	●	■
The Brunton Boatyard	AE DC MC V	26	■	●	■

KOCHI : *The Malabar House Residency* Rs Rs Rs Rs Rs

1/268 Parade Rd, Fort Kochi. (0484) 221 6666. FAX (0484) 221 7777.
W www.malabarhouse.com

L'hôtel est aménagé dans un château hollandais du XVIIIe siècle restauré, dans le cœur historique de Fort Cochin. Les chambres sont élégantes et la cuisine est excellente.

KOCHI : *Taj Malabar* Rs Rs Rs Rs Rs

Malabar Rd, Willingdon Island. (0484) 266 8010. FAX (0484) 266 8297.
W www.tajhotels.com R (011) 2332 2256 ; malabar.cochin@tajhotels.com

Vues panoramiques depuis ce charmant hôtel – exacte réplique d'une maison en bois traditionnelle de la côte de Malabar – ainsi qu'un centre de massages ayurvédiques.

KOLLAM : *Aquaserene* Rs Rs Rs Rs

V/88 Kurumandai. (0476) 251 2410. FAX (0476) 251 2104.
W www.aquasereneindia.com R aqserene@md3.vsnl.net.in

Ce complexe luxueux est composé de confortables cottages dotés de toits en tuiles rouges. Il abrite également un centre de massages ayurvédiques et des *house-boats*.

KOTTAYAM : *Taj Garden Retreat* Rs Rs Rs Rs

1/104 Kumarakom. (0481) 252 4377. FAX (0481) 252 4371. W www.tajhotels.com
R (011) 2332 2256 ; retreat.kumarakom@tajhotels.com

Sur les rives du lac Vembanad, vous logerez dans un bungalow colonial ou dans un cottage. Les activités proposées comprennent des démonstrations d'arts martiaux, l'observation des oiseaux et des croisières sur les *backwaters*.

KOTTAYAM : *Coconut Lagoon Heritage Resort* Rs Rs Rs Rs Rs

Kumarakom. (0481) 252 5834. FAX (0481) 252 4495. W www.casinogroup.com
R (0484) 266 8221 ; casino@vsnl.com

Située dans un cadre spectaculaire sur une plantation de noix de coco abandonnée, ce *resort* est accessible seulement en bateau. Les chambres sont entourées de nombreux cours d'eau.

KOVALAM : *Kovalam Hotel* Rs Rs Rs Rs Rs

Kovalam. (0471) 248 0101. FAX (0471) 248 1522.
W www.lemeridienkovalam.com R reservations@kovalamhotel.com

Ce luxueux hôtel moderne possède une aile située dans l'ancien palais d'un maharaja. Les suites royales sont somptueuses.

KOVALAM : *Somatheeram Ayurvedic Beach Resort* Rs Rs Rs Rs Rs

PO Chowara, south of Kovalam. (0471) 226 8101. FAX (0471) 226 7600.
W www.somatheeram.com

L'hôtel est renommé pour sa plage privée, son centre d'*ayurveda* et ses séances de yoga et de méditation. Les chambres, spacieuses, sont aménagées dans de belles maisons en bois ou dans des bungalows et cottages en pierre.

KOVALAM : *Surya Samudra* Rs Rs Rs Rs Rs

Surya Samudra Beach Garden, Pulinkudi. (0471) 226 7333. FAX (0471) 226 7124.
W www.suryasamudra.com

Un bâtiment en bois d'une architecture traditionnelle, un champ de noix de coco, une superbe plage et des salles de bains à ciel ouvert sont les points forts de l'hôtel.

KOZHIKODE : *Taj Residency* Rs Rs Rs

PT Usha Rd. (0495) 276 5354. FAX (0495) 276 6448. W www.tajhotels.com
R (011) 2332 2333 ; residency-calicut@tajhotels.com

Chambres élégantes – certaines avec vue sur la mer – et service de grande qualité. Le centre d'*ayurveda* est idéal pour les personnes souffrant de rhumatismes et autres maladies chroniques.

(ÎLES) LAQUEDIVES : *Bangaram Island Resort* Rs Rs Rs Rs Rs

Lakshadweep. (0484) 266 8221. FAX (0484) 266 8001. W www.casinogroup.com
R (0484) 266 8221 ; casino@vsnl.com

Vous logerez dans des bungalows ou des huttes sur les plages. Des excursions de plongée sous-marine (bouteille ou masque et tuba) sont organisées.

MUNNAR : *Tea County Hill Resort* Rs Rs Rs Rs

Munnar. (04865) 23 0460. FAX (04865) 23 0970. W www.ktdc.com
R (0471) 231 8976 ; teacounty@vsnl.com

Un paysage idyllique, un service de qualité et des chambres propres sont les principaux atouts de ce charmant hôtel.

The Malabar House Residency	AE DC MC V	17	■	●	■
Taj Malabar	AE DC MC V	96	■	●	■
Aquaserene	AE DC MC V	28	■	●	
Taj Garden Retreat	AE DC MC V	22	■	●	
Coconut Lagoon Heritage Resort	AE DC MC V	50	■	●	■
Kovalam Hotel	AE DC MC V	105	■	●	■
Somatheeram Ayurvedic Beach Resort	AE DC MC V	59	■	●	■
Surya Samudra	MC V	21	■	●	■
Taj Residency	AE DC MC V	74	■	●	■
Bangaram Island Resort	AE DC MC V	29		●	
Tea County Hill Resort	AE DC MC V	43		●	

Les prix correspondent à une nuit en chambre double, taxes et service compris, le petit déjeuner est en plus.
(Rs) moins de 550 roupies
(Rs)(Rs) 550 à 1200 roupies
(Rs)(Rs)(Rs) 1200 à 3000 roupies
(Rs)(Rs)(Rs)(Rs) 3000 à 6000 roupies
(Rs)(Rs)(Rs)(Rs)(Rs) + de 6000 roupies

CARTES BANCAIRES
Indique les cartes bancaires acceptées : AE American Express ; DC Diners Club ; MC MasterCard Access ; V VISA.

SALLES DE BAINS OCCIDENTALES
Les établissements qui n'en possèdent pas proposent des toilettes à la turque et des « douches » asiatiques (avec un bol).

CAFÉ
L'hôtel comprend un café ouvert 24h/24 qui propose des repas chauds.

AIR CONDITIONNÉ
L'hôtel propose des chambres climatisées.

	Cartes bancaires	Nombre de chambres	Air conditionné	S. de bains occidentales	Café
MUNNAR : *Windermere Estate* (Rs)(Rs)(Rs)(Rs) Windermere House, Thrikakara Post. *(04865) 230 248.* FAX *(0484) 242 7575.* W www.windermeremunnar.com R *(0484) 242 537;* simon@windermeremunnar.com Dans un cadre enchanteur, au milieu de plantations de thé et de cardamome, un hôtel confortable offrant de jolies vues. Service prévenant.		7		●	
POOVAR : *Poovar Island Resort* (Rs)(Rs)(Rs)(Rs)(Rs) KP VII/911, Pozhiyoor. *(0471) 221 2068.* FAX *(0471) 221 2092.* W www.sarovarparkplaza.com À proximité de Thiruvanthapuram, ce complexe établi sur une île propose un hébergement dans des cottages flottants.	MC V	28	■	●	
THEKKADY : *Taj Garden Retreat* (Rs)(Rs)(Rs)(Rs) Amalambika Rd, via Kumily. *(04869) 222 403.* FAX *(04869) 222 106.* W www.tajhotels.com R *(011) 2332 2256;* retreat.thekkady@tajhotels.com Entouré de plantations de café et d'épices, ce charmant hôtel à la périphérie de la réserve Periyar Tiger propose un hébergement dans des cottages sur pilotis.	AE DC MC V	32		●	■
THEKKADY : *Lake Palace* (Rs)(Rs)(Rs)(Rs)(Rs) Periyar WIldlife Sanctuary. *(04869) 222 024.* FAX *(04869) 222 282.* W www.ktdc.com R *(0471) 231 6736;* ktdc@vsnl.com Ambiance majestueuse dans cet ancien palais d'été construit sur une péninsule s'avançant sur le lac Periyar. Les forêts environnantes sont idéales pour découvrir la faune et la flore.	AE MC V	6		●	
THEKKADY : *Spice Village* (Rs)(Rs)(Rs)(Rs)(Rs) Thekkady Kumily Rd. *(04869) 222 316.* FAX *(04869) 222 317.* W www.casinogroup.com Hôtel situé sur les monts Cardamom. Des safaris en bateau permettent de découvrir la faune et la flore et les hameaux des tribus. Hébergement dans des cottages simples et élégants.	AE DC MC V	52		●	
THIRUVANANTHAPURAM : *The South Park* (Rs)(Rs)(Rs) MG Rd, Palayam. *(0471) 233 3333.* FAX *(0471) 233 1861.* W www.thesouthpark.com Situé au cœur de Thiruvananthapuram, cet hôtel récemment rénové est très confortable. Centre de massages ayurvédiques et jardin luxuriant.	AE DC MC V	82	■	●	■
THIRUVANANTHAPURAM : *Muthoot Plaza* (Rs)(Rs)(Rs)(Rs)(Rs) Muthoot Centre, Punnen Rd. *(0471) 233 7733.* FAX *(0471) 233 7734.* W www.themuthootplaza.com R *(011) 2691 0544;* reservations@sarovarparkplaza.com Situé dans le centre commercial de la ville, cet hôtel loue des chambres confortables. Il abrite un service « affaires » de qualité. Personnel efficace.	AE DC MC V	57	■	●	■
VARKALA : *Taj Garden Retreat* (Rs)(Rs)(Rs)(Rs) Janardana Puram. *(0470) 260 3000.* FAX *(0470) 260 2296.* W www.tajhotels.com R *(011) 332 2256* ; retreat.varkala@tajhotels.com Entouré de plantations de riz, cet hôtel offre des vues spectaculaires sur le littoral. Bibliothèque, courts de tennis, piscine d'eau fraîche et longue plage impeccable.	AE DC MC V	30	■	●	■
WYNAD : *Green Magic Nature Resorts* (Rs)(Rs)(Rs)(Rs)(Rs) Post Lakkidi, Vythiri. *(0471) 233 1507.* FAX *(0471) 233 1407.* W www.tourindiakerala.com Vous serez logé au milieu de la forêt tropicale au Nord du Kerala dans des cabanes extrêmement confortables construites au sommet de grands arbres (ficus). Chambres de plain-pied, également disponibles.	AE DC MC V	12		●	
WYNAD : *Tranquil – The Plantation Hideaway* (Rs)(Rs)(Rs)(Rs)(Rs) Kuppamudi Estate, Kolagapara PO. *(04936) 22 0244.* FAX *(0493) 22 2358.* W tranquilresort.com R *(080) 2558 9333;* ivorytower@vsnl.com Les hôtes peuvent bénéficier de traitements ayurvédiques et partir à la découverte des plantations verdoyantes de poivre, de cardamome, de noix de coco et de bananes.	AE MC V	6		●	

L'Andhra Pradesh

Hyderabad : *Green Park* Rs Rs Rs Greenlands, Begumpet. *(040) 2375 7575.* FAX *(040) 2375 7677.* W www.hotelgreenpark.com Situé à proximité de l'aéroport, cet hôtel moderne, bien tenu et fonctionnel organise des visites guidées et des excursions pour ses hôtes.	AE DC MC V	148	■	●	■
Hyderabad : *Hotel Golconda* Rs Rs Rs 1–1/124 Masab Tank. *(040) 2332 0202.* FAX *(040) 2332 0404.* W www.hotelgolconda.com Cet hôtel moderne est proche des monts Banjara. Les chambres sont confortables et le service efficace. Le restaurant sert une cuisine internationale.	AE DC MC V	150	■	●	■
Hyderabad : *ITC Kakatiya Hotels & Towers* Rs Rs Rs Rs 6-3-1187 Begumpet. *(040) 2340 0132.* FAX *(040) 2340 1045.* W www.welcomgroup.com R *(011) 2614 1821;* rmonorth.welcomnet@welcomgroup.com Le point d'attraction de cet élégant hôtel est sa piscine construite autour d'un rocher naturel. Excellent service et cuisine savoureuse servie dans trois restaurants.	AE DC MC V	188	■	●	■
Hyderabad : *Taj Banjara* Rs Rs Rs Rs Rd 12, Banjara Hills. *(040) 5566 9999.* FAX *(040) 5566 1919.* W www.tajhotels.com R *(011) 2332 2333;* trn.delhi@tajhotels.com Dans un cadre pittoresque, au cœur des Banjara Hills, cet hôtel loue des chambres élégantes, dont beaucoup donnent sur un lac privé. Service «affaires», court de tennis, piscine et charmant café au bord du lac servant une cuisine internationale.	AE DC MC V	118	■	●	■
Hyderabad : *Taj Residency* Rs Rs Rs Rs Rd 1, Banjara Hills. *(040) 2339 3939.* FAX *(040) 2339 2684.* W www.tajhotels.com R *(011) 2332 2333 ;* trn.delhi@tajhotels.com Situé dans un cadre ravissant, entouré d'un lac privé, c'est le meilleur hôtel de luxe d'Hyderabad. Il possède un atrium décoré de rochers naturels entourés d'une verdure luxuriante et loue des chambres élégamment meublées. Le restaurant sert des spécialités culinaires de l'Andhra Pradesh d'une saveur inouïe.	AE DC MC V	140	■	●	■
Tirupati : *Hotel Guestline Days* Rs Rs Rs 14-37 Karakambadi Rd, PO Box 9. *(0877) 228 0800, 81 868.* FAX *(0877) 228 1774.* @ guestlinetirupati@rediffmail.com Cet hôtel confortable surplombant les monts Tirumala, d'une beauté pittoresque, sert une cuisine de qualité.	AE DC MC V	140	■	●	■
Vijayawada : *Quality Inn D V Manor* Rs Rs Rs 40-47 MG Rd. *(0866) 247 4455.* FAX *(0866) 248 3170.* W www.hoteldvmanor.com Hôtel central, moderne et confortable. Il abrite un atrium dans son entrée et des ascenseurs en forme de capsule, un bar et un restaurant servant une cuisine internationale.	AE DC MC V	94	■	●	■
Visakhapatnam : *The Park* Rs Rs Rs Beach Rd. *(0891) 275 4488.* FAX *(0891) 275 4181.* W www.theparkhotels.com. Cet hôtel moderne situé à proximité de la plage abrite une boutique d'artisanat et une cour où les artisans locaux travaillent sous vos yeux. Les chambres climatisées donnent sur la mer.	AE DC MC V	61	■	●	■
Visakhapatnam : *Taj Residency* Rs Rs Rs Beach Rd. *(0891) 256 4874.* FAX *(0891) 256 4370.* W www.tajhotels.com R *(011) 2332 2333;* trn.delhi@tajhotels.com Fidèle aux normes de confort et de service offertes par le groupe Taj, cet hôtel équipé d'un service «affaires» offre des vues panoramiques sur le golfe du Bengale.	AE DC MC V	93	■	●	■
Visakhapatnam : *Welcomgroup Grand Bay* Rs Rs Rs Beach Rd. *(0891) 256 0101.* FAX *(0891) 255 0691.* @ gm_grandbay@yahoo.com Situé à quelques pas de la mer, cet hôtel géré avec efficacité loue des chambres élégamment aménagées. Le personnel est efficace et le restaurant excellent.	AE DC MC V	100	■	●	■
Warangal : *Ashoka Hotel* Rs Rs 6-1-242 Main Rd, Hanamkonda. *(08712) 257 8491.* FAX *(08712) 257 9260.* Les chambres sont spacieuses et propres. Le personnel est efficace et prévenant, la cuisine est de qualité et le bar bien approvisionné.	MC V	57	■	●	

Restaurants, cafés et bars

La cuisine indienne est aussi riche et variée que le pays lui-même. Les saveurs délicates des cours impériales de Delhi, du Cachemire, de Hyderabad et de Lucknow côtoient une vaste diversité de spécialités régionales. Tandis qu'au Rajasthan, on déguste des currys épicés, dans les régions côtières tels le Bengale-Occidental, Goa et le Kerala, ce sont les plats de poisson qui prédominent. Le Gujarat et le Tamil Nadu ont, eux, une tradition principalement végétarienne. Les habitudes alimentaires des Indiens ont considérablement évolué ces dernières années, en raison du changement de style de vie et de l'arrivée des fast-foods occidentaux. Les restaurants proposent donc une cuisine internationale, allant de simples pizzas jusqu'à des menus sophistiqués, accompagnés de vins locaux ou importés. Les restaurants des pages 598 à 621 ont été sélectionnés pour leur diversité, leurs prix, la qualité de la cuisine et du service.

Piment rouge

Savoir-vivre

Les Indiens ont un sens aigu de l'hospitalité, que l'on retrouve dans de nombreux hôtels et restaurants. En Inde, la tradition veut qu'on mange avec les doigts. Toutefois, de nombreux restaurants fournissent des couverts, ainsi qu'une bassine d'eau ou un petit bol d'eau chaude au citron, en fin de repas, pour se rincer les doigts. De la même manière que les musulmans n'ont pas le droit de manger du porc, les hindous ne mangent pas de bœuf.

Restaurants

Suite à l'évolution des modes de vie, de nombreux restaurants ont ouvert dans les petites et les grandes villes. Des petits cafés et échoppes en bord de route, proposant des plats indiens, italiens et japonais, aux restaurants gastronomiques de luxe, le choix est large. La plupart des restaurants sont climatisés, et les plus chers offrent un cadre et un service à la hauteur des standards internationaux. Les restaurants traditionnels, fréquentés par une clientèle locale, occupent des salles spacieuses, animées, aménagées d'espaces « réservés aux familles ». On y sert une cuisine simple et saine, souvent végétarienne.
Des chaînes de fast-foods comme Pizza Hut et McDonald ont ouvert dans les grandes villes. Elles proposent des menus spéciaux, agrémentés de touches indiennes, et remportent un succès grandissant, notamment auprès des jeunes.
La plupart des restaurants sont ouverts de 11 h à minuit.
Dans les grandes villes, il est conseillé de réserver à l'avance, surtout pour les restaurants cotés, notamment pendant les week-ends et les vacances.

Un cuisinier prépare avec savoir-faire un *rumali roti*, très fin

Visiteurs savourant un repas dans l'un des nombreux restaurants de Bombay.

Restaurants spécialisés

Les restaurants chic de cuisine étrangère jouissent d'une grande popularité et sont de plus en plus répandus en Inde, en particulier dans les grandes villes. Les cuisines thaïlandaise, chinoise, mexicaine, japonaise et italienne, préparées par de grands chefs avec des produits importés de premier choix, sont très appréciées des fins gourmets.
Les spécialités régionales sont tout aussi populaires. On peut déguster une grande diversité de plats conçus à partir de recettes familiales traditionnelles dans les restaurants proposant les classiques kebabs et pains *tandoori*, ainsi que des spécialités de Goa, du Kerala, du Tamil Nadu, du Cachemire, de Lucknow, de Hyderabad, du Bengale-Occidental, du Gujarat et du Rajasthan. La « cuisine fusion » servie dans les restaurants chic, où des

Un restaurant improvisé en plein désert du Thar au Rajasthan

chefs inspirés créent de nouvelles recettes à base de produits indiens et étrangers, attire une clientèle à la recherche de saveurs inconnues.

CAFÉS

Les hôtels de luxe renferment un *coffee shop* ouvert 24h/24. De nombreux cafés et restaurants locaux servent aussi des rafraîchissements et des snacks à des heures flexibles. Depuis peu, on trouve dans les centres commerciaux et sur les sites touristiques des petits cafés du style bistro, parfaits pour faire une pause et observer les passants tout en dégustant un sandwich et une tasse de thé.

COMPTOIRS DE BORD DE ROUTE ET DE MARCHÉ

Pour découvrir l'originalité des fast-foods indiens, rien ne vaut une balade dans les marchés et le long des routes. Vous y trouverez des stands improvisés, des camionnettes ou des chariots équipés de poêles et autres ustensiles de cuisine, où l'on vous servira de savoureux plats avec rapidité et efficacité. Le choix va des snacks végétariens, comme les *samosa* frits et épicés, les *dosa* et *idli*, jusqu'aux poulet *tandoori*, *kebab*, poisson frit et plats chinois, tels le *chowmein* et les rouleaux de printemps. Demandez le moins de piments possible. Des desserts typiques, des fruits, des glaces et une grande diversité de boissons, dont de l'eau minérale, du Coca-Cola et des jus, sont aussi disponibles. En Inde du Nord, dégustez de bons plats dans les *dhaba* (cuisine végétarienne et non végétarienne), les paillotes sur les plages de Goa (currys de poisson et riz) et les restaurants udipi de l'Inde du Sud (végétariens). Pour les précautions à prendre en matière de santé, reportez-vous aux pages 630 à 633.

CUISINE VÉGÉTARIENNE

Les Indiens étant majoritairement végétariens, la cuisine végétarienne est délicieuse. Partout vous pourrez déguster le *dal* (curry aux lentilles), à base de légumes de saison, ainsi que des *roti* et des plats de riz, souvent présentés sous forme de *thali* (assiette), et d'un excellent rapport qualité-prix. *Pure ghee* signifie « cuisiné avec du beurre clarifié » et *pure ghee made from cow's milk* «avec du beurre clarifié de lait de vache ».

ALCOOL

Certains États, comme le Gujarat, sont « secs ». Seuls les magasins d'État et les restaurants pourvus d'une licence sont autorisés à vendre de l'alcool, dont les prix varient d'un État à l'autre. Les hôtels de luxe ont le droit d'importer des vins et de l'alcool et de servir des « alcools étrangers de fabrication indienne » (rhum, bière, whisky et vodka). Aujourd'hui, certaines marques de vins et de champagnes indiens de qualité s'exportent. Il est interdit de boire dans les lieux publics ou d'apporter sa propre bouteille dans un restaurant. Les fêtes nationales et les jours d'élections sont des « jours secs ».

PRIX ET POURBOIRES

Les prix sont fixes partout, même dans les gargotes des marchés. Dans les hôtels de luxe s'ajoute une taxe sur les repas et les boissons qui augmente considérablement les tarifs. Vérifiez toujours votre note avant de payer. Bien que le service soit généralement inclus, les serveurs attendent un pourboire. Comptez 10 % de la note. Les repas dans les stands en bord de route et dans les rues sont extrêmement bon marché.

CARTES DE CRÉDIT

Les restaurants chic et les bars, notamment des hôtels de luxe, acceptent toutes les cartes de crédit. Ayez toujours quelques roupies sur vous pour payer dans les restaurants des petites villes ou les gargotes de bord de route.

Un thé l'après-midi dans un complexe hôtelier des *backwaters* du Kerala.

Choisir un restaurant

Les restaurants ont été sélectionnés dans une large gamme de prix pour l'attrait de leur cuisine, un emplacement intéressant et leur bon rapport qualité/prix. Beaucoup se trouvent dans des hôtels recommandés *(p. 568-595)*. La liste les présente par régions, repérées par des onglets de couleur et classées par ordre alphabétique et par catégories de prix.

Delhi

Restaurant	Cartes bancaires	Spécialités régionales	Purement végétarien	Plats occidentaux	Tables à l'extérieur
Delhi : *Sagar* (Rs Rs) Defence Colony Market. (011) 2461 7832, 2469 8374. Il faut souvent faire la queue pour savourer La cuisine de l'Inde du Sud du Sagar servie dans cet excellent restaurant. *petit déj., déj. et dîner.*		●	■		
Delhi : *Sarvana Bhavan* (Rs Rs) 46, Janpath. (011) 2331 7755 ; 2331 6060. Ce restaurant renommé propose une cuisine de l''Inde du Sud. Ne manquez pas le riz tamarin, le *dosa* et le *rasam*. *petit déj., déj. et dîner.*	MC V	●	■		
Delhi : *Basil and Thyme* (Rs Rs Rs) Santushti Shopping Complex. (011) 2467 3322 ; 2467 4933. Ici, le menu, novateur, change tous les jour. Essayez les spécialités – pâté de foie de poulet ou quiche lorraine. *déj.* *dim.*	AE DC MC V			●	
Delhi : *Chor Bizzare* (Rs Rs Rs) Broadway Hotel, 4/15-A Asaf Ali Rd. (011) 2327 3821 ; 2327 3822. Vous découvrirez une délicieuse cuisine du Cachemire : *yakhni*, *roghan josh*, etc. *déj. et dîner.*	AE DC MC V	●			
Delhi : *Flavors* (Rs Rs Rs) 52-C Moolchand Flyover Bank Complex, Defence Colony. (011) 2464 5644. L'Italien qui dirige ce restaurant confectionne de délicieux *antipasti*, des plats de pâtes et des salades. *déj. et dîner.*	AE DC MC V			●	■
Delhi : *Karim's* (Rs Rs Rs) 16 Jami Masjid. (011) 2326 9880. Une institution : les plats moghols, riches et épicés, sont très savoureux. Goûtez les tendres *burra* kebabs. *petit déj., déj. et dîner.* *lun., fêtes.*	AE DC MC V	●			
Delhi : *Kwality* (Rs Rs Rs) 67 Regal Building, Connaught Place. (011) 2374 2310 ; 2374 2352. Situé au cœur du quartier des affaires de Delhi, ce restaurant penjabi sert une cuisine généreuse et consistante, très appréciée. *déj. et dîner.*	AE DC MC V	●			
Delhi : *Lodi - The Garden Restaurant* (Rs Rs Rs) Lodi Road, Near Gate 1, Opposite Mausam Vibhag. (011) 2465 5054 ; 2465 2808. Le restaurant bénéficie d'un emplacement pittoresque à côté des Lodi Gardens, et propose des spécialités méditerranéennes et libanaises. *déj. et dîner.*	AE DC MC V			●	■
Delhi : *Park Baluchi* (Rs Rs Rs) Dans Deer Park, Hauz Khas Village. (011) 2685 9369 ; 2696 9829. Repas à ciel ouvert, à l'ombre des arbres, au milieu des biches et des paons. Tous les plats *tandoori* et les pains indiens sont exceptionnels. Essayez le *dal makhni* et les *kebabs* végétariens. *déj. et dîner.*	AE DC MC V	●			■
Delhi : *The Rampur Kitchen* (Rs Rs Rs) 8-A, Khan Market. (011) 2463 1222 ; 2460 3366. Ce petit restaurant sert des spécialités de Rampur (ragoût de mouton et pain *sheermal*. *déj. et dîner.* *fêtes nationales.*	DC MC V	●			
Delhi : *Dakshin* (Rs Rs Rs Rs) Marriott Welcom Hotel, District Centre, Saket. (011) 2652 1122. Dégustez des spécialités épicées de l'Inde du Sud et des plats cuisinés aux aromates dans un cadre élégant. *déj. et dîner.*	AE DC MC V	●			
Delhi : *Diva* (Rs Rs Rs Rs) M-84 Greater Kailash II. (011) 2621 5673. L'un des meilleurs restaurants italiens de la ville. Bar animé et café à l'étage. Au menu : salades, pâtes et autres spécialités italiennes, ainsi qu'un large choix de délicieux jus frais. *déj. et dîner.*	AE MC V			●	

Prix moyen d'un repas, taxes et service compris mais sans alcool.

Rs moins de 100 roupies
RsRs 100 à 200 roupies
RsRsRs 200 à 400 roupies
RsRsRsRs 400 à 700 roupies
RsRsRsRsRs + de 700 roupies

CARTES BANCAIRES
Indique les cartes acceptées.

SPÉCIALITÉS RÉGIONALES
L'établissement propose des mets typiques de régions de l'Inde comme le Rajasthan, le Gujarat ou le Sud.

PUREMENT VÉGÉTARIEN
Le restaurant sert une cuisine exclusivement végétarienne.

PLATS OCCIDENTAUX
Plats français, italiens ou d'autres pays occidentaux.

TABLES À L'EXTÉRIEUR
Possibilité de manger en plein air, souvent avec une belle vue.

DELHI : *DV8* RsRsRsRs
13 Regal Building, Connaught Place. *(011) 2336 3358 ; 2467 4932.*
Ce restaurant populaire sert des spécialités asiatiques, européennes et indiennes. Le mercredi soir, venez écouter de la musique rock des années 1970 et 1980 au *Prism Bar*, récemment ouvert. *déj. et dîner.*

DELHI : *Nanking* RsRsRsRs
Plot C-6, en face de la Delhi Public School, Vasant Kunj. *(011) 2613 8936 ; 2613 8937.*
Ce qui frappe avant tout, c'est la convivialité de l'accueil et l'ambiance de ce restaurant. La carte propose une large gamme de plats chinois. *déj. et dîner.*

DELHI : *Thai Wok* RsRsRsRs
Ambavatta Complex, Mehrauli. *(011) 2664 4289.*
Installé sur un toit, ce restaurant ménage de splendides vues sur le Qutb Minar. On y déguste des currys thaïlandais aromatisés. *déj. et dîner.*

DELHI : *Bukhara* RsRsRsRsRs
Sardar Patel Marg, Maurya Sheraton, Diplomatic Enclave. *(011) 2611 2233.*
Sans conteste, l'une des meilleures tables de la ville. On y déguste de succulents plats *tandoori*, comme le *sikandari raan* et les fameux pains *naan*, à goûter impérativement. *déj. et dîner.*

DELHI : *Dum Pukht* RsRsRsRsRs
Maurya Sheraton, Diplomatic Enclave. *(011) 2611 2233.*
Ce restaurant sert des plats *avadhi*, cuits à la vapeur. Les kebabs *biryani* et *kakori* sont fameux. *déj. et dîner.*

DELHI : *House of Ming* RsRsRsRsRs
Taj Mahal Hotel, 1 Mansingh Rd. *(011) 2302 6162.*
Dégustez une savoueureuse cuisine cantonaise et sichuanaise : goûtez le canard laqué et les gâteaux aux dattes. *déj. et dîner.*

DELHI : *La Piazza* RsRsRsRsRs
Hyatt Regency, Bhikaji Cama Place. *(011) 2679 1234.*
Le meilleur restaurant italien de la ville. En semaine, le buffet à midi est excellent, mais le brunch du dimanche, offrant une quantité impressionnante de pâtes et de pizzas, est encore meilleur. *déj. et dîner.*

DELHI : *Olive Bar & Kitchen* RsRsRsRsRs
One Style Mile, Mehrauli. *(011) 2664 2552.*
Ce restaurant méditerranéen primé propose un menu varié, composé de salades fraîches, pâtes et desserts exotiques. *déj. et dîner.*

DELHI : *Sakura* RsRsRsRsRs
The Metropolitan Hotel Nikko, Bangla Sahib Rd. *(011) 2334 2000.*
Très apprécié des hommes d'affaires japonais souffrant du mal du pays, ce restaurant sert une cuisine japonaise authentique, à des prix élevés. *petit déj., déj. et dîner.*

DELHI : *Spice Route* RsRsRsRsRs
Imperial Hotel, Janpath. *(011) 2334 1234.*
La superbe décoration intérieure du restaurant offre un cadre idéal pour déguster une cuisine excellente, composée de spécialités d'Inde et d'Asie du Sud-Est. Personnel discret mais attentif. *déj. et dîner.*

DELHI : *Threesixty* RsRsRsRsRs
The Oberoi, Dr Zakir Hussain Marg. *(011) 2436 3030.*
Le restaurant le plus élégant de Delhi possède le meilleur bar de sushis de la ville. La carte des vins est superbe. *petit déj., déj. et dîner.*

Restaurant	Cartes bancaires	Spécialités régionales	Purement végétarien	Plats occidentaux	Tables à l'extérieur
DV8	AE DC MC V			●	
Nanking	AE V				
Thai Wok	AE MC V	●			■
Bukhara	AE DC MC V	●			
Dum Pukht	AE DC MC V	●			
House of Ming	AE DC MC V	●			
La Piazza	AE DC MC V			●	
Olive Bar & Kitchen	MC V			●	
Sakura	AE DC MC V				
Spice Route	AE DC MC V	●			
Threesixty	AE DC MC V			●	

Pour la légende des symboles, voir rabat de couverture

Prix moyen d'un repas, taxes et service compris mais sans alcool.

Rs moins de 100 roupies
Rs Rs 100 à 200 roupies
Rs Rs Rs 200 à 400 roupies
Rs Rs Rs Rs 400 à 700 roupies
Rs Rs Rs Rs Rs + de 700 roupies

CARTES BANCAIRES
Indique les cartes acceptées.

SPÉCIALITÉS RÉGIONALES
L'établissement propose des mets typiques de régions de l'Inde comme le Rajasthan, le Gujarat ou le Sud.

PUREMENT VÉGÉTARIEN
Le restaurant sert une cuisine exclusivement végétarienne.

PLATS OCCIDENTAUX
Plats français, italiens ou d'autres pays occidentaux.

TABLES À L'EXTÉRIEUR
Possibilité de manger en plein air, souvent avec une belle vue.

L'HARYANA ET LE PENDJAB

	CARTES BANCAIRES	SPÉCIALITÉS RÉGIONALES	PUREMENT VÉGÉTARIEN	PLATS OCCIDENTAUX	TABLES À L'EXTÉRIEUR
AMRITSAR : *Kwality Restaurant* Rs Rs Novelty Building, Novelty Chowk, Lawrence Rd. *(0183) 222 4849.* Ce restaurant d'une chaîne du Nord de l'Inde sert une cuisine penjabi authentique. Personnel efficace. *petit déj., déj. et dîner.*	MC V	●		●	
AMRITSAR : *Astoria Food Pavilion* Rs Rs Rs Ranjit Avenue. *(0183) 250 5722.* Agréable, ce nouveau restaurant est très fréquenté pour ses *sizzler* (viande grillée). Parmi les spécialités au poisson, goûtez le poisson *amritsari*. *déj. et dîner.*				●	
AMRITSAR : *Crystal Restaurant* Rs Rs Rs Crystal Chowk. *(0183) 222 5555.* Ce restaurant sert une bonne cuisine penjabi. Les clients apprécient tout particulièrement le classique *tandoori*. *déj. et dîner.* *Diwali.*	AE MC V	●		●	
CHANDIGARH : *Sagar Ratna* Rs Rs SCO 47 Sector 17-E. *(0172) 500 5500 ; 270 7710.* Spécialités de l'Inde du Sud. Les boissons à base de fruits frais, dont le *chikoo*, sont savoureuses. *petit déj., déj. et dîner.*		●	■		
CHANDIGARH : *Salad Bar* Rs Rs SCO 76-79 Sector 17-C. *(0172) 272 3222.* Jeunes et personnes faisant leur shopping dans le « Sector 17 » : de bonnes salades et des snacks. *déj. et dîner.*	AE DC MC V				
CHANDIGARH : *Ghazal Restaurant* Rs Rs Rs SCO 189-91, Sector 17-C. *(0172) 270 4448.* Le restaurant est réputé pour les plats traditionnels de Mughlai. Essayez le *murg lababdar* et le *paneer dilruba*. *petit déj., déj. et dîner.*	AE MC V	●			
CHANDIGARH : *Magic Wok* Rs Rs Rs Hotel Mountview, SCO 10. *(0172) 274 0544.* Ce restaurant chinois, sur le toit d'un immeuble, bénéficie de belles vues sur la ville. Goûtez les entrées aux crevettes. *déj. et dîner.*	AE DC MC V				■
CHANDIGARH : *Mehfil Restaurant.* Rs Rs Rs SCO 181-183 Sector 17-C. *(0172) 270 4224 ; 270 3539.* Dans un décor un peu chargé, vous dégusterez une authentique cuisine penjabi servie avec toute l'hospitalité des Indiens. *petit déj., déj. et dîner.*	MC V	●			

L'HIMACHAL PRADESH

	CARTES BANCAIRES	SPÉCIALITÉS RÉGIONALES	PUREMENT VÉGÉTARIEN	PLATS OCCIDENTAUX	TABLES À L'EXTÉRIEUR
CHAIL : *Palace Hotel's Restaurant* Rs Rs Palace Hotel. *(01792) 248 141.* Laissez-vous tenter par les spécialités régionales servies dans ce ravissant restaurant, comme le *sepubadi* ou le *kadi* de l'Himachal. *petit déj., déj. et dîner.*	AE MC V	●		●	
CHAMBA : *Iravati Hotel* Rs Rs Près de Main Sehgal. *(01899) 222 671.* Ce restaurant qui a de jolies vues sur la montagne sert de bons plats de l'Inde du Sud ainsi que de légers en-cas. *petit déj., déj. et dîner.*		●			■
DHARAMSALA : *Ashoka Restaurant* Rs Rs McLeodganj, Jogiwara Rd. *(01892) 22 589.* Ce restaurant est plaisant et amical. Nous recommandons spécialement les *tandoori*, currys et *naan* agrémentés de beurre. *petit déj., déj. et dîner.* *janv.*		●			■
DHARAMSALA : *Chonor Guest House Restaurant* Rs Rs Temple Rd, McLeodganj. *(01892) 221 006.* Intérieur impeccable et décoration attrayante pour ce restaurant qui sert une cuisine continentale et tibétaine. Essayez les *momo*. *petit déj., déj. et dîner.*	MC V			●	■

DHARAMSALA : *Nick's Italian Kitchen* Rs Rs
Kunga Guesthouse. ☎ *(01892) 221 180.*
Essayez les pâtes, les pizzas, les soupes au vermicelle tibétaines et les *momo*.
○ *petit déj., déj. et dîner.* ● *Nouvel An tibétain, anniversaire du dalaï-lama.*

KALPA : *Kinner Villa Restaurant* Rs
Hotel Kinner Villa. ☎ *(01786) 226 006.*
Une cuisine indienne traditionnelle, servie avec simplicité : ne manquez pas le *dal-roti*. ○ *petit déj., déj. et dîner.* ● *nov.-avr.*

KULLU : *Silhouette-Hotel Le Grand* Rs Rs
National Highway 21, Kullu-Manali Rd. ☎ *(01902) 251 414.*
Cuisine exclusivement végétarienne servie sur demande. Plats chinois, occidentaux et classiques indiens figurent au menu. ▤ 🍸 ○ *déj. et dîner.*

MANALI : *Chopsticks* Rs Rs
The Mall. ☎ *(01902) 252 639.*
Ce restaurant à l'ambiance chaleureuse sert de copieuses portions de plats japonais, chinois et tibétains. Essayez le *gyakok*, un délicieux ragoût de viande aux pommes de terre (spécialité tibétaine). ○ *petit déj., déj. et dîner.*

MANALI : *Johnson's Café* Rs Rs
The Mall. ☎ *(01902) 253 023.*
Une table très populaire qui doit son succès à sa truite fraîche, ses pâtes faites maison, ses glaces et son délicieux café. ○ *petit déj., déj. et dîner.*

MANALI : *Mayur Restaurant* Rs Rs
Old Mission Rd. ☎ *(01902) 252 316.*
Plats spéciaux pour les végétariens, sur demande. Au menu figurent des *tandoori* et des plats chinois agrémentés de touches indiennes. L'ambiance est plaisante et le service efficace. ○ *petit déj., déj. et dîner.*

MANALI : *Rendezvous* Rs Rs
Hotel Snowcrest Manor, Log Hut Area. ☎ *(01902) 253 351.*
Ce restaurant, qui offre des vues spectaculaires sur les montagnes, sert une cuisine indienne et quelques plats occidentaux. 🍸 ○ *petit déj., déj. et dîner.*

MANDI : *Cabofrio Restaurant & Copacabana Bar* Rs Rs
Hotel Rajmahal, Near District Court. ☎ *(01905) 222 401.*
Malgré son nom brésilien, ce restaurant sert des plats occidentaux, chinois et indiens. Les snacks sont bons. 🍸 ○ *petit déj., déj. et dîner.*

SHIMLA : *Davicos Bar & Restaurant* Rs Rs
5 The Mall. ☎ *(0177) 280 6335.*
Une institution dans Shimla : délicieux kebabs, légers en-cas et bons plats végétariens de l'Inde du Sud. 🍸 ○ *petit déj., déj. et dîner.*

SHIMLA : *Baljees* Rs Rs Rs
26 The Mall. ☎ *(0177) 265 2313.*
L'un des plus anciens restaurants de la ville, dans la rue principale : savoureuse cuisine indienne et occidentale. ○ *petit déj., déj. et dîner.*

SHIMLA : *Cecil Restaurant* Rs Rs Rs
Oberoi Cecil, Chaura Maidan. ☎ *(0177) 280 4848.*
Ce restaurant élégant sert une cuisine asiatique et européenne. ▤ ○ *petit déj., déj. et dîner.*

LE LADAKH ET LE JAMMU-ET-CACHEMIRE

JAMMU : *Falak* Rs Rs Rs
KC Residency Hotel, Vir Marg. ☎ *(0191) 252 0770.*
Vous y dégusterez une cuisine essentiellement mughlaï et du Cachemire. Quelques plats chinois figurent sur la carte. ▤ 🍸 ○ *déj. et dîner.* ● *nov.-mars.*

LEH : *Amdo Cafeteria* Rs Rs
Main Market. ☎ *(01982) 253 114.*
Le restaurant, situé sur un toit, donne sur le Leh Palace et le vieux fort. Bonne cuisine du Cachemire et du Tibet. ○ *petit déj., déj. et dîner.*

LEH : *Budshah Inn Restaurant* Rs Rs
Main Bazaar, Leh. ☎ *(01982) 252 813.*
Laissez-vous tenter par une spécialité du Cachemire, le *waazwan* à base de mouton et de racines de lotus, et autres mets délicats. Les prix sont raisonnables et les portions généreuses. ○ *petit déj., déj. et dîner.* ● *nov.-mars.*

Dharamsala : Nick's Italian Kitchen				●	
Kalpa : Kinner Villa Restaurant		●		●	■
Kullu : Silhouette-Hotel Le Grand		●		●	■
Manali : Chopsticks					
Manali : Johnson's Café				●	■
Manali : Mayur Restaurant		●		●	
Manali : Rendezvous	AE DC MC V	●		●	■
Mandi : Cabofrio Restaurant & Copacabana Bar		●		●	
Shimla : Davicos Bar & Restaurant	MC V	●		●	
Shimla : Baljees	MC V	●		●	
Shimla : Cecil Restaurant	MC V	●		●	
Jammu : Falak	AE DC MC V	●			
Leh : Amdo Cafeteria		●		●	
Leh : Budshah Inn Restaurant		●			

Prix moyen d'un repas, taxes et service compris mais sans alcool.

- Rs moins de 100 roupies
- RsRs 100 à 200 roupies
- RsRsRs 200 à 400 roupies
- RsRsRsRs 400 à 700 roupies
- RsRsRsRsRs + de 700 roupies

Cartes bancaires
Indique les cartes acceptées.

Spécialités régionales
L'établissement propose des mets typiques de régions de l'Inde comme le Rajasthan, le Gujarat ou le Sud.

Purement végétarien
Le restaurant sert une cuisine exclusivement végétarienne.

Plats occidentaux
Plats français, italiens ou d'autres pays occidentaux.

Tables à l'extérieur
Possibilité de manger en plein air, souvent avec une belle vue.

Leh : *Ibex Hotel Restaurant* RsRs
Leh. *(01982) 252 281.*
Ce petit restaurant sert une cuisine indienne et chinoise. Plats occidentaux préparés sur demande. *petit déj., déj. et dîner. nov.-mars.*

Leh : *Penguin Bar and Restaurant* RsRs
Fort Rd. *(01982) 251 523.*
Vous dégusterez dans un jardin de bons pains allemands et des plats végétariens. *petit déj., déj. et dîner. oct.-mai.*

Leh : *Summer Harvest Restaurant* RsRs
Fort Rd. *(01982) 252 226.*
Ce restaurant sans prétention propose des spécialités du Tibet, du Ladakh, du Cachemire ainsi que des plats occidentaux. *petit déj., déj. et dîner. nov.-fév.*

Leh : *Café World Peace* RsRsRs
Near New Gas Service. *(01982) 252 988.*
Ce restaurant propose des plats indiens, chinois et occidentaux, ainsi que d'exquises viennoiseries (pains à la cannelle). *déj. et dîner. 15-20 sept.*

Leh : *Mentokling Garden Restaurant* RsRsRs
Zangsti. *(01982) 252 992.*
Ce joli restaurant avec jardin dispose de tables à l'ombre des pommiers. Il sert des spécialités locales et des plats occidentaux. *petit déj., déj. et dîner. nov.-fév.*

Leh : *Omasila Restaurant* RsRsRs
Hotel Omasila, Changspa. *(01982) 252 119.*
Dans le calme d'un jardin, vous dégusterez une cuisine préparée à base de légumes bio, cultivés par le propriétaire. *petit déj., déj. et dîner.*

Leh : *Ostal Restaurant* RsRsRs
Ostal Guesthouse. *(01982) 252 816.*
Situé dans un village pittoresque, ce restaurant est agréable, clair et spacieux. Non loin se trouve une boulangerie suisse. *déj. et dîner. fin sept.*

Leh : *High Life* RsRsRsRs
Fort Rd. *(01982) 251 013.*
Vous dégusterez dans un décor tibétain des plats italiens, chinois, tibétains et indiens. *petit déj., déj. et dîner. nov.-avr.*

Srinagar : *The Chinar* RsRsRs
Gupkar Rd. *(0194) 247 0101.*
Une cuisine internationale, des spécialités du Cachemire et des grillades à déguster sous les majestueux arbres chinar. C'était l'un des endroits préférés des stars de Bollywood. *petit déj., déj. et dîner.*

L'Uttar Pradesh et l'Uttaranchal

Agra : *Joney's Palace* Rs
Kutta Park, Near Thana, Taj Ganj. *Pas de téléphone.*
Connu pour son *lassi* (yaourt battu) aux bananes, ce restaurant sert aussi de bons petits déjeuners, des plats israéliens et indiens. *petit déj., déj. et dîner.*

Agra : *Dasaprakash* RsRs
1 Gwalior Rd, Meher Theatre Complex, Agra Cantonment. *(0562) 236 3368.*
Pour déguster une bonne cuisine de l'Inde du Sud à des prix raisonnables. Essayez le *rawa dosa* et l'*uthapam*. *petit déj., déj. et dîner.*

Agra : *Only Restaurant* RsRs
45 Taj Rd. *(0562) 222 6834.*
Une cuisine standard. Ambiance plus festive le soir : groupes de musique traditionnelle indienne. *petit déj., déj. et dîner. Holi.*

Restaurant	Cartes bancaires	Spécialités régionales	Purement végétarien	Plats occidentaux	Tables à l'extérieur
Ibex Hotel Restaurant		●		●	■
Penguin Bar and Restaurant		●		●	■
Summer Harvest Restaurant		●		●	
Café World Peace		●		●	■
Mentokling Garden Restaurant		●		●	■
Omasila Restaurant		●		●	■
Ostal Restaurant		●		●	■
High Life		●		●	■
The Chinar	AE MC V	●		●	■
Joney's Palace		●		●	
Dasaprakash	MC V	●	■		■
Only Restaurant	AE MC V	●		●	■

AGRA : *Olive Garden* Rs Rs Rs Holiday Inn, Sanjay Place, M.G. Road. ☎ *(0562) 252 3460.* Repas sous forme de buffet et service au bar : cuisine éclectique et spécialités chinoises. ▤ Y ○ *petit déj., déj. et dîner.*	MC V			●	
AGRA : *The Mughal* Rs Rs Rs Rs Hotel Clarks Shiraz, Taj Rd. ☎ *(0562) 222 6121.* Cuisine internationale et plats mughlaï. Des musiciens traditionnels jouent le *ghazal* (chant d'amour). ▤ ○ *dîner.*	MC V	●		●	
ALLAHABAD : *Elchico* Rs Rs 24 MG Road, Civil Lines. ☎ *(0532) 242 0753.* L'un des plus anciens restaurants de la ville pour déguster une cuisine indienne et occidentale et un délicieux café. ▤ ○ *petit déj., déj. et dîner.*	AE DC MC V	●		●	
DEHRADUN : *Kwality Restaurant* Rs Rs 19 Rajpur Rd. ☎ *(0135) 265 7001.* Fidèle à sa réputation établie de longue date, ce restaurant de chaîne propose une cuisine penjabi saine et goûteuse. ▤ ○ *petit déj., déj. et dîner.*		●		●	
FATEHPUR SIKRI : *Navratan Restaurant* Rs Rs Gulistan Tourist Complex. ☎ *(05613) 282 490.* Une étape très appréciée des voyageurs : snacks ou repas plus complets à déguster dans un jardin riant. ▤ Y ○ *déj. et dîner.*		●		●	■
HARIDWAR : *Bestee* Rs 18 Niranjani Akhara. ☎ *(01334) 227 210.* Ici, on sert de bons petits déjeuners, mais le restaurant est plus connu pour ses snacks savoureux, ses milk-shakes de fruits frais et ses *lassi.* ○ *petit déj., déj. et dîner.*		●	■	●	
HARIDWAR : *Chinkara Hills* Rs Haridwar-Rishikesh Rd, Raiwala, Dehradun District. ☎ *(0135) 248 4361.* Une étape pour les touristes en route vers Haridwar. On y sert des snacks, des plats non végétariens et de l'alcool, interdit à Hardiwar. Y ○ *petit déj., déj. et dîner.*		●		●	
KANPUR : *Kwality Restaurant* Rs Rs 16/97, The Mall. ☎ *(0512) 231 2290.* Vous savourerez comme dans l'autre restaurant de la chaîne une bonne cuisine pendjabi à des prix raisonnables. ▤ Y ○ *déj. et dîner.*		●		●	
LUCKNOW : *Tunde ke Kebab* Rs Amina Chowk. ☎ *Pas de téléphone.* Les gens viennent de loin pour déguster les kebabs fondants confectionnés par le chef Tunda, une institution locale. ○ *déj. et dîner.*		●			
LUCKNOW : *Vyanjan Restaurant* Rs Rs Vinay Palace, 10 Ashok Marg. Vous dégusterez une excellente cuisine végétarienne dans ce restaurant agréablement climatisé. ▤ ○ *déj. et dîner.*	MC V	●			
LUCKNOW : *Zaika* Rs Rs 10 Rani Laxmi Bai Marg. ☎ *(0522) 221 2155.* Une cuisine éclectique, notamment des spécialités *avadhi,* comme le *biryani* et le *korma* de mouton. ▤ ○ *petit déj., déj. et dîner.*	AE DC MC V	●		●	
LUCKNOW : *Falaknuma* Rs Rs Rs Rs Hotel Clark's Avadh, 8 MG Marg. ☎ *(0522) 261 6500.* Installé sur un toit, ce restaurant ménage de très belles vues et propose une délicieuse cuisine *Dum Pukht* traditionnelle. ▤ Y ○ *déj. et dîner.*	AE MC V	●			
LUCKNOW : *Oudhyana Restaurant* Rs Rs Rs Rs Taj Residency, Vipin Khand, Gomti Nagar. ☎ *(0522) 239 1201.* Dégustez une cuisine *avadhi* royale parfaitement accordée à l'ambiance luxueuse du lieu. Les kebabs et les *pulao* méritent le détour. ▤ Y ○ *déj. et dîner.*	AE DC MC V	●			
MATHURA : *Best Western Radha Ashok* Rs Rs Rs Masani Bypass Rd, Post. Chhatikara. ☎ *(0565) 253 0395.* Situé en retrait de l'autoroute Delhi-Agra, ce restaurant propose une cuisine internationale de qualité, à des prix modérés. ▤ ○ *petit déj., déj. et dîner.*	AE MC V	●		●	
MUSSOORIE : *Whispering Windows* Rs Rs The Mall. ☎ *(0135) 263 2020.* Une adresse populaire, ménageant des vues sur *The Mall.* Délicieux *butter chicken* penjabi et des plats occidentaux. ○ *petit déj., déj. et dîner.*		●		●	

Prix moyen d'un repas, taxes et service compris mais sans alcool.

- (Rs) moins de 100 roupies
- (Rs)(Rs) 100 à 200 roupies
- (Rs)(Rs)(Rs) 200 à 400 roupies
- (Rs)(Rs)(Rs)(Rs) 400 à 700 roupies
- (Rs)(Rs)(Rs)(Rs)(Rs) + de 700 roupies

CARTES BANCAIRES
Indique les cartes acceptées.

SPÉCIALITÉS RÉGIONALES
L'établissement propose des mets typiques de régions de l'Inde comme le Rajasthan, le Gujarat ou le Sud.

PUREMENT VÉGÉTARIEN
Le restaurant sert une cuisine exclusivement végétarienne.

PLATS OCCIDENTAUX
Plats français, italiens ou d'autres pays occidentaux.

TABLES À L'EXTÉRIEUR
Possibilité de manger en plein air, souvent avec une belle vue.

	Cartes bancaires	Spécialités régionales	Purement végétarien	Plats occidentaux	Tables à l'extérieur
NAINITAL : *Kumaon Restaurant* (Rs)(Rs) Grasmere Estate, Mallital. ☎ *(05942) 237 341.* Avec ses vues sur la ville environnante et sa cuisine internationale saine, ce restaurant vous fera vivre un moment agréable. *peti déj., déj. et dîner.*	AE DC MC V	●		●	
RISHIKESH : *Chotiwala* (Rs) Swarg Ashram, de l'autre côté de Shivanand Jhula. ☎ *(0135) 243 0070.* Des serveurs efficaces servent, dans une ambiance joyeuse, des plats végétariens, appréciés des pèlerins (l'*aloo poori* mérite un essai). *peti déj., déj. et dîner.*	AE MC V	●	■		
VARANASI (BÉNARÈS) : *Keshari Restaurant* (Rs)(Rs) D14/90 Dasashvamedha Rd. ☎ *(0542) 240 1472 ; 235 2006.* Ce restaurant doit sa réputation, méritée, à ses délicieuses spécialités de Varanasi : des plats végétariens. *peti déj., déj. et dîner.*	MC V	●	■		■
VARANASI : *Café Sizzler's* (Rs)(Rs)(Rs) Clarks Tower, The Mall. ☎ *(0542) 2508 4900.* Un large choix de plats internationaux. Nous vous conseillons tout particulièrement le buffet de midi. *peti déj., déj. et dîner.*	AE MC V	●		●	
VARANASI : *Eden Restaurant* (Rs)(Rs)(Rs) Hotel Pradeep, C-27/153 Jagatganj. ☎ *(0542) 220 4963.* Installé sur un toit avec pelouse, ce restaurant ménage de très belles vues sur Varanasi. Plats indiens et occidentaux. *peti déj., déj. et dîner.*		●		●	■
VARANASI : *Kashika Clarks* (Rs)(Rs)(Rs) Kashika Clarks, The Mall. ☎ *(0542) 250 8490.* Le restaurant propose une cuisine végétarienne, mughlaï et *tandoori*, avec un accent sur les pickles et les chutneys. *peti déj., déj. et dîner.*	AE MC V	●			
VARANASI : *Chowk* (Rs)(Rs)(Rs)(Rs) Hotel Taj Ganges, Nadesar Palace Ground. ☎ *(0542) 250 3001.* La carte de ce *coffee-shop* récemment rénové propose une grande diversité de classiques internationaux. *peti déj., déj. et dîner.*	AE DC MC V	●		●	
LE BIHAR ET LE JHARKHAND					
BODHGAYA : *Café Om* (Rs)(Rs) Près de la Bank of India. ☎ *Pas de téléphone.* Ce restaurant populaire sert d'excellents petits déjeuners, des plats tibétains et japonais. *peti déj., déj. et dîner.* *mai-oct.*		●		●	■
BODHGAYA : *Amprapali* (Rs)(Rs) Hotel Niranjana. ☎ *(0631) 220 0475.* Le restaurant, couvert, offre un cadre reposant, idéal pour déguster une cuisine internationale. *peti déj., déj. et dîner.*	MC V	●		●	■
PATNA : *Darpan Restaurant cum Coffee-Shop* (Rs)(Rs) Beer Chand Patel Marg. ☎ *(0612) 222 6270.* Sur la carte voisinent des plats indiens, chinois, occidentaux et de savoureux petits snacks. *peti déj., déj. et dîner.*	DC MC V	●		●	■
PATNA : *Samrat* (Rs)(Rs)(Rs) Hotel Chanakya. ☎ *(0612) 222 3141.* Un personnel discret et efficace sert une grande diversité de plats indiens, chinois et occidentaux. *peti déj., déj. et dîner.*	AE DC MC V	●		●	
RAJGIR : *Indo Hokke Restaurant* (Rs)(Rs)(Rs)(Rs)(Rs) Centaur Hokke Hotel. ☎ *(06112) 255 245.* Ce restaurant peut s'enorgueillir de servir une cuisine japonaise authentique, préparée par des chefs formés au Japon. Essayez les crevettes fraîches et les *tempura*. *peti déj., déj. et dîner.*	AE DC MC V	●			■

RANCHI : *Kaveri Restaurant* Rs Rs

11 GEL Church Complex, Main Rd. *(0651) 233 0330.*

C'est le meilleur restaurant végétarien de la ville. Il sert une cuisine simple, saine et consistante, à des prix raisonnables. *peti déj., déj. et dîner.*

DC V

RANCHI : *Shefali Restaurant* Rs Rs

Hotel Yuvraj Palace, Doranda. *(0651) 248 0326.*

Cuisine éclectique : goûtez les plats régionaux. Vous pouvez prendre votre repas dehors, à l'air frais. *peti déj., déj. et dîner.*

LE MADHYA PRADESH ET LE CHHATTISGARH

BANDHAVGARH : *Bandhavgarh Jungle Camp Restaurant* Rs Rs Rs

Bandhavgarh National Park. *Pas de téléphone.*

Dans une gracieuse chaumière, vous dégusterez un petit déjeuner anglais, un déjeuner à l'indienne ou un dîner continental. *peti déj., déj. et dîner.*

BHOPAL : *Jharokha Restaurant* Rs Rs Rs

Hotel Amer Palace, 209 Zone I, Maharana Pratap Nagar. *(0755) 527 2110.*

Ce célèbre restaurant de Bhopal sert une cuisine internationale de qualité et d'excellentes pâtisseries. *peti déj., déj. et dîner.*

AE MC V

BHOPAL : *Shahnama Restaurant* Rs Rs Rs

Jehanuma Palace Hotel, 157 Shamla Hills. *(0755) 266 1100.*

Les buffets à l'heure du déjeuner sont très prisés dans cet élégant restaurant. Les spécialités locales – comme le *curry mutton razala* – sont particulièrement délectables. *peti déj., déj. et dîner.*

AE DC MC V

GWALIOR : *Swad Restaurant* Rs Rs

Hotel Landmark, 47 Manik Vilas Colony. *(0751) 2501 1271.*

Un personnel courtois, une ambiance joyeuse et des plats internationaux appétissants font le succès de ce restaurant. *peti déj., déj. et dîner.*

AE DC MC V

GWALIOR : *Daawat Restaurant* Rs Rs Rs

Hotel Gwalior Regency, Link Rd. *(0751) 234 0670.*

Idéal pour les déjeuners d'affaires et les sorties familiales : savoureuse cuisine pendjabi et mughlaï. *peti déj., déj. et dîner.*

AE DC MC V

GWALIOR : *Taj Usha Kiran Palace Restaurant* Rs Rs Rs

Usha Kiran Palace Hotel, Jayendraganj, Lashkar. *(0751) 232 3993.*

Dégustez une cuisine mughlaï de première qualité dans une ambiance royale parfaitement adaptée. *peti déj., déj. et dîner.*

AE MC V

INDORE : *Ambrosia* Rs Rs

Fortune Landmark Hotel. *(0731) 255 7700.*

Le restaurant propose un buffet à midi tout à fait abordable. Vaste choix de plats chinois, indiens et européens. *peti déj., déj. et dîner.*

MC V

JABALPUR : *Vatika Restaurant* Rs Rs

Hotel Samdariya, Russel Chowk. *(0761) 231 6800.*

Vous y dégusterez une cuisine internationale : plats indiens, chinois et occidentaux. Nous recommandons les spécialités de l'Inde du Sud. *déj. et dîner.*

KHAJURAHO : *Raja Café* Rs Rs

Face à l'entrée du Western Group of Temples. *(07686) 272 307.*

Situé près des temples, ce restaurant populaire de Khajuraho est géré par une formidable femme indo-suisse. Tables dans une cour ombragée, jus délicieux, plats de pâtes et gâteau au chocolat. *peti déj., déj. et dîner.*

KHAJURAHO : *Gautama Restaurant* Rs Rs Rs

Holiday Inn, Airport Rd. *(07686) 272 301.*

Une cuisine internationale saine, à savourer au doux bruit des fontaines décorant l'intérieur. *peti déj., déj. et dîner.*

AE DC MC V

KHAJURAHO : *Jass Trident Hotel Restaurant* Rs Rs Rs

Hotel Jass Oberoi, Bypass Rd. *(07686) 272 344.*

Une cuisine internationale de qualité et des plats indiens classiques. Des danses folkloriques et des musiciens animent les soirées. *peti déj., déj. et dîner.*

AE DC MC V

ORCHHA : *Hotel Sheesh Mahal Restaurant* Rs Rs

Hotel Sheesh Mahal. *(07680) 252 624.*

Dans un palais du XVIIe siècle, ce restaurant à l'ambiance évocatrice sert une cuisine internationale préparée avec des produits frais. Le lunch et les dîners sous forme de buffet sont très copieux. *peti déj., déj. et dîner.*

Prix moyen d'un repas, taxes et service compris mais sans alcool.

Rs moins de 100 roupies
Rs Rs 100 à 200 roupies
Rs Rs Rs 200 à 400 roupies
Rs Rs Rs Rs 400 à 700 roupies
Rs Rs Rs Rs Rs + de 700 roupies

Cartes bancaires
Indique les cartes acceptées.

Spécialités régionales
L'établissement propose des mets typiques de régions de l'Inde comme le Rajasthan, le Gujarat ou le Sud.

Purement végétarien
Le restaurant sert une cuisine exclusivement végétarienne.

Plats occidentaux
Plats français, italiens ou d'autres pays occidentaux.

Tables à l'extérieur
Possibilité de manger en plein air, souvent avec une belle vue.

Panna : *Machaan Restaurant* Rs Rs Rs
Ken River Lodge, Village Mandla. *(07732) 275 235.*
Cette cabane construite dans les arbres *(machaan)* sur pilotis, conçue avec imagination, jouit d'une ambiance enchanteresse et offre de belles vues sur la campagne pittoresque. Cuisine saine, sans prétention. *petit déj., déj. et dîner*

Ujjain : *White House Restaurant* Rs Rs Rs
Hotel Surana Palace, 23 GDC Rd, Dashera Maidan. *(0734) 253 0046.*
Savourez une cuisine indienne et chinoise, à des prix raisonnables, dans ce restaurant de plein air. *petit déj., déj. et dîner*

Kolkata (Calcutta)

Kolkata : *Charnok's* Rs Rs
Charnok's City, KB-26 Salt Lake City, Sector III. *(033) 2335 1349.*
Un menu éclectique : des plats de type fast-food à une cuisine internationale, en passant par des jus de fruits frais. *déj. et dîner.*

Kolkata : *Chung Wah* Rs Rs
13A-B Chittaranjan Avenue. *(033) 2237 7003.*
Construit en 1920, ce restaurant sert une cuisine chinoise revue à l'indienne, à des prix raisonnables. Les spécialités comprennent : le *chilli chicken*, le riz cantonais et le *chopsuey*. *déj. et dîner.*

Kolkata : *Jimmy's Kitchen* Rs Rs
7/1 AJC Bose Road. *(033) 2247 7139 ; 2280 0486.*
Un peu rétro, mais très populaire, ce restaurant chinois sert de bonnes boulettes vapeur et des plats sichuanais épicés. P *déj. et dîner.*

Kolkata : *Keupie's Kitchen* Rs Rs
2 Elgin Lane, Behind Netaji Bhawan. *(033) 2475 9880, 2476 9929.*
La meilleure cuisine bengali de toute la ville : le restaurant ne désemplit pas de toute la journée. *déj. et dîner.*

Kolkata : *Kwality* Rs Rs
17 Park Street. *(033) 2229 7681 ; 2229 7844.*
Ce restaurant traditionnel est réputé depuis longtemps pour ses spécialités d'Inde du Nord et sa cuisine occidentale. Les crèmes glacées chantilly et les cafés glacés sont particulièrement succulents. *petit déj., déj. et dîner.*

Kolkata : *Mocambo* Rs Rs
25B Park Street. *(033) 2229 0095.*
Avec ses hauts plafonds et son élégance raffinée, ce restaurant renommé est empreint d'une ambiance coloniale. Il est réputé pour son poisson grillé *bilsa*, servi sur une feuille de bananier. P *déj. et dîner.*

Kolkata : *Silver Grill* Rs Rs
18E Park Street. *(033) 2217 4649.*
Ce restaurant populaire sert une cuisine indo-chinoise à des prix convenables. Nous vous recommandons le poulet frit *wonton*, le *crispy chicken* et les poissons de Thaïlande et Singapour. P *déj. et dîner.*

Kolkata : *The Starlit Café* Rs Rs
Atrium, 3 Lord Sinha Rd. *(033) 2282 4446.*
Ce fast-food très populaire sert une cuisine végétarienne légère et équilibrée basée sur des principes de l'*ayurveda*. *petit déj., déj. et dîner.*

Kolkata : *Suruchi* Rs Rs
89, Elliot Rd. *(033) 2229 1763.*
Géré uniquement par des femmes, ce petit restaurant sert une succulente cuisine bengali faite maison et propose un bon rapport qualité/prix. P *déj.*

	Cartes bancaires	Spécialités régionales	Purement végétarien	Plats occidentaux	Tables à l'extérieur
Panna : Machaan Restaurant		●		●	■
Ujjain : White House Restaurant	MC V	●			■
Kolkata : Charnok's	AE DC MC V	●		●	
Kolkata : Chung Wah	DC MC V				
Kolkata : Jimmy's Kitchen	MC V				
Kolkata : Keupie's Kitchen	MC V	●			
Kolkata : Kwality	DC MC V	●		●	
Kolkata : Mocambo	DC MC V	●		●	
Kolkata : Silver Grill	AE DC MC V				
Kolkata : The Starlit Café		●	■		
Kolkata : Suruchi		●			

KOLKATA : *Blue Fox* — Rs Rs Rs — MC V

55 Park Street. (033) 2229 4165.
Ce bar rétro, proche d'un pub anglais, est aujourd'hui apprécié pour ses homards et ses crabes *sizzler*. *déj. et dîner.*

KOLKATA : *Zaranj* — Rs Rs Rs — AE DC MC V

26 Jawahar Lal Nehru Rd. (033) 2249 0369.
Vous dégusterez une cuisine indienne et chinoise mais aussi des plats thaïs et japonais. *déj. et dîner.* *mar.*

KOLKATA : *Aheli* — Rs Rs Rs Rs — AE DC MC V

The Peerless Inn, 12 Jawahar Lal Nehru Rd. (033) 2228 0301.
Des plats bengali traditionnels servis par un personnel courtois : *hilsa* cuits à la vapeur, crevettes *malai*, le poisson *bhetki* et le *bhapa doi* (dessert à base de yaourt). *déj. et dîner.*

KOLKATA : *Baan Thai* — Rs Rs Rs Rs — AE DC MC V

The Oberoi Grand Hotel, 15 Jawahar Lal Nehru Rd. (033) 2249 2323.
Ceux qui sont pressés pourront déjeuner en 45 minutes, les autres prendront leur temps pour choisir parmi le vaste choix de plats thaïlandais proposés sur la carte, d'une excellente qualité. *déj. et dîner.*

KOLKATA : *Main Land China* — Rs Rs Rs Rs — AE DC MC V

3A Gurusaday Rd, Uniworth House. (033) 2283 7964.
Ce célèbre restaurant chinois de Kolkata attire une clientèle avertie, notamment les amateurs de fruits de mer. *déj. et dîner.*

KOLKATA : *Tangerine* — Rs Rs Rs Rs — AE DC MC V

2/1 Outram Street. (033) 2281 5450.
La spécialité de ce restaurant au décor de *coffee-shop* chinois est le homard thermidor et les *bhetki* grillés. *déj. et dîner.*

LE BENGALE-OCCIDENTAL ET LE SIKKIM

DARJEELING : *Glenary's* — Rs Rs — MC V

Nehru Rd. (0354) 225 7556.
Cuisine internationale. La boulangerie attenante vend des pains, des pâtisseries et un thé Darjeeling raffiné. *petit déj., déj. et dîner.*

DARJEELING : *The Park Restaurant* — Rs Rs

41 Laden La Rd. (0354) 225 4989.
Sans doute l'une des meilleures tables de cuisine indienne traditionnelle de la ville. *petit déj., déj. et dîner.* *15 janv.-15 févr.*

DARJEELING : *Windamere Hotel Restaurant* — Rs Rs Rs Rs — AE DC MC V

Windamere Hotel, Observatory Hills. (0354) 225 4041.
La vue agréable et l'ambiance compensent une cuisine d'une qualité plutôt moyenne. *petit déj., déj. et dîner*

GANGTOK : *Dragon Hall* — Rs Rs Rs — AE MC V

Hotel Tashi Delek, Mahatma Gandhi Rd. (03592) 20 2991 ; 20 2038.
Délicieux buffets composés d'un large choix de plats du Sikkim, du Tibet, de l'Inde et de Chine. *petit déj., déj. et dîner.*

GANGTOK : *Oyster Restaurant* — Rs Rs Rs — MC V

Hotel Sonam Delek, Sonam Gyatso Marg. (03592) 202 566.
Le restaurant ménage de belles vues sur le Kangchenjunga. Essayez les *french toasts* et les pancakes à la banane. *petit déj., déj. et dîner.*

GANGTOK : *Snow Lion Restaurant* — Rs Rs Rs — AE MC V

Hotel Tibet, Paljor Stadium Rd. (03592) 203 468 ; 202 523.
Idéal pour goûter la cuisine du Tibet et du Sikkim. Les *momo* et le canard mandarin sont spécialement recommandés. *petit déj., déj. et dîner.*

GANGTOK : *The Tea House Bar & Restaurant* — Rs Rs Rs — AE MC V

The Chumbi Residency, Tibet Rd. (03592) 226 618.
Admirez les lumières scintillantes de Rumtek Hill tout en dégustant des plats tibétains, chinois et indiens. *petit déj., déj. et dîner*

GANGTOK : *Wild Orchid Restaurant* — Rs Rs Rs — MC V

Central Hotel, 31-A National Highway. (03592) 20 2553.
Dans une décoration intérieure traditionnelle du Sikkim, découvrez des spécialités culinaires de la Chine et de l'Inde du Sud. *petit déj., déj. et dîner.*

Prix moyen d'un repas, taxes et service compris mais sans alcool.

Rs moins de 100 roupies
Rs Rs 100 à 200 roupies
Rs Rs Rs 200 à 400 roupies
Rs Rs Rs Rs 400 à 700 roupies
Rs Rs Rs Rs Rs + de 700 roupies

CARTES BANCAIRES
Indique les cartes acceptées.

SPÉCIALITÉS RÉGIONALES
L'établissement propose des mets typiques de régions de l'Inde comme le Rajasthan, le Gujarat ou le Sud.

PUREMENT VÉGÉTARIEN
Le restaurant sert une cuisine exclusivement végétarienne.

PLATS OCCIDENTAUX
Plats français, italiens ou d'autres pays occidentaux.

TABLES À L'EXTÉRIEUR
Possibilité de manger en plein air, souvent avec une belle vue.

KALIMPONG : *Kalimpong Park Hotel* Rs Rs Rs
Kalimpong Park Hotel, Rinkingpong Rd. *(03552) 255 304.*
Pour découvrir des plats chinois et des spécialités du Sikkim mais aussi des mets népalais et tibétains sur demande. *petit déj., déj. et dîner.*

SILIGURI : *Amrapali* Rs Rs Rs
Hotel Cindrella, 3rd Mile, Sevoke Rd. *(0353) 254 4130.*
Ce restaurant végétarien sert d'excellents petits déjeuners et déjeuners. Plats à emporter pour les voyageurs. *petit déj., déj. et dîner.*

L'ORISSA

BHUBANESWAR : *Fish & Prawn Restaurant* Rs Rs Rs
P-1 Jaydev Vihar. *(0674) 230 1936.*
De délicieux fruits de mer frais, préparés de multiples façons et servis en portions généreuses. Possibilité de commander des spécialités locales à l'avance. *déj. et dîner.*

BHUBANESWAR : *Nakli Dhaba* Rs Rs Rs
Mayfair Lagoon Hotel, 8-B Jaydev Vihar. *(0674) 255 9533.*
Décoré dans le style d'un *dhaba* (restaurant en bord de route), ce restaurant prépare de bons *tandoori* et une cuisine végétarienne de qualité. *déj. et dîner.*

BHUBANESWAR : *Pushpanjali* Rs Rs Rs
CB-1 Nayapali. *(0674) 230 1010.*
Cuisine internationale. La décoration intérieure et l'atmosphère s'inspirent des temples de l'Orissa. Le restaurant dispose d'un buffet appétissant et propose un plat du jour. *petit déj., déj. et dîner.*

CHILIKA LAKE : *Panthanivas* Rs Rs Rs
Barkul, PO Balgaun. *(06756) 220 488.*
Vous savourerez des fruits de mer préparés dans le style local en admirant de très jolies vues sur le lac. Au menu figurent également quelques plats occidentaux et chinois. *petit déj., déj. et dîner.*

CUTTACK : *Sagun* Rs Rs
Hotel Akbari Continental, Haripur Rd. *(0671) 242 3251.*
Plats régionaux et végétariens sur demande. Mais le restaurant est surtout connu pour sa cuisine mughlaï. *petit déj., déj. et dîner.*

GOPALPUR-ON-SEA : *Chilika —Swosti Palm Resort Restaurant* Rs Rs Rs
Beach Rd. *(0680) 224 2453.*
Ce restaurant, récemment ouvert, sert une cuisine internationale. Les fruits de mer sont excellents. *petit déj., déj. et dîner.*

KONARK : *Gitanjali Restaurant* Rs Rs Rs
Panthanivas, OTDC Ltd. *(06758) 236 831.*
À proximité du Temple du Soleil : cuisine chinoise, indienne et occidentale et délicieux fruits de mer. *petit déj., déj. et dîner.*

PURI : *Aquarium* Rs Rs
Mayfair Beach Resort, CT Rd. *(06752) 227 800.*
La décoration intérieure est apaisante. Au menu : spécialités indiennes, chinoises et occidentales. Grillades et plats végétariens sur commande. *petit déj., déj. et dîner*

PURI : *The Legend* Rs Rs
SE Railways Hotel, CT Rd. *(06752) 222 063.*
Cuisine typique du Raj, que l'on pouvait déguster dans les trains à l'époque coloniale. La carte propose des menus à plusieurs plats, servis à heures fixes. Excellent rapport qualité/prix. *petit déj., déj. et dîner.*

	Cartes bancaires	Spécialités régionales	Purement végétarien	Plats occidentaux	Tables à l'extérieur
Kalimpong : Kalimpong Park Hotel	AE MC V	●		●	
Siliguri : Amrapali	MC V	●	■	●	
Bhubaneswar : Fish & Prawn Restaurant	AE DC MC V	●		●	
Bhubaneswar : Nakli Dhaba	AE DC MC V	●		●	
Bhubaneswar : Pushpanjali	AE DC MC V	●		●	
Chilika Lake : Panthanivas		●		●	■
Cuttack : Sagun	AE DC MC V	●		●	
Gopalpur-on-Sea : Chilika —Swosti Palm Resort Restaurant	V	●		●	
Konark : Gitanjali Restaurant		●		●	■
Puri : Aquarium	AE MC V	●		●	
Puri : The Legend				●	

L'Assam et le Nord-Ouest

Agartala : *Hotel Radha International Restaurant* (Rs)(Rs)
Central Rd. (06381) 222 2615 ; 222 4530.
Les hôtes ont le choix entre des plats indiens, chinois ou occidentaux. Des repas végétariens sont préparés sur demande. *petit déj., déj. et dîner.*

Dimapur : *Hotel Tragopan Restaurant* (Rs)(Rs)
Circular Rd. (03862) 230 2911.
La carte propose un choix classique de cuisine internationale. Plats régionaux sur demande. *petit déj., déj. et dîner.*

Guwahati : *Ushaban Restaurant cum Coffee-Shop* (Rs)(Rs) — DC MC V
MG Road. (0361) 260 2281.
Le menu propose une cuisine internationale sous forme de snacks ou de repas plus complets. Des tables sont dressées dehors. *petit déj., déj. et dîner.*

Guwahati : *The Tandoor* (Rs)(Rs)(Rs)
Dynasty Hotel, SS Rd, Lakhtokia. (0361) 251 0499.
Dans un cadre apaisant, entouré d'une fontaine et de plantes vertes, essayez les crevettes *tandoori* et le *pomfret*. *déj. et diner.*

Imphal : *Chamu Restaurant* (Rs)(Rs)
Hotel Nirmala, Mahatma Gandhi Avenue, Thangal Bazaar. (0385) 222 8904.
Demandez les spécialités régionales, comme l'*iromba* (poisson et pousses de bambou). Plats végétariens sur demande. *petit déj., déj. et dîner.*

Itanagar : *Bhismak Restaurant cum Coffee-Shop* (Rs)(Rs) — DC MC V
Ashok Hotel, Sector-C. (0360) 221 2626.
Plats chinois, indiens et occidentaux pour une simple collation ou un repas plus complet. *petit déj., déj. et dîner.*

Kohima : *Shilloi* (Rs)(Rs)
Japhu Hotel, PO 140, PR Hills. (06381) 224 0211.
Un charmant jardin et une cuisine internationale, classique mais préparée avec savoir-faire. *petit déj., déj. et dîner.*

Shillong : *Pinecone* (Rs)(Rs) — AE DC MC V
Hotel Pinewood, Rita Rd, European Ward. (0364) 222 3116.
À proximité du Ward Lake, ce restaurant propose des plats indiens et occidentaux, servis sous forme de buffet. *petit déj., déj. et dîner.*

Tezpur : *Gabharu* (Rs)(Rs)
Hotel Luit, RS Rd. (03712) 222 083.
Un personnel chaleureux, un cadre attirant, des prix raisonnables et des plats indiens, occidentaux et chinois. *petit déj., déj. et dîner.*

Le Rajasthan

Ajmer : *Sheesh Mahal* (Rs)(Rs)(Rs) — AE MC V
Hotel Mansingh Palace, Vaishali Nagar. (0145) 242 5956.
Le cadre du restaurant (vues sur le lac) est plus attirant que sa cuisine (cuisine internationale standard). *petit déj., déj. et dîner.*

Bharatpur : *Laxmi Vilas Palace* (Rs)(Rs)(Rs) — AE MC V
Civil Lines. (05644) 223 523.
Les légumes viennent du jardin et le *cottage cheese* (fromage blanc salé) est fabriqué dans la laiterie du palais. *petit déj., déj. et dîner.*

Bikaner : *Hotel Bhanwar Niwas Restaurant* (Rs)(Rs)(Rs) — AE MC V
Rampuria Street. (0151) 220 1043.
Délicieux plats végétariens dans une splendide *haveli* *(p. 315)*. *petit déj., déj. et dîner.*

Bikaner : *Manwar* (Rs)(Rs)(Rs) — AE MC V
Hotel Karni Bhawan, Gandhinagar. (0151) 252 4701.
Goûtez une cuisine marwari authentique et des plats continentaux simples dans cet hôtel-restaurant historique. *petit déj., déj. et dîner.*

Jaipur : *Garden Court Restaurant* (Rs)(Rs) — AE DC MC V
Mansingh Hotel, Sansar Chanda Road. (0141) 237 8771.
Ce restaurant gastronomique propose un vaste choix de cuisine internationale. *déj. et dîner.*

Prix moyen d'un repas, taxes et service compris mais sans alcool.

- Rs moins de 100 roupies
- Rs Rs 100 à 200 roupies
- Rs Rs Rs 200 à 400 roupies
- Rs Rs Rs Rs 400 à 700 roupies
- Rs Rs Rs Rs Rs + de 700 roupies

Cartes bancaires
Indique les cartes acceptées.

Spécialités régionales
L'établissement propose des mets typiques de régions de l'Inde comme le Rajasthan, le Gujarat ou le Sud.

Purement végétarien
Le restaurant sert une cuisine exclusivement végétarienne.

Plats occidentaux
Plats français, italiens ou d'autres pays occidentaux.

Tables à l'extérieur
Possibilité de manger en plein air, souvent avec une belle vue.

Restaurant	Prix	Cartes bancaires	Spécialités régionales	Purement végétarien	Plats occidentaux	Tables à l'extérieur
Jaipur : *Laxmi Mishthan Bhandar (LMB)* Johari Bazaar. (0141) 256 0841. Au cœur de la vieille ville, ce restaurant végétarien est une véritable institution. Testez le *paneer tikka* et le *kulfi*. petit déj., déj. et dîner.	Rs Rs	AE DC MC V	●	■	●	
Jaipur : *Niro's* MI Rd. (0141) 237 4493. Il est nécessaire de réserver à l'avance pour déguster une excellente cuisine chinoise, de très bons kebabs *reshmi* et des *paneer tikka*. Le café glacé est un pur délice. déj. et dîner.	Rs Rs	AE DC MC V	●		●	
Jaipur : *Surabhi* Old Amer Rd. (02992) 263 5954. Vous savourerez dans une ancienne *haveli* des spécialités du Rajasthan. Vous pourrez en outre admirer la collection impressionnante de turbans (250 styles différents). déj. et dîner.	Rs Rs	AE MC V	●		●	■
Jaipur : *Four Seasons* D-43/A Subash Marg, C-Scheme. (0141) 237 5450. Très apprécié des Indiens, et notamment des familles, ce restaurant doit son succès à ses plats végétariens. déj. et dîner.	Rs Rs Rs	MC V	●		●	
Jaipur : *Mehfil Restaurant* Anukampa Mansion II, MI Rd. (0141) 236 7272. Cuisine de tous les horizons, allant des pizzas aux légumes mandchous, en passant par les kebabs *hara bhara* et *kasturi tikka lajawab*. déj. et dîner.	Rs Rs Rs	MC V	●		●	
Jaisalmer : *Miraj* Miraj Rooftop Restaurant, Hotel Narayan Niwas. (02992) 252 408. Jouissez d'une vue imprenable sur le désert du Thar, tout en dégustant une cuisine internationale raffinée. petit déj. et déj.	Rs Rs	MC V	●		●	
Jaisalmer : *Top Deck* Natraj, Gandhi Chowk. (02992) 253 026. Installé sur un toit, ce restaurant propose un menu varié et des prix raisonnables. Goûtez les *lassi* aux fruits. petit déj., déj. et dîner.	Rs Rs		●		●	■
Jaisalmer : *Trio* Gandhi Chowk, Near Amar Sagar Gate. (02992) 252 538. Situé près de l'Amar Singh Gate, ce restaurant sert des spécialités locales du désert. Personnel très courtois. petit déj., déj. et dîner.	Rs Rs	MC V	●		●	
Jaisalmer : *Rasoda Restaurant* 1, Tourist Complex, Hotel Gorbandh. (02992) 253 801. Des plats indiens et continentaux sont servis sous forme de buffet ou à la carte, à midi et le soir. petit déj., déj. et dîner.	Rs Rs Rs	AE MC V	●		●	
Jodhpur : *Kalinga Restaurant* Station Rd. (0291) 262 4066. Nous recommandons particulièrement cette adresse pour ses plats traditionnels du Rajasthan et du Gujarat. petit déj., déj. et dîner.	Rs Rs	MC V	●		●	
Jodhpur : *On the Rocks* Hotel Ajit Bhavan, Opposite Circuit House. (0291) 251 0410. Ce restaurant avec jardin offre un cadre enchanteur et jouit d'une superbe ambiance. Il sert une succulente cuisine indienne et continentale. déj. et dîner.	Rs Rs	MC V	●		●	■
Jodhpur : *Marwar* Taj Hari Mahal, Residency Road. (0291) 243 9700. Ambiance magique pour ce restaurant avec véranda surplombant les luxuriantes pelouses du palais, avec vue sur le magnifique fort Mehrangarh. Ici, même la cuisine – internationale – prend des saveurs merveilleuses. petit déj., déj. et dîner.	Rs Rs Rs	MC V	●		●	■

JODHPUR : *Ranbanka Bagh Restaurant* (Rs)(Rs)(Rs) — MC V
Near Circuit House. ☎ *(0291) 251 2801.*
Dégustez une cuisine internationale en plein air, au milieu d'un jardin, au bord de la piscine. Demandez à goûter le *murgh lahsuni tikka* et le *murgh malais* kebab, des plats populaires. *petit déj., déj. et dîner.*

MOUNT ABU : *Palace Hotel Restaurant* (Rs)(Rs)(Rs) — AE DC MC V
Palace Hotel, Bikaner House, Dilwara Rd. ☎ *(02974) 238 673.*
Le Palace Hotel abrite une spacieuse salle de restaurant, où l'on peut savourer une excellente cuisine internationale. *petit déj., déj. et dîner.*

PUSHKAR : *Shiva* (Rs)(Rs)
RTDC, Sarovar Hotel. ☎ *(0145) 277 2040.*
Situé dans l'enceinte d'un hôtel touristique géré par l'État, le *Shiva* sert des plats exclusivement végétariens. *petit déj., déj. et dîner.*

PUSHKAR : *Sunset Café* (Rs)(Rs) — AE DC MC V
Next to Pushkar Palace. ☎ *(0145) 277 2010.*
Savourez un petit déjeuner ou un thé, tout en admirant le lac. Goûtez les *dosa*, les *sizzler* et les gâteaux. *petit déj., déj. et dîner.*

UDAIPUR : *Jagat Niwas Palace Restaurant* (Rs)(Rs) — MC V
Lal Ghat, Jagdish Mandir. ☎ *(0294) 242 2860.*
Le restaurant à ciel ouvert ménage des vues spectaculaires sur le Lake Palace. Cuisine indienne traditionnelle de qualité. *petit déj., déj. et dîner.*

UDAIPUR : *Ambrai* (Rs)(Rs)(Rs)
Amet ki Haveli, Outside Chand Pol. ☎ *(0294) 243 1085.*
Le restaurant, au bord du lac, possède un ravissant jardin. Cuisine internationale et musique indienne. *petit déj., déj. et dîner.* *Holi.*

UDAIPUR : *Gallery Restaurant* (Rs)(Rs)(Rs) — AE DC MC V
Fateh Prakash Palace, City Palace. ☎ *(0294) 252 8016.*
Vous dégusterez des plats présentés avec élégance en admirant de sublimes vues sur le lac. *petit déj., déj. et dîner.*

UDAIPUR : *Jharokha* (Rs)(Rs)(Rs)(Rs)(Rs) — AE DC MC V
Lake Palace Hotel, Lake Pichola. ☎ *(0294) 252 2880.*
La décoration intérieure incroyablement romantique et les vues sur le lac ajoutent au charme du buffet. Réservation obligatoire. *petit déj., déj. et dîner.*

LE GUJARAT

AHMEDABAD : *Agashiye* (Rs)(Rs) — AE MC V
En face de la Siddi Saiyad Mosque, Lal Darwaza. ☎ *(079) 2550 6946.*
Vous savourerez sur le toit d'une ancienne *haveli* une excellente cuisine du Gujarat. Goûtez la glace maison, délicieuse. *déj. et dîner.*

AHMEDABAD : *Khyber* (Rs)(Rs) — AE DC MC V
Fortune Landmark Hotel, Usmanpura Crossroads, Ashram Rd. ☎ *(079) 2755 2929.*
Le restaurant, aménagé sur un toit, est spécialisé dans les kebabs, notamment végétariens. À tester absolument : le *pomfret tandoori* et le chou-fleur *tandoori*, ainsi que le succulent *kulfi*. *dîner.*

AHMEDABAD : *Copper Chimney* (Rs)(Rs)(Rs) — DC MC V
7th Floor, City Gold, Ashram Road. ☎ *(079) 5531 5132.*
Au menu de ce restaurant classique : des plats indiens, chinois, thaï et occidentaux. Ambiance et service agréables. P *déj. et dîner.*

AHMEDABAD : *Rajvadu Restaurant* (Rs)(Rs)(Rs)
Behind Ambaji Temple, Jivraj Park. ☎ *(079) 2664 3845.*
Ce restaurant en plein air sert une cuisine gujarati de première qualité. Essayez le *bajri rotlas* (pain au millet) et le *malpuas*. P *dîner.*

AHMEDABAD : *Tomato's* (Rs)(Rs)(Rs) — AE DC MC V
Mardia Plaza, C.G. Rd., Navrangpura. ☎ *(079) 2646 1998.*
Une partie du restaurant est dédiée à Elvis Presley. Pour les amateurs de cuisine mexicaine. *déj. et dîner.*

AHMEDABAD : *Vishalla* (Rs)(Rs)(Rs)
Face à Vasna Tolnaka. ☎ *(079) 2660 2422 ; 2644 6554.*
Découvrez le charme rural du Gujarat dans ce restaurant en plein air en dégustant une cuisine typique de la région à l'abri de huttes traditionnelles de village. Le restaurant renferme aussi un joli musée d'ustensiles de cuisine anciens. *déj. et dîner.*

Prix moyen d'un repas, taxes et service compris mais sans alcool.

- Rs moins de 100 roupies
- Rs Rs 100 à 200 roupies
- Rs Rs Rs 200 à 400 roupies
- Rs Rs Rs Rs 400 à 700 roupies
- Rs Rs Rs Rs Rs + de 700 roupies

Cartes bancaires
Indique les cartes acceptées.

Spécialités régionales
L'établissement propose des mets typiques de régions de l'Inde comme le Rajasthan, le Gujarat ou le Sud.

Purement végétarien
Le restaurant sert une cuisine exclusivement végétarienne.

Plats occidentaux
Plats français, italiens ou d'autres pays occidentaux.

Tables à l'extérieur
Possibilité de manger en plein air, souvent avec une belle vue.

Restaurant	Prix	Cartes bancaires	Spécialités régionales	Purement végétarien	Plats occidentaux	Tables à l'extérieur
Bhavnagar : *Nilambagh Dining Hall* Nilambagh Palace Hotel. (0278) 242 4241. Ambiance royale : chandeliers et argenterie étincelante. Essayez les plats régionaux, comme les *tandoori*. *petit déj., déj. et dîner.*	Rs Rs	AE DC MC V	●		●	
Diu : *Apana Restaurant* Apana Guesthouse, Old Fort Rd. (02875) 252 112. Le restaurant qui a vue sur la mer propose de délicieuces et copieuses assiettes de fruits de mer avec homard et crabe. *petit déj., déj. et dîner.*	Rs Rs		●		●	■
Diu : *Rivera Restaurant & Bar* Radhika Beach Resort, Nagoa Beach. (02875) 252 553. Dans un cadre idyllique, le restaurant propose une vaste diversité de cuisines, servies par un personnel attentif. *petit déj., déj. et dîner.*	Rs Rs		●		●	
Jamnagar : *The Orion Restaurant* Hotel Orbit Park Inn, Khambalia Highway. (0288) 234 4484. Un cadre agréable et une cuisine internationale à des prix raisonnables. Sur demande, buffet pour les groupes. *petit déj., déj. et dîner.*	Rs Rs	AE MC V	●		●	
Vadodara : *Mandap* Express Hotel, RC Dutt Rd. (0265) 233 7001. Restaurant renommé, où l'on sert une cuisine gujarati traditionnelle en parfaite harmonie avec la décoration intérieure classique. *déj. et dîner.*	Rs Rs	AE MC V	●	■		
Mumbai (Bombay)						
Mumbai : *Ankur* Meadows House, Tamarind Lane, Behind Kendeel Bar, Fort Area. (022) 2265 4194. Cet ancien restaurant a fait peau neuve. Il sert aujourd'hui une cuisine végétarienne et non végétarienne, notamment de délicieux *gassi* aux crevettes et du poulet *aadajina*. *déj. et dîner.*	Rs Rs	AE DC MC V	●			
Mumbai : *The Bharat Bar & Restaurant, Excellensea* 317 Bharat House, SBS Rd, Fort Area. (022) 5635 9945. Excellente table. Les hôtes peuvent choisir parmi une large gamme de fruits de mer vivants. Le crabe est particulièrement succulent. *déj. et dîner.*	Rs Rs	AE DC MC V	●		●	
Mumbai : *Fountain Restaurant* 57 Mahatma Gandhi Rd. (022) 2267 5315. Malgré son apparence un peu terne, ce restaurant sert une très bonne cuisine, dont de savoureux *sizzler*. *déj. et dîner.*	Rs Rs	AE DC MC V			●	
Mumbai : *Rajdhani Restaurant* Abdul Rehman St, Crawford Market. (022) 2342 6919. Spécialisé dans la cuisine régionale indienne, ce restaurant sert des *thali* du Gujarat, Rajasthan, Maharashtra et Kathiawar. *déj. et dîner.*	Rs Rs	MC V	●			
Mumbai : *Apoorva* Noble Chambers, SA Brelvi Marg, Near Horniman Circle, Fort Area. (022) 2287 0335. Spécialités aux fruits de mer de la région du Konkan et excellents plats du Kerala. *déj. et dîner.*	Rs Rs Rs	MC V	●			
Mumbai : *Busaba* Fort Mandlik Road, Colaba. (022) 2204 3779. Situé à deux pas de l'*Indigo*, ce restaurant ne désemplit pas depuis son ouverture. Il est renommé pour son excellente cuisine de l'Asie du Sud-Est. *déj. et dîner.*	Rs Rs Rs	AE MC V			●	
Mumbai : *Café Royal* 166 Mahatma Gandhi Rd, en face du Regal Cinema. (022) 2288 3982. Un endroit idéal pour les végétariens : les *sizzler*, les sandwichs et les hamburgers grillés sont délicieux. *déj. et dîner.*	Rs Rs Rs	AE MC V			●	

MUMBAI : *Gaylord Restaurant* Rs Rs Rs
Mayfair, VN Rd, Churchgate. *(022) 2282 1259.*
Un personnel accueillant sert une cuisine internationale, en quantités généreuses. Les pâtisseries sont alléchantes. *petit déj., déj. et dîner.*

AE DC MC V	●		●	

MUMBAI : *Leopold Café* Rs Rs Rs
Colaba Causeway. *(022) 2287 3362.*
Depuis sa création, en 1871, ce restaurant jouit d'un succès sans faille auprès des voyageurs. Il propose un vaste choix de plats internationaux, préparés avec savoir-faire. *petit déj., déj. et dîner.*

AE MC V	●		●	

MUMBAI : *Little Italy* Rs Rs Rs
18-B Hotel Atlantic, Juhu Tara Rd, Juhu. *(022) 2660 8815.*
Géré par un Italien, ce restaurant sert une cuisine italienne strictement végétarienne. La *fettucine primavera* agrémentée de poivrons, de câpres et d'olives et le *risotto alla milanese* sont exquis. *déj. et dîner.*

MC V		■	●	

MUMBAI : *O Calcutta* Rs Rs Rs
Hotel Rosewood, Tulsiwadi Lane, Tardeo. *(022) 2496 3114.*
Ce petit restaurant stylé propose des plats indiens à base de poissons. Essayez le *machher jhol* bengali et le *rasmalai* (dessert). *déj. et dîner.*

AE DC MC V	●			

MUMBAI : *The Pearl of the Orient* Rs Rs Rs
The Ambassador, Churchgate. *(022) 2204 1131.*
Ce restaurant pivotant ménage de superbes vues sur Mumbai. On y déguste une cuisine thaïe, chinoise et japonaise de qualité. Testez le homard et le *pomfret* de Pékin. *déj. et dîner.*

AE DC MC V				

MUMBAI : *Bayview* Rs Rs Rs Rs
Hotel Marine Plaza, Marine Drive. *(022) 2285 1212.*
Une vue sur la mer, à la lisière des palmiers, ajoute à la qualité des buffets. Cuisine internationale. *petit déj., déj. et dîner.*

AE DC MC V	●		●	

MUMBAI : *Caliente* Rs Rs Rs Rs
Jony Castle, Khatau Road, Old Cuffe Parade. *(022) 2218 6717.*
Ce restaurant occupe les murs d'un ancien hôtel historique. Spécialités méditerranéennes et espagnoles. *déj. et dîner.*

AE DC MC V				

MUMBAI : *Indigo* Rs Rs Rs Rs
4, Mandlik Road, Colaba, Behind Taj Hotel. *(022) 5636 8999.*
Découvrez dans un charmant manoir une cuisine nouvelle indo-anglaise proposée. Laissez-vous tenter par les *rawa* (saumon indien), le filet mignon et les desserts alléchants. *déj. et dîner.*

AE DC MC V	●		●	

MUMBAI : *Khyber* Rs Rs Rs Rs
145 Mahatma Gandhi Rd, Fort Area. *(022) 2267 3227.*
Les serveurs habillés tels des Pathan servent de délicieux mets à base de viande grillée, comme les kebabs et les *raan* du Khyber (patte d'agneau), dans une ambiance évocatrice. *déj. et dîner.*

AE DC MC V	●			

MUMBAI : *Ling's Pavilion* Rs Rs Rs Rs
19/21 Mahakavi Bhushan Marg, Behind Regal Cinema. *(022) 2285 0023.*
La décoration intérieure de ce restaurant familial est un peu oppressante, mais la cuisine est bonne : les langoustines sont particulièrement savoureuses. Réservez à l'avance. *déj. et dîner.*

AE DC MC V				

MUMBAI : *Mahesh Lunch Home* Rs Rs Rs Rs
8-B Cawasji Patel Street. *(022) 2287 0938.*
Réputé pour avoir fait connaître les fruits de mer de la côte du Konkan, ce restaurant sert de succulents fruits de mer frais, dont d'énormes assiettes de crabes et de *rawa* (saumon), la spécialité du chef. *déj. et dîner.*

AE DC MC V	●			

MUMBAI : *Not Just Jazz by the Bay* Rs Rs Rs Rs
Marine Drive. *(022) 2285 1876.*
Beaux buffets offrant une large diversité de salades et de pâtes. Le soir, le restaurant s'anime et prend toute sa dimension : musique jazz *live* du mercredi au samedi. *déj. et dîner.*

AE DC MC V	●		●	

MUMBAI : *Side Wok* Rs Rs Rs Rs
Nariman Centre of Performing Arts, Nariman Point. *(022) 2281 8132.*
La cuisine panasiatique se marie parfaitement à la musique joyeuse diffusée dans ce restaurant. Essayez le *pomfret* au *lemon-grass*, le saumon *tandoori* et la crème brûlée à la marmelade.
déj. et dîner.

AE DC MC V	●		●	

Prix moyen d'un repas, taxes et service compris mais sans alcool.

- (Rs) moins de 100 roupies
- (Rs)(Rs) 100 à 200 roupies
- (Rs)(Rs)(Rs) 200 à 400 roupies
- (Rs)(Rs)(Rs)(Rs) 400 à 700 roupies
- (Rs)(Rs)(Rs)(Rs)(Rs) + de 700 roupies

CARTES BANCAIRES
Indique les cartes acceptées.

SPÉCIALITÉS RÉGIONALES
L'établissement propose des mets typiques de régions de l'Inde comme le Rajasthan, le Gujarat ou le Sud.

PUREMENT VÉGÉTARIEN
Le restaurant sert une cuisine exclusivement végétarienne.

PLATS OCCIDENTAUX
Plats français, italiens ou d'autres pays occidentaux.

TABLES À L'EXTÉRIEUR
Possibilité de manger en plein air, souvent avec une belle vue.

	Cartes bancaires	Spécialités régionales	Purement végétarien	Plats occidentaux	Tables à l'extérieur
MUMBAI : *Trishna Bar & Restaurant* (Rs)(Rs)(Rs)(Rs) 7 Rope Walk Lane, Sai Baba Marg. *(022) 2270 3213.* Ce restaurant, réputé pour ses fruits de mer, attire les célébrités. Le homard du Konkan, le crabe royal et le *pomfret tandoori* sont succulents. Réservation recommandée. *déj. et dîner.*	AE DC MC V	●			
MUMBAI : *Athena* (Rs)(Rs)(Rs)(Rs)(Rs) 41/44 Minoo Desai Marg, Colaba. *(022) 2280 5155.* Nouveau lieu de prédilection de la haute société de Mumbai, ce restaurant stylé sert une cuisine continentale novatrice. Bar animé et piste de danse. *déj. et dîner.*	AE DC MC V			●	
MUMBAI : *Olive Bar & Kitchen* (Rs)(Rs)(Rs)(Rs)(Rs) Pali Hill Tourist Hotel, 14 Union Park, Khar West. *(022) 2605 8228.* Le gotha de Mumbai aime se retrouver dans ce nouveau restaurant branché pour y déguster des mets gastronomiques – huîtres, caviar et saumon – à des prix élevés. *dîner.*	AE DC MC V			●	■
MUMBAI : *Wasabi By Morimoto* (Rs)(Rs)(Rs)(Rs)(Rs) The Taj Mahal Hotel, Apollo Bunder. *(022) 5665 3366.* Une cuisine occidentale raffinée. Essayez le steak de Nouvelle-Zélande, le camembert *dariole* ou la mousse *kahlua*. *déj. et dîner.*	AE DC MC V			●	
LE MAHARASHTRA					
AURANGABAD : *Foodwalas Tandoor* (Rs) Shyam Chambers, Bansidal Nagar. *(0240) 232 8481.* Nous vous recommandons les succulents plats au poulet, très tendre. Le restaurant abrite aussi un bar. Service de qualité. *déj. et dîner.*	MC V	●		●	
AURANGABAD : *Chinatown Restaurant* (Rs)(Rs) Jalna Rd. *(0240) 233 2552.* Installé dans l'enceinte de l'hôtel Amarpreet, ce restaurant chinois est réputé pour son riz et ses plats de poissons. *déj. et dîner.*	AE MC V			●	
AURANGABAD : *Residency Restaurant* (Rs)(Rs)(Rs) Taj Residency, 8-N-12 CIDCO. *(0240) 238 1106.* Une bonne adresse pour découvrir des spécialités culinaires régionales : plats indiens, chinois et occidentaux. Dîner à thème ou festival de cuisines une fois par mois. *petit déj., déj. et dîner.*	AE DC MC V	●		●	
CHIPLUN : *Riverview Restaurant* (Rs)(Rs)(Rs) Gateway Riverview Lodge, Village Dhamandivi, Tal-Chiplun. *(02356) 259 081.* Les plats du Marwar et du Konkan sont les spécialités de ce restaurant. *petit déj., déj. et dîner.*	AE DC MC V	●		●	
LONAVLA : *Kailash Parbat Restaurant* (Rs)(Rs)(Rs) Kailash Parbat, Pune-Mumbai Rd, Valvan. *(02114) 273 086.* Le café-restaurant, ouvert 24h/24, propose une large gamme de plats végétariens et des spécialités régionales. *petit déj., déj. et dîner.*	AE DC V		■	●	
MAHABALESHWAR : *Brightland Holiday Village* (Rs)(Rs)(Rs) Kates Point Rd, Nakhind Village. *(02168) 260 700.* Les nombreux mets – indiens, mughlaï, *tandoori* – et les grillades flatteront le palais des gourmets. Le *Village Pub* propose un éventail réjouissant de cocktails et de « mocktails ». Profitez de l'ambiance animée de la discothèque « The Electric Mist ». *petit déj., déj. et dîner.*	AE DC MC V	●		●	■
NAGPUR : *Ashoka Bar & Restaurant* (Rs)(Rs)(Rs) Mount Rd, Sadar. *(0712) 253 1141.* Le restaurant qui sert une cuisine internationale a vue sur la piscine et les pelouses. Nous recommandons particulièrement les *sizzler*. *déj. et dîner.*	DC MC V	●		●	

NAGPUR : *Lahoree Deluxe Bar & Restaurant* — Rs Rs Rs — AE MC V
Lahoree Deluxe Building, Dharampeth. (0712) 253 3808.
Les plats *tandoori*, servis en portions copieuses, sont la spécialité de ce restaurant. Plats chinois et occidentaux. *petit déj., déj. et dîner.*

NASIK : *Panchratna Restaurant* — Rs Rs — MC V
Taj Residency Hotel, P-17, MIDC. (0253) 560 4499.
Le restaurant, qui surplombe les monts Satpura, n'est ouvert que durant la haute saison. *déj. et dîner.* *à midi en été et pendant la mousson.*

PUNE : *Arthur's Theme* — Rs Rs — MC V
Shop n° 2, Vrindavan, North Main Rd, Koregaon Park. (020) 2613 2710.
Ce petit restaurant douillet est fier de servir une cuisine française. Il propose des plats végétariens et non végétariens. *déj. et dîner.*

PUNE : *Coconut Grove* — Rs Rs — AE MC V
408/B, Akshay Guestline, Maldhaka Chowk. (020) 2605 3982.
Ce restaurant populaire sert des spécialités de Mangalore. Nous vous recommandons le *surami tawa masala* frit, le poulet *gassi* et le *pulimunchi* (recette végétarienne). *déj. et dîner.*

PUNE : *Hotel Vaishali* — Rs Rs
1218/1 Shivajinagar, Fergusson College Rd. (020) 2553 1244.
Dégustez une cuisine de l'Inde du Sud de qualité, à des prix raisonnables, dans ce restaurant avec un joli jardin. *petit déj., déj. et dîner.*

PUNE : *Jazz Garden* — Rs Rs Rs — AE DC MC V
ABC Farms Pvt Ltd, S n° 35/36, Koregaon Park. (020) 2681 7412.
Le restaurant en plein air sert une cuisine internationale : plats du Kerala, du Bengale et du Mexique. *déj. et dîner.*

PUNE : *The Place* — Rs Rs Rs — AE DC MC V
Clover Centre, 7 Moledina Rd. (020) 2613 4632.
Réputé pour ses *sizzler* au poulet et à l'agneau, ce restaurant confectionne aussi de délicieuses glaces maison. *déj. et dîner.*

PUNE : *La Dolce Vita* — Rs Rs Rs Rs Rs — AE DC MC V
City Point Building, Dhole Patil Rd. (020) 2614 5555.
Le restaurant, de style toscan, propose une authentique cuisine italienne. Bonne carte des vins. *déj. et dîner.*

GOA

ASSAGAO : *Axirwaad* — Rs Rs Rs — AE DC MC V
483, rue de Boa-Vista. (0832) 226 8949.
Le complexe intéressant comprend un restaurant, un club et une galerie d'art. Cuisine occidentale et plats du Moyen-Orient. *déj. et dîner.*

BAGA : *Casa Portuguesa* — Rs Rs — AE DC MC V
Baga Road. (0832) 227 7024.
Le restaurant occupe un ancien bungalow, au charme romantique : spécialités goanaises aux influences portugaises. *dîner.* *mai-oct.*

BAGA : *Cavala Seaside Restaurant* — Rs Rs Rs — MC V
Saunta Waddo, Baga Bardez. (0832) 227 6090.
Ce restaurant de bord de mer propose de délicieux fruits de mer. Cuisine savoureuse et bar bien fourni. *mer. et dim.* *petit déj., déj. et dîner.*

BAGA : *Fiesta Restaurant* — Rs Rs Rs — MC V
7/35 Saunta Vaddo, opp Tito's. (0832) 227 9894.
Recettes méditerranéennes (paella et moussaka), pâtes et pizzas, notamment une magnifique pizza *margherita* de 25 cm de diamètre. *dîner.* *mar,. juil.- sept.*

BAGA : *Golden Nest* — Rs Rs Rs — AE DC MC V
The Ronil Beach Resort, Saunta Vaddo. (0832) 227 6101.
La table est excellente : porc *vindaloo*, currys de poisson et de crevettes, *pomfret recheido* et *sopa de camarão*. *petit déj., déj. et dîner.*

BAGA : *J & A's Little Italy* — Rs Rs Rs — DC MC V
Entre Arpora Hill et Baga Creek. *Pas de téléphone.*
Les pâtes et le bœuf fumé au feu de bois sont particulièrement succulents. Les salades sont préparées avec des légumes verts biologiques. *dîner.* *mai-sept.*

Prix moyen d'un repas, taxes et service compris mais sans alcool.

Rs moins de 100 roupies
Rs Rs 100 à 200 roupies
Rs Rs Rs 200 à 400 roupies
Rs Rs Rs Rs 400 à 700 roupies
Rs Rs Rs Rs Rs + de 700 roupies

Cartes bancaires
Indique les cartes acceptées.

Spécialités régionales
L'établissement propose des mets typiques de régions de l'Inde comme le Rajasthan, le Gujarat ou le Sud.

Purement végétarien
Le restaurant sert une cuisine exclusivement végétarienne.

Plats occidentaux
Plats français, italiens ou d'autres pays occidentaux.

Tables à l'extérieur
Possibilité de manger en plein air, souvent avec une belle vue.

	Cartes bancaires	Spécialités régionales	Purement végétarien	Plats occidentaux	Tables à l'extérieur
Baga : *Valerio's* Rs Rs Rs Hotel Baia do Sol, Baga Beach. *(0832) 227 6084.* Très belles vues sur la mer. L'excellent chef, d'origine suédoise, propose une superbe salade de fruits de mer et une soupe de tomate au citron vert et aux piments. *petit déj., déj. et dîner.*	AE DC MC V			●	■
Benaulim : *Miguel Arcanjo* Rs Rs Rs Rs Taj Exotica, Colwaddo. *(0832) 277 1234.* Vous pourrez observer les chefs en train de préparer des plats méditerranéens – *tian* aux tomates ou tagine. *déj. et dîner.*	AE DC MC V			●	■
Bogmalo : *Joet's* Rs Rs Bailli Chal, Bogmalo Beach. *(0832) 255 5036.* Exquises spécialités goanaises, dont des crevettes *balchão* et *vindaloo* et des poissons délicieusement frais. *mar. Petit déj., déj. et dîner.*	MC V	●			■
Calangute : *Infanteria Restaurant* Rs Rs Calangute-Baga Rd. *(0832) 227 7421.* Ce restaurant-pâtisserie sert d'excellents cafés, gâteaux et snacks. Délicieux milk-shakes et jus de fruits ou de légumes. *petit déj., déj. et dîner.*				●	■
Calangute : *Souza Lobo* Rs Rs Rs Calangute Beach. *(0832) 227 6463.* Cette institution gastronomique depuis 1932 est célèbre pour ses fruits de mer et ses spécialités de Goa : crabes farcis, *vindaloo*, *sorpotel* et mémorable crèpe *Souza Lobo*. *déj. et dîner. juin-sept.*		●		●	■
Calangute : *Le Restaurant français* Rs Rs Rs Rs Calangute-Baga Rd. *(0) 982 212 1712.* Réputé pour sa cuisine française, ce restaurant sert une exceptionnelle terrine de foie de volaille. *dîner., mar.-ven. avr.-déc.*				●	■
Calangute : *Copper Bowl* Rs Rs Rs Rs Rs Pousada Tauma, Porba Vaddo. *(0832) 227 9061.* Une cuisine goanaise authentique, relevée d'épices savamment dosées pour satisfaire tous les goûts. Plats du Konkan. *petit déj., déj. et dîner.*	MC V	●			■
Candolim : *Palm & Sands* Rs Rs Rs Dando. *(0832) 247 9171.* Des fruits de mer extrêmement savoureux : gratin de crabe, crabe *xacuti*, plats au homard et travers de porc. Pour le dessert, nous recommandons la tarte aux pommes et le *pancake* aux dattes. *petit déj., déj. et dîner.*	DC MC V	●		●	■
Dona Paula : *O'Pescador Restaurant & Pub* Rs Rs Near Dona Paula Jetty. *(0832) 227 9447.* Ce charmant restaurant propose divers plats indiens, goanais, chinois et occidentaux, aux saveurs alléchantes. *dîner. mai-sept.*		●		●	■
Dona Paula : *Alfama Restaurant* Rs Rs Rs Rs Hotel Cidade de Goa, Vainguinim Beach. *(0832) 245 4545.* Vous goûterez, sur fond de musique goanaise, les spécialités de la région ou des plats occidentaux et indiens classiques. *déj. et dîner.*	MC V	●		●	
Margao : *Martin's Corner* Rs Rs Binvaddo, Betalbatim. *(0832) 288 0061.* Dégustez d'excellents plats de fruits de mer – notamment les crevettes *masala* – dans un cadre convivial. Pour terminer en beauté votre repas, goûtez le *bebinca*. *excepté le lundi. déj. et dîner.*	MC V	●		●	■
Mobor : *Riverside* Rs Rs Rs Rs The Leela Palace, Cavelossim. *(0832) 287 1234.* Sur les rives de la rivière Sal, vous découvrirez une cuisine italienne authentique (pâtes maison). *dîner. oct.-avril.*	AE DC MC V			●	■

PANAJI : *Goenchin Restaurant* Rs Rs Rs — AE MC V
Dada Vaidya Rd. (0832) 222 7614.
L'un des meilleurs restaurants chinois de la ville. Goûtez l'agneau rôti avec champignons et maïs, et nouilles au miel. *déj. et dîner.*

PANAJI : *Horse Shoe Restaurant* Rs Rs Rs — MC V
E-245 Rua De Qurem. (0832) 243 1788.
Des plats goanais savoureux, notamment un curry de poisson ou un poulet à la sauce épicée. *déj. et dîner.*

PANAJI : *Rio Rico Restaurant* Rs Rs Rs — AE DC MC V
Hotel Mandovi, DB Rd. (0832) 242 6270.
L'un des établissements les plus appréciés de Goa. Son menu très varié propose un vaste choix de plats goanais et occidentaux. *petit déj., déj. et dîner.*

PANAJI : *Simply Fish* Rs Rs Rs Rs — AE DC MC V
Marriott Resort, Miramar Beach. (0832) 243 7001.
Les clients choisissent les fruits de mer présentés dans un panier de pêcheur. Essayez la bisque de homard. *dîner.* *mai-sept.*

SALIGAO : *Florentine* Rs
Pequeno Morod. (0832) 227 8249.
Ce restaurant, qui ne sert que du poisson et du poulet, est particulièrement réputé pour son poulet *cafreal* goanais. *déj. et dîner.*

LE KARNATAKA

BADAMI : *Pulakeshi Restaurant* Rs Rs Rs
Hotel Badami Court, 17/3, Station Rd. (08357) 720 230.
On y déguste une cuisine internationale et des spécialités du Karnataka. P *petit déj., déj. et dîner.*

BANGALORE : *Mavalli Tiffin Room (MTR)* Rs Rs — MC V
11 Lalbag Rd. (080) 2222 0022.
Plus de cent cuisiniers œuvrent dans les cuisines pour confectionner des *dosa*, *idli* et un café fabuleusement mousseux. Le restaurant est toujours plein à craquer. P *déj. et dîner.* *lun.*

BANGALORE : *Karavalli* Rs Rs Rs — MC V
Gateway Hotel, Residency Rd. (080) 5660 4545.
Réputé pour ses fruits de mer de la côte du Karnataka, ce restaurant propose du poisson *bhekti* très frais, des scampi et des calmars. P *déj. et dîner.*

BANGALORE : *Koshy's Bar & Restaurant* Rs Rs Rs — AE MC V
39 St Mark's Rd. (080) 2221 3793.
Soupe à la noix de coco, *appam* préparé à la façon kéralaise et ragoût sont très prisés des habitants de Bangalore. P *petit déj., déj. et dîner.*

BANGALORE : *The Rice Bowl* Rs Rs Rs — MC V
Below Rama Hotel, 40/2 Lavelle Rd. (080) 2224 0216.
Vous dégusterez des plats chinois et tibétains copieux dans une ambiance conviviale. P *déj. et dîner.*

BANGALORE : *Sunny's Bistro* Rs Rs Rs — MC V
35/2, Kasturba Rd, Lavelle Rd. (080) 2224 3642 ; 2212 0496.
Ce restaurant sert une cuisine française et italienne, mais il est surtout connu pour ses desserts, comme le *Devil's food cake*, la ganache enrobée de noix et le très léger soufflé au litchi. P *déj. et dîner.*

BANGALORE : *Cosmo Village* Rs Rs Rs Rs — MC V
29 Margrath Rd. (080) 2509 8237 ; 2509 2709.
C'est l'un des pubs les plus branchés de Bangalore. Le menu, éclectique, inclut des plats mexicains et tibétains. Le pub possède également une agréable terrasse. P *déj. et dîner.*

BANGALORE : *I-Talia* Rs Rs Rs Rs Rs — AE DC MC V
The Park Hotel, 14/7 Mahatma Gandhi Rd. (080) 2559 4666.
Géré par un fin gourmet, ce restaurant propose d'excellents plats italiens. Ne manquez pas de goûter les plats de pâtes, les salades, et surtout le sorbet spécial à la mangue et au Campari. P *déj. et dîner.*

BIJAPUR : *Hotel Madhuvan International Restaurant* Rs Rs
Hotel Madhuvan International, G-37 Brigade Garden, St Marks Rd. (08352) 255 571.
Des plats végétariens servis en quantités généreuses et présentés sous forme de *thali*. Le jardin est très agréable. P *petit déj., déj. et dîner.*

Prix moyen d'un repas, taxes et service compris mais sans alcool.

Rs moins de 100 roupies
Rs Rs 100 à 200 roupies
Rs Rs Rs 200 à 400 roupies
Rs Rs Rs Rs 400 à 700 roupies
Rs Rs Rs Rs Rs + de 700 roupies

Cartes bancaires
Indique les cartes acceptées.

Spécialités régionales
L'établissement propose des mets typiques de régions de l'Inde comme le Rajasthan, le Gujarat ou le Sud.

Purement végétarien
Le restaurant sert une cuisine exclusivement végétarienne.

Plats occidentaux
Plats français, italiens ou d'autres pays occidentaux.

Tables à l'extérieur
Possibilité de manger en plein air, souvent avec une belle vue.

Chikmagalur : *The Peaberry* Rs Rs Rs
Taj Garden Retreat, KM Rd, Jyothi Nagar. *(08262) 220 202.*
Ce restaurant de cuisine internationale propose de bonnes spécialités de la côte du Karnataka, relayées par des classiques de l'Inde du Nord. *petit déj., déj. et dîner.*

Hampi : *Mango Tree Restaurant* Rs Rs
À 400 m à l'ouest des *ghât* sur la rive sud. *Pas de téléphone.*
Dans un cadre romantique, au bord de la rivière, dégustez des plats traditionnels dans des feuilles de bananier. *petit déj., déj. et dîner.*

Hubli : *Hotel Naveen* Rs Rs Rs
Pune-Bangalore Rd, Unkal. *(0836) 237 2939.*
Sur la carte voisinent différents types de cuisines, dont de savoureuses spécialités de l'Inde du Sud. *déj. et dîner.*

Mangalore : *The Gally* Rs Rs Rs
Manjarun Hotel, Old Port Rd. *(0824) 242 0420.*
Vous y découvrirez les spécialités régionales de la côte du Karnataka. Le *kane bezule*, un plat épicé aux gombos, est particulièrement délicieux. *petit déj., déj. et dîner.*

Mysore : *Dasaprakash Paradise* Rs
105 Vivekananda Rd, Yadavgiri. *(0821) 251 5565.*
Le restaurant sert une cuisine végétarienne de l'Inde du Sud. Les petits déjeuners sont exquis. *petit déj., déj. et dîner.*

Mysore : *The Green Hotel Restaurant* Rs Rs Rs
2270 Vinoba Rd, JL Puram. *(0821) 251 2536.*
Cuisine subtile, parfumée d'épices, préparée avec des ingrédients frais à déguster dans la véranda ou le jardin. *petit déj., déj. et dîner.*

Chennai (Madras)

Chennai : *Copper Chimney* Rs Rs
74 Ground Floor, Cathedral Rd. *(044) 2811 5770.*
Le restaurant est connu pour ses *tandoori* et sa cuisine de l'Inde du Nord. Les kebabs et les soupes sont excellents. *petit déj., déj. et dîner.*

Chennai : *Coastline* Rs Rs
84, Dr. Radhakrishnana Salai, Mylapore. *(044) 2811 1128.*
Ce restaurant récemment ouvert propose de savoureux fruits de mer. *déj. et dîner.*

Chennai : *Dhabba Express* Rs Rs
9 Cenotaph Rd. *(044) 2432 8211.*
Vous découvrirez les plats typiques des petites gargotes en bord de route de l'Inde du Nord, notamment le copieux *dal makhni*. *déj. et dîner.*

Chennai : *Karaikudi Chettinad Restaurant* Rs Rs
84 Dr Radhakrishna Salat, Mylapore. *(044) 2811 1893.*
Dans une ambiance typique du Chettinad, dégustez les spécialités du chef : poulet *pallathur* et pigeon *varuval*. *déj. et dîner.*

Chennai : *Ponnuswamy Hotel* Rs Rs
24-C IN Rd, Egmore. *(044) 287 0784.*
Cuisine du Chettinad authentique. Le menu propose divers plats épicés, de la caille et du crabe. Le *biryani* est excellent. *déj. et dîner.*

Chennai : *Amaravathi* Rs Rs Rs
1 Cathedral Rd. *(044) 2811 6416.*
Cuisine typique de l'Andhra. Le *biryani* est tout simplement succulent. Le tout à des prix raisonnables. *déj. et dîner.*

Restaurant	Cartes bancaires	Spécialités régionales	Purement végétarien	Plats occidentaux	Tables à l'extérieur
Chikmagalur : The Peaberry	AE DC MC V	●		●	
Hampi : Mango Tree Restaurant		●	■	●	■
Hubli : Hotel Naveen	MC V	●		●	
Mangalore : The Gally	AE DC MC V	●		●	
Mysore : Dasaprakash Paradise	AE MC V	●	■		
Mysore : The Green Hotel Restaurant	MC V	●		●	■
Chennai : Copper Chimney	AE DC MC V	●		●	
Chennai : Coastline	MC V				
Chennai : Dhabba Express	AE DC MC V	●			■
Chennai : Karaikudi Chettinad Restaurant	AE DC MC V	●			
Chennai : Ponnuswamy Hotel	MC V	●			
Chennai : Amaravathi	AE DC MC V	●			

CHENNAI : *Annalakshmi* Rs Rs Rs
804 Anna Salai. (044) 2852 5109.
Géré entièrement par des bénévoles, ce restaurant sert une somptueuse cuisine végétarienne, élégamment présentée dans des *thali* argentés et dorés. *déj. et dîner.* *lun.*
(AE DC MC V)

CHENNAI : *Benjarong* Rs Rs Rs
146 TTK Rd, Alwarpet. (044) 2432 2640.
Des orchidées décorent les tables de ce restaurant thaïlandais qui importe des ingrédients frais de Bangkok tous les jours. *déj. et dîner.*
(AE DC MC V)

CHENNAI : *Rice and Spice* Rs Rs Rs
3 Kodambakkam High Rd, Nungambakkam. (044) 2822 2211.
Dans un décor légèrement bohème très plaisant, dégustez une vaste variété de cuisines. Nous recommandons le *pudina parathas*. *déj. et dîner.*
(AE MC V)

CHENNAI : *The Rain Tree* Rs Rs Rs Rs
Taj Connemara Hotel, 1 Binny Rd. (044) 5500 0000.
Ce restaurant sert surtout des spécialités du Chettinad à déguster sous un grand arbre tropical. Spectacles culturels le soir. *dîner.*
(AE DC MC V)

LE TAMIL NADU

KANCHIPURAM : *Kanchi Kudil* Rs Rs
53-A Sangeetha Vidwan, Nainar Pillai St. (04112) 227 680.
Vous dégusterez des snacks végétariens de l'Inde du Sud dans une magnifique maison traditionnelle restaurée. *petit déj., déj. et dîner.*

MADURAI : *Temple View Rooftop Restaurant* Rs Rs
Hotel Park Plaza, 114-115 West Perumal Maistry St. (0452) 234 2112.
Ce restaurant populaire ménage de superbes vues sur le temple. Le menu propose un délicieux poulet frit à l'ail. *dîner.*
(AE DC MC V)

MADURAI : *The View* Rs Rs Rs Rs
Taj Garden Retreat, 40 TPK Rd, Pasumalai Hill. (0452) 237 1601.
Une ambiance paisible et une savoureuse cuisine internationale : l'endroit idéal pour faire une pause. *petit déj., déj. et dîner.*
(AE DC MC V)

MAMALLAPURAM : *Moonrakers* Rs Rs
Othavadai St. *Pas de téléphone.*
Kebabs, *kofta*, pigeon et poulet voisinent sur la carte avec des salades et des snacks. Ambiance chaleureuse. *petit déj., déj. et dîner.*
(AE DC MC V)

OOTACAMUND : *Tandoori Mahal* Rs
Commercial Rd.
Ici, on peut siroter une bière fraîche accompagnée d'un bon plat *tandoori* végétarien ou non végétarien. Service efficace. *déj. et dîner.*

OOTACAMUND : *The Nilgiri Woodlands Restaurant.* Rs Rs
Ettines Rd, face au Race Course. (0423) 244 2551.
Ce restaurant végétarien, d'un bon rapport qualité/prix, sert de bons *thali* de l'Inde du Sud. *déj. et dîner.*

PONDICHERRY : *Le Club* Rs Rs Rs
Hotel de Pondicherry, 38, rue Dumas St. (0413) 222 7409, 223 9745.
Un restaurant français chic qui propose un vaste choix de cocktails rafraîchissants, du coq au vin, des crevettes grillées au basilic et un savoureux fondant au chocolat. *dîner.* *lun.*
(AE DC MC V)

PONDICHERRY : *Rendezvous Café* Rs Rs Rs
30, rue Suffren. (0413) 233 9132 ; 222 5558.
Vous aurez le choix entre des plats français, italiens et chinois, agrémentés de touches indiennes. Essayez le steak « de capitaine » et les crevettes grillées. *petit déj., déj. et dîner.*
(AE DC MC V)

PONDICHERRY : *Carte Blanche* Rs Rs Rs Rs
Hotel de l'Orient, 17, rue Romain-Rolland. (0413) 234 3067.
Dans un décor au charme évocateur, dégustez une superbe cuisine, fusion entre saveurs du Tamil et de France. *petit déj., déj. et dîner.*
(AE DC MC V)

THANJAVUR : *Geetham* Rs Rs
Hotel Parisutham, 55 Grand Anicut Rd. (04362) 231 801.
Ce restaurant végétarien propose 72 currys, présentés dans des *thali*, les plats traditionnels. *déj. et dîner.*
(AE MC V)

Prix moyen d'un repas, taxes et service compris mais sans alcool.

- Rs moins de 100 roupies
- RsRs 100 à 200 roupies
- RsRsRs 200 à 400 roupies
- RsRsRsRs 400 à 700 roupies
- RsRsRsRsRs + de 700 roupies

Cartes bancaires
Indique les cartes acceptées.

Spécialités régionales
L'établissement propose des mets typiques de régions de l'Inde comme le Rajasthan, le Gujarat ou le Sud.

Purement végétarien
Le restaurant sert une cuisine exclusivement végétarienne.

Plats occidentaux
Plats français, italiens ou d'autres pays occidentaux.

Tables à l'extérieur
Possibilité de manger en plein air, souvent avec une belle vue.

Les îles Andaman et Nicobar

Restaurant	Prix	Cartes bancaires	Spécialités régionales	Purement végétarien	Plats occidentaux	Tables à l'extérieur
Port Blair : *Waves* Corbyn's Cove. ☎ *(03192) 245 110.* Situé juste en face de la plage Carbyus Cove, ce restaurant avec jardin sert une cuisine internationale. ▤ Y ◯ *dîner.*	RsRs		●		●	■
Port Blair : *Mandalay Restaurant.* Bay Island Hotel, Marine Hill. ☎ *(03912) 234 101.* Le restaurant sert une cuisine internationale et ménage de superbes vues sur les îles Ross et Havelock. ▤ Y ◯ *petit déj., déj. et dîner.*	RsRsRs	AE DC MC V	●		●	

Le Kerala

Restaurant	Prix	Cartes bancaires	Spécialités régionales	Purement végétarien	Plats occidentaux	Tables à l'extérieur
Alappuzha : *Kayaloram Lake Resort Restaurant* Kayaloram Lake Resort, Punnamada. ☎ *(0477) 223 2040.* Ce restaurant en plein air propose une cuisine continentale ainsi que de délicieux plats du Kerala. ◯ *petit déj., déj. et dîner.*	RsRsRs	AE DC MC	●		●	■
Kochi : *New Tandoor* Layam Road. ☎ *(0484) 235 4938.* Vous y découvrirez les spécialités du Chettinad, comme le *pepper chicken*, et la cuisine typique du Nord de l'Inde. ▤ ◯ *déj. et dîner.*	Rs	MC V			●	■
Kochi : *Fort House Hotel* Calvathy Rd, Fort Kochi. ☎ *(0484) 221 7103.* Ce charmant restaurant familial permet de découvrir des spécialités du Kerala (currys au poisson et aux légumes). P ◯ *petit déj., déj. et dîner.*	RsRsRs		●			■
Kochi : *The Old Courtyard* Old Courtyard, 1/371 Princess St, Fort Kochi. ☎ *(0484) 221 6302.* Un vieux manguier ombrage la cour de ce charmant restaurant. Cuisine internationale. ◯ *petit déj., déj. et dîner.*	RsRsRs	MC V	●		●	■
Kochi : *Fort Cochin* Casino Hotel, Willingdon Island. ☎ *(0484) 266 8421.* Les fruits de mer sont la spécialité de ce restaurant exceptionnel, qui jouit d'une situation idyllique sur Willingdon Island. ▤ Y ♫ P ◯ *dîner.*	RsRsRsRs	AE DC MC V	●		●	
Kochi : *The Malabar Junction Restaurant* The Malabar House, Fort Kochi. ☎ *(0484) 221 6666.* Ce petit restaurant sert une excellente cuisine occidentale, notamment des plats méditerranéens et des fruits de mer. Y P ◯ *petit déj., déj. et dîner.*	RsRsRsRs	AE MC V	●		●	■
Kottayam : *Vembanad Restaurant* Vembanad Lake Resort, Kodimatha. ☎ *(0481) 236 0866.* Le restaurant bénéficie d'une vue superbe sur le lac. Cuisine internationale et spécialités authentiques du Kerala. ▤ ◯ *petit déj., déj. et dîner.*	RsRsRs	MC V	●		●	
Kottayam : *Coconut Lagoon Restaurant* Coconut Lagoon, PB n° 2, Kumarakom. ☎ *(0481) 252 5834.* Le restaurant est réputé pour son excellente cuisine du Kerala et son cadre enchanteur, un ancien *tharawad* rénové. ◯ *petit déj., déj. et dîner.*	RsRsRsRs	AE DC MC V	●		●	
Kovalam : *Rockholm* Hotel Rockholm, Lighthouse Rd. ☎ *(0471) 2481 0306.* Admirez des vues à couper le souffle sur la mer depuis ce restaurant en terrasse. Fruits de mer et spécialités locales. ◯ *petit déj., déj. et dîner.*	RsRsRs	AE DC MC V	●		●	■
Kovalam : *Octopus* Surya Samudra Beach Garden, Pulinkudi. ☎ *(0471) 248 0413.* Dans des maisons en bois du Kerala. ▤ Y ◯ *petit déj., déj. et dîner.*	RsRsRsRsRs	MC V	●		●	

KOZIKHODE : *Coral Reef Restaurant* Rs Rs Rs Hotel Taj Residency, PT Usha Rd. *(0495) 276 5354.* Le cadre est agréable et le chef propose une grande diversité de cuisines. *déj. et dîner.*	AE DC MC V	●		●	
LAKSHADWEEP : *Restaurant Hut* Rs Rs Rs Bangaram Island Resort. *Pas de téléphone.* Fait de feuilles de bambous et de palmier, ce restaurant jouit d'une atmosphère joyeuse. *petit déj., déj. et dîner.*	AE DC MC	●		●	■
THEKKADY : *Shalimar Spice Garden Resort Restaurant* Rs Rs Rs Rs Shalimar Spice Garden Resort, Murikkady PO. *(04869) 22 2132 ; 22 3232.* La cuisine est aussi savoureuse que le décor, conçu dans le style traditionnel du Kerala. Spécialités keralaises. *petit déj., déj. et dîner.*	MC V	●		●	
THIRUVANANTHAPURAM : *The Regency* Rs Rs Rs The South Park, Mahatma Gandhi Rd. *(0471) 233 3333.* Ce restaurant récemment rénové propose une cuisine internationale : splendide buffet. *petit déj., déj. et dîner.*	AE DC MC V	●		●	
THIRUVANANTHAPURAM : *Tiffany's Restaurant* Rs Rs Rs The Muthoot Plaza, Punnen Rd. *(0471) 233 7733.* Ne vous laissez pas rebuter par le décor étrange, composé d'assiettes accrochées aux murs, de vitraux et de néons. La cuisine internationale est aussi variée que succulente. P *petit déj., déj. et dîner.*	AE DC MC V	●		●	
VARKALA : *Café Comorin* Rs Rs Rs Taj Garden Retreat, Janardana Puram. *(0470) 260 3000.* Les tables dans le jardin ajoutent au charme de ce restaurant. Laissez-vous tenter par la cuisine kéralaise proposée. P *petit déj., déj. et dîner.*	AE DC MC V	●		●	■

L'ANDHRA PRADESH

HYDERABAD : *Ming's Court* Rs Rs Rs 5-9-30/16/20 Basheerbagh, opp Gandhi Medical College. *(040) 2323 6504.* Un restaurant chinois populaire : agneau de Shanghai, riz frit et *tiger prawns* (crevettes) très relevés. *petit déj., déj. et dîner.*	AE DC MC V				
HYDERABAD : *Dakhni* Rs Rs Rs Rs Taj Banjara, Rd n° 1, Banjara Hills. *(040) 5566 9999.* Essayez le *bijapuri usli*, un curry de lentilles avec du pain *bajra*, et le *gosht gulbarga* à la délicieuse sauce au coco. *déj. et dîner.*	AE DC MC V	●			
HYDERABAD : *Dum Pukht* Rs Rs Rs Rs Grand Kakatiya Sheraton, 6-3-1187 Begumpet. *(040) 2340 0132.* Goûtez les *khwam*, qui offrent trois currys différents, le pain *sheermal*, les brochettes de kebab au mouton et le *curd* (yaourt) crémeux servi dans une assiette en argent. *dîner.*	AE DC MC V	●			
TIRUPATI : *Bhima's Deluxe Restaurant* Rs Rs Bhima's Deluxe Hotel, 38 Govind Raja Car St. *(0877) 225 0631.* Le restaurant sert une cuisine indienne strictement végétarienne, très saine. *petit déj., déj. et dîner.*		●	■		
VIJAYAWADA : *Aromas* Rs Rs Quality Inn DV Manor, Mahatma Gandhi Rd. *(0866) 247 4455.* Un vaste choix de cuisines indienne, mughlaï et de l'Inde du Sud. Le restaurant est plus connu pour sa cuisine punjabi. *déj. et dîner.*	AE MC V	●			
VISAKHAPATNAM : *Dakshin Restaurant* Rs Rs Rs Hotel Daspalla, 28-2-48 Suryabagh. *(0891) 256 4825.* Ce restaurant non végétarien sert une cuisine authentique de l'Andhra, épicée. Goûtez le plat au mouton *gongura*. *déj. et dîner.*	AE DC MC V	●			
VISAKHAPATNAM : *Bamboo Bay* Rs Rs Rs Rs The Park, Beach Rd. *(0891) 275 4488.* Sur la plage, vous dégusterez des spécialités culinaires de la côte – un mélange de plats de l'Andhra et du Chettinad, avec quelques *tandoori*. Le *pomfret tandoori*, le *gongura mamasam* et le *yaar varwal*, servis dans la même assiette, sont particulièrement bons. *dîner.*	AE DC MC V	●			■
WARANGAL : *Kadambari Restaurant.* Rs Rs Hotel Ashoka, 6-1-242 Main Rd, Hanamkonda. *(0870) 257 8491.* La spécialité de ce restaurant chaleureux est la cuisine kéralaise. Spécialités chinoises et *tandoori* sont aussi proposés. *déj. et dîner.*	MC V	●			

RENSEIGNEMENTS PRATIQUES

L'Inde mode d'emploi

Chaque année, l'Inde reçoit plus de 2,2 millions de visiteurs. L'hiver est la haute saison touristique (d'octobre à mars), et il est vivement recommandé de réserver à l'avance. On parle l'anglais dans la plupart des régions du pays. Dans les grandes villes, les moyens de transport, l'hébergement et les restaurants proposent un service à la hauteur des standards internationaux. L'équipement des régions plus reculées est un peu moins moderne, notamment au niveau du logement et des services bancaires. L'Office national de tourisme (DOT) possède de nombreuses antennes à travers le pays *(p. 647)* ainsi qu'à l'étranger. Vous y trouverez des brochures, des itinéraires et des propositions de visites guidées. Il existe de nombreuses agences de voyages en Inde ; mieux vaut s'adresser à celles qui ont une réputation établie.

Logo du Department of Tourism

Quand partir ?

La période où le climat est le plus agréable pour voyager s'étend d'octobre à mars. Mieux vaut éviter l'été (avril-juin) écrasé par une canicule sèche et étouffante dans le Nord comme dans le Sud. La saison des pluies, de juillet à septembre, n'est pas idéale non plus, car les violentes précipitations rendent les conditions de transport difficiles, notamment dans les États du Sud-Ouest (Goa, le Maharashtra et le Kerala). De novembre à janvier, le froid sévit dans la région de l'Himalaya. L'idéal pour séjourner dans les contreforts, havre de fraîcheur, s'étend de mars à juin, et de nouveau au mois de septembre, après la saison des pluies. Les tableaux d'ensoleillement, de précipitations et de températures figurent aux pages 39-41.

Faire ses bagages

Si vous partez de novembre à février, surtout dans le Nord, car dans le Sud le temps est plus clément à cette période, prévoyez des vêtements chauds (veste, gros pull-over et chaussettes). En février, mars et octobre, emportez des lainages légers. Les tenues amples en coton sont les seules supportables en été et durant la mousson (avril à septembre). Choisissez des chaussures faciles à ôter, car il vous faudra les enlever dans les lieux de culte. Une pharmacie de base est nécessaire *(p. 286)*. Prévoyez aussi un imperméable ou un parapluie, un chapeau contre le soleil et une lampe de poche, toujours très utiles.

Réservations

Il est préférable de réserver à l'avance, surtout pendant la haute saison, pour le logement, les billets d'avion (disponibles aussi à la dernière minute) et les billets de trains, ces derniers étant souvent bondés (possibilité de réserver deux mois avant le départ). N'hésitez pas à insister pour obtenir des confirmations écrites.

Un café à Goa, très fréquenté en hiver, lorsque le climat est doux

Visas et passeports

Tout le monde a besoin d'un visa, et donc d'un passeport, pour entrer en Inde. Les consulats indiens délivrent un passeport standard valable 6 mois, permettant plusieurs entrées dans le pays, nécessaire aussi pour visiter les régions voisines comme le Népal ou le Sri Lanka. Les étrangers munis de ce visa n'ont pas besoin de s'inscrire auprès d'une autorité locale et peuvent se déplacer en toute liberté, sauf dans les régions soumises à des restrictions (*restricted areas*), où il faut obtenir un permis spécifique. Une extension de visa est parfois accordée pour une période de 15 jours ou plus. Pour l'obtenir, à Delhi, demandez un formulaire auprès du **Ministry of Home Affairs**, puis soumettez-le au **Foreigners Regional Registration Office (FRRO)**. À Mumbai, Chennai ou Kolkata, contactez le FRRO local. Il est très difficile, voire impossible, d'obtenir une extension, sauf circonstances exceptionnelles.

Permis

Un permis spécifique est requis pour voyager dans les *restricted areas*. La procédure d'obtention est complexe ; adressez-vous à une agence de voyages fiable, dans votre pays ou en Inde. Cela peut prendre jusqu'à 4 semaines. Les ambassades indiennes et les consulats délivrent également ces permis. À Kolkata, Mumbai et Chennai, adressez-vous au

◁ **Le Blue Mountain Train sur la route pittoresque en direction d'Ooty *(voir p. 492)*.**

FRRO ; et à Delhi, au Resident Commissionner et au FRRO. Un permis spécial est nécessaire également pour les trekkings dans l'Uttaranchal, l'Himachal Pradesh, le Ladakh, le Bengale-Occidental, le Sikkim et dans la région de l'Himalaya, à la frontière avec le Pakistan, le Tibet et la Chine. Pour le Sikkim, vous devez avoir un permis valable 15 jours, en raison de sa situation géographique sensible, à la frontière de la Chine. Parmi les sept États du Nord-Est de l'Inde, aucun permis n'est demandé pour l'Assam, le Meghalaya et le Tripura. Toutefois, les permis sont obligatoires pour l'Arunachal Pradesh, le Mizoram, le Manipur et le Nagaland et sont disponibles auprès de tous les offices de tourisme de ces États. Dans certaines régions, les permis ne sont délivrés que pour les groupes de quatre personnes ou plus. Les agences de voyages s'en chargent pour vous. Les ressortissants étrangers ont besoin d'un permis valable 30 jours pour visiter les îles Andaman. Ce permis n'inclut pas les régions tribales et certaines îles, comme Nicobar. Pour l'obtenir, adressez-vous au bureau de l'immigration de l'aéroport de Port Blair ou dans les aéroports de Kolkata et Chennai, et auprès des FRRO des quatre villes principales. Si vous voyagez en bateau, vous pouvez l'obtenir en arrivant à Port Blair. Concernant le permis pour l'archipel des Laquedives, référez-vous à la page 529.

Ambassades et consulats

La plupart des pays ont une représentation diplomatique à Delhi et des consulats à Mumbai, Kolkata et Chennai. Les autorités consulaires vous délivreront un duplicata de votre passeport et vous prêteront assistance en cas de vol, d'emprisonnement ou d'hospitalisation. La liste des ambassades et consulats figure dans tous les annuaires des téléphones publics et guides d'information sur la ville, ainsi que sur le site du ministère du Tourisme de l'Inde (HYPERLINK « http://www.tourindia.com »)

Règles douanières

La législation autorise l'importation par personne de 950 ml d'alcool et de 200 cigarettes. Pour les objets précieux comme les bijoux, les Caméscopes, les appareils de musique ou les ordinateurs portables, vous devrez remplir le formulaire de réexportation des bagages vous engageant à rapporter ces objets avec vous, sous peine d'une amende lourde. Si vous détenez en liquide ou en chèques de voyage l'équivalent de plus de 2 500 $ US, vous devrez remplir un bordereau à la douane de l'aéroport. Au cas où la valeur de vos bagages dépasserait la limite autorisée, une taxe de 60 % sur l'excédent sera exigée. Il est interdit de sortir du pays des antiquités de plus de cent ans et des produits animaux tels que des peaux, des châles shahtoosh ou de l'ivoire. Pour plus de renseignements, contactez l'**Archaeological Survey of India (ASI)** ou le **Ministry of Environment and Forests**.

Visa

Vaccinations

Aucune vaccination n'est obligatoire, sauf pour les voyageurs venant de régions où sévit la fièvre jaune (Afrique, Amérique du Sud, et Papouasie-Nouvelle-Guinée). Toutefois, mieux vaut être immunisé contre le tétanos, la typhoïde et les hépatites A et B. Il est également conseillé avant votre départ de commencer un traitement antipaludique *(p. 633)*.

Assurance

Il est recommandé avant votre départ de souscrire à une assurance vous procurant une assistance médicale avec rapatriement et couvrant les cas de vol. Elle sera de toute manière exigée pour pratiquer des activités ou des sports à risques.

Adresses

FRRO

W www.nic.in

Delhi
East Block 8, Level 2,
Sector 1, RK Puram.
☎ *(011) 2671 1348.*

Mumbai
Annexe Building,
Sayed Badruddin Rd.
☎ *(022) 2262 1169.*

Chennai
Shastri Bhavan Annexe,
26 Haddow Rd.
☎ *(044) 2824 0338.*

Kolkata
237 AJC Bose Rd.
☎ *(033) 2247 0549.*

Ministry of Home Affairs

Delhi
Loknayak Bhawan,
Khan Market.
☎ *(011) 2469 3334.*

Agences de voyages

Asia
☎ *01 44 415010 (Paris).*
W www.asia.fr

Jet Tours
☎ *01 47 70 15 88 (Paris).*
W www.jettours.com

Nouvelles Frontières
☎ *0825 000 0825 (France).*
W www.nouvellesfrontières.fr

Terres d'aventure
☎ *0825 847 800 (France).*
W www.terdav.com

ASI

Janpath, Delhi.
☎ *(011) 2301 3574.*

Ministry of Environment and Forests

Paryavaran Bhavan,
CGO Complex, Lodhi Rd,
New Delhi.
☎ *(011) 2436 0721.*

Information générale

W www.outlooktraveller.com
W www.travel.indiamart.com
W www.tourindia.com

Information touristique

On trouve des bureaux d'information touristique gérés par le **Government of India Department of Tourism** *(p. 647)* à travers toute l'Inde, ainsi qu'à l'étranger. De plus, chaque État possède son propre office du tourisme, où un personnel serviable saura vous donner des conseils fiables et détaillés sur votre séjour et répondre à vos questions sur les sites de visite, les modes de transport et les hébergements. Vous trouverez également un nombre important de sites de voyages sur Internet fournissant une information claire et à jour. Des comptoirs d'information se trouvent dans les halls d'arrivée des aéroports internationaux et nationaux, ainsi que dans les gares et les stations de bus.

Brochures touristiques

Droits d'entrée

Les droits d'entrée dans les musées, monuments historiques et réserves d'animaux sont souvent minimes. Ils sont toutefois plus élevés pour les monuments classés par l'Unesco. Les étrangers payent une taxe de 15 $ US (payable en roupies) pour le Taj Mahal, et 5 $ US pour d'autres monuments, comme les temples de Khajuraho. Il faut souvent payer un supplément pour les appareils-photo, les Caméscopes et certains événements comme les spectacles son et lumière. Dans les lieux de culte, une boîte sert à recevoir les dons. Si vous appartenez à une confession religieuse différente, demandez si vous avez le droit d'entrer *(p. 628)*.

Jours fériés et droits d'ouverture

Chaque année, l'État publie une nouvelle liste de jours fériés *(p. 35)* car les dates des fêtes religieuses changent d'une année à l'autre. Certaines de ces fêtes sont qualifiées de *restricted*. Ces jours-là les fonctionnaires n'occupent pas obligatoirement leur poste de travail. Les banques, les services administratifs et la plupart des marchés restent fermés pour les trois fêtes nationales : Republic Day (26 janv.), Independence Day (15 août) et le jour de la commémoration de la naissance de Ghandi (2 oct.). Les monuments et les musées ouvrent normalement de 10h à 18h, avec une interruption d'une heure pour le déjeuner, et sont fermés le lundi et les jours fériés. Dans la plupart des villes, les magasins sont ouverts jusqu'à 19h. Les temples ferment en général entre 13h et 16h, heures de repos de la divinité. Les services administratifs sont ouverts du lundi au vendredi de 9h30 à 18h avec une pause d'une demi-heure pour le déjeuner.

Promenade lors d'une visite guidée sur le lac du Ranganthittoo Bird Sanctuary

Guides

Les offices du tourisme, les agences de voyages et les hôtels vous mettront en contact avec des guides certifiés, aux tarifs fixés à l'heure. Dans les lieux très visités, préférez aux prétendus guides les personnes portant un badge métallique assurant qu'elles possèdent l'agrément *Department of Tourism*. Elles parlent l'anglais. Vous trouverez également de nombreux guides parlant le français, l'italien, l'espagnol, l'allemand, le russe et le japonais.

Routards

La plupart des grandes villes possèdent des auberges de jeunesse affiliées à la **Youth Hostels Association of India** *(p. 567)*. Bien qu'il ne soit pas nécessaire d'être membre de l'International Association pour y séjourner, les membres sont prioritaires et bénéficient de tarifs réduits. Les villes abritent aussi des **YMCA** confortables et peu chères. La plupart de ces hôtels à petit budget possèdent des systèmes de sécurité peu fiables et ne sont ni climatisés ni équipés de moustiquaires. Protégez vos affaires avec un cadenas et ne laissez pas votre argent ou des documents importants à l'hôtel. Méfiez-vous des escrocs qui tenteront de vous arnaquer en vous proposant un hébergement bon marché.

Voyageurs handicapés

Les aménagements comme les rampes d'accès restent rares dans les édifices publics et les sites touristiques. Toutefois, les aéroports et les grandes gares abritent des fauteuils roulants et les porteurs sont toujours disposés à aider les voyageurs. En revanche, les trottoirs sont souvent en mauvais état et difficilement praticables en fauteuil. Peu d'hôtels ont un équipement qui répond aux besoins des voyageurs handicapés, mais le personnel se montre toujours serviable.

Avec des enfants

Les services de baby-sitting, proposés par certains hôtels de luxe, restent globalement rares. Mais les Indiens adorent les enfants et les accueillent presque partout avec plaisir. Si vous voyagez avec des enfants en bas âge, il est recommandé d'apporter leurs aliments et le lait maternisé avec vous. On trouve des couches pour bébés dans la plupart des commerces des grandes villes.

Les langues

L'hindi est la langue officielle, mais il existe plusieurs autres langues régionales. À Kolkata et dans le Bengale-Occidental, on parle le bengali ; à Mumbai et dans le Maharashtra, on parle le marathi ; dans le Tamil Nadu le tamil, dans l'Andhra Pradesh le telugu et au Kerala le malayalam. L'anglais est devenu le moyen de communication le plus utilisé et le plus répandu dans la majorité des villes indiennes. Il est parlé par la plupart des Indiens ayant affaire aux touristes, comme les chauffeurs de taxis, les guides, les employés des hôtels, des magasins et des administrations. Les panneaux de circulation et les chiffres sont généralement écrits en anglais ou dans la langue régionale de l'État en question.

Électricité

L'Inde est alimentée en courant alternatif de 220-240 volts et 50 Hz. En été, les coupures de courant sont malheureusement fréquentes. Les prises encastrées acceptent en général des fiches mâles à trois broches. Les grands magasins vendent des adaptateurs et des transformateurs. Pour les ordinateurs portables, pensez avant de partir à vous munir d'une protection contre les variations de courant.

Décalage horaire et calendrier

Une seule heure s'applique pour l'ensemble de l'Inde. L'heure indienne est en avance de 5 h 30 sur le méridien de Greenwich, en retard de 4 h 30 sur l'Australian Eastern Standard Time et en avance de 10 h 30 sur l'US Eastern Standard Time. Le calendrier grégorien occidental est devenu le calendrier officiel afin éviter les problèmes posés par des calculs de l'écoulement du temps, variables selon les régions et les religions. Ainsi, l'an 2003 de l'ère chrétienne est pour le calendrier officiel hindou l'an 1925 de l'ère Saka et pour l'ancien calendrier l'an 2060 de l'ère Vikram.

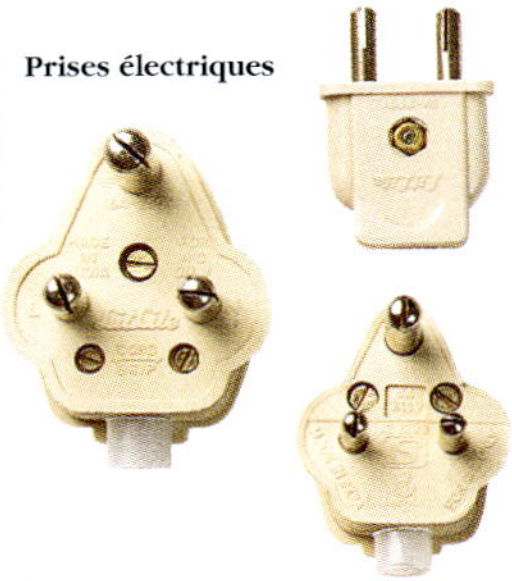

Prises électriques

Photographie

Il est très facile de se procurer des pellicules et de faire développer des photos couleurs, même dans les petites villes. Pensez bien à vérifier les dates de péremption en achetant vos piles et pellicules. Les grands magasins de photo assurent des services rapides et efficaces.
Demandez l'autorisation avant de photographier les femmes, les communautés tribales ou certains lieux de culte. Il est strictement interdit de prendre des photos dans des endroits sensibles dont la sécurité est sensible, tels que les gares, les barrages, les aéroports et les camps militaires. Des panneaux indiquent ces interdictions.

Adresses

Offices du tourisme en Inde

Delhi
N-36, Connaught Place.
☎ *(011) 2331 5322.*
W www.delhitourism.com

Goa
Dr Alvarez Costa Rd, Panaji.
☎ *(0832) 222 6728.*
W www.goa-tourism.com

Himachal Pradesh
Near Victory Tunnel, Shimla.
☎ *(0177) 265 4589.*
W www.hptdc.nic.in

Karnataka
Mitra Towers, 10/4 Kasturba Rd, Queen's Circle, Bangalore.
☎ *(080) 2336 3862.*
W www.kstdc.nic.in

Kerala
Parkview Building, Thiruvanthapuram.
☎ *(0471) 232 1132.*
W www.keralatourism.org

Madhya Pradesh
Gangotri Complex, 4th floor, TT Nagar, Bhopal.
☎ *(0755) 277 8383.*
W www.mptourism.com

Maharashtra
CDO Hutments, Mme Cama Rd, Nariman Point, Mumbai.
☎ *(022) 2202 6713.*
W www.mtdcindia.com

Rajasthan
Paryatan Bhawan, MI Rd, Jaipur.
☎ *(0141) 511 0595.*
W www.rajasthantourism.gov.in

Tamil Nadu
TN Tourism Complex, Omandurar Govt Estate, Wallajah Rd.
☎ *(044) 2538 9857.*
W www.tamilnadutourism.org

Uttar Pradesh
C-13, Vipin Khand, Lucknow.
☎ *(0522) 230 8017.*
W www.up-tourism.com

Bengale-Occidental
2 Brabourne Rd, Kolkata.
☎ *(033) 2225 4723 ; 2225 4724.*
W www.wbtourism.com

Savoir-vivre

L'Inde est encore une société traditionnelle, régie par de fortes valeurs familiales. Même si les jeunes des grandes villes s'habillent de façon moderne, à l'occidentale, leur manière de vivre reste traditionnelle à bien des égards. Et bien que les différents groupes sociaux, religieux et les castes aient chacun leurs propres mœurs, ils partagent des valeurs communes. Il est très important de se montrer particulièrement courtois envers les personnes âgées. Les Indiens ont un sens aigu de l'hospitalité et sont très serviables envers les visiteurs. Pour répondre à une telle générosité, il est bienvenu d'apporter à vos hôtes des fleurs ou un petit présent, même si cela n'est pas une coutume indienne.
En cas d'inefficacité ou de retard des services publics ou administratifs, mieux vaut faire preuve de fermeté et de patience que de montrer de l'agressivité.

Repas pris dans des feuilles de bananiers lors d'une fête rituelle dans un temple

Saluer

La forme la plus répandue de salut reste en Inde le *namaskar* ou *namaste*: paumes jointes, les mains s'élèvent vers le visage qui s'incline légèrement. Il existe cependant d'autres saluts traditionnels. Les musulmans lèvent ainsi leur main droite vers le front en prononçant les mots *adaab* ou *salaam aleikum* (auquel il faut répondre *walekum salaam*). La poignée de main occidentale commence à se répandre, mais certains Indiens et la plupart des femmes préfèrent éviter ce contact. La syllabe « ji » rajoutée à la fin d'un nom propre est une marque de respect. Appeler quelqu'un seulement par son prénom est une marque de familiarité. Lors d'une première rencontre, mieux vaut en rester aux *mister, madam, miss* ou simplement « ji ».
Les personnes âgées, et particulièrement les grands-parents, sont très respectées. Il est donc fréquent que les jeunes de la famille les saluent en leur touchant les pieds. Votre hôte n'attendra pas de vous que vous fassiez de même, mais il est important de se montrer courtois en toute occasion.
Pour un Indien, poser des questions sur le montant de vos revenus ou votre état civil n'est pas indiscret mais reflète un intérêt amical pour une nouvelle connaissance.

***Namaskar*, le salut traditionnel**

Langage corporel

Les Indiens considèrent les pieds comme la partie la plus impure du corps. Il est donc préférable d'enlever ses chaussures avant d'entrer dans une maison. Poser ses jambes sur un meuble ou toucher quelqu'un avec ses pieds, même par inadvertance, est très impoli. Lorsque vous vous asseyez par terre – ce qui est fréquent en Inde – n'étendez pas vos jambes, gardez-les plutôt pliées et n'enjambez personne.
La tête, à l'inverse, est considérée comme le centre de la spiritualité et une personne âgée touchera celle d'un interlocuteur plus jeune en signe de bénédiction.
Parce que les Indiens vivent souvent à l'étroit, en famille ou avec leurs voisins, la notion d'espace personnel n'est pas la même que chez les Occidentaux. Si vous vous retrouvez pris dans un mouvement de foule ou bousculé dans un espace restreint, notamment dans les transports en commun, soyez tolérant. Sachez également que les démonstrations publiques d'affection par les couples d'amoureux ne sont pas très bien vues.

Savoir s'habiller

Les Indiens s'habillent de façon relativement traditionnelle et leurs vêtements couvrent tout le corps. Dans les petites villes, la plupart des femmes portent le sari ou le *salwarkameez* (*p. 30*). Dans les grandes villes, jeans, jupes et T-shirts sont plus courants, surtout parmi les jeunes. Toutefois, le regard des hommes a tendance à être attiré par les femmes légèrement vêtues. Évitez donc les minijupes, les dos-nus ou les vêtements trop voyants. Si une famille vous invite chez elle, n'hésitez pas à porter des habits indiens. Vos hôtes apprécieront beaucoup ce geste. La plupart des marchés en proposent, pour les deux sexes, à prix raisonnables.
Les hommes ont le droit de s'exposer torse nu sur la plage, mais il est interdit de se faire bronzer nu. Les femmes doivent porter de préférence un maillot de bain une pièce ou un sarong par-dessus leur Bikini. Lorsque vous sortez le soir, rappelez-vous que tous les night-clubs ont un code vestimentaire (shorts et baskets refusés).

Lieux de culte

Que vous visitiez un temple hindou, un monastère bouddhiste, une mosquée ou une *gurdwara* sikh, il convient de respecter les règles du lieu. Demandez toujours l'autorisation avant de prendre

des photos. Les femmes doivent porter une tenue qui couvre le haut des bras et les jambes au moins jusqu'à mi-mollet, ainsi qu'un foulard sur la tête. Elles peuvent porter un pantalon. Les hommes éviteront les shorts. Dans certains lieux, on leur demandera de se couvrir la tête d'un foulard (mais pas d'un chapeau).
La visite des temples jaïns impose des règles strictes : les articles en cuir, portefeuille et bracelet de montre inclus, ne sont pas autorisés.

Pancarte citant qu'il faut se déchausser

Dans certains temples indiens, les hommes doivent ôter leur chemise et porter un *dhoti*, fourni à l'entrée, à la place de leur pantalon.
N'oubliez pas de vous déchausser avant de franchir le seuil d'un lieu saint, de vous asseoir les pieds pointés dans la direction inverse du temple, et de marcher dans le sens des aiguilles d'une montre. Les hommes doivent se tenir à l'écart de la partie réservée aux femmes. Dans la plupart des temples et *gurdwara*, on propose du *prasad* (nourriture sacrée), qu'il faut manger avec la main droite.
Selon la coutume, les fidèles et les visiteurs offrent des fleurs et de l'encens. Ne vous appuyez pas contre les murs des lieux saints. Même en ruine, ils sont considérés comme sacrés, comme les tombes érigées le long des routes. Certains temples hindous (particulièrement au Kerala et dans l'Orissa) n'accueillent pas les non-hindous. Si l'on vous arrête, ne vous en offusquez pas. Évitez de visiter une mosquée au moment de la prière le vendredi.

Marchandage

Le marchandage fait partie de la vie quotidienne en Inde. Les négociations peuvent s'échauffer, mais il n'est pas nécessaire de devenir agressif. Affirmer fermement ce que vous souhaitez payer et partez si le commerçant n'accepte pas votre offre. Les boutiques les plus importantes et les *emporia* d'État pratiquent d'habitude des prix fixes, mais il ne coûte rien d'essayer de négocier une réduction, surtout si vous achetez en gros.

Manger à l'indienne

Les Indiens mangent avec les doigts, une technique à prendre certes, mais qui reste sans aucun doute la meilleure façon de savourer les plats traditionnels indiens. La coutume veut que l'on s'assoie par terre pour déguster un repas et que l'on n'utilise jamais la main gauche, considérée comme impure. Dans le Sud du pays, les plats sont servis dans des feuilles de bananiers.

Pourboires

Comptez 5 ou 10 roupies pour un portier ou porteur d'hôtel. Dans les grands restaurants, le service est généralement compris dans la note. Si tel n'est pas le cas, comptez 10 % de l'addition. Un chauffeur de taxi ou un conducteur de *rickshaw* n'attend pas systématiquement un pourboire, mais il appréciera votre geste. En revanche, si vous louez une voiture avec chauffeur, le bakchich est de mise. De même pour les coiffeurs, les masseurs ou toute personne vous offrant ses services.

Pèlerins hindous devant un temple de l'Orissa

Tabac et alcool

Bien qu'il soit officiellement interdit de fumer dans les lieux publics (à Delhi ou dans le Kerala, par exemple), cette règle est largement transgressée. Toutefois, il est interdit de fumer sur les vols intérieurs, dans certains hôtels, restaurants et bureaux, dans les temples, *gurdwara*, mosquées et certaines villes, comme Amritsar.
On peut se procurer de l'alcool partout en Inde, sauf dans les villes saintes (Haridwar, Rishikesh et Pushkar), dans le Gujarat, État « sec », et sur les sites religieux. Seuls certains restaurants détiennent l'autorisation de servir des boissons alcoolisées. Il est interdit de boire dans les parcs, les bus, les trains, et certains jours fériés, comme le jour de la commémoration de la naissance de Gandhi (2 octobre) et de l'Independence Day (15 août).

Les mendiants

En tant que visiteur étranger, vous risquez d'être sollicité par les mendiants aux feux rouges, dans les marchés et aux abords des temples. Ils peuvent se montrer insistants. Même s'il est difficile de refuser l'aumône, si vous donnez à l'un, vous vous retrouverez vite cerné par une foule exigeant un bakchich, une situation dont profitent parfois les pickpockets. Vous éloigner devrait suffire à les faire lâcher prise. Sinon, adressez-vous à un policier.
Si vous souhaitez aider, le personnel de votre hôtel vous orientera vers de nombreuses institutions charitables où vous pourrez faire vos dons.

Santé et sécurité

Badge de policier

En Inde, chaque État possède ses propres forces de police, regroupées en postes de police locaux (*thana*). Si vous devez y recourir pour signaler un délit, faites-le dans les 24 heures suivant l'incident. Les policiers indiens sont extrêmement serviables, mais le système en lui-même est très bureaucratique et sujet à la corruption. Il est donc toujours préférable dans un premier temps de contacter l'ambassade ou le consulat de votre pays. Même si vous ne rencontrez aucune complication lors de votre voyage, prenez quelques précautions simples : faites attention à vos objets de valeur et à vos papiers, évitez de manger dans des endroits à l'hygiène douteuse et ne buvez que de l'eau minérale. Si vous devez vous faire soigner, optez pour une clinique privée plutôt qu'un hôpital public.

Policier en uniforme d'été réglant la circulation à Kollota

Précautions générales

Les visiteurs peuvent voyager sans grand danger en Inde. Des précautions simples suffisent toutefois à éviter quelques ennuis : gardez votre argent liquide, vos chèques de voyage et vos documents importants dans un petit sac accroché à votre ceinture. Protégez votre appareil-photo et évitez de garder sur vous des bijoux de valeur ou de grosses sommes en liquide. Si vous déposez des objets précieux dans le coffre de l'hôtel, demandez un reçu détaillé. Quand vous réglez un achat par carte Bleue, assurez-vous que le commerçant remplit le bordereau devant vous et qu'il vous donne un reçu. Lors d'un voyage en train, attachez votre sac au siège à l'aide d'un cadenas et n'acceptez pas de nourriture ou de boissons de la part d'inconnus. Vous pouvez également informer votre hôtel de votre lieu de destination. L'auto-stop est déconseillé.

Voiture de police

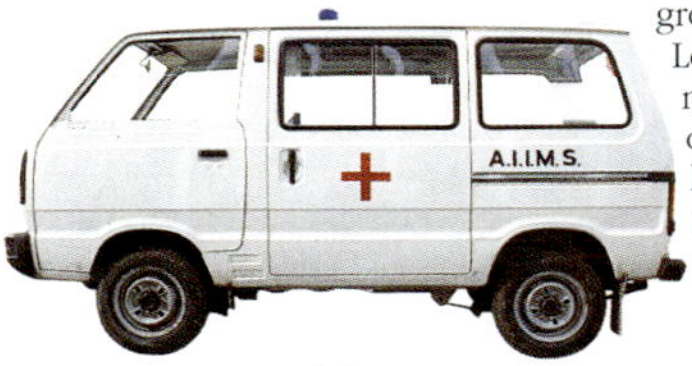

Ambulance

Régions à risques

Les régions frontalières sont des zones de haute surveillance. Lorsque vous faites du trekking ou que vous voyagez dans les régions de l'Himalaya, assurez-vous d'avoir un permis « Inner Line » *(p. 624)*. Depuis longtemps, le Jammu-et-Cachemire est le foyer d'activités militantes, et la plupart du territoire s'avère dangereux pour les visiteurs étrangers *(p. 316)*. Le Bihar connaît également des troubles de l'ordre public. Certains incidents ont eu lieu, notamment des dégradations de bus et de voitures. Avant de partir, renseignez-vous sur la situation de ces régions auprès de l'office de tourisme d'État *(tourism department)* de Patna *(p. 183)*. Dans les *restricted areas,* voyagez toujours en groupe plutôt que seul. Les troubles publics et même les émeutes ont souvent lieu dans les quartiers plus anciens des villes, très fréquentés. Évitez de voyager dans ces régions lorsque la situation politique y est trop instable ou durant les grandes fêtes religieuses qui attirent énormément de monde.

Securité

Depuis les attentats du 11 septembre à New York, la sécurité a été renforcée à travers toute l'Inde, notamment dans les aéroports et les gares. À l'entrée des cinémas et des auditoriums, les forces de sécurité vérifient le contenu des sacs et pratiquent des fouilles au corps. Ne ramassez jamais un bagage isolé et avertissez la police si vous remarquez un objet suspect.

Drogue

Dans les années 1960, l'Inde était connue pour sa marijuana facilement accessible. Avec l'arrivée de l'ecstasy et des drogues dures dans les années 1990, notamment à Goa, la loi sur les stupéfiants s'est considérablement durcie. Il est aujourd'hui strictement interdit de détenir, de faire trafic ou de consommer des stupéfiants (y compris de la marijuana). Toute personne commettant l'un de ces délits est passible d'une peine de prison minimum de dix ans, sans possibilité de libération conditionnelle ni remise. À l'aéroport, ne prenez jamais en charge les bagages d'un inconnu. Une cour de justice a été créée spécialement pour juger les infractions à la législation sur les stupéfiants.

Femmes voyageant seules

Bien que le pincement de fesses *(eve-teasing)* soit devenu un délit, les femmes étrangères et indiennes sont souvent victimes d'attentions importunes, allant du regard appuyé jusqu'au commentaire suggestif ou au contact physique déplacé dans les endroits bondés et les bus. Mesdames, évitez les tenues provocantes et ne vous déplacez pas seules dans les quartiers déserts ou mal famés de la ville. Passez par votre hôtel pour louer une voiture ou appeler un taxi, et notez bien le numéro de la plaque d'immatriculation. L'auto-stop est déconseillé en toutes circonstances. Devant les billetteries de cinéma ou à un guichet de gare, empruntez la file d'attente réservée aux femmes. Dans de nombreux bus et dans certains trains, il existe des sièges ou des compartiments réservés aux femmes *(women only)*.

Pharmacie locale

Problèmes juridiques

Il est extrêmement rare que les visiteurs aient des démêlés avec la justice, mais si cela devait vous arriver, contactez immédiatement votre ambassade. Ayez toujours sur vous votre passeport et un duplicata. Ne remettez vos papiers à personne avant d'avoir consulté l'ambassade. Certaines assurances couvrent les frais juridiques à l'étranger en cas d'urgence.

Toilettes publiques

Mieux vaut éviter les toilettes en bord de route, d'une hygiène rudimentaire. Les *sulabh shauchalaya* sont les seules toilettes publiques propres. Encore rares, mais faciles à identifier, très bon marché et extrêmement propres, elles bordent de grands axes dans les villes importantes. Les cuvettes sont toutefois à la turque. Certains hôtels vous laisseront utiliser leurs toilettes. Par précaution, ayez toujours du papier hygiénique sur vous.

Hôpitaux et services médicaux

Il est recommandé avant votre départ de souscrire une assistance médicale auprès d'**Europe Assistance** – par exemple –, qui propose de bonnes prestations. Les grandes villes abritent de bons hôpitaux publics et privés ainsi que des cliniques privées, disposant tous d'un service d'urgences efficace, fonctionnant 24h/24. Les ambassades peuvent vous donner une liste des hôpitaux, cliniques, médecins et dentistes homologués. Elles peuvent aussi vous conseiller sur les hôpitaux fiables (traçabilité des produits sanguins), où vous pourrez recevoir une injection en toute sécurité. En cas de doute, l'**Indian Red Cross Society** locale reste l'option la plus sûre pour une transfusion sanguine. Même dans les meilleurs hôpitaux, assurez-vous que le personnel soignant utilise des seringues jetables.

Pharmacies

La plupart des grandes villes abritent des pharmacies *(chemist shops)* ouvertes généralement de 9 h à 19 h 30. Elles sont bien approvisionnées. Vous y trouverez des articles de toilette, des serviettes et tampons hygiéniques, de la nourriture pour bébés et des couches jetables. Si vous suivez un traitement, mieux vaut emporter avec vous l'ordonnance du médecin ou montrer l'emballage du médicament au pharmacien, avec le nom générique du produit. Les antibiotiques ne sont délivrés que sur ordonnance. Beaucoup d'hôpitaux publics possèdent une pharmacie ouverte 24h/24.

Adresses

Numéros d'urgence

Police : 100.
Fire Brigade : 101.
Ambulance/Emergency : 102.

Hôpitaux et services médicaux

Delhi
Indraprastha Apollo,
Sarita Vihar, Mathura Rd.
(011) 2692 5858.

Indian Red Cross Society
1 Red Cross Rd.
(011) 2371 6441.
www.ifrc.org

Mumbai
Breach Candy Hospital,
60 Bhulabhai Desai Rd.
(022) 2366 7667.

Kolkata
Woodlands Hospital and Medical Centre,
8/5 Alipur Rd.
(033) 2456 7075.

Chennai
Apollo Hospitals,
21 Greams Lane,
Off Greams Rd.
(044) 829 3333.

Ambassades

France
2/50 E Shantipath,
Chanakyapuri,
New Delhi.
(011) 2419 6100.
www.france-in-india

Haute Commission du Canada
7/8 Shantipath,
New Delhi.
(011) 5178 2000.
www.canadianembassy.org

Belgique
50 N Shantipath,
Chanakyapuri,
New Delhi.
(011) 2688 9851.

Suisse
Nyaga Marg,
Chanakyapuri,
New Delhi.
(011) 2687 8372.

Chaleur et humidité

Une canicule sèche règne en été (d'avril à juin) dans les régions Nord, Centre et Ouest de l'Inde *(p. 38-39)*. À l'Est et au Sud, la chaleur, moins importante, peut devenir d'une humidité oppressante durant la mousson.
Les premiers jours, ménagez-vous de façon à ce que votre organisme s'acclimate. Pour éviter toute déshydratation, buvez beaucoup et salez davantage vos aliments. Restez à l'intérieur aux heures les plus chaudes de la journée. À l'extérieur, prévoyez chapeau, lunettes de soleil et écran solaire. Une exposition prolongée au soleil peut provoquer des coups de chaleur, une poussée aiguë de fièvre, de sévères migraines et une perte du sens de l'orientation.
Porter des vêtements en polyester, des chaussures fermées et des chaussettes peut bloquer la transpiration et déclencher la fièvre militaire *(prickly heat)* ou occasionner des mycoses, notamment du cuir chevelu, entre les doigts de pieds ou à l'aine. Portez plutôt des tenues amples, 100% coton, des sandales ouvertes et séchez-vous bien après chaque douche.
En hiver (d'octobre à février), le *smog* qui s'installe parfois en ville fragilise les poumons et impose aux asthmatiques de conserver en permanence avec eux les remèdes à une crise éventuelle. Les inhalateurs, comme la Ventoline, sont toutefois facilement disponibles sur ordonnance.

Éventail

Trousse à pharmacie

Prévoyez une trousse de premiers secours comportant vos traitements en cours, de l'aspirine ou des analgésiques pour les petites fièvres et douleurs, des cachets contre la nausée, un désinfectant et une lotion calmante pour les coupures et les piqûres, une solution antimycosique, des pansements et des bandes Velpeau, une paire de ciseaux, des insectifuges, une pince à épiler, des antihistaminiques en cas d'allergie, des cachets contre la diarrhée, des capsules pour stériliser l'eau, quelques seringues jetables et un thermomètre.
Vous trouverez la plupart de ces produits dans les pharmacies indiennes. N'utilisez que les marques recommandées par un médecin ou un pharmacien de confiance.

Petits troubles digestifs

La diarrhée est un mal dont souffrent souvent les voyageurs. Pour calmer les symptômes, mangez des aliments simples cuits à l'eau. Et surtout, buvez beaucoup. Renoncez aux salades, aux fruits coupés, aux viandes froides, aux yaourts et aux jus de fruits. Méfiez-vous de l'eau du robinet et optez pour des eaux minérales comme Évian et Himalayan. Vous pouvez consommer des sodas de grandes marques internationales et des jus de noix de coco frais.
La nourriture vendue dans la rue par des marchands ambulants n'est pas recommandée, sauf si elle est préparée à base de produits frais et cuite sous vos yeux. Un bon pharmacien vous recommandera un traitement standard contre la diarrhée. Si le mal persiste, consultez un médecin. En cas de nausées, prenez immédiatement une solution réhydratante (Electral ou Electrobion) ou diluez dans de l'eau bouillante trois cuillères à café de sucre et une demie de sel.

Le jus de noix de coco est idéal pour calmer les troubles digestifs

Maladies transmises par la nourriture et l'eau

La dysenterie bacillaire se manifeste par de violents maux d'estomac, de la fièvre et des vomissements. Elle dure rarement plus d'une semaine.
La dysenterie amibienne provoque des symptômes similaires mais elle met plus longtemps à se manifester. Non traitée, elle risque de devenir chronique, à l'instar de la giardase, une infection provoquant aussi de la diarrhée, due à l'ingestion d'eau contaminée. Avant votre départ, faites-vous vacciner contre l'hépatite A. Cette maladie a pour symptômes une grande fatigue, de la fièvre, un jaunissement de la peau et de violents frissons. Du repos et une diète constituent le meilleur traitement. Il existe également des vaccins contre le choléra (répandu dans les régions touchées par les inondations) et la typhoïde.
Les vers intestinaux s'attrapent en mangeant des légumes verts à feuilles et les vers solitaires en ingérant de la viande pas assez cuite. Les ankylostomes, eux, se contractent en marchant pieds nus sur un sol contaminé. Portez toujours des chaussures solides dans des endroits isolés ou détrempés. Des traitements efficaces garantissent une guérison sans récidive de ces affections.

Eau minérale en bouteille

MST ET MALADIES INFECTIEUSES

Les MST et le sida restent un problème brûlant en Inde. La traçabilité des produits dans les banques de sang n'est pas fiable. Si vous avez besoin d'une transfusion, contactez l'Indian Red Cross Society *(p. 631)*. Contre l'hépatite B, transmissible par le sang, les rapports sexuels, les seringues non stérilisées, les tatouages et les lames de rasoir des barbiers, il existe un vaccin efficace. Pour éviter toute contamination de MST, utilisez des préservatifs. Apportez chez le médecin votre propre seringue jetable ou exigez que la seringue utilisée sorte d'un emballage stérile ouvert devant vous. Évitez les soins chez le barbier ou dans les instituts de beauté miteux. Les instuments pour tatouer ou percer les oreilles peuvent aussi être infectés. Avant votre départ, faites-vous vacciner contre le tétanos. La tuberculose, très répandue en Inde, ne présente pas un grand risque pour les voyageurs. La méningite, maladie très contagieuse transmise par les gouttelettes des voies respiratoires, constitue une menace plus réelle et nécessite une prise en charge médicale immédiate. Les symptômes sont des poussées de fièvre, des courbatures dans la nuque et des maux de tête.

RAGE

Les morsures d'animaux, notamment celles de chiens (même apprivoisés) ou de singes, peuvent provoquer la rage. En cas de morsure, nettoyez immédiatement la plaie à l'aide d'une solution antiseptique et montrez-la à un docteur. Le traitement implique une longue série d'injections. Il existe aussi un vaccin partiel contre la rage, à faire sur avis du médecin.

MALADIES TRANSMISES PAR LES INSECTES

C'est en été et pendant la saison des pluies (de juillet à septembre) que le paludisme, transmis par les moustiques, fait le plus de ravages en Inde. En cas de symptômes – frissons et poussées de fièvre –, prévenez tout de suite un médecin. Il faut suivre un traitement anti-paludisme avant, pendant et après votre voyage. Pour plus d'informations, contactez une clinique de voyage ou Europe Assistance *(p. 631)*.
Une autre maladie grave transmise par un moustique diurne est la dengue. Elle provoque de la fièvre, des douleurs articulaires et musculaires et une éruption cutanée. Consultez immédiatement un médecin. L'encéphalite japonaise B est une maladie infectieuse grave, d'origine virale, touchant le cerveau, présente dans les zones rurales. Elle est également transmise par un moustique et ses symptômes sont similaires à ceux du paludisme. Elle s'accompagne souvent d'une perte de conscience. Bien qu'il existe un vaccin contre cette maladie, on ne le trouve pas toujours en Inde. Pour prévenir les morsures de moustiques, couvrez votre lit d'une moustiquaire et utilisez des spirales antimoustiques. Si vous sortez le soir, portez des vêtements couvrant les bras et les jambes, et traitez la peau qui reste exposée à l'insectifuge.

PIQÛRES, COUPURES ET MORSURES

Les piqûres d'insectes sont fréquentes dans les régions à fortes précipitations, comme les régions côtières, les Nilgiri Hills, certains endroits du Kerala et les États du Nord-Est. Évitez de dormir sur le sol. Les tiques, les poux et les mites représentent un autre danger, car ils sont porteurs du typhus et de la maladie de Lyme. Utilisez des insectifuges, évitez les endroits où l'hygiène est douteuse et, en cas de morsure, appliquez immédiatement de la crème antiseptique. Un antihistaminique est le meilleur remède en cas de piqûre de guêpe ou d'abeille. Les forêts tropicales sont en général infestées de sangsues. Pour les enlever, ne les tirez pas, car leur corps se détache mais leur tête reste dans la peau. Recouvrez-les de sel ou brûlez-les avec une cigarette, puis nettoyez la plaie à l'aide d'un antiseptique.
En cas de morsure de serpent, bandez fermement la plaie ou posez un garrot pour empêcher l'hémorragie. Gardez le membre immobile, notez l'heure de l'incident et cherchez immédiatement une assistance médicale. Le traitement est le même pour les piqûres de scorpions qui peuvent être dangereuses et provoquer chez la victime un état de choc. Si vous vous faites piquer par une méduse, appliquez du vinaigre ou du jus de citron. Un antihistaminique et une lotion calmante réduiront la réaction allergique. Ensuite, désinfectez la plaie.

Spirale et pommade insectifuges

LE MAL D'ALTITUDE

Un manque d'oxygène à plus de 2 500 m peut provoquer des crises de mal aigu des montagnes (MAM), engendrant maux de tête, vertiges et perte d'appétit. Si les symptômes persistent au-delà de 48 heures, descendez à une altitude moins élevée et cherchez une assistance médicale. Certains docteurs prescrivent encore de l'acétazolamide (Diamox) et de la dexaméthasone, deux médicaments dont l'usage reste controversé. Il n'est donc pas souhaitable de les prendre. Quelques conseils pour éviter le MAM : grimpez lentement ; une fois à plus de 3 000 m, n'augmentez pas votre altitude de campement de plus de 300 m par jour, buvez beaucoup et ne consommez ni alcool ni sédatifs.

Banques et monnaies

Logo, State Bank of India

Vous pourrez retirer et changer de l'argent dans les banques, les bureaux de change accrédités, les aéroports internationaux, les hôtels et les agences de voyages. Le personnel aux guichets parle l'anglais. Le change au marché noir, aussi tentant soit-il, reste illégal et déconseillé. Les chèques de voyage offrent le moyen le plus sûr de transporter de l'argent. Pensez toujours à garder de la monnaie pour le téléphone, les pourboires, les tickets de transport et les petites dépenses, notamment quand vous voyagez dans des petites villes et des régions plus reculées, où les cartes de crédit et les chèques de voyage ne sont pas toujours acceptés.

Banques et horaires d'ouverture

Aujourd'hui, la plupart des banques internationales ont des succursales dans les villes importantes de l'Inde. Les grandes banques nationales, dont la **State Bank of India**, dotées d'un large réseau d'agences à travers le pays, proposent de nombreux services, dont les virements internationaux. Elles sont ouvertes de 9h30 ou 10h à 14h du lundi au vendredi, et de 9h30 ou 10h jusqu'à midi le samedi. Essayez d'arriver en avance pour éviter les longues files d'attente. Les banques sont fermées pour les fêtes nationales et régionales *(p. 39)* et sans préavis lors de certains mouvements de grève.

Le change

Beaucoup d'hôtels permettent à leurs clients de changer de l'argent, mais les banques proposent de meilleurs taux. Vous jouirez des mêmes services auprès de nombreux organismes, comme le **LKP Merchant Financing Ltd**, un bureau de change étranger fiable. Le cours du change varie. Pour vous renseigner sur les fluctuations, vérifiez les taux dans les journaux quotidiens. Le marché noir, pratiqué par des milliers de rabatteurs en Inde, offre des taux certes plus intéressants que les taux officiels, mais il est plus risqué que le circuit officiel.

Les chèques de voyage

Pratiques, les chèques de voyage offrent un moyen très sûr de transporter de l'argent liquide. Ils peuvent être changés à un taux plus avantageux. En Inde, les chèques émis par les grandes sociétés sont acceptés partout, **American Express** et **Thomas Cook** en tête. Les banques offrent le meilleur taux et prélèvent une taxe minime par chèque. Il est donc plus économique d'utiliser des chèques de grande valeur. Ils peuvent être encaissés facilement dans les grandes villes. On trouve également des bureaux de change dans certaines villes moins importantes. Gardez les talons de chèques et le reçu de vos achats afin de vous faire rembourser en cas de perte ou de vol, ainsi que les bordereaux d'encaissement. Ils vous seront demandés lors de votre départ pour changer vos dernières roupies.

Adresses

State Bank of India

Delhi
11 Sansad Marg.
(011) 2336 2741.

Mumbai
State Bank Bhavan,
Madame Cama Rd.
(022) 2202 2426.

Kolkata
Middleton Row.
(033) 2229 5811.

Chennai
Circle Top House,
21 Rajaji Salai.
(044) 2522 0141.

Citibank

Delhi
Jeevan Bharti Building,
124 Connaught Circus.
(011) 2371 4211.

Mumbai
Bandra Karla Complex.
(022) 2653 5757.

Kolkata
Kanak Building,
Chowringhee Rd.
(033) 2288 2484.

Chennai
2 Clubhouse Rd.
(044) 2846 1151.

Bureaux de change

American Express
A Block, Wenger House,
Connaught Place,
Delhi.
(011) 2332 5221.

Oriental Building,
364 Dr Dadabhai Naoroji Rd, Mumbai.
(022) 2204 3361.

21 Old Court House St,
Kolkata.
(033) 2210 5151.

187 Anna Salai,
Chennai.
(044) 2851 5800.

Thomas Cook
C-33, Connaught Place,
New Delhi.
(011) 2341 6585.

Dr Dadabhai Naoroji Rd,
Fort, Mumbai.
(022) 2204 8556.

19B, Shakespeare Sarani, First Floor,
Kolkata.
(033) 2282 4711.

Ceebros Centre,
45 Monthieth Rd,
Egmore, Chennai.
(044) 2855 4600.

LKP Forex Limited
1101, Hemkunt Tower,
98, Nehru Place,
New Delhi.
(011) 2629 2410.

22/B Cusrow Baug,
Colaba Causeway,
Mumbai.
(022) 2288 5586.

Shop 41–A,
Park Mansions,
57A Park St, Kolkata.
(033) 2216 0055.

G15C & 20 Spencer Plaza,
769 Anna Salai,
Chennai.
(044) 2849 5001.

Les cartes bancaires

La plupart des hôtels, magasins et restaurants haut de gamme acceptent les cartes bancaires, notamment les VISA, Mastercard, Diner's Club et American Express. Les billets de train et d'avion sont aussi payables par carte, en procédant à une avance en liquides à la banque mère. Les détenteurs de cartes Citibank peuvent accéder directement à leur compte grâce à la Citibank Card. Cependant, les plus petits établissements n'acceptent en général que l'argent liquide. Les fraudes en matière de cartes bancaires étant de plus en plus fréquentes, gardez votre carte dans un endroit sûr et, lors de vos achats, surveillez l'impression du reçu.

Les distributeurs de billets

Les distributeurs qui équipent les banques étrangères et un nombre important de banques indiennes sont ouverts 24h/24 et 7/7. Ils sont extrêmement pratiqes car ils permettent d'obtenir directement de l'argent en roupies. Les instructions sont délivrées en anglais. Avant votre départ, prenez le temps de vérifier quelles sont les banques indiennes qui acceptent votre carte de crédit. En effet, certains distributeurs indiens ne prennent pas toutes les cartes. Les cartes portant les symboles PLUS ou CIRRUS sont acceptées par :Citibank, Standard Charented, et Hong Kong and Shanghai Bank.

La monnaie

L'unité monétaire indienne est la roupie (Rs), elle-même divisée en cent *paisa*. Les pièces les plus utilisées sont celles de 50 *paisa*, d'une, de deux et de cinq roupies. Il existe des billets d'un montant allant de 5 à 1 000 roupies. Les billets de 100 et 500 roupies ont des couleurs très proches et peuvent prêter à confusion. Ne prenez pas les billets abîmés ou déchirés, car les banques et les commerçants risquent de vous les refuser. Les banques délivrent souvent des liasses de billets agrafés entre eux. Demandez à ce que les agrafes soient ôtées.
Il est strictement interdit d'importer ou d'exporter des roupies indiennes.

Les billets

Les billets, imprimés par la Réserve Bank of India, portent d'un côté soit le portrait du Mahatma Gandhi soit les lions d'Ashoka.

10 roupies

20 roupies

50 roupies

100 roupies

500 roupies

Les pièces

Ayez toujours un peu de monnaie sur vous. Des pièces plus anciennes que celles-ci sont encore en circulation.

50 paisas

1 roupie

2 roupies

5 roupies

Aller en Inde et y circuler

Bien qu'il existe des liaisons routières et maritimes entre l'Inde et les pays voisins comme le Pakistan, le Bangladesh, le Népal et le Sri Lanka, la plupart des visiteurs étrangers arrivent par les airs.

En Inde, vous pourrez voyager en avion, en train, par la route et même en ferry ou en bateau dans certaines régions. Cependant, quel que soit votre mode de transport, attendez-vous à ce que des retards ou des détours imprévus mettent votre patience à l'épreuve. La compagnie aérienne d'État Indian Airlines et des compagnies privées, comme Sahara et Jet Airways, couvrent de nombreuses villes et disposent d'un excellent service. Le réseau ferroviaire indien est l'un des plus importants au monde. Voyager en train ou en autocar climatisé est une excellente façon de découvrir le pays.

Le maharaja, mascotte d'Air India

Arriver en avion

Toutes les grandes compagnies aériennes proposent des vols pour l'Inde, habituellement comme escale sur les routes aériennes entre l'Est et l'Ouest. **Air India** est la compagnie aérienne internationale de l'Inde. Elle propose, en partenariat avec **Air France**, sept vols hebdomadaires pour Mumbai et sept vols hebdomadaires pour Delhi. Air France assure un vol quotidien direct pour Mumbai et Delhi. **Delta Airlines** assure un vol quotidien direct entre Paris et Mumbai et un vol quotidien entre Paris et Delhi, ainsi que des correspondances vers les différentes villes indiennes. **Gulfair** dessert quotidiennement, au départ de Paris, sept destinations en Inde. **Jet Airways**, compagnie indienne, propose, au départ de Paris, *via* Londres, un vol quotidien pour Mumbai. **Lufhtansa** propose, *via* Francfort, un vol quotidien à destination de Delhi et Mumbai et trois vols hebdomadaires à destination de Bangalore et de Chennai.

Vols internationaux et aéroports

Les quatre grands aéroports internationaux se trouvent à Delhi, Mumbai, Chennai et Kolkata. Il existe d'autres aéroports proposant des vols internationaux à Hyderabad (Koweït, Muscat, Sharjah et Kuala Lumpur), Bangalore (Muscat, Sharjah, Singapour, Kuala Lumpur, Francfort et quelques vols *via* Mumbai vers Paris, Londres, le Golfe et New York), Goa (Royaume-Uni et Allemagne), Ahmedabad (Royaume-Uni et États-Unis), Cochin et Trivandrum (le Golfe, Singapour, Sri Lanka et les Maldives). Les aéroports des villes de Kozhikode, Amritsar, Varanasi, Lucknow, Guwahati, Trichy, Jaipur et Agra proposent un nombre limité de vols internationaux. Ces *customs airports* (aéroports douaniers) permettent aussi l'atterrissage d'avions charters.

L'Indira Gandhi International Airport de Delhi

Tarifs aériens

Les tarifs varient en fonction de la compagnie aérienne et de la période choisie. Il est conseillé de réserver ses billets à l'avance. Pendant la haute saison (d'octobre à mars), les vols vers l'Inde sont complets, car les Indiens installés à l'étranger retournent dans leur pays pour les vacances.

À l'arrivée

À leur arrivée, les visiteurs doivent remplir un formulaire de débarquement qu'ils devront présenter avec leur passeport au bureau de l'immigration. Les aéroports internationaux abritent un bureau de change, une consigne, un *visitors' lounge* climatisé, des boutiques détaxées, des restaurants, un centre d'affaires, ainsi que des comptoirs permettant de réserver des taxis *prepaid*, de louer une voiture ou un téléphone portable. Des agences de voyages pourront vous conseiller sur des tours organisés, vous réserver un hôtel ou des places sur des correspondances. Le *Department of Tourism* possède également un comptoir d'information.

Douane

L'*Immigration Certificate* précise les biens qui nécessitent une déclaration à la douane, dont une somme en devises de plus de 2500 $ US. Si vous n'avez rien à déclarer, empruntez le couloir vert, sinon prenez le rouge.

Liaisons entre l'aéroport et la ville

Des bus payants assurent la liaison entre l'aéroport et le centre-ville. Vous pouvez aussi réserver un taxi *prepaid* ou prendre un *auto-rickshaw* à compteur. Mettez-vous d'accord à l'avance sur le montant de la course, et demandez à un policier de noter le numéro de licence du véhicule. Si vous avez réservé un hôtel, vérifiez si celui-ci n'offre pas un service de ramassage gratuit.

Correspondances aériennes

Les visiteurs qui prennent des correspondances pour d'autres villes indiennes devront se diriger vers les terminaux nationaux. Assurez-vous d'avoir assez de temps pour aller d'un terminal à l'autre. Dans tous les grands aéroports, des bus gratuits effectuent des navettes entre les terminaux. L'Indira Gandhi International Airport de Delhi possède deux terminaux : le terminal I (vols intérieurs) est à 7 km du terminal II (vols internationaux). À Mumbai, l'aéroport international de Sahar est à 4 km du terminal des vols intérieurs. Le Netaji Subhash Chandra Bose International Airport de Kolktata abrite les deux terminaux dans un même bâtiment, à l'instar de l'aéroport de Trivandrum. À Chennai, l'Aringar Anna International Airport pour les vols internationaux se situe à côté du Kamaraj Domestic Airport (terminal pour les vols intérieurs).

Enregistrement

Pour les vols internationaux, les compagnies demandent en général de se présenter à l'aéroport trois heures avant le départ. L'enregistrement à distance est autorisé par certaines compagnies pour les passagers voyageant en première classe et classe affaires. En général, un passager en classe économique peut emporter 20 kg de bagages dans la soute et un bagage à main. Attention ! le supplément à payer en cas de dépassement peut être coûteux.

Licence de taxi jaune

Taxe de départ

À moins qu'elle soit incluse dans le prix de votre billet, vous devrez acquitter en quittant l'Inde une taxe comprise entre 500 et 750 RS. Pour le Népal, le Pakistan ou le Sri Lanka, elle n'est que de 150 RS.

Adresses

Compagnies aériennes

Air India

☎ *01 55 35 40 00 (Paris).*

W www.airindia.com

Air France

☎ *0820 820 820.*

W www.airfrance.fr

Delta Airlines

☎ *0800 354 080 (Paris).*

☎ *(11) 23 35 22 57 (New Delhi).*

☎ *(22) 28 26 70 00 (Mumbai).*

W www.delta.com

Gulfair

☎ *01 49 52 41 41 (Paris).*

☎ *22 02016026 (Mumbai).*

☎ *22 32 42 93 (Delhi).*

W www.gulfairco.com

Jetairways

☎ *01 49 52 41 15.*

W www.jetairways.com

Lufhtansa

☎ *0802 020 030.*

W www.lufhtansa.fr

Aéroport	☎ Renseignements	Distance du centre-ville	Durée moyenne du trajet *(route)*
Delhi : IG International (terminal II)	(011) 2565 2011	20 km	45-60 minutes
Mumbai : Sahar International	(022) 2615 6600	30 km	50 minutes
Kolkata : Netaji Subhash Chandra Bose International	(033) 2511 8787	20 km	30-60 minutes
Chennai : Aringar Anna International	(044) 2256 0551	12 km	30 minutes
Thiruvananthapuram : International Airport	(0471) 250 1424	6 km	20 minutes
Bangalore : International Airport	(080) 2522 6575	8 km	20 minutes
Goa : Dabolim International Airport	(0832) 254 1413	29 km	50 minutes
Kochi : Kochi International Airport	(0484) 261 0113	30 km	45-60 minutes

Vols intérieurs

Logo d'Indian Airlines

Plus cher que le train, l'avion représente toutefois le moyen de transport le plus confortable et le plus pratique. Il existe en Inde jusqu'à 115 aéroports nationaux, dont la plupart se sont considérablement modernisés et améliorés au niveau du service « clientèle ». Les villes les plus importantes, comme Delhi, Mumbai, Kolkata et Chennai, sont très bien reliées aux aéroports intérieurs. La compagnie aérienne d'État Indian Airlines et sa succursale Alliance Air offrent le choix le plus vaste de routes aériennes et proposent des vols réguliers. Si vous avez réservé des billets pour un vol intérieur avant votre départ pour l'Inde, il est important à votre arrivée de confirmer ces réservations. Des horaires irréguliers, des annulations de vols et des retards dus aux mauvaises conditions climatiques en hiver (de décembre à janvier) sont fréquents.

COMPAGNIES AÉRIENNES NATIONALES

La compagnie **Indian Airlines** couvre le nombre de routes aériennes le plus important et offre les liaisons à travers le pays les plus fréquentes. **Jet Airways** et **Sahara Airlines** desservent également bon nombre de villes. La compagnie aérienne internationale de l'Inde **Air India** propose des vols intérieurs entre Delhi et Mumbai, Delhi et Kolkata, Mumbai et Kolkata, et Mumbai et Chennai. Certaines compagnies régionales comme Archana Airways, Jagson Airlines et Gujarat Airways assurent quelques vols intérieurs. Les bagages ne doivent pas excéder 30 kg pour les passagers en classe affaires et 20 kg pour les classes économiques.

AÉROPORTS NATIONAUX

Les aéroports des grandes villes, comme Delhi, Mumbai, Kolkata et Chennai, mais aussi Bhubaneshwar, Hyderabad, Cochin et Bangalore, possèdent des terminaux modernes équipés d'installations sophistiquées. À l'inverse, les villes moins visitées abritent de petits aéroports très peu équipés.

LIAISON AVEC L'AÉROPORT

Avant de partir, vérifiez le temps de trajet entre les aéroports et le centre-ville. Prévoyez toujours un temps de retard en route dû aux imprévus. Des bus payants assurent des liaisons régulières. Vous pouvez aussi réserver un taxi *prepaid* auprès des comptoirs situés après le terminal d'arrivée, ou bien un *auto-rickshaw* à compteur. Vérifiez que le compteur marche bien et mettez-vous d'accord à l'avance sur le montant de la course. Certains hôtels assurent un service de ramassage gratuit.

ENREGISTREMENT

Pour les vols intérieurs, les compagnies demandent en général de se présenter à l'aéroport une heure avant le départ. Si vous voyagez vers des régions sensibles, comme le Jamu-et-Cachemire, Leh et certains États du Nord-Est, les mesures de sécurité sont plus strictes et peuvent prendre une demi-heure supplémentaire. Assurez-vous de bien étiqueter vos bagages. Ne transportez ni pile, ni briquet ni aucun objet coupant, comme une paire de ciseaux, un couple-ongles ou une pince à épiler. Avant d'embarquer, on peut vous demander d'identifier vos bagages sur la piste d'envol.

RÉSERVATIONS

Vous pouvez réserver vos billets auprès d'une agence de voyages *(p. 625)* et dans les bureaux des compagnies aériennes nationales à l'aéroport et dans les grandes villes. La compagnie Indian Airlines possède des systèmes de réservations par ordinateur et des bureaux d'information à travers tout le pays, même dans les plus petites localités. Le règlement peut se faire en dollars US, livres sterling, roupies ou par carte de crédit. Les compagnies demandent à ce que la réservation soit confirmée 72 heures avant le départ. Il existe des tarifs spéciaux pour les enfants.
Les étudiants détenteurs de la Carte internationale (ISIC) bénéficient de 25 % de réduction. Vous avez jusqu'à deux heures au moins avant le départ pour annuler votre vol. Certaines compagnies ne retiendront aucun frais. Si vous prévenez trop tard, vous risquez de ne pas être remboursé. En cas d'annulation ou de retard des vols dus à la compagnie, demandez à être remboursé.

Billets d'avion d'Indian Airlines

Voyageurs attendant à l'aéroport de Delhi

ADRESSES

VOLS INTÉRIEURS

Indian Airlines
(011) 2462 0566, Delhi.
(022) 2615 6994, Mumbai.
(033) 2211 4433, Kolkata.
(044) 2855 5200, Chennai.

Air India
(011) 2373 1225, Delhi.
(022) 2279 6666, Mumbai.
(033) 2282 6012, Kolkata.
(044) 2855 4477, Chennai.

Jet Airways
(011) 5164 1414, Delhi.
(022) 5698 6111, Mumbai.
(033) 2229 2227, Kolkata.
(044) 2841 4141, Chennai.

Sahara Airlines
(011) 2335 9801, Delhi.
(022) 3030 2020, Mumbai.
(033) 2511 8787, Kolkata.
(044) 5211 0202, Chennai.

Airport Enquiries
(011) 2567 5433, Delhi.
(022) 2615 6400, Mumbai.
(033) 2511 9721, Kolkata.
(044) 2855 3431, Chennai.

FORFAITS AÉRIENS

La compagnie nationale Indian Airlines propose deux forfaits à régler en dollars américains. Le Discover India Fare coûte aux alentours de 500 et 750 $ pour des trajets illimités (soumis à quelques restrictions) pendant 15 ou 21 jours. Pour environ 300 $, l'India Wonder Far permet de circuler pendant 7 jours dans une région, excepté dans les îles Andaman. Les compagnies privées proposent également des forfaits aériens. Le Visit India de Jet Airways coûte entre 550 et 800 $ pour un voyage en classe économique pendant 15 ou 20 jours. Le Discover India de Sahara Airlines coûte entre 475 et 715 $ et permet de circuler 15 ou 21 jours. Renseignez-vous bien, car certaines compagnies proposent des offres promotionnelles intéressantes, comprenant des billets réduits, l'hébergement gratuit ou un dîner dans un restaurant gastronomique.

Circuler en train

Logo d'Indian Railways

Voyager dans un train en Inde est une expérience fascinante, idéale pour rencontrer des Indiens et contempler les paysages. Le réseau ferroviaire indien est le quatrième au monde, avec des voies ferrées de plus de 108 513 km, reliées à 7 150 gares. Plus de 10 000 trains circulent chaque jour, transportant en moyenne 13 millions de personnes. Aussi les trains sont-ils très fréquentés et mieux vaut réserver vos billets à l'avance. Pour cela, utilisez les bornes informatisées qui équipent certaines gares ou passez par une agence de voyages.

Réseau ferroviaire

Fondé en 1853, le réseau ferroviaire indien s'organise par région. Delhi est desservie par Northern Railways, Mumbai par Central et Western Railways, Kolkata par Eastern Railways et Chennai par Southern Railways. Ces quatre grandes villes possèdent chacune deux ou trois gares. Notez toujours de quelle gare part le train que vous voulez prendre. Plus de 1,6 million de personnes travaillent pour le réseau ferroviaire – ce qui en fait l'employeur le plus important au monde.

Trains et horaires

Il existe trois sortes de trains : *passenger, mail* et *express*. Climatisés, les express sont les plus rapides et les plus confortables. Ils proposent des liaisons rapides et ponctuelles entre les grandes villes.
Le Rajdhani Express relie Delhi à la plupart des grandes villes comme Mumbai, Kolkata, Chennai et Trivandrum. Le Shatabdi Express relie les villes principales à des destinations très prisées des visiteurs, comme Chennai à Bangalore, Delhi à Dehra Dun, ou encore Delhi à Agra. La ligne express Konkan Railway, ouverte récemment sur la côte Ouest, circule en direction des États comme le Maharashtra, Goa, le Karnataka et le Kerala.
Chaque train comporte un nom et un numéro. En consultant le panneau d'informations, vérifiez ces deux données, car il se peut qu'il y ait plus d'un «Shatabdi».
Les compartiments de première ou de seconde classe renferment soit des places assises, soit quatre ou six couchettes. Les compartiments climatisés sont plus chers. Les couchettes peuvent se rabattre durant la journée pour servir de sièges.
Pour les trains express, le prix du billet comprend le repas et l'eau minérale. L'aménagement du Rajdhani permet à ses passagers de nuit de se coucher. Des marchands dans le train vendent des friandises et des magazines. Les toilettes sont à l'indienne ou à l'occidentale. Prévoyez de prendre du papier hygiénique, du savon et une serviette de toilette avec vous.

La gare Churchgate Station de Mumbai (Bombay) à l'heure de pointe

Une brochure indiquant les horaires, régulièrement mise à jour, est disponible dans toutes les librairies des gares.
Vous pouvez aussi consulter le site Internet : «http://www.indianrail.gov.in».

Billets, tarifs et réservations

Mieux vaut prendre votre billet et votre réservation (d'un coût modique) le plus tôt possible. Vous pouvez le faire jusqu'à 6 mois avant le départ, auprès des bornes informatisées dans les gares, ou bien auprès de votre hôtel ou d'une agence de voyages (moyennant un supplément). N'achetez jamais vos billets sur le marché noir. C'est illégal et très peu fiable.
Sur votre billet figureront votre âge, votre sexe, le numéro du wagon et celui de votre place. Dans le train, un panneau accroché à l'extérieur de votre wagon indiquera votre nom et le numéro de votre place. Si vous êtes sur liste d'attente, arrivez à la station suffisamment en avance pour bénéficier d'annulations de dernière minute. Le chef de gare vous aidera.
Si vous n'arrivez pas à obtenir de réservation, vous pouvez toujours demander un ticket RAC (Reservation Against Cancellation) qui vous autorise à monter dans le train et à bénéficier d'une place assise, voire d'une place-couchette, mais sans garantie. Des frais s'appliquent en cas d'annulation de réservation. Si vous annulez plus d'un jour à l'avance, les frais sont minimaux. Jusqu'à quatre heures avant le départ du train, la somme retenue est de 25 % du montant du billet. Au-delà, elle s'élève à 50 %.
Les gares des grandes villes, comme Delhi, Mumbai, Kolkata et Chennai abritent des Tourist Bureaux, réservés aux étrangers, qui fournissent entre autres des informations sur les réservations et les trajets. Vous pouvez y payer les titres de transport en dollars, livres sterling ou

roupies, sur présentation de votre passeport. La réservation est gratuite et prioritaire. À New Delhi, l'International Tourist Bureau se trouve au premier étage de la gare.

Indrail Pass

Pour voyager librement à travers toute l'Inde, l'Indrail Pass est une option pratique. Il donne droit à des trajets illimités à travers tout le pays, soit en première, soit en seconde classe, pour des durées variables (demi-journée, 2 jours, 4 jours et de 7 à 90 jours, partout en Inde). Il faut le régler en devises étrangères, que vous l'achetiez hors du pays ou en Inde. Il est disponible dans les agences de voyages à l'étranger et dans les succursales étrangères d'Indian Airlines et d'Air India. Vous pouvez aussi vous le procurer aux comptoirs d'information touristique et dans les Tourist Bureaux des principales gares, mais aussi dans les agences de voyages de Delhi, Mumbai, Kolkata et Chennai. Il peut s'avérer plus coûteux cependant que des billets individuels, sauf si vous êtes amené à faire de nombreux voyages en train. Il ne dispense pas de la réservation de vos places.

Porteur en chemise rouge

Services

Les porteurs ou *coolie* accrédités portent une chemise rouge et un brassard dont la plaque métallique indique leur numéro de licence. Notez ce numéro au cas où vous perdriez votre porteur de vue dans la cohue. Ils sont toujours très informés sur les retards et les changements de plates-formes qui ne sont pas toujours annoncés sur les panneaux d'informations. Le tarif dépend du poids de vos bagages. La norme est de 10 à 20 roupies par bagage. Les gares indiennes sont bondées et on s'y perd facilement. Restez calme et soyez attentif aux pickpockets qui profitent de la foule pour sévir. Si vous passez la nuit à la gare, installez-vous de préférence dans les salles d'attente de la première classe. Hommes et femmes ont chacun la leur. Il vous faut pour y accéder un billet de train valable ou un Indrail Pass. La plupart des gares possèdent des consignes *(cloakroom)* et un buffet bon marché relativement propre, où l'on peut acheter de l'eau minérale et des paniers-repas.

Adresses

Renseignements ferroviaires

www.indianrail.gov.in

Delhi
(011) 131.

Mumbai
(022) 131, Western Railways.
(022) 134, Central Railways.

Kolkata
(033) 2220 3545.

Chennai
(044) 131 132 133.

Centres de réservations pour les trains royaux

Darjeeling Himalayan Railway
West Bengal Tourist Centre, Baba Kharak Singh Marg, Delhi.
(011) 2374 2840.

Matheran Hill Railway
Govt of India Tourist Office, 123 M Karve Rd, Mumbai.
(022) 2203 3144.

Palace on Wheels
Bikaner House, Delhi.
(011) 2338 1884.

The Shivalik Queen
Divisional Railway, Ambala.
(0171) 645 500.

Blue Mountain Railway
Chennai Central Railway, Chennai.
(044) 535 3535.

Royal Orient
Tourism Corp of Gujarat Ltd, Baba Kharak Singh Marg, Delhi.
(011) 2336 4724.

Fairy Queen
Rail Museum, Delhi.
(011) 2688 1816.

Les trains royaux

Des trains luxueux permettent de voyager en Inde de façon royale. De septembre à avril, le **Palace on Wheels** effectue un circuit de 7 jours à travers le Rajasthan qui passe par Jaipur, Udaipur, Jaisalmer et Agra, et le **Royal Orient** traverse en une semaine le Rajasthan jusqu'à Ahmedabad dans le Gujarat. Le **Fairy Queen**, quant à lui, voyage entre Delhi et Alwar, d'octobre à février. Cette ancienne locomotive à vapeur restaurée a plus de 150 ans. C'est le plus vieux train au monde. Sur des voies ferrées rudimentaires, ces *toy train* indiens, au charme suranné, sillonnent les montagnes le long de pentes raides et desservent de nombreuses gares. Parmi eux, le **Darjeeling Himalayan Railway**, inscrit au Patrimoine de l'humanité *(p. 250)*, va de New Jalpaiguri à Darjeeling. Le **Shivalik Queen** circule entre Kalka et Shimla *(p. 102-103)*, tandis que le Kangra Valley Railway relie Pathankot à Jogindernagar *(p. 110)*. Le démodé **Matheran Hill Railway** relie Neral Junction à Matheran (p. 384). Enfin, le luxueux **Blue Mountain Railway**, construit en 1898, offre de splendides vues sur les Nilgiri Hills et va jusqu'à Ooty (Ootacamund) *(p. 492)*.

Service royal au Palace on Wheels

Circuler en voiture

Logo de l'Automobile Association

L'Inde possède un vaste réseau de routes principales et secondaires, ainsi qu'un grand nombre d'autoroutes nationales très bien entretenues, reliant toutes les grandes villes. Les Indiens roulent à gauche et la circulation est très anarchique, surtout en ville. Nous vous conseillons de louer un véhicule avec chauffeur, plutôt que de vous hasarder vous-même dans cette jungle. Vous pouvez passer par l'intermédiaire de votre hôtel, par une compagnie internationale spécialisée ou une station de taxis. En cas de panne, les mécaniciens installés en bord de route résoudront tous vos problèmes.

Permis de conduire

Pour conduire en Inde, les étrangers ont besoin d'un permis international. Au cas où vous n'en auriez pas, vous pouvez obtenir un permis temporaire auprès de l'**Automobile Association of India (AAI)**, sur présentation de votre passeport et de votre permis de conduire. La procédure peut prendre un ou deux jours. Il faut être âgé de plus de 25 ans et verser une caution de 10 000 RS remboursée à l'obtention du permis. On vous fera peut-être passer un examen de conduite.

Réseau routier et autoroutier

L'Inde possède un réseau routier long de plus de 3 000 000 de km. Les grandes artères couvrent 52 000 km et enregistrent 45 % de la circulation totale du pays. Les autoroutes d'État parcourent 128 600 km. Les autorités sont en train d'améliorer les liaisons entre les quatre principales villes du pays : Delhi, Mumbai, Chennai et Kolkata. Dans les régions rurales, une multitude de routes de taille et de qualité variables s'entrecroisent. Certaines routes de village ressemblent plus à des chemins cahoteux encombrés de nids-de-poule. Les véhicules soulèvent de la poussière. Préparez-vous à être secoué sur la route.

On trouve des motels, pompes à essence et officines téléphoniques STD/ISD le long de la plupart des autoroutes et des voies à grande circulation. Des pancartes facilement identifiables indiquent les aires de repos et les *dhaba (p. 153)*, où l'on peut se restaurer et utiliser des toilettes propres.

Louer une voiture

Représentées en Inde, de grandes compagnies internationales comme **Avis**, **Budget**, **International Travel House Limited** et **Autoriders International Limited** permettent de louer des voitures avec et sans chauffeur.

Pour cela, vous pouvez vous adresser à votre hôtel, passer par les offices de tourisme, les agences de voyages ou vous rendre directement dans les bureaux de ces compagnies. La plupart d'entre elles sont en étroite collaboration avec les compagnies locales. *Avis* travaille avec *Oberoi Group*, *Budget* avec *Sapna Travel Agency*. *Autoriders International Limited*, compagnie indienne, travaillait en partenariat avec *Hertz*. Stations et agences de taxis vous permettront de prendre une voiture auprès des compagnies de location locale ou un taxi. Votre hôtel ou une agence de voyages locale *(p. 625)* peut aussi s'en charger pour vous.

Louer une voiture avec chauffeur

Affronter sans expérience les aléas de la circulation indienne peut être éprouvant. Louer une voiture avec chauffeur est un moyen sûr et peu coûteux de découvrir la région. On reconnaît les taxis et les voitures de location à leurs plaques d'immatriculation noir et jaune. Les taxis loués, eux, sont souvent blancs avec des plaques jaunes. Les compagnies de location détenant la licence All India Tourist Permits sont autorisées à voyager dans les différents États. Insistez pour avoir un chauffeur connaissant la région où vous comptez vous rendre et testez la voiture avant de partir pour un long voyage. Les tarifs sont calculés au kilomètre, le minimum étant de 250 km par jour. Au-delà, les kilomètres parcourus donnent lieu à un supplément. Si vous faites un aller simple, des coûts seront prélevés pour le chemin du retour, en prenant en considération que la voiture revient vide. Les prix varient selon le modèle du véhicule et la région de location. Ils s'avèrent plus élevés dans les régions montagneuses. Les voitures climatisées sont plus chères. Si vous quittez l'agglomération ou l'État, des taxes interétatiques seront prélevées. Nous vous recommandons de fixer un

Circulation sur Marine Drive à Mumbai

prix forfaitaire à l'avance, car vous devrez prendre en charge l'hébergement du chauffeur, au cas où le voyage l'exigerait.
Dans certaines régions, il est possible pour les longs trajets de partager un taxi à plusieurs – ce qui revient moins cher.

Le loueur exige parfois un paiement en devises étrangères, mais la plupart acceptent les roupies.

Carburant

Des stations-service jalonnent à intervalle régulier les routes principales et les autoroutes. Plus nombreuses aux abords des villes, elles disposent d'essence avec et sans plomb ainsi que du gazole, moins onéreux. Beaucoup restent ouvertes 24h/24. Les voitures privées consomment en majorité de l'essence, sauf les nouveaux modèles et les taxis qui préfèrent le gazole. Avant de partir, assurez-vous de faire le plein, car on ne trouve pas d'essence sans plomb dans les régions plus reculées. En ville, les stations-service abritent souvent un publiphone, des toilettes et un magasin proposant de l'eau minérale, des sodas, des magazines et des snacks. Depuis 2001, la plupart des taxis, les *auto-rickshaws* et les bus de Delhi et Mumbai utilisent du CNG, gaz naturel comprimé, pour lutter contre la pollution de l'air.

Signalisation, plan et carte

L'Automobile Association of India, le Survey of India et les offices de tourisme d'État mettent à disposition des cartes et des brochures pour les visiteurs. Elles vous renseigneront sur toutes les villes et les régions de l'Inde. Mais cela n'empêche pas les déboires causés par des panneaux de signalisation mal placés ou écrits parfois seulement dans la langue régionale. Si vous êtes perdu, n'hésitez pas à demander votre chemin. Les habitants locaux seront ravis de vous aider.

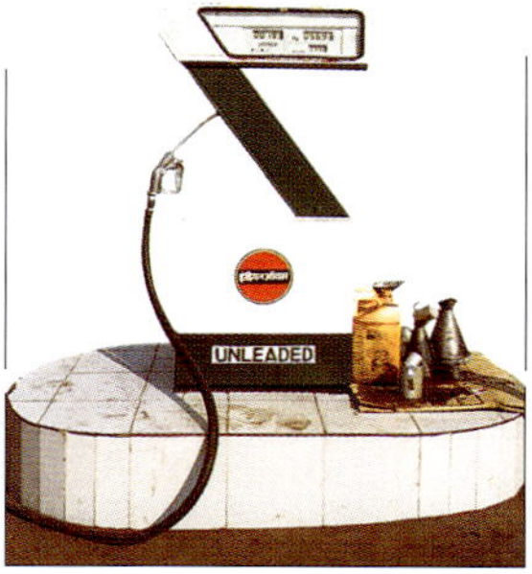

Pompe à essence d'une station-service à Delhi

Règles de circulation

Si vous prévoyez de conduire en Inde, il faudra vous habituer aux règles chaotiques de la circulation. Bien qu'il existe un Code de la route établissant, par exemple, le respect des voies de circulation ou une utilisation réduite des phares, la plupart du temps, celui-ci n'est pas respecté. Les Indiens roulent théoriquement à gauche, mais il n'est pas rare de se retrouver face à une voiture – ou une vache d'ailleurs – roulant dans le sens inverse de la circulation. Sur les autoroutes, faites attention aux camions qui tenteront de manière musclée de vous faire une queue de poisson pour vous doubler. En règle générale, évitez de vous approcher trop près des bus et des camions. Peu de conducteurs respectent le Code de la route qui interdit de doubler par la gauche. Évitez de conduire la nuit sur les autoroutes, sauf en cas d'absolue nécessité, car de nombreux poids-lourds y circulent. Prendre un auto-stoppeur peut s'avérer dangereux. Utilisez le klaxon de manière mesurée. Si vous avez la malchance d'être arrêté pour excès de vitesse ou si vous grillez un feu, vous devrez régler une amende sur place. En ville, garez votre voiture uniquement aux emplacements autorisés, au risque de voir votre voiture se faire embarquer par le poste de police le plus proche. Il vous faudra payer une amende très lourde pour la récupérer. Les gardiens des parkings vous donneront un reçu avec le montant inscrit dessus. Les tarifs varient entre 5 et 10 RS.

Adresses

Automobile Association of India

Delhi
AA of Upper India, C-8 Institutional Area.
(011) 2696 5397.
www.aaui.org

Mumbai
Western India AA, Lalji Narainji Memorial Bldg, 76 Vir Nariman Rd.
(022) 2204 1085.
www.wiaaindia.com

Kolkata
AA of Eastern India, 13 Promothesh Barua Sarani.
(033) 2475 5131.

Chennai
AA South India, 187 Anna Salai.
(044) 2852 4061.
www.pppindia.com/aasi

Location de voitures

Avis
www.avis.com
The Oberoi, Delhi.
(011) 2430 4452.
crsdelhi@avis.co.in
The Oberoi, Mumbai.
(022) 2281 4457.
crsmumbai@avis.co.in
The Oberoi Grand, Kolkata.
(033) 2250 6335.
rahulsen@avis.co.in
The Trident, Chennai.
(044) 2234 4747.
crschennai@avis.co.in

Budget
78/4 Janpath, Delhi.
(011) 2331 8600.
bracindia@hotmail.com

Autoriders International Limited
97, Street n°. 9, Mahipalpur Extn. New Delhi.
(011) 2678 8693.
ail.del@autoriders.sril.in
Santa Cruz, Mumbai.
(022) 5694 4058.
ail.bom@autoriders.sril.in
10-A, Hô Chi Minh Sarani, Kolkata.
(033) 2282 3561, 9164.
ail.cal@autoriders.sril.in
281, Anna Salai, Chennai.
(044) 2433 0014 0057.
ail.mad@autoriders.sril.in

International Travel House Limited
Bhikaji Cama Place, Delhi.
(011) 5165 9468.

Circuler en autobus, en car ou en ferry

Logo de l'India Tourism Development Corporation (ITDC)

L'Inde possède un vaste réseau de bus et d'autocars assurant de très bonnes liaisons vers la plupart des villes, grandes et petites. Les bus, gérés par l'État, sont moins chers et circulent à l'intérieur et à l'extérieur des villes. Les autocars, équipés de l'air conditionné, sont plus confortables. Ils sont souvent loués pour les visites guidées et effectuent également des navettes entre les villes. Ces deux moyens de transport offrent un choix d'horaires, d'arrêts et d'itinéraires plus vaste que le train. Sur les côtes Est et Ouest de l'Inde, de nombreux ferrys relient différentes villes entre elles. Pour rejoindre les magnifiques îles Laquedives et Andaman, profitez des croisières organisées à bord de somptueux bateaux de luxe.

Bus des Transport Departements

Les Transport Departments gèrent un vaste réseau de bus interurbains. À Delhi, les bus en direction du Pendjab, de l'Haryana, de l'Himachal Pradesh, de l'Uttar Pradesh et du Rajasthan partent de l'Interstate Bus Terminus (ISBT), la principale gare routière. Les bus pour Agra partent de la gare routière Sarai Kale Khan, située à proximité de la gare de Nizamuddin. À Mumbai, le Central Bus Stand vous renseignera sur les navettes, gérées par Maharashtra Road Transport Corporation, en direction de Goa, Ahmedabad, Vadodara, Mangalore, Indore et Hyderabad. Kolkata possède aussi un vaste réseau à travers le Bengale-Occidental et les États voisins du Bihâr, de l'Orissa et du Sikkim. À Guwahati, porte d'entrée vers les États du Nord-Est, des navettes de bus gérées par la Assam State Transport Corporation vous emmèneront vers les États voisins. Renseignez-vous auprès du comptoir Platan Bazaar Bus Stand.

Il est possible de réserver vos billets auprès des **Government of India Tourism Offices** des quatre principales villes indiennes. Étant donné la cohue qui règne dans les gares routières, il est prudent d'arriver tôt pour prendre son billet. Demandez au comptoir d'information à quel quai part vos bus. Enfin, préparez-vous à jouer des coudes, car tout le monde se précipite pour occuper les meilleures places.

Autocars des offices de tourisme et voyages organisés

Les meilleurs voyages organisés pour découvrir une ville et ses environs sont proposés par le Governement of India Tourism Department et les offices de tourisme d'État *(p. 627)*. Ils vous renseigneront sur les horaires exacts, le circuit et les lieux d'embarquement. Vous pouvez acheter vos billets sur place, mais il est préférable de les réserver à l'avance. Pour les groupes, les compagnies d'autocars peuvent établir un itinéraire sur mesure.

Les autocars gérés par les Tourism Departments, propres et confortables, offrent de loin les meilleures conditions de voyage, et prévoient souvent un guide pour accompagner la visite. Méfiez-vous des guides soi-disant « free-lance » qui vous proposeront leurs services au marché noir.

Bus touristiques privés et voyages organisés

De nombreuses compagnies privées et agences de voyages proposent également une grande diversité de voyages en autocar. D'un bon rapport qualité/prix, ils conviennent aux voyageurs au budget limité ou ceux dont le temps est compté.

En général, les agences mettent à disposition des autocars très luxueux, climatisés, d'une capacité de 18 ou 35 places, équipés de sièges aux dossiers inclinables. Les tarifs varient selon la qualité du service et de l'itinéraire. Le prix du billet comprend un guide et éventuellement une nuit à l'hôtel. Les autocars viennent souvent chercher les passagers à certains hôtels sélectionnés. Vous pouvez acheter vos billets en passant par la réception de votre hôtel ou dans une agence de voyages.

Billets et tarifs pour les bus et les autocars

Circuler en autocar revient moins cher que de prendre le train, mais le prix dépend du standing du véhicule choisi. Nous vous déconseillons les bus *ordinary*, d'un confort trop sommaire. En revanche, si vous voyagez en été, optez

Un bus haut de gamme de Rajasthan Tourism

Passagers à bord d'un ferry près de la Gateway of India à Mumbai

pour le *deluxe air-conditionned a/c*. De nombreux autocars *deluxe*, appelés aussi *video coaches*, mettent la musique très fort et projettent des films hindi toute la nuit. Si vous avez le choix, prenez un *deluxe* sans vidéo. Il est possible d'acheter son billet à l'avance et de réserver sa place sur les cars *deluxe* et *deluxe a/c*.

Le prix du billet inclut généralement le transfert depuis l'aéroport, la vignette, les nuits à l'hôtel, un guide et des tickets d'entrée pour de nombreux musées et monuments.

Ferry et bateaux

Des ferry assurent des liaisons vers les villes côtières et les destinations exotiques de l'Inde, de Kolkata à Chennai et de Mumbai à Goa. Les services sont suspendus pendant la mousson (juillet à septembre). Les compagnies de paquebots relient également Chennai et Kolkata aux îles Laquedives. De nombreuses croisières luxueuses, très prisées, incluent le repas à bord, la visite guidée, une découverte des lagons et l'hébergement. Réservez au moins deux mois à l'avance.

Deux compagnies, le *MV Nancowry* et le *MV Akbar*, gérées par la **Shipping Corporation of India** (SCI), font la navette entre Chennai et Port Blair vers les îles Andaman, une fois tous les dix jours. Un autre bateau de la SCI part de Visakhapatnam une fois par mois. Sur place, quatre ferry transportant des passagers et des marchandises relient Port Blair aux autres îles.

D'autres embarcations partent de Cochin vers l'archipel des Laquedives.

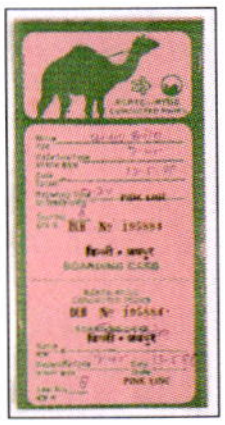

Billet d'un car du Rajasthan

L'agence de tourisme officielle des Laquedives, la **SPORTS**, dispose de deux bateaux, le *MV Bharatseema* et le *MV Tipu Sultan*, reliant Cochin à l'archipel. Le Goa Tourism Development Corporation *(p. 627)* organise des croisières sur les rivières de l'État de Goa. Au Kerala, des croisières sur les *backwaters* d'une demi-journée ou d'une journée complète sont organisées par le Kollam District Tourism Promotion Council et par le Kerala Tourism Development Corporation à Cochin *(p. 627)*. Vous pouvez choisir votre type d'embarcation et naviguer à bord de *kettuvalam*, bateaux traditionnels transportant le riz, de bateaux-safari modernes de 12 places ou encore à bord de luxueuses *house-boats*.

À Goa et au Kerala, voyager en bateau est plus rapide que de prendre l'autocar. Les ferry partent d'Ernakulam pour rejoindre les îles avoisinantes, comme Willingdon Island. Dans l'archipel des Laquedives et Andaman, ils représentent le seul moyen de circuler entre les îles. Dans les États du Nord-Est, Guwahati est le point de départ pour les croisières sur la rivière Brahmapoutre. À Varanasi, les bateaux se louent sur les *ghât* du Gange. À Mumbai, des bateaux-taxis font la navette entre la Gateway of India et l'île d'Elephanta.

Adresses

Offices de tourisme d'État

Governement of India Tourism Offices

Delhi
88 Janpath.
(011) 2332 0005.

Mumbai
123 M Karve Rd.
(022) 2203 3144.

Kolkata
4 Shakespeare Sarani.
(033) 2282 1475.

Chennai
154 Anna Salai.
(044) 2846 1459.

Stations de bus

Delhi
ISBT, Ring Rd.
(011) 2386 8836.
Sarai Kale Khan
(011) 2435 8092.

Mumbai
MTDC, Mme Cama Rd.
(022) 2218 4242.

Kolkata
Esplanade Terminus, Calcutta State Transport Corporation
(033) 2248 1916.
North Bengal State Transport Corporation
(033) 2243 0736.

Chennai
State Express Bus Stand
Parry's Circle.
State Express Transport Corporation
(044) 2536 6063.
Pallavan Transport Corporation
(044) 2536 6063.
APSRTC
(044) 2479 2233.

Bateaux/Croisières

S.P.O.R.T.S.
Lakshadweep Tourism,
Indira Gandhi Rd,
Willingdon Island, Kochi.
(0484) 266 8387.

Shipping Corporation of India
Appeejay House,
4th floor, Dinsha Wacha Rd,
Mumbai.
(022) 2282 2101.

Shipping Corporation of India
Jawahar Building, Rajaji Salai,
Chennai.
(044) 2523 1401.

Les transports urbains

Taximètre

Bus, taxis et *auto-rickshaw* circulent dans la plupart des grandes villes. Celles-ci disposent aussi de trains de banlieue offrant des liaisons rapides vers les quartiers centraux. L'Inde offre une grande diversité de moyens de transport, notamment dans les plus petites villes et les quartiers anciens, où il est préférable de choisir un véhicule léger et peu encombrant pour se frayer un chemin dans les ruelles très fréquentées. On trouve partout des *auto-rickshaws*, des *cycle-rickshaws*, des *vikram* (sorte de grands triporteurs), des Jeeps et des *tempo*. Dans certaines villes, les habitants continuent de se déplacer sur des attelages à chevaux *(tonga)* et à chameaux.

Taxis et auto-rickshaws

Les taxis noir et jaune circulent dans la plupart des villes, sauf à Kolkata où ils sont uniquement jaunes et à Bangalore où ils sont tout noirs. Il est possible de les arrêter dans la rue ou de les louer à une station de taxis. On peut les emprunter ponctuellement ou payer un tarif forfaitaire pour une demi-journée, soit 4 h ou 40 km, ou une journée entière, soit 8 h ou 80 km.

L'*Ambassador* est le modèle préféré, même si les *Maruti vans* sont de plus en plus courants. Dans certaines villes, on ne trouve pas de taxis noir et jaune, mais des taxis privés (dont certains sont climatisés) de couleur blanche. On loue leurs services par l'intermédiaire des stations de taxis, des agences de voyages ou des hôtels. Récemment, les Radio Cabs se sont implantés dans des villes comme Delhi et Mumbai. Ils sont plus chers que les taxis ordinaires, car ils sont équipés de l'air conditionné. Impossible de ne pas remarquer les *auto-rickshaws* (appelés aussi *auto, scooter* ou *phat-phat*) le mode de transport le plus répandu. Ils sont moins chers que les taxis. Cependant, accrochez-vous, car ces petits triporteurs noir et jaune adorent se faufiler au milieu des bus. À Delhi et à Mumbai, un plan d'action contre la pollution a été mis en place, obligeant les propriétaires de voitures à utiliser un gaz naturel comprimé (CNG). Les taxis et les *auto-rickshaws* utilisant ce carburant sont marqués d'une bande de couleur verte, en plus des couleurs jaune et noir. Tous les nouveaux modèles d'*autos* utilisent le CNG et sont peints en vert et jaune.

***L'auto-rickshaw*: un moyen de transport bon marché, rapide et décoiffant !**

Tarifs et compteurs

Les *auto-rickshaw* et les taxis sont équipés de compteurs, mais le prix de la course varie en fonction du prix de l'essence. Souvent, la somme affichée sur le compteur correspond à d'anciens tarifs. La loi oblige tous les chauffeurs à afficher une carte des tarifs, anciens et nouveaux, basés sur le prix au kilomètre. Les courses de nuit sont plus chères. Il faut aussi payer un supplément pour les bagages. Les chauffeurs prétendent souvent que le compteur est en panne. Mettez-vous d'accord à l'avance sur le montant de la course et insistez pour voir la carte des tarifs. Vous pouvez aussi fixer un prix forfaitaire. Ayez toujours des pièces sur vous, les chauffeurs n'ayant souvent pas de quoi rendre la monnaie. Ils ont aussi tendance à prendre les trajets les plus longs. Essayez d'anticiper et de repérer l'itinéraire le plus court.

Les bus

Bien que le réseau de bus soit très important en Inde, ce mode de transport n'est pas le plus agréable. Dans la plupart des villes indiennes, il n'y a pas assez de bus pour le nombre de personnes et il est difficile de se frayer un chemin même pour acheter un ticket, vendu à bord par le conducteur. Un bus plein ne s'arrête pas devant un arrêt où il y a foule.

Tous les chauffeurs de bus, même des plus luxueux, roulent à des vitesses très imprudentes.

Trains et métros

Mumbai possède le meilleur réseau de trains de banlieue en Inde. Efficaces et d'un prix raisonnable, ils sont toutefois souvent bondés, et mieux vaut éviter l'heure de pointe. Les femmes ont un compartiment qui leur est réservé. Le réseau se compose principalement de trois lignes, la plus empruntée étant celle qui part de Churchgate et

Conducteur d'un bus bondé à Kolkata

Les taxis-motos offrent un moyen pratique de découvrir Goa

passe par Mumbai Central et Andheri. Les autres lignes partent de Victoria Terminus (VT).

À Chennai, les trains de banlieue, rapides, circulent entre Egmore et Central Station ou George Town, et vont jusqu'à Guindy ou l'aéroport.

Le premier métro en Inde a été construit à Kolkata. Des lignes jusqu'alors restreintes dans le nord et le sud de la ville ont été prolongées, et le réseau ne cesse de s'élargir. Propres et modernes, les métros fonctionnent de 7h à 22h tous les jours. Les principales stations sont situées en face de l'Oberoi Grand et près de Dr M. Ishaque Road. À Chennai, seuls certains tronçons du réseau de trains souterrains, le Mass Rapid Transit System (MRTS), sont opérationnels.

À Delhi, de nouvelles lignes de métro ont été inaugurées en 2005 par la présidente Sonia Gandhi.

Motos et vélos

La moto ou le vélo sont le meilleur moyen de partir à la découverte des petites villes et de leurs environs. À Goa, on reconnaît les taxis-motos, très répandus, à leurs garde-boue jaunes et à leurs plaques d'immatriculation blanches. Vous pouvez aussi louer une moto à la journée. Les villes comme Pondicherry, Hampi, Belur et Halebid sont idéales à explorer à vélo et proposent des services de location d'un prix raisonnable.

Autres modes de transport

On compte les minibus, les *cycle-rickshaws* et les charrettes à cheval. Le cyclo-pousse, très populaire, est le moyen le plus pratique de circuler dans les quartiers anciens des grandes cités, souvent encombrés. On en croise beaucoup dans les petites villes, où ils se faufilent facilement dans les ruelles et les *gali*. Mettez-vous d'accord à l'avance sur le prix de la course. Certains pratiquent des prix forfaitaires. Les *tempo*, triporteurs électriques équipés de sièges à l'arrière, sont peu confortables et souvent bondés. Le prix de la course est forfaitaire. Dans les petites localités et autour des gares, on croise souvent des charrettes à cheval (*tonga* et *ikka*), très agréables. Au Rajasthan, les charrettes tirées par des chameaux promettent un voyage mouvementé mais réjouissant.

Les Jeeps ou *vans* sont disponibles à la location dans les villes *(p. 645)* pour de courts trajets et permettent de visiter les alentours. Ils représentent le principal moyen de transport au Ladakh et le meilleur moyen de circuler dans les montagnes. Dans de nombreuses régions, on trouve des Jeeps-taxis collectifs qui proposent un tarif forfaitaire incluant les taxes de péage et reviennent meilleur marché que les Jeeps privées. Il est généralement interdit de circuler avec sa voiture personnelle dans les villes des montagnes. La meilleure option reste de louer un *cycle-rickshaw* ou de découvrir la région à pied.

Noms des routes

De nombreuses routes qui portaient autrefois le nom de figures de l'Empire britannique ont été rebaptisées d'après des personnalités indiennes et internationales. Cela peut prêter à confusion, car les cartes mentionnent souvent les nouveaux noms, tandis que les habitants se réfèrent encore aux anciens. En cas de doute, demandez votre chemin à deux ou trois personnes et recoupez les informations entre elles.

Les *rickshaws*, encore présents dans certains quartiers du centre de Kolkata

Index

Les numéros de pages en **gras** renvoient aux entrées principales.

C

D

E

F

K

N

O

P

Q

R

S

T

U

V

Remerciements

L'éditeur remercie les organisations, les institutions et les particuliers suivants dont la contribution a permis la préparation de cet ouvrage.

AUTEURS

ROSHEN DALAL, titulaire d'un doctorat en histoire de l'Inde ancienne de la Jawaharlal Nehru University à Delhi, est l'auteur de *A History of India for Children*.

PARTHO DATTA enseigne l'histoire de l'Inde à l'université de Delhi.

DIVYA GANDHI est environnementaliste et géographe et prépare actuellement une thèse de doctorat à l'université du Michigan.

PREMOLA GHOSE a beaucoup voyagé en Inde, notamment au Madhya Pradesh et au Maharashtra. Elle est responsable de programme à l'India International Centre à Delhi.

ASHOK KOSHY, haut fonctionnaire, a passé de nombreuses années au Gujarat et au Kerala.

ABHA NARAIN LAMBAH est un défenseur du patrimoine architectural. Il dirige la Bombay Collaborative, entreprise novatrice dans le domaine de l'urbanisme et de la sauvegarde des monuments et des sites à Mumbai.

ANNABEL LOPEZ, architecte et historienne de l'architecture, est le coauteur de l'ouvrage *Houses of Goa*.

SUMITA MEHTA, journaliste et écrivain-voyageur résidant à Delhi, a travaillé sur les projets de sauvegarde du Rajasthan.

RUDRANGSHU MUKHERJI est un chroniqueur, journaliste et écrivain de premier plan vivant à Kolkata.

MEENU NAGESHWARAN dirige l'agence de voyages Incent Tours à Delhi.

RUSHAD R. NANAVATTY est un passionné de montagne qui a fait de nombreux treks dans le Nord, le Centre et l'Est de l'Inde.

IRA PANDE est directrice de la publication des Éditions Dorling Kindersley à Delhi. Elle a également enseigné à l'universté du Pendjab à Chandigarh.

USHA RAMAN, auteur indépendant et pigiste, vit à Hyderabad.

JANET RIZVI, titulaire d'un doctorat de Cambridge, est une autorité de premier plan en ce qui concerne le Ladakh et l'auteur de deux ouvrages : *Ladakh, Crossroads of High Asia* et *Trans-Himalayan Caravans : Merchant Princes and Peasant Traders in Ladakh*.

RANEE SAHANEY, écrivain-voyageur de renom, collabore régulièrement au site *outlooktraveller.com*.

DEEPAK SANAN, haut fonctionnaire, a travaillé pendant de nombreuses années dans l'Himachal Pradesh. Il a beaucoup écrit sur cette région.

DARSANA SELVAKUMAR est titulaire d'un diplôme du troisième cycle universitaire en histoire de l'Inde ancienne et en archéologie.

SANKARSHAN THAKUR est un grand journaliste et l'auteur d'un ouvrage sur le Bihar.

SHIKHA TRIVEDI est une autorité dans le domaine de l'artisanat traditionnel. Elle travaille actuellement pour une grande chaîne d'informations de la télévision indienne.

LAKSHMI VISWANATHAN est une danseuse de *Bharat Natyam* résidant à Chennai. Elle fait également partie du conseil d'administration de la Music Academy Madras, l'une des principales organisations culturelles de l'Inde du Sud.

CONSULTANT

GEORGE MICHELL est un historien de l'architecture et des civilisations spécialiste de l'Inde. Parmi ses nombreuses publications figurent des ouvrages sur les temples hindous, les palais royaux, l'Empire de Vijayanagar, l'art et l'architecture du Deccan.

AUTRES COLLABORATEURS

John Abraham, Anvar Alikhan, Usha Balakrishnan, Manini Chatterjee, Anuradha Chaturvedi, Rta Kapur Chishti, Anna Dallapiccola, Dharmendar Kanwar, Ranjana Sengupta.

ILLUSTRATIONS D'APPOINT

Naveed Ahmed Vali, Ampersand.

PHOTOGRAPHIES D'APPOINT

Akhil Bakshi, Benu Joshi, Aditya Patankar, Ram Rahman.

CORRECTIONS D'INDEX

Anita Roy, Ranjana Saklani.

DOCUMENTATION

Ranee Sahaney.

COLLABORATION ARTISTIQUE, ÉDITORIALE ET CARTOGRAPHIQUE (DK LONDRES)

Brigitte Arora, Jo Cowen, Emily Hatchwell, Jason Little, Casper Morris, Dave Pugh, Vivien Stone.

DIRECTION ÉDITORIALE

Anna Streiffert.

DIRECTION ARTISTIQUE

Gillian Allan.

ÉDITION

Douglas Amrine.

AVEC LE CONCOURS SPÉCIAL DE :
Mahesh Buch ; Tarun Chhabria ; Manosh De ; Sharada Dwivedi ; Asit Gopal ; G. M. Kakpori ; Vijayan Kannampilly ; Meenal Kshirsagar ; Ritu Kumar ; Anna Madhavan ; Aditi Mehta ; Milan Moudgill ; Sunil Philip ; Nihar Rao ; Anita Roy ; K. J. Ravinder ; Samit Roychoudhury ; Shweta Sachdeva ; Lalit Sharma ; Parvati Sharma ; Tara Sharma ; Yuthika Sharma ; Luiyo Shimray ; D^r^ A Jaya Thilak ; Maharao Brijraj Singh of Kotah ; Maharaja Gaj Singh II of Jodhpur ; Vijay Singh.
American Institute of Indian Studies.
Archaeological Survey of India, New Delhi.
Architecture Autonomous, Goa : Gerard da Cunha and Amit Modi.
Architectural Conservation Cell of the Associated Cement Companies Ltd.
Aurobindo Ashram.
Central Cottage Industries.
Department of Culture, Government of India : Kasturi Gupta Menon, Joint Secretary.
Department of Tourism, New Delhi : Rekha Khosla, Director ; Ashwini Lohani, Directeur.
Indian Institute of Public Administration.
Indian Museum, Kolkata : Dr S. K. Chakravarty, directeur ; Chanda Mukherjee.
Indian National Trust for Art and Cultural Heritage : Martand Singh.
Maharana Mewar Historical Publications Trust, Mewar : Shriji Arvind Singhji, Chairman and Managing Trustee.
Mehrangarh Museum Trust, Jodhpur : Trustees ; Mahendra Singh, CEO.
Sangath : B. V. Doshi.
Tibet House, New Delhi.
Tibetan Institute of Performing Arts, Dharamsala.
Wildlife Trust of India : Vivek Menon.
World Wide Fund : Krishna Kumar.

POUR LA PHOTOGRAPHIE :
Archaeological Survey of India, New Delhi : Komal Anand, directeur général ; Dr K. M. Poonacha, directeur (Monuments) ; Dr R. C. Aggarwal, directeur (Museums) ; Mr Bakshi, assistant du directeur (Monuments).
Crafts Museum, New Delhi : Dr Jyotindra Jain.
Government Museum, Chennai : R. Kannan.
Khuda Baksh Oriental Library, Patna : H. R. Chigani.
Mathura Museum, Mathura : Jitendra Kumar.
Maharaja Fatehsingh Museum Trust, Baroda.
National Museum, New Delhi : R. D. Chowdhourie ; U. Dass ; J. C. Grover ; Dr Daljeet Kaur.
Prince of Wales Museum of Western India, Mumbai : Dr Kalpana Desai, directeur.
Rampur Raza Library, Rampur : W. H. Siddiqi.
Sarabhai Foundation, Calico Museum of Textiles, Ahmedabad : D. S. Mehta, secrétaire ; A. Sen Gupta.
Sanskriti Museum, New Delhi : O. P. Jain.
State Museum, Patna : Naseena Akhtar.

L'éditeur remercie tous les offices de tourisme locaux et régionaux de l'Inde pour leur aide précieuse. Il tient en particulier à remercier : Ravi Babu ; Chandana Khan, secrétaire, Tourism and Culture Department, Hyderabad ; Victoria Memorial, Kolkata : C. R. Panda ; Indian Museum, Kolkata : Shyamalkanti Chakravarti ; The Asiatic Society, Kolkata : Ms Sarkar ; Kunjo Tashi ; Rajiv Mehrotra ; Tenzin Geyche Tethong, secrétaire de sa Sainteté, le dalai-lama, Dharamsala ; Chief PRO, Central Railways, Mumbai : Mukul Marwah ; Quila House, Patna : B. M. Jalan ; secrétaire, Department of Cultural Affairs, Thiruvananthapuram : prof H. V. Pradhan ; INTACH (Pune) ; R. K. Saini.

AUTORISATION DE PHOTOGRAPHIER
L'éditeur remercie pour leur coopération et leur contribution à cet ouvrage toutes les personnes dans les temples, les forts, les palais, les musées, les restaurants, les magasins et autres curiosités touristiques. Il tient également à remercier d'avoir autorisé des prises de vue dans leurs établissements les personnes suivantes : Brindavan, New Delhi ; Crafts Museum, New Delhi. Il remercie également Urmila Dongre et Vivek Narang d'avoir donné l'autorisation de photographier leurs produits.

CRÉDIT PHOTOGRAPHIQUE
h = en haut ; hg = en haut à gauche ; hgc = en haut à gauche au centre ; ch = au centre en haut ; hd = en haut à droite ; chg = au centre en haut à gauche ; ch = au centre en haut ; chd = au centre en haut à droite ; cg = au centre à gauche ; c = au centre ; cd = au centre à droite ; cbg = au centre en bas à gauche ; cb = au centre en bas ; cbd = au centre en bas à droite ; bg = en bas à gauche ; b = en bas ; bc = en bas au centre ; bcg = en bas au centre à gauche ; bd = en bas à droite ; bdh = en bas à droite en haut ; bgh = en bas à gauche en haut ; bch = en bas au centre en haut ; d = détail.

L'éditeur exprime sa reconnaissance aux particuliers, photothèques et sociétés qui ont autorisé la reproduction de leurs photographies :

Arya, Aditya 182chg, 185cg, 193cd, 199hg, 199cb, 199bd, 205chd, 208bg, 208bd, 212hd, 216bc, 217hg, 282cg, 373bd, 375hd, 643bd.
Bagla, Pallava 17bd, 19hd, 24-25c, 28hd, 165bc, 189cg, 313c, 523bd.
Bahuguna, Manu 16ch, 34b, 69bd, 79c, 334, 361bc, 370hd, 428bc, 445bd, 452, 455cd, 466hg, 468hg, 502, 504bd, 505hd, 508hg, 528chg.
Bakshi, Akhil 14c, 28b, 28bd, 29bg, 160bc, 187bd, 217cb, 219bd, 518cbg, 636bc, 778bg.
Balan, M. 18cbd, 30bd, 423bg, 463bg, 510, 512bg, 513hg, 514chg, 514hd, 515bg, 516hd, 516chg, 517hg, 519chg, 522hd, 522cbg, 523hg, 523cbd, 528bd, 529hg, 529chg, 529bd, 530cbd, 531hg, 531cg, 533bg, 534cbd, 535bd, 537h, 537chd, 566bg, 597bd.
Barkakoti, Kakoli 272cg, 273bd, 279hg.
Behl, Benoy 42h, 47hd, 124hg, 124cg, 124bd, 125bg, 125chd, 126hd, 126chg, 126chd, 126bd, 127hg, 127chg, 127bd, 128bg, 130hd, 130hg, 130chg, 130c, 130bg, 131chd, 131cd, 131bd, 132cg, 132bg, 133cg, 133bc, 135cd, 135bg, 388hd,

388cbg, 389chd, 389cbd, 390hd, 391hg, 391bd, 461bd, 462c.
Bhargava, Subhash 23cbg, 56bg, 153cd, 296cg, 296cbg, 302bc, 305cbd, 305chg, 313cg, 313cb, 313b, 314hd, 314cg, 314bc, 315bg, 315chg, 316hg, 317bd, 321cd, 326hd, 329cbg, 330hg, 330b, 331ch, 332hg, 333chg.
Bhojani, Namas 358.
Bihar School of Yoga Ganga Darshan, Munger 185hd.
Brown, Dean K. 72b.
Chopra, Tarun 14hg.
Chundawat R. S. 13ch, 18bd, 19cg, 19bdh, 124bd, 128hg, 129cd, 160h, 164chg, 164cg, 166bg, 219cd, 251bg, 269c, 349bd, 423cbd.
Costumes & Textiles of Royal India, Ritu Kumar 30cg
Crafts Museum 74hd, 74chg, 74cbg, 75hg, 75ch, 75cbd.
Crampes, Gilles 113cg.
Das, Tanmoy 266bg.
Dasgupta, Prosenjit 265hg.
Deen Dayal Trust 545cg.
Dilwali, Ashok 104h, 104c, 105hg, 105bd, 106bd, 108chg, 109chd, 110hg, 110c, 110b, 111hg, 111cd, 112hd, 113chd, 114cd, 115cd, 115bd, 116hg, 116c, 117bg, 118cd, 118bg, 119hd, 119cd, 119b, 120chd, 121bd, 140chg, 146h, 154hg, 156hg, 161hd, 163bd, 223bg, 255b, 504hg, 504cbg, 505ch, 506cbg, 507bg, 509hg, 509c, 509bc.
Dix, Thomas 194, 202hd, 202cg, 203bd, 288, 309cd, 324hg, 340hd, 340chd, 340cg, 341chd, 341cbg, 341bd, 344hd, 344hg, 344chg, 344cbg, 345chd, 345cbd, 348hd, 378, 388hg, 388chg, 388bd, 389bc, 390bg.
DK Classic Cookbook 596ch.
DK Picture Library Andy Crawford 27hd, 27bg ; Gables 21cg ; Ellen Howdon (Glasgow Museum, Glasgow) 382cbg ; Linda Whitwam 528hg.
Dongre, Urmila 3 (encadré), 24hg, 24c, 25hg, 25bc, 45h, 487cd.
Dube, D. N. 50chg, 148chg, 149cd, 154hd, 155hg, 156hd, 156chg.

(Photothèque) Fotomedia 32-33c, 55hd, 59 (encadré), 129hg, 168bd, 240, 242bc, 248bd, 355 (encadré) ; Jyoti M Banerjee 165hg, 280cbd ; Francois Gautier 649hg ; Sanjiv Mishra 37b ; Sundeep Nayak 306chg ; Christine Pemberton 22cg, 140bg, 167hd, 258hd, 260bd, 359b, 360cg, 370cg, 385chd, 596bg ; Otto Pfister 120bg, 306cg ; Sanjay Saxena 159chg, 293bg ; Mathew Titus 55hg ; Henry Wilson 173bd.
Gaur, R. K. 61b, 222chg, 274bd, 279bd.
Ghosh, Ashim 48bg, 157bd.
Gruisen, Joanna van 18cbg, 18bg, 18bdh, 19hd, 34h, 117cd, 126cbg, 129bg, 129bd, 165cd, 192chd, 218hd, 244hd, 267h, 267cbd, 267bc, 274cg, 276ch, 322hg, 423chd, 522hg, 522bg, 523chd.
Gupta, Nath 33bd.
India Today Magazine 17c, 32hd, 32cg, 32cbg, 32bg, 33hg, 33hd, 33cd, 33bg, 352bd, 363bg.
Israni, Prakash 18hd, 36c, 93b, 157cbg, 261c, 382bd, 384cg, 384b.

Kaimal, Ravi 114hg.
Kapoor, Kanika 30-31c.
Kapoor, Prem 42c, 56bd, 57bd, 118hd, 518hg, 521cbd.
Kasliwal, Sudhir 298bd, 299ch, 299cbg, 299cg, 299bc.
Khanna, Dinesh 12, 30bg, 31bg, 97b, 172cg, 172c, 172chd, 172bd, 173chg, 173cbd, 173bg, 176cg, 177ch, 177bg, 313ch, 316hd, 347cd, 394, 416bg, 543hg, 545bg.
Khazanchi, B. N. 15cbd, 34c, 36b, 37c, 275chd, 306chd.
Khokar, Ashish 28chg.
Khullar, Rupinder 30h, 95b, 96b, 189cb, 193cb, 256, 264bd, 266bd, 269g, 269cbd, 374h, 375bd.
Kohli, Bobby 53h, 53bc, 54-55c.
Kumar, Krishna 506hd, 506chg, 506chd, 506cbd, 506.
Kumar, Poonam A. 15bg.
Lewis, Karoki 174chd, 177hg, 177chg.
Mandhani, Pradeep 17hg.
Mehrangarh Fort, Jodhpur 318bg, 319bd.
Mehta, Dalip 313bg
Mehta Hemant / Picture India 31cd.
Muthuraman, V. 2-3, 6-7, 15h, 16bg, 22b, 24cg, 25cd, 25bd, 36h, 38b, 45cbg, 47hg, 47bg, 47bd, 54bd, 174cbg, 174cbd, 175hg, 175hd, 176bg, 177hd, 178h, 188hg, 188bd, 189bc, 190cd, 190bd, 203cd, 204c, 225b, 227hd, 229cbd, 232bd, 233hg, 239cb, 272hg, 281bd, 424bd, 425hg, 425bd, 426bd, 427hg, 427chd, 448-449, 450hd, 450cg, 456hg, 456bg, 461hg, 462cbg, 462bd, 465hd, 465cb, 465bd, 467bd, 470, 472hd, 476hg, 476hd, 476bg, 477hd, 477cb, 477bg, 478hd, 479hg, 479chd, 479cbd, 480c, 481bg, 481bd, 482bd, 482cg, 483ch, 483bd, 484hg, 484cbd, 484bg, 485hc, 485bd, 485bg, 486hd, 486c, 486bd, 487chg, 488bd, 489hg, 489c, 490hg, 490cd, 491hd, 491c, 491bg, 492hg, 492bd, 493hg, 493bg, 493bd, 494hg, 494cg, 494bd, 495hg, 496cg, 496bg, 497hg, 497cd, 497bd, 498hc, 498chg, 498cbg, 498chd, 498cbd, 498bg, 498bd, 499hd, 499bc, 500hd, 500bg, 501hg, 501bd, 514bc, 519hc, 519cbg, 524hg, 533hd, 534b, 535h, 536hd, 536cd, 536bg, 537bd, 628hd.
Nath, Aman 45bd, 50bd.
Nath, Ashok 275hg, 278b.
National Museum, New Delhi 24bc, 26cbg, 40, 41h, 41bg, 41bc, 43ch, 43cbd, 43bc, 48bc, 49hg, 50hg, 50c, 50cbg, 51c, 51cbd, 53bg, 70hg, 70hd, 70c, 70cbg, 70bg, 70bd, 71h, 215bc, 234hc, 545bd ; J.C. Arora 52bg ; R.C. Dutta Gupta 29hg, 42b, 44b, 52h ; P. Roy 299cb, 299cbd.
National School of Drama, New Delhi 26cbd.
Nehru Memorial Library, Teen Murti, New Delhi 57h.
Pasricha, Amit 18cd, 31bd, 38h, 39h, 44c, 55bg, 60cg, 90, 128cd, 189cbd, 220-221, 280bg, 280bd, 282hg, 282b, 285 (encadré), 350bc, 351chg, 351bd, 403bg, 479bd.
Pasricha, Avinash 29cg, 29cd, 29bc, 29bd, 94h, 422ch, 453b, 485cg, 485c, 485cd, 485cbd, 485chd, 485bc, 638bg, 641bg.
Patankar, Aditya 28hg, 196hg, 196h, 196ch, 196bc, 197hg, 197ch, 197chg, 197bc, 309hg, 309bc, 331bd.

Prabhakar, K. 543hd, 543cd, 543bg, 545hc, 546hg, 547cbg, 549hg, 549cd.
Press Information Bureau 56h.
(Reproduction autorisée par le conseil d'administration du) Prince of Wales Museum of Western India, Mumbai 366hd, 366hg, 366cg, 366cbg, 367cd, 367bd.
Rahman, Ram 66bg.
Rajamani, V. K. 25hd, 46hg, 46hd, 46cbg, 46cb, 46-47c, 457bg, 460cd, 461cg.
Rao, E. Hanumantha 19bg, 244hg, 333chd, 519chd.
Reshi Maryam 35h, 136hg, 136cd, 137hg, 137cd, 328hg.
Rizvi, Janet 133hd, 133cd.
Roli Books 27cg, 31hg, 202hg, 202cbg, 322bg.
Sahai, Kamal 43bg.
Saith, Sanjeev 60b, 92b, 95h, 108cg, 136bd, 161bg, 162hd, 162bg, 162cd, 163hg, 169cd, 177cd, 184cd, 192hd, 192bg, 244cg, 337c.
Sanan, Deepak 107hg, 107c, 275bc, 278cbg, 279cg.
Sanctuary Features & Photo Library 508cd.
Sanghvi, Hemen 23hd, 23cg, 23cd, 23cbd, 23bg, 272bd, 273hd, 280hg, 281hg, 281cbd, 283hg, 283cg, 283bd.
Sankaran, R. 505bc.
Sarabhai Foundation, Calico Museum of Textiles, Ahmedabad 338hd, 338hg, 338chg, 338cbg, 339hg, 339chd, 339cbd.
Saran, Shalini 13b, 35b, 48c, 50bg, 51hg, 51bg, 52bd, 54cbg, 71chg, 71cb, 85b, 89h, 144hg, 146bg, 147bd, 157hg, 158bd, 166hd, 166cd, 171bd, 177bc, 189hc, 189chd, 206hd, 208cd, 210hd, 210chg, 210cbg, 211hg, 211cbd, 211bg, 214c, 214cbg, 310hg, 353hg, 562 (encadré), 623 (encadré).
Satyan, T. S. 19bd, 26hg, 27cd, 29hd, 425bg, 426hd, 426chg, 482hg, 628cbg.
Sekhsaria, Pankaj 306bc.
Seth, Pepita 184bd 531bd.
Sethi, Ajay & Mugdha 93h, 173hg, 175bd, 176bd, 239bg, 247bd, 517chd, 626chg, 635bgh.
Sinclair, Toby 7 (encadré), 18cg, 18bdh 19hg, 19cbg, 19cbd, 19b, 20hg, 25bg, 31hd, 105bg, 114bd, 127hd, 137bg, 139 (encadré), 141bd, 161c, 164hd, 164bd, 165chd, 179bd, 203hc, 204hd, 204bc, 205hg, 205chg, 205cbg, 205cbd, 205bd, 218chg, 218cbg, 218bg, 219hg, 221 (encadré), 222bd, 244bg, 245hg, 245cd, 245bd, 247hd, 248hg, 254hg, 254c, 259c, 261hg, 269bg, 270, 273bg, 274hg, 276hd, 276bd, 277hg, 277cbd, 315cd, 317hg, 320bd, 329chd, 332bd, 333hg, 333cbd, 333bd, 342hg, 349bg, 353chd, 353bd, 377hg, 423hc, 449 (encadré), 472bg, 507cd, 517cb, 519cd, 522chg, 525chd, 526chg, 527chd, 528bg, 529bg, 550cd, 550bd, 565hg, 567hd, 622-623, 626bg, 647hg.
Singh, Dhruv 324b.
Singh, Hashmat 58-59, 100, 107bd, 108hg, 113cbg, 113bg, 115hg, 116bd, 117cbd, 120hd, 120chg, 120bd, 121hg, 121cg, 121bg, 127cd, 134hd, 135hd, 250h, 252hg, 253hd, 253ch, 253bc, 254bd, 255hd, 313hc, 317cbd, 325bc, 566hd.
Singh, N. P. 292bg.
Singh, Thakur Dalip 18hg, 19bch, 160c, 163cg, 251c, 277chd, 392bc, 423chg, 423cbg.
Stock Transparency Services 376bg, 380hg, 380c, 392hg, 393hg.
Talwar, Amar 57bg, 106hg, 108hg, 117hg, 156bd, 193hg, 352hg.
The Statesman / R De 37h.
Varuni, Ritu 281cg, 281bg, 281bc.
Verma, Bimla 23hg, 26hd, 27cbd, 94c, 113c, 113bd, 185bc, 189c, 251hd, 258hg, 260hg, 261bc, 264cg, 268hd, 326cb.
Victoria and Albert Museum, Londres (avec l'aimable autorisation du conseil d'administration) 50hd, 53b
Walia, B. P. S. 93cg, 93cd, 95c, 96h, 96c, 97h, 97c, 98hg, 98hd, 98cg, 98cd, 98b, 99h, 99c, 99b, 111bg, 113h, 113chg, 113cd, 113cbd 171bg, 209cd, 210hg, 210bc, 211chd, 213hd, 213cg, 214hg, 214hd, 214cg, 215hg, 215chd, 219chd, 258bg, 260cb, 262cbg, 284-285, 349hg, 374bd.
Wedding Affair Magazine 31cg.
Whitaker, Rom 507hg.
World Wildlife Fund 276cbg, 277bc, 508bd.

Les œuvres d'art ont été reproduites avec l'autorisation des titulaires des droits d'auteur suivants : © National Gallery of Modern Art, New Delhi 55bd ; Mundrika Devi, Madhubani, Bihar 27hg ; Roerich Gesellschaft Deutschland E.V. 118bd.

COUVERTURE :
Première de couverture – PHOTOTHÈQUE DE L'ÉDITEUR : M. Balan cg ; Amit Pashricha cd ; B. P. S. Walia bc ; GETTY IMAGES : Anthony Cassidy, photo principale. Dernière de couverture – PHOTOTHÈQUE DE L'ÉDITEUR : Amit Pashricha hg, bd. Dos – GETTY IMAGES : Anthony Cassidy h.

Toutes les autres images © Dorling Kindersley. Pour toute information complémentaire, consultez le site : www.dkimages.com

GUIDES VOIR

Pays

Afrique du Sud • Allemagne • Australie
Canada • Costa Rica • Cuba • Écosse • Égypte
Espagne • France • Grande-Bretagne • Grèce
Inde • Irlande • Italie • Japon • Maroc • Mexique
Norvège • Nouvelle-Zélande • Portugal
Singapour • Suisse • Thaïlande • Turquie

Régions

Aquitaine • Baléares • Bali et Lombok
Barcelone et la Catalogne • Bretagne • Californie
Châteaux de la Loire et vallée de la Loire
Florence et la Toscane • Floride • Guadeloupe
Hawaii • Îles grecques • Jérusalem et la Terre sainte
Martinique • Naples et la côte amalfitaine
Nouvelle-Angleterre • Provence et Côte d'Azur
Sardaigne • Séville et l'Andalousie
Sicile • Venise et la Vénétie

Villes

Amsterdam • Berlin
Bruxelles, Bruges, Gand et Anvers • Budapest
Delhi, Agra et Jaipur • Istanbul • Londres • Madrid
Moscou • New York • Nouvelle-Orléans • Paris
Prague • Rome • Saint-Pétersbourg • Stockholm
Vienne • Washington

Carte ferroviaire de l'Inde

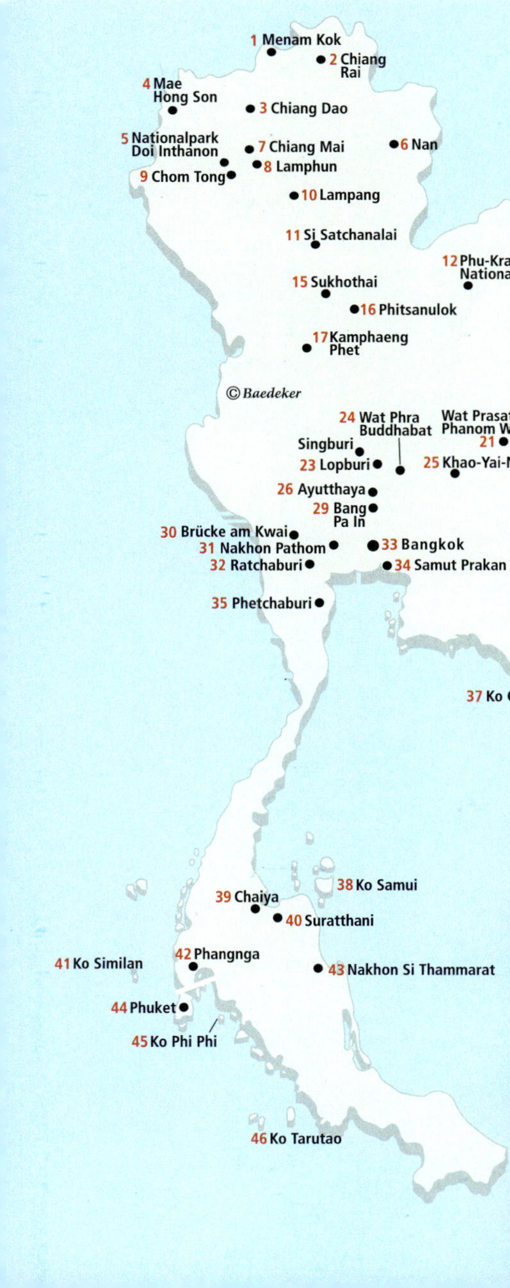

Sukhothai
Lotosteich vor dem Wat Phra Si

Kanchanaburi
Hier besucht man die berühmte Brücke am Kwai.

Pfahlbausiedlung
vor der Felseninsel Ko Panyi bei Phangnga

32 ✶✶ Ratchaburi
Eines der bekanntesten Fotomotive in Thailand: der Schwimmende Markt von Damnoen Saduak ▸ **Seite 454**

33 ✶✶ Bangkok
Hier gibt es unverwechselbare asiatische Hauptstadtatmosphäre, dazu grandiose Museen und mehr als 400 Tempel.
▸ **Seite 219**

34 ✶✶ Samut Prakan
Die »Ancient City« ist eines der größten Freilichtmuseen der Welt. ▸ **Seite 456**

35 ✶✶ Phetchaburi
Top-Sehenswürdigkeit ist der neo-klassizistische Königspalast Phra Nakhon Khiri. ▸ **Seite 417**

36 ✶✶ Trat
Rühriges Zentrum nahe der kambodschanischen Grenze ▸ **Seite 493**

37 ✶✶ Ko Chang
Die zweitgrößte Insel des Landes wurde zum Ko-Chang-Marine-Nationalpark erklärt. ▸ **Seite 321**

38 ✶✶ Ko Samui
Eines der bekanntesten, beliebtesten und belebtesten Badeurlaubsziele in Thailand
▸ **Seite 333**

39 ✶✶ Chaiya
Ehemals bedeutende Handelsstadt im Süden an der Ostküste der Malayischen Halbinsel ▸ **Seite 252**

40 ✶✶ Suratthani
Die umgebende Landschaft gilt als eine der schönsten Südthailands. ▸ **Seite 487**

41 ✶✶ Ko Similan
Die Inselgruppe ist eine Attraktion für Tauchsportbegeisterte. ▸ **Seite 444**

42 ✶✶ Phangnga
Stille Buchten und schroffe Felsen an der Andamanensee ▸ **Seite 409**

43 ✶✶ Nakhon Si Thammarat
Der Wat Mahathat ist einer der ältesten Tempel in Thailand. ▸ **Seite 383**

44 ✶✶ Phuket
Thailands bekanntestes Ziel des Massentourismus ▸ **Seite 434**

45 ✶✶ Ko Phi Phi
Badeparadies mit exotischen Traumstränden ▸ **Seite 328**

46 ✶✶ Ko Tarutao
Die Inselgruppe war einst Verbannungsort für politische Gefangene – heute ist sie Nationalpark. ▸ **Seite 341**

DIE BESTEN BAEDEKER-TIPPS

Von allen Baedeker-Tipps in diesem Buch haben wir hier die interessantesten für Sie zusammengestellt! Erleben und genießen Sie Thailand von seiner schönsten Seite.

! Ayutthaya mit dem Schiff
Man kann Ayutthaya von Bangkok über den Menam Chao Phraya auch per Schiff erreichen. ► **Seite 210**

! Bangkok Mass Transit System
Viele Sehenswürdigkeiten kann man mit der auf einer Hochtrasse verkehrenden Schnellbahn erkunden. ► **Seite 219**

! Visakha-Bucha-Fest
Am Abend des Fests tanzen Pilger mit brennenden Kerzen um den Marmortempel in Bangkok. ► **Seite 236**

! Wie die Könige nach Bang Pa In
Die Anreise nach Bang Pa In ist auch mit dem Schiff möglich. ► **Seite 245**

! Auf Schatzsuche
Rund um Chanthaburi gibt es Edelsteinminen, in denen man sich als Schatzsucher betätigen kann. ► **Seite 257**

! Thailändisch kochen lernen
Die wunderbare thailändische Küche ist es wert, dass man sich intensiver mit ihr beschäftigt. ► **Seite 263**

! Nachtmarkt in Chiang Mai
Allabendlich verwandeln sich einige Straßen in einen riesigen Markt mit unzähligen Ständen mit regionaltypischen Produkten, besonders von den Angehörigen der Bergvölker. ► **Seite 265**

! Nachmittagsbesuch in Mae Rim
Vormittags ist das Elefantencamp Ziel zahlloser Touristenbusse. Wenn sich diese wieder verzogen haben, kann man das riesige Gelände in aller Ruhe auf eigene Faust erkunden. ► **Seite 275**

! Keine Besuche ohne Führer
Bergvölker ohne einen orts- und sprachkundigen Führer zu besuchen könnte zu Missverständnissen und unliebsamen Zwischenfällen führen. ► **Seite 281**

! Büffelrennen in Chonburi
Im Hof des Wat Intharam beginnen die Feierlichkeiten zum großen Büffelrennen, das alljährlich im Oktober stattfindet und immer wieder Tausende von Besuchern in die Stadt lockt. ► **Seite 289**

Geisterhaus ...
... auf einer Kreuzung in Chonburi